NOBILIAIRE

DU DIOCÈSE ET DE LA GÉNÉRALITÉ

DE LIMOGES

PAR L'ABBÉ JOSEPH NADAUD

CURÉ DE TEYJAC

PUBLIÉ

Sous les auspices de la Société Archéologique
et Historique du Limousin

par

L'ABBÉ A. LECLER

Ne turbata volent rapidis ludibria ventis.
VIRGILE.

—

TOME II.

LIMOGES

IMPRIMERIE DE CHAPOULAUD FRÈRES

Rue Montant-Manigne, 7

—

1863-1872.

NOBILIAIRE

DU DIOCÈSE ET DE LA GÉNÉRALITÉ

DE LIMOGES.

NOBILIAIRE

DU DIOCÈSE ET DE LA GÉNÉRALITÉ

DE LIMOGES.

D.

[DAFFIS. — On trouve Pierre Daffis dans les registres de Borsandi, notaire à Limoges, p. 145, n° 225, *apud* dom Col.]

DAGES. — Éléonor d'Ages, S^r de ....., paroisse de Tugeras, élection de Saintes, fut maintenu par M. Pellot, intendant en 1663.

[DAGUESSEAU. — On ne commence cette généalogie qu'au temps où elle intéresse le Limousin.

I. — Henri Daguesseau, conseiller au parlement de Metz, puis maître des requêtes, président du grand-conseil, intendant de Limoges, etc., étoit marié avec Claire Le Picart de Périgny, fille d'un maître des requêtes. Il mourut, âgé de plus de quatre-vingt-un ans, en 1716, et eut, entre autres enfants, Henri-François, qui suit.

II. — Henri-François Daguesseau, chancelier de France, né à Limoges le 27 novembre 1668, marié à Anne Lefèvre d'Ormesson, eut d'elle, entre autres enfants, Claire-Thérèse Daguesseau, mariée, le 16 février 1722, avec Guillaume-Antoine, comte de Chastelus, etc., lieutenant général des armées du roi et commandant en Roussillon.

Sources : Thomas, de l'Académie Française, *OEuvres*, T. I, p. 53, 54, dans les notes ; — Moréri, édition de 1759, T. III, p. 546, col. 2.]

[DAIGNE, fief mouvant de la baronie de Blanzac en Angoumois.]

DAIGNEAU. — Noble Jean Daigneau, receveur des aides et tailles d'Angoulême, mourut le 7 décembre 1637. Il avoit épousé Marguerite Normand, qui mourut le 24 janvier 1636, et dont il eut : 1° Françoise, baptisée le 22 septembre 1624 ; 2° Marguerite, baptisée le 1er mai 1626.

Source : Registre de l'église Saint-Martial d'Angoulême.

[DAIRA ou DAIZA. — On trouve dans les registres de Borsandi, notaire à Limoges, p. 142, n° 224, *apud* dom Col, Foulques Daira ou Daiza.]

DAIX. — Jean Daix de Memy, S^r de La Roche-Hélie, élection de Saint-Jean-d'Angély, fut maintenu, en 1665, par M. Barentin, intendant.

Isaac Daix de Memy, Sr de Langues, élection de Saint-Jean-d'Angély, fut maintenu, en 1665, par M. Barentin, intendant.

Michel Daix de Memy, S^r de La Guillorière, élection de Saint-Jean-d'Angély, épousa Susanne Daix, qui, étant veuve, fut maintenue, en 1665, par M. Barentin, intendant.

DALMAIS, S^r des Farges, paroisse de Loignac, élection de Brive, porte...

I. — Jean Dalmais [ou Dalmas] eut des lettres d'anoblissement, au mois d'avril 1654, dûment vérifiées à Clermont-Ferrand le 26 novembre dudit an. Il obtint un arrêt du conseil du 9 mai 1668, sur lequel le brevet de confirmation desdites lettres a été expédié le 18 du même mois.

[**DAMOLIS.** — On trouve Aymeric Damolis dans les registres de Borsandi, notaire à Limoges, p. 140, n° 217, *apud* dom Col.]

D'ANCHÉ (1).

DANIEL DU MURAUT (2).

Noble Guillaume Daniel de Noblac [nommé *Danielis* dans les registres de Borsandi, notaire à Limoges], chevalier en 1355, fit hommage à l'abbé de Saint-Martial de Limoges en 1369.

Pierre *Danielis de Ponte-Rubeo* (Pontroy), chevalier de Saint-Paul, épousa Vergie de La Roche, sœur de Gaucelin de La Roche, chevalier de Saint-Paul, et il en eut Marie, mariée à noble Aimeric Danielis.

Aimeric Daniel, damoiseau de Pierrebuffière en 1368, épousa ......, dont il eut Jean, mort avant son père.

Noble Guillaume Daniel le Vieux épousa Hugues des Moulins, dont il eut : 1° Guillaume ; 2° Marguerite, mariée, à l'âge de seize ans, par contrat du 5 juillet 1380, signé Bordas, à Droyn Jaubert, écuyer de la ville de Noblac ou Saint-Léonard, lequel étoit fils de Jean Jaubert, chevalier, et mourut sans hoirs.

Sébine Danielis épousa Pierre Regis, damoiseau de Pierrebuffière, en 1402. D'eux naquit Jean Régis, damoiseau, donataire de sa mère en 1427.

D'après un manuscrit, Guillaume Daniel, S^{gr} du Murault près la ville de Saint-Léonard et du Mazet, épousa, le 24 janvier 1425, Souveraine d'Aubusson, fille de Jean d'Aubusson IIe du nom, chevalier, S^{gr} de La Borne et du Doignon, et de Marguerite Chauveron, dame du Doignon, paroisse du Chatenet.

Noble Guillaume du Muraut, écuyer, qu'on trouve Sr de Sosmaphes en 1431, et

---

(1) Nadaud avait des notes sur cette famille à la page 897, qui est déchirée. — R.-P.

(2) Le Muraut, castel encore debout dans la paroisse de Saint-Denis-des-Murs, canton de Saint-Léonard de Noblac (Haute-Vienne), au confluent de la Maude et de la Vienne ; il appartient à M. Léon Veyrier du Muraut. — Noblac, ancien nom de Saint-Léonard, chef-lieu de canton (Haute-Vienne). — Pierrebuffière, chef-lieu de canton (Haute-Vienne), dans lequel se trouve Saint-Paul, aussi nommé dans le présent article. — Le Chatenet, paroisse, canton de Saint-Léonard (Haute-Vienne). — Saint-Priest-Taurion, paroisse, canton d'Ambazac (Haute-Vienne). — La Pouge, paroisse, canton de Pontarion (Creuse). — Grandsaigne, ancien prieuré de filles, puis d'hommes, enfin paroisse, aujourd'hui canton de Bugeat (Corrèze). — R.-P.

du Muraut en 1440, chevalier en 1445, maître d'hôtel du duc de Sicile, de Provence et d'Anjou en 1469 et 1479, épousa Gabrielle de Laval, fille aînée de Thibaut de Laval, Sgr de Saint-Aubain et d'Anne de Maimbrier. Gabrielle se remaria, le 15 (ailleurs on écrit le 25) juillet 1488, à Jean de L'Age, chevalier, Sr de Tendu, fils de Renier de L'Age, écuyer, Sr de Chazelle au diocèse de Bourges. De Guillaume du Muraut et de Gabrielle de Laval étoit né autre Guillaume ou Claude, qui suit.

Guillaume (nommé ailleurs Claude) Daniel, fils des précédents, épousa, le 15 ou le 25 juillet 1488, Jeanne de L'Age, fille de Jean de L'Age, chevalier, Sr de Tendu (lequel épousoit le même jour, et en troisièmes noces, sa mère Gabrielle de Laval), et de Claude de Graçay, seconde femme dudit Jean. Jeanne porta, par contrat, 100 livres tournois pour sa chevance et seigneurie de Bridan en Anjou, et 200 livres de rente de douaire pendant sa vie sur la seigneurie du Mazeau.

Jean du Murault, écuyer, Sr de La Terrière en Berry, et en partie du Mazeau, paroisse de Saint-Priest-Taurion, en 1538, épousa : 1°...., dont il eut : 1° Jean, qui suit ; 2° autre Jean ; 3° Gabrielle, mariée à Joachim de Bostlinard ; — épousa 2°, avant 1523, par contrat reçu de Vallé et Jaraucan, Antoinette de La Filholie, fille de noble Jean et de Marguerite Flamonche, en Périgord : cette Antoinette porta 1,500 livres, et, étant veuve, elle fit, le 13 mars 1568, par acte signé Mouret, son testament, d'après lequel elle veut être inhumée dans l'église paroissiale de Saint-Priest-Taurion et dans le tombeau de son mari, dont elle n'avoit point d'enfants.

Jean Daniel dit du Murault, écuyer, Sr du Mazeau et de La Terrière, fit, au château du Mazeau, le 7 décembre 1566, par acte signé Mouret, son testament, d'après lequel il veut être inhumé à Saint-Priest-Taurion dans les tombeaux de ses prédécesseurs. Il épousa Jeanne de Puychault, fille de Guillaume, Sr dudit lieu, et de Louise d'Estain. Cette Jeanne avoit eu pour tuteur Aubert de Puychault, chanoine de Brioude : alors (1568) elle étoit veuve de Jean Barton de Montbas, et elle ne porta rien en mariage. D'elle et de Jean Daniel naquirent : 1° Pierre, qui servit pour la ligue, et fit sa sœur son héritière ; 2° Jeanne, qui, mariée, par contrat du 26 novembre 1571, à Germain Bony de La Vergne, fit son testament le 24 octobre 1613, et mourut, la même année, laissant plusieurs enfants.

Noble Jacques du Muraud, Sr de La Pouge en 1525, fit son testament, par acte reçu Palais le 10 janvier 1558, et un codicile reçu La Treille le 10 septembre 1559. Il avoit comparu à Guéret, le 27 avril 1524, à la réformation de la coutume de la Marche. De sa femme ..... il eut : 1° Jacques, Sr de La Gorce, qui fit son testament, reçu des Champs, le 11 juin 1597 ; 2° Françoise, mariée, en 1560, à Pierre de Montfrebeuf ; 3° Jeanne, morte sans hoirs avant 1601 ; 4° Gabriel Daniel dit du Murault, écuyer, Sr de Bort et de Fontléon en 1567, et de Masgiral en 1570 ; 5° Madeleine, mariée, d'après le P. Simplicien (T. VII, p. 335), à Louis Froment, écuyer, Sr du Saillant, baron de La Borne.

Noble Jacques Daniel, Sr de Bort, paroisse de Saint-Priest-Taurion, et du Repaire, épousa, avant 1530, Louise de Gaing de Linars, dont il n'eut point d'enfants. Elle hérita des biens de son mari.

Rodolphe des Muraux, de la paroisse de Grandsaigne, fut trouvé gentilhomme en 1598.

DANTHON, Sr du Bourg de Saint-Pierre, paroisse de Saint-Léger, élection d'Angoulême, porte de *gueules à une aigle éployée et couronnée d'or.*

I. — Pierre Danthon rendit hommage au S^gr de Taillebourg le 30 novembre 1487. Il épousa..., dont il eut : 1° Antoine, qui suit; 2° Isabeau, mariée à Georges Guy par contrat du 30 (1) septembre 1500, dans lequel son frère Antoine lui constitue dot.

II. — Antoine Danthon épousa Anne de Saint-Gelais, dont : 1° René, qui suit ; 2° Placide, qui donna, le 9 septembre 1545, à René son frère, quittance de sa constitution à elle payée.

III. — René Danthon épousa Louise Vidaud, dont il eut : 1° Louis; 2° Jean, qui partagèrent, le 26 mars 1583, les successions de leurs père et mère.

IV. — Louis Danthon épousa Guyonne de Luchat.

V. — Jacques Danthon épousa, par contrat du 26 décembre 1621, Anne de La Broderie.

VI. — René Danthon épousa, par contrat du 17 septembre 1649, Catherine Guy.

DAQUIN. — Abraham Daquin, écuyer, S^r de La Belonie, paroisse de Bunzac en Angoumois, épousa Marie Joubert, dont il eut : 1° Pierre, né le 15 mai 1649; 2° Anne, née le 29 octobre 1652; 3° Jean, né le 18 avril 1654; 4° autre Anne, née le 4 avril 1672; 5° Michelle, mariée, le 14 juin 1689, à Jean Goursaud, marchand, de la paroisse de Pranzac.

DARGENCE, S^r des Ruisseaux, paroisse d'Adrier, diocèse de Poitiers et élection de Limoges, porte *de gueules à une fleur de lis d'argent.*

I. — François d'Argence partagea, le 31 août 1551, avec Marie et Jacques, la succession d'autre François, leur oncle. De Geneviève de La Bussière, sa femme, il eut, entre autres enfants : 1° Pierre, qui suit. Le tuteur de ces enfants rendit hommage à l'évêque de Poitiers le 29 août 1582.

II. — Pierre Dargence épousa, par contrat du 1er mai 1600, Susanne Pierre.

III. — Josias d'Argence épousa, par contrat du 12 octobre 1630, Renée Guilhon.

DASSIER, S^r des Brosses, paroisse de Saint-Maurice-des-Lions (2), porte *burelé d'argent et de gueules; l'argent chargé de 9 merlettes ni pattées ni becquées*, 3, 3, 2 et 1.

Aymeric Dassier, de la paroisse de Brigueil-l'Aîné, épousa Marguerite de Prunh, qui étoit veuve en 1440, et dont il eut : 1° noble maître Pierre Dassier, bachelier en l'un et l'autre droit; 2° autre Pierre, damoiseau, qui suit.

I. — Pierre Dassier rendit hommage le 30 août 1446.

II. — Jean Dassier écuyer, à qui on rendit certains héritages vendus par son père le 18 août 1487. Il étoit, en 1489, maître d'hôtel de M. de Chabanois. De sa femme, Philippe Blanche, il eut : 1° Bertrand, qui suit; 2° Jeanne mariée, par contrat du 24 juillet 1519, par lequel Bertrand, son frère, lui constitua dot.

III. — Bertrand Dassier épousa Marie Singareau, dont il eut : 1° Joseph, qui suit; 2° François; 3° Bonaventure, mariée avec Germain Chauvet par contrat du

---

(1) Des Coutures dit 1er septembre. — R.-P.

(2) Saint-Maurice-des-Lions, paroisse, canton de Confolens (Charente). — Brigueil-l'Aîné, paroisse, canton de Confolens (Charente). — Les Brosses, paroisse d'Etagnat, canton de Chabanais (Charente). — R.-P.

19 février 1548, dans lequel tant ladite Singareau, sa mère, que sesdits frères Joseph et François lui constituent dot.

IV. — Joseph Dassier épousa, par contrat sans filiation du dernier février 1556, Charlotte Chauvet, dont il eut : 1° Philippe, qui suit; 2° Charlotte, mariée, en 1623, à Jean Chauvet, S' de La Villatte; 3°..., qui transigèrent, le 16 juillet 1619, avec Philippe, leur frère, sur la succession de leurs père et mère.

V. — Philippe Dassier épousa, par contrat sans filiation du 14 juillet 1619, Catherine de Choume.

VI. — François Dassier, mort en 1695, avoit épousé, par contrat du 31 (ou 1") mars 1658, Marguerite Guymard, qui mourut en 1715, et dont il eut : 1° Jean, qui suit; 2° Paul, qui servit; 3° Elisabeth; 4° Françoise et trois autres enfants.

VII. — Jean Dassier épousa Marguerite Renaud, dont il eut : 1" Jean-Armand Dassier, chevalier, S' des Brosses, et six autres enfants.

Marie Dassier épousa, en janvier 1666, Jean Plument, écuyer, S' d'Escossas, qui mourut, âgé de soixante-dix ans, le 2 janvier 1694. Elle en avoit eu huit enfants, et elle mourut elle-même, âgée de soixante-neuf ans, le 23 avril 1706.

..... Dassier épousa ....., dont il eut : 1°.... ; 2° Paul, S' de Charzac, mort sans hoirs en 1737.

..... Dassier épousa ....., dont il eut : 1° Jean-Armand, chevalier, S' des Brosses; 2°....., dit le Chevalier.

DAUDINOT. — Bernard Daudinot, écuyer, S' de La Boissière, gendarme de la garde ordinaire du roi, de la ville de Saint-Germain, puis greffier en chef du bureau des trésoriers de Limoges et chevalier de Saint-Louis, épousa, par contrat du 23 janvier 1742, Jeanne Teillet de Chinal, du lieu de Pompadour.

DAULNIX. — François Daulnix, S' de La Bouroville, paroisse de Saint-Palais, élection de Saintes, obtint, en mars 1644, des lettres d'anoblissement dûment vérifiées. L'arrêt, dûment obtenu au conseil, le 1ᵉʳ février 1663, tient lieu de brevet de confirmation.

[DAUMONT. — Jacques Daumont, chevalier, baron de Chappes, Sgr de Dun-le-Palleteau (1) et de Cors, conseiller du roi notre sire, gentilhomme de sa chambre et garde de la prévôté de Paris, vivoit le 25 août 1601. (JUSTEL, *Histoire de la maison de Turenne*, preuves, p. 293-297.)]

DAUPHIN, sieurs de La Faurie et de La Cadoue, paroisse de Florignac (2), élection d'Angoulême, *portent d'argent à deux fasces d'azur.*

I. — Pierre Dauphin, auquel Foulque du Teil, prêtre, son frère utérin, fit, en 1478, don des droits à lui appartenants sur la succession de Marguerite Raymond, leur mère, rendit hommage le 20 mai 1486.

---

(1) Dun-le-Palleteau, chef-lieu de canton (Creuse). — R.-P.
(2) Florignac, paroisse, canton de Montembœuf (Charente). — Beaumont, paroisse, canton d'Eymoutiers (Haute-Vienne). — Roussines, paroisse, canton de Montembœuf (Charente). — Chasseneuil, paroisse, canton de Saint-Claud (Charente). — Rancogne, paroisse, canton de La Rochefoucauld (Charente) — Saint-Martin-du-Chochet, paroisse, canton de Villefagnan (Charente). — Roumazières, paroisse, canton d'Aulnay (Charente-Inférieure). — R.-P.

Il avoit épousé ....., dont il eut trois enfants, qui partagèrent, le 21 mars 1526, la succession de leur père. Ces enfants furent : 1° François, qui suit; 2° Jacquette; 3° Charles, marié, en 1528, à Catherine de Bompar, et qui a fait la branche de La Cadouhe.

II. — François Dauphin rendit hommage le 22 septembre 1525. Il épousa Jacquette Paulte.

III. — Jacques Dauphin épousa, par contrat du 3 septembre 1547, Fleurie Bertrand.

IV. — Jean Dauphin épousa : 1°, par contrat du 4 novembre 1565, Jeanne Boyer; 2°, par contrat du 15 janvier 1593, Gabrielle Pesnel.

V. — François Dauphin épousa, par contrat sans filiation du 30 janvier 1603, Catherine de Chièvre, laquelle étant veuve dudit François, icelui, héritier de Jean, son père, obtint sentence au siège de Civray le 3 avril 1620.

VI. — Hélie Dauphin épousa, par contrat du 18 juillet 1628, Anne Dauphin.

VII. — Pierre Dauphin épousa, par contrat du 19 septembre 1662, Jeanne de Chevreuse.

Branche des seigneurs de La Cadouhe.

II bis. — Charles Dauphin, écuyer, du village de Meynieu, paroisse de Saint-Histori alias Adjutori, en 1544, avoit épousé, par contrat sans filiation du 8 janvier (1) 1528, Catherine de Bompar.

III. — François Dauphin épousa : 1°, par contrat du 8 juillet 1549, Perette Masson; 2°, par contrat du 10 juillet 1580, Marguerite Perry, et il eut de ce second mariage Claude, qui suit.

IV. — Claude Dauphin, écuyer, S^r de La Cadouhe, épousa : 1°, par contrat du 25 mars 1608, Anne Massacré, dont il eut Jacques, qui suit; épousa 2° Catherine de Chièvres, laquelle étant veuve et tutrice de ses enfants, entre autres de Marguerite, qui, en 1649, épousa Raymon de Trion, transigea avec ledit Jacques, son neveu, le 11 décembre 1635.

V. — Jacques Dauphin épousa : 1°, par contrat du 18 février 1635, Jeanne Bertrand, dont il eut François, qui suit ; épousa 2°, par contrat du 29 juin 1650, Isabeau de Chièvres, dont il eut, entre autres enfants, un fils nommé aussi François. Étant veuve et tutrice de ses enfants, elle transigea avec François, issu du premier lit de son mari, le 3 juin 1661.

VI. — François Dauphin épousa, par contrat du 24 février 1664, Catherine Laurens.

Notes isolées.

D'après le Père Simplicien (T. IV, p. 710), Dauphin de Maufras, écuyer, S^{gr} de Beaumont et de Grandseigne dans le comté de la Marche, et mort en 1437, avoit épousé, par traité de la fin de janvier 1429 (1430), Alix d'Estouteville, dame de plusieurs terres, veuve en secondes noces de Jean de Beauvilliers, S^{gr} de Lude, et, en premières noces, de Raoul de Saint-Remy, chevalier, chambellan du roi. Dauphin, qui avoit un frère nommé Jean, lui assura 200 livres de douaire. Il avoit eu d'elle un fils, qui ne vécut pas deux ans après son père.

(1) Des Coutures dit du 5 juillet. — R.-P.

Elie Dauphin, écuyer, Sʳ de La Faurie, épousa Avice Dauphin, dont il eut Jacquette, mariée, en 1680, avec Jean de Mascureau.

Louis Dauphin, écuyer, Sʳ de La Peyre et de Chadebot, paroisse de Cherves, épousa Jeanne du Pont, dont il eut : 1° Marc-Antoine, qui suit; 2° Catherine.

Marc-Antoine Dauphin, écuyer, Sʳ de La Peyre, épousa, dans l'église de Roussines, le 1ᵉʳ juillet 1738, Susanne de Lavaud, fille d'Etienne, docteur en médecine, Sʳ du Montizon, et de Marie Arondeau. De ce mariage vinrent : 1° Jean-Etienne, né le 15 avril 1739; 2° Etienne, baptisé le 4 mars 1740; 3° François-Etienne, né le 4 février 1741, et mort au berceau ; 4° Jacques, né le 28 mars 1742, et mort âgé de vingt ans ; 5° Joseph, mort, âgé de six mois, en 1755.

Martial Dauphin, écuyer, Sʳ de La Cadoue, paroisse de Chasseneuil, épousa, à Rancogne, le 23 août 1710, Marie-Henriette de Saunière, laquelle se remaria, le 19 novembre 1714, avec Jean Blondeau, écuyer, Sʳ de La Cheverie, paroisse de Saint-Martin-du-Chochet en Poitou ; puis, en troisièmes noces, le 5 juillet 1718, avec Jean Pasquet, écuyer, Sᵉ de La Bastide, paroisse de Romazières.

Jacques Dauphin, écuyer, Sʳ de La Chevalerie, paroisse de Roussines, épousa, en 1767, Catherine-Susanne de Lavaud, de la même paroisse.

DAVID, Sʳ de Ventoux, paroisse de Solignac (1), de Lastours, paroisse de Rilhac-Lastours, etc., porte *d'or à 3 coquilles de saint Jacques de sinople.*

Filiation suivie.

I. — Noble Etienne David, de Solignac, Sʳ de..., paroisse de Saint-Paul, épousa Marguerite de Jounhac, fille de noble Fulco de Jounhac, damoiseau, Sᵍʳ d'Eyjeau, et il en eut plusieurs enfants.

II. — Guinot de David, qui fit son testament le 3 février 1499, se disant fils d'Etienne, avoit épousé Jeanne de Bernard, dont il eut Hercule, qui suit.

III. — Hercule de David rendit hommage au roi de Navarre le 17 octobre 1541 et le 14 décembre 1551. Sa mort est marquée au 15 juillet dans le nécrologe du monastère de Solignac.

IV. — Noble François David, Sʳ de Ventoux, paroisse de Solignac, épousa, par contrat du 30 août 1551, Gabrielle du Breuil, dont il eut : 1° Hercule, substitué à son frère ; — 2° Jean-Carles, qui suit : — 3° Françoise, mariée, par contrat du 15 août 1593, à Guillaume Tesserot ; — 4° Louise, dernière prieure du Bost-les-Moines ou Bost-Morbaud, prieuré dont elle fit unir le revenu à ceux de la maison des Jésuites de Limoges, et qui mourut en réputation de sainteté dans le monastère de Ligueux en Périgord. Au bas de son portrait, qui est dans la salle du collége de Limoges, ont lit : *Venerabilis D. Ludovica de David, priorissa de Bosco collegii Lemovic. Societatis Jesu benefactrix. Obiit die 10 aug. 1647, ætat. suæ 95* ; — 5° Melchior, tonsuré en 1566, chanoine puis prévôt d'Aimoutiers,

---

(1) Solignac, paroisse dans la commune du Vigen, canton sud de Limoges (Haute-Vienne). — Eyjeaux et St-Paul, paroisses, canton de Pierre-Buffière (Haute-Vienne). — Rilhac-Lastours, canton de Nexon (Haute-Vienne). — Le Bost-les-Monges, prieuré situé près du bourg d'Aureil, canton sud de Limoges. La chapelle du petit-monastère sert aujourd'hui de grange. — Eymoutiers, canton (Haute-Vienne). — Manzones, prieuré dépendant de Cluny, situé jadis sur la paroisse de Chamberet (Corrèze). — Le Chalard, paroisse près Saint-Yrieix-la-Perche (Haute-Vienne). — La Porcherie, paroisse, canton de Saint-Germain-les-Belles (Haute-Vienne). — Dournazac, Pensol

fit donation à son frère Jean-Carles le 14 septembre 1593 ; Hercule, tonsuré en 1576, prieur de Manzanes en 1580 ; 7° Josias, tonsuré en 1572, chanoine d'Aimoutiers en 1581.

V. — Noble Jean-Carles de David, S* de Manzanes et de Ventoux, paroisse du Vigen, épousa, par contrat sans filiation du 22 avril 1599, Claude Bonnet. Il fit son testament avec sa femme le 25 novembre 1624.

De ce mariage naquirent : 1° Melchior, qui suit ; 2° François, tonsuré en 1618, puis prieur de Manzanes par la résignation de Melchior, son oncle.

VI. — Melchior de David épousa, par contrat sans filiation du 28 avril 1637, Julie de La Vergne, dont il eut François, qui suit.

VII. — François de David, baron de Las Tours, S*r de Ventoux et de Champverd, épousa, par contrat du 13 mai 1654, Charlotte d'Abzac de La Douze, dont il eut : 1° Charles, qui suit ; 2° Florent-François, qui a fait la branche de Lascoux ; 3° Annet, né au château de Las Tours, paroisse de Rilhac, le 1er août 1663.

VIII. — Charles de David, chevalier, S*r de Las Tours épousa, Marie Pichard de L'Eglise-aux-Bois, dont il eut : 1° Jean-Charles, qui suit ; 2° Jean-François, archiprêtre de La Porcherie en 1719, prieur de Saint-Jean-de-Cole au diocèse de Périgueux, mort à Toulouse en 1752 ; [3° Jean, qui, d'après les registres de Rilhac-las-Tours, avoit été capitaine dans le régiment de Paysac].

IX. — Jean-Charles de David [qualifié tantôt marquis, tantôt comte de Las Tours], chevalier, marquis de La Douze, demeura à Bessous, paroisse du Chalard.

Il épousa Anne de La Tour de Saint-Privat, dont il eut : 1° Germain, qui suit ; — 2° Madeleine, née le 29 février 1734 ; — 3° Charles, né le 13 avril 1732 ; — 4° autre Charles, baptisé le 19 avril 1733 ; — 5° François ; — 6° Catherine ; — 7° autre François, né et baptisé le 13 avril 1734 ; il eut pour parrain et marraine son frère François et sa sœur Catherine, qui, étant en bas âge, ne purent signer ; — 8° Charles-Benoît, né le 17, baptisé le 19 juin 1735 ; il eut pour parrain Charles-Benoît, S*r de Ribeyreix, représenté par Germain de David, et pour marraine Ursule Bourgeois, dame de Venteaux ; — 9° Marie, baptisée, dans l'église de Lastours, le 25 juin (née la veille) 1736, eut pour parrain Jean de David, son oncle, capitaine au régiment de Peysac, et pour marraine demoiselle Marie de David de La Villate ; — 10° Bernard, né le 27, baptisé le 30 juillet 1740. Il eut pour parrain Bernard de David, S*r des Renaudies, représenté par François de David, S*r des Etangs, et pour marraine dame Thérèse de Taillefer, marquise d'Aubusson, représentée par M*lle Madeleine de David de La Bussière ; — 11° Marie, née le 3 et baptisée le 5 juillet 1744, eut pour parrain et pour marraine Germain de David et demoiselle Marie de Châteauneuf ; — 12° Françoise, baptisée, le 29 juin 1745, dans l'église paroissiale des Croix de Lastours. Elle eut pour parrain et marraine Charles de David, S*r de Venteaux, et Marie-Françoise Berny, épouse de messire François de David, S*r des Etangs ; — 13° Charles-Henri, né le 27 février 17.., eut pour parrain et marraine Charles de Coussade, capitaine d'infanterie, représenté par Henri de David, chevalier de Lastours, et Madeleine de David, représentée par

---

et Marval, paroisses dans le canton de Saint-Mathieu (Haute-Vienne). — Ladignac, paroisse, canton de Saint-Yrieix (Haute-Vienne). — Les Pousses, fief, situé dans la paroisse de Nexon, qui est chef-lieu de canton (Haute-Vienne). — Saint-Junien, chef-lieu de canton (Haute-Vienne). — Les Allois, ancien monastère de femmes de l'ordre de Saint-Benoît, situé sur la paroisse de La Geneytouse, canton de Saint-Léonard (Haute-Vienne). — La Jonchère, paroisse, canton de Laurière (Haute-Vienne). — Bujaleuf, paroisse, canton d'Eymoutiers (Haute-Vienne). — R.-P.

demoiselle Catherine de David; — 14° François, né le 15 janvier, baptisé le 18 février 1788. Il eut pour parrain et marraine François de David de La Cour et demoiselle Catherine de David.

X. — Germain de David [né au château de Lastours le 20 décembre 1730, baptisé le 26, eut pour parrain Germain de David, capitaine au régiment de Toulouse infanterie, et pour marraine Anne de La Tour, dame de Fosse-Landry Le baptême fut fait par l'abbé de Lastours, prêtre commis, qui est sans doute Jean-François, archiprêtre de La Porcherie, désigné plus haut]. Il fut tonsuré, et plus tard qualifié de chevalier, marquis de La Douze et premier baron du Limousin.

Il épousa, en octobre 1760, Victoire-Marguerite-Jacquette Barthélemy de Gramont de Lanta, de la ville de Toulouse, paroisse de Saint-Étienne. Elle étoit fille de feu François-Barthélemy de Gramont, baron de Lanta et des états du Languedoc, et de Marie de Riquet.

Branche des seigneurs de Lascoux.

VIII bis. — Florent-François David, chevalier, Sr de Ventoux, fils d'autre François et de Charlotte d'Abzac de La Douze, épousa, dans l'église de Dournazac, le 13 juillet 1685, Renée du Bouschaud, fille de feu Jean, S^r des Roches, du village de Merdalou. D'eux naquirent : 1° Jean, qui suit; 2° Charles, né, sur la paroisse de Ladignac le 29 avril 1686, et qui habita le bourg de Nexon; 3° Marie, mariée, en 1709, à Jean-Joseph de Loménie, écuyer, Sr de Montas.

IX. — Jean David, écuyer, Sr de Lavau, demeurant au Cluzeau, paroisse de Pensols, puis à Lascoux, paroisse de Maraval,

Épousa 1° Jeanne de Curtal, fille de Jean, Sr de Lascoux, de la susdite paroisse de Maraval. Elle mourut le 1er mars 1729, âgée de trente-sept ans, et laissant de Jean David : 1° Jean-François, né le 14 avril 1715; 2° Hélie, né le 12 juin 1717; 3° Renée, baptisée le 25 septembre 1718; 4° Marie, née le 10 août 1720; 5° Jacques, né le 11 octobre 1721; 6° Martial, né le 8 novembre 1722; 7° Charles, né le 2 février 1725; 8° Philibert, né le 26 juin 1726; 9° Charles, né le 6 juillet 1727; 10° Anne, née le 27 février 1729; 11° Joseph, mort en bas âge;

Épousa 2° Françoise Bordier, dont il eut : 12° François, né le 5 octobre 1732; 13° Nicolas, né le 25 février 1735; 14° Pierre, né le 8 juillet 1736; 15° Léonarde, née le 21 mars 1738.

Notes isolées.

Amélius David, de la ville de Saint-Junien, épousa Joyeuse Davina, qui étoit veuve de lui en 1286, et qui en avoit eu : 1° Pétronille; 2° Marguerite; 3° autre Pétronille, qui, en 1286, étoit femme d'Emeno.

Amélius David, de la ville de Saint-Junien, chevalier en 1318.

Amélius David, de la ville de Saint-Junien, que l'on trouve en 1332, et qui fut créé chevalier en 1363, portoit pour armes 3 *coquilles*. Il épousa Hélis Malbernarde, sœur de Renaud, évêque d'Autun, dont il eut : 1° Pierre, damoiseau, qui demeuroit à Saint-Junien en 1341; 2° Gaufridus, qui fut évêque d'Autun.

Noble Pierre David de Solignac, dont la mort est marquée au 12 octobre dans le nécrologe du monastère de Solignac. Il épousa ...., dont il eut Agnès, qui, en 1408, se fit religieuse aux Allois.

Noble Louis David, Sʳ de Vaux près La Jonchère, épousa noble Jeanne Dauvergne, qui se remaria à noble Jean de Beaudeduit. Elle étoit morte en 1538, ayant eu de Louis David un fils nommé Guillaume.

Joseph de David, écuyer, procureur du roi en la grande prévôté de Limoges, habitant la paroisse de Saint-Pierre, épousa, dans l'église de Saint-Michel-de-Pistorie de la même ville, le 19 septembre 1694, Louise Huguet, veuve de Henri de La Rigoudie, Sgr de Bujaleuf, habitant la ville de Saint-Léonard. Elle fut inhumée dans l'église des frères prêcheurs de Limoges le 21 août 1722.

Charles de David, écuyer, Sʳ de Merdaloux, paroisse de Dournazac, Sʳ de Ventaux et des Etangs, paroisse de Nexon, épousa, le 22 juillet 1726, Ursule Bourgeois, fille de Jean, Sʳ de Joffrenie, chevalier, et de Barbe de Salignac. Ursule avoit épousé en premières noces, le 3 août 1716, Martial Deschamps, Sʳ de La Faurie, de la ville de Chalus. Elle eut de Charles de David Marguerite, mariée, dans l'église de Dournazac, le 11 janvier 1762, à Jean de Senzillon, garde du corps du roi, fille d'autre Jean et de Louise-Françoise Tenant de La Tour.

Bernard de David, écuyer, Sʳ des Renaudies et de Pousses [directeur de la monnoie de Limoges], acheta, le 17 mai 1727, le fief des Pousses, qui relève de Las Tours.

Il épousa Madeleine de David de Lastours, dont il eut : 1° ....., qui suit ; 2° ....., prêtre, abbé commendataire de Saint-Savin au diocèse de Poitiers, vicaire général et grand archidiacre de Meaux ; 3° ....., prêtre, prévôt de....., vicaire général de St-Papoul ou de Pamiers ; 4° ....., dit M. de Saint-Maurice ; 5° ....., dit M. de Saint-Hilaire ; 6° ....., mariée avec de Berny, écuyer, Sʳ de Puychevalier, mort sans enfants en 17... : elle est vivante en 1797 ; 7° ....., mariée avec..... de Laval, mort sans enfants en 17...

....., de David dit le baron ou le comte des Renaudies, Sgr des Pousses, Saint-Hilaire-las-Tours, Virolle, etc., lieutenant des maréchaux de France au gouvernement de la Marche, etc., un des trois commissaires du roi pour la nouvelle division du département de la Haute-Vienne établis à Limoges en 1790. Il épousa, en 17..., Madeleine Limousin de Neuvic, fille de ..... et de .... Blondeau de Laurière, dont il eut : 1° Renaud, lieutenant au régiment de Condé cavalerie ; 2° Rolland ; 3° .....]

Henri-Charles ..... de Las Tours épousa, en 1765, Marie-Louise-Jeanne de Mons, de la ville d'Angoulême.

La famille de David avoit fait preuve de noblesse en 1598.

Sources : Nécrologe manuscrit du monastère de Solignac ; — Collin. *Vie des Saints du Limousin*, p. 114 ; — Registres de l'église du Chalard ; — Registres de Rilhac-Lastours.

DAVINEAU. — Discret homme maître Junien Davinelli, bachelier ès-lois, Sʳ de Puyfaucon, paroisse de Rilhac-las-Tours, fit, par acte signé *de Domibus-Novis*, à Chancelade, hommage, le 27 juillet 1453, au vicomte de Limoges, pour sa maison de Savaudia, située dans la ville de Saint-Yrieix.

[DAYTS. — On trouve dans les registres de Borsandi, notaire à Limoges, p. 71, n° 115, *apud* D. Col, Aymeric Dayts.]

DEAULX. — Antoine Daulx, écuyer, de la paroisse de Crosmas (1), épousa Marguerite de Ricoux, fille de François, écuyer, et de Halys de Villelume. D'eux naquit François, tonsuré en 1578.

Antoine Deaulx, S^r de La Crinillière, fit comparoir à la réformation de la coutume de Poitou en 1559.

Balthazar Deaux, écuyer, Sr du Chambon, où il fit bâtir un château, de Noailles et de Lage-Poulnet, paroisse de Bersac, fut trouvé gentilhomme en 1598. Il épousa Béatrix ou Jeanne du Vignaud, veuve de noble Guy du Chastenier, fille de Guy du Vignaud, écuyer, Sgr des Egaux, paroisse des Billanges, des Vories, paroisse de Folles, et du Vignaud, paroisse de La Jonchère, et de Jacquette Courraud de La Rochechevreux. Elle fit, le 23 novembre 1601, son testament signé Vollundac, et elle avoit eu de Balthazar Deaux : 1° Pierre, qui suit ; 2° Gabriel, mort sans hoirs ; 3° Anne, mariée à ....., Sr du Charaud, morte sans hoirs ; 4° Jacquette, mariée, en 1599, à François Dumont, écuyer, Sr de Lage-Rideau ; 5° Marguerite, morte sans hoirs.

Pierre Deaulx, Sr du Chambon, paroisse de Bersac, et du Verger-Buisson, épousa, d'après Moreri (édition de 1759), par contrat passé au château de Las Tours le 28 septembre 1622, Isabelle de Bonneval. Sa mère lui avoit légué par testament la somme de 15,000 livres, payable lorsqu'elle seroit mariée. De cette union naquit une fille unique, nommée Anne, qui épousa, le 11 juin 1641, Charles d'Aubusson, chevalier de Malte, Sgr de Chassingrimont, lequel mourut le 16 juillet 1664. Pierre Deaulx assista, comme tuteur de sa fille Anne, à l'inventaire fait après le décès du seigneur de Bonneval, le 26 février 1643, et transigea, le 11 février 1646, avec le comte de Bonneval, son beau-frère, pour raison de la dot de feu sa femme. Anne, veuve de Charles d'Aubusson, vendit le fief de Noailles, paroisse de Bersac, en 1669.

Pierre Deaulx, Sr du Chambon, Lage-Poulnet et Soulignac, qui est paroisse de Saint-Georges-les-Landes, mourut, âgé de soixante-dix ans, le 14 avril 1725, et fut inhumé dans l'église de Bersac. Il avoit épousé Anne-Renée Dalmany, qui mourut, âgée de quatre-vingt-trois ans, le 3 décembre 1739, et fut inhumée à Bersac. D'eux naquirent : 1° Marie-Françoise Deaulx, mariée à Louis-Jean des Marais ; 2° Marie-Anne, mariée, le 26 juin 1719, à Gaspard-François du Vignaud, écuyer, Sr de Vories et de Villefort, paroisse de Saint-Michel-de-Laurière. Il mourut en octobre 1747, et fut inhumé dans l'église de Folles.

Charles Dalmany mourut, à l'âge de vingt-cinq ans, le 2 avril 1721, et fut inhumé à Bersac.

DECIMARIA. — Guillaume de Decimaria, chevalier en 1307.

[On trouve dans les registres de Borsandi, notaire à Limoges, p. 126, n° 496, *apud* D. Col, Aymeric DECIMARII.)

[DEFFENS. — Le Deffens, fief situé dans la sénéchaussée de Bellac, et qu'il ne faut pas confondre avec Le Défant en Nivernois. Pierre Barton, comte de Montbas et brigadier des armées du roi, étoit seigneur de Deffens en 1698.]

---

(1) Cromac et Saint-Georges-les-Landes, canton de Lussac-les-Eglises (Haute-Vienne). — Bersac et La Jonchère, canton de Laurière (Haute-Vienne). — Les Billanges, canton d'Ambazac (Haute-Vienne). — Folles, canton de Bessines (Haute-Vienne). — R.-P.

[DELLUT. — On trouve dans les registres de Borsaudi, notaire à Limoges, p. 152, n° 236, *apud* dom Col, Itier DELLUT.]

DELMAS. — Antoine Delmas, écuyer, S' de Gramont, paroisse d'Ussel (1), épousa, en 1764, Charlotte-Claudine Rautier de Villetelle, paroisse de Laudagne, diocèse de Clermont.

[Les Delmas d'Ussel ont une généalogie imprimée.]

DEPINU. — *V.* BEAUSOLEIL.

DÉOLS. — *V.* BOUSSAC (ville), T. Ier, p. 251.

DESBORDES (2).

Carpentier (*Glossare novum nobilitatis*, T. III, col. 32) parle de Pierre des Bordes et de Jacques, son frère, qui présentèrent au roi un placet par lequel ils le supplioient de les rétablir dans leur ancienne noblesse, d'où leurs auteurs avoient déchu en épousant des femmes fort riches pour pourvoir à leurs affaires, mais sans regarder la naissance. Le roi leur accorda l'objet de leur demande, en 1366, par lettres au registre 97 de la chambre des comptes ou du trésor royal, charte 7.

François des Bordes, écuyer, S' de Cers, de Jansac et de Teillet en Angoumois, épousa, le 11 janvier 1717, dans l'église de Saint-Martial d'Angoulême, Marie-Anne de Montalembert de Jansac de Sers, dont il eut : 1° Jean-François, né le 1er avril 1719; 2° Thérèse, née le 16 décembre 1720; 3° Charlotte, née le 17 juillet 1725; 4° Marie, née le 9 août 1726.

Thérèse des Bordes, demoiselle de Jansac, mourut, âgée de vingt-huit ans, le 26 août 1733.

DES COURCILLES, S^{rs} de La Salle et de La Dommenchie, paroisses de Donzenac et de Saint-Robert, élection de Brive, portent *bandé d'or et d'azur à sept pièces* (3).

I. — Marquet des Courcilles fit son testament le 6 décembre 1498. Il avoit épousé, le 20 juillet 1488, Hélène de Salaignac, dont il eut : 1° François, substitué au suivant; 2° Louis, qui suit.

II. — Louis de Courcilles fit son testament le 14 mai 1560. Il avoit épousé Marie Dalon, dont il eut : 1° Antoine; 2° François, marié, par contrat du 30 janvier 1577, avec Madeleine Joubert.

---

(1) Ussel, chef-lieu d'arrondissement (Corrèze). — R.-P.

(2) Ces notes, qui se trouvent à la page 874 du registre de Nadaud, eussent été mieux placées à la lettre B, à la suite de celles que j'ai prises à la page 842. Dans celles qui suivent, et que j'ai renvoyées au D *par inadvertance*, Nadaud sépare aussi la particule du mot, et renvoie d'une page à l'autre. — R.-P.

(3) Le nom de cette famille est écrit dans des Coutures sans séparation de la particule : c'est la petite raison qui m'a fait renvoyer à la lettre D les notes suivantes, qui eussent plus naturellement fait suite à COURCILLAS, T. Ier, p. 515. — Dans le registre de des Coutures, *à côté* de l'écu peint comme ci-dessus, ce qui est conforme à la description indiquée dans la table de son registre, on a peint un second écu. d'azur à 3 chevrons d'or. — R.-P.

III. — Antoine de Courcilles fit, le 27 octobre 1597, un codicile dans lequel il parle seulement de sa femme, Anne de Sedière.

IV. — Martial des Courcilles épousa, par contrat du 18 novembre 1596, Jeanne de Laval.

V. — Pierre des Courcilles, S^r de La Salle, épousa, par contrat du 27 février 1627, Anne de Corbier.

III bis. — François des Courcilles, S^r de La Roussille, épousa, par contrat sans filiation du 30 janvier 1577, Madeleine Joubert, qui fit son testament le 11 janvier 1625, et dont il eut François, qui suit.

IV. — François de Roussille, faisant pour ladite Joubert, sa mère, veuve de François de Courcilles, S^r de La Roussille, fit une vente le 22 mars 1615.

Il avoit épousé Susanne Guytard, dont il eut : 1° Etienne, qui suit; 2° Antoine, mentionné dans une transaction de 1634.

V. — Etienne de Roussille, S^r de La Domenchie, épousa, par contrat sans filiation du 7 janvier 1650, Anne de Lascoux.

Cette famille fit preuve de noblesse en 1598.

DESCHIZADOUR. — *V.* Eschizadour.

DESCUBES (1).

DESCURAS. — *V.* Escuras.

DESFORGES (2).

DESMIER, S^r d'Olbreuse, du Parc et d'Antigny, paroisse d'Usseau, élection de Saint-Jean-d'Angély, porte *écartelé d'azur et d'argent à une fleur de lis de l'un en l'autre.*

I. — Jean Desmier épousa Mathurine Herbet, dont il eut Foucaud, qui suit.

II. — Foucaud Desmier épousa, par contrat ratifié par lesdits Jean et Catherine Herbet, ses père et mère, le 13 octobre 1455, Jeanne Acarie.

III. — Joachim Desmier épousa, par contrat du 13 juillet 1506, Guillemette d'Alloue.

IV. — François Desmier eut une procuration de Joachim, son père, pour rendre un hommage le 4 juillet 1543.

Il épousa Renée Dorin, dont il eut : 1° Louis, qui suit; 2° Françoise; 3° Marie. Ces trois enfants firent un partage noble des successions dudit François et de ladite Dorin, leurs père et mère, le 27 juillet 1580.

V. — Louis Desmier épousa Jeanne de Mottefellon.

VI. — Alexandre Desmier épousa, par contrat du 14 janvier 1605, Marie Baudoin, dont il eut : 1° Alexandre, qui suit; 2° Charles, S^r d'Antigny.

VII. — Alexandre Desmier épousa, par contrat du 16 septembre 1631, Jacquette Poussard, dont il eut : 1° Alexandre, qui suit; 2° Charles, Sr du Parc; 3° Angé-

---

(1) Nadaud avoit des notes sur cette famille à la page 1138, qui est déchirée : cela est indiqué par des renvois des pages 216, 569 et 373. — R.-P.

(2) La table de Nadaud indiquait cette famille à la page 833, qui est déchirée. — R.-P.

lique; 4° Eléonore, mariée à Georges-Guillaume, duc de Brunswich-Zell. Ces quatre enfants partagèrent les successions de leurs père et mère le 24 mars 1664.

VIII. — Alexandre Desmier, Sr d'Osbreuze, épousa Jeanne Jay.

DESMIER, Sr de La Vaure, paroisse de Chillac, élection de Saintes, porte *d'azur à une fleur de lis d'or, écartelé de gueules à une fleur de lis d'argent. Deux lions pour supports.*

I. — Guy Desmier donna, le 3 avril 1528, quittance de la dot de sa femme Marie de La Touche. Il testa le 6 novembre 1557.

II. — Raymond Desmier reçut, le 31 décembre 1583, quittance pour un obit fondé par son père.

Il épousa Christine du Plessis par contrat du 23 août 1598.

III. — Pierre Desmier, écuyer, Sr du Brut de Blanzac, épousa : 1°, par contrat du 5 septembre 1627, Marie de La Faye, dont il eut Guy, qui suit; épousa 2° Jacquette des Moulins. Il testa en faveur de Guy, son fils, faisant mention de sa seconde femme, le 2 août 1662.

IV. — Guy Desmier épousa Renée de Fournoux, dont il eut Charles, qui fit, le 20 décembre 1663, une transaction avec Claude de Sainte-Aulaire.

DEXMIER, Sr de Doumezac, paroisse de Saint-Gourson, élection d'Angoulême et des Saules, paroisse de Verteuil, porte *écartelé d'azur et d'argent à quatre fleurs de lis de l'un en l'autre.* (D'Hozier, *Armorial général*, 1re partie, p. 189.)

Le surnom latin de cette famille, employé dans un acte du 8 octobre 1457, est *Decimarius.* (D'Hozier, *ibidem*.)

I. — Jean Dexmier, Sr du Breuil, épousa Marie de Chaillac, dont naquirent nobles enfants : 1° Louis, qui suit; 2° Jean, qui partagèrent les biens de leurs père et mère le 2 septembre 1460.

II. — Louis Dexmier, damoiseau, Sr du Breuil, donna son aveu et son dénombrement du fief de Chenon à noble et puissant Guy de La Rochefoucaud, chevalier, comme Sgr de Verteuil, le 19 mai 1458.

Il avoit épousé, par contrat du 26 juin 1434, Marie de Saint-Amand, fille de noble Hugues, écuyer, Sr du Chatelar, et d'Isabeau de La Rochefoucaud. Il en eut Pierre, qui suit.

III. — Pierre Dexmier, écuyer, Sr de Chenon, épousa, par contrat du 1er février 1462, Antoinette de Coignac, fille de Jean, écuyer, et de Jeanne des Ardens. Il en eut François, qui suit.

IV. — François Dexmier, écuyer, Sr de Chenon et de Mirande, épousa, par contrat du 30 avril 1501, Catherine de Barbezières, fille de Jean, Sr de Barbezières, et de Clémence d'Orgemont. D'eux naquirent : 1° Alain, qui suit; 2° Pierre; 3° Antoine. Ces enfants partagèrent les successions de leurs père et mère le 26 mars 1554.

V. — Alain Dexmier, écuyer, Sr de Chenon, donna son aveu de cette terre, le 30 décembre 1560, à François, comte de La Rochefoucaud, comme baron de Verteuil.

Il épousa, par contrat du 21 février 1546, Anne Jay, fille de noble et puissant Philippe Jay, écuyer, Sr de Boisseguin et de Charlotte Bontois. De ce mariage vinrent : 1° Alexandre, qui suit; 2° François, écuyer, Sr de La Roche, gentilhomme servant de la reine Louise de Lorraine; 3° Jean, écuyer, Sr de La Chaux, marié en 1588. Ces enfants partagèrent noblement, le 14 septembre 1583, les biens qui leur étoient échus par la mort de leurs père et mère.

VI. — Alexandre Dexmier, écuyer, S' de Chenon, épousa, par contrat du 7 septembre 1584, Françoise Guyot, fille de Jean, écuyer, S' d'Asnières, et d'Anne Vigier. D'eux naquit Antoine, qui suit.

VII. — Antoine Dexmier, écuyer, S' de Congens et de Chenon, épousa, par contrat du 22 septembre 1616, Elisabeth Farin, fille de Louis Farin, écuyer, S' de Doumezac, et de Marie Le Filleul, dont Antoine, qui suit.

VIII. — Antoine Dexmier II° du nom, écuyer, S' de Doumezac et de Chenon, maintenu dans sa noblesse par ordonnance de M. d'Aguesseau, commissaire départi dans la généralité de Limoges, du 27 novembre 1666.

Il avoit épousé, par contrat du 26 septembre 1641, Jeanne Gaschet, fille de noble Jean Gaschet, S' du Colombier, et de Jeanne Préverand. D'eux naquirent : 1° Antoine, qui suit; 2° Charles, qui fit une branche.

IX. — Antoine Dexmier III° du nom, S' de Doumezac, épousa......, dont il eut Charles-César Dexmier, écuyer, S' de Chenon, de Chateau-Gaillard et des Coutures, lieutenant général d'épée en Angoumois.

VI bis. — Jean Dexmier, fils de Alain et d'Anne Jay, épousa, par contrat du 28 février 1588, Gabrielle Palhet, dont il eut: 1° René, qui suit; 2° Jean, qui partagèrent la succession de leurs père et mère le 22 mai 1629.

VII. — René Dexmier épousa, par contrat sans filiation du 10 janvier 1635, Françoise Chrestien, dont il eut : 1° René ; 2° David ; 3° Jean, auxquels on donna un tuteur le 2 mars 1663.

IX bis. — Charles Dexmier, fils d'Antoine II° du nom et de Jeanne Gaschet, écuyer, S' de La Coste de Chenon, demeurant à La Bauminière, paroisse de Briou au diocèse de Poitiers, fut maintenu dans la possession de sa noblesse par ordonnance de l'intendant de Poitiers le 13 mars 1698.

Il épousa Marguerite Bonin, fille de René, écuyer, S' de La Rogneuse et de Bauminière, et de Renée de Céris. D'eux vint, entre autres enfants, Marie-Anne Dexmier de La Coste, reçue à Saint-Cyr le 20 juin 1702.

Notes isolées pouvant se rapporter aux diverses branches de la famille Desmier ou Dexmier.

Foucaud Deymier, alias de Soudet, épousa Jeanne de Rozier, qui étoit veuve en 1365, et dont il eut : 1° André ; 2° Guillaume ; 3° Pétronille, future femme, en 1365, de Jean Telhffont, clerc.

Jordain Deymier, chevalier, demeurant à Bellac en 1382. Il étoit fils de Marguerite de Bridier.

Guy Deymier, écuyer, S' du Breuil de Blanzac en Augoumois en 1547, épousa Marie de La Tousche, dont il eut : 1° maître Jean Deymier; 2° Antoine.

François Desmier, écuyer, S' du Maine-Arnaud, paroisse de Peyrignac, épousa, par contrat du 25 novembre 1560, signé Brisset, Gabrielle Raymond, fille de Jean Raymond, écuyer, S' du Breuil, paroisse de Dignac, et de Jeanne de Mareuil. D'eux naquirent : 1° François, écuyer, S' de Lerce ; 2° Marie, mariée, par contrat du 8 janvier 1590, à Jean de La Tousche, écuyer, S' de Rochefort ; 3° Marguerite, mariée à Pierre Moret, écuyer, S' des Fenestres.

Nicolas Dexmier, S' de Beauregard, paroisse de Rostan, élection de Saintes, fut trouvé gentilhomme en 1598.

On trouve des Desmier qui étoient nobles et établis, en 1685, à Roc, paroisse de Saint-Gaudent près Civray en Poitou.

DESPERUC. — *Voyez* PAREIL.

DESPREZ, S' de Fredière, paroisse de Paisainoudoin, élection d'Angoulême, porte *barré d'or et de gueules à 7 pièces.*

I. — Louis Desprez, chevalier, reçut un hommage le 3 septembre 1437. Il épousa..... de Saint-Giles, dont il eut : 1° Guyon, qui suit; 2° Mathurine, mariée à Jean Guichard, écuyer, S' de Barou, laquelle, avec son mari, arrenta audit Guyon, le 29 juillet 1508, les biens à elle appartenants par le décès de ses père et mère.

II. — Guyon Desprez épousa Françoise de Viron, dont il eut : 1° Mathieu, qui suit ; 2° Robinette, mariée à Jacques Prévost, écuyer, par contrat du 18 juillet 1535.

III. — Mathieu Desprez épousa Guyonne de Méricourt.

IV. — Christophe Desprez épousa, par contrat du 5 mars 1590, Charlotte Geofroy.

V. — Philippe Desprez épousa, par contrat du 30 (1) novembre 1625, Marie Raymond.

VI. — Jean Desprez épousa, par contrat du 27 février 1653, Louise de Sescaud.

DESTANG, S' de Saint-Hippolyte [ou Hipoly], paroisse dudit lieu, élection de Tulle, porte *parti, au 1ᵉʳ, d'or à trois bandes d'azur ; au 2ᵉ, d'azur fascé d'or à deux étoiles d'argent en chef et une en pointe.*

[Le fief de Saint-Hipoly étoit encore possédé, à la fin du dernier siècle, par un seigneur du nom de Destang, dont les armes étoient celles ci-dessus décrites.]

I. — Florent Destang fit son testament le 5 mai 1547 [par ce testament, il institua son fils aîné héritier, et légua ses autres enfants]. Il avoit épousé, par contrat du 13 mai 1542,... Cayral [ou Cayrat], dont il eut : 1° Jean ; 2° Antoine, qui suit; 3° Nicolas; 4° d'autres enfants auxquels il est fait des légats par le testament du père, dans lequel les trois premiers seuls sont nommés.

II. — Antoine Destang donna quittance à Jean, son frère, le 5 septembre 1575, pour le reste de sa légitime pour les biens de Florent, leur père.

Antoine épousa Françoise de La Blanchie, dont il eut : 1° François ; 2° Thomas, qui suit.

III. — Thomas ratifia à François, son frère, la transaction passée sur les successions d'Antoine et de la dite de La Blanchie, leurs père et mère, le 4 février 1597.

Il épousa, par contrat sans filiation du 26 décembre 1600, Renée de La Courrière [ou de La Courvière], dont il eut René, qui suit.

IV. — René Destang épousa, par contrat du 29 septembre 1626, Jeanne de Lestang, dont il eut : 1° Alexandre, qui suit; 2° Pierre Dodet, qui transigea avec ledit Alexandre, son frère, et lui céda les droits à lui appartenants dans la succession dudit René et de ladite Lestang, ses père et mère, auxquels il avoit succédé avec ses quatre frères nommés ci-dessous par acte du 22 octobre 1664; 3° autre Pierre; 4° Guy; 5° François; 6° René.

V. — Alexandre Destang épousa Anne Vaux.

---

(1) *Des Coutures dit du 1ᵉʳ novembre.* — R.-P.

DESTRESSES, Sʳ dudit lieu, paroisse d'Astillac, élection de Brive, porte *d'azur à 1 chevron d'argent accompagné de 3 fers de lance de même.*

[Les Destresses, autrement les Dextrices, en latin *de Dextriciis*, lieu situé dans la paroisse d'Estaillac en Limousin, est connu, depuis l'an 906 ou 923, par la défaite des Normands, qui y furent battus par le roi Robert. Le château est situé à une très-petite distance de la ville de Beaulieu en Bas-Limousin, sur le bord de la Dordogne, où le Sgr d'Estresses a droit de pêche.]

I. — Pierre Roquet, Sʳ des Tresses, fit son testament le 9 septembre 1563. Il avoit épousé Jeanne de Valon par contrat du 8 juin 1553, jour où il est dit contractant dans le contrat de mariage de cette date d'Arnaud de Roquet, son frère plus jeune, avec Marguerite d'Antissac.

De Pierre Roquet et de Jeanne de Valon naquirent : 1° Michel [Sʳ de Valon]; 2° Gaspard, qui suit; 3° Jean.

II. — Gaspard Destresses, chevalier de l'ordre du roi, fit son testament le 13 octobre 1586. Il avoit épousé, par contrat sans filiation portant changement de nom, du 20 juillet 1572, Isabeau de Plats, dont il eut : 1° Guy, qui suit; 2° Jean, mort évêque de Leytoure en 1646 [voyez Nadaud, *Mémoires manuscrits pour servir à l'histoire du Limousin*, table ou T. VI, p. 75]; 3° Jacques; 4° Léger; 5° autre Jean.

III. — Guy Destresses fit son testament le 5 août 1634. Il avoit épousé, par contrat sans filiation du 23 mai 1582, Adrienne de Montaignac, dont il eut Gaspard, qui suit.

IV. — Noble Gaspard Destresses, de la paroisse d'Astailhac [testa le 5 août 1634 en faveur de son fils Guy : il] épousa, par contrat sans filiation du 27 juillet 1644, Gabrielle du Buisson de Bournazel, dont il eut : [1° Guy, qui suit; 2°] François, tonsuré en 1664.

[V. — Guy, Sgr d'Estresses ou des Détresses, épousa.....]

Notes isolées.

Wading parle, dans ses *Annales des frères mineurs* (T. IV, regist. pontif., p. 103), de noble Gérald Destres, chevalier, Sgr de Raguens au diocèse de Lyon, qui fit construire un autel dans l'église des frères mineurs de Bourg en Bresse, au même diocèse, l'an 1371.

Barthélemy d'Estresses, Sgr de Graulejac, héritier du Sʳ de Lansac, son oncle, épousa Jeanne de Turenne, fille de Jean de Turenne, comte d'Aubepeyre, et de Catherine de Felzins, dont il eut Marie-Guyonne-Romaine [nommée d'Estresses de Graulisac dans les *Tablettes historiques*, ɪᴠᵉ partie, p. 54], mariée, par contrat du 24 janvier 1710, avec Jean François de Gironde, marquis de Montclera, fils d'Emmanuel-Joseph et de Catherine de Peyrac de Jugeals. (Simplicien, *Histoire des grands officiers de la couronne*, T. VIII, p. 595).

Le P. Simplicien dit, dans son ɪᴠᵉ volume (p. 120), de l'*Histoire des grands officiers de la couronne*, que la branche des Gontaud marquis de Lansac s'est éteinte dans la maison Destresses (même volume, p. 141, il dit à tort Destrelles) en Limousin.

DESVAL. — Jean Desval, Sʳ du Breuil, paroisse de Saint-Julien, élection de Tulle, fut maintenu dans sa noblesse par M. de Fortis, intendant.

DEVEZEAU, Sʳ de Lage, de Chasseneuil, de La Courière et du Treul, paroisse de Chasseneuil, élection et diocèse d'Angoulême, porte *d'azur au chef danché de gueules*, deux lions pour supports.

I. — Pierre Devezeau épousa, par contrat du 12 janvier 1467, Guillemette de Boussat.

II. — Guillaume de Devezeau donna, le 4 juillet 1505, quittance de la dot de sa femme, Jacquette Paulte.

III. — Claude de Devezeau épousa, par contrat du 2 février 1535, Jacquette de Lauvergnat, dont il eut : 1° Guy, qui suit; 2° François, qui épousa, en 1574, Anne de Rocard, et *fit une branche*.

IV. — Guy de Devezeau, épousa : 1°, par contrat du 13 juin 1585, Françoise Pénil ; 2°, par contrat du 19 août 1597, Suzanne de Lestang, dont il eut René, qui suit.

V. — René de Devezeau épousa, par contrat du 11 janvier 1629, Bénigne Thibaud.

VI. — François de Devezeau, écuyer, Sʳ de Lage, de Chasseneuil et de La Planesse en Angoumois, épousa, par contrat du 3 mai 1656 et le 10 du même mois de mai, dans la chapelle de Laumosnerie (1), paroisse d'Aixe, Charlotte de Lubersac, fille de Philibert de Lubersac, écuyer, Sʳ du Verdier et de Laumosnerie, et de Luce de Réal. Charlotte mourut à Rancogne, le 1ᵉʳ août 1740, âgée de cent ans.

Vigier, dans sa *Coutume d'Angoumois* (p. 95), dit que, par arrêt du 13 août 1663, pour François, duc de La Rochefoucaud, il fut ordonné que les qualités de *messire* et de *chevalier* prises par Devezeau seroient rayées, et seroit seulement appelé écuyer, sans pouvoir porter dans ses armes aucune couronne comtale.

IV bis. — François de Devezeau, second fils de Claude et de Jacquette de Lauvergnat, épousa, par contrat du 2 août 1574, Anne de Rocard.

V. — Jacques de Devezeau épousa, par contrat du 26 février 1623, Jacquette de Merge, dont il eut : 1° Jean, qui suit ; 2° Pierre de Devezeau, Sʳ du Treul, qui épousa Jeanne Ravard, dont il eut Louis, baptisé le 21 juin 1654. Ces deux frères, Jean et Pierre, transigèrent sur le testament de leur père le 20 juin 1654.

VI. — Jean de Devezeau, Sʳ de La Courrière, épousa Marie Teché.

Notes isolées.

Louis Devezeau, écuyer, Sʳ de Villars et de Rancogne, du lieu du Chatenet, paroisse de Montbron, où il mourut le 11 mai 1694 (il fut enterré à Rancogne), avoit épousé Anne de Saint-Laurent, qui mourut, âgée de quarante-cinq ans, le 22 août 1695, et dont il eut : 1° François, né le 9 avril 1682; 2° Anne, née le 15 juillet 1687.

Samuel-François de Vezeau, écuyer, Sʳ de Cressier, dudit lieu du Chatenet et de Rancogne, épousa Susanne Odé, dont il eut : 1° Susanne, née le 23 juin 1690; 2° Marie, née le 23 décembre 1697; 3° autre Marie, née le 24 mars 1699; 4° Pierre,

---

(1) Laumosnerie, petit château d'habitation, dont les jardins sont baignés par la Vienne un peu au-dessous d'Aixe (chef-lieu de canton, Haute-Vienne). Ce château est habité aujourd'hui par les représentants de la branche aînée de la famille de Villelume. — Rancogne, paroisse, canton de La Rochefoucauld (Charente). — Montbron, chef-lieu de canton (Charente). — Asnières, paroisse, canton d'Hiersac (Charente). — R.-P.

né le 18 janvier 1702; 5° autre Pierre, né le 13 février 1704; 6° Françoise, morte au berceau.

François Devezeau, écuyer, S' de Rancogne, mourut, âgé de soixante-trois ans, le 2 septembre 1652. Il avoit épousé Anne Dussaut, qui mourut, âgée de cinquante ans, le 29 novembre 1653.

Philibert-Joseph de Devezeau, chevalier, S' de Lage, Chasseneuil, Le Pins, Mestry et Puygibaud, épousa, à Saint-Martial d'Angoulême, le 13 novembre 1696, Françoise-Geneviève de Saint-Maure, du diocèse de Saintes.

François Devezeau, écuyer, S' de Rancogne, épousa Marie Pasquet, dont il eut : 1° Samuel, né le 22 mars 1661, auquel on suppléa les cérémonies du baptême le 21 mai suivant ; 2° Catherine, née le 3 mai 1663 ; 3° François, né le 31 décembre 1664; 4°....., né le 21 mars 1667; 5° Marguerite, née le 24 avril 1668; 6° Anne, née le 2 octobre 1670; 7° Charles, né le 11 mai 1672; 8° Françoise, née le 2 décembre 1673; 9° Marie-Julie, née le 18 mars 1676, morte le 6 septembre 1740 ; 10° Marguerite, née le 9 septembre 1679; 11° Marie, morte âgée de quatre ans.

François Devezeau, écuyer, S' de Rancogne, mourut, âgé de soixante-sept ans, le 24 octobre 1701. Il avoit épousé Judith Mesnard, dont il eut : 1° Pierre, né le 2 juin 1690; 2° Georges, né le 2 juin 1692.

Gilbert Devezeau, écuyer, de la paroisse d'Asnières, épousa, en 1762, Geneviève Fleuri, de la paroisse de La Celle, à Poitiers (1).

DEVOYON. — Jean Baptiste Devoyon, fils de Léonard, avocat à Limoges, et de..... Poillevé, fut d'abord avocat, puis juge royal et prévôt de la dite ville, charge qui fut supprimée de son temps. Il acheta, en....., celle de procureur du roi au bureau des finances dudit Limoges de..... Faulte, S' du Puydutour. Il épousa..... de Verdilhac, dont il eut : 1° Léonard, qui suit ; [2°..... Devoyon de La Planche, capitaine de chasseurs au régiment de Bassigny infanterie, vivant en 1783; 3°....., dit l'abbé de Bonneval, chanoine de la cathédrale de Limoges, vice-promoteur du diocèse; 4°....., officier au régiment de Bretagne infanterie, vivant en février 1783; 5°....., chanoine de la cathédrale, vivant en février 1783; 6°....., mariée avec..... Vaucourbeil de La Bachellerie, trésorier de France].

Léonard Devoyon, écuyer, épousa, en 1770, Catherine Garat, de Saint-Yrieix.

[DIGNAC, fief mouvant du duché de La Valette en Angoumois.
..... de Raymond, S' du Breuil, étoit Sgr de Dignac en 1698.]

DISAN. — Jacques Disan, S' du Pin, paroisse de....., élection de Saintes, fut trouvé gentilhomme en 1598.

DODE. — Noble Guillaume Dode, S' des Brousses en Bourgogne, écuyer du maréchal de Danville, mourut le 13 mars 1569, et fut inhumé dans l'église des frères prêcheurs de Limoges, devant l'autel du Crucifix (*Necrologium FF. PP. Lemovic.*).

---

(1) En tête de la première des deux pages du manuscrit où se trouvent groupées les notes précédentes sur les Devezeau, Nadaud indique les pages 652, 696, 753, 1147 et 2241 comme devant fournir d'autres notes pour cette famille. Or *toutes* ces pages ont été enlevées du manuscrit. -- R.-P.

DOIGT. — Jean de Doigt, Sr Destraves, paroisse de Saint-Julien, élection de Tulle, fut maintenu dans sa noblesse par M. de Fortis, intendant.

DOMPNHON. — *Voyez* Hélie du Dompnhon.

DONNET, Sr de Laubertie, paroisse d'Arnac-Pompadour (1), élection de Brive, porte.....

I. — Pierre Donnet, Sr de Laubertie et du Rouveys, eut des lettres de noblesse au mois de juin 1659, et un brevet de retenue au mois de mai 1668. Il fut lieutenant de la justice de Pompadour. [Dans un titre des papiers domestiques de M. de Daignac de Pommiers près L'Arche, signé Combredet, notaire royal, il est qualifié d'écuyer, vivant et demeurant au bourg de Pompadour en Bas-Limousin le 1er mars 1670.]

Les registres d'Arnac-Pompadour constatent qu'il mourut le 9 novembre 1670, et qu'il fut inhumé à Pompadour. Il avoit fait, avec sa première femme, le 9 décembre 1666, un testament, et, le jour même de sa mort, il fit un codicile signé Combredet.

Il avoit épousé 1° Susanne du Guerard, dont il eut : 1° Jean, qui fut prieur de Veysset ; 2° Madeleine, baptisée le 8 janvier 1650, et qui se fit religieuse ; 3° Marie, née le 12 septembre 1655, entrée en religion chez les Ursulines de Brive ; 4° et 5° Pierre, qui suit, et Jacob, Sr de Lauge, baptisé le 21 juin 1658, et marié, en septembre 1669, à Joséphine du Garreau, fille de feu François-Louis, écuyer, Sr du Boscq, et de Marie du Gros, de la paroisse de Salon.

Pierre Donnet épousa 2°, le 19 septembre 1667, dans l'église de Salon, Marie du Gros, veuve de noble François-Louis du Garreau, laquelle mourut, âgée de soixante ans, le 28 février 1681.

II. — Pierre Donnet, écuyer, Sr du Rouveyx, lieutenant général à Uzerche,

Epousa : 1° Catherine Liliaud, dont il eut : 1° Susanne, mariée, le 26 novembre 1680, à Etienne de Donnèves, S^r de La Garedie, fils de François de Donnèves, S^r de La Faye, juge de Vignols, et de feue Anne de Nauche ; 2° Madeleine, mariée, le 17 août 1687, à Jean Fayvoa, S^r de La Rivière, fils de feu Jacques, Sr de Las Brepanilhas, et d'Anne de Peyreaux, paroisse de Saint-Éloi-de-Ségur ; 3° Marie-Constance, baptisée le 24 mai 1673 ; 4° Jeanne, mariée, le 26 septembre 1688, à Maximien La Croix de Trigant, S^r de La Chapelle, fils de feu Guillaume et de feue Marie Mandat, de la paroisse de Juillac ; 5° Jean-Timothée, baptisé le 24 janvier 1678.

Il épousa 2°, en février 1680, Antoinette de Ribeyreix, qui mourut veuve le 17 septembre 1719, et dont il eut : 6° Charles, mort, âgé de quarante ans, en 1721 ; 7° Guillaume, baptisé le 31 décembre 1682.

II bis. — Pierre Donnet, écuyer, Sr de Laubertie, épousa Marie de Jay de Beaufort, qui mourut, âgée de soixante-dix ans, le 5 octobre 1738, et dont il eut : 1° Charles, né le 2 avril 1698 ; 2° Antoine, né le 11 mars 1699 ; 3° Raymond, né le 21 avril 1700 ; 4° Jean, Sr de Rouveyx, né le 19 juillet 1702, et qui suit ;

---

(1) Arnac-Pompadour, paroisse, canton de Lubersac (Corrèze). — Brive, chef-lieu d'arrondissement (Corrèze). — Salon, paroisse, canton de Vergt (Dordogne). — Uzerche, chef-lieu de canton (Corrèze). — Vignols, paroisse, canton de Juillac (Corrèze). — Ségur, paroisse, canton de Lubersac (Corrèze). — Juillac, chef-lieu de canton (Corrèze). — Chamberet, paroisse, canton de Treignac (Corrèze). — R.-P.

5° Anne, baptisée le 16 septembre 1703, et mariée, le 26 juillet 1729, à Pierre La Croix, Sr de Beaupré, du bourg de Juillac; 6° Léonard, baptisé le 14 novembre 1704; 7° Toinette, morte sans alliance; 8° Marie, morte sans alliance; 9° Charlotte-Susanne, née le 17 juin 1710, et mariée, le 7 février 1741, à Pierre Casebonne, du bourg de Chamberet.

III. — Jean Donnet, Sr du Rouveyx, écuyer, fils de Pierre, Sr de Laubertie, mourut, âgé de trente-quatre ans, le 26 février 1736. Il avoit épousé Françoise Lafon, dont il eut : 1° Pierre, baptisé le 2 novembre 1732; 2° autre Pierre, né le 24 janvier 1734, et qui suit; 3° Jean, baptisé le 17 décembre 1734; 4° Jacques, né le 21 mars 1736.

IV. — Pierre Donnet, écuyer, Sr de Laubertie, épousa : 1° à Peyzac, le 15 janvier 1754, Jeanne d'Abzac, qui mourut, âgée de vingt ans, le 24 novembre suivant, et dont il eut Françoise, née le 10 novembre 1754. Il épousa 2°, étant âgé de vingt-deux ans, le 24 janvier 1756, Susanne du Teillet, qui étoit âgée de dix-huit ans, et fille de ..., S^r de La Motte, de la ville de Brive.

DONZENAC. — *Voyez* Ventadour.

DORAT (1).

DORIGNI porte *écartelé, au 1er et au 4e, d'or à la bande de gueules; au 2e et au 3e, de gueules à la main droite posée en pal d'argent.*

François Dorigni ou Dorgnac (*Doriniacus*), abbé de Saint-Serge-lez-Angers en 1471, est dit, dans son épitaphe, sorti d'une haute naissance du Limousin.

Marie Dorigni, femme de Giles Le Compasseur, capitaine de la ville et châtel de Joinville (vers 1450), fut inhumée dans l'église de Bar-sur-Seine, où sont ses armes et son épitaphe.

Sources : *Gallia christiana vetus*, T. IV, p. 823. — Moreri, édition de 1759, au mot Compasseur.

[DOUGEAC ou Saint-Martial de Dougeac.]

DOUHET. — [Maison noble du Limousin assez ancienne. Elle a été divisée en plusieurs branches, dont la principale est celle des seigneurs du Puy-Moulinier.]

Balthazard Douhet, bourgeois et marchand de Limoges, épousa ....., dont il eut Maureil, qui suit.

Maureil Douhet épousa, avant 1505, Françoise Pastoureau, qui étoit morte en 1519.

[Anne de Douhet de Marlot, épousa, en 1578, Martin de Laizer, S^gr de Siougeat. (De Comble : *Tabl. de la noblesse*, 1786, 2e part., p. 247.)]

---

(1) La seconde table de Nadaud indiquoit des notes pour cette famille à la page 2030, qui est enlevée. — R.-P.

Noble Pierre de Douhet, élu, Sgr de Saint-Pardoux près Razés (1) et du Puy-Moulinier près du Palais, habitant de Limoges, et frère de Philippe nommé ci-après, épousa Jeanne Brugeas, qui fit son testament le 1er octobre 1591, et dont il eut Madeleine, mariée, par contrat du 21 septembre 1609, à Jacques de Jumilhac, fils d'Antoine Chapelle de Jumilhac et de Marguerite de Vars.

Jean Douhet, Sr du Chambon, président des élus du Haut-Limousin en 1606.

Noble Pierre de Douhet, Sgr de Saint-Pardoux et du Puy-Moulinier, élu à Limoges, greffier en chef civil du sénéchal et présidial de Limoges, fit son testament, signé de Crosrieu, le 13 mars 1614, et un codicille, signé du même, le 26 avril 1615. Il avoit épousé Françoise de Miomandre, qui fit son testament et un codicille, signé Tortecornet, les 13 mars 1614 et 26 avril 1615, demandant à être inhumée dans l'église de Saint-Martial de Limoges. De ce mariage naquirent : 1° Françoise, mariée, par contrat du 21 septembre 1615, à noble Charles ou Léonard Garreau, écuyer, Sgr de Saint-Avit et de Château-Favier de la ville d'Aubusson, fils de noble Gabriel; 2° autre Françoise, mariée à Antoine Martin, avocat, Sr du Mazeau, fils de Michel, président au présidial et sénéchal de Limoges, par contrat, signé de Crosrieu, en date du 30 mars 1622; 3° Philippe, qui suit; 4° Léon, Sr du Gravier, qui se maria à Gailhane Morel; 5° Charles, qui se maria à Narde Roux; 6° Antoine, Sr de Saint-Martin; 7° Pierre, Sr de La Gorse, marié à Marie de Petiot; 8° Jacques, Sr du Puy-Moulinier, marié à Charlotte de Martin; 9° Marie, religieuse à Blessac en 1622.

Philippe de Douhet, Sgr de Saint-Pardoux, fut *homicidé*. Il avoit épousé... Moreil, dont il eut : 1° Philippe; 2° Thérèse; 3° Marie ou Françoise, dame de Saint-Pardoux, qui survécut seule, et fut mariée à François du Pouget, chevalier, marquis de Nadaillac et de La Villeneuve, paroisse de Vallière en Haute-Marche.

Philippe de Douhet, écuyer, Sr du Chambon, du Puy-Moulinier, puis de Saint-Pardoux, et frère de Pierre, élu, cité plus haut, fit, le 25 avril 1609, son testament, signé Crosrieu, par lequel il veut être inhumé dans l'église de Saint-Martial de Limoges ès-tombeaux de ses prédécesseurs. Il fait héritier Pierre, son frère, Sgr de Saint-Pardoux. Il avoit épousé, par contrat du 10 février 1597, signé Simon, Marie Thamoyneau, fille de feu Léonard et de Jeanne de La Sudrie, qui se remaria à Joachim de Maynat, écuyer, Sr du Chatelard. De Philippe et de Marie naquirent : 1° Françoise, mariée, par contrat du 18 février 1618, signé Crosrieux, à noble Jean Vidaud, conseiller, magistrat et garde des sceaux en la sénéchaussée de Limoges; 2° Madeleine, mariée, en 1622, à Gédéon de Brettes; 3° Pierre, mort en bas âge.

Michel de Douhet, avocat en la généralité de Limoges [et aussi élu et Sr du Chambon d'après les registres de la paroisse de Saint-Pierre-du-Queyroix de Limoges, épousa Marie Guérin, dont il eut six garçons et deux filles : l'un des garçons, nommé Pierre, fut baptisé le 27 septembre 1625. (Registres de la paroisse de Saint-Pierre-du-Queyroix de Limoges)]

---

(1) Saint-Pardoux, paroisse, canton de Bessines (Haute-Vienne). — Le Palais, paroisse rurale, canton nord de Limoges. — Blessac, aujourd'hui paroissse, canton d'Aubusson (Creuse), ancien monastère de l'ordre de Fontevraud. — Vallière, canton de Felletin (Creuse). Le château de La Villeneuve, flanqué de quatre tours, et situé sur un mamelon près d'un ruisseau affluent du Taurion, est aujourd'hui la propriété de M. du Mirail, député au Corps législatif; ses dépendances servent pour une ferme école. — Saint Julien, paroisse, canton de Bort, arrondissement d'Ussel (Corrèze). — Meilhac, paroisse, canton de Nexon (Haute-Vienne). — Panazol, paroisse rurale, canton sud de Limoges. — R.-P.

Pierre de Douhet, écuyer, S^r de La Gorsse, avocat du roi en la prévôté générale de Limoges, épousa Marie de Petiot.

Jacques de Douhet, Sr du Puy-Moulinier, lieutenant criminel à Limoges, acheta l'office de garde de la monnoie. Il épousa Charlotte de Martin, fille de Jacques, Sr de Curzol, qui fit, le 25 octobre 1644, son testament signé de Lortcornet, et par lequel elle veut être inhumée dans l'église de Saint-Martial de Limoges. Deux naquirent : 1° Jacques ; 2° Martial ; 3° Pierre ; 4° Jeanne, mariée, par contrat du 2 février 1645, reçut Lortcornet, à noble Martial d'Aubusson, chevalier, Sr du Verger, trésorier de France à Limoges.

Charles de Douhet, S^r de La Rivière, épousa, par contrat du 26 octobre 1644, signé de Lortcornet, Narde Roux, fille de Jean Marchand et de Catherine Boulhon.

Jacques de Douhet, écuyer, Sr du Puy-Moulinier, lieutenant criminel, épousa, par contrat du 5 février 1645, signé de Lortcornet Marie d'Aubusson, veuve de noble Martial Benoît, écuyer, Sr du Moulin et trésorier de France à Limoges.

Léon de Douhet, écuyer, Sr du Gravier et du Breuil, contrôleur triennal des finances en l'élection de Limoges, fit, le 9 juin 1646, son testament, signé de Lortcornet, et par lequel il veut être enterré dans l'église de Saint-Martial de Limoges ès-tombeau de ses prédécesseurs. Il avoit épousé Gailhane Morel, dont il eut : 1° Jacques ; 2° Catherine ; 3° Thérèse ; 4° Françoise ; 5° Madeleine.

Noble Jean de Douhet ou Doüet, Sr de Marlat, du lieu de Combres, paroisse de Saint-Julien près Bort, mourut le 23 février 1675. Il avoit épousé : 1° Antoinette de Brèson ou de Montbrison, qui mourut le 17 juin 1655, et fut enterrée audit Saint-Julien, et dont il avoit eu Jeanne, née le 24 mai 1654, et baptisée le 27 mars 1668. Il avoit épousé 2° Anne de La Brousse de La Motte, dont il eut François, né le 25 avril 1667.

Martial de Douhet, avocat, S^r des Brousses, épousa Françoise Bazin, dont il eut Susanne, baptisée à Meilhac le 2 juillet 1685.

Jacques de Douhet, écuyer, Sr du Puy-Moulinier, lieutenant criminel en la sénéchaussée et siége présidial de Limoges, épousa Susanne de Roffignac, qui mourut veuve, âgée de quatre-vingt-neuf ans, le 4 avril 1737, et fut enterrée à Saint-Martial de Limoges. D'eux naquirent : 1° Jean Jacques, qui suit ; 2° Susanne, mariée, le 8 décembre 1708, à Jacques Lorme, écuyer, Sr de Paignac, paroisse de Mons et de Périgères. (D'Hozier, *Armorial général*, 1re partie, p. 350.)

Jean-Jacques de Douhet, chevalier, S^{gr} du Puy-Moulinier, du Palais et de Panazol, lieutenant criminel à Limoges, épousa : 1° ..... ; 2° Marie-Anne-Madeleine-Françoise-Josèphe Le Garey du Mont, qui mourut, âgée de quarante ans, le 3 juillet 1737, et fut enterrée à Saint-Martial de Limoges. De ce grand mariage vinrent : 1° Marie-Anne, née le 24 juin 1715 (registres de la paroisse du Palais) ; 2° Susanne, née le 11 février 1717 ; 3° Jacques-François, né le 10 août 1721 ; 4° Pierre, né le 23 janvier 1723 ; 5° Marie-Anne, mariée, le 10 mars 1750, à Jean-Baptiste Ardant, Sr du Masjambaud, fils de feu Georges, marchand, Sr de Marsat et du Masjambaud, et de Claire Guybert ; 5° Catherine, morte âgée de trois jours.

Jacques-François de Douhet du Puy-Moulinier, écuyer, épousa, en 1762, Marie-Anne Garat, dont il eut Joseph-Barthélemy, mort le 2 juillet 1767.

Martial de Douhet de Richebourg, gendarme de la garde, épousa Madeleine de Verdilhac, qui mourut à Limoges le 7 mai 1754. (Registres de l'église de St-Michel-de-Pistorie de Limoges.)

Jean-Baptiste de Douhet, écuyer, S' de La Courtodie, président au présidial de Limoges, mourut, âgé de soixante-dix ans, le 13 novembre 1764, et fut enterré à Saint-Martial de Limoges. Il avoit épousé Madeleine Périer de La Gardelle, qui mourut, âgée de soixante-sept ans, le 8 septembre 1764, à Faugeras, paroisse de Saint-Christophe de Limoges, et fut enterrée à Saint-Martial de Limoges. D'eux naquirent : 1° Jean-Baptiste, mort sans hoirs le 27 février 1760, et enterré à Saint-Martial de Limoges; 2° Pierre, mort, âgé de treize ans, le 9 avril 1748, et enterré à Saint-Martial de Limoges ; 3° Marie-Thérèse, morte, âgée de seize ans, le 12 avril 1748; [4°....., qui épousa..... Dorat, premier président au présidial de Limoges, et dont elle eut : 1° un garçon, mort; 2°...., garde du corps du roi, vivant en février 1783, mort en août 1790; 3°..., dite mademoiselle Dorat, vivant en 1783, et mariée à.... de Rocquard, chevalier, dont elle a eu des enfants].

[Anne de Douhet de Marlot épousa, en 1578, Martin de Laizer, Sgr de Siougeat. (De Combles, *Tabl. de la nobl.*, 1786, 11e partie, p. 217.)

..... de Douhet, S' du Gravier, étoit colonel de l'infanterie ou milice bourgeoise de Limoges à la réception de M. de Laurière, lieutenant du gouvernement du Limousin en juin 1635.

Les registres de l'église Saint-Pierre-du-Queyroix, déposés chez M. Sage à Limoges, donnent les noms suivants :

1° Peyronne Douhet, mariée avec Pierre Maledent l'aîné, vivante le 28 juillet 1603.

2° Jean Douhet, marié avec Marie Duboys, mort avant le 19 septembre 1603, et dont la veuve vivoit encore le 19 mai 1607.

3° Jeanne Douhet, mariée avec maître Jean Saleys, avocat, qu'on trouve vivante les 13 mars 1608 et 11 juin 1621.

4° Balthazard de Douhet, S' du Bouscheron, vivant le 27 avril 1608, épousa Catherine Maledent, dont il eut : 1° Léonarde, baptisée à Saint-Pierre-du-Queyroix le 1er juillet 1603, ayant pour parrain Pierre de Douhet, prévôt des Séchères, sans doute son oncle : Léonarde vivoit le 1er septembre 1621 et le 7 décembre 1627; 2° Balthazard, baptisé le 20 avril 1610; 3° Narde, baptisée le 20 septembre 1617; 4° Isaac, baptisé le 1er septembre 1621.

5° Joseph Douhet, qui, vivant encore le 28 septembre 1627, s'étoit marié avec Catherine Chastaignac, dont il avoit eu Jeanne, baptisée le 17 février 1610.

6° Jeannette Douhet, veuve de feu Isaac Mousnier, vivante le 20 avril 1610.

7° Jean Douhet, marié avec Marie Décordes, dont il eut : 1° Jeanne, baptisée le 16 juillet 1611; 2° Catherine, baptisée le 3 octobre 1625; 3° Joseph, baptisée le 28 septembre 1627.

8° Martial de Douhet, vivant le 17 mars 1618.

9° Madeleine Douhet, vivante le 10 octobre 1621.

10° Catherine Douhet, femme d'Israël Gaudi, vivante le 4 décembre 1621 et le 3 octobre 1625.

Les registres de la paroisse Saint-Jean-en-Saint-Etienne de Limoges constatent, à la date du 26 avril 1658, l'existence d'une demoiselle Jeanne de Douhet.

De Douhet, Sr de Beaupied et de Bomaresche, mort en 1771, ne laissa que quatre filles : 1° ..... mariée à ..... S' du Puy-Guichard, et vivante en 1771 ; 2° ..... mariée à Saint-Junien et vivante en 1771 ; 3° et 4°, deux filles, non mariées, qui résidoient à Flavignac.]

DOUSSET (du). — *Voyez* GUILLOT.

DOYNEIS. — *Voyez* ANDALAY (T. I*er*, p. 43).

DOYRON. — Oiron en Berry porte *d'argent à 3 roses de gueules tigées et feuillées de sinople, 2 et 1.* (*Dictionn. généalog. de 1757.*)

Louis Doyron, S^{gr} d'Ajain dans la Haute-Marche (1), veuf de Claude de Colemberg, épousa, le 9 novembre 1593, Honorée d'Aubusson, veuve de François de Lezay, S^{gr} de Beauregard, fille de François d'Aubusson, S^{gr} de La Feuillade, chevalier de l'ordre du roi, et de Louise Pot.

Noble Louis Doyron, de la paroisse d'Ajain, épousa ..., dont il eut : 1° Annet, tonsuré en 1599, puis prieur de Jarnages en 1602 et 1610; 2° Jacques, tonsuré en 1617.

Annet Doyron, écuyer, Sr de Luiguières, épousa, en 1606, Marguerite de La Porte, veuve de François de Bonneval.

Jacques Doyron, Sr de Chérignac (mieux Charnhac), épousa Jeanne de Froment, fille de Louis de Froment, écuyer, Sr du Saillant, et de Madeleine de Murant. Jeanne avoit épousé déjà Louis de Hautefort, Sr de Chassain, et, en secondes noces, François d'Aubusson, Sr de Poux et de Chalon.

Pierre Doyron, écuyer, de la paroisse de Saint-Denis-de-Joué, épousa, le 5 octobre 1651, Anne du Ligondez, fille de Jean du Ligondez, écuyer, S^r en partie de Genouilhac en Haute-Marche et de Chanon, et d'Isabeau de La Chapelle.

Robert Doyron, chevalier, S^{gr} de Charguhac, épousa, à Saint-Vaulry, le 19 mai 1684, Marie de La Loue, fille de Daniel de La Loue, écuyer, Sr du Masgilier, paroisse du bourg de Salagnac, et de Josèphe-Françoise de La Tour de Neufvillars.

Catherine Doyron, de la paroisse de Charnhac, épousa, en 1767, Marc-Antoine du Léris, écuyer, Sr de Sauviac.

DREUILLE, Sr de Puycheny et de La Robertière, paroisse de Saint-Romain et des Essars, élection d'Angoulême, porte.....

I. — Blaise de Dreuille épousa Françoise Jourdain.

II. — Jean de Dreuille épousa, par contrat du 13 juin ou 13 août 1564, Jeanne Renouard.

III. — Jean de Dreuille, qualifié fils d'autre Jean et de ladite Renouard par arrêt de la cour des aydes de Paris du 18 août 1599, épousa....., dont il eut : 1° Jean, qui suit; 2° Pierre, qui se maria, par contrat du 25 février 1619, avec Françoise Mallart.

IV. — Jean de Dreuille, écuyer, Sr de Puycheny, fit son testament le 12 décembre 1625. Il avoit épousé, en présence de ladite Renouard, son aïeule, le 17 mai 1594, Esther de Sainte-Maure, dont il eut : 1° Jean, Sr de Puycheny; 2° Marie; 3° Jeanne; 4° Elisabeth. Ces quatre enfants transigèrent sur la succession de leurs père et mère le 5 décembre 1647.

IV bis. — Pierre de Dreuille épousa, par contrat du 25 février 1619, Françoise Mallart.

---

(1) Paroisse, canton de Guéret (Creuse). — Jarnages, chef-lieu de canton (Creuse). — Chérignat, paroisse, canton de Bourganeuf (Creuse). — Saint-Denis-de-Jouhet, paroisse, canton d'Aigurande (Indre). — Genouillac, paroisse, canton de Chatelus (Creuse). — Saint-Vaulry, chef-lieu de canton (Creuse). — Le Grand-Bourg de Salagnac, chef-lieu de canton (Creuse). — Sauviat, canton de Saint-Léonard (Haute-Vienne). — R.-P.

V. — Gabriel de Dreuille, Sʳ de La Robertière, fut maintenu dans sa noblesse par arrêt du conseil du 14 avril 1667. Il épousa, par contrat du 12 décembre 1641, Marthe de Nouveau.

En 1598, les preuves de noblesse de cette famille n'avoient pas été trouvées suffisantes.

DREUX (1).

DUBOIS. — *Voyez* Combles, T. 1ᵉʳ, p. 466.

Dubois, Sgr de Margeride [fief situé dans l'élection de Tulle et la paroisse de..... : à la fin du dernier siècle, il appartenoit encore à un seigneur du nom de Dubois], porte *d'argent à un lion rampant de gueules, armé et lampassé de même, tenant entre ses griffes une croix ancrée d'argent, au chef de gueules chargé de 3 étoiles d'argent* (2).

I. — Jean Dubois eut des lettres d'anoblissement au mois d'octobre 1643, et un brevet de retenue au mois de février 1667, brevet dûment vérifié ainsi que les lettres. Il épousa Toutail [ou Coutail].

II. — Jean Dubois, écuyer, Sʳ de Mazières, épousa, par contrat du 7 octobre 1659, Marie Dumont, dont il eut François, qui suit.

III. — François Dubois, écuyer, Sʳ de La Vigne, du lieu de Busseroux, paroisse de Margeride, épousa, par contrat du 9 décembre 1691, Jeanne Ribeyreix, née le 7 décembre 1676, de Gilbert, écuyer, Sʳ de Bigoulette, paroisse d'Aigurande, et de Gilberte de Lissac. D'eux vinrent : 1° Marie, née le 2 octobre 1692; 2° Gilberte, née le 26 décembre 1693; 3° Jean, né le 15 janvier 1696; 4° autre Marie, née le 15 décembre 1697.

Jean Dubois, écuyer, Sʳ de Margeride, de Brigoulets et du Mont, paroisse de Saint-Etienne-aux-Claux, épousa Marguerite Gorse, dont il eut Jean-Gaspard, qui étoit ecclésiastique en 1764.

Dominique du Bois de Saint-Hilaire, écuyer de la ville de Brive, épousa, en 1763, Marie Françoise de Merigoude de Favars, de la ville de Neuvic.

Jean Dubois, écuyer, de la paroisse de Saint-Maxime de Confolens, épousa, en 1766, Louise de Trion.

DUBOIS, Sʳ de Lamotte, paroisse de Geminaux, et des Mesnadières, paroisse d'Archiac, élection de Saintes, portent *d'argent à une aigle de sable au vol abaissé, tenant un rameau de gueules au bec.*

I. — Jean Dubois testa le 13 octobre 1557. Il avoit épousé, par contrat du 24 novembre 1511, Hélène du Nourigier.

II. — Jacques Dubois épousa Marguerite de Lestang.

III. — Charles-Michel Dubois épousa, par contrat du 22 janvier 1582, Marie de Pressat, dont il eut : 1° Louis, qui suit; 2° Henri-Claude, qui se maria, en 1621, avec Françoise Faure; 3° Charles, qui devint prêtre.

---

(1) La table indique que Nadaud avait des notes sur cette famille à la page 1145 ; mais les feuillets du manuscrit sont enlevés de la page 1143 à la page 1148 inclusivement. — R.-P.

(2) Les armes sont ainsi décrites dans la table de des Coutures ; mais dans le dessin colorié qui est en tête des notes la croix est *de gueules*. — R.-P.

IV. — Louis du Bois épousa, par contrat du 18 août 1641, Angélique Esveille.

IV *bis*. — Henri-Claude, qui épousa, le 23 mai 1621, en présence de son frère Charles, Françoise Faure.

V. — Isaac du Bois épousa, par contrat du 16 octobre 1658, Olympe de Moraise.

Pierre Dubois, écuyer, S^r de La Vergne, paroisse de Saint-Martial d'Angoulême, épousa Marie-Françoise de Salomon, dont il eut : 1° Marie-Anne Dubois de Bellegarde, mariée, le 1er juin 1754, avec Charles-François Grand de Lussaulière, écuyer, S^r de La Forêt-de-la-Joubardière, fils de feu Claude, chevalier, Sr de Nauchapt, et de feue Hélène de La Porte, de la ville de La Tourblanche, diocèse de Périgueux ; — 2° Angélique, mariée, le 10 août 1757, avec Clément Fé, écuyer, du village de Reniers, paroisse d'Angeac-Champagne, diocèse de Saintes, fils de Louis, écuyer, Sr du Tillet des Mullions, ancien conseiller du roi, président civil et criminel de l'élection de Cognac, et de feue Marie Rambaud.

DUBOUCHERON (1).

[DUCHEYROU. — Dans les papiers domestiques de M. l'abbé de Beaupré, on trouve..... du Cheyrou fils cadet, gendarme de la garde du roi, vivant en 1778.]

DUMAS. — *Voyez* Mas.

DUMONT (2).

DUN-LE-PALLETEAU. — *Voyez* le mot Aumont (3).

DUPEYRAT. — Antoine Dupeyrat, marchand, Sr du Masjambost, situé près Limoges, sur la route de Saint-Junien, épousa Maureille Mazantin, qui, étant veuve, fit, le 1er septembre 1611, son testament par lequel elle veut être inhumée dans le tombeau de son mari en l'église de Saint-Pierre-du-Queyroix. D'eux naquirent : 1° Susanne, veuve de Joseph de Julhen, conseiller à l'élection de Limoges ; 2° Anne, femme de Pierre Saleys, marchand ; 3° Jacques, conseiller au présidial, et qui suit ; 4° Simon, qui se maria ; 5° Jean, receveur du taillon en la généralité de Limoges et conseiller du roi ; 6° Léonard, S^r de La Malhartre.

Jacques Dupeyrat, Sr du Masjambost, conseiller au présidial, épousa Jeannette de Verthamon, dont il eut Narde, mariée, par contrat du 14 août 1609, avec Joseph Dauvergne, fils de Pierre, marchand, et de Marie Martin. Marie porta 6,000 livres et de plus 750 livres pour ses habillements.

(1) Il y avait des notes sur cette famille à la page 521, qui est enlevée. — R.-P.

(2) Un renvoi de la page indique que Nadaud avait, à la page 125, des notes sur les Dumont Srs de Lage-Rideaux, dont un membre, nommé Pierre, épousa Jeanne de Coustin, et dont un autre, nommé François, épousa, en 1599, Jacquette Deaux, fille de Balthazar, et de Jeanne du Vignaud. — Un autre renvoi de la page 138 indique aussi des notes de Nadaud, à la page 126, sur les Dumont des Taillades, dont un membre, nommé Jean, épousa, en 1677, Marguerite de Fondant, fille de Charles, S^r des Forges, et de Renée du Poux. — *Voyez* aussi Mont (du). — R.-P.

(3) Aumont, T. 1er, p. 104. — R.-P.

Simon Dupeyrat, fils d'Antoine et de Maureille Mazantin, épousa Galienne Mosnier, qui étoit veuve en 1611, et dont il eut : 1° Maureille ; 2° Valérie.

Noble Léonard Dupeyrat, Sr de La Malhartre, autre fils d'Antoine et de Maureille Mazantin, épousa Quitterie de Petiot, qui étoit veuve en 1625.

Jacques Dupeyrat, Sr du Masjambost, receveur général du taillon en la généralité de Limoges et payeur de la gendarmerie, n'ayant point d'enfants, se fit carme déchaussé en 1647, et en même temps sa femme, Jeanne Maleden, fille de ...., Sr de Fonjaudran, qu'il avoit épousée en 1640, se fit carmélite. (*Voyez* le P. Bonaventure de Saint-Amable, T. III, p. 850 et suiv.)

Michel Dupeyrat, Sr du Masjambost et des Vaseys, procureur du roi au bureau des finances de la généralité de Limoges, épousa ...., dont il eut : 1° Jean, lieutenant dans le régiment de Normandie, et qui fit, le 8 février 1684, à Limoges, son testament signé Boudet; 2° Michel, Sr de La Lande, qui suit; 3° Pierre, Sr du Chatevaud.

Michel du Peyrat, écuyer, Sr de La Lande, habitant de Limoges, épousa Anne Mauple, dont il eut François, qui suit :

François du Peyrat, écuyer, Sr de La Lande, de la paroisse Saint-Michel-des-Lions de Limoges, près du village de La Saludie, paroisse de Verniolet (1), puis du lieu de La Farge, paroisse de Chailhac, épousa 1°, à Saint-Junien, le 17 janvier 1714, Anne Gendraud de La Garde, fille de feu Aymeric, Sr de La Glane et de La Garde, juge de ladite ville, et de feue Jeanne de Verthamon, dont ne vinrent point d'enfants. François épousa 2° Marie de Couhé, dont il eut : 1° Marie-Catherine, baptisée, le 29 novembre 1720, à Verniolet, où elle fut mariée, en 1755, avec François Paquet de Romazières ; 2° Guillaume, né à Saint-Junien le 22 novembre 1722; 3° André, mort, âgé de vingt ans, sans alliance ; 4° ....., morte, âgée de vingt-un mois, en 1730, à Chailhac.

Noble Jean du Peyrat, Sr de Fraixines, épousa, dans l'église Saint-Jean de Limoges, le 19 juillet 1712, Jeanne Suduiraud, veuve de ...... Romanet.

Joseph du Peyrat, Sgr de Thouron, doyen des trésoriers de France au bureau de Limoges, mourut, âgé de quatre-vingt-dix-sept ans, le 20 juin 1731, et fut enterré à Saint-Martial de Limoges. Il avoit épousé Marguerite Desmaisons, dont il eut : 1° Jacques, né le 12 juillet 1685, et tonsuré en 1705 ; 2° Thérèse, qui se fit religieuse de Sainte-Claire, à Limoges, en 1702.

Louis du Peyrat, écuyer, baron de Thouron, mourut, âgé de vingt-neuf ans, le 23 janvier 1749, et fut enterré à Saint-Martial de Limoges.

Jean-Baptiste du Peyrat de Thouron-du-Pont, écuyer, épousa Madeleine Salot, dont il eut Anne-Marie, mariée, d'après les registres de l'église Saint-Maurice de Limoges, le 14 avril 1744, avec Jean-Baptiste Garat d'Aigueperse, bourgeois, fils de feu François, conseiller du roi, et de Marcelle Descordes de Balazi.

Marie du Peyrat de Thouron, épousa, en 1764, Jean-Charles Bourdoulat de Puymége, écuyer, Sr de La Salvanie, de la ville de Tulle.

Joseph du Peyrat, écuyer, Sgr de la baronie de Thouron, épousa, en 1768, Elisabeth Coutilias de La Ribière, paroisse de Compreignac. [Il en eut au moins un garçon et huit filles.]

---

(1) Verniolet, ou Verneuil près Rochechouart. — Chaillac, paroisse, canton de Saint-Junien (Haute-Vienne). — Thouron, paroisse, canton de Compreignac (Haute-Vienne). La belle maison d'habitatio dite château de Thouron, située dans le bourg de ce nom, près de l'église, et qui appartient aujourd'hui à M. Alfred de La Guéronnière, a été bâtie par un du Peyrat, trésorier de France. — R.-P.

Jean du Peyrat, écuyer, S' du Vigenal près Limoges, épousa Paule Baju de La Chèze, dont il eut Marie, baptisée à Saint-Jean de Limoges le 10 avril 1722.

DUPIN, S" de Saint-Barban (1), Saint-Martial et Bussières-Joncherolles, paroisse de Saint-Barban, S" de Saint-Quentin, Lesterp, Masjoubert, La Rivière et Maisonneuve, paroisses de Veyrac et de Bussière-Boffy, élection de Limoges, portent *d'argent à trois bourdons de gueules en pal.*

Filiation suivie.

I. — Peyrot Dupin partagea avec Jacquette de Lavaud le 20 septembre 1473. Il avoit épousé Philippe de Lavaud.

II. — Peyrot Dupin épousa, par contrat du 11 avril 1514, Françoise Guyot, dont il eut : 1° Charles, qui suit ; 2° Huet, S'¡*de Beissat*, qui a continué la descendance ; 3° François, marié en 1554 ; 4° Martial. — Ces enfants partagèrent la succession de Peyrot, leur père, le 15 février 1553.

III. — Charles Dupin fit son testament le 2 mars 1569. Il avoit épousé, par contrat du 4 juin 1553, Philippe de La Rie, dont il eut : 1° Jean ; 2° autre Jean, S' de La Court ; 3° Gabriel ; 4° Jacques, S' de Lavau ; 5° Gilbert, Sr de La Boissière, qui suit ; 6° François. — Ces trois derniers enfants, Jacques, Gilbert et François, partagèrent la succession de leur père et celle de quelques-uns de leurs frères le 23 mai 1594.

IV. — Gilbert Dupin épousa Philippe Couvidat, dont il eut : 1° François, qui suit, 2° Pierre, S' de Buxière et de La Courtaudie, qui épousa, par contrat du 15 mai 1643, Anne Toucaud, dont Pierre, S' de Buxière, baptisé le 10 novembre 1666 ; 3° Jacques, S' *de Joncherolles*, qui a fait aussi une branche.

V. — François Dupin épousa : 1° par contrat du 30 juin 1601, Renée Guyot, dont il eut Gilbert, S' de Saint-Barban, qui suit ; épousa 2°, par contrat du 19 juin 1647, Louise de La Couture-Renon, dont il eut François, S' de Saint-Martial, qui épousa, par contrat du 31 juin 1665, Marie Pinot.

VI. — Gilbert ou Gillebert Dupin, chevalier, Sgr de Saint-Barban au diocèse de Poitiers et de Saint-Martial près Saint-Barban, épousa, par contrat du 19 juin 1647, Isabelle Jaillart de Ballon, dont il eut Charles, qui suit.

VII. — Charles Dupin, écuyer, S' de Villène, épousa, par contrat du 6 février 1679, signé Texier, Anne Jaillart, fille de feu Louis, S' de La Marrounière, et de Foy de Launoy, du bourg d'Arsinay en Bas-Poitou.

III (*bis*). — Huet Dupin, S' *de Beissat*, paroisse de Bussière-Boffy, fils de Peyrot et de Françoise Guyot, épousa Marguerite de Salignac, dont il eut : 1° François, qui suit ; 2° Jean, marié par contrat du 8 août 1637, et qui a fait la *branche du Chastenet.*

---

(1) Saint-Barbant, Saint-Martial et Bussière-Boffy, paroisses, canton de Mézières près Bellac (Haute-Vienne). — Veyrac, paroisse, canton de Nieul (Haute-Vienne).— Lesterps, ancienne abbaye de l'ordre de Saint-Augustin, fondée, vers l'an 1052, par Jordain de Chabanais et sa femme Dia. Cette abbaye était en *Limousin.* Sa belle église sert aujourd'hui d'église paroissiale ; la paroisse est du canton de Confolens (Charente). — Saint-Cyr, paroisse, canton de Saint-Laurent-sur-Gorre (Haute-Vienne). — R.-P.

IV. — François Dupin, écuyer, Sr de Beissat, épousa, par contrat du 26 avril 1587, Catherine des Bordes, dont Jacques, qui suit.

V. — Jacques Dupin, écuyer, Sr de Beissat, épousa, par contrat du 6 mai 1626, et dans l'église de Lesterp, le 7 juin suivant, Susanne de Grandsaigne, dont il eut : 1° Jacques, qui suit; 2° Jean, chevalier, Sr de Beyssac, demeurant, en 1683, à La Digardeyche, paroisse de Bussière-Boffy.

VI. — Antoine, mieux Jacques Dupin, chevalier, Sr de Beyssac et en partie de Bussière-Boffy, demeurant au bourg de Saint-Cyr, épousa, par contrat du 27 septembre 1652, Marie de Rochechouard, fille de Jean, baron des Bâtiments, et d'Anne de Tiercelin. Elle fit deux testaments : le premier, signé Duval, le 5 novembre 1673, à Saint-Junien, le second, signé Thamoyneau, le 15 janvier 1683, à Limoges, par lesquels elle veut être inhumée dans l'église basse des Récollets de Saint-Amand (1), avec l'habit du tiers-ordre de Saint-François, comme en étant professe. Elle y fut inhumée le 22 décembre 1689, ne laissant point d'enfants. Elle avoit fait une donation à Joseph-Victor de Rochechouard, son neveu.

IV ter. — François Dupin, écuyer, Sr de Laumonerie, épousa, par contrat du 23 décembre 1554, Jacquette de La Haye, dont il eut Martial, qui suit.

V. — Martial Dupin, écuyer, Sr de Masjoubert et de La Rivière-Pintallier, épousa, par contrat du 10 septembre 1591, Catherine Prinsaud, dont il eut François, qui suit.

VI. — François Dupin, écuyer, Sr de Masjoubert, paroisse d'Etagnac, épousa, par contrat du 6 octobre 1630, Marie Plument, dont il eut : 1° Charles, qui suit; 2° autre Charles, écuyer, Sr de La Rivière-Pintallier, paroisse de Saugon, qui, par contrat du 17 février 1662, épousa Susanne Reignaud, dont il eut Anne, morte à l'âge de trois mois le 31 janvier 1671; 3° Léonard, baptisé le 23 février 1632; 4° Françoise, baptisée le 11 septembre 1633.

VII. — Charles Dupin, écuyer, Sr de Masjoubert, paroisse de Saugon, épousa, par contrat du 31 janvier 1659, Marie Le Clerc, dont il eut : 1° Marie, baptisée le 2 septembre 1668; 2° Joseph, baptisé le 14 septembre 1670; 3° Françoise, baptisée le 7 octobre 1671.

IV quater. — Jean Dupin, fils de Huet, Sr de Beissat, et de Marguerite de Salignac, écuyer, Sr du Chastenet, partagea avec son frère François les successions desdits Huet et de Salignac le 30 juin 1590. Il avoit épousé, par contrat du 8 août 1637, Jacquette Prinsaud, dont il eut : Robert, qui suit.

V. — Robert Dupin, écuyer, Sr d'Envaux, du lieu du Chatenet, paroisse de Vey-

---

(1) Saint-Amand, ancien ermitage où se sanctifia le saint de ce nom. Il est près la ville de Saint-Junien (Haute-Vienne), sur la route de cette ville à Angoulême. — Etagnac, paroisse, canton de Chabanais (Charente). — Saugon, paroisse, canton de Saint-Savin (Gironde). — Cieux, paroisse, canton de Nantiat (Haute-Vienne). — Nieul, chef-lieu de canton (Haute-Vienne). — Nouic, paroisse, canton de Mézières (Haute-Vienne). — Grenor, paroisse, canton de Chabanais (Charente). — Saint-Sornin-la-Marche, paroisse, canton du Dorat (Haute-Vienne).— Saint-Victurnien, paroisse, canton de Saint-Junien (Haute-Vienne). — Boubon, ancien prieuré de filles de l'ordre de Fontevraud, fondé en 1106, connu comme paroisse dès 1662, aujourd'hui uni à Cussac, canton de Saint-Mathieu (Haute-Vienne). — Champagnac-sur-Gorre, paroisse, canton d'Oradour-sur-Vayres (Haute-Vienne). — Saint-Christophe près Lesterps, paroisse (Charente). — Montrol-Sénard, paroisse, canton de Mézières (Haute-Vienne). — Flavignac, paroisse, canton de Chalus (Haute-Vienne). — R.-P.

rac, mourut, âgé de soixante-quinze ans, le 26 septembre 1663. Il avoit épousé Jeanne Igonin, dont il eut : 1° Pierre, qui suit; 2° Marguerite, baptisée le 13 novembre 1644.

VI. — Pierre Dupin, écuyer, S^r de La Maison-Neuve, mourut au Mas-de-Lesterp, paroisse de Cieux, âgé de quatre-vingt-deux ans, le 26 avril 1719. Il avoit épousé, en 1661, Marguerite de Marsanges, dont il eut : 1°........; 2° Marguerite, mariée, dans l'église de Veyrac, le 2 septembre 1685, à Jean Santrot, S^r de La Courrière, du bourg de Nieul.

V *quinto*. — Jacques Dupin, écuyer, fils de Gilbert et de Philippe Couvidat, Sr *de Joncherolles*, épousa, par contrat du 22 mai 1640, et le 19 février précédent, dans l'église de Lesterp, Marguerite Igounin ou Hugonneau, fille d'Hélie et d'Anne de Lassac, dont il eut : 1° Anne, baptisée le 25 mars 1641 ; 2° Marguerite, née le 24 mars 1642; 3° Jean, baptisé le 17 avril 1644 ; 4° François, baptisé le 19 novembre 1645 ; 5° Gilbert, baptisé le 16 février 1648; 6° autre Anne, baptisée le 21 août 1649; 7° François, mort en bas âge; 8° Jean, baptisé le 26 juin 1667.

Notes isolées.

Jean Dupin, Sr de Lascoux, paroisse de Nouic, fut trouvé gentilhomme en 1598.
Noble Jean Dupin, Sr de Venadour, mourut au Chatenet, paroisse de Veyrac, le 26 avril 1629.
On trouve dans les registres de l'église de Grenor une seconde demoiselle Marie de La Charlonie, femme en deuxièmes noces du sieur ..... Dupin, morte le 11 mai 1650 à Paulhac, paroisse de Saint-Quentin près Chabanais, et enterrée dans l'église de Grenor.
Pierre Dupin, écuyer, S^r dudit lieu, paroisse de Veyrac, épousa, en juin 1655, Jeanne Bouyer, fille de feu Albert, écuyer, Sr de Marelle, du lieu de La Gérontaud, paroisse de Saint-Sornin-la-Marche, et de Françoise de La Lande.
Charles Dupin, écuyer, Sr du Masjoubert, épousa Madeleine de Roncay, dont il eut François, né le 26 août, et mort le 13 septembre 1680.
Charles Dupin, écuyer, S^r de La Rivière, paroisse de Saugon, épousa Marguerite Dupin, dont il eut : 1° Jacques, mort en bas âge le 10 septembre 1680 ; 2° Jeanne, mariée, en 1710, à François du Teil.
On trouve dans les registres de Saint-Christophe près Lesterp : 1° Jean Dupin ; 2° Jacques Dupin ; 3° Louis Dupin; 4° Marie Dupin de Beissac, qui épousa, le 17 février 1681, Jean Sire, docteur en médecine de la ville de Saint-Junien; 5° autre Jean Dupin ; 6° autre Jacques Dupin.
Charles Dupin, écuyer, S^r de La Rivière, épousa Marthe de Chamborand, dont il eut André, né le 14 août à Etagnac, et mort le 19 novembre 1682.
Pierre Dupin, Sr de Saint-Cyr, épousa, dans l'église de Veyrac, le 6 août 1692, Madeleine Loudeis, de Veyrac.
Jacques Dupin, Sgr de Bussière-Boffy, baron de Chailhac, demeurant au lieu des Bordes, paroisse dudit Bussière, épousa Marie-Madeleine Audebert de Laubuge, dont il eut Gabrielle-Louise-Auguste, à qui on suppléa les cérémonies du baptême, dans l'église de Nouic, le 28 décembre 1692.
Isaac-Jacques *Pain*, écuyer, de la paroisse de Saint-Victurnien, épousa Susanne-Marie Béranger, dont il eut Jacques-François, tonsuré en 1707.

Catherine Dupin, du lieu de La Gazonie, paroisse de Saugon, épousa, dans l'église de Boubon, le 14 février 1719, Annet Bouchaud, de la paroisse de Champagnac-sur-Gorre.

Joseph du Pin, écuyer, S^r de La Cour, paroisse de Montrol-Sénard, épousa Marie de Maslafilhe, dont il eut : 1° Martial, tonsuré en 1721 ; 2° François, tonsuré en 1728.

Jean-Baptiste Dupin, écuyer, S^r des Bâtiments, épousa Jeanne de La Rapidie, dont il eut Marie-Louise, née à Saint-Junien le 27 avril 1730.

Antoine Dupin, Sr de Saint-Etienne, paroisse de Saugon, épousa, dans l'église Saint-Maurice de Limoges, le 7 décembre 1735, Marie de Trion, veuve de .... de Salignac.

François Dupin, écuyer, S^r de La Cour, mourut à Saint-Junien, âgé de quatre-vingt-cinq ans, le 5 octobre 1751. Il avoit épousé Jeanne ou Marie Lépine, dont il eut François, qui suit.

François Dupin, écuyer, de la paroisse de Saugon, épousa, à Saugon, en août 1733, Mathée Martin, veuve de Léonard Simon, Sr de Beaupré, laquelle mourut à Saint-Junien, âgée de soixante-sept ans, le 27 février 1757.

Jacques Dupin de Beissac, écuyer, de la paroisse de Saint-Cyr-sur-Gorre, épousa Marie Gautel, dont il eut Bernard, tonsuré en 1763.

Antoine Dupin, Sr du Masjoubert, paroisse de Saugon, épousa, en 1771, Marguerite de La Pine, de la paroisse de Flavignac.

DUPIN. — François Dupin, secrétaire de M. de Tourny, intendant de Limoges et de Bordeaux, fut depuis écuyer, et receveur des tailles à Périgueux, où il mourut, pénitent bleu de Limoges, le 7 mai 1772.

[DUPIT. — D'après l'inventaire des titres des Célestins des Ternes (1), p. 149, on trouve Noble Claude Dupit, tuteur des mineurs de noble Isaac Martin, nommé dans une sentence de la châtellenie de Jarnages en Marche du 18 novembre 1650.]

DUPONT. — *Voyez* Pont.

[DUPUY. — L'inventaire des titres des Célestins des Ternes (p. 671) fournit le nom de ..... Dupuy, chevalier, Sgr du Coudray, de Bellefaye et de La Tour-Sainte-Austrille (2), vivant avant le 26 janvier 1458.]

DUPUY. — *Voyez* Puy (du).

DURAND (3).

---

(1) Les Ternes, prieuré de l'ordre des Célestins, fondé par Roger des Ternes, évêque de Limoges (vers 1328), situé en Haute-Marche, dans son domaine paternel, aujourd'hui dans la paroisse de Pionnat, canton d'Ahun (Creuse). — Jarnages, chef-lieu de canton (Creuse). — R.-P.

(2) La Tour-Sainte-Austrille, ancien prieuré, cure, aujourd'hui réuni à la paroisse Saint-Dizier, canton de Chénérailles (Creuse). — R.-P.

(3) Des renvois des pages 535 et 546 indiquent que Nadaud avait des notes à la page 610, qui est enlevée, sur les Durand de La Saigne et Durand S^r de La Faucherie. — R.-P.

DURAND (1).

DURAT porte *échiqueté d'or et d'azur*.

I. — Antoine de Durat, écuyer, Sr des Portes (2) en Combraille, l'an 1442, épousa ......, dont il eut Jean, qui suit. (D'Hozier : *Armorial général*, 1ʳᵉ part., p. 201.)

II. — Jean de Durat, Iᵉʳ du nom, qualifié chevalier, Sʳ des Portes, écuyer et chambellan de Charles, duc de Bourbon, connétable de France.

III. — ......

IV. — Puissant messire Jean de Durat, 2ᵉ du nom, Sʳ des Portes, bailli de Combraille, office dont il fut pourvu le 2 janvier 1536, et chevalier de l'ordre du roi par lettres du 14 avril 1569, épousa, d'après le P. Simplicien (*Histoire des grands officiers de la couronne*, T. VII, p. 157), le 18 juillet 1566, en présence de plusieurs grands et notables seigneurs et gentilshommes, Jacqueline de Coligny, dite de Saligny, veuve de Gilbert de Luchat, chevalier, Sʳ de Thuret. D'eux naquit Gilbert, qui suit.

V. — Puissant Gilbert de Durat, écuyer, Sʳ des Portes et de Saint-Mion, maître des eaux et forêts de Combraille en 1596, bailli dudit pays, office dont il fut pourvu le 30 janvier 1597, et gentilhomme ordinaire de la chambre du roi, épousa, le 23 mai 1596, Marguerite de Veilhan, fille de haut et puissant Gabriel, Sʳ de Pénacors, baron de Marigny, et de Madeleine de Roffignac. D'eux naquirent : 1° Gabriel, qui suit; 2° Jean, qui a continué la descendance, et fait la *branche du Ludaix*.

VI. — Gabriel de Durat, écuyer, Sgr et baron de La Cellette, bailli de Combraille.

VI *bis*. — Jean de Durat, IIIᵉ du nom, écuyer, Sʳ de Saint-Mion, lieutenant dans le régiment de Saint-Hilaire l'an 1632, épousa, le 13 mai 1637, Françoise de Luchat, fille de Jean de Luchat, écuyer, Sʳ des Landes, et de Catherine de Montagnac. D'eux naquit François, qui suit.

VII. — François du Durat, Sʳ de Rocheneuve et du Ludaix, fut maintenu dans sa noblesse par ordonnance de l'intendant de Moulins du 21 janvier 1669.

Il avoit épousé, le 14 avril 1665, Renée de Chambon, fille de Sébastien, Sʳ des Deux-Aigues, et d'Anne d'Amfreville. D'eux vint Sébastien, qui suit.

VIII. — Sébastien de Durat, écuyer, Sʳ du Ludaix, du bourg de Marcillac en Bourbonnois, diocèse de Clermont, épousa, le 12 janvier 1696, Marie de Rollat, fille de Louis, écuyer, Sʳ de Brugeac, Marzat, etc., et de Marie de Murat.

D'eux vinrent : 1° François, Sʳ du Ludaix, né le 20 juillet 1697, lequel étoit garde du corps du roi dans la compagnie de Charost l'an 1719, et chevalier des ordres de Notre-Dame-du-Mont-Carmel et de Saint-Lazare-de-Jérusalem, où

---

(1) La table de Legros indique qu'il y avait aussi des notes sur cette famille à la page 610, déchirée.
R.-P.

(2) Le château des Portes, abrité au nord par des bois et par un petit mamelon, est encore debout. C'est une simple maison d'habitation avec une tour qui s'avance en saillie vers le milieu de la façade pour servir de cage à l'escalier. Il est aujourd'hui la propriété de Mᵐᵉ de Boucaire née d'Arfeuille, à laquelle il est passé par sa mère, née de Durat. Le village des Portes devint centre d'une petite paroisse par décret du 15 avril 1630. Sa petite église est en ruines, et, depuis le commencement de ce siècle, Les Portes sont, comme avant 1630, unies à la paroisse de Mainsat, canton de Bellegarde (Creuse). — Pour le pays de Combraille, voir la note, p. 482 du tome Iᵉʳ. — R.-P.

il fut reçu le 24 juin 1722 ; — 2° Balthazar ; — 3° Jacques, qui fut ecclésiastique ; — 4° François-Georges ; — 5° Marguerite, dite mademoiselle des Portes du Ludaix, née le 4 juillet 1708, et reçue à Saint-Cyr le 22 décembre 1719 ; — 6° Antoinette ; — 7° Marie ; — 8° Jeanne.

Notes isolées.

Noble François de Durat, écuyer, S^r des Portes, alors de la paroisse de Mainsat, épousa....., dont il eut François, tonsuré en 1535.

Jean de Durat des Portes, écuyer, S^r de La Cellette, bailli de Combraille, épousa Charlotte de Maussabré, fille de Louis, écuyer, Sr de Bordebure, et de Marie de Razai. (D'Hozier, *Hist. des grands officiers de la couronne*, 1re partie, p. 373.)

DURIEUX. — *Voyez* Rieu.

DURFORT. — [Fief mouvant de la vicomté de Turenne, sénéchaussée de Tulle, et qui avoit son seigneur particulier en 1698.]

D'après d'Hozier (*Armorial général*, registre 1er, p. 503), noble Melchior de Durfort, S^r de La Brande en Limousin, épousa, le 24 septembre 1595, Françoise deSartiges de Lavandès, fille de Léger et de Jacqueline de Turenne.

DURON. — *Voyez* SEGONZAC.

DUSSAULT. — *Voyez* SAULT.

DUSSIEUX. — François Dussieux, Sr de Moradie, lieutenant des gardes du duc d'Uzès, mourut d'apoplexie, âgé de soixante-six ans, le 11 mars 1725. (Registre de l'église Saint-Martial d'Angoulême). Il avait épousé Marie Thevet, dont il eut : 1° André, né le 5 janvier 1718 ; 2° Marie-Philippe, née le 5 janvier 1721 ; 3° André-Bernard, né le 28 novembre 1721.

André Dussieux, S^r de La Moradie et de Farinarde, secrétaire du roi, épousa Marie de Baurie, dont il eut Catherine, morte, âgée de vingt-six mois, en 1748.

SUPPLÉMENT A LA LETTRE D.

DABZAT (1), Sr de Mayac, de Mailleroy, de Tuffas et de Pressat, paroisse de Migré, élection de Saint-Jean-d'Angély, et de Bouis, de Rancogne et de Saint-Quentin, élection d'Angoulême, portent *d'argent à une bande d'azur et une bordure de même, chargées de 9 besants d'or ; savoir : 1 au centre de la bande et 8 sur la bordure, posés 3, 2 et 3.*

I. — Hugues Dabzat, chevalier, épousa ....., d'où Adémar, qui suit.

II. — Adémar Dabzat, qui consentit une certaine vente le mercredi après la fête de saint Michel 1378.

---

(1) Cette généalogie aurait dû être rapportée à la lettre A. Des Coutures l'ayant à tort écrite sans l'apostrophe, je la donne ici d'après lui. — R.-P.

III. — Olivier Dabzat, Sgr de La Douze, épousa Jeanne de Barrières, dont il eut Guy, qui suit.

IV. — Guy Dabzat épousa....., dont Guillaume, qui suit. Guy fit son testament, par lequel il confirma une donation par lui faite à Guillaume, son fils, dans son contrat de mariage, en secondes noces sans doute, du 29 juillet 1478.

V. — Guillaume Dabzat épousa....., dont il eut François, qui suit, et qu'il institua par testament du 14 août 1523.

VI. — François Dabzat épousa Souveraine Paleyrat, dont il eut Pierre, qui suit. Ladite Paleyrat fit, le 17 août 1567, son testament, par lequel elle institua son fils Pierre.

VII. — Pierre Dabzat épousa, par contrat du 26 juillet 1541, Marguerite de Salignat, dont il eut : 1º François, qui suit; 2º Guy-Pierre, qui fit, le 30 octobre 1575, son testament, par lequel il institua François, et fit légat à Guy du nº VIII bis.

VIII. — François Dabzat épousa, par contrat du 23 juin 1577, Bonne de Heu. François, en conséquence du testament de son père, transigea avec son frère le 15 février 1585. Bonne de Heu testa le 21 janvier 1608, et institua Ysaac, qui suit.

IX. — Ysaac Dabzat épousa, par contrat du 15 mai 1608, Marie Couradin, dont Jacques, qui suit. En secondes noces, il épousa, le 20 mai 1629, Esther de Livène, dont il eut François.

X. — Jacques Dabzat, Sr de Mayac, épousa, le 20 juin 1654, Louise de Brémont.

XI. — François Dabzat, Sr de Mailleroy, épousa, par contrat du 15 novembre 1661, Françoise-Béatrix de Grampré.

VIII bis. — Guy, fils de Pierre Dabzat, épousa, par contrat du 13 mai 1576, Louise Brun.

IX. — Raymond Dabzat épousa, par contrat du 5 janvier 1613, Guyonne de Singarreau; veuf, il se remaria, le 17 février 1629, à Anne Daloüe, dont Jacques, qui suit.

X. — Jacques Dabzat, Sr de Pressat, épousa, par contrat du 3 juillet 1655, Marie Raval.

IX ter. — Jacques Dabzat, fils de Guy, épousa, par contrat du 31 décembre 1612, Catherine de Poivre.

XII. — Isaac Dabzat, Sr de Tuffas, épousa, par contrat du 20 octobre 1645, Jeanne de Seravayre. Des Coutures.

DAGES (Éléonor), Sr de....., paroisse de Tugeras, élection de Saintes, fut maintenu dans sa noblesse en 1666 par M. l'intendant Pellot sur les désistements obtenus par son aîné. Des Coutures.

DAIXE. — Jean Daix de Memy, Sr de La Roche–Hélie ; Isaac Daix de Memy, Sr de Langues, et Suzanne Daix, veuve de Michel Daix de Memy, Sr de La Guillotière, tous les trois de l'élection de Saint–Jean–d'Angély, furent maintenus dans leur noblesse en 1666 par M. l'intendant Barantin sur les désistements obtenus par leur aîné. Des Coutures.

DANCHÉ, Sr de La Besse et de La Borie, élection d'Angoulême, porte *d'argent à un lion rampant de sable, armé, couronné et lampassé de gueules.*

I. — Bertrand Danché, chevalier, époux de Jeanne de Bremetot, dont 1° Gabriel, qui suit; 2° Catherine.

II. — Gabriel, époux de Madeleine du Breuil-Hélion. Gabriel et sa sœur Catherine, alors femme de Guy Barbarin, firent, les 6 mars 1621 et 14 avril 1622, des transactions sur les successions de leurs père et mère Bertrand Danché et Jeanne de Bremetot.

III. — René Danché, époux de Jeanne Horric. Désigné comme fils de Gabriel, René rendit un hommage à l'abbaye de Sainte-Ozonie le 6 juillet 1538.

IV. — Sébastien Danché épousa, par contrat du 2 mars 1573, Marie de Massougnes.

V. — Jean Danché épousa, par contrat du 14 février 1607, Marie Dujan. D'eux naquirent : 1° Jean, qui suit; 2° Charles. Ces deux enfants partagèrent, le 18 mars 1658, les successions de leurs père et mère.

VI. — Jean Danché épousa, par contrat du 8 janvier 1648, Gabrielle de Jettons.

DES COUTURES.

D'ANCHÉ. — Voir T. I, p. 128. — Élection de Saintes.

Anne-Marguerite d'Anché, veuve de Louis-Guillau, Sr de Pithon, héritière de sa sœur Louise d'Anché, veuve de Joseph de Ferrier, chevalier, S^{gr} du Treuil, fait aveu de la moitié de la terre et baronnie de l'île d'Oleron, 1725.

Joseph de Ferrier, chevalier, S^{gr} du Treuil, faisait aveu en 1717 de la baronnie du château d'Oleron et Saint-Troyen, nouvellement acquises. (*Bibl. imp.*)

P. DE CESSAC.

DANGLARD, chanoine à Saint-Yrieix, élection de Limoges, porte *d'argent à un lion passant de gueules armé et lampassé de même, soutenu de six fasces de gueules et d'argent.*

I. — Guillaume d'Anglard. — Il fit, le dernier novembre 1505, son testament en faveur de Bertrand, son fils, qui suit.

II. — Bertrand Danglard épousa, par contrat du 10 octobre 1522, Marguerite de La Cassaigne. Il fit son testament, le 20 avril 1535, en faveur de son fils Denis, qui suit.

III. — Denis Danglard épousa, par contrat sans filiation du 15 septembre 1560, Jeanne de Matel.

IV. — Autre Denis Danglard, qui épousa, par contrat, le 21 janvier 1597, Jeanne de Gimel.

V. — Raymond Danglard épousa, par contrat, le 1er juillet 1631, Françoise de Giscard.

VI. — Jean-François Danglard.

DES COUTURES.

DANIEL (p. 2).

Aimeri Daniel, damoiseau, vivait en 1361.

Noble homme messire Guillaume Daniel, chevalier, S^{gr} *villæ Nobiliaci*, fut père de : 1° noble homme Guillaume Daniel, chevalier, dit le Jeune, émancipé en 1397; 2° noble et discrète personne Audoyn Daniel, chantre de l'église collégiale d'Orléans; 3° Guyot.

Page 3, ligne 1re : Guillaume Daniel est qualifié écuyer, S^{gr} du Murault et du

Mazeau, dans le contrat de mariage de sa veuve. — Ligne 3 : au lieu de « Maimbrier », *lisez* : « de Maimbier »; — ligne 5 : au lieu de « Chazelle », *lisez* : « Chazellet »; — ligne 6 : de Guillaume du Murault et de Gabrielle de Laval étaient nés : 1° Guillaume, qui suit; 2° André, mort avant le 25 juillet 1488; 3° et 4° Jean et Jacques, sous la tutelle de Jean de L'Age, leur beau-père, en 1489.

Guillaume Daniel, écuyer, Sgr du Murault et du Mazeau en partie, épousa, à l'âge de dix-sept ans, le 25 juillet 1488, Jeanne de L'Age, fille de Jean de L'Age, chevalier, Sgr de Tendu en Berry, et de Claude de Graçay, sa première femme. Ledit Jean de L'Age se remaria, le même jour, en secondes noces, avec Gabrielle de Laval. C'est à tort que Nadaud qualifie Claude de Graçay *seconde* femme de Jean de L'Age, et par erreur que, dans la généalogie de la maison de L'Age (T. I, p. 13), il confond ledit Jean avec un autre Jean de L'Age, des seigneurs de La Rue près Belâbre en Berry, époux d'Hélys Bony.

Ce fut Gabrielle de Laval, et non Jeanne de L'Age, sa fille, qui se constitua la dot indiquée par Nadaud. Jeanne de L'Age eut en partage les fiefs de Boudan, de La Cotinière et du Cué pour 200 livres de rente.

Guillaume du Murault, son mari, vivait en 1500. Ils eurent, entre autres enfants, Léonarde du Murault, femme de François Naron, écuyer, lequel se qualifiait seigneur de Boudan en 1531.

Page 3, ligne 16 : Gabrielle du Murault, dame de La Terrière, épousa, par contrat du 3 juin 1526, Joachim Vergnaud, écuyer, Sgr de Boislinard, qualifié seigneur de Terrière en 1538.

Page 3, ligne 32 : à la branche des Daniel, seigneurs de La Pouge et de Bort, appartenait Jacques Daniel, écuyer, Sgr de Condac et de Bort en 1489.

Vicomte F. DE MAUSSABRÉ.

DANTHON, sieur du Bourg-Saint-Pierre, paroisse de Saint-Léger, élection d'Angoulême, *porte de gueules à une aigle éployée et couronnée d'or.*

I — Pierre Danthon épousa....., dont il eut : 1° Antoine, qui suit; 2° Isabeau. Ledit Pierre rendit hommage au seigneur de Taillebourg le 30 novembre 1487.

II. — Antoine Danthon épousa Anne de Saint-Gelais, dont : 1° René, qui suit; 2° Placide. Isabeau épousa Georges Guy, et Antoine, son frère, lui constitua une dot le 1er septembre 1500.

III. — René Danthon épousa Louise Vidaud, dont il eut : 1° Louis, qui suit; 2° Jean. Placide Danthon consentit une quittance de la constitution à elle payée par René, son frère, du 9 septembre 1545.

IV. — Louis Danthon épousa Guyonne du Lachet. Louis et Jean partagèrent la succession de leurs père et mère le 26 mars 1583.

V. — Jacques Danthon épousa, par contrat du 26 décembre 1621, Anne de La Broderie.

VI. — René Danthon épousa, par contrat du 17 septembre 1649, Catherine Guy.

DES COUTURES.

DAUDINOT ou DOUDINOT. — La note imprimée (p. 5) est extraite de la page 1139 du manuscrit de Nadaud, qui l'avait déjà écrite à la page 718, où il dit que du mariage susdit vinrent plusieurs enfants, entre autres : François, tonsuré en 1701. Legros ajoute que ce même François devint conseiller clerc au parlement de Bordeaux, chanoine d'Uzerche, etc.; qu'une fille se fit religieuse dans la maison des Allois, alors transportée à Limoges, et qu'un fils..... Doudinot, écuyer, S^r de La Boissière, a eu lui-même plusieurs enfants qui ont continué la descendance.

R.-P.

DAUMONT ou plutôt D'AUMONT (p. 5, et T. 1er, p. 104), maison ducale, dont la filiation remonte à Jean 1er, chevalier, croisé en 1248.

La terre de Dun-le-Palleteau (Creuse) est entrée dans cette maison en 1480 par le mariage de Jean V du nom, sire d'Aumont, avec Françoise de Maillé de La Tour-Landry, dame en partie de Dun-le-Palleteau.

Georges d'Aumont, S^{gr} de Dun, partit sous la régence de la reine Marie de Médicis, à la tête de quatre-vingts gentilshommes, pour aller mettre le siège devant le château de Saint-Germain-Beaupré, qui en était voisin.

P. de Cessac.

(P. 5). — Jacques d'Aumont, de l'illustre maison de ce nom, était fils de Jean d'Aumont, chevalier de l'ordre du Roi, comte de Châteauroux, S^{gr} de Dun-le-Palesteau en Marche, maréchal de France.

Vicomte F. de Maussabré.

DAUPHIN (p. 6, ligne 37).

Dauphin de Maufras, ou plutôt *Dauphin Mauferas* sans particule, n'appartenait point à la famille Dauphin, mais bien à celle, fort ancienne, de Mauferas en Marche. Il était frère de Jean Mauferas, écuyer, S^{gr} de Beaumont, de Lasvis et du Mondon, dont la petite-fille, Marguerite Mauferas, épousa, le 11 novembre 1471, Jean Savary, écuyer, S^{gr} de Lancosme.

Vicomte F. de Maussabré.

DAVID (p. 7). — Avant de donner *in extenso* la généalogie des David de Lastours et des Etangs (1) à peu près telle qu'elle fut dressée par Cherin et d'Hozier lorsque, en 1789, les représentants de ces deux branches firent leurs preuves de cour, un mot sur les notes de Nadaud, dont la lecture alors pourra être négligée.

1°, p. 7, n° IV, pour le mariage de François, fils d'Hercule, avec Gabrielle du Breuil, dite aussi de Fraisseys, *lisez :* « 1554 » et non « 1551 ». Cette date, couverte d'encre dans le texte copié par Nadaud, est reproduite dans divers actes ultérieurs.

2°, p. 8, n° VII, le texte des titres produits devant d'Aguesseau, et reproduit par Nadaud, donne en effet pour le mariage de François de David avec Charlotte d'Abzac la date du 13 mai 1654; mais d'Hozier a écrit sur l'original en marge : « *Erreur :* ce contrat de mariage est du 9 février 1660, et cette date 13 mai 1654 est celle d'un partage qui est énoncé ». (D'Hozier de Sérigny.)

3°, p. 9, avant-dernière ligne du n° X, effacez le trait qui unit François et

---

(1) La baronnie des Etangs est située sur la paroisse de Lodignac, canton de St-Yrieix (Hte-Vienne). — Raymondie, fief situé près Nexon (Hte-Vienne). — Chanteloube, paroisse de Razés, canton de Bessines (Hte-Vienne). — Champvert, paroisse de La Porcherie, canton de Saint-Germain (Hte-Vienne). — Monbeyssier, paroisse de La Meyze, canton de Nexon (Hte-Vienne). — R.-P.

Barthélemy, ce dernier nom étant nom de famille; à la ligne suivante, dernière du n° X, *lisez :* « Marie de Niquet », et non « Riquet ».

4°, p. 9, 4° ligne du n° VIII *bis*, au lieu de « Merdalou », *lisez :* « Mardaloux », nom d'un village situé dans la paroisse de Saint-Martin-le-Vieux, canton d'Aixe (Haute-Vienne). A la page 10, ligne 9, il faut donc lire : « S' de Mardaloux, *habitant* la paroisse de Dournazac ».

Cette maison compte au nombre de ses alliances celle de la maison de Courtenay, issue de Pierre de France, septième fils de Louis le Gros, roi de France.

Son nom est connu depuis Bernard de David, dont les armes se voient à Versailles dans la troisième salle des Croisades, et qui, le 11 juin 1250, contracta, à Saint-Jean-d'Acre, au nom de quatre chevaliers et quatre damoiseaux, sous la garantie d'Alphonse, comte de Poitiers et de Toulouse, frère de saint Louis, un emprunt de trois cents livres tournois, et en scella de son sceau une reconnaissance en faveur de Léonard Bucanigra, marchand génois. Voici cet acte : le titre original est en la possession de M. le comte Ferdinand de Lasteyrie, dont l'un des ancêtres est du nombre des chevaliers contractants :

« Universis presentes litteras inspecturis notum sit quod nos Bernardus Davidis, Ermandus de Lartige, Johannes de Monteniaco, Petrus de Lastayria, milites, Deodatus de Pradis, Petrus Maluspili, Vitalis de Garda et Matheus de La Cassoinne, domicelli, habuimus et recepimus a Leonardo Bucanigra, mercatore Jannensi, actore pro sociis, quantitatem trecentarum librarum Turonensium legalium et bonarum nobis per dictum Leonardum, sub securitate et garrandia illustris domini Alfonsi, comitis Pictavensis et Tholosani, mutuo traditarum ad condiciones quasdam in nostris litteris obligationis expressas.

» Et ego supra nominatus Bernardus Davidis pro me et nomine procuratorio dictorum militum et domicellorum de dictis trecentis libris me bene pagatum coram dicto Leonardo confiteor. In cujus rei testimonium presentes litteras sigillavi sigillo meo.

» Actum Acron, anno Domini millesimo ducentesimo quinquagesimo, undecima die mensis junii. »

Pierre de David donna, le VIII des calendes de mai 1277, l'investiture d'une maison située dans la ville de Saint-Junien à Pierre Maleu, chanoine de Limoges : original scellé d'un sceau portant un écusson chargé d'une coquille, et en exergue les mots : *Petrus Davidis, domicellus.*

I. — Amelius David, S' de Saint-Junien : acte dans lequel Joyeuse Davina est mentionnée comme relicte d'Amelius David, damoiseau de Saint-Junien, et mère tutrice de noble Amelius David, Pétronille, Marguerite et autre Pétronille, femme d'Emens. Cet acte est de 1286.

Guillaume de David, damoiseau de Saint-Junien, est nommé avec Raymond de Salanhaco, chanoine et bailli de Saint-Junien, dans un acte de 1294.

Guittard et Guillaume de David, damoiseaux, sont aussi nommés dans un autre acte de la même année 1294.

II. — Amelius David, II° du nom, n'étant encore que damoiseau, scella un acte de 1296 de son sceau, représentant *une fasce chargée de trois coquilles,* accom-

pagnée de deux lions léopardés. Ces divers actes se trouvent à la bibliothèque Impériale dans les deux manuscrits du fonds Gaignères connus sous la désignation de *titres de Saint-Junien*, et sont mentionnés dans une note manuscrite de l'abbé Le Laboureur et dans les *Archives généalogiques* de M. Lainé : T. VIII, *Nobiliaire du Limousin*, page 19 et avant-propos.

Il assista, en 1304, comme témoin, au contrat de mariage de Lore, nièce d'autre Lore, vicomtesse de Turenne, dame de Chabanais, avec Simon de Rochechouart, et il y est désigné en ces termes : « Noble homme messire Amelius David, chevalier ».

Noble homme Aimery, vicomte de Rochechouart, chevalier, ratifia, en 1305, la vente que messire Simon de Rochechouart, chevalier, Sgr de Saint-Laurent, et messire Amelius David, chevalier, ses procureurs fondés, avaient faite à Geoffroi de Prunch, écuyer du roi, d'une rente de cent livres sur le trésor royal.

En 1305 et 1307, il assista, comme témoin, à un testament et à une donation de noble dame Galmaise de Pons.

Le 1er avril 1315, il reçut de Simon de Rochechouart la donation de dix livres de rente sur le Mas-de-Breuilh et autres lieux, à la charge de le tenir de lui en fief. Ces cinq derniers actes font partie des archives de la vicomté de Rochechouart.

Vers la fin du XIIIe siècle, il servait à La Rochelle en qualité d'écuyer (*armiger*) sous les ordres de Simon de Rochechouart, ainsi que cela résulte d'une pièce de comptabilité sur parchemin déposée aux archives du département de la Haute-Vienne.

Amelius David est encore désigné comme chevalier dans trois actes de l'année 1318, dont deux font partie du titre de Saint-Junien sus-mentionnés, et par le troisième, scellé de quatre sceaux, dont celui du chantre de la cathédrale de Limoges est seul intact ; il donna, comme chevalier seigneur féodal, l'investiture d'une maison à Guillaume Seguin, chanoine de Saint-Junien. Il ne vivait plus en 1330, époque à laquelle noble dame Aelys ou Hélys de Maubernard est désignée dans un acte des titres de Saint-Junien comme relicte de messire Amelius David, chevalier.

Leurs enfants furent :

1° Pierre de David, qui suit.

2° Geoffroy de David, Sgr de Rochebrune, d'abord chanoine de Saint-Junien, nommé dans une reconnaissance consentie le 14 mars 1341 par Pierre de David, son frère. Il succéda, en 1361, à Reginald de Maubernard, son oncle maternel, évêque d'Autun, gouverna l'Église de Lyon en 1365, après la mort de l'archevêque Guillaume de Tureyo, fut nommé conseiller du roi Charles V, et reçut, en récompense des services rendus par lui et les siens, la donation des terres de Monbart et Bridier, confisquées sur Henry Haye, chevalier d'Angleterre, et ce par lettres-patentes de ce prince en date du mois de décembre 1369, conservées aux archives de l'État, registre C du trésor des chartes, sous le n° 386. Il fit, le 9 décembre 1377, son testament, dans lequel il rappelle son père Amelius David, et institue ses légataires Pierre et Jean, ses frères ; ce dernier père d'Amelius et Melhat de David, ses neveux, ainsi que Geoffroi, Jean et Reginald Paute ou Pauteix, également ses neveux. Il mourut le jour de la fête de saint Laurent 1377.

3° Guillaume de David, chevalier, de la compagnie de cinquante hommes d'armes et dix-neuf écuyers, duquel la revue et montre fut faite à Saumur le 19 juin 1375. Il avait, le 12 mai 1341, donné quittance de quarante-six livres tournois pour ses gages et ceux des écuyers de sa chambre pour services rendus dans les guerres de Gascogne, sous le gouvernement de Louis de Sancerre, maréchal de France.

4° Jean de David, légataire de l'évêque d'Autun et de son frère Pierre pour une somme de cent sous de rente, qui, de Raymonde de Favard, veuve en premières noces d'Etienne de Blanchefort, eut pour fils Amelius de David, damoiseau, qui, le 12 juin 1353, fit un accord avec Bertrand et Gérauld de Favars, chevaliers, ses oncles, au sujet de la dot de sa mère, et scella un acte de 1376 de son sceau, chargé de trois coquilles, et Melhot de David, tous les deux également légataires de l'évêque d'Autun.

5° ..... de David, marié à ..... Paute ou Pauteix, mère de Geoffroi, Jean et Réginald Pauteix, légataires de leur oncle l'évêque d'Autun.

III. — Pierre de David Ier du nom, damoiseau, s'obligea, le 15 mai 1341, envers le chapitre de Saint-Junien, au paiement d'un setier de seigle de rente annuelle et perpétuelle légué à ce chapitre par Hélys de Maubernard, sa mère, et fut institué, par testament du 24 février 1364, héritier universel de vénérable et discret homme maître Jean Moard, clerc et licencié ès-lois de Solignac; il est qualifié de damoiseau dans cet acte, ainsi que, l'an 1368, dans l'acte d'acquisition qu'il fit, conjointement avec son frère noble Jean de David, de dix setiers de seigle assignés sur les villages du Chérou et de Lascaux, de Guillaume de Teutet, damoiseau. Il fit son testament le samedi avant la fête de saint Simon et saint Jude 1371, dans lequel il rappelle son père, ses quatre enfants, son frère Jean et sa femme damoiselle Agnès de Laage, fille de Guillaume de Laage, damoiseau, à laquelle il lègue une rente perpétuelle de cent sous, outre la constitution qu'il avait reçue pour elle de deux cents florins d'or, l'administration et l'usufruit de ses biens.

Leurs enfants furent :

1° Pierre de David, qui suit ;

2° Jean de David, qui d'Isabelle de Corbiers eut Guy de David, dont la destinée est inconnue ;

3° et 4° Pétronille et Jeanne de David, légataires de leur père, dont le sort est ignoré ;

5° Bertrand de David, écuyer de la compagnie de messire de L'Isle-Adam, et chevalier banneret dans la montre et revue faite en armes en 1400, rappelé dans le testament de Pierre de David, son frère.

IV. — Noble homme Pierre de David, IIe du nom, damoiseau, fut institué héritier universel de son père. Il fut présent à l'hommage rendu, le 7 août 1406, par noble homme Jean de Coderc, damoiseau, à Gilbert Aubert, fils et fondé de pouvoirs de messire Etienne Aubert, S^{gr} de Murat. Il est aussi qualifié de damoiseau dans l'acte d'emprunt fait par Jean de Lur, le 13 avril 1398, à un marchand de Limoges, de deux écus d'or et deux tasses d'argent pesant un marc, et transigea, le 1er septembre 1415, avec les habitants de la paroisse de Saint-Paul, sur la demande qu'il leur avait faite de la taille aux quatre cas, ainsi qu'aux habitants du mas de Trantaleu, nommément d'une taille de dix livres qu'il leur avait imposée dans deux de ces cas, savoir pour sa rançon de prisonnier et pour une de ses filles, nommée Agnète, qu'il avait faite religieuse au monastère des Allois. Par cette transaction, les habitants se reconnurent hommes-liges de lui et les siens, et s'obligèrent de lui payer, dans chacun des quatre cas, c'est-à-dire création de chevalier, passage de mer, mariage de fille et rançon de prisonnier, vingt livres et huit setiers de seigle, quatorze éminaux d'avoine mesure de Limoges, deux sous de présent et quatre gélines de rente annuelle et perpétuelle.

Il fit un retrait lignager le 28 avril 1421, en qualité de fondé de procuration de Marguerite Audière, sa femme, d'une maison située à Solignac, acquise d'Isabelle de Corbiers, relicte et héritière de Jean de David, mère de feu Guy de David et tante de ladite Marguerite Audière; acensa le 25 juillet 1430 un hospice à Solignac, et souscrivit, avec les qualifications de noble homme et damoiseau, le 13 janvier 1438, au contrat de mariage de noble Pierre Germain le jeune, damoiseau de la ville de Solignac, avec demoiselle Marie, fille de feu noble Gérald de La Roche, damoiseau de Saint-Paul, et de noble Dulcie de Lastours. Il fit un acensement le 25 juillet 1441, et, le 12 octobre même année, son testament, par lequel il institue son héritier universel son fils aîné Henri de David, et lui substitue son second fils Pierre de David; à celui-ci, son autre fils Etienne de David, et, à défaut de son fils Etienne, son neveu Foucauld de David et sa sœur, enfants de Bertrand de David, son frère, et, en dernier lieu, demoiselle Marguerite Audière, sa femme. Il fonda un anniversaire au monastère de Solignac, et lui légua deux setiers de blé de rente perpétuelle, et sa mort est marquée à ce même jour dans le nécrologe de ladite abbaye. Il ne vivait plus le 9 novembre 1447, qu'il est rappelé dans la donation faite par Henri, son fils aîné, à Pierre et Etienne de David, ses frères.

Il eut de son mariage avec Marguerite Audière :

1° Noble homme Henri de David, écuyer, Sgr de Droisy, Longueval et Ghisen en Frise, qui fit hommage, à Saint-Quentin, le 23 septembre 1427, à Mathieu, Sgr de Muret, de la seigneurie de Droisy, et fut compris au nombre des écuyers de la compagnie de Guillaume Le Bouteiller, chevalier-bachelier, à la montre et revue faite en armes en la ville de Saint-Geniès le 18 juin 1441. Parmi les autres chevaliers et écuyers, se trouvaient Guichard de Rochechouart, Pierre de Lambertie, Jean de Brie, Louis de Pierre-Buffière, Jean de Farges, Emeric et Audoin de Pérusse, Jean et Pierre de Maulmont, Louis Authier, Jean de Bort, Pierre Vigier et autres.

Il fit donation, à Soissons, le 9 novembre 1447, à nobles hommes Pierre et Etienne David, ses frères, de tous ses droits sur les successions de feu Pierre David, son père, en son vivant demeurant à Solignac, et de feue damoiselle Audière, sa mère. Il est rappelé dans un bail à cens fait le 4 octobre 1458 par Mgr Jean de Courtenay, chevalier, Sgr de Saint-Brisson, et Mme Marguerite David, sa femme.

Il avait eu de son mariage avec Jeanne de Lizac, dame de Droisy, Marguerite de David, qui épousa en premières noces, en 1436, Etienne de Vignolles surnommé La Hire, Sgr de Montmorillon, écuyer d'écurie du roi, et, en secondes noces, le 27 juillet 1445, Jean de Courtenay IVe du nom, chevalier, Sgr de Champinelle et de Saint-Brisson, issu au huitième degré de Pierre de France, Sgr de Courtenay, septième fils de Louis le Gros, roi de France.

2° Noble homme Pierre de David, écuyer, dont la destinée est inconnue.

3° Etienne de David, qui continue la postérité.

4° Agnès de David, religieuse aux Allois, y fonda un anniversaire en présence de dame Marie Audoin, abbesse, et de noble Jean Germain, sergent du roi, le 10 février 1408.

V. — Noble homme Etienne de David, damoiseau, Sgr de Ventoulx (Vanlaux), capitaine de Chalusset et de cent hommes d'armes, époux de Marguerite de Jourgnac, fut substitué à Henri et Pierre de David, ses frères, par testament de son père du 12 octobre 1441. Il est le premier de la filiation suivie donnée par Nadaud d'après les preuves de noblesse qui furent fournies en 1666.

Pour les dix générations inscrites par Nadaud et les deux premiers de la branche des seigneurs de Lascoux, quoique je puisse fournir de nombreux détails, j'ajouterai ou je rectifierai simplement les noms des femmes, et j'indiquerai les noms des enfants :

VI (n° II de Nadaud). — Noble homme Guinot ou Gonyn de David épousa Jeanne, fille de noble Jacques de Bernard, Sgr de Vieilheville, et de Souveraine de Comborn, dont vinrent : 1° Hercule, qui suit; 2° Pierre; 3° Booz ou Boson; 4° Catherine; 5° Marguerite.

VII (n° III de Nadaud). — Hercule de David, damoiseau, Sgr de Ventoulx, de Longueval et du Pin, épousa Souveraine de Coustin.

VIII (IV de Nadaud). — François de David, chevalier, épousa Gabrielle Dubreuil, nommée ailleurs du Fraysseix, fille de feu Jacques du Fraysseix, écuyer, Sgr de Salon, du Fraysseix et du Pin. Il testa le 29 décembre 1583, voulant être enterré dans le tombeau de ses ancêtres dans l'église de Solignac. Le 8 juillet 1585, sa veuve achetait au roi de Navarre la justice haute, moyenne et basse et autres droits seigneuriaux sur les villages de Champvert et Las Vareillas.

IX (V). — Jean-Charles de David, écuyer, Sgr de Mauzannes, Ventoulx, Champvert, Couderc, etc., premier capitaine au régiment de Pierre-Buffière, épousa Claude Bonnet de La Porte, fille d'Annet, écuyer, et de Marguerite Desplas. Le 9 mars 1599, il fit ses preuves de noblesse par-devant Martial Benoît, Sgr de Compreignac, délégué à cet effet, et il obtint un jugement de maintenue. Le 4 novembre 1615, il fut honoré d'une lettre du roi qui lui demandait la continuation de ses services.

X (VI). — Melchior de David, chevalier, Sgr de Ventoulx, etc., né le 10 février 1607, successivement enseigne-colonelle du régiment de Picardie (25 décembre 1631), capitaine au régiment de Normandie (12 novembre 1633), aide de camp des armées du roi (28 avril 1637), capitaine d'une compagnie de chevau-légers de cent maîtres (25 octobre 1637), mestre-de-camp d'un régiment de douze enseignes de cent hommes chacune (20 janvier 1640). Etant gouverneur du Cateau-Cambrésis, il reçut une lettre du roi le 27 février de la même année 1640. Ayant eu la cuisse cassée par un boulet en défendant cette place contre les Anglais, il mourut le 15 septembre 1640 à Landrecies. Il avait épousé Julie Bony de Lavergne, fille de feu Jean, chevalier, et de Jeanne de Salagnac, dame de Saint-Priest-Ligoure, Lenclos, Ladiguac, Saint-Nicolas, etc.

XI (VII). — François II de David, chevalier, seigneur-baron de Ventaux, né posthume en 1641, et auquel passa la terre de Lastours à l'occasion de son mariage (9 février 1660) avec Charlotte d'Abzac, fille de Charles d'Abzac, marquis de La Douze, Lastours, Vergt, etc. Il fut maintenu dans sa noblesse par jugement du 7 février 1667 sous d'Aguesseau, intendant de Limoges.

XII (VIII). — Charles de David, qui commanda en 1697 le ban et l'arrière-ban de la province du Haut et Bas-Limousin, épousa, par contrat du 6 avril 1686, Marie de Pichard, fille de François, chevalier, comte de Villemonteix, et de Catherine Esmoingt.

XIII (IX). — Jean-Charles de David, premier baron du Limousin, nommé le 27 mars 1757 capitaine des grenadiers royaux du bataillon d'Angoulême, et chevalier de Saint-Louis le 17 octobre 1763, avait épousé en premières noces Marie-Anne de La Tour-Saint-Privat, dont il n'eut point d'enfants, et épousa en secondes noces, le 11 juin 1725, Anne de La Tour, cousine germaine de sa première femme, et fille de Guillaume, chevalier, Sgr de Lenclave, et de Marie de Lenclave, dame de Saint-Privat.

XIV (X). — Germain de David, chevalier, haut et puissant seigneur, comte de Lastours, marquis de La Douze, premier baron du Limousin, ayant perdu, le 5 juin 1763, sa première femme, dont il n'avait point eu d'enfants, épousa en secondes noces, le 7 février 1764, Jeanne-Marie-Appollonie de Saint-Félix, fille de feu Bernard de Saint-Félix, baron du Varennes et de Pecth, et de dame Claude-Marguerite de Gavarret.

De ce second mariage il eut :

1° Joseph-François de David, qui suit;

2° Claude-Marguerite de David, mariée à......, vicomte de Royères ;

3° Anne-Catherine-Charlotte de David ;

4° Victoire de David, morte jeune ;

5° Aimée de David, morte jeune.

XV. — François de David, comte de Lastours, épousa, le...., Léonarde-Henriette-Auvray de Saint-Remy.

De ce mariage sont issus :

1° Etienne-Henri de David, comte de Lastours, qui de son mariage avec Esther-Sincère de Jaubert de Saint-Geley n'eut point d'enfants ;

2° Claude-Hippolyte de David, qui suit;

3° Marie-Aimée de David;

4° Marie-Louise de David.

XVI. — Claude-Hippolyte de David, comte de Lastours, épousa, le...., Madeleine-Hélène de Bord de La Morinie, fille de messire Aubin de Bord de La Morinie et de Marguerite Pastoureau-Labesse.

De ce mariage sont nés :

1° Louis-Joseph de David ;

2° Pierre-Augustin-Gabriel-Henri de David.

XIV bis. — Charles de David, chevalier, comte de Lastours, maréchal des logis des gardes du corps du roi, né le 13 avril 1732, baptisé le même jour dans l'église paroissiale du Châlard, a épousé, par contrat de mariage du 26 avril 1756, Marie Chauveau de Balême, fille de messire Ignace Chauveau de Rochefort, écuyer, S^{gr} de Balême en Bas-Limousin, et de Jeanne de Gains.

De ce mariage sont issus :

1° Jean-Baptiste de David, qui suit;

2° Louis-Michel de David, mort jeune après sa sortie des pages du roi de la grande-écurie ;

3° Marie-Anne-Madeleine de David, mariée à messire Pierre de Hugon du Prat, chevalier, S^{gr} de La Bournerie et autres places.

4°.....

XV. — Jean-Baptiste de David, comte de Lastours, chevalier, S^{gr} de Balême, né le 22 octobre 1768, et baptisé le lendemain dans l'église paroissiale d'Affieux, a fait le service de premier page du roi Louis XVI de la grande-écurie, et successivement capitaine de cavalerie, chef d'escadrons, colonel et maréchal de camp, chevalier de Saint-Louis, officier de la Légion-d'Honneur, a été nommé, par brevet de S. A. R. Madame duchesse d'Angoulême du 31 décembre 1814, son écuyer commandant, et a été autorisé par elle, à Londres, le 28 juin 1815, à traiter pour le bien du service du roi avec le lieutenant général Clausel et avec toutes les autorités civiles et militaires du département de la Gironde pour la reddition de la ville de Bordeaux; en outre, à former, lever et organiser, pour le service du roi, des corps de cavalerie et d'infanterie, et à en nommer provisoirement les officiers. En conséquence, il organisa un régiment de chasseurs à cheval sous le nom de Marie-Thérèse, dont Sa Majesté le nomma colonel sous le nom de chasseurs à cheval de la Dordogne (9e régiment). Il a épousé, par contrat de mariage du 12 mai 1819, qui fut honoré des signatures du roi et de Leurs Altesses Royales Monsieur frère du roi, le duc d'Angoulême, la duchesse d'Angoulême, le duc et la duchesse de Berry, Marie-Joséphine du Pille, fille de messire André-Jacques-Louis du Pille, chevalier, seigneur-baron de La Bosse, Sgr de L'Aillerie et autres lieux, et de Marie-Charlotte de Fonfette.

De ce mariage sont issus :

1° Louis-Charles de David, qui eut pour parrain Sa Majesté Louis XVIII, et pour marraine S. A. R. Madame duchesse d'Angoulême, depuis Dauphine, décédé le 5 juin 1846 ;

2° Marie-Charlotte-Louise-Blanche de David, mariée, le .. ., à......, marquis de Guiry.

Branche des barons des Etangs, dite par Nadaud branche des seigneurs de Lascoux. (V. p. 9.)

XII bis. — Florent, *alias* François de David, chevalier, Sgr de Vantaux, deuxième fils de François de David, chevalier, Sgr de Vantaux, marquis de Lastours, et de Charlotte d'Abzac, ci-devant rapportés, fut légataire d'une somme de 8,000 livres, et substitué à Charles de David, son frère aîné, par le testament de leur père du 5 mars 1672, retenu par Filocque et Dupuy, notaires à Paris. Il épousa, par contrat de mariage du 22 juin 1685, Renée du Bouschaud, demoiselle de Beauregard, fille de Jean du Bouschaud, écuyer, Sgr des Roches et des Etangs, et de Marie d'Abzac, et est nommé avec elle dans l'extrait baptistaire de Charles de David, leur fils, du 16 mai 1686; fit une protestation, le 29 novembre 1687, au sujet de la saisie de la terre noble des Etangs, faite sur Hélie de Chouly, Sr du Repaire de Béchadie; transigea, le 21 juillet 1688, au sujet d'un procès pendant en cour de parlement de Guienne entre Renée du Bouschaud, sa belle-sœur, et autre Renée du Bouschaud, veuve d'Hélie de Chouly; passa une procuration à sa femme le 18 juin 1691, étant à Saint-Junien pour le service du roi; fit son testament le 14 avril 1692, et ne vivait plus le 31 janvier 1712, qu'il est rappelé dans le contrat de mariage de Charles de David, son fils aîné, auquel sa veuve assista.

Ses enfants furent :

1° Charles de David, qui suit ;

2° Jean-Joseph de David, légataire particulier de son père, *auteur du rameau de Lascoux.*

3° Marie-Aimée de David, aussi légataire de son père, et qui épousa : 1°, en 1709, Jean-Joseph de Loménie, Sgr de Monteau; 2° Emmanuel de Châteauneuf, et 3° messire Jean de La Marthonie, chevalier, Sgr de Caussade.

XIII. — Charles de David, chevalier, seigneur et baron des Etangs, Sgr de Vantaux, Monthessier, Masdeloup et autres places, naquit le 29 avril 1686, et fut baptisé, le 16 mai suivant, dans l'église paroissiale de Saint-Aignan de Ladignac au diocèse de Limoges, et fut légataire particulier de son père pour une somme de 3,000 livres, et institué son héritier universel après le décès de sa mère. Il épousa, par contrat de mariage du 31 janvier 1712, Marie Hébrard, fille de François Hébrard, Sgr de Leycuras, et de Marguerite de Tranchant, et est nommé avec elle dans l'extrait baptistaire de François de David, leur fils aîné, du 8 mars 1715.

Il passa, conjointement avec son frère Jean de David, Sgr de Lavaud, et se portant fort pour Marie-Aimée de David, veuve de messire de Loménie, les 3 et 22 juillet 1713, un accord sous seing privé par lequel messire Charles de David, seigneur et marquis de Lastours, et Jean-Charles de David, comte de Lastours, se reconnaissent débiteurs d'une somme de 12,800 livres, à compte de laquelle ils font cession et vente pour la somme de 10,400 livres de la terre et seigneurie de Montbeysier. Ledit accord est signé des parties et de messires Puyfaucon de Bazin, de Lespinasse, de Pras, conseiller doyen au présidial de Tulle, de La Seylive et Vigenaud, curé de Rilhac-Lastours.

Charles de David contracta une seconde alliance avec demoiselle Ursule Bourgeois, fille de Jean Bourgeois, Sgr de Joffrenie, et de Barbe de Salignac. Ils reçurent la bénédiction nuptiale, le 22 juillet 1726, dans l'église de St-Michel-de-Pistorie de la ville de Limoges, et sont nommés dans l'extrait baptistaire d'Emmanuel, leur fils aîné, du 16 juillet 1728. Il constitua, le 30 juin 1731, une aumône dotale de 3,000 livres, au grand parloir des religieuses Carmélites de Limoges, à sa fille du premier lit Renée de David (reçu Masbaret, notaire à Limoges); assista, le 17 juin 1744, au mariage de François de David, son fils aîné; testa le 7 juin 1747; mourut le 13 avril 1750 au château de Lastours, et fut enterré le lendemain dans la chapelle du prieuré des Croix au tombeau de ses ancêtres.

Il laissa de son premier mariage :

1° François de David, qui suit;
2° Renée de David, religieuse Carmélite à Limoges;
3° Marguerite de David, religieuse aux Filles-de-Notre-Dame de Saint-Léonard;
4° Léonarde, légataire de son père pour une somme de 3,000 livres, institua, par testament du 24 avril 1760, sa sœur Jeanne de David de Joffrenie son héritière universelle, et légua à sa nièce et filleule Marie-Léonarde la somme de 1,000 livres;
5° Jeanne de David, qui épousa, par contrat du 12 février 1736, avec constitution de 5,500 livres, messire Jacques Bourgeois, chevalier, Sgr du Borderin, fils aîné de messire Jean Bourgeois, chevalier, Sgr de Joffrenie, et fit donation de tous ses biens, soit de son chef, soit comme héritière de Léonarde sa sœur, à Françoise de Berny, par acte du 25 janvier 1761;
6° Autre Renée de David, légataire de son père pour une somme de 3,000 livres, fit, le 1er octobre 1754, donation de tous ses droits à Françoise de Berny, relicte de feu messire François de David, vivant chevalier et baron des Etangs, son frère, avec reversibilité, après son décès, à Charles de David, fils aîné de cette dernière, reçu de Verneilh, notaire à Nexon.

De son second mariage il eut :

1° Emmanuel de David, chevalier, Sgr de Vantaux, Masdeloup et Chanteloube, l'un des deux cents chevau-légers de la garde du roi, capitaine de cavalerie, chevalier de Saint-Louis, né le 18 juillet 1728, baptisé le même jour en l'église de Nexon, a épousé, le 9 août 1757, avec dispenses accordées par sentences de fulmination du 3 août précédent, dans l'église de Rilhac-Lastours, Catherine de David, sa parente, fille de Jean-Charles de David, chevalier, comte de Lastours, marquis de La Douze, premier baron du Limousin, chevalier de Saint-Louis, et d'Anne de Latour-Saint-Privat. Il naquit de ce mariage deux filles : 1° Marie-Anne-Françoise de David, née le 2 juillet 1770, admise à Saint-Cyr le 1ᵉʳ juillet 1780, et 2° Anne de David, mariée à...... Sgr de Belleville;

2° Autre Emmanuel de David, légataire de son père le 7 juin 1747, mort célibataire;

3° Marguerite de David, légataire de son père, qui épousa le Sgr des Roches de Texon, l'un des deux cents gendarmes de la garde du roi, et chevalier de Saint-Louis;

4° Autre Marguerite de David, aussi légataire de son père, qui épousa, en 1762, messire Jean, marquis de Sanzillon, chevalier, Sgr de Joffrenie, l'un des deux cents gendarmes de la garde du roi, chevalier de Saint-Louis.

XIV. — François de David, chevalier, seigneur baron des Etangs, Sgr de Montbessier, Raymondie et autres lieux, naquit le 7 mars 1715, et fut baptisé le lendemain dans l'église de Nexon; fut capitaine au régiment de Toulouse-infanterie, et épousa, par contrat du 17 juin 1744, Marie-Anne-Françoise de Berny, fille de messire Pierre de Berny, écuyer, conseiller du roi, et de Valérie de Berchenin de Morinas, et nommé avec elle dans l'extrait de baptême de leur fils aîné du 4 avril 1746; reçut, le 9 mai 1746, quittance d'une somme de 3.000 livres au parloir des dames Carmélites de Limoges, dot de sa sœur Renée de David (reçu Bordes, notaire à Limoges); consentit, par-devant Parelon, notaire à Saint-Léonard, une reconnaissance de constitution de 150 livres de rente au capital de 3,000 livres en faveur de dame Antoinette de Guitard de Villejoubert, supérieure des filles de Notre-Dame, où sa sœur Marguerite était religieuse. Il fut institué héritier universel de son père le 7 juin 1747, reçut une quittance le 16 octobre 1751, et fit son testament le 6 mai 1753.

Il laissa de son mariage :

1° Charles de David, qui suit;

2° Pierre-François de David, chevalier des Etangs, légataire de son père le 6 mai 1753; il testa lui-même le 24 août 1808;

3° Marie-Jeanne, légataire de son père;

4° Marie-Léonarde, légataire de son père et de sa tante Léonarde de David, et religieuse au couvent de Notre-Dame de Ligueux.

XV. — Charles de David, baron des Etangs, chevalier, Sgr de Bussière-Galand, Montbeyssier, Raymondie et autres places, l'un des deux cents gendarmes de la garde ordinaire du roi, capitaine de cavalerie, chevalier de l'ordre de Saint-Louis, naquit le 4 avril 1746, et fut baptisé le même jour dans l'église de Nexon; obtint, le 29 mai 1772, un arrêt du parlement de Guienne dans lequel il est qualifié écuyer, chevalier baron des Étangs; reçut avec les mêmes qualifications, le 30 mars 1774, quittance de la somme de 3.375 livres de Marie-Aimée de La Marthonie, dame abbesse de l'abbaye royale de Ligueux, de Jeanne de Lubersac, prieure, Gabrielle du Chatenet et Jeanne d'Hamelin de Rochemorin, religieuses, pour paiement de l'aumône dotale de Léonarde de David, sa sœur, constituée par contrat de profession du 10 septembre 1771, reçu Dupuy, notaire.

Il épousa, par contrat du 11 août 1774, demoiselle Marguerite de Touzac, fille d'Antoine-Etienne de Touzac de Saint-Etienne, écuyer, Sgr de la baronnie de Royères, Trasfont, Laleu et autres lieux, et de dame Elisabeth de Guillaume de Rochebrune; prit part aux diverses séances et délibérations de l'ordre de la noblesse ux états généraux de 1789; faisait partie de la première compagnie noble d'ordonnance de la garde de S. M. très-chrétienne le 4 septembre 1792, jour où il lui t délivré par le vicomte de Wargemont, chef de la première brigade, en qualité d'adjoint au fourrier-major, un passeport pour se rendre du cantonnement de Keiching à Luxembourg pour le service du roi; passa en Angleterre après le licenciement de l'armée de Condé, et, à sa rentrée en France, fut remis en possession du peu de ses biens qui n'avaient point été nationalement vendus Maire de Nexon sous la Restauration, il y mourut le 12 avril 1835, âgé de quatre-vingt-neuf ans et huit jours, laissant de son mariage :

1° Antoine-Etienne de David, qui suit.

2° Marie-Elisabeth-Françoise de David, née le 12 octobre 1777, reçue à Saint-Cyr en 1787, et mariée à Louis Duléry de Peyramont, chevalier de Saint-Louis.

3° Léonard-Jean-Baptiste de David, chevalier des Etangs, né le 13 mars 1779, et baptisé le même jour dans l'église de Nexon, fut admis, en 1789, à l'école militaire de Pont-le-Voy. Pendant la tourmente révolutionnaire, il fut rejoindre son père à Londres, et, rentré à la Restauration, il fut nommé directeur des postes à Caen, où, de son mariage avec Calixte Léchaudé d'Anisy, il eut : 1° Henriette-Marie-Caroline de David, née le ..... 1829, mariée en 1860 à Bernardin de Léonard de Rampan; 2° Alix de David, née le ..... 1831; 3° Antoinette-Marie, née en 1832, mariée en 1858 à Charles-Maximilien-Alexandre Guérould d'Huberville.

4° Pierre-François de David, chevalier des Etangs, né le 13 janvier 1781, et baptisé le lendemain dans l'église de Nexon, entré au service en 1805 dans le 18° régiment de dragons, fit, comme officier dans le régiment de La Tour d'Auvergne et aide de camp du général César Berthier, les campagnes de 1806, 1807 et 1808 en Calabre, Basilicate et Corfou, et, comme capitaine effectif, celles de 1809 à 1814 dans le royaume de Naples et la Haute-Italie. Cité deux fois à l'ordre du jour de l'armée, il fut nommé chevalier de la Légion-d'Honneur le 3 décembre 1813, eut le bras droit cassé d'un coup de feu à la prise de Parme le 2 mars 1814. Chef de bataillon au 10° de ligne le 20 janvier 1815, il fut nommé officier de la Légion-d'Honneur le 18 mars, et se trouvait le 5 avril à Valence (Drôme) avec le duc d'Angoulême, auquel il resta fidèle, et des mains duquel il reçut la croix de chevalier de Saint-Louis. Rayé des contrôles de son régiment à Perpignan le 9 juin, il fut replacé le 15 novembre suivant, avec le grade de chef de bataillon, au 4° régiment de la garde royale. Promu lieutenant-colonel le 21 février 1816, il organisa en cette qualité la légion de la Haute-Garonne, fit comme colonel du 33° de ligne la campagne d'Espagne, à la suite de laquelle il reçut la croix de chevalier de l'ordre de Saint-Ferdinand-d'Espagne, et se trouvait en garnison à Thionville lorsque survint la révolution de juillet 1830. Alors, pour ne pas prêter un nouveau serment, il rentra dans la vie privée le 21 août même année. Il avait épousé, par contrat de mariage du 24 février 1827, reçu Pugens, notaire à Toulouse, Marie-Elisabeth-Amélie de Secondat, fille de feu Godefroi de Secondat, baron de Roquefort, capitaine commandant au régiment royal Picardie-cavalerie et chevalier de l'ordre de Saint-Louis, et de Marie-Bernardine de Lamyre; décéda sans postérité, en son château du Puy-Mathieu, paroisse du Vigen (Haute-Vienne), le 18 septembre 1853, et fut inhumé le lendemain à Nexon, selon ses dernières volontés.

5° Michel-Etienne de David des Etangs, né le 8 septembre 1782, baptisé le même jour en l'église de Nexon, lieutenant des grenadiers royaux, est décédé le 18 juin 1836. Il avait épousé, le 2 mars 1815, par contrat de mariage honoré des signatures de LL. AA. RR. le duc et la duchesse d'Angoulême, Elisabeth-Lucie-Amélie d'Abzac, fille de messire Hyacinthe d'Abzac de Sarazac et de Jeanne-Marie-Geneviève de Moneron du Couret. De ce mariage naquirent trois filles, dont deux mortes jeunes, et Marie-Lucie-Caroline de David des Etangs, née le 14 décembre 1815, qui a épousé, en 1835, Louis-Etienne-Arthur du Breuil-Hélion, vicomte de La Guéronnière, sénateur et commandeur de l'ordre de la Légion-d'Honneur.

6° Marguerite-Adélaïde-Constance de David des Etangs, née le 5 décembre 1783, décédée le 17 août 1860 à Vichy (Allier), d'où son corps a été transporté et inhumé à Nexon.

7° Marie-Anne-Catherine-Agathe de David des Etangs.

8° Pierre-Jean-Baptiste-Justin de David des Etangs, décédé célibataire.

XVI. — Antoine-Etienne de David, baron des Etangs, né le 24 septembre 1776, et baptisé le lendemain dans l'église de Saint-Pierre-du-Queyroix de la ville de Limoges, fut admis en 1787 à l'école militaire de Pont-le-Voy. Arrêté en 1792 comme soupçonné d'avoir écrit la copie d'une parodie de *la Marseillaise*, il fut conduit de brigade en brigade jusqu'à Paris, et incarcéré à la Conciergerie pour être jugé par le tribunal révolutionnaire. Son extrême jeunesse le sauva sans doute, et le 9 thermidor le rendit à la liberté. Après avoir servi quelques années en Vendée sous les ordres de Coster-Saint-Victor et Lechandelier de Pierreville, il fut arrêté de nouveau, et conduit dans les prisons de Vitré, d'où il parvint à s'évader, et fut rejoindre son père à Londres, où il épousa, le 23 avril 1807, Marie-Rosalie-Joséphine Calerast, fille de messire Henry Fox Calerast, alors colonel au service de la compagnie des Indes orientales dans le Bengale, depuis major général au service de Sa Majesté Britannique, représenté par messire Joseph-Roger de Verduzan, marquis de Miran, lieutenant général des armées du roi de France, et de Marie Owen. La bénédiction nuptiale leur fut donnée dans la chapelle catholique française de King-Street, Portmann-Square, par Mgr Philippe-François d'Albignac, évêque d'Angoulême, en présence de messire Jean-Baptiste-Ferréol Hébrard de Veyrinas, Pierre-Charles-Jacques de Martin, baron de Nantiat, lieutenant-colonel d'infanterie, témoins de l'époux ; Louis d'Aiguillon, maréchal de camp, et Louis-Gabriel, chevalier d'Artez, colonel de dragons, témoins de l'épouse.

Rentré en France avec les princes, il fut, le 19 septembre 1814, nommé sous-préfet de Villeneuve-sur-Lot ; mais ayant, pendant les Cent-Jours, maintenu le drapeau blanc en cette ville, il fut obligé de passer en Espagne, s'embarqua à Bilbao pour Londres, où il fut assez heureux pour annoncer le premier à la duchesse d'Angoulême la délivrance du duc son époux.

Ayant repris son poste après les Cent-Jours, il le conserva jusqu'à la révolution de 1830, époque à laquelle il donna sa démission, et rentra dans la vie privée.

Il assista aux mariages de son frère le colonel, le 24 février 1827, et de ses quatre enfants, fit son testament olographe le 25 janvier 1837, y ajouta un codicille le 20 août 1846, et mourut à Villeneuve-sur-Lot le 21 octobre 1859. Ses enfants furent :

1° Charles-Prosper de David, qui suit ;

2° Emma-Louise-Marguerite de David, née à Londres le 5 avril 1808, mariée, le 19 décembre 1836, à Godefroi-Gratien de Secondat, baron de Roquefort ;

3° Pauline-Marie-Jeanne-Françoise de David, née à Londres le 11 juin 1809, mariée, le 14 février 1828, à Maurice de Poumeyric, décédée à Libourne le 20 octobre 1851 ;

4° Cécilia-Henriette-Elisabeth, née à Londres le 7 février 1811, mariée, le 17 janvier 1837, à Charles de Laval, décédée le 29 septembre même année ;

5° Charles-Henri de David, né à Villeneuve-sur-Lot (Lot-et-Garonne) le 4 avril 1845, décédé le 6 août même année.

XVII. — Charles-Prosper de David, baron des Etangs, né à Villeneuve-sur-Lot le 24 juin 1817, épousa, le 23 juillet 1846, au château de Guran près Bagnères-de-Luchon, qui depuis lors est devenu sa résidence, Jeanne-Françoise-Marie-Joseph-Angéline de Binos-Guran, fille de messire Marie-Anne de Binos, baron de Guran, et de Caroline de Lamaguère.

De ce mariage sont issus :

1° Raoul-Antoine-Charles-Jean-Henri-Bernard de David des Etangs, né le 27 avril 1847;

2° Marie-Thérèse-Louise-Françoise-Joséphine de David des Etangs, née le 31 mai 1850;

3° Jean-François-Fernand-Constant-Bernard de David des Etangs, né le 17 mai 1851;

4° Marc-Bernard-Joseph-Henri de David des Etangs, né le 6 mars 1853.

Sources : Titres originaux, cotés, signés et paraphés des mains de Chérin et d'Hozier. — Preuves de cour déposées au cabinet généalogique de la Bibliothèque impériale. — Notes manuscrites de l'abbé Le Laboureur. — Manuscrits du fonds de M. de Gaignères, intitulés *Titres du Limousin*, et conservés à la même bibliothèque. — Archives de l'empire, des départements de la Haute-Vienne et des Basses-Pyrénées, des anciens parlements de Guienne, Navarre et Languedoc. — *Gallia christiana nova*, T. II, p. 51. R.-P.

DEAULX (p. 11.)

La famille d'Aulx en Poitou était, dit-on, originaire du diocèse de Condom, et issue des comtes d'Armagnac.

La filiation des seigneurs de La Connillère, de Solignac et du Chambon remonte à Guillaume d'Aulx, écuyer, vivant en 1434, septième aïeul de Marie-Françoise d'Aulx, dame du Chambon, mariée à Jean-Louis des Marais.

Cette branche s'est alliée aux familles de Ricoux, (*bis*) de Gratain, du Plessix (Richelieu), Agenêt, Pizon, de Forain, Bordes du Poiron, de Montbel, du Vignaud, (*bis*) du Liége du Charault, du Mont, de Bonneval, d'Aubusson, de Cluis, etc. Vicomte F. de Maussabré.

DESCARS. — *Voyez* Cars.

DESCHAMPS. — *Voyez* Champs.

DESCUBES (p. 13). — Pour la généalogie de cette famille, Nadaud renvoie à la page 1138, déchirée, et aux pages 216, 369 et 373, où il est fait mention des alliances de 1° Catherine Descubes, fille de François Descubes, S' du Breuil, et de feue Louise Guillot du Dousset, laquelle Catherine épousa, par contrat du 8 ou du 10 janvier 1634, Jean de Maumont, écuyer, S' de Lasterie [mieux Laterie], Maumont, Le Chadaud et La Vire, et fit, le 12 juin 1641, son testament, par lequel elle veut être inhumée dans le chœur de l'église de Dournazac; — 2° Anne Descubes, fille de feu Léonard, écuyer, S' de La Laurencie, paroisse de Saint-

Auvent, et de feue Anne Chauveron, laquelle fille, étant âgée de vingt-quatre ans, épousa, le 25 août 1671, dans l'église de Pluviers, Pierre Fornel, écuyer, S^r de La Faucherie, paroisse de Saint-Mary, diocèse d'Angoulême; — 3° Léonard Descubes, écuyer, Sr du Genest, qui, en 1614, épousa Anne Guy, veuve d'Antoine de Villards, fille de François Guy, écuyer, Sr du Genest près la ville de Saint-Yrieix, et de Marguerite de Croizant. R.-P.

DESFORGES, Sr du Chastelard, demeurant à Angoulême, porte *d'argent à trois tourteaux de sable*, 2 et 1.

Pierre des Forges est reçu pair le 20 septembre 1634, puis conseiller par la mort d'Antoine Morices le 27 novembre 1662. Il fait, le 2 décembre 1662, déclaration de vouloir vivre noblement.

DESMIER (p. 13). — La généalogie de cette maison a été dressée par l'abbé *Le Laboureur*, et imprimée à Angoulême en 1709.

Cet historien en fait remonter l'origine à :

I. — Foucaud Desmier Ier du nom, qualifié seigneur de L'Obroire, qui vivait en 1082.

II. — André Desmier, que l'on croit fils de Foucaud, signa une donation à Gosselin, abbé de L'Absie en Poitou. Ce titre est sans date; mais il paraît par les chartes de cette abbaye que Gosselin en était abbé en 1187 et 1190.

III. — Jean Ier du nom, hérita, en 1246, après André, de la terre de L'Obroire, autrement dite du Breuil, située en Angoumois, proche de la petite ville de Blanzac, aux confins de la Saintonge et du Poitou; il eut pour fils :

IV. — Jean, IIe du nom, S^{gr} de L'Obroire en 1260 et en 1300; il eut pour successeur :

V. — Jean IIIe du nom, qui servit avec distinction sous le roi Jean. Ce prince le créa chevalier, faveur militaire qui ne s'accordait dans ce temps qu'à la haute noblesse et à l'expérience des armes. Il paraît par la montre des gendarmes qui combattaient sous la conduite de messire Renaud de Pons, S^{gr} de Montfort, le 26 mars 1350, que Jean Desmier avait sous ses ordres un écuyer. Il épousa Jeanne Chenin, fille de messire Gauvin Chenin, S^{gr} de La Jarrie, et de demoiselle Eustache Chataignier, dont 1° Jean, qui suit; 2° Pierre, choisi par le roi Charles VI, dit Pasquier dans ses *Recherches*, pour avoir, conjointement avec l'évêque de Noyon, la clef et la garde des deniers de ce prince ; 3° Florence, femme de Jean Pezaud, écuyer.

VI. — Jean IVe du nom épousa Catherine Aubert, d'une ancienne famille noble du Poitou, dont :

VII. — Jourdain, S^{gr} du Breuil, qualifié chevalier. Dès l'an 1373 il accompagna le maréchal de Sancerre dans toutes les guerres de Guienne, et il paraît, par le compte de Jean Le Flamant, trésorier des guerres en 1386 et 1387, qu'il avait sous ses ordres un chevalier et dix écuyers. Il épousa Léonore de Chosseroye, fille de Gui et d'Éléonore de Maillé, dont :

VIII. — Jean V^e du nom, par lequel Nadaud commence la généalogie de la branche des seigneurs de Doumezac (V. *supra*, p. 14). Il épousa 1°, par contrat du 29 août 1406, Marie de Chaillat, fille de Jean et de Gersinde de Chabannes, et 2°, en 1431, Mathurine Herbert, fille de Jean et de Julie de La Botevinière. Il eut du premier lit : 1° Louis, qui suit; 2° Jean, auteur de la branche des seigneurs du

Breuil et des Desmier d'Archiac, rapportés ci-après; et du second : 3° Foucaud, chef de la branche des seigneurs d'Olbreuze, dont Nadaud a donné la descendance *supra* (p. 13), et 4° Guillaume, employé en 1454 dans la compagnie du comte de Dampmartin.

Seigneurs du Breuil et comtes d'Archiac.

IX. — Jean Desmier, second fils de Jean V et de Marie de Chaillat sa première femme, épousa, en 1438, Maguerite Dexandrieux, dame de Macheaume, dont : 1° Arnaud, qui suit; 2° Jean, chef de la branche des seigneurs d'Archiac; 3° Marguerite, mariée, le 17 juillet 1469, à Antoine de Touraine, écuyer, Sgr de La Mazelie.

X. — Arnaud, chevalier, Sgr du Breuil et de Blanzac, épousa, en 1480, Marie de Savigné. fille de Jean et de Marguerite Goumard, dont 1° Gui, qui suit; 2° Jean, allié à Marie de La Porte-Lusignac. On ignore s'il laissa de postérité.

XI. — Gui Desmier, Sgr du Breuil, etc., servit dans toutes les guerres de son temps, et se maria, l'an 1526, avec Marie de La Touche, fille de Jean et de dame Eliotte de Bremond, dame de Chillac en Saintonge. (Voir Nadaud : branche de La Vaure, *supra*, p. 14.)

XIV (IV de Nadaud). — Gui Desmier II° du nom, Sgr du Breuil, se maria 1° avec Renée de La Touche, dame de Lavaur et de Chillac, fille de François et d'Isabeau de La Barde, et 2°, le 5 septembre 1627, avec Renée de Fournoux, fille de Jean, Sgr de Parsay, et d'Elisabeth d'Appelvoisin. Il eut du premier lit : 1° ...... Desmier, religieuse à Sainte-Auzonne d'Angoulême; et du second : 2° Charles, qui suit; 3° Alexis, lieutenant-colonel du régiment de Montausier, major de la ville de Rouen, qui n'a pas laissé d'enfants de son mariage avec Léonore de L'Aigle; 4° Louise, femme de Claude de Beaupoil de Sainte-Aulaire, Sgr de Brie, etc.; 5° Julie, mariée à haut et puissant seigneur Gui de Sainte-Maure, marquis de Chaux; 6° et 7° Marie et Marthe, qui n'ont point été mariées.

XV. — Charles Desmier, Sgr du Breuil, de Blanzac, de Lavaur, de Chillac, etc., vendit en 1670 la terre du Breuil, fut capitaine au régiment de Navarre, et épousa, le 11 mars 1667, Marie de Hannecault, fille de messire Michel, marquis de St-Vrain, capitaine de cavalerie au régiment de Bénon, et de dame Marguerite Garnier de Roussillon, dont 1° Pierre, qui suit; 2° Claude, qui ne laissa point d'enfants de son mariage avec Louise Le Roy de Lanchère; 3° Charlotte, femme de Jean Gui, Sgr de Ponlevin, dont une fille, mariée au marquis de Polignac; 4° Marguerite, mariée à messire Jean de Massogne ; et 6° Justine, non mariée.

XVI. — Pierre II° du nom de sa branche, Sgr de Lavaur, Chillac, etc., servit pendant dix à onze ans, et épousa, le 26 avril 1704, Marie du Busson, fille de Jean, Sgr de Rochefort, et de Blanche de La Care, dont : 1° Jean-Baptiste, qui suit; 2° Charles, Sgr du Maynot, capitaine au régiment de Marsan, marié à Catherine Rateaux des Arnaud, dont sept enfants; 3° et Suzanne, non mariée.

XVII. — Jean-Baptiste, Sgr de Lavaur, de Chillac et de Rochefort, s'est marié, le 6 août 1737, à Marie-Madeleine-Gabrielle Dealis, dont : 1° Pierre-Joseph, né le 30 mai 1738; 2° Marie-Hélène, mariée à Louis Viault, Sgr de La Clervaudière en Poitou; 3° Marie-Madeleine, mariée, en décembre 1770, à Louis de Campet de Saugeon, Sgr de Prinçay; 4° Marie-Thérèse, née en 1746, religieuse, et trois autres filles.

Seigneurs d'Archiac.

X. — Jean Desmier, second fils de Jean, Sgr du Breuil, et de Marguerite Dexandrieux, épousa Marie Chillot, dont il laissa :

XI. — Jean II° du nom de sa branche, Sgr du Chillot, marié, en 1492, à Marie de Villedon, dont il eut Thomas, qui suit, qu'il envoya, le 28 avril 1538, au ban des nobles de la province de Poitou pour y tenir sa place, ne pouvant servir lui-même à cause de son grand âge.

XII. — Thomas, Sgr de Nutin, épousa, le 28 janvier 1544, Jacquette du Breuil, fille de Pierre, Sgr d'Amberac, et de Jeanne du Breuil-Théon, dont il eut : 1° Nicolas, qui suit; et 2° Robert, chef des seigneurs du Roch, rapportés ci-après.

XIII. — Nicolas, Sgr de Beauregard, servit avec la plus grande valeur sous les rois François II, Charles IX, Henri III, Henri IV et Louis XIII. Il s'acquitta des différents emplois qui lui furent confiés avec tant de prudence que le roi Henri III lui écrivait : *Je ne connois oncques homme d'un plus grand sens, vaillance, suffisance, capacité et expérience en fait d'armes que vous.* Il épousa : 1° Jeanne Farnoul, et 2°, le 6 mai 1590, Judith Guischard, dame de Saint-Simon, veuve de Louis Guynot, Sgr de Beaupréau. Il n'eut du premier lit qu'une fille, mariée à François de Raimond; et du second : 2° Louis, qui suit; 3° et 4° Gaspard et Marguerite.

XIV. — Louis, Sgr de Beauregard, Chatenet, Saint-Simon, etc., fit le service personnel au ban des nobles de la province de Saintonge le 3 septembre 1635, et testa le 25 mars 1652. Il avait épousé, le 28 janvier 1625, Louise de Livenne, fille de Charles et de Lucrèce de Beaumont, dont : 1° François-Alexandre, qui suit; 2° Louis, Sgr de Lauron; 3° et 4° Hippolyte et Susanne.

XV. — François-Alexandre, Sgr de Saint-Simon, Chatenet, etc., fut major de la noblesse de Saintonge, et choisi par les gentilshommes assemblés pour les commander en qualité de commissaire général. Il avait épousé, le 31 mars 1651, Marie d'Archiac, fille unique de haut et puissant seigneur Paul d'Archiac, Sgr de Montenac, etc., gentilhomme ordinaire de la chambre du roi, et de Marguerite Bonin. Il fut stipulé par le contrat de mariage que *les enfants qui en naîtroient seroient substitués aux nom et armes d'Archiac.* Il laissa pour fils unique :

XVI. — Louis-François Desmier d'Archiac, marquis de Saint-Simon, Sgr de Chatenet, etc., mort, le 18 octobre 1753, étant brigadier des armées du roi. Il avait épousé, le 12 mai 1707, Marie-Marguerite Ferrand de Saint-Dizaut, fille de Daniel, Sgr de Saint-Dizaut, et de Marguerite Guerin, veuve de messire Antoine de Guynot, Sgr de Mauconseil. De son second mari elle eut : 1° Etienne-Louis, qui suit; 2° Jean-Louis, rapporté après son frère aîné; 3° Léon-Armand, appelé l'abbé de Saint-Simon, vicaire général du diocèse de Narbonne, abbé commendataire, en 1758, de l'abbaye de Tironeau, diocèse du Mans; 4° Louis-Etienne, aussi rapporté après ses frères aînés.

XVII. — Etienne-Louis, comte d'Archiac, marquis de Saint-Simon, né en 1710, lieutenant général des armées du roi, a épousé, en 1750, ... Juliot, dame de Précigny en Franche-Comté, dont un fils unique, officier au régiment d'Artois cavalerie, et quatre filles.

XVII. — Jean-Louis, comte de Saint-Simon, second fils de Louis-François, marquis de Saint-Simon, et de Marie-Marguerite Ferrand de Saint-Dizaut, chevalier de Saint-Louis à dix-neuf ans en récompense de la bravoure qu'il fit paraître à la bataille de Parme, maréchal de camp, a épousé..... Guynot de Dercy en Saintonge, dont trois garçons, les deux cadets chevaliers de Malte, et deux filles.

XVII — Louis-Etienne, appelé le comte d'Archiac, quatrième fils de Louis-François et de Marie-Marguerite Ferrand de Saint-Dizaut, commandeur de l'ordre de Saint-Louis, maréchal de camp, a épousé, en 1748, Marie Dantaise, dont il eut trois filles : l'aînée, veuve du comte de Bonnay; la seconde, Marguerite-Henriette, mariée à Henri-Joseph de Bourdeilles, premier baron du Périgord; la troisième, Marguerite-Antoinette, chanoinesse à Alix en Lyonnais.

Seigneurs du Roch.

XIII. — Robert Desmier, Sgr du Roch, second fils de Thomas et de Jacquette du Breuil, est chef de cette branche, qui était représentée en 1789 par Charles-Gabriel-Crescent Desmier du Roc et Pierre Desmier, Sgr du Roc, son frère.

Seigneurs d'Olbreuse. (Voir Nadaud, *supra*, p. 13.)

Les seigneurs du Montet et de La Garlière en Poitou sont de la même maison.

Notes isolées.

Guillaume de Decimaria et Aymeric Decimarii, rapportés par Nadaud, *supra*, p. 11, doivent appartenir à cette famille, dont le nom, dans les titres latins, serait, d'après d'Hozier, *Decimarius*.

Jean Desmier était un des hommes d'armes de la compagnie de cent lances de messire Jean d'Urteuil, grand sénéchal du Limousin en 1469. Il doit être le même que Jean Desmier, qui épousa Jeanne Juvenel des Ursins, veuve de Guichard d'Appelvoisin, dont il eut un fils, conseiller au parlement de Paris, enterré dans l'église de Saint-Germain-l'Auxerrois, où on voit son épitaphe, où il est qualifié baron de Marigny en Champagne et de Cazillac en Limousin. Au coin de cette tombe sont les armes des Desmier, écartelées avec celles des Ursins. Il mourut le 19 avril 1455.

P. DE CESSAC

DESPREZ (JULIEN-FLORIAN-FÉLIX), né à Ostricourt (Nord), le 24 août 1807, sacré évêque de Saint-Denis (Ile Bourbon) le 5 janvier 1851; transféré, dans le consistoire du 19 mars 1857, à Limoges, où il a fait son entrée solennelle et sa prise de possession le mardi 14 juillet de la même année; a été transféré encore, dans le consistoire du 26 septembre 1859, à l'archevêché de Toulouse, où il a fait son entrée solennelle le 29 novembre 1859.

Comme évêque de Saint-Denis, Mgr Desprez se trouvait à Rome pour la cérémonie dans laquelle a été défini le dogme de l'Immaculée-Conception (8 décembre 1854). Dans ce premier diocèse, il a publié des statuts synodaux (185...).

Comme évêque de Limoges, il a daté son premier mandement d'Ostricourt, lieu de sa naissance, le 30 juin 1857, et celui de ses adieux, qui porte le n° 30, de Paris, où il résidait au séminaire colonial du Saint-Esprit, le 3 octobre 1859. C'est aussi de cette dernière résidence qu'il a signé, le 13 novembre suivant, sa première lettre pastorale comme archevêque de Toulouse. Pendant la courte administration de Mgr Desprez, on a établi : 1°, en octobre 1857, à Dontreix (canton d'Auzances, Creuse), une communauté des *Petites-Sœurs-du-Sauveur-et-de-la-Sainte-Vierge*; 2°, le 1er novembre 1857, à Nexon, chef-lieu de canton (Haute-Vienne), une *maison de frères du Sacré-Cœur-de-Paradis*; 3°, en août 1859, dans la paroisse de Sainte-Marie de Limoges, près le pont Saint-Martial, une communauté de *Sœurs-du-Sauveur-et-de-la-Sainte-Vierge*. Ces dames remplaçaient les *Sœurs de Nevers*, qui, dès le 25 du même mois, s'étaient transportées dans la paroisse Saint-Etienne de la même ville. Mgr Desprez a consacré, le 26 septembre 1858, l'église Saint-Martial-Saint-Bernard, bâtie, sous l'administration de son prédécesseur, dans la commune de Limoges, sur la route d'Angoulême, pour servir de chef-lieu de paroisse à certain nombre de villages détachés de la paroisse Saint-Michel-des-Lions. A cette imposante cérémonie se trouvaient présents les évêques de Tulle, de Poitiers et d'Angoulême et les notabilités de Limoges. Mgr Cousseau prêcha à la grand'-messe, et Mgr Berteaud, devant une foule compacte, le soir à la cathédrale. — Les ordonnances de cet évêque ont pour objet la discipline ecclésiastique, et surtout la liturgie romaine, établie par son prédécesseur, mais pour laquelle il a voulu, dans un but de plus grande uniformité, urger l'application. Celle de ses réformes que les fidèles ont le plus remarquée est l'introduction du conopée ou voile enveloppant le tabernacle dans lequel le Très-Saint-Sacrement réside. — Dans une séance synodale du 3 août 1858, il a promulgué des ordonnances divisées en seize petits articles. — Mgr Desprez voudra bien permettre à un prêtre qui a été vicaire à Saint-Pierre de Limoges pendant treize ans de ne point approuver son ordonnance du ... août 1858, imposant aux curés de Limoges de ne plus faire porter la croix de leur église dans les processions générales, et de n'y plus garder un rang distinct avec leur clergé, mais de marcher tous après la croix du chapitre, les prêtres par rang d'ordination, et les chanoines honoraires par rang de nomination. Cette ordonnance a violé un droit que le curé de Saint-Pierre possédait de temps immémorial, comme c'est écrit dans tous les documents historiques et dans les monuments épigraphiques, car beaucoup de curés de Saint-Pierre des siècles précédents faisaient mettre sur leur tombe : *Premier Curé du diocèse*. Ce droit était d'avoir la place d'honneur dans les réunions où figuraient les paroisses de Limoges. Jusqu'à la fin du dernier siècle, Saint-Pierre marchait après les douze autres paroisses de Limoges (on sait que l'église cathédrale n'était point paroissiale), et même encore aujourd'hui, le clergé de Saint-Etienne faisant en quelque sorte partie du chapitre, Saint-Pierre avait le premier rang comme paroisse. Or, l'ordonnance du .. août 1858 anéantissant la représentation des paroisses, il est arrivé que le curé d'alors, étant des curés de Limoges le chanoine nommé le plus récemment, est passé juste du premier rang au dernier, et, par une humilité regrettable, ne voyant que sa personne là où il fallait voir sa paroisse, il est resté plus d'un an sans protester. Cependant le curé de Saint-Pierre avait employé ce temps à étudier la question, à recueillir tous les documents favorables au droit de son église. Il présenta au successeur de Mgr Desprez sur le siège de Limoges un mémoire établissant, entre autres choses, qu'à Rome même, dans les processions, les paroisses représentées par leur curé en étole, ont leur rang hiérarchique; que, depuis le retour des diocèses de France à la liturgie romaine, un grand nombre d'évêques très-connus pour leur attachement à Rome avaient conservé dans les processions générales le rang assigné par l'usage à chacune des paroisses. — Il fut répondu au curé de

Saint-Pierre que, si de hautes raisons empêchaient de revenir sur une ordonnance délibérée, publiée, mise à exécution, sa thèse n'en demeurerait pas moins soutenable; qu'il faudrait par conséquent, en temps opportun, la représenter; qu'alors on y ferait droit; que, dans tous les cas, la mesure prise pour les processions ne touchait en rien au titre de première paroisse du diocèse, attribué de temps immémorial, et reconnu par tous, à la paroisse de Saint-Pierre.

L'occasion s'en présentant, mon cœur aurait souffert de ne pas constater comme un glorieux souvenir cette ancienne primauté de l'église Saint-Pierre.

Comme archevêque de Toulouse, il a fait son entrée solennelle le 29 novembre 1859. Mgr Desprez a publié plusieurs mandements, parmi lesquels je citerai celui du 2 février 1860 sur le pouvoir temporel du Pape, parce qu'il a été très-remarqué. Le discours de remerciment, lors de sa réception à l'Académie des Jeux Floraux (9 avril 1860), est plein de dignité et de délicatesse. Voici la liste des œuvres qu'il a faites à Toulouse jusqu'à la présente année 1864 : établissement de l'Adoration perpétuelle du Très-Saint-Sacrement (29 novembre 1861) et de la liturgie romaine (20 janvier 1861); fondation d'une maison de religieux Olivétains à Saint-Bertrand (en février 1861); d'une communauté de sœurs de Marie-Réparatrice à Toulouse (en 1861); de l'œuvre de la Sainte-Enfance (commencée sous Mgr Mioland, développée 4 septembre 1862); d'une commission chargée de réviser les conférences ecclésiastiques (4 septembre 1862); couronnement de la statue de Notre-Dame d'Alet (16 juin 1863); projet d'achèvement de la métropole de Saint-Étienne de Toulouse, recommandée par lettre-circulaire du 6 février 1864.   R.-P.

DESTRESSES (page 17), ajoutez après la ligne 7 :

..... de Roquet, marié à....., en eut : 1° Pierre, qui suit; 2° Gabriel de Roquet, de l'ordre de Saint-Benoît et curé de Mercœur, nommé dans le testament de son frère aîné de l'an 1563; 3° Jean Roquet, prêtre; 4° Gui de Roquet, curé de Saint-Julien; 5° Jean de Roquet le jeune, Sr de Carennac en Querci.

Ligne 13 : 4° Marguerite de Roquet, femme de noble Guion de Siretz, Sgr de La Coste l'an 1563, et 5° Marguerite de Roquet la jeune.

Ligne 17 : 2° Jean d'Estresses, évêque de Laodicée, nommé coadjuteur de l'évêque de Lectoure, dont il obtint les bulles le 3 des nones d'août 1609. Après avoir rempli les fonctions de son état par une vie abondante en bonnes œuvres, soutenues par l'exemple d'une austère pénitence, il mourut en son diocèse de Lectoure, dans la ville de Miradoux, le 12 avril 1646, âgé de soixante-quatre ans.

Ligne 18 : 3° Jean-Jacques d'Estresses, Sgr de Saint-Jal, vicomte de Beaumont et de Saint-Salvadour, lequel, de son mariage accordé le 4 janvier 1609 avec Mathiève de Soubez, eut pour fille Antoinette d'Estresse, qui épousa, le 12 avril 1627, Antoine de Lastic, Sgr de Pierrefitte.

III° degré. — Enfants de Guy et d'Adrienne de Montaignac, sa première femme; contrat du 3 mai 1604; fille de messire Balthazar, Sgr de Tranchelion, chevalier de l'ordre du Roi et d'Isabeau de Monroux : 1° Gaspard, qui suit; 2° Isabeau, mariée le 18 août 1631, à noble François Plaisant de Bouchiac, écuyer, Sgr de Bigeardel.

IV° degré. — Enfants de Gaspard et de Gabrielle du Buisson, fille de Jean, seigneur-marquis de Bournazel, baron de Belcastel, de Roussenac, etc., et de Jeanne de Beauclerc : 1° Jean-Louis, qui suit; 2° Jean-Jacques; 3° François, prêtre, curé de La Chapelle-aux-Saints; 4° Joseph, et 5° Jeanne.

V. — Jean-Louis d'Estresses, écuyer, Sgr d'Estresses et de Mercœur, commandant une compagnie de grenadiers dans le régiment de Normandie, puis lieutenant-colonel du régiment de Noailles infanterie par commission du 25 mars 1695, naquit le 5 octobre 1662, et épousa, par contrat du 11 février 1716, demoiselle Anne Mérigot, fille de François Mérigot, S^{gr} de Sainte-Fére, sénéchal de la Marche, et de Marie du Mont, dont : 1° Joseph, qui suit ; 2° Jean-François, écuyer, né le 27 mai 1720, et 3° Raimond-Louis, né le 8 novembre 1722.

VI. — Joseph d'Estresses, écuyer, né le 2 janvier 1717, obtint une lieutenance dans le régiment de Bourbonnais infanterie le 4 décembre 1733.

D'azur à un chevron d'or accompagné de trois fers de lance de même, 2 et 1.

Source : d'Hozier, *Armorial général*, 2e registre.

DONNET (p. 20). — Nadaud n'a pas blasonné les armes de cette famille, et des Coutures ne les blasonne pas non plus dans sa table ; mais celui-ci, dans le texte, au-dessus de la ligne qu'il lui consacre, les a peintes *d'azur à trois demi-vols d'argent, 2 et 1*. D'après M. Lainé, *Nobiliaire du Limousin*, p. 19, ces armes sont *d'azur à trois demi-vols d'or*.   R.-P.

DONZENAC, petite ville, chef-lieu de canton, arrondissement de Brive (Corrèze), a pour armes *de sable à la fasce componée d'or et de sinople*. (Traversier.) — *Voyez* T. Ier, Aubusson (ville), p. 59 ; Auzances, p. 14.   R.-P.

DORAT (Le). — Chef-lieu de canton, arrondissement de Bellac (Haute-Vienne). Les armes de la ville sont *d'azur à trois fleurs de lis d'or et une bande abaissée de gueules, chargée de trois lions passant d'argent*. (*Arm. gén.*, Traversier.) M. Girault de Saint-Fargeaud donne des armes toutes différentes : *de gueules à deux dés d'argent passés en sautoir*. J'ignore sur quel document cet écrivain s'appuie pour attribuer de pareilles armes à la ville du Dorat ; mais j'aime mieux m'en tenir à celles qui sont insérées dans l'*Armorial*, d'abord parce que d'Hozier les présente comme exactes, et ensuite parce que la combinaison des écus de France et de la Marche dont elles sont formées dénote leur authenticité.

Les véritables armes de la ville du Dorat se voient encore sur une cloche servant à sonner les heures, et placée au haut du gros clocher de l'ancienne collégiale. Cette inscription les accompagne, et prouve leur authenticité : « 1600. Faite par messieurs les chanoines, consuls et habitans ». Elles sont *de gueules à deux clefs d'argent en sautoir, accompagnées de quatre fleurs de lis d'or posées, 1, 2, 1*.

Ces armes ne sont en outre que la répétition du fait historique auquel on attribue l'origine du Dorat : Clovis, victorieux, aurait fondé dans ce lieu une chapelle en l'honneur du prince des apôtres. L'église du Dorat est encore sous le patronage de saint Pierre, dont nous retrouvons les clefs dans les armes de la ville, et les fleurs de lis en rappellent l'origine royale.

Le chapitre porte, *d'argent à un pal de gueules*. (*Arm. gén.*)

Le couvent des religieuses de la Trinité, fondé en 1624 : *d'azur à un saint Benoît d'argent posé de front et accosté en fasce des deux lettres S. B. de même*. (*Arm. gén.*) — *Voyez* T. Ier, Aubusson (ville), p. 59 ; Auzances, p. 114 ; Aixe, p. 117, et Allois (Les), p. 118.   R.-P.

DOUHET (p. 21). — Dans son *Histoire généalogique de la maison de Bosredon* (Clermont-Ferrand, Ferdin. Thibaud, 1863, in-fol., p. 267), M. Ambroise Tardieu dit avoir dressé sur titres originaux la généalogie de la famille de Douhet, seigneurs de Villosanges, des Ramades, de La Fontête, de Laurière, de La Gorce, des Vergnes, de Moneyroux, de Joux, de Mondeyrand, de Pradat, etc., et il la croit originaire du Montel-de-Gelat, canton de Pont-au-Mur (Puy-de-Dôme), attendu que François de Douhet, par lequel il commence sa filiation suivie, était lieutenant général au bailliage du Montel-de-Gelat en 1614. Les notes incohérentes de Nadaud, dont aucune ne se rapporte à la filiation établie par M. Tardieu, prouvent plutôt une origine limousine, car elles remontent à la fin du xvie siècle. En tout cas, elles prouvent qu'une branche de la famille de Douhet vivait en Limousin.

D'après M. Ambr. Tardieu, la branche de La Fontête et de Moneyroux est éteinte. Celle de Mondeyrand, qui existe encore, avait récemment un représentant dans une administration à Limoges. La branche de Pradat existe aussi.

Les Douhet de Villosanges, dont M. Tardieu fait la branche aînée, sont représentés par Gabriel-Arthur, né, en 1809, de Michel-Gaspard de Douhet, écuyer, né en 1769, émigré en 1791, servant dans l'armée de Condé en 1792, blessé à la tête de trois coups de sabre et de deux coups de baïonnette le 21 avril 1794 à la bataille de Boussigny, resté jusqu'au 10 novembre 1795 dans le régiment des hussards de Béarn, et récompensé en 1801 de certificats honorables, puis chevalier de Saint-Louis en 1815, et rentré au service avec le grade de capitaine-commandant. Gabriel-Arthur, né en 1809, et VIIIe degré de M. Tardieu, servait avant 1830 comme volontaire dans la garde royale. Il a épousé en premières noces Joséphine de Guérin, morte sans postérité; en secondes noces, Mlle Cholet-Beaufort, dont : 1° Charlotte; 2° Gilbert; 3° Marie. — Se rattachent indirectement à la branche aînée par le Ve degré de la filiation suivie de M. Tardieu : Michel-Maurice de Douhet de Villosanges, marié, le 24 juillet 1833, à Marguerite-Fanny Leclerc-Duclos, nièce du baron Leclerc du Rivaud, colonel d'un régiment de cavalerie sous la restauration, et par les enfants de Michel-Maurice : 1° Marien-Jacques-Arthur, né en 1834, actuellement (1864) substitut du procureur impérial à Moulins; 2° Gabriel-Marie, né en 1835, notaire à Auzances (Creuse); 3° Louis-Michel-Marie; 4° Marie-Gabrielle-Anne.

Armes : *écartelé, aux 1er et 4e, d'azur à la tour d'argent crénelée et maçonnée de sable; aux 2e et 3e, de gueules à une licorne d'argent. Supports, deux licornes; cimier, une licorne naissante.*

DOYRON (p. 25), ou plutôt D'OYRON et D'OIRON.

Cette famille n'appartient au Berry que depuis la fin du xvie siècle. Elle semble originaire du Poitou ou du Bourbonnais, provinces dans lesquelles il existait deux fiefs du nom d'Oiron, communiqué, suivant l'usage, à leurs possesseurs.

On trouve des d'Oiron en Poitou dès l'an 1222, et en Bourbonnais en 1300.

La famille d'Oiron s'est divisée en plusieurs branches :

1° Celle des seigneurs de Verneuil en Touraine, qui possédait en outre les fiefs de La Durandière, de Baugé et de L'Orillonnière (1438-1533).

Elle s'est alliée aux maisons de Beaupréau, de La Rivière, de La Voirie, de Blond, du Bouchet-d'Estoutteville, de Saint-Georges-Vérac, du Puy-Bagneux, de Boufflers, de Tilly-Blaru, de Sanzay;

2° Celle de La Gastelinière en Touraine (1467-1544), alliée aux maisons de Marconay et de Blond;

3° Celle des seigneurs de La Journalière et d'Ajain, barons de Gouzon en Marche (1506-1732), alliés aux maisons de Léron, d'Aubusson (*bis*), Savary de Lancosme, Couraud, de Colemberg, de La Garde, de La Chapelle, de Cluis (*bis*), de Malleret, de Brade, de Ligondès, de Villerfagne;

4° Celle des seigneurs de Seguières en Berry, barons de Gouzon en Marche, issue de la précédente et existante.

Elle s'est alliée aux maisons de Brachet, de La Porte, du Puy, de Salignac, de Vélard, du Ligondès, des Marquéts, Babin de Lignac, de Coustin, de Châteaubodeau, de Brémond d'Ars, de Puy-Guyon, etc.

La famille d'Oiron a contracté d'autres alliances avec celles d'Escoubleau, de Puy-Guyon, de Sigogné, de Sanglier, Tillon de Varannes, Petit de Salvert, de La Forêt, de Beufvier, de Mareuil, de Marconay.

Vicomte F. DE MAUSSABRÉ.

DREUILLE (p. 25), sieurs de Puycheny et de La Robertière, paroisses de Saint-Romain et des Essarts, élection d'Angoulême, portent : ....

I. — Blaise de Dreuille épousa Françoise Jourdain.

II. — Jean de Dreuille épousa, par contrat du 13 juin ou 3 août 1564, Jeanne Renouard.

III. — Jean de Dreuille, qualifié de fils d'autre Jean et de Jeanne Renouard dans un arrêt de la cour des aides de Paris du 18 août 1599. Il eut deux fils : Jean, qui suit, et Pierre, qui épousa Françoise Mallart.

IV. — Jean de Dreuille, dont le contrat de mariage avec Esther de Puycheny fut passé en présence de son aïeule Jeanne Renouard le 17 mai 1594. Jean testa, le 12 décembre 1625, en faveur d'autre Jean, son fils, et de ladite de Sainte-Maure.

V. — Jean de Dreuille, Sr de Puycheny, fit, le 5 décembre 1647, une transaction avec Marie, Jeanne et Elisabeth, ses sœurs, sur la succession de leurs père et mère.

IV bis. — Pierre de Dreuille épousa, par contrat du 25 février 1619, Françoise Mallart, dont il eut :

V. — Gabriel de Dreuille, Sr de La Robertière, qui épousa, par contrat du 12 octobre 1641, Marthe de Nouveau.

Ces deux branches furent maintenues par arrêt du conseil du 14 avril 1667.

DES COUTURES.

DROUILLE-BLANCHE (LA), ancien prieuré de femmes de l'ordre de Saint-Benoît, au moins jusqu'en 1317, puis de celui de Grandmont, était situé sur la paroisse de Bonnat, canton d'Ambazac, arrondissement de Limoges. D'Hozier lui suppose pour armes *de gueules à deux pals d'argent*. (*Armorial général.*) Voyez T. 1er. AUZANCES, p. 114, et ALLOUS (LES), p. 118.   R.-P.

DUBOIS (p. 26), Sr dudit lieu, paroisse de Ladignac, élection de Limoges, porte *d'azur à un chevron d'or accompagné de trois gerbes de blé d'argent en chef, à un lion passant d'or en pointe, lampassé et armé de gueules.*

I. — Jean de La Pisse épousa, par contrat du 21 mai 1513, Léonarde Coustin. Ledit Jean testa, le 7 août 1558, en faveur de son fils Germain, qui suit.

II. — Germain de La Pisse, épousa, par contrat sans filiation du 14 juillet

1570, Charlotte-Jean, dont il eut : Louis et Charlotte. Germain de La Pisse fit, le 14 mai 1585, son testament, en faveur de son fils Louis, qui suit.

III. — Louis Dubois épousa, par contrat, Ysabeau de Chauveron, puis, en secondes noces, Louise de Royère. Son testament, du 5 avril 1615, fait mention de ses deux mariages et de son fils Jacques, qui suit.

IV. — Jacques Dubois épousa, par contrat du 7 octobre 1618, Marthe de Ribeyreix. De ce mariage, Charles Dubois. Marthe de Ribeyreix, veuve en secondes noces d'Isaac de Saint-Fief, fit, le 23 mars 1662, son testament, faisant mention de Charles, son fils en premières noces, et de Jacques, son premier mari; de plus portant légat en faveur de Jean, son petit-fils.

V. — Charles Dubois épousa, par contrat sans filiation du 4 août 1648, Françoise de Villoutreix.

VI. — Jean Dubois.

Les preuves de noblesse de cette famille ne furent pas trouvées suffisantes en 1598.

DES COUTURES.

DUBOIS. — *Voyez aussi* BOIS.

DU BOUCHERON (p. 27). — *Voir* T. Ier, p. 41, au mot AMBRUGEAC.
Gabrielle du Boucheron était veuve, en 1683, d'Antoine de Salvert, chevalier, S^{gr} de Verghas. Leur fille, Marie de Salvert, était mariée, le 22 août 1701, à François de Montagnac, chevalier, S^{gr} de Lignières. (*Bibl. imp.*)

P. DE CESSAC.

DUCLOU. — *Voyez* CLOU.

DUFORT (p. 34). — Famille noble, originaire du Limousin, a pour armes : *d'azur à trois épis de blé d'or, tigés et feuillés de même : celui du milieu mouvant d'un monticule, aussi d'or, posé à la pointe de l'écu; au chef d'or chargé de trois étoiles d'azur.*

I. — Noble Jean Dufort Ier du nom, écuyer, épousa Henriette Polloud, dont :

II. — Noble Jean Dufort IIe du nom, écuyer, marié, par contrat du 15 novembre 1304, à Catherine de Lamejal, fille de noble Pierre de Lamejal et de Marie de Rivail. Il en eut :

III. — Noble Jean Dufort IIIe du nom, écuyer, qui épousa, par contrat du 1er décembre 1340, Marie de Marcenal, fille d'Antoine, écuyer, et de Catherine de Cejala, qui eurent :

IV. — Noble Jean Dufort IVe du nom, écuyer, marié, par contrat du 4 octobre 1378, à Marie de Campanyac, fille de noble Pierre de Campanyac et de Jeanne de Rausly, dont :

V. — Noble Jean Dufort V^e du nom, écuyer, qui épousa, par contrat du 4 décembre 1415, Marie de Changarol, fille de noble Charles de Changarol, écuyer, et de Jeanne de Rugeol. De ce mariage vint :

VI. — Noble Jean Dufort, VIe du nom, écuyer, qui épousa, par contrat du 12 décembre 1455, Marguerite de La Borie, fille de noble Pierre de La Borie, écuyer, et de Marguerite de La Vigière, dont :

VII. — Noble Antoine Dufort Ier du nom, écuyer, marié, par contrat du 5 janvier 1490, à Marguerite des Rodes, fille de noble Jacques des Rodes et de Marie de Cosnac, dont :

VIII. — Noble Antoine Dufort II° du nom, écuyer, allié, par contrat du 1er août 1527, à Jeanne de Tressyac, fille de noble Jacques de Tressyac, écuyer, Sgr de La Perile, et de Marie de La Berlière, dont :

IX. — Noble Antoine Dufort III° du nom, écuyer, qui épousa, par contrat du 15 septembre 1566, Catherine de Nayliac, fille de noble Pierre de Nayliac, écuyer, et de Catherine de Costacg, de laquelle vint :

X. — Noble Jean Dufort VII° du nom, écuyer, qui épousa, par contrat du 10 juin 1607, Jeanne de Gramond, fille de noble Jean de Gramond, écuyer, et de Jeanne de Friazac. Leurs enfants furent : 1° Jean, qui suit ; et 2° Pierre, chevalier, conseiller du roi, maître ordinaire en sa chambre des comptes par provision du 12 janvier 1680. Il avait épousé Catherine de Poyrel de Grandval, morte sans enfants, fille de Nicolas de Poyrel, écuyer, Sr de Grandval, et de Denise de Poncher, d'une famille qui a donné un maréchal de France en 1218 dans la personne de Jean-Omer de Poncher.

XI. — Noble Jean Dufort VII° du nom, écuyer, épousa, par contrat du 15 juin 1642, Françoise de Merques, fille de noble Antoine de Merques, écuyer, et de Françoise de Dupuy, de laquelle il eut :

XII. — Jean Dufort IX° du nom, chevalier, conseiller du roi, maître ordinaire en sa chambre des comptes sur la nomination de Catherine de Poyrel, veuve de Pierre Dufort, son oncle, épousa, par contrat du 27 avril 1694, Elisabeth de Poyrel de Grandval, fille de Charles de Poyrel, écuyer, Sgr de Grandval, et de Marguerite Le Court, dont : 1° Joseph-Pierre, qui suit ; 2° Elisabeth-Marie, morte sans alliance.

XIII. — Joseph-Pierre Dufort, chevalier, Sgr de Saint-Leu, conseiller du roi, maître ordinaire en sa chambre des comptes, marié, le 22 février 1729, avec Agnès-Françoise Soullet, fille de Nicolas Soullet, chevalier, conseiller au parlement, et de Laurence-Françoise Le Tessier de Montarsy, dont :

XIV. — Jean-Nicolas Dufort, comte de Dufort et de Cheverny, Sgr de Cour, Frêne, Fontaine, etc., lieutenant général pour le roi du Blaisois, Dunois, Vendômois et du pays d'Amboise, né le 3 février 1731, conducteur ou introducteur des ambassadeurs le 20 février 1752, acquit la terre de Cheverny le 7 mai 1764, laquelle a été érigée en sa faveur en comté par lettres-patentes du mois d'août de la même année. Il s'est marié, par contrat du 25 avril 1755, avec Anne-Marie-Edme Le Gendre, fille aînée de Paul-Gaspard-François Le Gendre, chevalier, conseiller du roi, président en sa chambre des comptes de Paris, et de Marie-Elisabeth Roslin, dont : 1° Bernard-Marie-Joseph-Pierre, dit le comte de Cheverny, gouverneur en survivance de la ville de Romorantin le 19 mai 1767, volontaire dans le régiment de La Rochefoucaud dragons ; 2° Jean-Pierre-Marie dit le chevalier de Dufort, et 3° Edmée-Antoinette-Marie.

Extrait de La Chesnaie des Bois, T. V, édit. in-4.   P. DE CESSAC.

DUHAMEL. — *Voyez* HAMEL.

DUJON, Sr du Souloir, paroisse de Saint-Just, élection de Saintes, porte *d'azur à un chevron d'or*.

I. — Guillaume Dujon épousa Jacqueline de Pezon.

II. — Jean Dujon épousa, par contrat du 25 mars 1529, Renée de Mesnard.

III. — Louis Dujon épousa, par contrat du 12 avril 1566, Antoinette Denis.

IV. — Jean Dujon épousa, par contrat du 1ᵉʳ mai 1616, Renée Le Proust.

V. — Gilles Dujon, dont le mariage avec Esther de Charron fut célébré, le 20 juillet 1654, en conséquence d'un arrêt rendu en la chambre de l'édit de Guienne, dans lequel la mère de Gilles, veuve de Jean, est une des parties.

Des Coutures.

DUMONT (p. 27), Sʳ de Lage-Rideau, paroisse de Razès, élection de Limoges, porte *d'argent à une croix resarcelée de sable.*

I. — Pierre Dumont épousa, par contrat sans filiation, Anne Coustin de Chassain, dont il eut : Annet, François, Jacques et Antoine. Ces quatre enfants sont mentionnés dans le testament de leur père du 6 février 1547.

II. — Jacques Dumont épousa, par contrat sans filiation du 25 février 1571, Gabrielle de Chavaignat. Le 29 juin 1579, ledit Jacques partagea avec Antoine les successions de leurs père et mère, Pierre Dumont et Anne Coustin de Chassain.

III. — François Dumont épousa, par contrat du 21 février 1599, Jacquette Deaux, et fit, le 5 août 1646, son testament, en faveur de son fils Annet, qui suit.

IV. — Annet Dumont épousa, par contrat sans filiation du 26 février 1654, Marie Souffrain.

Cette famille a fait preuve de noblesse en 1598.

Des Coutures.

DUMONT (p. 27), Sʳ de Lage-Rideau.

Noble Pierre Dumont, Sʳ de Lage-Rideau, marié à Anne Coustin, fille d'Agnez de Coustin, écuyer, Sʳ de Chassaing, et de Marguerite du Moustier. Ces derniers s'étaient fait un testament mutuel le 8 octobre 1549 (A).

François Dumont, écuyer, Sʳ de Lage-Rideau, marié, en 1599, à Jacquette Daulx, fille de Balthazar Daulx, écuyer, Sʳ de Chambon, etc., et de Béatrix ou Jeanne du Vignaud (A).

Annet Dumont, écuyer, Sʳ de Lage-Rideau, marié à ....., dont :

Marie Dumont, qui était veuve, le 11 juillet 1698, de François Mérigot, chevalier, Sgʳ de Sainte-Feyre, jour où elle répudiait, au greffe de la justice sénéchale de Limoges, l'hérédité de son père Annet Dumont, Sʳ de Lage-Rideau (B).

Sources : (A) Nadaud, T. Iᵉʳ, fº 520, et T. II, p. 11 ; (B) titres du château de Mouchetard.

P. de Cessac.

DUN-LE-PALLETEAU (p. 25), seigneurie possédée héréditairement par les maisons de Palestel ou Palesteau, de Crosse, de Chauvigny, de Maillé de La Tour-Landry et d'Aumont.

Rogerius Palestellus, qui figure sur la liste des chevaliers bannerets institués par Philippe-Auguste en 1213, est le même que Roger Palestel ou Palesteau IIIᵉ du nom, Sgʳ de Sainte-Sévère et de La Mothe de Folly en Berry, de Dun et de Château-Clop en Marche ; il était fils d'un autre Roger et de Guiburge, héritière de la maison de Sainte-Sévère. C'est à cette famille que la ville de Dun doit son surnom de Palesteau, aujourd'hui Palleteau.

Voir vicomte F. de Maussabré, *Compte-rendu de la Société du Berry,* à *Paris,* 5ᵉ année, p. 252, *note.*

P. de Cessac.

DUPEYRAT (p. 27). — Cette famille est aujourd'hui représentée par M. Raoul du Peyrat, maire de la commune de Thouron, canton de Nantiat (Hte-Vienne), fils de..... et de..... et par.....

Armes : *d'azur au château d'or accompagné de trois tours maçonnées de sable.*
                                                                   R.-P.

DUPIT. — *Voir* T. I", p. 325.

DUPUY (p. 32). — Il s'agit ici de Louis du Puy, chevalier, Sgr du Coudray-Monin, de Dames, de Vaux, de La Forêt en Berry, de Chantemilan, de La Tour-Saint-Aoustrille, baron de Bellefaye en Marche, chambellan des rois Charles VII et Louis XI, sénéchal de la Marche, gouverneur de Châtellerault, lieutenant de la compagnie de cent hommes d'armes de messire Jacques d'Armagnac, alors comte de Castres et depuis duc de Nemours, qu'il conduisit au siège de Châtillon-sur-Dordogne, ainsi que le remarque Monstrelet.

Louis du Puy, sénéchal de la Marche, fit sommer, le 20 décembre 1465, Jacques de Saint-Avit, chevalier, et Jacques de Graçay, chevalier, Sgr de Chastellux, de vider la place et forteresse de l'abbaye de Bonlieu.

La même année, trois semaines avant la bataille de Montlhéry, le roi Louis XI l'envoya vers le comte de Charolais pour savoir s'il voulait acquiescer à l'accord que Sa Majesté avait fait avec les ducs de Bourbon et de Nemours.

Il obtint du duc de Bourbon des lettres datées de Moulins, au mois de mars 1494, qui l'autorisaient à *parfaire* son chastel et place forte en sa justice de Chantemilan; d'y faire faire murailles, fossés, barbacanes, et autres choses nécessaires pour sa maison forte, et de contraindre ses hommes et sujets, demeurants ès justices de Chantemilan et de La Tour-Saint-Aoustrille, à faire le guet audit chastel.

Louis du Puy décéda la même année, et fut inhumé, ainsi que sa femme, dans l'église des Carmes de Bourges.

Il avait épousé, par contrat du 22 mai 1455, Catherine de Prie, fille d'Antoine de Prie, chevalier, Sgr de Prie, de Buzançais et de Moulins en Berry, conseiller et chambellan du roi, grand-queux de France, et de Madeleine d'Amboise. Elle était sœur du cardinal de Prie, et cousine germaine du cardinal Georges d'Amboise, légat en France.

De ce mariage est issue postérité.

La généalogie de la maison du Puy appartient au nobiliaire du Berry (1263-1600).
Armes : *d'or au lion d'azur.*   Vicomte F. de Maussabré.

DUPUY (p. 32). — Famille du Berry qui a donné plusieurs officiers et un grand-maître des eaux-et-forêts de France.

I. — Guillaume du Puy, chevalier, Sgr de Dames en Berry, qui vivait en 1318, fut père : 1° de Perrin, qui suit; 2° de Jeanne, mariée à Guillaume de Fleuri, Sgr de La Motte.

II. — Perrin du Puy, Sgr de Dames et de Vaux, marié à Isabelle Sigoneau, dont : 1° Perrin, qui suit; 2° Jean, abbé du Bourgdieu, et 3° Guillaume, abbé d'Issoudun.

III. — Perrin du Puy II° du nom, Sgr de Dames et de Vaux, épousa Jeanne du Four, dame des Places, près Romorantin, dont il eut : 1° Geoffroy, qui suit; 2° Pierre, échanson et écuyer d'écurie du roi et du duc de Berry, mort sans postérité de Guillemette de Passac, et 3° Perrette, mariée à Guillaume Herpin, Sgr du Coudray-Herpin.

IV. — Geoffroy du Puy, Sgr de Dames, des Places et du Coudray-Monin, fut chambellan du roi Charles V et du duc de Berry. Il avait épousé, le 23 mai 1397, Jeanne de Pierre-Buffière, dame de Bellefaye, de Chantemille et de La Tour-Saint-Austrille, dont il eut : 1° Jean, mort sans postérité; 2° Louis, qui suit; 3° Louise, mariée, le 14 janvier 1416, à Plotard de Cluys, Sgr de Briantes; 4° Jeanne, alliée, le 17 mai 1422, à Robert, Sgr de Neuville et de La Guerche; 5° Marguerite, qui épousa, le 20 avril 1428, Etienne de Château-Chalon, Sgr de Billy en Sologne; 6° Isabelle, mariée le 11 décembre 1430, à Gilbert Brandon, Sgr de Fressineau; 7° Marie, alliée, le 12 juin 1432, à Louis, Sgr de Montrognon, Sgr de Salvert et de Chat en Auvergne; 8° Jacquette, qui épousa, le 24 avril 1427, Jacques de Tiviers, Sgr de La Mothe d'Orsan et Mursault en Auvergne; 9° Perrette, femme de Jean de Charenton, Sgr de Chezelles; 10° Annette, mariée à Louis de Lezai, Sgr de L'Isle-Jourdain; 11° Catherine, femme de....., baron de Maumont en Limousin, et 12° Philippe, marié à....., Sgr de La Roche-Aymon en Auvergne.

V. — Louis du Puy, Sgr du Coudrai-Monin, Vaux, Dames, La Forest, Chantemille et La Tour Saint-Austrille, baron de Bellefaye, etc., sénéchal de la Marche et gouverneur de Chatellerault, avait épousé, le 22 mai 1455, Catherine de Prie, fille d'Antoine, Sgr de Buzançais, grand-queux de France, et de Madeleine d'Amboise, dont Jean, qui suit; 2° Jeanne, mariée à Antoine de Thiern, Sgr de Lognac et de Sauvagnac en Auvergne; 3° Susanne, femme d'Odet d'Archiac, Sgr d'Availles, de Fronsignac et de Mortières; 4° Gabrielle, dame de Bagneux, vivante en 1480; 5° Madeleine, alliée à Gui de Chasteignier, Sgr de La Roche-Posay; 6° Marie, qui épousa, le 5 octobre 1480, Georges, Sgr de Vouhet en Berri, et 7° Louise, mariée à Charles, Sgr d'Arbouville et de Buneau en Beauce.

VI. — Jean du Puy, baron de Bellefaye, etc., pourvu, en 1508, de l'office de grand-maître des eaux-et-forêts, mort le 26 août 1513. Il avait épousé, le 8 février 1505, Philippe de Baissei, l'une des filles d'honneur de la reine Anne, dont il eut :

1° Georges, qui suit; 2° Françoise, mariée, le 26 mai 1527, à Charles Acarie, Sgr du Bourdet et de Charroux, et, en secondes noces, à Gilles-Sanglier, Sgr de Boisrogues.

VII. — Georges du Puy, né le 24 juin 1509, épousa Jeanne Raffin, fille d'Antoine dit Poton, Sgr de Pecalvari et d'Azay-le-Rideau, gouverneur de Cherbourg, etc., et de Jeanne de La Lande, dont il eut : 1° Claude, qui suit; 2° Philippe, abbé de La Prée, mort en 1560, âgé de vingt-six ans; 3° Geoffroy, baron de Bellefaye, mort sans alliance au siège de La Rochelle le 24 juin 1573; 4° Philippe, mariée à François de Gamaches, Sgr de Quincampoix, vicomte de Remon, chevalier de l'ordre du roi; 5° Jeanne, religieuse à Saint-Laurent de Bourges, morte en 1580; 6° Claude, dame de Chantemilan et de La Tour-Saint-Aoustrille, née le 16 janvier 1542, mariée le 15 janvier 1567, à Louis de Châtaignier, Sgr d'Abain et de La Roche-Posay, chevalier des ordres du roi, gouverneur et lieutenant général de la haute et basse Marche et 7° Françoise, alliée à Claude de Saint-Quentin, baron de Blet.

VIII. — Claude du Puy, Sgr du Coudrai, baron de Bellefaye, etc., chevalier du roi, né le 10 janvier 1536, mort à Rome le 3 novembre 1577, accompagna le roi Henri III en son voyage en Pologne, et vendit sa terre de Dames pour subvenir aux frais de ce voyage. Il avait épousé, le 9 janvier 1561, Jeanne de Ligneris, dont il eut pour fille unique Jeanne du Puy, dame du Coudrai et de Bellefaye, mariée : 1° en 1579, à Louis, Sgr de Saint-Gelais, etc., lieutenant du roi en Poitou ; 2° Pregent de La Fin, vidame de Chartres, Sgr de La Ferté-Arnault.

Généalogie extraite de celle de Moréri.   P. De Cessac.

DUPUY, barons de Mirambel (Corrèze), seigneurs de Lignareix, de Saint-Remy, etc. Cette famille est originaire de Meymac (Corrèze).

Nicolas Dupuy I, lieutenant général au bailliage d'Ussel de 1599 à 1603, fut père de :

Nicolas Dupuy II, Sgr de Mirambel, de Saint-Remy, gendarme de la garde du roi, *anobli* en décembre 1643. Il laissa :

Philippe Dupuy, baron de Mirambel, Sgr de Lignareix, qui rendit hommage au baron d'Herment, en 1698, pour la baronnie de Mirambel, mouvante de celle d'Herment, épousa Jeanne d'Hautefort, dont il eut :

1° Antoine Dupuy, baron de Mirambel, marié, par contrat du 27 février 1713, reçu Antoine Peyronnet, notaire royal à Herment, à Jeanne de Bosredon. (Je suis sur le point de publier l'*Histoire généalogique de la famille de Bosredon* en un volume in-4° de 500 pages.)

2° Jeanne Dupuy, dame en partie de Mirambel, mariée à Jean Pignot, conseiller du roi, juge royal de la ville de Bellegarde et garde de cette prévôté.

Antoine Dupuy et Jeanne de Bosredon laissèrent Françoise Dupuy, dame de Mirambel, épouse, par contrat du ....., de Jean-Louis de Monamy, baron de La Courtine, dont le fils épousa, en 1752, Jeanne de Bosredon de La Breuille.

Armes : *de sable au lion grimpant d'or couronné de gueules, au chef de même, chargé de trois étoiles d'argent.*   Ambroise Tardieu.

DUPUYTREN (Guillaume), fils aîné de neuf enfants, né de Jean-Baptiste, avocat au parlement, et de ..... Faure; petit-fils et neveu de chirurgiens, épousa, en 1810, ... de Sainte-Olive, fille d'un riche fabricant de Lyon, et dont il n'a eu qu'une fille, Adeline, née le 19 mars 1811, mariée, en 1831, à Louis, comte de Beaumont. De ce mariage sont nés Robert de Beaumont, actuellement capitaine de carabiniers, et Frédéric, secrétaire d'ambassade.

En 1816, Guillaume Dupuytren avait été fait chevalier de Saint-Michel et de la Légion-d'Honneur. En 1820, Louis XVIII le créa baron. Il fut aussi membre de l'Institut, officier de la Légion-d'Honneur et chevalier de l'ordre de Saint-Michel et de Saint-Wladimir en Russie.

En 1852, M. le docteur Bardinet a écrit sur Dupuytren une très-intéressante notice dans la *Galerie de portraits des personnages célèbres du Limousin*, publiée par M. Albert (Limoges, Chapoulaud frères); feu Auguste DuBoys en a donné une très-substantielle dans sa *Biographie des hommes illustres du Limousin* (Limoges, Ardillier fils, 1854). Avant ces messieurs, le savant docteur Cruveilhier avait fourni sur son illustre compatriote une très-remarquable biographie au *Panthéon des hommes illustres*. Les détails qui suivent sont extraits d'une notice inédite lue dans une réunion littéraire, en 1836, par M. Bleynie, professeur à l'école de médecine de Limoges, et neveu du docteur Dupuytren par sa femme (fille de Mme Pigné, sœur du baron Dupuytren, qui avait pour elle une affection spéciale).   R.-P.

Guillaume Dupuytren naquit à Pierre-Buffière en Limousin (Haute-Vienne), non en 1778, mais le 5 octobre 1777. Il passa ses premières années dans sa petite ville, vivant de la vie commune à tous les enfants bien portants et élevés dans la liberté des champs. C'est dire que le jeune Dupuytren, d'un caractère vif, se livrait avec ardeur à tous les jeux de son âge, ne songeant pas le moins du monde à devenir le premier chirurgien de son époque, ni par conséquent à couper les doigts de ses petits camarades, singulière manie dont on s'est plu à gratifier son enfance pour légitimer son talent chirurgical.

A l'âge de onze ans, Dupuytren fut envoyé au collège de Magnac-Laval, où il montra d'heureuses dispositions et beaucoup d'application. Il n'y resta qu'un an. Une bourse que son père obtint pour lui, de la ville de Limoges, dans un collège de Paris, le plaça, à l'âge de douze ans, sur le théâtre où plus tard devait se développer son génie.

C'est ici le lieu de rectifier une erreur que chacun a pu lire dans tous les journaux : je veux parler de l'enlèvement du jeune Dupuytren par un officier de cavalerie, qui l'aurait conduit à Paris. Il y eut tentative d'enlèvement de la part d'une dame ; mais l'enfant ne dépassa pas de beaucoup le pont de Pierre-Buffière.

Ses études classiques terminées, Dupuytren songea à prendre un état : ses goûts, *autant que l'utile connaissance de M. Thouret, médecin célèbre*, le portèrent à étudier la médecine, et il prit rang parmi les élèves de l'école de Paris.

Dans cette nouvelle carrière, tous ses pas furent marqués par autant de succès : il les dut à ses heureuses dispositions, secondées par une application soutenue, qu'aiguillonnaient le désir et le besoin de réussir.

Placé dans la condition la plus favorable à son avenir, Dupuytren acquit promptement de profondes connaissances en anatomie descriptive et pathologique, et, doué d'une prodigieuse facilité d'élocution, devint professeur attirant la foule à l'âge où d'ordinaire on ne s'est pas encore assis sur les bancs comme élève.

Ses succès dans l'enseignement particulier lui ouvrirent, avant dix-huit ans, l'entrée de l'enseignement public. — Il fut nommé prosecteur en 1795, lors de la réorganisation de l'école. En 1801 il obtint la place de chef des travaux anatomiques, et en 1803 celle de chirurgien-adjoint de l'Hôtel-Dieu. En 1810 on le vit inspecteur de l'Université. Il fut appelé, en 1812, à remplir la chaire de médecine opératoire, vacante à la Faculté par la mort de Sabatier. Il devint enfin professeur de clinique chirurgicale en 1815, et chirurgien en chef de l'Hôtel-Dieu en 1818.

Je ne suivrai point Dupuytren pas à pas dans cette marche rapide et ascendante, où chaque nouvelle position fut conquise par des luttes pénibles et glorieuses contre des adversaires redoutables ; je ne dirai pas ce qu'il lui fallut d'ambitieuse persévérance pour, à chaque nouveau combat, se trouver toujours prêt à remporter la victoire, et enfin devenir le *professeur de l'Hôtel-Dieu*.

Si l'on avait eu, comme nous, le bonheur de parcourir, à la suite de Dupuytren, les vastes salles de l'Hôtel-Dieu, de s'asseoir sur les bancs de cet amphithéâtre où jamais la parole du professeur ne vint expirer sur une place vide, après avoir dit que Dupuytren c'était le *professeur de l'Hôtel-Dieu*, je m'arrêterais : j'en aurais dit assez.

Mais il faut dire à ceux qui ne l'on connu que de réputation sur quoi était basée sa grande renommée.

Etait-ce sur ses écrits ? Deux ou trois *Mémoires* publiés par lui-même, deux volumes de ses *Leçons cliniques* et un *Traité des blessures par armes à feu*, publiés sous ses yeux par ses élèves, quelques *Notes*, d'une importance secondaire, trouvées dans ses papiers, ne sauraient justifier cette renommée.

Il est du reste bien à regretter qu'un homme qui, en touchant à tous les points de la science, y a tracé l'empreinte de son génie, ne nous ait pas laissé un monument digne de lui. Il y songeait; mais, tant que l'activité de son corps répondit à celle de son esprit, il ne put s'astreindre aux travaux du cabinet. — Je ferai comme Boyer, disait-il quelquefois : je recueillerai mes souvenirs à soixante ans .... Il est mort à cinquante-sept.

Ce qui dans les sciences marque d'ordinaire la place d'un homme, les écrits, manque à Dupuytren.

L'application et l'enseignement de l'art firent toute sa réputation, et quelle réputation ! — Mais aussi avec quelle supériorité ne les a-t-il pas pratiqués? — Son enseignement clinique, qui a duré vingt années, offre un exemple unique dans les institutions médicales : il a répandu plus d'idées et formé plus de maîtres que les milliers de volumes publiés dans le même intervalle. Presque tous les grands chirurgiens des deux mondes se disent avec orgueil élèves de Dupuytren.

Dupuytren a été le premier chirurgien de notre époque. Pour donner une idée de la portée d'un tel mérite, j'aurais besoin non-seulement d'énumérer, mais encore d'analyser les qualités nécessaires au chirurgien. — Une telle dissertation m'entraînerait trop loin.

Coup-d'œil d'une précision admirable, main sûre, sang-froid à toute épreuve, génie d'artiste, le chirurgien de l'Hôtel-Dieu avait tout pour lui.

Au lit du malade, tous ses sens, en même temps en éveil, semblaient n'en faire qu'un, et donnaient à ses décisions une promptitude qui n'enlevait rien à leur solidité.

Nous l'avons vu plusieurs fois, après une minute d'examen, plonger l'instrument dans la profondeur des tissus, et découvrir le foyer du mal dans des cas assez douteux aux yeux de chirurgiens distingués pour qu'ils eussent cru devoir s'abstenir complètement. Une telle conduite chez Dupuytren n'était rien moins que de la témérité : jamais on ne le vit sacrifier au hasard. Il devait cette supériorité de diagnostic dans les maladies à la sûreté de jugement qui, à ce degré élevé, se nomme génie.

Aussi habile à traiter les maladies qu'à les reconnaître, l'illustre praticien suivit cette grande maxime, que le devoir du chirurgien est de conserver et non de détruire : ce ne fut jamais que par nécessité absolue, et pour conserver l'individu, qu'il se décida à le priver d'une partie de lui-même; et pourtant que de personnes regardaient Dupuytren comme un grand chirurgien parce qu'il pratiquait une opération avec une précision qui lui donnait une promptitude merveilleuse !

Praticien presque hors ligne, il ne connut pas d'égal dans l'art si difficile de l'enseignement clinique. Dans ce genre d'enseignement, différent de tout autre, la matière des leçons n'est point réglée par le professeur. Elle dépend du genre des accidents survenus le jour même, qui s'offrent à l'improviste, sans choix, et presque toujours avec quelque variété nouvelle. Arrivé devant les malades avec les élèves, il faut que le professeur s'explique, qu'il porte un diagnostic, qu'il prescrive un traitement, et motive ses décisions. — Toujours en éveil, toujours surveillé, toujours accompagné d'une foule dont chaque regard est une question, il faut satisfaire à tout, répondre à tout. Il n'y a qu'un praticien consommé qui puisse être bon professeur de clinique. — Le professeur de l'Hôtel-Dieu possédait en outre le genre d'éloquence convenable à son enseignement. Clair, précis, éminemment méthodique, il parlait avec cette facilité et cette assurance que donne la parfaite connaissance du sujet. Une élégance habituelle de style jointe à une certaine recherche de bon goût donnait aux leçons de l'Hôtel-Dieu quelque chose de séduisant dont on ne se rendait pas compte, mais qui attirait.

L'excellence de ses leçons peut seule expliquer le concours extraordinaire de maîtres et d'élèves qui chaque matin se pressaient dans les salles de l'Hôtel-Dieu à la suite du maître. — Son air froid et imposant inspirait une crainte respectueuse qu'il se plaisait à entretenir. Jamais on ne lui vit un moment d'expansion. Pour les malades seuls il était tout autre : ses rapports avec eux furent ceux d'un père avec ses enfants.

L'Hôtel-Dieu a fait Dupuytren ce qu'il était : aussi l'aimait-il par-dessus tout ; ses dernières visites ont été pour l'Hôtel-Dieu.

Ce fut dans son enceinte, au milieu de ses nobles fonctions, que se manifesta, deux ans avant sa mort, d'une manière foudroyante, le premier symptôme du mal qui devait le conduire au tombeau : il fut frappé d'une attaque d'apoplexie qui ne laissa que peu de traces. Un an après, il en eut une seconde plus grave ; et ce fut pour rétablir sa santé défaillante qu'il fit le voyage d'Italie. Le soleil de ce beau pays fut impuissant pour ranimer le flambeau de la vie qui s'éteignait en lui. Notre illustre compatriote revint soulagé, mais non guéri. Il ne put reprendre qu'incomplétement ses importantes occupations. Au mois d'octobre 1834 la violence du mal le força au repos, et c'est de cette époque que datent les longues et douloureuses angoisses qui précédèrent sa fin.

Le premier il reconnut toute la gravité de sa position, et l'annonça avec calme et sang-froid. Sans espoir fondé de guérison, il se soumit avec courage aux cruelles ressources de la médecine.

En même temps qu'il acceptait les secours de la médecine, il était loin de repousser les consolations de la religion. Dès le mois d'octobre il avait appelé un prêtre auprès de lui, et, trois jours avant de mourir, il reçut tous les secours de l'Eglise.

Cependant le mal faisait de rapides progrès, mais sa violence semblait augmenter le courage et les forces du malade. Depuis long-temps on n'avait plus d'espoir, et il luttait toujours : on eût dit que la mort redoutait d'aborder celui qui tant de fois l'avait victorieusement combattue. — Enfin il expira le 8 février 1835.

Ce serait ici le lieu de donner quelques détails sur la vie privée de cet homme extraordinaire ; mais il ne m'a pas été donné de percer le nuage mystérieux dont il s'enveloppait même dans le sein de l'intimité. Tout ce que je pourrais dire étant plus voisin des conjectures que de la vérité, je prends le parti de me taire.

DURAND (p. 32). — D'après un renvoi de Nadaud (p. 533), Marie Durand de La Saigne épousa, à Lubersac, le 15 février 1752, Jean-Baptiste Lagorce, de Limoges, écuyer, capitaine aide-major dans le bataillon des grenadiers royaux.

D'après un autre renvoi (p. 546), Pierre Durand, S^r de La Faucherie, épousa, en 1753, Marie de Meyvières, née, le 10 juillet 1734, de Jean-Claude de Meyvières, écuyer, S^r d'Artois, et de Marie Nauche.   R.-P.

DURAT (p. 33). — La généalogie que nous donnons ici a été rédigée presque en entier par feu M. Lainé en octobre 1839, et se trouve encore inédite.   R.-P.

De Durat, seigneurs de Durat, de Marsat, d'Unson, des Portes, de Saint-Mion, barons de La Cellette, seigneurs du Ludaix, du Mazeau, de La Serre, de Vauchaussade, barons de Gouzon, comtes de Durat en Bourbonnais.

Armes : *Echiquetées d'or et de sable de cinq tires.* Cimier : *un groupe de quatre chênes.* Cri : « *Durat à saincte Katerine* (1) ».

C'est ainsi que sont peintes les armes de Robert de Durat, seigneur châtelain d'Unson, au fol. 378 de l'*Armorial de Bourbonnois, d'Auvergne et de Forez*, dressées, en 1450, par Guillaume Revel, héraut d'armes du roi Charles VII et du duc de Bourbon. (*Bibliothèque du roi.*)

La maison de Durat (*de Durato*) est originaire du pays de Combrailles, qui faisait anciennement partie de la basse-Auvergne, et fut depuis incorporé au Bourbonnais. Elle a eu pour berceau une châtellenie de son nom, située non loin de la ville de Pionsat, châtellenie qu'elle possédait de temps immémorial en haute litige et seigneurie, ne reconnaissant d'autre supériorité féodale que celle des ducs d'Auvergne, dont elle relevait en plein fief et sans hommage intermédiaire. (Arrêt du parlement de Paris du 23 décembre 1430.)

Ainsi, dès l'origine, cette famille tenait rang par ses possessions parmi la haute noblesse, ce qui justifie la qualification de *præ-nobilis* portée par ses auteurs (2).

Ses alliances ont correspondu à cette position avantageuse; les principales furent avec les maisons d'Alleyrat, de Beaufort, de Bosredon, de Chambon, de Chaslus-Prondines, de Chaussecourte, de Coligny, d'Escars, de Goyon-Matignon, de Mier, de La Marche, de Montagnac, de Lestrange, du Peyroux, de Rilhac, de Roche-d'Agoux, de La Roche-Aymon, de Rollat, de Veillan, d'Arfeuille, de Bonnevie, des Erviliers, de Mondragon, de Screys, de Douhet, etc.

Les services de cette famille ont été continus et recommandables. Elle a eu trois chevaliers de l'ordre du roi avant l'institution de l'ordre du Saint-Esprit, des chevaliers de l'ordre de Saint-Lazare, plusieurs officiers supérieurs dans les compagnies d'ordonnance et trois généraux. La charge de grand-bailli d'épée du pays de Combrailles et le commandement des places et châteaux de ce pays ont été comme héréditaires, pendant deux cent cinquante ans, dans cette famille

Sa généalogie a été imprimée dans le ve registre de l'*Armorial général de France*, mais avec omission entière de la branche aînée, et avec des erreurs assez nombreuses dans les dates et la classification des personnages. Celle que nous donnons ici comme complément de ce premier travail est extraite d'un inventaire général des titres de la maison de Durat, dressé au cabinet des ordres du roi au mois de novembre 1786, et dont copie a été délivrée par M. Chérin le 11 décembre 1789. (Voir l'original à la Bibliothèque du roi, section des manuscrits.) La généalogie de Durat a été imprimée aussi dans le *Dictionnaire* de La Chesnaie des Bois. On peut consulter encore les *Etrennes de la noblesse* et l'*Histoire de l'Ordre de Saint-Louis*, par MM. Mazas et Théodore Anne.

Françon de Durat, chevalier, accompagna le roi saint Louis à la 7e croisade, ainsi qu'il paraît par une charte d'Acre de 1250. (*La Noblesse de France aux croi-*

---

(1) Les armes de la maison de Durat ont toujours été échiquetées d'or « et d'azur ». La branche des seigneurs de La Serre et de Vauchaussade avait pour supports deux sauvages; celle des seigneurs du Ludaix, deux anges, et pour devise : « Duravit, Durat, Durabit ». — R.-P.

(2) Fouques de Durat, chevalier, donna, le 22 mars 1351, à Limoges, une quittance par laquelle on voit qu'il avait en sa compagnie 2 chevaliers, 19 écuyers, 16 sergents et archers. Il portait « échiqueté d'or et d'azur » et pour cimier un bonnet d'Albanais, la houpe épanouie. (Livre d'or de la noblesse, T. I, p. 102.) — M. le comte de Boulainvilliers, dans les « Recherches sur l'histoire de France : province de la Marche », fait mention de la maison de Durat comme très-ancienne. — R.-P.

sades, par P. Roger, p. 254. — *Le Nobiliaire d'Auvergne*, par M. Bouillet, T. VII, p. 236) (1).

I. — **Guillaume de Durat**, premier du nom, damoiseau, Sgr de Durat et de Marsal, épousa, vers 1260, Isabelle, dame de *Chasayrades*, laquelle était remariée, en 1303, avec Guillaume de Douhet, et vivait encore en 1328. Guillaume de Durat avait eu, entre autres enfants : 1° Louis Ier du nom, dont l'article suit; — 2° Guillaume II, auteur de la *branche d'Unson et des Portes*; — 3° Jean de Durat, damoiseau, marié avec Catherine d'Alleyrat, fille de messire Hugon d'Alleyrat, chevalier, le samedi avant la Pentecôte de 1360; il reconnut tenir en fief et hommage lige, du chef de sa femme, du comte de Clermont, Sgr du Bourbonnais, la 8e partie de la dîme de la paroisse de Mazeirat, trois setiers de froment au mas de Telas, le mas d'Anglars, paroisse de Saint-Pardoux, celui de Las Corbas, paroisse de Saint-Marcel en Auvergne, et tout ce qui appartenait à sa femme dans la ville d'Evaux, excepté ce qu'il possédait lui même dans cette ville, sous hommage du seigneur comte de Boulogne et d'Auvergne (Chambre des comptes de Paris, registre 471, folio 100); — 4° Catherine de Durat, mariée à Gilbert Chauvet (depuis Chalvet), fils de Pierre Chauvet, le mardi avant la fête de saint Luc, évangéliste, en 1303. Elle obtint que sa dot fût assise sur le mas du Prat-Domergue, sur la dîme de la terre de La Vernède, et sur les cens de la ville de Pion. Ledit a été passé devant Pierre de Viplex, clerc-notaire juré de la cour de Saint-Gervais. Gilbert Chauvet vivait encore en 1328.

II. — **Louis de Durat** Ier du nom, damoiseau, Sgr de Durat, de Marsat et de Marsen, assigna la dot de sa sœur avec Isabelle de Chasayrades, sa mère et Guillaume de Douhet, son beau-père, en 1303, le vendredi après la fête de saint Barnabé, apôtre, en 1307, suivant acte passé devant Guillaume Adurand, notaire juré de la cour de Hermenc. Louis de Durat reçut de Thomas Doart l'hommage qu'il lui devait pour ce qu'il tenait de lui en fief franc et lige dans la ville de Pionsat. Il avait épousé, avant 1300, Henriette, dame de Marsen, de laquelle il eut trois fils : 1° Guillaume II, qui suit; — 2° Bertrand de Durat (2), damoiseau, Sgr de Chassayrades, de Gaudichoux, des Charrières, de La Gagière, des Escures, etc., terres mouvantes de la châtellenie de Roche-d'Agoux, et pour lesquelles il rendit hommage à Jeanne, comtesse de Dreux, vicomtesse de Thouars, par acte scellé de son sceau du vendredi après les octaves de la Pentecôte 1358. Le 18 février 1356 (*vieux style*), Bertrand de Durat fut présent à la prise de possession faite par Guillaume Aubert, damoiseau, Sgr de Murat, des seigneuries de Monteil-Gelat, Roche-d'Agoux et Pionsat, vendues audit Aubert par Bernard, comte de Ventadour et de Montpensier, suivant acte passé au château de Monteil-Gelat, devant Nicolas Médici, notaire public; — 3° Louis de Durat, vivant en 1328.

---

(1) On conserve aux archives du département du Puy-de-Dôme, avec les pièces provenant du chapitre de Chomalières (Chamalières, cote II, titres divers de 1230 à 1622), une sentence prononcée, le 5 août 1271, entre Alumn de Biolet, damoiseau, et Guillaume de Montferrand, dans laquelle Francon de Durat, damoiseau, se trouve arbitre avec Hugues de Chantoiseau, chevalier, et André Robert, chanoine d'Herment. — R.-P.

(2) Le mardi avant la fête de la Nativité de Saint Jean-Baptiste de l'an 1368, Bertrand de Durat fit hommage à l'évêque de Clermont pour le mas de Fougières, situé dans la paroisse de Dontreix, qui est aujourd'hui canton d'Auzances (Creuse). (Archives du Puy-de-Dôme, fonds de l'évêché; extrait, ainsi que les notes suivantes, d'un cahier en papier qui contient les fiefs faits à l'évêque de Clermont à cause du lieu de Mazaye près de Pontgibaud.) — R.-P.

III. — Guillaume II de Durat, damoiseau, puis chevalier (1), Sgr de Durat et de Marsat, partagea avec Bertrand de Durat, son frère, par acte passé le jeudi après l'octave de la Purification 1328, devant Guillaume Durand, notaire de la cour de Riom, les successions de Louis de Durat et de Henriette de Marsen, leurs père et mère, en présence de Guillaume de Durat, damoiseau, Sgr d'Unson, de Gauvain de Durat et de Gilbert Chauvet. Le vendredi après la fête de la Translation de saint Benoît 1340, suivant acte reçu par Jean Reytac, clerc-juré de la cour de Riom, Guillaume de Durat, damoiseau, acquit de Dalmas de Beaufort, damoiseau, Sgr de Beauvoir, divers droits, rentes et actions tant en propriétés qu'en haute et basse justice sur le mas de La Molette, paroisse de Saint-Priest-des-Champs, et, par un autre acte du samedi après la fête de saint Barthelemy de la même année, passé devant Pierre Morette, clerc-juré de la même cour, Jean de Beauvoir, fils naturel de Dalmas, vendit à Guillaume de Durat les mas de La Védrine et de La Rochette, sis en la même paroisse, à la charge par l'acquéreur de procurer audit Jean de Beauvoir sa vie et nourriture dans l'abbaye de Belaigue. Pierre de Durat, chanoine du monastère d'Evaux, Louis de Marsat, damoiseau, et Roffec de La Chalm, etc., furent présents à cette cession. Guillaume Aubert, damoiseau, Sgr de Monteil-Gelat, devenu, en 1356, possesseur des terres de Roche-d'Agoux, de Pionsat et de Monteil par la vente que lui en avait faite le comte de Ventadour, transigea, par acte du jeudi après la fête de Noël 1357, passé devant Pierre Pradelle, clerc notaire-juré en la cour de Riom, avec noble homme Guillaume, Sgr de Durat, chevalier, sur les partage et division des terres et seigneuries de La Roche-d'Agoux, de Pionsat et de Durat. Par cet accord il fut reconnu que, outre la ville de Durat appartenant audit Guillaume, il possédait encore les mas de Ventayon, d'Angelier, Vareilles, La Prugne, Bullatopin, Alissart, Besserves, Crochabet et de Chauvet, sis en la paroisse de Pionsat, et les mas de La Bourgade et de Chins, situés dans la paroisse de Lespinasse au diocèse de Clermont, le tout en haute, basse et directe seigneurie et haute et basse justice. Le jeudi après la fête de l'Annonciation 1373, par acte passé devant Pierre de Sous-le-Post, notaire-juré de la cour de Riom, Guillaume de Durat, chevalier, fit donation aux maris de ses deux filles naturelles du pré Citron, situé en la paroisse de La Cellette, en considération des services qu'il avait reçus de sesdites filles. Arbert de Durat, prieur de Soumans, et Franconnet de Durat, damoiseau, Sgr d'Unson, furent témoins de cette donation. Le lundi d'après la fête des saints Jacques et Philippe 1373, Guillaume de Durat fit son testament, et voulut être inhumé dans l'église de Pionsat, à laquelle il fit des legs pieux ainsi qu'aux frères Mineurs et Prêcheurs de Clermont. Il choisit pour exécuteurs de ce testament Arbert de Montvert et Giraud Autier, chevaliers, Hugues de La Roche, Sgr de Salvert et de Char, damoiseau, et Arbert de Durat, prieur de Soumans.

Guillaume II de Durat eut pour enfants : 1° Franconnet de Durat, damoiseau, Sgr de Durat. Le jeudi après la fête de sainte Valérie 1340, Dalmas de Beaufort, Sgr de Beauvoir, son cousin germain, lui fit don du péage de Lestrade, en considé-

---

(1) En 1351, Guillaume de Durat, chevalier, seigneur dudit lieu, fit hommage à l'évêque de Clermont pour le mas de Thouleyras et celui de La Prugne, situés paroisse de Bussière, et de quelques autres. En 1353, Guillaume de Charensat, procureur de Guillaume de Durat, chevalier, fit hommage pour ledit seigneur pour tous ses biens situés dans la paroisse de Mazayes, ainsi que pour la justice haute, moyenne et basse. — Cette même année, Guillaume de Durat, chevalier, fit personnellement hommage à l'évêque pour certains mas. (Archives du Puy-de-Dôme, registre déjà cité.) — R.-P.

ration d'une somme de 100 livres tournois que Franconnet de Durat avait payée pour lui aux gens du roi de France. Le donateur se réserva l'usufruit, ainsi que le droit qu'Hélis, sa femme, pouvait y avoir à raison de sa dot en 1373 (1). Franconnet de Durat reçut en préciput, par le testament de son père, la terre de Durat avec ses honneurs, juridictions et justice. Il mourut sans postérité en 1377. — 2° Gauvain, qui suit — 3° Marguerite de Durat, dame de Chaseyro (peut-être épouse ou veuve du seigneur de Chazeron).

Guillaume II avait eu de Jeannette des Rifs deux filles naturelles : 1° Marguerite de Durat, mariée à Imbaud du Chastelard ; 2° Aelide de Durat, femme de Mathieu du Chastelard, frère d'Imbaud.

IV. — Gauvain de Durat, damoiseau, Sgr de Durat, reçut, avant le lundi de la fête de saint Grégoire 1377, par acte passé devant Béraud Fabre, clerc notaire-juré de la cour de Riom, pour divers biens tenus de lui à foi et hommage et en fief franc et lige à cause de sa seigneurie de Durat. Le samedi après la Conversion de saint Paul 1387, par contrat passé devant Pierre Souslebost, notaire-juré de la cour de Riom (2), Gauvain de Durat épousa Jeanne de Roche-d'Agoux, veuve de Pierre de Chaslus, damoiseau. Les témoins furent Bertrand de La Roche, Sgr de Chouvance, Guillaume de Saint-Yrieix, Martin de La Roche-d'Agoux, Guillaume de Durat, Sgr de Chasayrades, damoiseaux, et Arbert de Durat, prieur de Soumans. Le 7 avril 1396, Gauvain de Durat reçut un aveu de Guillaume de Crochabet, de la ville de Pionsat, pour des biens qu'il tenait en fief franc, à foi et hommage, de ses prédécesseurs, de toute ancienneté. Il est qualifié *très-noble homme* (cette qualification et celle de *très-noble et puissant homme* sont données à son fils Gilbert) dans un autre aveu, qu'il reçut le 7 mai de la même année. Lui-même fournit un aveu le mercredi après l'Annonciation de 1397 à cause des biens qu'il tenait de l'évêque de Clermont à foi et hommage-lige du chef de sa femme et des prédécesseurs d'icelle, entre autres des mas de Mayer, Soubauge, Aubas, Peyras et La Valette, avec juricdion haute, moyenne et basse (3). Il eut entre autres enfants Gilbert, qui suit.

V. — Gilbert de Durat, damoiseau, Sgr de Durat, confirma les coutumes et franchises des habitants des mas de Lafargue et du Monet, paroisse de La Cellette, et des habitants des mas de Besserves, d'Alissart, de La Prugne, de Ventayon, de La Roche, d'Angelier, etc., par lettres du 7 avril 1404, dans lesquelles il reconnaît qu'ils ne doivent ni charrois ni manœuvres, si ce n'est que trois fois l'an ils doivent conduire à l'hôtel de Durat l'un le vin, un autre l'eau, et un troisième le pain, et qu'ils doivent venir moudre leur blé au moulin de Durat. Il existe d'autres lettres de Gilbert de Durat du 28 avril 1401, données sous son sceau et signées de son commandement par Jean des Ayes, son châtelain, et Léon de La Grange, prêtre, son procureur, par lesquelles il reconnaît que les anciens consuls

---

(1) En 1502, Haelis de Durat, veuve d'Albert de Besco, fit hommage pour le mas de Viale-Salves et quelques autres situés dans la paroisse de Charensat. (*Ibid.*) — R.-P.

(2) En 1389, Gauvaing (*Galvauhanus*) de Durat, seigneur dudit lieu, fit hommage à l'évêque de Clermont pour ses cens, tailles, *manobriis*, mas, justice moyenne et haute, dans la paroisse de Charenciat ; de quelques autres dans la paroisse de Bussière, et de la forêt de Las Cailhas, située dans la paroisse d'Espinasse. (*Ibid.*) — R.-P.

(3) En 1399, Jeanne de Roche-d'Agoux (*de Rupedagulphe*), veuve de Gauvaing, seigneur de Durat, fit hommage à l'évêque de Clermont de plusieurs mas, de cens, tailles, *manobriis* et spécialement de la justice haute, moyenne et basse sur la paroisse de Charenciat. (*Ibid.*) — R.-P.

de ses villes de La Bourgade et de Chins ont le droit de lui présenter les nouveaux, ou à ses officiers, qui les reçoivent et leur font prêter serment de fidélité; et il confirme les habitants desdites communes dans leurs franchises et immunités. Gilbert paraît dans d'autres actes des 2 novembre 1403, 27 mai 1511, du lundi avant la Nativité de saint Jean-Baptiste 1413, des 25 novembre et 25 janvier 1417 (*vieux style*). Il mourut avant le 29 juillet 1430.

Il avait épousé Galiane de Chaslus, laquelle, comme donatrice de la terre de Lapalisse de feu Gerze de Roche-Dragon, sa mère, fit un accord, le 7 mars 1447, devant J. Roy, clerc, notaire de la châtellenie de Montaigut, avec les héritiers de feu Antoine de Saint-Yrieix, ayant cause de Simone de Chaslus, sa mère, et y stipule par Mondon de Lestrange, écuyer, de l'avis de Robert de Roche-Dragon, Guillaume de Luchat, chevaliers, et Raynaud de Saint-Yrieix. Gilbert de Durat eut pour fils :

VI. — Philibert de Durat, écuyer, Sgr de Durat, marié, par contrat du 6 juin 1430, passé devant Jean Guy et Pierre Rode, notaires jurés de la cour de Riom, avec Alix de Chaslus, fille de Guillaume, Sgr de Chaslus, écuyer, et de Marguerite de La Roche. Elle eut en dot 300 écus d'or et 40 livres tournois de rente pour lui tenir lieu de tout ce qu'elle pouvait prétendre dans les successions paternelle et maternelle et répéter contre Philibert Amblard et Robert de Chaslus, ses frères germains. Philibert de Durat assigna aussi à sa future 40 livres de rente, et lui abandonna, pour en jouir sa vie durant (à en jouir après Galiane de Chaslus, sa mère) son hôtel de Durat, à titre de douaire. Ce contrat fut passé en présence de Pierre de Chaslus, abbé d'Ebreuil, de Robert de Roche-Dragon, d'Antoine de La Garde et de Louis Brandon, chevaliers, et de Guillaume de Vernet et Guillaume de Chouvance, écuyers. — En 1430, il s'éleva une vive contestation entre les maisons de Monteil de Gelat et de Durat; les premiers, à raison des châtellenies de Pionsat et de La Roche-d'Agoux, prétendaient soumettre les seconds à leur hommage, non-seulement pour le château de Durat, mais encore et plus particulièrement pour les mas de La Bourgade, de Chins, de Champeaux, de Manoubost, de Lafarge, de La Roche-d'Olier, de Ventayon, de Montroy, d'Angelier (ou Angelanes), du Mont-de-Chareirac, de Besserves, du Toire et de Monfrye. Le sénéchal d'Auvergne, appelé à prononcer sur cette contestation, avait rendu en faveur du seigneur de Monteil une sentence qu'un premier arrêt du parlement de Paris confirma le 29 juillet 1430; mais, sur l'appel du seigneur de Durat, le parlement séant à Poitiers, par un autre arrêt du 22 décembre 1430, infirma la sentence du sénéchal d'Auvergne et l'arrêt du 29 juillet précédent, et maintint Philibert de Durat dans le droit de tenir ses château, cartreuse et terre de Durat, avec toute justice, haute, moyenne et basse, sans moyen ni milieu du duché d'Auvergne, et dans celui d'obliger ses vassaux desdits mas ci-dessus nommés, de faire guet et garde en sondit château de Durat.

Philibert ne vivait plus le 16 février 1436. Alix de Chaslus lui survécut jusqu'après l'année 1488. Il n'était provenu de leur union qu'une fille nommé Marguerite de Durat, dame dudit lieu. En contemplation de son prochain mariage avec Mandon de Lestrange, écuyer, Philibert de Chaslus, chevalier, et Robert de Chaslus, oncles de la future, abandonnèrent à Mandon de Lestrange et à Marguerite de Durat toute la chevance qu'ils avaient en la seigneurie de Treignac en Limousin. L'acte de cette cession, en date du 15 mai 1445, fut passé en présence de Jacques de Chabannes, chevalier, Sgr de Chaslus, maréchal et sénéchal du Bourbonnais. Mandon de Lestrange est qualifié Sgr de Durat dans un aveu qui lui fut rendu le

1er juillet 1451. C'est par ce mariage que les biens de la branche aînée de Durat sont passés dans la maison de Lestrange.

Branche d'Unson et des Portes (1), seigneurs barons de La Cellette et de Saint-Mion.

II bis. — Guillaume de Durat II° du nom, damoiseau, Sgr d'Unson et de Chasayrades, fils puîné de Guillaume, premier seigneur de Durat, et d'Isabelle, dame de Chasayrades, épousa une dame appelée Haclide, laquelle, étant veuve de lui et tutrice de leurs enfants, reçut un aveu le samedi après l'octave de la fête de saint Martin d'hiver 1311, suivant acte passé devant l'official de Clermont, de Pierre de Saint-Priest, damoiseau, pour les mas du Monteil et de La Pruneyre, des Champs, de La Motte, etc., qu'il tenait en fief franc et lige de ladite dame en la paroisse de Saint-Priest-des-Champs.

Guillaume de Durat en avait eu deux fils : 1° Guillaume III, dont l'article suit; 2° Gauvin de Durat, vivant en 1328.

III. — Guillaume III de Durat, damoiseau, Sgr d'Unson, de Chasayrades, fut présent, le jeudi après l'octave de la Purification 1328, au partage fait entre Guillaume, Sgr de Durat, et Bertrand de Durat, son frère.

Guillaume de Durat, Sgr d'Unson, eut entre autres enfants : 1° Franconnet, dont on va parler; 2° Amblard de Durat, damoiseau, co-seigneur d'Unson; 3° Arbert de Durat, prieur de Soumans. — Il vivait encore en 1398.

IV. — Franconnet de Durat, damoiseau, Sgr d'Unson, fut présent, avec son frère Amblard, au testament de Guillaume, Sgr de Durat, en 1373. Le vendredi après la Pentecôte 1380, par acte passé devant Meyffre, notaire de la prévôté de Bellegarde, Franconnet fit donation aux religieux de l'abbaye de Chambon de trois septiers de seigle à prendre au lieu d'Alleyrat, paroisse de Mainsat. Il avait épousé Guillaumette Roulve, qui se remaria avec Georges de La Marche. Elle avait eu de son premier mari :

V. — Guillaume IV de Durat, Sgr de Chasayrades, puis d'Unson. Il assista, en 1387, au mariage de Gauvain, Sgr de Durat, avec Jeanne de Roche-d'Agoux. Le 11 juillet 1398, il rendit hommage au duc de Bourbonnais, pour le lieu et repaire d'Unson, situé en la paroisse de Fayol, tenu par lui en toute justice, haute, moyenne et basse, et pour les mas ou villages de Crosmarias, situés en la paroisse de Martillat, et les vernades d'Alissart et de La Valade, sises en la même paroisse (Chambre des comptes de Paris, registre 461, folio 128). Après la mort de Guillemette Roulve, veuve, en secondes noces, de Georges de La Marche, Guichard de Jaligny (grand-maître de France), héritier de ce dernier, s'était emparé de tous les conquêts de cette succession au préjudice de Guillaume de Durat, fils et seul héritier de cette dame. Le 12 mars 1413, celui-ci obtint des lettres-royaux qui enjoignent à Guichard de Jaligny de lui restituer la moitié de ses acquêts. Guillaume de Durat fit hommage-lige au Sgr de Monteil-Gelat et de Roche-d'Agoux, le 15 janvier 1413, pour les lieux et tenements de La Rue, de Couschant, de La Colonge, de La Rochette, de La Vilatte et de Pierre-Blanche, sis en la paroisse de Saint-

---

(1) Les Portes, chef-lieu de commune, paroisse de Mainsat, arrondissement d'Aubusson (Creuse). — La Cellette, paroisse, canton de Châtelus, arrondissement de Boussac (Creuse). — Saint-Mion, canton de Combroude (Puy-de-Dôme). — R.-P.

Hilaire, la dîme de La Vallade, le bois de Fautouzas, etc., etc. Le 6 août 1416, lui et sa femme (non nommée) obtinrent des lettres-royaux pour contraindre leurs débiteurs, nonobstant toutes lettres d'état de grâce ou de répit.

Ils ont eu entre autres enfants : — 1° Antoine, dont l'article suit; — 2° Robert de Durat, S^{gr} des terre, château et châtellenie d'Unson, pour lesquels il rendit hommage au duc de Bourbon, comte de La Marche, le 28 octobre 1413 (Chambre des comptes de Paris, registre 461, folio 273). Ce Robert avait eu deux fils et une fille : *A.* Antoine de Durat, S^{gr} d'Unson, qui vivait encore le 11 novembre 1500; *B.* Gaspard de Durat, son frère aîné, par acte du 27 mai 1487, passé devant Jean Duclaux, notaire-juré de la châtellenie de Bourbonnais, associa par moitié dans la justice d'Unson et dans tout qu'en dépendait ès lieux et villages de Maneschas, La Rue, Couschant, La Villatte, La Rochette etc.; *C.* Marguerite de Durat. Elle était sur le point d'épouser Pierre de Luçay, écuyer, S^{gr} de Champ-Martin, lorsque son père fit une vente à ce dernier, le 15 juin 1458. — 3° Alix de Durat, dame de Lessayres. Le 8 juin 1452, suivant acte passé devant Antoine Boucherel, notaire en la cour et châtellenie de Combrailles, elle donna quittance à ses frères Robert de Durat, S^{gr} d'Unson, et Antoine de Durat, S^{gr} des Portes, de tous les droits qu'elle pouvait prétendre dans les successions de leurs père et mère, frères et sœurs.

VI. — Antoine de Durat, écuyer, S^{gr} des Portes (1), autrement de Leyrat, paroisse de Mainsat, passa un accord, le 8 mai 1442, avec Jean de Peyrat, prieur de Mainsat. Ce dernier reconnut qu'Antoine de Durat, comme S^{gr} des Portes, avait droit de chapelle en l'église de Mainsat, ainsi qu'en avait joui ses prédécesseurs. Il épousa, par contrat du 28 décembre 1444, passé devant Jean Sudre, notaire-juré et commissaire en la cour de la chancellerie de La Marche, damoiselle Philippe de La Marche, fille de feu messire Philippe de La Marche, chevalier, S^{gr} de Boscrouet et de Marguerite de La Porte, dame de Saint-Avit. Elle eut en dot les terres de La Tourette, d'Esperat et de Veyrinas, situées paroisses de Janailhac et de Baunat, au diocèse de Limoges; et messire Golfier de La Marche, son frère, chevalier, S^{gr} de Sainte-Anne, commandeur de l'ordre de Saint-Jean de Jérusalem, lui fit don de 250 écus d'or au coin du roi. Antoine de Durat ne vivait plus le 19 mai 1481. Il eut pour fils :

VII. — Jean Ier de Durat, chevalier, S^{gr} des Portes et de Saint-Mion. Les actes le qualifient *noble et puissant seigneur*, qualités données à ses descendants. Il fut conseiller et chambellan de Charles de Bourbon, connétable de France, et porta les armes avec distinction sous les règnes de Charles VIII, Louis XII et François Ier.

---

(1) Jean de Durat obtint une bulle du pape Innocent VIII, datée de Rome le 10 des calendes d'août 1485, pour faire bâtir une chapelle aux Portes. — Voici, d'après Nadaud, comment plus tard cette chapelle fut érigée en paroisse : Gilbert de Durat, chevalier, seigneur des Portes, La Cellette et Saint-Mioux, bailli au pays de Combraille, exposa que les droits honorifiques lui avaient été adjugés, par arrêt du parlement de Paris du 4 décembre 1621, par exprez le droit de litre et ceinture funèbre avec ses armes et écussons en dedans et en dehors de la chapelle de Saint-Jean, fondée par ses prédécesseurs dans l'église de Mainsac, contre Arnaud de La Roche-Aymon, chevalier, seigneur dudit Mainsac et Roussines, et baron de Barmont; mais que cette décision avait causé de grands différends entre les parties et leurs auteurs, qui s'étaient portés à de grandes extrémités, même au péril de leur vie et même de leurs familles. Que pour obvier aux incommodités que ressentaient la plus grande partie des habitants de Mainsac, il était à propos d'ériger une église paroissiale aux Portes. Le décret fut donné le 15 avril 1750, et cette même année Gilbert de Durat nomma à la cure des Portes, comme seigneur des Portes. (Nadaud : *Pouillé*, p. 98.) — R.-P.

Les services qu'il rendit au royaume de Naples lui valurent l'office de capitaine (commandant) du château de Sermur, dont il fut pourvu par lettres données à Blois le 29 octobre 1510. Il fut fait prévôt des maréchaux de France au duché de Bourbonnais le 8 juillet 1515, et institué bailli d'épée de Combrailles et capitaine du château d'Auzance, le 15 septembre suivant, par d'autres lettres-patentes, datées de Crémieux, le 10 mai 1513, et adressées par le roi François Ier à son cher et bien-aimé Jean de Durat, chevalier, Sgr des Portes. Ce prince lui ordonna « de » chevaucher avec un lieutenant et six archers es-pays de Bourbonnois, La Marche, » Combrailles, Bourbon-Lancy, Montagu et leurs ressorts, afin de mettre ses sujets » à couvert des pilleries, oppressions, maux et outrages que leur faisoient les » gens d'armes et plusieurs autres mauvais garçons et vagabonds tenant les champs ». Le 14 octobre de la même année 1516, le connétable de Bourbon nomma Jean de Durat, capitaine de la ville d'Aigueperse et du château de Sermur, charge en laquelle il fut confirmé par Louise de Savoie, mère du roi François Ier. Les lettres-patentes de cette princesse portent que c'est « à cause de ses sens, noblesse, expérience, suffisance, loyauté et prud'homie, et en considération des bons services qu'il avait déjà rendus (1), tant au roi son très-cher fils et à ses prédécesseurs rois dans les guerres qu'à elle et à ses prédécesseurs de la maison de Bourbon, lesquels services il continuoit chaque jour, et qu'elle espéroit encore qu'il rendroit de plus en plus ».

Jean de Durat avait épousé, par contrat du 19 mai 1481, passé devant J. du Plaix, notaire en la chancellerie de Combrailles, demoiselle Julienne de La Grange, veuve de Pierre de La Chapelle, Sgr de Rocheneuve. Cette dame s'était constituée en dot 800 écus d'or, qui lui avaient été donnés par messire Jacques de La Grange, chevalier, seigneur en partie de Chaslus lors de son premier mariage avec le seigneur de Rocheneuve. Jean de Durat en eut un fils et deux filles : 1° François Ier du nom, dont on va parler; — 2° Jeanne de Durat, mariée, le 12 novembre 1508, avec Jacques de Chavanat, écuyer, Sgr de Montgour et de Neuville, fils de noble Raoulin de Chavanat, Sgr de Neuville, et de Catherine de La Roche-Aymon; — 3° Gabrielle de Durat, qui vivait en 1514.

VIII. — François Ier de Durat, chevalier, Sgr des Portes, de Saint-Miorr, de Chazeaux, etc., chevalier de l'ordre du roi, naquit vers l'an 1485 (2).

Il commença de bonne heure le métier des armes sous les yeux de son père, qu'il suivit à la conquête du royaume de Naples. Il était maréchal-des-logis du duc de Bourbon et d'Auvergne lorsqu'il fut nommé capitaine du château d'Auzance et bailli du pays de Combrailles, le 20 décembre 1522. Les lettres portent que c'est en considération des services rendus par ce seigneur, à l'imitation de son père, tant en deçà que delà les monts où il s'était trouvé en diverses rencontres. Le 24 février de

---

(1) Dans les lettres-royaux qu'il obtint le 16 janvier 1519 (vieux style), il est dit « qu'il avait porté les armes pendant quarante-cinq ans comme homme d'armes, porte-guidon, enseigne, lieutenant et capitaine; qu'il s'était trouvé en la plupart des courses, rencontres, batailles et autres actions de guerre, tant en Picardie qu'en d'autres provinces et aussi aux conquêtes du royaume de Naples qui avaient été faites par les rois Charles VIII et Louis XII, étant alors enseigne et depuis lieutenant de la compagnie du comte de Montpensier. » — R.-P.

(2) Il fut institué héritier universel par son frère utérin Gabriel de La Chapelle, écuyer, seigneur de Rocheneuve, du Clauzeau et de Souvolle, par le testament que celui-ci fit à Castellamare, au royaume de Naples, le 13 septembre 1496, parce que noble et puissant seigneur Jean de Durat, seigneur des Portes, son beau-père, l'avait nourri dès son enfance et toujours entretenu, et dès qu'il avait eu l'âge de servir à cheval il l'avait mis en l'ordonnance du roi, et même récemment avait payé sa rançon. — R.-P.

la même année (*vieux style*), il fut nommé bailli des châtellenies de Chambon, d'Evaux et Lespaud. Le 25 avril 1523, il reçut ordre de faire assembler le ban et arrière-ban, et de marcher contre les bandes d'aventuriers qui ravageaient le pays. Les provisions de capitaine d'Auzance lui furent renouvelées, par Louise de Bourbon, le 21 février 1525; celles de capitaine du château de Sermur lui avaient été données, le 22 décembre précédent (1525 *vieux style*), sur la résignation de son père, auquel il succéda également dans l'office de prévôt des maréchaux de France. En 1550, il s'éleva une querelle entre le prince de Condé et François de Clèves, duc de Nevers, deux grands hommes de guerre de ce siècle. Le sujet en était assez frivole : il s'agissait de quelques paroles rapportées à Monsieur, frère du roi, par le prince de Condé, et dénaturées par le duc de Nevers. Le prince, plus jeune et plus emporté que le duc, voulut une satisfaction de l'offense qu'il prétendait lui avoir été faite, et, pour se mettre en mesure de l'obtenir, il écrivit, le 1er juin 1550, à M. des Portes, chevalier de l'ordre du roi, bailli du pays de Combrailles, pour le prier d'assembler incontinent tous les gentilshommes de ce pays ainsi que ses amis, et de les amener à Orléans. Mais cette affaire n'ayant pas eu de suite, sans doute parce que le duc de Nevers ne voulut point se battre contre un prince du sang, le prince de Condé écrivit de nouveau à François de Durat la lettre suivante, datée de Tours, le 18 juin 1550 : « M. des Portes, ne doutant pas que vous ne m'ayez fait ce plaisir, selon ce que je vous ai ci-devant escript, de vous acheminer pour me venir trouver avec vos bons amis, je faisois aussi estat de mon côté de poursuivre l'entreprise de mon voyage et de vous aller attendre au lieu que je vous avois assigné, sans que victant (dinant) dans cette ville de Blois, le roi mon seigneur a despéché vers moi le sieur de Rambouillet, me donnant advis que le sieur de Nevers s'en est allé et parti dés dimanche dernier de Paris, tenant le chemin de Maizières, par où connaissant qu'il est entré en fureur, et qu'il a mieux aimé s'enfuir que de m'attendre, je n'ai voulu demeurer plus long-temps sans vous en advertir, afin de vous donner la peine de passer plus outre. Cependant vous remercie comme je fais, monsieur des Portes, le plus affectueusement qu'il m'est possible de la bonne volonté et assistance qu'il vous a pleu me faire parottre en cest endroict; pour revanche de quoi je vous prie de croire, quand il se présentera occasion que vous aurez affaire de moy et de mes moyens, je serai aussi prest de m'y employer que vous aurez affaire de moy et de mes moyens, je serai aussi prest de m'y employer que vous avez esté de votre part à me servir, vous priant de continuer en ceste même affection lorsque je vous pourrai requérir cy-après d'entreprendre, pour l'amour de moy, une pareille fatigue que celle que vous avez eue, n'estant, comme je ne suis encore, du tors que me tient ledit sieur de Nevers, duquel j'espère, avec la garde de Dieu et de mes amys, entre lesquels je vous estime, d'avoir raison, etc., etc. ».

Cette lettre est signée : Votre affectionné meilleur amy, Louis de Bourbon.

François de Durat avait épousé, par contrat du 29 juin 1514, passé devant Guilhon, notaire, Claude de Miel, veuve d'Antoine de Chazeaux, écuyer, seigneur dudit lieu, paroisse de La Marche, au diocèse de Bourges, et nièce de M. Miel, baron de Marigny, conseiller au parlement de Paris (1). Il ne vivait plus le

---

(1) La qualification de baron de La Celletie donnée à Jean III, leur fils aîné, et celle de conseiller au parlement de Paris qu'avait François, leur second fils, peuvent donner lieu de supposer que le véritable nom de Claude de Miel était Desmier ou Dexmier, nom d'une ancienne famille originaire de Poitou ou d'Angoumois, et qu'elle était nièce et héritière de *noble et scientifique personne* maître François Desmier,

3 janvier 1559 Il avait eu de son mariage : 1° Jean II, dont on va parler ; — 2° Gilbert de Durat, chevalier, Sgr de La Cellette, maître des eaux et forêts du pays de Combrailles en 1555, marié avec Jeanne Lachenail, dame douairière d'Aubières, laquelle était veuve de lui le 17 mars 1587; — 3° François de Durat, qui fut reçu conseiller-clerc au parlement de Paris en 1546 Il a cette qualité et celle de prieur de Saint-Christophe en Touraine dans un certificat qu'il délivra le 20 juin 1558. Il mourut à Paris le 9 janvier 1569, et fut inhumé aux Cordeliers. (Voir *Les Conseillers au parlement de Paris*, par Blanchard, p. 70.) — 4° Léonard, auteur de la *branche du Mazeau*, rapportée à son rang ; — 5° Marguerite de Durat, épouse de Charles de Montagnac, chevalier, Sgr d'Estaussanes et du Cornet, dont elle resta veuve avant le 8 avril 1582.

IX. — Jean II de Durat, chevalier, Sgr des Terres, seigneuries et châtellenies des Portes, de Lascoux, de Saint-Mion, de Viersat, de Chazeaux, de La Cellette, etc., chevalier de l'ordre du Roi, lieutenant d'une compagnie de 50 hommes d'armes des ordonnances, grand-bailli de Combrailles et capitaine (gouverneur) des châteaux de Sermur et d'Auzance, se distingua pendant les troubles de la Ligue par sa fidélité à son souverain et par son dévoûment à ses intérêts. Dévoué d'affection au duc de Montpensier (Louis de Bourbon), l'un des premiers parmi les grands du royaume qui proclamèrent les droits de Henri IV à la couronne, il reçut de ce prince diverses missions relatives au gouvernement du pays de Combrailles et au service du roi. On conserve entre autres trois lettres qui lui furent écrites à ce sujet les 6 juillet 1575, 3 janvier 1580 et 3 avril 1585. Elles sont signées : « Voustre bien bon amy, LOUIS DE BOURBON ». Ce prince l'avait nommé son bailli de Combrailles sur la résignation de son père et capitaine du château de Sermur le 2 janvier 1536, charge dans laquelle Louise de Bourbon, duchesse de Montpensier, le confirma le 15 juillet 1554. Il avait été nommé aussi capitaine du château d'Auzance le 13 février 1553.

Charles IX lui écrivit, le 14 août 1569, pour qu'il se fît recevoir chevalier de son ordre par les mains de M. d'Armentières, capitaine d'une compagnie de 50 hommes d'armes, dont Jean de Durat avait alors la lieutenance.

Il avait épousé : 1°, par contrat du 24 février 1544, passé au château de Lascoux, devant Guillaume Laporte, notaire de la ville d'Egletons, au diocèse de Limoges, Claude de Lobartés, dame de Lascoux et de Viersat, fille de feu noble Hector de Lobartés, Sgr de Lascoux, et de feue Gabrielle de Montagnac ; — 2°, par contrat passé au château de Thuret en Auvergne, devant Sébastien Rochefort, notaire royal, le 18 juillet 1566, de l'avis de plusieurs grands et notables seigneurs, Jacqueline de Coligny, fille de Renaud Lourdin de Coligny (1) dit de Saligny, baron de La Motte-Saint-Jean, de Beaumont, du Rousset, etc., chambellan des rois Charles VIII, Louis XII et François Iᵉʳ, et de Jacqueline de Montboissier. Jeanne de Coligny se constitua en dot 12,000 livres, et il fut stipulé au

---

conseiller au parlement de Paris, qui reçut en don de Philibert de Beaujeu, seigneur de Lignières en Berry, et de Catherine, sa femme, la seigneurie de La Cellette près Sainte-Sévère en Berry, le 17 novembre 1539, et en fit hommage au baron de Sainte-Sévère le 28 mai 1540.

(1) Ce mariage a amené des parentés entre MM. de Durat et les maisons de Montmorency, de Polignac, de Montbel, d'Entremonts, de Hamilton, de Wurtemberg, de Montbéliard, de Créange et d'Anhaltzerbst. A l'occasion de cette alliance on frappa des médailles sur lesquelles se trouvaient en accolade mi-partie les armes de Durat et celles de Coligny (Voir Georges de Soulbost : *Essai sur la numismatique bourbonnaise*.) — R.-P.

contrat que, lorsqu'elle viendrait à mourir, les terres de Dallet et de Thuret, qu'elle avait acquises, reviendraient à noble et puissant seigneur Philippe de Langeac, Sgr de Thuret, fils issu de son mariage avec messire Gilbert de Langeac, chevalier, Sgr de Dallet et de Thuret. Le 28 mars 1591, Jean de Durat vendit à noble Claude de Chavanat, écuyer, Sgr de Montgour, et à Gérand de Vauchaussade, écuyer, son beau-frère, une portion de bois et de rentes pour la somme de 2,480 livres, laquelle devait servir à payer la rançon de François de Durat, son fils aîné.

Il vivait encore en 1596, et laissa :

Du premier lit : 1° François de Durat, Sgr de La Cellette, mort sans postérité, après l'année 1596 ; — 2° Jean de Durat, chevalier, baron de Marigny, chevalier de l'ordre du Roi, qui épousa, le 26 février 1581, Françoise de Boutin, veuve de François de Lestrange, Sgr de Montvert. Il n'eut qu'une fille, Jeanne de Durat, dame de Marigny, de Lascoux, etc. Elle et sa mère épousèrent le même jour, par contrat passé au château de Lascoux, devant Derpers, notaire royal, le 17 mars 1596, savoir : Françoise Boutin, haut et puissant seigneur Gabriel de Veillan, chevalier, Sgr de Lenecors et autres lieux, chevalier de l'ordre du Roi, gentilhomme ordinaire de sa chambre, capitaine de 50 hommes d'armes des ordonnances, et Jeanne de Durat, Jacques Veillan, fils du même Gilbert de Veillan et de Madeleine de Rouffignac, sa première femme, en présence et du conseil de noble Gilbert de Durat, Sgr de Chazeaux, oncle de Jeanne de Dret ; — 3° Suzanne de Durat, mariée, le 1er octobre 1575, avec noble Nicolas de Bardouinette, écuyer, Sgr de Chanteloube, de Ponts et de Curteau en Poitou. Il en était veuf lors d'une transaction qu'il passa avec Jean de Durat, son beau-frère, le 17 mars 1587.

Du second lit : 1° Gilbert Ier, qui a continué la postérité ; — 2°..... de Durat, qui épousa, par contrat passé en 1600, Pierre de Bourousse, écuyer, Sgr de Laffore, et de damoiselle Antoinette de Saint-Géry de La Mothe, sœur d'Antoine de Saint-Gery, écuyer, Sgr de Magnas et de La Mothe, qui épousa, le 1er juin 1563, Margue de Saint-Lary de Bellegarde, sœur du maréchal de Bellegarde et tante de Roger de Saint-Lary, duc de Bellegarde, pair et grand-écuyer de France. (*Livre d'or de la noblesse de France*, par M. de Magny, p. 107.)

X. — Gabriel Ier de Durat, chevalier, baron de La Cellette, Sgr des Portes, de Saint-Mion, de Chazeaux, etc., grand-bailli et maître des eaux et forêts du pays de Combrailles, par provisions des 30 janvier et 20 décembre 1596, gentilhomme ordinaire de la chambre du roi, suivant un certificat que lui donna, le 8 mai 1602, Roger de Saint-Lary-Bellegarde, grand-écuyer de France et premier gentilhomme de la chambre de Henri IV, avait épousé, par contrat passé au château de Pénacors, paroisse de Neuvic en Bas-Limousin, devant Mourellon, notaire royal, le 23 mai 1596, Marguerite de Veillan, fille de haut et puissant seigneur messire Gabriel de Veillan, baron de Marigny, Sgr de Pénacors, de Prades, de Saint-Christophe, etc., chevalier de l'ordre du roi, gentilhomme ordinaire de la chambre, capitaine de 50 hommes d'armes des ordonnances, bailli du haut pays d'Auvergne et de feue Madeleine de Rouffignac. Marguerite de Veillan eut en dot 20,000 livres tournois. François de Durat, frère aîné de Gilbert, se reconnaissant inhabile au gouvernement des affaires de sa maison, par suite des blessures qu'il avait reçues dans les guerres passées, et dont il était resté perclus de deux bras, lui transporta tous les biens paternels et maternels et tous les droits qu'il pourrait avoir tant en pays coutumier que de droit écrit, moyennant la somme de 2,500 écus d'or. Gilbert de Durat mourut après le 28 janvier 1635 et avant le 15 mai 1637. Marguerite de Veillan vivait encore en 1646.

Leurs enfants furent : 1° Gabriel, dont l'article suit; 2° Jean III, auteur de la *branche du Ludaix*, rapportée ci-après; 3° Gabriel de Durat; 4° Denis de Durat, ces deux derniers présents au mariage de leur frère aîné; 5° Gilbert de Durat, prieur de La Cellette; 6° Marguerite, et 7° Gabrielle, toutes deux religieuses au couvent de Notre-Dame de Riom.

XI. — Gabriel de Durat (1), chevalier, baron de La Cellette, Sgr des Portes, fut nommé grand bailli du pays de Combrailles par provision du 6 décembre 1635. Il avait épousé, par contrat du 11 août 1633, passé devant Charles, notaire royal, au lieu de Neschers, Jeanne d'Artaud, veuve de puissant seigneur messire Hugues de Feydit, de Moranges, d'Aubac, d'Aubaguette, etc., et fille de François d'Artaud, écuyer, Sgr de Fontezule, du Fayet, et de Gilberte de Villebœuf, sa veuve.

De ce mariage sont provenus trois fils et une fille nommés dans le testament qu'il fit le 18 février 1653, savoir : — 1° Gilbert II de Durat, chevalier, Sgr des Portes, de La Cellette, de Saint-Mion, né en 1639. Il fut pourvu de la charge de grand-bailli de Combrailles le 28 novembre 1653. Il a laissé un fils : Sylvain de Durat, Sgr de La Cellette, de Saint-Mion, marié avec Agnès de Noblet, veuve de lui en 1724, époque à laquelle Jean de La Chapelle, écuyer, mari de Françoise de Noblet, sœur d'Agnès, rendit hommage au nom des deux sœurs pour la terre de Saint-Mion. (Chambre des comptes de Paris.) — 2° Jean-Antoine de Durat, baron de La Cellette, enseigne dans le régiment d'Arnouville en 1669. Il épousa Charlotte de Maussabré, fille de Louis de Maussabré, écuyer, Sgr des Bourduis, de Badecon, etc., et de Marie de Razay, dame de Gatsouris. Il fut tué en duel. — 3° François II° du nom, dont l'article suit. — 4° Marguerite de Durat.

XII. — François II de Durat, chevalier, Sgr des Portes, succéda à son frère aîné dans la charge de grand-bailli d'épée du pays de Combrailles. Lui et ses frères furent maintenus dans leur noblesse d'ancienne extraction par ordonnance de M. Tubeuf, intendant de la généralité de Moulins, du 21 janvier 1669.

François de Durat fut marié trois fois : 1° vers 1680, avec Gabrielle-Léonarde de La Roche-Aymon-Saint-Maixant, veuve de Gilbert Pannetier, Sgr de Neuville et fille de Gilbert de La Roche-Aymon, marquis de Saint-Maixant et d'Anne de Saint-Julien. Gabrielle-Léonarde de La Roche-Aymon mourut en 1694. François de Durat se remaria 2°, par contrat du 18 avril 1704, avec Henriette-Angélique de Rilhac de Boussac; 3°, par contrat du 23 février 1711, avec Claude Marguerite Goyon, fille de Claude Goyon, comte de Beaufort, Sgr de Tourande (puîné de la maison de Matignon), et d'Anne de L'Espinay. François de Durat n'eut qu'une fille, issue de son premier mariage : Anne-Marie-Louise de Durat, née en 1684. Elle vivait non mariée en 1719, et fut religieuse à l'abbaye de Saint-Cyr, fondée par Mme de Maintenon.

Branche des seigneurs du Ludaix (2).

XI bis. — Jean III de Durat, chevalier, Sgr de Saint-Mion, du Ludaix et de Roche-Neuve, deuxième fils de Gilbert Ier de Durat, baron de La Cellette et de

---

(1) Voyez à la fin de la notice sur la famille de Durat les notes très-explicites de M. le vicomte F. de Maussabré, qui rectifient et contredisent les deux n°s suivants, pris dans d'Hozier. — R.-P.

(2) Le Ludaix, situé paroisse de Moreillat-d'Allier (Allier), est encore habité par M. le vicomte Félix de Durat. — R.-P.

Marguerite de Veillan, fut successivement lieutenant dans le régiment de Saint-Hilaire par commission du 1er mars 1632, capitaine dans ce même corps, puis lieutenant des galères du roi en 1637, et enfin grand-bailli du pays de Combrailles par provision du 2 août 1653, office vacant par la mort du Sgr des Portes, son frère aîné. Il avait épousé, par contrat du 13 mai 1637, passé à Rocheneuve, devant du Puylatat, notaire royal, Françoise de Fuchat, dame du Ludaix, morte avant le 30 novembre 1645, fille de Jean de Luchat, écuyer, Sgr du Ludaix, et de Catherine de Montagnac. Jean de Durat fit son testament le 19 octobre 1664 devant Annet Jaladon, notaire royal en Bourbonnais, et fut inhumé dans l'église de Marcillat.

Il laissa : 1° François II, qui suit ; 2° Antoinette de Durat, mariée, avant le 16 juin 1670, avec Jacques de Luchat, écuyer, Sgr de Morissard.

XII. — François II de Durat, chevalier, Sgr du Ludaix et de Rocheneuve, né en 1642, partagea avec sa sœur la succession de leurs père et mère le 14 novembre 1665, et fut maintenu dans sa noblesse par ordonnance de M. Tubeuf, intendant de Moulins, du 21 janvier 1669. Il avait épousé, par contrat du 14 avril 1665, passé devant Jaladon, notaire au bourg de Marcillat, Renée de Chambon, fille de feu Sébastien de Chambon, écuyer, Sgr de Deux-Aigues, et de dame Anne d'Aufreville.

François de Durat fut institué héritier universel de Jean de Veillan, Sgr de La Borie, par testament que ce dernier fit au Ludaix, devant Jaladon, notaire, le 10 septembre 1669. Il vendit la terre de Rocheneuve, le 24 avril 1671, à noble François Périgaulet, Sgr du Monteil, conseiller du roi et de S. A. R. MADEMOISELLE et châtelain de la ville et châtellenie de Chambon, pour la somme de 8,400 livres. Il fit son testament au Ludaix, le 4 octobre 1677, devant Regnard, notaire royal, et mourut après le 1er avril 1680. Renée de Chambon fit le sien le 28 février 1685, mais elle vécut encore long-temps, car, par acte du 2 décembre 1695, on voit qu'elle était remariée avec Annet de Bonneval, Sgr de Varenne. Elle avait eu de son premier mari : 1° Sébastien, qui suit ; 2° Catherine de Durat, morte sans alliance le 25 mars 1715 ; 3° Marguerite de Durat, qui ne fut pas non plus mariée ; 4° Marie de Durat, ursuline à Montluçon ; 5° Marie-Sylvie de Durat, ursuline dans le même monastère.

XIII. — Sébastien de Durat, marquis des Portes, Sgr du Ludaix, de Ronnet et de Deux-Aigues, épousa, par contrat du 12 janvier 1696, passé devant Dubost, notaire royal, Marie de Rollat, fille de feu messire Louis de Rollat, chevalier, Sgr de Brugeac, de Marzat et autres lieux, et de Marie de Murat. Sébastien de Durat avait été nommé lieutenant au régiment d'Aunis le 3 août 1690 ; le 29 juillet 1700, il eut acte de la présentation de ses titres de noblesse devant M. de Nointel, intendant de la généralité de Moulins, et mourut avant le 26 juin 1717, laissant : 1° François chevalier puis comte de Durat, né le 20 juillet 1797 ; il fit hommage en 1727 et 1729 pour les terres de Ludaix et de Deux-Aigues (*archives de la ch. des comptes*). Il était entré au service dans les gardes du corps, compagnie de Charost (depuis Beauveau) ; il fut reçu chevalier de l'ordre de Saint-Lazare le 14 juin 1722. Il devint successivement : chevalier de l'ordre de Saint-Louis le 7 juillet 1741, brigadier des gardes du corps en 1743, exempt en 1744, brigadier le 20 février 1761, maréchal de camp le 16 avril 1767, et enseigne des gardes du corps le 20 juin 1771. Il était aussi grand-bailli du pays de Combrailles. Il avait fait les guerres d'Allemagne et de Flandre, et s'était trouvé au siège de Philisbourg en 1734, à la bataille de Dettengen en 1743, à celle de Fontenoy, et aux sièges de Tournay et d'Ath en 1745 ; au combat de Raucoux l'année suivante ; puis, en 1357, à la bataille de Hastembeck, et à la conquête de l'électorat de

Hanovre. Il mourut en 1782 sans postérité; — 2° Jacques-Balthazard, dont l'article suit; — 3° Jacques de Durat, doyen du chapitre royal de Saint-Nicolas de Montluçon, nommé abbé de Belaigue, ordre de Cîteaux, le 25 juillet 1756; il fit son testament le 28 janvier 1772; — 4° François-George de Durat, d'abord garde du corps du roi, puis lieutenant dans le régiment Colonel-Général, cavalerie; — 5° Antoinette de Durat, morte sans alliance; — 6° Jeanne de Durat, mariée, le 8 janvier 1728, avec Antoine du Bouy, Sgr du Bouy, de La Villate et d'Arfeuille; — 7° Marie-Thérèse de Durat, morte religieuse à Nevers; — 8° Marguerite de Durat, née le 4 juillet 1708, reçue à Saint-Cyr en 1719, puis religieuse bénédictine à Nevers.

XIV. — Jacques-Balthazard, chevalier de Durat, Sgr de Deux-Aigues, commença à servir dans les gardes du corps, et fut successivement cornette et lieutenant au régiment Colonel-Général, cavalerie, les 25 novembre 1743 et 18 janvier 1746; chevalier de l'ordre de Saint-Louis en 1745; capitaine d'une compagnie de chevau-légers dans le régiment de Clermont-Tonnerre le 18 août 1751, et capitaine des chasses de Montaigut en Combrailles par provisions du 27 mars 1753. Il avait épousé, au château de Gouzolles, le 14 novembre 1751, par contrat passé devant Pailheret, notaire royal, Marie-Jeanne-Madeleine de Chastagnat, fille de feu messire Joseph de Chastagnat, Sgr de Neuvy, capitaine au régiment de Blésois, infanterie, et de dame Suzanne de Gouzolles, laquelle fit porter au contrat la cause que le premier ou le deuxième fils qui naîtrait de ce mariage hériterait de ses biens, et porterait le nom et les armes de Gouzolles.

Jacques-Balthazard mourut le 8 décembre 1763, laissant en minorité quatre fils et cinq filles : — 1° Sébastien-Jacques-Balthazard, qui suit; — 2° Louis de Durat, garde du corps du roi, mort à Mittau en Courlande en 1808; — 3° Sébastien de Durat, mort gouverneur de l'île Saint-Martin aux Antilles; — 4° François-Jacques de Durat, lieutenant dans le régiment Royal-Auvergne, infanterie, en 1782; tué au siège de Maubeuge, en...., lieutenant-colonel; — 5° Suzanne-Françoise de Durat, morte sans avoir été mariée; — 6° Anne-Louise de Durat, qui fit profession religieuse, le 21 janvier 1774, en la maison royale de Saint-Denis, à Saint-Cyr; — 7° Jeanne-Marguerite de Durat, morte le 8 juillet 1837; — 8° Agnès-Madelaine de Durat, morte le 16 juillet 1836; — 9° Antoinette de Durat.

XV. — Sébastien-Jacques-Balthazard de Durat, chevalier, Sgr de Gouzolles et autres lieux, baptisé le 31 octobre 1754, entra dans les gardes du corps, compagnie de Beauvais, le 30 juin 1771, et fut reçu chevalier de l'ordre de Saint-Lazare en 1772, puis nommé capitaine dans le régiment de la Reine, cavalerie, le 3 juin 1779, et grand-bailli d'épée du pays de Combrailles.

Il épousa, par contrat du 22 décembre 1782, passé devant Moreau et Turquie, notaires royaux à Châteauroux, Marie-Angélique-Girard de Vasson, fille de haut et puissant seigneur messire Louis-Girard, chevalier, Sgr de Vasson, La Chaume, Bellevue, La Mothe et autres lieux, ancien capitaine au régiment de Condé, chevalier de Saint-Louis, et de Marie-Angélique Le Blanc. De ce mariage sont issus : 1° Laure, née le 6 octobre 1784, mariée, le 25 juillet 1813, à ..... de La Chassagne de Sereys, de La Tourette; 2° François-César, qui suit; 3° Jacques-Félix, né le 6 décembre 1792, mort en 1812 à la bataille de Kœnigsberg.

XVI. — François-César, comte de Durat, chevalier de la Légion-d'Honneur, des ordres de Charles III et de Saint-Ferdinand d'Espagne. Né au château du Ludaix le 25 juillet 1789, il fit la campagne d'Espagne, en 1823, comme capitaine d'état-major et aide-de-camp des généraux de Chastellux et Dewal.

Attaché ensuite à l'ambassade de Russie, il assista, en 1826, au sacre de l'empereur Nicolas.

Il avait épousé en premières noces, le 17 mars 1817, Caroline Déservilliers de Salins, morte en 1819, et dont il eut deux filles, mortes jeunes.

Il avait épousé en secondes noces, le 26 avril 1827, Sophie-Hélène de Gallet de Mondragon, fille du marquis de Mondragon, premier maître d'hôtel de Charles X, et de..... de Tournon. De ce second mariage sont issus : 1° Henri, qui suit; — 2° Félix, vicomte de Durat, né le 18 juillet 1834, marié, le 21 novembre 1854, à Athénaïs Lesclache de La Vaussange, dont : *A.* Louise, née le 4 novembre 1855; *B.* Marie, née le 24 avril 1859, morte jeune; *C.* Joseph, né le 1ᵉʳ juin 1860; *D.* Marguerite, née le 27 avril 1862; — 3° Augustine, née en 1836, morte jeune; — 4° Jean, né le 1ᵉʳ août 1839, entré, à l'âge de vingt-deux ans, à la Trappe de Sept-Fonts (Allier), où il a fait profession religieuse le 24 juin 1862.

XVII. — Henri, comte de Durat, né le 15 décembre 1831, a épousé, en juin 1857, Alexandrine Vareilhes Narjot de Toucy, dont il a : 1° Claire, née le 16 mai 1858; 2° Marie, née le 8 mai 1859; 3° Léonice, née le 6 septembre 1860; 4° Jehan, né le 21 avril 1862.

Branche du Mazeau (1), *seigneurs de La Serre, barons de Gouzon.*

IX *bis.* — Léonard de Durat, chevalier, Sᵍʳ de Loudoux, de Vaurène, du Mazeau, de La Couture et de La Vermelière, quatrième fils de François de Durat premier du nom, chevalier, Sᵍʳ des Portes, et de dame Claude de Mier, est qualifié *noble et puissant seigneur*, qualités portées par tous ses descendants. Dans une enquête, faite sur la noblesse de sa famille devant le lieutenant général de Combrailles, le 1ᵉʳ janvier 1542, il fut constaté qu'il était issu de noble lignée, tant du côté paternel que du côté maternel; que la maison de Durat en Auvergne était noble de toute ancienneté, et que la maison de Miers en Querey était réputée autant noble que quelque autre de ce pays. Léonard de Durat intervint dans des actes des 4 et 19 novembre 1578, 8 janvier 1580, 8 avril 1582, 10 mai 1587 et 1ᵉʳ novembre 1589. Le 5 janvier 1582, il transigea avec Jean de Durat, Sᵍʳ des Portes, son frère aîné, à l'occasion d'un suplément de partage qu'il avait réclamé de celui-ci.

Léonard avait épousé, par contrat du 3 janvier 1559, Louise d'Escars, dame en partie de La Vermelière et de La Malanderic, fille de Léonard d'Escars (2), Sᵍʳ des mêmes lieux, et de dame Gabrielle de Bordesoulle. Le 25 octobre 1590, Léonard de Durat fit son testament, par lequel il prescrivit sa sépulture dans

---

(1) Il ne peut être ici question du château du Mazeau, qui appartenait aux moines de Bonlieu, paroisse de Peyrat-le-Nonière (Creuse); mais je ne sais me fixer, faute d'indication par titres, sur les fiefs du Mazeau, tous situés dans la Creuse, et assez peu éloignés de La Serre : Le Mazeau, paroisse d'Arfeuille-Châtain, canton d'Évaux; — Le Mazeau, paroisse de Mérinchal, canton de Crocq; — Le Mazeau, paroisse de Saint-Priest, canton d'Evaux; — Le Mazeau, paroisse de Sardent, canton de Pontarion; — Le Mazeau, paroisse de Sermur, canton d'Auzances; — Le Mazeau, paroisse du Tromp, canton d'Évaux. — La Serre, paroisse, canton de Chénérailles (Creuse). — Bussière-Vieille, jadis paroisse, aujourd'hui réunie à celle de La Serre. — Gouzon, paroisse, canton de Jarnages (Creuse). — Fournoux, château flanqué de tours, près des bords de la Tarde, paroisse de Champagnac, canton de Bellegarde (Creuse). — R.-P.

(2) Lisez « des Cars ». — R.-P.

l'église de Bussière-Vieille, et ne vivait plus le 14 février 1591. Il avait eu deux fils et trois filles : 1° Denis, dont on va parler ; — 2° François de Durat, baron de Gouzon. Par acte du 10 mai 1611, il s'obligea d'acquitter son frère aîné d'une somme de 660 écus, que ce dernier devait à Annet des Assis, écuyer, Sgr des Assis. François de Durat servait en 1615 dans la compagnie d'hommes d'armes du prince de Joinville. Il fit son testament le 18 avril 1630, et fut enterré dans le tombeau des seigneurs de Gouzon, selon sa dernière volonté ; — 3° Marguerite de Durat, mariée, avant le 25 octobre 1590, avec Isaac des Moulins, Sgr de Faugières en Bourbonnais ; — 4° autre Marguerite de Durat, mariée, par contrat du 26 juillet 1587, avec noble Bérard de Chaussecourte, écuyer, Sgr de Montrour, et de Jacquette de Ligondès ; — 5° Suzanne de Durat mariée avec Annet du Peyroux, Sgr de Frelet ; — plus une bâtarde nommée Gabrielle de Durat, laquelle épousa François Bourdier, de la paroisse de La Serre, le 14 juillet 1596.

X. — Denis de Durat, chevalier, Sgr de Louroux, de Vaurenne, de La Serre, du Mazeau et de Bussière-Vieille, capitaine (gouverneur) du château d'Auzance, naquit vers l'an 1566. Dans leur jeunesse, son frère François et lui furent entraînés dans le parti de la ligue ; mais, par acte du 31 mai 1594, ils déclarèrent se soumettre à l'obéissance du roi, et renoncer à toute association, soit dans le royaume, soit dehors. Denis servait le 11 mars 1611 parmi les hommes d'armes de la compagnie de la Reine. Depuis il fut maréchal-des-logis de la compagnie de 100 hommes d'armes des ordonnances sous-charge de Charles de Lorraine, prince de Joinville. C'est ce qu'on apprend d'un brevet de ce prince, du 12 février 1613, par lequel : « Désirant reconnoître les bons et anciens services qui lui avoient été rendus par ledit seigneur du Mazeau, ci-devant maréchal-des-logis de sa compagnie, et en considération de ce qu'il lui avoit remis ladite charge par l'exprès commandement du roi...., ledit seigneur promet, pour le récompenser, de lui faire accorder par S. M., au lieu de ladite charge, le premier gouvernement particulier de la province d'Auvergne, et en outre lui accorde quatre places de gendarme de sa compagnie pour en disposer en faveur de tels gentilshommes de ses amis qu'il lui plairoit. »

Denis de Durat mourut au siège de Montauban, étant alors lieutenant de la compagnie de chevau-légers du seigneur de Bussy-Lameth. Il avait épousé, le 31 janvier 1592, Anne de Beaufort, fille d'Oradour de Beaufort (1), chevalier, Sgr de Monteil et de Secondat, et de dame Marguerite des Escots. De ce mariage sont provenus : — 1° François de Durat : son père lui fit une donation le 27 mai 1620 ; il mourut en 1625, sans avoir été marié ; — 2° Louis II, qui a continué la postérité ; — 3° Jean de Durat, mort avant le 28 juin 1632, non marié ; — 4° Françoise de Durat, mariée, avant 1632, avec François de Lauzane, écuyer, Sgr de L'Etang dans la Haute-Marche ; — Marguerite de Durat, mariée, avant la même époque, à François de Duis, seigneur baron de Gouzon et de La Garde ; — 6° Jeanne de Durat, mariée, avant le 28 juin 1632, avec Philippe de Régaud, écuyer, Sgr du Poux, et en partie de la baronne de Gouzon, cette terre ayant été donnée par Louis de Durat à ses sœurs Marguerite et Jeanne, pour leur tenir lieu de

---

(1) Oradour de Beaufort était de la maison du comte de Beaufort qui commandait la Cité de Limoges lorsque le prince Édouard de Galles s'empara de cette ville. Montaigne parle de ce comte et du chevalier de Beaufort, son fils, dans ses *Essais*, T. II, édition 10 volumes par P. Coste. Voyez, sur ces défenseurs de Limoges, l'article de M. l'abbé Arbellot, *Bulletin de la Soc. arch. du Limousin*. T. VIII, p. 72-91. — R.-P.

tous droits paternels et maternels : elles en firent le partage le 30 juin 1636 ; — 7° Gabrielle de Durat, qui fit profession religieuse le 27 mai 1620.

XI. — Louis II de Durat, chevalier, baron de Gouzon, S^{gr} du Mazeau, de Vaurène, de Bussière-Vieille, de La Serre et de Louroux, né en 1606, servait dans la compagnie de chevau-légers du baron de Bussy Lameth le 24 juin 1625. Il s'alia, par contrat du 2 mai 1632, avec Françoise de Douhet, veuve de noble Antoine Martin, président au siège présidial de Limoges, et fille de noble Pierre de Douhet, baron de Saint-Pardoux, S^{gr} de Puymoulinier, et de Françoise de Miomandre. Louis de Durat fit son testament le 5 octobre 1661, et voulut être enterré dans l'église de Bussière-Vieille, au tombeau de ses prédécesseurs. Françoise de Douhet, qui lui survécut, l'avait rendu père de : 1° François II, qui suit ; — 2° Antoine de Durat, mort célibataire ; — 3° Denis de Durat, mort après le 28 juillet 1682, sans postérité ; — 4° Marie de Durat, qui était mariée, en 1661, avec..... de Pichard, S^{gr} de Fressynet en Limousin.

XII. — François II de Durat, chevalier, S^{gr} de Bussière-Vieille, du Mazeau, de Vaurenne, de Vauchaussade, de La Serre, de Villevaleix, de La Mane, etc. Il était mineur lors du testament de son père; en 1672, il servait comme cadet dans le régiment des gardes-françaises. Le 23 juillet de cette année, le duc de La Feuillade (François d'Aubusson), colonel de ce régiment, lui donna un certificat attestant « qu'il s'étoit toujours très-bien acquitté de son devoir, et que même il avoit été blessé d'un coup de mousquet à l'épaule à l'ouverture de la tranchée d'Orsoy, s'étant aussi comporté avec beaucoup d'honneur à celle de Docsboork, quoique indisposé de sa blessure ».

Il épousa, le 21 juillet 1682, Gilberte de Saunade (1), fille de Gilbert de Saunade, écuyer, S^{gr} de Vauchaussade, et de Marguerite de Montgrut. Ses enfants furent : 1° François III, dont l'article suit ; — 2° Annet-François, auteur de la *Branche de Vauchaussade*, mentionnée ci-après ; — 3° Gilbert de Durat, chevalier, S^{gr} de Bussière-Vieille, lieutenant-colonel du régiment Royal-la-Marine, chevalier de l'orde de Saint-Louis, morte en 1760 sans postérité ; — 4° François de Durat, *le jeune*, chevalier, S^{gr} de Brion. Il épousa, le 25 août 1734, Madelaine de La Trolière, veuve de Jean, S^{gr} de Mellon, officier de la vénerie du roi, et fille de Jean de La Trolière, écuyer, S^{gr} de Beauvallon, et de dame Catherine de France ; — 5° Louise de Durat, mariée, par contrat du 18 janvier 1734, avec César-Amable de Bosredon, chevalier, S^{gr} de Baubière, du Chatelet et de Tournadet : Louise mourut sans enfants ; — 6° Gilberte de Durat, morte sans alliance en 1757 ; — 7° Françoise de Durat, mariée avec Gaspard du Taut, chevalier, S^{gr} de Banleix. Elle mourut sans enfants à Clermont en 1760.

XIII. — François III de Durat, comte de Durat, S^{gr} du Mazeau, de La Serre, de Vaurenne, de Bussière-Vieille, de Fournoux, de La Mazière, de La Montade, etc., né le 9 juillet 1683, épousa, par contrat du 7 mars 1707, Marie d'Allemagne, décédée le 3 novembre 1726, fille de François d'Allemagne, écuyer, S^{gr} de

---

(1) Gilberte avait pour sœur Louise de Saunade, dame de Vauchaussade, femme d'Antoine Lamy, S^{gr} de Boiscontau, lieutenant de dragons au régiment de Hautefort, dont elle était veuve le 27 septembre 1730, date de la donation qu'elle fit de tous ses biens à son neveu Annet-François de Durat, chevalier, S^{gr} de La Serre, etc., à la condition par ce dernier de faire porter le nom et les armes de Saunade au premier mâle qui naîtrait de son mariage, afin d'en perpétuer le nom.

Vernière, de La Montade, de Montclard et autres lieux, et de dame Anne de Noblet de La Roche-Aymon. Le comte de Durat fit son testament le 27 juin 1726, mourut la même année, et fut inhumé dans l'église paroissiale de La Serre, au tombeau de ses prédécesseurs Il avait eu deux fils : 1° François de Durat, chevalier, enseigne dans le régiment Royal-la-Marine ; il mourut jeune, et fut enterré dans l'église de Saint-Vaast de Valenciennes ; — 2° Jean II, qui suit.

XIV. — Jean II de Durat, comte du Mazeau, Sgr de Buxerolles, de La Serre, de Bussière-Vieille, de Fournoux, de La Mazière, de Vaurenne, de La Montade, de La Vernière, de La Combaude, de Secondat, etc., né le 6 septembre 1714 ; il entra au service, en 1730, sous le nom de Durat-Buxerolles, et fut successivement enseigne, puis lieutenant dans le régiment Royal-la-Marine, qu'il quitta en 1736.

Il épousa 1°, par contrat du 12 novembre de la même année, Gabrielle d'Assy, morte au mois d'août 1741, laissant une fille morte au couvent de Sainte-Claire de Clermont-Ferrand. Gabrielle était fille de Sylvain-Jacques d'Assy, chevalier, Sgr de Viersat, de Chastelguyon et de La Gagnerie, et de dame Marie Bavier ; il épousa 2°, par contrat du 21 février 1748, Françoise de Bosredon, fille de haut et puissant seigneur Jérôme-Marien de Bosredon, chevalier, Sgr de Vieux-Voisin, de Marlange, de Condoseix, de Paneyrieix et de La Sautade, et de dame Louise de Bosredon, mère de Jean-François de Bosredon, chevalier de l'ordre de Saint-Jean de Jérusalem, commandeur de La Vinadière. Le comte de Durat est mort au mois de novembre 1772.

Il avait eu de son second mariage trois garçons morts jeunes, et deux filles : — 1° Jeanne-Louise de Durat, née en 1749, mariée, le 9 septembre 1770, avec Gilbert Le Groing, marquis de Treignac, chevalier de l'ordre de Saint-Louis, ancien officier aux gardes-françaises, fils de Jean-Baptiste Le Groing, chevalier, Sgr de Treignac, de Villebouche, etc., et de dame Thérèse de Courtais ; — 2° Constance de Durat, née en 1750, mariée, le 15 juin 1773, avec dispense de la cour de Rome du 2ᵉ au 3ᵉ degré, avec son cousin Jean-François, comte de Durat ; elle mourut au château de Buxerolles, le 17 septembre.

Branche des Vauchaussade (1), *comtes de Durat.*

XIII *ter*. — Annet-François de Durat de La Serre, chevalier, Sgr de Vauchaussade, de La Serre, de La Mane, de Villevaleix, etc., maréchal des camps et armées du roi, chevalier de l'ordre royal et militaire de Saint-Louis, deuxième fils de François II de Durat, Sgr du Mazeau, et de dame Gilberte de Saunade, naquit en 1685 ; il entra sous-lieutenant dans le régiment Royal-la-Marine en 1707. L'année suivante, il se trouva à la bataille d'Oudenarde, après laquelle il fut promu à une lieutenance. Il servit en cette qualité à l'armée de Flandre, et s'y trouva à la bataille de Malplaquet en 1709, à la bataille d'Arleux en 1711, au combat de Denain, ainsi qu'aux sièges de Douai, du Quesnoy et de Bouchain en 1712. Il se trouvait au siège de Landau, lorsqu'il obtint une compagnie le

---

(1) Vauchaussade, château sans horizon, situé près d'un étang dans la paroisse du Compas, canton d'Auzance (Creuse). Construction ancienne, avec une tour extérieure pour cage de l'escalier. Il est habité pendant l'été par Mᵐᵉ la comtesse de Bonnevie, née de Durat. — La Mane, fief situé dans la paroisse du Compas (Creuse). — Villevaleix, paroisse de Bussière-Nouvelle (Creuse).

1ᵉʳ août 1713. Il commanda la même année à l'attaque des retranchements du général Vaubonne, et au siége de Fribourg. Lorsque la guerre éclata de nouveau entre la France et l'Empire, en 1733, à l'occasion de l'élection au trône de Pologne, M. de Durat, servit dans l'armée commandée par le maréchal de Berwick, et se trouva au siége et à la prise du fort de Kehl, qui se rendit le 20 octobre, puis, en 1734, à l'attaque des lignes d'Etlingen, et au siége de Philisbourg, ainsi qu'à l'affaire de Clausen en 1735. Devenu capitaine des grenadiers du même régiment en 1742, il la commanda à la bataille de d'Etlingen en 1743. Le 19 septembre de cette année, il fut nommé major de son régiment, puis lieutenant-colonel le 14 février 1744. Après avoir servi cette année aux sièges de Courtrai, Menin, Ypres et Furnes, il se trouva l'année suivante à la bataille de Fontenoy et aux sièges de Tournai, d'Oudenarde, de Dendermonde et d'Ath. En 1746, il servit au siége de Bruxelles, et se distingua particulièrement à la bataille de Raucoux, où il fut fait brigadier, et à Lawfelt, où il obtint une pension de 1,200 livres. Il commanda le régiment en ces deux occasions, le colonel étant, comme brigadier, employé à la tête du chef de brigade. Les grades qu'il obtint à l'une et l'autre bataille furent accompagnés de la lettre de la cour la plus flatteuse pour le régiment Royal-la-Marine, et surtout pour celui qui le commandait. Il servit au siége de Maëstricht en 1748. En 1756, M. de Durat fit partie de l'armée du maréchal de Richelieu, destinée à la conquête de l'île de Minorque sur les Anglais. Il se trouva à la prise de Cintadella et de Port-Mahon, et se signala le 28 juin à l'assaut du fort Saint-Philippe (voir la conquête de l'île de Minorque par les Français au Journal historique de cette expédition par mer et par terre en 1756, 1 vol. in-12 : M. de Durat y est constamment nommé M. de La Serre). Il fut créé maréchal de camp après la prise de cette place, le 23 juillet de la même année, et continua à servir jusqu'au traité de paix de Versailles. (Chronologie historique militaire par Pinard, T. VII, p. 328). M. Durat de La Serre est décédé le 24 janvier 1760.

Il avait épousé, par contrat du 24 décembre 1724, passé devant Doyen et Désescures, notaires au châtelet de Paris, Rose de Vallot (1), dont il eut deux fils : — 1° Antoine de Durat, né en 1729, capitaine au régiment Royal-la-Marine et chevalier de Saint-Louis, mort le 2 octobre 1757 sans postérité, âgé d'environ 28 ans, et par suite de fatigues et blessures ; il fut enterré le lendemain dans l'église de Bussière-Nouvelle ; — 2° Jean-François dont l'article suit.

XIV. — Jean-François, comte de Durat, chevalier, Sgr des Portes, de Bruxerolles, de Vauchaussade, de Ségondat, La Ribière, Villevaleix, La Mane, etc., né au château de Vauchaussade le 3 octobre 1736, fut nommé enseigne au régiment royal de la Marine le 12 juin 1751, lieutenant audit régiment le 28 janvier 1753, lieutenant de grenadiers audit régiment le 6 novembre 1754, et en cette qualité il se trouva au siége de Mahon, où il fut douze fois de tranchée, trois bivouacs sous le feu des assiégés et à l'assaut de cette forteresse

Quoique officier d'infanterie, il fit le service de volontaire-ingénieur, sous M. de Bourut, à Grenoble en 1755. Il fut fait capitaine au régiment royal de la Marine le 19 novembre 1756, employé sur diverses batteries de la côte de Bretagne et de

---

(1) Renée-Rose de Vallot du Meny, fille de messire René de Vallot, écuyer, Sgr du Meny, et de dame Renée Bouchard, se maria par contrat du 23 novembre (et non 24 décembre) 1724, et mourut le 24 mai 1772, âgée d'environ 75 ans, et fut enterrée le lendemain dans l'église de Bussière-Nouvelle.

Normandie en 1760, 1761, et 1762 nommé commandant des pièces dites de Rostaing affectées aux régiments d'infanterie destinés à l'expédition d'Irlande en 1759 ; embarqué avec son régiment pour l'Amérique le 17 avril 1763 ; employé comme officier supérieur d'artillerie par M. le marquis de Fénelon, gouverneur de la Martinique, pour la remise des effets d'artillerie par les Anglais, le 25 juin 1763 ; employé par le même gouverneur, depuis la même époque, comme aide-major général de l'île de la Martinique, jusqu'à l'arrivée de M. de Bellecombe, nommé à cette place par le roi, en 1764; aide-major du régiment royal de la Marine par brevet du 10 février 1764 ; repassé en France, pour cause de santé ; en 1767, il devint major du régiment de Bourgogne infanterie par brevet du 6 mars 1774; chevalier de Saint-Louis le 19 avril 1774 ; commandant d'un des bataillons d'infanterie rassemblés à Metz en 1775 ; colonel en second du régiment de Cambrésis par commission du 1er mars 1778. Embarqué pour l'Amérique le 1er octobre 1778, il fut nommé chef de division et major général des troupes de débarquement aux ordres de M. le comte d'Estaing par brevet de ce vice-amiral du 27 juin 1779.

La division destinée au comte de Durat, composée des bataillons de Hainault et de Foy, n'ayant pas pu être débarquée pour l'attaque de La Grenade, le comte d'Estaing lui dona le commandement de son avant-garde, avec laquelle il attaqua et prit le retranchement dit de L'Hôpital, le 3 juillet 1779 ; nommé sur le champ gouverneur lieutenant général de la même île par brevet provisoire de M. le comte d'Estaing du 5 juillet 1779 (1), et gouverneur lieutenant général par brevet du roi du 20 septembre de la même année.

Nommé maître de camp des grenadiers-royaux du Lyonnais le 11 novembre 1782, il fut, à la même époque, pensionné sur le trésor royal, département de la marine et des colonies, de la somme de 4,523 livres 12 sous, laquelle somme a été réduite, en 1787, par la déduction de 3/10, à 3,200 et quelques livres. Il fut nommé brigadier des armées le 1er janvier 1784, et maréchal des camps et armées le 9 mars 1788.

Les services ci-dessus énoncés forment une activité de trente sept années, dont huit années entières passées dans les colonies ou sur les vaisseaux du roi. De ces huit années les quatre dernières étaient campagnes de guerre, non compris l'expédition de Mahon en 1756.

M. de Durat est mort au château de Vauchaussade le 30 janvier 1830. Il avait épousé, *en première noces*, demoiselle Constance de Durat, sa cousine, fille de Jean de Durat, comte du Mazeau, Sgr de Buxerolles, La Serre, La Montade, etc., et de Françoise de Bosredon. De ce mariage est issue Marie-Marguerite-Henriette,

(1) Ce brevet se termine ainsi: « Les troupes qui, par leur bravoure, viennent de conquérir cette colonie s'y verront commandées avec plaisir par celui qui en a aplani les difficultés par ses talents et par sa valeur ». La gazette royale de La Grenade du jeudi 14 novembre 1782 s'exprime ainsi : « Du Fort-Royal le 14 novembre : M. le comte de Durat s'est embarqué lundi dernier pour Oste de sur le navire le Vriendschaps. Il avait accompagné M. le comte d'Estaing lors de la conquête de cette île en qualité de major général de l'armée, et commandait l'avant-garde de celle des trois divisions qui pénétra la première dans les retranchements du Morne de L'Hôpital. Nommé gouverneur dans les circonstances les plus critiques, il sut pourvoir à la sûreté au dehors, concilier au dedans tant d'intérêts opposés, prévenir de nouvelles sources de divisions, et ses travaux ont été récompensés par la paix et la prospérité dont il a vu jouir cette colonie. Enfin son équité, sa modération et tant d'autres qualités qui l'ont rendu cher également aux anciens et aux nouveaux sujets, feront du temps de son gouvernement une époque précieuse et mémorable dans l'histoire de cette colonie. »

née au château de Buxerolles, mariée le 29 janvier 1803, à Pierre Marie-Victorin, comte d'Arfeuille, chevalier de Saint-Louis.

Il avait épousé en secondes noces Marie-Jeanne-Louise de Bosredont, fille de haut et puissant seigneur messire Joseph comte de Bosredont, Sgr du Vieux-Voisin, de Neuville, de Champert, Panéret, Condocé, etc., et de Madeleine-Henriette de Mont-Saulnin, morte au château de Vauchaussade en 181... De ce second mariage sont issus : — 1° Henri de Durat, né au château de Vauchaussade, tué à la bataille d'Iéna, sous-lieutenant au 34° de ligne; — 2° Emilie-Joséphine-Henriette de Durat, mariée en 1808 à M. Gilbert-Marie-Hippolyte comte de Donnevie, de Pogniat, chevalier de Saint-Louis. R.-P.

E.

[EBRARDI (1).]

ECHAUPRE. — Pierre Echaupre, procureur du roi au bureau des finances, écuyer, Sr de Trenchepied, paroisse de Verneuil (2), épousa Thérèse Garat, dont : 1° Pierre, qui suit ; 2° Urtelle Chaupre, mariée, le 8 janvier 1754, avec Louis Faure, fils d'autre Louis, bourgeois, et de Marie Dubois, du bourg de Condat, près Limoges ; 3° Catherine, mariée, le 26 juillet 1757, avec Pierre Vergniaud, bourgeois, fille de feu François et de Anne Martin, de la ville de Pierre-Buffière; 4° Jean-Baptiste-Eutrope, né le 24 mars 1743, chanoine de Saint-Martial de Limoges [et avocat au présidial].

Pierre Echaupre, du lieu de Trenchepied, paroisse de Verneuil, épousa, dans l'église Saint-Jean de Limoges, le 9 janvier 1759, Madeleine Dubois du Verd, fille de feu Pierre, bourgeois, et de feue Jeanne Beaubrun [dont il eut un fils unique, qui suit :

..... Echaupre, Sr de Trenchepied, etc., a épousé....., de la paroisse de Peyrilhac, dont il a eu des enfants] (3).

ENVAC et ENVAUX (4).

ESCABILLON. — *V.* La Beaune.

ESCHALLARD, Sgr de Genouillé, paroisse de Saint-Martin, élection d'Angoulême, porte *d'azur à un chevron d'or.*

I. — Antoine Eschallard épousa (31 décembre 1545) Louise Arthon.

II. — Balthazard Eschallard épousa (20 novembre 1573) Louise du Couret.

III. — Benjamin Eschallard épousa (20 juin 1624) Céline Coumigeon.

IV. — Balthazard Eschallard épousa (3 août 1655) Madeleine de Saint-Georges.

---

(1) Legros avait des notes sur ce nom à la page 2633, qui est enlevée. — R.-P.

(2) Verneuil, canton d'Aixe (Haute-Vienne). — Condat, canton sud de Limoges. — Peyrilhac, canton de Nieul (Haute-Vienne). — R.-P.

(3) Nadaud avait d'autres notes sur le nom Echaupre à la page 1153, déchirée. Les précédentes sont tirées de la page 687. — R.-P.

(4) Legros avait des notes sur ces noms à la page 2634, qui est enlevée. — R.-P.

[ESCHELLES. — D'après Baluze (*Histoire générale de la maison d'Auvergne*, T. I, p. 37), Aymar, Sgr d'Echelles (*de Scalis*), vicomte du Bas-Limousin (ou de Turenne), abbé laïque de Tulle, restaura ce monastère. Il ne laissa point d'enfants légitimes, mais un bâtard nommé :

Donnereau, que les moines de Tulle élurent pour leur défenseur, après la mort d'Aymar, et auquel ils donnèrent en fief le château de Molseou, entre Tulle et Aurillac, et l'en mirent en possession. Mais, comme il étoit homme de petite cervelle, il leur échappa, et s'enfuit, en sorte qu'ils ne purent pas le retrouver ; et pour lors ils s'adressèrent à Bernard, Sgr de Turenne, vicomte du Bas-Limousin après Aymar, duquel il étoit proche parent, comme étant tous deux de la maison de Turenne.]

ESCHIZADOUR, Sgr dudit lieu, paroisse de Saint-Merd en la baronie de Châteauneuf (1), *écartelé d'argent et de gueules*. En espagnol, *Hechezeria* signifie : sorcellerie, sortilége, charme.

I. — François de Chizadour fit son testament le 7 septembre 1545. Il avoit épousé Marguerite Coral, qui fit son testament, étant veuve, le 6 décembre 1564, et dont il eut Pierre, qui suit.

II. — Noble Pierre de Chizadour fit son testament le 15 novembre 1582. Il avoit épousé, par contrat sans filiation du 11 février 1566, Marguerite Coustin, dont il eut : 1° Germain, qui suit ; 2° Pierre, tonsuré en 1598, chanoine de Saint-Germain de Masseré.

III. — Germain de Chizadour, écuyer, Sr dudit lieu, épousa, par contrat sans filiation du 11 septembre 1603, Jeanne de Coussac, dont il eut : 1° Pierre, qui suit, et avec lequel sa mère transigea le 8 février 1623 ; 2° autre Pierre, tonsuré en 1616.

IV. — Pierre de Chizadour, épousa, par contrat du 30 septembre 1637, Léonarde de Martin, dont il eut : 1° Léonard, qui suit ; 2° Jean ; 3° autre Jean. Ces trois frères transigeoient sur le testament de leur père le 10 décembre 1664.

V. — Léonard de Chizadour épousa, par contrat sans filiation, le 5 février 1665, Catherine de Maumont.

Branche des seigneurs de Bette, paroisse de Sussac.
(Ce sont les mêmes armes.)

I bis. — Charles d'Eychizadour, écuyer, Sr de Florat, fit, le 20 octobre 1571, son testament portant une substitution en faveur de Melchior, son frère. Il avoit épousé, par contrat du 1er mars 1551, Louise Chauvet. Il eut d'elle Gasparde, mariée à François du Breuil, écuyer, Sr des Bordes.

II. — Melchior de Chizadour fit un échange le 27 mars 1551, produisit divers

---

(1) Châteauneuf, chef-lieu de canton (Haute-Vienne). — Masseré, paroisse, canton d'Uzerche (Corrèze). — Sussac, paroisse, canton de Châteauneuf (Haute-Vienne). — Eymoutiers, chef-lieu de canton (Haute-Vienne). — Rochechouart, chef-lieu d'arrondissement (Haute-Vienne). — Aixe, chef-lieu de canton (Haute-Vienne). — Aubepeyre : ce château est encore debout, situé près d'un étang, au milieu des bois, dans la paroisse de Saint-Yrieix, canton de Felletin (Creuse). — Jarnage, canton (Creuse). — Glanges, canton de Saint-Germain-les-Belles (Haute-Vienne). — Meilhac, canton de Nexon (Haute-Vienne). — R.-P.

contrats d'avant l'an 1560 pour la qualité d'écuyer, et fit son testament le 19 juillet 1576. Il avoit épousé Louise de Maumont, dont il eut : 1° Pierre; 2° Jean, qui suit.

III. — Jean de Chizadour épousa, par contrat du 28 octobre 1581, Louise de Maumont, dont il eut : 1° Léonarde; 2° Catherine; 3° Hercule, qui suit. On donna un tuteur à ces trois enfants le 8 janvier 1590.

IV. — Hercule de Chizadour fit son testament le 10 août 1637. Il avoit épousé, par contrat du 19 août 1613, Jeanne de Maumont, dont il eut : 1° Gabriel, substitué à son cadet. C'est peut-être ce M. de Bethe, paroisse de Sussac, dont il est parlé dans les registres d'Eymoutiers, mort le dimanche des Rameaux 5 avril 1648, huguenot comme un chien, qui fut enseveli dans son château de Bethe, et à qui Barthe, ministre et nouvellement converti, refusa par écrit la visite que le mourant lui avoit demandée par lettre. — 2° Jean, qui suit.

V. — Jean de Chizadour, écuyer, S^r des Champs, épousa 1°, par contrat sans filiation, le 26 août 1645, Marie de Barthe, dont il eut Anne, baptisée au prêche de Rochechouard le 1er janvier 1648; épousa 2°, par contrat du 18 février 1666, Susanne Thibaud.

Notes isolées.

..... Deschizadour épousa....., dont il eut : 1° Imbert, chevalier, 1296 – 1304; 2° Marguerite, mariée; 3° Golfericus, damoiseau, 1304; 4° Jeanne, femme, en 1304, d'Aymeric de Coux, damoiseau, paroisse d'Aixe, et veuve d'Adémar Coralli.

Guillaume d'Eychizador, damoiseau, Sr de Meyranges, époux de Clémence des Moulins, qui en étoit veuve en 1381, et dont il avoit eu pour fille unique Ysabelle.

Léonarde de Meslajou (mieux Mesclajou), dite Chizadour, épousa Germain Chabot, fils de Tristan et de Jeanne de Rézay (Simplicien, *Hist. des gr. off.*, T. IV., p. 575). Elle plaidoit contre lui, le 14 août 1466, pour avoir ses aliments sur le lieu de Précigny.

Léonard Deychisadour, écuyer, S^r d'Aubepeyre, paroisse de Saint-Yrieix près Valière, épousa Gilberte d'Aygurande, dont il eut : 1°.....; 2° Léonard, tonsuré en 1564, prieur de Jarnage, 1565; 3° Louis, bachelier, 1571.

Jean Deschisadours, écuyer, Sr de Bette et de Meilhac, épousa, par contrat du 10 octobre 1592, Susanne de Beauvais, dont il eut : 1° Hercule; 2° Jeanne, mariée, le 18 avril 1622, à noble François Théveny, écuyer, Sr du Puy et de Chénours, de la paroisse de Glanges.

Jacques Dechizadour, mal de Cheyradour (Simplicien, *Hist. des gr. off.*, T. VIII., p. 165), chevalier, Sgr d'Aubepeyre, Rataux, Le Chier, Saint-Yrieix et Puysegui, épousa, par contrat du 25 juin, reçu par de Pis, Françoise de Carbonnières, fille de feu Charles, chevalier, Sgr de La Capellebiron, Le Puy, etc., dont il eut Françoise, dame d'Aubepeyre, mariée le 22 juillet 1606 (mieux 1616), à Louis de Gourdon, Sgr de Genouillac, fils d'autre Louis, chevalier de l'ordre du roi, etc., et de Anne de Montberon.

Daniel d'Eychizadour, écuyer, Sr de Meillac, épousa Marie de Chèvres, dont il eut : 1° Gabriel, né le 16 décembre 1672, et baptisé au prêche de Rochechouard; 2° Jeanne, née le 16 juillet 1679, baptisée au même prêche.

Jean d'Eychizadour, écuyer, Sr de Bette, épousa Susanne Thibaud, dont il eut Marie, née le 5 juin 1674, et baptisée au prêche de Rochechouard.

On trouve sur les registres de la paroisse de Saint-Michel-de-Pistorie de Limoges demoiselle Gabrielle Deychisadour de Saint-Merd, morte, âgée de quarante ans, le 20 novembre 1752.

La famille d'Eychisadour fit preuve de noblesse en 1598.

ESCOUBLEU (1).

ESCOURAILLES. — *Voyez* SCORAILLES.

ESCRAVAYAT (2).

ESCURAT, Sgr de Rabion, porte *d'argent à un cœur enflammé de gueules et surmonté d'une étoile d'azur en chef.*

Jean d'Escurat, Sr de Rabion, avocat du roi au présidial d'Angoulême et lieutenant ancien du vice-sénéchal d'Angoumois, fut reçu pair à l'échevinage de la maison de ville dudit Angoulême sur la résignation d'André d'Escuras, son père, le 24 juillet 1623. Comme plus ancien pair, il est reçu conseiller par le décès de Guillaume Chillon, le 16 juillet 1651. Comme plus ancien conseiller, il est reçu échevin par la résignation de..... La Fosse en faveur de Jean Preunaud, le 26 mai 1666. Il fait la déclaration de vouloir vivre noblement le 19 juillet 1651.

François Descurat, écuyer, Sr de Rabion, paroisse du Petit-Saint-Cibar, épousa, dans l'église Saint-Martial d'Angoulême, le 26 avril 1651, Françoise Lambert.

ESMOING. — Emmanuel Esmoing, Sgr du Chezaud, paroisse de Saint-Eloi-le-Drouilles (3), épousa, en novembre 1710, Barbe de Bridier, veuve de Georges de Fondant.

Jean-Baptiste-Emmanuel Esmoing, écuyer, Sgr de La Vaublanche, du village de Bosgeraud, paroisse de Neuvic près Châteauneuf, épousa, Marie de Châteauneuf, dont il eut : 1° Marie, née en 1744; 2° Antoine, né le 30 juin 1746; 3° Thérèse, née le 24 août 1747; 4° Guillaume, né le 13 octobre 1748; 5° et 6° Pierre et François, morts en bas âge.

François Emoin, écuyer, Sgr de La Grillère, paroisse de......, mourut à Bosgeraud, âgé de 30 ans, le 3 novembre 1749. Il avoit épousé Madeleine de Loménie, qui mourut le 4 janvier 1740, et fut inhumée à Neuvic.

Pierre Esmoing, écuyer, Sgr de La Grelière, paroisse de Saint-Junien-la-Brugère, épousa Geneviève Romanet de Bonne, dont il eut Paul, né le 4 mars 1748.

---

(1) Nadaud avait des notes sur cette famille à la page 1145, qui est enlevée. — R.-P.

(2) La table de Legros et divers renvois prouvent que Nadaud avoit des notes sur ce nom, pages 1145, 1147-1146, qui ont disparu. — R.-P.

(3) Saint-Eloi de Drouilles, ancien prieuré - cure faisant partie de l'archiprêtré de Bénévent, et dont le titulaire était à la nomination de l'abbé de Bénévent; aujourd'hui paroisse, canton de Pontarion, arrondissement de Bourganeuf (Creuse). — Neuvic, paroisse, canton de Châteauneuf (Haute-Vienne). — Saint-Junien-la-Brugère ou le Château, paroisse, canton de Royère (Creuse). — Nozerines, paroisse, canton de Boussac (Creuse).

Ces notes sur la famille Esmoingt sont tirées de la page 1149 du registre de Nadaud. Des renvois indiquent que la généalogie commençait à la page 1148, mais le registre est lacéré de la page 1144 à la page 1149 exclusivement. — R.-P.

Léonard Esmoing du Chézeau, paroisse de Saint-Eloi, épousa, en 1773, Marie-Angélique de Ligondez de la paroisse de Nozerines.

ESPICIER (Durand le), citoyen de Tulle, fut anobli en 1370, à cause de sa fidélité envers le roi. Du temps de M. Baluze cette famille étoit éteinte à Tulle. (Baluze, *Hist. Tutel.*, p. 205).

[ESSARDS (les), paroisse de Beaune près Limoges. — Je trouve dans les papiers domestiques de M. de Beaupré..... Rogier des Essards, Sgr de Leyraud, Le Buisson, etc., conseiller du roi, lieutenant général de la cour sénéchale à Limoges.]

ESTANGS (les) (1).

ESTANHIERAS. — Audoin d'Estanhieras, damoiseau, fit hommage à l'abbé de Saint-Martial de Limoges pour les biens qu'il avoit du côté de Saint-Vaulry (2). En 1374, il épousa Denise Arniera, demoiselle.
Jean d'Estinières, Sgr de La Guierche, comparut le 27 avril 1521, à Guéret, pour la réformation de la coutume de la Marche.

ESTAT. — Pierre d'Estat, écuyer, Sgr de La Salle, paroisse de Fresselines, épousa Françoise de La Court, dont il eut François, baptisé le 15 février 1651.

ESTÈVE, de Langon, Sgr de Peyrissat, paroisse de Champagnolles, élection de Saintes porte *de gueules emmanché d'argent à 7 pilles à sénestre*.
I. — Jean Estève, Sr de Langon, épousa (8 décembre 1540) Anne de Mortaigne.
II. — Louis Estève de Langon épousa Jeanne de Pichon. Il donna une procuration, le 31 août 1582, à un marchand de Bordeaux. Il fit une transaction avec sa femme et Jacques de Pichon, trésorier à Bordeaux, le 13 septembre 1595.
III. — Geoffroy Estève de Langon épousa (8 janvier 1625) Lidie de Montgaillard.

ESTIVANHAS. — Raymond d'Estivanhas, damoiseau, de Corre, 1267, épousa Sybille Ruffi, fille d'Ithier, damoiseau.
Audoin d'Estivanhas, chevalier, de la paroisse de Dournazac, épousa Sybille, veuve en 1303.

ESTOURNEAU (3).

---

(1) Il y avait des notes aux pages 2452 et 2454; mais le registre est lacéré de la page 2422 à la page 2457 *exclusivement*. — R.-P.
(2) Saint-Vaulry, chef lieu de canton (Creuse). — R.-P.
(3) Nadaud avait des notes sur cette famille aux pages 129 et 130, comme l'indiquent deux renvois à l'occasion : 1° du mariage de Suzanne ou Marie de Blom, fille d'Antoine et de Françoise de Montrachier, en 1550, avec Jacques Estourneau, 2° du mariage de Françoise, fille de Pierre Barton de Montbas, Sgr de Lubignac et du Deffans et de Jacquette Bonnin, en 1650, avec Françoise Estourneau, baron du Ris, Sgr de La Perrière et de La Motte-Tersanes. — R.-P.

ESTRAN ou EXTRANEI. — Renaud [ou Raymond] Extranei, damoiseau, neveu de Hélie de La Branda, est dit dernièrement (*nuper*) Sgr en partie de Montbrun, en 1302 et 1315.

ESTUER. — Guillaume d'Estuer, chevalier, baron de Thonis, Grateloube, La Gonieyre, Villeton, Saint-Maigrin, Nieul, Montrocher, La Forestie, Richemont et Rechigne-Voisin, testa le 15 juin 1495. Il avoit épousé Catherine de Caussade, dont il eut : 1° François, qui remit en sa personne tous les biens de sa maison et ceux de sa tante Catherine-Brachet, et mourut sans enfants ; — 2° Pons, marié, par contrat du 20 octobre 1516, à Isabeau de Montbrun, baronne de Montbrun, Saint-Jal, Boffiac et Puyjoyeulx, laquelle, étant héritière de sa maison, porta à son mari, dont elle eut un fils, la terre de Montbrun (1) ; — 4° Arnault, qui eut de son père les terres de Nieul et de Montrocher, et qui fut tué dans les guerres d'Italie en 1517. Il avoit épousé Antoinette de Ponthriant, fille de François, Sgr de La Villette, gouverneur de Loches, dont il ne laissa point de postérité.

Louis d'Estuer (nommé par quelques-uns Stuert ou Stuart, seigneurie dans le duché de Rohan en Bretagne), dit de Coussade, fils de François et de Gabrielle de Maillé de La Tour-Landry, chevalier de l'ordre du roi, capitaine de 50 hommes d'armes de ses ordonnances, Sgr de Saint-Mesgrin, prince de Carency, vicomte de Calvigna, baron de Saint-Germain-sur-Vienne, Tonneins, Gratelou et Villeton, mourut le 2 juin 1634. Il avoit épousé Diane de Cars, fille de Jean, chevalier, prince de Carency, comte de La Vauguyon (2), et de Anne de Clermont, ladite Diane héritière des biens de sa maison, après la mort de ses deux frères. De Louis d'Estuer et de Diane des Cars, naquirent entre autres enfants : Jacques, qui suit ; — Diane, mariée à Paul de Rabaine, Sgr d'Usson et de La Tour de Brillac, où il mourut le 7 septembre 1653 ; — Françoise, mariée, en 1595, à Jean de Rochechouard-Ponville, fils de Louis de Rochechouard et de Louise de Clérembault.

Jacques d'Estuer de Coussade, auquel son père fit prendre à sa naissance, en 1590, le nom de Montbrun, fut comte de La Vauguyon, Sgr de Varaigne, fait chevalier des ordres du roi le 31 décembre 1663 ou 1665, [grand sénéchal de Guyenne], etc., mourut le 18 août 1671, âgé de quatre-vingt-trois ans, au château de Saint-Mégrin. Il avoit épousé, le 23 juillet 1607, Marie [ou Mathie] de Roquelaure, fille d'Antoine, maréchal de France, et de Catherine d'Ornezan. Marie mourut à Toneins en 1622. D'eux naquirent : 1° Jacques de Stuer, marquis de Saint-Mégrin, tué pour le service du roi, à la bataille de Saint-Antoine, le 2 juillet 1652, à l'âge de trente-six ans, et enterré dans l'église de l'abbaye de Saint-Denis en France. Ce Jacques avoit épousé, le 20 novembre 1651, Elisabeth Le Feron, fille unique de Dreux Le Feron, conseiller au parlement, et de Barbe Servien, dont il n'eut point d'enfants. Elisabeth se remaria avec Claude d'Ailly, duc de Chaulnes, et mourut le 9 mars (Moréri dit le 5 janvier) 1699, étant âgée de soixante-dix ans ; — 2° Lucrèce, mariée à Annet des Cars, II° fils de François et de Françoise de Veyrières ; — 3° Marie, qui suit, fille d'honneur de la reine-mère.

---

(1) Voyez, T. I, la note 2 de la page 275, et pa e 284, n° XI. — Nieul, chef-lieu de canton (Haute-Vienne). — R.-P.

(2 La Vauguyon. — Voyez le T. I. page 556 en note et 577. — R.-P.

Marie Estuart ou d'Esthuert de Coussade, comtesse de La Vauguyon, [marquise de Saint-Mégrin], dame de Varaigne, etc., fit à ses créanciers, au mois d'avril 1689, l'abandon de ces deux terres, pour être vendues à l'amiable et le prix leur en être distribué. Elle mourut, au château de Saint-Mégrin en Saintonge, le 13 ou 29 octobre 1693. Son corps fut porté l'année suivante avec beaucoup de pompe dans la chapelle du château de La Vauguyon. Elle épousa : 1°, en 1653, Barthélemy de Quélen [comte de Broutay], fils de Grégoire, Sgr du Broutay et de Claude Fouquet. Ce Barthélemy mourut à Douai, le 13 juillet 1667, d'une blessure qu'il avoit reçue au siège de cette ville [étant maréchal-de-camp]. Marie d'Estuer se remaria, le 15 janvier 1658, secrètement et âgée de cinquante-cinq ans, à André de Betoulan, dont le père s'appelait Fromentau, et avoit été plus de dix ans chirurgien-servant de la maison de Condé. Elle lui fit prendre le titre de comte de La Vauguyon, et ce titre lui servit de manteau de parade pour parvenir même jusqu'à être chevalier des ordres du roi et, en 1688, ambassadeur en Espagne. Il se tua, à Paris, le 30 novembre 1693, et ne laissa point d'enfants.

De Marie d'Estuer et de Barthélémy de Quélen naquit entre autres enfants : Nicolas de Quélen Esthuart [ou d'Estuert] de Caussade, comte de La Vauguyon [et du Broutay, marquis de Saint-Mégrin], Sgr de Varaigne, qui fit monter les terres de La Vauguyon et de Varaigne à plus d'un million en billets de la banque royale en 1719, et mourut à Versailles le 8 janvier 1725, âgé de soixante-huit ans. Nicolas avoit épousé, le 1er octobre 1703, Madeleine de Bourbon-Busset, qui mourut subitement à Paris, âgée de soixante-cinq ans, le 29 novembre 1738, laissant de son mari Antoine-Paul-Jacques de Quélen d'Estuert de Caussade, d'abord comte puis duc de La Vauguyon, n'ayant que le titre, parce que le comté de La Vauguyon étoit vendu. [Et Antoine-Paul-Jacques fut maréchal-de-camp le 1er mai 1745, ayant épousé, le 23 mars 1734, Marie-Françoise, fille de Paul-François, duc de Charest-Bethune, depuis capitaine des gardes du corps.]

SOURCES : Le Père Simplicien : *Hist. des gr. off. de la couronne*, T. II, p. 233; T. III, p. 204; T. IX, p. 240; — Brantôme, T. X, p. 98; — Baluze, *Hist. générale de la maison d'Auvergne*, T. II, p. 736-740; — Cochin, T. III, p. 414; — Amelot de La Houssaie, *Mémoires*, T. I, p. 417; — Félib., *Histoire, de Saint-Denis*, L. VIII; — Legeing, *Trésor héraldique*, p. 28; — registres de Varaigne; — [Suplément de Moréri de 1716, et l'édition de 1759; — *Tablettes historiques*, IIIe partie, p. 27-28, et IVe partie, p. 283].

EVRERARD. — Joseph Evrerard, écuyer, Sr du Chatenet de Bor, paroisse de Baledent (1), testa le 7 décembre 1649. Il avoit épousé Anne du Genet, dont il eut : 1° Philippe, écuyer, Sr de Bor; 2° Martial, Sr de Peyrière, qui fit, le 20 mai 1653, son testament, reçu par Bastide; 3° Pierre, écuyer, Sr du Breuil, 1666, demeurant à la Vigne, paroisse d'Arnac, 4° Françoise, femme, en 1656, de Louis Rondaud, archer.

EXUPÉRY. — *Voyez* SAINT-EXUPÉRY.

EYMERIE ou AYMERIC ou EYMERY. — Noble Jean Eymerie, Sgr de Royère,

---

(1) Baledent, canton de Châteauponsat (Haute-Vienne). — Arnac, canton de Lussac-les-Églises (Haute-Vienne). — R.-P.

veut être enterré dans l'église dudit Royère (1), par son testament du 29 novembre 1492 (au chapitre de Saint-Yrieix, registre A-B, fol. 77). [Je trouve un Jean Aymericus dans les registres de Roherii, notaire à Limoges, p. 26, n° 24, *apud* dom Col.]

Noble Seguin Aymeric, S^r de La Croisilhe, épousa......, dont il eut Marie, mariée par contrat du 11 juin 1436, signé Oubusso, à noble Jean Leyrisse, damoiseau, habitant de Bourganeuf. Elle avoit vingt-deux ans, et porta huit vingts écus ou royaux d'or, chacun du poids de trois deniers d'or, les 64 faisant le marc d'or, plus 10 livres de rente censive, une couette de plume, coussin, draps, etc.

Jean Aymeric, écuyer, S^r dudit lieu, paroisse de Ladignac (1595), épousa......, dont il eut Françoise, mariée à noble Guy de Bosviger.

François Aymeric, écuyer, S^r de La Sudrie, paroisse de Saint-Estèphe, demeuroit à la forge d'Etouars. Il épousa Madeleine de La Rabuterie, qui étoit veuve en 1590.

François Eymery ou Aymeric, Sr du Chataing, paroisse de Ladignac, écuyer, Sr du Chataing et des Blancs, vigier du bourg et paroisse de Ladignac, fut trouvé gentilhomme en 1598. Il épousa Marie de Jussat, dont il eut : 1° Jacques, qui suit; 2° François; 3° Madeleine, mariée à Hélie de Jarrige, S^r de La Mourelie, trésorier de France en la généralité de Limoges.

Jacques Aymeric du Chataing, écuyer, S^r de La Tour, paroisse de Ladignac, fit, le 10 mars 1636, son testament reçu par du Reyceis. Il avoit épousé, par contrat du 18 octobre 1609, signé Garreau, Marie Tarneau, fille aînée de Pierre, Sr de Chantereille, du bourg de Lageyrac, et de Anne Arlot. Marie se remaria, le 8 octobre 1638, avec Jean Chouli, écuyer, Sr de Vialle, élu en l'élection de Limoges. De son premier mari elle n'eut que : 1° Marie, mariée par contrat du 22 mai 1630, signé Barbe, à François de Conan, écuyer, Sg^r de Hautefaye; 2° Catherine, qui se fit religieuse à la Règle de Limoges, en 1637.

François-Jacques Aymeric, écuyer, Sr du Chataing et des Blancs, mourut en novembre 1628, vigier du bourg et paroisse de Ladignac. Il avoit épousé, par contrat du 20 juillet 1622, reçu par Chabessier et insinué à Limoges, Marie d'Arlot, dont une pupille, âgée de deux ans lors de la mort de son père.

Pierre Aymerie, S^r des Brandes et de La Maison-Neuve, paroisse de Saint-Estèphe, fit, le 1er février 1600, son testament, signé Blanc, et par lequel il veut être enterré audit Saint-Estèphe. Il avoit épousé......, dont il eut une fille unique, Anne, mariée à Claude de Fontaines, de la ville de Bordeaux. Pierre laissa aussi un bâtard.

---

(1) Dans le diocèse de Limoges, il y a Royères, chef-lieu de canton, arrondissement de Bourganeuf (Creuse) et Royères, paroisse, canton de Saint-Léonard (Haute-Vienne). — Ladignac, canton de Saint-Yrieix. — Saint-Estèphe, paroisse, canton de Noutron (Dordogne). — R.-P.

SUPPLÉMENT A LA LETTRE E.

ÈBLE. — Eblus, Ebolus ou Ebalus, de Poitiers (1), appelé Ebulo dans une ancienne Histoire du monastère de Saint-Maixent en Poitou, où il est dit évêque ou comte de Limoges, fut surnommé *de Poitiers*, parce qu'il était fils d'autre Èble II, comte de Poitou et d'Auvergne et duc d'Aquitaine, et d'Adèle, fille du duc de Normandie, qui fut depuis roi d'Angleterre, et non du duc Guillaume II, comme a cru Bouchet. Il était aussi frère de Guillaume dit le Pieux ou Tête-d'Etoupe, fondateur de Cluny, comte d'Auvergne, Poitiers, etc.

Le prélat dont je vais parler était encore, la première année du roi Lothaire (954), abbé commendataire de Saint-Maixent en Poitou, car il avait un abbé claustral rempli de religion. Il se hâta de rétablir les monastères que les Normands avaient détruits. Les continuateurs de dom Bouquet le blâment donc mal à propos sur *la pluralité des bénéfices*, puisqu'il n'en employait les revenus qu'à les rebâtir. On dit qu'il paraît avoir rétabli le monastère de Luçon. Quoi qu'il en soit, Èble possédait dès l'an 936 l'abbaye de Saint-Maixent en Poitou. En bon pasteur, il la rétablit, et non celle de Saint-Martial, en fit bâtir l'église, y transporta, vers 940, de Saint-Saturnin, le corps de saint Maixent et celui de saint Léger. Il fit achever le château autour du monastère, afin de prévenir les incursions des barbares, fit rentrer les biens des églises, donna lui-même, en 958 ou 959, une petite forêt et une église qu'il avait acquises, et lui fit divers autres biens. Il possédait encore cette abbaye trois ans après. On n'a point de date fixe pour celle de Saint-Michel en Lherm : on sait seulement qu'il la rétablit, et lui donna plusieurs biens en 961. Comme il n'était point moine, il établissait des abbés réguliers pour gouverner ces monastères.

Moréri parle d'Ebles de Poitiers, abbé de Saint-Hilaire de Poitiers, qu'il dit avoir été fait chancelier de France au commencement du règne du roi Eudes, et qui le fut jusqu'à sa mort, arrivée en 893, au siège de Brillac en Poitou, où il fut tué. Mais ce ne peut être notre évêque, qui probablement n'était pas encore né.

En 966 et 969, il était trésorier ou archiclave de Saint-Hilaire de Poitiers. Il y mit des chanoines, parce que, depuis les ravages des Normands, il n'y avait plus de moines. On assure qu'il donna cette abbaye à son frère Guillaume, duc d'Aquitaine, surnommé Tête-d'Etoupe; d'autres prétendent qu'il ne lui donna que la trésorerie.

Le consentement du roi Louis d'Outremer, mort en 954, et le crédit de ses parents lui procurèrent l'évêché non pas d'Angoulême, comme l'a avancé un savant, mais de Limoges. Belleforest donne une autre raison de l'élévation d'Èble à l'épiscopat de Limoges : il le fait comte de Nevers (voyez cet auteur). On ne dit point en quelle année il fut élu évêque; sans doute il ne tarda pas à succéder à Turpio d'Aubusson, mort en 944, ainsi que je l'ai dit; du moins fut-il son successeur immédiat. — Ainsi ce ne peut être notre Èble, à la prière

---

(1) Cette note est tirée textuellement des « Mémoires pour servir à l'histoire des évêques de Limoges » par l'abbé Legros, qui l'a copiée lui-même, sauf quelques notes, dans le T. Ier (p. 98-99) des « Mémoires manuscrits », de Nadaud.

duquel le même roi établit Martin abbé à Saint-Jean-d'Angély. L'historien des comtes du Poitou le suppose gratuitement. Dans l'acte qui est de 941, Eble n'a aucune qualification.

On ne le trouve évêque de Limoges que dans les actes de la cinquième année du roi Lothaire, indiction 1, c'est-à-dire 958, où il est appelé Eubalus, évêque de Limoges, ou, selon Besly, dans des actes de mars 957, c'est-à-dire 958 et 960. Ils sont même assez peu intéressants. On sait encore qu'il donna des lettres à Radulphe pour obtenir du roi Louis la permission d'établir le monachisme à Uzerche, et qu'il porta Adémar, vicomte de Limoges, et Milésende, sa femme, à faire plusieurs biens à ce monastère; mais on ne donne aucune époque de ces actes. Il fut un bon pasteur de l'Eglise, et fit plusieurs belles choses dans l'œuvre de Dieu, suivant l'expression d'une chronique du temps, entre autres il fit achever le château de la cathédrale de Limoges, qu'à la vérité son prédécesseur avait fort avancé. On vient de voir la nécessité de ces châteaux pour préserver les églises des infestations des barbares. Il rétablit encore le monastère de Saint-Martial, peut-être après l'incendie qui le consuma en 952. — J'ai dit au commencement de cet article qu'il doit s'agir de Saint-Maixent en Poitou, et non de Saint-Martial de Limoges.

Ne pouvant porter tout le fardeau de sa charge, il ordonna un chorévêque nommé Benoit, qu'il avait nourri dès l'enfance. Cette fonction consistait (du Cange, *Gloss. lat.*) à être vicaire de l'évêque dans les bourgs et les villages, et à y exercer des fonctions moins éclatantes. Benoit fut pris, on n'en dit pas la raison, par Hélie, comte de Périgord, qui, vers 958 (Le Laboureur, Addit. à Castelneau, T. III, p. 212), lui fit arracher les yeux (voyez T. IV des Mém. manuscrits de Nadaud, p. 212). Eble en fut extrêmement chagrin jusqu'au jour de sa mort, car il voulait laisser ce chorévêque, ou, comme dit Bouchet (*Annales d'Aquit.*, 3e part., ch. I), cet évêque *portatif* pour son successeur. Ce crime ne resta pas long-temps impuni : le comte de Périgord se laissa prendre dans une embuscade avec son frère Aldebert, et fut constitué prisonnier au château de Montignac par Gérald, vicomte de Limoges, et Wido, son fils. Guillaume, comte de Poitou, voulut qu'on lui arrachât les yeux, ainsi qu'il l'avait fait au chorévêque; mais le comte Hélie se sauva, et peu après il alla en pèlerinage à Rome pour expier son crime et en faire réparation, et il mourut en chemin. Aldebert, son frère, fut gardé long-temps dans la tour de Limoges, mais il en sortit pour épouser la sœur du vicomte Wido (Adémar, p. 167). Enfin la vengeance tomba sur Gauzbert, autre frère du comte de Périgord, et qui était clerc. Arnaud, fils du comte d'Angoulême, le prit dans un choc, et le livra au comte de Poitou. Celui-ci, pour venger l'outrage fait au chorévêque, consentit qu'on arrachât les yeux à Gauzbert.

On assure sans aucune caution (*Gall. chr.*, *ibid.*, col. 1248) que, sur la fin de ses jours, notre évêque Eble prit l'habit monastique à Saint-Michel en Lherm, dont il avait fait bâtir l'église. Il est sûr (Martène, *Ampliss. coll.*, T. V, col. 1149) qu'il y mourut dans le Seigneur, et fut enterré dans l'église : difficulté de savoir en quelle année. Ce ne peut être en 936 (Chenu, p. 333) : il n'était pas alors évêque, ni en 958, puisqu'il vécut plus tard (*Gall. chr. vet.*, T. II, p. 632; *Gall. chr., nov.*, T. II, col. 510, et Mabillon, *Annales*, T. III, p. 536). Besly (p. 46, 284 et 285) a pensé que deux titres du chartrier de Saint-Hilaire de Poitiers, postérieurs à l'an 974, signés d'Eble, évêque de Limoges, et de Benoit, sans adjonction de lieu, devaient être infailliblement du chorévêque dont j'ai parlé. Ce même écrivain assure (p. 266) qu'Ebles était encore trésorier de cette église vers 975; mais son successeur occupait, dit-on (*Gall. chr. nov., ibid.*, col. 510), l'église de Limoges dès 963. Des chartes (Mabillon, *Annales*, T. IX, p. 853) rapportées par Besly le font vivre la quatorzième année du roi Lothaire, c'est-à-dire en 968. Peut-être, accablé de vieillesse et de chagrin, Eble se sera-t-il démis de son évêché. Baluze (*Hist. Tutel.*, p. 59) le fait siéger jusqu'en 980.

Du reste, selon Adémar, il n'était que le trente-neuvième évêque de Limoges après saint Martial. Cela ferait voir que, depuis le xı^e siècle, on a grossi le catalogue de nos prélats. La mort d'Ebulus, abbé sans nom de monastère, est marquée au 7 novembre dans le nécrologe de Solignac.

Eble siégeait encore (*Gall. chr. nov.*, T. II, col. 510) en 960, en la septième année du règne de Lothaire, comme il paraît par les lettres d'Himblard ou Amblard, évêque de Lyon, données en cette année, et dans lesquelles il est nommé.

Besly cite diverses chartes du chartrier de Saint-Hilaire de Poitiers, dont la première, du mois de janvier 969, indiction 13, est souscrite d'Ebolus, oncle paternel de Guillaume, duc d'Aquitaine, abbé de Saint-Hilaire, évêque de Limoges et archiclave de Saint-Hilaire. La deuxième charte est au moins de l'an 972, après la mort du pape Jean XIII. La troisième est de l'an 974. Elles sont souscrites du même Ebulus, évêque et porte-clef (*claviger*) de Saint-Hilaire, et Benoît, son chorévêque, dont nous avons parlé plus haut. On n'ose pourtant pas assurer (*Gall. chr. nov., ibid.*) que Besly, qui rapporte ces deux dernières chartes aux années 972 et 974, ne se soit pas trompé, parce que, suivant quelques autres chartes, il est prouvé qu'en ces années Hildegaire lui avait déjà succédé dans l'évêché de Limoges, et il est même nommé dès l'an 963 dans des titres de l'abbaye de Saint-Augustin-lez-Limoges.

Ebles portait sans doute les armes d'Aquitaine, qui sont *de gueules au lion rampant d'or*.

EBULUS, ou EBULO, ÉBLON, septième abbé de Solignac, puis trentième évêque de Limoges, siégeait en 761 (Bonav., T. II. p. 238). Il mourut en 786. C'est pendant qu'il occupait le siège de Limoges que Saint-Michel-de-Pistorie fut détruit en 763. Nous n'avons plus rien de certain sur ce prélat, auquel succéda Rejimpertus.

ÉGLETONS, anciennement Gleton, chef-lieu de canton de l'arrondissement de Tulle, (Corrèze), porte : *échiqueté d'or et de gueules.* (D'Hozier., *Arm. génér.*)
Ce sont les armes des Ventadour, qui en étaient seigneurs.

EMERINUS, ou EUMENUS, ou EMERICUS, cinquième évêque de Limoges, qui succéda à Atticus, et remplit avec dignité le siège épiscopal de Limoges jusqu'à sa mort, arrivée en 210 ou environ. Il eut pour successeur Hermogénien. Le P. Bonaventure croit qu'il assista en 998 au concile de Lyon, tenu sous saint Irénée, pour l'importante question de la Pâque (voir cet auteur, T. III, p. 85, col. 1.). Son pontificat fut de trente-neuf ans; Collin ne lui en donne que vingt-neuf. On croit qu'il fut enterré dans le cimetière de Saint-Augustin.

ERMENON, ou ERMENARIUS, ou ERMENUS, 26e évêque de Limoges, qui fut guéri miraculeusement d'une cruelle maladie par saint Theau ou Tillon, solitaire, aux funérailles duquel il assista ensuite, quoique lui-même cassé de vieillesse. Il mourut en 700 ou 704. Son successeur fut Salutaris.

ESCHELLES. — Il ne faut pas confondre cette famille avec celle du même nom originaire de l'Orléanais, répandue en Dunois, en Vendomois et en Touraine, et qui portait : *échiqueté d'or et d'azur, alias de gueules.*

Vicomte de Maussabré.

ESCHIZADOUR, ou CHIZADOUR. — Il a existé deux familles au moins de ce nom.

A la première appartenaient, entre autres, Imbert de Chizadors, chevalier, qui rendit hommage à l'évêque de Limoges, au mois de juin 1290, et Bertrand d'Eschizadour, *alias* d'Aubepeyre, vivant en 1349.

La seconde branche de la maison de Mesclajoc, ou Mesclajeu, était issue de Boson de Mesclajoc, damoiseau, marié, vers 1360, à Antoinette de La Rocheaymon, dame de Chizadour.

Jean de *Mesclagioz*, écuyer, Sgr d'Eschizadour, leur descendant, marié vers 1440, fut le 7ᵉ aïeul d'Alain d'Eschizadour, Sgr dudit lieu, La Chabassière, Saint-Méard, dont la fille, Marcelle d'Eschizadour, épousa, en 1741, Alphonse-Louis du Mesclajoc, marquis de Cardaillac.

Une troisième branche de la famille d'Eschizadour pourrait être issue de celle de La Soumaigne.

Trouillard de Chizadour, chevalier, Sgr d'Aubepeyre et du Monteil, époux de Perrenelle Evrard de Montespedon, vivait en 1488 et 1503. Il eut pour successeur et peut-être pour gendre :

Louis de La Soumaigne, Sgr d'Aubepeyre et du Rasteau, en 1521, après lequel :

Léonet d'Eschizadour, Sgr du Rasteau en 1540, d'Aubepeyre en 1553, épousa, Gilberte d'Ayguirande, dame du Chiez, dont postérité.

Vicomte de Maussabré.

Branche des seigneurs d'Aubepeyre.

I. — Antoine de Chizadour, Sgr d'Aubepeyre, paroisse de Saint-Yrieix près Vallière en Marche, fut témoin, le 4 juillet 1458, avec Jean de La Roche, d'un acensement fait par Geoffroy de Rochefort, Sgr de Saint-Angel en Limousin. Ils sont qualifiés tous les deux de « noble homme ». (*Gén. de La Rocheaimon*, p. 271.)

II. — Troulhart de Chizadour, chevalier, Sgr d'Aubepeyre, avait pour femme, en 1506, Peronelle de Montalpedon, damoiselle. (De Belt., *Noms féod.*) Troulhart fut témoin, le 8 juillet 1481, d'un accord fait entre noble Pierre Rochon de Fournoulx, écuyer, Sgr de Fournoux, paroisse de Vidaillat, et Jean de Montaignac, écuyer, Sgr de L'Arfolière, qui avait épousé Lienne de Fournoulx, nièce dudit Rochon. (Arch. du château de Fournoux, canton de Pontarion, Creuse.)

III. — Lionnet de Chizadour, écuyer, Sgr d'Aubepeyre, comparut à l'arrière-ban de la Marche en 1553. (Arch. de la Cr.) Il doit être le même que Léonard qui épousa Gilberte d'Aygurande. (Arch. de la Cr., et Nad., T. II, p. 91.)

IV. — Jacques de Chizadour, marié à Françoise de Carbonnières, de La Chapelle-Biron, dont :

V. — Françoise, mariée à Louis de Gourdon de Genoulhac, comte de Vaillac, par contrat du 22 juillet 1606 (Arch. de la Cr.), lesquels eurent pour fils Jean Paul de

Gourdon de Ginoulhat, comte de Vaillac, baron de Ginouillac, général des armées du roi. (Arch. de Fournoux, paroisse de Vidaillat.) En 1693, Jean de Turenne se qualifiait de comte d'Aubepeyre. (De Bell., *Noms féod.*) Le 28 janvier 1710, Jean Galliot de Turenne, compte (*sic*) d'Aubepeyre, résidant en son château de Salles en Rouergue, était présent en son château d'Aubepeyre; est qualifié de marquis d'Aubepeyre en 1713. (Arch. de Fournoux.)

P. DE CESSAC.

ESMOING, anciennement AIMOUIN. — Cette famille est connue depuis Bernard Aimoin, vivant à la fin du xie siècle (1098-1108).

Géraud Aimouin, chevalier, testa en 1286.

Guillaume Aimouin était chanoine-comte de Lyon en 1378. Noble homme messire Jean Aimouin, chevalier, seigneur de La Vau, paroisse de Saint-Éloy, vivait en 1378, et fut un des exécuteurs du testament de Louis de Maleval, chevalier, seigneur de Maleval et de Chatellux en 1392.

Etienne Aymoin de La Vaublanche fut abbé de Saint-Martial de Limoges de 1392 à 1401.

Cette ancienne famille a formé plusieurs branches :
1° Celle des seigneurs de La Vaublanche, paroisse de Saint-Éloy ;
2° Celle de La Grillère ;
3° Celle du Chézeau et de L'Age ;
4° Celle de Janaillac ;
5° Celle de Villemonteix ;
6° Celle de Luant et du Moutier-Malcard.

Alliances directes avec les familles de L'Age, Bertrand du Chassin, de Barbançois (*bis*), de Barbanson, Bault de Bonneuil, Le Borgne, du Boueix, de Bridiers (*bis*), de Bridieu, de Ceris, de La Celle, de Césard, de Beausson, de Chabannier, de Châteauneuf (*bis*), Cléret du Bouchet, David de La Villatte, de Faye, de Galland, Jarrie, L'Hermite (*ter*), du Ligondés (*bis*), de Loménie, Martin de Puyvidaud, de Pichard, Philip. de Saint-Viance, de Poyenne, Richard de La Tour, de Saint-Junien, de Savignac (*bis*), de Seiglière, Tacquenet.

Armes : *d'argent à trois chevrons de gueules,* alias *d'azur.*

Vicomte DE MAUSSABRÉ.

Branche des seigneurs du Moutier-Malcard (1).

I. — Marc Esmoingt, écuyer, S^{gr} du Moutier-Malcard, était mort le 3 janvier 1545, époque où eut lieu la liquidation de sa succession et son partage entre ses enfants : 1° Gilbert, 2° François, 3° Jean, 4° Charles et 5° Prégente. Dans cet acte est nommée sa femme, Ozane Gay ou Gaye, et Anne Esmoingt, femme de Pierre Chardon, écuyer, S^{gr} de Bonneaud, qui paraît être sœur de Marc Esmoingt. (Arch. de la Cr.) Ce dernier, qualifié S^{gr} du Moutier-Malcard et de Naillac, comparut à la rédaction des Coutumes de la Marche en 1521.

II. — Jean Esmoingt, écuyer, S^{gr} du Moutier-Malcard et du Plaix, épousa

---

(1) Moutier-Malcard, paroisse, canton de Bonnat. — Naillac, paroisse, canton de Dun. — Lavaud-Blanche, paroisse de Saint-Éloi, canton de Pontarion. — Janaillat, paroisse, canton de Pontarion. — Villemonteix, paroisse de Châtelus-le-Marcheix, canton de Bénévent (Creuse). — P. C.

Florentine de Barbançois, laquelle était veuve le 22 novembre 1589. Leurs enfants furent : 1° Nicolas, qui suit, et 2° Marguerite, femme de Jean de Poyenne, Sgr de Morteroux. (Arch. de la Cr.)

III. — Nicolas Esmoingt, écuyer, Sgr du Moutier-Malcard, comparut au ban de la Marche en 1636. Il est nommé avec son beau-frère dans un acte de 1614, et Jeanne Bertrand est dite sa veuve dans un acte de 1685, qui est un partage de la succession de Nicolas, dit fils de Jean, entre ses héritiers Simon Guyon, Gabriel de Biencourt, Sgr de Peyzat, Georges de Saint-Julien, Sgr de La Chézotte. (Arch. de la Cr.) Nicolas n'avait point d'enfants de sa femme, qui lui a survécu de longues années, comme le prouve la date précédente.

Branche des seigneurs de Lavault-Blanche.

Etienne Esmoingt, né à Lavault-Blanche, 43ᵉ abbé de Saint-Martial de Limoges. (Nadaud, *Mém. mss.*)

François Esmoingt, écuyer, Sgr de Lavault-Blanche, en la châtellenie de Drouilles, 1506. (De Bett., *Noms féod.*)

Léonnet Esmoingt, écuyer, Sgr de Lavault-Blanche, marié à Jeanne de Faye, dont :

1° Léonnet Esmoingt, écuyer, Sgr de Lavault-Blanche, dit frère aîné de Léonard dans le contrat de mariage de ce dernier, et 2° Léonard, qui suit.

Léonard Esmoingt, écuyer, Sr de Lage, Blessac et Lavaud-Blanche, marié, par contrat du 24 février 1607, à Marguerite de Barbançois, fille de Claude et de Marguerite de Bridiers. En 1636, Léonard comparut au ban de la Marche. (Arch. de la Cr.)

Jean-Baptiste-Emmanuel, *supra*, p. 92.

Branche du Chézaud.

Louis Esmoingt, Sr du Chézaud, arrière-ban de la Marche en 1636.

Claude Esmoingt, écuyer, Sgr du Chézaud et de Lage, père de Léonard Esmoingt, écuyer, Sgr du Chézaud, et Anthonie, femme de Léonard Parroty, contrat du 22 mai 1662. (Arch. de la Cr.)

Emmanuel, *supra*, p. 92.

Notes isolées.

Stephanus Esmonus, domicellus, frère aîné de nobilis vir Audoinus Esmognus. (Fragment d'un testament sans date Arch. de la Cr.)

Gilbert Esmoingt, mari de Catherine de Lage, fille de Renier de Lage et de Guillemette de Crevant-Renier, avait testé les 10 octobre 1491. (Nad., T. Iᵉʳ, p. 13.)

Louis Esmoin, écuyer, Sgr de Janaillat, 1506. (De Bett, *Noms féod.*) Louis échangea la seigneurie de La Betoulle, paroisse de La Saunière, appartenant à François du Plantadis, contre la seigneurie de Lucat, paroisse de Sainte-Feyre, le 12 avril 1572. (Arch. de la Cr.)

Jean Esmoingt, S de Sainte-Feyre et de Janaillat, 1509. (Arch. de la Cr.)

Gui Esmoingt, Sr de Villemonteix et de Naillac, ban de la Marche, 1636 (Arch. de la Cr.).

Catherine Esmoingt, femme de François de Pichard, chevalier, Sgr comte de Villemonteix, près Bourganeuf, L'Eglise-au-Bois, Le Fermignier et Lavault-Blanche, vivait en 1689. (Arch. de la Cr.)

P. DE CESSAC.

D'ESTANG, *voyez* DESTANG, T. II, p. 16.

ESTIENNE.

I. — Louis Estienne, notaire, 1701-1749, fut père de :

II. — N..... Estienne, président de l'élection, directeur des vingtièmes à Limoges ; lequel fut père de :

III. — N..... Estienne de La Rivière, aujourd'hui président de l'élection, vivant en 1780. (Nadaud, Mss. sur les familles de Limoges).

ESTOURNEAU, Sgr de Tersannes, de La Mothe de Tersannes, La Grange-Dompierre, La Perrière, du Ris-Chauveron, du Cros, de La Locherie, des Places, de Pinateau, de Foussac, de La Combe, de Chantrezac, de La Brunetterie, de Ricoux, etc., en Basse-Marche et en Poitou, famille bien alliée, et dont la filiation remonte à Gérald Estourneau, marié à Marguerite de La Cour au commencement du xv° siècle.

Louis, leur fils aîné, fut l'auteur de la branche de Tersannes, de La Mothe-de-Tersannes et de La Locherie.

André, leur fils puîné, épousa Marguerite de Montendre, au nom de laquelle il fit hommage-lige à l'évêque de Limoges en 1429.

Vicomte DE MAUSSABRÉ.

Demoiselle Marguerite Estourneau épousa, par contrat du 11 décembre 1588, Jean Chauvet, Sr de La Villate et de La Brunetterie. En 1619, étant veuve, et Jean du Monard, Sr de Ventenat, étant curateur de feu Jean Chauvet, elle vendit la maison noble de La Brunetterie. (Acte de vente conservé au Dorat.)

La Villate, dont il est ici question, est paroisse de Saint-Junien-les-Combes, canton et arrondissement de Bellac (Haute-Vienne); mais La Brunetterie est dans la paroisse de La Bazeuge, canton du Dorat : c'est par erreur que Nadaud (*Nobil.*, T. I, p. 449) l'a indiquée dans celle de Saint-Junien-les-Combes.

Marie Estourneau épousa, le 5 septembre 1628, Charles Chauvet, veuf de Liette Laurens.

François Estourneau, chevalier, Sgr, baron du Ris, La Mothe, Tersannes et Lapeyrière, et Anne Rabeune, son épouse, donnèrent, en 1647, 400 livres pour faire le rétable du maître-autel de l'église des Recollets du Dorat.

Denise Estourneau, demoiselle du Ris, de La Perrière, paroisse d'Oradour-Saint-Genest, épousa, le 23 février 1694, dans l'église de Lubersac, François de Lubersac, Sr de Livron et de Chabrignac. Par ce mariage, le château de La Perrière, dont les belles ruines se dressent encore sur les bords de la Brame, passa dans la famille de Lubersac.

Estourneau porte *d'or à trois chevrons de sable, accompagnés de trois étourneaux de même;* alias *d'argent à trois chevrons de gueules, surmontés de trois merlettes de sable en chef.*

ESTUER (p. 94). — Jean de Stuer (dont parle Nadaud au mot LA BARDE, T. Ier, p. 137), Sr de Saint-Mégrin et de La Barde, paroisse du Grand-Bourg de Salagnac, premier baron de la Marche, conseiller d'Etat ordinaire, chambellan de Sa Majesté, épousa, le 23 septembre 1463, avec l'agrément du roi Louis XI, Catherine Brachet, fille de Jean, S^{gr} de Salagnac, de Montaigu-le-Blanc et de Pérusse (1), et de Marie de Vendôme, dame de Charost, et veuve en premières noces de Jean dit Poton de Xaintrailles, maréchal de France, etc. Catherine, n'ayant pas eu d'enfants de ses deux mariages, institua, par son testament du 9 août 1490, pour son héritier universel, messire Guillaume d'Estuer, chevalier, S^{gr} de Saint-Mégrin, etc., chambellan ordinaire du roi, sénéchal et gouverneur de Saintonge, frère puîné de Jean d'Estuer. La possession de cette succession ne fut pas paisible : on peut lire dans d'Hozier, *Armorial général*, article BAUET, l'historique des nombreux procès qui s'ensuivirent. C'est par ce Guillaume que commence la généalogie de Nadaud.

P. DE CESSAC.

EUSTORGE, 51e évêque de Limoges, qu'on croit être sorti de la noble maison d'Escoraille en Auvergne, fut mis sur le siége épiscopal de Limoges vers 1105. Il eut beaucoup à souffrir, durant son pontificat, de la part de Guillaume, comte de Poitiers, qui alla même jusqu'à l'emprisonner parce que le prélat lui reprochait ses dérèglements avec beaucoup de liberté. Il se tira néanmoins de là par l'entremise de Gauzbert, abbé d'Uzerche. Plus tard le fils du comte, aigri comme son père contre l'évêque, le chassa de Limoges, et lui substitua un certain Ramnulphe de Nieuil, qu'il fit sacrer par Gérard d'Angoulême vers 1131, pour remplir les fonctions d'Eustorge. Celui-ci, durant ce trouble, demeura au château de Chalusset près Solignac, où il s'était retranché. Eustorge fut cependant remis sur son siége en 1134, ou 1135, et Ramnulphe périt misérablement. Enfin, après bien des inquiétudes, Eustorge mourut en paix le 29 novembre ou le 3 décembre 1137, et fut enseveli dans l'abbaye de Saint-Augustin-les-Limoges, où il s'était fait porter avant sa mort. L'évêque d'Angoulême, avec les abbés de Saint-Martial, d'Uzerche, de Tulle, de Vigeois, de Solignac et de Saint-Augustin, assista à ses funérailles. C'est à tort que quelques chroniques l'ont fait mourir dans le château de Chalusset : il est constaté qu'il mourut à Saint-Augustin. Gérard-Hector du Cher lui succéda.

Pendant son pontificat, il y eut d'importantes fondations, telles que L'Artige 1106; Dalon, 1114; Bonlieu, 1121; Beuil, 1126. En 1124, Saint-Étienne, fondateur de Grandmont, mourut à Muret; en 1125, Gauffridius mourut au Chalard.

ÉVAUX, petite ville très-ancienne, actuellement chef-lieu de canton dans l'arrondissement d'Aubusson. Les armes sont *de sable à trois chevrons d'or et une étoile de même en pointe.* (D'Hozier, *Arm. général.*)

EVOLIUS, troisième évêque de Limoges, que les frères de Sainte-Marthe appellent Emilius, d'autres Ebulus, est nommé Ebulus dans la lettre de Jordain au pape Benoît VIII; il succéda à Saint-Aurélien vers l'an 88 de Notre-Seigneur, et mourut vers l'an 134. Quelques auteurs lui donnent le nom de saint; d'autres l'appellent simplement Evolius. Voici ce qu'on lit de lui dans les annales des Gaules :

---

(1) Grand-Bourg, chef-lieu de canton (Creuse). — Montaigut, paroisse, canton de Saint-Vaury (Creuse). — Pérusse, paroisse, de Champroi, canton de Bénévent (Creuse). — P. C.

« Saint Evolius, évêque de Limoges, paroît comme un soleil dans le temple du Seigneur, et illustre les Gaules, qu'il embaumoit de la bonne odeur de ses vertus. » (*Annal. Galliar. abrev.*). Le même auteur ajoute plus bas : « Evolius, troisième évêque de Limoges, ayant saintement gouverné son troupeau, rendit son âme à Dieu en cette année 134 ». Nous n'avons plus rien de certain sur l'histoire de cet évêque. L'ancien auteur déjà cité dit qu'il est probable que ce saint fut enseveli près de Saint-Martial ; mais on y a jamais trouvé son tombeau.

Guy de Lovède dit que saint Martial apparut à saint Alpinien pour lui commander de faire consacrer Evolius à la place de saint Aurélien, qui ne devait guère plus vivre. « Alors ils choisirent et colloquèrent au siége épiscopal Evolius, qui étoit un des pères qui servoient Dieu dans la basilique de Saint-Pierre ». Tous nos catalogues sans exception placent aussi Evolius après saint Aurélien. Son pontificat dura 45 ans.

L'annaliste prétend que, durant la persécution de Domitien, saint Evolius, craignant de voir livrer aux flammes les deux épîtres de saint Martial, les cacha dans la basilique de Saint-Pierre-du-Sépulcre, et qu'elles y sont demeurées jusqu'au temps de Philippe Ier, roi de France.

Il dit encore (T. III, p. 70, col. 1) que saint Evolius, craignant la persécution de Domitien, après avoir pourvu le mieux qu'il put aux besoins de son troupeau, se retira dans la solitude d'Evaux, distante d'une lieue de Chambon, et y vécut deux ans, demandant à Dieu la paix de l'Eglise et le salut des fidèles. Sa mort à Evaux est confirmée par l'auteur du catalogue des évêques de Limoges qui est en tête du rituel de ce diocèse de 1774.

A Evaux, la tradition locale est d'accord avec ces monuments ; un fait récent semble encore la confirmer. En 1857, en refaisant le pavé de l'église, on a trouvé une pierre où une inscription presque effacée laisse encore distinguer les lettres suivantes :

EV......VS ;

Ce qui semble bien être le mot EVODIVS. Depuis cette pierre a été mise sur la fontaine de Saint-Marien.

EXOCHIUS ou EXOTIUS, ou encore mieux ANDROCHIUS (saint), dont Fortunat de Poitiers a fait l'épitaphe, dans laquelle il exalte beaucoup la foi du saint évêque, qui le rendit même digne du martyre. Il avait succédé à Rustique II dans l'évêché de Limoges ; mais il en fut chassé, après avoir siégé pendant quinze ans, et fut cruellement massacré par Evarix, roi des Goths ariens, vers 476. Après sa mort, l'évêché de Limoges vaqua trois ans, et même cinq selon d'autres. Fortunat de Poitiers le nomme aussi Ocyus.

EXUPERIUS, en français EXUPÈRE, 10e évêque de Limoges, qu'on croit avoir assisté et souscrit au concile de Sardique, combattit vivement l'hérésie d'Arius, qui avait déjà fait beaucoup de progrès dans les Gaules lorsque Exupère fut élevé sur le siége épiscopal de Limoges. On croit qu'il mourut vers 353. On dit aussi qu'il assista en 325 au premier concile général de Nicée, où il résista en face à l'impie Arius. Il ne faut pas le confondre avec saint Exupère évêque de Toulouse. Astidius, qui instruisit et baptisa saint Just, succéda à Exupère.

Pendant qu'Exuperius occupait le siége de Limoges, vers l'an 407, saint Martin fut martyrisé à Brive, le 9 août; saint Sylvain, à Ahun, le 16 octobre et saint Adorateur, le 14 novembre.

EYMOUTIERS, chef-lieu de canton de l'arrondissement de Limoges, tire son nom du moûtier d'Ahent, monastère construit, vers le xe siècle, par Hildegaire, évêque de Limoges. La ville porte *de sinople à deux bandes d'or.* (D'Hozier, *Arm. génér.*)

L'église collégiale de Saint-Etienne porte : *d'azur à un saint Etienne revêtu d'une aube d'argent et d'une dalmatique d'or, tenant une palme de même à la main droite.* (D'Hozier, *Arm. génér.*)

P. 95, ligne 11e, André de Betoulat, et non Betoulau, né en 1630, était fils de René, écuyer, Sgr de La Grange-Fromentau, maître d'hôtel du prince de Condé, et appartenait à une ancienne famille noble du Berry, connue dès le milieu du xve siècle. La qualification de chirurgien-servant de la maison de Condé décernée audit René nous semble plus que hasardée. Ce dernier était frère ou proche parent d'Anne de Bethoulat de La Grange-Fromentau, reçu chevalier de Malte le 12 août 1603.   Vicomte DE MAUSSABRÉ.

F.

FABER. — Jean Runcinus dit Faber, natif, selon quelques-uns, de Rouffines, et chancelier de France, mourut en 1340. Il a écrit doctement.

FABRI. — Pierre Fabri, de Glotons (1), noble damoiseau du diocèse de Limoges, chargé de procuration de Guillaume Roger, Sgr du Chambon, pour recevoir une quittance de la dot de sa fille Reliz le 6 ou le 16 décembre 1342. (Baluze, *Hist. de la maison d'Auvergne*, T. II, p. 604.)

Jean Fabri, parent du pape Innocent VI, évêque de Carcassonne, mort en 1370.

[Il était évêque de Tortose (*Gall. christ.*, T. VI, col. 901) lorsque, par bulle du 10 janvier 1362, il passa à l'église de Carcassonne. L'année ne commençait alors qu'à Pâques : aussi, dans les actes où il est fait mention de lui en 1361, on doit l'entendre de 1362. Urbain V lui écrivit le 19 octobre 1364, pour s'informer exactement de la foi de quelques seigneurs accusés d'hérésie. Etant allé au monastère de Notre-Dame-la-Grasse en son diocèse, on ne lui ouvrit la porte qu'après qu'il eut déclaré par écrit, le 10 mai 1365, qu'il ne venait point faire la visite ni entamer l'exemption, mais en pèlerinage et par dévotion. Le 12 janvier 1366, il ratifia quelques statuts pour les enterrements des chanoines. Il assista au concile de Lavaur, tenu depuis le 27 mai jusqu'au 3 juin 1368. Le 11 juin suivant, il consacra le maître-autel au monastère de Montolieu. Le 2 avril 1369, il prêta 500 florins d'or à Louis, fils du feu roi de France Jean et frère de Charles V. Il mourut l'année suivante. — A. L.]

(1) Actuellement Egletons, chef-lieu de canton du département de la Corrèze, arrondissement de Tulle.

Jean Fabri ou Le Fèbre, cousin germain du pape Grégoire XI, qui le fit cardinal, mourut en 1373 (*voyez* Baluze, *Vita pap. Aven.*, T. I, col. 1093), ne fut pas de la famille des Fabri de Provence, mais du diocèse de Limoges. Sa famille existoit au siècle dernier, mais très-peu brillante, à Maumont, où naquit Clément VI, son oncle (1).

Pierre Fabri, damoiseau, épousa Isabelle, dame de Laron.

Noble Jean Fabri fut dispensé du 3⁰ et 4⁰ degré de consanguinité en 1490 pour se marier avec Anne de La Jaumont (L'Age-au-Mont).

FAGERDIE. — Blaise de La Fagerdie, écuyer, conseiller au présidial de Tulle, épousa Marie Meynard, dont Jean-François, qui suit.

Jean-François de La Fagerdie du Leyris, écuyer, épousa, dans l'église du Vigeois (2), le 23 août 1753, Marie Joyet de Mauboc, fille de Joseph-Jean-Baptiste, S⁰ de La Reynerie de Mauboc, et de Jeanne Leyssène, de la ville d'Uzerche.

François de La Fagardie, écuyer, S⁰ de La Praderie, paroisse de Lanteuil, épousa, en 1773, Marie-Angélique de Terjon, dame (veuve) de Chaleys, paroisse de Vitra (3).

FAIDIT. — Pierre Faidit, 1068. (Justel, *Hist. de Turen.*)

Pierre Faidit, 1143. (Justel, *Hist. de Turen.*)

[Pierre Faidit est témoin au contrat de mariage de Raymond IV, vicomte de Turenne, avec Alix d'Auvergne, en 1206 (Justel, *Hist. de Turen*, preuv., p. 44.)

Noble Jean Faydit, Sgr de Tersac, fut père de Jeanne Fayditte, laquelle épousa, vers 1411, Gui de Ferrières.]

FALIGNON, S⁰ de Gaignière, paroisse de St-Simeaux (4), élection d'Angoulême, et de Villeneuve, paroisse de Dirat (5), même élection, portait *d'argent à une rose de gueules, tigée et feuillée de sinople, surmontée de deux étoiles d'azur en chef*.

I. — Philippe Falignon est reçu conseiller à l'échevinage de la maison de ville d'Angoulême, suivant un arrêt du parlement de Paris du 27 mars 1621. Paul Thomas, S⁰ de Maisonnette, est reçu, à la mort dudit Falignon, le 27 mars 1633.

II. — Guillaume Falignon, vice-sénéchal d'Aunis, épousa, le 25 octobre 1625, Anne Guy, dont : 1° Toussainct, qui suit; 2° François, qui se maria.

III. — Toussainct Falignon, S⁰ de Gaignière, épousa, le 28 avril 1660, Marie Balue.

(1) Jean fut docteur ès-lois; il était doyen de l'église d'Orléans (*Gall. christ. nov.*, T. III, col 1508) en 1370, lorsque Urbain V lui donna l'évêché de Tulle. Il en fut le dixième évêque, et portait « d'azur au chef cousu de gueules, chargé d'un lion hissant d'argent ». Grégoire XI, dont il était le cousin germain, le fit cardinal-prêtre, le 6 juin 1371, du titre de Saint-Marcel; mais il ne porta ce titre que neuf mois, car il mourut à Avignon, le 6 mars 1372.

(2) Vigeois est aujourd'hui un chef-lieu de canton du département de la Corrèze, arrondissement de Brive.

(3) Vitra ou Vitrac, chef-lieu de commune du département de la Corrèze, canton de la Corrèze, arrondissement de Tulle.

(4) Saint-Simeux, chef-lieu de commune du canton de Châteauneuf, arrondissement de Cognac, département de la Charente.

(5) Dirat ou Dirac, chef-lieu de commune du canton d'Angoulême, département de la Charente.

III bis. — François Falignon, S' de Villeneuve, épousa, le 28 septembre 1663, Marguerite Viger.

— Nadaud indique encore des notes sur cette famille à la page 834, qui a été déchirée. — A. L.

LA FARGE. — Noble Jean de La Farge, paroisse de Saint-Pierre de Saintes, épousa, à Saint-Martial d'Angoulême, le 8 février 1628, Anne Jamen.

Noble Jean de Farges, S' de La Brousse, mourut à Cublac en 1665.

[La Farge étoit un fief dans la mouvance de la baronnie de Chamberet (1), et dans la sénéchaussée d'Uzerche. Le nom des seigneurs actuels (dit Nadaud) est de Boisse (2). Leur maison est ancienne.

Aymeric de La Farge vivoit en 1221.]

[LES FARGES, fief du Haut-Limousin, sur la paroisse de Burgnac (3).

Noble Audoin de Farges donna une investiture, pour une acquisition, à Aixe, le 4 avril 1450. (Registres de Fagi, notaire à Aixe, fol. 31 et 63.) Il fut témoin dans un acte du 19 février 1453 (vieux style).

Noble Jean des Farges, du lieu de Fressinet, avoit épousé noble Catherine Costin, fille de Jean Costin, qui étoit veuve en 1452. Leurs enfants sont : 1° Antoine ; 2° Audoin des Farges, qui vivoient en 1517.

Demoiselle Dauphine de Farges, veuve de feu Alain de Ballyle, vivoit le 28 mai 1534 ; elle possédoit quelque fonds à Mazeyras (4), paroisse de Nexon, fondalité de l'abbaye d'Uzerche.

François Lansade, S' de Royure ou Rouyur (ou peut-être de Noyure) et des Farges, paroisse de Burgnac, conseiller du roi, élu en l'élection de Limoges, vivoit en septembre 1699.]

Sources : Papiers de M. de Beaupré. — Registres de Jean de Malevergne, notaire.

FARGINEL. — Denis ou Louis de Farginel, écuyer, S' de Larzat, paroisse de Turenne (5), épousa Marthe de Saint-Viance, dont : 1° Antoine, tonsuré en 1724 ; 2° Jean-Louis, tonsuré en 1727.

FARGUES. — Noble Bertrand de Fargues, S' de Peufernier, paroisse de Meyssac, fut le père d'Antoinette, baptisée le 10 novembre 1603.

FARSAC. — (*Voir* Brugière de Farsac, T. I, p. 272 et 346.)

---

(1) Chamberet, chef-lieu de commune du canton de Treignac, arrondissement de Tulle, Corrèze.

(2) Voir ce nom, T. I, p. 219 et 326.

(3) Burgnac, commune du canton d'Aixe, arrondissement de Limoges (Haute-Vienne).

(4) Mazeyras, village à 3 kilomètres au nord de Nexon, arrondissement de Saint-Yrieix, département de la Haute-Vienne.

(5) Turenne, chef-lieu de commune du canton de Meyssac, arrondissement de Brive, département de la Corrèze.

FAUBERT portoit *fascé d'argent et de gueules de sept pièces.* Faubert, Sʳ d'Oyes, paroisse de Paisainoudoin, élection d'Angoulême.

I. — Pierre Faubert, chevalier, rendit hommage, au nom de sa femme, le troisième jour après l'Assomption 1387. Il épousa Isabelle de La Ligne.

II. — Jean Faubert fit son bail au nom de ladite La Ligne, sa mère, le 16 août 1399. Il épousa Jeanne de Chabanois.

III. — Pierre Faubert épousa Antoinette de La Vergne. Etant veuve, elle fit un partage, au nom de ses enfants, des successions desdits Jean et Chabanois, aïeul et aïeule desdits mineurs, le 16 mars 1477.

Ces enfants étoient : 1° Guy, qui suit ; 2° Jacques.

IV. — Guy Faubert épousa Jeanne de La Chambre, dont : 1° Guy, qui suit; 2° Jacques. Ces deux frères partagèrent les successions de leur père et de leur mère le 13 juillet 1539.

V. — Guy de Faubert épousa Jeanne Bouchard d'Aubeterre.

VI. — Guichard Faubert épousa, le 31 juillet 1566, Jeanne de Monteil.

VII. — Isaac de Faubert épousa : 1°, le 20 juillet 1610, Madelaine des Ferans, qui donna le jour à Pierre ; — 2°, le 10 décembre 1624, Jeanne de Montrolant, dont Jean, qui suit. Elle fut créée tutrice de ses enfants le 4 décembre 1631.

VIII. — Jean Faubert épousa, le 29 avril 1651, Jeanne Villedon.

FAUCHER. — Aluin Faucher, Sʳ de Boisseguin, paroisse de Neuville, élection de Saintes, fut trouvé gentilhomme en 1598.

Bernard Faucher, d'une maison de condition du Limousin, abbé de Saint-Augustin lez-Limoges, 1290.

FAULCON ou FAUCON (1) portoit *d'azur à un faucon d'or, membré et couronné de même, perché sur un bâton aussi d'or.*

Faucon, Sʳ de Mayac, paroisse de Perpezac-le-Blanc (2), élection de Brive.

I. — Léonard Faulcon, Sʳ de Mayac, eut des lettres d'anoblissement au mois de novembre 1658, et un brevet le 10 avril 1665.

D'azur à une croix d'or, écartelé de même, à trois fleurs de lis d'or 2 et 1, mêlées de trois tours d'argent maçonnées et crénelées de sable, 1 et 2.

Faucon, Sʳ de Couprerie, paroisse de Saint-Georges d'Oleron, élection de Saintes.

I. — Jean Faucon acquit une partie de la terre de Couprerie le 30 juin 1555. Il épousa Louise Le Picard. Le 20 janvier 1587, il y eut une transaction entre Fiacre de Groise, Sʳ de Beauvais, tuteur d'Antoinette et Marguerite Faucon, filles de Dommet Faucon, d'une part, et Louise Le Picard, veuve de Julien et mère dudit Dommet et de Jean et François, sur le droit d'aînesse appartenant auxdites filles comme représentant leur père.

II. — François Faucon épousa Louise Le Callon.

III. — Pierre Faucon testa, le 6 mai 1662, pour laisser l'usufruit de ses biens à sa femme, et la laissa tutrice de leurs enfants. Il avoit épousé, le 16 janvier 1648, Anne Conday, dont il eut : 1° Charles ; 2° Dominique ; 3° Nicolas ; 4° Jacquette.

---

(1) Les pages 133, 134, 135 et 1371, où Nadaud indique la généalogie de cette famille, ont été déchirées. Nous réunissons ici les notes éparses qui s'y rapportent.

(2) Perpezac-le-Blanc, chef-lieu de commune du canton d'Ayen, département de la Corrèze, arrondissement de Brive.

Jean Jovion (qui portoit : *d'azur à 3 coqs d'argent, pattés, béqués et greffés d'or 2 et 1*) épousa, par contrat sans filiation, le 4 août 1508, mais dans lequel on délaisse à Jean les héritages y énoncés en la même manière que Jean son aïeul les possédoit, Florence Faulcon, fille d'Albert Faulcon, écuyer, Sgr de Thouron (1).

Gabriel Picon, Sr de Chasseneuil, paroisse de Nantiat (2), épousa, le 17 mars 1658, Anne Faucon.

Guy de Lage épousa peu avant 1594 Gabrielle, fille de feu François Faulcon, écuyer, Sr de Saint-Pardoux, et de Marie Montrocher.

Marie de Coustin épousa, en 1610, Jean Faulcon, écuyer, Sr de Boisse.

Christophe de Rouffignac, écuyer, Sr de Sampnac (3) et Nantiat en partie, épousa, par contrat sans filiation du 20 février 1530, Valérie Faulcon, fille de noble Albert Faulcon, Sgr de Thouron et de Puymenier, paroisse de Compreignac, et de Saint-Georges, et de Charlotte de Linards. Elle fit son testament le 1er novembre 1585.

Anne de Chaussecourte, dont le père, noble Jean de Chaussecourte, Sr du Garreau, paroisse de Jourgnac, avoit épousé, le 25 février 1595, Catherine d'Hautefort, se maria avec Guillaume de Faulcon, écuyer, Sr du Garreau et de Jourgnac.

FAULTE.

[I. — Faulte acheta la charge de procureur du roi au bureau des finances de Limoges. Ses enfants furent : 1° Pierre, Sr du Puydutour, qui suit ; 2° Mathieu, Sr de Ribière, curé de Saint-Landri, à Paris, en 1740 ; 3° ......, mariée à Desmaisons, Sr du Palent ; 4° ...... mariée à Raymond Garat, depuis Sgr d'Asnode (lisez Nesde) ; 5° ......, religieuse aux Filles-de-Notre-Dame à Limoges.

II. — Pierre Faulte, Sr du Puydutour, reçu procureur du roi au bureau des finances de Limoges, vendit sa charge à Devoyon, et mourut à Cieulx en 1761. Il avoit épousé Marie Thérèse Garat, dont] : 1° Mathieu-Psalmet, né le 23 mai 1728, curé de Cieulx, 1774 ; 2° autre Mathieu, qui suit ; [3° Jean Joseph, mort prévôt de Saint-Martial, le 22 septembre 1794 ; 4° ......, religieux Grandmontain ; 5° ......, mariée avec N... de Cressac ; 6° ......, religieuse Ursuline à Paris ; 7° ......, morte à Limoges en 178... sans être établie.]

III. — Mathieu Faulte du Puydutour, écuyer, épousa, en 1772, Marie de Brettes [dont quelques enfants].

[FAULTE Sr du Buisson.

Faulte Sr du Buisson, fils de....., marchand drapier, et de..... Garat, acheta, en..., la charge de trésorier au bureau des finances.]

FAURE.

Faure, *alias* de Bosvigier, Sr de Puyfaucher, paroisse de Saint-Paul.

---

(1) Thouron, chef-lieu de commune du canton de Nantiat, arrondissement de Bellac, département de la Haute-Vienne.

(2) Nantiat, chef-lieu de canton de l.rondissement de Bellac (Haute-Vienne).

(3) Sannat, paroisse de Saint-Junien-les-Combes, canton et arrondissement de Bellac (Haute-Vienne).

— Compreignac chef-lieu du canton ecclésiastique, dont Nantiat est le canton civil, arrondissement de Bellac. — Jourgnac, canton d'Aixe (Haute-Vienne).

Noble François de Bosvigier fit des testaments avec sa femme le 17 août 1558 et le 30 septembre 1569. Il épousa Marie de La Roche.

Noble Bertrand de Bosvigier épousa, par contrat du 6 novembre 1573, Léonarde Lambert.

Noble Guy de Bosvigier épousa Françoise Aymeri, dont Jeanne, mineure en 1595.

Christophe Faure, *alias* de Bosvigier, Sr de Puyfaucher, fut trouvé gentilhomme l'an 1598.

FAURE (Le Laboureur met mal *du Faur* : il faut *du Faure*), Sr de Beauvais, Lussac, La Roderie (1), etc.

I. — Pierre Faure dit Baillot, marchand de la ville de Nontron (2), acquit, en 1501, de noble Antoine d'Anthon, Sr de Bernardières, toute la paroisse de Lussac et Fontroubade.

II. — Honorable et saige Jean Faure dit Baillot, Sgr de Lussac et Fontroubade, paroisse dudit Lussac, demeurant à Nontron, fit son testament le 25 août 1546. Il eut pour enfants : 1° Jean, écuyer, S^r du repaire noble de Beauvais, paroisse de Lussac, qui épousa, le 6 septembre 1533, Marie de Saint-Martin, dame de La Forge, de La Chapelle-Saint-Robert : il fit son testament (signé Feyreau) à Beauvais le 30 septembre 1570, par lequel il veut être inhumé avec son père chez les cordeliers de Nontron, et donne le repaire de Beauvais à Jean Faure, S^r de La Rouderie, conseiller à la cour des aides à Bordeaux ; il mourut sans hoirs ; — 2° Dauphin, élu à Périgueux, qui suit ; — 3° Pierre, licencié en droit, S^r de La Mothe, juge magistral, criminel et procureur pour le roi en Périgord, qui épousa, à Sarlat (par contrat signé Moreille), le 1er mars 1527, Jeanne de Proilhac, fille de feu Antoine, conseiller au parlement de Bordeaux, S^r de La Tour, et de Jeanne Belcier, dont : 1° François dit de Lussac, qui demeuroit à La Ribeyrie près Bergerac, 1581 (3) ; 2° Guy ; 3° Louis ; 4° Guillaume, conseiller du roi, garde des sceaux au siége présidial de Périgueux, 1581, puis écuyer, S^r de La Motte de Champagnac en Périgord, qui se maria à Anne Nesmond, fille de François, Sr du Pinier, lieutenant général à la sénéchaussée d'Angoulême : elle étoit veuve en 1598 ; 5° Jacques ; 6° Dauphin ; 7° Jeanne ; 8° autre Jeanne la jeune ; 9° Bertrande ; 10° Marguerite ; 11° Marie, mariée à Pierre Terrasson, élu à Périgueux ; — Gérald, curé de Mensinhac (4), 1526, chanoine official et vicaire général à Périgueux ; — 5° François, écuyer, Sr de Lussac, marié (par contrat signé des Chapelles) à Noblette de La Rivière, laquelle étoit veuve en 1596, et mourut en 1604 ; dont : 1° François ; 2° Pierre, écuyer, Sr de Lussac ; 3° Marguerite, mariée, par contrat du 4 janvier 1605, à Pierre de Capniat, écuyer, Sr de Romain en Périgord ; elle fit son testament en 1659 ; — 6° Jeanne, mariée à.... Faucher ; — 7° Anne, dame des Granges, de Villiers et de Chanay-lez-Russac en Poitou, où elle fit son testament (reçu Chamboulart), le 17 août 1565.

III. — Dauphin Faure dit Baillot, habitant de la ville de Nontron, élu à

---

(1) La Roderie, paroisse de Saint-Sulpice-de-Mareuil, canton de Mareuil, arrondissement de Nontron (Dordogne).

(2) Nontron, chef-lieu d'arrondissement du département de la Dordogne.

(3) Bergerac, autre chef-lieu d'arrondissement du département de la Dordogne.

(4) Paroisse du canton de Saint-Astier, arrondissement de Périgueux, département de la Dordogne.

Périgueux, S' d'Auginhac, de Lussac et Fontroubade, fit son testament le 8 décembre 1554; il avoit fait quantité d'acquisitions de rentes foncières et directes dans le voisinage de Nontron. Il épousa 1° Bertrande de Proilhac, sœur de Jeanne ci-dessus, par contrat du 15 avril 1528, passé à Montbouyer; dont : 1° Jean, né le 27 septembre 1535, mort le 10 septembre 1545; 2° autre Jean, S' de La Roderie, paroisse de Saint-Sulpice-de-Mareuil, diocèse de Périgueux, élu par le roi à la cour des aides à Périgueux, puis conseiller à ladite cour à Bordeaux, marié avec Antoinette de Pontac, fille de Jean, notaire et secrétaire du roi et greffier civil et criminel du parlement de Bordeaux, par contrat du 9 janvier 1554 ; il fit un testament à Nontron les 5 octobre 1577 et 5 juillet 1578, et mourut la même année sans hoirs; 3° Giraud, qui suit; 4° autre Jean, S' de Savignac; 5° Jeanne, mariée, par contrat (signé Dupuy) du 26 juin 1550, à Jean de Belrien, juge de Puyguilhem, fils d'autre Jean, licencié et bailli de la ville de Bergerac, et de Annette Frontut; 6° Françoise, mariée, par contrat (signé Arbonneau) du 25 septembre 1558, à Pierre de Laige, S' de La Bléretie, du bourg de Vanxent (1), châtellenie de Ribérac en Périgord ; 7° autre Jeanne.

— Dauphin Faure épousa 2°, le 20 mai 1545 (par contrat signé Bayet), François de Laborie, dont Léonarde, née le 29 mai 1545 (*vieux style*).

IV. — Giraud Faure, S' de La Roche-Pontissac, paroisse de St Front-d'Allens (2), diocèse de Périgueux, receveur des tailles pour le roi en Périgord, greffier des appeaux au siège présidial de la sénéchaussée de Périgord, épousa Marie Dupuy par contrat du 19 avril 1562, reçu par Yvet. Il en eut : 1° François, qui suit, héritier universel de son père ; 2° Pierre, S' de La Forêt, mort sans hoirs ; 3° Jean, S' Chabrillac, qui, voulant aller à l'armée de Provence sous la conduite du duc d'Epernon, fit son testament à Nontron le 10 juin 1587, et mourut sans hoirs ; 4° Alain, S' de La Roche-Pontissac, qui fit son testament à Beauvais le 6 mai 1620 ou 1625, mourut subitement, et fut inhumé dans l'église de Lussac ; 5° Pierre, S' de Savignac, qui voulut aller à l'armée sous le vicomte d'Aubeterre, et fit son testament à Nontron le 10 juin 1587; 6° Guillaume, qui voulut aller à l'armée de Provence sous le duc d'Epernon, et fit son testament à Nontron le 15 juin 1591; 7° Léonarde, demoiselle de La Roche, mariée, par contrat du 16 juin 1595 (signé Le Noble), à Olivet du Barry, écuyer, S' de Lengellerie, fils de Geoffroi, écuyer, S' de Puycheni, paroisse de Champeaux (3), diocèse de Périgueux, et de feue Marguerite de Montagrier ; 8° Jeanne ou Suzanne, mariée, par contrat du 16 janvier 1600, à Hélie de Maraval, écuyer, S' de La Rousselière, paroisse de Saint-Sulpice, diocèse de Périgueux, fils d'Adrien, écuyer et de Suzanne de Villars.

V. — François du Faure, de la ville de Nontron, chevalier, S' de La Roderie, Lussac, Fontroubade, Auginhac (4), La Roche-Pontissac, baron de Saint-Martial de Valette, mestre de camp de dix enseignes de gens de pied françois, pour le service du roi, gentilhomme ordinaire de sa chambre, fit son testament à Beauvais,

---

(1) Vanxent ou Vanxains, chef-lieu de commune du canton et de l'arrondissement de Ribérac, département de la Dordogne.

(2) St-Font-d'Alemps, chef-lieu de commune du canton de Brantôme, arrondissement de Périgueux (Dordogne).

(3) Champeaux, chef-lieu de commune, canton de Mareuil, arrondissement de Nontron, département de la Dordogne.

(4) Auginhac ou Auginiac, chef-lieu de commune du canton et de l'arrondissement de Nontron (Dordogne).

dont il étoit aussi seigneur, le 17 novembre 1620, par lequel il veut être inhumé dans l'église de Lussac. Il épousa à Tours, par contrat du 21 juillet 1531 (signé Fauchier), Judith du Fillet de La Curée, fille de feu Gilbert, S' de La Salle en Forez, chevalier de l'ordre du roi, son lieutenant général en Vendomois, et de Charlotte Ayraud. Elle mourut à Nontron le 27 janvier 1638. De ce mariage naquirent : 1° François du Faure de La Roderie, chevalier, seigneur des mêmes terres, S' de La Curée, gentilhomme ordinaire de la chambre du roi et capitaine au régiment de ses gardes ; il épousa Anne de Gyves (Moréri, 1759, T. X, *suppl.*, p. 76), fille de Nicolas de Gyves, Sgr de Pouilly, correcteur des comptes, et d'Elisabeth Budé. Etant veuve dès 1631, elle devint, par contrat du 13 mai 1634, la troisième femme d'Antoine Auguesseau, premier gentilhomme du parlement de Bordeaux, dont elle eut : Henri, intendant de Limoges en 1667 (1) ; Catherine, mariée à François Texier de Javerlhac ; 2° Alain, qui suit ; 3° Jean, S' de Savignac, chevalier, Sgr de La Curée-Anginhac, baron de Saint-Martial-de-Valette (2), capitaine d'une compagnie au régiment des gardes du roi, fit son testament, signé de Troyes et Le Roi, le 4 mars 1633, à Paris, où il veut être inhumé dans l'église de Saint-André-des-Arts. Ce testament fut déposé à Narbonne, au mois d'octobre 1632, contre le maréchal de Montmorency. Il y est mal appelé de La Roudière : il faut lire de La Roderie. (Vaissette, *Hist. du Langued.*, T. V, p. 599) ; 4° Marie-Madeleine, demoiselle de La Roderie, mariée : 1° à Henri Texier de Javerlhac, écuyer, S' de Grospuy, paroisse d'Abjac (3) ; 2° à Henri de Beyna ou Bainac, baron de Villac et de La Valade, paroisse de Romain (4), diocèse de Périgueux ; 5° apparemment Marguerite du Faure (Laboureur, *Add. à Casteln.*, T. III, p. 197) de La Roderie, mariée..........à François Le Comte, S' de Voisinlieu, fils de Jean et de Marguerite Burdelot.

VI. — Alain du Faure, baptisé à Nontron le 8 août 1596, S' de Beauvais, La Curée, La Roderie, demeurant à Rousselière en Périgord, épousa, par contrat du 3 juillet 1629, Catherine des Cars, de Pérusse, fille de François. Ils se firent une donation mutuelle, signée Favard, le 28 octobre 1541, ratifiée le 3 août 1650 ; mais il n'y eut point de descendants. Catherine des Cars, héritière de ce premier mari, fit héritière sa nièce Gabrielle des Cars de Saint-Projet. Celle-ci fit héritier son filleul Gabriel de La Ramière, qui, en 1762, vendit la terre de Beauvais à ..... Plancher de La Garlie, de la ville de Périgueux.

Sources : Simplic., T. III, p. 619. — Laboureur, *Addit. à Casteln.*, T. III, p 176, 197. — Moréri, 1750, T. X, *suppl.*, p. 76.

FAURE DES RENARDIÈRES.

Jacques Faure, écuyer, S' des Renardières, du bourg du Breliofa (5). Il épousa

(1) Voir, T. II, p. 4, l'article d'Aguesseau.
(2) Saint-Martial-de-Valette, du canton et de l'arrondissement de Nontron.
(3) Commune du canton de Nontron (Dordogne). Il y avait une chapelle au haut du bourg en l'honneur de saint François. François Texier, écuyer, seigneur de Javerlhac, Abjac, Gros-Puy et Haute-Faye, voulut qu'elle fût bâtie, par son testament du 1er novembre 1649, signé Bernard. — Une autre chapelle, bâtie par le même au château de Gros-Puy peu avant 1665, existait en 1682. — Gros-Puy, en 1772, appartenait à la comtesse d'Aydie. (Pouillé de Nadaud.)
(4) Saint-Romain, canton de Mompazier, arrondissement de Bergerac (Dordogne).
(5) Il faut lire « Breuil-au-Fa ».

Marie de Louant, dont il eut Valérie, mariée à Jean du Mosnard, écuyer, Sr de Beaulieu.

FAURE de Laumoncrie.

Philippe du Faure, écuyer, cheveau-léger de la garde du roi, Sr de Laumoncrie, paroisse de........., du lieu de L'Age, paroisse de Saint-Pierre-du-Queyroix de Limoges, eut un fils mort à l'âge de trois ans, et inhumé à Verneuil (1) le 17 décembre 1679.

FAURE de La Chassagne, etc.

[Etienne Faure, écuyer, S^r de La Chassagne et des Monneyroux, lieutenant général de la sénéchaussée de la Marche, vivoit le 22 mai 1617.]

Source : *Inv. tit. Célest. des Tern.*, p. 544.

LA FAURIE.

Guy de La Faurie, Sr de Chamboulive, fut trouvé gentilhomme en 1598.

Jean-Baptiste de Faurie, Sr de Guilhonne, coseigneur de Saint-Géri, épousa Jeanne de Calmont, dont Marie-Anne, mariée, par contrat du 15 mars 1724, à Armand de Beaumont, chevalier, comte de La Roque, fils de François et de Marie-Anne de Lostange de Saint-Alvère (2).

FAUVEAU, Sr de Saint-Sébastien, paroisse de Saint-Sulpice-Laurière (3), portoit *d'argent à une bande de gueules chargée de trois chevrons d'or.*

I. — Philippe de Fauveau épousa, par contrat du 7 février 1497, Paulette de Chabannes, dont Jacques, qui suit.

II. — Jacques de Fauveau épousa : 1° Bonne de Pocquaire, par contrat du 31 août 1547 ; 2°, par contrat du 3 août, Françoise de Richard. Du dernier lit vinrent : 1° Louis, qui suit ; 2°......

III. — Louis de Fauveau épousa, par contrat du 14 octobre 1597, Isabeau de Sainte-Fère, dont : 1° Jean qui suit ; 2° Annet, qui a fait la branche de......

IV. — Jean de Fauveau, écuyer, Sr de Saint-Sébastien, épousa, par contrat sans filiation du 23 mai 1630, Renée de Trenchecerf, dont apparemment Mathieu, qui suit.

V. — Mathieu de Fauveau, Sgr de La Rivière-Tranchecerf, paroisse de Saint-Sulpice-Laurière, y mourut, âgé de quatre-vingt-cinq ans, le 1er octobre 1727, et fut inhumé dans l'église. Il avait eu une fille, nommée Léonarde, qui épousa, en 1681, Louis Duleris, écuyer, S^r de L'Age-Peyramont.

IV bis. — Annet Fauveau épousa, par contrat sans filiation du 19 décembre 1638, Anne-Marchand. Elle fit son testament étant veuve. De ce mariage étoient nés : 1° Barthélemy ; 2° Pierre.

---

(1) Verneuil, canton d'Aixe, arrondissement de Limoges.
(2) Saint-Alvère, chef-lieu de canton de l'arrondissement de Bergerac, département de la Dordogne.
(3) Saint-Sulpice-Laurière, commune du canton de Laurière, arrondissement de Limoges (Haute-Vienne).

Notes isolées.

Léonarde de Fauveau de La Rivière (regist. de Saint-Michel-de-Pistorie) mourut à Limoges le 6 juin 1706.

Marguerite Fauveau de La Rivière fut enterrée dans la chapelle de ce nom, sur la paroisse de Saint-Michel-de-Pistorie, le 20 décembre 1719.

Sœur Jacqueline de Fauveau, des sœurs de La Rivière à Limoges, mourut le 8 février 1737.

Louis de Fauveau, écuyer, Sr de Peyrefolle, paroisse de Fresselines (1), épousa Jeanne de Cormailly, dont : Silvaine, baptisée après la mort de sa mère, le 28 avril 1628.

Françoise de Fauveau, dame de Peyrefolle, âgée de soixante ans, fut inhumée à Fresselines le 18 novembre 1685.

Mathieu de Fauveau, écuyer, paroisse de Fresselines, S^r de La Rivière, épousa ..... Duprat, dont Charles, mort le 10 mai 1687.

LA FAUX (2).

FAVARS. — [Terre et seigneurie du Limousin, qui a donné son nom à une maison de cette province.]

Garsie [ou Garcias] Arnaud, Sgr de Favars en Limousin [vivoit en 1368]; il épousa Aigline [ou Aygeline] de Vassal, dont Finette de Favars, mariée : [1° avec Bernard de Rassicls, Sgr de Vaillac]; 2°, vers l'an 1400, avec Raymond-Bernard [ou Bertrand] de Durfort [ou de Durford], chevalier, baron de Boissières en Querçy.

Guy de L'Estrange dit de Favars, Sgr de Saint-Yrieix-Déjalat (3), se maria, et eut parmi ses enfants une fille, nommée Marthe, qui se maria vers 1400 avec Mainfroy de Salagnac, Sgr en partie de Salagnac, de Saint-Genier, etc.

SOURCES : Simplic., *Tabl. hist.*, T. VII, p. 320; T. VIII, p. 271.

FAYAC ou FAYAT. — *Voir* JOUSSINEAU.

LA FAYE, Sr de Genis, paroisse dudit lieu, élection de Brive, portoit *de gueules à une croix d'argent, au chef bretessé de quatre creneaux de même*; supports : deux anges.

I. — François de La Faye fit son testament le 12 avril 1529; épousa, le 16 décembre 1516, Agnès de Lambertie, dont Alain, qui suit.

II. — Alain de La Faye fit donation à Lionnet, son fils, le 26 juillet 1572. Il épousa Marguerite Vigier. Elle fit son testament le 18 mars 1557. De ce mariage naquirent : 1° Jean, qui suit; 2° Lionnet.

III. — Noble Jean de La Faye, S^r de La Falère et coseigneur de Genis, fit son testament le 25..... 1616. Il épousa, par contrat sans filiation du 7 mars 1588, mais en

---

(1) Fresselines, canton de Dun, arrondissement de Guéret, département de la Creuse.
(2) Nadaud indique la généalogie de cette famille à la page 803 : cette page a été déchirée. —
(3) Sainte-Yrieix-le-Déjalat, commune du canton d'Egletons, arrondissement de Tulle, départem de la Corrèze.

présence de Lionnet, son frère, Gabrielle Mathan, dont : 1° Jean; 2° François, qui suit; 3° autre François, tonsuré en 1613; 4° Marguerite, mariée en 1618 avec Jean de Tissières.

IV. — François de La Faye épousa, par contrat sans filiation du 25 février 1609 (Descoutures dit 1629), Eléonore de Bar.

Marcon de La Faye, S^r dudit lieu, épousa Françoise Thibaud, dont Esther, née le 7 septembre 1670, baptisée à Rochechouart (1).

Jean de La Faye, écuyer, S^r de La Borde, paroisse de Pressignat, épousa : 1°...... Laurent; 2° Thérèse Roux, dans l'église de Grenor, le 1er juin 1700. Elle étoit veuve du S^r de La Serre, paroisse de Videix.

Noble Léonard de La Faye, baron de Leris et Sr de Villechemine, épousa Jeanne d'Aubepeyre, veuve en 1589.

Jean de La Faye, écuyer, S^r de La Voye et de La Cour (frère de François, écuyer, S^r de La Faye), épousa, par contrat du 2 avril 1591, Gabrielle de Vars de Saint-Jean-Ligoure, fille de...... et de Jeanne de Coignac, dame de Saint-Jean-Ligoure et de Château-Chervix (2).

Jean de La Faye, écuyer, S^r de La Brousse, épousa, par contrat du 12 janvier 1597, Louise Goulinot.

Gabriel de La Faye, écuyer, épousa Suzanne de Chommette, dont Marie, née à Rochechouart le... novembre 1639; Louise, née le... mai 1645.

François de La Faye, écuyer, prêtre, curé de Coulaureix, diocèse de Périgueux, fit son testament à Limoges le 29 novembre 1689, donna tous ses biens aux pauvres ou pour des œuvres pies; étoit frère de Pierre de La Faye, écuyer, Sr de Rochefort et de feue Diane de La Faye.

Anne de La Faye épousa, dans l'église de Lezignac-Durand, le 30 juillet 1731, Jean Michaud, Sr de Sabancas.

Antoine de La Faye, écuyer, Sr de Lallée et de Chamlorier, paroisse de Lezignac, épousa à Verneuil, le 30 janvier 1741, Marguerite Gaubert, veuve de Charles Garnier des Prises.

Claude de La Faye, écuyer, Sr de Champlaurier, paroisse de Mouzon, épousa à Rancogne, le 17 novembre 1728, Marie d'Abzac, dont : 1° Antoine, qui suit; 2° François.

Antoine de La Faye, écuyer, Sr de Champlaurier, paroisse de Mouzon, mourut à 28 ans au Montizon, paroisse de Roussines, le 26 mars 1764. Il avoit épousé, dans l'église d'Auginhac (3), le 10 janvier 1757, Marie-Sibille de Verneuil, fille de Jean-Ignace, S^r d'Hauterive, et Marguerite Marsillaud de La Valette, du village de La Peyre.

LA FAYE [fief mouvant de la baronnie de Blansac en Angoumois]. La Faye, S^r d'Ambeyras, paroisse de Jussac, élection de Saintes. portoit *de gueules à une croix ancrée d'argent, au lambel à cinq pièces de même.*

I. — François de La Faye épousa, le 3 novembre 1556, Antoinette Aymeric.

II. — François de La Faye épousa, le 4 avril 1583, Antoinette Vigier.

III. — François de La Faye épousa, le 7 avril 1612 : 1° Jeanne Adémar; 2° Madeleine Raymond, le 17 mai 1640.

---

(1) Rochechouart, chef-lieu d'arrondissement du département de la Haute-Vienne.

(2) Saint-Jean-Ligoure est du canton de Pierre-Buffière, arrondissement de Limoges, et Château-Chervix, de celui de Saint-Germain, arrondissement de Saint-Yrieix (Haute-Vienne).

(3) Auginhac, du canton et de l'arrondissement de Nontron, département de la Dordogne.

Gérald de Faye fit don au monastère de Vigeois de la moitié d'un jardin et d'une maison à Vitrac vers l'an 1110.

Source : *Cartularium Vosiense*, p. 62.

Isabeau de La Faye épousa, par contrat sans filiation, le 24 mars 1473, Pierre Gourdin.

(La page 391 du manuscrit de Nadaud renfermait encore des notes sur la famille de Faye : elle a été déchirée.)

FAYOLLE [portoit *d'argent au lion de gueules, au chef d'azur chargé de deux palmes posées en sautoir au naturel, liées de gueules.* (De Combles, *Traité des devises héraldiques*, 1784, p. 124.)

Noble Jean de Fayolle, écuyer, seigneur de Neuvic, Saint-Pardoux et Saint-Martial, et noble demoiselle Madeleine de La Tour, cinquième fille de Gilles de La Tour, écuyer, seigneur de Limeuil, et de Marguerite de La Cropte, dame de Leuquais, obtinrent dispense du pape pour se marier au quatrième degré de consanguinité ou d'affinité en 1563. Leur contrat de mariage est du 22 octobre même année. Madeleine mourut sans lignée.]

Jean Fayolle, écuyer, S^r de La Brugère, conseiller du roi, premier lieutenant en la grande prévôté de la généralité de Limoges, du bourg de Saint-Ibard, épousa : 1° Jeanne des Cars, en octobre 1654, dont Bertrand, baptisé à Saint-Ibard le 18 mai 1658 ; Léonarde, baptisée le 21 septembre 1659. Il épousa 2° Marie de Maumont, dont Michellette, née le 6 octobre 1679 ; Jean et Pierre, baptisés le 21 février 1684.

François Fayolle, Sr de Pressat, paroisse de Sainte-Ferrante, fut maintenu par M. Pellot, intendant, 1663.

Charles de Fayolles, baron de Château-Geofroi, seigneur de Puirolen soldant (?) de Pressac, baron de Saint-Front, gentilhomme ordinaire de la chambre du roi, épousa Phelipes de Culant, dont : 1° Jean de Fayolle, baron de Saint-Fron, qui, en 1640, étoit mort avant son père ; 2°. .....; 3° François, qui, à l'âge de quatorze ou quinze ans, fit profession dans l'abbaye de Nanteuil-en-Vallée, ordre de Saint-Benoît, diocèse de Poitiers.

Voyez l'article CURSOL seigneurs de Fayoles, T. I, p. 527.

Sources : Lustel, *Hist. de Tur.*, p. 197, et preuv. p. 318. — Registres de Saint-Ibard.

FÉ.

Clément Fé, écuyer, du village des Reniers, paroisse d'Angeas-Champagnac, diocèse de Saintes, fils de Louis, écuyer, Sr du Tillet des Mullions, ancien conseiller du roi, président civil et criminel de l'élection de Cognac et de feue Marie Rambaud, épousa, le 10 août 1757, Angélique Dubois.

Jeanne Fé, mariée le 22 août 1660 à Maurice Griffon, S^r de La Richardière, paroisse de....., élection de Saint-Jean-d'Angély.

FÉLINES, S^r de La Renaudie, paroisse d'Ussac (1), élection de Brive, portoit *d'azur à un soleil d'or.*

(1) Ussac, du canton et de l'arrondissement de Brive, département de la Corrèze.

[La Renaudie est une terre du Limousin qui avoit autrefois des seigneurs particuliers, mais qui est passée ensuite dans la maison de Félines.]

Noble Pierre de Félines eut pour enfants : 1° Léonard, Sr de Valette, paroisse de Nieuil, 1531 ; 2° noble Marguerite de La Reynaudie, qui devint l'épouse de Pierre Grantmont, marchand à Brive, 1513.

I. — Antoine de Félines.

II. — François de Félines fit son testament le 31 mars 1542. Il avoit épousé, le 26 juillet 1532, Jaquette de La Vergne, dont Jean, qui suit.

III. — Jean de Félines, écuyer, Sr de La Renaudie, fit son testament le 4 octobre 1586 ; épousa, par contrat sans filiation du 31 (ou du 1er) mars 1572, Louise de Beaumont de Peiretaillade, dont Benjamin, qui suit, et Marie, mariée, en 1588, avec Pierre Termes.

IV. — Noble Benjamin de Félines de La Renaudie, paroisse d'Ussac, fit son testament le 21 juin 1657 ; il avoit plusieurs certificats de service ; il épousa, le 6 février 1618, Berande de Lansac-Taillefer, dont : 1° François, qui suit ; 2° Pierre, tonsuré en 1640 ; 3° Hector ; 4° autre François, tonsuré en 1640 ; 5° Paul, chevalier de Malte.

V. — François de Félines épousa, le 5 octobre 1651, Jeanne de Turenne.

Notes isolées.

Hector-François de Félines de La Renaudie, écuyer, Sgr de Lavaux de Couxages, épousa Renée d'Escorailles, dont Marie, mariée, en 1695, avec Joseph de Boisse.

Jean de Félines de La Renaudie, chevalier de l'ordre de Saint-Jean-de-Jérusalem, commandeur de Paulhac (1) et d'Anloy, mourut en 1753.

[Jean-Joseph de Félines, baron d'Ussac et de Vergy, Sr de La Renaudie, épousa, le 13 décembre 1753, Anne-Elisabeth-Joséphe de Ségur.

N...... de La Renaudie, chevalier de Malte, commandeur de Limoges depuis 1766, vivoit au mois d'août 1766, et résidoit à Brive ainsi que ses frères. Il se maria ; mais il étoit veuf et sans enfants au mois d'août 1786.]

N......, comte de La Renaudie. Le grand-maître de Malte, en considération des services rendus à la religion par les baillis de La Renaudie et de Saint-Viance (2), successivement grands-prieurs de la langue d'Auvergne, lui accorda, en septembre 1761, comme leur petit-neveu, la permission de porter la croix de l'ordre. [Il se maria ; mais en 1786 il étoit veuf et sans enfants.]

Source : *Fastes militaires*, édition de 1779, T. II, p. 618.

(1) Paulhac, à l'extrémité sud de la commune de Saint-Etienne de Fursac, canton du Grand-Bourg, arrondissement de Guéret (Creuse). « Sur le flanc méridional, mais à quelques pas d'intervalle de l'église de la commanderie de Paulhac, s'élève une élégante chapelle du xv siècle. La porte, en accolade, a les moulures et les ornements multipliés de cette époque. Les nervures de la voûte s'appuient sur des consoles formées par des anges tenant des écussons. Un texte de Nadaud nous apprend que c'était une vicairie, fondée par Père Antoine de Nogerie », comme le prouve l'inscription suivante, qu'on voit encore sur la façade : F. A. D. NOGICH (1449), ou mieux NOGERI. « L'église adjacente est un édifice solide et élégant du milieu du xiiie siècle. Elle faisait partie d'un château presque entièrement démoli. C'était l'apanage d'un chevalier de justice. Depuis peu de temps, grâce aux sollicitations d'une famille honorable, l'église de la commanderie est devenue l'église d'une paroisse nouvellement érigée.» (Texier, Epigr., p. 258.)

(2) Saint-Viance, chef-lieu de commune du canton de Donzenac, arrondissement de Brive, département de la Corrèze.

DU FENIEU.

Jean du Fenieu, écuyer, de la paroisse de Saint-Michel-des-Lions à Limoges, eut pour fils Grégoire, tonsuré en 1570.

Jean du Fénieu, écuyer, S' du Vergier, 1647.

Jacques du Fénieux, S' du Mas, chanoine de Poitiers, mourut, à soixante-quinze ans, à Châteauponsat, le 30 mai 1681.

Gaspard de Fénieu, S' de Boissac, mourut, à cinquante-cinq ans, le 26 janvier 1693. Il épousa Marthe de Razès, dont : 1° Léonard, baptisé le 30 janvier 1675; 2° Françoise, morte à quinze ans.

Jean du Fénieu, écuyer, S' de Vaubourdolle (1), paroisse de Châteauponsat, épousa, en 1762, Marie-Anne de Blom, paroisse de Sauget (2), diocèse de Poitiers.

Jean du Fénieu, écuyer, S' de Pin-Bernard (3), paroisse de Saint-Priest-le-Betoux, épousa : 1° Lucien Fricon, dont Joseph, ecclésiastique, 1771; 2°, en 1760, Marie-Anne Turan, de la ville de Magnac-Laval (4).

Sources : Registres de Châteauponsat.

FÉNIS. — Martial de Fénis, procureur du roi en l'élection de Tulle, 1597, eut pour fils Jean de Fénis, 1611, S' de Chazeran.

.... Doubiat du Torondel, paroisse de Saint-Augustin, tomba malade au camp de Trèves, fut porté à Metz, où il mourut le 6 septembre 1632, et fut enterré dans l'église de Saint-Eucher.

Noble Antoine de Fénis, S' du Torondel, paroisse de Saint-Augustin, épousa Catherine de Bar. Elle mourut à vingt ans, le 27 septembre 1659, et fut inhumée dans l'église de Saint-Augustin.

Jean de Fénis, écuyer, capitaine au régiment de Beaune, mourut, à trente-cinq ans, le 28 avril 1721; enterré dans l'église d'Egletons (5).

Noble François de Fénis, du Torondel, épousa Suzanne de La Chaud, dont Jacques, tonsuré en 1713.

[N...... Fénis de La Combe, capitaine-commandant de grenadiers au régiment d'infanterie de Berry, chevalier de Saint-Louis, lieutenant du roi et procureur particulier d'Arras, vivoit en 1778.]

Source : *Fastes militaires*, T. I. p. 272, et T. II, p. 672.]

SAINTE-FÈRE. — Noble Pierre de Sainte-Fère [écuyer, Sgr dudit lieu (6) et de La Brosse, fut débouté, par sentence du sénéchal de Guéret du 3 août 1510, de la demande en retrait lignager contre dame Guidarde de Roche-Dragon, pour raison de l'étang de Vallausanges, et condamné aux dépens envers les Célestins des Ternes.

---

(1) Vaubourdolle, village à 3 kilomètres sud de Châteauponsat, arrondissement de Bellac (Haute-Vienne).

(2) Sauget ou Saugé, chef-lieu de commune du canton et de l'arrondissement de Montmorillon (Vienne).

(3) Pin-Bernard, à un kilomètre ouest de Saint-Priest-le-Betoux, canton de Châteauponsat, arrondissement de Bellac (Haute-Vienne).

(4) Magnac-Laval, chef-lieu de canton de l'arrondissement de Bellac (Haute-Vienne).

(5) Egletons, chef-lieu de canton de l'arrondissement de Tulle (Corrèze).

(6) Sainte-Feyre, canton et arrondissement de Guéret (Creuse).

Il avoit alors une maison à Limoges devant le cimetière de Saint-Pierre-du-Queyroix, et il vendit la fondalité d'une partie de cette maison aux prêtres de cette église. On croit qu'il vivoit encore le 25 mai 1529.] Il eut pour fils Jean, tonsuré en 1506, doyen de La Chapelle-Taillefer (1), qu'il permuta avec son neveu pour un canonicat.

Noble François de Sainte-Fère (ou, comme l'on prononçoit alors, Sainte-Affeyre), écuyer, seigneur dudit lieu [et de La Brosse, consentit quelques actes en mars 1541 (vieux style)]. Il épousa Jeanne de Boucard [ou peut-être mieux de Bernard. Ils vivoient encore tous deux le 15 août 1548]. De ce mariage naquit Hélie, tonsuré en 1549, doyen de La Chapelle-Taillefer, curé de Saint-Eloi de Drouilles, 1563 (2).

Sources : *Inv. tit. Célest. des Tern.*, p. 553, 558, 625, 693, 697, 698. — Terr. de Parroti, aux arch. des prêtres de Saint-Pierre-du-Queyroix de Limoges, fol. 254, recto et suiv.

SAINTE-FÈRE ou SAINTE-FEYRE. — (MÉRIGOT.)

[Antoine Mérigot, Sr de Baleyte, conseiller du roi, châtelain d'Ahun (3), vivoit le 5 décembre 1608. Il est nommé dans un acte de cette date.

Mathurin Mérigot, Sr de Sainte-Feyre et de Latour, conseiller du roi et lieutenant général de Sa Majesté au pays, comté et sénéchaussée de La Marche, vivoit le 16 avril 1616.]

Noble Léonard Mérigot, Sr de Chantemilhau (4), lieutenant général en l'élection de la Haute-Marche, 1615.

[Noble Jean Mérigot l'aîné, Sr de Laschamps dans la Marche et de La Valette, vivoit le 12 mai 1616.

François Mérigot, licencié ès-lois, Sr de Pontalibaud, vivoit le 23 avril 1612, étoit avocat en parlement, et le plus ancien de la châtellenie d'Ahun le 24 mai 1623; mourut en 1657. Il eut pour enfants : 1° Honoré, qui suit; 2° Léonard, vivant le 11 avril 1651; 3° Louis, vivant le 11 avril 1651; 4° Antoine, qui demeuroit au bourg de Châtenet le 6 août 1651.

Honoré Mérigot, Sr de Pontalibaud, nommé avec son père dans un acte du 25 mai 1624, reçu par Roussi, notaire.]

Gabriel Mérigot, chevalier, S^{gr} de Sainte-Fère, La Tour-Saint-Austrilles (5), Le Repaire, sénéchal de la province de la Marche, chevalier de l'ordre du roi, gentilhomme ordinaire de sa chambre [étoit mort le 3 février 1676]. Il avoit épousé Marie Durieux, dont il eut plusieurs enfants, parmi lesquels on connoît : 1° François, qui suit; 2° Gabrielle, mariée le 20 août 1674, avec Claude de Massabré, écuyer, Sr de Gastsouris, fils de Louis, écuyer, et de Marie de Razès. (D'Hozier, *Arm. génér.*, 1re part. p. 373.)

---

(1) La Chapelle-Taillefer, canton et arrondissement de Guéret (Creuse).

(2) Saint-Eloi, chef-lieu de commune du canton de Pontarion, arrondissement de Bourganeuf (Creuse).

(3) Petite ville du département de la Creuse, bâtie dans une position charmante sur une montagne au pied de laquelle coule la Creuse. Elle est un chef lieu de canton de l'arrondissement et à 4 lieues de Guéret. Cette ville est très ancienne, et les Romains y ont laissé de nombreuses traces de leur passage. (Voir « Manuel d'Epigraphie », par M. Texier, p. 106.)

(4) Chantemilhau est le château de Chantemille, situé au nord d'Ahun, toujours sur le bord de la Creuse.

(5) La Tour-Saint-Austrille, du canton de Chénérailles, arrondissement d'Aubusson (Creuse).

François Mérigot, chevalier, Sgr de Sainte-Fère [ou Feyre et autres lieux, sénéchal de la province de la Marche] épousa, [par contrat du 3 février] 1676, demoiselle Marie Dumont, [fille d'Annet Dumont, chevalier, Sgr du château de L'Age-Rideau (1), y demeurant, paroisse de Razès en Limousin, et de feue demoiselle Marie Sousfrains.

Noble Joachin Mérigot, lieutenant criminel de la Marche, mort avant le 10 janvier 1682, avoit épousé, demoiselle Antoinette de Lisset, dont entre autres : Gabrielle Mérigot, religieuse à Notre-Dame-de-Riom (2) en Auvergne, à qui sa mère fit une pension viagère de 20 livres par contrat du 10 janvier 1682, et une autre de 25 livres par un autre contrat du 22 novembre 1684].

François Mérigot, chevalier, Sgr de Sainte-Fère, Chantemille, La Tour-Saint-Austrille, L'Age-Rideau, sénéchal et grand-bailli d'épée de la province de la Marche, épousa Louise Giraud, dont Henriette, mariée en 1741, à Jacques Baston.

N..... de Sainte-Fère, gentilhomme du Limousin (mieux de la Marche), hérita de la terre de Courtery, diocèse de Paris, qui appartenoit ci-devant à Morse, épouse de M. de Rochechouart. (Lebœuf, *Hist. de Paris*, T. VI, p. 149.)

Sources : *Invent. tit. Célest. des Tern.*, p. 542, 529, 417, 735, 739, 442, 740, 741, 744, 829, 741, 742. — D'Hozier, *Arm. génér.*, 1re partie, p. 373. — Lebœuf, *Hist. de Paris*, T. VI, p. 119.

La page 952, que Nadaud indique pour l'article FEYRE, ne se retrouve plus dans son manuscrit. — A. L.

FERRAGUT. — Pierre Ferragut vivoit en..... (Registre de Roheri; not. à Limoges, p. 82, n° 60, *apud*. D. Col.)

FERRAND. — La page 833, où était la généalogie de cette famille, est déchirée.

FERRE, Sr de La Péruge, paroisse de Menot (3), élection d'Angoulême, portoit de *gueules à une bande d'or accompagnée de trois fleurs de lis de même, 2 aux côtés et 1 en pointe.*

I. — Antoine Ferré épousa, le 5 octobre 1546, Françoise Chioche, dont : 1° Martin, qui suit; 2° Sébastien; 3° Léonard; 4° Jeanne. Ces quatre enfants partagèrent avec ladite Chioche la succession de leur père le 9 novembre 1585.

II. — Martin Ferré épousa Gabrielle Roby, dont Florent, qui suit.

III. — Florent Ferré passa un contrat avec ladite Roby, sa mère, veuve le 21 août (avril selon Descoutures) 1606. Il épousa Jeanne Audebert.

IV. — Jean Ferré épousa, le 6 août 1639, Anne Rifaud.

V. — Pierre Ferré épousa, le 17 janvier 1661, Jacquette du Pré.

---

(1) L'Age-Rideau, dans la commune de Razès, canton de Bessines, arrondissement de Bellac (Haute-Vienne) : on retrouve la place de ce château ruiné, dont il ne reste que les fossés.
(2) Riom, chef-lieu de canton de l'arrondissement de Mauriac, département du Cantal.
(3) Manot ou Menot, canton et arrondissement de Confolens, département de la Charente.

FERRÉ, S* de La Lande, paroisse de Lesterps (1), portoit de *gueules à une bande d'or accompagnée de trois fleurs de lis de même, 1 en chef, 1 en pointe, 1 à dextre de la bande.*

I. — Thomas Ferré épousa Perrette Marbœuf, dont François, qui suit.

II. — François Ferré épousa, par contrat du 10 juin 1545, Anne Chioche, dont Florent, qui suit.

III. — Florent Ferré épousa, par contrat du 2 décembre 1571, Charlotte Vérinaud, dont Martial, qui suit :

IV. — Martial Ferré épousa, par contrat du 28 janvier 1602, Renée Tesseraud, dont Jacques, qui suit.

V. — Jacques Ferré, écuyer, S* de La Lande de Fredière, paroisse de Lesterps, épousa, par contrat du 2 février 1649, et, le 16, dans l'église de Lesterps, Marie Charpentier, dont Martial, baptisé le 20 mars 1650; peut-être aussi Catherine, de la paroisse de Peyroux (2), diocèse de Poitiers, morte à l'âge de trente-deux ans, le 2 mai 1699, inhumée à Nouic.

Gautier Ferré, écuyer, S* du Mas, paroisse de Brigueil-l'Aîné (3), épousa Marie Leclerc, dont Jacques, qui suit.

Jacques Ferré, écuyer, S* de Frédière (registre de Saint-Maurice de Limoges), épousa, le 12 août 1700, avec dispense, Marguerite Leclerc, fille de feu Etienne, écuyer, S* de La Jarrodie, paroisse de......, l'un des 200 chevau-légers de la garde du roi, et de feue Catherine de Chamborant, dont Etienne, qui suit.

Etienne Ferré, écuyer, S* de La Jarrodie, paroisse de Brigueil-l'Aîné, épousa, en 1736, Elisabeth des Montiers.

Denis-François de Ferré, de Brigueil, épousa, en 1766, Louis-Nicole-Adélaïde de Savary, de la ville de Paris.

FERRET, S* de La Fon, La Garenne, Beaupré, Barbasien, Villars, La Grange, paroisse de Grassat (4), élection et diocèse d'Angoulême, portoit *de sable à trois fleurs de lis d'argent, à la bande de même brochant sur le tout.*

I. — Pierre Ferret fit avec son frère Antoine un bail à rente le 22 juillet 1488; un partage avec le même le 13 novembre 1497. Il épousa Marguerite de La Vergne.

II. — Eymeric Ferret épousa, le 19 novembre 1512, Lucette Vigier, dont : 1° Raymond, qui suit; 2° Martial, qui fut exécuté à Angoulême en 1583 ; 3° Pandin, qui se maria.

III. — Raymond Ferret épousa, le 3 février 1544, Antoinette du Puy.

IV. — Eymeric Ferret épousa, par contrat du 29 avril 1571, en présence de Pandin et de Martial, ses oncles, Marguerite Cattefort.

V. — Raymond Ferret épousa, le 14 février 1603, Marguerite Riol.

Jean Ferret, écuyer, S* de La Vesrie-de-l'Ermite, paroisse de Sers (5) et de

---

(1) Lesterps, chef-lieu de commune du canton et de l'arrondissement de Confolens (Charente).

(2) Peroux ou Payroux, du canton de Charroux, arrondissement de Civray (Vienne).

(3) Brigueil, du canton et de l'arrondissement de Confolens (Charente).

(4) Grassat ou Grassac, chef-lieu de commune du canton de Montbron, arrondissement d'Angoulême (Charente).

(5) Sers, chef-lieu de commune du canton de Lavalette, arrondissement d'Angoulême (Charente)

Grassat en Angoumois, épousa Marie-Anne-Girard; dont Jean, baptisé et né le 6 septembre 1609; autre Jean, baptisé et né le 8 mai 1611; Charlotte, baptisée le 28 février 1615; François, baptisé le 10 octobre 1621.

Jean Ferret, écuyer, Sr du Villars, paroisse dudit Sers, mourut le 1er août 1674.

VI. — Jean Ferret, Sr de La Fon, épousa, le 23 janvier 1650, Anne Fumel.

III bis. — Martial Ferret, par sentence de mort, eut la tête coupée à Angoulême, et Pandin, son frère, fut nommé tuteur de ses enfants le 13 mai 1583. Il avoit épousé Jacquette Moulineau.

IV. — Jean Ferret épousa, le 23 septembre 1608, Anne Géraud, dont : 1° Jean, qui suit; 2° autre Jean, marié en 1662.

V. — Jean Ferret, Sr de Villard, écuyer, paroisse de Dignac en Saintonge, épousa, le 21 mai 1649, Catherine Sarrode, dans l'église de Grassat, le 16 janvier 1650. Elle mourut veuve le 11 décembre 1678.

V bis. — Jean Ferret, Sr de La Grange, épousa, le 24 nomvembre 1662, Catherine Souchet.

III ter. — Pandin Ferret, créé tuteur des enfants de Martial, son frère, en 1583, épousa Madeleine Miagret.

IV. — Michel Ferret épousa, par contrat du 5 février 1608, en présence de Jean et de Raymond, ses cousins, Catherine Rousseau, dont : 1° Jean, qui suit; 2° Hélie, qui se maria, le 11 juillet 1655, avec Marguerite Boissard; 3° Giles, qui se maria, le 28 décembre, avec Françoise André.

V. — Jean Ferret, Sr de Beaupré, épousa, le 11 juillet 1655, Marguerite Christophe.

V bis. — Hélie Ferret, Sr de Barbesieu, épousa, le 11 juillet 1655, Marguerite Boissard.

V ter. — Gilles Ferret, Sr de La Grange, épousa, le 28 décembre 1646, Françoise André.

FERRIÈRES, Sr de Sauvebeuf, paroisse de Saint-Paul, porte *de gueules à un pal d'argent, accompagné de 10 billettes de même, mises en orle, ou à la bordure denticulée d'argent.*

[Ferrières, terre qui a donné son nom à cette illustre maison; à laquelle sont unies celles de Sauvebeuf, Saint-Mathieu.]

I. — Jean de Ferrières, écuyer, Sgr de Sauvebeuf et de La Brunie, fit son testament, en faveur d'Hélie, le 29 mai 1503; maître des eaux et forêts de Guyenne, fut confirmé en cette charge en 1483, 1484. Il épousa Marthe de Sainte-Hermine l'an 1483, dont : 1° Hélie, qui suit; 2° Alain; 3° Marguerite.

Catherine de Ferrières, fille de Jean, baron de Ferrières, épousa François, sire de Pons et comte de Marennes, fils de François de Pons, comte de Montfort, et de Marguerite de Coitivy.

Anne de Ferrières, fille de Jean, Sr de Presle, Champlenoy, et religieuse à Saint-Menou, diocèse de Bourges, fut faite abbesse de Rougemont, ordre de Saint-Benoît, diocèse de Langres, au moins dès 1490; se démit en 1528.

II. — Hélie de Ferrières fit son testament le 25 mai 1536; il avoit alors 12 enfants. Il épousa Jeanne de Larmandie, fille de Bertrand, dont : 1° Aymard; 2° Jean; 3° autre Jean; 4° Antoine.

III. — Jean de Ferrières, gouverneur du château du Ha, chevalier, seigneur de Sauvebeuf, Pontbreton, La Tercerie, Saint-Michel-de-Beaulieu, fut fait gouverneur du château du Ha à Bordeaux l'an 1565, le 12 juin; après la mort de son beau-père, fut échanson-panetier du roi. Il mourut à l'assaut de Metz en 1553. (Bouchet, *Annales d'Aquitaine*, 4ᵉ partie, p. 336.) Le capitaine Ferrières dit Sauvebœuf, lieutenant de M. de Givry, fut tué au camp de Valenciennes, en une escarmouche qui fut belle. (Brantôme, T. IX, p. 284.) Il avoit épousé Marie de Noailles le 24 janvier 1561 (vieux style). Cette dernière, étant veuve, transigea, le 5 juin 1571, pour Jean, son fils, avec autre Jean, oncle paternel. Elle se remaria, le 21 février 1572, à Joseph de Lart ou de Goulart, Sgr de Birac et d'Objac.

IV. — Jean de Ferrières, Sgr de Sauvebœuf, Pontbreton, La Tercerie, Saint-Michel-de-Beaulieu, chevalier de l'ordre du roi, mestre-de-camp d'un régiment de pied français, 1617, fait en 1612 gentilhomme ordinaire de la chambre du roi, épousa, par contrat du 3 octobre 1595, Claude des Cars, fille de feu François et de feue Claude de Beaufremont, dont: 1° Charles-Antoine, qui suit; 2° Annet, qui transigea avec Antoine-Charles sur les successions de leurs père et mère le 18 mai 1637, et a fait la descendance; 3° Charles de Ferrières de Sauvebœuf, neveu par sa mère de Charles des Cars, abbé de Fontenay et évêque de Langres, lui succéda dans cette abbaye, qui est de l'ordre de Cîteaux, et du diocèse d'Autun, au moins dès 1612 jusqu'en 1672. Le 5 janvier 1615, il prit possession de l'abbaye de La Fontaine de Bèze, ordre de Saint-Benoît, diocèse de Langres, et y introduisit, en 1632, la réforme de la congrégation de Saint-Maur. En 1617 et 1650, il étoit prieur du Chalard (1), diocèse de Limoges, et abbé de Saint-Amand-de-Coly (2), diocèse de Sarlat; se démit en 1677 de l'abbaye de Bèze, et mourut le 6 novembre 1679; 4° Elisabeth, mariée à Bardi de Souillac, comte du Bourg (3) en Quercy, veuf de Suzanne du Maine et fils de Jacob de Souillac, Sr d'Ascrat, etc., gentilhomme ordinaire de la chambre du roi, et de Marguerite de Bourzolles: il en vint une fille nommée Françoise de Souillac, née le 12 mars 1643, religieuse à la Règle à Limoges, où elle mourut le... août 1701.

V. — Antoine-Charles de Ferrières, maréchal de camp, puis lieutenant général de l'armée du roi et du duc de Parme. Fontenelle, dans sa *Bibliothèque historique de France*, nous fait connoître, au n° 23,043, une relation de la marche et des progrès de l'armée commandée par le marquis de Sauvebœuf, général de l'armée du roi, sous l'autorité du parlement de Bordeaux, le 16 octobre: Bordeaux, 1649, in-4°. — Il épousa, en 1626, Marguerite de Pierrebuffière, veuve de Charles, marquis de Châteauneuf, dont: 1° Louis-Jules de Ferrières, marquis de Sauvebœuf, colonel du régiment dauphin-dragons, qui fut tué à Trèves, à la tête de son régiment, à l'âge de vingt-trois ans, le 11 août 1675; 2° Charles-Joseph, qui suit; 3° Marie, mariée à Charles de Gain de Linards. Il épousa 2° Claude de Rosier, dame de Chéronnac et Congoussac, l'an 1636, dont Jean de Ferrières de Sauvebœuf, neveu de Charles, qui prit possession de l'abbaye de Bèze en 1677, et mourut le 30 juillet 1706.

VI — Charles-Joseph de Ferrières, chevalier, marquis de Sauvebœuf, Sgr de Pierre-

---

(1) Le Chalard, paroisse formée d'une partie de la commune de Ladignac, canton et arrondissement de Saint-Yrieix (Haute-Vienne). Il y avoit au IXᵉ siècle un monastère qui fut détruit en partie par les Normands. La belle église qu'on y admire encore a été construite par le bienheureux Geoffroy, qui s'y établit le 6 janvier 1088 (vieux style). Ce fut avec l'aide des seigneurs de Lastours, de Comborn et de Saint-Viance qu'il rebâtit l'église et restaura le monastère.

(2) Saint-Amand-de-Coly, canton de Montignac, arrondissement de Sarlat (Dordogne).

(3) Bourg du canton de La Chapelle, arrondissement de Figeac (Lot).

buflière (1), Chéronnac, Sarmathie, Brie, Champagnac, Congoussac, colonel du régiment de Tulle, premier mestre de camp du régiment dauphin, 1673, mourut au château de Brie, paroisse de Champagnac-sur-Gorre, le 25 janvier 1695; fut porté inhumer en la paroisse des Bas, diocèse de Sarlat. Il avoit épousé, dans l'église de Champagnac, le 17 janvier 1678, Anne-Thérèse de Chouly de Permangle, baronne de Pierrebuffière; elle mourut, âgée de soixante-dix-huit ans, audit château de Brie, le 11 mai 1737, et fut inhumée dans l'église de Champagnac; dont : 1° Charles-Yrieix, né au château de Brie le 2 avril 1679; 2° Jean-Nicolas, brigadier des armées du roi, colonel d'un régiment d'infanterie, tué au siège de Barcelonne, 1714; 3° Anne-Thérèse de Ferrières, marquise de Sauvebeuf, baronne de Pierrebuffière, mariée à Charles, marquis de Vassan, d'une très-noble et très-ancienne famille du Valais, créé brigadier des armées du roi le 1ᵉʳ février 1719. Vassan porte *d'azur au chevron d'or accompagné de deux roses d'argent en chef et d'une coquille de même en pointe*. De ce mariage ne vint qu'une fille, Marie-Geneviève de Vassan, alliée en 1723 à Victor de Riquetti, marquis de Mirabeau; 4° Marie-Anne de Ferrières.

V bis. — Annet de Ferrières de Sauvebeuf épousa Louise de Tournemine; elle mourut le 15 août 1687, dont : 1° Jean-Charles, né au château du Moulin-d'Arnac le 20 avril 1648, reçut les cérémonies du baptême le 2 octobre 1664; 2° Jean, tonsuré en 1658; 3° Charles, tonsuré en 1665 : peut-être le vicomte de Sauvebeuf et de Liebros, qui mourut à Périers près d'Archiniac en Périgord, et fut inhumé à Nonars le 8 avril 1706; 4° Charlotte, mariée, dans l'église de Nonars, le 14 juin 1666, à Jérôme Geoufre, écuyer, Sʳ de Chabignac, Peirat, Travesac, etc., paroisse de Saint-Salvador; 5° Renée, mariée, dans l'église de Nonars, le 23 mars 1680, à Jean Martial de Terriou, Sʳ de Chales, paroisse de Vitrac.

Claude de Ferrières, comte de Sauvebeuf, mourut, âgé de soixante-dix-huit ans, le 4 janvier 1712. Il épousa Gabrielle-Thérèse d'Apchon; elle mourut, âgée de cinquante-huit ans, le 23 janvier 1706, dont : 1° Jean-Angélique, qui suit; 2° Charles, né le 6 octobre 1682; 3° autre Charles, né le 8 mars 1686; 4° Louise, née le 6 septembre 1687; 5° Marie-Thérèse-Antoinette, mariée, dans l'église de Nonars, le 17 septembre 1714, à Jean de Bermondie, comte d'Auberoche, baron de Laron, du château de La Brande, paroisse de Saint-Paulin en Périgord.

Jean-Angélique de Ferrières, comte de Sauvebeuf, grand-sénéchal d'Auvergne, né, le 10 février 1676, au château du Moulin-d'Arnac, épousa Elisabeth de Pradel-Vilbac, dont : 1° François, qui suit; 2° François, né le 31 juillet 1716, tonsuré en 1726; Gabrielle, née le 19 août 1717.

François de Ferrières, marquis de Sauvebeuf, Sgʳ du Moulin-d'Arnac, Leybros, Saint-Martin, Puy-d'Arnac, Pleigne, Le Theil, co-seigneur de la ville de Salers, épousa, à Saint-Domnolet de Limoges, le 8 mars 1749, Marguerite de Chastaignac, âgée de dix-sept ans.

Sources : *Dictionnaire généalogique*, édition de 1757. — P. Bonaventure, T. III, p. 443. — *Gall. Christ. nov.*, T. IV, col. 748, 495, 712; T. II, col. 1538.

---

(1) Pierrebuffière, chef-lieu de canton de l'arrondissement de Limoges (Haute-Vienne). — Chéronnac, paroisse du canton et de l'arrondissement de Rochechouart (Haute-Vienne). — Champagnac, paroisse du canton d'Oradour-sur-Vayres, arrondissement de Rochechouart. — Vitrac, du canton et de l'arrondissement de Sarlat (Dordogne) ou du canton de Corrèze, arrondissement de Tulle (Corrèze). — Saint-Paulin, du canton de Salignac, arrondissement de Sarlat (Dordogne).

— Sainte-Marthe, *Généalogie des maisons de France*, l. 10, n° 18. — Simplic., T. IV, p. 789. — Devienne, *Histoire de Bord.*, T. I, p. 212.— Registres de Nonars.

I. — Guillaume de Ferrières, chevalier du château de Salaignac, vendit, en 1282, une rente sur la paroisse de Sainte-Nathalène, diocèse de Périgueux.

II. — Gérald de Ferrières dit de La Brunie, chevalier, 1303, épousa Aimerice de Garrigue, fille de Jean, dont Bernard, qui suit.

III. — Bernard de Ferrières épousa............, dont Ponce, qui suit.

IV. — Noble Ponce de Ferrières alla en 1345 secourir le Sarladais.

V. — Guillaume de Ferrières, damoiseau, 1374, épousa Dauphine de Corneles.

VI. — Guy de Ferrières, 1411, épousa Jeanne Faydit, fille de noble Jean, Sr de Tarsac, diocèse de Cahors.

SOURCE : Bonaventure.

FERRIÈRES, Sr de FARGUES.

Ferrières, Sr de Fargues, porte *d'azur à une bande d'or écartelée d'argent, à trois chevrons de gueules.*

I. — Guy de Ferrières épousa Marguerite Gua.

II. — François de Ferrières fit deux testaments, le 3 mars 1541 et le 19 février 1547. Il épousa Marguerite de Corlieu, qui fit son testament le 16 septembre 1555, dans lequel il est fait mention de ses deux fils Jean et François, qui eux-mêmes partagèrent le 29 mai 1572 la succession de leurs père et mère.

III. — Jean de Ferrières épousa Renée de L'Aigle.

IV. — Jean de Ferrières épousa Françoise Rabaine le 15 janvier 1612.

V. — César de Ferrières épousa Renée Arnaud le 2 mai 1645.

FESTIN, Louis, écuyer, Sr de Laval, paroisse de Cers (1) en Angoumois, épousa Marguerite....., dont Charlotte, baptisée le 17 janvier 1628.

SOURCE : Registres de Cers.

FEUILLADE, S^r dudit lieu, paroisse de Perpezac (2), élection de Brive, porte *d'azur à la croix anchrée d'or, écartelée d'or, à l'aigle éployée de gueules.*

I. — Jean de La Feuillade eut des lettres d'anoblissement au mois d'août 1652, vérifiées à la Chambre des comptes le 15 ... .. 1636.

II. — Jean de La Feuillade eut un brevet de retenue le 20 janvier 1667.

FÈVRE. — A ce mot Nadaud renvoie à Reillac, qu'il indique aux pages 621, 2291 ; mais l'une et l'autre de ces pages ont été enlevées.

FEYDEAU, Nadaud indique pour cette famille la page 371, qui est aussi déchirée.

FEYDIS. — Nicolas de Feydis, écuyer, S^r de La Tour, paroisse de Saint-Barthé-

---

(1) Sers, paroisse du canton de Lavalette, arrondissement d'Angoulême (Charente).

(2) Dans l'arrondissement de Brive (Corrèze), on trouve Perpezac-le-Blanc, canton d'Ayen, et Perpezac-le-Noir, canton de Vigeois.

Jemy (1), fut maintenu dans sa noblesse le 5 mai 1668 par ordonnance de M. Pellot, intendant de Guyenne.

Nicolas de Feydis, écuyer, S⁰ de La Tour, paroisse de Pluviers, du Village et de La Domaise, épousa Narde de Masfranc, dont : 1° Gabrielle, mariée à vingt-trois ans, le 23 juin 1674, à Jacques Jordain, écuyer, S⁰ de La Pruze, paroisse de Rouzède en Angoumois, âgé de 24 ans ; 2° François, S⁰ du Repaire ; 3° Henri, mort, ainsi que le précédent, sans alliance.

Françoise Feydit épousa, le 16 février 1555, Geoffroi de Limoges, *alias* de La Gorse, chevalier de l'ordre de Saint-Michel.

SAINTE-FEYRE. — *Voyez* SAINTE-FÈRE.

FEYTIAT.

SAINTE-FIEF, de Saint-Paul, paroisse de Janailhac, porte *d'azur à un chevron d'argent, accompagné de trois croix raccourcies de même, 2 et 1.*

I. — Jean de Saint-Fief.

II. — Pierre de Saint-Fief, écuyer, S⁰ d'Eyssenac, paroisse de Saint-Cyr-sur-Gorre (2), épousa, par contrat du...., 1415, Agnette de Meillars, dont : 1° François, qui suit ; 2° Marguerite, mariée, par contrat (signé Maisondieu) du 9 septembre 1510, à Jean de Chantillac, fils de noble Foucaud, écuyer, S⁰ de La Chavau, paroisse de Bussière-Boffi, et de Jeanne-Augustine ; 3° Marie, mariée, par contrat du 15 juin 1512, signé Maisondieu, à Olivier Tizon, fils de Guillaume, écuyer, S⁰ de Martres, diocèse d'Angoulême, et d'Anne Montrocher.

III. — François de Saint-Fief, S⁰ d'Eyssenac, épousa, par contrat du 10 décembre 1522, Renée du Breuil, dame de Royère, paroisse de Flavignac. Elle fit son testament le 7 mai 1578, dont : 1° Jacques, qui suit ; 2° Rolland, qui a fait une branche ; 3° Bonaventure, mariée à Jean de Leyrisse.

IV. — Jacques de Saint-Fief, chevalier de l'ordre du roi, Sgr de Puydost, paroisse de Saint-Laurent sur-Gorre, et de La Laurencie, paroisse de Saint-Auvent (3), 1578, épousa Isabelle d'Authon, dont : 1° Annet, qui suit ; 2° François, qui a fait une branche.

V. — Annet de Saint-Fief, écuyer, épousa : 1° Anne Prinsaut, dont : Françoise, qui fit son testament, le 1ᵉʳ novembre 1626, à Lascoux, paroisse de Saint-Cyr-sur-Gorre : elle mourut sans enfants ; 2°, par contrat du 1ᵉʳ février 1622, Diane des Fousses, qui fit son testament le 5 août 1640, dont : Louis, qui suit.

VI. — Louis de Saint-Fief épousa, par contrat du 20 août 1648, Isabeau de Puiffe.

---

(1) Saint-Barthélémy et Pluviers, paroisses du canton de Bussière-Badil, arrondissement de Nontron (Dordogne). — Rouzède, du canton de Montbron, arrondissement d'Angoulême (Charente).

(2) Saint-Cyr, paroisse du canton de Saint-Laurent sur-Gorre, arrondissement de Rochechouart (Haute-Vienne).

(3) Saint-Auvent, paroisse du canton de Saint-Laurent sur-Gorre, arrondissement de Rochechouart (Haute-Vienne) — Firbeix, du canton de Saint-Pardoux-la-Rivière, arrondissement de Nontron (Dordogne). — Chalus, chef-lieu de canton de l'arrondissement de Saint-Yrieix (Haute-Vienne). — Saint-Estèphe, du canton et de l'arrondissement de Nontron (Dordogne).

Notes isolées.

Louis de Saint-Fief, écuyer, Sʳ dudit lieu, du village de Coupiac, paroisse de Firbeix, diocèse de Périgueux, épousa, dans l'église de Lageyrac, le 1ᵉʳ décembre 1663, Marie de Ponteix, fille de feu Fillon Ponteys et de feue Marie Fayoland, de la ville de Chalus. Elle mourut veuve, à soixante-cinq ans, le 8 novembre 1705 ; dont : 1° Jacquette, baptisée le 4 janvier 1677 ; 2° Marguerite, baptisée à Firbeix le 10 novembre 1664 ; 3° Jacquette, baptisée audit Firbeix le 8 mars 1666 ; 4° Pierre, baptisé le 16 mars 1678.

Jean de Saint-Fief, écuyer, mourut à cinquante-cinq ans le 20 septembre 1731 ; épousa : 1°..... ; 2° Madeleine ou Marguerite Profit : elle mourut, à soixante-dix ans, à Coupiac, paroisse de Firbeix en Périgord, le 24 février 1748, et fut inhumée à Chalus.

V bis. — François de Saint-Fief épousa, par contrat du 11 mai 1615, Blanche Mosnier de Planeau, dont Jean, qui suit.

VI. — Jean de Saint-Fief, Sr de Saint-Paul-la-Roche et Puydaout, épousa, par contrat du 31 juin 1633, Louise de Coral, dont : 1° Gaston, qui suit ; 2° Jacquette, baptisée à Saint-Jean de Limoges le 12 juin 1647.

VII. — Gaston de Saint-Fief, né le 24 juin 1647.

Notes isolées.

Pierre de Saint-Fief, écuyer, épousa Marie de Saint-Fief : elle mourut à Coupiac, paroisse de Firbeix en Périgord, le 24 avril 1711, et fut inhumée à Chalus ; dont Jean-Gabriel, baptisé en 1705 et mort en bas âge.

Jean de Saint-Fief, écuyer, Sr de Saint-Paul, habitant du bourg de Saint-Etienne-le-Droux, y mourut le 26 novembre 1717, et fut inhumé dans l'église. Il épousa Madeleine de La Peyre : elle mourut le 4 novembre 1717 ; inhumée audit Saint-Estèphe ; dont Pierre, né le 24 janvier 1710.

Jean de Saint-Fief épousa Madeleine Goumot, dont Marguerite, morte à quatre ans, le 20 avril 1737.

IV bis. — Roland de Saint-Fief, écuyer, Sr d'Eyssenat et de La Rive près les Cars (1), habitant à Saint-Cyr-sur-Gorre, étoit âgé de quarante-cinq ans en 1584. Il épousa, par contrat du 5 novembre 1587, Françoise de La Romazière. Catherine de Saint-Fief, demoiselle, demeurant à La Ribière, paroisse de Flavignac, fit donation le 1ᵉʳ janvier 1594 à ladite Françoise de La Romazière.

Notes isolées.

Noble François de Saint-Fief, Sr de Puydoust, épousa....., dont....., mariée

---

(1) Les Cars, du canton de Chalus, arrondissement de Saint-Yrieix (Haute-Vienne). — La Ribière : on trouve un village de ce nom à 6 kilomètres ouest de Flavignac, canton de Chalus, arrondissement de Saint-Yrieix (Haute-Vienne). — Saint-Junien, chef-lieu de canton de l'arrondissement de Rochechouart (Haute-Vienne). — Etagnac, canton de Chabanais, arrondissement de Confolens (Charente).

Léonard Descubes, licencié ès-lois, qui acheta, en 1621, de son beau-père, le fief de La Laurencie.

Barbe de Saint-Fief, épouse, en 1598, de Jean-Reynier, Sr deGlane.

François et Annet de Saint-Fief, écuyer, Sr de La Laurencie en 1598.

Diane de Saint-Fief épousa, dans l'église d'Etagnac, le 21 novembre 1658, Jean Vidaud, docteur en médecine de la ville de Saint-Junien.

Juliette de Saint-Fief, demoiselle de La Saludie, fut inhumée à Verniolet le 8 novembre 1648; fille de François, écuyer, Sr du Puydoust, et d'Isabelle ....

..... de Saint-Fief, épousa Françoise Expart; elle mourut, à trente ans, à Coupia, le 26 novembre 1747; elle fut inhumée à Chalus.

Renée de Saint-Fief, épouse, en 1630, de Jean de La Charlonie, Sr de Listrat, paroisse de Grenord.

SOURCES : Registres de Firbeix. — Registres de Lageyrac.

FIEUX. — La page 2030, où était la généalogie de cette famille, ne se retrouve plus. — A. L.

LA FILLOLIE, Sr de La Reymondie, paroisse d'Azinières, élection de Brive, porte *de gueules à un lion rampant d'or, armé et lampassé de sable.*

I. — Antoine de La Fillolie fit une acquisition le 20 février 1556, et testa le 19 décembre 1558; épousa ...., dont il eut : 1° Pierre; 2° autre Pierre; 3° Arnaud, qui suit.

II. — Arnaud de La Fillolie passa transaction avec Pierre, son frère, le 16 avril 1592; fit son testament le 4 avril 1610; épousa, le 6 octobre 1578, Antoinette Bertin, dont Pierre, qui suit.

III. — Pierre de La Fillolie épousa, par contrat sans filiation du 5 décembre 1618, Galliette de Marqueyssac, dont Antoine, qui suit.

IV. — Antoine de La Fillolie épousa, le 22 juillet 1643, Françoise Dalmais par contrat signé Combredet, notaire royal.

Notes isolées.

Noble Pierre de La Filolie, Sr de La Serre, paroisse d'Abjac (1), épousa Marie du Mouraud, dont Françoise, née au château de Lasteyrie, paroisse de Dournazac, le 4 mars 1655.

Antoine de La Filiolie, écuyer, Sr de Savignac, La Valade, paroisse de Cublac, épousa Marie de Maigne, dont : 1° Charles; 2° autre Charles, ecclésiastique, 1767.

SOURCE : Papiers domestiques de M. de Daignac.

FILIP. — *Voir* PHILIP.

FILLEUL, Sr de La Mothe, paroisse de Meursac (2), élection d'Angoulême,

(1) Abjat, paroisse du canton et de l'arrondissement de Nontron (Dordogne). — Dournazac, du canton de Saint-Mathieu, arrondissement de Rochechouard (Haute-Vienne). — Cublac, du canton de Larche, arrondissement de Brive (Corrèze).

(2) Meursac : c'est probablement Marsac, canton de Saint-Amant-de-Borie, arrondissement d'Angoulême (Charente).

et Soubirat, paroisse de Saint-Just, même élection, porte *d'azur à une lance d'or en bande, et deux molettes d'éperon d'argent.*

I. — Jean Filleul obtint un arrêt à la cour des aides à Paris le 16 février 1483 ; il épousa Jeanne Chaussade.

II. — Jean Filleul, qui fit, le 11 janvier 1489, un partage noble de la succession de leur père avec son frère Pierre, qui étoit prêtre, épousa Jeanne Martin.

III. — Pierre Filleul fit son testament le 2 mai 1530, épousa Marguerite-Herarde Tartoue.

IV. — Jean Filleul fit, le 8 mai 1538, avec son frère Rolland, une transaction sur la succession de leur père ; il épousa Jeanne de Bisat.

V. — François Filleul épousa, le 8 mars 1579, Marie de Poursay.

VI. — Claude Filleul épousa, le 4 novembre 1607, Marie de Montgaillard, dont : 1° Louis, qui suit ; 2° Claude, Sr de Soubirat.

VII. — Claude Filleul, S^r de La Mothe, épousa, le 18 juillet, Françoise Galet.

FILLIOUX. — [Noble Etienne Fillioux, Sr de Saint-Sulpice....., de la ville de Guéret, épousa Catherine d'Aubusson, dont Léonard, tonsuré en 1727.]

FISSAC. — La page 954, qui renfermait la généalogie de cette famille, a été déchirée. — A. L.

FLAMBART, S^r de La Neufville, paroisse de Rouffignac, élection de Saintes, et de L'Isle-Marie, paroisse de Vilrat, même élection, porte *d'azur à 5 flammes d'or en pointe, et 2 étoiles de même en chef.*

I. — Etienne Flambart épousa, ..., dont il eut : 1° Jean ; 2° Guillaume, qui suit ; 3° Bertrand ; 4° Eustache ; 5° Olivier, qui partagèrent, le 15 janvier 1523, la succession de leur père.

II. — Guillaume de Flambart.

III. — Guillaume de Flambart épousa, le 31 août 1551, Nicole de Saint-Clair.

IV. — Jacques de Flambart épousa, le 1er août 1585, Gabrielle de Brosses.

V. — Jean de Flambart, qui, le 4 septembre 1605, constitua dot à Louise de Flambart, sa sœur, qui épousoit Guillaume de Carrasière, épousa....., dont : 1° Louis, qui suit ; 2° François, qui se maria.

VI. — Louis de Flambart épousa, le 19 août 1636, Jeanne de Charlus.

VII *bis*. — François de Flambart épousa, le 2 mai 1660, Gabrielle Chesnel.

FLAMENCH. — Wido Flamenc donna une borderie au monastère de Vigeois vers l'an 1112. Il est aussi témoin dans un acte sans date.

Une charte de Gui Flamechi, chevalier du Limousin en 1284, est citée par du Cange.

Hélie Flamech épousa Béatrix de Comborn, dont : 1° Hélie ; 2° Gui [peut-être Gui Flament] ; 3° Marguerite, mariée à Aymeric Chatti.

Gauzbert Flamenc, S^{gr} de Pompadour, bienfaiteur de la chartreuse de Glandiers.

Aubert Flamenc, chevalier, S^{gr} de Cani, chambellan du duc d'Orléans, 1402.

SOURCES : *Cartularium Vosiense*, fol. 57, 58. — Du Cange, *Gloss. lat.*, T. I, col. 66. — Labour., *Additions à Casteln.*, T. III, p. 220. — Registres de Borsandi, notaire à Limoges, p. 70, n° 3, *apud* D. Col.

FLAMENT, Sʳ de Villognon et de Lugerat, paroisse de Montignac-Charente (1), élection de Cognac, porte *de gueules à 2 lions passants d'or, lampassés et couronnés d'argent l'un sur l'autre.*

I. — Mondot Flament épousa Christine Taleran.

II. — Jacques Flament épousa : 1° Jeanne Tizon ; 2° .....

III. — François Flament, issu du premier mariage de Jacques, se maria, par contrat du même jour que celui du deuxième mariage de son père, le 1ᵉʳ septembre 1517.

IV. — Jacques Flament épousa, le 21 septembre, Guillelmine de La Faye.

V. — Jean Flament, fils aîné de Jacques, dont le tuteur fit une transaction, le 24 mai 1519, avec Françoise et Madeleine Flament, épousa, le 6 décembre 1584, Jeanne Boynat.

VI. — Charles Flament épousa, le 2 mars 1628, Eymeric Renaud.

VII. — François-Louis Flament, écuyer, Sʳ de Lagerat, épousa Marie Grain de Saint-Marsault, dont une fille unique (8 mai 1660), dame de Circé.

Notes isolées.

Gaston Flament, écuyer, Sʳ de la Roussie, épousa Louise de Jambes : elle mourut, à soixante-dix ans, le 7 mars 1668 ; inhumée dans l'église de Marthon en Angoumois.

Jacques Le Flament, marchand de drap en 1350, est peut-être d'un nom différent.

FLAUMONT, ou FLOMONT, ou FLOUMONT [près Meyssac (2) en Bas-Limousin, vicomté de Turenne.

François de Salhen, Sgʳ de Floumont, vivoit le 4 mars 1479 et le 4 janvier 1488.

N..... de Flomond et N..... dit le chevalier de Flomond, étoient frères, et vivoient au mois d'août 1486 et en janvier 1488.

Source : Baluze, *Histoire de la maison d'Auvergne*, T. II, p. 740.]

FLORET. — Pierre Floret fit son testament le 22 septembre 1557.

Noble François Floret fit son testament le 6 novembre 1565.

Pierre Floret, écuyer, Sʳ de La Font-Saint-Martin, du lieu de Salagnac (3) près Le Grand-Bourg, testa le 1ᵉʳ juin 1596, épousa Geofroide ou Geofresse de Trenchecerf ; elle fut enterrée au Bourg-de-Salagnac le 23 août 1615, dont.....

Noble Scipion Floret, Sʳ de La Garde, paroisse de Bourg-de-Salagnac, 1616.

FLOTTES. — Jean de Flottes, fils de....., Sgʳ de Bonnac, conseiller au présidial de

---

(1) Montignac-Charente, paroisse du canton de Saint-Amant-de-Boixe, arrondissement d'Angoulême (Charente).
(2) Meyssac, chef-lieu de canton, arrondissement de Brive (Corrèze).
(3) Grand-Bourg-de-Salagnac, chef-lieu de canton, arrondissement de Guéret (Creuse).

Limoges, acheta de..... la charge de greffier en chef au bureau des finances de Limoges ; il épousa Thérèse Hugon, dont Jacques-Clément, qui suit.

Jacques-Clément de Flottes, S^gr de Leychoisier (1), paroisse de Bonnac, fut reçu greffier en chef du bureau des finances de Limoges; épousa : 1°, le 13 août 1725, Marie Keynaudin, fille de.... : elle mourut sans enfants; 2°, le 13 novembre 1740, Marie-Anne-Françoise des Marais.

Des Flottes, conseiller du roi, 1657, épousa Jeanne de Jouvion.

FLOUMONT. — Voir FLAUMONT.

FLORY. — Noble Guy de Flery, Sr de Montchapoys, paroisse de Janailhac près Nexon, 1603.

FOCHERIUS. — Gérald Focherius, chevalier, épousa Aloïde, dont : 1° Gérald, moine à Solignac ; 2° Pierre, damoiseau; 3° Almodie Folchieira.

SOURCE : *Nécrolog. Solemniac.*

LA FOLHA. — Guillaume La Folha, vivoit en......

SOURCE : Registres de Boherii, notaire à Limoges, p. 48, n° 41, *apud D. Col.*

FONDANT, S^r des Forges et du Ferrier, paroisse de Bersac et d'Azac (2), porte *d'azur à un chevron d'or surmonté d'une croix coquerelée de 3 fleurs de lis d'or, au chef danché de même.*

I. — Raymond de Fondant, damoiseau, épousa, par contrat du 20 décembre 1451, Louise Donarelle, dont Hélie, qui suit.

II. — Hélie de Fondant, S^r de La Roche et de Nanteuil, épousa, par articles sans filiation du 28 janvier 1493, Blanche Disant, dont : 1° Guy, qui suit ; 2° Ithier, qui transigea avec son père le 20 mars 1571.

III. — Guy de Fondant épousa, par contrat sans filiation du 3 septembre 1562, Renée de Mosnard, dont Charles, qui suit.

IV. — Charles de Fondant, écuyer, Sr du Monteil, paroisse de Bersac, épousa, par contrat du 24 février 1582, Marie de Trenchecerf, dont : 1° Mathieu, qui suit ; 2° François, qui a fait la branche du Ferrier.

V. — Mathieu de Fondant fut baptisé au Dorat le 15 septembre 1591, épousa par contrat du 6 août 1623, Anne de Saint-Viance, dont Charles, qui suit.

VI. — Charles de Fondant, S^r des Forges, épousa, par contrat du 23 novembre 1656, Renée de Poux, dont : 1° Georges, qui suit ; 2° Marguerite, mariée, en 1677, à Jean Dumont des Taillades.

VII. — Georges de Fondant, S^r de La Valade, mourut le 5 mai 1707 ; fut inhumé dans l'église de Bersac, dans les tombeaux de ses prédécesseurs ; épousa......, dont Charles, qui suit.

VIII. — Charles de Fondant, S^r de La Valade, épousa Barbe de Bridiers ; elle se remaria, le..... novembre 1710, à Emmanuel Esmoing, Sr du Chezeaud, dont Charles, qui suit.

---

(1) Le château de Leychoisier est situé à un kilomètre sud de Bonnat, paroisse du canton d'Ambazac, arrondissement de Limoges (Haute-Vienne).

(2) Bersac, du canton de Laurière, arrondissement de Limoges, et Azat-le-Riz, du canton du Dorat, arrondissement de Bellac (Haute-Vienne).

IX. — Charles de Fondant, né le 24 septembre 1707, mourut le 27 octobre 1740, fut inhumé à Persac. Il avoit épousé le 30 mai 1735, avec dispense, Charlotte de La Roue de Malleval, sa parente, dont un fils unique, Philibert, qui suit, né le 24 mai 1738.

X. — Jean-Baptiste Philibert de Fondant, écuyer, Sr du Mas de La Valade, paroisse de Persac, épousa, en 1762, Charlotte de Levis de Sauvia.

Branche du Ferrier.

V. bis. — François de Fondant épousa, par contrat du 20 juin 1628, Marie Estourneau, dont Georges, qui suit :

VI. — Georges de Fondant, Sr du Ferrier, épousa, par contrat du 25 novembre, Marguerite Donnée.

Notes isolées.

Charlotte de Fondant, veuve de Jean de Bracheny, fit une donation aux neveux de son mari le 23 novembre 1592.

Gui de Fondant, écuyer, S^r de La Roche, épousa Jeanne de Bressolle ; ils se firent une donation mutuelle le 12 avril 1591.

Marie de Fondant, paroisse de Rancon, épousa, en 1632, Antoine Blanchard, écuyer, Sr de Masset.

— Les pages 125 et 126, auxquelles Nadaud envoie, n'existent plus. — A. L.

FONDONNET. — Charles de Fondonnet, écuyer, Sr du Breuil, paroisse de Murat, 1654.

FONGATAUDA. — Projet de Fongatauda vivoit en .....

Source : Registres de Boherii, notaire à Limoges, p. 1, n° 1, apud D. Col.

FONT. — Armand de La Font, damoiseau du château de Limoges, épousa, par contrat du 4 juin 1400, Jeanne, fille de Raymond de Crozant, paroisse de Ladignac. Elle porta 100 sols de rente et 100 livres à payer en différents pactes, un lit, robes et autres garnitures suivant sa qualité, une maison à Limoges.

Noble Ignace La Font, Sr de Balesme, paroisse d'Affieux (1), fils d'Etienne, Sr du Mazubert, fit condamner, en 1659, à l'élection de Tulle, les consuls de Treignac à le biffer et tirer du rôle de la taille. Pour terminer l'appel qu'ils firent à la cour des aides, il donna douze cents francs pour la fondation d'un collége à Treignac.

Léonard La Fon, écuyer, paroisse de Tudeuil, épousa, en 1767, Marie du Puy de Dienne, paroisse de Nonars.

FONTANGES, Sr du Chambon, paroisse de Neuvic, élection de Tulle, et de Maumont, paroisse de Roziers (2), même élection, porte *de gueules au chef d'or chargé de 3 fleurs de lis d'azur et 2 lions pour supports [fascé d'or et d'azur de 6 pièces.* (Justel., *Histoire de la maison d'Auvergne*, p. 44.)

Amiel ou Amelius, S^{gr} du Chambon, qui fonda l'abbaye de Bonlieu en Auvergne

---

(1) Affieux, du canton de Treignac, arrondissement de Tulle (Corrèze). — Nonars, du canton de Beaulieu, arrondissement de Brive (Corrèze).

(2) Rosiers, paroisse du canton d'Egletons, arrondissement de Tulle (Corrèze).

(ou mieux en Combraille), l'an 1141, épousa Dalmatie, dont Chambon ou Pétronille du Chambon, laquelle épousa Guy II du nom, comte d'Auvergne.

Guillaume Roger, Sgr de Rosier, de Saint-Superi et du Chambon, vicomte de Beaufort, acheta, le 13 mai 1336, de Marie de Flandres, veuve de Robert de Clermont, comte d'Auvergne et de Bologne, et de ses enfants, le château et la châtellenie de Margeride, dont il rendit hommage le même jour à ladite dame. Il épousa Marie de Chambon, dont vint, entre autres enfants, Hélis Roger, qui épousa, l'an 1342, Guillaume de La Tour, fils de Bertrand II, Sgr de La Tour, et d'Isabeau de Levis, mort sans postérité l'année suivante, en novembre. Sa veuve se remaria, en 1354, avec Aimar, fils de Louis de Poitiers, comte de Valentinois et de Die, et mourut sans enfants.]

I. — Guy de Fontanges.

II. — Louis de Fontanges épousa, le 22 avril 1507, Cécile du Chambon.

III. — Jean de Fontanges fit son testament, le 23 décembre 1578, en faveur de son fils; il épousa, le 12 février 1595, Françoise de Veilhant ou Veillant, dont Raymond, qui suit.

IV. — Raymond de Fontanges fit un testament, le 25 septembre 1598, instituant son aîné héritier, et faisant des legs à ses autres enfants. Il épousa, le 17 mai, Antoinette de Monneaux ou Mouceaux, dont : 1° Jean, qui suit; 2° Hugues; 3° Antoine; 4° Charles, qui se maria, par contrat du 13 avril 1633, avec Hélène de Mirabel.

V. — Jean de Fontanges, Sr du Chambon, épousa, le 8 juillet 1612, Jeanne de Chaunac ou Channac, dont Hugues, qui suit.

VI. — Hugues de Fontanges, Sr du Chambon, épousa, le 12 février 1641, Françoise de Saint-Michel.

Charles de Fontanges, écuyer, Sr du Chambon, paroisse de Saint-Hilaire-le-Luc, épousa, Marguerite de Bonneval, dont Jean, chevalier de Malte, tonsuré en 1721.

Antoine de Fontanges, écuyer, Sr du Chambon, paroisse de Saint-Hilaire-le-Luc, épousa Juliette de Loupiat, dont Jean-Pierre, tonsuré en 1721.

V bis. — Noble Charles de Fontanges, Sr de Maulmont, paroisse de Saint-Hippolyte, épousa, le 13 avril 1633, Hélène de Mirabel, dont : 1° Antoine, qui suit ; 2° Hugue, tonsuré en 1645.

VI. — Antoine de Fontanges, marquis de Maulmont, épousa, le 23 juin 1661, Marie-Angélique des Courailles ou d'Escorailles, duchesse de Fontanges, morte le 28 juin 1681.

Charles de Fontanges du Chambon, Sr de Maumont, paroisse de Roziers, épousa Hélène de La Nouaille, dont François, tonsuré en 1651.

Sources : Justel, *Histoire de la maison d'Auvergne*, p. 48, 140; preuves, p. 43, 44, 86, 151, 152. — Simplic., T. V, p. 345.

FONTELIO. — [Aimeric de Fontelio vivoit en 1245 et 1248.

Sources : *Mém. mss. sur les abbayes du Limousin*, p. 500.]

FONTENILLES. — [Fief, mouvant de la baronnie de Verteuil (1) en Angoumois, généralité de Limoges.]

(1) Verteuil, du canton de l'arrondissement de Ruffec (Charente).

FONGRENON.

FONTEVIELLES. — La page 1167, où Nadaud indique la généalogie de cette famille, a été déchirée. — A. L.

FONTLEBON. — Pierre de Fontlebon, écuyer, Sʳ dudit lieu, épousa, par contrat du 9 mars 1593, Marguerite Resneau.

Salicque ou Sallique de Fontlebon, écuyer, Sʳ du Puy et de La Chapelle-Saint-Robert, épousa, par contrat du 10 juillet 1583, Marie de La Boissière; elle testa le 4 septembre 1617 et le 18 janvier 1618; dont : 1° Charles, qui suit; 2° Catherine, mariée, par contrat du 6 juillet 1609, à Paul Vigier, écuyer, Sʳ de Remondies, fils d'Aimerie, écuyer, Sʳ de La Motte de Feuillade, diocèse d'Angoulême, et de Catherine Tizon.

Charles de Fontlebon, écuyer, Sgr de La Chapelle-Saint-Robert et Souffrignac (1), fit, le 31 décembre 1631, son testament, par lequel il veut être inhumé dans l'église de La Chapelle-Saint-Robert; mourut le 5 janvier suivant. Il avoit épousé, par contrat du 31 janvier 1610, Marie Moreau, fille de noble Pierre, Sʳ de Beaulieu, et de feue Catherine de La Fontaine et de la ville de Marthon (2) en Angoumois, dont ne vinrent que deux filles : 1° Marie, mariée, par contrat du 25 octobre 1644, à René de Galard de Béard, chevalier, Sgr de Lavaut, demeurant au château d'Argentine, diocèse de Périgueux, fils de feu Charles, chevalier, et de Marie de Sens; elle étoit morte en 1648; 2° autre Marie, mariée, en 1648, à Léonard de Lambertie.

Louis de Fontlebon, écuyer, Sʳ du Buisson, demeurant au Puy, paroisse de Maisonnais, épousa Marie de Leymarie, du bourg de Varaigne, dont Charles, né le 9 octobre 1630, baptisé, le 6 février suivant, à Varaigne.

Pierre de Fontlebon, chevalier, Sʳ du Puy, paroisse de Maisonnais, Le Buisson, Chastre, épousa Marie Guy, dont : 1° Charles, qui suit, fut baptisé le 20 août 1634; 2° Gabrielle, baptisée le 22 octobre 1641, mariée, dans l'église de Maisonnais, le 4 août 1658, à P..... de La Romagière, chevalier, Sʳ de Consacy, paroisse de Thiviers, diocèse de Périgueux; 3° Marie, baptisée le 27 octobre 1647, mariée, à Maisonnais, le 7 septembre 1661, à Louis de La Vergne, écuyer, Sʳ de Lavaubousquet; 4° Catherine, née le 1ᵉʳ janvier 1632; 5° Léon, né en 1635; 6° François, baptisé le 20 janvier 1637; 7° Achille, baptisé le 28 novembre 1639.

Jacques-Charles de Fontlebon, chevalier, Sʳ du Puy, paroisse de Maisonnais, épousa, le..... novembre 1658, à Limeirac en Périgord, Marguerite de Perry, fille de Raymond, dont : 1° Pierre, né le 18 septembre 1659; 2° Léon, né le 4 mars 1661.

Charles de Fontlebon, chevalier, Sgr de Fontlebon, premier écuyer de la grande écurie du roi Henri IV, épousa Catherine Tison dite d'Argence, dont : 1° Louise, mariée à Poitiers, le 3 février 1605, à François Chasteigner, Sgr de Saint-Georges, de Rexe, etc., fils de Jean et de Jeanne de Villars, depuis gouverneur et lieutenant général de la ville de Poitiers; 2° Henriette, qui fit profession à Sainte-Croix de Poitiers, et se retira au monastère de la Trinité du Doral; 3° Charlotte, mariée : 1° à François de

---

(1) Souffrignac, du canton de Montbron, arrondissement d'Angoulême (Charente).

(2) Marthon, canton de Montbron, arrondissement d'Angoulême (Charente). — Maisonnais, du canton de Saint-Mathieu, arrondissement de Rochechouart (Haute-Vienne). — Thiviers, chef-lieu de canton de l'arrondissement de Nontron (Dordogne). — Limerac ou Limeyrat, canton de Thenon, arrondissement de Périgueux (Dordogne).

Barbezières, chevalier, Sgr de Chemerand, dont elle eut trois enfants mâles ; 2° avec Nicole de Verdun, chevalier, premier président du parlement de Paris, dont elle fut veuve au commencement de mars 1627.

Sources : Registre des naissances de Maisonnais. — Duchesne, *Hist. mais. Chastaing.*, p. 460, 461.

FONTMARTIN. — La page 1167 est déchirée : elle renfermait la généalogie de cette famille. — A. L.

LA FORESTIE, Sr dudit lieu, paroisse de ...., élection de Brive, porte *d'or à une forêt d'arbres tigés et feuillés de sinople, au chef d'azur chargé de 3 étoiles d'or.*

I. — François de La Forestie.

II. — Jean de La Forestie épousa, le 29 avril 1542, Antoinette de Juge, dont : 1° Sébastien, abbé de Carbon-Blanc, mort en 1597 (voyez mes *Mém.*, T. I. p. 200, 291); 2° Antoine, abbé de Méserai (voyez mes *Mém.*, T. I., p. 491).

III — Jean de La Forestie, trésorier des finances à Limoges, épousa, le 19 avril 1589, Jeanne de Verthac.

IV. — Jean de La Forestie épousa, le 19 novembre 1624, Anne de Plas, dont Jean-Léonard, qui suit.

V. — Jean-Léonard de La Forestie, écuyer, Sr d'Aubard et de La Valette, héritier de son père, habitant de la ville d'Angoulême, vendit, en 1669, une maison de Brive, rue des Cordeliers ; épousa, le 17 novembre 1667, Madelaine du Souchet.

LA FORESTIE DE JUYÉ. — Juyé, Sr de Seillac (1), paroisse dudit lieu, élection de Tulle, porte *d'argent à 3 fasces de gueules et un lion d'or rampant sur le tout, lampassé et couronné de même, armé de sable ; 2 lions pour supports.* [Seillac, fief du Bas-Limousin, situé dans l'élection de Tulle et dans la paroisse du même nom. Il étoit possédé sur la fin du dernier siècle par un seigneur du nom de Juyé, qui portoit les armes ci-dessus.]

I. — Libéral de La Forestie obtint deux arrêts du parlement de Bordeaux, des 12 et 13 août 1558, où il est qualifié écuyer ; passa deux transactions pour Jean Juyé, son fils, héritier de Jean Juyé, son oncle maternel, le 3 juillet 1573 et le 10 octobre 1574. Il épousa Sébastienne de Juyé, fille de Jean, bourgeois de Tulle ; lequel Jean fit son testament le 18 juin 1546, en faveur de Jean de La Forestie, son petit-fils, et fils de Libéral et de ladite Sébastienne de Juyé, à la charge de porter son nom et ses armes. De ce mariage vint Jean, qui suit.

II. — Jean de La Forestie de Juyé épousa, par contrat sans filiation du 2 février 1549, Marguerite de Termes.

III. — Pierre de Juyé épousa, le 11 octobre 1596, Anne de Maruc ou de Maruc ; étant veuve, elle fit son testament, le 2 juillet 1631, en faveur de son fils, dont Charles, qui suit.

IV. — Charles de Juyé fit son testament, le 14 janvier 1641, en faveur de son fils aîné. Il épousa, le 16 février 1634, Anne de Fenis [d'autres disent de Levis], dont : 1° Pierre, qui suit ; 2°.....

V. — Pierre de Juyé, Sr de Seillac.

(1) Seillac, chef-lieu de canton de l'arrondissement de Tulle (Corrèze).

LE FORESTIER, Sr de Boudouaire, paroisse de Saint-Cyr, élection de Saintes, porte *d'argent à un lion rampant de gueules, armé, couronné et lampassé de même.*

I. — Guillaume Le Forestier passa deux procurations : l'une, le 5 octobre 1546; l'autre, le 10 mars 1553. Il épousa Catherine Vidaud, dont il eut : 1° François, qui suit ; 2° Françoise, qui, le 17 avril 1571, fit une transaction avec son frère.

II. — François Le Forestier épousa Nollette Vinson, dont : 1° Charles, qui suit ; 2° François, qui se maria.

III. — Charles Le Forestier, au profit duquel on consentit une quittance le 3 mars 1582, épousa : 1° Placide Goulard ; 2° Isabeau Bonneau, par contrat du 22 juin 1597.

IV. — François Le Forestier épousa Sarra Figleng, fille d'Isabeau Bonneau, qu'il épousa aussi par contrat dudit jour, 22 juin 1597.

V. — Charles Le Forestier épousa Suzanne de Bresmond le 14 novembre 1624.

VI. — François le Forestier épousa Louise Allard.

III *bis*. — François Le Forestier, fils d'autre François et de Nollette Vinson, fit, avec son frère Charles, un partage noble le 24 mai 1598. Il épousa : 1° Renée Peuple, par contrat du 2 juillet 1595 ; 2° Marthe du Laux, par contrat du 18 septembre 1600.

V. — Brian Le Forestier épousa Renée Filleul, par contrat du 6 janvier 1632.

FORESTVIEILLE. — La généalogie de cette famille a été déchirée à la page 1167 : on ne retrouve plus que la note suivante, à la page 2155. — A. L.

Marie de Forestvieille épousa, par contrat du 3 décembre 1631, noble Clément de Mayres, Sr de La Berte, de Sirieix et Le Couret, paroisse des Eglises-en-Dognon (1), qui mourut le 26 avril 1663, et fut enterré à Ambazac.

Elle fit un testament le 14 juillet 1634, par lequel elle veut être enterrée dans l'église de Saint-Sylvestre.

FORGE et FORGES.

FORGEMOLLE. — Léonard Forgemolle, de Cromeu, écuyer, Sr des Faugères, paroisse de La Souterraine, épousa, en 1764, Marguerite Caulet des Douges, paroisse de Cheniers; elle devint veuve.

FORGUES.

FORNEL, Sr de La Cour, Malegue, Limeyrac, paroisse de Mainzac (2), Martin, Sainte-Marie, élection et diocèse d'Angoulême, porte *d'azur à un vol d'or, deux lions pour supports.*

I. — Pierre de Fornel.

II. — Paul de Fornel, originaire de Boulogne-la-Grasse, eut commission de

---

(1) Aujourd'hui paroisse de Saint-Laurent-les-Eglises, canton d'Ambazac, arrondissement de Limoges. — Saint-Sylvestre, du canton de Laurière, arrondissement de Limoges.

(2) Mainzac, canton de Montbron, arrondissement d'Angoulême, (Charente).

maréchal-des-logis de l'infanterie italienne, par M. le maréchal de Brissac, le 27 septembre 1558 ; gentilhomme ordinaire du prince de Salerme et homme d'armes de la compagnie de ce prince en 1563 ; eut du vicomte de Joyeuse un certificat de ses services rendus au roi, 1567 ; vignier en la cité, comté et diocèse d'Agde pour l'évêque, qui, en 1570, lui donna l'absolution de l'hérésie qu'il avoit suivie pendant deux ans. Il épousa, par contrat du 22 octobre, ratifié à Boulogne, le 15 décembre 1562, par Pierre, son père, Marie de Pluvinier (Descoutares écrit : peut-être Pluviers), fille de Honorat et de Agnez de Nevé, dont : François Ferrand, fils unique, qui suit.

III. — François Ferrand de Fornel, écuyer, eut des lettres de sénateur romain le 10 juin 1588, acheta Las Coux-Bostison, paroisse de Busserolles (1), de Diane des Cars, dame de La Vauguyon, le 4 juillet 1605 ; elle lui permit d'y bâtir un château avec des guérites, défenses, fossés, pont-levis ; il eut en 1610 des lettres-patentes ratificatives de ce contrat. En 1607, Jacques d'Estuard, comte de La Vauguyon, lui permit de réparer la chapelle de Saint-Martial en l'église de Bussière-Badil, et d'y avoir tombeaux, ceinture et listre. En 1611, il fit faire, à Montpellier, une enquête juridique pour prouver son extraction, et eut pour cet effet des lettres-patentes ratificatives de l'enquête. Il épousa, par contrat du 24 mai 1608, et, le lendemain, dans l'église de Roussine, Françoise de Croiset de Belat, fille de ......, et de Françoise de Perry, dont : 1° Jean, qui suit ; 2° Marie, née en 1612 ; 3° Charles, né le 2 mai 1615 ; 4° Marthe, née le 19 août 1616 ; 5° Jacques, qui se maria en 1643 ; 6° Marguerite, née le 24 novembre 1620 ; 7° Paul, marié en 1641 ; 8° et 9° deux François, morts en bas-âge, inhumés à Bussière-Badil ; 10° Françoise, demoiselle de Lascaux, mariée, en 1634, à François de Masfranc, paroisse de Saint-Barthélemy, S^r de La Domaise, paroisse de Pluviers, où elle mourut le 21 février 1642.

IV. — Jean de Fornel, Sr de Ferrand et de Las Coux-Bostison, paroisse de Busserolles, épousa, le 7 mars 1639, Marie de Villards, fille de feu Gui, écuyer, Sr de Minzat, et de Marguerite de Conan, dont : 1° Antoine, qui suit ; 2° Anne, née le ... août 1641, demoiselle de La Breuille, fiancée, dans l'église de Busserolles, le 12 janvier 1665, à Jean de La Roumazière, écuyer, Sr de Lambertie, demeurant à La Bregière, paroisse de Thiviers en Périgord ; 3° François, né le 1er janvier 1647, qui a fait la branche de Coutilias ; 4° et 5° Marguerite et Marie, mortes en bas-âge et inhumées à Bussière-Badil.

V. — Antoine de Fornel, écuyer, Sr de Minsac, né à Las Coux-Bostison, paroisse de Busserolles, le 3 février 1640, épousa Marie de La Boissière, dont : 1° Jean, qui suit, mort en 1734, Sr de Minsac ; 2° Marie, née le 15 janvier 1671 ; 3° Anne, demoiselle de Las Coux-Bostison, qui épousa, à Busserolles, le 2 août, Jean-François de Virouleau, chevalier, Sr de Marillac.

VI. — Jean de Fornel, écuyer, Sr de Minzac, mourut à soixante-trois ans, le 26 juillet 1734 ; il épousa 1° Marie des Chaseaux : elle mourut à cinquante ans, le 2 janvier 1721, dont : 1° Marie, née le 26 avril 1706 ; 2° autre Marie, née le 15 février 1710, mariée, le 16 février 1732, à Sicaire-François Prévost, Sr de la Barbinie, paroisse du Grand-Villards (2), diocèse de Périgueux. Il épousa 2°, le 6 octobre

---

(1) Busserolles, du canton de Bussière-Badil. — Bussière-Badil, chef-lieu de canton de l'arrondissement de Nontron (Dordogne). — Roussines, du canton de Montembœuf, arrondissement de Confolens (Charente). — Saint-Barthélemy, Pluviers, du canton de Bussière-Badil, arrondissement de Nontron (Dordogne). — Thiviers, chef-lieu de canton de l'arrondissement de Nontron (Dordogne).

(2) On trouve Villards, canton de Champagnac-de-Bélair, arrondissement de Nontron, (Dordogne). — La Feuillade, du canton de Montbron, arrondissement d'Angoulême (Charente).

1723, Jeanne de Sescaud : elle mourut, à soixante-dix ans, le 29 décembre 1761, dont : Jacques, baptisé le 27 mai 1725; 2° Guillaume, baptisé le 5 avril ; 3° Pierre ; 4° Jacques, baptisé le 11 décembre 1729, tous morts sans alliance ; 5° Marie, baptisée le 27 septembre 1732; 6° Charles, qui suit.

VII. — **Charles de Fornel**, écuyer, Sr de Minzac, épousa, le 20 mai 1763, Marie Hastellet, veuve de Pierre-Jean Chapiteau, écuyer, Sr de Raymondias.

Branche de Coutilias.

V *bis*. — **François de Fornel**, écuyer, Sr de Burignac, paroisse de Minsac, mourut à Coutilias, paroisse de Feuillade, de mort subite, âgé de soixante-six ans, le 6 décembre 1713, fils de Jean et de Marie Villars. Il épousa Marie Chaigneau, dont : 1° Jean, né le 13 août 1674; 2° Antoine, né le 29 août 1676 ; 3° Pierre, né le 4 novembre 1677; 4° Marie, née le 25 novembre 1678 ; 5° Jacques, né le 14 mai 1680 ; 6° Raymond, né le 2 mai 1681 ; 7° Jean, né le 31 août 1682; 8° autre Jean, né le 31 août 1683 ; 9° autre Jean, né le 21 août 1685; 10° autre Marie, née le 16 décembre 1687; 11° Françoise, née le 24 novembre 1689; 12° autre Françoise, née le 2 mai 1693; 13° autre Marie, née le 20 mai 1694.

IV *bis*. — **Jacques de Fornel**, Sr de Malagne et de Limeyrac, paroisse de Marthon (1), enseigne au régiment de Saint-Breuil en 1639, testa le 16 mars 1699 ; mourut, à l'âge de quatre-vingt-deux ans, le 20 janvier 1700; fut inhumé dans l'église de Pluviers. Il avoit été maintenu en sa noblesse contre les habitants de Marthon par arrêt de la cour des aydes de Paris, le 10 octobre 1662. Il épousa 1°, le 23 juillet 1643, Anne de Villards, fille de feu Pierre, écuyer, Sr de Villards et du Souldet, et de Catherine Gaubert, dont : 1° Jean, Sr de Limeyrac, qui se maria à Jeanne de Magnat ; 2° Catherine, baptisée à Marthon le 1er mai 1647, morte sans hoirs; 3° Marie, baptisée à Marthon, le 17 octobre 1648, morte sans alliance; 4° Henri, né le 7 janvier 1652, baptisé à Busserolles, écuyer, Sr de Villards; 5° François, S^r des Ostanchies, qui se maria en 1686; 5° autre François, qui demeuroit à Saint-Sauveur près Marthon, et se maria en 1681 ; 7° Françoise, baptisée à Marthon, le 20 mai 1646, mariée, par contrat du 1er février 1674, à François Millet, S^r de La Vergne, fils de feu Jean et de Marie Perou, du bourg de Champnier-aux-Boux, où elle mourut le 24 décembre 1691; 8° Marguerite, baptisée à Marthon, le 1er novembre 1656, mariée : 1° à Jean de Mas-Franc, S^r de La Grelière, paroisse de Pluviers ; 2°, à l'âge de vingt-cinq ans, par contrat du 10 octobre, et le 4 novembre 1681, dans l'église de Pluviers, à François Bouchaud, du même âge, écuyer, S^r de La Goudonie, fils d'Etienne, écuyer, Sr du Moulin-Basti, paroisse de Dournazac, et de Marguerite de Jarrige. Il épousa 2°, en 1670, Marthe Chamoulaud, veuve de Jean Serre, Sr du Chaveyroux. Il épousa 3°, à l'âge de cinquante ans, par contrat du 9 juillet, et le 20 du même mois 1675, dans l'église de Pluviers, Jeanne Saulnier, âgée de quarante-cinq ans, veuve de Pierre Millet, Sr de Peyroutaud, fils de Marie de Mas-Franc; elle mourut, à soixante-

---

(1) Marthon, du canton de Montbron, arrondissement d'Angoulême (Charente). — On trouve Champnier, canton et arrondissement d'Angoulême (Charente), et Champnier, dans le canton de Bussière-Badil, arrondissement de Nontron (Dordogne). — Dournazac, du canton de Saint-Mathieu, arrondissement de Rochechouart (Haute-Vienne).

dix-huit ans, le 30 octobre. Elle avoit testé le 12 avril 1683 et le 29 octobre 1699, et fait héritière Catherine de La Bidurie, *infra*, sa nièce.

V. — **Jean-François Fornel**, écuyer, baptisé à Marthon, le 26 février 1650, ou le 20 juillet 1656, ou le 16 février 1654, épousa, par contrat du 22 avril 1681, Catherine de Bidurie, fille de Jean, du bourg de Reilhac (1) en Périgord, et de feue Marguerite d'Oleron; elle mourut au lieu de Coudere, le 31 mars 1697, fut inhumée dans l'église de Pluviers, dont : 1° Jean, né le 14 janvier 1682; 2° Jacques, qui suit, Sⁱ de La Grelière; 3° Jean, S⁰ de La Maninie, qui se maria; 4° François, baptisé à Feuillade, le 8 novembre 1693, qui peut avoir fait la branche de Coutillas; 5° Jeanne, née le 26 mai 1695, mariée, dans l'église de Pluviers, le 20 juillet 1722, à Jean de Mas-Franc, du lieu de Cluzence, paroisse de Reilhac, veuf de Anne Peyreau.

VI. — **Jacques Fornel**, écuyer, S⁰ de La Grelière, capitaine au régiment de l'Isle-de-France, puis major de la milice, né, le 3 novembre 1683, à Marthon, mourut à Chabroux, paroisse de Marillac-le-Franc, le 5 octobre 1736; avoit servi le roi pendant trente-cinq ans. Il épousa Marie Viroulau, fille de Jean, écuyer, S⁰ de La Bergerie, et d'Hippolyte Pasquet, née le 13 juin 1698. Elle se remaria dans l'église de Pluviers, le 2 décembre 1741, à François de Hautmont, écuyer, fils de Jean, écuyer, S⁰ de La Garde, paroisse de Boussac, diocèse de Périgueux, et de Marie Viroulaud, son parent au second degré de consanguinité; il mourut à l'âge de trente-cinq ans, et fut inhumé dans l'église de Pluviers, le 15 septembre 1742, ne laissant qu'une fille, nommée Marie, née le 1ᵉʳ, et morte peu après. Elle épousa 3⁰, dans ladite église de Pluviers, le 25 avril 1743, Pierre de Vassal, écuyer, capitaine au régiment de l'Isle-de-France, fils de feu Guillaume, écuyer, S⁰ de Thouron, et de Catherine de Sevignou, de la ville de Saint-Cyprien, diocèse de Sarlat, où il mourut sans hoirs, le ... juin 1758. Du premier mariage vinrent : 1° Marie-Catherine, née le 21 octobre 1718, demoiselle de La Grelière; 2° Jeanne, née le 21 septembre 1720; 3° Charles, né le 18 août 1721; 4° Jean-Juste, né le 2 septembre 1722; 5° Léonarde-Ursule, née le 4 octobre 1723, mariée, le 4 août 1760, à Antoine Roux, écuyer, S⁰ de Lusson; 6° Cyprien, né le 19 septembre 1724; 7° Pierre, né le 18 novembre 1725; 8° Marguerite, née le 21 avril 1727; 9° autre Pierre, né le 2 juin 1728, ancien lieutenant au régiment de l'Isle-de-France, dit M. de La Grelière; 10° Nicolas-Maurice, né le 17 septembre 1729, garde-du-corps du roi, marié en 1771; 11° autre Jeanne, née le 15 janvier 1733, mariée, en 1759, à François du Lau, écuyer, S⁰ de Soulignone, paroisse de Marillac-le-Franc; 12⁰ et 13° Pierre-Prosper et Marie, morts en bas-âge.

VII. — **Nicolas de Fornel**, paroisse de Pluviers, épousa, en 1771, Marie de Tessières, de la ville de Bellac (2).

IV ter. — **Paul de Fornel**, écuyer, S⁰ de Fornel, épousa, le 2 septembre 1541, Marie Reyneaud, fille de Pierre Reyneaud, écuyer, S⁰ de La Faucherie, et de feue Anne Troubat, du lieu de La Redraudie, paroisse de Saint-Méry, dont : Pierre, qui suit, et quatre autres enfants.

V. — **Pierre Fornel**, écuyer, S⁰ de La Fantherie (ou La Faucherie), paroisse de Saint-Mary, diocèse d'Angoulême, épousa, à l'âge de vingt-deux ans, par contrat

---

(1) Reilhac, du canton de Bussière-Badil, arrondissement de Nontron (Dordogne). — Saint-Cyprien, chef-lieu de canton de l'arrondissement de Sarlat (Dordogne).

(2) Bellac, chef-lieu d'arrondissement (Haute-Vienne). — Saint-Méry, canton de Saint-Claud, arrondissement de Confolens (Charente). — Saint-Auvent, du canton de Saint-Laurent-sur-Gorre, arrondissement de Rochechouard (Haute-Vienne).

du 4, et dans l'église de Pluviers, le 25 août 1671, Anne Decubes, âgée de vingt-quatre ans, fille de feu Léonard, écuyer, Sʳ de La Laurencie, paroisse de Saint-Auvent, et de feue Anne Chauveron.

VI bis. — Jean de Fornel, écuyer, Sʳ de La Maninie, né le 29 février 1691, de Jean-François et de Catherine de La Bidurie, mourut à Reilhac, le 29 juillet 1738, à cinquante ans. Il épousa Marguerite de Malaval, à Reilhac, le 28 juin 1713; elle mourut à soixante-six ans, le 13 novembre 1761, dont : 1° Marie, née le 28 avril 1715; 2° Jean-Jacob, né le 22 octobre 1722; 3° Jacques ; 4° Jean-Joseph, né le 19 mars 1727, qui suit; 5° Paule, née le 13 avril 1728 ; 6° François, né le 10 août 1729; 7° Pierre, né le 19 mars 1730 ; 8° autre François, né le 20 août 1732; 9° Marie, née le 2 août 1733, mariée, le 6 septembre 1760, à Nicolas Gignat, veuf de Catherine Tardif, du bourg de Reilhac; 10° autre Marie, mariée, le 18 mai 1762, à Sicaire Richard, veuf de Louise Grelier, de la paroisse de Maraval ; Jacques, Anne, Margot, Jeanne, autre Marie, morts en bas-âge.

VII. — Jean de Fornel, écuyer, fils de Jean et de Marguerite de Maraval, épousa à Reilhac, le 10 février 1744, Marie Fali de Fontendrau, fille de Jean et de Gabrielle Longeau, du bourg de Sermathie, dont : Marie, née le 13 février 1745.

V ter. — Jean de Fornel, écuyer, Sʳ de Limeyrat, paroisse de Marthon, mourut, à soixante-quinze ans, le 11 mai 1725; épousa Jeanne de Magnat, fille de feu Annet, par contrat du 28 juillet 1685; elle mourut le 26 décembre 1723, dont 1° Pierre, né le 31 octobre 1687 ; 2° Marie, née le 8 décembre 1688.

Notes isolées.

François de Fornel, écuyer, Sʳ des Antanches ou des Ostanchéres, du village de Lamberge, paroisse de Champnier-aux-Boux, testa le 17 février 1702; épousa 1ʳᵉ, par contrat du 23 novembre 1686, Marguerite Millet, fille de feu Adrien, Sʳ de Lobergie, et de feue Léonarde Marcilhaud, du village de La Peyre, paroisse de Saint-Barthélemy; elle testa le 24 décembre 1687, étant enceinte; épousa 2°, dans l'église de Dournazac, le 26 octobre 1688, Marie Garreau, fille de feu Léonard: elle mourut à trente ans, le 22 janvier 1694, dont : 1° Marguerite, baptisée à Champnier, le 24 août 1689; mariée 1° à Jean Mas-Franc, Sʳ de La Grelière; mariée 2°, dans l'église de Pluviers, le 30 septembre 1710, à François Cheyrade, Sʳ de Grandpré, fils de feu Jean, écuyer, Sʳ de Pontrouchard, et de Gabrielle de La Roussie, du lieu de La Forge ; 2° Anne, née le 21 août 1692. Il épousa 3°, le 10 août 1694, Françoise du Reclus, du village de Fardinas, paroisse de Minsac, diocèse d'Angoulême; elle mourut sans hoirs, sur la paroisse de Champnier-aux-Boux, le 27 juin 1700.

Jacques ou Jean de Fornel, écuyer, du bourg de Reilhac, épousa Suzanne de Sechères, dont : 1° Jeanne, née le 19 septembre 1750; 2° Aubin, né le 10 mars 1752; 3° Marie, née le 15 décembre 1753; 4° autre Marie, morte en bas âge.

Jean de Fornel, Sʳ de La Laurencie, paroisse de Saint-Auvent, épousa, en 1761, Jeanne de La Valade, paroisse d'Angoisse, diocèse de Périgueux (1).

Pierre-Paul de Fornel, écuyer, Sʳ de Villards et de Limerot, paroisse de Marthon, mourut, à soixante-quatre ans, le 29 juillet 1751. Il épousa Jeanne de Voisin; elle mourut, à cinquante-huit ans, le 4 septembre 1747, et fut inhumée à Marthon;

(1) Angoisse, canton de Lanouaille, arrondissement de Nontron (Dordogne).

dont : 1° Jacques, qui suit; 2° Marie, morte à vingt et un ans, le 20 juillet 1747, inhumée à Marthon ; 3° Jeanne, baptisée le 30 novembre 1723 ; 4° Joseph, baptisé le 11 février 1725 ; 5° Marie, baptisée le 22 novembre 1726; 6° Jean, né le 8 novembre 1728 ; 7° Jeanne, née le 30 mars 1730 ; 8° Marie, baptisée le 20 août 1731 ; 9° Jacques, mort à treize ans.

Jacques de Fornel, écuyer, Sr de Limeyrat, paroisse de Marthon en Angoumois, né le 14 août 1722, épousa, dans l'église de Pluviers, le 5 février 1743, Anne Marcillaud, fille de feu Jean et d'Anne Marcillaud, du lieu des Granges, dont : 1° Pierre, né le 11 mai 1744 ; 2° Étienne-Roch, né le 16 août 1752 ; 3° Marie-Anne, née le 30 mars 1754, morte à deux ans ; 4° Jeanne, née le 11 décembre 1755.

Gabriel de Fornel, écuyer, S^r dudit lieu, paroisse de Marthon, épousa, le 13 février 1725, Marie Castello de Maillet.

Anne de Fornel, demoiselle de Laubergie, paroisse de Champnier, épousa, dans l'église de Saint-Estèphe, le 28 février 1718, Michel Cheirade, Sr de Beaumont, dudit bourg ; elle y mourut à l'âge de quarante-six ans, le 12 janvier 1727, fut inhumée dans l'église.

Pierre de Fornel, écuyer, Sr du Villard, épousa, dans l'église de Champnier, le 22 juillet 1717, Marie-Thérèse Tardieu, elle mourut le 22 janvier 1718.

Marguerite de Fornel mourut au Moulin, paroisse de Champnier, le 10 février 1718.

Marie de Fornel, de Coutilias, paroisse de Feuillade, morte à quarante-deux ans, le 27 octobre 1739.

Marie de Fornel, de Coutilias, paroisse de Feuillade, morte à soixante ans, le 19 avril 1748.

Pierre de Fornel, écuyer, Sr de Coutilias, paroisse de Feuillade, diocèse d'Angoulême, mourut à soixante-huit ans, le 13 novembre 1759. Il avoit épousé Marie Cescaud dans l'église de Minsac, le 12 octobre 1723, dont : 1° Jeanne, née en 1723 ; 2° Pierre, né le 29 janvier 1726 ; 3° Marie, née le 14 mars 1727 ; 4° Léonard, né le 7 avril 1729, qui suit ; 5° Pierre, baptisé le 18 décembre 1731, mort fort jeune ; 6° Jean, né en 1733, le 1er janvier ; 7° et 8° Pierre et Marie, nés le 8 juin 1736 ; 9° Pierre, né le 7 juillet 1737 ; 10° Jean, né le 4 juin 1740 ; 11° Charles, né le 2 septembre 1744.

Léonard de Fornel, né le 7 avril 1729, de Pierre, Sr de Coutilias, paroisse de Feuillade et de Marie Cescaud, épousa, le 23 février 1754, Léonarde Fonti, de la paroisse de Varaigne, dont : 1° Pierre, né le 24 janvier 1755 ; 2° Jacques, né le 9 décembre 1758 ; 3° Jeanne, morte au berceau.

Joseph ..... de Fornel, dit le chevalier de Reilhac, fut inhumé, à trente ans, dans l'église de Pluviers, le 28 septembre 1757.

FORNIER (1).

FORT (2).

FORTIA. — François de Fortia, trésorier de France à la généralité de Limoges. Pierre Fortia, écuyer, de la ville de Turenne, demeurant à La Rochelle, épousa

---

(1) Les pages 1167 et 1168, où était cette famille, ont été déchirées.

(2) Nadaud avait des notes sur cette famille à la page 1168, qui est déchirée.

en 1760, Renée-Catherine Chapron, veuve, de la paroisse de Saint-Bartélemy, de La Rochelle.

FOSSE. — FOSSÉ (1).

FOUCAUD. — La page 1168, où commence cette famille, a été déchirée : nous en reproduisons la suite, qui est à la page 1169. — A. L.

Raymond Foucaud [de Saint-Germain (2), écuyer ou chevalier, bailli de la terre de feu Abbon du Pui, écuyer ou chevalier, mort avant 1246. Il vivoit en 1237.] Inhumé dans l'église de Saint-Germain. [Il est nommé dans un titre de l'abbaye de Grandmont (3), de l'an 1232, avec Hugues, son père, et Gui, son fils.] Il épousa ....., dont : 1° Gui, qui suit ; 2° Aimeric ; 3° Humbert, chanoine à Bénévent (4) ; 4° Aelis, religieuse aux Mesures (5).

I. — Gui Foucaud, chevalier, Sgr de Saint-Germain, fut envoyé en Languedoc, en 1251 et 1255, pour régler quelques différends entre l'archevêque et le vicomte de Narbonne. Il fit son testament après la fête de Saint-Nicolas d'hiver 1278 ; veut être enseveli avec son père ; donne à l'évêque de Limoges une obole d'or, afin qu'après sa mort il lui fasse son absolution au premier synode ; fait des legs à plusieurs monastères de filles ; nomme exécuteurs Humbert de Puyagut, Hugue de Bardia, Amelius de Montcocu, Durand de Moleriis, chevaliers ; ses consanguins Galcelinus de Châteauneuf le jeune et Humbert Guidonis, Sgr de Brilhac, leur donnant pouvoir de marier ou monachiser ses enfants, en présence de Gérald de La Borde et de Jean Dupuy, de l'ordre des frères Prêcheurs. L'écu de ses armes est *semé de France;* il y avoit onze autres sceaux. Il avoit épousé Ayceline : il lui avoit promis six livres..... *in osculum*, et veut qu'elle les lève annuellement sur le manoir de Chezandie, situé dans la paroisse des Églises (6) du Dompnho, ou sur la terre du Dompnonheis [il fit pour elle une fondation à Grandmont]. Il laissa : 1° Guyard, qui suit ; 2° Fulcaudi, chanoine de Bénévent, auquel son père donne dix livres annuellement, tandis qu'il voudra suivre les écoles, et, s'il ne veut y aller, il lui lègue 60 sols de rente, jusqu'à ce qu'il aura été pourvu d'un bénéfice compétent ; 3° Quarryet, auquel son père fit le même légat, et voulut qu'il entrât en religion, du conseil de ses exécuteurs testamentaires ; 4° Aymeric.

II. — Gui ou Guyard Foucaud, II° du nom, chevalier, Sgr de Saint-Germain. Son père, par son testament de 1278, voulut que, pour le repos de son âme et de ses parents, il fît le voyage d'Outre-Mer au premier passage général, ainsi qu'il l'avait juré sur les saints Évangiles, devant plusieurs témoins dignes de foi ; que si son fils ne vouloit pas faire ce voyage, ce qu'à Dieu ne plaise, ou qu'il ne pût pas y être forcé par les supérieurs, le père lègue cent livres tournois à un chevalier ou damoiseau, une fois payés, au choix de ses exécuteurs testamentaires, pour

---

(1) Parmi les additions faites par Legros, on trouve ces deux noms indiqués à la page 837, qui est enlevée.

(2) Saint-Germain, du canton de La Souterraine, arrondissement de Guéret (Creuse).

(3) Grandmont, célèbre abbaye complètement détruite, située au village de ce nom, commune de Saint-Sylvestre, canton de Laurière, arrondissement de Limoges (Haute-Vienne).

(4) Bénévent, chef-lieu de canton de l'arrondissement de Bourganeuf (Creuse).

(5) Mesures, monastère de femmes situé dans la paroisse de Brillac, canton et arrondissement de Confolens (Charente). — Cette communauté avait cessé d'exister dès le xvii° siècle.

(6) Saint-Laurent-les-Églises, canton d'Ambazac, arrondissement de Limoges (Haute-Vienne).

prendre la croix et faire ce voyage, et demeurer dans le pays d'Outre-Mer pendant un an au service du crucifix. Il épousa ....., dont : 1° Guillaume, qui suit ; 2° Guy, prieur de Bénévent.

[Falco ou Foucauld de Bugerio ou de Bougerio (Brugères), écuyer, vivoit en 1314.]

Raymond Folcaudi, procureur du roi en la sénéchaussée de Carcassonne, 1320.

III. — Guillaume Foucaud [ou Foulcaud], chevalier, Sgr de Saint-Germain, chambellan du roi, donna quittance de ses gages et de trois écuyers de la compagnie, pour le service de guerre en la bataille de M. le duc de Normandie, dès le 14 juin jusqu'au 27 septembre, à Arras, le 29 septembre 1342 (Morice, *Hist. de Bretagne*, T. I, preuv., col. 1433). Il transigea avec son frère cadet Guy. Le duc de Bourbon l'établit capitaine de son château de Crozant (1), pour Pierre, duc de Bourbon, comte de Clermont et de La Marche, le 3 juin 1347. Il fut fait prisonnier à la bataille de Poitiers, le 19 septembre 1356 ; il servoit cette année avec son fils. Guillaume Foucaud se trouva à Bordeaux à un fait d'armes de cinq Anglois contre cinq François en 1388 ; il avoit pour adversaire le frère du seigneur de Chaumont, anglois, *infra* (Froissart : III° vol., ch. 139). Le sire de Saint-Germain étoit à Bannière, devant la ville d'Afrique, c'est-à-dire Tunis, en 1390 (Froissart, IV° vol., chap. 18). Voulant se rendre religieux, il céda à Guy, son frère, tous ses biens, moyennant une rente. Je vois, en 1369, un Guillaume Fulcaudi, abbé de Bœuil (2) et en 1374 : seroit-ce le même? Guillaume Foucaud épousa Antoinette de Bonneval ; elle est dite veuve en 1368. De ce mariage vinrent : 1° Guillaume, tué à la bataille de Poitiers le 19 septembre 1356 ; 2° Gui, qui suit ; 3° Elize ou Alize, mariée 1° au seigneur de La Roche-Cherreux ; 2° avec le seigneur de La Garde, avec lequel elle vivoit en 1391.

Pierre Foucaud, abbé de Brantôme en 1396 (*Gall. Christ. nov.*, T. II, col. 1493).

Bernard Foucaud, évêque de Pampelune.

Noble Guillaume de Fulcaudi, Sr du Corri, damoiseau du diocèse de Limoges, Sgr de Lusac-les-Églises (3), 1365, épousa Persoys de La Tremothe.

Guillaume Foucaud, chevalier, bachelier, servoit dans les guerres de Guyenne en 1403 : on a conservé son sceau, qui est *semé de fleurs de lis, deux lions pour supports ; pour cimier, une fleur de lis antique*.

Autre Guillaume Foucaud donna quittance au receveur général de 14,000 francs, le 4 juin 1414, où est son sceau *semé de fleurs de lis avec une bande ; pour supports, deux aigles*.

Eon de Foucaud, écuyer sous le gouvernement de M. le connétable, à la revue faite, à Dinan, le 24 août 1378.

Guillaume Foucaut, dit *le Borgne*, garde et capitaine du château de Vincennes, eut pour successeur, dans cet office, en novembre 1415, Charles, comte de Ponthieu, depuis roi de France sous le nom de Charles VII. (Simplic., *Hist. des grands offi.*, T. I, p. 115.)

IV. — Gui Foucaud, III° du nom, chevalier, Sgr de Saint-Germain, capitaine en

---

(1) Crozant, du canton de Dun, arrondissement de Guéret (Creuse).

(2) Bœuil, ancienne abbaye sur la paroisse de Veyrac, canton de Nieul, arrondissement de Limoges (Haute-Vienne). Aujourd'hui on n'en retrouve même plus les ruines.

(3) Lussac-les-Églises, chef-lieu de canton de l'arrondissement de Bellac (Haute-Vienne).

pays de Berry, Auvergne, Bourbonnois et La Marche, servoit en cette qualité avec son père, sous le duc de Bourbon, en 1356 ; obtint, au mois de juillet de la même année, rémission pour avoir tué un personne qui avoit mal parlé de son père; il servoit sous le même prince en 1359. Le duc de Berry lui donna commission, le 19 novembre 1373, pour quelques affaires particulières. On trouve Gui Foucaud, chevalier, dit *le Borgne*, qui servoit avec neuf écuyers, au voyage en Guyenne, sous le maréchal de Boucicaud, au siége de Montignac, et donna quittance de ses gages le 25 septembre 1398. Son sceau est *semé de fleurs de lis avec une bande*; cimier, *un lis fleuri avec sa tige*. Il épousa, en 1356, Marguerite de Bonneval, dont : 1° Guillaume ou Guyart (qui se maria à Agnez-des-Ages, dont ne vint qu'une fille, Marguerite, mariée le 20 juillet 1398, à Héli de Seris, Sgr des Las Ternac, morte sans enfants en 1415), Sgr de Saint-Germain, fut l'un des cinq chevaliers du célèbre tournoi fait à Bordeaux, dont parle Froissard, T. III, ch. 139. L'on trouve Guillaume Foucaud, écuyer, *varlet* de chambre et garde des deniers des coffres du roi, lequel donna quittance, le 24 janvier 1400, de 500 francs d'or; le sceau comme ci-dessus. — 2° Louis, prieur de Bénévent, qui fit ériger ce monastère en abbaye, y donna les terres d'Abzac et de Fournemière, qu'il acquit de son frère, y fit beaucoup d'autre bien, et y obtint plusieurs priviléges. Louis de Sancerre, connétable de France, par son testament du 4 février 1402; donne et laisse à ses serviteurs et familiers, c'est à savoir : à Jean Foucaud l'aîné, 330 francs pour une fois ; à Guillaume Foucaud, 300 francs pour une fois; au moine Foucaud (apparemment l'abbé de Bénévent), tant pour don, comme pour ce que ledit testateur lui étoit tenu pour prêt à lui fait du sien, 1,300 francs pour une fois; à Jean Foucaud le jeune, 100 francs pour une fois ; à Bonnor Foucaud, 100 francs pour une fois. Le testateur nomme ses exécuteurs et féaux commissaires Jean Foucaud, écuyer, ... et lui donne 100 francs pour ses peines et diligences à vaquer à l'exécution de son testament. — 3° Aubert, qui suit.

V. — Aubert ou Albert Foucaud, chevalier, Sgr des Cros, puis de Saint-Germain, après la mort de sa nièce, et de Chatelus, conseiller et chambellan du roi, capitaine général de l'armée du Limousin. Albert Foucaud fit hommage de ses terres des Cros au mois de février 1394, et obtint du duc de Berry, le 12 novembre 1413, la permission d'en faire rebâtir le château, qui avoit été démoli par les Anglois. Le roi Charles VII, n'étant encore que dauphin, l'établit capitaine général de l'armée qu'il avoit en Limousin, en 1418, et au pays de Nivernois et de Douziois. Il servit en Normandie avec six chevaliers et seize écuyers au mois de juillet 1421, suivant la quittance de 473 livres. Le sceau est *semé de fleurs de lis;* supports, *deux lions;* cimier, *un lis fleuri*. Il en donna une autre, le 30 avril 1426, de 200 livres à lui accordées par les gens des trois états du pays de Limousin, pour lui aider à payer la rançon de Jean Foucaud, chevalier, son fils, prisonnier des Anglois à la prise de Laval, par le seigneur Talbot, chevalier anglois. Il étoit au siége de Corbefi (1) lorsqu'on en chassa les Anglois en 1403 ou 1404; il est appelé messire Aubert Foucaud. Il fut commis, en 1418, par Charles, alors dauphin, pour se transporter dans toutes les villes et châteaux des provinces circonvoisines, y faire observer les ordres de Sa Majesté, avec telle escorte que bon lui sembleroit; défendu à tous chevaliers, écuyers et autres, de

---

(1) Courbefy, paroisse de Saint-Nicolas, canton et arrondissement de Saint-Yrieix (Haute-Vienne). — Les Billanges, du canton d'Ambazac, arrondissement de Limoges (Haute-Vienne). — Chaptelat ou Chatellard, du canton de Nieul, arrondissement de Limoges (Haute-Vienne).

s'armer sans son congé. Dans le Limousin, il avoit vingt arbalestriers au service du roi, et commandoit contre les Anglois deux cents hommes d'armes et cent hommes de trait en 1420. Son sceau est *semé de fleurs de lis*, et pour supports, *deux aigles* (Morice, *Hist. de Bretagne*, preuv., T. II, col. 994). Il signe, l'an 1421, le contrat de mariage de Pierre Fretier avec Marguerite de Preuilly. La même année 1421, le 1er juillet, étant bachelier, sa revue de six autres chevaliers, bacheliers, et seize écuyers de sa chambre et compagnie, fut reçue à Montmiral; est qualifié capitaine général en Nivernois et Dauphiné, avec pouvoir de recevoir à grâce et merci tous les rebelles, de leur en bailler lettres sous son scel, visiter tours, châteaux et villes, faire fortifier ceux qui sont sur les frontières, raser ceux qu'il avisera. Il rendit hommage en 1435 à l'abbé de Grandmont, pour les châtellenies des Billanges et du Châtellard. Il épousa, le 12 avril 1404, Isabeau Pot de Rhodes, dont : 1° Jean, qui aura son article; 2° Jeanne, mariée à Jean, chevalier, Sgr de Salagnac, par contrat du 12 avril 1404 (*sic*); 3° Marc, qui suit; 4° Louis, prieur de Bénévent, 1457.

Olivier Foucaud étoit dans la compagnie de Jacques de Dinan, à Montoire, le 1er septembre 1421.

Jean Foucaud, chevalier, Sgr de Saint-Germain et de Fornemiel, servit utilement le roi Charles VII dans les guerres des Anglois; voici ce qu'en dit Jean Chartier : Un chevalier Limousin, nommé Jean Foucaud, Sr de Beaupré (avec trois autres, vingt écuyers, et douze archers au service du roi, en 1419 (Morice, *Hist. de Bretagne*, preuv., T. II, col. 994), avoit la conduite et le gouvernement des archers du roi Charles VII dans les guerres contre les Anglois, en 1429; en cette année, le roi, se retirant avec le reste de son armée, fit demeurer à Ligny-sur-Marne Ambroise de Lore, et demeura avec lui un chevalier nommé Jean Foucaud. Au mois de septembre les Anglois et Bourguignons vinrent devant Ligny avec grande puissance, faisant mine de vouloir mettre le siége devant cette ville. Alors Ambroise de Lore, Jean Foucaud, avec plusieurs autres gens de guerre en leur compagnie, reconnoissant que cette ville étoit foible, et qu'ils n'avoient aucune espérance de secours, ils se mirent au champ contre ces ennemis, et leur firent si grande et si forte escarmouche durant trois jours et trois nuits, que les Anglois et Bourguignons n'approchèrent d'après de plus près la barrière que le trait d'une arbalette, de sorte que, quand ils aperçurent si grande résistance, et qu'ils virent, avec ces chevaliers, grande compagnie de gendarmes, ils s'en retournèrent à Paris sans faire autre chose. Il y eut de côté et d'autre plusieurs tués.

Ambroise de Lore et Jean Foucaud, étant à Lagny, avoient fait certaine entreprise sur la ville de Rouen, par le moyen d'un homme de cette ville nommé Grand-Pierre; or, parce que dans le temps que l'exécution devoit se faire, il n'y avoit point de lune pour pouvoir chevaucher durant la nuit, ils prolongèrent et remirent ce Grand-Pierre à un autre jour, car il ne leur paraissoit pas possible de pouvoir mener si grande compagnie par le pays où il falloit passer, sans se perdre ou s'égarer. Ils voulurent l'exécuter, mais ils ne purent réussir.

Au mois d'octobre suivant, Ambroise de Loré, capitaine de Lagny, Jean Foucaud et un capitaine écossois partirent de Lagny, avec environ quatre à cinq cents combattants, et vinrent loger à Louvre en Parisis. Le lendemain ils crurent trouver entre Paris et Pontoise certains Anglois qu'on leur avoit dit devoir passer, mais ils ne les rencontrèrent pas. En s'en retournant loger à Louvre, ils rencontrèrent un capitaine anglois nommé Ferrières, qui avoit en sa compagnie près de deux cents Anglois et Bourguignons : ils les firent prisonniers avec plusieurs des siens, et défirent les autres. Le lendemain, ils allèrent courir devant Paris, jusques auprès des portes de Saint-Denis et de Saint-Antoine, et de là s'en retournèrent à Lagny.

Ambroise de Lore, ayant été mandé sur la fin de ce mois par le duc d'Alençon, laissa à Lagny Jean Foucaud, vaillant homme, dit l'historien que je copie.

En 1430, Jeanne, Pucelle d'Orléans, tira sur les champs, avec Jean Foucaud et autres de la garnison de Lagny. Ils rencontrèrent trois à quatre cents Anglois, qui se mirent tous à pied contre une haie : alors la Pucelle, Jean Foucaud et les autres se délibérèrent de les combattre, et, avec un très-bon appareil, vinrent, à pied et à cheval, frapper sur ces Anglois. Là y eut très-dure et aspre besogne, car les François n'étoient guère plus que les Anglois; ceux-ci furent tous tués ou pris, mais il y eut beaucoup de François tués ou blessés. La Pucelle, Jean Foucaud et les autres s'en retournèrent à Lagny avec leurs prisonniers.

Les Anglois de Paris et de Corbeil vinrent à Melun, pour tâcher de secourir ceux des leurs qui étoient dans le château, mais ils furent repoussés par plusieurs vaillants hommes, du nombre desquels étoit Jean Foucaud.

En 1431, le duc de Bechfort demeura pendant cinq à six mois devant Lagny : Jean Foucaud, qui commandoit dans la place, soutint l'assaut avec tant de valeur que l'ennemi fut obligé de se retirer après avoir perdu une partie de ses troupes (Villaret, *Hist. de France*, T. XV, p. 94). Pendant ce siége, Jean Foucaud et les autres assiégés endurèrent beaucoup de peine, et eurent grande nécessité de vivres; mais le roi vint les secourir.

En 1433, il servoit avec vingt hommes d'armes et quarante hommes de trait.

En 1435, le maréchal de Rochefort étoit demeuré à Saint-Denis, avec mille ou douze cents François, du nombre desquels étoient Jean Foucaud et Renaud de Saint-Jean. Les Anglois tenoient le siége de cette ville, et combattirent pendant long-temps et fort vaillamment. Le maréchal et ses gens se défendirent de même. Messire Jean Foucaud se défendit très-vaillamment; mais on fut obligé de rendre la ville.

La même année, Jean Foucaud, fut choisi capitaine de la garnison de Lagny, lorsque le connétable de Richemont l'envoya, le mardi de Pâques, à Saint-Denis, avec trois cents hommes. Il y trouvèrent les Anglois en grosse compagnie, qui étoient venus pour piller l'abbaye et la ville; mais ils les chassèrent.

En 1436, il vint au-devant du connétable à Etampes avec belle compagnie de gens.

En 1437, il étoit capitaine de la garnison de Lagny.

Il se trouva à la prise de Pontoise en 1441.

On dit qu'il fut fait maréchal de France.

Le duc d'Orléans l'établit podestat en la ville d'Ast, au duché de Milan, où il mourut sans enfants, ayant institué, par son testament de l'an 1465, son frère et son neveu ses héritiers (1).

Louis Foucaud, comte de Doignon [ou Daughon, ou Daugon], S' du bourg d'Archambaud et de La Fortille, ajouta *un lambel d'argent dans les armes de sa maison*. Il fut élevé auprès du cardinal de Richelieu, qui favorisa ses premiers commencements dans les armes. Il s'attacha ensuite au duc de Fronsac, qui lui fit

---

(1) Ces notes, où l'on trouve le plus grand désordre et quelquefois même la contradiction, offrent ici une lacune considérable. Les pages 1171 et 1172, ont été déchirées : nous continuons avec la page 1173.

obtenir la charge de vice-amiral de France ; il servoit sous lui dans l'armée navale, au combat donné devant Cadix en 1640.

Il étoit vice-amiral sous le duc de Brezé, Armand de Maillé, lorsque celui-ci fut tué à Orbitollo, en Italie, dans la guerre contre les Espagnols, le 14 juin 1646, dans le temps qu'il avoit beaucoup d'avantage sur les ennemis. Le comte de Doignon, au lieu d'en profiter, prit le large, et ramena l'armée navale à Toulon pour aller en diligence se rendre maître de Brouage, Ré, Oléron, et des tours de La Rochelle; où il étoit lieutenant du roi, sous l'autorité de M. de Brezé. On conseilla à la reine-mère de le faire arrêter, ce qui pouvoit facilement être exécuté avant qu'il eût gagné Brouage; mais elle ne le voulut point, par l'avis du cardinal Mazarin.

Quoi qu'il en soit, sa démarche devoit le perdre, et elle servit beaucoup à sa fortune.

Il arriva aux côtes de Bordeaux, en 1649, avec plusieurs vaisseaux de guerre envoyés par la cour pour réduire à l'obéissance cette ville soulevée contre le roi. Les Bordelois ne craignirent point d'attaquer ses vaisseaux, et il fut livré un grand combat, dans lequel le sort des armes fut d'abord assez égal, mais enfin la victoire inclina du côté du comte du Doignon, et, sur la fin de la mêlée, il se vit maître de deux vaisseaux bordelois. Quelques autres combats se donnèrent ensuite, dans lesquels ces peuples eurent toujours du désavantage. Etant contraints de céder, ils prirent le dessein d'implorer la clémence du roi, plutôt que d'éprouver la force de ses armes. Le roi lui envoya commander de venir le trouver. Il s'excusa sur ses incommodités, et n'alla point à la cour. Le cardinal Mazarin, ministre, vit alors clairement qu'il y avoit beaucoup à craindre de ce côté-là ; mais, comme il connut que c'étoit un mal sans remède, il fit semblant de le tenir pour excusé. Il jugea que le désir du duché ou d'un bâton de maréchal de France étoit la cause de sa désobéissance, et qu'avec l'un de ces avantages il seroit content. Il fit négocier avec lui, et ce rebelle fit espérer au ministre qu'il ne seroit pas si cruel à lui-même que de refuser les grâces qu'on lui offroit.

En 1650, on lui donna le commandement de l'armée de mer.

En 1651, le prince de Condé alla traiter avec lui à Bordeaux, et le comte se déclara ouvertement pour son parti ; il voulut engager la ville de La Rochelle, dont il étoit gouverneur, à se déclarer pour le prince dans sa rébellion, mais il ne voulut point le rendre plus maître de son gouvernement que lui-même. Il voulut défendre La Rochelle pour lui, jusqu'à ce qu'il eut obtenu l'objet de ses prétentions, soit d'un parti, soit de l'autre. Mais cette ville le haïssoit trop à cause de ses violences pour lui obéir. Le roi se plaignit de son procédé dans une lettre du 17 octobre, en ces termes : « Le comte du Doignon, mon lieutenant général au gouvernement de Brouage, et lieutenant général en la marine, après avoir reçu une infinité de grâces et de bienfaits de moi, a été si inconsidéré et si téméraire que de se jeter dans ce parti (du prince de Condé), et qu'il fait des armements par mer et par terre contre mon autorité et mon service, abusant de la confiance que j'ai eue en sa fidélité, en laquelle sa naissance et mes bienfaits l'obligeoient ; lui ayant donné lesdites charges et le commandement dans une place si importante que celle de Brouage (en Saintonge). »

Le comte d'Harcourt étant arrivé avec son armée à La Rochelle, le comte du Doignon ne crut pas pouvoir y demeurer en sûreté : il se retira à Brouage, après avoir mis dans les deux tours qui fermoient le port de La Rochelle une garnison suisse, capable de tenir long-temps si elle avait eu plus de courage. Il se défioit presque de tout le monde, et croyoit trouver parmi cette nation plus de fidélité que dans la sienne propre. Mais la suite lui fit bientôt voir que ses mesures étoient fausses, car la peur et l'intérêt, qui rendent ces sortes de gens aussi infidèles que les autres, fournirent aux Suisses des prétextes de faire encore plus que ce qu'il appréhendoit des François. Il est certain que cette défiance du comte du Doignon fut la ruine du port de M. le prince, qui, sans cela, auroit marché à La Rochelle avec toutes ses troupes; au lieu que, pour ménager l'esprit jaloux et incertain de cet homme, il fut contraint de demeurer inutile à Tonnay-Charente, et de voir prendre La Rochelle par le comte d'Harcourt et le marquis d'Estissac, pourvus nouvellement des gouvernements du comte du Doignon, sans oser même proposer de secourir cette ville. Les Suisses crurent se devoir racheter par une trahison : le comte d'Harcourt, général, leur ayant commandé de jeter par les fenêtres celui qui les commandoit, ils le firent et le poignardèrent eux-mêmes. Ce fut un acte cruel mais pardonnable, puisque ceux qui sont rebelles à leur roi méritent la mort selon la loi. La perte de cette ville nuisit à la réputation des armes de M. le prince, car on attribuoit au peu de confiance qu'il avoit en ses troupes ce qui n'étoit qu'un égard qu'il avoit fallu avoir aux ombrages du comte du Doignon.

Le prince le laissa dans les places de La Saintonge pour lui assurer cette province; mais le comte du Doignon étoit renfermé dans ses places, n'osoit en sortir pour ses défiances ordinaires, et ruinoit ainsi les affaires de M. le prince. La même année, Son Altesse Royale, voulant l'accommoder avec la cour, demanda plusieurs articles excessifs et exorbitants, qui rendirent toutes les négociations inutiles; par un de ces articles, il vouloit que le comte du Doignon fût fait maréchal de France.

Cromwell écrivit à ce comte pour lui faire savoir qu'il n'étoit pas possible de lui envoyer sitôt le secours qu'il demandoit, mais pourtant que la république d'Angleterre avoit destiné 3,000 chevaux et 10,000 hommes de pied, qu'il auroit soin de faire débarquer pour la fin du mois de novembre en Saintonge. Cette lettre, véritable ou supposée, fut interceptée par les gardes-côtes, et envoyée au conseil par le duc de Vendôme, amiral de France. La cour crut qu'il ne falloit pas négliger plus long-temps de mettre l'Angleterre dans ses intérêts, et envoya pour cela des ambassadeurs. Voyez la lettre de Wicquefort du 2 novembre 1652.

Il faisoit encore le méchant l'année suivante 1653, et vouloit s'ériger une souveraineté sur les bords de la mer, dans la Saintonge et le pays d'Aunis et dans les îles de Ré et d'Oléron, dans l'espérance qu'il seroit appuyé de l'Angleterre. Mais une telle entreprise étoit au-dessus de ses forces. Et d'ailleurs Cromwell, qui gouvernoit l'Angleterre, ne trouvoit pas à propos de l'assister. Il ne pouvoit cependant renoncer à ses ambitieuses prétentions, et, quoiqu'il vît le parti de la rebellion tombé, et son formidable chef, le prince de Condé, hors du royaume; quoique La Rochelle et ses meilleures places lui eussent été enlevées, il tenoit encore ferme dans les autres, ne trouvant point de sûreté hors de leurs remparts, comme la France n'en trouvoit point de son côté à lui en laisser la possession.

Enfin il fit son accommodement avec la cour, mais il le fit acheter chèrement. Les conditions de son traité étoient aussi avantageuses que s'il se fût agit de récompenser les services d'un homme qui se seroit dévoué pour son prince et pour la patrie, au lieu qu'il n'étoit question que de désarmer un sujet rebelle, qui leur avoit fait une sanglante guerre. Mais la cour jugea que, ayant du mérite, il pouvoit lui être utile s'il se tournoit du bon côté, et elle aima mieux le gagner par ses bienfaits que de se priver, en le perdant, des services qu'elle en pouvoit espérer. Par le traité, on lui promit le bâton de maréchal, et une somme de 500 ou

530,000 livres, ou 50,000 louis d'or, ou seulement 50,000 écus, car les historiens varient ici.

Il n'y eut point de difficulté à l'égard du bâton : il fut créé maréchal, sous le nom de Foucaud, qui étoit celui de sa famille, le 20 mars 1653, et on lui laissa le gouvernement d'Oléron, en ce qu'il remît tous les autres. Mais il y eut beaucoup de difficultés pour la somme d'argent : le maréchal la vouloit toucher avant de se démettre de ses gouvernements, et ce n'étoit pas le sentiment du cardinal Mazarin, qui ne se fioit point du tout à la parole du comte, et il n'étoit pas d'humeur à rien risquer, principalement dans une affaire de cette importance. Le maréchal Foucaud avoit aussi des raisons pour se bien tenir sur ses gardes. L'expédient dont on s'avisa enfin, ce fut de rendre M. de Lamoignon, depuis premier-président, dépositaire de cette somme. Le comte du Doignon l'accepta, et convint alors d'exécuter ponctuellement le traité, et de sortir de Brouage aussitôt qu'il sauroit que l'argent seroit en dépôt chez M. de Lamoignon.

Quelque considérable que paroisse la somme qu'on lui donna, ce n'étoit rien en comparaison des sommes immenses qu'il emportoit de Brouage, et qu'on fait monter à plusieurs millions. On lui accorda l'amnistie, par laquelle commence le traité, qui fut signé au mois d'avril 1653, et vérifié au parlement.

Il assista au lit de justice tenu en décembre 1657.

Il mourut en 1659, le 10 octobre, âgé environ de quarante-trois ans, à Paris, et fut enterré dans l'église de l'*Ave Maria*.

Il avoit épousé Marie Fouré de Dampierre, fille de Charles et de Marie de La Lande; elle mourut le 25 avril 1696, à soixante-six ans, et fut enterrée à l'*Ave Maria*, avec son mari, dont : 1° Louise-Marie, mariée à Michel, marquis de Castelnau, gouverneur de Brest, mestre-de-camp d'un régiment de cavalerie, mort le 2 décembre 1672 [âgé de 27 ans, le dernier de sa race, à Utrecht, de la blessure qu'il avoit reçue à l'attaque d'Amaydou], fils de Michel, marquis de Castelnau, maréchal de France, et de Marie de Gérard. Elle mourut le 4 juillet 1709. Cette dame Louise-Marie, ayant entrepris d'établir un ressort dans sa justice du Doignon, et les officiers de la sénéchaussée de Guéret lui en ayant contesté le droit, ce prétendu ressort fut supprimé par arrêt du parlement contradictoire, du mois d'août 1672, et ordonné que ladite justice continueroit de relever en entier de ladite sénéchaussée, et ladite dame condamnée aux dépens. — 2° Constance, mariée à Renaud de Pons, marquis dudit lieu.

XII. — Henri Foucaud, chevalier, marquis de Saint-Germain-Beaupré, comte de Crozant [gouverneur de la Haute et Basse-Marche], leva, en 1635, une compagnie de cavalerie. Son cornette, qui menoit les coureurs, chargea hardiment un détachement des ennemis, en tua quelques-uns, fit des prisonniers, et donna la chasse aux autres le 25 juin 1635.

Il fut pourvu, en 1644, du gouvernement d'Argenton; de celui de la Haute et Basse-Marche. Dans les troubles de 1649, il leva mille hommes de pied et deux cents chevaux, dont le roi lui marqua sa reconnoissance. Il fit ériger en marquisat la terre considérable de Saint-Germain-Beaupré, composée de celles de Dun, Pierrefitte, La Guierche ....., par lettre du mois d'août 1645. Il se trouva à la défaite des Anglois à l'île de Ré en 1627, au siége de La Rochelle en 1628, de Privas en 1629, aux batailles de Veillane en 1630, Carignan ....., Lens en 1642, au secours de Casal, au siége de La Mothe en Lorraine, Landrecies, Castellet, Arras, à la levée de celui de Mouron, de Corbie, à la défaite du comte de Buquai. Il donna partout des marques de sa valeur et de son courage. Fait maréchal des camps et armées du roi.

Fut blessé au siége de Nimègue, le 9 juillet 1671. Du Buisson, ou plutôt le romanesque Gatien des Courtils, lui reproche de s'être fait couvrir de honte à la bataille d'Eiwhein, en 1673 ou 1674. Il mourut le 11 septembre 1678, dans sa maison de Saint-Germain-Beaupré, où il s'étoit retiré, âgé de soixante-onze ans. Il avoit épousé, le 16 ou le 28 mars 1644, Agnez de Bailleul, fille de Nicolas, chevalier, baron de Château-Gontier, président à mortier au parlement de Paris, etc., et d'Elisabeth Mallier. Elle mourut le 21 novembre 1706; est enterrée à Belle-Chasse, à Paris, où elle s'étoit retirée. Dont : 1° Louis, qui suit; 2° Gabriel-François, comte de Crozant, des Places (1), qui servit plusieurs campagnes en qualité d'aide-de-camp et de lieutenant de la colonne du régiment des gardes, et se distingua en plusieurs rencontres, particulièrement au siége et prise de Maëstricht, à la conquête de la Franche-Comté, le ... novembre 1689.

XIII. — **Louis Foucaud**, marquis de Saint-Germain-Beaupré, comte de Dun-le-Palleteau, gouverneur, en son vivant, de La Marche, par démission de son père, en 1674; mestre-de-camp d'un régiment de cavalerie, nommé brigadier des armées du roi, le 24 août 1688, servit dans les guerres d'Allemagne, de Flandre et de Hollande sous M. de Turenne. Exempt et enseigne des gardes. Se distingua aux batailles de Entzein, Nortlingen, Cassel, Senet. Eut commission, le 21 octobre 1685, de faire démolir le temple d'Aubusson : sa douceur convertit trois cent cinquante huguenots, entre autres Jean-Antoine Jacob, leur ministre, qui fit abjuration dans la chapelle du château de Saint-Germain, le 2 novembre suivant. Il mourut le 23 janvier 1719. Il avoit épousé, le 23 décembre 1677, Hélène Ferrand, fille de feu Pierre, chevalier, Sr de Jauvry, conseiller au parlement de Paris, et d'Hélène Gillot; dont : 1° Armand-Louis-François, qui suit; 2° Armand-Louis-Joseph, chevalier de Malte, né en 1681, colonel d'infanterie en 1702, brigadier des armées du roi, 1719, ambassadeur extraordinaire de son ordre dans les Pays-Bas; 3° autre Armand-Louis-Joseph, dit le comte de Saint-Germain, né en 1682, enseigne de vaisseaux, mort le 11 décembre 1705, sans hoirs, colonel d'un régiment de dragons.

XIV. — **Armand-Louis-François Foucaud**, nommé le marquis ou le chevalier de Saint-Germain-Beaupré, comte de Dun-le-Palleteau, Crozant et Les Places, Sgr de La Guierche, La Ligne, Le Terrail, Mandrezat, Pierrefitte, gouverneur général de la Haute et Basse-Marche [depuis 1711], mestre-de-camp de cavalerie, 1704; se distingua à la bataille de Calcinate, le 19 avril 1706; fait brigadier de cavalerie des armées du roi le 1er février 1710, commandant des troupes du roi en la généralité de Moulin, mourut au château de Saint-Germain, le 25 février ou le 9 mars 1752. Il avoit épousé, le 11 mars 1711, Anne-Bonne Doublet de Persan, fille de Nicolas, conseiller à la grand'chambre du parlement de Paris, et de Bonne-Ursule Garnier de Salens; elle mourut au château de Saint-Germain-Beaupré, le 16 janvier 1755 ; dont : 1° Armand-Louis, né en décembre 1721, mort en bas-âge; 2° Anne-Françoise, née le ... décembre 1713, mariée le ... juin ou avril 1739, à Alexandre-Auguste Grival, marquis d'Ouroy, colonel d'un régiment d'infanterie de son nom, fils unique de Paul, comte d'Ouroy, et de Marguerite-Françoise de Bourgoing de Fauliers, né en 1714; 3° Marie, née en 1716 et morte en bas-âge, 4° ....., né au mois d'août 1718; 5° Anne-Bonne, religieuse à Montargis.

Famille éteinte.

---

(1) Les Places, château de la paroisse de Crozant, canton de Dun, arrondissement de Guré et (Creuse).

Notes isolées.

Jean Foucaud, écuyer, S' de Maigne, paroisse de Chassenon, 1591 (1).

Demoiselle Bonne de Foucaud, femme de Jean-Baptiste Teytut, juge royal des appeaux de Ségur (2), mourut à trente-cinq ans, le 2 juin 1747.

Jeanne Foucaud, veuve du S'..... Brandy, mourut à Lubersac (3), le 11 mars 1718.

[Pierre Foucaud, épousa ....., dont : Marguerite Foucaud, dame de La Salle, qui avoit épousé Gabriel de Beauveau, Sgr de La Bessine, du Riveau, etc.

Constance Foucaud de Saint-Germain, mariée à Isaac-Renaud du Pons.

Françoise Foucaud de La Besse avoit épousé Armand-Hippolyte-Gabriel du Chapt, marquis de Rastignac, mort le 18 août 1748.]

Marguerite d'Aubusson, fille de Jean d'Aubusson, III° du nom, Sgr de La Borne (4), du Doignon, d'Aleirac (5) et de Agnez, dame de Champaignolle, épousa, le 6 juillet 1464, André Foucaud, Sgr de Saint-Germain-Beaupré.

Galienne de Pierre-Buffière, fille de Loys [ou Louis II] de Pierre-Buffière et de Marie de Rochechouart, épousa Marc Foucaud.

Isabeau de Pompadour, fille de Geofroi, V° du nom, Sgr de Pompadour, baron de Laurière, vicomte de Comborn, Sgr de Chanac, Bré, Treignac, Fromental, Saint-Salvator, Saint-Cyr-la-Roche, Chamboulive, Seilhac, et coseigneur d'Allassac, et de Susanne des Cars, épousa, en 1672, Gaspard Foucaud.

SOURCES : Legros, *Mém. mss., sur les abb. du Limousin*, p. 500, 528. — Simplic., T. VII, p. 577, 578, 580, 581, T. VIII, 809. — Baluze, T. II, *Vita pap.*, col. 329. — Bouchet, *preuv., mais. Coligny*, p. 747. — Froissart : III° vol., chap. 139 ; IV° vol., chap. 18. — Daniel, *Histoire de France*. — Morice, *Histoire de Bret.*, T. II, preuv., col. 746, 876, 186, 1085, 1088, 1268. — Godefroy, *Histoire de Charles VI*, p. 738. — Duchesne, *Hist. de la maison Chasteign.*, p. 577, et preuv., p. 176. — Chartier, édition 1661, et de chroniq., p. 526, 529, 530, 763, 765, 779 ; *Vie des Bourbons*, p. 190, 204. — *Gall. christ. nov.*, T. II, col. 656. — Villaret, *Histoire de France*, T. XV, p. 94. — *Dictionnaire généalogique*, 1757, T. III, p. 64. — Nouaille, *Mémoir.*, liv. I. — Brienne, *Mémoir.*, T. II, p. 148. — Moteville, *Histoire d'Anne d'Autriche*, T. III, p. 372. — Bussy, *Mémoir.*, T. I. — Bussy et Lartey, *Histoire de Louis XIV*, T. II. — Joly, *Mémoir.*, T. I, p. 264. — Aubery, *Histoire du cardinal Mazarin*, liv. I, ch. 3. — Couturier, *Coutumes de la Marche*, p. 3. — Buisson, *Vie de Turenne*, p. 6. — Combles, *Traité de la noblesse*, 1786, 2° partie, p. 77, 118, *et Table hist.*, IV° partie, p. 57, V° partie, p. 463 ; VII° partie, p. 45.

LA FOUCAUDIE. — Sanzillon [ou Sensilho] de La Foucaudie, S' de Pouzol et de Bonnetie, paroisse de La Rochette près Saint-Yrieix (6), La Galinie et La Genette,

---

(1) Chassenon, du canton de Chabanais, arrondissement de Confolens (Charente).

(2 et 3) Ségur, ancien château dans la paroisse de ce nom, canton de Lubersac, arrondissement de Brive (Corrèze).

(4) La Borne, à 7 kilomètres ouest d'Aubusson (Creuse).

(5) Aleirac ou Alleyrat, du canton et de l'arrondissement d'Aubusson (Creuse).

(6) Saint-Yrieix, chef-lieu d'arrondissement (Haute-Vienne).

paroisse de Saint-Julien (1), élection de Brive, porte *d'azur à trois pigeons d'argent*, 2 et 1, *les ailes, becs et pieds de sable.*

[La Foucaudie, fief de l'Angoumois, paroisse de Nersac, élection d'Angoulême, généralité de Limoges, qui appartenoit, vers 1676, à un seigneur du nom de Lubersac.

Etienne Sensilho, de Sancto-Aredio, vivoit en... (Registre de Roherii, *apud* D. Col.)]

Senzilho, bourgeois à Saint-Yrieix, 1324, 1332.

Bernard Sezillan, habitant de la ville de Saint-Yrieix-la-Perche, fut anobli avec sa postérité, et à lui permis de porter cordon et ceinture (*cingulum*) de milice, par lettres données à Glatigny, en mai 1341.

Noble Guillaume Sendilhon, père de Pierre, chantre et chanoine de Saint-Yrieix, épousa Marie de Roheria, fille de noble Jean de Roheria, damoiseau, S' dudit lieu; elle étoit veuve en 1466; dont: 1° Pierre; 2° Isabelle; 3° Marguerite; 4° Catherine; 5° Jean.

I. — Pierre Sanzillon, épousa ......, dont : 1° Pierre; 2° Jacques, chanoine de l'église de Saint-Yrieix; 3° Guillaume, qui suit; 4° Foucaud; 5° Léone, mariée, par contrat du 18 juin 1507, avec Hélie Gentil, fils de Jean, Sgr de la prévôté de Saint-Yrieix, en présence de Pierre de Sanzillon son père; elle passa une transaction avec ses frères ci-dessus le 24 janvier 1519.

II. — Guillaume de La Foucaudie, à qui Jacques et Jean Sanzillon, ses frères, firent cession de leur part de la succession de Guillaume, leur père, le 23 mai 1530. Il fit son testament le 9 janvier 1551, par lequel il veut être inhumé dans l'église de La Noailhe près Saint-Yrieix (2). Il épousa Marie de Paleyrac, dont : 1° Jacques de La Foucaudie; 2° autre Jacques, qui se maria; 3° Hélie; 4° Anne; 5° Marguerite, 6° Marie.

III — Jacques de La Foucaudie, écuyer, S' de Doulhac, paroisse de La Rochette près Saint-Yrieix, demeuroit au lieu de La Palou, paroisse de La Nouaille. Il fit son testament le 23 mars 1603; épousa 1°, par article du 14 décembre 1563, Marguerite Authier, fille de feu Antoine Authier, écuyer, et de Françoise Bouchaud; dont : Suzanne, mariée à Jean du Gros, S' de Premourd. Il épousa 2°, par contrat du 16 mars 1572, passé à Périgueux, Catherine Bertaud, fille de Jean, licencié en droit, sénéchal de la châtellenie de La Tour-Blanche, et de Anne Dubois, S'° de la maison noble des Hélies de Bourdeille, de Pouzols, paroisse de La Chapelle-Montourlet, diocèse de Périgueux et de La Bonnetie. Elle fit un testament mutuel avec son mari, le 3 février 1605, par lequel ils veulent être enterrés à La Rochette. De ce mariage vinrent : 1° Jacques; 2° Pierre ou Paul, qui suit; 3° Jean; 4° Anne, mariée à Pierre Lambert, écuyer, S' de La Mazardie, paroisse de Cubjac; 5° Marie, mariée à Pierre Teixier, écuyer, S' de La Chiese; 6° Jeanne, 7° Marguerite, mariée à Armand de Cans, écuyer, S' de L'Isle, fils de François, écuyer, S' de La Sandre et de Françoise Godet.

IV. — Pierre ou Paul de Sanzillon, écuyer, S' de La Foucaudie, Pouzol, fit son testament le 20 avril 1620, épousa, par contrat du 5 juin 1603, Françoise Roux,

---

(1) Saint-Julien-le-Vendomois, canton de Lubersac, arrondissement de Brive (Corrèze). — Nersac, canton et arrondissement d'Angoulême (Charente).

(2) Probablement La Nouaille, chef-lieu de canton, arrondissement de Nontron (Dordogne). — La Chapelle-Montourlet ou plutôt Montabourlet, canton de Verteillac, et La Tour-Blanche, même canton, arrondissement de Ribérac (Dordogne). — Campagnac est à 4 kilomètres nord de Sarlat (Dordogne).

fille de feu Jean Roux, écuyer, Sʳ de Campaignac, près la ville de Sarlat, et de Esther de Larmandie, dont : Pierre, qui suit.

V. — Pierre de Sanzillon, Sʳ de Pouzol, épousa, par contrat du 24 novembre 1637, Jeanne de Lambertie, demoiselle de La Borie, fille de Gabriel de Lambertie, écuyer, Sʳ de Chambourand, La Sallemonie et La Borie, et de Charlotte Vigier, dont : 1° Jean, qui suit; 2° Jeannet, Sʳ de La Bonnetie, qui se maria; 3° François, qui se maria aussi; 4° Charlotte, mariée à François Mounier, Sʳ de Chantagrau.

VI. — Jean de Sanzillon épousa, par contrat du 17 février 1661, passé au lieu de Bourdeille, Catherine Barriasson, fille de feu Jean, Sʳ de Ramefort, et de Eléonor de La Brousse.

Armand de Sanzillon, écuyer, Sʳ de Montignac, épousa, Jeanne de Beili, dont : Marguerite, mariée le 18 décembre 1708, avec Jean de Leimarie, écuyer, Sʳ de La Roche, de la paroisse de Razac (1) en Périgord.

Jean de Sanzillon, Sgr de Douillac, épousa Jeanne d'Hautefort, fille de François d'Hautefort, Sgr de Marguessac, Busac, Ajac et de Jeanne d'Abzac de La Douze.

VI bis. — François de Sanzilhon, fils de Pierre et de Jeanne de Lambertie, cornette dans le régiment de Monseigneur, en 1693, écuyer, Sʳ de La Rochette, Monzal, Doulhac, Pouzols, mourut, à l'âge de quatre-vingt-dix ans, le 6 septembre 1733, et fut inhumé dans la chapelle de Montourlet, diocèse de Périgueux; épousa 1ʳ, par contrat passé au château des Biars, paroisse de La Noaille près Saint-Yrieix, le 27 juillet 1689, Marie du Garreau, fille de Jacques, écuyer, Sʳ de Leissart et de Michelette de Noalhic, dont : 1° Jacques, qui suit; 2° Jean, prêtre et chanoine de Saint-Yrieix; 3° Gabrielle, carmélite à Limoges; 4° Suzanne; 5° François, tonsuré en 1712, mort prêtre et chanoine de Saint-Germain. Il épousa 2°..... Montet de La Moulière, dont : 1° Jean, Sʳ de La Barrière, qui a fait une branche; 2° autre Jean, marié à ..... et mort sans hoirs.

VII. — Jacques de Senzilhon, écuyer, Sʳ de La Foucaudie, Pouzols, de la ville de Saint-Yrieix, épousa, par contrat du 24 mai 1723, Julienne de Beaupoil de Sainte-Aulaire, fille de feu Yrieix, chevalier, baron de La Luminade et de Josèphe Bourdicaud de Peyrigard; dont : 1° Yrieix; 2° autre Yrieix, recollet, appelé frère Adouard; 3° Jean, tonsuré en 1759; 4° Françoise, mariée à .... du Montet de La Fayolle; 5° Julie, religieuse à Saint-Yrieix.

Branche de La Chabasserie.

V bis. — Jeannet de Sanzillon, fils de Pierre, et de Françoise Roux, écuyer, Sʳ de Bonnetie, Mabon et de La Chabasserie, paroisse de Ladignac (2), où il fut inhumé dans la chapelle de Notre-Dame, le 5 janvier 1692, épousa, par contrat du 12 février 1652, Aubine Pabot, dont : 1° Jean, baptisé au Chalard, le 29 mai 1661; 2° Pierre, baptisé à Ladignac, le 27 mai 1663; 3° autre Jean, baptisé le 14 décembre 1664; 4° Louise, baptisée le 28 ..... 1666.

VI ter. — Paul de Seinzilhon, Sʳ de La Chabasserie, mourut le 28 novembre 1693, fut inhumé dans l'église de Ladignac, épousa Elisabeth Gentil de La Jauchat;

---

(1) Il y a Razac canton d'Eymet, Razac canton de Saint-Astier et Razac canton de Sigoulès, arrondissement de Périgueux (Dordogne). — La Douze, canton de Saint-Pierre-de-Chignac, arrondissement de Périgueux (Dordogne).

(2) Ladignac, du canton et de l'arrondissement de Saint Yrieix (Haute-Vienne). — Le Chalard, paroisse formée d'une partie de la commune de Ladignac.

elle se remaria dans l'église de La Noaille près Saint-Yrieix, le... juin 1694, dont :
1° François, né le 12 avril 1686 ; 2° Marie, baptisée le 1er octobre 1692.

VII. — Pierre de Sanzillon, écuyer, Sr de La Chabasserie, paroisse de Ladignac, épousa Isabeau de Curmont, dont : 1° François, né le 1er avril 1712 ; 2° Jean, baptisé le 10 décembre 1713, qui suit.

VIII. — Jean de Sanzilhon de Douilhac, *infra*, marié à Françoise Tenent.

Paul de Sanzilhon épousa Guyotte de ....., dont : Isaac, Sr de Marceys, mort le 16 février 1674, inhumé à Arnac-Pompadour (1).

Mathieu de Sanzilhon, écuyer, Sr de La Chabasserie, paroisse de Ladignac, épousa Marie Grain de Saint-Marsaut, paroisse d'Eyburie.

II *bis*. — Jacques de Sanzillon, fils de Guillaume, fit son testament le 23 mars 1603, épousa Marguerite de Rammonet. Celle-ci, étant veuve, fit son testament le 27 mars 1603 ; dont : 1° Jacques ; 2° Pierre ; 3° Jean, qui suit.

III. — Jacques Sanzillon de La Foucaudie et de Marcouignat épousa, par contrat du 17 novembre 1609, passé au château de Marton en Angoumois, qui ne fut exécuté que le 22 janvier 1610, Nicole de Montferrand, dame de Beaulieu et de Messignac (2), fille de Jeanne Saulnier.

Noble Henri de Sanzilhon, Sr de La Gélénie, paroisse de Saint-Julien-le-Vendonneix, épousa Louise Tenent, dont : 1° Jacques, baptisé le 12 mai 1648 ; 2° Pierre, baptisé le 25 août 1649 ; 3° François, baptisé le 16 février 1651 ; 4° Isabeau, baptisée le 19 décembre 1652.

Pierre Sanzillon, écuyer, Sr de La Jalinie, paroisse de Saint-Julien-Le-Vendonneix, mourut à 70 ans, le 10 juin 1716 ; épousa Marie Ballier du Repaire, dont : 1° Marie, baptisée le 4 avril 1703 ; 2° Elie-Léonard, baptisé le 18 janvier 1705, qui suit ; 3° Pierre, baptisé le 18 février 1709 ; 4° Antoinette, née le 14 novembre 1711 ; 5° Autre Pierre, mort en bas-âge ; 6° Claude, qui a continué la descendance.

Elie-Léonard de Sanzillon, écuyer, Sr de La Jalinie, mourut sans hoirs, le 17 février 1751 ; il avoit épousé Marie de La Rochefoucaud de Couzage.

Jean de Sanzillon de Doulhas, écuyer, Sr de La Chabasserie, de Mashouts, du château de Joffrenie, paroisse de Bussière-Galland, épousa 1° Louise-Françoise Tenent de La Tour en 1729, dont Jean, qui suit ; il épousa 2°, le 7 janvier 1747, Antoinette de Bord, veuve de François Jarrie, Sr du Claud ; elle mourut à 60 ans, le 15 août 1756.

Jean de Sanzillon, garde-du-corps du roi, épousa, dans l'église de Dournazac, le 11 janvier 1762, Marguerite David, demoiselle de Ventoux, fille de Charles, Sr de Merdaloux et de Ursule Bourgeois, dont : Emmanuel, baptisé à Lageyrac, le 8 novembre 1762.

Isabeau de Sanzillon épousa Jean de Combredet, docteur en médecine ; elle mourut veuve, à 60 ans, le 14 mai 1710, fut inhumée à Pompadour.

Pierre de Sanzilhon, Sr de La Cortine, mourut à 28 ans, fut inhumé à Arnac-Pompadour.

---

(1) Arnac-Pompadour, du canton de Lubersac, arrondissement de Brive (Corrèze).

(2) Beaulieu et Messignac sont deux cantons de l'arrondissement de Brive (Corrèze). — Saint-Julien-le-Vendonnois, canton de Lubersac, arrondissement de Brive (Corrèze). — Bussière-Galland, canton de Châlus, arrondissement de Saint-Yrieix (Haute-Vienne). — Dournazac, canton de Saint-Mathieu, arrondissement de Rochechouart (Haute-Vienne).

Louis de Sanzilhon, son frère, mourut le 20 janvier 1688, et fut aussi inhumé à Arnac-Pompadour.

VIII. — Jean de Sanzillon de Douillac, écuyer, S^r de La Chabasserie, paroisse de Ladignac, épousa Françoise Tenant, fille de Paul, écuyer, S^r de La Tour, et de Gabrielle Jarrie, dans l'église du Chalard, le 14 février 1729, dont : 1° Elisabeth; 2° un garçon, qui moururent l'un et l'autre sans alliance.

Isabeau de Sanzillon épousa, à Saint-Julien-le-Vendonneix, le 13 septembre 1695, Pierre Boissuel.

Yrieix de Sanzillon, écuyer, Sr de Pouzol, de la ville de Saint-Yrieix, épousa, en 1760, Marie de Saunier de Cadusseau, paroisse de Montignac-le-Cot, diocèse de Périgueux [dont : 1° N... de Sanzillon-Pouzol, qui plaida, en 1800, avec son père, pour les biens de sa mère, et pour son mariage avec N... Angélique de Nanteuil (1) en Angoumois, dont une fille; 2° N... de Sanzillon-Pouzol, mariée, avec N... du Garreau, de la ville de Saint-Yrieix.]

Sources : Registres de Roherii, notaire à Limoges, p. 40, *apud*. D. Col. — Registres de Borsandi, notaire à Limoges, p. 154, *apud*. D. Col. — D'Hozier, *Armorial général*, Ire partie, page 331. — Simplic., T. VII, p. 341.

FOUGEYRAT. — P. Fougeyrat, abbé de Saint-Etienne de Vaux, diocèse de Saintes, 1359, avoit du bien sur les paroisses de Châteauponsat et de Rancon (2).

Aymeric de Fougeyraco vivoit en ...

Noble Martial de Fougeriat ou Fougeyrat, S^{gr} du Masnadaud, paroisse de Pageas, 1461, 1492.

Sources : Registres de Borsandi, notaire à Limoges, p. 139, n° 216, *apud* D. Col.

FOUQUEBRUNE (3), fief mouvant du duché de La Valette en Angoumois.

FOUQUET. — *Voyez* La Motte-Fouquet.

FOURNOUX. — Léonet de Fournoux, paroisse de Champagnac (4) en Combrailles, épousa ....., dont, noble Léonet, tonsuré en 1560, prieur de Darnet en 1562.

FOURNOUX, Sr de Guillonjard, paroisse dudit lieu, élection de Saintes et de Chillac, porte *échiqueté d'argent et de gueules, deux lions pour supports*.

I. — François de Fournoux épousa Angilberte de Duras.

II. — Angilbert de Fournoux épousa, le 30 novembre 1521, Isabeau de Courjal.

III. — Guynot de Fournoux, chevalier de l'ordre du roi par lettres de Charles IX du 7 octobre 1570, épousa, le 24 avril 1575, Antoinette de Parsay.

IV. — Jean de Fournoux épousa, le 9 septembre 1609, Isabeau de Lavaud; dont : 1° Paul, qui suit; 2° Jacques, qui se maria.

---

(1) Nanteuil, canton et arrondissement de Ruffec (Charente).

(2) Rancon, du canton de Châteauponsat, arrondissement de Bellac (Haute-Vienne).

(3) Fouquebrune est actuellement une paroisse du canton de La Valette, arrondissement d'Angoulême (Charente).

(4) Champagnac, canton de Bel'egarde, arrondissement d'Aubusson (Creuse).

V. — Paul de Fournoux épousa, le 18 janvier 1645, Marthe de La Touche, dont : Jacques.

VI. — Jacques de Fournoux épousa, le 16 mai 1650, Marie de Hamecault (1).

FOURSAC. — *Voyez* La Baunie, Sr de Fairsac, T. I, p. 162.

FRACHET. — Pierre Gérard de Frachet, très-noble, après avoir porté les armes, entra dans l'ordre des Frères-Prêcheurs, où il mourut chargé d'années, l'an 1265. Il avoit épousé ....., dont : 1° Gérald de Frachet, religieux du même ordre, dans lequel il se distingua; 2° Gautier de Frachet, enterré à Solignac, avoit épousé Almodis de Frachet, qui fut aussi enterrée à Solignac.

Sources : *L'Année dominicaine*, 6 août. — *Necrolog. Solemniac.*

FRAICHENET. — Jaucelin de Fraichenet (Fraissinet) (2), chevalier, Sr dudit lieu, enterré à Solignac. Sur sa tombe est un écu avec trois *limis* et une épée.

Source : *Necrolog. Solemniac.*

FRAISSE (3).

FRAISSEIX. — *Voyez* Fraysseix.

FRAITET. — Gérald de Fraitet est témoin dans un acte d'environ l'an 1030.

Source : *Cartular. Vosiense.*

FRAYSSEIX (4).

FRAYSSEIX DE LA PERRIÈRE, Sr de La Perrière et de Beausoleil, paroisse de La Porcherie (5), porte *d'or à trois fasces ondées d'azur*.

Pierre du Breuil, chevalier, épousa ....., dont : 1° Noble Louis du Breuil, damoiseau, héritier de son père, 1398; 2° Imbert, chanoine et archidiacre de Bénévent dans l'église de Limoges; 3° Pierre, chevalier, 1398.

Noble Auber de Vilafort, *alias* du Breuil, damoiseau, 1438.

I. — Pierre du Breuil, *alias* Freysseix, fit son testament le 5 janvier 1525, épousa Gabrielle de Coudert, dont : 1° Jacques; 2° Pierre; 3° Guillaume, qui suit.

II. — Guillaume du Breuil, *alias* de Fraysseix, fit son testament le 8 novembre 1553, épousa Marguerite Gros, dont : 1° Jacques, qui suit ; 2° François, qui transigea avec son frère le 20 mars 1565, par laquelle transaction il appert que Guillaume étoit leur père, et Pierre, père dudit Guillaume.

---

(1) La suite ne se retrouve plus, la page 799 ayant été déchirée.
(2) Fraissinet est à quelques lieues de Solignac, dans la paroisse de Saint-Priest-Ligoure, canton de Nexon, arrondissement de Saint-Yrieix (Haute-Vienne).
(3) Ce nom est indiqué à la page 2042, mais il existe à cet endroit une lacune de 14 pages.
(4) La page 2261, où ce nom est indiqué, a été déchirée.
(5) La Porcherie, du canton de Saint-Germain-les-Belles, arrondissement de Saint-Yrieix (Haute-Vienne).

III. — Jacques de Fraysseix ou du Fraixe, écuyer, Sʳ de Beausoleil, fit son testament le 12 janvier 1598, épousa, par contrat sans filiation du 25 novembre 1592, Françoise du Burg de La Morelie; elle fit un testament le 12 février 1612, dont Germain, qui suit.

IV. — Germain du Fraysseix épousa Gabrielle de Pommier : elle fit son testament le 23 février 1658; dont : 1° François, qui suit; 2° Jean de Fraysseix, Sʳ de Beausoleil, qui partagea avec son frère les successions de leurs père et mère, le 30 juin 1660.

V. — François de Fraysseix, Sʳ de La Perrière, paroisse de La Porcherie, mourut à 60 ans, le 30 mai 1690, épousa, par contrat du 11 juin 1566, Jeanne de La Tousche.

Sources : Registres de la cathédrale de Limoges. — Registres de Saint-Maurice de Limoges.

FRAYSSEIX DE LA BLANCHARDIE. — Fraysseix, Sʳ de La Blanchardie, paroisse de Vic (1), porte *d'or à trois fusces ondées d'azur.*

I. — Léonard de Fraysseix eut des lettres de légitimation et d'anoblissement au mois de février 1611, dûment vérifiées; écuyer, Sʳ du Breuil, épousa, Judith de La Tour, veuve en 1623, dont : Henri, qui suit.

II. — Noble Henri de Fraysseix de La Vergne, Sʳ de La Blanchardie, épousa Hélène Baillot, dont : 1° Marguerite, baptisée à Vic, le 2 septembre 1654; 2° Françoise, née le 7 novembre 1660.

FRANCÉ (2).

FRANCFORT.

FRANCOUR. — *Voyez* Audebert, Sʳ de Francour, T. I, p. 100.

FREDAIGUE.

LES FRENAUDIES [fief situé près la ville de Saint-Junien (3) : le nom de ses seigneurs est de James des Frenaudies.

Jean de James, écuyer, Sgr des Frenaudies, marié avec Marcelle-Aimée de Nolet, dont il eut, entre autres enfants : Louise de James des Frenaudies, née vers 1748, élevée à Saint-Cyr, qui fit profession aux Carmélites de Limoges, le 6 novembre 1769, sous le nom de sœur Marie-Louise de Saint-Henri; elle vivoit en 1790.

Source : Registre des professions religieuses des Carmélites de Limoges.]

FRESSANGES. — *Voyez* Léonard.

FRESSINET, ou **FREISSINET**, ou **FREYSSINET** [terre et seigneurie, qui appartenoit, en 1698, à un seigneur particulier (4).

---

(1) Vic ou Vicq, du canton de Saint-Germain-les-Belles, arrondissement de Saint-Yrieix (Haute-Vienne).

(2) La page 2042, où Nadaud indique ce nom, a été déchirée.

(3) Saint-Junien, chef-lieu de canton de l'arrondissement de Rochechouart (Haute-Vienne).

(4) Freyssinet est peut-être le même que Frayssinet, paroisse réunie à celle de St-Priest-Ligoure.

Catherine de Freyssinet avoit épousé Pierre de La Garde de Chambonas].

FRETARD, S⁺ de Gadeville et d'Ouvilliers, paroisse de Brie, élection d'Angoulême 1), porte *de gueules fretté d'argent, deux lions pour supports.*

I. — Pierre Fretard transigea le 9 novembre 15.1.

II. — Louis Fretard transigea pour son père, avec Jean de Gaignon, le 31 juillet 1531, consentit au nom de sondit père une obligation le 24 décembre 1530. Il épousa Françoise de Naivelles.

III. — Charles Fretard épousa : 1°, le 9 juillet 1560, Jeanne de Goumelien, dont Samuel; 2° Raymonde de Mousse : celle-ci, étant veuve et tutrice de ses enfants, transigea avec ledit Samuel, son fils aîné du premier lit, le 31 (le 1ᵉʳ) octobre 1590.

IV. — Samuel Fretard épousa Renée de Morinville.

V. — Galeas Fretard épousa, le 13 août 1612, Françoise du Bourg, dont : 1° Michel, qui suit; 2° Charles, S⁺ d'Ouvilliers, qui se maria le 13 avril 1650.

VI. — Michel Fretard épousa, le 29 octobre 1634, Jeanne Mangon.

VII. — Michel-Galeas Fretard, S⁺ de Gadeville, fut baptisé le 27 avril 1643. Ladite Mangon, sa mère, donna procuration en sa faveur le 28 juin 1667.

FREYSINGES DE SAINT-SALVADOR. — Jean ou Raymond de Saint-Salvador (2), citoyen de Tulle, fut anobli vers 1370, à cause de sa fidélité envers le roi. Cette famille dura jusque vers l'an 1580, que Anne de Saint-Salvador étoit entrée dans la famille des Maruc.

Julien de Saint-Salvador est enterré dans le chœur de l'église dudit lieu, et sur son mausolée ou pyramide en marbre, on a gravé, en lettres d'or, l'épitaphe ci-après. Il avoit épousé Jeanne de Bonneval.

« *Siste paululum, viator, adverte et perlege. Hic jacet nobilissimus Julianus a Sancto-Salvatore, eques olim torquatus.*

» *In agemine cataphractorum centum militum sub invictiss° Cenomanorum duce vexillifer,*

» *Regum et augustissimæ Guifiadum familiæ, deliciæ procerum, et plebis amor, militum decus :*

» *Cujus martios animos centum enuntiarunt vulnera. Obiit, exactis decem olimpiadibus,*

» *Pridie nonas januarias 1614.*

» *Æternæ tanti viri memoriæ illustrissima Joanna de Bonneval, conjux charissima, et sibi, cum fatum tulerit,*

» *Hoc posuit monumentum.* »

De Saint-Salvador, capitaine au régiment de Champagne, fut blessé près de Saint-Omer, le 27 mai 1638, au point qu'on croyoit qu'il n'en réchapperoit pas.

SOURCES : Baluze, *Hist. Tutel.*, p. 205. — Bouchet, preuv., *mais. Coligny*, p. 898, 899.

FRICAND. — Hélie Fricand, écuyer, S⁺ de Bourgsolet, paroisse de Massignac (3),

---

(1) Brie, canton de La Rochefoucauld, arrondissement d'Angoulême (Charente). Dans sa table, des Coutures dit aussi : « Election d'Angoulême », quoiqu'il ait inscrit cette famille avec celles de Saint-Jean-d'Angely.

(2) Saint-Salvador, du canton de Seilhac, arrondissement de Tulle (Corrèze).

(3) Massignac, canton de Montembœuf, arrondissement de Confolens (Charente).

épousa, par contrat du 5 mars 1601, Jacquette Bardounyn, fille de feu Adrien, écuyer, S' de Reyrat, et de Anne de Croizant, du bourg de Massignac.

FRICON. — Guillaume Fricon, chevalier, sénéchal de l'évêque de Limoges en 1298.

Aymeric Fricon, chevalier, garde du scel du roi de France dans le bailliage de Limoges en 1316, 1317, 1321 (titres contemporains).

Le S' Jousaume Frico, Sgr de Rochefort, dont la mort est marquée au 5 janvier dans le nécrologe des Cordeliers de Saint-Junien.

Louis de Fricon, écuyer, S' de Pommereaux, paroisse de Genouillac (1) en la Haute-Marche, épousa Louise de Jovion, dont : 1° Jean, né le 17 mai 1627; 2° Fiacre, qui suit; 3° autre Jean, né le 13 juin 1630; 4° Nicolas, né le 9 novembre 1631; 5° Gilberte, née le 6 mai 1633; 6° Louis, né le 13 novembre 1634; 7° Anne, née le 6 mai 1636; 8° et 9° Jean et Anne, nés le 23 février 1642.

Fiacre de Fricon, né le 14 mars 1629, S' de Lavallette, paroisse dudit Genouilhac, épousa Charlotte de Poyeme, dont : Louis, né le 15 octobre 1658.

Henri de Fricon, écuyer, paroisse de Nouziers, épousa, en 1764, Jeanne de La Chapelle de Servière, paroisse de Domerot.

Jean-Baptiste de Fricon de Parsat, paroisse de La Saunière, épousa : 1°....; 2°, en 1770, Marie-Henrie de La Saigne de Saint-Georges, paroisse de Saint-Hilaire-la-Plaine.

FRIDEAU. — Pierre Frideau épousa ....., dont : Jean, qui suit.

Jean Frideau, écuyer, épousa, par contrat du 10 février 1580, Françoise Pouthe.

FROMENT. — Marguerite de Pompadour, fille de François, Sgr de Château-bouchet et de Peyraux en partie, et de Anne de Montbrun, épousa, par contrat passé au château de Vic, diocèse de Limoges, le 3 août 1557, Léonet de Froment, écuyer, Sgr du Saillant, frère d'Antoinette Froment, femme de Louis de La Soumagne, Sgr du Fourcy, de La Roche et de La Vergne, maître des eaux et forêts de la Haute et Basse-Marche.

FROMENTAL (Sgr de) (2). — Jean Bermondet, chantre de l'Eglise de Limoges en 1552 : Suzanne Bermondet et Jean de Meyrignac, son mari, vendirent cette terre à Jean Pouthe.

Jean de Senneterre, chevalier de l'ordre du roi, et Madeleine de Rouffignac, sa femme, la vendirent à Guillaume de Verthamon, le 8 octobre 1573.

Guillaume de Verthamon la vendit, le 9 mars 1583, pour le prix de cinq mille écus sol, revenant à quinze cents, à Paris de Buat, docteur en médecine.

Léonard de Buat, Sgr de Fromental, étoit mort le 1er mai 1609.

François Pot.

---

(1) Genouillac, Nouziers, canton de Châtelus, arrondissement de Boussac (Creuse). — Domerot ou Domeyrot, canton de Jarnages, arrondissement de Boussac (Creuse). — La Saunière, canton et arrondissement de Guéret (Creuse). — Saint-Hilaire-la-Plaine, du canton d'Ahun, arrondissement de Guéret (Creuse).

(2) Fromental, du canton de Bessines, arrondissement de Bellac (Haute-Vienne). Legros indique d'autres notes sur Fromental à la page 1174 du manuscrit, mais cette page est déchirée.

Morel de Fromental. — Jean Morel [baron de Fromental, président au présidial de Limoges], est enterré à Saint-Pierre-du-Queyroix, à Limoges, devant la chapelle des Saints-Innocents, où, sur le pavé, est cette inscription :

> CY GIST Mre JEAN
> MOREL BARON DE
> FROMENTAL, PRÉSIDENT
> AU PRÉSIDIAL DE
> LIMOGES, QUI EST
> DÉCÉDÉ LE 21 MAI DE
> L'ANNÉE 1651. PRIEZ
> DIEU POUR LE REPOS
> DE SON AME.

Mathieu Morel, trésorier de France, S^gr de Fromental, épousa Françoise Vidaud, dont : Joseph, né le 6 juillet 1686, tonsuré en 1701.

Pierre Garat, écuyer, Sr de Saint-Priest-Taurion (1), épousa, en 1769, Marie-Angélique Morel de Fromental de La Clavière, [dont plusieurs enfants].

SOURCE : *Mém. mss. sur les Antiquités de Limoges.*

FROTTIER.

[**FROY.** — Pierre Froy vivoit en ..., d'après le registre de Borsandi, notaire à Limoges, p. 154, n° 239, *apud.* D. Col.]

FRUINI. — Willelmus Fruini donne au monastère de Vigeois une rente sur la Borderie de Pardinas, vers l'an 1130.

SOURCE : *Cartular. Vosiense*, fol. 71.

FULCHERIUS. — Pierre Fulcherius épousa ....., dont : 1° Bernard Fulcherius, témoin dans un acte d'environ l'an 1110. Il eut pour fils Elie Faidit de Estiennette (Stephana) ; se fit moine à Vigeois (2) ; 2° Pierre, qui alla à Jérusalem, et se fit moine à Vigeois : l'abbé de ce monastère dépensa beaucoup pour payer ses dettes et le faire habiller ; 3° Elie, qui se fit moine à Vigeois ; 4° Pétronille, mariée à Gérald Guillaume.

Pierre Fulcherius, damoiseau, S^gr de Saint-Hilaire-las-Tours.

[Hélie Faucher (Fulcherii), chevalier.

Guy Fulcherii, vivoit en ...].

SOURCES : *Cartular. Vosiense*, fol. 60, 80. — Legros, *Mém. sur les abbayes du Limousin.* — [Registre de Bersandi, *apud.* D. Col. — Registre de Boherii, *apud.* D. Col.]

FUMÉE, Sr de Villognon, paroisse dudit lieu (3), élection d'Angoulême, porte *d'argent à cinq losanges de sable*, 2, 2 et 1.

---

(1) Saint-Priest-Taurion, du canton d'Ambazac, arrondissement de Limoges (Haute-Vienne).
(2) Vigeois, canton de l'arrondissement de Brive (Corrèze). — Saint-Hilaire-las-Tours, canton de Nexon, arrondissement de Saint-Yrieix (Haute-Vienne).
(3) Villognon, du canton de Mansle, arrondissement de Ruffec (Charente).

I. — François Fumée, trésorier à ....., est élu maire de Poitiers le 18 juillet 1597, reçu échevin en ladite ville, par la mort de René Burgnon, le 15 avril 1648; épousa Catherine Palastre.

II. — Louis Fumée épousa, le 16 janvier 1634, Eymeric de Moret.

III. — Pierre Fumée fit avec sa mère, veuve, l'acquisition de la terre de Villognon, le 31 mars 1663; épousa Jeanne Flaman.

FUMEL. — [Ancienne baronnie en Quercy, qui a eu des possessions en Limousin, dont les seigneurs sont connus dès le xiii° siècle.

I. — Bertrand de Fumel épousa Brunissande de La Barthe, du chef de laquelle il étoit, en 1283, vicomte de La Barthe, dont sa postérité prit le nom.

II. — Pons de Fumel, baron de Fumel, qui vivoit en 1340, fut père de .....

III. — N.... de Fumel fut père de .....

IV. — N.... de Fumel fut père de .....

V. — N.... de Fumel fut père de .....

VI. — N.... de Fumel fut père de François, qui suit.

Laurent, baron de Fumel, allié à Marguerite de Beauze, fut père de Catherine de Fumel, dame de Monségur en Angoumois, mariée, en 1589, avec Guyon de Durfort, baron de Liobard.

Philippe de Fumel épousa Jean, Sgr d'Escondillac, chevalier de l'ordre du roi. De qui étoit-elle fille ?

VII. — François Ier, baron de Fumel, capitaine des gardes de la Porte, gouverneur de Marienbourg, ambassadeur sous Soliman II, empereur ottoman, et qui fut massacré dans son château par les religionnaires, le 25 novembre 1561, fut père de : 1° François II, qui suit; 2° Joseph, qui a fait la branche de Montaigu.

VIII. — François II, fils aîné de François Ier, fut tué à la bataille de Coutras, laissant, de Jeanne de Caumont-Lauzun :

IX. — Charles de Fumel, en faveur de qui la baronnie de Fumel fut érigée en vicomté par le roi Henri IV, et qui d'Anne de Montesquieu de Sainte-Colombe eut :

X. — Louis, vicomte de Fumel, marié à Marguerite de Mirepoix, mère de :

XI. — François-Joseph, Sgr vicomte de Fumel, assassiné à La Réole, à l'âge de vingt-huit ans. Il avoit épousé Catherine d'Aulède, fille du premier-président du parlement de Bordeaux, dont nâquit :

XII. — Louis, vicomte de Fumel, décédé le 10 décembre 1749, laissant de son mariage avec Catherine, fille et héritière de Thomas Bertier, premier-président du parlement de Toulouse : 1° Jean-Félix-Henri de Fumel, évêque de Lodève en 1750; 2° Joseph, qui suit; 3° Georges, dit le vicomte de Fumel; 4° François, dit le chevalier de Fumel; 5° Marguerite de Fumel, mariée le 11 août 1750, avec Alexandre de Cugnac, comte de Giversac, mort le 14 du même mois; 6° Louise, religieuse maltaise au couvent de l'hôpital de Saint-Dolas en Quercy.

XIII. — Joseph, II° fils du précédent, marquis de Fumel, mestre de camp d'un régiment de cavalerie de son nom, marié, en mai 1748, avec Elisabeth Conti d'Hargicourt, dont est née, le 18 juillet 1749, Marie-Louise-Elisabeth de Fumel.

Branche de Montaigu.

I. — Joseph de Fumel, fils puîné de François Ier, marié, le 11 janvier 1578, à Armoise de Loumagne, qui lui porta la baronnie de Montaigu, et fut mère de :

II. — François de Fumel, allié, le 17 mai 1617, avec Silvie de Pons de La Case. Ils eurent pour fils :

III. — Pierre-Silvain, baron de Montaigu, qui épousa, en 1643, Marie de Cieutat, dont naquit :

IV. — Arnaud, allié en 1681, avec Marie de Cieutat, sa cousine germaine, mère, entre autres enfants, de

V. — Pierre-Silvain-Alexandre de Fumel, baron de Montaigu, marié, en 1724, avec Marguerite d'Astorg, héritière de la seigneurie de Gratens et de la vicomté de Cologne, dont sont nés un garçon et deux filles, tous vivants en 1751.

Sources : *Tabl. hist.*, IVe partie, p. 338, 339, 340, 429. — De Combles, *Tabl. de la nobl.*, 1786, Ire partie, p. 18, 59, et *Tabl. hist.*, VIIe partie, p. 274.]

Supplément a la lettre F.

FABRI, ou LE FEBRE, ou LE FEYRE (p. 107).

Jean Le Febre (dit Fabry), neuvième évêque de Tulle et cardinal, porte *d'azur au chef cousu de gueules, chargé d'un lion hissant d'argent.*

Voici le passage de Baluze auquel Nadaud envoie :

« Antequam ultra progrediamur, admonendus est lector ne somnia Frizonii sequatur, scribentis hunc cardinalem ortum esse ex nobili familia Fabiorum Yerensium, apud Provinciales, neve illum, exemplo Gasparis Jongelini, confundat cum Joanne Fabio, episcopo Carnotensi. Iste enim certo natus est apud Lemovices. Sane non itapridem, ut fando audivi, supererat Fabiorum familia apud Malummortem, unde orti erant Gregorius XI et Clemens VI, ejus patruus, humilis sane et infima, sed quæ tamen originem suam facile referre poterat ad illam ætatem. Si fortuna vellet, fies de consule rhetor, ut ait ille.

» Joannes ergo fuit consanguineus germanus Gregorii XI, ac doctor legum, deinde decanus Aurelianensis, anno M. CCC LXIV, post Hugonem Faidici, ut opinor. Illud certe constat fuisse decanum Aurelianensem anno millesimo CCC LXX, VI idus Augusti; qua die Urbanus V in eum contulit episcopatum Tutelensem, vacantem per obitum Laurentii dal Biars, qui occiderat paulo ante, nimirum XIV ka^s. martias. Deinde, anno sequenti, Gregorius eum fecit presbyterum cardinalem tituli Sancti Marcelli. Obiit Avinione anno M CCC LXXII, die sexta Martii. »

(Bal., *Vit. Pap. Aven.*, II, p. 1092.)

FAGERDI (page 107.)

N..... La Fagerdie de La Praderie, autre N..... La Fagerdie de La Praderie, N..... La Fagerdie de La Peyrière, N..... La Fagerdie de Saint-Germain, signèrent avec les gentilshommes du Bas-Limousin le cahier des doléances, en mars 1789. La Fagerdie de Saint-Germain était secrétaire de l'ordre.

Source : *Catalogue des gentilshommes de La Marche et du Limousin.*

FAIDIT. — *Voyez* Faydit.

FAUCHER (p. 109.)

Nicolas Faucher de La Ligerie, sénéchaussée de Saintes, était à l'assemblée de la noblesse le 16 mars 1789, avec N..... Faucher de La Ligerie fils

Le chevalier Faucher de La Ligerie était à la même assemblée.

Pascal de Faucher, sénéchaussée d'Angoulême, était à l'assemblée de la noblesse le 19 mars 1789.

Sources : *Catalogue des gentilshommes de l'Angoumois et de la Saintonge.*

FAUCON (François de) (p. 109), xxiv° évêque de Tulle, issu d'une ancienne maison originaire de Florence, était chanoine de la Sainte-Chapelle de Paris lorsqu'il devint évêque de Tulle en 1544. Il posséda successivement les sièges d'Orléans, de Macon et de Carcassonne. Ce prélat fut aussi abbé de Hautvilliers, de Notre-Dame de Belleperche, etc. Il passa à l'évêché d'Orléans le 20 octobre 1550, et mourut, en 1565, à Carcassonne, où il est inhumé dans la cathédrale. (Nadaud, *Pouillé.*)

Il portait *de gueules à une patte de faucon d'or armée de sable.*

FAULCON, anciennement Fulcon, Foulcon, en latin *Fvlconis* (p. 109), Sgr de Salles et de Chassenon en Angoumois, de Laron, de Thouron, de Puyméniers, baron de Saint-Pardoux, Sgr de l'Age, de Chamborant en partie, des Lèzes, de Boisse, de Lermont, du Garreau, de Journhac, des Couperies, de Linards, etc., en Limousin et en Marche ; — d'Autry, de Brion, du Son, en Sologne et en Berry;

Famille ancienne, dont la filation remonte à Louis Faulcon, chevalier, Sgr de Thouron près Nantiat, et de Saint-Pardoux, dont le fils aîné, Jean Faulcon, chevalier, Sgr des mêmes lieux et de Laron, est qualifié noble et puissant homme dans un acte du 22 octobre 1461.

Les descendants de Louis ont formé les branches de Saint-Pardoux, — des Lèzes, — de Lermont et de Boisse, — de Thouron et du Garreau.

La branche des Couperies, paroisse de Buxières-Dunoise en Marche, et non, comme le dit Nadaud, paroisse de Saint-Georges-d'Oléron, remontait à Julien Faulcon, homme d'armes de la compagnie du duc de Montpensier, en 1553, marié, vers 1540, à Louise Le Picard.

Les alliances diverses de la famille Faulcon sont avec celles de L'Age, d'Alesme, de Baslon, Brachet de Pérusse, de Bridiers, de Cerez, de Chamborant, de Chaussecourte, Chauvet de La Villatte, de Coignac, de Coustin, de Gain, de Jonas, de Jovion, de Linards, de Marillac, de Montrocher, de Moras, de Nesmond, de Nespoux, Poitevin, Pot de La Vau-Pot, de Rochechouart, de Rouffignac, de Vieux, de Villelume.

Armes : *Ecartelé, aux 1 et 4, d'azur à la croix d'or* (alias *d'or à la croix d'azur*); *aux 2 et 3 : d'azur à trois fleurs de lis d'or, et trois tours, dont deux d'argent et une d'or, brochant sur l'écartelé.* Vicomte de Maussabré.

D'autres donnent pour armes à cette famille : *d'azur au faucon d'or perché sur un bâton de même.* (C. Grandmaison, *Dict. hérald.*)

Dans le texte de Nadaud, page 109, il faut lire, à la ligne 35° : « Fiacre de Gratin et non « de Groise », et à la ligne 39° « de Baslon » au lieu de « Le Ballon ».

Voici encore quelques notes isolées, dont la plupart sont fournies par Nadaud :

Le 2 mai 1438, ... Faulcon reçut, à Thouron, le roi Charles VII.

Louis de Faulcon, chevalier, fut père de Jean, qui suit.

Jean de Faulcon, chevalier, Sgr de Thouron et de Saint-Pardoux, augmenta une vicairie à Thouron le 28 mai 1475. (Nadaud, *Pouillé*, p. 126.) Son testament, publié dans le Bulletin de la Société Archéologique du Limousin (T. Ier, p. 58), donne les détails les plus intéressants sur les habitudes et les usages de cette époque

C'est probablement le même que Jean Faulcon qui épousa une fille de Simon de Rochechouart, chevalier, Sgr d'Ancourt, etc. (NADAUD, *Nobil.* mss.)

Vers 1520, Catherine Faulcon épousa noble Jean Martin de La Goutte-Bernard, paroisse des Cheseaux. (*Idem.*)

François Faulcon, Sgr de Saint-Pardoux, épousa Anne d'Aubusson, fille de François, Sgr de La Feuillade et de Louise Pot. Elle se remaria, en 1580, avec Rigal de Scoraille. (*Idem.*)

Gabrielle Faulcon épousa, par contrat sans filiation du 5 novembre 1566, César de Moras, écuyer, Sgr de Chamborant. (*Idem.*)

Charles Faulcon épousa, en 1584, Gabrielle de Nespoux, fille de Jean, écuyer, Sr du Boissay. (*Idem.*)

Françoise de Faulcon épousa messire Christophe de Carbonnières, chevalier de l'ordre du roi, gouverneur pour Sa Majesté en la ville de Rocroy. Elle était veuve en 1592. (*Biogr. de François de Rosiers*, p. 54.)

Anne Faulcon épousa, le 17 mars 1658, Gabriel Picon, Sr de Chasseneuil (1), paroisse de Nantiat, fils de Georges et de Hélis de Coste. (*Idem.*) Elle était née aux Lèzes, paroisse de Thouron. Elle cultiva la poésie avec le plus grand succès. Nous lisons dans Collin (*Lem. mult. erud. ill.*) qu'elle était d'une très-noble famille, et que ses poèmes, écrits en français, furent imprimés à Paris en 1657.

FAUCONNIER. — François Fauconnier fut lieutenant particulier à Bellac de 1675 à 1682.

Jean-César Fauconnier était aussi lieutenant particulier à Bellac en 1707.

Jean-Baptiste-Alexandre Fauconnier, écuyer, officier au régiment de Royal-Champagne-cavalerie, était présent à l'assemblée générale des trois ordres, réunie en la ville du Dorat, capitale de la province de la Basse-Marche, le 16 mars 1789.

François Fauconnier, écuyer, Sgr de L'Age-Meillot, paroisse de Droux, et des Forges, paroisse de Blanzat, est aussi cité dans le procès-verbal de l'assemblée générale de 1789.

Le sieur Fauconnier, lieutenant particulier à Bellac, possédait avec son fils et la dame Veyrat, épouse de son fils, le fief de L'Age-Meillot, paroisse de Droux, ainsi qu'un autre, paroisse de Rancon, et plusieurs rentes dans les paroisses de Bellac, Saint-Junien-les-Combes, Peyrat près Bellac, Peyrilhac et St-Gence.

SOURCES : *Hist. de la ville de Bellac*, par l'abbé Roy de Pierrefitte ; — *Catalogue des gentilshommes de la Marche et du Limousin* ; — *Table des nobles et privilégiés de l'élection de Limoges* : aux archives de la préfecture.

FAULTE (page 110).

Psalmet Faulte fut consul de Limoges en 1594, 1600 ; à cette dernière date, il porte le titre de bourgeois et marchand.

Un autre Psalmet Faulte, bourgeois et marchand, est élu consul de Limoges en 1669.

N..... Faulte, écuyer, Sgr du Puy-du-Tour et de Venteaux, chevalier de Saint-Louis, assista à l'assemblée générale de la noblesse tenue à Limoges le 16 mars 1789. La liste des nobles et privilégiés de l'élection de Limoges le dit propriétaire au

---

(1) Il n'y a pas de lieu portant ce nom dans la paroisse de Nantiat, mais on trouve un village de Chasseneuil, à peu de distance, dans la paroisse de Saint-Symphorien, canton de Nantiat.

Vigen (commune de Solignac, canton et arrondissement de Limoges), et à Soubreras.

Psalmet Faulte de Vanteaux, né à Limoges en 1776, fut colonel de cavalerie.

Pierre-Ferdinand Faulte de Vanteaux, fils du précédent, était, en 1856, lieutenant-colonel du 2ᵉ hussards, chevalier de la Légion-d'Honneur.

Sources : *La Haute-Vienne militaire*, par M. Gay de Vernon ; — *Catalogue des gentilshommes de la Marche et du Limousin*.

FAULTE (p. 110), Sʳ du Buisson.

Antoine Faulte, écuyer, Sgʳ du Buisson, trésorier de France, était présent à l'assemblée générale de la noblesse tenue à Limoges le 16 mars 1789. Il était propriétaire dans la paroisse de Panazol près Limoges.

Sources : *Catalogue des gentilshommes du Limousin et de la Marche*. — *Liste des nobles et privilégiés de l'élection de Limoges*.

FAURE de La Chassagne, etc., p. 114.

Maistre Loys Faure, Sgʳ de Prugnes, paroisse de Nouziers, élu pour le roi au pays et en l'élection de la Marche, acheta, en 1568, le château des Monneyroux, à Guéret. On le retrouve en 1571, 73, 76.

Noble Etienne Faure, élu en l'élection de la Marche, Sʳ de Prugnes, Noziers, La Chassagne, paroisse de Ladapeyre et des Monneyroux, épousa, le 21 septembre 1586, Marguerite de Chamborant, fille de Jean et de Louise de Châteaubodeau (prouvé, dit d'Hozier, *Gén. de Chamb.*, par une table généalogique de la famille Faure La Chassagne, dressée en 1728, et conservée dans le cabinet du juge d'armes).

René Faure, écuyer, Sʳ de La Chassagne, trésorier en la généralité de Lyon, 1610.

[Noble Gilbet Faure, écuyer, Sgʳ de Bertignac, neveu du précédent.]

Sources : *Notice sur le château de Guéret*, par A. Bosvieux ; — d'Hozier : *Gén. de Chamborant*.
P. de Cessac.

FAURE, Sʳ de Courjac, demeurant à Angoulême, élection d'Angoulême, porte *d'azur à un lion léopardé d'or, ayant sur la tête un hibou d'argent.*

I. — Michel Faure épousa Mathurine de Paris. Ledit Faure est reçu pair sur la résignation du sieur Timon, le 5 juillet 1615, puis conseiller par le décès de Pierre Birot, le 5 septembre 1645. Il fit la déclaration de vouloir vivre noblement le 16 décembre 1645. Antoine Morices est reçu pair à la mort dudit Faure, le 16 février 1650.

II. — Guillaume Faure, avec sa sœur Catherine, fit une transaction, le 20 décembre 1659, avec François de Paris, sur la gestion des biens de feu Michel Faure, père dudit Guillaume et de ladite Catherine Faure.

Des Coutures nous a fourni cette note sur les sieurs de Courjac ; Nadaud, à la page 2122, nous donne encore la suivante :

FAURE, Sʳ de Fromental.

Jean Faure, Sʳ de Fromental, épousa Anne Le Maistre, née le 18 juin 1651, fille de Pierre Faure, écuyer, S' de La Couldre, paroisse de Cussac, et de Gabrielle de Saint-Laurent.

FAURE DE SAINT-ROMAIN.

Bertrand Faure de Saint-Romain était à l'assemblée de la noblesse de l'Angoumois le 16 et le 19 mars 1789. (*Catalogue des gentilshommes de l'Angoumois.*)

DE FAURE DE CORNESAC.

N..... de Faure de Cornesac était, le 19 mars 1789, à l'assemblée de la noblesse de l'Angoumois. (*Catal. de gentilsh.*)

FAUVEAU (p. 114) porte *d'argent à la bande de gueules, chargée de 3 étoiles d'or.* (C. GRANDMAISON, *Dict. hérald.*)

LA FAUX (p. 115). — Nous remplaçons ici le texte de Nadaud par celui de Des Coutures.

La Faux, S' de Chabrignac, paroisse de Preignat, élection de Saint-Jean-d'Angely, porte *d'azur à une aigle éployée d'or couronnée de même.*

I. — Janot de La Faux : il reçut un don du roi Charles VIII le 15 juin 1491, épousa Agnez de Montfourreau.

II. — Jacques de La Faux épousa, le 20 mars 1530, Jeanne de Ségur.

III. — Bernard de La Faux épousa, le dernier janvier 1558, Bertrande des Monts.

IV. — Pierre de La Faux épousa, le 25 septembre 1597, Françoise Moreau.

V. — François de La Faux épousa, le 29 janvier 1640, Marie de Pocquaire.

De La Faux de Chabrignac était présent à l'assemblée de la noblesse de l'Angoumois le 19 mars 1789. (*Catalogue des gentilshommes de l'Angoumois.*)

FAVARS (p. 115) porte *d'or à une plante de fève à deux tiges de sinople.* (C. GRANDMAISON, *Dict. hérald.*)

Pierre Favars était châtelain ou juge seigneurial de la terre de Chalus en Auvergne. (*Hist. généal. mais. Bosredon*, p. 38.)

Elie de Favars est témoin dans un acte fait à Turenne, le 26 janvier 1162. (NADAUD, *Nobil. mss.*, p. 2401.)

Gui de Favars, fils de Bertrand et de Galiène de Chanac, épousa, avant 1392, Jeanne de Cosnac, fille de Jean et de noble Mathe de Born. (*Idem*, art. COSNAC.)

FAY.

Jean de Fay, gentilhomme limousin, fut reçu chevalier de Saint-Jean-de-Jérusalem le 16 mars 1619. Il porte *d'argent à la quintefeuille de gueules.* (VERTOT, *Hist. des chevaliers de Malte.*)

Le marquis du Fay de La Tailiée, sénéchaussée de Saint-Jean-d'Angely, était à l'assemblée de la noblesse pour l'élection des députés, le 23 mars 1789. (*Catalogue des gentilshommes.*)

FAYDIT DE TERSAC (p. 107), en Limousin, porte *burelé d'argent et de sinople de dix pièces, chaque burelle d'argent chargée d'une étoile de gueules.* (C. GRANDMAISON, *Dict. hérald.*)

Gérard Faydit a été le 25ᵉ abbé de Saint-Martial, de 1295 à 1298. Il fit écrire le Coutumier de Saint-Martial. (*Gall. christ. nov.* T. II, col., 563.)

LA FAYE (p. 115).

Le marquis de La Faye et le vicomte de La Faye étaient à l'assemblée de la noblesse du Périgord, le 16 mars 1789.

N..... de La Faye de Brossac, N..... de La Faye de Brossac, et le marquis de La Faye, étaient à l'assemblée de la noblesse de la Saintonge, le 16 mars 1789.

N..... de La Faye, Sgr de Champlevier, était à l'assemblée de la noblesse de l'Angoumois, le 16 mars 1789.

La Faye d'Auriac est parmi les nobles des états du Périgord, tenus à Sarlat, le 30 novembre 1550.

Louise de La Faye, veuve de Joseph de Fermigier de Beaupuy, chevalier, Sgr de Saint-Genis, sénéchaussée de Saint-Yrieix, assista à l'assemblée de la noblesse en 1789.

Source : *Catalogue des gentilshommes de la Marche et du Limousin, du Périgord, de la Saintonge et de l'Angoumois.*

FAYETTE (François de La), d'une très-noble famille d'Auvergne, fils de Gilbert de La Fayette, maréchal de France, naquit en 1590, fut chanoine et comte de Lyon, abbé de Notre-Dame de Dalon, prieur de Saint-Angel, conseiller d'Etat et premier aumônier de la reine Anne d'Autriche. Il reçut d'Urbain VIII ses bulles pour l'évêché de Limoges le 29 novembre 1627, fut sacré à Paris le 19 mars 1628, dans l'église des Cordeliers de cette ville, par André Frémiot, archevêque de Bourges (frère de sainte Janne-Françoise Frémiot de Chantal), et prit possession de son siége le 18 ou le 19 octobre suivant. A sa consécration, la reine susdite lui fit présent d'un diamant de grand prix. Ce prélat fut si attaché à son évêché de Limoges que, quoiqu'il jouît de la plus grande faveur auprès de cette princesse, il ne voulut jamais le quitter ni en accepter de plus considérables.

En 1630, les chanoines de Saint-Martial, mécontents de leur abbé (Pierre du Verdier), trouvèrent moyen de se soustraire à sa juridiction, en se soumettant à celle de monseigneur de La Fayette, évêque de Limoges.

La même année, ce prélat eut une contestation avec le même abbé pour la réception de Louis XIII, lorsque ce prince passa à Limoges.

En 1638, Mgr de La Fayette fit la première procession de Notre-Dame d'août, que le roi Louis XIII avait ordonnée pour tout son royaume.

Les chanoines de Saint-Martial ayant fait, en 1644, durant l'absence de l'évêque, un inventaire des reliques de leur église, ce prélat refusa d'approuver ledit inventaire. Il consentit néanmoins, l'année suivante, à la construction de la nouvelle châsse que ce corps fit faire pour y déposer le chef du saint apôtre.

Les consuls de la ville ayant appelé M. le duc de Ventadour pour faire exécuter un arrêt touchant l'élection desdits consuls, que Mgr La Fayette favorisait ces magistrats, en reconnaissance de ce bienfait, vinrent saluer l'évêque avec leurs marques consulaires, ce qu'ils n'avaient pas voulu faire jusque alors, et qui cependant a continué depuis sous leurs successeurs.

Monseigneur La Fayette eut beaucoup de part à la fondation de la maison des filles de la Providence en 1660, et en autorisa plusieurs autres. Limoges lui doit aussi trois beaux établissements, qui sont ceux du séminaire des missions en 1662, du séminaires des Ordinands en 1666, et de l'hôpital général en 1653.

Il obtint un arrêt du parlement touchant le droit de visite du monastère de La Règle, qui lui fut attribué. Il acquit le même droit, par accommodement, sur celui des Allois. Il fit réimprimer, en 1673, les ordonnances synodales de ses prédécesseurs, et y ajouta les siennes; reçut et authentiqua plusieurs reliques portées de Rome dans diverses églises de Limoges; releva de terre, en 1666, le corps du vénérable Bernard Bardon de Brun, dans l'église de Saint-Pierre-du-Queyroix; célébra en divers temps la cérémonie de la béatification et canonisation de plusieurs saints; approuva l'établissement de la compagnie des pénitents bleus; établit l'oraison des Quarante-Heures dans les églises de Saint-Pierre et de Saint-Michel pour le temps du carnaval, et mourut saintement au milieu des œuvres de piété le dimanche 3 mai 1676, à l'âge de quatre-vingt-six ans, et après environ cinquante ans d'épiscopat. Il fut inhumé dans l'église du séminaire des Missions. M. Devoyon, supérieur de cette maison, a donné son éloge en 1771. Il fit les pauvres de l'hôpital ses héritiers universels.

Armes : *d'azur à la bande d'argent, à l'orle de vair.*

Source : Manuscrits de Nadaud.

FÉ (page 117).

Fé de Ségueville, lieutenant général en la sénéchaussée de Cognac, et François Fé, Sgr de Ségueville, étaient présents à l'assemblée générale de la noblesse de la sénéchaussée d'Angoulême, le 16 mars 1789.

Fé de La Barde et Clément Fé, son frère, Sgr de Saint-Martin, étaient à la même assemblée.

François Fé de Barqueville père et Louis Fé de Barqueville fils donnèrent leurs procurations pour assister à cette assemblée.

Louis Fé, Sgr en partie de Maumont, la donna aussi.

Source : Catalogue des gentilshommes de l'Angoumois.

FELETS. — N....., baron de Felets en Bas-Limousin, signa le cahier des doléances et les nouveaux pouvoirs des députés de la noblesse, avec les gentilshommes du Bas-Limousin, en 1789.

Source : Catalogue des gentilshommes de la Marche et du Limousin.

FELINES (page 117).

Guillaume de Féline était consul de Limoges en 1500.

Nadaud ne signale pas dans cette maison les deux chevaliers de Malte.

Jean de Félines-la-Renaudie, reçu chevalier le 27 novembre 1695.

Jean Raymond de Felines-la-Renaudie, reçu le 14 mai 1698. (VERTOT, *Hist. des chevaliers de Malte.*)

FELLETIN.

En 1676, la ville de Felletin (arrondissement d'Aubusson, Creuse), n'ayant pas envoyé à d'Hozier le dessin de ses armes, il lui donna les suivantes : *d'or à 3 fasces de gueules, celle du milieu chargée de 3 lauriers d'argent.* (*Armorial général.*) Pourtant cette ville en avait au moins dès 1397, comme le prouve un titre relatif à son hôtel-Dieu, où elles sont *d'argent à la croix ancrée de gueules.* Devise : *In hoc signo vinces.*

FELIX, 22ᵉ évêque de Limoges, obtint cet évêché du roi Dagobert Iᵉʳ, à la sollicitation de saint Eloi, son ami et son compatriote. Il gouverna sagement son diocèse, envoya l'abbé Paternus, en qualité de son procureur, au concile de Châlon, tenu en 644, et mourut vers 650. Rustique III lui succéda. On a de lui quelques lettres à saint Didier, évêque de Cahors.

Source : Manuscrits de Nadaud.

DU FENIEU (page 119).

La famille du Fenieu ou de Fenieu est originaire de Châteauponsat, où l'un de ses auteurs exerçait le notariat dès l'année 1519. Elle a formé les branches de Biossac et du Pin-Bernard, — de La Merronnière, — de Vaubourdolle, — de Plaisance, — de La Forge.

Ses principales alliances sont avec les familles de Razès, Buoz, de Saint-Georges du Fraisse, de Marsanges, de La Couture-Renon, de La Bussière, Taveau de Vaucourt, de Leffe, de Fondant, de Seiglière du Plantadis, de La Cour, du Bois de Châteauneuf, de Blou, etc.

Elle porte *d'azur au phénix essorant d'or, becqué et membré de gueules, posé sur la corne dextre d'un croissant d'argent; au chef cousu de gueules, chargé de trois étoiles d'or.*   Vicomte de Maussabré.

Les armes de cette famille sont gravées sur la clef de voûte de la chapelle de Notre-Dame, à Châteauponsat.

Nous sommes porté à croire que le village de Fenieu, paroisse de Bessines près Châteauponsat, est le berceau de cette famille.

Branche de Biossac.

Biossac (et non Boissac, comme il est dit page 119) est situé à 4 kilomètres au nord de Châteauponsat.

Louis du Fenieu, Sʳ de Boissac, juge de Monisme et Bessines, mourut le 15 juin 1588. Il avait épousé, par contrat du 7 mai 1576 (reçu par du Fraixe), Catherine de Razès, fille de François de Razès, Sʳ de Pin-Bernard, et de Françoise de La Ville, dont il eut quatre enfants. Elle se remaria, le 18 janvier 1590, à Jean Portier (mieux Pothier), écuyer, Sʳ de Planechaud, paroisse de Saint-Priest-le-Betoux.

Gaspard du Fenieu, chevalier, Sgʳ de Biossac, épousa Marthe de Saint-Georges, fille de François de Saint-Georges, chevalier, Sʳ de Fraisse, paroisse de Berneuil, et d'Isabeau de Jumilhac; elle se remaria, le 23 juin 1641, à Gaspard de Roffignac, Sʳ de Quinsac. De ce mariage : 1° Gaspard, qui suit; 2° Claude, qui mourut à l'âge de vingt-deux ans, et fut enterré le 17 février 1682; 3° Louise de Fenieu, qui épousa Jean du Rivaud, Sʳ de La Poste, et fut enterrée dans l'église de Châteauponsat le 3 février 1682; 4° Anne du Fenieu.

Gaspard du Fenieu, Sʳ de Biossac, mourut, à 55 ans, le 16 janvier 1693; épousa demoiselle Marthe de Razès, dont : 1° Gaspard du Fenieu, baptisé le 10 août 1657; 2° Jean du Fenieu, baptisé le 4 janvier 1666; 3° autre Jean du Fenieu, baptisé le 8 août 1672; 4° Léonard du Fenieu, baptisé le 30 janvier 1675; 5° Françoise Fenieu, morte à quinze ans; 6° Gaspard, baptisé le 7 juillet 1680.

Pancrace du Fenieu, Sʳ de Biossac, épousa demoiselle Elisabeth La Bussière, avec dispense du 4ᵉ dégré de consanguinité.

Branche du Pin-Bernard.

Le Pin-Bernard, paroisse de Saint-Priest-le-Betoux (Hte-Vienne), a long-temps été habité par la famille de Razès.

Jean du Fénieu, écuyer, Sr du Pin-Bernard, paroisse de Saint-Priest-le-Betoux (un Jean de Fénieu, de Saint-Priest, tint sur les fonts, avec Marie-Françoise Fricon de Parsac, Maria-Joseph-Théodore de Fenieu, né le 17 avril 1805), épousa : 1° Lucie Fricon (ou peut-être Frichon), dont : 1° Joseph (dit de Saint-Priest) ecclésiastique en 1771, fut curé de Saint-Sornin-Leulac (canton de Châteauponsat) après la révolution française; il mourut, âgé de quatre-vingt-trois ans, au mois de septembre 1834; 2° Jean-Baptiste, qui, pendant la révolution française, refusa le serment schismatique; il se retira dans sa famille, mais là il fut arrêté et mis en prison à la Visitation à Limoges. Il put cependant émigrer, et après fut curé de Guéret depuis le rétablissement du culte et vicaire général de Mgr du Bourg, évêque de Limoges en 1808 et 1811. Jean épousa 2°, en 1760, Marie-Anne Taveau (et non Turan, comme dit Nadaud, p. 1119), de la ville de Magnac Laval.

Jean de Fénieu, Sr de Saint-Priest, qui émigra pendant la révolution, avait épousé, le 11 février 1790, Marie-Catherine Bonnin de Grandmont; elle était morte avant 1836, dont Marie-Anne-Séraphine, née, le 3 octobre 1807, au village de Biossat, et baptisée à Châteauponsat le 6 du même mois. Elle épousa, le 19 avril 1836, Michel-Gaston Poute de Puybaudet, fils de ..... Poute de Puybaudet et de Marie-Louise Feydau, demeurant au lieu du Puybaudet, paroisse de Soulgon, arrondissement de Confolens (Charente).

Joseph de Fenieu de Saint-Priest épousa Gabrielle-Zulma Merle de La Drugière, dont Marie-Seraphine-Léontine-Joséphine, à qui on suppléa les cérémonies du baptême, à Châteauponsat, le 26 décembre 1832.

Branche de La Merronnière.

La Merronnière, appelée autrement Manchinal, est à 4 kilomètres sud-est de Châteauponsat.

Jean de Feinieu, écuyer, paroisse de Saint-Michel-des-Lions de Limoges, épousa N....., dont Grégoire, tonsuré en 1570.

N..... du Fenieu de La Merronnière était curé de Châteauponsat en 1762, et mourut peu après.

Jean du Fenieu, conseiller du roi, président en l'élection de Limoges, écuyer, Sgr de La Merronnière ou Manchinal, épousa demoiselle Marie de Leffe; elle mourut à l'âge de cinquante-cinq ans, et fut enterrée dans l'église de Châteauponsat le 17 juin 1697. Il mourut à l'âge de soixante-quinze ans, et fut aussi enterré dans l'église de Châteauponsat le 5 mai 1713. De ce mariage naquirent : 1° Jean, qui suit; 2° Isabeau, baptisée le 27 avril 1666; 3° Gabrielle, baptisée le 17 avril 1670; 4° Marie-Anne (alias Marie, dame du Manchinal), qui épousa, le 19 décembre 1719, messire Gilbert-Timoléon de Séglière du Plantadis, écuyer, Sgr de Jouhet, conseiller du roi, sénéchal de la Marche, Montégut et Combraille, veuf de dame Catherine de Jouhet près Guéret (Creuse). Elle mourut avant 1765.

Jean du Fenieu, Sgr de La Merronnière, mourut à l'âge de quarante-six ans, le 6 mars 1720, et fut enterré dans l'église paroissiale de Châteauponsat.

Branche de Vaubourdolle.

Vaubourdolle est une terre située à trois kilomètres au sud de Châteauponsat. Il y avait un ermitage bâti dans le fonds du sieur du Fénieu de Vaubourdolle qui était en ruine sur la fin du siècle dernier.

Jacques du Fenieu, Sr du Mas, chanoine de l'église de Poitiers, mourut à Châteauponsat le 30 mai 1681, âgé de soixante-quinze ans.

Anne du Fenieu mourut à l'âge quarante-six ans, et fut enterrée dans l'église de Châteauponsat le 29 octobre 1709.

Jacques du Fénieu, Sr de Vaubourdolle, mourut à l'âge de soixante-quatorze ans, et fut enterré dans l'église de Châteauponsat le 29 janvier 1712. Il avait épousé demoiselle Marie Chaud, qui mourut à l'âge de soixante-sept ans, et fut enterrée le 25 avril 1750. De ce mariage naquirent : 1º Marthe-Joséphine, baptisée le 6 septembre 1665; 2º Joseph, baptisé le 12 janvier 1672; 3º Joachim.

Jean de Fénieu de La Menerais, écuyer, Sr de Vaubourdolle, paroisse de Châteauponsat, épousa, en 1762, Marie-Anne de Blon, paroisse de Sauget, diocèse de Poitiers.

André-Louis de Fénieu-Vaubourdolle, né le 25 août 1767, était propriétaire dans la paroisse de Châteauponsat et dans celle de Belabre (Indre); il mourut à l'âge de soixante-seize ans, le 5 décembre 1842. Il avait épousé Hélène-Geneviève Labour, morte à l'âge de soixante-quinze ans le 2 septembre 1849; elle fut enterrée à Châteauponsat le 4 du même mois. Entre autres enfants il eut : 1º Gaspard-Louis-Joachim de Fénieu de Vaubourdolle; 2º Catherine-Adélaïde, née le 25 novembre 1804, tenue sur les fonts par Jean de Fenieu-Lalanne et par Adélaïde-Françoise Barthon de Montbas-Fenieu; elle épousa le 18 juillet 1832, Laurent Dubois, percepteur-receveur municipal à Bénévent, fils de Marie-François et de Françoise-Marie Evrard.

Branche du Verger.

Le Verger est situé à trois kilomètres ouest de Châteauponsat.

Jean du Fenieu, écuyer, Sr du Verger, 1647.

N..... du Fenieu du Verger, syndic de l'église de Châteauponsat en 1762, puis curé de la même église depuis 1770, jusqu'à sa mort, en 1787.

Branche de La Forge.

On trouve le nom de La Forge près le village du Fenieu, paroisse de Bessines (Haute-Vienne).

Pierre du Fenieu, S^r de La Forge, 1657.

Joachim du Fenieu, S^r de La Forge, 27 janvier 1713.

Notes isolées.

Marthe du Fénieu épousa Georges de Fondant, Sgr de La Vallade, et vivait en 1693.

François du Fenieu, Sr de Bourgneuf, épousa Jeanne de Nurguet (?), dont : Françoise, enterrée le ... octobre 1711.

Jean du Fenieu de Lalanne, maire de Châteauponsat, épousa dame Adélaïde-Françoise Barthon de Montbas, née en 1772 et morte en 1828. De ce mariage vint Maria-Joseph-Théodore, né à Châteauponsat le 17 avril 1805, baptisé le 29 du même mois. Il eut pour parrain Jean du Fenieu de Saint-Priest, et pour marraine, Marie-Françoise Fricon de Parsac. Cet acte de baptême, relevé sur les registres de Châteauponsat contredit la page 297 du T. 1er.

Madelaine de Fenieu épousa Jean Chirounoaud, dont Marie-Victoire, née le 23 décembre 1814, au village de La Vallette, paroisse de Châteauponsat.

Pauline du Fenieu vivait le 23 septembre 1823.

SOURCES : Manuscrits de Nadaud. — Registres de la paroisse et de la communauté des prêtres de Châteauponsat. — Annuaires et ordo de la Haute-Vienne.

DE FENIS (p. 119).
Cette maison du Bas-Limousin formait plusieurs branches :

1° N..... Fenis de Torondel est du nombre des gentilshommes qui ont signé les pouvoirs des députés de la noblesse de Tulle en 1789.

2° N..... Fenis de La Brousse signa le cahier des doléances avec les gentilshommes du Bas-Limousin en 1789, ainsi que les pouvoirs des députés de la noblesse. Il avait un fils qui signa après lui.

3° N.....' de Fénis de Roussillon, qui est sur la liste des gentilshommes du Bas-Limousin en 1789.

4° De Fénis de La Prade :

I. — Pierre I de Fenis, écuyer, lieutenant général en la sénéchaussée et siège présidial de Tulle en 1609, épousa ..... de Lestang, dont : 1°..... de Fenis, Sr du Theil ; 2°..... de Fenis, qui épousa le sieur Darluc du Breuil, prévôt, vice-sénéchal de Tulle ; 3° Ignace de Fenis, qui suit.

II. — Ignace de Fenis épousa Madelaine de Saint-Chamans, dont : 1° Pierre II, qui suit ; 2° François-Martial de Fenis, grand-prévôt de l'église cathédrale de Tulle ; 3° Marguerite de Fenis, qui épousa ....., Sr du Vilard ; elle vivait encore en 1713.

III. — Pierre II de Fenis mourut le 20 mars 1693 ; il avait épousé Jeanne de Vezy, morte, à l'âge de trente-cinq ans, le 27 avril 1698. Leurs enfants furent : 1° Martial-François de Fenis, écuyer, qui suit ; 2° Christophe de Fenis, mort sans alliance ; 3° Jeanne de Fenis, religieuse au monastère de Sainte-Claire, prit l'habit le 11 janvier 1700 ; 4° Jean de Fenis, qui épousa, à l'âge de dix-sept ans, Louise Darche ; elle était veuve le 7 mai 1711 ; de ce mariage vint au moins une fille nommée Martiale ; 5° Eymée de Fénis, qui prit l'habit au couvent de Ste-Claire le 25 septembre 1694.

IV. — François-Martial de Fénis, écuyer, Sgr de La Prade, obtint un canonicat dans la cathédrale de Tulle en 1698 ; entra au séminaire le 31 octobre 1701, puis devint conseiller du roi, président en la sénéchaussée et siège présidial de Tulle.

Martial-François de Fénis, écuyer, Sgr de La Prade, baron de Gouzon, conseiller du roi en son grand-conseil, épousa, vers 1700, Gabrielle Mérigot, fille de François, marquis de Sainte-Feyre, grand-sénéchal de la Marche, et de Marguerite de Dumont ; elle était veuve de messire Henri de Gain, chevalier, marquis de Montagnac.

N..... Fénis de La Prade, qui signa le cahier des doléances et les pouvoirs des députés de la noblesse en 1789. N..... Fénis, chevalier de La Prade, qui signa aussi avec lui, est peut-être son fils.

5° N..... Fénis de La Feuillade est encore du nombre des gentilshommes qui ont signé le cahier des doléances et les pouvoirs des députés de la noblesse.

6° Louis de Fénis de La Combe, grand-prévôt de l'église cathédrale de Tulle et vicaire général, fut député par le clergé aux états généraux en 1789. Il est mort à Paris au mois de juillet 1822.

Jean-Léonard de Fénis naquit à Tulle vers le milieu du xvii° siècle, et entra chez les jésuites, où ses talents le firent réussir dans tous les emplois qui lui furent confiés. Livré d'abord à l'enseignement, il se dévoua ensuite à la controverse, et convertit plusieurs hérétiques, entre autres un des plus fameux ministres du royaume. Plusieurs de ses ouvrages ont été imprimés à Tulle ou à Paris de 1681 à 1683.

SOURCES : Catalogue des gentilhommes de la Marche et du Limousin. — VITRAC. — Ordo du diocèse de Limoges. — Titres originaux.

DE SAINTE-FÈRE (p. 119).

Le nom primitif de cette famille était Piédieu.

Maître Jean Piédieu de Sainte-Fère, clerc, fut témoin du testament de Louis Sgr de Maleval et de Chastellux en Marche, l'an 1392.

Guillaume Piédieu, licencié ès lois, était lieutenant du sénéchal de la Marche en 1427.

Louis Piédieu de Sainte-Feyre, prieur de Moûtier-Roseille après son oncle Jean, en 1473, doit avoir été le même que Louis de Sainte-Feyre, conseiller et maître des requêtes de l'hôtel du roi, en 1478.

La filiation suivie de cette famille s'établit depuis Jean de Sainte-Fère, écuyer, Sgr dudit lieu, de La Brousse, de Fournemiel et de Puylégier, en 1506, marié à Françoise Foucault de Saint-Germain. Leurs descendants existaient encore au milieu du xvii° siècle.

Ils ont possédé, outre les fiefs que nous venons d'indiquer, ceux des Couperies, du Gué-au-Chat en Marche, de Blancafort, de Chastenay, de Beauchamp, de La Rivière, de Saint-Florent, de Franchesse, de Villegenon, etc., en Berry, Bourbonnais et Orléannais.

Alliances directes avec les familles de Foucault, Estourneau, Ajasson, de Fauveau, de Boucard, de Menon, Couzaud, de La Roche-Chevreux, Loubes de La Gastevine, Bonain de Messignac, de Mauvoisin, de La Cour, de Gain de Montagnac, de Meaulon, etc. Vicomte de MAUSSABRE.

Jean de Saint-Affien, dit Piédieu, chevalier, Sgr de Sainte-Fère, garde de la Marche, 1415. (Archives de la Creuse, série E, fonds du Pouget de Nadaillac.)

Guillaume Piédieu, chevalier, licencié ez-lois, garde de la sénéchaussée de la Marche, Sgr de Sainte-Fère, marié à Marguerite de Villemonneix, dont :

Louise Piédieu, mariée, le 22 octobre 1448, à Antoine Morin, Sgr d'Arfeuille. (La Chesnaye des Bois, v° *Arfeuille.*)

Antoine de Saint-Symphorien ou Piédieu, mort en 1427, doyen de la Chapelle-Taillefer. (Nadaud, *Mém. sur les abbayes du Limousin.*)

Louis de Saint-Symphorien ou Piédieu, protonotaire du Saint-Siége, doyen de

La Chapelle-Taillefer, fut confirmé par l'évêque de Limoges le 25 juin 1427. (*Ibid.*)

Pierre de Saint-Affayre, *alias* Affere, écuyer, Sgr de Sainte-Fère, 1506 (de Bett.), est qualifié de Sgr de La Brousse et du Fournemier dans le procès-verbal de la rédaction des coutumes de la Marche, doit être le même que le n° 1 de Nadaud.

Jean de Sainte-Fère, doyen de La Chapelle-Taillefer, nommé en 1555, résigna en janvier 1563. (Nadaud, *Mém. sur les abbayes.*)

Elie de Sainte-Affaire, mieux Sainte-Fère, doyen de La Chapelle-Taillefert, prit possession le 27 juin 1563. En 1568, il était curé de Saint-Éloy-de-Drouilles. Il résigna à cause de la peste, 1583. (*Ibid.*)

Antoine de Sainte-Fère, écuyer, Sgr dudit lieu 1577. (Nadaud, *Pouillé mss.*)

Hélie de Sainte-Fère, chevalier, gentilhomme ordinaire de la chambre du roi, Sgr de Sainte-Fère et de Blanquefort, résidant dans ce dernier lieu, vendit Sainte-Fère à noble homme Mathurin Mérigot, le 23 octobre 1609 (acte de vente de Sainte-Fère).

P. DE CESSAC.

Voyez aussi l'article PIÉDIEU.

FÈRE (MÉRIGOT DE SAINTE-) (p. 120).

I. — Noble homme Mathurin Mérigot, Sr de La Tour-Saint-Austrille, conseiller du roi, châtelain et juge civil et criminel pour Sa Majesté de la ville et châtellenie d'Ahun, acheta, le 23 octobre 1609, la terre de Sainte-Feyre, de messire Hélie de Sainte-Feyre, chevalier, gentilhomme ordinaire de la chambre du roi, Sgr de Sainte-Feyre et de Blanquefort. (Acte de vente de Sainte-Feyre.)

II. — Noble Charles Mérigot, écuyer, Sgr de Sainte-Feyre. Le 2 décembre 1621, Françoise Mérigot, damoiselle, sa parente, lui donna assignation pour opérer le retrait lignagier d'un pré vendu. (Archives de la Creuse, série E.)

III. — Messire Gabriel Mérigot, chevalier, Sgr de Sainte-Feyre, La Tour-Saint-Austrille, Clameyrat et Vigeville, sénéchal de la Marche, lequel était mort en 1669, époque où ses fils rendirent au roi, à cause de son comté de la Marche, un dénombrement des seigneuries de Sainte-Feyre et de La Tour. Il eut de Marie Duricux : 1° François, qui suit ; 2° autre François, enseigne aux gardes françaises (Bettancourt) ; 3° Jean ; 4° Claude, seigneurs par indivis de La Tour-Saint-Austrille, Clameyrat et Vigeville (acte de dénombrement de Sainte-Fère) ; 5° Gabrielle, mariée le 20 août 1674, à Claude de Maussabré, écuyer, Sgr de Gatesouris. (D'Hozier, 1er reg., édit. in-4°, p. 413.)

IV. — François Mérigot, marquis de Sainte-Fère, grand sénéchal de la Marche, marié à Marguerite de Dumond, dont : 1° François, qui suit ; 2° Gabrielle, mariée en premières noces, à messire Henri de Gain, chevalier, marquis de Montagnac, et, en secondes noces, à François-Martial de Fénis, écuyer, Sgr de La Prade, baron de Gouzon, conseiller du roi en son grand conseil ; 3° Silvaine de Mérigot de Sainte-Fère, femme de Jacques-François de Marsanges, écuyer, Sgr de Vaury, et 4° Anne, mariée, par contrat du 11 février 1716, à Jean-Louis d'Estresses, écuyer, Sgr d'Estresses et de Mercœur, lieutenant-colonel du régiment de Noailles. (D'Hozier, 2e reg., p. 464.)

V. — Messire François de Mérigot de Sainte-Fère, seigneur, marquis de Sainte-Fère près Guéret, grand-sénéchal de la province de la Marche, grand-bailli d'épée, marié à Louise Giraud, dont 1° Alexandre-Philippe-François, qui suit ; 2° Henriette, mariée, en 1741, à Jacques Barthon de Montbas, Sgr de Massenon. (Nadaud, T. II, p. 121.)

VI. — Alexandre-Philippe-François Mérigot, chevalier, marquis de Sainte-Fère, S^{gr} de Clameyrat, L'Age-Rideau, Chantemille et autres places, sénéchal, grand-bailli d'épée de la Marche (*Gentilshommes électeurs de 1789*, par Laroque et Barthélemy), marié à ......, dont : 1° Achille-Joseph, qui suit; 2° Jeanne, mariée à Marc-Antoine de Maumont; 3° Marie-Anne, mariée à François de Moncel. (*Journal de la Creuse*, 2 juillet 1811.)

VII. — Achille-Joseph-Alexandre, marquis de Sainte-Fère, marié à ...., dont, pour fille unique :

VIII. — . ...., mariée au vicomte de Malézieux.

Notes isolées.

Noble Léonard Mérigot, Sr de Chantemilan, conseiller du roi et lieutenant général pour Sa Majesté au pays et élection de la Marche, demeurant à Ahun, accorde, le 25 novembre 1614, un supplément de dot à sa fille Gilberte, mariée à honorable Jean Moreau, receveur pour le roi de son domaine et châtellenie d'Ahun, Chénérailles et Jarnages. (Archives de la Creuse, série E.)

Jean Mérigot, S^r de La Chèze, marié à Marie Barbe, dont Guillaume Mérigot, marié le 14 juillet 1760, à Marie Bouschaud, fille de Pierre, écuyer, Sr du Repaire et de Mazaubrun, et de Pétronille de Combrouse. (Nadaud, T. Ier, p. 244.)

P. DE CESSAC.

MÉRIGOT DE SAINTE-FÈRE (p. 120, ligne 36, *lisez* : « Maussabré » et non « Massabré »; page 121, ligne 14, au lieu de « Baston », *lisez* : « Jacques Barthon de Montbas, S^{gr} de Massenon ».

L'office de sénéchal de la Marche a été possédé héréditairement par cette famille depuis Gabriel Mérigot, chevalier, S^{gr} de Sainte-Fère (fils de Mathurin Mérigot, maître des requêtes de la reine Marie de Médecis, et lieutenant général pour le roi en la sénéchaussée de la Marche), jusqu'à la révolution.

Page 121, ligne 43 : François Mérigot de Sainte-Fère épousa, le 27 avril 1719, Henriette-Françoise-Marie Giraud, fille de Henri Giraud, écuyer, conseiller du roi, contrôleur général des finances de Bretagne, et de Françoise-Marie de La Croix, dont, entre autres enfants :

Alexandre-Philippe-François Mérigot, chevalier, marquis de Sainte-Fère, S^{gr} de Clameyrat, L'Age-Rideau, Chantemille, La Tour-Saint-Austrille, Courtery, sénéchal et grand-bailli de la province de la Marche, qui épousa, le 6 juin 1758, une fille du marquis de Soudeilles, et présida l'assemblée générale des trois ordres de la sénéchaussée de la Haute-Marche, tenue à Guéret en 1789.

Alliances directes avec les familles de Hautefaye, de Biotière, de Thianges, Le Bègue de Villeménard, du Rieu de Villepreau, de La Celle de Châteauclos, de Marsanges, de Gain de Montagnac, de Fenis de La Prade, d'Estresses, de Fricon de Parsac, de Maulmont du Chalard, etc.

Armes : *d'azur au chevron d'or, chargé de trois coquilles de gueules, et accompagné de trois molettes d'éperon d'argent.*

Vicomte DE MAUSSABRÉ.

FERRAND (p. 121), S^r des Roches, assesseur au présidial d'Angoulême, et y demeurant, porte *d'azur à une alliance d'argent sortant d'une nuée à dextre, et à senestre soutenant un cœur de gueules, accompagné d'une étoile d'or en chef, et un croissant d'argent en pointe.*

I. — Antoine Ferrand est reçu pair à la place de Jacques Juillard, le 25 juin 1615, puis conseiller, par la promotion d'Antoine Racoud, à l'échevinage, le 24 mars 1645. Léonard Masnaud est reçu par la mort dudit Ferrand, le 3 septembre 1646. Il avait épousé Jeanne Leriget.

II. — Charles Ferrand, fils desdits Charles et Jeanne Leriget, fut aussi leur héritier, d'après leur testament du 25 octobre 1629. (Des Coutures.)

FERRÉ (page 122).

François, marquis de Ferré, chevalier, Sgr de La Jarroudie, Rone, Daré et La Tourail, Frédière et autres lieux, chevalier honoraire de Saint-Jean-de-Jérusalem, ancien officier des carabiniers, assista à l'assemblée générale de la noblesse tenue au Dorat, le 16 mars 1789. Il était aussi propriétaire de dîmes et de rentes dans la paroisse de Saint-Barbant (Haute-Vienne).

Louis de Ferré, chevalier, Sgr d'Esperuges-Tisain, assista aussi à l'assemblée générale de la noblesse en 1789.

Sources : Catalogue des gentilshommes de la Marche et du Limousin. — Table des nobles de l'élection de Limoges.

SAINT FERRÉOL, évêque de Limoges sous le règne de Chilpéric, roi de France, homme illustre, natif de la ville de Limoges, et parent de saint Yrieix, était fort savant et menait une sainte vie, lorsqu'il fut mis sur le siége épiscopal de sa patrie, après son retour du pèlerinage de Rome, pendant lequel il avait opéré plusieurs miracles. Il remplit exactement tous les devoirs d'un bon pasteur. Par ses prières, il délivra son diocèse de plusieurs fléaux qui le ravageaient (et en particulier d'une cruelle peste), après avoir ordonné et accompli un jeûne de trois jours. Il avait tant de pouvoir sur les esprits que, suivant Grégoire de Tours, il empêcha le peuple de Limoges de massacrer Marc le référendaire, qui voulait exiger de lui des impôts excessifs. Il répara l'église de Saint-Martin de Brive, que des troupes ennemies avaient brulée, et y le fit avec tant de somptuosité qu'elle paraissait n'avoir jamais été endommagée. Il assista aux funérailles de saint Yrieix, son parent et son ami. Enfin, après avoir donné de salutaires avis à son peuple et à son clergé, il rendit son âme à Dieu, le 18 septembre 597. MM. de Sainte-Marthe assurent que saint Ferréol avait assisté et souscrit au IIe concile de Mâcon, tenu en 585. Son corps, qui avait d'abord été enseveli dans l'église (alors abbaye) de Saint-Paul de Limoges, fut ensuite transféré dans celle de Saint-Augustin, d'où les seigneurs de Lastours l'emportèrent dans la suite à leur château de Lastours; il y demeura jusqu'à ce qu'ils le déposèrent dans l'église paroissiale de Nexon, où il est maintenant. Adelphius III succéda à saint Ferréol.

Source : Manuscrits de Nadaud.

FERRET page 122).

N..... Ferret de La Grange était à l'assemblée de la noblesse de l'Angoumois, le 19 mars 1789. (Catalogue des gentilshommes.)

FERRIÈRES (page 123).

Nous avons reproduit le texte de Nadaud tel qu'il est dans son manuscrit; mais, en consultant le P. Bonaventure, dans sa « Généalogie de Charles-Joseph de

Ferrières, marquis de Sauvebœuf, premier baron du Limousin, comte de Saint-Mathieu, Sgr de Pierrebuffière, Charonnat, Congoussat et autres places ». T. III, 443, on trouve que Guy de Ferrières, formant le VI° degré, p. 126, précède immédiatement Jean de Ferrières au Ier degré, p. 123. Il en serait donc le père, le grand-père de Hélie de Ferrières formant le II° degré. Il faut donc commencer par Guillaume de Ferrières, p. 126, pour avoir la suite de cette généalogie telle que la donne le P. Bonaventure.

Guy de Ferrières était à l'assemblée de la noblesse de la Saintonge le 16 mars 1789. (Catalogue des gentilshommes de la Saintonge.)

FEYDAUD (p. 126).

Léonard Feydaud était lieutenant particulier du siége de Bellac en 1585.
Demoiselle Marguerite Feydaud fut marraine d'une cloche de Bellac en 1637.
François de Feydeau et Catherine de Feydeau vivaient en 1670.
René-Hilaire Feydaud, officier au régiment de Médoc, était présent à l'assemblée générale de la noblesse qui eut lieu en la ville du Dorat, capitale de la province, le 16 mars 1789. On y nomme aussi René-Joseph Feydaud, chevalier, baron de Reyssoneau.

Jean-Bernardin Feydaud, chevalier, Sgr de Saint-Christophe de Montel, de Buisson, Maffrand, chevalier de Saint-Louis, retiré major du régiment de Médoc, pensionné du roi, était aussi à l'assemblée de la noblesse de 1789.

Vers 1784, N..... Feydaud étant mort, ses enfants étaient propriétaires dans la paroisse de Darnac près Le Dorat.

Michel et Marie-Louise de Feydeau vivaient en 1796.

N..... Feydaud, écuyer, avait des rentes en 1784 dans les paroisses de Saint-Bonnet-la-Marche, Blanzat et Peyrat.

Michel de Feydaud, chevalier de Saint-Louis, fut parrain d'une cloche de Bellac en 1824.

Des représentants de cette famille habitent aujourd'hui la commune de Saint-Christophe (département de la Charente).

SOURCES : *Hist. de Bellac*, par l'abbé Roy de Pierrefitte. — Inscription des cloches de Bellac. — Catalogue des gentilshommes de la Marche et du Limousin. — Archives de la préfecture de Limoges. — Registres de Peyrat près Bellac.

FEYTIAT ou FEYTIAC (page 127).

Legros a inscrit ce nom dans le Nobiliaire sans y ajouter aucune note. Feytiat est aujourd'hui le chef-lieu d'une paroisse du canton sud de Limoges.

Le sieur de Feytiac, propriétaire dans les paroisses d'Isle et de Verneuil, avait épousé dame N..... Faulte. Elle était veuve en 1783.

SOURCES : Table des nobles de l'élection de Limoges. — Archives de la préfecture.

SAINT-FIEF (page 127).

Charles-Barthélemy de Saint-Fief, chevalier, Sgr en partie de Gorce, Pleuville, Labussière, Lage, Maranche et Sallemagne, capitaine d'artillerie, assista à l'assemblée générale de la noblesse qui eut lieu en la ville du Dorat, capitale de la Basse-Marche, le 16 mars 1789.

SOURCE : Catalogue des gentilshommes de la Marche et du Limousin.

FIEUX (page 129).

N.... de Fieux de Marsillac était à l'assemblée de la noblesse de l'Angoumois, le 19 mars 1789. (Catalogue des gentilshommes de l'Angoumois.)

DE LA FILIOLIE (p. 129).

N..... de La Filiolie, ancien vicaire général de Castres, mourut au mois de mars 1820, âgé de quatre-vingts ans. (*Ordo du diocèse de Limoges.*)

FLAMENC DE BRUZAC (p. 130),

en Limousin, porte *de sable, au lion d'or, lampassé, armé et couronné de gueules*. (C. Grandmaison, *Dict. héral'd.*)

Geofroi Flameng de Brusac, professeur en droit, chanoine et official d'Alt, obtint ses bulles, comme prieur d'Aureil, le 16 février 1537, et fut reçu chanoine de la cathédrale, le 12 octobre 1551. (Nadaud, *Mém. mss. sur les abb. du Lim.*)

FLAVILLE.

Guillaume de Flaville était à l'assemblée de la noblesse de l'Angoumois, le 16 mars 1789. (Catalogue des gentilshommes de l'Angoumois.)

DES FLOTTES (p. 131) :

Branche de Leychoisier.

C'est probablement à la branche de Leychoisier (1) que se rapportent les notes de Nadaud, ainsi que ce qui suit :

N..... des Flottes était notaire royal en 1596.

Des Flottes (Pierre de Saint-Bernard), né à Limoges, entra à Paris au noviciat des Feuillants, le 8 septembre 1600. Ses prédications, couronnées des plus heureux succès, furent applaudies à Bordeaux, à Lyon, à Paris, à la cour, etc. Il fut chéri d'une foule de personnes éminentes en science et en piété, et, ce qui fait plus pour sa gloire, il fut aimé de saint François de Sales. Nous avons de lui : 1° *Oraison funèbre pour l'anniversaire de feu messire François de Sales, évêque et prince de Genève*, prononcée dans l'église de Sainte-Marie de Lyon, le 27 décembre 1623, in-4°, imprimée à Lyon ; 2° *Dédicace religieuse, ou Réflexions, en forme d'exercices spirituels, pour le renouvellement des vœux monastiques*, in-8°, Paris. Il fut le confesseur de la reine Anne d'Autriche. Après avoir rempli avec honneur les différentes dignités de sa congrégation, et prêché avec succès trente-huit *Avents* ou *Carêmes* dans les principales chaires du royaume, Dom des Flottes mourut à Bordeaux, le 12 septembre 1666.

Jean des Flottes, conseiller du roi, juge magistral au présidial de Limoges (dont parle Nadaud, p. 131), était consul de Limoges en 1634.

Léonard des Flottes, bourgeois et marchand de Limoges, épousa demoiselle Françoise Malledent. Il était mort lorsqu'elle testa le 18 décembre 1681. Le sceau dont est revêtu le testament représente *un écu chargé de cinq arbres, dont trois grands et deux petits*. On trouve aussi Léonard des Flottes, Sr de Leychoisier, conseiller du roi, juge magistral, qui fut consul de Limoges en 1655.

Peronne des Flottes, qui épousa Jean Grellet, bourgeois et marchand de Limoges, fit son testament le 4 août 1702, par lequel elle nomme son beau-frère

---

(1) Leychoisier, commune de Bonnac, canton d'Ambazac, arrondissement de Limoges (Hte-Vienne).

Guillaume son exécuteur testamentaire, choisit sa sépulture à Saint-Pierre-du-Queyroix, et fait mention de ses dix enfants.

Joseph-Clément des Flottes, fils de Jean (dont parle Nadaud, p 132), chevalier, Sgr de Leychoisier et Donnac, assista à l'assemblée générale de la noblesse, le 16 mars 1789. Il avait épousé N...., dont il eut deux filles : 1° Marie-Madeleine, qui suit; 2° N...., mariée à M. de Chastaignac-Jussac, morte sans enfants.

Marie-Madeleine des Flottes de Leychoisier, fille de Joseph-Clément des Flottes, épousa, le 9 mai 1767, François-Charles, comte de Vireau de Sombreuil, commandant à Limoges pour Sa Majesté, gouverneur des Invalides au moment de la révolution. C'est de ce mariage que sont nés : 1° Stanislas, mort à Quiberon; 2° Charles-Eugène-Joseph-Gabriel, commandant de l'expédition de Quiberon, où il mourut aussi; 3° Maurille, *alias* Marie-Anne-Françoise, l'héroïne de la révolution.

Branche des Bordes et de Fombesse.

Le château des Bordes et celui de Fombesse sont dans la paroisse de Saint-Jouvent, canton de Nieul arrondissement de Limoges. Couteillas est paroisse de Compreignac, et Vauguenige, paroisse de Saint-Pardoux-Rancon, arrondissement de Bellac.

Guy des Flottes, Sr des Bordes, avocat en la cour, fut consul de Limoges en 1656 et en 1678.

Jean-Baptiste des Flottes de Fombesse, écuyer, Sr des Bordes, né en 1742, épousa : 1° Angélique-Françoise Jarrit de Lille, qui mourut aux Bordes, le 12 août 1776; 2° Marie de Père, probablement fille d'Antoine de Père, écuyer, Sr de Vauguenige. Il émigra pendant la tourmente révolutionnaire. Rentré en France lorsque le calme fut rétabli, il fut maire de Saint-Pardoux-Rancon, et habitait Vauguenige, où il mourut, à l'âge de soixante-quatorze ans, le 16 décembre 1816. Ses enfants furent : 1° Geoffroy, qui suit; 2° N...., qui alla servir en Amérique, où il est mort capitaine; 3° probablement l'abbé Jean-Baptiste des Flottes clerc-tonsuré, qui refusa le serment schismatique pendant la révolution française, et fut pour cela mis en prison à Limoges. Il y était depuis un mois lorsque, le 16 avril 1793, il obtint d'être transporté à La Règle à cause de sa santé très-altérée.

Geoffroy des Flottes naquit au château des Bordes, le 19 octobre 1769. A dix-sept ans il était garde du corps du roi dans la compagnie du duc de Luxembourg, et eut l'honneur de défendre, dans les fatales journées des 8 et 9 octobre 1790, l'entrée de la chambre de l'infortunée reine Marie-Antoinette contre la fureur des populations venues de Paris. Aux côtés de son noble parent, le comte de Miomandre, il fut foulé aux pieds et mutilé par les assiégeants. Le jeune garde-du-corps émigra deux années plus tard, et il fit toutes les campagnes de l'émigration, comme chevalier noble de l'armée de Condé. Il rentra en France en 1806. Il avait épousé : 1° Marie-Elisabeth Jude-La-Rivière, qui mourut sans enfants aux Bordes, le 17 septembre 1791, des suites de la frayeur causée par la visite des révolutionnaires; il épousa : 2° Marie-Elisabeth Dupeyrat de Thouron, fille de Joseph et de Marie-Elisabeth Couteillas de La Ribière. En 1815, il fut l'un des volontaires qui accoururent les premiers au-devant du roi Louis XVIII, à Gand. Il reprit alors son épée, et servit quelque temps en qualité d'officier supérieur dans la compagnie des gardes du corps de Raguse. Nommé successivement chevalier de Saint-Louis et chevalier de la Légion-d'Honneur, il revint dans ses propriétés du Limousin, où le gentilhomme et le vieux soldat employa, comme juge de paix, les dernières années de sa vie à apaiser les discordes dans les familles, à éteindre les procès, n'épargnant dans l'exercice de ses fonctions ni les conseils bienveillants ni les secours de sa bourse pour atteindre son charitable but. Il mourut à Compreignac, le 11 décembre 1842, à l'âge de soixante-treize ans. Il a laissé : 1° Marie-Angélique-Joséphine des Flottes, née le 23 mars 1810, mariée, le 14 décembre 1829, à M. Joseph-Gabriel-Armand Grellet de Fleurelle, né à Limoges le 2 décembre 1804; 2° Françoise-Adèle des Flottes, née à Conteillas le 4 septembre 1814, mariée, le 17 décembre 1832, à M. Jules-Marie-François Claude, né à Versailles le 4 janvier 1809 vice-président du conseil de préfecture de la Haute-Vienne, chevalier de la Légion-d'Honneur.

Sources : **Titres originaux.** — Registres paroissiaux de Compreignac, de Saint-Pardoux et de Saint-Jouvent. — Registres de l'état civil de Compreignac et de Saint-Pardoux. — Archives de la préfecture de Limoges. — Vitrac. — Leymarie, *Hist. de la bourgeoisie.* — A. Tardieu, *Hist. généal. de la maison de Busredon.* — Catalogue des gentilshommes du Limousin. — Renseignements particuliers.

DE FONDANT (p. 132, ligne 35).

Georges de Fondant, Sgr de La Vallade, épousa Marthe du Fenieux, ainsi qu'il résulte d'une quittance datée du 1er avril 1693.

Page 133, ligne 3, *lisez* : de « La Loue » et non « La Boue ».

Vicomte DE MAUSSABRÉ.

Jean Baptiste-Philibert de Fondant, chevalier, Sgr de La Vallade (page 133), était présent à l'assemblée générale des Trois-Ordres, le 16 mars 1789. (Catalogue des gentilshommes de la Marche et du Limousin.)

FONDONNEL (p. 133).

Gaufredius Fondonii, troisième prieur de Bénévent avant 1143, mourut le 2 mars, selon le nécrologe de Saint-Junien en Limousin.

FONSEC.

Jean de Fonsec ou Fonsèque, 25e évêque de Tulle, était fils d'Edme, baron de Surgères, et d'Hardouine de Laval. Il est aussi appelé de Fronsac; mais son véritable nom est *Fonseca*. Rodrigue, gentilhomme espagnol, fut son grand-père. Il obtint l'évêché de Tulle en 1553, mais ne fut point sacré. Benoît de La Roue, professeur en théologie, et évêque *in partibus*, exerça pour lui les fonctions épiscopales. Jean devint abbé de Saint-Martial, et se démit du siège de Tulle.

Armes : *écartelé, au 1er et au 4e, d'or à cinq étoiles de gueules de six raies, posées 2, 1 et 2; au 2e et 3e, d'argent à un lion d'or couronné de même.*

Sources : Chronologie des évêques de Tulle dans le *Pouillé* de Nadaud. — Tableau des armoiries des évêques de Tulle.

FONTANGES (page 133, ligne 38).

Amelius ou Ameil, fondateur de l'abbaye de Bonlieu en Marche, n'était point le seigneur du fief du Chambon, paroisse de Neuvic en Limousin, mais bien de la ville de Chambon-Sainte-Valerie, capitale du pays de Combraille. Il y a donc lieu de retrancher tout cet alinéa, ainsi que le suivant, relatif aux Roger de Beaufort, Sgrs de Chambon en Combraille.

Vicomte DE MAUSSABRÉ.

Nadaud a omis Jacques de Fontanges, chevalier de Saint-Jean-de-Jérusalem, reçu le 9 juillet 1696. (VERTOT, *Hist. des chevaliers de Malte.*)

FONTENELLE.

Guillet de Fontenelle, Sgr de Fontenelle, était à l'assemblée de la noblesse de l'Angoumois, le 16 mars 1789. (Catalogue des gentilshommes.)

FORGE ou FORGES (p. 137).

Dans le manuscrit de Nadaud, les pages 833, 838, 1167, qui contenaient la généalogie de cette famille, ont été déchirées. C'est à la page 930 que nous avons trouvé la note suivante ; le reste est pris dans Des Coutures :

Marguerite des Forges épousa, le 7 décembre 1622, René Geoffroy, Sr des Bouchaux, paroisse de Saint-Cibardeau, élection de Cognac.

Des Forges, Sr du Chatelard, demeurant à Angoulême, porte *de gueules à deux fasces d'or, accompagnées d'un triangle en chef de même, et d'un croissant d'argent en pointe.*

Pierre des Forges, Sr du Chastelard, adjoint à Angoulême.

Le sieur des Forges est reçu pair, le 20 septembre 1634, puis conseiller par la mort d'Antoine Morices, le 27 novembre 1662 ; il fait la déclaration de vouloir vivre noblement, le 2 décembre 1662.

FORGUES (page 137). Voici le texte de Des Coutures pour remplacer celui de Nadaud qui a été pris avec la page 908 du manuscrit :

Forgues, Sgr de La Rosse-Andry (probablement de La Roche-Andry), paroisse d'Asnière, élection d'Angoulême, porte *d'argent à trois corbeaux de sable, 2, 1.*

I. — Armand de Lavedan épousa Jeanne Tarde-Coste.

II. — Bernard de Lavedan obtint une sentence arbitrale, entre Bernard et Raymond Garsie, sur le partage des biens d'Armand et de ladite Tarde-Coste, leurs père et mère, du 26 mai 1478.

III. — Armand de Forgues épousa, le 15 juin 1511, Jeanne de Norguessie.

IV. — Jean de Forgues épousa, le 25 avril 1563, Jeanne de Jouaufour.

V. — Raymond de Forgues, trésorier à Limoges, épousa, par contrat sans filiation du 25 février 1601, Catherine de Redon. Il eut une sentence rendue par le sénéchal de Béarn, en faveur de Jacques et de Raymond de Forgues, par laquelle ils sont déclarés nobles, du 26 janvier 1599. Il eut aussi une attestation par-devant le sénéchal de Bigorre, à la requête desdits Jacques et Raymond, sur leur extraction et noblesse du 20 juin 1602. Il obtint encore des lettres-patentes pour la confirmation et approbation de ladite noblesse, du 2 décembre 1612, dûment vérifiées.

VI. — Bernard de Forgues épousa, le 9 février 1640, Marie Patras de Campagne.

FORNEL (page 137).

La famille de Fornel ou Fournel s'est divisée en plusieurs branches, telles que celles de La Laurencie, Reilhac, Limeyrac, Mainsac, La Grélière, Couteillas.

Branche de La Laurencie.

Le fief de La Laurencie est situé paroisse de Saint-Auvent, canton de Saint-Laurent-sur-Gorre, arrondissement de Rochechouard (Hte-Vienne). Quoique du diocèse de Limoges, il dépendait autrefois du Poitou : aussi Jean de Fornel de

La Laurencie fut-il obligé de se rendre à Montmorillon lors des votes de la noblesse pour les états généraux. C'est de là qu'est venu le dicton de famille : *Pour Dieu en Limousin, pour le diable en Poitou.*

Jean de Fornel (p. 141), Sr de La Laurencie, né en 1734, épousa, en 1761 (*alias* 1751), Jeanne de La Valade de Truffin, de la paroisse d'Angoisse, diocèse de Périgueux. Il mourut, en 1811, âgé de soixante-quatorze ans. De ce mariage est né Jean-Martial, qui suit.

Jean-Martial de Fornel, chevalier, né le 31 décembre 1773, fut maire de Saint-Auvent, et mourut en 1858. Il avait épousé, en 1795, Marie d'Hugonneau de Boyat; elle mourut en 1804. De ce mariage naquirent : 1° Virginie de Fornel de La Laurencie, mariée à N..... Boutont, receveur de l'enregistrement et conservateur des hypothèques à Confolens ; 2° Jean, qui suit; 3° Philippe de Fornel de La Laurencie, né en 1801, chanoine honoraire du diocèse de Limoges, curé-archiprêtre de Saint-Yrieix (Hte-Vienne).

Jean de Fornel de La Laurencie, chevalier, ancien officier supérieur, membre de la Légion-d'Honneur, a épousé en 1841, Jeanne-Françoise-Hélène de Livron, morte en 1865. De ce mariage sont nés : 1° Martial de Fornel de La Laurencie, licencié en droit ; 2° Sosthènes de Fornel de La Laurencie, lieutenant d'artillerie.

Branche de Reilhac.

N..... de Fornel de Reilhac épousa N....., dont : 1° Mison de Fornel de Reilhac, mariée à M. Desvoisins, habitant Reilhac ; 2° Poulout de Fornel de Reilhac, mariée à Aimée de Laforest, morte à Limoges dans sa soixante-quinzième année, en 1866, dont : *a* Suzanne de Fornel, mariée à Adolphe Regnault, chevalier de la Légion-d'Honneur, architecte de la ville de Limoges; *b* Zaïre de Fornel, mariée à N..... Boc; 3° François de Fornel, dit le chevalier de La Rochefoucault, qui épousa N.... Rougier, mort à La Rochefoucault au mois d'août 1867; de ce mariage : Zulma de Fornel, mariée à N.... Desvoisins ; 4° Jacques de Fornel, qui a continué la branche de Lymeirac, qui suit.

Branche de Lymeirac.

N..... de Fornel, Sgr de Limeyrac, était à l'assemblée de la noblesse de l'Angoumois, le 6 mars 1789. Il épousa N....., dont : 1° Zéphyrine de Fornel, mariée à Jacques de Fornel de Reilhac, qui suit; 2° Rosalie de Fornel, mariée à N..... de La Croix.

Jacques de Fornel de Reilhac, mort à Lymeirac, le 18 juillet 1857, à l'âge de soixante-quinze ans, avait épousé Zéphyrine de Fornel de Lymeirac, dont : 1° Armand de Fornel, habitant Lapeyre, commune d'Auginac (Dordogne), qui épousa : 1° N.... de Texier; 2° Aloïse Deximier de Ligouyet (Bretagne). Du premier lit sont nés : *a* Hélie de Fornel, marié à ......; *b* Philippe ; *c* Adrien ; 2° Amédée de Fornel, marié à Anne de Saulnier, dont un fils et une fille morts en bas-âge ; 3 Frédéric-Aubin de Fornel, habitant Lymeirac, a épousé : 1° Elisa Grandchamp, morte à l'âge de vingt ans, le 15 septembre 1836, enterrée à Marthon. De ce mariage est née Marie-Zéphyrine-Félicie de Fornel qui a épousé, le 27 novembre 1855, Louis-Silvain-Olivier, vicomte de Saint-Georges, de Fresse, commune de Berneuil (Hte-Vienne) ; Frédéric-Aubin de Fornel a épousé : 2° Louise Deximier de Fayemarteau, commune de Hautefaye (Dordogne) dont : 2° Paul; 3° Georges, marié dans l'église de Marthon, le 8 octobre 1867, à Alice de Mondenard, de La Couronne, paroisse de Marthon.

Branches de Mainsac, de Couteillas, de La Grillière.

N..... de Fornel de Mainsac était à l'assemblée de la noblesse de l'Angoumois, le 19 mars 1789.

Pierre de Fornel de Couteillas était à la même assemblée de la noblesse de l'Angoumois le 16 mars 1789.

La branche de La Grillière s'est éteinte pendant la révolution française.

SOURCES : Catalogue des gentilshommes de l'Angoumois. — Titres originaux. — Renseignements particuliers.

FORSAT.

Jean de Forsat, gentilhomme du Limousin, était chevalier de Saint-Jean-de-Jérusalem ; il fut reçu le 27 mai 1615. (VERTOT, *Hist. des chevaliers de Malte.*)

LE FORT DES TERNES. — *Voyez* TERNES.

FORVILLE DU PELLET. — *Voyez ci-après* FOUCHIER.

FOSSE, FOSSÉ. — Les notes de Legros indiquées dans la table du manuscrit ont été déchirées; mais nous trouvons, aux pages 832, 836 et 841, ces noms signalés de la manière suivante :

« François du Fossé, Sr de La Fosse, maire d'Angoulême, est élu échevin, en la place vacante et par la mort dudit Martin, le 14 novembre 1614.

Jean Preverand, Sr de La Piterne, est reçu échevin par la résignation de .... La Fosse, conseiller d'état, qui obtint provision de résigner le 22 mars 1666 ».

FOUCAUD DE SAINT-GERMAIN (p. 143).

A l'installation, le 29 octobre 1715, d'Armand-Louis-François Foucaud, marquis de Saint-Germain, comme gouverneur de la Marche, le procureur du roi du présidial de Guéret donna, dans son discours, une analyse de la généalogie de sa maison, d'après les titres du chartier de Saint-Germain. Elle diffère sensiblement, quant aux premiers degrés de filiation, de celle dressée par Clabault, archiviste et généalogiste, dont un extrait se lit dans le dictionnaire de La Chesnaye des Bois.

I. — Hugues Foucaud. Il existait en 1715, au trésor de Saint-Germain, l'original latin, en bonne forme, d'une donation de l'an 1115, *regnante Ludovico* (Louis le Gros), *et papa Pascali sedente* (Pascal II), faite par la veuve de Boson le Vieux, comte de la Marche, et par Audebert et Boson le Jeune, ses enfants, dans laquelle Hugues Foucaud, Sgr de Saint-Germain, est qualifié chevalier et a signé comme présent. Hugues est père de :

II. — Guillaume Foucaud, 1er du nom, lequel eut pour fils :

III. — Guillaume Foucaud, IIe du nom. Ces deux Guillaume ont leur filiation établie par plusieurs titres. Il en existait des années 1132, 1172 et 1200. Une donation faite par Guillaume II à l'abbaye de Grandmont, où il est dit chevalier, Sgr de Saint-Germain, est datée *die dominica qua cantatur « Oculi mei »*, *anno millesimo ducentesimo vigesimo septimo*. Elle était scellée de ses armes : *en champ d'azur semé de fleurs de lis d'or sans nombre*.

IV (1er degré de Nadaud). — Gui 1er, fils de Guillaume II, accompagna le roi Saint-Louis au voyage de Terre-Sainte, et n'en revint qu'avec lui. Son testament, scellé des armes de sa maison, était conservé à Saint-Germain ; il était daté de l'an 1278. Gui eut d'Anceline, sa femme : 1° Gui, qui suit ; 2° Guillaume, moine de Saint-Martial, et 3° Garyet, nommés dans le testament de Gui ou Guyard leur frère.

V-II. — Gui dit Guyard, dans son testament du 29 juillet 1302, publié par l'abbé Texier dans le Bulletin de la Société Archéologique du Limousin, est inconnu aux généalogistes de cette maison. Guyard nomme ses deux frères, sa femme Ahelis, fille de Guillaume de Saint-Julien et ses enfants : 1° Guillaume, qui suit ; 2° Gui ; 3° Aymeri ; 4° Sybille ; 5° Isabelle.

VIII-V. — Aubert (p. 145). Il épousa Isabeau Pot, dont il eut : 1° Jean, qui fut général des archers et arbalétriers dans l'armée du roi Charles VII. Il combattit plusieurs fois les Anglais avec Jeanne d'Arc, et, commandant dans Lagny, il en fit lever le siège au duc de Bedfort par une sortie si vigoureuse que les assiégeants furent battus et mis en déroute. Quelques jours après, il fut les insulter jusqu'aux portes de Paris, avec six cents lances seulement, et faire sonner ses trompettes, pendant une heure, sur la hauteur de Montfaucon. Il fut fait maréchal de France, dans le temps que le nombre en était très-borné. Valentine de Milan, veuve du duc d'Orléans, lui confia le gouvernement de cette ville et de l'apanage de ses enfants, et le fit podestat de la ville d'Asti, son apanage en Italie. Il mourut en 1466, laissant son hérédité à son frère Marc ; 2° Marc, qui suit ; 3° Louis, premier abbé de Bénévent.

IX-VI. — Marc, Sgr du Cros de Chatelus, de Marchères et de Saint-Germain, fit ériger le prieuré de Bénévent en abbaye pour Louis Foucaud, son frère. Un titre de Saint-Germain rapportait que, lorsque ce dernier en prit possession, il était accompagné de trois cents gentilshommes. Ce même titre disait que Marc Foucaud était de noble sang et de haute lignée, et qu'il appartenait aux comtes de Penthièvre et aux seigneurs de Chauvigny. « Marc, d'après Clabault, mourut vers l'an 1483, et avait épousé, le 31 octobre 1434, Gallienne de Pierrebuffière, dont il eut : 1° André, qui suit ; 2° François, Sgr de Chatelus, de Marchères, du Cros et de Fenonzac, qu'il eut en partage par traité du 27 avril 1484. Il était, la même année, un des gentilshommes de la maison du roi, et mourut sans enfants de Souveraine de La Roche, sa femme, qui vivait encore le 29 juin 1504 ; 3° Pierre, élu abbé de Bénévent, après son oncle ».

X-VII. — André Foucaud, chevalier, Sgr de Saint-Germain-Beaupré, etc., chambellan du roi, institué héritier de Jean Foucaud, son oncle, par son testament de 1465, qualifié chevalier, Sgr du Verger, dans le bail à ferme qu'il consentit, comme fondé de pouvoir de son père, le 28 mars 1474, au profit de Jean Compais, fut émancipé le 1er février 1481, et obtint des lettres de sauvegarde du roi Charles VIII le 26 novembre 1483, dans lesquelles il a le titre de chevalier, conseiller et chambellan de Sa Majesté. Il fut aussi fait chambellan du roi Louis XII, qui n'était alors que duc d'Orléans et de Valois, par lettres du 21 janvier 1483 (1484), et eut de grands différends avec François Foucaud, son frère, au sujet du partage des biens de la succession de leur père, qui furent terminés par accord fait entre eux le 27 avril 1484. Il était mort avant le 30 décembre 1489, et avait épousé, le 16 juillet 1469, Marguerite d'Aubusson, fille de Jean III du nom, Sgr de la Borne, du Daugnon et d'Aleirac, chevalier, chambellan du roi Charles VII, et d'Agnès de Saint-Georges. Leurs enfants furent : 1° Jacques, qui suit; 2° Pierre, auteur des seigneurs de Salle, de Saint-Père, de Vazes et de La Poupardière, 3° et Marguerite, mariée, par contrat du 2 décembre 1489, à Charles Du Plessis, Sgr d'Epernay. (Clabault.)

XI-VIII. — Jacques, chevalier, Sgr de Saint-Germain-Beaupré, etc., conseiller et chambellan du roi, rendit aveu, le 9 février 1503, pour ses terres, à Anne de France, fille de Louis XI, duchesse de Bourbon, comtesse de la Marche, femme de Pierre II, duc de Bourbon, par lettres de provision données le 30 novembre 1535, et qui étaient conservées à Saint-Germain. François Ier lui donna la charge de lieutenant du roi dans les provinces du Nivernais, Bourbonnais et la Marche. Il mourut avant 1562, et avait épousé, par contrat du 25 octobre 1506, Claude de Talleyrand, fille de Jean, Sgr de Grignols et de Chalais, et de Marguerite de La Tour de Turenne. De ce mariage vinrent : 1° Gabriel, qui suit; 2° et 3° Pierre et François, et 4° Jeanne, née le 21 mars 1513. (Clabault.)

XII-IX. — Gabriel Foucaud Ier du nom, chevalier, Sgr de Saint-Germain-Beaupré, Naillac, Fleurat, etc., né le 7 février 1511, fut commis, par le roi François Ier, en 1542 et 1544, pour la conduite du ban et arrière-ban des gentilshommes des provinces de la Marche et du Berri. Il obtint au mois de mars 1546, et en janvier 1547, des lettres-patentes du roi pour l'établissement de quatre foires dans l'année et d'un marché chaque semaine au bourg de Saint-Germain. Il fut en Ecosse, à la tête de cinq cents chevau-légers de troupes auxiliaires en 1550; il eut l'honneur d'épouser, au nom du roi François II, Marie Stuart, reine d'Ecosse, testa le 10 janvier 1558, et mourut quelque temps après. Il avait épousé, par contrat du 19 novembre 1533, où il se qualifie chevalier et baron de Saint-Germain, Françoise de Villelume, fille d'Antoine, écuyer, Sgr de Graveron, dont : 1° Julien, mort sans alliance; 2° Louis, Sgr de Saint-Germain, fort considéré de François de France, fils d'Henri II, duc d'Alençon, qui, par brevet du 12 janvier 1573, lui fit don d'une somme de quatre mille livres sur les étapes de la Marche. Il mourut, le 26 août 1574, sans enfants d'Isabeau de Sorbières, qu'il avait épousée le 24 octobre 1565; 3° Gaspard, qui suit; 4° Jacques, né le 21 septembre 1539, mort sans postérité; 5° Anne, mariée à Jean Rance, Sgr de La Chapelle-Barrion; 6° Gabrielle, morte sans alliance, 7° et Agnès, mariée par contrat du dernier février 1570, à Guillaume de Saint-Julien, Sgr de Saint-Vaury.
(Clabault.)

XIII-X. — Gaspard Foucaud, Sgr de Saint-Germain, etc., chevalier du roi, capitaine de cinquante hommes d'armes, chambellan de François de France, duc d'Alençon, fut nommé gouverneur par Henri IV (n'étant encore que roi de Navarre), au mois de mars 1589, de toutes les places qui tenaient son parti en Berri et dans la Marche, fait gouverneur particulier des villes et château d'Argenton en 1590; réduisit sous l'obéissance de ce prince plusieurs places de la province de la Marche, notamment Guéret; mais, ayant voulu forcer l'abbaye d'Ahun, il y reçut sur la tête, un coup d'arquebusade dont il mourut sur la fin du mois d'avril 1591. Il avait épousé : 1° par contrat du 29 août 1563, Gabrielle Rance, fille d'Helion, Sgr de La Chapelle-Barrion et de Marie de Magnac, et 2°, par contrat du 28 janvier 1572, Isabeau de Pompadour, fille de Geoffroy, baron de Pompadour, chevalier de l'ordre du roi, et de Suzanne des Cars. Les enfants du premier lit furent : 1° Gabriel, qui suit ; 2° Anne, abbesse de Marienval ; ceux du second : 3° et 4° deux garçons morts jeunes ; 5° Esther, morte sans postérité de son mariage avec Jean Tiercelin, chevalier, Sgr de La Chapelle-Barrion, maréchal des camps et armées du roi.

XIV-XI. — Gabriel Foucaud IIe du nom, chevalier, Sgr de Saint-Germain-Beaupré, Dun-le-Palleteau, vicomte du Daugnon, baron de Royan, etc., conseiller du roi en ses conseils d'Etat et privé, chevalier de son ordre, maréchal de ses camps et armées, gouverneur particulier de la ville et château d'Argenton, fut fait capitaine de cent hommes d'armes des ordonnances du roi, par lettres-royaux du 30 mai 1608, pour le renouvellement du papier terrier de ses seigneuries, et gouverneur et lieutenant général de la Haute et Basse-Marche, par démission de M. de Schomberg, le 23 avril 1621, dont il prêta serment le 10 mai suivant ; il se trouva au siège de Rouen, à la journée d'Arques et à la bataille d'Ivry, donnée le 14 mars 1590. Il testa en 1633, et mourut peu après. Il avait épousé, par contrat du 11 novembre 1607, Jeanne Poussard, fille de Charles, chevalier de l'ordre du roi, gentilhomme ordinaire de sa chambre, Sgr de Fors, du Vigean, et d'Esther-de-Pons, dont : 1° Henri, qui suit ; 2° Louis, comte du Daugnon, élevé page du cardinal de Richelieu, qui favorisa ses premiers commencements dans les armes (voir *supra*, p. 147) ; 3° François, Sgr d'Eguzon, mort à l'armée du roi en Flandres, n'étant que volontaire ; 4° Charles, abbé de Bénévent en 1638 ; 5° Anne, abbesse de Marienval, après sa tante ; 6° et Gabrielle, femme du Sgr de Montagnac.

(CLABAULT.)

XV-XII. — Henri Foucaud (voir *supra*, p. 151) mourut le 11 septembre 1678, après avoir vu Louis, son fils aîné, pourvu de son gouvernement. Robert du Dorat en parle ainsi dans ses mémoires manuscrits, à l'article des grands jours de Poitiers de l'an 1634-1635 : « Feu messire Henri Foucaud, Sgr de Saint-Germain-
» Beaupré, gouverneur de la Haute et Basse-Marche, avoit grand'peur que sa vie
» fut recherchée, car il avoit fait tant de volleries, pilleries, concussions,
» exactions, fait faire des meurtres, fait brûler des maisons et autres malversations
» qu'il en étoit en grand'peine, car il m'écrivit par divers fois de ce que l'on disoit
» de lui auxdits grands jours, si je sçavois pas que l'on eut parlé de lui. Et de fait,
» lesdits grands jours ne furent sitôt finis que, dans le mois de fevrier ou de
» mars 1635, il y eut un furieux arrest donné contre lui au parlement de Paris,
» donné par défaut et coutumace, par lequel il fut condamné d'avoir la tête tranchée,
» sa maison rasée, privé et déclaré indigne de sa charge de gouverneur ; ce qu'ayant
» prévu de bonne heure il s'en étoit défait au profit de son fils aîné, en la faveur
» duquel il l'avoit résignée. Et mourut ledit Sgr de Saint-Germain en cet état, sans
» avoir jamais osé purger sa coutumace. Il y eut un gentilhomme du pays, nommé
» Couriac (Courjac), qui demeuroit en sa maison, lequel fut, pour les maux que
» ledit Sgr de Saint-Germain lui avoit fait faire, décapité en Grève à Paris, contre
» lequel Sgr de Saint-Germain il y eut tant de plaintes que c'étoit pitié ». (Dom Fonteneau, T. XXIX p. 451 : bibl. de Poitiers). Il est difficile de concilier ce que rapporte ici Robert du Dorat avec les faits connus de la vie d'Henri de Foucaud, notamment avec sa nomination, en 1644, au gouvernement d'Argenton et l'érection en sa faveur de la terre de Saint-Germain en marquisat par lettres du 8 avril 1645.

P. DE CESSAC.

FOUCAUD. — Jean de Foucaud de Malambert, chevalier, Sgr des Rieux et des Champs, assista à l'assemblée générale de la noblesse en 1789. Il habitait Saint-Yrieix, et possédait un château, paroisse de La Rochette.

Sources : Catalogue des gentilshommes de la Marche et du Limousin ; — Archives de la préfecture.

FOUCAUDIE (page 154).

VIII. — Yrieix de Sansillon de La Foucaudie (fils aîné de Jacques), chevalier, Sgr de Pouzol, Versail et le Cadussaud, assista à l'assemblée générale de la noblesse le 16 mars 1789.

FOUCHIER.

François de Fouchier, sieur de Mazourie (ou Manserie), paroisse de Glanges, épousa, vers 1725, Marguerite de Pellet, fille de noble François, écuyer, Sr du Monceau, paroisse de Vicq, et de Françoise Tineau.

Glanges et Vicq sont dans le canton de Saint-Germain-les-Belles, arrondissement de Saint-Yrieix (Hte-Vienne).

Le Sr Forville du Pellet était encore propriétaire dans les paroisses de Glanges et de Vicq en 1785.

Sources : Nadaud, *mss.*; — Table des nobles et privilégiés de l'élection de Limoges, aux archives de la préfecture.

FOURNOUE (COUTURIER DE), T. 1er, p. 618.

Ce qui suit a été omis dans la mise en page de l'article Couturier de Fournoüe du T. 1er :

VII (p. 621). — Les enfants d'Alexis-Pierre furent : 1° Antoine-Olivier-François, qui suit ;

2° Joseph Couturier, comte de Fournoüe, chef-d'escadre, cordon rouge, chevalier de l'ordre de Cincinnatus, né à Guéret le 18 octobre 1740, mort à Angoulême en 1800. (Voir sa biographie, *Hist de la Marche*, T. II). De Jeanne-Marie de Montalembert, fille de Pierre, marquis de Montalembert, Sgr de Villars, et de Jeanne Gayot de La Bussière, il eut Bernard-Paul Couturier, comte de Fournoüe-Montalembert, lieutenant-colonel de cavalerie, chevalier de Saint-Louis, de la Légion-d'Honneur et de Saint-Ferdinand d'Espagne, 2e classe, membre d'un grand nombre de sociétés savantes, ancien président de la Société des Sciences naturelles et archéologiques de la Creuse, né le 6 septembre 1789, mort au château du Mouchetard le 19 février 1857. (Voir sa biographie, *Mém. Soc. de la Cr.*, T. II);

3° Marie-Marguerite Couturier de Fournoüe, mariée, le 3 février 1756, à messire Pierre Rebière de Naillac, chevalier, Sgr de Naillac, Cessac, Fleurat, Lapouge, etc., gentilhomme ordinaire de S. A. R. Mgr le duc d'Orléans, fils d'André, Sgr des mêmes lieux, et d'Henriette de Lajosnière, dont : *a* Gabriel-Pierre Rebière de Naillac, écuyer-chevalier, Sgr de Naillac, etc., marié, par contrat du 29 juin 1778, à Marie-Françoise des Ardilliers de Neuville, fille de François des Ardilliers, écuyer, Sgr de Neuville, et de Gilberte-Thérèse de Buxerette, dont deux filles (voir sa biographie : Carron, *Vies des justes dans la profession des armes*), et *b*, Philippe Rebière de Naillac, écuyer, Sgr de Cessac, ancien officier au régiment de Neustrie-infanterie, chevalier de Saint-Louis, marié, le 29 avril 1817, à Hortense Marguerite-Joséphine Faure de Fournoux, fille de Gilbert-Amable Faure de Fournoux, contre-amiral, officier de la Légion-d'Honneur, chevalier de Saint-Louis, et d'Anastasie-Rose d'Astier, dont : Marie-Pierre-Emmanuel Rebière de Cessac, substitué par le comte de Fournoue-Montalembert, dernier représentant de sa famille, et son oncle à la mode de Bretagne, aux titre et nom de comte de Fournoué, marié, le 4 juin 1859, à Marie-Louise-Valentine de Maistre, fille de Charles-Augustin-Almaury, baron de Maistre, et de Marie-Henriette du Nozet de Sainte-Marie;

4° Marie Couturier de Fournoué, prieure des religieuses hospitalières de Saint-Augustin de Guéret.

VIII. — Antoine-Olivier-François Couturier de Fournoué, chevalier, Sgr de Fournoué, Soumandes, Le Saillant, Murat, Mouchetard et autres lieux, conseiller du roi et son procureur en la sénéchaussée et siège présidial de la Marche, conseiller d'État, etc., épousa, le 29 octobre 1753, Marie-Rose Rondeau, fille de Jean Silvain Rondeau, écuyer, Sgr du Saillant et de Marie-Rose Garreau de Laubard. Il mourut le 13 avril 1817, et Marie Rondeau le 8 mai 1824. De ce mariage vinrent : 1° Gabriel, qui suit; 2° Antoine, Sr du Saillant, prieur de Villard, par cession de son oncle, Pardoux-Abdon, du 9 mai 1775, et plus tard prieur de Guéret, conseiller-clerc au parlement de Paris, lequel, n'ayant pas prononcé de vœux, épousa, assez âgé, Marguerite Garraud de Fressanges, dont il n'eut pas d'enfants; 3° Charles, Sr de Murat, né le 17 mars 1768, mort sans alliance; 4° Marie-Rose, née le 5 mars 1757, morte le 2 septembre 1802, religieuse hospitalière de l'ordre de Saint-Augustin, à Guéret; 5° Marie-Anne, née le 26 décembre 1758, mariée à..... d'Argier, baron de Saint-Vaury.

IX. — Gabriel Couturier de Fournoué, créé baron par le premier Empire, né le 4 décembre 1760, fut successivement maire de Guéret et conseiller de préfecture. Il épousa Sophie du Pont, dont il eut pour fille unique :

X. — Louise Couturier de Fournoué, mariée, le 9 août 1810, à Louis-César-François, marquis de Bonneval, chevalier de Saint-Louis, ancien aide-de-camp du duc de Bourbon, fils d'André, comte de Bonneval, et de Marie-Denise de Jaubert de Nantiat.

FOURNOUX (en Combrailles) (p. 156).

Hugues de Fournoux, témoin de donations à l'abbaye de Bonlieu en 1194 et 1207. (ROY-PIERREFITTE, *Monastères du Limousin* (Bonlieu), p. 9 et 11.)

Vassaux immédiats du sire de Bourbon le 1er mai 1249 : les enfants de Bernard de Fournoux...., Hugues de Fournoux. (*Généal. de La Rocheaymon*, p. 41.)

Vassaux de Gui et Aymon de La Roche, le 17 octobre 1281, dans les paroisses de Saint-Donné et du Puy-Malsignat et autres ..... : Hugues de Fournoux, chevalier; Aubert de Fournoux, écuyer, ... (*Ibid.*, p. 193.)

Antoine de Fournoulx, écuyer, Sgr de La Vaugraton, 1506. (DE BETT.)

Jaspard de Fournoulx, écuyer, Sgr de Fournoulx en la châtellenie d'Aubusson, 1506. (DE BETT.)

Jacques de Fournoux fut exécuteur testamentaire de Renée de Graçay, femme, le 13 janvier 1537, de Jean de La Rocheaymon. (*Généal. de La Rocheaymon*, p. 314.)

Jeanne de Fournoux, sœur de Lyonnet, était, le 9 juillet 1557, femme de noble Jacques de Chaussecourte, écuyer, Sgr du Garreau. (NADAUD, T. I, p. 581.)

P. DE CESSAC.

FRACHET (p. 157).

Gérard de Frachet, un des hommes les plus distingués que le Limousin ait donnés à l'ordre de Saint-Dominique, naquit à Chalus en Limousin en 1205. Il embrassa l'institut de Saint-Dominique à Paris, dans le couvent de la rue Saint-Jacques. Il reçut l'habit des mains de Mathieu, premier prieur de cette maison, le 11 novembre 1225, et, le 25 mars suivant, il fit profession entre les mains du bienheureux Jourdain, maître général de l'ordre et successeur immédiat du saint fondateur des Frères-Prêcheurs. En 1233, il fut élu prieur de la maison de Limoges, que Pierre Cellani, un des compagnons de saint Dominique, avait fondée en 1219 ; il en fut prieur pendant douze ans, et pendant ce temps il imprima à la ville une vive impulsion morale et religieuse. Les chroniques du xiiie siècle rapportent que, l'an 1233, les femmes de la cité et du château de Limoges prirent sur leur tête des *capitéges*, c'est-à-dire des couvre-chefs en toile, tels qu'on en voit dans les peintures du xiiie siècle, et qu'on en trouve aujourd'hui dans certaines campagnes du Limousin. Cet abandon général d'une mode légère et mondaine pour une coiffure plus modeste eut lieu, disent les chroniques, à la prédication des Dominicains, qui étaient venus s'établir de nouveau au château de Limoges. Or, c'est justement en 1233 que Gérard de Frachet vint à Limoges comme prieur des Dominicains.

Il fut nommé prieur de Marseille, et occupait ce poste en 1251 lorsqu'il fut élu provincial de la Provence, poste qu'il tint pendant huit ans. En 1259 il fut élu prieur de Montpellier. En 1266, nommé définiteur provincial pour le chapitre de Limoges, il revint terminer sa carrière dans ce couvent.

Bernard Guidonis, autre dominicain limousin, évêque de Lodève et contemporain de Gérard de Frachet, a tracé de lui le portrait le plus flatteur : « Il était, dit-il, aimé de Dieu et des hommes : c'était un prédicateur fécond et éloquent (*facundus et fæcundus*), également goûté du clergé et du peuple, pleinement instruit de tout ce qui concerne la religion, et qui, dès ses plus tendres années, avait entretenu sa science par une étude continuelle ; orateur plein de grâce, environné du prestige de la naissance et des faveurs de l'opinion ; toujours prêt, en toute occasion, à annoncer avec édification la parole divine ; du reste, sachant l'histoire des saints et des hommes illustres, connaissant les antiquités mémorables, et en parlant en temps opportun ; homme connu de tous sous les meilleurs rapports. Il mourut dans une heureuse vieillesse, plein de jours et de bonnes œuvres, dans notre couvent de Limoges, l'an du Seigneur 1271, le 4 des nones d'octobre (4 octobre), la quarante-sixième année de son entrée dans l'ordre, et il fut enseveli dans le cloître, près la porte de l'église ».

Voici l'inscription gravée sur sa tombe :

Frater Geralde de Fracheto, pie valde,
Tertius hic a te capitur locus immediate.
Ordo, genus, vita, discretio, lingua polita,
Fama, pudor, pietas te laudant, pax, amor, ætas.
Te prece multiplici commendo Dei genitrici.
Cives angelici socii tibi sint et amici.
Obiit iiii non. octob. Anno Dni m cc lxxi.

Nous avons de lui : 1° *Vita patrum ordinis prædicatorum*, imprimée à Doue en 1619, et à Valence en Espagne en 1657 : « Cet ouvrage, dit le P. Lacordaire, est d'une simplicité exquise : il est impossible d'y toucher sans le gâter » ; 2° *Chronicon ab initio mundi ad sua usque tempora*.

Source : *Biogr. des hommes illustres du Lim.*, T. I, p. 265.

FRAISSE (p. 157).

Une famille de ce nom habitait l'Auvergne, où elle possède encore le château de Vernines, près Aigueperse (Puy-de-Dôme); il y en a une autre qui semble appartenir au Limousin, et que Nadaud indique ici. On trouve en effet Léonard du Fraisse de Viane, conseiller-doyen ès sièges royaux de la ville de Tulle, qui présida l'assemblée de la noblesse de Tulle le 18 juillet 1789.

Il y a dans la Haute-Vienne deux châteaux qui portent ce nom : 1° Fraisse, paroisse de Nouic, canton de Mézières, est habité depuis plus de cinq siècles par la maison des Monstiers—Mérinville. La portion la plus ancienne de ce château a été construite en 1230 ; le corps de logis principal, vers 1534.

2° Fraisse, paroisse de Berneuil, canton de Nantiat, résidence des vicomtes de Saint-George, est situé dans une position admirable sur la rive droite du Vincou. Dans le parc qui entoure l'habitation actuelle, on trouve les tours de l'ancien château, qui n'a pas laissé d'autres traces. Il avait une tour portant la date de l'an 1000.

FRANCFORT. La page 948 du manuscrit de Nadaud a été déchirée : nous la remplaçons par le texte de Des Coutures.

« Francfort, sieur de La Vergne, paroisse de Solignones, élection de Saintes, porte : *d'azur à un chevron d'or, accompagné de deux étoiles de même en chef et d'un lion de même en pointe, couronné d'or, lampassé de gueules.*

I. — Jean de Francfort sieur de La Vergne, paroisse de Solignones, épousa, le 5 juin 1516, Marthe de Boureilaye.

II. — Guillaume de Francfort épousa, par contrat sans filiation du 12 février 1557, Jeanne de Noguières.

III. — Jean de Francfort épousa : 1°, le 4 mars 1584, Marie Bertelas ; 2°, par contrat sans filiation du 11 mai 1597, Elisabeth Girard. Il testa, le 15 juillet 1611, en faveur de ses enfants, Jean et Jacques.

IV. — Jacques de Francfort épousa, en présence de Jean, son frère, le 12 septembre 1619, Judith de La Croix. Dans son testament du 15 janvier 1631, il est fait mention de Jacques, Jean et Daniel, ses enfants.

V. — Jacques de Francfort épousa, le 20 octobre 1654, Anne Rabin.

V *bis*. — Jean de Francfort épousa Anne de la Croix.

V *ter*. — Daniel de Francfort épousa, le 15 avril 1657, Luce Rabin ».

D'autres auteurs, tels que C. Grandmaison, *Dict. hérald.*, écrivent « Francquefort ».

FRAISSEIX (p. 157).

Des Coutures dit que Fraysseix sieur de La Perrière porte : *d'azur à 3 fasces ondées d'or* ; et Fraysseix sieur de La Blanchardie, *d'or à 3 fasces ondées d'azur.*

FREDAIGUE. — Ce nom, que Nadaud inscrit à la page 2703 de son manuscrit, désigne l'ancien château habité par la famille Chauvet, de laquelle il passa aux Martin de La Bastide.

Il était situé à un kilomètre de Nantiat, arrondissement de Bellac (Hte-Vienne); complètement entouré d'eau, on y communiquait par une chaussée coupée par un pont-levis. De cette demeure féodale il ne reste aujourd'hui que quelques vieux murs festonnnés de lierre, qui se reflètent dans l'onde limpide à laquelle ce lieu doit son nom.

La page 68 du manuscrit de Nadaud renfermait des détails sur cette ancienne maison; un renvoi de la page 277 nous fait connaître :

Noble et puissant seigneur Pierre Chauvet, écuyer, S' de Sampnac, paroisse de Saint-Junien-les-Combes, qui épousa Catherine de Pierre-Buffière ; leur fille, Françoise Chauvette, épousa vers 1500, Gui de Roffignac, S' de Richemont, Saint-Germain-les-Vergnes, et coseigneur d'Allassac, qui a fait la branche des Roffignac de Sampnac.

Voici la suite des seigneurs de ce lieu, que Nadaud a commencée, T. I, p. 449.

VII. — François Chauvet, écuyer ordinaire de la reine, Sgr de Nantiat, L'Auvergne (paroisse de Saint-Junien-les-Combes), Léobardy (paroisse de Nantiat) et autres places, épousa, Catherine Obé ou Aubé, dont il eut plusieurs enfants, entre autres : 1° Suzanne, baptisée le 21 octobre 1660, à l'âge de vingt-trois mois; 2° Marie, baptisée, le 21 octobre 1660, à l'âge de dix mois.

VIII. — Gaspard Chauvet, Sgr de Nantiat et de Fredaigue, épousa, le 29 novembre, D¹¹ᵉ Diane-Marie de Pontcharaud, fille de feu messire Jean de Pontcharaud, conseiller du roi à Bellac, et de dame Susanne de Rusiniac (mieux de Roffignac). La dispense d'empêchement de parenté fut obtenue du pape par François Chauvet.

IX. — Charlotte Chauvet épousa Jean-François Martin de La Bastide, qui devint Sgr de Freidaigue et autres lieux; il était trésorier de France au bureau des finances de la généralité de Limoges. Il mourut au château de Fredaigue, à l'âge d'environ soixante-un ans, et fut enterré, le 30 juin 1742, dans l'église de Saint-Vincent de Nantiat, en présence de Gaspard Martin de La Bastide, son fils aîné.

Les descendants de Gaspard ont possédé Fredaigue jusqu'à la révolution. Voir la suite à l'article *Martin de Fredaigue*.

Source : Registres de Nantiat.

FRICON, page 160, ligne 14, *lisez* : La Villatte, et non La Vallette.

Ligne 15, *lisez* : Poyenne, au lieu de Poyeme.

L'existence de la famille de Fricon se constate simultanément en Berry et en Marche dès le xiiᵉ siècle, par les cartulaires des abbayes du Landais et de Bonlieu.

Elle s'est divisée en plusieurs branches :

1° Celle du Pallis, en Berry;

2° Celles du Cros, de La Poyade, de La Dauge, de Parsac, de La Villatte, de La Dapaire en Marche;

3° Celles de Moussy et de Bourcavier en Poitou;

4° Celle de Longueville en Sologne.

La branche de La Dapaire est la seule existante.

La famille de Fricon a produit six chevaliers de l'ordre de Malte, dont deux commandeurs, et, au xvᵉ siècle, un chambellan et maître d'hôtel du duc d'Orléans.

Ses alliances directes sont avec les familles de L'Esclauge, de Saunade, de Saint-Julien, de Macé de Saint-Vigny, de Joudoigne, du Lac, de Gratin, de Luchapt, de Mesnard, de Noblet, des Ages, de La Chapelle, de Ponthieu, d'Asnières, Poute, de Montagnac, Taquenet, du Puy de Vatan, de Chasteigner, de Malleret, de Cluys, de Cezar, de Brade, de Gouzolles, de Lestrange, Le Groing de La Romagère, Mérigot de Sainte-Fère, de La Saigne, Saint-George, Barthon de Montbas, de Jovion, de Poyenne, Aucapitaine, de Gamachez, Taveau, etc.

Armes : *D'azur à la bande engrêlée de sable.*   Vicomte de Maussabré.

Jean Fricon épousa Marguerite de Lesclauze, fille de Pierre de Lesclauze, chevalier, Sgr de Lesclauze en 1390.

Joseph de Fricon, écuyer, Sgr de La Chassaigne épousa, le 16 février 1616, Gilberte du Plantadis, dame du Leyrit, fille de Gabriel, écuyer, Sgr du Leyrit et du Reymondet, et de Jacqueline de Longeac.

Jacques de Fricon dit La Dauge (1), gentilhomme de la Marche, fut reçu chevalier de Saint-Jean-de-Jérusalem le 5 juillet 1612 : il portait *d'argent à la bande ondée de sable.*

François de Fricon dit La Dauge, gentilhomme de la Marche, fut aussi reçu chevalier de Saint-Jean-de-Jérusalem, le 5 juillet 1612.

Jean de Fricon de Parsac, gentilhomme de la Marche, fut reçu chevalier de Saint-Jean-de-Jérusalem le 23 juin 1700; il portait *d'argent à la bande engrêlée de sable.*

René de Fricon, écuyer, Sr de Parsac, était âgé de soixante-dix ans en 1636.

Louis de Fricon, écuyer, Sr de La Valette-Pommereaux, faisait partie de l'arrière-ban de la Marche en 1636.

Sources : A. Tardieu, *Histoire générale de la maison de Bosredon.* — Vertot, *Histoire des chevaliers de Malte.* — Arr.-ban de la Marche, 20 août 1636.

FROMENT (page 160).

Louis de Froment, écuyer, Sr de Saillant, épousa Marie du Mureau. Ils acquirent, le 28 mai 1602, de Gabriel Foucaud, Sgr de Saint-Germain, la baronnie de La Borne (canton d'Aubusson, Creuse). Ils eurent : Jeanne de Froment, qui épousa : 1° Louis de Hautefort, Sr de Chassaing; 2° François II d'Aubusson, Sgr de Chalon, fils de Louis, Sgr de Banson. Ils vendirent, le 18 avril 1626, aux religieuses de Blessac, la baronie de La Borne. Ils vivaient en 1669, sans avoir eu d'enfants. Jeanne épousa : 3° Jacques Doyron, Sgr de Charnhac (mieux Chérignac), dont Robert Doyron ; elle épousa : 4° Germain Saunier, Sgr de Champagnac; elle était morte en 1682.

Jeanne de Froment, dame de Chargnat et de Fontléon, 1636.

Dom Charles Froment, religieux de l'ordre de Grandmont.

Sources : Nadaud, *Nobiliaire*, T. I, p. 70. — Moréri, p. 198.

FROTTIER. — Cette famille était à la page 804 du manuscrit de Nadaud. Voici le texte de Des Coutures, pour remplacer celui qui a été enlevé dans notre manuscrit :

« Frottier, Sr du Villard, paroisse de La Rossette, élection d'Angoulême et de Lespinay, paroisse de Loubert, élection de Saint-Jean-d'Angély, porte *d'argent à un pal de gueules, accosté de dix losanges de même, 4, 4 et 2.*

I. — Charles Frottier épousa, le 12 mai 1518, Jeanne de Solignac.

II. — François Frottier épousa Antoinette Goumard. Le 12 janvier 1538, ladite de Solignac, veuve de Charles, donna procuration pour consentir au mariage de François, son fils, avec ladite Antoinette Goumard.

(1) La Dauge, commune de La Dapeyre, canton de Guéret (Creuse).

III. — Pierre Frottier épousa, le 15 juin 1563, Yolande de Voyes.

IV. — Gaspard Frottier épousa, le 23 octobre, Elisabeth de La Rossefoucaud (probablement Rochefoucaud).

V. — Jean Frottier, Sr de Lespinay, épousa, le 1er septembre 1642, Marie Danthon.

III bis. — Jean Frottier. Il y eut une transaction entre Pierre et Jean sur les successions dudit François et ladite Goumard, leurs père et mère, le 12 août 1578. Jean épousa Anne Tison.

IV. — Roch Frottier-Tison épousa, le 20 avril 1614, Elisabeth Talois.

V. — Clément Frottier-Tison, Sr de Villard, épousa, le 4 mai 1652, Antoinette Catrix. »

Benjamin-Louis Frottier de La Côte-Messelière épousa Elisabeth-Olive de Saint-George, fille d'Olivier et de Marguerite Le Cocq. Elle mourut à Paris, le 23 avril 1756, âgée de quatre-vingt-six ans. (*Généalogie de la maison de Saint-George.*)

Louis-Marie-Bonaventure Frottier, chevalier, Sgr de la châtellenie de La Messelière et autre lieux, ancien capitaine de cavalerie, fut présent à l'assemblée générale de la noblesse en la ville du Dorat, capitale de la Basse-Marche, le 16 mars 1789.

N..... Frottier, marquis de Bagneux, Sgr de Lescorcière, était absent à cette assemblée.

Voir ce qu'il est dit des Frottiers, T. I, p. 299.

La généalogie de cette famille se trouve dans La Chesnaye des Bois, édit. in-4°, T. VI, p. 271, et dans le *Dictionnaire des familles du Poitou*, de Beauchet-Filleau.

FRUCHAUD (Mgr Félix-Pierre), 95e évêque de Limoges, prélat de la maison de Sa Sainteté, assistant au trône pontifical, comte romain, chevalier de la Légion-d'Honneur, fils de François et de Rose Plessis, est né à Trementines, arrondissement de Cholet (Maine-et-Loire), le 30 juillet 1811.

(Il a fait ses études au petit-séminaire de Beaupréau et au grand-séminaire d'Angers. Ordonné prêtre par Mgr Montaut des Isles, le 28 octobre 1835, il fut d'abord professeur de troisième au petit-séminaire Montgazon à Angers, puis vicaire à Segré, ensuite vicaire à la cathédrale d'Angers; en 1840, appelé à la cure de Saint-Nicolas, de Saumur; en 1842, vicaire général de Mgr d'Angoulême).

Nommé à l'évêché de Limoges par décret impérial du 30 juillet 1859, a été préconisé le 26 septembre, et sacré le 30 novembre de la même année. Il a fait son entrée solennelle à Limoges le 6 décembre 1859.

Outre plusieurs mandements remarquables, nous avons de Mgr Fruchaud : 1° *L'Oraison funèbre de M. Gourdon, curé de la cathédrale d'Angers;* 2° un *discours prononcé dans l'église paroissiale de Beaupréau, à l'occasion de la translation du corps de M. Montgazon*, fondateur des petits-séminaires de Beaupréau et d'Angers.

Depuis que Mgr Fruchaud occupe le siége épiscopal de Limoges, plusieurs fondations ont eu lieu ; ce sont : les frères des écoles chrétiennes à Châteauponsat, 1860 ; au Dorat, 1862 ; à Ahun, 1864 ; — les Maristes à Evaux, 1860 ; — les sœurs de Nevers à Limoges, paroisse de la Cathédrale, 1859 ; au dépôt de mendicité, 1864 ; — les sœurs de la Croix à Saint-Germain-les-Belles, 1860 ; à La Croix, 1861 ; à

Isle, 1863 ; à Compreignac, 1864 ; à Saint-Bonnet-la-Marche, 1865 ; — les sœurs de Saint-Alexis à Saint-Junien, 1864 ; — les sœurs du Sauveur de La Souterraine à Dun-le-Palleteau, 1860 ; à Magnac-Laval ; 1861 ; Bénévent, 1863 ; Pionnat, 1863 ; Cussac, 1864 ; — les petites-sœurs du Sauveur pour les campagnes, à Néoux, 1859 ; Panazol, 1861 ; Nouic, 1861 ; Villefavard, 1863 ; Blanzac, 1864 ; Condat, 1866 ; Montboucher, 1866 ; — les sœurs de Saint-Roch à Genouilhac, 1862 ; — les religieuses de l'Institut de l'Enfant-Jésus à Sardent, 1862 ; — les sœurs de la charité du Sacré-Cœur-de-Jésus, à Azat-le-Riz, 1864 ; — les sœurs de la Providence de Saumur au château de Bort, 1865.

FUMÉE (page 6), en Poitou, porte *d'argent à 6 losanges de sable, 3, 2 et 1.* (*Dict. hérald.*, C. Grandmaison).

FUMEL (page 62).

Branche de Montaigut.

I. — Joseph de Fumel épousa, en 1758, Armoigne de Loumaigne, baronne de Montaigut, dont François, qui suit.

II. — François de Fumel, écuyer, baron de Montaigut, Sgr de Lastreil, épousa dame Silvie de Pons, dont : 1° Pierre-Silvain, baron de Montaigut ; 2° Madeleine de Fumel, qui épousa, par contrat du 23 août 1652, Henri de Bosredon, chevalier, Sgr de La Garenie et de Bessanes, fils d'Alain et de Marguerite de Gaulejac.

La Guyenne compte encore des représentants de cette famille.

Armes : *d'or à trois pointes d'azur montantes.*

Sources : A. Tardieu, *Histoire générale de la maison de Bosredon.*

G.

GADOUIN, Sr de Grateloup et Maransaignes, paroisse de La Vergne (1), des Isles et de La Maronière, paroisse de Maron (2), élection de Saint-Jean-d'Angely, porte *d'azur à un chevron d'argent, accompagné de trois étoiles de même, 2 et 1, soutenues d'un croissant de gueules en pointe.*

I. — Maurice Gadouin. Jean Gelibert est reçu échevin de Saint-Jean-d'Angely à la mort dudit Maurice, le 31 (*alias* le 1er) mars 1587. Il épousa Anne Baluzeau, dont : 1° Sébastien, qui suit ; 2° Robert, qui se maria.

II. — Sébastien Gadouin épousa, le 28 février (*alias* le 1er février) 1598, Marguerite Baron.

III. — Sébastien Gadouin épousa, le 20 février 1629, Jeanne Arondeau.

IV. — Sébastien Gadouin, Sr de Grateloup, épousa, le 24 octobre 1655, Renée de La Fontaine.

II *bis*. — Robert Gadouin épousa, le 18 janvier 1605, Madeleine des Marans, dont : 1° Sébastien, qui suit ; 2° Thomas, qui se maria ; 3° Robert, Sr des Isles.

III. — Sébastien Gadouin, Sr de Maransaignes, épousa, le 19 avril 1645, Marie Suirot.

---

(1) La Vergne, arrondissement et canton de Saint-Jean-d'Angely (Charente-Inférieure).
(2) Probablement Marans, chef-lieu de canton de l'arrondissement de La Rochelle (Charente-Inférieure).

III bis. — Thomas Gadouin, Sʳ de La Maronière, épousa, le 19 février 1662, Marguerite Périchou.

GAILLARD, Sʳ de Saint-Disant, paroisse de..., élection de Saintes, de Fief-Gaillard et du Brandar, paroisse de Mazeray (1), élection de Saint-Jean-d'Angely, porte *d'azur à une fasce d'or, surmontée d'un chevron de même en chef.*

I. — Jean Gaillard fit son testament le 9 novembre 1513. Il épousa, le 15 avril 1490, Marie Perron.

II. — Guyot Gaillard épousa Françoise de Blois.

III. — Guillaume Gaillard, pour lequel, ainsi que pour sa sœur, Marie Perron, leur aïeule, fit une transaction le 6 mai 1537; épousa Lione de Pompadour, dont : 1° Lancelot, qui suit; 2° François, en faveur desquels Pierre Joussineau, écuyer, Sʳ de Frayssinet, obtint un arrêt du grand conseil, le 13 juillet 1599; le 20 juillet 1604, le parlement de Bordeaux prononça aussi un arrêt entre les deux frères.

IV. — Lancelot Gaillard épousa Jacquette de L'Isle, qui obtint un arrêt comme mère de ses enfants, le 23 août 1610.

V. — Gabriel Gaillard épousa, le 21 mai 1623, Marie Galays.

VI. — Lancelot Gaillard épousa, le 12 septembre 1658, Silvie de Cumont.

VII. — François Gaillard épousa Suzanne Poussard.

VIII. — Henri Gaillard épousa, le 3 novembre 1620, Marguerite Docquoy, dont : 1° Jacques, qui suit; 2° Casimir, qui se maria.

IX. — Jacques Gaillard, Sʳ du Fief-Gaillard, épousa, le 4 avril 1646, Marguerite Beaudouin.

IX bis. — Casimir Gaillard, Sʳ du Brandard épousa, le 2 février 1649, Anne Poitevin.

Jean-Léonard Gaillard, écuyer, Sʳ de Vaucoucour et de L'Age, commandant-capitoul de la ville de Toulouse, quartier de La Pierre, de la ville de Thiviers en Périgord, épousa Jeanne Robert, dont Jean, qui suit.

Jean Gaillard, écuyer, Sʳ de Vaucoucour, épousa dans l'église de La Feuillade (2), le 21 janvier 1759, Marguerite Blanchard, née le 25 juillet 1740, fille de Louis, Sʳ de Sainte-Catherine, bourgeois de la ville d'Angoulême, et de Madeleine de Reys.

DE GAIN. — Nadaud indique cette famille aux pages 335, 336, 337, 338, 1741, qui toutes ont été enlevées. C'est à différents endroits de son manuscrit que nous glanons les notes suivantes. (Voir aussi Linards) : A. L.

Melchior de Blond épousa, en 1557, Marguerite de Gaing, d'Oradour-sur-Glane (3).

Antoinette de Bonneval, fille d'Antoine de Bonneval, chevalier, Sgr de Bonneval, de Coussac, de Blanchefort et du Theil, et de Marguerite de Foix, se maria avec Pierre de Gaing.

Marie de Ferrières épousa Charles de Gaing de Linards (4).

Isabelle d'Aubusson se maria, le 27 janvier 1532, avec Charles de Gaing, Sgr de Linards, sénéchal de Périgord.

---

(1) Mazeray, arrondissement et canton de Saint-Jean-d'Angely (Charente-Inférieure).
(2) Feuillade, canton de Montbron, arrondissement d'Angoulême (Charente).
(3) Oradour-sur-Glane, canton de Saint-Junien, arrondissement de Rochechouart (Haute-Vienne).
(4) Linards, canton de Châteauneuf, arrondissement de Limoges (Haute-Vienne).

Noble Jacques Daniel, Sr de Bort, paroisse de Saint-Priest-Taurion (1) et du Repaire, épousa en 1530, Louise de Gaing de Linards, dont ne vinrent point d'enfants; elle hérita des biens de son mari.

Isabeau de Gaing de Linards fut marraine d'Isabeau de Guillemin le 5 août 1592.

. GALARD. — La page 2452, que Nadaud indique pour cette famille, a été déchirée; mais aux pages 2031 et 2500, nous trouvons les deux notes suivantes :

Galard de Brassac de Béarn porte *d'or à trois corneilles de sable*, membrées et becquées de gueules, posées 2 et 1.

XIII. — Jean de Galard de Béarg [ou de Béarn], chevalier de l'ordre du roi, baron de Boussac, ou peut être mieux de Brossac [gouverneur de Lorraine, surintendant de la maison de la reine, mère du roi]; depuis gouverneur d'Angoumois et de Saintonge, ambassadeur à Rome et chevalier des ordres du roi, fut grand-oncle de Daniel, qui suit. Il épousa Jeanne de La Roche-Andry [dame d'honneur de la reine], dont : Marguerite de Galard de Brossac, mariée par contrat du 10 juillet 1582 (Moréri met mal 1580), à Jean de Mayne, Sr du Bourg de Dinsac en Querey, du Palent et de Las Vieulx en Limousin, fils de..... et de Jeanne Fayolles de Melet, dame du Palent.

XVII. — Daniel de Galard de Béarn, fils d'Alexandre, comte de Brossac, et de Charlotte de La Rochefoucaud, écuyer, S^r de La Rochebeaucourt, du village d'Azat, paroisse de Nontron (2) [d'Edon, Comtiers, et, en partie, d'Hautefaye], épousa Gabrielle de Raymond, dont : 1° Alexandre; 2° Anne, née le 4 juillet 1700; 3° autre Alexandre, né le 14 décembre 1701.

Notes isolées.

Louis de Galar de Béarn, écuyer, mourut à Rancogne; avait trente-cinq ans le 17 juillet 1736.

[Jean, S^{gr} de Soubran, lieutenant du roi de la ville d'Angoulême, épousa Jeanne de Galard de Béarn, dame de La Rochebeaucourt, dont Catherine de La Rochebeaucourt, mariée, en 1648, à Louis Chabot, comte de Jarnac, S^{gr} de Saint-Gelais.]

René de Vassougne, écuyer, S^r de La Brécherie (3), Beauchamp, mourut, à soixante-douze ans, le 23 novembre 1701; il avoit épousé Marie-Julie de Galard de Béarn.

Sources : Simplic., T. IX, p. 166. — *Ibid.*, p. 167. — [Moréri, 1752 : Not., Chabot-Jarnac]. — Registres de Nontron.

René de Galar de Béar, Sr de Galar, paroisse de Grassat (4), épousa, le 4 février 1695, Marie-Pétronille de Galar de Béar, dame de Brechenie; elle mourut à soixante ans, le 22 août 1728.

Charles de Galar de Béar, chevalier, S^{gr} de Nadaillac, mourut à Champeaulre, paroisse de Massignac (5), fut enterré au Lindois, le 23 avril 1703. Il épousa à Grassat, le 14 juin 1700, Charlotte de Galar de Béar.

(1) Saint-Priest-Taurion, canton d'Ambazac, arrondissement de Limoges (Haute-Vienne).
(2) Nontron, chef-lieu d'arrondissement (Dordogne).
(3) Mieux « Brechenie ».
(4) Grassat ou Grassac, canton de Montbron, arrondissement d'Angoulême (Charente).
(5) Massignac, canton de Montembœuf, arrondissement de Confolens (Charente).

Louis de Galar de Béar, chevalier, Sʳ de Mirande, paroisse de Dignac (1), épousa à Grassat, le 8 avril 1731, Henriette de Saunières de La Bastide.

GALAYS. — Marie Galays, mariée, le 21 mai 1623, à Gabriel Gaillard.

GALENGAU. — Gaucelin Galengau, chevalier, épousa Joceline Bernard. Étant veuve, elle testa en 1298 ; par son testament, elle veut être enterrée dans le monastère des Allois. Ils laissèrent : 1° Pierre ; 2° Gaucelin ; 3° Alpayde, religieuse aux Allois.

Source : Archives de l'abbaye des Allois.

LA GALLEMACHE. — [Jaubert, écuyer, Sgʳ de La Gallemache, vivoit en 1231. Guillaume Jurneti, *alias* de La Gallemache, vivoit en...

Sources : *Mém. mss. sur les abbayes du Limousin*, p. 501. — Registre de Borsendi, not. à Limoges, p. 88, n° 143, *apud* D. Col.]

GALLET, Sʳ du Fief-Gallet, paroisse de Tezat, élection de Saintes, de Tezat, paroisse de Pessines (2), même élection, porte *d'or à un chevron de gueules, accompagné de trois coqs de sable, pattés, becqués et crestés d'or.*

I. — Jean Gallet épousa....., dont : 1° Jean, qui suit ; 2° Jacques, qui se maria.

II. — Jean Gallet épousa.....

III. — Jacques Gallet épousa Jeanne de Cimetière ; elle testa, le 29 septembre. 1599, en faveur de Jacques, son fils.

IV. — Jacques Gallet testa en faveur de Samuel, son fils, le 20 décembre 1632. Il avoit épousé Marie de Gombaud, le 23 octobre 1601.

V. — Samuel Gallet testa avec sa femme le 19 mai 1652, faisant mention de Jacques, Henri et autres, leurs enfants. Il avoit épousé, le 16 juillet 1627, Suzanne Gombaud, dont : Jacques, Sʳ de Thézat.

II bis. — Jacques Gallet, qui partagea, le 15 août 1666, la succession de son père avec la mère tutrice de ses autres frères, épousa.....

III. — Pierre Gallet, avocat du roi à Saintes, épousa Jeanne Farnoux.

IV. — René Gallet épousa, le 4 décembre 1594, Jeanne Desmier.

V. — Nicolas Gallet épousa, le 25 novembre 1627, Marguerite Queu. Étant veuve elle fit, le 6 décembre 1659, une transaction sur la succession de son mari, avec Georges et Louise, ses enfants, dont : Georges, Sʳ du Fief de Gallet.

(Les pièces justifiant les huit premières générations sont énoncées dans un arrêt de la cour des aides de Paris du 28 avril 1635, et ensuite, lesdits Gallet les ayant produites à la chambre des francs-fiefs, et y ayant eu inscription de faux de la part de Mᵉ Gabriel Dalet, traitant des francs-fiefs, elles furent portées chez M. Renard, procureur du roi en ladite chambre, qui, étant venu à décéder, lesdites pièces ont été perdues. Lesdits Gallet produisirent un arrêt du 28 mars 1663, faisant foi de leur diligence) (3).

---

(1) Dignac, canton de La Valette, arrondissement d'Angoulême (Charente.)

(2) Pessines, canton et arrondissement de Saintes (Charente).

(3) Cette note n'est pas de la main de Nadaud ; nous ignorons par qui elle a été ajoutée à son manuscrit. On y en rencontre aussi plusieurs écrites par M. Roy de Pierrefitte ; mais, comme elles n'ont pour but ordinairement que de faire connaître la date d'un acte cité par l'auteur du manuscrit, nous n'avons pas cherché à les distinguer du reste du texte en signalant leur origine. Nous continuerons à agir de même pour celles que nous rencontrerons encore, lorsqu'elles ne renfermeront rien d'important. A. L.

GALLET — Guy et Louis Gallet, frères, 1595. Le procès-verbal de l'incendie de leurs titres fut fait par Pardignaud, le 12 décembre 1589.

Phillippe Gallet, écuyer, Sʳ du Quaret, paroisse de Genouillat en Haute-Marche (1), épousa Anne de Bordesoulle, dont Anne, née le 6 février 1634.

GALLINARD. — *Voyez* GELINARD.

GALLIOT, Sʳ de Mayat, paroisse de Rignac, élection de Saintes, porte *d'azur à une tête de licorne d'argent, soutenue par une petite croix alésée de même en pointe.*

I. — Léonard Galliot fit, le 29 mars 1529, son testament en faveur de Louis son fils.

II. — Louis Galliot testa, en 1547, en faveur de Guy, son fils.

III. — Guy Galliot épousa, le 16 novembre 1574, Marie Bourre; elle testa, le 19 novembre 1601, en instituant Hélie, et faisant des legs à Guy, son autre fils.

IV. — Guy Galliot épousa, le 6 août 1611, Marie de La Fillolie.

V. — Hélie Galliot épousa, le 2 mai 1632, Diane de Refuge.

GANDILHAUD étoit aux pages 833 et 839, qui sont déchirées.

GANE. — Noble Claude de La Gane, de la paroisse de La Chaussade (2), épousa ...., dont François, tonsuré en 1599.

GANH. — La page 335, indiquée pour cette famille, n'existe plus. La note suivante nous fait connoître son alliance avec la famille de La Joumaud de Combret. — A. L.

Pierre de Agiamonde, damoiseau, paroisse de Linards, frère de Jacques, son aîné, épousa, en 1450, Marguerite de Ganh.

GANTIER. — *Voyer* GAUTIER.

GARABEUF. — [Jean de Garabiau vivoit en...].

Aimeric de Garabeuf, écuyer, Sʳ de Masvaleix et de Puydebaud, épousa Madeleine de Jumilhac, dont : 1° Jean, écuyer, Sʳ de Masvaleix ; 2° Jeanne, mariée à Jean de Puisse, 3° Isabeau, mariée à Jacques de Puisse, sieurs de Journiac et de Las Vergnas, fils de Jeannot, marchand, du lieu de Coupiac, paroisse de Firbeix (3) en Périgord, par contrat passé, au château de Masvaleix, le 26 septembre 1598.

Jean de Garrabeuf, Sgʳ de Masvaleix, La Valouze, Saint-Germain, épousa, par contrat du 14 février 1654, Antoinette d'Hautefort, dite Mᵈˡˡᵉ de Marguessac, fille de René, chevalier, et de Jeanne de Marguessac.

SOURCES : [Registre de Roherii, notaire à Limoges, p. 93, n° 80, *apud* D. Col.] — Simplic., T. VII, p. 340.

---

(1) Genouillat, canton de Châtelus, arrondissement de Boussac (Creuse).
(2) Chaussade, canton de Bellegarde, arrondissement d'Aubusson (Creuse).
(3) Firbeix, canton de Saint-Pardoux, arrondissement de Nontron (Dordogne).

GARAT. — Nicolas Garat, secrétaire de la reine, épousa Isabeau Juge, dont : 1° Catherine, mariée à Pierre Delhort, marchand à Limoges; 2° Marie, qui testa le 27 août 1691.

GARAT, S' de Saint-Priest-Taurion (1), fils de....., négociant, et de ..... Sénamaud-Beaufort, paroisse de Saint-Pierre-du-Queyroix à Limoges, étoit frère de....., abbé de Grandmont; il acheta une charge de trésorier de France. Il épousa..... Froment, dont : 1° Joseph, qui suit; 2° ....., mariée à ..... Faulte, S' du Puy du Tour, procureur du roi au bureau des trésoriers de Limoges; 3° ..... Agathe, mariée à ..... Périère, S' de La Gardelle, conseiller à l'élection de Limoges.

II. — François-Joseph Garat, chevalier, S' de Saint-Yrieix, trésorier de France, acheta la terre de Saint-Priest-Taurion, épousa Marie-Anne Benoît de Lostende, dont : 1° Jean-Martial, baptisé à Saint-Jean, le 7 juin 1748; 2° Pierre-Joseph, tonsuré en 1768, prêtre, vicaire général de Tréguier; 3° Pierre, qui suit; 4° N....., mariée avec ..... Texandier de L'Amônerie, écuyer, dont une fille unique; 5° N....., mariée avec .... de Douhet du Puymoulinier, lieutenant criminel au présidial de Limoges, etc., dont postérité; 6° N....., religieuse à la Visitation de Limoges.

III. — Pierre Garat, écuyer, S' de Saint-Priest, épousa, en 1769, Marie-Angélique Morel de Fromental de La Clavière, dont plusieurs enfants.

I. — Raymond Garat, S' du Maslebraud, paroisse de Saint-Priest-Taurion, négociant en épicerie à Limoges, fils de....., acheta une charge de secrétaire du roi, épousa Marguerite Ardant, dont : 1° Raymond, qui suit; 2° Jacques, marchand, marié à Catherine Colomb, dont vinrent trois enfants : *a* Marie-Anne, mariée à Gilbert-Marin Joussineau; *b* Anne, mariée, à dix-sept ans, en 1752, à François-Germain Grain de Saint-Marsaut; *c* Barbe, morte à Saint-Martin-Septpers, le 15 mai 1753; 3° Jean, qui se maria à Lyon, y fut négociant, et y mourut en février 1762; 4° François, docteur de Sorbonne, directeur dans les séminaires de Saint-Sulpice, mort supérieur à Avignon en 1772; 5° Joseph, docteur de Sorbonne, vicaire à Saint-Sulpice de Paris, chanoine à la Cathédrale de Limoges, en 1762; 6° Alexis, docteur de Sorbonne, curé de Saint-Maurice de la cité de Limoges, puis théologal de la Cathédrale, mort le 11 mars 1792; 7° Bernardin, bachelier de Sorbonne, curé de Couber, diocèse de Paris, puis de Saint-Barthélemy [actuellement (1793) du Gros Caillou], à Paris, en 1758; 8° Marie-Anne, mariée à Pierre Colomb, marchand (T. I, p. 462) : il acheta la charge de secrétaire de son beau-père; 9° Barbe, mariée à..... Texandier, marchand [dont postérité]; 10° Marguerite, mariée à Martial Bourdeau, marchand [dont postérité]; 11° Catherine, morte à Saint-Maurice de la Cité, où son frère étoit curé, à quarante-un ans, le 5 décembre 1775.

II. — Raymond Garat, négociant [et écuyer], acquit [avant 1750] la terre de Nedde (2) près Eymoutiers [avec celle de La Villeneuve (3), qui lui furent vendues

---

(1) Saint-Priest-Taurion, canton d'Ambazac, arrondissement de Limoges (Haute-Vienne).
(2) Nedde, canton d'Eymoutiers, arrondissement de Limoges (Haute-Vienne).
(3) La Villeneuve-Basville, canton de Crocq, arrondissement d'Aubusson (Creuse).

par N..... de Montalembert, ancien officier, chevalier de Saint-Louis, mort vers 1760]; il épousa Marie-Anne Faulte du Puy du Tour, dont : 1° Raymond, qui suit; 2° N....., mariée à N..... La Grange.

III. — **Raymond Garat**, écuyer [dit le marquis], S^r de La Villeneuve, épousa, en 1761, Jeanne-Martiale de Turenne, paroisse de Saint-Yrieix (1) près Valière, dont : [1° N.....; 2°.....; 3° N...., dite Mlle de La Villeneuve; 4° N...., dit l'abbé de Négremont, tonsuré le 19 février 1780].

LA GARDE. — La généalogie de cette famille est indiquée par Nadaud à la page 955, qui a été déchirée.

LA GARDE-GUILLOTY. — Ce nom est inscrit dans le *Nobiliaire*, mais la page où il est est restée blanche.

LA GARIGUE. — La page 2556 a été déchirée : elle renfermait les notes que Nadaud avait rassemblées sur ce nom.   A. L.

GARMAZA. — N..... Garmaza épousa Ermengarde de Bochiac, dont : 1° Pierre de Garmaza, héritier de Wido Daisla, son oncle, qui donna aux moines du Vigeois tout ce qu'il avoit à Bochiac; 2° Gérald Chabatzat; 3° Wido de Gurmaza.

SOURCE : *Cartular. Vosiense. mss.*

GARNIER. — La généalogie de cette famille étiat à la page 2035, qui ne se retrouve plus dans le manuscrit : on y trouve, à d'autres pages, les notes suivantes :   A. L.

Antoine de La Faye, écuyer, Sr de Lallée et de Chamlorier, paroisse de Lézignac (2), épousa à Verneuil, le 30 janvier 1741, Marguerite Gaubert, veuve de Charles Garnier des Prises.

C'étoit le 11 février 1729 que Charles Garnier des Prises avoit épousé, à Verneuil, Marguerite Gaubert, la dernière de sa race, fille de Charles, écuyer, sieur du Poirier, paroisse de Verneuil (3), et de Marie Bertraud.

GARON DE LA RODE. — [Noble Gilbert Garon, S^r de La Rode, étoit mort le 27 février 1643. Il avoit acquis du sieur abbé d'Ahun une fondalité sur quelques héritages situés à Villezervine.

SOURCE : *Invent. Célest. des Tern.*, p. 612, au secrétariat de l'Evêché de Limoges.]

DU GARREAU, Sr de Puy-de-Bette, La Brugière, Les Vergnes, paroisses de Saint-Yrieix et de Coussac (4), porte : *d'argent à un chevron d'or, sur une croix au pied fiché dans un cœur de même étant en pointe.*

I. — **Pierre du Garreau** est dit écuyer dans des contrats d'acquisition du 10 mars 1555 et du 31 mai 1559; il épousa, par contrat du 15 janvier 1541, Madeleine de Tompaudon, dont Jean, qui suit.

---

(1) Saint-Yrieix-la-Montagne, canton de Felletin, arrondissement d'Aubusson (Creuse).

(2, 3) Lesignat-Durand et Verneuil sont du canton de Montembœuf, arrondissement de Confolens (Charente).

(4) Coussac, chef-lieu de canton, arrondissement de Saint-Yrieix (Haute-Vienne).

II. — Jean du Garreau, écuyer, S' du Puy-de-Bette près Saint-Yrieix-la-Perche, Bousneu, fit son testament le 17 mai 1613; épousa, par contrat du 31 août 1574, Marie de Guytard; elle fit son testament le 11 août 1628; dont : 1° François-Louis, qui suit; 2° Jean, qui a fait une branche; 3° Adrien, qui a fait une branche; 4° Françoise, mariée par contrat du 28 juin 1610, à Louis de Lespérut, fils de feu François, écuyer du bourg de Libersac, et d'Antoinette de Bernard; 5° Gabriel, tonsuré en 1601.

III. — Noble François-Louis du Puy-de-Bette, paroisse de Sainte-Catherine, à Saint-Yrieix, épousa, par contrat sans filiation du 8 novembre 1616, Marguerite Joussineau de Fayac, dont : 1° Roland; 2° Gabriel, qui suit; 3° Nicolas, tonsuré en 1639; 4° Jean, tonsuré en 1639; 5° Hélie, tonsuré en 1639; demoiselle Anne du Garreau, muette, mourut, à soixante-quatre ans, au Chatenet, paroisse de Lubersac, le 22 mai 1697.

IV. — Gabriel du Garreau, S' du Puy-de-Bette, eut des lettres de confirmation de noblesse au mois de mai 1658, dûment vérifiées; il épousa, par contrat du 30 novembre 1651, Marie d'Anglard.

III *bis*. — Adrien du Garreau fit son testament le 15 janvier 1636; épousa Antoinette de La Vergne, dont Gabriel, S' de La Brugère.

III *ter*. — Noble Jean du Garreau fit son testament le 12 novembre 1653; écuyer, S' de La Chabane, gendarme de la compagnie des chevau-légers, habitant le château de Puy-de-Bette près la ville de Saint-Yrieix, épousa, par contrat sans filiation du 31 mars (31 janvier) 1624, Marguerite de Cadenet, fille de feu Charles, écuyer, et de Marguerite de Beauvais, du lieu de Las Vergnas, paroisse de Nouic (1), dont Pierre, S' des Vergnes.

Notes isolées.

Jean du Garreau, écuyer, S' de La Boissière, paroisse de Dournazac (2), élu à Limoges; il fit son testament le 14 octobre 1643, par lequel il veut être inhumé dans l'église de Dournazac. Il épousa Françoise de Chouly. Etant veuve, elle fit son testament au village de Dournadille, le 14 janvier 1666, veut être inhumée audit Dournazac, mourut peu après; dont : 1° Françoise, mariée à André Expert, juge de Châlus; 2° Marguerite, mariée à Jean de Maumont, écuyer, S' de Lasterie, 1643; 3° Irier, qui suit; 4° Jean, écuyer, S' de Balangeas, puis de La Buissière et de Puyrambert, qui se maria; 5° Marie, mariée à ....., S' de La Serre; 6° Jacques; 7° Hélène, mariée; 8° autre Jean, écuyer, S' de Balangeas, qui suit.

Jean du Garreau, S' de Balangeas, du bourg de Dournazac, épousa, par contrat du 6 juin 1662, Valérie Maillot, fille de feu Martial, et de Valerie Rouard, veuve: 1° de ..... Ventenat, bourgeois de Limoges; 2° de François Combrouze, écuyer, S' du Brouillet; elle fit son testament, le 6 mai 1692, au village de Las Vergnas, paroisse de La Chapelle-Montbrandeix (3), dont : 1° François, S' du Mas, mort vers 1694, au service du roi, sans alliance; 2° Anne, mariée à Guillaume Giry; 3° autre Anne.

Irier du Garreau, écuyer, S' de La Bussière, élu à Limoges, fit son testament

---

(1) Nouic, canton de Mézières, arrondissement de Bellac (Haute-Vienne).

(2) Dournazac, canton de Saint-Mathieu, arrondissement de Rochechouart (Haute-Vienne).

(3) La Chapelle-Montbrandeix, canton de St-Mathieu, arrondissement de Rochechouart (Hte-Vienne).

le 18 octobre 1659, mourut le 23 à Dournazac, où il fut inhumé dans la chapelle du grand cimetière; il avoit épousé, par contrat du 14 mai 1653, passé à Nontron, Suzanne Deygneu, fille de Louis, conseiller à la cour des aides de Guyenne, et de Marguerite de La Brousse; elle se remaria à François de Marmont, écuyer. Ils laissèrent pour enfants : 1° François, à qui on suppléa les cérémonies du baptême, le 26 octobre 1659; 2° Marguerite, baptisée le 16 décembre 1659, morte le 12 septembre 1663.

Noble Pierre du Garreau, de Saint-Yrieix-la-Perche, épousa Françoise du Gentil, dont : 1° Irier, tonsuré en 1613, chanoine à Saint-Yrieix en 1624; 2° Antoine, tonsuré en 1624, chanoine à Saint-Yrieix en 1633.

Noble Nicolas Garreau épousa Anne Tessier, dont : Jean, tonsuré en 1649.

Jean du Garreau, juge-vigier de la ville de Saint-Yrieix, épousa Anne de Chouly, dont : 1° Jean, écuyer, Sr de Leyssard, paroisse de La Meyze (1); 2° François, Sr de Bourdelas, chanoine de Saint-Yrieix en 1617.

N..... du Garreau épousa Anne Sensilhon, dont Jean, écuyer, Sr du Mas, 1684.

Noble Jacques (ou Léonard) du Garreau, Sr de Leyssard, gentilhomme ordinaire de la chambre du roi, capitaine exempt des gardes du corps, épousa à Uzerche, le 8 mai 1661, Michelle de Noaille, veuve de Guillaume Meyvière, écuyer, Sr du Repaire.

Noble Gabriel Garreau, S^r de La Salle, élu à Guéret, épousa Jeanne Cartaud, dont Léonard, qui suit.

Noble Léonard Garreau, de la ville d'Aubusson, fils de noble Gabriel, épousa, par contrat du 21 septembre 1615, Françoise de Doubet, fille de noble Pierre, Sgr de Saint-Pardoux près Razès, et de Françoise de Miomandre.

Noble François-Louis du Garreau de Gatine, écuyer, Sr du Bos, mourut, à trente-cinq ans, le 18 avril 1654; avoit épousé Marie du Gros dans l'église de Salon, le 20 novembre 1650; elle se remaria, en 1667, à noble Pierre Donnet, dont : 1° Joseph, baptisé le 28 juillet 1654; 2° Léonarde, baptisée le même jour.

Jacques Garreau du repaire noble de La Brugière, paroisse de Quinsac (2), épousa, le 21 décembre 1620, Bonne Jousseli, fille de feu François.

N..... du Garreau, écuyer, Sr de Grésignac, épousa, en 1768, Elisabeth Beaupoil de Sainte-Aulaire, de la ville de Saint-Yrieix.

Jean-Baptiste-Joseph du Garreau, écuyer [chevalier], S^r de La Seynie [Sgr de Puy-de-Bette, capitaine de cavalerie, nomma à la vicairie de Ligonac, dans l'église de Neuvic près Châteauneuf, comme représentant la dame son épouse, en 1767]; il épousa, en 1765, Valérie Limousin de Neuvic [dame de Valeychiéras].

Marie du Garreau, mariée, en 1770, à Pierre de Gentil, de la ville de Saint-Yrieix.

GASQUET. — Pierre de Gasquet-Paramille, Sr de Brach, paroisse d'Antillac, fut maintenu par M. Pollet, intendant, 1663; gentilhomme des plus considérables de la province, fit, à l'âge de quatre-vingts ans, au mois de mai 1669, abjuration de l'hérésie, dans la chapelle de son château de Bras, entre les mains de Claude Leuteau, prieur de l'abbaye de Beaulieu (3), en présence de sa femme et de sept de ses enfants, qui lui avaient peu auparavant servi d'exemple.

---

(1) La Meyze, canton de Nexon, arrondissement de Saint-Yrieix (Haute-Vienne).
(2) Quinsac, canton de Champagnac, arrondissement de Nontron (Dordogne).
(3) Beaulieu, arrondissement de Brive (Corrèze).

GASTINE, S' de Liziéres, paroisse de Salaignac, porte : *parti au 1er d'azur à un lion rampant d'or lampassé de gueules, chargé d'une fasce de même; au 2e coupé, le 1er d'azur à une tête de cerf armée de cors sans nombre de même, au 2e d'argent à une fleur de lis de gueules.*

Pierre de Saint-Aignan, docteur en décrets, abbé de Sainte-Marie de Boscoduno, ordre de Saint-Benoît, diocèse d'Evreux, 1438.

Gérard ou Bérard de Saint-Aignan, chevalier, Sgr de La Gastine et de Confolens, épousa Christine de Bonneval; elle vendit avec son mari la terre de Mimol près de Château-Chervix en Limousin, paroisse de Meulzac, à Foucaud de Bonneval, Sgr de La Roque, son neveu, le 21 avril 1479, dont Antoinette, mariée, par contrat, le 26 janvier 1450, à Claude de Bonneval, Sgr de La Freyte.

N..... de Saint-Aignan épousa ....., dont : 1° Gaspard; 2° François, écuyer, Sr de Confolens et de La Gastine, qui, par son testament, signé Pollot, notaire d'Ussel, du 15 avril 1522, veut être inhumé dans l'église de Saint-Pardoux-le-Vieux et être appelé trois fois quatre cents prêtres (*sic*); 3° Catherine, abbesse de Las Aghas, diocèse de Grenoble; 4° Marguerite, religieuse au même monastère; 5° femme de noble Agnet de Rebeyras.

Gilbert de Saint-Aignan, Sgr de Confolens, La Gastine, Saint-Remi, Le Ribeyrais, et co-seigneur de Chaslus-le-Pailloux, épousa Catherine de Montmorin, dame de Balzac, Pauliac et Villac en Auvergne, fille de Gaspard, Sgr de Saint-Herem, chevalier de l'ordre du roi, et de Louise d'Urfé, dont Françoise, héritière de son père, mariée, par contrat du 30 juin 1599, passé devant de Cladier, au château de Confolens, paroisse de Saint-Pardoux-le-Vieux, à Charles d'Autefort, fils aîné de François d'Autefort, paroisse de Saint-Aignan en Périgord, Thenon, La Mothe, et de feue Louise des Cars.

I. — Gaspard de Saint-Aignan dit de La Gastine épousa, par contrat du 18 juin 1534, Françoise d'Ussel, dont Foucaud, qui suit.

II. — Foucaud de Saint-Aignan dit de La Gastine fit son testament le 17 janvier 1588, faisant mention de son fils Mathurin. Brantôme parle de lui en ces termes : « Le capitaine La Gastine, vaillant Limousin, lieutenant de Léonard d'Orléans, duc de Longueville, lui servit de second dans un duel qu'il avoit donné à Henri de Montmorency, Sgr de Damville, maréchal de France, qui avoit aussi un second. Ces quatre très-vaillants et braves hommes se fussent très-bien battus sans que M. Damville se contentât d'honnêtes paroles. » Il épousa, par contrat du 29 janvier 1573, Franchoise de Chizadour, dont Mathurin, qui suit.

III. — Mathurin de La Gastine épousa, par contrat sans filiation du 8 décembre 1606, Anne Martin, dont Louis.

IV. — Louis de La Gastine, écuyer, Sr de Lizière, demeurant sur la paroisse de Saint-Maurice près La Souterraine, épousa, par contrat du 16 juillet 1634, Gabrielle de Savignac, fille d'André, écuyer, Sr de Chabannes-Bertrand près La Souterraine, et d'Anne de Ribeyreix, dont : 1° Gabrielle, née en 1635; 2° Louis, né en 1636; 3° Isabelle, née en 1638.

SOURCES : Moréri, aux mots *Bonneval, Beaumont.* — Brantôme, T. VII, p. 185; *apud* Laboureur, *Addit. à Casteln.*, T. II, p. 143.

GAUBERT, Sr du Poirier, Mosnac, Gandonnet, paroisse de Vertueil (1), Agris (2) et La Salle (3), élection d'Angoulême, porte *de gueules à une main d'argent, chargée dans la pomme d'un œil de sable et tenant un rameau de sinople sur lequel est perché un pélican à vol d'argent.*

Pierre Gaubert (*alias* de Merle), damoiseau, que Jean de Bretagne, vicomte de Limoges, donna, en 1304, pour curateur à Pierre, S^{gr} de Pierre-Buffière et de Châteauneuf, damoiseau, qui étoit alors mineur, par un acte passé à Excideuil le jeudi après quinzaine de Pâques. Ce Gaubert, damoiseau, reconnut la même année aux Frères-Prêcheurs de Limoges, le legs que Yde, aïeule de Pierre de Pierre-Buffière, avoit fait à ces religieux. (Archives des FF. PP. de Limoges. — Duchesne, *Hist. mais. Chasteign.*, p. 143, 226.)

I. — François Gaubert, du lieu de Mosnac, paroisse d'Agris, épousa : 1°, le 30 janvier 1547, Marthe Courdaud, dont Charles, qui suit; épousa 2°, le 26 janvier 1558, Jeanne Coustin; dont : 1° Guillaume, qui se maria en 1585; 2° Louise, mariée, en 1581, à François de Brie.

II. — Charles Gaubert, ou Gobert des Prises, écuyer, Sr du Poirier, paroisse de Verniolet, épousa, le 16 octobre 1581, Marguerite du Rousseau, dont : 1° Pierre, qui suit; 2° Charles, tonsuré en 1591.

III. — Pierre Gaubert épousa, le 5 février 1618, Elisabeth Vigier.

IV. — Charles Gaubert, Sr du Poyrier, écuyer, paroisse de Verniolet, mourut, âgé de soixante ans, le 30 novembre 1677. Il avoit épousé, le 4 mars 1642, Jeanne de Crozant, dont : 1° Pierre, baptisé le 29 mars 1648; 2° Jean, baptisé le 29 mai 1650; 3° André, baptisé le 29 mai 1650; 4° Marguerite, mariée dans l'église de Verniolet, le 14 juin 1662, à Antoine Ribière, écuyer, Sr de Châteauneuf.

Charles Gaubert, écuyer, Sr de Chassac, paroisse de Verniolet, mourut le 7 mai 1666; il avoit épousé 1° Marguerite Tisseuil, dont : 1° Marguerite, baptisée le 16 mai 1649; 2° Françoise, mariée, le 29 janvier 1675, à Charles Boireau; épousa 2° Jeanne Philippier, dont : 1° Suzanne, baptisée le 28 juin 1665, et mariée (ou sa sœur), le 6 mars 1685, à René Le Compte, Sr de Beauvais, paroisse de Mornay en Poitou; 2° Autre Suzanne, baptisée le 6 février 1667.

François Gaubert, écuyer, Sr du Poirier et de Verneuil (4), mourut, à quarante ans, le 7 août 1685; il avoit épousé Jacquette Joubert, dont : 1° Charles, baptisé le 8 août 1677; 2° Marguerite, baptisée le 14 août 1678; 3° François, baptisé le 31 décembre 1679; 4° autre François, baptisé le 30 novembre 1683; 5° et 6° deux Suzanne, mortes en bas-âge.

Antoine Gaubert, écuyer, Sr de Narbonne, paroisse de Verniolet, épousa, le 14 août 1714, Charlotte de Plument du Bouchet, paroisse de Saint-Sébastien de Chabanais; si elle étoit dame du Poirier, elle mourut le 27 avril 1731, âgée de quatre-vingt-six ans, et fut inhumée à Verneuil.

II *bis*. — Guillaume Gaubert épousa, le 5 juin 1585, Marie Brun, dont : 1° Jacques, qui suit; 2° Charles, qui se maria en 1624.

III. — Jacques Gaubert épousa, le 8 août 1618, Elisabeth de Ligoure.

---

(1) Vertueil, canton et arrondissement de Ruffec (Charente).
(2) Agris, canton de La Rochefoucaud, arrondissement d'Angoulême (Charente).
(3) Salles-de-Villefagnan, arrondissement de Ruffec (Charente).
(4) Verneuil, canton de Montembœuf, arrondissement de Confolens (Charente).

IV. — Jean Gaubert, Sʳ du Mosnac, épousa, le 8 octobre 1664, Marie Joulard.

III bis. — Charles Gaubert épousa, le 8 août 1624, Elisabeth Raffin ; étant veuve, elle fit partage avec ses enfants, le 21 juin 1661, dont : 1° Pierre, Sʳ du Gandonnet ; 2° Jean ; 3° Françoise ; 4° Madeleine.

Charles Gaubert, écuyer, Sʳ du Poirier, paroisse de Verneuil, épousa Marie Bertrand, dont Marguerite, la dernière de sa race, mariée : 1° à Verneuil, le 11 février 1729, à Charles Garnier des Prises, 2° à Antoine de La Faye.

Aimeric Merle, *alias* Gaubert, damoiseau, paroisse de Saint-Christophe, épousa Egline, dont Pierre, chanoine du Dorat, 1310.

Fulco de Merle, chevalier, et Supérone de Merle, sa femme, sont marqués au 30 mai dans le nécrologe de Solignac.

GAUCOURT. — Marguerite de Naillac, fille de Guillaume et de Jeanne Turpin, épousa Gilles, Sgr de Preuilly ou Pouilli, fils d'Eschivart, baron de Pruilli et de Roche-Posay, et de Suzanne de Prie, dont, entre autres enfants, Jeanne, qui suit.

Jeanne de Preuilly épousa Raoul, Sgr de Gaucourt, premier chambellan du roi, dont Charles, qui suit.

Charles de Gaucourt, Sgr de Châteaubrun, Naillac, mourut à Paris en 1482. Le roi lui avoit accordé, par lettres du 10 juin 1474, la confiscation du seigneur de Chamborant. Il avoit épousé, le 8 octobre 1454, Agnez de Vaux, dite Colette, dont, entre autres enfants : 1° Charles, qui suit ; 2° Catherine, alliée, en 1480, à Louis d'Aubusson.

Charles de Gaucourt, Sgr de Châteaubrun, Naillac, Cluys, Florac, 1499, épousa en seconde noces, le 20 février 1498, Marguerite de Blanchefort.

Sources : Moréri, 1759. — Duchesne, *Hist. mais. Chastill.*, p. 263. — Simplic., T. VIII, p. 372.

GAUDIN, Sʳ du Cluzau, paroisse d'Ains, élection de Saint-Jean-d'Angély, porte : *d'azur à 10 lozanges d'or, 3 en chef, 3 en pointe, 2 et 2.*

I. — Médard Gaudin rendit hommage avec Guyot, son père, le 30 septembre 1503, épousa Jeanne Brouart.

II. — Jacques Gaudin épousa, le 21 février 1536, Françoise de La Cour.

III. — Jean Gaudin épousa, le 7 février 1582, Marthe de La Cour.

IV. — René Gaudin, Sgr de Cluzeau, épousa, le 16 janvier 1612, Suzanne des Granges, fille d'Ambroise, de la maison de Surgères, et de Renée de Puiguyon.

V. — Louis Gaudin épousa, le 15 décembre 1648, Renée Marchant.

GAUDON. — Cette famille était à la page 2036, comme l'indique la table du manuscrit de Nadaud. Elle a été déchirée. — A. L.

GAUFIER. — [N...., Gaufier, chevalier de la paroisse d'Ambazac (1), et N...., sa femme, vivoient en 1237. — *Mém. mss. sur les abbayes du Limousin*, p. 528.]

GAUFRIDI. — Pierre Gaufridi, chevalier, épousa ....., dont : 1° Gui Gaufridi, damoiseau, 1351 ; 2° Guillaume, prévôt de Couzeix près Limoges. — *Voyez* Jouffre.

---

(1) Ambazac, arrondissement de Limoges (Haute-Vienne).

GAULE. — Ce nom est indiqué à la page 2036, qui est déchirée. — A. L.

GAUNE. — [La Gaune, terre qui avoit son seigneur particulier en 1698.]

GAUTIER ou GANTIER. — Les pages 834 et 2037, qui contenoient la généalogie de cette famille, ont été déchirées; les notes suivantes sont les seules que renferme encore le manuscrit de Nadaud. — A. L.
David Gautier est reçu pair et conseiller à la maison de ville d'Angoulême à la mort de Philippe des Bordes, le 31 mars 1656.
Armand Hastelet, écuyer, S' de Puygombert, Ville de Bost, Jomelières et Les Jarousses, épousa, par contrat du 3 mars 1683, devant Jenvier, Marie Gautier de Puymoger; le mariage fut célébré, dans l'église de Javerlhac, le 26 avril suivant.
Marie-Léonarde Gantier, âgée de vingt-cinq ans, du bourg de Libersac, épousa, le 27 février 1753, Antoine de Guillemi, écuyer, S' de La Chassagne.

GAY était à la page 2038, déchirée.

GAYE était à la page 2041, dechirée. — A. L.

GAYOT. — Jean-Baptiste Gayot, écuyer, chevalier de Saint-Louis, major de la citadelle d'Oléron, diocèse de Saintes, fils de feu Mathieu, écuyer, trésorier de France de ladite ville, et de Claudine Barrin, épousa, à Saint-Maurice de Limoges, le 6 juillet 1737, Jeanne-Marie Gayot, fille majeure de feu Jean-Baptiste, écuyer, et de Fleurice Malanchon, pensionnaire à l'abbaye de Chazal, diocèse de Lyon.

GEAUFFRE. — *Voyez* JOUFFRE.

SAINT-GELAIS de Luzignan, S' de Montechaude, paroisse de ....., élection de Saintes, porte *écartelé au 1er et au 4e d'azur à une croix d'argent; au 2e et 3e d'azur à deux fasces d'argent.*
I. — Charles de Saint-Gelais épousa Marguerite de Maigny.
II. — Charles de Saint-Gelais épousa Jeanne de Viron.
III. — Charles de Saint-Gelais épousa Yolande Bouchaud.
IV. — Emeric de Saint-Gelais partagea avec Pierre, son frère, le 8 septembre 1438, les successions de leur père, aïeul et bisaïeul; il épousa Jeanne de Viron.
V. — Jean de Saint-Gelais partagea avec Jacques, son frère, les successions de leurs père et mère; il épousa Jeanne de Chabot.
VI. — Léon de Saint-Gelais épousa Marie de Derse, le 21 janvier 1479, dont : 1° Léon, qui suit; 2° Mathurin; 3° Marie : ces deux derniers firent, au mois de juillet 1536, une transaction avec René, fils aîné de Charles, leur frère; cette transaction contenoit les partages nobles de la succession de Léon.
VII. — Charles de Saint-Gelais épousa, le 6 février 1514, Jeanne de Betz.
VIII. — René de Saint-Gelais épousa Fleurance Villon.
IX. — Jean de Saint-Gelais épousa Jacquette Bouchard d'Aubeterre, le 1er avril 1576.
X. — Charles de Saint-Gelais fit son testament, par lequel il institua héritier François, son fils, le 15 avril 1625. Il avoit épousé Marie de Montalembert le 16 avril 1611, dont François, qui se maria le 29 mai 1638.

Notes isolées.

Baud de Saint-Gelais, chevalier, S' de Cire et de La Trenchade, 1489.
Guynot de Saint-Gelais, écuyer, S' de La Trenchade, 1503.
Antoine de Saint-Gelais, écuyer, S' de La Trenchade, 1518.
Loys de Saint-Gelais, écuyer, S' de La Trenchade, 1524.

Louis de Luzignan dit de Saint-Gelais, Sgr de Larsac et de Précy-sur-Oise, chevalier des ordres du roi, conseiller en son conseil d'Etat, chevalier d'honneur de la reine mère du roi, Catherine de Médicis, épousa 1° Jeanne de La Roche-Andry, dame de Vernon, en 1545, dont : 1° Guy, qui suit ; 2° Claude ou Claudine, mariée à Charles, comte-souverain de Luxe, morte sans hoirs ; épousa 2° Gabrielle de Rochechouard, par contrat du 5 octobre 1565, veuve du sieur de Russac, dont : 3° François (LABOUR., *Addit. à Casteln.*, T. II, p. 649), et autres enfants morts sans alliance. Elle mourut en 1565, et gît à Précy-sur-Oise.

Guy de Saint-Gelais, Sgr de Lansac, chevalier de l'ordre du roi, capitaine de cinquante hommes d'armes, épousa Antoinette Ruffin dite Poton, par contrat du 4 août 1571.

LA GELHIE. — *Voyez* GELIE.

GELIBERT. — Jean Gelibert est reçu échevin de Saint-Jean-d'Angely, par la mort de Maurice Gadouin, 31 (ou 1er) mai 1587.

LA GELIE. — La page 2117, où étaient les notes réunies par Nadaud sur cette famille, a été déchirée : c'est à la page 582 de son manuscrit qu'on trouve celles qui suivent. — A. L.

Léonard de La Gelie, S' de La Grandmaison, paroisse d'Arnac (1), fut trouvé gentilhomme en 1598.

René de La Gelhie, écuyer, S' de Flets, paroisse de Brigueil-le-Chantre, 1612 (2).

Marguerite de La Gelhie, dame de Flets, épousa, dans l'église de Brigueil-le-Chantre, le 29 mai 1635, Jean de Colard, écuyer, S' de l'Isle.

François de La Gelhie, écuyer, S' de La Coste, paroisse de Brigueil-le-Chantre, épousa Charlotte de Crémillon ; elle se remaria, le 19 avril 1654, à Pierre Dardut, écuyer, S' de Betinets, paroisse de Laignac, diocèse de Bourges, dont ....., né le 3 septembre 1649.

Roch de La Gelhie, chevalier, S' de Flets, épousa Elisabeth Sicard, dont Marie, mariée dans l'église dudit Brigueil, le 27 janvier 1647, à Salomon Dexmier, chevalier, S' de La Buxière, fils de Jean-Louis, S' de Nutun, diocèse de Poitiers, et de Marie de La Brou.

GELINARD, S' de Malleville, paroisse de ....., élection de Saintes, porte *écartelé au 1er et 4e d'azur à trois palmes d'or en fasce ; au 2e et au 3e contrécartelé d'or et de gueules.*

---

(1) Arnac-la-Poste, canton de Saint-Sulpice-les-Feuilles, arrondissement de Bellac (Haute-Vienne).
(2) Brigueil-le-Chantre, canton de La Trémouille, arrondissement de Montmorillon (Vienne).

I. — Guillaume Gélinard rendit hommage le 17 septembre 1543.

II. — Jean Gélinard épousa Claude Chabot.

III. — Guillaume Gélinard, écuyer, Sʳ de Maleville, conseiller du roi et maître ordinaire en la chambre de ses comptes à Paris, par provision du 7 janvier 1554; par lettres du roi Henri de Navarre, du 24 juin 1559, il fut pourvu de l'office de premier président en la chambre des comptes et de surintendant des finances. Le 14 octobre 1545, il avoit fait une transaction avec Foulques, son frère. Il épousa Marguerite Ponthenier, dont François, qui suit.

IV. — François Gélinard, écuyer, Sʳ de Maleville, de Sainte-Hermine en Angoumois, de La Bouchardière, du Maine-Sablon dit Puymoreau, Saint-Paul en la châtellenie de Barbesiencs, châtelain de Varaize, ressort de Saint-Jean-d'Angely, échevin du corps et collège de la maison de ville d'Angoulême, conseiller du roi et maître ordinaire de ses comptes à Paris; fit son testament, signé Fournier, le 24 décembre 1597, et codicilla le 8 avril 1609, reçu par Faugeron; mourut peu après. Il avoit épousé 1° Anne de Livonne, dont : 1° Elisabeth, mariée à Gabriel Raymond; 2° Marie, mariée à Jacques de Conon; 3° Gabrielle; il épousa 2° Marguerite Baudoin, fille de feu François, par contrat du 16 avril 1590, dont : 1° François, qui suit; 2° Renée.

V. — François Gélinard épousa Marie de Pressac, le 9 juin 1624.

VI. — Emmanuel de Gélinard, vicomte de Varaise, Sgʳ de Maleville, lieutenant des maréchaux de France de la province d'Angoumois, épousa, le 30 juillet 1646, Marguerite du Fossé (Simplic., T. V, p. 772), dont Marie-Anne, mariée à Antoine de Crevant, marquis de Cingé.

DU GENEST. — Balthazar du Genest, écuyer, Sʳ de Coulonges (1), paroisse du bourg de Salagnac, épousa Gabrielle Chabanier; ils se firent une donation mutuelle, devant de La Gane, le 17 juillet et le 21 décembre 1586.

Georges du Genest, écuyer, Sʳ dudit lieu et en partie du Mas en Poitou, épousa, par contrat reçu par Sigaud le 22 avril 1588, Gabrielle Chabanier.

Jean et Georges du Genest, Sʳˢ du Masgilier et de Coulonges, paroisse de Salagnac, furent trouvés gentilshommes en 1598.

Pierre-Jean du Genest (Simplic., T. VIII, p. 810), marquis du Repaire, baron d'Aural, lieutenant des gardes du roi, gouverneur du château Trompette, mourut à Bordeaux le 24 avril 1728; il avoit épousé Louise-Henriette de Bailleul, fille de Charles, grand-louvetier de France, et de Clémence Franciny.

GENESTE. — Gui Geneste, écuyer, Sʳ d'Aigueperse, paroisse de Saint-Paul (2), épousa Marguerite de Poyjay, dont Jeanne, mariée, en 1600, à Claude de Chardebeuf.

Noble Antoine Geneste, Sʳ d'Aigueperse, paroisse de Saint-Paul, fut trouvé gentilhomme en 1598, Sʳ du Repaire de Noalhas; il épousa Anne Chauvet, dont : 1° Gabriel, tonsuré en 1607; 2° François, tonsuré en 1607; 3° Isabeau, mariée, en 1610, à Gabriel de Sainte-Marie.

GENTIL, Sʳ de La Jouchat et de La Faye, paroisse de Noaille près Saint-Yrieix (3),

---

(1) Coulonges ou Colonge, commune du Grand-Bourg, arrondissement de Guéret (Creuse).
(2) Saint-Paul, canton de Pierre-Buffière, arrondissement de Limoges (Haute-Vienne).
(3) Saint-Yrieix, chef-lieu d'arrondissement (Haute-Vienne).

porte *d'azur à une épée nue d'argent, mise en pal la pointe en haut, sous laquelle passe un chevron de même, accompagné de 3 roues de sainte Catherine de même, 2 et 1.* (Segoing, *Trés. hérald.*, p. 447.)

I. — Hélie Gentil eut des lettres d'anoblissement en décembre 1515, vérifiées à la chambre des comptes à Paris le 22 février 1518 ; il fit son testament le 8 août 1547 ; donna une procuration à Jaques, son fils, le 17 août 1550.

II. — Noble Jacques Gentil (Frère, *Hist. des troubl.*, liv. vii), de la ville de Saint-Yrieix, fit son testament le 29 avril 1569, se trouva à la bataille de Saint-Denis, 1567 ; il épousa, par contrat sans filiation, le 10 juillet 1543, Madeleine de Salaignac, dont : 1° Yrieix, qui suit ; 2° autre Yrieix, tonsuré en 1570, chanoine à Saint-Yrieix en 1574.

III. — Yrieix Gentil, S⁏ de La Jauchat et de la prévôté de Saint-Yrieix, fit son testament le 26 avril 1602 ; épousa, par articles de mariage sans filiation du 28 avril 1572, Hélène de Rilhac, dont : 1° Gaspard ; 2° Yrieix, qui suit ; 3° Jean, S⁏ de La Faye, qui a fait une branche ; 4° Jacques, S⁏ du Clos, qui a fait une branche ; 5° autre Jacques : ils se signalèrent tous cinq en qualité de capitaines à la tête des compagnies des vieux corps ; 6° Françoise, mariée, en 1595, à Paul de Chouly.

IV. — Yrieix Gentil fit son testament le 24 novembre 1657 ; il épousa, par contrat sans filiation, le 2 mars 1614, Isabeau de Journet, dont : 1° Gaspard, qui suit ; 2° Jean ; 3° Jacques.

V. — Gaspard Gentil épousa, par contrat du 28 février 1643, Catherine de Lambertie, dont Léonard, S⁏ de La Jouchat.

V *bis*. — Jean Gentil, S⁏ de La Faye, épousa, par contrat du 10 juillet 1651, Marguerite des Champs.

V *ter*. — Jacques Gentil, S⁏ du Clos, épousa, par contrat du 20 novembre 1653, Claude Tenant.

Notes isolées.

Jean des Gentils, écuyer, S⁏ de Lavaud, paroisse de La Noaille près Saint-Yrieix, épousa, dans l'église de Nontronneau, le 26 février 1685, Françoise-Benoîte de Constant, demoiselle de La Mazière, de la ville de Saint-Léonard, dont : 1° Antoine, qui suit ; 2° Françoise, mariée, le 1ᵉʳ août 1730, à Ladignac, à Silvain Triviaux, fille de François et d'Antoinette Loyniac, de Libersac.

Antoine de Gentil, écuyer, S⁏ de Rosier, épousa N..... de La Marthonie.

Léonard de Gentil, écuyer, S⁏ de La Jouchat, paroisse de Saint-Pierre de la ville de Saint-Yrieix, épousa Marie des Maisons de Bonnefont, dont Léonard, tonsuré en 1714.

[Marie-Françoise de Gentil de La Jouchapt (De Combles, *Tabl. de la nobl.*, 1786, 2ᵉ partie, p. 145), avoit épousé Pierre de Rutant avant 1756.]

Pierre de Gentil, de la ville de Saint-Yrieix, épousa, en 1770, Marie du Garreau.

Branche de Langallerie.

Langallerie, paroisse de Nersac (1), élection d'Angoulême, mêmes armes.

[L'Angallerie, fief de l'Angoumois, dans la paroisse de Nassat (2), élection d'An-

---

(1) Nersac, canton et arrondissement d'Angoulême (Charente).
(2) Il faut lire Nersac.

goulême, généralité de Limoges, qui appartenoit vers la fin du dernier siècle, à un seigneur du nom de Gentil, dont il y a des lettres d'anoblissement sous la qualité de seigneur de La Jouchat, élection de Limoges. Hélie de Gentil étoit marchand.]

I. — Hélie de Gentil.

II. — Jacques de Gentil épousa : 1° par contrat du 10 juillet 1543, Marguerite de Salagnac ou Salaignac ; 2°, par contrat sans filiation du 26 septembre 1559, Françoise de Monneix.

III. — Yrieix de Gentil, qui paroît être du second lit, épousa, par contrat du 8 novembre 1598, Anne Géraud.

IV. — François de Gentil épousa, par contrat du 7 juin 1625, Judith de La Mothe-Fouquet.

V. — Henri-François de Gentil épousa, par contrat du 26 septembre 1660, Marie de Cauluir ou de Couleur.

Notes isolées.

Philippe de Gentil de La Jauchat (SIMPLIC., *Hist. des grands offic.*, T. II, p. 256), Sgr de Langallerie, mestre de camp de cavalerie, lieutenant général des armées du roi, épousa Marie-Anne de Pourroy, fille de Jacques, maître des comptes en la chambre de Dauphiné, et de Catherine Dorgeosse La Tivolière; étoit veuve de François de Simiane, président au parlement de Grenoble; fut gouvernante des filles d'honneur de MADAME peu après l'an 1694, et mourut le 12 janvier 1708.

Philippe de Gentils, marquis de Langallerie, mort à Vienne en Autriche en 1717, Sgr de La Motte-Charente, Tonne-Coutonne et Biron, premier baron de la province de Saintonge, lieutenant général des armées de France, naquit d'une famille très-distinguée en France, originaire du Limousin. Ses ancêtres s'étaient distingués dans le militaire. On peut voir son article dans Moréri de 1759, T. VI, 2e partie, p. 543. Il se maria à Berlin, et laissa un fils, établi, en 1758, à Lauzanne en Suisse.

Alexandre-Yrieix des Gentils, écuyer, Sr de La Croix-Rouge (de la ville et paroisse de Montberon en Angoumois), La Breuille, Le Vieux-Champagnac, épousa Anne-Françoise de Barutel, dont : 1° Anne-Françoise, née le 23 mai 1680; 2° François-Maurice-Alexandre, né le 29 mai 1681 ; 3° Jean-Bertrand-Yrieix, né le 30 avril 1682.

Léonard Gentil, écuyer, Sr du Mas, de la ville de Saint-Yrieix, épousa ....., dont François, tonsuré en 1603 et chanoine de Saint-Yrieix.

Paul de Gentil, écuyer, Sr du Verdier, vigier de Saint-Yrieix-la-Perche, épousa Marguerite du Bost. Etant veuve, elle fit une donation, reçue par Queyroulet, le 31 janvier 1589, à François de Chouveyreix, écuyer.

Louise Gentil, demoiselle, épousa..... André avant 1585.

Françoise Gentil, dame de Las Tours, 1585.

Noble Yrieix Gentil, Sr de La Faye et de La Geline, épousa....., dont Suzanne, mariée par contrat reçu par Plantadis, le 20 octobre 1597, à Jacques Castel, Sr de Clouay en Normandie.

Marie Gentil, de la ville de Saint-Yrieix, épousa, dans l'église d'Arnac-Pompadour, le 15 juillet 1731, Pierre du Mas, notaire royal et procureur aux appeaux de Ségur, paroisse de Boissenac.

Pierre de Gentil de La Cour épousa, en 1767, Louise-Marie de La Morelie de Puyredon, de la ville de Saint-Yrieix.

Jean de Gentil, S' de Lavau, paroisse du Chatenet, épousa Anne Mazeau, dont Pierre, qui suit.

Pierre de Gentil épousa, dans l'église de Saint-Michel de Pistorie, le 12 avril 1717, Jeanne Darthuy, fille de Jacques et de Madeleine Peinier, de la paroisse de Saint-Jean d'Issoudun, diocèse de Bourges.

Silvain Gentil, chevalier, S' de Brutine, paroisse du Chatenet, de Bussin et de Conteri, épousa Elisabeth Igonin de Montauran. Elle mourut, à soixante-six ans, le 20 novembre 1758, et fut enterrée à Saint-Domnolet. De ce mariage vinrent : 1° François, qui suit; 2° Martial, qui se fit frère lais chez les ermites de Saint-Augustin ; 3° Jean, chevalier, S' de Brutine, qui se maria.

François Gentil, écuyer, S' de Brutine, mourut le ... 1750. Il avoit épousé, dans l'église d'Ambazac, le 17 mars 1739, Jeanne-Rose Rouard, fille de feu Jean-Joseph, S' de La Boissarde, de la paroisse de Saint-Michel-des-Lions à Limoges, et de feue Jeanne de Nesmond. Elle mourut en 1750.

Jean de Gentil, chevalier, S' de Brutine, fils de Silvain et d'Elisabeth Igonin, épousa....., dont Joseph.

Joseph de Gentil, écuyer, S' de Brutine, épousa, en 1762, Catherine de Levis du Sauviac.

Silvain de Gentil, écuyer, S' des Granges, épousa Louise de Jumilhac, dont Marie, morte, à vingt-cinq ans, le 8 janvier 1733, enterrée à Saint-Domnolet de Limoges.

GEOFFROY, S' des Bouchaud, paroisse de Saint-Cibardeau (1), élection de Cognac, porte : *de gueules à 2 chevrons d'or.*

I. — Bernon Geoffroy fit, le 6 juillet 1450, une transaction avec le sieur de La Rochefoucaud; il épousa Catherine de Jambes. Ces époux, avec Jean, leur fils aîné, d'une part, et Hardouin Viaud, de l'autre, firent une transaction le 12 février 1476.

II. — Jean Geoffroy épousa Bertrande Viaud.

III. — Estienne Geoffroy fit, le 13 décembre 1516, une transaction avec Marguerite Geoffroy, sœur de son père; il épousa Jeanne Vigier.

IV. — Michel Geoffroy rendit un hommage, le 8 janvier 1560, au sieur de La Rochefoucaud; il épousa Marguerite d'Alloué.

V. — Jean Geoffroy épousa, le 20 août 1598, Jacquette de Rambert.

VI. — René Geoffroy épousa, le 7 décembre 1622, Marguerite des Forges.

VII. — Henri Geoffroy épousa, le 31 juillet 1663, Lucette Raoul.

Marie Geoffroy, fille de noble et puissant Charles, écuyer, S' de Dompierre-les-Nones et de Damiène de Partenai, épousa haut et puissant Pierre Gourjaud, écuyer, S' de La Millière, etc., gentilhomme ordinaire de la chambre du roi.

SAINT-GEORGES. — Les pages 607 et 2041, indiquées par Nadaud pour la famille de Saint-Georges, ont été déchirées ; mais sous le nom de Vérac on trouve les notes suivantes :

Verac porte *d'argent à la croix de gueules.*

Le nom de cette famille (*Diction. général.*, 1757, T. III) est Saint-Georges.

---

(1) Saint-Cybardeaux, canton de Rouillac, arrondissement d'Angoulême (Charente).

Les seigneurs de Vérac sont issus d'une branche cadette ; elle est originaire de la Marche limousine.

Olivier de Saint-Georges, baron de La Roche des Bords, épousa Marguerite de La Muce, dont Olivier, qui suit.

Olivier de Saint-Georges, S^{gr} de Veyrac, fit ériger en marquisat la seigneurie de Couché en Poitou, sous le nom de Couché-Vérac, par lettres du mois de février 1652.

N....., marquis de Vérac, lieutenant général et commandant de la province du Poitou, fut fait chevalier des ordres du roi, le 31 décembre 1688, et mourut le ... juin 1704. Il avoit épousé ....., dont Charles, qui suit.

Charles de Saint-Georges, marquis de Vérac, lieutenant général des armées du roi et de la province du Poitou, honoré du collier des ordres du roi, le 3 juin 1724, et mort le 11 février 1741, se maria à Catherine-Marguerite Pioget, dont : 1° François-Olivier, qui suit ; 2° Elisabeth-Marguerite, deuxième femme d'Antoine de La Roche-Fontenille, marquis de Rambure.

François-Olivier de Saint-Georges, marquis de Vérac, lieutenant général en Poitou, épousa, le 2 janvier 1742, Marie-Adélaïde de Riancourt d'Orval, morte le 18 juillet 1745.

Olive de Saint-Georges épousa noble Pierre, S^{gr} de Nalhac, qui étoit mort en 1412. Ce fut en cette année 1412 qu'elle fit hommage à l'abbé de Saint-Martial pour ce qu'elle avoit à Saint-Vaulry.

GEOUFFRE. — *Voyez* JOUFFRE.

GÉRARD de La Valade, paroisse de Clérac (1), élection de Saintes, porte *d'azur à 3 chevrons d'or*.

I. — Jean Gérard épousa, le 19 novembre 1541, Catherine de Tustal.

II. — Joseph Gérard épousa, le 27 septembre 1570, Gabrielle de Ravalet.

III. — Jacques Gérard épousa, le 5 septembre 1606, Esther Archard, dont Pierre, qui, le 7 janvier 1600 (*sic*), avec son père d'une part, et Pascal de Renouard de l'autre, fit une transaction.

GERAUD. — Anne Geraud épousa, par contrat du 8 novembre 1598, Yrieix de Gentil, fils de Jacques de Gentil de Langallerie.

GERMAIN, S^r de La Jante, paroisse de Saint-Salvadour (2), élection de Brive, porte *d'argent à une main de gueules tenant une épée d'azur*.

I. — Jean Germain fit deux contrats : le 22 mars 1554, le 20 février 1555 ; il fit aussi une transaction le 7 janvier 1568. Il épousa Jeanne de Patras ; elle épousa, en secondes noces, Flotard de Beaumont ; elle fit son testament le 20 août 1580, dont : 1° Jean, qui suit ; 2° Antoine ; 3° Germain.

II. — Jean Germain épousa, par contrat sans filiation, le 20 novembre 1577, Souveraine de Sayrac.

III. Charles de Germain épousa, le 3 mai 1604, Jeanne de Châteauneuf (*alias* de Châteaunent).

---

(1) Clérac, canton de Montguyon, arrondissement de Jonzac (Charente-Inférieure).
(2) Saint-Salvadour, canton de Seilhac, arrondissement de Tulle (Corrèze).

IV. — Marc-Antoine de Germain fut émancipé par Charles, son père, le 8 janvier 1636; il épousa, le 16 février 1654, Anne de Beaumont.

D'autres notes étaient aux pages 898 et 1168, qui ne se retrouvent plus. — A. L.

GERMAIN DE LA POMMÉLIE. — N..... Germani épousa ....., dont : 1° noble Pierre Germain; 2° autre noble Pierre Germain, tous deux damoiseaux de La Pommélie, ayant des biens à Solignac en 1449.

Pierre de Germain, S^r de La Pommélie, paroisse de Saint-Paul (1), fut trouvé gentilhomme en 1598.

[GERMON, fief dans la mouvance de la baronnie de Chamberet (2), sénéchaussée d'Uzerche.]

GÉRONDIE. — Nadaud avait rassemblé des notes généalogiques sur cette famille à la page 2043 : elle a été déchirée. Nous trouvons à l'article Guitard les indications suivantes :
A. L.

François de Guitard, écuyer, Sr du Chambon et de Lortelays, paroisse de Montgibaud (3), épousa, le 2 juillet 1590, Andrive de Royère de Lon, dont : 1° François; 2° Françoise, mariée, en octobre 1606, à noble André de Gérondie; 3° Marie, mariée par contrat, reçu par Lobeychat, le 28 avril 1607, à Etienne de Gérondie, fils de feu Etienne, juge de Vignols, et de Marguerite Gaultier : elle porta 2,000 livres; 4° Louis.

GERSON. — François de Gerson, Sr de Beaulieu, paroisse de Corne-Royal, élection de Saintes, fut trouvé gentilhomme en 1598.

G...., p. 2043, déchirée.

GERVAIN.

GIBANEL. — *Voyez* Combabel de Gibanel, T. I, p. 463 et 595.

GIBOUST, Sr de Chatelus, élection d'Angoulême.

I. — Geoffroy Giboust épousa Suzanne Valeroy, dont Pierre, qui suit, et autres enfants qui partagèrent la succession de leurs père et mère le 10 juillet 1529.

II. — Pierre Giboust épousa.....

III. — Guillaume Giboust épousa, le 22 avril 1557, Geneviève Jailly.

IV. — Pierre Giboust épousa, le 3 février 1592, Marie Alpain.

V. — Antoine de Giboust épousa, le 7 mai 1630, Antoinette de Laume.

VI. — Michel de Giboust fut maintenu par arrêt du conseil du 9 juillet 1667; il se maria le 29 avril 1657.

GICHARD. — François Gichard, écuyer, Sr de Longueville, paroisse de Cers (4) en Angoumois, épousa Marie Billot, dont Antoine, baptisé le 18 février 1629.

Source : Registres de Cers.

---

(1) Saint-Paul, canton de Pierre-Buffière, arrondissement de Limoges (Haute-Vienne).
(2) Chamberet, canton de Treignac, arrondissement de Tulle (Corrèze).
(3) Montgibaud, canton de Lubersac, arrondissement de Brive (Corrèze).
(4) Cers ou Sers, canton de La Valette, arrondissement d'Angoulême (Charente).

GICQUET. — La page 2013, indiquée pour ce nom, est déchirée dans le manuscrit de Nadaud. — A. L.

GIEUX était à la page 696, qui est déchirée. — A. L.

GILBERT. — La page 978, indiquée pour cette famille, est encore déchirée. Dans l'article Ligoure on trouve l'indication suivante :
Isaac de Ligoure est reçu échevin, à Saint-Jean-d'Angely, par la résignation de Jean Gilbert, le 28 janvier 1604.

GILLIBERT. — La table de Nadaud indique pour cette famille les pages 834, 839 et 976 ; elles ont été déchirées toutes trois. — A. L.

GIMBERT. — La page 754, où était cette famille, n'existe plus. — A. L.

GIMEL. — La généalogie de cette famille était à la page 2044, qui est déchirée. On trouve quelques détails dans l'article Pierre de Beaufort, dans la généalogie des Roger, en 1434 ; ils seront reproduits à leur place. Voir aussi l'article LENTILHAC. — A. L.
Renaud, vicomte de Gimel, rendit hommage à Raymond II° du nom, vicomte de Turenne, pour son château de Gimel, le 26 janvier 1163, en présence de Hugues de Noailles, Aymeric de Salagnac, Gausbert de Ventadour, Faidit de Turenne, Estienne de Scoraille, etc. (JUSTEL., *Hist. Turenne*. p. 341.)
..... Gimel, chanoine de Brive, est témoin dans un acte de 1225.

GIRAUD, S' de La Grange, paroisse d'Olus ou Oleron, élection de Saintes, porte *d'argent à une eau d'azur en pointe, sur laquelle nage un cygne d'argent entre deux roseaux tiges* (dans des Coutures, les roseaux sont indiqués *d'or*).
I. — Aubin Giraud, échevin à Niort. Il fut reçu à la place de Jean Andouard, son beau-père, qui mourut le 31 juillet 1587. Le 12 mai 1615, Philippe Chalucet fut pourvu de cet office par la mort dudit Aubin. Il avoit épousé, le 11 février 1585, Marie Andouard.
II. — Louis Giraud épousa, le 21 juin 1613, Catherine de Valée.
III. — Louis Giraud épousa, le 16 septembre 1640, Françoise Montel.

GIRAUD, S' du Bois-Charente, paroisse de Graves, élection de Cognac, porte *d'azur fascé d'or à 3 coquilles de Saint-Michel de même, 2 en chef et 1 en pointe.*
I. — Rogier Giraud fit avec Pierre Giraud une transaction le 6 février 1498 ; il épousa Catherine des Alles.
II. — Armand Giraud épousa, le 27 février 1512, Catherine Petit.
III. — Jean Giraud épousa : 1°, le 11 décembre 1550, Gabrielle Le Goust ; 2° Marguerite Destival, qui passa deux procurations avec son mari, les 5 février 1580 et 31 décembre 1581, dont Charles, qui suit.
IV. — Charles Giraud épousa, le 12 mai 1612, Jeanne Arnaud.
V. — Christophe Giraud épousa, le 12 mai 1641, Louise de Livenne.

[GIVRY. — La maison de Givry créa un régiment de cavalerie en 1674. (NADAUD, *Mém. mss. antér. à* 1773.)]

DU GLENEST, S' de Jars, paroisse de Saint-Laurent-du-Rocq, élection de Saintes, porte *d'argent à 4 flèches emplumées de sable, 2 et 2; écartelé de même à 3 flèches emplumées de sable, 2 et 1.*

I. — Guillaume du Glenest.

II. — Foucaud du Glenest.

III. — Raymond du Glenest obtint un arrêt du parlement de Bordeaux, le 1ᵉʳ juin 1555; il épousa, le 22 juin 1520, Jeanne Bouchard.

IV. — Jean du Glenest épousa, le 3 octobre 1564, Charlotte Cerclé.

V. — Jacques du Glenest épousa, le 6 septembre 1593, Jeanne des Champs.

VI. — François du Glenest épousa, le 4 septembre 1618, Marie de Lestang.

VII. — Hélie du Glenest épousa, le 20 mars 1643, Marthe de Fonteneau.

Notes isolées.

René du Glenest, écuyer, Sʳ de La Morinie, paroisse de Saint-Barthélemy (1), fut inhumé, dans l'église de Maraval, le 20 avril 1676; avoit pour sœur Marie, mariée à Pierre Descubes, Sʳ des Vignes; il épousa Barbe Rousseau, fille de Hélie, dont Charles.

Jean du Glenest, écuyer, Sʳ de La Vieillecour (2), du lieu de La Morinie, épousa Gabrielle Trompandon, veuve en 1659. Ils laissèrent : 1° François, écuyer, Sʳ de La Vieillecour, paroisse de Saint-Barthélemy, 1655; 2° Marie, mariée par contrat, signé de Chevreuse, du 8 avril 1668, à Pierre Descubes, Sʳ des Vignes, fils de feu Léonard, Sʳ de La Laurencie, paroisse de Saint-Auvent (3), et d'Anne Chouveron.

Pierre de Glenest, écuyer, Sʳ de Monfrebeuf, paroisse de Maraval (4), épousa Dieudonnée Trompandon du Repaire, dont : 1° Claudine, née le 22 août 1697; 2° Antoinette, née le 7 juillet 1700; 3° Catherine, née le 14 août 1702; 4° Jean, né le 10 septembre 1706; 5° Marie, née en 1707 ou 1708, mariée, en 1734, à Pierre Mascureaux; 6° Charles, baptisé le 2 avril 1709, peut-être né le 9 septembre 1705; 7° Gabrielle, morte en bas âge.

Jean de Glenest, écuyer, Sʳ de Montfrebeuf, paroisse de Maraval, épousa : 1°, dans l'église dudit Maraval, le 31 janvier 1730, Louise Camaing (T. I, p. 353), fille de Louis, chevalier, Sʳ de Belleran, et de Renée Bertrand de Lorière; elle mourut, à cinquante-six ans, le 25 mars 1769. De ce mariage vinrent : 1° Suzanne, née le 26 octobre 1732, morte, à dix-huit ans, le 7 février 1750; 2° Jean, né le 29 décembre 1735; 3° Pierre, mort à deux ans; 4° autre Jean, mort au berceau.

GOBERT. — *Voyez* GAUBERT.

GODEFROY. — Nadaud avait des notes sur cette famille à la page 2045, qui est déchirée. — A. L.

---

(1) Saint-Barthélemi, canton de Bussières-Badil, arrondissement de Nontron (Dordogne).

(2) Le château de Vieillecour est situé dans la commune de Saint-Pierre-de-Frugie, canton de Jumilhac-le-Grand, arrondissement de Nontron (Dordogne).

(3) Saint-Auvent, canton de St-Laurent-sur-Gorre, arrondissement de Rochechouart (Hte-Vienne).

(4) Maraval (aujourd'hui Marval), canton de Saint-Mathieu, arrondissement de Rochechouart (Haute-Vienne).

[GOERII ou GEOERII. — Guillaume Goerii ou Geœrii, écuyer, fut père d'Odon Goerii. Le père et le fils vivoient en 1221 ; ils étoient seigneurs de La Condamine, paroisse des Eglises.

Source : *Mém. mss. sur les abb. du Lim.*, p. 501 et 528.]

GOGAIN, Sr de Presneau, paroisse de Bessines (1), élection de Saint-Jean-d'Angely, porte *d'azur à 3 chevrons d'or accompagnés de 3 pigeons d'argent*, 2 et 1.

I. — Philippe Gogain est reçu pair à la maison de ville de Niort, le 27 mai 1605 ; maire à Saint-Jean-d'Angely le 21 mai 1628, et échevin par le décès de Pierre de Villiers, le 27 juin 1631 ; fait déclaration de vouloir vivre noblement, le 19 juillet suivant. Jean France est reçu, par la mort dudit Gogain, le 29 novembre 1647. Il épousa Marie Beau.

II. — Pierre Gogain épousa, le 26 février 1633, Marie Tartème.

III. — Jean Gogain épousa, le 18 septembre 1655, Renée Reynier.

GOMBAUD, Sr du Couret, paroisse de Villars (2), élection de Saintes, porte *d'azur à un chevron d'argent accompagné de 3 étoiles d'azur*, 2 et 1. (Dans la table de Des Coutures, les étoiles sont aussi dites *d'azur*, mais dans le texte elles sont *d'argent*.)

I. — Renée Gombaud rendit deux hommages au seigneur de Pons, et sa femme, Jeanne Guyneaudeau, un autre comme tutrice de ses enfants, les 12 décembre 1497, 5 juillet 1525 et 9 août 1535.

II. — François Gombaud épousa Marie de Montgaillard par contrat du dernier mars 1560.

III. — Joseph Gombaud fit, le 27 août 1646, son testament, par lequel il institue ses enfants Henri et Marie ; il épousa : 1° Marie Meyge, suivant une copie du contrat de mariage datée du 21 janvier 1608 ; 2° Anne Nourigier, par contrat du 22 avril 1642.

IV. — Henri Gombaud.

GOMBAUD, Sr du Fresne, paroisse de Sainte-Gemme (3), élection de Saintes, porte *d'azur à 4 pals d'argent*.

I. — Philibert Gombaud donna une procuration le 23 janvier 1520 ; il épousa Louise La Personne.

II. — François Gombaud épousa, le 13 juillet 1553, Charlotte Acarie.

III. — Jean Gombaud épousa, le 16 décembre 1581, Léa de Culant.

IV. — Henri Gombaud épousa, le 9 janvier 1604, Elisabeth Hébert.

V. — Jean Gombaud épousa, le 16 décembre 1652, Marie Réau.

Suzanne Gombaud, mariée, le 16 juillet 1627, à Samuel Gallet, Sr du Fiefgallet et de Tézat.

GOMMIER, S^r de La Cachetière et de La Frégonnière, paroisse de Candé,

---

(1) Bessines, canton de Fontenay, arrondissement de Niort (Deux-Sèvres).
(2) Villards, canton de Gémozac, arrondissement de Saintes (Charente-Inférieure).
(3) Sainte-Gemme, canton de Saint-Porchaire, arrondissement de Saintes (Charente-Inférieure).

élection de Saint-Jean-d'Angely, porte *d'azur à un sautoir alaizé d'argent, surmonté d'une fleur de lis d'or;* supports : *deux lions.*

I. — Jean de Gommier.

II. — Olivier de Gommier épousa, le 24 janvier 1475, Marguerite Tartarin.

III. — Guy de Gommier épousa, le 18 août 1524, Louise d'Argy.

IV. — René de Gommier, fils de Guyot, rendit hommage le 31 (le 1er) mai 1553; épousa Françoise Turpin.

V. — René de Gommier épousa, le 30 mars 1582, Marie de Cumont.

VI. — René de Gommier testa le 12 juin 1629; épousa, le dernier février 1616, Marie Prévost, dont : 1° René, qui suit ; 2° Frédéric, qui se maria.

VII. — René de Gommier épousa, le 6 avril 1634, Marie Isle.

VIII. — René de Gommier, Sr de La Gachetière, épousa, le 3 novembre 1660, Madeleine Ripard.

VII bis. — Frédéric de Gommier épousa, le 10 mars 1642, Suzanne La Boule.

VIII. — Pierre de Gommier, Sr de Frégonnière, épousa, le 3 novembre 1662, Sarra Bastier.

GONDRIN. — Nadaud avait des notes sur cette famille, à la page 2467, qui est déchirée.

GONTIER. — *Idem*, à la page 2045. — A. L.

GORCE. — *Voyez* Gorse.

GORET était à la 907, déchirée.

Gabrielle de Goret épousa Jean Thomas, écuyer, Sr de Montgoumar, paroisse de Bunzac (1), dont Suzanne, née le 10 mars 1703.

GORRAY. — Noble Rolland de Gorray, capitaine du château d'Aixe (2), épousa Jeanne Béchade, demoiselle de La Collerie, paroisse de Verneuil (3); étant veuve, elle fit son testament, signé de Porta, le 28 juin 1482, et fit un codicille, le 7 octobre suivant, à La Collerie. De ce mariage vinrent : 1° Jacques ; 2° Catherine, mariée avec Hélie ou Hélion de Maumeau, damoiseau.

LA GORSE, *alias* DE LIMOGES, Sr de Beaufort, Laborie, Gumont et de La Roche, élection de Tulle, porte *d'or à un lion rampant de gueules, écartelé d'azur, au 2e à un roc d'échiquier d'argent et au 3e à une étoile d'or* (c'est la reproduction de la table de Des Coutures, mais dans le texte il y a *au 3e d'azur*).

Martail Palet, frère de Pierre Palet; ledit Pierre, conseiller au parlement de Bordeaux, abbé de Verteuil et prévôt de l'église de Tulle, Sr de La Gorse près de cette dernière ville, sa patrie, où il est enterré dans l'église de Saint-Pierre, fit son testament le 31 août 1517, institua héritier Jean de Limoges, *alias* Palet, fils de son frère Martial. Telle est l'origine de MM. de La Gorse. (Baluze, *Hist. Tutel.*, p. 239.)

Ramnulphe La Gorssa de Monteruc, évêque de Sisteron, 1482 (1378).

---

(1) Bunzac, canton de La Rochefoucaud, arrondissement d'Angoulême (Charente).
(2) Aixe-sur-Vienne, chef-lieu de canton, arrondissement de Limoges (Haute-Vienne).
(3) Verneuil-sur-Vienne, canton d'Aixe, arrondissement de Limoges (Haute-Vienne).

Jean La Gorssa, doyen d'Allebecque ou Arlebecq, diocèse de Tournay, licencié en décrets, parent d'Estienne de Monturuc, chevalier, 1380.

Noble et honnête dame Catherine de La Gorse, dame de Saint-Jal, diocèse de Limoges, fit son testament, signé de Berrelène, le 15 novembre 1410 (aux archives de l'évêché de Limoges), par lequel elle veut être inhumée dans l'église de Sadran, parce que *mollius ossa cubant manibus tumulata suorum;* fait son héritière universelle sa fille Marguerite de La Porte, dame de Jumilhac, femme d'Adémar Roblert, chevalier.

Pierre, roi d'Arragon, dans les lettres du 30 décembre 1287, du duel indiqué à Bordeaux entre lui et Charles, roi de Sicile, choisit, entre ses quarante champions, Renald de Limogiis, juge de Messana, compté pour un chevalier.

Par conventions accordées entre Charles, roi de Jérusalem et de Sicile, etc., et Pierre, roi d'Arragon, pour un combat qui se devoit faire entre eux deux, assistés chacun de cent gentilshommes, ils en nommèrent six, chacun de leur part, pour traiter ensemble du lieu, des sûretés, du jour et de la forme comme le combat se devoit faire : Raymond de Limoges, de Messines, fut un des six pris par le roi d'Arragon. Le combat fut assigné, à Bordeaux, au 1er juin 1283. (DUCHESNE, *Hist. de la maison de Montmorency,* liv. VII, 3e partie, chap. I.)

Guillaume de Limoges, clerc du roi, nommé un des commissaires pour recevoir la soumission du comte de Toulouse, en novembre 1242. (VAISSETTE, *Hist. de Langued.,* T. III, p. 437.)

Guillaume de Limoges, bourgeois de Brioude en Auvergne, 1268. (BALUZE, *Hist. mais. d'Auv.,* T. II, p. 272.)

I. — Geoffroy de Limoges, hevalier de l'ordre de Saint-Michel, nommé le 29 avril 1557, fit son testament le 10 juin 1586; épousa, le 16 juillet 1555, Françoise Faydit, dont Jacques, qui suit.

II. — Jacques de La Gorce épousa, le 3 avril 1581, Catherine de Rollat.

III. — Alain de La Gorse, Sr de Beaufort, épousa, le 30 avril 1519, Morelie Amadon.

IV. — Jacques de La Gorse, Sr de La Borie, épousa, le 18 août 1641, Jeanne de Laurent.

V. — Gabriel de La Gorse épousa, en présence desdits Alain et Amadon, aïeul et aïeule, le 9 février 1667, Etiennette de Marry.

Jean-Baptiste La Gorse de Limoges, écuyer, capitaine aide-major dans le bataillon des grenadiers royaux, épousa, à Lubersac, le 15 février 1752, Marie Durand de La Saigue.

Gilbert de Limoges, *alias* de La Gorce, chevalier, Sgr de La Gorse, paroisse de Seilhac (1), épousa ....., dont Jacques, tonsuré en 1572, prieur de Saint-Jean-de-Bort près Saint-Salvadour, 1579.

GORSON.

LA GORSSA. — La page 2166, que Nadaud indique à ce nom, est déchirée. — *Voyez* LA GORSE.

GOUBAUD. — La page 2045, où devait se trouver ce nom, est déchirée. — A. L.

---

(1) Seilhac, chef-lieu de canton, arrondissement de Tulle (Corrèze).

GOUBLAYE. — Thibaud de La Goublaye, S*r* du Puyagut, paroisse de Pluviers (1), 1439.

GOUDAL [ou GOUDARD DE LA GARIGUE. — Jean Godardi vivoit en ..., d'après les registres de Boherii, notaire à Limoges (p. 27, n° 52, et p. 32, n° 27, *apud* D. Col).]

Noble Christophe de Goudal [ou Goudard], S*r* de La Garrigue, paroisse de de Salons [vivoit, ainsi que sa femme, le 17 avril 1634]. Il étoit veuf, et s'étoit retiré au pays d'Agenois le 20 juillet 1644; il avoit épousé demoiselle Suzanne de Lesboulières. [Elle avoit été mariée, en premières noces, à Isaac Dupin, *alias* du Fraisse, S*r* du Breuille et de Beausoleil], dont : 1° Henri; 2° autre Henri, né le 30 mai 1632.

GOUDIN. — La page 2046, où étaient des notes sur cette famille, a été déchirée.

GOULARD, S*r* du Breuil-Goulard, paroisse de Londini (2), élection d'Angoulême, de Nuelle, paroisse de Villefaignant (3), élection d'Angoulême, de Saint-Hilaire (4), élection de Saint-Jean-d'Angely, porte *d'azur à un lion rampant d'or, couronné, armé et lampassé de gueules.*

I. — Jacques Goulard transigea avec les religieux de Notre-Dame de Valence, le 27 novembre 1477, à la suite de laquelle est l'hommage qu'il rendit le 18 avril 1478, et un dénombrement du 4 avril suivant ; il épousa Jeanne Montalembert, dont : 1° Jean, qui suit; 2° Charles. Ces deux frères partagèrent les successions de leurs père et mère le 20 mai 1497.

II. — Jean Goulard épousa Philiberte de Beauvilliers, dont : 1° François, qui suit ; 2° autre François; 3° Jean; 4° Jeanne ; 5° Marie; 6° Marquise. Ces enfants partagèrent les successions de Jean, leur père, et de Clément, leur frère, le 12 mai 1523.

III. — François Goulard épousa, le 9 février 1530, Valerie Brun.

IV. — René Goulard épousa, le 21 mai 1570, Marguerite Poussard.

V. — Gabriel Goulard épousa, le 14 octobre 1609, Jeanne Boileau, dont : 1° Jacques, qui suit; 2° Alphée, S*r* de Nuelle, qui se maria, le 12 septembre 1657, avec Marie de Coy ; 3° Frédéric, S*r* de Saint-Hilaire, qui se maria, le 2 janvier 1662, avec Françoise Crouard.

VI. — Jacques Goulard, S*r* du Breuil-Goulard, épousa, le 28 janvier 1650, Angélique Martel.

VI *bis*. — Alphée Goulard, S*r* de Nuelle, épousa, le 12 septembre 1657, Marie de Coy.

VI *ter*. — Frédéric Goulard, S*r* de Saint-Hilaire, épousa, le 2 janvier 1662, Françoise Crouard.

Jean de Rochechouard, chevalier, comte de Saint-Auvent, baron de Montmorency, etc., épousa, le 20 avril 1654, Marie Reynaud, qui se remaria avec Adrien Goulard, Sgr de Poulignat, de la maison de La Fée en Saintonge.

---

(1) Pluviers, canton de Bussière-Badil, arrondissement de Nontron (Dordogne).
(2) Londigny, canton de Villefagnan, arrondissement de Ruffec (Charente).
(3) Villefagnan, chef-lieu de canton, arrondissement de Ruffec (Charente).
(4) Saint-Hilaire, chef-lieu de canton, arrondissement de Saint-Jean-d'Angely (Charente-Inférieure).

GOURDIN, Sr de Puygibaud, paroisse de Marton (1), élection d'Angoulême, de La Faye, paroisse de Touriers (2), élection de Cognac, porte *d'azur à un calice d'or dans lequel becquettent deux oiseaux d'argent, à un croissant aussi d'argent en pointe* (var. : *à un croissant en chef*).

I. — Jean de Gourdin fit un partage avec Agnès Prévot le 22 mars 1422; il épousa ....., dont : 1° Pierre, qui suit; 2° autre Pierre; ils partagèrent tous deux la succession de leur père, le 13 mars 1470.

II. — Pierre Gourdin épousa, par contrat sans filiation du 4 mars 1473, Isabeau de La Faye.

III. — Antoine Gourdin transigea avec Thevenet, fils de Pierre Gourdin, à cause de la succession de leurs pères, le 14 mai 1530; il épousa Catherine Mallet, par contrat sans filiation du 9 janvier 1519, dont : 1° Guillaume, qui suit; 2° Lionnet, qui a fait la branche de La Faye.

François Gourdin, tant pour lui que pour les hoirs de feu Antoine, père de Guillaume, rendit hommage au seigneur de La Rochefoucaud le 15 juin 1560.

IV. — Guillaume Gourdin fit son testament le 9 janvier 1597, par lequel il confirme la donation par lui faite à René son fils, laquelle il réitère à la personne de François, son petit fils; il épousa Isabeau de Nourigier.

V. — René Gourdin épousa Françoise de La Roumagière.

V bis. — François Gourdin épousa, le 10 mai 1620, Françoise Grenier.

VI. — Jacques Gourdin, écuyer, Sr du Breuil et de Puygibaud, mourut, le 5 janvier 1695, à Nanteuil, fut inhumé dans l'église de Sers (registres de Sers); épousa, le 9 octobre 1662, Marie-Catherine du Lau, veuve de Joseph de Lambertie, dont : 1° Françoise, baptisée, à Marthon, le 2 février 1665; 2° Pierre, baptisé le 8 août 1666; 3° Nicolas, qui suit, baptisé le 15 août 1667; 4° Jacques, baptisé le 8 juillet 1671.

VII. — Nicolas Gourdin, écuyer, Sr du Breuil, paroisse de Marthon, mourut, à soixante-dix-neuf ans, le 7 janvier 1746; il avoit épousé Elisabeth de Verthamon; elle mourut le 15 août 1732, enterrée à Vilhonneur; dont François, né le 27 novembre 1710.

VII bis. — François Gourdin, écuyer, Sr du Breuil et de La Robinière, paroisse de Marthon, épousa Jeanne Sauzet, dont : 1° Marie, née en 1733, mariée à N..... du Villars; 2° Marie, née le 8 août 1743.

Branche de La Faye.

IV. — Lionnet Gourdin épousa, par contrat du 21 décembre 1557, Louise de Royges, dont il eut : 1° Jean, qui suit; 2° Antoine; 3° François; 4° Joachim; 5° Madeleine, qui, pour le partage des biens de leurs père et mère, firent des accords les 26 juillet, 10 et 11 août 1600, 18 mars et 7 juin 1601.

V. — Jean Gourdin épousa Marie Garassus, par contrat du 8 mai 1593.

VI. — Estienne Gourdin épousa, par contrat du 27 décembre 1626, Marguerite Préverand.

VII. — Jean Gourdin épousa, par contrat du 6 septembre 1663, Madeleine de La Sudrie.

---

(1) Marthon, canton de Montbron, arrondissement d'Angoulême (Charente).
(2) Tourriers, canton de Saint-Aman-de-Boixe, arrondissement d'Angoulême (Charente).

GOURETIE. — La page 2046, indiquée pour cette famille, ne se retrouve plus.
A. L.

GOURGAUD, S' de Bassé, paroisse de Nanteuil (1), élection d'Angoulême, porte *de gueules à un croissant d'argent*. (D'Hozier, *Arm. gén.*, I part., p. 270.)

I. — Jean Gourjaud I** du nom, écuyer, S' de La Berlière, de La Millières, donna, le 3 mai 1520, son aveu et sa déclaration des héritages qu'il tenoit en fief de la seigneurie de La Vesure, à Jean de Saint-Gelais; il épousa, le 12 janvier 1538, Françoise Taveau, fille de noble et puissant René, écuyer, baron de Mortemer, et de Marguerite de Beauvilliers.

II. — Haut et puissant Pierre Gourjaud, écuyer, S' de La Millière et gentilhomme ordinaire de la chambre du roi, épousa, le 3 septembre 1571, Marie Geoffroy, fille de noble et puissant Charles, écuyer, S' de Dompierre-les-Nones, et de Damienne de Partenai, dont : 1° Jean, dont la postérité est dans M. D'Hozier, *ibid.*; 2° Charles, qui suit.

III. — Charles Gourgaud épousa, le 11 novembre 1621, Perside Régnier.

IV. — Charles Gourgaud épousa, le 21 juillet 1665, Marie Voyer.

GOURVILLE. — La page 2454, où Nadaud avait rassemblé des notes sur cette famille, est déchirée. — A. L.

[**GOUSON.** — Guy de Gouson vivoit en ..., d'après les registres de Borsandi, notaire à Limoges, p. 23, n° 37, p. 38, n° 56, et p. 99, n° 158, *apud* D. Col.]

GOUSSE, S' de Puybalon, paroisse de ....., élection de Saint-Jean-d'Angely, porte : *lozangé de gueules et d'or; — deux griffons* pour supports.

I. — Guillaume Gousse.

II. — Hugue Gousse, S' de Puybalon, épousa, le 10 novembre 1509, Catherine Montetta.

III. — Guillaume Gousse, S' de Puybalon, épousa, par contrat sans filiation du 18 juillet 1559, Antoinette de Coins.

IV. — Pierre Gousse épousa, le 6 avril 1588, Madelaine Marais.

V. — François Gousse fut reçu chevalier de Notre-Dame-du-Mont-Carmel et de Saint-Lazare le 2 février 1613; il épousa, le 16 septembre 1613, Aliette d'Olive.

VI. — Nicolas Gousse épousa, le 4 mars 1647, Jacqueline de Persy.

GAUVAING était à la page 2047, qui est déchirée.

GRAFFARD, *idem*. — A. L.

GRAIN DE SAINT-MARSAUT, vicomte du Verdier, paroisse d'Eyburie (2), porte : *parti au 1" de gueules, à 3 demi-vols d'argent 2 et 1, au 2° aussi de gueules.*
Bernard de Saint-Martial, évêque de Papoul, mort en 1361.
Pierre de Saint-Martial, archevêque de Reims.
Pierre de Saint-Martial, chevalier, 1353. (*Voyez* Baluze, *Histoire de la maison d'Auvergne*, T. III, p. 609, 615.)

---

(1) Nanteuil, chef-lieu de canton, arrondissement de Ruffec (Charente).
(2) Eburie, canton d'Uzerche, arrondissement de Tulle (Corrèze).

I. — Brandelis de Saint-Marsaut, à qui Pierre de Coustin accorda deux quittances, les 1er décembre 1521 et 4 mars 1525, où il est dit écuyer, fit un testament mutuel, avec sa femme, le 4 février 1550; chevalier de l'ordre du roi; étoit devant Pavie en 1525. (GARNIER, *Hist. de France*, T. XXIV, p. 118.) Il avoit épousé Jeanne de Beaudeduit, dont : 1° Brandelis ; 2° Antoine, qui suit ; 3° Jean, qui a fait la branche de Chalais ; 4° Louise, mariée, par contrat passé à La Tour du Verdier, le 18 février 1537, à Guillaume de Villelume, écuyer, Sr de Parmontel.

II. — Antoine de Saint-Marsaut, Sgr de Clarsat, chevalier, Sgr du Verdier, épousa, par articles du 15 mai 1571, Catherine de Pierre-Buffière, dont : 1° Charles, qui suit ; 2° Susanne, mariée à Loys de Corbier; 3° Jeanne.

III. — Charles Grain de Saint-Marsaut, chevalier, gentilhomme ordinaire de la chambre du roi, Sr de Courson, du Verdier, paroisse d'Eyburie, qu'il fit ériger en vicomté, le 5 mai 1613. Il épousa, par contrat, reçu par Marquay, le 15 novembre 1605, passé à Concoursant, Jeanne de Senneterre, fille de feu Jacques, chevalier, gentilhomme ordinaire de la chambre du roi, Sr de ..... Las Rochas, etc., et de Françoise d'Anglards, de Saint-Victours, dont Antoine, qui suit.

IV. — Antoine Grain de Saint-Marsaut épousa, par contrat du 26 janvier 1629, Gasparde d'Ussel, dont Henri, qui suit.

V. — Henri Grain de Saint-Marsaut épousa, par contrat du 5 mai 1658, Antoinette de La Tour.

[N..... Grain de Saint-Marceau, vicomte du Verdier, vivoit en 1698.

Lesi Grain de Saint-Marceaux, de la maison de La Rochefoucaud, échangea avec le roi, en 1698, la terre de Dompierre, pour le bourg, autrefois ville de Chatel-Aillon en Saintonge. (MORÉRI, 1759, T. III, p. 554, col. 1.)]

Claude Grain de Saint-Marsaut, chevalier, vicomte du Verdier, épousa Catherine David de Las Tours, dont : 1° François-Germain, qui suit; 2° N....., vicaire général de Meaux, nommé, le ... juillet 1762, à l'abbaye de Bassac, ordre de Saint-Benoît, diocèse de Saintes ; 3° Marie-Anne, née à Uzerche le 26 juillet 1734.

François-Germain Grain de Saint-Marsaut, chevalier, vicomte du Verdier, Sgr d'Eyburie, Condat, Vernejou, Faugeras, épousa, à l'âge de vingt-sept ans, dans l'église de Saint-Martin-Septpers, le 11 septembre 1752, Anne Garat, âgée de dix-sept ans, fille de Jacques, écuyer, et de Catherine Colomb, de la paroisse de Saint-Pierre-du-Queyroix de Limoges.

[N..... Grain de Saint-Marsaut, vicomte du Verdier, lieutenant des maréchaux de France à Uzerche, vivoit en 1778 ; il avoit pour frères et sœurs : 1° N..... Grain de Saint-Marsaut ou Marsault, aumônier de quartier de Mme Adélaïde de France et vicaire général de Meaux, qui vivoit en 1778 ; il étoit abbé de Bassac, diocèse de Saintes, depuis 1762, et d'Obasine, diocèse de Limoges, depuis 1769; 2° N.... Grain de Saint-Maceaux, dit Mr de .....; 3° N..... Grain de Saint-Marceaux, qui épousa N..... de Sanzillon, nommée, en 1777, sous-gouvernante des enfants de Monseigneur le comte d'Artois, frère du roi; 4° Françoise Grain de Saint-Marceau, abbesse de Bonnesaigne depuis 1780.]

Jean Grain de Saint-Marsaut, Sr de Parcoul et de Millancay, vicomte de Rochemeaux, gentilhomme ordinaire de la chambre du roi, gouverneur des ville et château de Dijon vers 1520, épousa Françoise de Sainte-Maure, fille de Jean et de Catherine d'Espinay. (SIMPLIC., T. V, p. 15.)

François d'Hugon épousa, le 23 mai 1581, Anne de Montagnac, fille de noble Gaspard et d'Hélène Grain de Saint-Marsaut.

Jean-Jacques Grain de Saint-Marsaut, écuyer, Sʳ du Verdier et de Vernejoux, épousa, le 28 janvier 1701, Anne Hugon.

Mathieu de Sauzillon, écuyer, Sʳ de La Chabasserie, paroisse de Ladignac, épousa, en 1767, Marie Grain de Saint-Marsaut, paroisse d'Eyburie.

François-Louis Flament, écuyer, Sʳ de Lugerat, épousa Marie Grain de Saint-Marsaut, dont une fille unique, née le 8 mai 1660.

N..... Grain de Saint-Marsaut, Sʳ de Gademoulin, épousa Marie-Claire d'Aubusson, fille de Jean-Jacques d'Aubusson, marié, en 1670, avec Marie de Montboissier.

Une maison de condition, du nom de Saint-Marsal, existait dans l'Albigeois.

Branche de Chalais.

SAINT-MARSAUT, Sʳ de Chalais, paroisse de Condat près Uzerche (1), porte : *parti au 1ᵉʳ de gueules, à 3 demi-vols d'or, 2 et 1 ; au 2ᵉ de gueules, à 11 clochettes d'argent bataillées de sable, 4, 4 et 3.*

I. — Brandelis de Saint-Marsaut, Sgr du Verdier, chevalier, fit son testament le 14 février 1555 ; épousa ....., dont : 1° Brandelis ; 2° Antoine ; 3° Jean, 1564 ; 4° Gabriel, 1564.

II. — Jean de Saint-Marsaut épousa, par contrat du 28 avril 1566, Gabrielle de La Chassaigne, dont Jean, qui suit.

III. — Jean de Saint-Marsaut fit son testament le 18 novembre 1616 ; il épousa, par contrat du 22 juillet 1590, Flavienne de Toscane, dont Paul, qui suit.

IV. — Paul de Saint-Marsaut épousa, par contrat du 3 février 1628, Anne de Montgibaud, dont Antoine, qui suit.

V. — Antoine de Saint-Marsaut épousa, par contrat du 17 septembre 1653, Marie Brondeau.

Antoine Grain de Saint-Marsaut, Sʳ de Chaleys près Condat, épousa, à Salon, le 13 mars 1692, Gabrielle Hilaire, veuve de Denis Materre, Sʳ de Girondoux, demeurant au château du Pin.

Charles Grain de Saint-Marsaut, écuyer, épousa Marie Autier, dont Vincent, qui suit.

Vincent Grain de Saint-Marsaut, Sʳ de Chaleix, paroisse de Condat, épousa, à Montgibaud, le 17 janvier 1762, Michelle Rochon.

Marie Grain de Saint-Marsaut étoit femme de Léonard-Marc du Faure, procureur au sénéchal d'Uzerche en 1762.

Demoiselle Louise de Saint-Martial, veuve de François de Pys, lieutenant de la justice de Salon, mourut le 29 décembre 1636.

Claude Grain de Saint-Marsaut, vicomte de Saint-Marceau, paroisse d'Eyburie, épousa, en 1768, Marie-Jeanne Patu, paroisse de Saint-Nicolas-des-Champs à Paris.

Marie de Saint-Marsaut, mariée, le 5 février 1578, à Hiérosme de La Grèze.

GRAIN DE SAINT-MARSAUT, Sʳ de Destré, paroisse de Salignac (2), de La

---

(1) Condat, canton d'Uzerche, arrondissement de Tulle (Corrèze).

(2) Salignac, canton de Mirambeau, arrondissement de Jonzac (Charente-Inférieure).

Feuillade, paroisse de Rieux-Martin, élection de Saintes, porte *de gueules à 3 demi-vols d'or, 2 et 1. (Dict. génial., 1757.)*

I. — Jean Grain de Saint-Marsaut épousa Françoise de Barbezières.
II. — François Grain de Saint-Marsaut épousa Marie Chesnel.
III. — Daniel Grain de Saint-Marsaut épousa Marie de Bloys.
IV. — Benjamin Grain de Saint-Marsaut épousa Suzanne Docoy.

I. — Jean Grain de Saint-Marsaud, S^r de La Feuilleterie (*Dict. général.*, 1757), baron de Parcoul, en faveur duquel la seigneurie de Rochemeaux fut érigée en vicomté par lettres du mois de janvier 1599. [Jean de Grain de Saint-Marceau ou Marsault, vicomte du Verdier, étoit en grande faveur auprès du roi Henri IV, qui érigea pour lui la terre et seigneurie de Rochemeaux en vicomté, l'an 1599, par lettres registrées le 11 janvier 1600. Ce seigneur étoit aussi baron de Parcoul. Il eut pour fils N......, vicomte du Verdier, qui fut père de N......, qui vivoit en 1698. (*Tablettes historiques*, V^e partie, p. 254.)] Il épousa Françoise Giraud.
II. — Jacques Grain de Saint-Marsaud épousa Anne de Bochard.
III. — Jean Grain de Saint-Marsaut épousa Anne Prévetaud.

François-Silvain Grain de Saint-Marsaut, chevalier, Sr de Nieuil, épousa, en 1692, Marie Reynaud, de la paroisse de Saint-Mari.

Charles de Saint-Mersal, marquis de Conras, y mourut le 6 mars 1663, fut inhumé chez les Cordeliers d'Aurillac (*Registre de Saint-Martin-Septpers*).

Joseph Grain de Saint-Marsaut, Sr du Rocher, épousa Marguerite de Veyssière, dont Marie, mariée, à Uzerche, le 1er octobre 1720, à Clément Deschamps, marchand.

Marie de Saint-Marsaut, fille de feu Joseph, native du village de Marniac, paroisse de Saint-Remy, diocèse de Tulle, mourut, à Uzerche, à seize ans, le 7 novembre 1710.

Marie Grain de Saint-Marsaut, veuve de Vincent Reyrolle, de la ville d'Uzerche, y mourut, à cinquante-cinq ans, le 5 septembre 1722.

Philippe Grain de Saint-Marsaut, chevalier, S^{gr} de Peyrissat, épousa Gabrielle des Maisons de Bonnefont, dont Jean, mort, à sept ans, en 1750. (*Registres de Saint-Maurice de Limoges.*)

Georges d'Aubusson, comte de La Feuillade, chevalier de l'ordre du roi, etc., épousa, en secondes noces, le 7 novembre 1615, Olympe Grain de Saint-Marsaut, vicomtesse de Rochemaux, veuve de Jean, comte des Cars, et fille de Jean, S^{gr} de Parcouf, et de Françoise de Sainte-Maure ; elle mourut, en 1633, après avoir testé le 10 décembre. Elle étoit veuve du comte des Cars, puis d'Isaac de Salagnac, lorsqu'elle épousa Georges d'Aubusson.

LE GRAND, Sr de Courpeteaux, paroisse de Juille (1), de La Vallée, paroisse de Saint-Mesme (2), et de La Tour, paroisse de Loyre (3), élection de Saint-Jean-d'Angély, porte *de gueules à un lion rampant d'argent.*

I. — Charles Le Grand eut des lettres de maintenue de noblesse du roi Henri IV, le 13 novembre 1599, vérifiées en la cour des aides de Paris ; il épousa Esther Chastaigner.

(1) Saint-Pierre-de-Juillers, canton d'Aulnay, arrondissement de Saint-Jean-d'Angély (Charente-Inférieure).
(2) Saint-Même, canton de Saint-Hilaire, arrondissement de Saint-Jean-d'Angély (Charente-Inférieure).
(3) Loiré, canton d'Aulnay, arrondissement de Saint-Jean-d'Angély (Charente-Inférieure).

II. — Henri Le Grand épousa, le 19 juin 1729, Jacquette Aymer, dont : 1° Charles, qui suit; 2° Louis, Sʳ de La Vallée; 3° Henri, qui suit. Ces trois frères firent un partage noble de la succession de leur père, le 16 octobre 1658.

III. — Charles Le Grand, Sʳ de Courpeteau, épousa, le 20 août 1652, Marguerite de Puyrigaud.

III bis. — Louis-Henri Le Grand, Sʳ de La Tour, écuyer, Sʳ de La Vallée, épousa, le 12 août 1665, Claude Chastaigner.

GRANDSAIGNE. — La généalogie de cette maison est indiquée à la page 2047, qui manque ainsi que 2048; ce n'est qu'à la page suivante que nous en retrouvons la fin. — A. L.

Branche de La Renossie et des Joberties.

Jean de Grandsaigne, écuyer, Sʳ de La Renossie, des Jauberties et de Jussac, mourut, à soixante-quinze ans, et fut enterré aux Jacobins de Saint-Junien (1), le 14 juin 1767. Il avoit épousé, à Saint-Junien, en mai 1717, Marie du Queyroix, fille de Jacques, avocat, et de Françoise Simon : elle mourut, à trente-sept ans, le 26 avril 1725; dont : 1° Françoise, née le 24 février 1720, mariée, avec dispense, le 1ᵉʳ septembre 1755, à Martial Volundac, veuf de Madeleine Foucaud, de la paroisse de Saint-Maurice de Limoges, son parent au 4ᵉ degré de consanguinité; 2° Marie, née le 23 octobre 1721; mariée, avec dispense, le 26 novembre 1724, à Léonard Simond, Sʳ de Peyrissac, fils de feu Laurent, avocat, et de feue Anne Simon, son parent du 3ᵉ au 4ᵉ degré de consanguinité : elle mourut subitement le 15 octobre 1757; 3° Jean, qui suit, Sʳ des Joberties; 4° Antoine, né le 18 avril 1724; 5° Junien, né le 13 avril 1725; 6° Madeleine; 7° Jacques, et plusieurs autres enfants morts en bas âge ainsi que ces deux derniers.

Jean de Grandsaigne, écuyer, Sʳ des Joberties, de la paroisse de Saint-Pierre à Saint-Junien, épousa, à Saint-Laurent-sur-Gorre (2), en juin 1750, Marie-Louise du Solier, fille de Léonard, écuyer, Sʳ des Lèzes, et de Gabrielle Solier, du bourg dudit Saint-Laurent, dont : 1° Catherine, née le 22 juillet 1751; 2° Marie, née le 15 octobre 1753, morte à quatorze ans; 3° Madeleine, baptisée le 23 mars 1757; 4° autre Catherine, née le 13 novembre 1758; 5° Jean, né le 9 novembre 1760; 6° autre Marie, née le 6 avril 1763; 7° Jeanne, née le 6 novembre 1764; 8° et 9° Léonard et Antoine, morts en bas âge.

Gabriel de Rochechouart, Sgʳ de Lussac, Vivonne, prince de Tonnay-Charente, épousa Diane de Grandsaigne; elle mourut, à Poitiers, le 11 février 1666.

GRANE. — Gaufridus de Grane, damoiseau, 1132; épousa Agnez de Prunh, sœur de Pierre, clerc.

Jean de Grana, 16 février. (*Nécrolog. Solemniac.*)

N..... de Grane épousa ....., dont : 1° Pierre, damoiseau; 2° autre Pierre, damoiseau; 3° Bernard, damoiseau; 4° Almodi, mariée, par contrat du 4 des

---

(1) Chef-lieu de canton, arrondissement de Rochechouart (Haute-Vienne).
(2) Saint-Laurent-sur-Gorre, chef-lieu de canton, arrondissement de Rochechouart (Hte-Vienne).

calendes de mars 1301, à Gérald Prévost, fils de Pierre, du bourg de Bianac (1). (*Chart. de Rochechouart.*)

Pierre de Grane, chevalier, épousa ....., dont : 1° Jean, qui suit ; 2° Alayde, mariée, en 1330, à Pierre de Cramaut.

Adémar [de Grana ou] de Grane, damoiseau, est cité dans un [registre de Roherii, notaire à Limoges, p. 6 n° 5, *apud* D. Col] ; il épousa ....., dont Pierre de Grane, damoiseau, héritier universel de son père, demeurant à Bianac en 1423.

Pierre de Grane, fils de Pierre, chevalier, 1354, épousa Cartholose de Prunh.

LA GRANGE, [fief de l'Angoumois, paroisse de Gurat (2), élection d'Angoulême, généralité de Limoges, qui appartenoit, vers la fin du xvii° siècle, à un seigneur du nom de Lajeard ou Layeard.]

Nadaud avait d'autres notes à la page 2149, qui a été déchirée. — A. L.

Noble Jean de La Grange, baron de Tarnac, secrétaire du roi, maison, couronne de France et de ses finances, fut inhumé dans l'église paroissiale d'Eymoutiers (3), le 16 avril 1685 ; il avoit épousé Françoise Forest, elle fut inhumée dans l'église du chapitre d'Eymoutiers, à soixante-trois ans, le 22 juin 1679.

Noble Pierre de La Grange, Sgr de Tarnac (4), La Font, du fief des Courtioux-Romanet, paroisse de Neuvic (5), épousa Louise des Moreau ou Marachaud de Rignac, dont : 1° François, né le 27 octobre 1695 ; 2° Jean-Joseph, né à Eymoutiers, baptisé le 10 février 1699 ; 3° Jean, né le 3 novembre 1701.

N..... de La Grange de Tarnac, Sr des Courtioux, paroisse de Neuvic, épousa Gabrielle Guy de Nexon, dont Louise, né le 30 mars 1717.

François de La Grange, Sr de Tarnac, épousa Antoinette de Guy, dont Philippe-Ignace, tonsuré en 1736.

La Grange, Sr des Fontaines, paroisse d'Asnières (6), élection de Saint-Jean-d'Angély, porte *d'azur à un lion rampant d'or, lampassé de gueules, portant une couronne d'argent.*

I. — Pierre de La Grange épousa Philippe Paignant.
II. — Pierre de La Grange épousa, le 20 janvier 1559, Anne Le Moyne.
III. — Isaac de La Grange épousa, le 28 juin 1580, Elisabeth de Cicouteau.
IV. — Pierre de La Grange épousa, le 8 octobre 1523, Louise Saulnier.
V. — Isaac Saulnier de La Grange épousa, le 10 juillet 1661, Madeleine Chiton.

GRANTUGHANT. — Noble Jacques de Grantughant, damoiseau ; Sr de Crosiac et de Verneughol, épousa noble Louise de La Forsa, dont : 1° François, qui suit ; 2° autre François, qui se fit moine à Maimac en 1451.

François de Grantughant épousa Jacqueline de Terrières.

---

(1) Biennac, paroisse située dans la commune de Rochechouart (Haute-Vienne).
(2) Gurat, canton de La Vallette, arrondissement d'Angoulême (Charente).
(3) Eymoutiers, chef-lieu de canton, arrondissement de Limoges (Haute-Vienne).
(4) Tarnac, canton de Bugeat, arrondissement d'Ussel (Corrèze).
(5) Neuvic, chef-lieu de canton, arrondissement d'Ussel (Corrèze).
(6) Asnières, canton et arrondissement de Saint-Jean-d'Angely (Charente-Inférieure).

GRASSEVEAUX. — *Voyez* BLEREAU, T. I, p. 216.

GRATEJOL, chevalier, Sgr de Crossiac en Limousin, épousa, le 15 novembre 1507, Philippe d'Apchier, fille de Jean, Sgr d'Arrens, et d'Anne de Ventadour.

GRATELOUP. — *Voyez* GADOUIN.

GRATEN. — La page 2033, à laquelle Nadaud envoie pour cette maison, n'existe plus dans son manuscrit.

DU GRAVIER, Sr de La Borde, paroisse de Bois (1), élection de Saintes, porte *d'argent semé d'hermine au lion rampant de gueules, lampassé de même;* supports : *deux griffons aislés.*

I. — Jean Gravier testa le 14 avril 1553 ; il épousa Jacquette Ambaud.
II. — Jean du Gravier épousa Louise de Ravalet.
III. — Gabriel du Gravier épousa, le 21 septembre 1597, Esther Vidaud.
IV. — Daniel du Gravier épousa, le 29 septembre 1651, Marie La Sœur.

DE LA GRELIÈRE, porte *de ...., à 6 coquilles de .... 3, 2 et 1.* Ces armes sont sur la porte de l'église de Pluviers (2).

I. — Jean de La Grelière épousa ....., dont : 1° Hélie ; qui suit; 2° Pierre, clerc, 1454.
II. — Hélie de La Grelière, damoiseau, 1444, épousa, dont Hélie, qui suit.
III. — Hélie de La Grelière, damoiseau, Sgr de La Grelière, paroisse de Pluviers, 1480, épousa....., dont : 1° Jean, qui suit; 2° Bertrand, 1506, 1526 ; 3° apparemment Hélide, mariée 1° à Jean de La Salomonie ; 2°, par contrat signé Filhas, du 11 septembre 1506, à Jean de Beaulieu, damoiseau, Sr dudit lieu.
IV. — Noble Jean de La Grelière, 1499, épousa ....., dont : 1° Léonard, qui suit ; 2° et 3° nobles Louis et Agard de La Grelière, frères, 1524.
V. — Léonard de La Grelière, écuyer, Sr dudit lieu, 1534, 1551, épousa : 1° ..... de Fayolle, dont : 1° Henri, mort jeune; 2° Jeanne, 1547, mariée à Jean de La Place, écuyer; épousa 2° Peronnelle Sarrasine, vivante en 1528, dont : 1° Jean, qui suit; 2° Thoni ou Antoine.
VI. — Jean de La Grelière, écuyer, 1555, 1561, épousa 1° Isabeau du Cheyroux, fille de Jean dit Jeannot, écuyer, Sr du Cheyroux, archer de la garde du corps du roi ; il épousa 2°, par contrat du 8 décembre 1556, reçu par Voyer et Callier, Marie de Massacre, veuve en 1574, 1581, dont : 1° Jeanne, née en 1563, mariée 1° à Benoît Saulnier ; 2° à Charles Jacques (voyez ce nom) ; 2° Barbe, mariée, par contrat du 13 juin 1589, signé La Jamme, à Guilhemi Bigot, maître de la forge du Chalard, paroisse de Busserol.

Pour les successeurs à La Grelière, *voyez* SAULNIER OU SONNIER et FORNEL.

Notes isolées.

François Emoin, écuyer, Sr de La Grillère, paroisse de .....; mourut, à Bos-

---

(1) Probablement Bois, canton de Saint-Genis, arrondissement de Jonzac (Charente-Inférieure).
(2) Pluviers, canton de Bussière-Badil, arrondissement de Nontron (Dordogne).

geraud, paroisse de Neuvic près Châteauneuf, à quatre-vingts ans, le 3 novembre 1749 ; il avoit épousé Madeleine de Lomenie.

Pierre Esmoing, écuyer, Sr de La Grelière, paroisse de Saint-Junien-la-Brugière (1), épousa Geneviève Romanet de Bonne, dont Paul, né le 4 mars 1748.

GRENERIE. — Haute et puissante dame Françoise de Ruffec, dame de Sainte-Aulaire, de Lamac, La Grenerie en Limousin et Saint-Astiers en Anjou, veuve de feu Mª François de Sainte-Aulaire, en son vivant, seigneur desdits lieux, vivoit le 5 avril 1572 ou 1592, et le 4 mars 1573 ou 1593. (*Papiers domest. de Mᵉ de Daignac*, signés Courteys, notaire.)

Daniel de Sainte-Aulaire, chevalier, Sgr de Sainte-Aulaire, La Grenerie et La Pénicaille, vivoit le 17 mars 1688. (*Ibid.*, signés Labadie, notaire.)

GRENIER. — Noble de Grenier ou Guernier, écuyer, Sr de Fougeroche, 1605, épousa Jacqueline de La Cousture ; veuve en 1618, dont Charles de Guéruyer, écuyer, Sr de La Couture près Limoges, 1648.

Henri du Grenier, Sr de La Borie, fut maintenu par M. de Fortis, intendant.

Pierre Grenier, écuyer, Sr de La Forast, paroisse de Montberon en Angoumois, épousa Louise Lambert, dont Marguerite, baptisée le 22 mars 1728.

Charles du Guernier, écuyer, épousa Marguerite Colomb (*Registres de Saint-Maurice de Limoges*) ; elle mourut, à soixante-dix ans, le 3 septembre 1681.

Françoise Grenier, mariée, le 10 mai 1620, à François Gourdin.

GRENIER, Sr de La Souzaye, paroisse de Chenat (2), élection de Saintes, porte *d'azur à 3 chiens courants d'argent*.

I. — Jean Grenier fit, le 14 novembre 1559, son testament, portant légat d'usufruit à sa femme, et instituant Guillaume, Jean et ses autres enfants ; il épousa Françoise Esclavon.

II. — Guillen Grenier fit une transaction le 18 juillet 1561, tant pour lui que pour ses frères, avec Jean Puisnaud, à raison d'un procès intenté entre Jean Grenier et Laurent Puisnaud, père des parties ; il épousa Isabeau Grenier.

III. — Daniel Grenier épousa, le 3 juillet 1591, Madeleine de Golgeac.

IV. — François Grenier, écuyer, Sr de La Prade, paroisse de Croupignac en Saintonge, épousa Marguerite Riol le 26 juillet 1626 (*registres de Grassat*), dont Jean, baptisé le 16 juillet 1628.

V. — Pierre Grenier épousa, le 16 juin 1660, Charlotte Gaury.

GRENJER, le même que Grenier.

LA GRÈZE, Sr de Devezeau, paroisse de Saint-Augneau (3), élection d'Angoulême, porte : *fascé d'argent et de gueules à 7 billes, à une bande d'azur chargée de 3 fleurs de lis d'or.*

I. — Hector de La Grèze fit donation à Jean, son fils, le 5 avril 1501 ; épousa ....., dont Jean, qui suit.

---

(1) Saint-Junien-la-Brugère ou la Bregère, canton de Royère, arrondissement de Bourganeuf (Creuse).

(2) Chenat, canton de Cozes, arrondissement de Saintes (Charente-Inférieure).

(3) Saint-Angneau, canton de Mansle, arrondissement de Ruffec (Charente).

II. — Jean de La Greze rendit hommage pour sa femme le 23 décembre 1527; épousa Françoise du Breuil.

III. — Gabriel de La Grèze, fils de Jean, rendit hommage le 15 mai 1548; épousa Marguerite Bonnin.

IV. — Hiérosme de La Greze épousa 1°, le 5 février 1578, Marie de Saint-Marsaut, dont : 1° Antoine; 2° Nicolas, qui suit; 3° Jeanne, qui partagèrent tous trois, le 5 novembre 1613; il épousa 2°, le 14 mars 1592, Françoise de Volluire.

V. — Nicolas de La Greze épousa, le 25 février 1614, Marie Daloux.

VI. — Pierre de La Grèze épousa, le 15 mai 1654, Charlotte de Nourigier.

GRIFFON, S' de La Richardière, paroisse de ....., élection de Saint-Jean-d'Angély, et de La Chaisnée, paroisse de Saint-Mesme (1), même élection, porte *de gueules à un griffon effaré d'or, ailé d'argent.*

I. — Maurice Griffon est reçu échevin à Saint-Jean-d'Angély par la mort de René Le Queux, le 9 février 1605; par un acte du corps de ladite ville, il est justifié que ledit Griffon est mort échevin le 13 novembre 1619; il avoit épousé Marguerite Boileau.

II. — Jean-Baptiste Griffon épousa, le 6 septembre 1633, Renée Barthoumé.

III. — Maurice Griffon épousa, le 22 août 1660, Jeanne Fé.

Branche de La Chaisnée.

I. — Jean Griffon est reçu échevin à Saint-Jean-d'Angély par la démission de son père, en 1617.

II. — Jean Griffon : un arrêt de la cour des aides de Paris justifie la présente généalogie.

III. — Jean Griffon est maintenu par arrêt du conseil du 23 juin 1667.

Mathurin Griffon est reçu conseiller à l'échevinage de la maison de ville de Saint-Jean-d'Angely, le 14 mars 1603, par la mort de Jean Bouchaud, S' de La Fosse.

GRIFFOULES, S' dudit lieu, Roffi, La Rue, Les Farges, Autissac, Lantilhac, Saint-Pantaléon paroisse d'Ussac (2), et de Saint-Martin, élection de Brive, porte *lozangé d'or et d'azur.*

I. — Pierre de Griffoules fit une vente le 22 janvier 1551, et son testament le 24 février 1584; épousa, le 31 août 1546, Marguerite de Bar, dont : 1° Jean, qui suit; 2° François.

II. — Jean de Griffoules épousa, par contrat sans filiation du 6 juillet 1587, Françoise de Prouhet, dont : 1° Jean, qui suit; 2° François, marié en 1618; 3° autre François, marié en 1619, qui transigèrent sur la reddition de compte que François, leur oncle, étoit tenu, le 19 janvier 1600. Jean et François transigèrent, sur le partage des successions desdits Jean et Prouhet, leurs père et mère, le 7 février 1657; 4° autre François, tonsuré en 1608.

III. — Noble Jean de Griffoules, S' dudit lieu, épousa, le 4 novembre 1615,

---

(1) Saint-Même, canton de St-Hilaire, arrondissement de St-Jean-d'Angely (Charente-Inférieure).

(2) Ussac, canton et arrondissement de Brive (Corrèze).

Jacquette de Plats; elle fit son testament le 21 mars 1650, dont : 1° Jean; 2° Janet, qui suit; 3° François; 4° autre François; 5° autre Jean; 6° Annet; tonsuré en 1646 ou 1655.

IV. — Janet de Griffoules, Sr de Roffi, épousa, le 4 février 1646, Marie Gaultier, dont : 1° Jean ; 2° Estienne.

Jean de Griffoulet, écuyer, Sr de Rossi, Le Siriei, épousa Marie d'Amarzit du Vialard, dont François, qui suit.

François de Griffoulet, écuyer, Sr de Roffi, Le Siriei, épousa, en 1731, Marie-Madeleine de Cosnac.

III *bis*. — François de Griffoules épousa, le 25 février 1618, Penelle Salamond, dont Pierre, qui suit.

IV. — Pierre de Griffoules, Sr de Lentilhac, épousa, le 26 février 1636, Marie d'Anglard, dont Joseph, qui suit.

V. — Joseph-Pierre de Griffoules, Sr de Saint-Pantaléon, de Lentilhac, épousa, le 18 février 1667, Béatrice d'Aubusson de Castelnouvel.

III *ter*. — François de Griffoules fit son testament le 14 mai 1667 ; épousa, le 14 juillet 1619, Marcelle de Rebours, dont : 1° Jean, Sr d'Antissac; 2° François.

Noble Godefroi de Griffoules, Sr de Saint-Pantaléon, épousa Marguerite de Monfrebeuf, dont Joseph, tonsuré en 1714.

Reymond de Griffoulet de Lentillac, paroisse d'Ussac, épousa Jeanne David, dont : 1° Charles, né à Uzerche le 7 octobre 1728; 2° Jacques-Henri, qui suit.

Jacques-Henri de Griffolet, chevalier, Sr de Lentillac, Saint-Pantaléon, La Chabroulie, épousa, à Saint-Domnolet de Limoges, le 29 janvier 1769, après la dispense de parenté, Marguerite de Noyret.

GRIGNOLS. — *Voyez* Talleran.

GRIMODIE. — *Voyez* Rouffignac de Grimodie.

GRIMOUARD. — La page 952, qui avait des notes sur cette famille, est déchirée. — A. L.

GRIS.

GROLET. — Féri Grolet, de Verdun en Lorraine, écuyer, chevau-léger de la garde de la reine, épousa, à Varaigne (1), le 11 juillet 1644, Marguerite Fontaneau, fille de Louis et de Madeleine Coquet, dont : 1° Jeanne, baptisée le 15 avril 1650, mariée, le 10 août 1670, à Léonard Bounithon, fils de Jean et de Léonarde de Puyvarges, paroisse de Tejat ; 2° Anne, mariée, le 13 juillet 1676, à François Boutinon, fils de Léonard, juge de Varaigne, et de feue Fabienne Coquet; 3° Louis, mort en bas âge.

LA GROSLIÈRE

GROSPUY. — Cette famille était à la page 2374, qui est déchirée. — A. L.

(1) Varaignes, canton de Bussière-Badil, arrondissement de Nontron (Dordogne).

GUA, Sr de La Rochebreuillet, paroisse de Breuillet (1), élection de Saintes, porte *d'argent à trois chevrons de gueules.*

I. — Guillaume Gua fit un bail à rente le 13 novembre 1464; il épousa Bertrande de La Personne.

II. — Jean Gua épousa, le 5 mars 1465, Isabeau de Courbon.

III. — Jean Gua reçut, le 12 septembre 1507, une quittance de Marthe Guimauson; épousa Isabeau Joubert de Barraud; elle fit une donation, à François, son fils, le 10 septembre 1554.

IV. — François Gua épousa Françoise de Montgaillard, qui, le 12 juillet 1557, ratifia le contrat de mariage de Jean, son fils.

V. — Jean Gua épousa Louise Barle.

VI. — François Gua épousa, le 5 janvier 1581, Gabrielle Harbert.

VII. — François Gua épousa, le 14 mars 1631, Marie de La Rochefoucaud.

VIII. — François Gua, qui partagea, avec Catherine, sa sœur, la succession de leur père, épousa Gabrielle Vigier.

GUERCHE. — La Guerche, gentilhomme de la Marche, parent de Mr de Rabutin, comte de Bussi, dont il parle dans ses mémoires, T. I, à l'an 1650, à l'occasion d'un duel que Luzignan, neveu de La Guerche, avoit contre Marin; ils se battirent dix contre six.

GUERIN. — Jean de Guérin, Sr de La Rochebertier, étoit mort le 11 octobre 1631, lorsque noble Abraham Jameux fut reçu échevin d'Angoulême à sa place.

C'est la seule note que nous trouvions sur ce nom, car la page 977, qui contenait le reste, a été déchirée. — A. L.

GUERNIER. — *Voyez* Grenier.

GUERNIS. — Pierre de Guernis, écuyer, Sr de La Blonderie et de La Couture, épousa Catherine Bardon, dont : 1° Catherine; 2° Marie, ondoyée à Biessenat, qui reçut les cérémonies du baptême, à l'âge de sept ans, à Saint-Maurice de Limoges, le 24 juin 1661.

GUESPIN. — La page 2264, qui renfermait des notes sur cette famille, est déchirée.

GUETS. — Guillaume de Guets acheta, pour 36,000 livres, la terre de Roussine (2) à Diane des Cars, le 20 juin 1696.

Les pages 833 et 834, qui avaient la généalogie de cette famille, n'existent plus dans le manuscrit de Nadaud. — A. L.

DE GUEUX, Sr de Saint-Hilaire, paroisse de Soubise (3), élection de Saint-Jean-d'Angély, porte *d'or à 3 hures de sanglier de sable avec leurs défenses d'argent.*

---

(1) Breuillet, canton de Royan, arrondissement de Marennes (Charente-Inférieure).
(2) Roussines, canton de Montembœuf, arrondissement de Confolens (Charente).
(3) Soubise, canton de Saint-Aignant, arrondisement de Marennes (Charente-Inférieure).

I. — René de Gueux épousa Marguerite Robert.

II. — Jacob de Gueux est reçu échevin à Saint-Jean-d'Angely par la mort dudit René, le 19 février 1605 (dans Des Coutures, il est dit que ce fut le sieur Griffon, sans mention de René de Gueux, qui fut reçu échevin par la mort de René); il épousa, le 10 novembre 1601, Jeanne Joly.

III. — Paul de Gueux épousa, le 24 novembre 1628, Judith de Villedon.

IV. — Jacob de Gueux épousa, le 22 février 1664, Joelle de Montalembert.

GUCHARD était à la page 947, qui est déchirée. — A. L.

GUIDONIS. — Gui Guidonis épousa ....., dont : 1° Bernard, qui suit ; 2° Galiane, mariée à Jean Gaucelin, damoiseau.

Bernard Guidonis, chevalier, épousa noble Comptor *de Manso natali*, du Masnadau, paroisse de Pageas (1), veuve en 1362, dont Galiane, mariée à Jean Gaucelin, damoiseau.

Source : Archives des Frères-Prêcheurs de Limoges.

GUIGNY. — Noble Jeanne de Guigny, veuve de Bertrand Fontvaisseix, du village de Viescros, fut enterrée dans l'église de Saint-Hilaire de Lubersac, le 23 octobre 1628.

GUILHAGUET. — Noble Jean Guilhaguet, Sr de Beausoleil, demeurant au lieu de Las Gabies, paroisse de Saint-Maurice-les-Brousses (2), en 1624, épousa Marguerite de La Tour, fille de noble Jean de La Tour près Vicq.

GUILHOUMEAU. — David Guilhoumeau fut reçu conseiller à l'échevinage de la maison de ville d'Angoulême, par le décès de François des Combes, le 6 août 1626.

Nadaud avait des notes généalogiques sur la famille Guilhoumeau, à la page 834, qui n'existe plus dans son manuscrit. — A. L.

GUILLAUME. — Christophe Guillaume, écuyer, Sr de Richebourg, conseiller au présidial de Sens en 1623.

François Guillaume, Sr du Chalard, épousa Cécile du Faure; elle mourut, à Vigeois (3), à soixante-quinze ans, le 18 septembre 1762; dont : 1° Antoine, qui suit ; 2° Antoine-Joseph, né le 24 mai 1729, prêtre.

Antoine de Guillaume, écuyer, S^r de La Rivière, épousa, à Boutezac, le ... juin 1747, Marie-Jacquette Bonnel de La Roche, paroisse de Vigeois, dont : 1° Cécile, née le 28 juillet 1749 ; 2° François, né le 14 novembre 1750, qui suit ; 3° Marie, née le 13 novembre 1751; 4° Etienne, né le 14 mars 1756 ; 5° Antoine-Louis, né le 16 août 1758 ; 6° Pierre-Charles, né le 16 mars 1760; 7° François, né le 19 mars 1761 ; 8° autre Marie, né le 14 octobre 1762 ; 9° Antoine-Joseph, mort en bas âge.

François Guillaume des Hers, paroisse de Boutezac, épousa, en 1762, Anne Flavie de La Vergne, paroisse de Saint-Jean-Ligoure.

---

(1) Pageas, canton de Chalus, arrondissement de Saint-Yrieix (Haute-Vienne).
(2) Saint-Maurice-les-Brousses, canton de Pierre-Buffière, arrondissement de Limoges (Hte-Vienne).
(3) Vigeois, chef-lieu de canton, arrondissement de Brive (Corrèze).

Louis de Guillaume, écuyer, S^r des Hers, Lespinasse, du bourg de Boutezac, épousa Marie-Anne de Vincent, dont : 1° Jean-Joseph; 2° autre Jean-Joseph, ecclésiastique en 1768, né le 8 septembre 1739.

Charles-Guillaume, écuyer, Sr de Marsay (registres de Saint-Martial d'Angoulême), épousa, à Saint-Martial d'Angoulême, le 27 décembre 1662, Jeanne Girard, de la paroisse de Puypaulin à Bordeaux, dont : 1° Charles, baptisé le 21 novembre 1663; 2° Robert, né le 27 octobre 1665.

Charles de Guillaume, écuyer, Sr de Marsay et de Fregeneuil, capitaine au régiment de Saint-Jal, mourut en 1700. Il avoit épousé, le 29 avril 1693, Louise Guillaume, de la paroisse de Soyaux. Elle mourut le 17 juin 1739; dont : 1° Jeanne-Louise-Elisabeth, née le 12 décembre 1678; 2° Robert, né le 3 juillet 1696, écuyer, Sr de Marsay, ancien capitaine d'infanterie, mourut, à cinquante ans, le 15 avril 1746; 3° Catherine-Anne, née le 7 janvier 1695; 4° Marie-Anne, né le 18 septembre 1697; 5° Jean-Charles, né le 26 avril 1700.

Robert de Guillaume, écuyer, Sr de Châteaubrun, paroisse de Saint-Martial d'Angoulême, épousa Marie Giraud, dont Charles, né le 18 mai 1700.

Robert de Guillaume, écuyer, Sr de Châteaubrun, épousa Madeleine Birot; elle mourut, à soixante-onze ans, le 5 avril 1754.

François de La Baune d'Escabillon, écuyer, paroisse de Libersac, épousa, en secondes noces, Elisabeth de Guillaume de Rochebrune, paroisse de Feytiat.

GUILLEMIN, Sr de Chaumont et de La Chassaigne, paroisse de La Graulière (1), Coussac (2), porte *d'azur à un chevron d'argent, surmonté de deux chiens courants de même l'un sur l'autre.*

En 1399, sentence contre le procureur fiscal de Gournet en Berry, qui déclara Perrot de Guillemin exempt de la banalité du moulin (mémoire imprimé).

Par lettres-patentes de Charles VII du 8 octobre 1435, dans le temps que Guillaume de Guillemin, frère de Pierre ci-dessus, défendoit la ville d'Orléans assiégée par les Anglais, Philippon de Guillemin, vraisemblablement fils de Pierre, menoit la charrue, tant étoit grande, dit ce bon prince, la pauvreté en laquelle il étoit chû à l'occasion des présentes guerres; au moyen de quoi il n'a de présent bonnement de quoi vivre, ni de quoi se monter, ni habiller pour fréquenter les armées; mais le plus de temps convient qu'il fasse même son labour.

I. — Philippon de Guillemin épousa ...., dont : 1° Jean ; 2° Pierre; 3° Estienne, qui suit; 4° Catherine ; 5° Michelle, qui transigèrent en 1472.

II. — Estienne de Guillemin, 1490, épousa Isabeau de Puy, dont Julien, qui suit.

III. — Julien Guillemin fit des acquisitions le 27 août 1499 et le 2 octobre 1500, où il est dit écuyer; il épousa Catherine Salignac, dont Charles, qui suit.

IV. — Charles Guillemin, écuyer, Sr de Chomont, demeuroit sur la paroisse de Gournet : il rendit hommage en 1542 ; il épousa, par contrat du 6 février 1555 ou 1540, reçu par Galli, Renée de Courjac, fille de feu noble Claude, écuyer, dont : 1° Charles, qui suit; 2° Ursin, qui transigea avec son frère pour la succession de leur mère, le 5 juin 1595, et a fait une branche; 3° Jeanne.

V. — Charles Guillemin, écuyer, Sr du Chaumont en Berry, mourut, à Laslières en Forez, à cinquante ans, le 4 septembre 1598; il avoit épousé, par contrat

---

(1) Lagraulière, canton de Seilhac, arrondissement de Tulle (Corrèze).
(2) Coussac, canton et arrondissement de Saint-Yrieix.

sans filiation du 29 octobre 1591, Marie Gerbaud, mariée au château de Linards, le lundi 5 novembre, par le sieur de La Faye, dont : 1° Isabeau, née au château de Bonneval en Limousin, le jeudi 5 août 1592, qui y fut baptisée par le sieur de La Faye, et eut, pour parrain et marraine, Henri de Bonneval, Sgr dudit lieu, et Isabeau de Gain de Linard. Elle mourut, le 1er janvier 1596, au bourg du Chatenet près Saint-Léonard ; 2° Isaac, qui suit ; 3° Marguerite, née, le 1er janvier 1596, à Rouzier, province de la Marche ; mourut, en 1633, sur la paroisse d'Oradour-sur-Glane ; 4° Jean, qui a fait la branche de Piégut : Isaac et Jean firent le partage des biens de leurs père et mère, en présence de Pourten, le 5 janvier 1653, à Chalus.

VI. — Isaac Guillemin, né le vendredi 18 mars 1594, au lieu de La Gellinie en Limousin, et y fut baptisé. Il servit le roi comme lieutenant au régiment de Saint-Georges, obtint contre les habitants de la paroisse de La Graulière un arrêt de la cour des aides de Clermont-Ferrand, le 19 juin 1645, qui le confirma dans la jouissance de tous les priviléges des nobles ; il mourut, le 4 mai 1657, à La Graulière. Il avoit épousé, du (26 novembre 1659) 16 mai 1634, Marie de Foujanet, dont : 1° Jean, qui suit ; 2° François, qui a fait la branche de La Chassaigne.

VII. — Jean Guillemin, Sr de Chomont, épousa, par contrat du 31 août 1628, Léonarde du Pouget.

N..... Guillemin de Chomont épousa ....., dont Joseph, qui suit.

Joseph de Guillemin de Chomont, du bourg de La Graulière, épousa 1° Jeanne d'Alègre, de la paroisse de Saint-Viance, dont : 1° Joseph, qui suit ; 2° autre Joseph, curé de Saint-Martin Septpers ; il épousa 2° Claude Denis, dont : 3° Louis, prêtre ; 4° Jean, dit le Chevalier, 5° Marie, 6° Anne ; 7° autre Marie, morte, à quinze ans, à Saint-Martin Septpers, le 30 août 1767.

Joseph de Guillaume de Chomont épousa . ...

Branche de La Chassaigne.

VII bis. — François Guillemin, Sr de La Chassaigne, écuyer, du lieu de Marceys, paroisse de Vigeois (1), épousa, par contrat du 31 octobre 1662, Louise Plantadis, dont : 1° Suzanne ; 2° Guillaume, né le 13 octobre 1675 ; 3° François, qui suit ; 4° Antoinette, baptisée le 20 novembre 1686.

VIII. — François Guillelmi, écuyer, Sr de La Chassagne, du lieu de Pompadour, mourut le 17 mars 1719 ; il étoit né le 24 février 1683. Il épousa Marie Roque ; elle mourut, à soixante-cinq ans, le 1er avril 1759 ; dont : 1° Antoinette, baptisée le 27 avril 1713 ; 2° Antoine, qui suit ; 3° Henri, né le 21 août 1716 ; 4° Adrien, baptisé le 8 janvier 1719.

Françoise de Guillelmi (registre d'Arnac) épousa, à vingt-cinq ans, le 15 octobre 1752, Pierre Lachaud, du bourg de Juillac, âgé de trente-cinq ans.

IX. — Antoine de Guillelmi, écuyer, Sr de La Chassagne, baptisé le 27 avril 1713, épousa, le 27 février 1753, Marie-Léonarde Gantier, âgée de vingt-cinq ans, du bourg de Libersac, dont : 1° Jean, né le 11 mai 1755 ; 2° Françoise, née le 26 décembre 1756 ; 3° Antoine, né le 20 octobre 1758 ; 4° Jeanne, née le 1er janvier 1761.

---

(1) Vigeois, chef-lieu de canton, arrondissement de Brive (Corrèze).

Branche de Piégut.

Cette branche porte *d'azur au chevron d*.... *surmonté de deux levrettes d*..... (le dessin de Nadaud représente de plus *un croissant en pointe*). L'état de médiocrité où se trouve leur famille depuis plus de trois siècles leur a fait essuyer différentes contestations sur leur qualité.

VI bis. — Noble Jean de Guillemin, né à Rouzier, province de la Marche, le 27 août 1597, écuyer, Sʳ de La Vergne-Chomont, servit dans le régiment de Saint-Georges pendant vingt-cinq ans, demeuroit au lieu de Piégut, paroisse de Cussac (1); fit son testament, reçu par Varacheau, le 3 février 1664; fit abjuration de la religion prétendue réformée dans l'église de Cussac, le 13 avril 1664; mourut, à soixante-douze ans, le 30 décembre 1672; étoit cavalier dans la compagnie des chevau-légers du comte de Brassac en 1635; il épousa, le 17 avril 1635, Jeanne Guilhot du Doucet, qui mourut en 1653, dont : 1° Jean, écuyer, Sʳ de Piégut et de Chaumont, qui servit dix-huit mois dans le régiment des gardes du roi fidèlement et exactement, 1671, porta le mousquet dans le régiment de Champagne pendant vingt mois, fit très-bien son devoir et s'acquit beaucoup d'estime, 1670; maréchal des logis dans Royal-Roussillon, 1673, mort, sans alliance, le 4 octobre même année, à Paris, et enterré par charité; 2° Isaac, mort aussi sans alliance; 3° François, qui suit, écuyer, Sʳ de Chapellennie; 4° Renée, morte, à quarante ans, le 24 octobre 1680, inhumée à Coussac; 5° Marie, morte sans alliance.

VII. — François Guillemin, baptisé à Cussac le 23 février 1648, écuyer, Sʳ de Chapellennie, Chomont et Piégut, demeurant Chez-Bourret, paroisse de Varaigne (2), y mourut, à l'âge de cinquante-sept ans, le 17 avril 1705. Dans son testament du 23 février 1685, se dit fils de feu Jean et de Jeanne Doussset. Il épousa, par contrat reçu par Bounithon, le 20 avril, et reçu par Jolibert le 1ᵉʳ septembre 1672, et le 13 février 1673, dans l'église de Souffrignac, diocèse d'Angoulême, Marie de Lavau, fille de feu Simon, Sʳ de Bruzac, et de feue Jeanne Vigier, du lieu de Biée, paroisse de Souffrignac, diocèse d'Augoulême. Dans un testament mutuel avec son mari, signé Audebert, elle ne savait pas signer. De ce mariage vinrent : 1° Emeric, qui suit; 2° Marie, née à Cussac le 18 mai 1674; 3° François, né le 28 août 1675, Sʳ de Piégut; étoit mort avant le testament de son père; 4° Guillaume, né le 24 février 1678, écuyer, Sʳ de La Vergne, mort à Piégut, paroisse de Cussac, à trente-six ans, le 2 mars 1715, étoit au service du roi en 1692, lieutenant au régiment de La Sarge en 1704; 5° Jean-Joseph, baptisé le 15 mars 1681, écuyer, dit le Chevalier, Sʳ de Chomont, qui mourut au village de Biée à l'âge de soixante-sept ans, et fut inhumé, dans l'église de Varaigne, le 11 décembre 1748. Il avoit épousé, le 17 février 1718, Anne Boutinon, du village du moulin de Varaigne, dont il ne resta point d'enfants. Elle mourut, à l'âge de soixante-dix ans, et fut inhumée, audit Varaigne, le 8 octobre 1747. Il obtint un arrêt de la cour des aides de Guyenne, le 29 août 1733, contre les habitants de Varaigne, par lequel il fut maintenu dans ses privilèges de noblesse; étoit au service du roi en 1692; 6° Pierre, baptisé le 25 mai 1684.

VIII. — Emeric Guillemin, écuyer, Sʳ de Piégut, né le 28 août 1675, mourut

---

(1) Cussac, canton d'Oradour-sur-Vayres, arrondissement de Rochechouart (Hte-Vienne).

(2) Varaigne, canton de Bussière-Badil, arrondissement de Nontron (Dordogne).

à l'âge de soixante-douze ans, le 15 décembre 1746 ; étoit au service du roi en 1692, lieutenant au régiment de La Mothe en 1705, capitaine en 1708, 1715. Il épousa, par contrat signé Jalanihac, du 9 septembre 1706, Renée Hastellat de Villedebost; elle porta 2,000 livres, et mourut, à l'âge de quarante-cinq ans, le 9 juillet 1733, dont : 1° Pierre; qui suit; 2° Anne, baptisée le 7 novembre 1715, religieuse à Saint-Junien; 3° Emeric, qui a fait une branche; 4° Joseph, né le 6 octobre 1718, qui se maria ; 5° Gui, baptisé le 21 mars 1728, Sr de Mondi.

IX. — Pierre Guillemin, écuyer, Sr de Chaumont, né le 25 mars 1714, du lieu de Chez-Bourret, épousa 1°, dans l'église de Teyjac, le 22 septembre 1738, Marie de La Brousse, fille de Jean, Sr de Broignac, et de Marie Culter, née le 25 avril 1718; elle mourut à l'âge de trente-trois ans le 17 novembre 1750, et fut inhumée à Varaigne, dont : 1° Emeric, baptisé le 28 janvier 1740; 2° Anne-Marie, née le 28 mars 1841, religieuse aux Tiercelettes d'Angoulême; 3° Joseph, né le 28 juillet 1742; 4° autre Emeric, baptisé le 22 novembre 1743, mort le 2 décembre 1763, sans alliance; 5° autre Joseph, baptisé le 27 février 1745; 6° Catherine, née 12 février 1747 ; 7° Jeanne, née le 13 avril 1749. Il épousa 2°, le 22 juin 1756, Florence de Bertrand, fille de Jean, écuyer, Sr de Ceza, paroisse de Vitrac (1), diocèse d'Angoulême, et de Suzanne Dangeli, dont : 1° Jean, né le 13 février 1758, mort en bas âge; 2° Marie-Louise, baptisée le 16 février 1756; 3° Pierre-Eymeric, né le 18 novembre 1760; 4° Marie, née le 17 novembre 1761; 5° Jean-Marc, né le 8 février 1764, mort jeune.

X. — Emeric de Guillemin, écuyer, obtint, avec amende et dépens, contre le syndic de la paroisse de Souffrignac, le 21 août 1756, un arrêt de la cour des aides de Guyenne, qui le maintient dans ses priviléges de noblesse. Il épousa (registres de Soffrignac) Jeanne de La Brousse, du village de Biée, paroisse de Souffrignac, diocèse d'Angoulême, le 29 novembre 1748, dont : 1° Mariée, née le 30 août 1749; 2° Joseph, né le 17 janvier 1751; 3° Anne, née le 15 juillet 1752, morte au berceau ; 4° Marie, née le 28 avril 1754, morte au berceau; 5° Fleurence, née le 14 novembre 1756, morte au berceau ; 6° Jean, né le 4 décembre 1759; 7° Pierre, baptisé le 2 décembre 1763; 8° Marie, baptisée le 2 décembre 1763.

V bis. — Ursain de Guillemin, écuyer, Sr de Chomont, obtint, contre les habitants de Boussac-le-Château (2), un arrêt du 26 août 1636, de la cour des aides de Paris, et du conseil, le 6 juillet 1641, qui le déclara noble d'ancienne extraction; il épousa ....., dont Pierre, qui suit, Sr du Bois de Croze.

VI. — Pierre Guillemin, écuyer, Sr du Bois de Croze, mourut à Goubie, paroisse de Saint-Silvain-Ballerot (3), le 2 novembre 1667, et fut inhumé le lendemain dans l'église de Boussac-le-Château.

IX bis. — Joseph de Guillemin, écuyer, chevalier de Chaumont, paroisse de Varaigne, né le 6 octobre 1718, épousa, dans l'église de Souffrignac, diocèse d'Angoulême, le 4 février 1749, Marie de La Brousse, dont : 1° Pierre, né le 6 novembre 1749; 2° Marie, née le 25 mars 1751; 3° Gui, né le 18 janvier 1755; 4° François, mort jeune.

GUILLERME. — Bernard Guillerme, damoiseau, Sr de Puyjan, paroisse de Bianac (4), épousa ....., dont Jeanne, femme, en 1352, d'Adémar Morcelli,

---

(1) Vitrac-Saint-Vincent, canton de Montembœuf, arrondissement de Confolens (Charente).

(2) Boussac, chef-lieu d'arrondissement (Creuse).

(3) Saint-Sylvain-Bas-le-Roc, canton et arrondissement de Boussac (Creuse).

(4) Biannac, ou Biennat, paroisse de la commune de Rochechouart (Haute-Vienne).

chevalier, frère de Goulfier Morcelli, damoiseau. (*Archives du château de Rochechouart.*)

GUILLON. — Noble François Guillerius, communément Guillon, épousa, en 1416, Marie de Monteruc, fille unique de Pierre, dont : 1° Bertrand, qui suit; 2° Antoine, abbé de Beaulieu en Limousin, qu'on ne trouve point dans les catalogues; 3° Charlotte ; 4° Marie.

Bertrand Guillerius, Guillon, S' du Teil (*Telii*), du Pouget et de Laval, épousa Charlotte de Cosages, dont : 1° François; 2° Denis-Martial, qui suit.

Denis-Martial Guillon épousa, le 27 septembre 1502, Marie de Lestang, fille de Jean de Lestang, Sgr de Lestang et du Vialar, et de Susanne de Saint-Martial. On mit dans le contrat de Denis-Martial et de Marie que les enfants qui proviendroient de ce mariage prendroient le nom et les armes de leur mère. De ce mariage vinrent : 1° Estienne, qui s'appelle de Lestang, président au présidial du Bas-Limousin, qui épousa Louise Juyé, dont : Christophe, mort évêque de Carcassonne en 1621 ; Jeanne de Guillon, dite de Lestang, mariée à François Mainard, président au présidial du Bas-Limousin, dont les descendants ont joint le nom de Lestang à celui de Mainard; 2° Jean ; 3° Pierre; 4° Martial.

Noble Bertrand Guillon fut enterré au couvent des Frères-Mineurs de Donzenac; il avoit épousé Annette de Royère : étant veuve, elle testa dans La Borie de La Porte, paroisse de Donzenac (1), le 7 février 1504, veut être enterrée dans le tombeau de son mari. Ils laissèrent : 1° Catherine, mariée à noble Pierre de Cuelha, trésorier de Périgueux; 2° Jeanne, mariée à Mathieu, *alias* Mathe Yssartier, de la ville de Brive; 3° Denis, apparemment ci-dessus ; 4° Jean, clerc; 5° noble François Guillon, héritier de sa mère.

Noble Louis Guilhon, fils de noble Martial Guilhon, S' de Javailiac en partie, et de Françoise d'Aubusson, fille de sieur du Monteil, paroisse de Sardent (2), épousa, par contrat du 4 janvier 1623, Marthe de Beaudeduit, fille de Pierre de Beaudeduit.

[Jean Taquenet, écuyer, S' du Cros, vendit, par contrat, reçu par Thibord, notaire, le 5 avril 1641, à Pierre Guillon, écuyer, gendarme de la compagnie de monseigneur le Prince, sa métairie de Fot, paroisse de Pionnat (3), moyennant 2,450 livres, à la charge pour ledit Guillon de payer les droits et devoirs seigneuriaux, féodaux et fonciers, aux seigneurs à qui ils se trouveraient appartenir.]

Sources : Baluze, *Vit. Pap. Aven.*, T. I, col. 935. — Simplic., T. IX, p. 133. — [*Inv. tit. Célest. des Tern.*, p. 612, 740.]

GUILLOT. — I. Jacques du Dousset, écuyer, natif du Bas-Anjou, épousa, le 20 octobre 1549, Loyse d'Aultefort, fille de Jean d'Aultefort, dit de Verneilh, écuyer, S' du Puy près le bourg de Cussac (4), et capitaine du château de Cromières et de Cangenie de Jubel, dont : 1° Claude du Dousset, écuyer, S' du Pin de Cussac, qui testa le 23 décembre 1585, et mourut sans hoirs; il avoit épousé

---

(1) Donzenac, chef-lieu de canton, arrondissement de Brive (Corrèze).
(2) Sardent, canton de Pontarion, arrondissement de Bourganeuf (Creuse).
(3) Pionnat, canton d'Ahun, arrondissement de Guéret (Creuse).
(4) Cussac, canton d'Oradour-sur-Vayres, arrondissement de Rochechouart (Haute-Vienne).

Isabeau de Missen ; 2° François, qui suit ; 3° Robert, S' du Chatenet ; 4° et 5° Marie et Léonarde.

II. — François Guilhot du Dousset, écuyer, S' du Doucet, du Puy-de-Cussac et de Bronchilon, paroisse de St-Anian d'Aultefort (1), diocèse de Périgueux, naquit en 1564, défendit vaillamment le château de Cromières contre les partisans de la ligue ; testa le 27 mars 1614, le 18 juillet 1627, le 12 novembre 1629, le 13 janvier 1630. Il épousa 1°, le 22 août 1584, Louise de Lavau de Beaulieu, fille de Fourton, écuyer, et de Marguerite de Cursat, paroisse de Champeaux en Périgord, dont : 1° Gui, S' de Lavau, qui suit ; 2° Louise, mariée, en 1598, à François Descubes. Il épousa 2°, par contrat, reçu par Janvier, le 11 novembre 1594, passé à La Forge de Bernadières, paroisse de Saint-Sulpice en Périgord, Marguerite Astelet [ou Attellet], fille de feu Estienne ; elle fit son testament, reçu par Ribeys, le 17 septembre 1598, dont : 3° François, S' du Puy et de Grafeuille, qui suit ; 4° et 5° Jean et un autre fils, mort, en 1663, sans alliance. Il épousa 3°, le 19 mai 1601, Marie de La Tour, dame de Villemorin, fille de Pierre et de Catherine du Sy, veuve de Balthazac d'Anjac, dont : 6° et 7° Jean et Pierre, S" de La Guyonnie et du Puy, dont on ne sait que les noms ; 8° Jeanne, demoiselle de Puygut, mariée à Jean de Guillemin.

III. — Guy Guillot du Dousset, écuyer, S' de Lavau, du Puy de Coussac, épousa 1°, par contrat du 1er mars 1615, Sara-Marie d'Anjac [ou Daujac], fille de feu noble Balthazac, dont : 1° Pierre, baptisé le 22 septembre 1627, écuyer, S' du Puy, qui vendit, le 8 décembre 1649, le repaire noble de Lavau, paroisse de Champeaux, diocèse de Périgueux ; 2° Léonard, S' de Lavau, demeuroit au Breuil en 1663 ; 3° François, S' de Grafeuille, 1634 ; 4° Jeanne [1663, demeuroit au lieu du repaire noble du Puy, paroisse de Cussac, suivant un contrat de partage des biens de la famille du 1er janvier 1633] ; 5° Marie, qui se fit religieuse à Boubon en 1643 ; il épousa 2° Marie David ; elle se remaria à Jean Bouchard, écuyer, S' de La Roche, du lieu de La Vergne, paroisse de Dournazac, dont Catherine Guillot du Doucet, morte le 13 juillet 1650. (*Registres de Cussac*.)

IV. — François Gillot, dit Guillot du Doucet, écuyer, S' du Puy de Cussac et du Boucheron, puis de Grafeuille, où il demeuroit, paroisse de Cussac, fils de Marguerite Hastelet et de François, écuyer, S' du Puy de Cussac et de Puyagut [ou Puygut], mourut le ... décembre 1642. Il avoit épousé, par contrat signé Dayres, du 6 juin 1632, Louise de Lavau, fille de Léonard, écuyer, du bourg de Varaigne, et de Louise de Saint-Laurent ; elle se remaria à Martial Voisin, S' du Desliat, son valet, du village du Repaire, paroisse d'Oradour-sur-Glane, le 3 janvier 1656, à cause des grands services qu'elle avoit reçus de lui durant le long temps de sa viduité et persécution qu'elle avoit soufferte de ses plus proches ; de Voisin (contrat reçu par Merlin, à Saint-Victurnien) ne savoit pas signer, ni sa femme. Elle fit son testament, reçu par Boulesteix, le 10 avril 1668, sans laisser d'hoirs. Elle mourut vers 1677. De ce mariage étaient venus : 1° Pierre ; 2° Jeanne, baptisée le 8 octobre 1634 ; 3° Louise, baptisée le 2 août 1637 ; 4°, 5° et 6° trois autres enfants, tous morts après le décès de leur père.

V. — Pierre du Dousset, baptisé le 5 juin 1633, écuyer, S' du Puy, La Guyonnie, Grafeuille, mourut, à cinquante-huit ans, le 18 avril 1684 ; il avoit épousé Marie du Rousseau de Ferrières de Seychères ; elle mourut, à quarante ans, le 13 septembre 1673, dont : 1° Jacques, baptisé le 25 juillet 1659 ; 2° Léonarde, née le

---

(1) Haultefort, chef-lieu de canton, arrondissement de Périgueux (Dordogne).

22 juillet 1660; 3° Pierre, né le 5 août 1663; 4° René, né le 26 juillet 1664; 5° Jean, né le 10 octobre 1665, vicaire à Peyrat près Eymoutiers, nommé à l'évêché de Belley le 25 avril, jour du Vendredi-Saint, 1712; sacré, le 11 décembre suivant, abbé de Grenetière, 1729. (*Journal de l'abbé d'Orsanne*, T. III, p. 43.) Il fit publier, le 1er décembre 1718, un mandement dans la partie de son diocèse qui est en Savoie, par lequel il déclaroit avoir fait recevoir la constitution *Unigenitus* dans son diocèse il y a plus de quatre années. Le sénat de Chambéry déclara, par arrêt du 27 février 1719, la publication de ce mandement, en tant qu'il contient celle de la constitution *Unigenitus*, mal, nullement et abusivement faite, déclarant icelle nulle et de nul effet, comme non faite et non arrivée. 6° Gabrielle, née le 21 janvier 1667, mariée à Léonard Judde, Sr des Noches; elle mourut, à cinquante ans, le 27 septembre 1721, fut inhumée à Cussac; 7° Charles, qui suit; 8° et 9° Louis et Jean, baptisés le 6 août 1669; 10° autre Charles, baptisé le 22 avril 1671; Gabriel, Jeanne et autre Jeanne, morts en bas âge.

VI. — Charles Guillot du Dousset, né le 9 février 1668, écuyer, Sr de La Reille et de Grafeuille, lieutenant-colonel à la suite du régiment de Besançon, mourut à Angoulême, où il fut inhumé dans l'église de Saint-Pierre, étoit chevalier de Saint-Louis. Il avoit épousé, en 1722, Henriette d'Asnières des Maisonneix, sa parente, dont : 1° Louise, née le 1er décembre 1724; 2° Jean, qui suit; 3° Éléonor, morte en bas âge.

VII. — Jean-Baptiste Guillot du Dousset, né le 11 juillet 1728, épousa, en 1755, Radegonde de Ramière, dont : 1° Gabriel, né le 30 décembre 1757; 2° Charles, né le 13 décembre 1761; Marie-Anne-Charlotte, Henriette et Jean, morts en bas âge.

GUILLOTI. — *Voyez* LA GARDE-GUILLOTI.

GUIMEUSE. — Raymond de Guimeuse, Sr de La Madeleine, paroisse de Saint-Martin-d'Arry (1), élection de Saintes, fut trouvé gentilhomme en 1598.

GUINADEAU. — *Voyez* GUYNADEAU.

GUINANDIE. — *Voyez* PÉRIGORD, Sr de Guinandie.

GUINANSON, Sr de Bois-Gaillard, paroisse d'Agudelle (2), élection de Saintes, porte *d'azur à trois renards effarés d'argent, armés et lampassés de gueules.*

I. — Jean de Guynanson fit des transactions, les 15 juillet 1520 et 7 février 1533, avec Guy de Ferrières; il épousa Marie de Rabiène.

II. — François de Guynanson, baptisé le 1er mars 1522, épousa, le 7 août 1571, Isabeau Seudre.

III. — Pierre Guynanson fit son testament, le 1er novembre 1636, qui mentionne ses deux femmes, et institue Jean, son fils, issu du premier lit; épousa : 1° François Mestayer; 2° Isabeau Morel.

IV. — Jean de Guinanson épousa, le 2 février 1634, Madeleine de Rabelin.

V. — Pierre de Guinanson épousa, le 29 septembre 1661, Françoise Chesnel. Il fut réassigné sur la suspicion de quelques-unes de ses pièces.

(1) Saint-Martin-d'Arry, canton de Montguyon, arrondissement de Jonzac (Charente-Inférieure).
(2) Agudelle, canton et arrondissement de Jonzac (Charente-Inférieure).

GUINGAND ou GUINGUAND. — Martial Guinguand, écuyer, S' de Saint-Mathieu, trésorier de France, épousa Catherine Limosin, dont : 1° Marguerite, mariée, en 1741, avec Jean-Baptiste Maillard ; 2° [Louis] Léonard, baptisé à Saint-Jean le 8 juin 1715 [qui suit ; 3° N...., dit S' du Vignaud, ancien officier, chevalier de Saint-Louis, mort en 1783 ; 4° Pierre, dit M. de La Renaudie, écuyer, étoit âgé d'environ quarante-sept ans en 1778, vivoit en 1790 ; 5° N..... dit l'abbé de Saint-Mathieu, curé de Sainte-Félicité du pont Saint-Martial, puis curé de Saint-Pierre-du-Queyroix de Limoges en 178..., conseiller de la chambre ecclésiastique du diocèse ; 6° N..... dit le chevalier de Saint-Mathieu]. (*Papiers domest. de M. de Beaupré.*)

Louis-Léonard Guingand, écuyer, S' de Saint-Mathieu, épousa Marie Rousseau de Ferrières, dont Martial, baptisé le 3 avril 1741 [dit le comte de Saint-Mathieu, qui réside à Poitiers, et qui a épousé N....., de la ville de Nancy en Lorraine].

Martial Guingand, écuyer, épousa, en 1760, Léonarde de Chaumeis, de la ville d'Aixe.

GUINOT, S' de Moragne et de Tesson, paroisse de Tesson (1), élection de Saintes, de Rioux (2) et de La Chasteneraye, paroisse de Rioux, même élection, porte *d'argent pallé de 4 pilles d'azur, au chef d'azur chargé de 3 étoiles d'or.*

I. — Colas Guynot épousa, par contrat du 28 mai 1480, Françoise de Beaumont.

II. — Jean Guynot épousa 1° Louise Turtaine, dont Eymeric, qui suit ; épousa 2° Roberte de La Barde, qui fit des donations en décembre 1548 et le 9 mai 1551, dont Charles, qui a fait la branche de Rioux. C'est par contrat du 9 février 1532 qu'il épousa une de ses femmes.

III. — Eymeric Guynot, qui vivoit le 1er septembre 1556, épousa Anne Goulard.

IV. — René Guynot épousa, par contrat du 1er septembre 1580, Judith Guichard.

V. — Giles Guynot épousa 1°, par contrat du 26 février 1623, Charlotte de Bresmond, dont : 1° Antoine, qui suit ; 2° Louis ; 3° autre Louis ; 4° Joachim ; 5° Marie, qui tous les cinq partagèrent, le 28 juillet 1659, les successions de Giles Guynot et de Charlotte de Bresmond, leurs père et mère ; il épousa 2° Emerance Vézembure, dont : 1° autre Antoine, qui se maria ; 2° Louis, qui se maria aussi.

VI. — Antoine Guynot épousa, par contrat du 1er octobre 1640, Judith Campot, dont : 1° Louis ; 2° Joachim ; 3° Antoine.

VI *bis*. — Antoine Guynot épousa Marie de Chastillon, par contrat du 1er octobre 1640.

VI *ter*. — Louis Guynot épousa Marie Guynot.

Branche de Rioux.

III *bis*. — Charles Guynot, qui, le 23 mai 1567, fit un contrat d'association avec Robert de Rubcines, épousa Jeanne Guay.

IV. — Frédéric Guynot épousa, par contrat du 21 août 1591, Esther de Vallée, dont : 1° François, qui suit ; 2° Nicolas, qui se maria ; ils firent tous deux une transaction avec leur mère le 5 décembre 1628.

V. — François Guynot épousa 1°, par contrat du 15 septembre 1614, Marie

---

(1) Tesson, canton de Gémozac, arrondissement de Saintes (Charente-Inférieure).
(2) Rioux, canton de Gémozac, arrondissement de Saintes (Charente-Inférieure).

Ravard, dont Giles, qui suit; épousa 2° Claude Meusnier, par contrat du 10 janvier 1632, dont Jean, qui se maria.

VI. — Giles Guynot épousa, le 29 juillet 1658, Jeanne Vigier.

VI *bis*. — Jean Guynot épousa, le 25 avril 1658, Marie Guynot.

V *bis*. — Nicolas Guynot épousa le 3 janvier 1627, Claude d'Anglure, dont : 1° François, qui suit ; 2° Frédéric; 3° Charles, qui se maria; 4° Louis, qui se maria aussi. Tous quatre ils partagèrent la succession paternelle, le 6 juin 1660.

VI. — François Guynot épousa, le 6 janvier 1655, Hippolyte Desmier.

VI *bis*. — Charles Guynot épousa Angélique Panetier.

VI *ter*. — Louis Guynot épousa, le 20 juin 1660, Madeleine de Vallée.

[GUISCHARDI. — On trouve dans les registres de Borsandi, notaire à Limoges, p. 153, n° 238, *apud*. D. Col., Bertrand Guiscardi.]

GUITARD. — *Voyez* GUYTARD.

[GURAT, fief mouvant du duché de La Valette (1) en Angoumois.]

GUY, Sr de Puyrobert, paroisse de Champniers (2), diocèse [et élection] d'Angoulême [généralité de Limoges], porte *d'argent à 3 boucles de gueules, 2 et 1, au chef d'azur*.

I. — Jean Guy est fait chevalier du Camail ou du Porc-Épic, par le duc d'Orléans, le 9 juin 1442 [conseiller et] chambellan du comte d'Angoulême, le 13 septembre 1473 ; il fit son testament le 24 juillet 1475 [ou 1476, en faveur de son fils, qui suit]. Il épousa Marguerite de Chesnay, dont : 1° Jeannot, qui suit; 2° Georges, qui a fait une branche.

II. — Jeannot Guy fut pourvu de la charge de capitaine et gouverneur du château [ou chastelet] d'Angoulême, le 7 février 1484; épousa Marie de Rouffignac [dont Antoine, qui suit].

III. — Antoine Guy, fait capitaine de Montberon le 16 janvier 1512 [ou le 6 janvier 1502], panetier du roi, et maître des eaux et forêts d'Angoulême, le 31 [ou le 1er] janvier 1516 ; il épousa, le 27 [ou le 23] mai 1495, Jeanne de Volvire, dont : 1° François, qui suit; 2° Raymond, qui partagea avec son frère les successions de leurs père et mère le 8 mai 1545.

IV. — François Guy épousa Isabeau de Ferrières [dont Geoffroy, qui suit].

V. — Geoffroy Guy, Sgr du Breuil et du Puy-Robert, épousa, le 15 novembre 1566, Françoise de La Rochefoucaud, fille de François, Sgr de Bayers, et d'Isabelle de Lanes, [dont Jean, qui suit].

VI. — Jean Guy épousa, le 20 mars 1588, Jeanne de La Bérandière [dont François, qui suit].

VII. — Noble François Guy, écuyer, Sr du Genest près la ville de Saint-Yrieix (3), du Breuil, paroisse de Champniers près d'Angoulême, Puy-Robert, La Nouzière, paroisse de Ladignac (4), La Breuille, paroisse de Mainsac en Angoumois, épousa 1°, le 5 avril 1615, Marguerite de Crozant, fille de noble Simon, Sr du Genest,

---

(1) La Valette, chef-lieu de canton, arrondissement d'Angoulême (Charente).
(2) Champniers, canton et arrondissement d'Angoulême (Charente).
(3) Saint-Yrieix, chef-lieu d'arrondissement (Haute-Vienne).
(4) Ladignac, canton et arrondissement de Saint-Yrieix (Haute-Vienne).

et de Anne du Meillars, dont : 1° Jacques, qui suit; 2° Anne, mariée, par contrat reçu par Prévôt, le 24 avril 1633, à Antoine de Villards, écuyer, Sr du Minzac et de La Breuilhe en Angoumois. Elle porta 10,000 livres. Elle se remaria, en 1644, avec Léonard Descubes, écuyer, Sr du Genest; il épousa 2°, par contrat reçu par Desmoulins, le 8 mars 1634, Marguerite de Conan, fille de Jacques, écuyer, Sr de Connesat, diocèse de Périgueux, et de feue Marie Galinard : elle porta 9,000 livres; étoit veuve en 1663, dont Jacques, qui se fit cordelier à Angoulême.

VIII. — Jacques Guy épousa, le 9 mars 1642, Gabrielle de Massacré [ou Maussacre.]

Branche de Pontlevain, Ferrières, des Fontaines, paroisse de Champmillon (1), *Messal, Montalembert, élection de Cognac :*

II. — Georges Gui, fils de Jean, chevalier du Camail et du Porc-Épic, épousa Jeanne de Barbezières.

III. — Geoffroy Guy épousa Antoinette Paule, dont : 1° Roch, qui suit; 2° Bertrand, qui a fait la branche de Ferrières.

IV. — Roch Guy épousa Marguerite Couraudin, dont : 1° Salomon, qui suit; 2° Jean, qui fit la branche des Fontaines.

V. — Salomon Guy épousa Jeanne Chartin.

VI. — Pierre Guy, Sr de Pontlevain, épousa Anne Falignon.

V *bis*. — Jean Guy épousa Jacquette Garnier.

VI. — François Guy, Sr des Fontaines.

IV *bis*. — Bertrand Guy, Sr de Ferrières, épousa Marguerite de Permont. Nadaud indique d'autres notes à la page 800, qui est déchirée. — A. L.

GUYMARD. — La généalogie de cette maison était aux pages 833 et 834, qui sont déchirées. — A. L.

GUYNADEAU. — Charles de Guynadeau, Sr de Migronnaud, paroisse de Chaniers (2), élection de Saintes, fut trouvé gentilhomme en 1598.

GUYNOT. — *Voyez* Guinot.

LA GUYONNIE ou GUIDONIS, porte : *bandé de..... et de......, au chef de..... à 3..... chargés de trois guignes de cerises*. Dans le sanctuaire de l'église des Frères-Prêcheurs, on trouve sur la tombe de Bernard Guidonis : *bandé de ..... et de ..... au chef de ..... à 3 créneau de x.....*

Noble du Verdier étoit seigneur de Juvet (3), le 8 janvier 1482 et le 24 avril 1483. (*Titre signé J. et P. de Malavernhia, chez M. Sanson de Royère.*)

Noble Bertrand du Vergier, Sgr de Juvet, est témoin dans un testament du 18 mai 1500. (*Ibid.*)

Léonard de La Guyonnie (*registres du parlement*), fils d'Hélie *infra*, docteur

---

(1) Champmillon, canton d'Hiersac, arrondissement d'Angoulême (Charente).

(2) Chaniers, canton et arrondissement de Saintes (Charente-Inférieure).

(3) Juvet, paroisse de La Roche-l'Abeille, canton de Nexon, arrondissement de Saint-Yrieix (Haute-Vienne).

en droits, officier de Sens, fut reçu conseiller-clerc au parlement de Paris le 20 novembre 1531, et se démit le même jour; étoit ci-devant conseiller-lay. En 1533 et 1534, il fut commis pour la réformation de l'université de Paris, résigna son office de conseiller à Christophe de Roffignac, qui fut reçu le 1er février 1543 (1544), mourut sans enfants.

I. — Noble Boson Guidonis (ESTIENNOT, *Fragm. Hist. Aquit.*, T. II, p. 268), épousa ....., dont Hélie, qui suit.

II. — Hélie Guidonis épousa ....., dont : 1º Léonard, conseiller au parlement de Bordeaux *supra*; 2º Bertrand, qui suit; 3º Jean, mort sans enfants.

III. — Noble Bertrand [Guy] de La Guyonnie, ou Guidonis de Royère (1), Sr de Juvé [est nommé exécuteur du testament de Pierre, bastard de Royère, Sr de L'Arconchie, reçu par Bertrand de Malaverhnia, notaire, le pénultième de février 1511. Il vendit une rente à noble homme Pierre Bony, Sr de Lavergne, par contrat signé P. de Malavernhia junior, du 10 octobre 1504]. Il épousa Antoinette du Verger, seule héritière de Juvet. Elle fit son testament reçu par Roy, à Coussac. Dont : 1º Charles, qui suit; 2º Jean, tonsuré en 1521, moine à Solignac, prieur de La Mazelle en 1555 [*infra*]; 3º Galienne, mariée à Jean Doyneis, Sr Dandalais, noble; 4º Françoise [ou Françou, nommée au testament de Pierre, bastard de Royère, comme légataire particulière]; 5º Louise; 6º Léonarde; 7º Bertrand, et quatre autres enfants.

Le 28 novembre 1537, les chanoines de la cathédrale de Limoges firent porter à ..... de La Guyonnie, conseiller au parlement, quatre pintes de vin et douze pains, montant huit livres.

IV. — Noble Charles de La Guyonnie [écuyer], Sr dudit lieu et de Juvet, paroisse de Royère près La Roche-l'Abeille [vivoit et servit de caution dans un acte où étoit intéressé son frère, noble frère Jean de La Guyonnie, religieux de l'abbaye de Solignac, ordre de Saint-Benoît, qui afferma, sous la garantie de Charles, son frère, les revenus de son prieuré de Sussac, au diocèse de Limoges, par acte signé Malevergne, notaire, du 12 novembre 1544]. Il épousa 1º Mathive de Lavault, dont : 1º François, qui suit; 2º Marguerite, mariée à Léon Carolli. Il épousa 2º Hélène d'Hautefort, dont : 1º Léon, tonsuré en 1564, qui obtint, par résignation de Jean de La Guyonnie, le prieuré de Brive en 1579, fut doyen de Bordeaux; 2º Anne, mariée à ..... Gouffreteau; 3º Catherine, mariée à ..... de La Rivière d'Eymoutiers; 4º Marguerite, mariée à ..... d'Asnières de La Chapelle.

V. — François de La Guyonnie épousa Marguerite d'Asnières, dont : 1º Pierre, qui suit; 2º Françoise.

Jean de La Guyonnie, Sr dudit lieu, l'un des cent gentilshommes ordinaires de la maison du roi, 1569.

Jean de La Guyonnie, Sr dudit lieu, paroisse de Royère, écuyer, demeurant à Brie, étoit âgé de soixante-cinq ans en 1584. Il épousa Jeanne de Lambertie, fille de Raymond, écuyer, Sr de Neyre et d'Eschillat, du lieu de Brie, paroisse de Champagnac-sur-Gorre (2), veuve de Jean de Brie, écuyer, par contrat signé Bouschaud, le 22 février 1556. Etant veuve, elle fit une donation reçue par Judde, le 6 mars 1598, à Jean de Meillars, Sr dudit lieu.

VI. — Pierre de La Guyonnie, Sr de Juvet, paroisse de Royère, fut trouvé gentilhomme en 1598, mourut le 30 septembre 1645. (*Registres de La Roche-l'Abeille.*)

---

(1) Royère, paroisse réunie à celle de La Roche-L'Abeille.

(2) Champagnac, canton d'Oradour-sur-Vayre, arrondissement de Rochechouart (Hte-Vienne).

Notes isolées.

Antoine de La Guyonnie mourut le 3 mars 1650. (*Idem*)

François de La Guyonnie, président aux enquêtes du parlement de Bordeaux, doyen de la métropole de la même ville, curé de Royère et de La Roche-l'Abeille, son annexe, mourut le mardi 7 avril 1579, fut enseveli le lendemain en la chapelle de La Guyonnie. (*Idem*.)

Marguerite Costin, demoiselle de La Guyonnie, dont Marguerite *alias* Margot. Noble Jean de La Guyonnie fut nommé à l'archiprêtré de La Meize en 1555.

N..... de La Guyonnie, Sr de Juvé, paroisse de Royère près La Roche-l'Abeille, dernier de la race, mourut en 1647, fit héritier Pierre-Jean de Jaubert de Juvet, baron de Nantiac.

GUYOT, S^r de La Mirande, paroisse de Saint-Michel de Confolens (1), élection d'Angoulême, porte *d'or à 3 perroquets, pattés et becqués de sinople (avec une houppe de gueules)*, 2 et 1.

Nadaud renvoie dès le commencement de cet article à la page 51, qui est déchirée. — A. L.

Guillaume Guyot (*Gall. christ.*, T. VII, col. 234), grand-aumônier de France en 1464, sous la pension annuelle de 300 livres; quelques-uns lui refusent cette dignité.

Jean Guyot, écuyer, S^{gr} d'Asnières, épousa Anne Vigier, dont : 1° Antoine, qui suit; 2° Marc, tonsuré en 1580, curé de Saint-Martial près Saint-Barbant; 3° Fiacre, chevalier de Malte, commandeur de Blaudeix; 4° François, écuyer, Sr du Doignon; 5° Françoise, mariée, en 1581, avec Alexandre Dexmier.

Antoine Guyot, écuyer, S^r d'Asnières et de Chalonne, épousa Léonarde des Roches, dont : 1° Mathieu, Sr de Saint-Marsaut, qui suit; 2° Jean, tonsuré en 1599, curé d'Asnières en 1601.

Mathieu Guyot, écuyer, Sr de Saint-Marsaut, épousa, par contrat du 1er juin 1609, reçu par Lambert et Gaschet, insinué au Dorat, Françoise Flamant, fille de Jean, écuyer, Sr de Lugerat, Mailhoux, Congières, Les Buges, etc., et de Jeanne Boisnet près de Montignac-Charente en Angoumois.

Noble Perrot Guioti, gouverneur et procureur pour Anne de Bourbon, comtesse de Montpensier, dame de la Basse-Marche, rendit, pour elle, hommage de ses châtellenies de Bellac et Champagnac à l'abbesse de la Règle, le 25 février 1400, vieux style.

Clément Guiot, écuyer, S^r d'Asnières, épousa Jeanne Vasselot, dont Jeanne, mariée, le 14 février 1552, avec Gabriel Jourdain, écuyer, Sr de Traslebost, paroisse de Chassaing en Poitou. (D'Hozier, *Arm. général.*, Ire part., p. 311.)

N..... Guyot, de Marne, commandeur de l'ordre de Malte, a fait une dissertation sur une médaille punique, insérée dans Saggi, *di Dissertat. academiche in Roma*, T. I, p. 31, vers 1741. (*Nouvelle diplomat.*, T. I, p. 656.)

1. — Jean Guyot, S^r de La Mirande, épousa Marguerite Chauvin (Des Coutures dit Chamin), dont : 1° Martial, qui suit; Clément, qui a fait la branche de La Mothe.

---

(1) Confolens, chef-lieu d'arrondissement (Charente).

II. — Martial Guyot épousa, le 14 février 1527, Anne Milly.

III. — Clément Guyot épousa, le 5 ou le 8 décembre 1556, Michelle de Châteaurocher, dont : 1° Charles, qui suit ; 2° plusieurs autres enfants qui transigèrent avec Charles, leur frère, sur la succession de ladite Châteaurocher, leur mère.

IV. — Charles Guyot épousa, par contrat sans filiation du 14 janvier 1586, Marthe Barbarin, dont : 1° Jean-Louis, écuyer, S^r de La Mirande, qui étoit mort en 1633 ; 2° Pierre, qui suit ; 3° peut-être François, demeurant au château du Cros, paroisse de Cieux (1), où il mourut, à soixante-dix ans, le jour de l'Ascension, 1661.

V. — Pierre Guyot, écuyer, S^r de La Mirande et de La Rambodie, paroisse d'Excideuil (2), premier vassal du prince de Chabanais, épousa, le 8 février 1624, Anne de Fourreaux.

VI. — Jean Guyot épousa, le 12 novembre 1653, Anne Gourdin.

Charles Guyot de La Mirande épousa ....., dont Marie-Claire-Françoise, mariée, le 12 juin 1732, à Joseph-Hyacinthe Rigaud, dit le Marquis, né le 27 juin 1706, fils de Philippe, gouverneur de la Nouvelle-France, et d'Elisabeth Joibert. (MORÉRI, 1759.)

Françoise Guyot épousa, en 1670, Anne-Henri de Clèves, Sgr de Rosoy ; étoit veuve d'Edme de Culant, baron de Brécy. (SIMPLIC., T. III, p. 452.)

Branche de La Motte.

Guyot, S^r de La Motte et de Lunesse, paroisse de Villognon (3), élection de Cognac, porte *d'or à trois perroquets de sinople, 2 et 1.*

II. — Clément Guyot fit une transaction, le 29 janvier 1527, avec Jean et Marguerite Chauvin, ses père et mère, d'une part, et lui Clément, sa femme, Martial Guyot et Anne de Milly, leurs fils et bru, d'autre part. Ledit Clément et Martial, son frère, partagèrent, le 13 octobre 1550, les successions de leurs père et mère. Il épousa Louise Estourneau.

III. — Noble Martial Guyot, S^r de La Vergne, partagea, avec Jean, son frère, la succession de Clément, leur père, le 4 avril 1554 ; il épousa Charlotte Pastoureau, dont : 1° Gaspard, qui suit ; 2° Mathieu, S^r de La Lande, qui se maria en 1611.

IV. — Gaspard Guyot épousa, le 11 février 1613, Marguerite de Lestang.

V. — Louis Guyot épousa, le 17 juin 1635, Marguerite Herson, dont : 1° Louis, S^r de La Motte, qui épousa, le 10 septembre 1654, Marie Gourdin, en présence de ses deux frères Mathieu et Alexandre ; 2° Mathieu, curé de Villognon ; 3° Alexandre, Sr de Lunesse.

VI. — Mathieu Guyot, écuyer, S^r de La Lande, du village de La Grange d'Aurillac, paroisse de Lesterps (4), servoit dans la compagnie de 200 hommes de la reine en 1619 ; épousa, par contrat du 23 janvier 1611, Fabienne de Rousier, fille de feu noble François, Sgr de Rousier et du Petit-Pressac, et d'Antoinette

---

(1) Cieux, canton de Nantiat, arrondissement de Bellac (Haute-Vienne).
(2) Excideuil, canton de Chabanais, arrondissement de Confolens (Charente).
(3) Villognon, canton de Mansle, arrondissement de Ruffec (Charente).
(4) Lesterps, canton et arrondissement de Confolens (Charente).

Paulte, dont : 1° Suzanne, baptisée le 14 mai 1617; 2° Charlotte, baptisée le 20 janvier 1626; 3° Gabrielle, baptisée le 12 mars 1626, mariée, en 1645, à Gaston Chauvet ; 4° François, mort en bas-âge.

Pierre Guyot, écuyer, Sr de Bret, paroisse de ....., lieutenant de cavalerie dans le régiment de Vienne, fut tué, à la bataille de Luzera, le 15 août 1702. Il avoit épousé Éléonor Sabouraud, dont une fille unique, Éléonor, dame de L'Age-Pariolle, mariée à Jean du Chalard, S^r de La Ghassagne, Voulonnèze, La Grand'-Maison et Le Pescher, lieutenant particulier du siége royal du Dorat.

Jacques Guyot, écuyer, S^r de La Soudonnie et de Saint-Quentin, du lieu de Roufignac, paroisse de Lézignac-sur-Gorre, épousa Elisabeth Dupin, paroisse de Lezignac-sur-Gorre, dont : 1° Marc, chevalier, S^r de La Faye, qui épousa Marie de Viroulaud, fille de feu Jean, chevalier, S^r de La Bergerie, et d'Hippolyte Pasquet, du lieu de Chabroux, paroisse de Marillac-le-Franc en Angoumois, par contrat, signé Robinaud, du 7 janvier 1722; elle testa, signé Simon, et voulut être inhumée dans l'église de Lézignac-sur-Gorre : 2° Charles, qui suit ; 3° Agathe ; 4° Marie.

Charles Guyot, écuyer, Sr de Rouffignac, mourut, à l'âge de trente-neuf ans, le 22 février 1732, fut inhumé à Saint-Sébastien de Chabanais; il avoit épousé, dans ladite église de Chabanais, le 15 janvier 1731, Anne de Limaigne, fille d'Annet, S^r de La Roche, et de Anne Chambart, de ladite paroisse de Chabanais, dont une fille unique : Catherine, née le 14 novembre 1731.

Jacques Guyot, écuyer, Sr de Maspinard et de Nadalie, paroisse de Maraval (1), épousa Anne de La Mosnerie, dont Marie, née le 24 novembre 1656.

Marc Guyot, écuyer, Sr de Fanet, paroisse d'Asnières (2), épousa Renée du Château, dont Jean, qui suit.

Jean Guyot, écuyer, Sr de Fanet, épousa, par contrat reçu par Marchand et Guyot, insinué au Dorat, du 11 janvier 1685, Marie de Cleré, fille de Louis, écuyer, S^r de L'Age, et de Françoise Seuré, du lieu de La Davidière, paroisse d'Adriers (3), diocèse de Poitiers.

Louis Guyot, écuyer, Sr de Petit-Champ, du village de Chez-Nigou, paroisse d'Asnières, épousa Gabrielle de Cléret, dont Jean, qui suit.

Jean Guyot, écuyer, Sr de Lestang, épousa, par contrat signé Mallebay, du 16 mai 1750, Marie de Lassat, fille de feu Jean, écuyer, Sr de Langellerie, et de feue Jeanne de Montmillon, du lieu de Pressigny, paroisse de Saint-Barbant (4), diocèse de Poitiers.

Marc Guyot, S^r de La Faye, paroisse de Chirac, épousa, en 1728, Louise de Trion.

Marc Guiot, écuyer, Sr de Lespard (paroisse de Cussac) (5), du village de Puymouroux, épousa Marie de Meré, dont : 1° Armand-Charles, né le 15 juillet 1717; 2° Anne, née le 23 novembre 1720 ; 3° Emmanuel, né le 26 janvier 1722.

Léonard Guyot, écuyer, Sr du Repaire, épousa Renée Chauvet, dont Marie, fille unique, mariée à Léonard Couillard, maître-apothicaire de la vicomté de Rochemaux, 1639.

GUYTARD, Sr du Chambon, Montjoffre, La Borie, Montazeau, paroisse

---

(1) Maraval ou Marval, canton de Saint-Mathieu, arrondissement de Rochechouart (Haute-Vienne).

(2 et 3) Asnières et Adriers, canton de l'Ile-Jourdain, arrondissement de Montmorillon (Vienne).

(4) Saint-Barbant, canton de Mézières, arondissement de Bellac (Haute-Vienne).

(5) Cussac, canton d'Oradour-sur-Vayre, arrondissement de Rochechouart (Haute-Vienne).

de Saint-Éloi (1), Saint-Denis-les-Murs (2), Chabrignac (3), Rivières (4), élection d'Angoulême, porte *d'azur à un mouton d'argent.*

Hugues Guitard, chevalier, et Aynos, sa femme, fondèrent leur anniversaire au chapitre de Saint-Junien avant 1296; ils laissèrent Aimeric, qui suit.

Aimeric Guitard, clerc, épousa Almodie Rebeyrolle; par son testament de 1343, elle fonda un anniversaire au même endroit; n'avoit point d'enfants.

[D'après les registres de Borsandi, notaire à Limoges, p. 140, n° 218, *apud* D. Col., Jean Guistardi vivoit en ....]

Guillaume Guitard, Limousin, mort évêque de Lisieux en 1358.

Pierre Guitard, chevalier, sénéchal d'Agénois, le 2 novembre 1381. (VAISSETTE, *Hist. Langued.*, T. IV, p. 380.)

I. — Jean de Guitard fit son testament le 10 octobre 1523. [(*Papiers domest. de M. Sanson de Royère*); est qualifié de vénérable et scientifique, licencié ez-lois et bachelier en décrets, juge de la cour des appeaux de la vicomté de Limoges, pour excellent prince et seigneur le roi de Navarre, vicomte dudit Limoges, dans un acte du 24 avril 1505, par lequel il acquit une partie des rentes et du repaire noble de La Reynie-Grande, situé sur la paroisse de Saint-Etienne de Lubersac, et plaida pour cela contre noble François de Lubersac et Pierre Teyrac de Surgères, etc., comme ayant droit acquis de vénérable Mr Louis Chouly, curé d'Aillac et de Maravaux, prieur commandant Marnoulx, ordre de Saint-Augustin, et chanoine de Saint-Yrieix, et de prudents hommes Jean, Pierre et Mr Martial Chouly frères, de Chalus.] Il épousa Catherine Lascoux, dont François, qui suit.

II. — Noble François de Guitard fit son testament le 21 août 1563, écuyer, Sr du Chambon [est témoin dans un acte reçu Malevergne, du 1er mai 1537]; il épousa Françoise de Caux, dont : 1° François, qui suit; 2° Pierre, qui a fait la branche de Montjoffre.

[Anthonge de Guitard, épouse de Mr Bertrand de Malevergne, est nommée dans un titre, signé Malevergne, du 26 mai 1537.]

III. — François de Guitard, écuyer, Sr du Chambon et de Lortelays, paroisse de Montgibaud (5), épousa, par contrat sans filiation, reçu par Douenes, du 2 juillet 1590, Andrive de Royère de Lou, dont : 1° François, qui suit; 2° Françoise, mariée le ... octobre 1606, à noble André de Gérondie; 3° Marie, mariée, par contrat reçu par Lobeychat, du 28 avril 1607, à Etienne Girondie, fils de feu Etienne, juge de Vignols, et de Marguerite Gaultier : elle porta 2,000 livres; 4° Louis.

IV. — Noble François de Guitard, écuyer, Sr du Chambon, paroisse de Libersac (*registres de Libersac*), fut tué le 1er octobre 1637; avoit fait son testament, signé de Géraud, le 15 juin 1631; épousa Catherine Las Lardie de Regoudias; par arrêt du parlement de Bordeaux, fut confirmé dans la donation faite dans son mariage, par son beau-père, du 5 septembre 1601; dont : 1° Marie; 2° Louis, qui suit, institué héritier; 3° Peyrot; 4° Guillaume; 5° François; 6° Françoise, baptisée, à Libersac, le 24 novembre 1624; 7° Léonarde, baptisée le 3 février 1626; 8° Toinette; 9° Etienne, Sr de Montazaud, qui a fait une branche; 10° autre Estienne.

---

(1) Saint-Eloi, canton de Lubersac, arrondissement de Brive (Corrèze).

(2) Saint-Denis-les-Murs, canton de Saint-Léonard, arrondissement de Limoges (Haute-Vienne).

(3) Chabrignac, canton de Juillac, arrondissement de Brive (Corrèze).

(4) Rivières, canton de La Rochefoucauld, arrondissement d'Angoulême (Charente).

(5) Montgibaud, canton de Lubersac, arrondissement de Brive (Corrèze).

V. — Louis de Guitard, Sr du Chambon, fut inhumé dans l'église de Saint-Estienne de Libersac, à l'âge de cinquante-cinq ans, le 1er décembre 1670 ; il avoit épousé, par contrat du 13 mai 1637, Marie du Auconsul.

V bis. — Estienne de Guitard, Sr de Montazeaud, épousa, par contrat du 10 juillet 1657, Bernarde Boyer.

Branche de Montjoffre.

III bis. — Pierre de Guitard, écuyer, S^r de La Borie et de Villejoubert, émancipa ses deux fils le 30 mai 1618, mourut en pays étranger ; il épousa : 1° par contrat reçu par Berthon, du 19 septembre 1585, Marguerite de Montfrebeuf de Razat, du bourg d'Ayen, fille de feu Pierre, dont : 1° Antoine, qui suit ; 2° François, S^r de La Borie ; 3° Pierre, tonsuré en 1616, curé de Rosiers en 1628, prévost de La Chapelle-Genest, mort prêtre et prieur de Saint-Gervais, le 25 mars 1652, âgé de 60 ans, inhumé à Saint-Denis-des-Murs ; 4° Gabrielle, demoiselle de Mianas, qui mourut au château de Sauvagnac, paroisse de Saint-Germain de Masseré, où elle était allée visiter sa nièce, le 5 juin 1655, inhumée audit Saint-Denis ; il épousa 2° Gabrielle Trompondon. Elle se remaria à Guillaume de Montfrebeuf.

IV. — Antoine de Guitard, écuyer, Sr de Montjoffre, paroisse de Saint-Denis-des-Murs, capitaine en la citadelle d'Angoulême, fit un testament olographe, le 10 février 1657 ; il épousa : 1° Peyronne des Gerauds ; elle fit son testament reçu par de Fraysseis, le 31 janvier 1632 ; dont : 1° Pierre, qui suit ; 2° Charles, curé de Saint-Georges de Rosiers, qui fit son testament, reçu par Fraysseis, le 10 juin 1653, mourut le 22, âgé de trente-trois ans ; 3° Jeanne, mariée à Nicolas Bouyer, Sr de Beaulugnet ; elle mourut le 20 septembre 1677, fut inhumée à Saint-Denis-des-Murs ; 4° Françoise, baptisée le 25 janvier 1630 ; il épousa : 2° Luce de La Broüe, laquelle mourut, âgée de quatre-vingt-huit ans, le 22 août 1683.

V. — Pierre de Guytard, écuyer, Sgr de Montjoffre, Villejoubert, Las Roussarias et Puyfaulcher, épousa, par contrat du 30 avril 1642, Jeanne Desmier, fille de ..... et de Luce de La Broüe ; dont : 1° Marc-Antoine, Sr de Saint-Denis, qui suit ; 2° Pierre, qui a fait la branche de Villejoubert ; 3° Louis ; 4° François, né le ..... mai 1656, à qui on suppléa les cérémonies du baptême le 28 janvier 1663 ; 5° Marie, née le 12 février 1660.

VI. — Marc Antoine de Guitard, écuyer, Sr de Saint-Denis-des-Murs, Montjoffre, épousa, par contrat, reçu par Gaston, du 3 mars 1680, Jeanne de Royère, fille d'Antoine, baron de Brignac, Beaudeduit, paroisse de Royère, près Saint-Léonard (1), et de feue Marguerite de Guitard ; dont : 1° Jeanne, née le 16 décembre 1681 ; 2° Jean, né le 9 juillet 1690 ; 3° Jean-François, né le 21 novembre 1691 ; 4° Marie, née le 3 avril 1697 ; 5° Pierre, né le 12 juin 1698 ; deux filles mortes en bas-âge.

Note isolée.

Marguerite de Guitard, dame de Montjoffre, épousa François de Carbonnières, chevalier.

---

(1) Royère, canton de Saint-Léonard, arrondissement de Limoges (Haute-Vienne).

Branche de Villejoubert.

VI bis. — Noble Pierre de Guitard, écuyer, Sr de Villejoubert, paroisse de Saint-Denis-des-Murs, épousa à Moissannes, le ... février 1686, Julie du Repaire, fille de Jean, écuyer, et d'Isabeau de La Marthonie, dont : 1° Marc-Antoine, baptisé à Saint-Denis-des-Murs, le 8 janvier 1690 ; 2° François, né le 17 août 1696.

Notes isolées.

N..... Guitard épousa ...., dont : 1° François de Guitard, écuyer, Sr de Villajobert, résidant au château de Montjoffre en 1622, 2° Jean, Sr de Villajobert, mort au service du roi au camp de Montauban, le ..... septembre 1621 ; 3° Marie ; 4° Jeanne ; 5° Gabrielle.

François de Guitard, écuyer, Sr de la Ruë, servoit en 1672 dans la campagne de Hollande, lieutenant en 1673, de là mestre de camp du régiment de Laurière, cavalerie.

Marie de Guitard épousa François de Sainte-Marie.

Joseph Melchior de Guytard, écuyer, paroisse de Sauviat (1), épousa, en 1771, Anne-Henrie Gentil de Brutine, paroisse du Chatenet.

Elisabeth de Guitard, veuve de René de La Gorse, mourut, à soixante-quinze ans, le 8 janvier 1767 ; enterrée chez les Carmes de Rochechouart.

Marie de Guitard, demoiselle Soubert, mourut à soixante-dix ans, le 4 juin 1771 ; enterrée chez les Carmes de Rochechouart.

GUYTON de Maulevrier, S^r d'Agonnay, paroisse dudit lieu (2), élection de Saintes, de La Pomerade, paroisse d'Orlant, même élection, porte : *d'argent à un aigle de sable, becquée et onglée de sable.*

I. Jean Guyton, alias de Maulevrier, épousa Bonne de Maugesie ; autorisée par sa mère, elle fit, le 16 mai 1448, une transaction avec Marguerite du Puy.

II. — Eymery Guyton épousa : 1° Marguerite de Ponthieu, le 9 novembre 1499, 2° Isabeau Bouchard. Ladite Bouchard fit, le 17 juin 1521, avec son mari, un testament contenant les partages nobles de leur succession entre Jean, Sébastien et autre Jean, leurs enfants.

III. — Sébastien Guyton épousa, le 13 février 1541, Charlotte de Maure.

IV. — Jean Guyton épousa, le 4 mai 1580, Elisabeth Goumard, dont : 1° Jacques, qui suit ; 2° Michel, qui se maria.

V. — Jacques Guyton épousa, le 16 septembre 1616, Jeanne Greslaud.

VI. — Henry Guyton de Maulevrier épousa, le 24 juin 1656, Susanne de Sainte-Hermine.

V bis. — Michel Guyton fit, le 19 novembre 1622, une transaction avec son frère Jacques sur la succession de leurs père et mère ; il épousa Françoise Guyton, qui devint, le 5 juillet 1657, tutrice de ses enfants dont les noms suivent : 1° Henri ; 2° Claude ; 3° Esther ; 4° Julie.

---

(1) Sauviat, canton de Saint-Léonard, arrondissement de Limoges (Haute-Vienne).

(2) Agonnay, canton de Saint-Savinien, arrondissement de Saint-Jean-d'Angély (Charente-Inférieure).

GUYVY. — Noble Bertrand Guyvy de Priezac, paroisse de Saint-Salve, épousa ..... dont : 1° Louis, tonsuré en 1602, curé de Beissac en 1603; 2° Jean, tonsuré et curé de Beissac en 1618.

Supplément a la lettre G.

GAILLARD (p. 196).
En 1263, N..... de Galhard et Guillaume de Galhard étaient religieux dominicains à Brive en Bas-Limousin. Vers la même époque, Guillaume Galhardi était prieur de l'Artige près Saint-Léonard (Haute-Vienne). (*Etudes historiques sur les monastères du Limousin et de la Marche :* Roy de Pierrefitte.)

A l'assemblée générale de la noblesse de la Saintonge, le 12 mars 1789, on trouve dans le bailliage de Taillebourg :

N..... Gaillard, Sgr de La Chaussée et d'Anville;
N......, veuve de N..... Gaillard, dame de Laleu;
Et dans la sénéchaussée de Saint-Jean-d'Angély, le 23 mars :
Le chevalier Gaillard des Landes;
N..... Gaillard de Blacvole;
N..... Gaillard père. (*Catalogue des gentilshommes de la Saintonge*, par Louis de La Roque et Edouard de Barthelemy.)

Armes des Gaillard de Poitou et de Saintonge : *parti au 1er d'azur, à quatre chevrons d'or, le dernier brisé ; au 2e d'argent, au lion de gueules couronné de sable.* (Ch. Grandmaison, *Dict. héraldique.*)

Celles des Gaillard de Vaucocour, sont : *écartelé aux 1er et 4e d'azur, à un lévrier courant d'argent; aux 2e et 3e, de gueules, au château pavillonné de trois pièces d'argent maçonnées de sable,* qui est de Gaillard; *au chef cousu de gueules, chargé de trois yeux d'argent,* qui est de Vaucocour. (*Armorial du Périgord*, par Alfred de Froidefond.)

DE GAIN (p. 196), baron, puis marquis de Linars, marquis de Montaignac, Sgr de Lissat, d'Auval, etc. — Cette grande maison, que son ancienneté et ses illustrations placent au nombre des plus considérables du Limousin, a pris son nom d'un fief situé à six lieues de Limoges. Cette terre et seigneurie, dit Legros, appartenait en 1698 à un gentilhomme d'ancienne noblesse qui en portait le nom ; au xive siècle, elle était possédée par le seigneur de Las Tours. Elle a été vendue un peu avant la révolution à M. Bourdeau de La Judie, écuyer, secrétaire du roi à Limoges. M. Paul Noualhier la possède actuellement.

On trouve :
Guy de Gain, bienfaiteur de la cathédrale de Limoges en 1056;
Autre Guy de Gain, chevalier, vivant en 1100;
Emery de Gain, en 1120;
Gérard de Gain, chevalier en 1198.

Hugue de Gain et Guy de Gain, chanoine, avant 1414, avaient fondé une vicairie dans la cathédrale de Limoges à l'autel de Notre-Dame-des-Trois-Rois ; elle existait en 1426 et 1553. (Nadaud, *Pouillé mss.*, p. 33.)

F. Hercule de Gain, prieur de Sussac, fut élu abbé de Solignac en 1484.

Marguerite de Gain, abbesse de Saint-Ausone d'Angoulême en janvier 1461, *vieux style*, mourut en 1490. Le nécrologe, au 27 juillet, dit qu'elle fut abbesse avant la réforme.

Pétronille de Gain, sa nièce, lui succéda au moins en 1489, mais il paraît qu'elle se démit. On la dit morte en 1497. (Nadaud, *Mél. mss.*)

Aimeric de Gain, chevalier du château de Limoges en 1236.

I. — Aymery I de Gain, bienfaiteur du chapitre de la cathédrale de Limoges en 1215, laissa : 1º Adémar, qui suit; 2º Guy, chantre de la cathédrale de Limoges.

II. — Adémar de Gain, chevalier, vivant en 1243; en 1266, étant malade, il rendit à l'évêque de Limoges les dîmes, rentes, etc., qu'il avait sur la paroisse d'Isle. Il épousa Amicie de Chamborand, dont : 1º Aymery, qui suit; 2º probablement Guy, chanoine de Bénévent et prieur d'Aresne; 3º Helis, à laquelle il donna 50 livres pour dot.

III. — Aymery II de Gain, chevalier en 1260; il testa en 1272, laissant :

IV. — Aymery III de Gain, chevalier en 1291. Son écu est chargé de *trois bandes*. Il vivait en 1329, et fut père de : 1º Aymery, qui suit; 2º N....., épouse de Geoffier de Vigean, chevalier; 3º N....., femme de Guy de Brolhie, chevalier.

V. — Aymery IV de Gain, chevalier, rendit de grands services au roi Philippe de Valois, dans les guerres contre les Anglais, en 1339. Il épousa Jeanne de Lastour, dont Jean, qui suit.

VI. — Jean I de Gain, chevalier, qui devint seigneur de Linars par la donation que lui fit de cette terre, en 1354, Guiflier de Lastours, son oncle. Il épousa Isabelle d'Aix, et laissa :

VII. — Aymery V de Gain, chevalier, baron de Linars, qualifié noble et puissant seigneur. Il servit en 1405. Il épousa, vers 1410, Luce de Tenières, dont : 1º Jean II, qui suit; 2º Jacques, damoiseau, qui servit dans les guerres de Charles VII, et mourut en 1471, gouverneur d'Excideuil.

VIII. — Jean II de Gain, baron de Linars, titré noble et puissant seigneur, épousa, en 1419, Catherine de Neuville, dame d'Oradour. Il eut : 1º Bertrand, chevalier, Sgr de Plaigne, marié, en 1456, à Élide de Senaret; 2º Louis, damoiseau, qui épousa Catherine de Pierrebuffière; 3º Jacques, qui suit; 4º N....., mariée à N....., de Comborn.

IX. — Jacques de Gain, chevalier, qualifié haut et puissant seigneur, baron de Linars, fut homme d'armes, puis capitaine de cinquante hommes d'armes en 1475. Il mourut en 1518. Il avait épousé Marguerite de Pestel, dont : 1º Pierre, qui suit; 2º Hélène, qui épousa, en 1504, Antoine d'Ussel, damoiseau, Sgr de Saint-Victour, fils de Jean, connu sous le nom d'Anglars, Sgr de Saint-Victour et de Soubrevèse, et de Philippie de Lubertès.

X. — Pierre de Gain, baron de Linars, noble et puissant seigneur, épousa, en 1502, Antoinette de Bonneval, fille d'Antoine, chevalier, Sgr de Bonneval, Coussac, Blanchefort et du Theil, et de Marguerite de Foix, dont : 1º Charles, qui suit; 2º probablement Louise de Gain de Linars, dame du Repaire noble de Bort, paroisse de Saint-Priest-Taurion, qui épousa : 1º noble Jacques Daniel, Sr de Bort et du Repaire, dont elle n'eut pas d'enfants; elle hérita des biens de son mari. Elle fit une transaction avec les consuls de Limoges, touchant la justice de Bort, le 4 décembre 1530. Ce fut cette même année, 1530, qu'elle épousa : 2º Louis de Neuville, fils de noble Antoine de Neuville, Sgr de Magnac; de ce mariage ne vinrent point d'enfants.

XI. — Charles de Gain, chevalier, noble et puissant seigneur, baron de Linars, chambellan du roi, sénéchal du Périgord, épousa, le 27 janvier 1532, Isabeau d'Aubusson, fille de François d'Aubusson, Sgr de Beauregard et de Castelnouvel, et de Jeanne d'Absac de La Douze, dont Foucaud, qui suit.

XII. — Foucaud de Gain, chevalier, baron de Linars, conseiller du roi en ses conseils d'État et privé, chevalier de son ordre, qualifié son cousin, mort avant 1579. Il fit deux transactions : le 9 janvier 1556, et le 27 août 1574. Il avait épousé : 1° Antoinette de Pons de Mirabeau, dont : 1° Jacob, chevalier, baron de Linars; 2° Élie, qui suit. Foucaud épousa : 2° Renée de Bermondet. Le 5 août 1588, ladite Bermondet étant veuve, et faisant pour Charles et Isaac, ses enfants, transigea touchant la succession dudit Foucaud de Gain, avec Jacob, enfant du premier lit. De cette seconde union vinrent : 3° Charles, auteur de la branche de Gain-Montaignac; 4° Isaac ; 5° probablement Pierre de Neuville, tonsuré en 1601, prieur de Linars en 1605 : il résigna en 1607.

XIII. — Élie de Gain, chevalier, noble et puissant seigneur, baron de Linars, gentilhomme ordinaire de la chambre du roi, capitaine d'une compagnie de chevau-légers, fit une transaction avec Charles, son frère consanguin, le 21 août 1600. Il épousa, le 11 février 1597, Claude de La Guiche, sœur de Jean de La Guiche, maréchal de France, et fille de Claude de La Guiche, Sgr de Saint-Géron, chevalier de l'ordre du roi, et de Suzanne de Serpens, dont Jean-Louis, qui suit.

XIV. — Jean-Louis de Gain, chevalier, haut et puissant seigneur, baron de Linars, capitaine de cinquante hommes d'armes, mestre de camp d'un régiment de cavalerie et maréchal de camp des armées du roi, fut tué à l'armée en 1641. Il avait épousé, par contrat du 21 juillet 1633, Jeanne de La Vergne, dame de Tourdonnet et Château-Chervix, fille de Jean, écuyer, Sr de Saint-Priest-Ligoure ; elle était veuve de Gaston de La Martonie, chevalier, Sgr de Combas et de Tranchelion. De ce mariage naquirent : 1° Charles, qui suit ; 2° Claude, dame de La Tourdonnet, mariée à Joussineau, chevalier, Sgr de Fayat.

XV. — Charles de Gain, haut et puissant seigneur, épousa, en 1662, Marie-Anne de Ferrières de Sauvebœuf, fille du marquis de Sauvebœuf, lieutenant général des armées du roi, premier baron du Limousin. De ce mariage vinrent : 1° Charles-François, qui suit ; 2° N....., baptisée à Linars, le 1er février 1665 ; 3° Philibert-Jules, né le 3 décembre 1678, à qui on suppléa les cérémonies du baptême, dans l'église de Linars, le 21 octobre 1685, et qui mourut le 2 novembre 1710, à l'âge de quarante-cinq ans, dans son château de Linars, et fut enterré le lendemain.

XVI. — Charles-François de Gain, chevalier, haut et puissant seigneur, marquis de Linars, fut capitaine d'une compagnie de cinquante chevau-légers. On lui avait suppléé les cérémonies du baptême, dans l'église de Linars, le 12 décembre 1682. Il épousa Judith de La Beaume de Forsat, fille de François, comte de La Beaume, et d'Anne de Pierrebuffière ; il était mort avant 1723. De ce mariage naquirent : 1° Annet-Charles, qui suit ; 2° Claude-Annet, baron d'Anval, Sgr de Teissonnières, capitaine d'infanterie au régiment d'Enghien, chevalier de Saint-Louis. Il testa en 1750. Il avait épousé, le 24 juillet 1741, Marie de Bort, dame de Teissonnières, fille de Jacques, chevalier, Sgr de Teissonnières, et de Marie du Bois de Margeride. Il en eut : A. Jacques, chevalier, baron d'Anval, Sgr de Lissat, de Teyssonnières et de Goursolles, capitaine dans le régiment d'Enghien, marié en premières noces, en 1768, à Marie d'Ussel de Châteauvert, fille de Guy II, marquis d'Ussel, baron de Châteauvert et de Crocq, et de Marguerite de Saint-Julien, dame de Flayat, et en secondes noces, en janvier 1775, à Marie-Victoire de Pastel de La Chapelle, fille de feu Jacques-Louis, chevalier, Sgr de La Chapelle, et de Marie-

Gabrielle de Méalet de Fargues. Du premier lit vinrent : *aa* François, comte d'Anval, officier dans le régiment des chasseurs du Languedoc, marié, le 20 octobre 1789, à M"° Anne d'Autier, fille du comte Nicolas-Claude-Martin et de Marie-Rose de La Rochebriant. De cette union : *aaa* Marie-Louis, marquis de Gain, marié, le 13 juin 1812, à M"° Désirée du Verne de Marancy, fille de M. du Verne, écuyer, chevalier de Saint-Louis, et de dame Carpentier de Changy; de cette alliance : Marie-Hippolyte, comte de Gain, né le 30 juin 1818, marié, le 30 juin 1853, à M"° Augustine Barbat du Closel, dont : Marie-Désiré Aymeric, né le 5 juillet 1854; *bbb* Charles, chevalier de Malte en 1783; B. Charles, comte de Saint-Claude, chanoine-comte de Lyon; C. Joseph, chevalier de Malte, officier dans le régiment des dragons du roi en 1770; 3° François, comte de Linars, baptisé à Linars, le 14 mai 1711, ayant pour parrain messire François de Carbonnières, marquis de La Chapelle-Biron, et pour marraine Thérèse de Gain. Il fut maréchal-de-camp des armées du roi en 1770 ; 4° N....., religieuse dans l'abbaye des Allois, de Limoges; 5° Jeanne-Françoise, mariée, le 6 février 1732, au comte Hubert de Bosredon-Combraille.

Pierre de Gain, docteur en théologie, syndic général du clergé du diocèse de Limoges, était prévôt du Moutier-Roseille, dont il se démit vers le mois d'avril 1719.

XVII. — Annet-Charles de Gain, marquis de Linars, reçu page du roi en sa petite écurie en 1709, épousa à Saint-Auvent, le 19 juillet 1723, Anne Perry, demoiselle de Saint-Auvent, fille d'Isaac, marquis de Mommoreau, et d'Anne de Rochechouart, comtesse de Saint-Auvent ; elle mourut âgée de soixante et onze ans, et fut enterrée le 21 décembre 1771. Annet-Charles mourut âgé de soixante-seize ans, et fut enterré à Linars, le 20 mai 1768. Leurs enfants furent : 1° Isaac, qui suit ; 2° Jean, chevalier de Lissat (*alias* chevalier de Linars), capitaine de dragons, chevalier de Malte; 3° Pierre, baptisé à Linars, le 2 avril 1737 : son parrain fut Pierre Bourdon, et sa marraine Perrette Dallet; il fut comte de Lyon en 1770, vicaire général du diocèse d'Aix ; 4° Anne-Charlotte, baptisée à Linars, le 12 octobre 1727 : son parrain fut Charles de Gain, comte de Linars, et sa marraine Anne de Rochechouart, comtesse de Choffie ; 5° Jeanne-Françoise, baptisée à Linars au mois de juin 1729, ayant pour parrain et marraine François Perry de Saint-Auvent et demoiselle Jeanne-Françoise de Gain ; 6° Antoine, baptisé à Linars, le 1er septembre 1734 : Antoine de Bruchard de Montmady fut son parrain, et Françoise du Roux sa marraine.

XVIII. — Isaac-Annet de Gain, marquis de Linars, Sgr de Chamberet, Les Salles, Montchaude, capitaine de cavalerie en 1770, chevalier de Saint-Louis, épousa : 1° dame Louise-Charlotte-Jeanne Chapelle-Saint-Jean-de-Jumilhac; elle mourut à l'âge de vingt-trois ans, et fut enterrée à Linars, le 15 mars 1760. De cette union était né : 1° Annet-Charles, baptisé, à Linars, le 1er août 1756 : il avait pour parrain Annet-Charles de Gain, marquis de Linars, et pour marraine Jeanne-Julie Chapelle-Saint-Jean-de-Jumilhac, comtesse de Chabrignac ; il mourut à l'âge de huit ans, et fut enterré à Linars, le 28 août 1864. Isaac-Annet épousa : 2°, en 1769, Marie de Livenne de Montchaude, dont : 2° Charles, né le 23 juillet, ondoyé par permission de M. Jean de Montesquiou, abbé de Saint-Martial, vicaire général, baptisé le 8 octobre 1770 ; Charles, comte de Livenne, fut son parrain ; il eut pour marraine Anne Perry, dame douairière de Linars, étant en son lieu et place demoiselle Louise de Latour-Beaulieu ; il mourut à l'âge de dix mois, et fut enterré à Linars, le 23 mars 1771 ; 3° François, baptisé à Linars, le 15 mars 1771, eut pour parrain et marraine François de Gain, comte de Linars, maréchal de camp aux armées du roi, et Jeanne-Marie de Livenne, dame du Breuil.

Louis de Gain, descendant de cette ancienne famille, et son fils, habitent près Nevers.

Branche de Gain-Montaignac.

XIII. — Charles de Gain, fils de Foucauld et de Renée de Bermondet, fut baron de Plaignes, chevalier de l'ordre du roi, gentilhomme ordinaire de sa chambre. Il épousa, le 27 novembre 1606, Marie de Montaignac, fille de Jean, conseiller du roi, gentilhomme ordinaire de sa chambre, et de Jeanne de Beinac. Il adopta le nom de Montaignac par suite de son alliance. Il eut :

XIV. — Jean-Louis de Gain, marquis de Montaignac, mestre-de-camp d'un régiment d'infanterie de son nom, mort en 1680. Il fut marié trois fois : 1° à Gabrielle de Foucauld de Saint-Germain-Beaupré ; 2° à Françoise de Caumont ; 3° à Jeanne de Lestrange.

D'après Descoustures, Jean-Louis de Gain, Sr de Montaignac, épousa, le 5 avril 1630, Françoise Brouzolles, dont vinrent, d'après Nadaud : 1° Antoine, tonsuré en 1651 ; 2° Jean, tonsuré en 1651.

Du premier lit : 1° Charles, époux de Jeanne de Pompadour ; 2° François (*alias* Henri), marié : 1° à Camille du Buisson de Bournazel ; 2° à Gabrielle de Sainte-Fère, fille de François, marquis de Sainte-Fère, grand-sénéchal de la Marche, et de Marguerite de Dumont ; elle se remaria, vers 1700, à Martial-François de Fenis, écuyer, S^{gr} de La Prade, baron de Gouzon, conseiller du roi en son grand conseil, (*Nobil.*, T. II, p. 173 et 175.), dont : A. Louise, épouse de Léonard de Sarrazin ; B. Jean, appelé baron de Montaignac, père de N....., mariée au seigneur de Lantillac, baron de Gimel ; N....., épouse du marquis de Saint-Maixent ; 3° Géraud, qui suit ; 4° Henri, époux d'Antoinette de Carbonnières, dont : Jean-Baptiste, chevalier, S^{gr} d'Orgon, époux de N..... de Montel.

XV. — Géraud de Gain, marquis de Montaignac, S^{gr} de La Chapelle, baron de Rosier, capitaine dans le régiment du roi, laissa de Françoise de Meginhac, son épouse :

XVI. — Joseph de Gain, chevalier, marquis de Montaignac, baron de Rosier, marié, en 1702, à Marguerite de Meillars de La Verniol, dont : 1° Henri-Joseph, qui suit ; 2° Xavier, ecclésiastique ; 3° N....., mariée à Joseph-Raimond de Bonnet ; 4° N....., appelée Mlle de Rosier, mariée à N..... du Bois, S^{gr} du Mont et de Margeride, mort sans postérité ; 5°, 6°, 7°, trois filles.

XVII. — Henri-Joseph de Gain, marquis de Montaignac, servit dans le régiment de l'Ile-de-France. Il épousa, en 1740, Léonarde Le Groing, dame de Fage-Brunel, fille de Pierre, écuyer, S^{gr} de Fage-Brunel, et de Marie de Ribeyreix de Bigoulette. Il eut : 1° Jean-Marie, marquis de Montaignac, écuyer du roi en sa grande écurie, père de : Sophie, mariée, en 1803, au comte de La Majorie de Soursac ; 2° François, né au château de Montaignac, en Limousin, le 6 janvier 1744 : il embrassa l'état ecclésiastique, et devint d'abord aumônier du roi et grand-vicaire de Reims, fut sacré évêque de Tarbes le 20 octobre 1782, et, lorsque la révolution éclata, il fut du nombre des prélats qui s'opposèrent aux innovations avec le plus de constance. Remplacé dans son diocèse après avoir refusé le serment, il essaya inutilement d'ouvrir les yeux à celui qui devait lui succéder, et il ne cessa d'y administrer les sacrements que lorsqu'il vit que toute résistance était inutile. Il se retira alors dans la vallée d'Aran, en Espagne, à une demi-journée de Tarbes, et laissa, en partant, une ordonnance et des instructions sur le schisme. Il se rendit ensuite au monastère des bénédictins de Notre-Dame-de-Mont-Serrat, en Catalogne, où il resta trois ans, et ne cessa de correspondre avec la partie fidèle de son clergé et de son troupeau, qu'il soutenait par ses instructions. Il passa de là en Italie, en Portugal, et, chaque fois qu'il changeait de résidence, il avait soin d'en prévenir son clergé, afin de maintenir les communications nécessaires avec son diocèse. Lorsque Pie VII demanda la démission aux évêques de France, il donna la sienne et la motiva; mais la manière dont le concordat fut exécuté l'affligea beaucoup, et il signa les réclamations qui furent envoyées au Pape en 1803. Il mourut à Londres, en 1806. Dans ses nombreux écrits il montra beaucoup de zèle pour les intérêts du roi, et en même temps beaucoup d'opposition pour quelques tempéraments que les évêques et les ecclésiastiques restés en France crurent devoir autoriser, et qui leur parurent nécessaires dans la situation des affaires de l'Église. 3° Jean-Léonard, chevalier de Montaignac, commandant les écuries du comte de Provence; 4° Julie, appelée Mlle de Montaignac, épouse du vicomte de Chéronac; 5° Gasparde, appelée Mlle de Rosier, élevée à Saint-Cyr; 6° Marie-Joseph, comte de Gain, officier de cavalerie en 1770; il monta dans les carrosses du roi, après avoir fait les preuves de noblesse requises, devant M. de Beaujon, généalogiste des ordres du roi.

Un écuyer du roi Louis XVIII portait le titre de marquis de Gain de Montaignac : son père était gouverneur du château de Pau. La comtesse de Gain de Montaignac était sous-gouvernante des enfants de France en 1830.

Branche d'Oradour-sur-Glane.

Jean II de Gain, baron de Linars, épousa, en 1419, Catherine de Neuville, dame d'Oradour.

Pierre de Gain résigna au suivant l'abbaye de Cadouin.

Pierre de Gain, bachelier en décrets, frère du seigneur d'Oradour-sur-Glane, fut administrateur perpétuel d'Obasine en 1473, abbé commendataire de Solignac en 1488 et 1490, puis abbé de Bœuil en Limousin, curé de Tarnac au diocèse de Saintes, et prieur de Saint-Sacerdos au diocèse de Montauban.

Noble Gabriel de Gain, paroisse d'Oradour-sur-Glane, eut pour fils Renaud, tonsuré en 1572, chanoine de Saint-Junien. (NADAUD, *Mél. mss.*)

Marguerite de Gain, d'Oradour-sur-Glane, épousa, en 1557, Melchior de Blond.

Noble François de Gain, S^{gr} d'Oradour-sur-Glane, eut pour fils François, qui fut curé du lieu en 1561.

Notes isolées.

Une fille de feu M. le marquis Marie-Amable reçoit le supplément des cérémonies du baptême, à Linars, le 1er octobre 1682. (*Registres paroissiaux de Linars.*)

Claude de Gain épousa François Marchand, Sr de Latour, dont deux fils : Pierre, baptisé à Linars, en 1655. (*Ibidem*)

Annet de Gain, S^{gr}, chevalier de Linars, enseigne de vaisseau, décédé le 10 mars, au château de Rosiers, à l'âge de quarante-cinq ans, fut enterré le 11 mars 1719, à Linars. (*Ibidem.*)

A l'assemblée générale de la noblesse du Bas-Limousin, en 1789, étaient présents : N..... de Gain et le vicomte de Gain. (*Catalogue des gentilshommes de la Marche et du Limousin.*)

Joseph de Gain de Linars, né le 18 août 1749, commandeur de Pauliac, de l'ordre de Malte, résidait, en 1810, dans le département de la Creuse. (LEGROS, *Catalogue des prêtres.*)

Charles-Marie de Gain de Linars, né dans la paroisse de Chamberet le 8 novembre 1744, fut comte de Lyon, abbé commendataire de Notre-Dame-du-Palais; en 1802, résidait à Vernejols, diocèse de Clermont. (*Ibidem.*)

Armes : *d'azur à trois bandes d'or.* D'après des Coustures, Gain de Linars porte : *d'or à trois bandes d'azur.* Cette variante semble être une faute : sur l'autel donné à l'église de Pauliac (commune de Fursac, Creuse) par le chevalier de Gain de Linars, on trouve : *d'azur à trois bandes d'or,* qui est de Gain; *au chef cousu de gueules, à la croix d'argent,* qui est de Malte.

SOURCES : Le *Dictionnaire de la noblesse* de La Chesnaye des Bois, 2e édition, T. VII, p. 13. — Titres originaux. — Mémoire généalogique de M. de Beaujon. — Registres paroissiaux de Linars. — Feller. — Nadaud et Legros, *manuscrits.* — A. Tardieu : *Hist. généal. de la maison de Bosredon.* — *Nobiliaire de l'Auvergne.*

GALARD (p. 197), maison des plus illustres de Guyenne et de Gascogne. Elle tire son nom de la terre de Galard en Condomois. La tradition du pays la fait sortir des anciens comtes de Condomois, cadets des ducs d'Aquitaine.

Les premiers du nom de Galard que l'on connaisse par les titres sont : Aymeric et Gérault de Galard, cautions, en 1062, dans un échange que fit Raymond, abbé de Condom. — Guillaume et Pierre de Galard furent témoins dans cet acte.

Guillaume, sire de Galard, depuis lequel la filiation est suivie, fut l'auteur de la branche des Galard, Sgrs de Terraube, créés marquis en 1683 dans la personne de Jean-Louis de Galard. — Cette branche a donné au xve siècle un sénéchal d'Armagnac (Jean de Galard, Sgr de l'Isle); — en 1310, un grand-arbalétrier de France (Pierre de Galard); — un gouverneur et sénéchal d'Auch, en 1315 (Assieu de Galard); — en 1628, un capitaine de compagnie dans le régiment de Champagne, à la tête de laquelle il fut tué au siége de La Rochelle (Philippe de Galard); — deux capitaines dans le régiment de Languedoc (Paul et Marc-Antoine de Galard); — trois capitaines dans le régiment de Fimarcon, dont un Henri de Galard se distingua à la journée de Crémone; — un chevalier de Malte (Jean-Jacques), etc., etc. — Cette branche, qui est la branche aînée des Galard, existe encore aujourd'hui, représentée par Jacques-Étienne-Marie-Firmin-Hector, marquis de Galard-Terraube.

Assieu, Ve du nom, sire de Galard-Terraube, marié à Éléonore d'Armagnac, dame de Brassac en Quercy, eut pour deuxième fils Bertrand de Galard, qui a fait la branche des Galard-Brassac de Béarn, rapportée ci-après.

Gilles XIe du nom, Sgr de Terraube, eut pour deuxième fils Gaillard de Galard, auteur de la branche de Pavillac dans le diocèse d'Auch, et de laquelle est sortie celle de Saldebruc en Agenais, représentée aujourd'hui par le comte Hector de Galard-Saldebruc.

Branche des Galard-Brassac de Béarn.

1. — Bertrand de Galard, deuxième fils d'Assieu de Galard-Terraube et d'Éléonore d'Armagnac, eut en partage la baronnie de Brassac, et épousa Esclarmonde de Thesac. Il en eut : 1° Pierre-Guillaume de Galard, qui suit; 2° Pierre, second évêque de Condom, en 1340; 3° Viguier de Galard.

II. — Pierre-Guillaume de Galard, baron de Brassac, marié à Gillette du Maine, dont : 1° Guillaume, qui suit ; 2° Anne-Marie, épouse, en 1380, d'Odet de Pardaillan, Sgr de Gondrin.

III. — Guillaume de Galard, baron de Brassac, rendit hommage à Périgueux au roi d'Angleterre, 10 août 1364, pour les dîmes inféodées de blé et de vin qu'il avait à Brassac. Il épousa en 1366 Borgue de Beauville, dont : 1° Galard de Galard, mort sans postérité ; 2° Jean, qui suit.

IV. — Jean de Galard, baron de Brassac, épousa Bertrande de Maunas, dont : 1° Pierre de Galard de Brassac, grand-sénéchal du Quercy, et marié, en 1431, avec Antoinette de Martigny, fille de Bernard et d'Urbaine d'Armagnac, mort sans enfants ; 2° Jean de Galard, qui suit ; 3° Hector de Galard, chambellan du roi Louis XI, chevalier de son ordre, et commandant les gentilshommes à bec-de-corbin en 1474, en faveur duquel la deuxième compagnie des gardes-du-corps fut formée : il était en 1479 grand-maréchal-des-logis de la cour ; 4° Jeanne-Marguerite de Galard ; femme de Thibaut de Seigneuville, Sgr de Caubiac ; 5° Claire, mariée à Étienne de Goth ; 6° Agnès, seconde femme d'Arnault d'Espagne, Sgr de Durfort, sénéchal du comté de Foix en 1475 ; 7° Clairette, épouse de Jean de Pébagrue.

V. — Jean de Galard, baron de Brassac, épousa, le 16 septembre 1454, Miraille de La Valette, fille de Forton de La Valette, Sgr de Cussol. Il en eut : 1° Hugues de Galard, qui suit ; 2° Garcias ; 3° Arnault, Sgr de Champagnac ; 4° Bertrand, chanoine de Rieux en 1490 ; 5° Marguerite, mariée à Jean Mondanas, Sgr de Tillac ; 6° Prohense, épouse de Jean de Caussac-de-Mirau, Sgr de Saint-Michel, en 1503 ; 7° Anne, alliée à Jean de Durfort-Duras, baron de Bajaumont ; 8° Jeanne épousa Jean de Noé, Sgr de Bonrepos.

VI. — Hugues de Galard, baron de Brassac, fut marié deux fois : la première, l'an 1484, avec Marie de Grossolles, fille de Jean, Sgr de Flamarens, et de Jeanne d'Abjac, et la deuxième fois, le 12 novembre 1508, avec Jeanne d'Antin, veuve de Jean de Béarn. Cette dame avait eu de son premier mariage une fille unique, qui fut mariée le même jour qu'elle à François de Galard, fils aîné de Hugues, son second mari. Hugues n'eut point d'enfants de son second mariage, et laissa du premier : 1° François, qui suit ; 2° Jean, abbé de Simorre ; 3° Gratien, grand-archidiacre d'Agen ; 4° Antoine, Sgr de Grenade, protonotaire du Saint-Siége ; 5° Bertrand, chanoine et écolâtre de l'église de Bordeaux, puis clerc-président aux enquêtes de ce parlement, élu et nommé archevêque de cette ville, en 1529, après la mort de Jean de Foix.

VII. — François, baron de Brassac, de Cussol et de La Valette, chevalier de l'ordre du roi en 1508, fonda un chapitre de chanoines à Brassac. Il avait épousé, le même jour que son père se remaria, 12 novembre 1508, Jeanne de Béarn, fille unique de Jean de Béarn, vicomte de Foix, Sgr de Roquefort et de Mont-de-Marsan (1536). Probablement à cause de la commune origine des Galard et des Béarn, il fut stipulé dans leur acte de mariage que leurs descendants porteraient le nom et les armes de Béarn. De ce mariage : 1° Jean de Galard de Béarn, qui suit ; 2° Bernardin, mort sans alliance ; 3° Jean-Bernard, chevalier de Malte en 1536 ; 4° Antoine-Octavien, abbé de Simorre en 1542 ; 5° Annibal, Sgr, comte et baron de Roquefort, chevalier de l'ordre du roi, gentilhomme de la maison en 1558, donataire de la baronnie de La Rivière ; 6° François, échanson du dauphin Henri en 1542, chevalier de l'ordre du roi et gentilhomme de sa maison ; 7° Octavien, qui, ayant été fait religieux malgré lui, se fit relever de ses vœux par le pape, et épousa, le 8 octobre 1566, Jeanne de Marsan ; 8° Jeanne de Galard, mariée à Jean de Durfort, Sgr de Bajaumont; 9° Hélène, qui épousa N....., Sgr de Saint-Pantaléon et Saint-Gilles; 10° Paule, femme d'Hector d'Agut ; 11° Bernardine, mariée à Arnault de Goth, Sgr de Malaise ; 13° Anne, épouse de Jean de Bel-Castel, Sgr de Campagnac.

VIII. — Jean de Galard de Brassac de Béarn, qualifié de haut et puissant seigneur, baron de Roquefort, de Saint-Maurice, etc., fut gentilhomme de la maison du roi, capitaine de cinquante hommes d'armes, et reçu chevalier de l'ordre de Saint-Michel par le maréchal de Montluc en conformité des ordres du roi Charles IX, qui à ce sujet honora le baron de Brassac d'une lettre très-gracieuse, 16 avril 1564. Jean de Galard ayant servi avec distinction sous le maréchal de Montluc contre les huguonots, reçut plusieurs lettres d'Henri III et de la reine Catherine, qui lui témoignaient leur satisfaction et l'exhortaient à continuer. Le baron de Brassac avait épousé, le 15 septembre 1553, Jeanne de Rocheandri, fille de Louis de Rocheandry, Sgr de Neuvic, Clyon, etc., et de Renée de Montbron. De ce mariage naquirent : 1° René de Galard, qui suit; 2° Antoine de Galard ; 3° Octavien, Sgr de Saint-Maurice, qui épousa Jeanne du Maine; 4° Renée, mariée à Agésilas de Narbonne-Firmarcon ; 5° Anne, femme de Poncet de La Font ; 6° Marguerite, mariée en 1580 à Jean Isaac du Maine, Sgr du Bourg, fils de Bertrand du Maine, baron du Bourg, et de Jeanne Fayolle de Mellet.

IX. — René de Galard de Béarn, baron de Brassac, chevalier de l'ordre du roi, guidon des gens d'armes de M. l'amiral, fut fait, en 1581, premier gentilhomme de la chambre de Monsieur, frère unique du roi. Il avait épousé, le 15 juin 1578 : 1° Marie de La Rochebeaucourt, dame de La Rochebeaucourt, et 2° Louise de Ricard de Gourdon, fille de Jean de Ricard de Gourdon, Sgr de Genouillac, etc., gouverneur de Bordeaux : il n'eut point d'enfants de cette seconde femme. De la première il eut : 1° Jean de Galard-Béarn, qui suit ; 2° Louis, dont il sera parlé après son frère; 3° Charles-Alexandre dit de Saint-Maurice, dont la postérité est éteinte ; 4° René ; 5° Charles, *qui a fait la branche des La Vaure d'Argentine*, rapportée ci-après; 6° Jeanne, dame de Clyon, Sommesac, etc., mariée, le 7 août 1616, à Jean de La Rochebeaucourt, marquis de Soubran, son cousin, père de Catherine de La Rochebeaucourt, mariée à Louis de Chabot, comte de Jarnac.

X. — Jean de Galard de Béarn, comte de Brassac, baron de La Rochebeaucourt, fut d'abord pourvu d'un régiment de gens de pied français, de dix enseignes de cent hommes chacune, et du gouvernement de Saint-Jean d'Angély, puis de celui de Châtellerault. Il eut depuis une compagnie de cinquante hommes d'armes. Il fut conseiller d'État, lieutenant général au gouvernement du Poitou, gouverneur de Saintonge et d'Angoumois ; en 1662, maréchal des camps et armées du roi, et ministre d'État, comme il se voit par plusieurs lettres qu'il reçut du roi Louis XIII et de la reine-mère. Il fut ambassadeur à Rome vers le pape Urbain VIII ; décoré au mois de mai 1633 de l'ordre du Saint-Esprit ; nommé en 1634 gouverneur de Lorraine et du Barois, et en 1640 surintendant de la maison de la reine. Ce seigneur mourut à Paris, le 14 mars 1645, sans laisser de postérité de sa femme, Catherine de Sainte-Maure de Montausier, première dame d'honneur de la reine mère du roi Louis XIV, qu'il avait épousée le 6 avril 1602.

X *bis*. — Louis de Galard de Béarn, comte de Brassac, recueillit en 1645 la succession de son frère aîné, et testa le 16 novembre 1647. Il avait épousé Marie de Rençonnet de Noyan, dame du Repaire et de Rognac, fille de Benjamin de Rençonnet, Sgr de Coyres et de Polignac, et de Marthe de Raymond. De ce mariage naquirent : 1° Alexandre de Galard de Béarn, qui suit; 2° Jean-Isaac, appelé du

Repaire, colonel d'infanterie à l'âge de dix-huit ans, mort âgé de vingt-deux ans à l'attaque d'un fort en Allemagne; 3° Charles, Sgr de Mirande, auteur de *la branche de ce nom qui a subsisté en Angoumois;* 4° René, Sgr de Faragorce, dont *est sortie la branche du Repaire*, éteinte actuellement; 5° Susanne; 6° Polyxène; 7° Anne; 8° Marie; 9° Lydie; 10° Marthe.

XI. — Alexandre de Galard de Béarn, comte de Brassac, servit longtemps avec distinction dans le régiment de Navarre, rendit hommage au roi, le 14 mai 1666, pour sa terre de Brassac, et mourut en 1691. Il avait épousé, en 1646, Charlotte de La Rochefoucault, fille unique de Jacques de La Rochefoucault, baron de Salles et de Geneté, de laquelle il eut : 1° François-Alexandre de Galard de Béarn, qui suit; 2° Louis-Alexandre-René, mort sans enfants; 3° Daniel, marié à Gabriel de Raymond; 4° Julie, femme de N..... de La Place, marquis de Tarsac; 5° N....., épouse d'Escandillande Fonguyon de Chambon; 6° Charlotte, qui épousa son cousin François de Galard de Béarn d'Argentine; 7° N.....; 8° N....., religieuse.

XII. — François-Alexandre de Galard de Béarn, comte de Brassac, baron de La Rochebeaucourt, de Salles, etc., colonel d'infanterie, décédé en 1713, avait épousé, en 1692, Marthe-Madeleine Foullé, fille du marquis de Prunevaulx, conseiller d'État, laquelle lui a survécu jusqu'au 11 novembre 1747. Leurs enfants furent : 1° Guillaume-Alexandre de Galard de Béarn, qui suit; 2° René, dit le marquis de Brassac, chef de brigade des carabiniers et maréchal-de-camp en 1748, allié, le 29 mai 1749, avec Marie-Anne-Catherine Morin.

XIII. — Guillaume-Alexandre de Galard de Béarn de Brassac, baron de La Rochebeaucourt, colonel du régiment de Bretagne-cavalerie, fut ensuite premier gentilhomme de la chambre de Stanislas, roi de Pologne, duc de Lorraine et de Bar. Il a épousé, le 26 juillet 1714, Luce-Françoise de Cotentin de Tourville, dame du palais de madame la duchesse de Berri, fille d'Anne-Hilarion de Cotentin de Tourville, vice-amiral et maréchal de France, lieutenant général de la province de Bretagne. Il eut de ce mariage Anne-Hilarion, qui suit.

XIV. — Anne-Hilarion de Galard de Béarn de Brassac, appelé comte de Béarn, né le 22 novembre 1715, lieutenant de vaisseau à dix-sept ans, a épousé, le 11 janvier 1739, Olympe de Caumont, fille d'Armand Nompar de Caumont, duc de La Force, pair de France, et d'Élisabeth de Gruel de La Frette. Leurs enfants sont : 1° Alexandre-Guillaume de Galard de Brassac, né le 26 janvier 1741; 2° Adélaïde-Luce-Madeleine, née le 9 décembre 1739, et mariée, au mois de juin 1757, avec Bertrand de Caumont de Beauville, dit le marquis de Caumont; 3° Anne-Luce-Jacqueline, née le 22 juillet 1745; 4° N....., née le 17 août 1753. (*Extrait de* MORÉRI.)

XV. — Guillaume-Alexandre de Galard de Brassac porte alternativement le titre de marquis de Brassac et de comte de Béarn; le dernier est plus usuel. Entré dans le régiment de Chartres-cavalerie avec le grade de capitaine, il fut successivement élevé à ceux de brigadier des armées du roi et de mestre-de-camp. Mme Victoire le choisit pour son premier écuyer. A ces honneurs il ajouta ceux de chevalier de Saint-Louis et des ordres de Mont-Carmel, de Saint-Lazare et de Jérusalem. Sa femme, N... Potier de Novion, lui donna quatre fils : 1° Alexandre-Léon-Luce, qui va suivre; 2° Alexandre-René, époux de N..... Chapelle-de-Jumilhac; 3° Louis, chevalier de Malte; 4° Hector, marié à N..... de Durfort; 5° N..... de Béarn, mariée au marquis de Ménilglaise; 6° N..... de Béarn, mariée à M. de Montfleury; 7° N..... de Béarn, mariée au comte de Coëtus.

XVI. — Alexandre-Léon-Luce de Galard de Béarn, marquis de Brassac, comte de

Béarn, fut chambellan de l'Empereur. Il se maria en 1796 avec Pauline de Sourche de Tourzel, fille de la duchesse de Tourzel, gouvernante des enfants de France. Pauline de Tourzel, amie particulière de madame la Dauphine, duchesse d'Angoulême, partagea la captivité de la famille royale au Temple, et échappa par miracle aux massacres de septembre. De cette alliance sont issus : 1° Hector de Galard-Béarn ; 2° Pauline, morte jeune ; 3° Hélène, décédée en bas âge ; 4° Alix, mariée au marquis de Villefranche.

XVI. — Louis-Hector de Galard, comte de Brassac et de Béarn, sortit de l'école Polytechnique comme officier d'état-major. Il accompagna le duc de Mortemart, son cousin, chargé par Charles X de se rendre près de l'empereur de Russie pour suivre la campagne contre les Turcs. L'empereur Nicolas, en récompense de sa belle conduite au siége de Varna, lui remit de sa main, sur le champ de bataille, la croix de Saint-Wladimir. Le comte de Béarn, nommé chevalier de la Légion-d'Honneur à son retour en France, changea la carrière des armes pour celle de la diplomatie. Après avoir rempli les fonctions de secrétaire d'ambassade à Saint-Pétersbourg, il fut chargé d'une mission en Suède, où le roi Bernadotte l'accueillit avec autant de bienveillance que de distinction, et lui conféra l'ordre de l'Épée de Suède. Il représenta la France près la cour de Hanovre comme ministre plénipotentiaire. La révolution de 1848 rompit sa carrière et ses rapports officiels, et le comte de Béarn reçut, comme marque de sympathie, le grand-cordon de l'ordre des Guelfes. L'Empire le réintégra dans les ambassades, le fit ministre plénipotentiaire près le roi de Bavière, et lui ouvrit les portes du sénat. Grand-officier de la Légion-d'Honneur depuis 1846, chevalier de Sainte-Anne de Russie, grand'croix de l'ordre de Guillaume de Wurtemberg.

De son premier mariage avec Coralie, fille du général comte Le Marois, sont nés : 1° Pauline de Béarn, mariée à Albert, prince de Broglie ; 2° Henri, comte de Béarn, mort sans enfants.

De son second mariage avec Marguerite de Choiseul, fille du duc de Choiseul-Praslin, viennent six enfants : 1° Gaston de Béarn, appelé prince de Viana, officier d'état-major ; 2° Blanche, sœur de Saint-Vincent-de-Paul ; 3° Centulle, attaché d'ambassade ; 4° Jean ; 5° Jeanne ; 6° Arcien. (*L'historique des trois derniers chefs de cette maison est tiré de la 23e livraison de* d'Hozier.)

Branche du Repaire en Angoumois.

XI bis. — René de Galard de Béarn du Repaire, comte de Faragorce, était quatrième fils de Louis de Galard de Béarn, comte de Brassac, et de Marie de Rençonnet de Noyan. Il fut marié, le 11 juin 1663, avec Marie de Clermont, veuve de Henri de La Laurencie, Sgr du Marnilaguet, et fille de François de Clermont, Sgr de Montsec, et d'Anne de Rençonnet. Il en eut, entre autres enfants, Philippe de Galard de Béarn, qui suit.

XII bis. — Philippe de Galard de Béarn, comte de Galard, Sgr du Repaire, capitaine au régiment du roi, puis colonel d'un régiment de son nom, épousa, le 9 avril 1694, Susanne de Sainte-Hermine, veuve de René de Briand, Sgr de Boisse, brigadier des armées du roi, et fille d'Hélie de Sainte-Hermine, Sgr de Cireuil. Il fut père d'Alexandre de Galard-Béarn, qui suit.

XIII bis. — Alexandre de Galard-Béarn, comte de Galard, Sgr du Repaire de Rougnac, fut allié, le dernier janvier 1740, à Marie-Élisabeth du Chesnel, fille de Charles-Louis du Chesnel, marquis d'Écoyeux, chef d'escadre, et de Marie-Thérèse

Chataignier de Saint-Georges. Cette branche s'est éteinte dans la maison des marquis de Vassoigne en Angoumois, et la terre du Repaire appartient actuellement au comte René de Roffignac, fils de Henri Thibaud de Roffignac et de Louise-Julie-Élise de Vassoigne, ainsi qu'à ses sœurs, MM^{mes} de La Bernardie et de La Bigotie.

Branche de La Vaure d'Argentine.

X. — Charles de Galard de Béarn, S^{gr} de La Vaure, cinquième fils de René de Galard de Béarn, comte de Brassac, chevalier de l'ordre du roi, et de Marie de La Rochebeaucourt, épousa, le 19 janvier 1616, Marie de Saux, fille de Bernard de Saux, S^{gr} de La Cour-de-Blain, etc. Il eut entre autres enfants René de Galard de Béarn, qui suit.

XI. — René de Galard de Béarn, chevalier, S^{gr} de La Vaure d'Argentine, épousa, le 13 juillet 1645, Jeanne de La Geard, fille de messire Philippe de La Geard, S^{gr} de Saint-Martial, Cherval, Viveirone en Périgord, grand-sénéchal d'Angoumois. (*Contrat passé devant Pierre de l'Espinasse, notaire royal.*) De ce mariage :

XII. — François de Galard de Béarn, S^{gr} de La Vaure et d'Argentine, capitaine de dragons dans le régiment de Châtillon, épousa, le 24 janvier 1693, sa cousine Marie-Charlotte de Galard de Béarn de Brassac, fille naturelle et légitime de défunt messire Alexandre de Galard de Béarn, quand vivait, chevalier, S^{gr}, comte de Brassac, de La Rochebeaucourt, Salles, Genté et autres places, et de dame Charlotte de La Rochefoucault, aussi ses père et mère, demeurant au château de La Rochebeaucourt. L'original de ce contrat est déposé chez Me Trouillier, notaire à Angoulême. La minute est signée : François de Galard de Béarn ; Marie-Charlotte de Galard de Béarn ; René de Galard de Béarn ; Carrier, prévost de La Rochebeaucourt ; Planche, chanoine de La Rochebeaucourt, et Dutaix, notaire. (*Scellé à Mareuil, le 18 mars* 1779, *par* LABONNE, *qui a reçu 14 sols, y compris les 8 sols pour livre.*)

« Extrait, collationné et vidimé la présente copie sur son original, escrit sur une
» feuille de papier timbré de la généralité de Bordeaux, à ce qu'il nous a paru par
» l'empreinte d'une fleur de lys et la lettre au milieu, contenant le nom de la géné-
» ralité, à nous représenté par Pierre Dutaix, sieur du Moulin-Neuf, demeurant
» au Moulin-Neuf, paroisse de Combiers, et ce requérant le sieur Dutaix du Mou-
» lin-Neuf, qui a déclaré vouloir faire faire la présente collation, et *vidimus*
» requérant Thibaut, comte de Galard de Béarn, S^{gr} d'Argentine, laquelle copie est
» conforme au dit original, et que foy doit y être ajoutée, et a ledit sieur
» du Moulin-Neuf à l'instant retiré le dit original qu'il a promis de représenter
» quand besoin sera. Iceluy scellé à Mareuil, le 18 mars 1779, par Labonne. »

XIII. — Philippe-Paul, comte de Galard de Béarn, chevalier, S^{gr} de La Vaure d'Argentine et Belvire, fils du précédent, et de Charlotte de Galard de Béarn, fut marié, en 1733, à Anne d'Astelet. De ce mariage : Thibaut, qui suit ; plusieurs garçons morts sans alliance, et deux filles mariées, l'une à noble de Haumont, et l'autre au baron Desmiers d'Olbreuze.

XIV. — Thibaut, comte de Galard de Béarn, appelé comte de Béarn dans son acte de mariage, chevalier, S^{gr} de La Vaure d'Argentine, de Bellevue et autres lieux, épouse en 1773 Marie-Marguerite du Tillet, des marquis de Bussières, fille de Siméon du Tillet, S^{gr} des Rousselières, des Trésorières, etc....., conseiller du roi au siège présidial d'Angoumois, dont six enfants : 1° Paul, capitaine à l'armée de Condé, mort sans alliance ; 2° F. de Galard de Béarn, page de Louis XVI, appelé le chevalier de Béarn, et inscrit sous ce seul nom au monument de Quiberon, mort sans alliance; 3° Pélagie de Galard de Béarn, mariée à son cousin le chevalier Desmier; 4° Laurent-Alexandre, dont l'article suit; 5° Jean-Baptiste de Galard de Béarn, né en 1778, marié : 1° à sa cousine de Galard, de la branche de Saldebruc en Agenais, et dont il n'eut pas d'enfants, et 2°, en 1801, à Marie-Pauline-Henriette Moreau de Saint-Martial, dont : A, en 1802, Thibaut-Ferdinand, comte de Galard de Béarn, marié, en 1832, à Juliette de Jean de Jovelle, dont trois enfants : *aa* Henri de Galard de Béarn, né en 1834, officier démissionnaire, marié, en 1861, à Gabrielle d'Arblade de Séailles; *bb* Charles de Galard de Béarn, né en 1836 ; *cc* Marie-Julie-Louise de Galard de Béarn, mariée, en 1860, à Jean-Amable de Livron, officier de cavalerie démissionnaire, fils de Jean-Léon, marquis de Livron, et de Marie-Hortense-Félicie de Gay de Nexon. — B, en 1804, Hippolyte-Louis, comte de Galard de Béarn, marié, en 1828, à Marie-Madeleine-Blanche de Conan, dont deux enfants : *aa* Alexis, né en 1830, mort le 8 mai 1846; *bb* Marie-Geneviève de Galard de Béarn, née en 1829, mariée, en 1849, à Hippolyte-François Lodoïs Leblanc de Mauvesin; 6° Pierre-Émery Saint-Marc de Galard de Béarn, marié, en 1805, à Marguerite de Bouilhac, veuve du baron de Vassal de La Vassaldie. De ce mariage : A Ursule-Évelina, mariée à N..... de Sénailhac ; B Marie-Hermine, mariée au comte d'Abzac de Champlobet ; C Jean-Baptiste, comte de Galard de Béarn, marié en premières noces à Anne-Salomon de Boisrouffier, dont : 1° Henry-Anatole de Galard de Béarn ; en secondes noces, à Clémence-Marie de Bermondet de Cromières, dont : 1° Raoul-Renaud, marié à Marie-Elmyre Gay de La Judie ; 2° Jules-Adolphe ; 3° Louis-Bertrand.

XV. — **Laurent-Alexandre, comte de Galard de Béarn**, Sgr d'Argentine, de Nadaillac, etc., épousa, en 1814, Catherine-Virginie de Malet de Sorges, fille du baron de Malet, longtemps député de la Dordogne. (Les terres d'Argentine et de Nadaillac furent vendues en 1838, et celle d'Argentine a été rachetée par le sénateur, chef de la branche de Galard de Brassac de Béarn, plus connu sous le nom de comte de Béarn.) Il eut de son mariage : 1° Jean-Baptiste-Hector, comte de Galard de Béarn, qui suit; 2° Pauline-Marie, mariée à Pierre-Xavier-Charles, baron de Chasteigner, morte en 1857; 3° Cécile, veuve, en 1867, d'Armand-Honoré-Pierre-Clodomir Duffaud de Saint-Étienne, ingénieur en chef des ponts-et-chaussées, chevalier de la Légion-d'Honneur.

XVI. — **Jean-Baptiste-Hector, comte de Galard de Béarn**, né en 1815, marié, le 25 janvier 1843, à Hortense-Eugénie-Laurence Michau de Montaran, fille d'Edme-Hippolyte Michau, marquis de Montaran, baron de l'empire, écuyer de Napoléon Ier, et de Marie-Constance-Albertine de Moisson de Vaux, dont :

XVII. — **Hector-Marie-Roger de Galard de Béarn**, attaché d'ambassade, né le 25 novembre 1843. (*Les documents de la branche de Galard-Béarn d'Argentine reposent tous sur les contrats de mariage.*)

La famille de Galard de Béarn porte : *écartelé, au 1er et 4e, d'or à trois corneilles de sable becquées et membrées de gueules*, qui est de Galard ; *au 2e et 3e, d'or à deux vaches passantes accolées, accornées et clarinées d'azur*, qui est de Béarn.

Couronnes : *de marquis et ducale.*

Cimier : *une tête de licorne d'argent.*

Supports : *deux griffons ailés.*

Devise des Galard : *Invia nulla via.*

Devise des Béarn : *Gratia Dei sum quod sum.*

La maison de Galard de Béarn fut apparentée par des mariages avec François Phœbus, prince de Béarn; Henri d'Albret, roi de Navarre; Ferdinand, roi de Castille et d'Aragon; Charles VIII et Louis XII, roi de France; Ladislas, roi de Bohême et de Hongrie; la reine Anne de Bretagne; Marguerite de Provence. Les liens de cousinage la rattachaient également aux grandes personnalités princières et féodales : telles que Gaston de Foix, duc de Nemours; les comtes d'Armagnac, de Bigorre, etc., etc., et beaucoup d'illustres noms qui figurent dans ses alliances. (*Extrait de* d'Hozier, 23ᵉ *livraison.*)

GALAYS (p. 198). — Antoine Galaix [ou Galais], écuyer, Sgr de Saint-Germain, fut convoqué au ban de 1543 en Auvergne. Ce nom y est très-peu connu; on le trouve quelquefois en Bourbonnais et dans la Marche. (*Nobiliaire d'Auvergne.*)

François Gallaix, Sr de La Chaize-Fibet et de Soubre, paroisse de La Celle-Barmontoise (1669-1684). (D. Bett., *Noms féodaux.*)

GALLEBRAM et GALLEBRUN.

Ces noms se retrouvent en Bourbonnais, en Anjou et dans la Marche. Pierre de Gallebram, chevalier, fit un échange de rentes avec un bourgeois de la ville de Moulins en 1359. Geoffroi Gallebrun était possessionné près de Saumur en 1459. Louise Gallebrun, dame de Jarnages dans la Marche, vivait en 1506. (*Noms féodaux*, p. 448, 512, 791.)

GANDILHAUD (p. 199), Sr de Saint-Aignan, demeurant à Angoulême, élection d'Angoulême, porte : *d'azur à une tour d'argent maçonnée et crénelée de sable.*

Gandilhaud, Sr de Saint-Aignan, président au présidial d'Angoulême.

I. — Pierre Gandilhaud : actes de la maison de ville d'Angoulême, où ledit Pierre est au nombre des conseillers, du 16 mars 1578. — Le sieur du Mercier est reçu conseiller par le décès du sieur Gandilhaud le 13 avril 1598. Il épousa Marguerite Arnaud.

II. — Antoine Gandilhaud : testament dudit Pierre et de ladite Arnaud, sa femme, en faveur dudit Antoine, son fils, du..... septembre 1573. Il épousa Marguerite Laisné.

III. — Henri Gandilhaud, frère de Gabriel Gandilhaud, président au présidial d'Angoulême, épousa, le 16 septembre 1653, Charlotte-Zacharie du Bourdet. (*Maintenu de d'Aguesseau.*)

Henri-Marc-René Gandilhaud, écuyer, Sgr de Chambon, épousa, vers 1670, Léonarde Nadault, fille de Martial, écuyer, Sgr de Champsac, Les Tillettes, Champdose, etc., et de Marie-Barbe Fitz-Baring, dame d'honneur de la reine Henriette de France. (La Chesnaye des Bois, 2ᵉ édition, T. II, supplément.)

GARAT (p. 200).

Pierre Garat, chevalier, Sgr de Saint-Priest (1), Moncocu et Ambazac, était à l'assemblée de la noblesse de la Haute-Marche, tenue à Guéret, le 16 mars 1789. On le trouve aussi à celle du Limousin.

---

(1) Saint-Priest-les-Oussines, aujourd'hui Saint-Priest-Taurion, canton d'Ambazac, arrondissement de Limoges (Haute-Vienne).

Raymond de Garat, baron de Villeneuve, assistait à la même assemblée.

Marie-Anne Garat, comtesse de Fayat, épousa Gilbert-Martin de Joussineau, comte de Fayat, baron de Peyrelevade, Sgr de Saint-Martin-Sespert, Les Oussines, La Valade, Lambert et Laboissière. Il était mort avant le 16 mars 1789, lorsque sa veuve faisait partie de l'assemblée de la noblesse du Limousin.

Marie-Anne Garat de Saint-Priest épousa Jacques-François de Douhet, chevalier, Sgr de Puymoulinier, Le Palais et Panazol. Elle était veuve en mars 1789, et assistait à l'assemblée de la noblesse du Limousin.

A l'assemblée de l'Angoumois on trouve Charles Normand de Garat, lieutenant des vaisseaux du roi.

Sources : *Gatalogue des gentilshommes de la Marche et du Limousin, de l'Angoumois, etc.*, par Louis DE LA ROQUE et Édouard DE BARTHÉLEMY.

GARABEUF (p. 199).

N..... Garabeuf de Beauplat, Sgr de Beauplat, et N..... Garabeuf, Sgr de La Vatre, étaient convoqués parmi les nobles de la sénéchaussée de Saint-Yrieix pour l'assemblée générale de 1789; mais ils n'y assistèrent pas. (*Catalogue des gentilshommes de la Marche et du Limousin.*)

LA GARDE (p. 201), Sr de Nanteuil, paroisse de Sers, élection d'Angoulême, porte : *d'argent à une étoile de gueules*.

I. — Hector de La Garde épousa, le dernier juillet 1490, Philippe Chenau.

II. — Jacques de La Garde épousa, le 9 janvier 1518, Louise de Verneuil.

III. — François de La Garde épousa : 1°, le 14 novembre 1547, Louise Roquard ; 2°, le 14 janvier 1556, Catherine Danthon. Il est pourvu de la charge de capitaine du château d'Angoulême le 23 octobre 1568. — Transaction entre ledit François et les enfants de son premier lit le 18 mars 1585. — Il eut de son second lit Jean, qui suit.

IV. — Jean de La Garde épousa, le 1er mars 1587, Rachel du Crue.

V. — Isaac de La Garde épousa, le 5 février 1619, Suzanne Guitton.

VI. — François de La Garde. — Mariage de Suzanne, fille d'Isaac, par l'advis de François, son frère, du 12 mars 1645. (*Maintenue de d'Aguesseau.*)

Cette famille de La Garde a longtemps possédé le château de Nanteuil, commune de Sers, canton de La Valette (Charente). En 1635 le sieur de La Garde était appelé pour la formation du ban de l'Angoumois, mais ne s'y rendit pas. Isaac de La Garde, écuyer, dit aussi Sr de Nanteuil, y figurerait, selon les procès-verbaux publiés, en 1866, par Th. de B.-A.

Susanne de La Garde épousa, avant 1600, Jean de La Laurencie, Sgr de Charras. (*Ban et arrière-ban de l'Angoumois*, 1635.)

LA GARDE-FERRADURE.
— Cette terre, située près de Bourg-Lastic, était à la maison de Rochefort de 1214 à 1450. Elle appartint ensuite aux familles de Doyac, Le Loup de Montfant et de Longeac. Cette dernière la possédait à l'époque de la révolution de 1789.

LA GARDE-GUILLOTIN,
seigneurie située dans les dépendances de la commune de Merlines, aux limites de l'Auvergne et du Limousin (arrondissement d'Ussel, Corrèze). Elle a très-longtemps appartenu à la maison d'Ussel.

DE LA GARDE, comtes de Saignes en Quercy, Sgrs de Parlan, Palaret, Reilhac et autres lieux, en Auvergne. — D'après les preuves de cour, signées par M. Chérin, généalogiste des ordres du roi, le 28 février 1789, et déposées à la Bibliothèque nationale, la maison de La Garde de Saignes tire son origine d'une terre située près de Tulle. Hugue de La Garde fut témoin avec Pierre de Tulle dans une charte d'environ l'an 1110, par laquelle Renaud Robert, fils de Robert de Val, confirma une donation faite à l'abbaye de Vigeois par Robert de Sadran. Il paraît avoir eu pour fils Étienne et Géraud de La Garde, qui firent une donation à la même abbaye, vers 1145, du temps de l'abbé Adémar. La filiation de cette famille est établie depuis Géraud Ier, Sgr de La Garde, en 1240. De cette souche sortirent plusieurs prélats illustres, qui jouèrent un rôle important aux xiiie et xive siècles, entre autres Gaucelin de La Garde, doyen du chapitre de Brioude en 1278, évêque de Lodève en 1298, de Maguelonne en 1296, ambassadeur auprès du roi d'Aragon en 1303, mort en 1304. C'est à tort que la maison de La Garde-Chambonnas a classé ce personnage dans sa généalogie : sa parenté avec ceux du Limousin paraît prouvée.

Géraud de La Garde, dit du Daumar, élu général des frères prêcheurs en 1340, créé cardinal du titre de Sainte-Sabine par le pape Clément VI, son parent (*Voir* l'article Roger), en 1342, et mort en 1343.

Étienne de La Garde, frère du précédent, pourvu de l'archevêché d'Arles en décembre 1347, légat du Saint-Siége en Lombardie en 1350, mort en 1359.

Guillaume de La Garde, d'abord archevêque de Braga en Portugal, succéda à son frère sur le siége d'Arles en 1360, devint patriarche de Jérusalem en 1371. Il eut l'honneur de couronner à Rome Louis de Tarente et Jeanne d'Anjou, comtesse de Provence, sa femme, comme souverains de Sicile, en 1352, et quelques années plus tard il mit la couronne du royaume d'Arles sur la tête de l'empereur Charles IV. Ce prélat mourut, selon les uns, en 1374, et selon les autres, en 1378.

Le neveu du cardinal de Sainte-Sabine, de l'archevêque d'Arles et de l'archevêque de Braga, épousa Marie de Tranchelion, et fit la branche qui suit.

Branche des seigneurs de La Garde de Tranchelion.

La branche des seigneurs de La Garde, en Bas-Limousin, fut substituée, en 1364, aux noms et armes de la maison de Tranchelion, par le mariage d'Ameri de La Garde avec Marie, dame de Tranchelion. Elle s'est alliée depuis aux familles de Faucher-Sainte-Fortunade, d'Ailly, de Montroux, de Brie, de Boislinars.

P..... *La Garda*, donzel, vendit à Guilhem de Boussac 8 sous de rente en 1350.

Cette famille s'est éteinte en la personne de François de La Garde-Tranchelion, fiancé en 1575 à Jeanne de Pierrebuffière, mais décédé avant l'accomplissement du mariage. Il avait pour sœurs les suivantes :

Jeanne de La Garde de Tranchelion était religieuse à Coiroux ; elle fut prieure de Dersses en 1564 ; elle se démit, en 1583, en faveur d'autre Jeanne, sa sœur, religieuse aux Allois.

Jeanne de La Garde de Tranchelion, sœur des deux précédentes, épousa François de Montroux, auquel elle porta les biens de sa famille, ayant eu la succession de son frère François, mort sans postérité. François de Montroux et Jeanne de La Garde de Tranchelion fondèrent, en l'abbaye d'Obasine, en 1584, un anniversaire pour la dame Jeanne de La Garde-Tranchelion, sœur aînée, ci-devant religieuse de Coiroux et prieure de Dersses.

Voir l'article TRANCHELION.

Branche des seigneurs de Saignes, etc.

La branche des seigneurs de Saignes, de Parlan, Palaret et Reilhac, eut pour auteur Geraud II, petit-fils de Geraud Ier, qui, suivant un acte du 8 novembre 1364, s'était fixé à Argentat (arrondissement de Tulle, Corrèze), d'où sa postérité s'étendit en Quercy et en Auvergne. Le rang qu'elle a toujours tenu dans ces deux provinces, les belles alliances qu'elle y a contractées, les services qu'elle a rendus à la monarchie, ne sont pas les seuls avantages qui la distinguent : elle a encore celui d'avoir produit des hommes marquants, parmi lesquels on doit particulièrement citer :

Antoine de La Garde, protonotaire du Saint-Siége, archiprêtre de Tégra, et prieur de Rompoux en 1524.

Pierre de La Garde, S^{gr} de Saignes, Parlan, Palaret, etc., conseiller au parlement de Toulouse en 1518, ambassadeur en Pologne en 1519, en Écosse en 1525, et en Portugal en 1529. Il mourut premier-président de la Tournelle, à Bordeaux, en 1550.

François de La Garde, fils puîné du précédent, fut archiprêtre de Tégra, conseiller au parlement de Toulouse en 1565, puis au parlement de Paris. Il assista au colloque de Poissy. Sa mule l'ayant emporté dans la Seine, vis-à-vis de Chaillot, il y périt le 29 septembre 1578. Le journal de l'Étoile, malveillant ou mal informé, attribua faussement ce malheur à un acte d'aliénation mentale.

Louis Ier de La Garde, S^{gr} de Saignes et de Parlan, frère aîné du précédent, fut gentilhomme de la maison des rois Charles IX et Henri III. Il fit les campagnes d'Italie et de Lorraine, assista à la prise de Fossano, à celle de Metz, de Toul, de Verdun, et à la bataille de Renty, en 1554. Lors de la paix avec les religionnaires, en 1581, Louis de La Garde fut choisi pour arbitre de tout le parti catholique du Quercy.

René Ier de La Garde, S^{gr} de Saignes, de Parlan, etc., fut, comme son père, gentilhomme de la chambre du roi en 1582, mestre-de-camp du régiment de Quercy en 1575. Il accompagna le duc de Montmorency dans son ambassade en Angleterre, servit utilement Henri IV en Auvergne, où il reprit la ville de Maurs sur les religionnaires. La noblesse de la Haute-Auvergne le députa en 1597 vers M. de Roquelaure, gouverneur de la province, pour lui porter l'assurance de son dévoûment à Henri IV. Il eut pour fils Pierre, dont il est parlé plus bas.

Louis II, l'aîné des fils de René Ier, continua la postérité. Il servit au ban de 1635, suivant certificats de 1636 et 1639, pendant que plusieurs de ses frères se signalaient dans d'autres corps.

René II fut maintenu dans sa noblesse d'extraction, en la prévôté de Maurs, le 1er octobre 1666.

Louis III, comte de Saignes, baron de Parlan et de Palaret, fut maintenu de nouveau par l'intendant d'Auvergne, le 26 juin 1706.

René III, mousquetaire de la garde du roi, eut pour successeurs :

Jean-Marc-Gabriel de La Garde, comte de Saignes, capitaine de cavalerie et chevalier de Saint-Louis avant la révolution,

Et enfin Antoine-Félix-Auguste de La Garde, comte de Saignes, qui représente (1843) cette famille en Auvergne.

Jusqu'ici nous n'avons parlé que de la ligne directe ; mais de celle-ci sont successivement sortis cinq rameaux répandus en Auvergne, en Quercy, Languedoc et Périgord. Celui des seigneurs de Saint-Angel, en Périgord, était représenté, en 1789, par François-Thibaud de La Garde, sous-lieutenant aux gardes françaises, condamné à mort par le tribunal révolutionnaire de Paris, le 24 juillet 1794.

Pierre de La Garde, Sgr de Vallon, second fils de Louis Ier et de Marguerite de Plas, dame de Vallon, sa quatrième femme, épousa, le 14 janvier 1593, Marguerite de Saint-Chamant, dame de Scorailles en partie, de laquelle naquit une fille unique, Marguerite de La Garde, mariée, le 4 février 1609, à Annet de Vabres, marquis de Castelneau.

Parmi les principales alliances de la maison de La Garde de Saignes, on distingue les noms d'Adémar, d'Albin-Valsergues, d'Assas, de Barasc, de Belcastel, de Bourdeilles-Brantôme, de Chabans, de Châteauvieux, de Chazettes de Bargues, de Corn d'Ampare, de Durfort-Boissières, d'Escairac, de Fontanges, de Gaulejac, de Gironde, de Langeac, de Lestrade, de Luzech, de Méalet, de Fargues, de Melun, de Mier, de Parlan, de Preusse-Peyronnencq, de Plas de Vallon, de Saint-Chamant, de Saint-Mamet, de Turenne-d'Aynac, d'Usson-Bonnac, de Vabre, de La Valette-Cornusson, etc., etc.

Une généalogie de cette maison a été imprimée, en 1839, au tome VI des *Archives de la noblesse de France*, par M. Lainé.

Armes : La Garde porte : d'*azur à une épée d'argent mise en bande.*

La Garde de Tranchelion porte : *de gueules à une épée d'argent en bande tranchant un lion d'or.*

Sources : *Nobiliaire d'Auvergne*, par J.-B. Bouillet. — *Archives de la noblesse de France*, T. VIII. — *Nobiliaire du Limousin*, par M. Lainé. — *Dictionnaire héraldique* de Charles Grandmaison.

LE GARDE DE MERCOEUR, seigneurie située en Limousin. Un gentilhomme nommé de Roquet d'Estresse la possédait en 1664. (*Dict des fiefs.*)

GARGILESSE. — Les vicomtes de Brosse avaient pris leur nom d'un château-fort situé dans la Marche Limousine. La première race de ces vicomtes s'éteignit vers le milieu du xe siècle. A cette époque, le château de Brosse était possédé de moitié par Girard, vicomte de Limoges, mari de Rothilde, fille du dernier vicomte de Brosse, et l'autre moitié par la maison de Gargilesse. Cette co-possession excita une guerre acharnée entre les deux familles. Aimoin rapporte qu'Adémar, fils de Gui Ier, vicomte de Limoges, et petit-fils de Gérard et de Rothilde, s'empara du château de Brosse sur Hugues de Gargilesse (vers 995), et s'y défendit contre Guillaume, duc d'Aquitaine, et Boson, comte de la Marche, qui vinrent l'y assiéger. Plus tard (1000), Hugues de Gargilesse, ayant surpris et fait prisonnier Adémar dans la ville de Saint-Benoît-du-Sault avec cinq autres de ses barons, reprit ensuite le château de Brosse, dont il fit raser la tour. (Lainé. — *Nobil. du Lim.*, p. 10.)

GARNIER (p. 201), de la maison de Rochefort, prieur, puis abbé de Clairvaux, après l'avoir été d'Aubepierre, vivait dans le xiie siècle, et fut ensuite évêque de Langres. Il succéda à Manassès de Bar, vers l'an 1192, et fut très-considéré de puissants princes, surtout de Richard Ier. Ce prélat composa quelques homélies, que le Père Bertrand Tissier a données au public dans la *Bibliothèque de Clairvaux*. Quelques auteurs le confondent avec Geoffroi, évêque de Langres. (MORÉRI, édition de 1725.)

N..... Garnier, Sgr de Mongoumard, était à l'assemblée de la noblesse de l'Angoumois le 16 mars 1789, et N..... Garnier de Ballon le 19 du même mois. (*Catalogue des gentilshommes de l'Angoumois*.)

GARRON DE LA RODDE (p. 201).

Jean Garron, consul de Guéret. (*Procès-verbal de la rédaction des coutumes de la Marche* : 27 avril 1521.)

René Garron, licencié ez-loix, procureur du roi audict pays et sénéchaussée de la Marche, 1553. (*Arrière-ban de la Marche* : Arch. de la Creuse.)

Marguerite Roudeoux, veuve de noble Gilbert Garron, Sr de La Rodde, paroisse de Guéret, fit aveu pour le fief et métairie de Figier, paroisse de Saint-Sulpice-le-Guérétois, en 1669. (DE BETT.)

DU GARREAU (p. 201).

N..... du Garreau, en religion Père Léonard, né à Saint-Yrieix, fit ses études au collége des Jésuites, à Limoges. Dans la suite, ces Pères, qui savaient si bien discerner le mérite naissant de leurs élèves, voyant le jeune du Garreau doué d'un excellent naturel, et extrêmement porté au bien, l'admirent dans leur célèbre compagnie. On l'envoya d'abord à Bordeaux pour y faire son noviciat, durant lequel il fit paraître une ferveur extraordinaire, se montrant toujours le premier dans les exercices les plus pénibles et les plus humiliants. Sa promptitude et son allégresse paraissaient surtout dans les hôpitaux, aux jours où les novices avaient coutume d'y être conduits, pour commencer à apprendre non-seulement à servir les pauvres, mais encore à se mettre au-dessus de la répugnance que les jeunes gens éprouvent d'ordinaire pour ces lieux, où tout retrace l'image de la pauvreté et de la douleur. Quand il sortit de son noviciat, on l'employa soit à enseigner les belles-lettres, soit à faire son cours de philosophie, dans lequel il réussit si bien qu'on jugea à propos de l'envoyer à Rome pour y étudier en théologie. Ce fut là que sa vertu parut plus que jamais, parmi un si grand nombre de jeunes gens de tant de nations différentes, entre lesquels la Compagnie choisissait les meilleurs sujets et les plus vertueux, pour y prendre l'esprit de saint Ignace, et le répandre ensuite dans leurs provinces respectives. Dans le temps qu'il achevait son cours de théologie, il arriva que les supérieurs des missions du Canada écrivirent au général de la Compagnie pour lui demander un renfort d'ouvriers évangéliques, afin de venir au secours des peuples sauvages de ces contrées, dont il se convertissait chaque jour quelques individus. Ce saint religieux demanda à être employé à cette belle œuvre, et fit tant par ses prières et le crédit de ses amis, qu'il obtint ce qu'il sollicitait, et fut envoyé aux missions du Canada. Mais avant d'aller travailler à la conversion de ces pauvres sauvages, il revint d'Italie en France, où, sans se détourner de sa route pour aller dans son pays natal, dont il était peu éloigné, prendre congé de sa famille, il se rendit de suite à La Rochelle; là il s'embarqua pour le Canada. Il y trouva heureusement quelques jésuites ses confrères, qui travaillaient avec succès à l'accroissement du royaume de Dieu et qui le reçurent à bras ouverts.

Une lettre écrite en 1656 par le supérieur des missions du Canada à Me du Garreau, de Saint-Yrieix, père de Léonard, lui apprit la mort de ce saint religieux : elle nous fera connaître son caractère et ses travaux :

« Ce respectable Père était d'un esprit extrêmement vigoureux, solide, et cependant tout à fait docile; en un mot d'un naturel aussi heureux qu'on pût le désirer; et la grâce, qui abondait en lui, travaillant sur ce riche fonds, en avait fait un excellent ouvrier évangélique, qui, partout où il a passé, a produit des fruits admirables dans les âmes et dignes d'un véritable apôtre. Son humilité était profonde, sa patience à l'épreuve, sa charité remplie de douceur, son obéissance prompte, et disposée à tout entreprendre et à tout souffrir. En un mot il possédait dans un degré éminent toutes les vertus qui rendent dignes de Dieu les âmes naturellement grandes et élevées. Je puis affirmer en toute sincérité qu'il était mort au monde, et qu'il vivait véritablement en Dieu.

» Il y a environ dix ans que, après avoir éprouvé des fatigues inconcevables dans une mission, qui dura un été tout entier, sans éprouver aucun soulagement, sans prendre le moindre repos, et sans avoir même les choses les plus nécessaires à la vie, celles dont les esclaves et les derniers des hommes ne manquent pas autant qu'il le faisait, étant retourné à notre résidence des Hurons, malade à l'extrémité, nous nous attendions tellement à le perdre que nous avions déjà préparé son cercueil et tout ce qui était nécessaire pour sa sépulture, ne croyant pas qu'il eût seulement une heure à vivre. Nous vîmes en cette occasion une preuve merveilleuse de ce que peut l'amour de Dieu dans un homme totalement épuisé de forces, mais rempli de ce divin sentiment. Comme j'allais pour l'assister en cet heureux passage à une meilleure vie, je trouvai en lui un saint, qui, en mourant de corps, vivait de l'esprit de Dieu. Tous les mouvements de son cœur n'étaient que des transports de la plus vive charité et de brûlantes aspirations vers le ciel, dans un saint abandon de lui-même à la volonté de Dieu pour le temps et pour l'éternité. Il fut plus d'une heure entière dans cette vie toute d'amour en un corps tout mourant, et ce fut pour lors que l'amour fut plus fort que la mort; car Dieu nous le rendit contre nos espérances, et depuis ce grand cœur a été constamment fidèle à son grand amour.

» Dans les missions dont j'ai déjà parlé, on peut dire qu'il consumait sa vie entière pour Dieu; qu'il souffrait tout pour lui, et que toutes choses à ses yeux n'étaient rien parce que Dieu était son tout. Il vivait dans des lieux continuellement exposés aux incursions des barbares Iroquois, en danger chaque jour de mourir mille fois avant de mourir une seule; car les tyrans les plus cruels ne pourraient pas inventer de genres de morts plus horribles que le sont les tourments que ces ennemis de Dieu et des hommes font souffrir par le fer et par le feu à ceux qui ont le malheur de tomber entre leurs mains. Quelques-uns de nos pères en ayant éprouvé la rigueur, celui-ci souhaitait ce même genre de mort plus qu'il ne le craignoit, et c'était l'espoir de l'éprouver un jour qui animait son zèle et enflammait son amour. Un de nos pères, nommé Charles Barnier, son intime ami et le compagnon de ses travaux, ayant été mis à mort par ces inhumains, le 7 décembre 1649, le P. Léonard resta seul dans un pays où il était exposé à tous les maux que la nature a le plus en horreur. Ce fut alors qu'il put dire avec vérité ce que disait saint Paul, qu'il mourait chaque jour : *Quotidie morior.* Sa vie et son corps ne lui étaient rien; il faisait le plus souvent sa nourriture de glands et de semblables fruits sauvages; la terre était son lit, et Dieu seul sa consolation.

» Ses supérieurs l'ayant rappelé de cette mission au printemps de l'année suivante, il se mit dans un canot pour traverser la largeur d'environ dix lieues d'un lac qui nous séparait de lui. Les sauvages chrétiens qui l'accompagnaient, et qui lui servaient de pilotes, s'égarèrent de leur route dans l'épaisseur d'un horrible brouillard qui se forma en un instant ; il s'éleva en même temps une tempête si furieuse que, après avoir ramé nuit et jour au-dessus de leurs forces, ils perdirent tous non-seulement l'espoir, mais encore le désir de vivre plus longtemps, et s'abandonnèrent à la tempête. Il semble que Dieu se plaisait à faire mourir chaque jour ce bon Père, et à raminer de plus en plus son amour pendant ce temps-là par l'attente d'un prochain trépas ; car ce ne fut de sa part qu'élans amoureux vers Dieu qui sortirent incessamment de son cœur et de sa bouche. Il encourageait ceux qui l'accompagnaient à recevoir avec résignation ce genre de mort de la main de Dieu, et leur faisait faire des actes d'un pur amour et d'un saint abandon d'eux-mêmes, qui ne durèrent pas moins de deux ou trois heures. C'étaient en partie des Français et en partie des sauvages Hurons que nous avions envoyés pour nous le ramener : tous nous avouèrent que jamais ils n'avaient été plus heureux que dans leur désespoir ; que jamais ils n'avaient eu pour Dieu ni plus d'amour, ni plus d'abandon, et qu'ils souhaitaient sincèrement de mourir, n'espérant pas jamais le faire plus saintement qu'ils ne l'eussent fait alors, tant le feu de l'amour divin qui brûlait le P. Léonard enflammait leurs propres cœurs. Mais enfin le Seigneur dissipa la tempête et les nuages, et nos voyageurs se virent tout-à-coup proches de la terre, dans un calme et une tranquillité pareils à ceux qui avaient toujours été dans leur cœur. Il y a un peu plus d'un an que Dieu voulut encore disposer ce bon Père à la mort, par une maladie qu'il contracta en voulant faire connaître l'amour de ce grand Dieu pour les hommes. Toutes les vertus qu'on peut attendre d'un saint dans ses derniers moments furent l'occupation de son noble cœur en cette occasion. Mais le ciel lui réservait une mort encore plus sainte et plus conforme à la générosité de ses désirs. En voici le détail :

» Environ deux cent cinquante sauvages, partie de la langue huronne et partie de la langue algonquine, vinrent de quatre cents lieues d'ici, au mois d'août de la présente année 1656, tant pour leur commerce que pour demander quelques-uns de nos Pères pour les instruire, surtout et nommément le P. Léonard du Garreau, qui possédait ces deux langues, qui avoit autrefois jeté les premières semences de l'Évangile parmi ces nations, et y avait fait quelques chrétiens. Comme ces bons sauvages remontaient en leur pays, ayant obtenu deux de nos Pères, un de nos Frères, et trois de nos domestiques pour aller commencer une résidence en ces pays perdus, six canots Hurons qui allaient en avant, et dans l'un desquels se trouvait le P. du Garreau, tombèrent dans une embuscade de quatre-vingts barbares Aguierronons, qui firent une décharge sur eux, étant cachés dans des joncs qui avançaient dans la rivière, et près desquels il fallait passer de toute nécessité. Ces barbares se replièrent aussitôt sur eux-mêmes et se retirèrent dans une espèce de fort ou de palissade qu'ils avaient construite à peu de distance, après avoir tué ceux qui firent le plus de résistance dans les six canots, et en avoir fait prisonniers quelques autres.

» Le P. du Garreau eut dans cette décharge l'épine dorsale fracassée. En cet état il fut tiré hors du canot, et inhumainement jeté à terre par ces barbares, insolents dans leur victoire, qui le dépouillèrent presque entièrement. La première parole qu'il prononça dans ce triste événement fut celle-ci : « O mon Dieu recevez mon âme » ; puis il ajouta : « Mon Dieu pardonnez-leur ». Il resta de la sorte pendant quatre heures, abandonné et nageant dans son sang, se réjouissant de se voir mourir nu et délaissé des hommes comme Jésus-Christ sur la croix. Au bout de ce temps, ces barbares étant retournés au lieu du combat pour recueillir quelques vêtements, et l'ayant trouvé encore en vie, le levèrent de terre, et le portèrent dans leur palissade de pieux, qui était une forteresse imprenable. C'était le mercredi 23 août, sur les quatre heures du soir, qu'il avait reçu ce coup mortel, j'ai presque dit ce coup de vie; car, depuis ce temps-là, sa vie ne fut plus qu'en Dieu, sans que jamais il ressentît même un premier mouvement d'aigreur ou d'indignation contre ses meurtriers. Il les regardait au contraire d'un œil de charité; il les aimait en Dieu, et Dieu en eux, offrant pour eux sa vie et sa mort, adorant et aimant la conduite de la Providence à son égard. Nous eussions été privés de la connaissance de ces beaux sentiments, si la bonté de Dieu ne nous eût rendu ce bon Père un peu avant sa mort. Car, comme ces barbares victorieux prétendaient avoir la paix avec nous Français, tout en continuant cruellement la guerre avec les sauvages nos alliés, en passant à leur retour par Montréal, qui est une de nos habitations, ils y laissèrent ce Père le samedi après l'événement, qui se trouva le 2 septembre. Ce fut une espèce de miracle qu'il vécût encore, car, pendant ce long intervalle, il n'avait rien pris absolument, et il était tourmenté d'une soif intolérable.

» Il fut reçu à Montréal comme un apôtre et un martyr de Jésus-Christ. Ce même jour il se confessa trois fois, avec des sentiments d'amour et d'humilité dignes d'un homme qui mourait d'une telle mort. Il reçut le Saint-Viatique et ensuite l'Extrême-Onction, répondant à toutes les prières. Il ne cessa de remercier Dieu de l'honneur et de la grâce insigne qu'il lui faisait de répandre son sang et de donner sa vie pour procurer sa gloire, se conformant en tout, par un saint abandon de lui-même, à sa très-sainte et très-aimable volonté. Il se plaignait qu'il mourait trop à son aise; il invoquait affectueusement la sainte Vierge, saint Joseph et son bon ange. Enfin, pendant qu'il continuait de produire ces actes et autres semblables, une convulsion, qui lui survint sur les six heures du soir, l'emporta, et il rendit à son Créateur sa belle âme, purifiée et blanchie dans son propre sang, laissant à tous les assistants le cœur rempli de joie, et l'espérance bien fondée, ce semble, que ce sang produira des fruits à la gloire de Dieu.

» Nous n'avons rien épargné pour les funérailles de ce cher défunt. Tous ceux qui l'ont connu conservent pour sa mémoire le respect qui n'est dû qu'aux très-grands serviteurs de Dieu. Aucun d'eux n'a pu se résoudre à prier pour lui : chacun au contraire a cru qu'il fallait l'invoquer comme un saint. Quant à moi, qui ai pu, mieux que tout autre, le connaître et l'observer, ayant eu le bonheur, pendant l'espace de huit ans, d'être son supérieur devant les hommes, quoique devant Dieu, je lui fusse bien inférieur, je puis assurer en toute sincérité, sous les yeux de Dieu qui connaît le fond de nos cœurs, que ce bon Père m'a toujours paru un saint, d'une vertu affermie, d'une piété constante, d'une humilité généreuse, d'une douceur et d'une charité aussi aimables qu'elles étaient affectueuses et aimantes, enfin d'une ardeur et d'un zèle pour le salut des âmes dignes d'être couronnés d'une si belle et si sainte mort. J'en souhaite une semblable pour moi; ce serait le comble de mes vœux.

» Je vous écris cette lettre d'une habitation française que nous nommons *les Trois-Rivières*, où ce grand serviteur de Dieu avait demeuré les deux dernières années de sa vie....... Il s'était séparé de moi huit jours avant sa mort, le samedi 26 août. La dernière parole qui lui fut dite ici fut celle-ci : *qu'il allait à la mort;* et sa réponse fut ces deux mot : *O, utinam!* Le jour même où il fut blessé à mort, peu d'instants avant l'événement il animait nos Français qui étaient en sa compagnie, et leur disait qu'il fallait être prêts à mourir. Ah! c'est que celui qui a son cœur en Dieu ne craint ni la mort, ni la vie, et n'a réellement d'amour que pour la vie souffrante de Jésus-Christ, et pour la mort qui doit le faire vivre en Dieu. »

N..... du Garreau épousa N....., dont : 1° Jean, qui suit; 2° Adrien, qui assista au mariage de sa nièce en 1582.

Jean du Garreau (qui doit être N..... du Garreau, p. 203), S^{gr} de La Bachellerie, épousa Anne de Sanzillon de La Foucaudie, dont : 1° Guillaume du Garreau; 2° Françoise, mariée, à Saint-Yrieix, le 24 juin 1582, à Pardoux Jarrige, fils de Pierre Jarrige. Elle mourut le 5 août 1636.

Gabriel du Garreau de Puy de Belte était chantre du chapitre de Saint-Yrieix en 1656.

Louis du Garreau, écuyer, sieur de Gressignac, épousa, en 1768, Anne Élisabeth de Beaupoil de Sainte-Aulaire, de la ville de Saint-Yrieix, dame de Leyssart et de Monlopt. Il était mort en 1789, époque à laquelle sa veuve figurait à l'assemblée de la noblesse de Saint-Yrieix.

François du Garreau de Gressignac, capitaine au régiment de Bassigny-infanterie, se présenta aussi à la même assemblée.

Marie du Garreau, de la ville de Saint-Yrieix, épousa, en 1770, Pierre de Gentils.

Jean-Baptiste-Joseph du Garreau, chevalier, seigneur du Puy de Belte, La Seinie, Vergnas, Neuvic, Masléon, ancien capitaine au régiment du mestre-de-camp général de la cavalerie, chevalier de Saint-Louis, assistait à l'assemblée de la noblesse de la sénéchaussée de Limoges, le 16 mars 1789. François du Garreau, chevalier, capitaine au régiment de Bassigny-infanterie est aussi sur la liste des gentilshommes qui figurent à cette assemblée. Jean-Baptiste-Joseph épousa Valérie Limousin; ils émigrèrent pendant la révolution. Leur fils, Joseph du Garreau, pétitionnait, le 6 mars 1793, pour obtenir la jouissance des biens de ses parents.

Côme-Louis du Garreau, chevalier de Saint-Louis, né le 15 juillet 1772, habitait Saint-Yrieix à la même époque, ainsi que Charles du Garreau, né le 6 juillet 1787.

Gabriel du Garreau, chevalier, seigneur de La Meycherie, La Foucaudie, Les Renaudies et coseigneur de La Valade, assista à l'assemblée générale de la noblesse en 1789 dans la sénéchaussée de Saint-Yrieix. Il avait épousé N......, dont Antoine-Louis du Garreau, chevalier, seigneur de Bourdelas, qui assista à la même assemblée.

N....... du Garreau de La Seinie était à l'assemblée de la noblesse du Limousin.

Marc-Antoine du Garreau, chevalier de Saint-Louis, né le 27 décembre 1770, a eu pour enfants : 1° Louis, qui suit; 2° Joseph du Garreau, habitant Saint-Yrieix, qui a épousé Louise Rogues de Fursac, dont: 1° Marie; 2° Luce.

Louis du Garreau, page de Charles X, habitant le château du Ris-Chauveron, paroisse d'Azat-le-Ris, canton du Dorat, a épousé Aglantine Bessoneaud des Oulières (1), fille de M. Avril de Masquinon Bessoneaud des Oulières, chevalier de Saint-Louis, trésorier de France, qui émigra pendant la révolution; dont : 1° Gabriel, né le 12 septembre 1840; 2° Caroline, qui a épousé en premières noces Ferdinand de Vergesse; en secondes noces, N...... de Fromont, dont postérité; 3° Marie; 4° Valentine.

SOURCES : LA BICHE DE REIGNEFORT : *Six mois de la vie des saints du Limousin.* — *Catalogue des gentilshommes de la Marche et du Limousin, de l'Angoumois*, par Louis DE LA ROQUE et Édouard DE BARTHÉLEMY. — Arch. de la Hte-Vienne. — Liste des membres du jury pour 1831. — Renseignements particuliers.

(1) Les Oulières ou les Houlières, commune d'Azat-le-Ris, canton du Dorat, arrondissement de Bellac (Hte-Vienne).

GARREAU (p. 201). — Deux familles très-distinctes sont confondues dans les *notes isolées* de cet article. Les noms suivants appartiennent à celle de la Haute-Marche.

Léonard Garreau, Sr de Saint-Avid, 1636. (Arch. de la Creuse : *Arrière-ban de la Marche*, en 1636.)

Jean Garreau, Sr de Lazeras et de La Villatte, en 1669. (De Bett.)

Jean Garreau, receveur des tailles en l'élection de Combrailles, S^r de La Villatte, paroisse de Saint-Pierre-d'Alleyrat y possède haute, moyenne et basse justice. (*Ibidem.*)

Jacques Garreau, marié à Marguerite Lombard, eut pour enfants Pierre, Léonard, Jean et autre Léonard, qui étaient S^{grs} du fief-lige de Confolens, 1669. (*Ibidem.*)

François Garreau, Sr du Chier-de-Tavelle, paroisse de Néoux et de La Bussière, paroisse de Saint-Sulpice-les-Champs, 1669-1684. (*Ibidem.*)

Marguerite Garreau, fille de noble François, était dame de La Basserette, en 1669. (*Ibidem.*)

Noble Léonard Garreau, Sr de Rebeyrat, 1644. (Arch. de la Creuse.)

Noble Jean Garreau, avocat en parlement, banquier expéditionnaire en cour de Rome, Sr de Hautefaye, paroisse d'Issoudun, près Chénérailles, 1677. (Reg. de la paroisse de Saint-Médard.)

Messire Garreau, S^{gr} d'Hautefaye, écuyer, conseiller du roi, contrôleur général des finances, bois et domaines de la généralité de Moulins, 1732, paraît avoir eu pour femme Anne Moreau. (*Ibidem.*)

Noble François Garreau, Sr de Laubard, marié à........, dont :

Marie, qui épousa noble Jean-Sylvain Rondeau, Sr du Saillant, paroisse de Saint-Médard. (*Ibidem.*)

Noble Léonard Garreau, S^r de La Seiglière, 1725. (*Ibidem.*)

Jean Garreault, S^r de La Seiglière, conseiller du roi, président-juge des dépôts de sel des villes d'Aubusson, Ahun et Chénérailles, 1702. (*Ibidem.*)

Jacques Garreau, dont :

Joseph, qui avait les dixmes des villages de Chezelles, 1688. Joseph Garreau, Sr de Chezelles, était lieutenant général de police de Montluçon en 1717. (De Bett.)

Léonard Garreau, Sr de Chezelles, l'était en 1729.

Gabriel Garreau, contrôleur général ancien des finances, bois et domaines de la généralité de Moulins, marié à Marguerite Foureton de Margeleix, dont :

Abdon-Jean-René Garreau du Planchat, conseiller du roi, élu en l'élection de Montluçon, marié, le 19 juillet 1740, à demoiselle Geneviève Chareton de Beaulieu, fille de défunt M. François Chareton de Beaulieu, vivant, conseiller du roi, élu en l'élection de Montluçon, et châtellain de la châtellenie royale de Tison, et de dame Marie-Louise Veirouquier. (Reg. de Saint-Médard.)

Catherine Jabrillac, veuve de Jacques Chatenet, S^{gr} de Bouissioux, fonde une vicairie à Guéret, le 11 mars 1647, et l'augmente alors ; femme de noble Jean Garreau, conseiller à l'élection. (Nadaud, *Pouillé*.)

Gabriel Garreau, Sr de Buffeix, paroisse de Saint-Avid de Tardes, 1684. (De Bett.)

Gilbert Garreau, S^{gr} de Buffeix, dont :

Messire-Nicolas-Charles Garreau, écuyer, S^{gr} de Buffeix, capitaine de Milice au bataillon de Moulins, marié à dame Louise-Gilberte Garreau des Iles, fille de

Gilbert Garreau des Iles, qui était héritier de Jean Garreau, S* des Iles, conseiller du roi et son procureur en la juridiction des traites foraines de la ville de Montluçon. (Acte de 1758, arch. de la Creuse.)

Marguerite Garreau, veuve de Claude Ridelet, écuyer, S* de Chavanat et de Lascoux, paroisse de Vallières, 1684. (De Bett.)

Pierre Garreau, Sgr de Bonnefont, prieur de Moutier-Rauzeille, mort le 23 juin 1685. (Arch. de la Creuse, fonds de Moutier-Rauzeille.)

Laurent Garreau, Sgr de Mémanges, neveu du précédent, archiprêtre d'Aubusson, curé de Néoux. (*Ibidem.*)

Pierre Garreau, curé de Saint-Pardoux, fut remplacé comme prieur de Moutier-Rouzeille, en 1698, par Pierre de Gain. (*Ibidem.*)

P. de Cessac.

SAINT-GARREAU.

Charles de Saint-Garreau, écuyer, Sgr de Trallebault, épousa Madeleine Le Breton, dont Suzanne de Saint-Garreau, qui épousa, le 22 janvier 1755, Louis de La Porte, fils puîné de René de La Porte, écuyer, Sgr du Theil et des Forges, veuf de Thérèse Pélisson. (*Généalog.* La Porte.)

Charles-Louis de Saint-Garreau, chevalier, Sgr de Traillebaud, en partie du fief de Lalande et de la terre de Juyer, à cause de la dame son épouse, chevalier de Saint-Louis, était à l'assemblée de la noblesse de la Basse-Marche tenue au Dorat, capitale de cette province, le 16 mars 1789, ainsi que :

Jean de Saint-Garreau, chevalier de Traillebaud, ancien gendarme de la garde du roi, Sgr des fiefs de Malhetard et de Fleix. (*Catalog. des gentilshommes de la Marche et du Limousin*, par Louis de La Roque et Édouard de Barthélemy.)

LA GARRIGUE (p. 201). — Les enfants de Guillaume La Garrigue étaient vasssaux immédiats du sire de Bourbon, le 1er mai 1249. (*Généal. de La Rocheaymon*, p. 41.)

N..... de La Garrigue, de la paroisse de Tardes, épousa..... de La Roche, dont :

Guillaume de La Garrigue, qui fit hommage d'une portion de dixme de la paroisse de Mainsat à l'évêque de Limoges avec serment de fidélité, le 9 août 1300. (*Ibidem*, p. 45, P. de Cessac.)

GASCHET DE SAINT-GEORGES (p. 203), du Limousin, porte : *parti d'azur et de sinople, au lion passant d'argent, bronchant.* (Ch. Grandmaison, *Dict. hérald.*)

GAST (Benjamin de l'Isle du), né dans le diocèse du Mans, le 27 juin 1675, fut d'abord curé et ensuite chanoine et vicaire général de Chartres, puis nommé à l'évêché de Limoges en janvier 1730. Il fut sacré le 21 septembre, et prit possession le 28 octobre suivant. En 1733, il fut nommé à l'abbaye de Saint-Martial de Limoges, après la démission de M. de Bourzac, qui venait d'être nommé à l'évêché de Noyon. Il donna à son diocèse un nouveau bréviaire en 1736, et un nouveau missel en 1738. Une grande disette ayant affligé le Limousin en 1737 et 1738, Monseigneur de l'Isle du Gast se distingua par sa charité envers les pauvres et par les secours abondants qu'il leur procura. Il en nourrit lui seul cent pendant trois mois dans le réfectoire des filles de La Croix, où il leur faisait distribuer abondamment tout ce qui est nécessaire à la vie. Il fit faire plusieurs décorations et réparations au château d'Isle. Ce prélat mourut à Limoges, le 6 septembre 1739, où on lui fit des funérailles très-solennelles, et il fut enseveli dans le chœur de la chapelle du séminaire, aux pieds de Mgr d'Urfé, comme il l'avait expressément demandé par son testament. Son corps, revêtu d'ornements pontificaux encore intacts, fut transféré à la cathédrale de Limoges en 1819. Mgr Jean-Gilles de Coëtlosquet lui succéda en 1739.

Armes : *De gueules, à la croix d'argent frettée d'azur.*
Devise : *Christi dedecus, decus meum.*

Sous son épiscopat on fit les fondations et les changements qui suivent :
1731, 12 avril, hôpital de Boussac; — 16 mai, prévôté de La Valette; — Clergour uni à la cathédrale de Tulle; — prieuré de Toy; — 1732, Hospitalières de Saint-Alexis, à La Souterraine; — chapelle de La Terrade, à Aubusson; — 1734, 4 janvier, on veut unir au chapitre toutes les vicairies de la cathédrale; — 30 avril, prévôté d'Évaux unie à la Sainte-Chapelle de Riom; — 1735, 22 août, chapelle de Lastours interdite; — 1737, 10 mars, Bénévent désuni de Québec; — 1738, chapelle de Saint-Paul, démolie; — Hospitalières à Bourganeuf; — 25 août, Chapelle-Antée, érigée en succursale; — 1739, chapelle de Saint-Martial, à la chapelle de Saint-Pierre-du-Queyroix.

Source : *Manuscrits de Nadaud.*

GATTAND.

Henri Gattand, Sgr des Lignières, était à l'assemblée de la noblesse de la Haute-Marche, le 16 mars 1789. (*Catalogue des gentilshommes de la Marche et du Limousin.*)

GASTINE (p. 204.). — Noble Mathurin de La Gastine, Sr de Glisières (Lizières, commune, canton du Grand-Bourg, Creuse), fut parrain le 24 avril 1607. (*Reg. des baptêmes de la paroisse de La Souterraine.*)
Noble Léonard de La Gastine, écuyer, Sr de Lizières et de Longrots, tint sur les fonts baptismaux de l'église de La Souterraine, le 5 avril 1627, avec Gabrielle de Savignac, Gabriel Mingaud, fils de noble Joseph Mingaud, écuyer, Sgr de Châteauregnaud, et de damoiselle Esther Gaillard. (*Ibid.*)

GAUCOURT (p. 206).

Lisez (lignes 13 et 14) : Gilles, baron de Preuilly, Sgr de La Rocheposay, fils d'Eschivard, Sgr des mêmes lieux, et de Sarrazine de Prie.
L'illustre maison de Gaucourt, issue des anciens comtes de Clermont en Beauvoisis, et fixée en Berri dès la première moitié du xve siècle, appartenait exclusivement à la noblesse de cette dernière province. Elle ne se rattachait à celle de la Marche que par la possession des seigneuries de Naillac et de Fleurac, près Dun-le-Palesteau, recueillies par Jeanne de Preuilly, femme de Raoul VI, Sgr de Gaucourt, dans la succession de Jean de Naillac, son oncle, mort sans postérité en 1428.

Ces deux seigneuries ne restèrent pas longtemps dans la maison de Gaucourt, car elles appartenaient, en 1505, à Bernard Barthon, vicomte de Montbas, qui les avait probablement acquises de Charles de Gaucourt II du nom, petit-fils de Jeanne de Preuilly. Elles passèrent successivement dans les maisons de Foucault de Saint-Germain et Tiercelin de Rance. Celle-ci les possédait encore en 1669. Nous voyons aux XVI° et XVII° siècles les Esmoing qualifiés seigneurs de Naillac en partie.

Vte F. DE MAUSSABRÉ.

Le Père Anselme (*Histoire des grands officiers de la couronne*) a donné une généalogie de la famille Gaucourt, p. 274, et LA CHESNAYE DES BOIS, 2° édit., T. VII.

GAUDIN (p. 206).

N..... de Gaudin du Cluseau assistait à l'assemblée de la noblesse de Saintonge, sénéchaussée de Saint-Jean-d'Angély, le 23 mars 1789. (*Catalogue des gentilshommes de la Saintonge.*)

Jean Gaudin, écuyer, Sgr de Lafargue, épousa, vers 1680, Louise Nadaud, fille de Jacques, écuyer, Sgr de Saint-Amand-de-Blouval et du Treil, consul de La Rochelle, et de Madeleine de Poix. (*Généalogie* NADAUD.)

GAUTIER (p. 207), demeurant à Angoulême, élection d'Angoulême, porte : *parti au 1er d'azur à un lion rampant d'or, lampassé de même, armé de sable ; au 2°, bandé de sable et d'argent à sept pièces, et deux roses de gueules sur le tout.*

David Gautier est reçu pair à la place de Jacques du Souchet, le 14 janvier 1627, puis conseiller par la mort de Philippe des Bordes, le dernier mars 1656. Il fit la déclaration de vouloir vivre noblement au dit an. (DES COUSTURES, *Nobiliaire manuscrit.*)

N..... Gaultier-Dumas, veuve de N..... David Lalluyaux d'Ormay, maréchal des camps et armées du roi, Sgr de Sézeras, était à l'assemblée de la noblesse de l'Angoumois le 16 mars 1789. (*Catalogue des gentilshommes de l'Angoumois.*)

La dame Gauthier de Fayolle du Chandeuil et la dame de Fillol, veuve de N..... de Gauthier de Gérard, Sgr de Souvignac, étaient à l'assemblée de la noblesse du Périgord à la même époque. (*Catalogue des gentilshommes du Périgord.*)

GAUVIN ou GOVIN, en latin Galvanus (p. 22).

Aymeric Galliani, évêque d'Arras, neveu et exécuteur testamentaire du cardinal Pierre de Mortemart, étant mort, Jean Galvanus (*Gall. christ. nov.*, T. III, col. 337), français, fut fait évêque d'Arras en 1344 ; fut nommé avec Pierre de Cugnières, par le roi Philippe de Valois, pour apaiser une dissension entre le comte de Bar et les citoyens de Verdun, et tous deux firent des ordonnances confirmées par le parlement de Paris en 1336. On trouve un J., évêque d'Arras, en 1338. Le pape Benoît XII recommande au même roi, Jean, ci-devant évêque d'Arras, qu'il a confirmé évêque de Chalons, *Catalaunensis*, la cinquième année de son pontificat, ce qui revient à 1639. — Baluze, *Vit. Pap. Avenion.*, col. 871, assure que Pierre Bertrandi fut fait évêque d'Arras au commencement de la même année, et dans la liste des évêques de Chalons on trouve un Jean, évêque, le 6 février de la même année.

Tout s'accorde jusqu'ici ; mais le surnom de cet évêque est différent dans les deux catalogues des évêques d'Arras : l'un le nomme Galvanus, l'autre Happe. Outre cela, les auteurs flamands ne parlent point de sa translation à l'église de Chalons.

Les bénédictins n'osent assurer si c'était le même et seul évêque qui fut évêque de ces deux siéges, et laissent au lecteur à décider.

Il y a aussi différentes opinions sur son cardinalat. Frizon et Robert prétendent que Jean XXII lui donna le chapeau en 1327. Plusieurs attribuent cette grâce à Benoît XII, en 1337; mais ce dernier pape ne fit qu'une promotion de six cardinaux, parmi lesquels on ne trouve point Jean. D'autres l'ont rayé du catalogue des cardinaux, parce que son titre n'a été connu ni du secrétaire du Sacré-Collége, ni des auteurs qui ont écrit sur les cardinaux.

Circanius (col. 338) dit qu'il mourut en 1341. Il fonda son anniversaire à Arras au mois d'octobre.

Les bénédictins avouent avoir mal placé Aimeric Gauvain en parlant des évêques d'Arras, où il faut chercher son article, et qu'il faut mettre d'abord après Jean Gauvain ou Galvani, son frère, parce que dans un acte Aimeric appelle Jean son germain, *germanum* (c'est-à-dire son frère, ou cousin-germain), et son prédécesseur. Dans un arrêt du parlement de 1354, il est fait mention d'un Gui Galvani, doyen d'Arras, 1355. (*Gall. christ.*, T. IX, col. 892.)

Jean, dont on ignore le surnom, à moins que ce ne soit Jean Happe de Soissons, conseiller du roi, fut évêque de Chalons-sur-Marne, et prêta le serment de fidélité à l'église de Reims, le 4 décembre 1340. Au mois de mai de l'année suivante, il transféra les corps de saint Donatien et saint Domitien. Le pape Benoît XII lui écrivit en 1345, au sujet de l'hôpital de Chalons. Il siégeait encore en 1350. (Nadaud, *Mél. mss.*)

Pierre Gauvin, qui, d'après plusieurs, serait le cardinal Pierre de Mortemart, naquit dans le bourg de ce nom en Limousin. « L'on sait d'ailleurs, dit l'abbé Lebeuf (*Mémoires concernant l'histoire civile et ecclésiastique d'Auxerre et de son ancien diocèse*), que son véritable nom était Pierre Govin, qu'il latinisa en celui de *Galvani* ou Govani; que son père était un simple habitant du village de Mortemart en Limousin, qui est à présent un bourg, et que ce fut par le nom de sa naissance qu'il se faisait connaître plus communément. Sa mère était aussi de la même province, mais d'une origine plus illustre que son père, puisqu'elle était issue de la noble famille de Baignac, entre Bellac et Saint-Bonnet. » Dans ses *Notes sur les papes d'Avignon*, T. I, col., 761, Baluze qualifie d'erreur le sentiment d'après lequel la mère de Pierre de Mortemart serait née dans la famille de Bagnac : il dit qu'au contraire ce fut la sœur de ce cardinal qui épousa le père du cardinal Pierre de Bagnac, qui pour cette raison appelle le cardinal de Mortemart son oncle. (*Voir* T. I, p. 129.)

Quoi qu'il en soit, Pierre Govin, doué d'une intelligence très-distinguée, avait eu de grands succès comme professeur de droit civil et canonique. Vivant à la cour d'Avignon, il se retira ensuite à la cour du roi de France, qui le fit un de ses conseillers, et le choisit même pour être parrain de son fils Louis, mort enfant. Le chanoine historien des évêques d'Auxerre ajoute que Pierre de Mortemart devint plus tard chancelier de France : comme il est seul à raconter ce fait, Lebeuf et Baluze ne l'admettent pas. Dans la bulle du pape Jean XXII, datée d'Avignon le 6 des calendes de juillet 1322, il figure comme envoyé par Charles le Bel pour obtenir le décime en faveur de la croisade que l'on prêchait, et il est qualifié docteur èz–lois, chantre de la cathédrale de Bourges. Cette même année, et vraisemblablement pendant son voyage à Avignon, il fut nommé évêque de Viviers; car, dans un acte de cette église, daté du 12 octobre, on l'appelle évêque élu de Viviers, et, en effet, il se trouvait comme évêque de Viviers, en 1322, à Paris, avec Jeanne, reine de France; Mathilde, comtesse d'Artois; l'archevêque de Lyon; l'abbé de Saint-Denis et d'autres grands personnages, lorsqu'on posa la première pierre de Saint-Jacques-de-l'Hôpital. (Jacques du Breuil : *Antiquités de Paris*, 1639, p. 733.)

Le 25 mai 1325, le roi le désigna parmi les diplomates qu'il chargeait de s'entendre avec les ambassadeurs d'Édouard II, roi d'Angleterre, pour régler le traité de paix qui fut conclu le 31 mai. Sur la demande du roi, au mois d'octobre de la même année 1325, Pierre de Mortemart passa du siège de Viviers sur celui d'Auxerre, dont il fut, d'après le chanoine chroniqueur, le soixante-neuvième évêque, et, d'après l'abbé Lebeuf, le soixante-huitième seulement. Il succéda à Pierre de Grez. Ce fut seulement en novembre 1326 qu'il fit son entrée solennelle dans sa nouvelle ville épiscopale. Suivant l'usage, il fut porté depuis l'église de Saint-Germain jusqu'à la cathédrale par les quatre barons, au nombre desquels se trouvait en personne, comme baron de Donzy, le comte de Flandre.

Le 2 mai 1327, Pierre de Mortemart eut l'honneur de porter, avec Hugues de Besançon, évêque de Paris, de l'église de Saint-Magloire dans celle de Saint-Jacques-de-l'Hôpital une vertèbre de l'apôtre saint Jacques, dont Jeanne de France enrichissait l'église qu'elle avait fondée. (Jacques du Breuil, *Antiquités de Paris*, 1639, p. 734.)

Cette même année 1327, le 15 des calendes de janvier (vendredi des *Quatre-Temps* de l'Avent), le pape Jean XXII le créa cardinal du titre de Saint-Pierre et Saint-Marcelin, dit Lebeuf, et d'après Baluze, du titre de Saint-Étienne-du-Mont-Cœlius, puis, l'année suivante, archidiacre *Constantini in ecclesia Constantiensi*. Son élection à la dignité de cardinal l'obligeant de se retirer à Avignon, « l'Église d'Auxerre ne le posséda guère qu'un an et demi, quoi qu'en dise l'auteur de sa Notice, qui ne le fait élever au cardinalat qu'à Noël de l'an 1328, et qui, par ce retard, lui donne une année d'épiscopat de plus qu'il ne faut. Il est au reste très-digne de croyance lorsqu'il marque que cet évêque, étant à Avignon, y portait une partie de la sollicitude pastorale de la sainte Église romaine. » (Lebeuf, p. 504.)

Si patronner des compatriotes et des amis incapables ou médiocres dénote un esprit d'intrigue peu digne d'éloges, il est naturel et louable aussi de ne point oublier des amis destinés à honorer les postes qu'ils occuperont. Notre cardinal aimait, comme on aime un fils, Pierre Roger, né au château de Maulmont, paroisse de Rosiers, et qui devint le pape Clément VI ; il le fit venir à la cour d'Avignon, où il le présenta à Jean XXII. Le jeune Limousin se recommanda suffisamment lui-même ensuite par son mérite personnel.

Jean XXII chargea le cardinal de Mortemart de régler, en 1331, dans une circonstance assez délicate, un différend survenu entre l'évêque et l'Université de Paris ; il lui fit encore, en 1332, l'honneur de l'établir arbitre entre l'évêque de Valence et le comte de cette ville, Aymard de Poitiers. La chronique des évêques d'Auxerre recule la mort du cardinal de Mortemart jusqu'après l'avènement de Benoît XII, en 1336 ; mais l'épitaphe atteste qu'il mourut le vendredi-saint 18 avril 1335 (Lebeuf dit le 14 avril), et qu'il voulut être enterré dans le lieu de sa naissance, *et in præsenti loco ubi fuit natus est sepultus*.

Voici l'épitaphe publiée par M. Texier dans son *Manuel d'Épigraphie :*

« Hic jacet reverendissimus in Christo Pater et Dominus Petrus, præfulgidus scientia, moribus et sanctitate decoratus, qui fuit episcopus Autissiodurensis et Vivariensis, ac sacrosanctæ Romanæ Ecclesiæ presbyter cardinalis ordinatus, qui de Mortuomari suam originem traxit, et in præsenti loco ubi fuit natus est sepultus.

In quo loco tres ordines fundavit, scilicet Cartusienses, Augustinenses et Carmelitas, et unum hospitale ad recipiendos pauperes et certum numerum puerorum instrui ordinavit, et obiit in die veneris sancta xviii aprilis, hora nona, anno Domini M. CCC° XXXV°. »

On a remarqué que le mot *Galvani* manque dans la copie de 1820 donnée à M. Texier; mais, d'après Lebeuf et d'après le manuscrit de François de Verdilhac, avocat au parlement en 1726 et limousin, ce mot termine la première ligne de l'épitaphe, en sorte qu'on doit le maintenir, car M. Texier n'avait pas le fragment de pierre calcaire sur lequel on l'aurait pu lire : sa première ligne n'est pas conservée en entier. D'autre part, si Lebeuf dit en parlant de l'ancien chanoine d'Auxerre : « Je n'assurerai point comme constant ce qu'il ajoute, savoir qu'il ait fondé à Mortemart quatre couvents », c'est qu'on lui avait fait passer une copie incomplète de l'épitaphe, puisque, après les mots *qui de Mortuomari suam originem traxit*, il passe à la date de la mort : *obiit die veneris XIV aprilis*, etc., supprimant ainsi tout ce qui se rapporte aux fondations pieuses sur lesquelles le *Pouillé* de Nadaud (article Mortemart) nous donne quelques détails. (*Bull. Soc. Arch.*, T. XI, p. 22.)

Martial Gay, de Saint-Léonard, chanoine de Sainte-Opportune et curé des Saints-Innocents à Paris, testa le pénultième jour de juillet 1502.

I. — N..... Gay de Vernon épousa N....., dont : 1° Léonard, né à Saint-Léonard en 1748, fut curé de Compreignac, puis évêque constitutionnel de la Haute-Vienne; 2° N....., curé de Linars près Châteauneuf, né à Saint-Léonard, résidait à Paris en 1802, où il est mort; 3° Simon-François, qui suit.

II. — Le baron Simon-François Gay de Vernon, né en 1760 à Saint-Léonard, maréchal-de-camp, ingénieur et géomètre, fut un des fondateurs de l'École Polytechnique. Il prit part aux grandes guerres de 1792 et 1793 en qualité d'adjudant-général dans l'armée du Rhin. Pendant l'hiver de 1793, il fut chargé de construire la tête du pont de Cassel, en avant de Mayence. Ce fut là qu'il connut Houchard, Custine, Desaix et surtout Gouvion-Saint-Cyr, pour lequel il s'éprit d'une vive affection. Partisan sincère de la révolution, mais ennemi, comme tous les honnêtes gens, du régime sanglant institué par Robespierre, le jeune adjudant général ne tarda pas à être accusé de *modérantisme*, mot bizarre qui nous fait rire maintenant, mais qui dans ce temps-là faisait trembler les plus hardis. Incarcéré à Paris avec Houchard, que sa belle victoire d'Hondschoote aurait dû préserver de l'échafaud, il ne fut sauvé que par le 9 thermidor. Nommé en 1797 professeur à l'école Polytechnique, puis appelé en 1804 à la direction de la même école, il quitta cette paisible et savante maison pour suivre la grande-armée à Moscou. Pendant la campagne, il perdit son fils aîné. Il fut employé à l'état-major du corps d'observation de l'Elbe. En 1814, après avoir énergiquement défendu la ville de Torgau, en Saxe, contre l'armée prussienne, il revint aux Bourbons, qu'il servit jusqu'à sa mort. Il est auteur d'un *Traité élémentaire d'art militaire et de fortification à l'usage des jeunes gens et des élèves de l'École militaire*. Paris, 1805, 2 vol. in-4°. Cet ouvrage, traduit en anglais, en allemand et dans d'autres langues, a été adopté pour l'enseignement des écoles militaires, à Saint-Pétersbourg, à Ségovie et aux États-Unis. Il a publié aussi : *Exposition abrégée du cours de géométrie descriptive appliquée à la fortification*, etc. Paris, 1802, 2 vol. in-4°. Il mourut à Saint-Léonard en 1822. Ses enfants furent : 1° N....., chevalier de la Légion-d'Honneur, lieutenant au 3° d'artillerie à cheval, mort pendant la campagne de Russie; 2° Louis-Camille, qui suit.

III. — Le baron Louis-Camille Gay de Vernon, né à Saint-Léonard, le 23 janvier 1796, entra en 1814 aux gardes-du-corps dans la compagnie de Wagram. En 1815 il était lieutenant à la légion départementale de la Haute-Vienne, et en 1817, le maréchal Gouvion-Saint-Cyr le prit pour aide-de-camp. Lieutenant, puis capitaine d'état-major, il prit part à la campagne qui sépara la Belgique de la Hollande, et se termina par la prise d'Anvers en 1832. Cette même année il quitta le service et se retira à Limoges, puis à Saint-Léonard. Il a publié : *Ibrahim*, 1830, Limoges, roman qui renferme le récit d'un épisode des guerres d'Égypte; 2° *Mémoire sur les opérations militaires des généraux Custine et Houchard pendant les années 1792 et 1793* : cet ouvrage, qui avait été préparé par son père, lui valut la croix de chevalier de la Légion-d'Honneur; 3° *Vie du maréchal Gouvion-Saint-Cyr;* 4° les biographies de Gay-Lussac, de Vergniaud, de Jourdan, de Bonneval, etc., dans le Bulletin de la Société Archéologique du Limousin, dont il était un des fondateurs ; 5° *la Haute-Vienne militaire;* 6° *Des moyens d'établir à Saint-Léonard une annexe du dépôt de remonte de Guéret*, 1842; 7° *Considération sur les chevaux limousins, sur les causes de la destruction presque totale de cette race, et sur les moyens de la reproduire pour le service des remontes militaires*, Limoges, 1829. Il mourut au mois d'avril 1863, laissant Simon-François-Marie-Jules, qui suit.

IV. — Simon-François-Marie-Jules Gay de Vernon, capitaine-commandant au 8° de chasseurs à cheval. Il est auteur d'un *Essai historique sur l'organisation de la cavalerie légère, et principalement sur l'arme des chasseurs à cheval, suivi d'une Notice sur le 8° de chasseurs.* Paris, 1854, 1 vol. in-8°.

N..... Gay-Lussac, avocat du roi, puis juge au Pont-de-Noblat, eut pour enfants deux garçons et trois filles, dont Joseph-Louis, qui suit. Il mit ses deux fils à Saint-Léonard, sous la direction de l'abbé Bourdeix; mais, la révolution ayant obligé cet ecclésiastique à quitter la France, il fut forcé de leur chercher d'autres professeurs.

Joseph-Louis Gay-Lussac, né à Saint-Léonard le 6 décembre 1778, après ses premières études, faites dans sa ville natale, se rendit à Paris au mois de novembre 1794; de là il alla continuer ses études à Nanterre sous M. Sencier. Il entra à l'école Polytechnique en qualité d'adjoint aux répétiteurs de chimie le 1er janvier 1802. Là il connut Arago, et fonda avec lui les *Annales de chimie et de physique*, un des plus riches monuments de la science aux temps modernes. C'est pendant cette année qu'il découvrit à Paris les lois remarquables de la dilatation des gaz.

Le 24 août 1804, Gay-Lussac, en compagnie de Biot, s'éleva en ballon jusqu'à 4,000 mètres pour faire des expériences sur l'air. Une seconde ascension fut faite par Gay-Lussac seul : le 17 septembre de la même année, il monta jusqu'à 7,000 mètres, hauteur la plus grande à laquelle l'homme fût jamais parvenu. Les observations qu'il y fit enrichirent la science de plusieurs faits nouveaux.

Il fut nommé membre de l'Académie des Sciences; en 1809, professeur de chimie à l'école Polytechnique, puis professeur de physique à la Sorbonne.

Usé par les travaux et les expériences de toutes sortes, il venait de temps en temps se reposer dans sa ville natale. C'est alors qu'il fit bâtir son château de Lussac près Saint-Léonard.

En 1831 il fut élu député par le collège *extra muros* de Limoges, et fut réélu trois fois. Le 8 mars 1839 il fut nommé pair de France. Malgré sa constitution robuste, il fit une longue et douloureuse maladie, et il rendit l'âme, au sein de sa famille, à Paris, le 9 mai 1850.

Pierre Gay, docteur en droit, et chanoine de Paris, fit imprimer à Paris, en 1510, *Petri Gay regulæ grammaticales*, etc.

Martial Gay, de la même famille que le précédent, enseigna le droit civil à Rome et à Paris vers l'an 1450. Ses ouvrages ont été longtemps conservés chez M. Gay de Nexon. C'est peut-être le même que Martial cité plus haut.

Blanchon, dans ses poésies, imprimées en 1587, adresse la parole à un Gay, et ne nous apprend rien, sinon qu'il était président.

Jean de Gay, sire de l'Orges, prétendait avoir la haute justice sur le lieu de Fontenailles, comme le constate l'information relatée dans un acte de 1310.

Jean de Gay, gouverneur pour le duc d'Orléans en Champagne, Brie, etc., est connu par les lettres de ce dernier en 1403-1404.

I. — Paul de Gay eut pour enfants : 1° Léonard ; 2° Pierre; 3° Jacques. Ces trois frères firent une transaction le 17 octobre 1509. Le 23 juillet 1523, eut lieu une vente en faveur de Léonard de Gay, conseiller du roi en son grand conseil et lieutenant général en Guyenne.

II. — Pierre de Gay, fils de Léonard, est qualifié noble, le 23 juillet 1536, dans un acte passé à Montpellier, acte par lequel il est qualifié son héritier. Dans un autre acte du 8 octobre 1542, il est qualifié écuyer, Sgr de Nexon. Par son testament du 3 avril 1547, il fait son héritier Martial de Gay, écuyer, Sgr de Nexon et Campagne (1), lieutenant général en Limousin, conseiller du roi en son grand conseil.

III. — Martial de Gay épousa Barbe de Chenau, fille du Sgr de Meilhac. Il testa le 7 février 1596, et institua héritier son fils Léonard, qui suit.

IV. — Léonard de Gay, écuyer, Sgr de Nexon et de Campagne, servit en qualité de volontaire au siége de La Rochelle. Il épousa, le 19 mars 1605, Françoise de La Breuilh des Pousses. En 1618, il devint Sgr de Meilhac (paroisse du canton de Nexon). En 1633 il bâtit le château actuel de Nexon. Sa tombe existe dans l'église de Nexon, où l'on plaça une inscription sur une plaque de cuivre. Il laissa François, qui suit.

V. — François de Gay, écuyer, Sgr de Nexon et de Campagne, brigadier dans les chevau-légers de la garde du roi, fut maintenu dans sa noblesse par arrêt du conseil du roi. Une lettre de Louis XIV, du 20 août 1671, prouve qu'il était conseiller du roi, lieutenant particulier à la prévôté de l'hôtel du roi et grande-prévôté de France. Il épousa, le 26 janvier 1646, Isabelle de Château-Morand, fille de messire Charles de La Bastide, Sgr de Cognac et baron de Château-Morand. Il fit son testament en 1674, et fut tué d'un coup de canon à la bataille de Nervinde, le 29 juillet 1693. Ses fils furent : 1° Marc-Antoine de Gay, qui fut tué au service du roi, en Hollande, après le passage du Rhin ; 2° Jean de Gay, mort également au service du roi, comme le prouve le certificat du maréchal de Luxembourg ; 3° Léonard de Gay, tué au combat de Steinkerque, le 16 août 1692; 4° Jean de Gay, qui suit.

VI. — Jean de Gay, quatrième fils de François, par la mort de ses frères devint

(1) Campagne est peut-être la famille indiquée par Nadaud sous le nom de Campanis (T. I, p. 384). La terre de Champagne est située commune de Nexon, arrondissement de Saint-Yrieix (Haute-Vienne). Élie de Campagne, curé de Nexon, mort en 1323, a son tombeau, son épitaphe et ses armes dans la seconde chapelle absidale (au nord) de la cathédrale de Limoges. Ces armes, qui se retrouvent sur la porte et à la clef de voûte de l'église de Nexon, représentent une *fleur de lis avec un orle semé de besans*. Campagne en Picardie porte : *de gueules, semé de trèfles d'or à trois croix ancrées d'argent*; et Campagne en Beauvoisis : *d'azur à trois mains d'or*.

l'aîné, chevalier, Sgr de Nexon, de Campagne, etc., etc. Il était capitaine au régiment de La Serre en 1680. Il assista à la prise de Luxembourg en 1684, au siége de Bonn, 1689, à la bataille de Stafarde en 1690, au siége de Suze, de Montmeilland, de Namur, de Charleroi. Il épousa, le 25 octobre 1694, Marguerite de Tryon–Montalembert, fille de messire Pierre de Tryon-Montalembert, Sgr d'Espanvillers, etc. Le 2 juin 1746, il testa en faveur de Philippe-Ignace de Gay, son fils aîné. Ses fils furent : 1° Philippe-Ignace de Gay; 2° Pierre de Gay, mort cornette dans le régiment de M. de Châteaumorand, son grand-oncle, au camp de Wissembourg; 3° François-Alexis de Gay, servit dans les gardes-du-corps, compagnie du maréchal de Noailles. Il était de service auprès de Louis XV à la bataille de Fontenoy; il eut même un cheval tué sous lui.

VII. — Philippe-Ignace de Gay, né en 1697, chevalier, Sgr de Nexon, de Campagne, etc., épousa, le 2 juin 1716, Jeanne de Lagrange de Tarnac, fille de messire Pierre de Lagrange, Sgr et baron de Tarnac. Il fit hommage au roi, le 27 novembre 1743, d'une rente foncière qu'il percevait dans les paroisses de Nexon, Janailhac, Saint-Maurice-les-Brousses, Saint-Priest-Ligourre (canton de Nexon, Haute-Vienne). Sa Majesté lui répondit avec beaucoup de grâce, et lui donna dans sa lettre le titre de marquis. Il testa, le 25 octobre 1763, en faveur de Jean-Baptiste-Ferréol de Gay, son fils. Il laissa : 1° Jean-Baptiste-Ferréol de Gay, qui suit; 2° Jean de Gay, lieutenant au régiment de Normandie, qui, d'après un certificat du duc de Chevreuse, mourut au service du roi, à Lille en Flandre, le 28 mars 1763; il était alors âgé de vingt-six ans.

Gabrielle de Nexon épousa N..... de La Grange de Tarnac, Sgr des Courtieux, dont la fille Louise naquit le 30 mars 1717. (NADAUD, *Nobiliaire manuscrit*, article NEXON.)

VIII. — Jean-Baptiste-Ferréol de Gay, chevalier, Sgr de Nexon, de Campagne, de Cognac, etc., héritier de son père, épousa, le 18 février 1746, Anne Hébrard de Veyrinas, fille de Luc Hébrard de Veyrinas, conseiller du roi, et de Marie de Loménie, de la famille de Brienne. Il assista à l'assemblée de la noblesse du Limousin, ainsi que N..... de Gay, son fils, tenue à Limoges le 16 mars 1789. Par arrêt du grand-conseil, en date du 28 mars 1770, Jean-Baptiste-Ferréol de Gay était devenu héritier de la terre de Cognac, en Limousin, et de la baronnie de Châteaumorand. Il eut de son mariage : 1° Philippe-Ignace, né le 3 novembre 1748, brigadier de la première compagnie des mousquetaires du roi, et mort sans alliance; 2° Luc de Gay, né le 30 septembre 1754, fut vicaire général du diocèse d'Oléron, refusa le serment schismatique à la révolution, se cacha, et fut ensuite déporté à l'étranger; lorsque les troubles furent passés, il rentra à Nexon, où il resta sans emploi, et mourut en 1845; 3° Marie-Jeanne, morte sans alliance; 4° Jean-Joseph de Gay, né le 19 mars 1755, marié, le 27 avril 1807, avec Marguerite-Caroline de Saint-George : il n'eut qu'une fille, actuellement Mme Durand du Boucheron; 5° Marie-Valérie, morte sans alliance; 6° Jean-Baptiste de Gay, né le 30 septembre 1761, chef de bataillon au régiment du Dauphin, chevalier de Saint-Louis, mort sans alliance; il avait assisté à l'assemblée de la noblesse en 1789; 7° Louise-Gabrielle, morte sans alliance; 8° Marie-Anne, morte sans alliance; 9° Philippe-Ignace, né le 16 septembre 1765, mort officier au régiment d'Aquitaine; 10° Luc-Martin, né le 11 novembre 1767, mort officier au régiment d'Australie; 11° François-Alexis, qui suit; 12° Philippe-Joseph, né le 2 avril 1774, page de Monseigneur le comte d'Artois, a disparu au moment de la révolution.

IX. — François-Alexis de Gay de Nexon, né le 19 août 1769, capitaine au régiment de Penthièvre, chevalier de l'ordre royal et militaire de Saint-Louis, épousa, le 4 janvier 1813, Amable-Hortense de Bermondet de Cromières, fille de Philippe-Armand, comte de Bermondet, marquis de Cromières, et de dame Moreau de Rocheptates. De ce mariage il a laissé : 1° Marie-Hortense, née le 10 juillet 1814, mariée à Jean-Léon, marquis de Livron, garde-du-corps du roi, compagnie Grammont; 2° Astolphe-Armand-Hippolyte, qui suit.

X. — Astolphe-Armand-Hippolyte de Gay de Nexon, né le 24 mai 1817, héritier naturel et par testament de son père, héritier par testament de ses oncles Luc et Jean-Baptiste de Gay, épousa, le 8 septembre 1844, Alix-Marie-Clotilde de Narp, fille de Louis-Félix de Narp, maréchal-de-camp, chevalier de l'ordre royal et militaire de Saint-Louis, commandeur de la Légion-d'Honneur, grand-cordon de l'ordre de Léopold, etc., et de Zoé de Rouvray. De ce mariage sont issus : 1° Louis-Armand-Ferréol de Gay, né le 27 avril 1847; 2° Renaud de Gay, né le 18 mai 1850; 3° Auguste-Maurice de Gay, né le 30 novembre 1853.

Sources : *La Haute-Vienne militaire*, par M. Gay de Vernon. — *Bull. Soc. Arch. du Lim.* — *Catalogue mss. des prêtres du diocèse de Limoges*, par Legros. — Titres originaux. — Liste des membres du jury pour 1831. — *Catalogue des gentilshommes du Limousin.* — *Gay-Lussac*, par M. Audouin. — *Annales de la Haute-Vienne*, 1811.

LA GAYE (p. 207).

N..... La Gaye de Lanteuil assistait à l'assemblée de la noblesse du Bas-Limousin les 17 et 21 mars et 18 juillet 1789. (*Catalogue des gentilshommes de la Marche et du Limousin.*)

GAYOT (p. 207). — Les Gayot-Mascrany de La Bussière sont originaires de Florence; ils vinrent au milieu du xe siècle à Saint-Chamond, où ils établirent une belle manufacture d'étoffes de soie, qu'ils dirigèrent avec le plus grand succès et qu'ils transférèrent plus tard à Lyon. C'est pour ce fait qu'ils éprouvèrent à Florence les plus odieuses persécutions pendant bien des années ; ils y furent pendus en effigie.

Mais Louis VII, roi de France, pour encourager dans ses états cette branche d'industrie, leur accorda de grands priviléges, et en outre des lettres-patentes de noblesse. (Ludovic d'Assac, *Notice sur la famille Gayot-Mascrani de La Bussière.*)

Un mémoire publié dans le volume de 1867 de la Société de Saint-Étienne donne d'intéressants détails sur cette introduction de la fabrication de la soie en France. Il dit que pour ce fait les Gayot furent rayés de la liste de la noblesse de Florence, mais que les rois de France les comblèrent de faveurs.

Cette famille a formé les branches d'Auxerre, de La Réjasse, de Châteauvieux, de Pitaval, de Corcelles et de Mascrany de La Bussière.

La dernière descendante de la branche, qui habitait La Rochelle, fut Jeanne Gayot de La Bussière, mariée à Pierre, marquis de Montalembert. (*Voir supra*, p. 188, au mot Fournoue.)

Gayot-Mascrany de La Bussière portent : *d'or, à la bande d'azur, chargée de trois étoiles d'or, accompagnée de deux trèfles de sinople, l'un en chef, l'autre en pointe, écartelé de Mascrany, qui est de gueules, à trois fasces vivrées d'argent; au chef, cousu de gueules, chargé d'un aigle esployé d'argent, adextré d'une clef et senestré d'un casque à une fleur de lis d'or*, par concession de Louis XIII;

Les Gayot de La Rochelle : *d'or, au chevron d'azur, chargé de trois étoiles d'or, et accompagné de trois trèfles de sinople, 2 en chef et 1 en pointe ;*
Les autres branches : *d'or, semé de trèfles de sinople.*

P. DE CESSAC.

P..... Guayoti de Bastida, junior, 1482-1487. (*Inventaire de la vicairie des Gaultiers.*)

Jean Gayot était curé de Razès en 1482. Dans la vitre du sanctuaire de cette église, vis-à-vis de l'évangile, on lisait l'inscription suivante : *Johannes Guayotti de Bastida pbr. capellan' pntr ecclie vitra fieri fecit.* Il était professeur en l'un et l'autre droit. Il fut élu grand-chantre de la cathédrale de Limoges en 1502. C'est probablement lui qui fonda une vicairie dans cette église.

Les vers suivants étaient gravés en caractères romains sur une plaque de cuivre dans la première chapelle à gauche dans la cathédrale de Limoges.

1516.

Ad Lectorem.

Quisque ad hæc vertis monimenta ingentia vultum
    Grande moræ precium, siste, viator, iter,
Nam jacet hic nulli quondam virtute secundus ;
    Nomen Joannes cui Gayotus erat.
Vir Bastidorum veteri de stirpe parentum
    Editus et juris non utriusque rudis
Præcipuis templi perfunctus honoribus hujus,
    Nec postrema sui fama sodalicii :
Summus presbyterum, summus præceptor, et idem
    Quippe fuit. Superos nil tamen ista movent.
Sic rapuere illum, quæ nulli parcere norunt
    Fata, levisque jacet, factus et ipse cinis,
Mensis enim sexti quæ primæ proxima lucem
    Abstulit hunc superis inseruitque choris,
Ad ter quingentos cum sexdecimus foret annus,
    Additus a veri cognitione Dei.
Ejus et ad tumulum solemnia sacra quotannis
    Ex merito fieri tempus in omne solent
Quando voles discede : licet, discede, viator,
    Et dic huic cineri : Sit tibi longa quies !

Au-dessous de cette inscription, et dans les vitraux de la chapelle, étaient les armes des Bastides : *d'azur, à une face de taureau de gueules, chargée d'un chenon d'or bronchant sur le tout.* (NADAUD, *Recherches*, etc. — LEGROS, *Recueil d'inscriptions.*)

LA GÉLIE (p. 208). — Il faut lire L'Age-Hélie.
Ligne 22, au lieu d'Arnac, lisez : Azat-le-Ris.
Ligne 29, au lieu de Crémillon, lisez : Crémilles.
La famille de L'Age-Hélie a emprunté son nom, analogue à ceux de L'Age-au-

Chapt (depuis La Jonchal), de L'Age-Bernard, de L'Age-Rideau, etc., à un fief situé dans la paroisse de Brigueil-le-Chantre près Montmorillon. Son premier auteur connu a été Pierre de L'Age-Hélie, marié vers l'an 1400. Son dernier représentant, nommé aussi Pierre de L'Age-Hélie, épousa, en 1787, Bonne de Fournier de Boismarmin, dont il n'eut point d'enfants.

Cette famille, divisée en trois branches principales dites des seigneurs : 1° de L'Age-Hélie ; 2° de La Grande-Maison d'Azac ; 3° de La Coste et de Flez, a possédé, outre ces seigneuries, celles de Brigueil-le-Chantre, de La Fa, de Champaudin, de L'Age-Courbe-Jarret, de La Gitonnière, etc.

François de L'Age-Hélie, Sgr de Flez et de La Coste-sans-Chemin, était un des cent gentilshommes de l'hôtel du roi en 1556.

Louis de l'Age-Hélie fut reçu chevalier de l'ordre de Saint-Jean-de-Jérusalem en 1575.

Plusieurs membres de cette famille servaient à cette époque dans les compagnies d'ordonnance.

Elle s'est alliée directement à celles de La Lande, de Couhé, de Vergnaud, de Lignaud, de Mercier, Savary-des-Tours, de Collard, Landrault de La Barde, Le Pelletier, Mallet-des-Roches, du Liége, de Sicard, Dexmier, de Crémilles, Mangin, Fournier de Boismarmin.

Vte F. DE MAUSSABRÉ.

GENEBRIÈRE. — Gausfred de La Genebrière est témoin pour une donation faite à l'abbaye de Vigeois, en 1099, par Raymond de Turenne.

Aimeri de La Genebrière est aussi témoin dans un autre donation faite à la même abbaye en 1137, par Raimond de Rouchiac et Geoffroy de Pérusse, son frère. (LAINÉ, *Nobiliaire du Limousin.*)

DU GENEST (p. 209).

Du Genest, Sgrs du Genest, des Brousses, du Mas, du Mas-Gillier, de Puyroger, de Coulonges en Marche, de Margoux, de Puyrageoux, de Charnoble, de Puygriault, de La Roche, du Plessis, de La Garde, de Ruyjard, de La Vau-Foucher, des Chezaux en Berri, de Boisgillet, du Grand-Croulay, de Rilly en Touraine.

Cette famille tirait son nom de la seigneurie du Genest, située dans la paroisse d'Azerables en Marche. Elle nous est connue depuis :

I. — Jean du Genest, écuyer, Sgr dudit lieu, qui rendit hommage, le 1er février 1440, à Jean de Naillac, Sgr de Château-Brun, vicomte de Bridiers, pour son fief et hôtel du Genest, mouvant de la vicomté de Bridiers.

II. — Christophe du Genest, son fils, servit au ban du Poitou en 1467. Il rendit hommage pour son fief du Genest à Jean de Brosse, comte de Penthièvre, vicomte de Bridiers, en 1476, et mourut au service du roi, portant l'enseigne des cent gentilshommes de sa maison. Il laissait de son mariage avec Jeanne de Saint-Yrieix, de la maison de La Vaux-de-Vieux en Marche, *noble de nom et d'armes* :

III. — Georges du Genest, écuyer, Sgr du Genest, qui se trouva à la bataille de Fornoue, au royaume de Naples (1495), avec *le petit roi* Charles (enquête de 1559). Il était homme d'armes de la compagnie du célèbre capitaine Louis d'Ars, en 1515, et servait au ban du Poitou en 1533. Il épousa Catherine de Jarrie, fille d'Antoine, Sgr de La Vau-de-Bonneuil près Sainte-Sévère en Berri, conseiller et chambellan du duc de Bourbon, bailli d'Aunis, et de Jacquette du Mas, des seigneurs de l'Isle-sur-Arnon, en Berri, sa première femme. De ce mariage naquit :

IV. — Christophe du Genest, deuxième du nom, Sgr du Genest, *qui fut nourri en la maison de Bourbon*, et servit ensuite dans les compagnies d'ordonnance. Après avoir été homme d'armes de celle de Botières et de Bonneval, il devint lieutenant pour le roi du château de Fronsac, commandant de trois cents hommes de pied pour la garde de ce château et des pays circonvoisins. Il épousa : 1° Renée de Blom, de la maison de Beaupuy ; 2°, le 17 août 1511, Madeleine Frotier, veuve de Gilles Ancelon, écuyer, Sgr de Bois-Gilet près Preuilly en Touraine, et fille de Pierre Frotier, Sgr d'Azay-le-Féron en Berri, et de Charlotte du Bois. Du premier lit sont nés : 1° Pierre, qui suit ; 2° Georges, Sgr du Mas et de Coulonges, marié à Gabrielle Chabannier, et maintenu dans sa noblesse en 1599 ; 3° Philippe, chevalier de Malte.

V. — Pierre du Genest, écuyer, Sgr du Genest et du Bois-Gilet, épousa Françoise Ancelon, fille de sa belle-mère, et eut : 1° Christophe, qui suit ; 2° François, Sgr des Brousses, du Mas et des Chezaux en Marche et en Berri, qui fut maintenu dans sa noblesse par les commissaires départis pour le règlement des tailles en 1599, et eut de Jeanne de Fornoux Georges du Genest, Sgr des Chezaux, fixé en Sologne.

VI. — Christophe du Genest, troisième du nom, chevalier, Sgr du Genest, de La Lande, de Bois-Gilet et de Puy-Roger, écuyer ordinaire de la grande écurie du roi, épousa Jacquette des Monstiers, fille d'Eusèbe des Monstiers, chevalier, vicomte de Mérinville, baron de Saint-Peiré, Augerville, Sgr du Fraisse, Rochelidoux, chevalier de l'ordre du roi, gentilhomme ordinaire de sa chambre, capitaine de cinquante hommes d'armes, et de Françoise de Reilhac. Jacquette des Monstiers était veuve et tutrice de ses enfants en 1626.

Cette branche de la famille du Genest existait encore à la fin du xvii° siècle dans les seigneurs du Puy-Roger, de Fiverolles, de Rilly et du Grand-Croulay en Touraine.

Le fief du Genest appartint successivement, dans le cours du xvii° siècle et du xviii°, aux familles du Breuil, de La Chassaigne et de Chardebeuf.

Deux autres branches de la famille du Genest, celle des seigneurs de Margoux près Saint-Gaultier, et de Puyrageoux, près Belâbre, connues depuis 1428, ont pris fin au xvii° siècle. La seconde possédait aussi le fief du Mas-Gilier en Marche. Leur Notice appartient au *Nobiliaire du Berri*.

Armes : *de sable, à quatre demi-fusées d'argent, mouvantes du chef.*

Vte F. de Maussabré.

Georges du Genest, écuyer, Sgr de La Barde et de Collonges, et Gabrielle Chabaner, sa femme, donnent en ferme perpétuelle à Léobon Beslayer, divers héritages au lieu de La Villatte, paroisse du bourg de Salagnac, le 12 juillet 1546.

Aymé-François du Genest, écuyer, Sgr de Puyrajon. Ce fut à sa requête que fut donné, en 1566, le terrier de la seigneurie du Masgelier.

François du Genest, écuyer, Sgr du Masgelier, du Puyrajon et de La Barde en partie, 1560, ajourne en la sénéchaussée de Limoges René Brachet, écuyer, Sgr de Salaignac, au sujet d'une rente que ce dernier avait vendue à feu François de La Barde, veuve de Jacques de Brizay, sa cousine, dont il est héritier, 1564. Un accord intervint entre les parties en 1567. Les archives de la famille de La Loué, dans laquelle se sont éteints les du Genest, fournissent les notes suivantes sur cette famille de La Barde, dont Nadaud parle au tome Ier de cet ouvrage, p. 137, dans un article dont une partie a disparu :

Maurice de La Barde, damoiseau, Sgr du Masgelier, fit un acensement à Pichon de Bosteale, le 26 mars 1422.

Olivier de La Barde, Sgr du Masgelier, reçut de Poton de Saintrailles, Sgr de Villeton et de Salaignac, maître de l'écurie du roi et son bailli en Berri, hommage le 18 février 1437 pour sa terre de Salaignac. Le 31 mars 1439, Martial Bermondet, licencié ez-lois, lieutenant du sénéchal de Limoges, donna un mandement pour interdire à Poton de Saintrailles, Sgr de Salaignac, premier écuyer du roi, de mettre la main sur les fruits et revenus de Marguerite de Bridiers, veuve d'Olivier de La Barde, jusqu'à l'issue du procès pendant entre eux. Le terrier et pancarte des cens, droits, devoirs, etc., de la terre du Masgelier, appartenant à nobles hommes Olivier et Nigon de La Barde, frères, écuyers et Sgrs dudit lieu, fut fait le 8 décembre 1429.

Jacquette de La Barde, veuve de Foulques Dacre, chevalier, et Marie de La Barde, femme de Pascal du Til, sont dites dames de La Barde le 22 décembre 1458.

Jacques de La Barde, chevalier, Sgr de La Barde, du Masgelier et de Neuville-les-Cluis, fit dresser, en 1485, le terrier de ces deux dernières seigneuries. En 1490, il afferma à André Jolivet l'aîné une muraille sise au lieu du bourg de Salaignat, devant la place publique de la maison de MM. du chapitre, où est accoutumé de tenir le marché, pour le cens annuel et perpétuel de 10 sols et une géline. Le 7 septembre, il fit un accord avec Mathurin Brachet, écuyer, Sgr de Montaigu et de Salaignac, au sujet de la possession d'un champ sis à Vaux-Pillat.

Mathurin de La Barde, écuyer, fils émancipé de messire Jacques de La Barde, chevalier, Sgr du Masgelier, donna, le 18 juin 1483, procuration générale à nobles hommes François et Guillaume, bâtards de La Barde, Sgrs de Coulonges.

Françoise de La Barde, dame du Masgelier, est dite, le 20 juin 1515, fille de feu messire Mathurin de La Barde, chevalier, Sgr du Masgelier. Elle avait alors pour tuteur annuel Louis de Royère, prieur commendataire de Saint-Léonard. Le 13 juin de la même année 1515, son tuteur était son oncle Jacques de La Barde, docteur en droit, conseiller au parlement de Paris. François fit diverses acquisitions et échanges, les 24 février 1529, 16 mai 1530, 12 mars 1531, et un acensement perpétuel, le 16 mars 1526, de deux murailles et d'un verger, sis en la ville de Saint-Vaulry, faubourg *Saint-Michau*, tenant au chemin de la ville aux moulins à Philippe Quinsat et Pierre Malerbaud. Le 28 août 1553, étant veuve de Jacques de Brizay, chevalier, Sgr de Beaulmont et de Villegongis, capitaine de cinquante hommes d'armes des ordonnances du roi et portionnaire ordinaire de sa maison, elle acquit de René Brachet, chevalier, Sgr de Montaigu et de Salagnac, la rente au sujet de laquelle intervint l'accord de 1567 entre René et François du Genest, dont il a été question plus haut. Le 7 avril 1554, à la requête de Charles de Barbançoys, écuyer, Sgr de Sarzai, son exécuteur testamentaire, il fut procédé à l'inventaire des objets que Françoise de La Barde avait laissés dans une maison sise à Paris, rue Saint-Jean-de-Beauvais, à l'enseigne du *Croissant*, où elle était décédée.

François du Genest paraît être père de :

Jean du Genest, écuyer, Sgr du Masgelier. Il n'est pas le même que Jean du Genest, qui est ainsi désigné dans le « Rolle de La Monstre, levé et revenu faicts en armes, en une plaine appelée La Cousture, près la maison et chasteau noble de Saint-Germain, pays de la Marche, le 12e jour de juillet 1595, de la compagnie d'hommes des ordonnances du roy, composée de cinquante hommes d'armes, compris les chefs et officiers, dont a la charge et conduicte messire Gabriel Foucault, Sr de Saint-Germain et de Beaupré, gouverneur et lieutenant pour Sa Majesté en la ville et chasteau d'Argenton..... Jean du Genest, Sr de Puyroger, demeurant au Genest en

Poitou, paroisse d'Azerables, homme d'armes ». Pierre de Sacconneys, commandeur de Paulhac et de Lascroux, ayant obtenu sentence de Roland Bétholaud, licencié en droit, sénéchal de Salaignac, condamnant les habitants du village de Montreynoulx à lui payer diverses redevances. Ces derniers appelèrent, le 12 septembre 1582, Jean du Genest en garantie comme seigneur de ce lieu. Jean du Genest avait épousé Louise d'Alogny, dont il eut :

Madeleine du Genest, qui épousa, après la mort de son père, par contrat du 16 mars 1579, Louis de La Louë, écuyer, S^{gr} de La Berlandière. (*Archives de la Creuse, fonds de La Louë*)

P. DE CESSAC.

GENETINES (Antoine de Charpin de), évêque de Limoges, originaire de Suse en Piémont, naquit le 16 mars 1669. Il fut d'abord chanoine, comte de Lyon, et vicaire général de Saint-Flour. Il fut nommé évêque de Limoges vers la fin de 1706, après la démission de Monseigneur de Canisi. Il fut sacré à Lyon, le 23 janvier 1707, par l'archevêque de cette ville, assisté des évêques de Saint-Flour et de Beauvais. Il prit possession le 1er février suivant, et fut nommé à l'abbaye de Pébrac le 26 mai de la même année. Il assista à l'assemblée générale du clergé de France en 1711, et se démit de son évêché au mois de septembre 1729. Il fut pourvu peu de temps après des abbayes de Rebecq, diocèse de Saint-Pol, et de La Croste, diocèse de Langres. Il se démit en 1734 de son abbaye de Pébrac en faveur de M. Couturier du Fournoue, de la ville de Guéret, qui avait été son aumônier.

Comme il avait quitté Limoges en 1725, on lui donna pour suffragant Mgr Charles-Antoine de La Roche-Aymon, originaire de ce diocèse, né au château de Mainsat le 17 février 1697.

Il eut aussi pour vicaire général Antoine de Boisse de La Farge, abbé commendataire de Vigeois. Son successeur fut Mgr de L'Isle du Gast.

En 1713, Mgr de Genetines bénit, dans l'église des Jésuites de Limoges, le 1er dimanche de Carême, 18 février, Jean-Benoît de Sannecor, moine bernardin, natif de Limoges, qui venait d'être fait abbé de l'Étoile au diocèse de Poitiers ; le prélat fut assisté à cette cérémonie par les abbés de Saint-Augustin et de Saint-Martin de Limoges.

Il permit en 1729 à l'abbé de Saint-Martin de Limoges d'officier abbatialement, le 16 mai, dans l'église des Jésuites, pour la canonisation de saint Stanislas Kotska et de saint Louis de Gonzague.

Durant son séjour à Limoges, il eut une étroite liaison avec M. d'Orsay, lors intendant de cette ville. Il fit présent à la cathédrale d'un ornement complet de damas blanc avec de grands galons d'or. Pendant qu'il était évêque de Limoges, il faisait son habitation ordinaire au château d'Isle. Il se retira sur la fin de ses jours à Lyon, et y mourut le 21 juin 1739. Son corps fut enseveli à Saint-Romain-sous-Urphé en Forez.

Ce prélat a fait imprimer plusieurs livres à l'usage de son diocèse. On a de lui des avis synodaux, où les pasteurs des âmes trouvent d'excellentes instructions. C'est lui qui a donné, en 1711, le dernier Recueil des ordonnances synodales de Limoges.

Armes : *d'argent, à la croix ancrée de gueules, au franc quartier d'azur chargé d'une étoile d'or.*

Pendant qu'il occupa le siége de Limoges, on fit les changements qui suivent : 1707, Notre-Dame de Seichaud rebâtie à Chalus ; — 1708, prévôté de Chambon unie au grand prieuré de Cluny ; — 1709, 29 avril, vicairie de Gabriel Bugne à Saint-Pardoux-l'Ortigier ; — 1710, novembre, Jésuites à Guéret ; — 21 novembre, hospitalières à Magnac-Laval ; — 1711, 14 janvier, vicairie du Puy-La-Renaude unie aux moines de Beaulieu ; — 28 décembre, Dun-le-Palleteau érigé en cure ; — 1712, 14 décembre, vicairie d'Ahente unie à la cure de Saint-Maurice de Limoges ; — 1713, sœurs de la Croix à Ahun ; — prêtres de Magnac réduits à dix ; — 1715, hospitalières à Confolens ; — chapelle bâtie à Villemouneix ; — le curé de Javerlhac se prétend abbé ; — 1716, sœurs de la Rivière à Limoges ; — chapelle bâtie à Villeflayou ; — 1718, Filles de l'Union-Chrétienne à Bellac ; — sœurs de la Croix à Chabanais ; — chapelle bâtie à Saint-Yrieix-les-Églises ; — 6 janvier, vicairie de Notre-Dame-du-Puy, aumônerie de Saint-Maurice, unies à la Providence de Limoges ; — 1719, Pénitents blancs à Neuvic et à Sainte-Ferréole ; — 1720, 24 septembre, image de la sainte Vierge trouvée à Aigurande ; — 1722, 13 août, sœurs de la Croix à Guéret ; — 1723, union projetée de La Saulière au noviciat des Jésuites de Bordeaux ; — 1724, chapelle du Calvaire à Limoges interdite ; — 1725, chute de la voûte de l'église de Muret, construite en 1112 ; — 1726, Pénitents blancs à Bellac ; — 14 février, prévôté de Saint-Vaulry unie à Saint-Martial ; — 1729, Jean-Charles de Taillefer, abbé de Saint-Martial.

Sources : Nadaud, *Chronologie des évêques de Limoges.* — Legros, *Limousin historique ms.*

GENOUILLAC (Ricard Gourdon de), maison considérable du Quercy, qui tire son origine de Pons Ricard, chevalier, capitaine de Gourdon, lequel servit en la guerre de Languedoc sous le sire de Craon. La terre de Genouillac était possédée, en 1400, par un Ricard, et, en 1538, par un de Gourdon, et celle de Gourdon, par Geraud, en 1096 ; Ricard, en 1383 ; de Gourdon, en 1538 ; de La Gorce, en 1538. (*Dict. des fiefs*, par H. de Gourdon de Genouillac.)

Bertrand de Gourdon fit un traité de confédération avec les seigneurs du pays, le 2 février 1230, pour exterminer les bandes de brigands qui infestaient le Quercy et le Limousin. (Lainé, *Archives de la noblesse*, T. VIII, art. Lentilhac, p. 9.)

On trouve Guillaume de Genouillac, de la famille des seigneurs de Genouillac, canton de Chatelus (Creuse), qui fut le dix-septième abbé de Bonlieu, de 1334 à 1368. Pendant qu'il occupait ce poste, quelques gentilshommes de la Marche s'emparèrent des biens de l'abbaye de Bonlieu. Mais Guillaume de Genouillac plaida contre les envahisseurs, et obtint, pour maintenir ses droits, une bulle datée de la troisième année du pontificat d'Innocent VI (1355), et fulminée par Guillaume, ou plutôt Guy, abbé de Saint-Augustin-lez-Limoges, alors official du diocèse. (*Études sur les abbayes du Limousin*, par Roy de Pierrefitte.)

Pierre de Gourdon, fondé de pouvoirs par Aumanieu de Lévis, Sgr de Livrac, vendit à Jean de Pechpeyrou, vers 1432, le château de Beaucaire. (Lainé, *Archives de la noblesse*, T. VIII.)

I. — Jean Ricard, coseigneur de Gourdon, Sgr de Genouillac, etc., épousa : 1°, le 10 juin 1482, Marguererite Ébrard, fille de Raymond, Sgr de Saint-Sulpice, et d'Agnès d'Estaing ; et 2°, le 29 août 1495, Marguerite d'Aubusson, fille de Gilles, Sgr de Villac, et de Françoise de La Force, dame de Castel-Nouvel. Nadaud, T. I, p. 89, au lieu de Françoise de La Force, dit Françoise Beaupoil, dame de Castel-

Nouvel. Du premier lit il eut : 1° Isabeau Ricard, mariée à Pons de Castelneau, Sgr de Reyrevignes; 2° Agnès Ricard de Gourdon, alliée à Antoine de Lolive, Sgr de Renier. Du second lit sortirent : 3° Jean, qui continua la postérité; 4° Louis Ricard de Gourdon de Genouillac de Vaillac, aumônier ordinaire du roi, 52° abbé de Saint-Martial de Limoges; il obtint ses bulles le 17 mars 1548, et siégeait en 1551, époque à laquelle le chapitre de Saint-Étienne lui devait 10 livres de rente à cause du synode de la Pentecôte. En 1554, pendant qu'il était abbé, les Ostensions eurent lieu, et elles durèrent sept semaines. Le 20 ou le 22 décembre de l'année 1556, Antoine de Bourbon, roi de Navarre, et sa femme Jeanne d'Albret, vicomtesse de Limoges, vinrent vénérer les reliques de Saint-Martial avant de se rendre au palais du Breuil le jour de leur entrée à Limoges. En 1557, ceux de la religion prétendue réformée tentèrent de s'établir à Limoges, mais ils ne purent y réussir, et les consuls de Limoges ordonnèrent une procession générale des reliques de saint Martial en actions de grâces. Louis fut nommé évêque de Tulle en 1560, et succéda à Jean de Fonsec, 25° évêque de cette ville; il fit son entrée solennelle dans sa ville épiscopale le 1er juin 1561. Il assista au colloque de Poissy et au concile de Trente. Ce prélat eut pour vicaire général Pierre de Sedière, abbé de Tourtoirac en 1564. Louis avait aussi été abbé de Saint-Lô, et prieur de La Faye de Jumilhac au diocèse de Périgueux. Il fut encore doyen de Carennac et prévôt de Charniac. Il mourut dans un âge fort avancé, en 1583, à Bordeaux, dans un château où son frère était gouverneur, ou, suivant Baluze, au château de Boisset près Blaye. Son corps fut inhumé dans l'église de Vaillac. Il eut pour successeur sur le siège épiscopal de Tulle son frère Flottard, doyen de cette ville; 5° Flottard Ricard de Gourdon, doyen de Tulle, prieur de La Faye, abbé de Saint-Romain de Blaye, 27° évêque de Tulle. Pendant qu'il siégeait, sa ville épiscopale fut prise par le vicomte de Turenne. Il mourut au mois de mars 1586, il fut aussi enseveli à Vaillac, et eut pour successeur Antoine de La Tour; 6° Jacquette dite la Jeune, mariée à Jean de Beaumont, Sgr de Pierretaillade; 7° Sobirane, alliée à Jean de Guiscard, Sgr de La Coste; 8° Marie, femme de Jean, Sgr de Vallon; 9° Françoise, mariée à Jean Jubert, mieux Jaubert, Sgr de Nantiac; 10° Isabelle, alliée à N....., Sgr de Gordiegues et de Mézières.

II. — Jean de Gourdon de Genouillac, capitaine du Château-Trompette, épousa : 1° Jeanne Brun; 2° Marguerite de Ségur de Pardailhan, fille de Pierre et de Catherine de Pellagrue. Du premier lit vinrent plusieurs enfants, entre autres Louis, qui suit. On trouve aussi Louise, fille de Jean de Ricard de Gourdon, Sgr de Genouillac, qui épousa René de Galard de Béarn, baron de Brassac, chevalier de l'ordre du roi, guidon des gens d'armes de M. l'Amiral, premier gentilhomme de la chambre de Monsieur, fils unique du roi (1581), fils de Jean et de Jeanne de La Rocheandri, veuf de Marie de La Rocheandri. (*Généalogie de Galard.*)

III. — Louis de Gourdon de Genouillac, comte de Vaillac, etc., chevalier de l'ordre du roi, gouverneur de Bordeaux et de Château-Trompette, fut nommé à l'ordre du Saint-Esprit en 1611, et mort en 1615 avant d'être reçu. Il épousa : 1°, en janvier 1573, Anne de Montberon, dont il eut vingt-trois enfants; 2° Françoise de Carbonnières, dont il eut cinq filles, mortes jeunes; 3°, en 1606, Jeanne-Marie de Foix, morte l'an 1617, fille de Gaston, marquis de Trans. Les enfants qui restèrent de la première femme furent : 1° Louis de Gourdon de Genouillac, carme-déchaussé; 2° Jean, abbé de Rocamadour, fut nommé évêque de Tulle le 9 octobre 1599 (*alias* 1597). Il succéda à Jean Visandon, 29° évêque de Tulle. Il obtint par résignation, en 1600, le prieuré de Jarnages au diocèse de Limoges. Il fut député à l'assemblée du clergé de France en 1603, et à celle des États du royaume en 1614.

Pendant son épiscopat, il s'établit plusieurs communautés religieuses dans son diocèse. Il mourut à Meyronne en Quercy le 13 janvier 1652. 3° Louis, qui suit ; 4° Jean-Paul, abbé de Saint-Romain en Blaye ; 5° Bertrand, baron de Miremague ; 6° Louis, Sgr de Saint-Cler ; 7° Jacquette, mariée : 1° à Jean, baron de Lazech ; 2° à Jean de Chapt de Rastignac ; 8° Galiotte, prieure de l'hôpital de Beaulieu, morte en odeur de sainteté le 24 juin 1618 ; et du troisième lit : 9° Charlotte, prieure d'Espagnac en Quercy ; 10° une autre fille.

IV. — Louis de Gourdon, Sgr de Genouillac, comte de Vaillac, député de la noblesse de Guyenne à l'assemblée tenue à Rouen en 1617, testa en 1642. Il avait épousé : 1°, le 22 juillet 1606, Françoise de Chizadour, dame d'Aubepeyre, fille de Jacques d'Aubepeyre et de Françoise de Carbonnières ; 2° Antoinette de Grignols ; 3° Marie-Madeleine Jaubert. Du premier lit vinrent entre autres enfants : 1° Jean-Paul, qui suit ; 2° Claude, alliée à Flotard de Turenne, baron d'Aynac.

V. — Jean-Paul de Gourdon de Genouillac, comte de Vaillac, baron de Genouillac, était général des armées du roi. (NADAUD, T. II, p. 100.) Il mourut à Paris le 18 janvier 1681. Il avait épousé Marie-Félicie de Voisins, baronne de Montault, fille de François de Voisins, baron de Montault, lieutenant-général en Languedoc. De ce mariage vint Marie-Félicie de Gourdon de Genouillac, qui porta la terre de Montault à son mari, Gaspard Le Secq, marquis de La Motte-Sainte-Héraye, conseiller au parlement de Paris, mort en 1705. (LAINÉ, *Archives de la noblesse*, T. VIII.)

H..... Gourdon de Genouillac a publié de nos jours un grand nombre d'ouvrages héraldiques.

Armes : *bandé d'or et de gueules de six pièces*, ou, ce qui revient au même, *d'or à trois bandes de gueules*. D'autres lui donnent : *écartelé au 1er et 4e d'argent à 3 molettes d'or posées en pal ; au 2e et 3e, d'or à trois bandes de gueules*. (*Dict. hérald.*, par Ch. GRANDMAISON.) Le tableau des armes des évêques de Tulle porte aussi ces dernières, mais, au lieu de 3 *bandes*, on trouve 3 *barres*.

Le P. Anselme a publié une généalogie de cette maison p. 380.

On trouve au nombre des prieures des Allois Judith de Jounhac de Foursac de La Baume, fille de Bertrand de Genouilhac de La Baume, Sgr de Toursac. Elle fit profession en 1621, et mourut en 1669. (*Études sur les monastères*, par ROY DE PIERREFITTE.)

GENTILS de La Jonchapt (p. 209), primitivement de L'Age-au-Chapt, Sgrs dudit lieu, marquis de Langalerie (1), barons de Tonnay-Boutonne, Sgrs de Lavaux, Panthenie, Le Chambon, Le Verdier, Cadillac-sur-Garonne.

I. — Jehan Gentils, viguier de Saint-Yrieix, épousa Jehanne Moustonne, dont : 1° Jean, qui suit ; 2° Yrieix, mort en 1547, qui avait épousé N..... de Calvimont, dont deux filles, l'une dame d'Aubeterre, et Françoise, femme de N..... de La Tour, baron de..... ; 3° François, Sgr de..... en Guyenne ; de lui était issu le président de Gentils au parlement de Bordeaux, Sgr de Cadillac ; 4° Marie, femme d'Olivier Dalier, mort l'an 1547.

II. — Jehan de Gentils, deuxième du nom, était mort l'an 1547. Il avait épousé Louise de Rançonnet, fille du seigneur d'Escoires en Périgord, dont : 1° Hélie, qui

---

(1) Langalerie, petit fief situé près Saint-Yrieix (Haute-Vienne).

suit ; 2° Yrieix, prieur-curé de Saint-Sulpice en Périgord et de Saint-Guillaume en Limousin, abbé de Saint-Maurice et chanoine de Saint-Yrieix en 1537, fut l'exécuteur testamentaire de son frère en 1547.

III (I). — Hélie de Gentils, S^{gr} de La Jonchapt, du Mas, de la prévôté de Saint-Yrieix, demeurant en la ville de Saint-Junien en Limousin, fut anobli par lettres de la reine Louise, mère du roi, duchesse d'Angoulême et d'Anjou, et régente de France, lettres données à Lyon au mois de décembre 1515, enregistrées à la chambre des comptes le 22 février 1518. Il testa le 8 août 1547, et vivait encore en 1550. Il épousa Léonne de La Foucaudie (Sanzillon) ; elle était morte en 1537. De ce mariage vinrent : 1° Jacques, qui suit ; 2° Gabriel, chanoine de Saint-Yrieix en 1543 ; 3° Paul, viguier de Saint-Yrieix, et légataire du Repaire du Claud en 1547 ; 4° Yrieix, légataire en 1547 ; 5° Léonard, qui a formé la branche A ; 6° Poncet, S^{gr} de Panthenie et du Chambon, viguier de Saint-Yrieix l'an 1543 ; 7° Adrien, qui a formé la branche B dite de La Valade et de Saint-Romain ; plus sept filles, mariées ou à marier en 1547.

IV (II). — Jacques de Gentils épousa : 1°, l'an 1543, Marguerite de Salignac-Rochefort, fille de Raymond, S^{gr} de Rochefort et des Étangs, morte l'an 1555 ; 2° Françoise de Monneins. Il testa au château de La Jonchapt, le 29 avril 1569, devant Vouzeau, notaire royal. De son premier mariage naquirent : 1° Raymond, tué en duel par son cousin de Chouly-Permangle, le 21 mars 1567 ; 2° Yrieix, qui suit ; 3° Paul, qui a formé la branche C ; 4° Jean ; 5° Marguerite ; 6° Jacquette, tous trois vivants en 1555 ; 7° Galienne, baronne de Chirac ; 8° autre Yrieix, qui a formé la branche D dite de Langallerie ; 9° Raymond, S^{gr} de Permangle en 1597, dont la fille épousa N..... de Lambert, S^{gr} de Saint-Bris en Bourgogne ; 10° autre Yrieix, qui a formé la branche E.

V (III). — Yrieix de Gentils, S^{gr} de La Jonchapt, de Laurière, épousa, en 1572, au château de Pelvezi, devant Lascoux, notaire royal, Hélène de Reilhac, fille d'Antoine, chevalier de l'ordre du roi, S^{gr} de Pelvezi et de Françoise de Carbonnières. Il testa le 26 février 1602. Au nombre de leurs enfants furent : 1° Yrieix, deuxième du nom, qui suit ; 2° Françoise, mariée, le 25 janvier 1595, à Paul de Chouly-Permangle, duquel mariage vint Yrieix, gouverneur de Limoges.

VI (IV). — Yrieix, deuxième du nom, S^{gr} de La Jonchapt et de Laurière, et autres places, épousa, l'an 1614, Isabeau de Journet, veuve de François de La Chapelle de Jumilhac, S^{gr} de La Valade et d'Estrivaux ; testa, le 24 novembre 1657, devant Lesné, notaire royal, laissant : 1° Gaspard, qui suit ; 2° Jacques, S^{gr} du Claud, qui épousa, en 1653, Claude Tenant, veuve en 1667 ; 3° Jean, S^{gr} de La Faye, maintenu dans sa noblesse avec ses deux frères en 1667.

VII (V). — Gaspard de Gentils, S^{gr} de Villebremge, mort avant son père, avait épousé, le 1er février 1643, au château de Lambertie en Limousin, Catherine de Lambertie, fille de Gabriel, chevalier, comte de Lambertie, baron de Montbrun, S^{gr} de Miallet, Vassoux, Saint-Paul-la-Roche, etc., lieutenant du roi et gouverneur de la ville de Nancy, et gouverneur pour le roi en Lorraine, et d'Isabeau de Rochechouart-Pontville, dont : 1° Léonard, qui suit ; 2° Jean, S^{gr} de Lavaux, et Rosiers, qui a formé la branche F ; 3° Anne, épouse d'Antoine de Jousselin, S^{gr} de Lort, morts tous deux sans postérité en 1707 ; 4° Élisabeth, femme d'Antoine Chiquet, S^{gr} de Lamaignon, chevau-léger de la garde ordinaire du roi en juin 1709.

VIII. — Léonard, substitué à Jean, son oncle, par le testament d'Yrieix, son aïeul, du 27 septembre 1657, chevau-léger de la garde ordinaire du roi le 6 octobre 1674, capitaine dans le régiment de Langalerie en 1690, épousa, le 26 février 1680, Marie Desmaisons de Bonnefon, fille de Jean, écuyer, S^{gr} de Bonnefon (près de Saint-Just), et de Gabrielle de Royère. De ce mariage naquirent : 1° Léonard, deuxième du nom, qui suit ; 2° Pierre, âgé de vingt-six ans en 1709, lieutenant dans le régiment de Leuville ; 3° Jean ; 4° Pierre ; 5° Léonard, tonsuré en 1714 ; 6° Marie-Françoise, née en 1686, reçue à la maison royale de Saint-Cyr sur ses preuves de noblesse en 1696, mariée à Versailles, en 1712, en présence de Mme de Maintenon, de la duchesse d'Orléans et d'autres grands personnages, à Claude de Rutant. Dans la correspondance de Mme de Maintenon, il est souvent question de Mlle de La Jonchapt, qui reçut d'elle plusieurs lettres. De ce mariage, A. un fils, brigadier des armées du roi en 1770 ; B. Suzanne-Madeleine, mariée, le 15 mars 1755, à Joseph, comte de Custine. De ce mariage, *aa* Marie-Louise-Charlotte, comtesse de Custine, mariée, le 9 juin 1776, à Verdun, à Antoine-Louis d'Abzac de La Douze, marquis de Mayat et de Migré, major du régiment de la reine : elle s'est remariée avec Georges de Nicolaï, colonel du régiment d'Angoumois, et est morte en Amérique ; 7° Élisabeth, religieuse à l'abbaye de Ronceray, à Angers ; 8° autre Élisabeth, reçue à Saint-Cyr le 15 juin 1709.

IX. — Léonard, deuxième du nom, chevalier, S^{gr} de La Jonchapt, fut capitaine comme son père dans le régiment de Vimians, auparavant de Langallerie. Il assista à l'assemblée de la noblesse de la sénéchaussée de Saint-Yrieix en 1789. Il épousa, le 23 février 1745, Anne Valette, fille de Pierre et de Gabrielle de Cramarigeas, dont : 1° Pierre, qui suit ; 2° Léonard, reçu page de la Dauphine en 1770.

X. — Pierre de Gentils, chevalier, S^{gr} de La Faye et du fief de Champ, fut chevau-léger de la garde du corps du roi le 31 mars 1769 ; il assistait à l'assemblée de la noblesse en 1789.

Branche A.

IV *bis*. — Léonard, légataire du lieu du Mas en 1547, épousa Jacquette de Gueuble. De ce mariage vinrent : 1° Jacques, qui suit ; 2° Françoise, femme de Pierre du Garreau, S^{gr} de Gironie ; 3° Anne ; 4° Raymond ; 5° François, tonsuré en 1603 ; 6° Yrieix.

V. — Jacques, S^{gr} de Gueuble, du Mas-la-Breulhe et de Drye en partie, un des cents gentilshommes de la maison du roi, épousa Claude de Regnier de Guerchy, fille de Claude, baron de Guerchy, et d'Anne de Giverlay, dont : 1° Adrien, qui suit ; 2° Edmée, qui épousa, par contrat du 29 septembre 1614, Charles de Roffignac, écuyer, S^{gr} de Meace en Nivernais, Tremigny, La Forest-des-Chaumes, fils de Gui et de Françoise du Plessis.

VI. — Adrien de Gentils, S^{gr} du Mas du Boulet et de La Forest-de-Chaume, épousa Madeleine de Courtenay, fille de Jean de Courtenay, chevalier, S^{gr} des Salles, et de Madeleine d'Orléans, veuve, l'an 1599, d'Edme du Pé, baron de Tannerre, bailli d'Auxois.

Branche B, dite de La Valade et de Saint-Romain.

IV *ter*. — Adrien de Gentils, écuyer, S^{gr} de La Valade, épousa N....., dont Jean, qui suit.

V. — Jean de Gentils, S^{gr} de La Valade, fit une transaction en 1548. Il épousa demoiselle Marguerite des Escuyer, qui testa le 19 mars 1574, dont : 1° Martial, qui suit ; 2° Nonette, à qui sa mère fit une donation en 1559.

VI. — Martial de Gentils, Sgr de La Valade, paroisse de L'Isle, juridiction de Bourdeille, capitaine du château et lieu de Bourdeille, eut commission, en 1580, pour former une compagnie de cent hommes de pied. Il testa le 15 mai 1616. Il avait épousé, le 27 août 1584, Marguerite de Perrolt, dont : 1° Henri, qui suit ; 2° peut-être François, sieur de Seguinie, qui suit.

VII. — Henri de Gentils, écuyer, Sgr de La Valade et de Croignac, épousa, le 14 octobre 1633 (*alias* 1635), Marguerite d'Allogne, dont : 1° Henri, sieur de Croignac, en partie, qui habitait Saint-Astier ; 2° François, Sgr de La Valade, Bouré ; 3° Henri, sieur de Saint-Romain en 1677. Le 24 mai 1677, par ordonnance de M. Pellot, intendant de Bordeaux, Henri-François et autre Henri furent inscrits au catalogue des nobles de la sénéchaussée de Périgueux. Deux des frères de Henri ont été au service du roi : l'un y est mort, l'autre dit le chevalier de Gentils, après avoir servi trente-huit ans dans le régiment de Saintonge et celui du Poitou, eut sa retraite et une pension : il était chevalier de Saint-Louis ; 4° Charlotte ; 5° Françoise, demoiselle de Marival ; 6° Marguerite.

VII *bis*. — François de Gentils, écuyer, sieur de Seguinie, de Croignac en partie et de La Valade, épousa, par contrat du 12 octobre 1636, demoiselle Charlotte de Farineau, dame de Bonroy, fille de Jacques Farineau, écuyer, Sgr de Bonroy, et de demoiselle Élisabeth Faucher, par lequel il est stipulé que le second fils qui naîtra de ce mariage portera le nom et les armes de Farineau, qui est une des plus anciennes noblesses de la Touraine. Elle fit son testament, étant enceinte, le 22 août 1638. De ce mariage naquirent : 1° François, qui suit ; 2° Sicaire-Françoise de Gentils, baptisée le 3 septembre 1638, qui épousa Jean-Adrien de Belair, écuyer, sieur de Vilaret ; 3° Bonne-Claude de Gentils, demoiselle de Saint-Romain, qui épousa, par contrat du 11 juillet 1700, Pierre Faucher, écuyer, sieur de La Jourdannie ; 4° Henri de Gentils de Farineau, Sgr de Saint-Romain, La Valade et Bonroy, qui épousa, en 1686, demoiselle Renée de Balley ; 5° peut-être Jean de Gentils, chevalier, Sgr du fief de Saint-Romain et du Val Saint-Georges, qui avait un procès avec Marguerite Gauthier, veuve du sieur Goislard de La Droitière (1745-1752), et qui fut nommé chevalier de Saint-Louis en 1751.

VIII. — François de Gentils, Sgr de La Valade et de Bourré, épousa, par contrat du 20 janvier 1671, demoiselle Marie de Godefroy, fille de messire Pierre de Godefroy, chevalier, Sgr de Chaussay, Lavaud-Saint-Georges et autres lieux, et de dame Marie Bucheron, dont : 1° Henri, qui suit ; 2° Jean ; 3° Marie.

IX. — Henri, Sgr de La Valade et de Bonroy, né le dernier février 1677, épousa 1° Anne de Poulard, demoiselle de La Pichie, fille de Jean-Charles de Poulard et de Françoise de Barnelaise ; elle testa le 31 juillet 1708, et mourut en 1711. Il épousa, 2°, le 25 janvier 1718, Valérie de Poulard, fille de François de Poulard, Sgr de Bertinie, et de demoiselle Marie Noël. Henri fit son testament le 20 mai 1729, nommant Henri, son fils aîné du premier lit, son héritier universel. Il laissa : 1° Henri, qui suit ; 2° Jean, écuyer, chevalier de Bonroy, Sgr de Saint-Romain, habitant Ribeyrac, où il fit son testament, le 12 mars 1712, au moment de partir pour le service du roi dans le régiment de la Reine-infanterie ; il fit son héritier Jean, son filleul, fils de messire Henri de Gentil, son frère, écuyer, Sgr de Bonroy ; il assista au mariage de Henri, son frère germain, le 30 avril 1733 ; 3° Pierre, écuyer, chevalier, habitant la ville de Ribeyrac, testa au château de Bourdeille en Périgord le 6 septembre 1759, faisant héritier universel messire Antoine-Henri de

Gentil, chevalier, Sgr de La Valade, son neveu ; 4° Marie, baptisée le 13 mars 1713, qui épousa Pierre Noël, écuyer, sieur des Essards, fils de Pierre Noël, sieur de Pipier ; 5° Thérèse, baptisée le 10 avril 1714 ; 6° Raymond ; 7° Marie ; 8° François, écuyer, sieur de La Bertinie ; 9° autre François ; 10° autre François ; 11° Dauphine, qui était du premier lit. Un acte légalisé montre que, le 24 août 1722, Henri avait les onze enfants ci-dessus, et que Valérie de Poulard, sa seconde femme, alors âgée de trente-trois ans, était sur le point de donner le jour à un autre. On trouve encore : 12° Jeanne, qui épousa Jean Baudouin, sieur du Cluzelard ; 13° Jean ; 14° N....., surnommée Canette.

X. — Henri de Gentil de Bonroy, écuyer, Sgr de La Valade, qui fut baptisé le 20 janvier 1703, ayant pour parrain Henri de Gentils, écuyer, Sgr de Saint-Romain, sous-brigadier aux gardes du corps du roi, fit une transaction avec son frère germain Jean le 30 novembre 1732, fut capitaine au régiment de Ribeyrac-infanterie, le 1er janvier 1734, et mourut en activité dans ce régiment, laissant son fils aîné âgé de huit mois ; il fut enseveli à Trèbes, diocèse de Carcassonne, le 7 septembre 1736. Il avait épousé, par contrat du 30 avril 1733, Marie-Madeleine d'Aydie de Montcheuil, fille de Charles-Antoine-Armand-Odet d'Aydie d'Armagnac, chevalier, Sgr de Ribeyrac ; elle fut tutrice de son fils Henri, qui suit.

XI. — Antoine-Henri de Gentils, Sgr de La Valade, né le 27 septembre 1735, baptisé le 25 janvier 1736, fils unique d'Henri, fut mousquetaire de la garde du roi le 22 mars 1749 jusqu'au 11 juin 1755. Il acheta, le 4 septembre 1765, tout ce que possédaient à La Vallade MM. Barthélemy de Gentils, sieur de Lazarte, et François de Gentils, sieur du Vignaud. Il épousa, le 28 août 1756, Marie-Sybille de La Garde de Mallet, fille de François de Mallet, écuyer, Sgr de La Garde-du-Pont, et de Julie de La Garde-de-Pressat, âgée de dix-huit ans. De cette union vinrent cinq enfants : 1° Pierre, né le 13 mars 1760 ; 2° François, né le 20 juillet 1761 : ces deux frères montrèrent onze degrés de noblesse pour être admis à l'école royale militaire ; 3° Jean, qui suit.

XII. — Jean de Gentils de Saint-Romain, chevalier de Saint-Louis, ancien capitaine des chasseurs royaux, maire de L'Isle, épousa, par contrat du 29 septembre 1812, Ursule-Radegonde Goursaud de Merlis, fille mineure de Jean-Baptiste Goursaud de Merlis et de dame Radegonde Moreau de Villejalais. De ce mariage naquirent : 1° Ursule-Radegonde-Octavie de Gentils de Saint-Romain, née le 9 septembre 1813, mariée, le 12 juillet 1838, à Negrier du Villard-Fontaubert ; 2° Jacques-Joseph-Adolphe de Gentils, qui suit ; 3° François-Armand de Gentils, lieutenant d'infanterie, mort sans alliance le 10 avril 1846 ; 4° Radegonde-Adèle-Henriette, née le 24 octobre 1820, morte en bas-âge.

XIII. — Jacques-Joseph-Adolphe de Gentils de Saint-Romain, né le 12 février 1816, marié, le 30 juillet 1842, à Julie-Marceline-Henriette-Blanche Vander-Monde, née à Middelbourg (Hollande) le 1er avril 1813, mort sans enfants le 2 octobre 1856.

Notes isolées.

Poncet de Gentils, Sgr de Pautevy en 1522.

N..... de Gentils de La Valade, épousa, le 20 juillet 1801, N..... Kuesbeck, veuve de N..... Mayer, dont : Antoinette-Charlotte, née le 9 mai 1802, baptisée le 16 du même mois.

Branche C.

V *bis*. — Paul de Gentils, Sgr du Verdier l'an 1555, vigier de Saint-Yrieix-la-Perche, épousa Marguerite du Roys, dont François et autres enfants, morts avant leur mère. Étant veuve, cette dernière fit une donation, reçue par Queyroulet le 31 janvier 1598, à François de Chouveyreix, écuyer. Paul de Gentils fut remplacé dans sa charge de vigier par Pierre de Jarrige, en janvier 1563.

Branche D dite de Langalerie.

V (III). — (P. 211.) — Yrieix de Gentils, Sgr de Langalerie (primitivement Lengaleyrie et L'Engaleirie : petit fief situé à Saint-Yrieix), capitaine d'une compagnie d'ordonnance et gouverneur du château de Cognac, épousa, le 8 août 1598, Anne Géraud, fille de Thomas et de N..... de Rabaine, dame de La Mothe-Charente, etc.; elle lui porta en dot les terres de La Mothe-Charente près d'Angoulême, de nombreux revenus sur la ville d'Angoulême, etc., etc. En 1586, sous l'impulsion du roi de Navarre, Thomas Géraud fit une entreprise contre la ville d'Angoulême, dont Desbordes était à cette époque gouverneur. Pris les armes à la main, il fut décapité, et ses biens confisqués. Ce ne fut qu'après l'avènement de Henri IV à la couronne que sa mémoire fut réhabilitée et ses biens considérables rendus à sa fille. De ce mariage vint François, qui suit.

VI (IV). — François de Gentils épousa, le 7 juin 1625, Judith de La Mothe-Fouquet, dont Henri-François, qui suit.

VII (V). — Henri-François, premier marquis de Langalerie, premier baron de Saintonge à cause de Tonnay-Charente, lieutenant des armées du roi, gouverneur de Provence. Ce fut lui qui, le premier, simple major d'un régiment de cuirassiers, passa le Rhin à la nage sous les yeux de Louis XIV. C'est le fameux passage du Rhin chanté par Boileau. Le roi, pour le récompenser de sa belle conduite, lui donna le régiment de cavalerie vacant par suite de la mort du duc de Longueville. Il épousa : 1° N..... Vidaud; 2°, le 26 septembre 1660, Marie de Couleurs, fille de Pierre, vicomte d'Arnac, dont : 1° Philippe, qui suit; 2° N..... dite Mlle de Langalerie, morte le 27 juin 1754.

VIII. — Philippe de Gentils, deuxième marquis de Langalerie, lieutenant général des armées du roi. Il épousa en premières noces, à Versailles, Marie de Parroy, veuve du marquis de Simiane, fille de Jacques, maître des comptes en la chambre de Dauphiné, et de Catherine Dorgeosse La Tivolière, qui fut gouvernante des filles d'honneur de *Madame* peu après l'an 1694, décédée sans enfants, le 12 janvier 1708, et en secondes noces, Marguerite de Frère, fille du baron de Gratteaux, religionnaire, qui s'était retiré en Allemagne. De ce mariage naquit Philippe-François, qui suit.

Voici l'article de Moréri auquel envoie Nadaud :

« Philippe de Gentils, marquis de Langalerie, chevalier, Sgr de La Motte-Charente, Tonne-Boutonne et Biron, premier baron de la province de Saintonge, lieutenant général des armées de France le 10 février 1704; général de cavalerie au service de l'empereur le 5 avril 1706, et enfin général de cavalerie des troupes étrangères du grand-duché de Lithuanie, et colonel de deux régiments au service du roi de Pologne en 1709, etc., naquit d'une famille très-distinguée en France, originaire du Limousin, et possédant de belles terres en Saintonge. Ses ancêtres s'étaient distingués dans le militaire, et son père avait été déjà officier général de grande réputation. Le marquis de Langalerie fut voué au service dès sa jeunesse; il fit trente-deux campagnes dans les armées françaises, où il parvint au grade de lieutenant général. Il fut forcé de quitter sa patrie à cause de la haine personnelle que lui portait M. Chamillard, ministre alors puissant, et par conséquent dangereux ennemi, ainsi qu'on peut le voir dans un manifeste du marquis de Langalerie, daté de Venise, le 10 mars 1706, où il s'était retiré en quittant l'armée d'Italie. M. le duc de Vendôme l'aimait et l'estimait; il s'intéressa vivement, mais inutilement, pour lui à la cour. L'ambassadeur de France à Venise ayant reçu ordre de faire enlever le marquis de Langalerie, celui-ci n'eut d'autre ressource que de solliciter et accepter l'emploi de général de cavalerie au service de l'empereur. Il acquit beaucoup de gloire la même année au siége de Turin, et donna les suivantes de grandes preuves de valeur et de capacité. M. le duc d'Elbœuf et M. de Bonneval avaient passé peu de temps avant M. de Langalerie à la cour de Vienne, persécutés, ainsi que lui, par M. Chamillard. Ses terres en France furent confisquées, et données à M"' de Langalerie, sa sœur unique, qui vendit ensuite ses terres à vie pour vivre plus opulemment à Paris, où elle est morte très-âgée, le 27 juin 1754. Il était difficile qu'un étranger, qui venait prendre le rang sur tant de généraux à la cour impériale et que l'Empereur semblait distinguer particulièrement, n'eût des ennemis : soit jalousie, soit machinations secrètes de M. Chamillard, soit une brouillerie particulière avec le prince Eugène de Savoie, le marquis de Langalerie, voyant bien qu'il ne pourrait pas tenir longtemps à cette cour, prêta d'abord l'oreille aux propositions que le roi Auguste de Pologne lui fit faire, et les accepta peu après. Il y fut fait général de cavalerie lithuanienne, et y eut deux régiments. Passant par Berlin en 1709 pour aller en Pologne, il y vit à la cour une jeune française, un peu de ses parentes, qu'on avait fait sortir enfant du royaume dans le temps du refuge : elle était fille de Charles, baron de Frère, et de dame Marguerite de Bar. Il l'épousa en secondes noces, et l'emmena en Pologne : il en eut plusieurs fils, dont il n'y a que l'aîné, né à Léopold en août 1710, qui soit resté en vie, et qui est actuellement, dans cette année 1758, établi à Lausanne en Suisse, où il a famille. La première femme du marquis de Langalerie avait été Anne-Marie Pourroy de Voissant, veuve de Françoise de Simiane; il n'en a point laissé d'enfants. M. de Langalerie était catholique romain, et son épouse réformée, très-instruite dans sa religion et fort versée dans la controverse, qui était dans le commencement du refuge la conversation ordinaire. Son mari voulut la convertir, et ce fut elle au contraire qui l'ébranla dans sa religion. Ayant trouvé du mécompte pour la préséance en Pologne, les grands et petits généraux de la république lui faisant des chicanes sur le rang, il quitta au bout de deux ans un service et un pays où le roi Auguste n'était pas assez absolu pour le maintenir dans ce qu'il avait promis. Il vint donc d'abord à Francfort-sur-l'Oder, où, voulant sérieusement s'éclaircir sur les doutes de religion, il fit disputer en sa présence et traiter cette matière à fond; enfin, au bout de quelques mois, il embrassa ouvertement la religion prétendue réformée, le 19 juillet 1711. Il parut alors plusieurs lettres imprimées sur ce changement de religion adressées à M. de Langalerie avec ses réponses (1). M. de Langalerie passa deux années tant à Francfort qu'à Berlin,

---

(1) Voyez le livre intitulé : *Relation historique et théologique d'un voyage en Hollande*, etc., dédiée au roi, par M. GUILLOT DE MARCILLY, in-12, Paris, 1719.

Hambourg et Brême. Enfin il trouva une espéce d'établissement à Cassel, par la protection du prince héréditaire de Hesse, qui a été depuis roi de Suède, et auquel le marquis de Langalerie avait eu le bonheur d'être de grande utilité dans les guerres d'Italie. Ce prince, l'ayant toujours aimé depuis ce temps, le recommanda si fortement au landgrave de Hesse-Cassel, son père, qu'il lui fit avoir une pension considérable à cette cour pour l'entretien de sa famille, et même, dans la suite, il fit donner à ses enfants une terre. Sa femme et sa famille y resta à peu près jusqu'à la mort du landgrave, d'où elle s'est venue établir en Suisse. Mais M. de Langalerie, bien éloigné de pouvoir rester dans l'inaction, partit pour la Hollande, où il se lia intimement avec un certain soi-disant landgrave de Linange et de Chabonnais, prince du Saint-Empire, homme d'esprit, intrigant, et qui trahit, dit-on, ensuite le marquis de Langalerie. Il fit encore une connaissance plus singulière avec l'aga turc, ambassadeur à La Haye, qui conclut un traité au nom du grand-seigneur dans toutes les formes avec le marquis de Langalerie. On n'a jamais bien su les articles qui y étaient contenus. En général, on s'accorde à croire qu'il était question d'une descente en Italie, dont le marquis devait commander les troupes, comme connaissant parfaitement le pays; que, pour récompense, il aurait la souveraineté d'une île dans l'Archipel ou la Méditerranée. Ce qu'il y a de certain, c'est que depuis ce moment il eut un train et fit une dépense très-considérable, acheta beaucoup d'effets et prit des familles entières à son service, leur avança de l'argent, acheta des vaisseaux. Mais, voulant aller à Hambourg pour mettre la dernière main à son entreprise, il fut arrêté au commencement de juin 1716, à Stade, par ordre et à la réquisition de la cour impériale, et conduit à Vienne, où il mourut de chagrin, le 20 juin 1717, malgré les espérances que devaient lui donner les mouvements que les rois d'Angleterre, de Suède, et même le Turc, dit-on, se donnaient pour le remettre en liberté. Il a paru en 1753 des *Mémoires du marquis de Langalerie, histoire écrite par lui-même dans sa prison, à Vienne en Autriche;* à La Haye, chez Daniel Aillaud. C'est un roman qu'on a voulu débiter à la faveur d'un nom connu : les noms, les faits, les dates, tout y est confondu, et presque toute l'histoire est composée à plaisir. » (MORÉRI, 1759, T. VI, p. 543, II° partie.)

IX. — Philippe-François, troisième baron de Langalerie, né en 1710, marié à Lausanne (Suisse) avec Angélique Constant de Rebecque, fille du baron lieutenant général de ce nom. Il était aide-de-camp de l'empereur Charles VII de Bavière, et lieutenant-colonel à son service. Il eut de son mariage : 1° Samuel de Gentils, quatrième marquis de Langallerie, né au château d'Allaman en 1748, marié, en 1773, à Marguerite Kamm de Wissembourg, dont : *a* Étienne de Gentils, cinquième marquis de Langallerie, officier aux gardes suisses en Hollande, mort à Bâle, en 1806, sans postérité; *b* Frédérique de Gentils, née en 1778, mariée en premières noces à François de Sylvestre, commissionnaire des guerres de l'armée française, et en secondes noces, en 1811, au lieutenant général d'artillerie baron Pelletier, laquelle eut du premier lit Emmanuel de Sylvestre, né en 1801, capitaine d'infanterie, et du second lit deux filles, Élisabeth et Frédérique Pelletier; 2° Charles, qui suit; 3° Angélique, née à Lausanne en 1757, mariée en 1777 à Pierre Crouzas, S^{gr} de Corsier près de Lausanne.

X. —Charles de Gentils, sixième marquis de Langallerie, après la mort de son neveu, survenue en 1806, né au château d'Allaman en 1751, capitaine dans les régiments suisses au service de France avant 1792, marié à Lausanne, avant 1797, à Sophie Baillif de Végue, d'une famille noble du Dauphiné, décédée en 1835. De ce mariage naquirent : 1° Frédéric-Philippe, qui suit ; 2° Marie, née à Lausanne en 1798 ; 3° Nathalie, née à Lausanne en 1807, mariée, le 19 janvier 1833, au baron d'Hogguer, aide-de-camp de S. A. R. le duc de Saxe-Cobourg ; 4° Justine, née à Lausanne en avril 1809, mariée, le 19 janvier 1833, au baron Jules de Rottenham, chambellan du roi de Bavière.

XI. — Frédéric-Philippe de Gentils, septième et dernier marquis de Langallerie, né à Lausanne en décembre 1797, lieutenant aux gardes suisses en France avant 1830, capitaine dans l'infanterie d'Afrique le 1ᵉʳ août 1839, chevalier de la Légion-d'Honneur, réintégré dans ses droits civils et politiques de citoyen français, par acte de la municipalité de Paris du 18 novembre 1832.

Branche E.

V. — Yrieix de Gentils, fils de Jacques et de Marguerite de Salignac, fut seigneur de Puyfolet près Saint-Yrieix et capitaine aux gardes ; il épousa Edmée de Régnier, fille de Claude, baron de Guerchy, et d'Anne de Giverlay, dont : 1° Georges, Sgr de Puyfolet ; 2° Adrien, chevalier de Malte, reçu le 24 mars 1614 de la langue de France (l'abbé VERTOT, *Hist. de Malte*, T. VIII, p. 240.) ; 3° Anne, qui épousa, le 20 septembre 1626, Henri de Lambert, marquis de Saint-Bris, lieutenant-général des armées du roi. (D'HOZIER, *Arm. général*, art LAMBERT.)

Branche F.

VIII. — Jean de Gentils, deuxième fils de Gaspard et de Catherine de Lambertie, chevalier, Sgr de Lavaux, La Coste et Roziers, épousa, dans l'église de Nontronneau, le 26 février 1685, Françoise de Constant, demoiselle de La Mazière, de la ville de Saint-Léonard, dont 1° Pierre, Sgr de Lavaud-Porcher près Saint-Yrieix, marié le 12 avril 1717 à Jeanne-Ursule Arthuys de Vaux, fille de Jacques, conseiller du roi au bailliage d'Issoudun, et de Madeleine Pénier ; elle était veuve et sans enfants en 1733, retirée dans un couvent de Limoges (Voir D'HOZIER, *Arm. général : généal.* ARTHUYS] ; 2° Ysabeau, qui épousa, le 16 février 1722, par contrat passé devant Sénamaud, notaire royal, au lieu et maison noble de Lavaud-Porcher, paroisse de Saint-Pierre hors les murs de Saint-Yrieix, François Bouhomme, sieur de Puy-La-Chave près Saint-Yrieix ; elle fut instituée, par son frère aîné Pierre, sa légataire universelle ; 3° Antoine, Sgr de La Coste, puis de Rosiers en la Marche, épousa N..... de La Marthonie ; 4° Françoise, mariée, le 1ᵉʳ août 1730, à Ladignac, à Silvain Triviaux. On présume que de lui descendent les MM. de Gentils de Rosiers, subsistant encore (1868), représentés par un fils, avocat, aspirant à entrer dans la magistrature, et une fille, mariée à N .... Duclos, avocat.

Dame Jeanne Le Gay, veuve de messire Jean de Gentils, écuyer, Sgr de Rosier, était à l'assemblée générale de la noblesse de la Haute-Marche le 16 mars 1789.

Notes isolées.

Anne-Henri de Gentils de Brutine, paroisse du Châtenet, épousa, en 1771, Joseph-Melchior de Guilard, écuyer, paroisse de Sauviat.

Marc-Antoine de Gentils de Brutine, Sgr dudit lieu, était à l'assemblée de la noblesse de la Haute-Marche le 16 mars 1789.

N...., Gentil-Devernet était président au présidial de Guéret en 1789.

Armes : *d'azur, à un chevron d'or, accompagné de trois roues de Sainte-Catherine de même, deux en chef et une en pointe, et une épée d'argent posée en pal, la pointe en haut, bronchant sur le tout.*

Sources : Titres originaux. — *Généalogie des Gentils*; au cabinet des titres de la Bibliothèque impériale à Paris. — *Philippe de Gentils, marquis de Langallerie*, par M. de Montégut : Angoulême, 1866. — *Nobiliaire manuscrit de Nadaud*. — *Catalogue des gentilshommes.*

DE SAINT-GEORGE, Sgr de Saint-George-La-Pouge, canton de Pontarion, arrondissement de Bourganeuf (Creuse), La Bussière, Chavangnac ; marquis de Veirac, canton de Nieul, arrondissement de Limoges (Haute-Vienne) ; Sgr de Tree en Bourbonnais, de Saint-Léger en Lyonnais, de Monceaux, de Verdelle, de Vivant, de l'Étoile, de Versange, du Lac, de Tingue, de Boisset, de Paneure, de Couhé, de Suaux, de Marsay, de Dirac, de Fraisse, commune de Berneuil, arrondissement de Bellac (Haute-Vienne), Baldent, canton de Châteauponsac, arrondissement de Bellac (Haute-Vienne), Régnier, etc., etc., porte : *d'argent à la croix de gueules, couronne de marquis, surmontée d'un casque posé et taré de front, grillé d'or, orné de ses lambrequins d'argent et de gueules. Cimier : une mélusine au naturel, chevelée d'or, tenant à sa main dextre un miroir d'argent bordé d'or, et à sa senestre un peigne d'argent dans sa cuve d'or. Supports : deux sirènes à la queue de poisson aussi au naturel, tenant chacune un miroir et se peignant.*

Dès le temps de Louis XI, on trouvait en France des devises ou dictons au moyen desquels on voulait faire connaître les richesses ou la puissance des familles nobles. En voici qui avaient cours en Limousin, et où se trouve la maison de Saint-George :

> Chastillon, Bourdillon,
> Gaillot et Bonneval,
> Gouvernent le sang royal.

> Vantadour vante ;
> Pompadour pompe ;
> Turenne règne ;
> Et Châteauneuf
> Ne les craint pas d'un œuf.

> Pompadour pompe ;
> Vantadour vante ;
> Saint-George et Saint-Julien
> Ne leur cèdent en rien.

> Des Cars, richesse,
> Bonneval, noblesse.

Voici les noms que l'on rencontre à une époque où il n'est pas possible d'établir une filiation suivie.

D'après l'inscription de l'ancienne cloche de Saint-George, qui fut cassée et refondue en 1687, Jacques de Saint-George, chevalier, aurait existé en 888 :

Jacobus de Sancto-Georgio, miles, me dedit anno incarnationis Domini VIIIc L. XXXVIII. (Papiers domestiques au château de Fraisse.)

N..... de Saint-George passa en Angleterre avec Guillaume le Conquérant, 1066. (*Catalogue des nobles qui firent le voyage en 1066, conservé en Angleterre.* — Du Chesne, *Historicum Normanorum*, fol. 1125.)

Guiard de Saint-George paraît, l'année 1114, au nombre des chevaliers que Guillaume V, Sgr de Montpellier, donna pour conseil à l'évêque, qu'il chargea ladite année de l'exécution de son testament. (*Hist. du Languedoc*, fol. 390, 2e vol.)

Radulphus de Saint-George vivait en 1178 (*Chambre des comptes de Paris, au grand-livre en parchemin, sous la cote M. XLVIII.*)

Gaufridus de Sancto-Georgio se trouve dans le catalogue des barons qui doivent fournir deux chevaliers pour la garde du château du Loir en 1189. (M. de Clerambault, généalogiste des ordres du roi, a donné une copie de ce catalogue dans son Cabinet, vol. 8, fol. 113.)

Victor de Saint-George, abbé, est l'un des témoins à la charte accordée, en 1197, par Richard, roi d'Angleterre, duc d'Aquitaine et de Normandie, à Wolateran, archevêque de Rouen. (*Actes de la tour de Londres*, vol. I, fol. 98.)

On peut présumer Victor, frère de Geoffroy.

Guillelmus de Sancto-Georgio fut l'un des chevaliers qui, au mois de juin 1202, jurèrent les conventions que le dauphin viennois (dit Guignes), fils de Béatrix, duchesse de Bourgogne, fit avec Guillaume, comte de Forcalquier, pour épouser Béatrix, fille de la fille du comte. Cette formule tenait lieu alors des contrats de mariage, qui ne commencèrent d'être mis par écrit qu'en 1234, trente-deux ans après. La preuve de Guillaume de Saint-George se trouve à la Bibliothèque du roi, vol. du Sr de l'eirèse, fol. 1248.

Raimb de Saint-Georgio fut présent, aux kalendes de juillet 1202, au partage fait entre Roncilinus, Ugo .... de Baucis, et Girandus Aimarus Victores, vicomtes de Marseille. (*Bibliothèque du roy : Mém. et lettres concernant la ville de Marseille*, fol. 1257.)

Guillaume de Saint-George, abbé d'Issoudun en Berry, se trouve dans une promesse à lui faite en 1247 par Guillaume de Chauvigny, Sgr de Châteauroux, et mari d'Agathe de Lezignon (Lusignan), de servir audit Guillaume de Saint-George l'hommage pour lui de Chauvigny, qu'il devait à l'abbaye d'Issoudun. (*Gall. christ.*, vol. 2, fol. 128, lettre E.)

Il est à présumer que cet abbé était fils de Guillaume qui précède, et frère d'Étienne, comte de Lyon en 1255, comme il est prouvé par la répartition faite dans ce chapitre le 14 août de ladite année. Il est encore probable que ces deux abbés avaient pour frère Manfred, qui suit.

Manfred de Saint-George est l'un des gentilshommes condamnés à l'amende pour s'être trouvé en 1260 à la guerre que faisait l'évêque d'Alby. (*Hist. du Languedoc*, vol. III, fol. 545 aux preuves.)

I. — Pierre de Saint-George, Sgr du lieu (*miles*), avait épousé N..... d'Aubusson. Bertrand de La Tour, Guillaume d'Aubusson, Pierre de Saint-George, tous trois chevaliers, scélèrent le testament que fit Renaud d'Aubusson, leur frère et beau-frère, le jeudi avant la Pentecôte 1281. Guillaume d'Aubusson était propre frère du testateur, Bertrand de La Tour était frère de Delphine de La Tour, femme de Renaud d'Aubusson. Pierre de Saint-George avait épousé une sœur de Renaud, comme il appert par ces mots du testament (ils ont induits plusieurs généalogistes en erreur) : « *Item lego terra sancto... centum libras semel solvendas pro nobis et pro legato predicto nostro, tradendos, Petro fratri, nostro in promo generali passagio, si idem Petrus vult transferare, etc.* » Pierre de Saint-George remplit les intentions du testateur. Les chevaliers de Saint-Jean-de-Jérusalem s'étant emparés de l'île de Rhodes, Othoman, empereur des Turcs, fut les y attaquer en 1310. (*Hist. de Malte*, in-fol., édit. de 1629, p. 63.) Pierre de Saint-George passa à Rhodes. Foulque de Villeret était alors grand-maître de l'ordre. Pierre fut fait prisonnier par les Turcs, et retiré par l'entremise du pape dont il était proche parent. C'était Bertrand de Goth, premièrement archevêque de Bordeaux, fils de Bérault de Goth, Sgr de Villandrault en Guyenne ; il régna sous le nom de Clément V. On connaît dans la postérité de Pierre Hugues, qui suit.

II. — Hugues de Saint-George, *miles*, Sgr du lieu, fils de Pierre de Saint-George et d'une d'Aubusson, fit hommage à l'abbé de Saint-Martial de Limoges, *ratione eorum tenebat in parochiæ sancti Valeriis*, le lundi 16 décembre 1339. Parmi ses enfants on trouve : 1° Olivier de Saint-George, son fils aîné, qui suit ; 2° Guillaume, qui suit après son frère.

III. — 1° Olivier de Saint-George aîné, chevalier, Sgr de Saint-George, l'un des chevaliers tués à la bataille de Poitiers le lundi 19 septembre 1356 Son nom et son écu se trouvent aux Jacobins de Poitiers, où est le catalogue des noms de ceux tués à cette journée, qui furent inhumés chez eux. On trouve des hommages faits par un Olivier de Saint-George les 20 mai 1388 et le 28 janvier 1399. Ses enfants furent : Olive, qui suit, et plusieurs autres.

2° Guillaume de Saint-George cadet, *domicellus*, fit hommage à l'abbé de Saint-Martial de Limoges de partie des mêmes biens qui avaient été servis en 1339 aux abbés, par Hugues de Saint-George, son père : cet hommage est du 21 mars 1357, six mois après la mort de son frère aîné.

IV. — Olive de Saint-George, veuve en 1388 de Pierre de Naillac, Sgr de Gargilesse. Ce fait est prouvé par l'hommage rendu à l'abbé de Saint-Martial de Limoges le 20 mai 1388, dans lequel elle reconnaît ce qui avait appartenu à feu Pierre de Naillac, son mari. Elle fut mère de Pierre-Philibert de Naillac. Élu grand-maître de Rhodes en 1396, comme on le voit par l'hommage que la même Olive de Saint-George rendit, le 28 janvier 1399, à Jean Brachet, Sgr de Salagnac et de Montaigu. Voici les motifs de l'hommage : « *Tam causa nomine et ratione turis suæ sancti Valerici, quam ut heres himparte (in parte) sua, ut asserint domini Oliverii de Sancto-Georgio militis quondant patris sui defuncti*, etc. » Or cette pièce (comparée à l'hommage du 11 décembre 1339, fait par Hugues de Saint-George, et à celui du 21 mars 1357, rendu par Guillaume de Saint-George, son fils) prouve qu'Olive de Saint-George, qui le rend, était fille d'Olivier de Saint-George, tué à la bataille de Poitiers, fils aîné de Hugues de Saint-George, et qu'elle était nièce de Guillaume de Saint-George, fils cadet de Hugues. Olivier était *miles*, Guillaume était *domicellus*. Olive avait un frère, comme le prouve ces termes : « *Ut heres in parte patris sui.....* » Elle n'était pas dame de Saint-George, mais d'une terre de Lureret.

On trouve Baudouin de Saint-George (*miles*) qui prit des lettres de permission du roi d'Angleterre, duc d'Aquitaine, pour aller faire la campagne en Allemagne, dans une montre du maréchal de France de Sancerre en 1386. (RYMER, vol. VII, fol. 494.) On trouve encore Landry de Saint-George. (Cabinet de M. de Clérembault.) Il est difficile de les croire tous deux fils d'Olivier, tué à la bataille de Poitiers.

Tige des différentes branches.

V. — Olivier de Saint-George, chevalier, Sgr de Saint-George, de La Bussière, de Vérac, de Fraisse, de Boissec, épousa, par contrat du 14 avril 1404, reçu Bermonde, notaire, Catherine de Rochechouart, dame de Boissec de Panure, fille d'Aymery II de Rochechouart, Sgr de Mortemart, Saint-Germain, Cercigne, etc., chambellan du roi, sénéchal du Limousin, et de Jeanne d'Angle, dame de Montpipeau. Rochechouart porte : *fascé d'argent et de gueules de six pièces, antées l'une dans l'autre.* Leurs enfants furent : 1° Guichard aîné, Sgr de Saint-George, qui suit; 2° Guillaume, Sgr de Vérac, de Boissec; 3° Jean, Sgr de Fraisse; 4° Agnès, femme de Jean III d'Aubusson, Sgr de La Borne, du Dognon, et d'Aleirac, chambellan du roi Charles VII, fils de Jean II et de Marguerite de Chauveron. (22 juin 1426.) (*Bibliothèque du roi.* — *Nobiliaire Lim.*, T. II, p. 186.) Selon le P. Anselme (*Histoire des grands-officiers de la couronne*, p. 817), elle se nommait Catherine, et avait épousé Jean d'Aubusson le 22 juin 1436 (Voir aussi *Nobiliaire*, T. I, p. 68); 5° peut-être Estienne de Saint-George, qui épousa Guye Bouton, fille de Philippe, Sgr de Savigny et du Fay, et de Marguerite du Fay; il reçut le 16 février 1406 une partie de leur dot qui leur était due. (P. ANSELME, *ibid.*, p. 852.)

Olivier fut un des seigneurs signataires à la révocation de certains privilèges et certaines provisions, brevets et dons faits par le roi. (*Hist. du règne de Charles VI*, par M. RION D'HÉRONVAL.)

« *Dominus Oliverius, dominus de Saint-George, miles, restitutus ad officium capitany de repertuise seneschalie Carcassonne quod jussebat Ponectus de Caulans et per litteras regis.* » (Du 18 octobre 1413, *Biblioth. du roi.*)

Aux comptes de Jean de Pressi, se trouve une quittance de cent cinquante livres données par Estienne de Saint-George à-compte de ses gages et de ceux de neuf écuyers de sa compagnie. (18 mai 1412, *Biblioth. du roi.*) L'époque à laquelle se trouve Étienne fait présumer qu'il était frère cadet d'Olivier; s'il se maria, il n'eut pas d'enfants.

VI. — Guichard de Saint-George, chevalier, Sgr de Saint-George, de La Bussière, de Chavagnac, fils d'Olivier de Saint-George et de Catherine de Rochechouart, épousa Catherine d'Aubusson, fille d'Antoine, Sgr de Monteil-le-Vicomte, et de Marguerite de Villequier. Aubusson porte : *d'or, à la croix ancrée de gueules.* Selon le P. Anselme. (*Hist des grands-officiers de la couronne*, p. 818), l'époux de Catherine d'Aubusson se nommait Antoine de Saint-George, et contracta mariage avec elle en 1505.

Leurs enfants furent : 1° Jean de Saint-George, qui suit; 2° Guillaume de Saint-George, mort sans postérité; il faisait la guerre en Italie en 1494. On le trouve dans une montre faite ladite année au royaume de Naples auprès de Philippe. (Cabinet de M. Clérambault, vol. 238 : *des Titres scellés*, fol. 417.)

Guichard eut aussi un fils naturel. Guillaume, Sgr de Veirac, frère cadet, fut son parrain; par son testament il assigna à son filleul (qui dans son enfance se nomma Guillaume Taupin) son entretien et celui d'un cheval bon et suffisant dans le château de Veirac. Mais Guichard en prit soin lui-même, et le légitima, comme il paraît au Trésor des chartres du roi. (Registre coté 198, fol. 1547.)

VII. — Jean de Saint-George, chevalier, S^{gr} de Saint-George, de La Bussière, de Chavagnac (1480), fils aîné de Guichard de Saint-George et de Catherine d'Aubusson, épousa Isabeau de Gracay. Gracay porte : *d'azur, au lion d'or.* Leurs enfants furent : 1° Amable de Saint-George aîné, dernier sénéchal de la Marche du nom ; 2° François de Saint-George, lieutenant-général du Bourbonnais, dont sortit la seconde branche aînée, qui existait encore en 1762, et qui suit ; 3° Marguerite de Saint-George, qui, vers l'an 1520, épousa Pierre de Malesset, S^{gr} de Chastellus. Malesset porte : *d'or au lion de gueules, au chef d'azur chargé de trois étoiles d'or.*

VIII. — Amable de Saint-George, chevalier, S^{gr} de Saint-George, de La Bussière, fils aîné de Jean de Saint-George et d'Élisabeth de Gracay, épousa, en 1530, Marguerite de Boucard. Boucard porte : *de gueules à trois lions d'or, 2 et 1.* Leurs enfants furent : 1° Gabriel de Saint-George, qui suit, et par la mort duquel s'éteignit la branche aîné ; 2° Madeleine, femme d'Antoine de La Saigne, baron de La Borne (1560) : c'est elle qui a emporté la terre de Saint-George dans la maison de La Saigne. (Voir l'article La Saigne de Saint-George.) ; 3° Gabrielle de Saint-George : elle épousa Guy d'Ussel, baron de Châteauvert. Le 6 février 1553, Amable de Saint-George, sénéchal de la Marche, fit rachapt du roy Henri II de la gabelle ; cette charte, sur laquelle est établie la liberté du sel dans la Marche, était au trésor de Saint-George, 1740. Il fit un terrier où était représenté le château de Saint-George.

IX. — Gabriel de Saint-George, chevalier, S^{gr} de Saint-George, de La Bussière, fils d'Amable de Saint-George et de Marguerite Boucard, épousa Louise de La Rochette, fille de Charles, S^{gr} des Hoteix, et de Jacqueline d'Ussel. La Rochette porte : *d'azur à une fasce d'argent, chargée de trois aiglettes de gueules, accompagnée de trois étoiles d'or.* De ce mariage naquit Isabeau de Saint-George ; elle était morte avant 1582. Gabriel se conduisit mal. Catherine de Médicis, dauphine, avait la Marche en apanage : elle fit confisquer la baronnie de Saint-George pour félonie. Claude et Renaud de Saint-George, ses frères et cousins-germains de Gabriel, eurent le profit de la confiscation (4 mars 1582). Ils remirent la terre de Saint-George, et la baronnie de Saint-George et de La Borne à leur cousin. Voilà le canal par lequel MM. de La Saigne sont seigneurs de la baronnie de Saint-George près Aubusson. Après la mort de Gabriel, Louise de La Rochette, sa veuve, prit une seconde alliance avec Gabriel Brachet, baron de Perusse. Brachet porte : *d'azur, à trois chiens bracs d'argent, couchés 2 et 1.*

Branche aînée.

VIII bis. — François de Saint-George, chevalier, S^{gr} de Trée en Bourbonnais, de Saint-Léger en Lyonnais, fils cadet de Jean de Saint-George et d'Isabeau de Gracay, épousa Jacqueline des Écures. Des Écures porte : *de sinople à la croix ancrée d'argent chargée au centre d'une étoile de sable.* Leur contrat fut passé par Deshommes et Bonneval, notaires à Moulins, le 23 août 1530. Leurs enfants furent : 1° Claude de Saint-George, qui suit ; 2° Renaud de Saint-George, mort sans hoirs. François fut chevalier de l'ordre du roi et lieutenant général du Bourbonnais. L'an 1557, il eut des lettres du roi Henri II pour commander la noblesse du bailliage et sénéchaussée de la Haute et Basse-Auvergne, du Lyonnais, Forest, Beaujolais et Dombes. François était devenu l'aîné par la mort de Gabriel, son neveu, qui ne laissa pas d'enfant mâle. Cette branche est restée en Bourgogne jusqu'en 1693. C'est l'époque où elle transporta ses établissements en Forest.

IX. — Claude de Saint-George, chevalier, Sgr de Monceaux, de Verdelle ou Verdette, de Vivant, de Saint-Léger, de L'Étoile, fils de François de Saint-George et de Jacqueline des Écures. Il épousa Adrienne de Fougières d'Aist, qui porte : *d'azur au chef losangé d'or et de gueules.* Le contrat est passé par Potelle, notaire, le 2 janvier 1586. Leurs enfants furent : 1° Claude de Saint-George, qui suit ; 2° Renaud de Saint-George, mort sans postérité ; 3° Philippe de Saint-George, chevalier de Malte en 1599.

X. — Claude de Saint-George, chevalier, Sgr de Monceaux, de Verdalle, de Versagne, de Saint-Léger, des Bruyères, de Vivant, de Tournus (ces terres sont situées en Bourgogne et Bourbonnais), fils de Claude de Saint-George et d'Adrienne de Fougières, épousa Marie de Cremaux d'Entragues. Le contrat fut passé par Droullier, notaire au bailliage de Macon, le 29 janvier 1619. Cremaux d'Antragues porte : *de gueules à trois croix tréflées d'or, au pied fiché, 2 et 1, au chef d'argent chargé d'une fasce ondée d'azur.* Leurs enfants furent : 1° Marc de Saint-George, qui suit ; 2° Claude de Saint-George, reçu comte de Lyon le 5 juillet 1650, et agent général du clergé, fut nommé successivement évêque de Macon en 1682, évêque de Clermont en 1684, archevêque de Tours ; mais il ne put prendre possession d'aucun de ces sièges, n'ayant pu obtenir ses bulles, à cause du différend qui était entre le pape, le roi et le clergé de France. Innocent XI refusait des bulles à tous ceux qui avaient assisté à l'assemblée de 1682, concernant les quatre fameux articles des libertés de l'Église gallicane. Mais enfin, les affaires s'étant accommodées, il fut nommé à l'archevêché de Lyon, sacré le 28 novembre 1693, et y mourut en 1714 ou 1715. Il fut enterré à l'entrée du chœur de la cathédrale, où l'on voyait son épitaphe et ses armes. En 1794, les révolutionnaires ouvrirent son tombeau, prirent la plaque de cuivre qu'il renfermait, ouvrirent le cercueil en plomb, où ils le trouvèrent sans être endommagé ; ils se jetèrent sur ses vêtements, qu'ils se partagèrent, et plusieurs les ont conservés avec vénération. M. Hector-Olivier de Saint-George, alors comte de Lyon, résidant au chapitre, fut instruit de ce qui se passait : il s'y transporta, fit rassembler ses restes, et les fit déposer dans le caveau de la chapelle du sépulcre de ladite église métropolitaine de Saint-Jean. Ils y sont restés pendant tout le temps de la tourmente révolutionnaire. Ils en ont été retirés le 26 octobre 1804, et transportés, à l'entrée du chœur, dans une fosse, recouverte d'une pierre carrée, qui portait son épitaphe. C'est sous son épiscopat que la métropole de Rouen et sa province furent soustraites à la juridiction de la primatie de Lyon. La mémoire de cet archevêque est en vénération. 3° Hector de Saint-George, reçu chevalier de Malte en 1645, mort bailli d'Auvergne et maréchal de l'ordre.

XI. — Marc de Saint-George, chevalier, Sgr de Monceaux, de Verdalle, de Versanges, fils de Claude de Saint-George et de Marie de Cremaux d'Entragues, épousa Gabrielle d'Amauzé. Le contrat fut reçu par Desportes, notaire, le 26 juillet 1662. Amauzé porte : *de gueules à trois coquilles d'or, 2 et 1.* Leurs enfants furent : 1° Marc-Antoine de Saint-George aîné, qui suit ; 2° Claude de Saint-George, mort prévôt, comte de Lyon ; 3° autre Claude de Saint-George, aussi comte de Lyon, l'un et l'autre reçus le 6 novembre 1694 ; 4° Françoise de Saint-George, mariée, le

7 février 1690, avec Jacques de Lévi, marquis de Lugny du Plessis, du Vougy, le contrat passé et reçu par Maublanc, notaire.

XII. — Marc-Antoine de Saint-George, chevalier, Sgr de Monceaux, de Verdelle, de Versanges, du Lac, de Tingue, fils de Marc de Saint-George et de Gabrielle d'Amauzé, épousa Charlotte d'Apchon, dame de Saint-André, d'Ouches, d'Arçon, des Noës ; le contrat est passé, le 20 octobre 1697, par Guenin et Thève, notaires à Lyon. D'Apchon porte : *d'or, semé de fleurs de lys d'azur.* Leurs enfants furent : 1° Claude de Saint-George, qui suit ; 2° Claude-Marie de Saint-George, dont il est parlé après son frère ; 3° Marie-Claudine de Saint-George, femme d'Armand-Amable de Pradier, marquis d'Agrain et de Rochefort, contrat reçu par Thève, notaire à Lyon, le 19 février 1727.

XIII. — Claude de Saint-George, chevalier, Sgr de Saint-André, d'Ouches, d'Arçon, des Noës, de Tingues, fils de Marc-Antoine de Saint-George et de Charlotte-Élisabeth d'Apchon, épousa Françoise-Éléonore de Montchavin, de Marzai, dame de La Garde, des Colanges, des Couës, des Feuilles, de Saint-Germain-la-Montagne, de Chassigny, de Beauvernay, de Pellinieux et des Nazelles. Le contrat est reçu, le 26 septembre 1729, par Ponchon, notaire à Roanne. Montchavin porte : *de gueules au chevron d'or.* Le marquis de Saint-George, après avoir été longtemps capitaine dans le régiment du roi infanterie, ennuyé de demander inutilement un régiment de gentilshommes, se retira, après le siège de Prague, à son château de Saint-André près Roanne, où il a vécu honorablement. Le marquis de Saint-George était veuf depuis le commencement de septembre 1761, sans que sa femme, dame d'un grand mérite, ait eu d'enfants.

XIII bis. — Claude-Marie de Saint-George (frère cadet de Claude dont on vient de parler), chevalier, Sgr d'Arsinges, de Conches, de Saint-Germain-la-Montagne et du But, fut longtemps capitaine au régiment d'Auvergne. Il épousa dame Marie-Cécile d'Amauzé, dame de Chaffailles ; le contrat est reçu par Thève, notaire à Mâcon, le 11 décembre 1741. De ce mariage naquit une fille unique en 1742, mariée en novembre 1764 au marquis de Vichy-Chameron, âgée de vingt-cinq ans. C'est dans cette fille que finit la branche aînée. Par là, M. de Vérac devient l'aîné.

Branche de Vérac.

Saint-George de Vérac avait pour devise : *Nititur per ardua virtus :* Le courage se reconnaît au sein des difficultés. (*Légendaire de la noblesse de France*, par le comte O. DE BESSAS DE LA MÉGIE.)

VI bis. — Guillaume de Saint-George, chevalier, Sgr de la terre de Vérac près Limoges, de Boisset, de Panneurs, second fils d'Olivier de Saint-George et de Catherine de Rochechouart, épousa Jeanne Dumesnil-Simon, dame de Saint-Léger-le-Gautier et de Champdolent (ces deux terres sont situées en Normandie). Elle eut en outre quinze cents écus d'or de Dol ; c'était un grand parti. Les armes des Dumesnil-Simon sont : *d'argent à six mains écorchées de gueules.* On les voit au château de Couhé, accolées avec celles de Guillaume, sur une vieille tapisserie, dans laquelle est représenté l'ancien château de Saint-George dans ses différentes vues, et tel qu'il est décrit à la tête du terrier fait par Amable de Saint-George. Guillaume transigea avec Jean de Vendosme et Catherine de Thouars, sa femme, seigneur et dame de Chabanais, le 14 mars 1460 (reçu par Tissault), pour certains droits qui appartenaient audit Guillaume sur la terre de Chabanais du chef de Rochechouart, sa mère. Guillaume fit son testament à Fraisse, chez Jean, son frère puîné, le 8 décembre 1469. Il établit exécutrice de son testament (reçu par Sartrou et Grille) Jeanne Dumesnil, *consors dilecta;* il nomme Guichard, Sgr de Saint-George, chevalier, son très-honoré frère aîné, Jean, Sgr de Fraisse, *domicellus*, son frère cadet, formant la branche de Fraisse. Par ce testament, Guillaume fait toutes ses dispositions. De Jeanne Dumesnil, *consors dilecta*, il passe à ses enfants dans l'ordre suivant : 1° Jacques de Saint-George, qui fut seigneur de L'Épinay (*alias* Lespinas) et de La Vilatelle, fut sénéchal de la Marche; il épousa Delphine de Saint-Julien : elle était veuve sans enfants mâles en 1512; sa fille, Charlotte de Saint-George, épousa, le 15 juillet 1516, Pierre de Villelume, chevalier, Sgr de Villelume, de Barmontet, de Verneugheol, de Baubière, de Tournadet, etc., fils de Claude II de Villelume et de Françoise de Rochefort ; 2° Étienne de Saint-George, mort sans garçon; 3° Guichard de Saint-George, qui suit; 4° Antoine de Saint-George; il est indiqué de façon et prend telles qualités dans le contrat de mariage de Guichard, son frère, qu'on le juge l'aîné : il mourut garçon; 5° Anne de Saint-George, dont on ignore la destinée; 6° Florence de Saint-George, femme de Jean de Croyant; 7° Marguerite de Saint-George, dont on ne trouve pas de vestiges; 8° Bérénice de Saint-George, *item;* 9° Catherine de Saint-George, *item;* 10° Marie de Saint-George, qui fut femme de Jean de Saint-Avit. Par ce testament, Guillaume pourvut à la subsistance de Guillaume Taupin, son filleul (bâtard de Guillaume, son frère); il lui assigna son entretien et celui d'un bon cheval dans sa terre de Vérac. Jeanne Dumesnil survécut à Guillaume. En 1483, le bailli d'Évreux lui accorda délai pour les hommages qu'elle devait au roi, à cause de sa terre de Saint-Léger-le-Gaultier, située généralité d'Alençon, élection de Conches, sergenterie de Beaumont, et à cause de la terre de Champdolent, généralité de Rouen, élection d'Évreux, sergenterie de Bonneville. Elle est qualifiée dans ces lettres dame Jeanne Dumesnil-Simon, veuve de M. Guillaume de Saint-George, en son vivant chevalier, Sgr de Vérac. (D. Pernot, bénédictin, bibliothécaire de Saint-Martin-des-Champs, montra cette pièce originale à la maison de Saint-George.)

VII. — Guichard de Saint-George, chevalier, Sgr de Vérac, de Boissec et Panure, l'un des fils cadets de Guillaume de Saint-George et de Jeanne du Mesnil-Simon, fut marié par Antoine de Saint-George, son frère aîné, avec Anne de Mortemer, dame de Couhé, par représentation de Jeanne de La Marche, sa cinquième aïeule. Le contrat du 12 octobre 1490 fut reçu par Lauvergnat, notaire à Couhé et à Lusignan. Leurs enfants furent : 1° Gabriel de Saint-George aîné, qui suit; 2° Pontus de Saint-George, qui fut abbé de Valence; 3° André de Saint-George, tige de la branche qui suit; 4° Guichard de Saint-George, qui fut abbé de Bonnevaux; 5° Rose de Saint-George, qui épousa, le 8 janvier 1514, Pierre d'Aubusson; 6° Florence de Saint-George épousa, le 9 septembre 1517, Jean de Chabanais, Sgr de Comporte; 7° Marguerite de Saint-George épousa, le 31 mai 1528, Georges Genure, Sgr de La Bouchetière et de Ruzé; 8° Françoise de Saint-George, religieuse de Fontevrault.

VIII. — Gabriel de Saint-George, chevalier, Sgr de Vérac, de Boissec, de Panure, du Plessis-Sénéchal, de Cavagnac, de Couhé, etc., chevalier de l'ordre du roi, fils aîné de Guichard de Saint-George et d'Anne de Mortemer, épousa, le 23 juin 1527, Anne d'Oyron. D'Oyron porte : *d'argent à 3 roses de gueules feuillées et tigées de sinople, 2 et 1.* Cette maison est de Touraine, où elle possédait les terres de

Verneuil, de Banie, de Menan, de Toulonnieix; elle est alliée aux Puygreffier, aux d'Étouteville, aux Bouflers, aux Fausay. Leurs enfants furent : 1° Joachim de Saint-George aîné, qui suit; 2° François de Saint-George, Sgr de La Rigonnière; 3° Philippe de Saint-George, Sgr du Plessis-Sénéchal; 4° Françoise de Saint-George, qui épousa, le 5 décembre 1560, Pierre de Magné, Sgr de Sigogne au pays d'Aunis; 5° Charlotte de Saint-George, qui épousa, le 26 juin 1581, Louis de Saint-Gelais, Sgr de Glane et d'Exoudun en Poitou. En 1568, Gabriel de Saint-George détermina les levées de Languedoc et de Dauphiné. En 1569 il reprit son château de Couhé sur les troupes du roi. En 1570 il menait l'avant-garde au combat d'Arnay-le-Duc. Gabriel eut aussi un fils naturel; il fut d'abord connu sous le nom de Beauregard. Mais, ce garçon s'étant montré un bon sujet, Gabriel le légitima sous le nom d'Antoine de Saint-George. Les lettres sont au trésor des chartes du roi, au fol. 4798 de l'année 1548.

IX. — Joachim de Saint-George, chevalier de l'ordre du roi, Sgr de Vérac, baron de Couhé, de Boissec, du Plessis-Sénéchal, de Panure, de La Rigonnière, chevalier de l'ordre du roi, fils de Gabriel de Saint-George et d'Anne d'Oyron, épousa, le 5 février 1572, Louise du Fou, fille d'Yves, Sgr du Fou en Poitou; elles étaient trois sœurs avec lesquelles s'éteignit le nom de du Fou. Madeleine, l'aînée, épousa François de Pons, Sgr de Mirambeau; Louise, ci-dessus, était la seconde, et Marie, la troisième, épousa Charles Échalard, Sgr de La Boullaye. Du Fou porte : *d'azur à une fleur de lys d'or, chargée sur les deux côtés de deux oiseaux de même.* Leurs enfants furent : 1° Gabriel de Saint-George aîné, mort sans enfants de Marguerite de Pons; 2° Olivier de Saint-George, qui suit; 3° Louis de Saint-George, mort sans enfants; 4° Joachim de Saint-George, mort garçon; 5° Madeleine de Saint-George, femme de Louis Loubes, Sgr de La Guterine. Loubes porte : *losangé d'or et d'azur*; 6° Anne de Saint-George, femme de Jean de Gourjault, Sgr de La Milière; 7° Louise de Saint-George, qui épousa, le 3 novembre 1602, Charles Chenel, Sgr de Réaux (1), fils de François et de Renée de Puyrigaud. Joachim publia un manifeste relatif aux circonstances du temps et à la conspiration d'Amboise, dans laquelle M. de Guise avait voulu envelopper son père et lui. Joachim, en 1573, fut envoyé en Écosse par le roi, afin de traverser la faction anglaise dans l'élection du vice-roi en 1575. Il fut aussi choisi juge du différend qui s'était élevé entre le duc de Rohan et ceux de Brouage, à l'occasion de Saint-Gelais, que Rohan y avait établi gouverneur. Il le pacifia. Il se jeta dans Montaigu, assiégé en 1588, et sauva la place.

X. — Olivier de Saint-George, chevalier, Sgr de Vérac, Couhé, Boissec, Le Plessis-Sénéchal, Panure, La Rigonnière, fils cadet de Joachim de Saint-George et de Louise du Fou, fut marié par Gabriel, son frère aîné, avec Anne de Jousseraud, dame de Tassay et de Champagné-le-Sec, le 29 janvier 1601. Jousseraud porte : *fascé d'argent et de gueules de 12 pièces; sur le tout, un aigle à deux têtes éployé d'or.* Leurs enfants furent : 1° Gabriel de Saint-George, mort en 1609; 2° Olivier de Saint-George, qui suit; 3° Louis de Saint-George, Sgr de Boissec, qui mourut garçon; 4° Madeleine de Saint-George, qui épousa, le 10 mai 1630, Claude de La Noué, Sgr de Montreuil; 5° Louise de Saint-George, qui épousa, le 10 mai 1630, Jacques de Caumont, Sgr de Boissec, dont les ducs de La Force. Olivier avait tant de dots à payer à ses tantes, qu'il fut obligé de vendre la terre de

---

(1) Réaux, commune du canton de Jonzac (Charente-Inférieure).

Vérac près Limoges, à Jean Londays, de Limoges, sieur de Puytignon ; ce sont lesdites qualités qu'il prit dans l'acte, le 30 juin 1626.

XI. — Olivier de Saint-George, chevalier, Sgr de Couhé, de Boissec, de Château-Garnier, de Champagné-le-Sec, baron de La Roche des Bords, fils d'Olivier de Saint-George et d'Anne Jousserand, épousa, le 24 avril 1631, Marguerite de La Muce, dame de Traigu en Bretagne, fille de David de La Muce et de Marguerite de La Nouë. La Muce porte : *de gueules à dix besants d'argent*, 4, 3, 2 et 1. Leurs enfants furent : 1° un garçon, tué d'un coup de fleuret dans l'œil à l'académie ; 2° Olivier de Saint-George, qui suit ; 3° Louis de Saint-George, Sgr de Boissec, qui épousa N..... de Bavalan, dont deux garçons : César, mort garçon, lieutenant-colonel de dragons ; Joachim, mort abbé ; trois filles, mortes sans être mariées.

XII. — Olivier de Saint-George, chevalier, Sgr de la baronnie de Couhé, de Château-Garnier, de Champagné-le-Sec, de La Roche-de-Bors, de Traigu, fils d'Olivier de Saint-George et de Marguerite de La Muce, fit ériger la baronnie de Couhé en Poitou en marquisat, sous le nom de Couhé-Vérac, par lettres du mois de février 1652. Olivier fut successivement lieutenant général des armées du roi au pays de Poitou ; commandant dans la province et dans les circonvoisines ; chevalier des ordres du roi le 31 décembre 1688, il épousa, le 30 octobre 1662, Marguerite (*alias* Madeleine) Le Cocq. Le Cocq porte : *d'azur au coq d'or cretté et membré de gueules*. Leurs enfants furent : 1° Olivier, enterré à Valence ; 2° César de Saint-George, qui suit ; 3° Olivier, tué le 7 septembre 1706, à la tête de son régiment de cavalerie, à la bataille de Castillon, en Italie ; 4° Louis de Saint-George, chevalier de Malte ; 5° Élisabeth-Olive de Saint-George, mariée, le 11 juin 1695, à Benjamin-Louis Frottier de La Côte-Messelière et de Montchaudy, fils de Louis et de Marie de La Barde, né le 18 octobre 1668 : elle mourut à Paris, le 23 avril 1756, âgée de quatre-vingt-six ans. Ce fut une dame du plus grand mérite. Olivier mourut en juin 1704.

XIII. — César (*alias* Charles) de Saint-George, chevalier, Sgr, marquis de Couhé-Vérac, de Champagné-le-Sec, de La Roche-de-Bors, de Chemirault, de Germain, de La Ravinière, fils d'Olivier de Saint-George et de Marguerite Le Cocq, fut lieutenant-général du Poitou après la mort de son père, successivement lieutenant-général des armées, honoré du collier des ordres du roi le 3 juin 1724. Il épousa, le 21 mars 1706, Catherine-Marguerite Pioger. Pioger a pris pour armes : *d'argent à trois écrevisses de gueules*, 2 et 1. Leurs enfants furent : 1° Olivier de Saint-George, mort en 1716, enfant de grande espérance ; 2° François-Olivier de Saint-George, qui suit ; 3° Pierre-César de Saint-George, cornette des chevau-légers de la garde, mort sans enfants ; 4° Élisabeth-Marguerite de Saint-George, deuxième femme de Louis-Antoine de La Roche de Fontenilles, dit le marquis de Rambures. César joignit à un esprit fort cultivé de grands sentiments d'honneur et de probité ; il mourut à Paris le samedi gras 11 février 1741.

XIV. — François-Olivier de Saint-George, chevalier, Sgr de Couhé-Vérac, La Roche-de-Bors, Chemirault, Château-Larcher, Champagné-le-Sec, La Ravinière, Germain-Brosse, fils de César de Saint-George et de Catherine-Marguerite Pioger, fut lieutenant général et commandant de la province du Poitou après la mort de son père. Il épousa, le 31 décembre 1741, Élisabeth-Marguerite de Riancour-Orval, morte le 18 juillet 1745. Riancourt porte : *d'argent à trois fasces de gueules frettées d'or*. De ce mariage est sorti : Charles-Olivier de Saint-George, qui suit. François-Olivier fut toujours d'une santé faible ; il mourut aux eaux de Plombières, le 10 juillet 1753, avant sa quarante-troisième année révolue.

XV. — Charles-Olivier de Saint-George, chevalier, S$^\text{gr}$ de Couhé-Vérac, La Roche-de-Bors, Champagné-le-Sec, Château-Larcher, Boisset, Vandeuil, fils unique de François-Olivier et d'Élisabeth-Marguerite de Riancourt, naquit à Couhé le 10 octobre 1743. Louis-François de Bourbon, prince de Conti, obtint du roi pour cet enfant la lieutenance générale du Poitou au mois d'octobre 1753. En décembre 1757, il était en rhétorique au collège d'Harcourt. Il épousa, à Paris, le 28 avril 1760, Marie-Charlotte-Joséphine-Sabine de Croy d'Havray, fille de Louis-Ferdinand-Joseph de Croy, duc d'Havré, et de Marie-Louise-Cunégonde de Montmorency-Luxembourg. Le 16 juillet 1761, Charles-Olivier fut blessé d'un coup de canon, qui lui enleva les chairs inférieures du bras droit. Ce même boulet tua à côté de lui son beau-père; par là il perdit avant dix-huit ans son ami, son gouverneur. Leurs enfants sont : 1° Charles-François-Marie-Joseph de Saint-George, né à Paris, le samedi 31 mai 1761, mort le dimanche 19 juin 1763; 2° Anne-Louis-Joseph-César-Olivier de Saint-George, qui suit; 3° Alphonse-Christian-Théodoric-Joseph-Olivier de Saint-George, né à Paris, le 16 février 1765, mort le 22 mars 1766 au Tremblay; 4° Anne-Justine-Élisabeth-Joséphine de Saint-George, née à Paris, le lundi saint 13 avril 1767, mariée avec le marquis de La Coste en 1779, dont elle a eu un fils unique, marié avec demoiselle de Courtomer; 5° Armand-Maximilien-François-Joseph-Olivier de Saint-George, dont il sera parlé après son frère.

XVI. — Louis-Joseph-César-Olivier de Saint-George, chevalier, Sgr de Couhé-Vérac et autres lieux, capitaine au régiment de Normandie-cavalerie, fils de Charles-Olivier de Saint-George et de Marie-Charlotte-Joséphine-Sabine de Croy d'Havré, né à Paris le 22 juillet 1763, épousa à Paris, au mois d'octobre 1785, demoiselle N..... de Vintimille, fille de N..... de Vintimille, chevalier de l'ordre royal du Saint-Esprit, et gentilhomme de Madame la comtesse d'Artois, morte en 1822, dame d'honneur de Madame la duchesse d'Orléans. De ce mariage il n'est résulté aucun enfant.

XVI bis — Armand-Maximilien-François-Joseph-Olivier de Saint-George, fils de Charles-Olivier de Saint-George, marquis de Vérac, et de Marie-Joséphine de Croy d'Havré, né à Paris le 1$^\text{er}$ août 1768, marié au mois de mai 1810 à M$^\text{lle}$ Euphémie de Noaille, fut fait pair de France en 1819, sous Charles X, et nommé par le roi gouverneur du château de Versailles. De ce mariage sont nées cinq filles.

Branches de Suaux, Marsay et Dirac.

VIII bis. — André de Saint-George, chevalier, S de Bourlen, troisième fils de Guichard de Saint-George et d'Anne de Mortemer, partagea les successions de ses père et mère avec Gabriel, Pontus et Guichard, ses frères. Le contrat en fut passé, le 19 février 1543, par Brochet et Poupet, notaires. André de Saint-George, par contrat passé à Chalans en Bas-Poitou, le 6 novembre 1552, devant Jesprai et Bourguignon, notaires, épousa, Paule de Puy-Guyon de Surgères. Puy-Guyon porte : *de gueules fretté de sable, au chef chargé d'un lambel du même.* Leurs enfants sont : 1° Louis de Saint-George, aîné, qui était gentilhomme de la chambre, porta le nom de seigneur de Boissec (un autre Louis de Saint-George, son cousin, portait en même temps le nom de Boissec) (1). Il épousa Elisabeth de Bremond. De

---

(1) Boissec, que possédait Louis de Saint-Georges, fils aîné d'André, est situé en Saintonge, pas loin de Cognac et de Saintes ; et la seigneurie possédée par son cousin Louis est près de Couhé en Poitou.

ce mariage vinrent deux filles : *A* Marguerite, l'ainée, qui épousa le sieur de Forin, gentilhomme du Poitou ; elle en eut une fille, qui épousa un du Foy, seigneur de la Taillée, et lui porta Exoudun. Le 3 avril 1635, Marguerite fut marraine de Louis de Saint-George, seigneur de Marsay, avec Louis de Saint-Georges, seigneur de Boissec près Couhé. *B*, la cadette, épousa le sieur de Vallezgue d'Albin ; 2° Isaac de Saint-George, qui suit ; 3° Suzanne de Saint-George, femme d'Arthur de Partenay, dernier du nom, seigneur de Genouillé en Saintonge. De ce mariage, une fille unique, nommée Charlotte de Partenay, mariée à Jean-Jacques de Pons, seigneur de La Casse et de Tours. Elle porta la terre de Genouillé dans la maison de Pons, d'où elle est sortie par la vente que M. de Pons en a faite à Mme de La Roche-Alard, en 1759.

IX. — Isaac de Saint-George, Sgr de Bois-Aubin, Loubigny, fils cadet d'André de Saint-George et de Paule de Puy-Guyon, épousa Madelaine de Joubert, fille de Léonard de Joubert et de Jeanne de La Beraudière ; elle fut dame de Suaux. Leurs enfants furent : 1° Philippe de Saint-George, dont la postérité est éteinte, 2° Louis de Saint-Georges, qui suit après son frère et ses neveux. Le contrat de mariage d'Isaac fut passé à Chatellerault, par Larche, le 31 mars 1592. Isaac partagea avec Louis, son frère ainé, et Suzanne, sa sœur. Le contrat fut passé par Fragineau et de Vallée, notaires, à Saint-Maixant. Madelaine de Joubert avait une sœur, dame de Nieul, près Suaux ; elle épousa un Green de Saint-Marsault, dont la postérité masculine est éteinte. Isaac fut assassiné peu de temps après son mariage, avant d'avoir atteint sa 30e année.

X. — Philippe de Saint-George, chevalier, Sgr de Suaux, fils ainé d'Isaac de Saint-George et de Madeleine de Joubert, épousa Louise Gourjault, fille de Jean Gourjault et d'Anne de Saint-George. Leurs enfants furent : 1° Philippe de Saint-George, qui suit ; 2° Madeleine de Saint-George épousa, par contrat du 3 août 1655, Baltazard Eschallard, seigneur de Genouillé, paroisse de Saint-Martin, élection d'Angoulême, fils de Benjamin Eschallard et de Céline Coumigeon (*Nobil. Lim.*, T. II. p. 89.)

XI. — Philippe de Saint-George, fils de Philippe et de Louise Gourjault, épousa Marie Gourjault : ils sont morts l'un et l'autre en Hollande. Gourjault porte : *de gueules au croissant naissant d'argent.* Leur fils unique fut Philippe, qui suit.

XII. — Philippe de Saint-George, chevalier, Sgr de Suaux, épousa Marie de Rocquart. Rocquart porte : *d'azur au chevron d'or, y grec en pointe.* De ce mariage sortirent trois garçons, morts sans avoir été mariés, et une fille élevée à Saint-Cyr. Elle était au couvent de La Rochefoucauld, âgée de 60 ans.

X *bis*. — Louis de Saint-George, Sgr de Loubigny, fils cadet d'Isaac de Saint-George et de Madeleine de Joubert. Il était exempt des gardes du corps à l'âge de 48 ans, lorsque le roi Henri IV fut assassiné ; il se retira chez lui le lendemain. Il épousa : 1° Judith de La Rochefoucault, dame de Marsay, fille de François de La Rochefoucauld, Sgr de Monguyon, baron de Montendre, et d'Hélène Goulaud ; elle était veuve d'Antoine de Chastelet, Sgr de Saint-Amand et de Circy, dont il n'eut point d'enfants. Il fit le partage des biens paternels et maternels avec Philippe, son frère ainé, le 4 juin 1629 ; le contrat fut reçu par Brousset, notaire à Saint-Claude. Louis épousa : 2°, le 31 décembre 1629, Charlotte du Boys, fille de Jacob du Boys et d'Anne de Briquemont. Charlotte fut dame de Dirac, de La Berlaudière, de Maisies et du marais de Rochefort. Dubois porte : *d'or au chevron de sable chargé de trois étoiles d'or.* Louis de Saint-George mourut dans son château de Marsay, au pays d'Aunis, en 1668, âgé de 76 ans. Leurs enfants furent : 1° Silvie de Saint-George, qui porta le nom de Mlle de Loubigny, naquit à Marsay le 15 septembre 1632, fut baptisée à Amauzé. Philippe de Saint-George, S^gr de Suaux, oncle paternel, fut son parrain, et Silvie du Bois, tante maternelle, fut sa marraine. Elle bâtit Dirac, en 1678; 2° Louise de Saint-George, qui a été dame de Chabant, naquit à Marsay le 4 avril 1634, fut baptisée à Amauzé. M. et Mme de Montcheux, du nom de Jaucourt, furent parrain et marraine. Elle est morte sans enfants en Hollande; 3° Louis de Saint-George, qui suit; 4° Charles de Saint-George, mort garçon à l'armée de Portugal, était né à Marsay, le 27 juillet 1638. Il fut baptisé à Amauzé : son parrain fut M. de Chabant, et sa marraine Mme de La Casepons; il fut baptisé à Amauzé.

XI. — Louis de Saint-George, chevalier, S^gr de Marsay, Loubigny, La Chambaudière, Le Mandreau, fils de Louis de Saint-George et de Charlotte du Bois, né à Marsay, le 3 avril 1635, baptisé à Amauzé; Louis de Saint-George, S^gr de Boissec, fut son parrain, et Mme Forest sa marraine. Il épousa, le 7 octobre 1676, Louise de Lescours, dame de la baronnie de Nieul, à quatre lieues de Limoges. Lescours porte : *cotissé d'or et d'azur*. De ce mariage sortirent : 1° Louis-Armand de Saint-George, qui suit; 2° Auguste de Saint-George, né le 23 juin 1680, mort en bas-âge à Marsay; 3° Charles-Hector de Saint-George, mort en Allemagne sans avoir eu d'enfants; 4° N....., morte à Marsay en bas-âge; 5° Hélène-Silvie de Saint-George, morte à Genève; 6° Louise-Angélique de Saint-George, femme de Charles de Cartol, colonel dans les troupes de Hanovre, dont un garçon et une fille; 7° Marie-Anne de Saint-George, morte fille à Genève; 8° Charlotte-Damaris de Saint-George, demoiselle de Saint-George-Marsay, en 1762, vivait en Suisse avec Louis-Armand, son frère aîné.

XII. — Louis-Armand de Saint-George, chevalier, S^gr de Marsay, Loubigny, La Chambaudière, Nieul, fils de Louis de Saint-George et de Louise Lescours, épousa : 1° en Allemagne, en 1716, Madeleine de Schutz, d'une très-bonne maison. Les enfants qu'il en eut moururent jeunes. Il sortit du royaume en 1717, avec permission du roi, en outre avec celle de vendre ses biens. Il prit une seconde alliance avec Catherine de Mestral, d'une très-bonne maison au pays de Vaux, canton de Berne. Mestral porte : *de gueules à la face de six pièces mi-parties d'or et d'azur*. Leurs enfants furent : 1° Gabriel-Louis de Saint-George, premier gentilhomme de la chambre de Son Altesse Royale la princesse d'Orange, gouvernante des provinces-unies de Hollande, mort près Lauzanne en Suisse, pays de Vaux; 2° Henri-Auguste de Saint-George, lieutenant des gardes à cheval de la même cour.

XII bis. — Hector de Saint-George, fils cadet de Louis de Saint-George et de Charlotte du Bois, chevalier, S^gr de Dirac, de La Berlandière, de la moitié du marais de Rochefort, naquit à Marsay, le 1er juin 1641. Les années 1663 et suivantes, il fit les campagnes de Portugal, cornette dans le régiment de Brignemault, son oncle à la mode de Bretagne. Il mourut à La Berlandière au mois de novembre 1705. Il avait pris une première alliance avec Silvie de Pontars, dont il n'eut point d'enfants. Il épousa en secondes noces, le 15 décembre 1694, Marie de Brilhac, fille de Charles de Brilhac, S^gr de Fénieux et de Claire de La Tour. Brilhac porte : *d'azur à 3 fleur de lys d'argent, deux en chef et une en pointe*. Mais depuis le mariage de Jean de Brilhac avec Guyonne de Nouziers, le 20 février 1413, ils sont obligés d'écarteler de Nouziers, dont les armes sont : *3 merlettes d'or au champ d'azur, deux en chef et une en pointe, et un chevron brisé d'argent chargé de cinq roses de gueules*; et cela d'après les lettres-patentes de 1664, enregistrées au parlement, sur les conclusions du procureur général, le 6 septembre.

Leurs enfants furent : 1° Hector-Louis de Saint-George, qui suit; 2° Madeleine de Saint-George, femme de Paul-François de L'Age de Volude, morte en 1729 sans postérité.

XIII. — Hector-Louis de Saint-George, chevalier, Sgr de La Berlandière, Dirac, de moitié du marais de Rochefort, fils d'Hector de Saint-George et de Marie de Brilhac, naquit à La Berlandière le 9 mai 1700. C'est lui qui est l'auteur d'un manuscrit où nous avons puisé presque toute cette généalogie. Cette œuvre, appuyée sur les actes et titres originaux, révèle dans son auteur un talent plus qu'ordinaire, uni à une impartialité et à une exactitude irréprochables. Il perdit son père à l'âge de cinq ans. Sa mère l'amena elle-même au collège du Plessis à Paris, et lui fit donner une éducation fort au-dessus de ce qu'on devait attendre. Il épousa, le 15 janvier 1719, Madeleine Echallard, dame de Genouillé, d'Availle et du Plessis, fille d'Antoine-Louis Échallard et de Suzanne-Anne Le Franc. Échallard porte : *d'azur au chevron d'or.* Madeleine mourut le 5 octobre 1759. Leurs enfants furent : 1° Louis-Hector de Saint-George, né à Genouillé le 8 juillet 1726, qui suit; 2° Suzanne-Madeleine-Marie de Saint-George, née à Genouillé le 27 octobre 1719, ne voulut pas se marier; 3°, 4° et 5°, un garçon et deux filles, morts au berceau. Hector-Louis acquit une maison à Paris, où il habita jusqu'en 1743. Le 17 septembre, il acquit la terre de Saint-Vivien au pays d'Aulnis, jointe à celle de Dirac : elle coûta 50,000 livres, et 6,000 livres de droits seigneuriaux et faux-frais.

XIV. — Louis-Hector de Saint-George, chevalier, Sgr de La Berlandière, Dirac, Saint-Vivien, Genouillé, Availle, Le Plessis, fils d'Hector-Louis de Saint-George et de Madeleine Échallard, naquit le 8 juillet 1726. Son père fit lui-même son éducation. Il le fit voyager de 1748 à 1751 en Suisse, Allemagne, Italie, Hollande, Angleterre. Il était mort avant le 12 mars 1769, lorsque sa veuve figura à l'assemblée du bailliage de Taillebourg en Saintonge. Il avait épousé, le 16 juin 1752, Marguerite-Charlotte de Ceris, dame du Château-Couvert, de Vossay, de Gray, par contrat reçu par Alevet, notaire à Saint-Jean d'Angély. Ceris porte *d'azur à la croix alaizée d'argent.* Leurs enfants furent : 1° Hector-Louis de Saint-George, né à La Berlandière le 25 juin 1753, mort sans postérité; 2° Marie-Madeleine de Saint-George, née à La Berlandière le 6 juin 1754; 3° Louis-Olivier de Saint-George, né à La Berlandière le 14 décembre 1756, mort sans postérité; 4° Gabriel-Frédéric de Saint-George, né à Genouillé le 22 décembre 1759, mort six semaines après.

Ici finit et s'éteint la branche de Saint-George de Dirac.

Branche de Fraisse, d'où est sortie celle de Régnier.

VI ter. — Jean de Saint-George, chevalier, Sgr de Fraisse, Périssé, Vauzelle, Baldent, etc., troisième fils d'Olivier de Saint-George et de Catherine de Rochechouart, épousa Marguerite d'Aubusson, fille d'Antoine d'Aubusson et de Marguerite de Villequier. Aubusson porte : *d'or à la croix ancrée de gueules.* Ils eurent entre plusieurs autres enfants : 1° Gabriel de Saint-George, qui suit; 2° Jean de Saint-George; 3° Gui ou Guion de Saint-George. Ces deux derniers servirent sous M. le comte de Dunois, de 1456 à 1460.

VII. — Gabriel de Saint-George, chevalier, Sgr de Fraisse, Périssé, Vauzelle, Baldent, fils de Jean de Saint-George et de Marguerite d'Aubusson. En 1478, il fonda une vicairie dans l'église de Compreignac, avec sa mère, Marguerite d'Aubusson, dame de Fraisse et de Mérignac. (*Pouillé mss. de* Nadaud.) Il épousa, en novembre 1449, Marguerite de Mortemer : les deux cousins-germains épousèrent les deux sœurs. De ce mariage sortit Jean de Saint-George, qui suit. Mortemer porte : *de gueules à 3 lions rampants d'argent, lampassés et couronnés de même.*

VIII. — Jean de Saint-George, chevalier, Sgr de Fraisse, Baldent, Périssé, Vauzelle, Mérignac, fils de Gabriel de Saint-George et de Marguerite de Mortemer, épousa, en 1535, Léonarde de Razès de Monisme. Razès porte *pallé d'argent et de gueules de six pièces au chef d'or.* Parmi leurs enfants on compte : 1° Philippe de Saint-George, qui suit ; 2° Thomas de Saint-George; 3° Jean de Saint-George, qui fut guidon des gendarmes que commandait M. de La Guiche.

IX. — Philippe de Saint-George, chevalier, Sgr de Fraisse, Baldent, Corrigé, Périssé, Vauzelle, fils de Jean de Saint-George et de Léonarde de Razès de Monismes, épousa, en novembre 1566, Jacquette de Hautefort, fille de Gilbert de Hautefort, chevalier des ordres du roi, et de Louise de Bonneval. Hautefort porte : *d'azur à 3 forces d'or au chef d'or.* Philippe de Saint-George se jeta dans le parti de la Ligue, et eut la tête tranchée à Bordeaux, en 1581, par arrêt du Parlement. Jacquette, sa femme, par brevet de Henri III, donné à Fontainebleau en 1583, obtint la confiscation des biens. Parmi leurs enfants fut François de Saint-George, qui suit.

X. — François de Saint-George, chevalier, Sgr de Fraisse, Baldent, Corrigé, Périssé, Vauzelle, fils de Philippe de Saint-George et de Jacquette de Hautefort, épousa, le 4 décembre 1605, Isabeau de Jumilhac. Jumilhac porte : *d'argent chevillé de vair sans nombre.* Le nom de Jumilhac paraît éteint; les Chapelle le portent, mais non les armes. Ils eurent entre autres enfants : 1° Jacques de Saint-George, qui suit; 2° Marthe de Saint-George, qui épousa : 1° Gaspard du Fénieu, chevalier, sieur de Biossac, paroisse de Châteauponsac; 2° par contrat du 23 juin 1641 (son père étant mort), Gaspard de Rouffignac, sieur de Quinsac, fils de Gabriel de Rouffignac, chevalier, Sgr de Sannat et de Renée-Lévesque; elle n'eut point d'enfants de ce second mariage; 3° probablement Françoise de Saint-George, qui était marraine, le 27 août 1623, dans l'église de Saint-Symphorien.

XI. — Jacques de Saint-George, chevalier, Sgr de Fraisse, Baldent, Corrigé, Périssé, Vauzelle, Mérignac, fils de François de Saint-George et d'Isabeau de Jumilhac, épousa, le 8 août 1639, Marthe de Roffignac de Sannat. Roffignac porte : *d'or au lion rampant de gueules.* Jacques se battit en duel avec son beau-frère. Ce dernier y perdit la vie. La terre de Baldent fut alors donnée à la maison de Sannat dans les accommodements qui s'en suivirent. Le fils aîné de Jacques de Saint-George et de Marthe de Roffignac fut François de Saint-George, qui suit. Le 11 août 1653, un Jean de Saint-George fonda une vicairie à Berneuil (*Pouillé mss. de* Nadaud), où l'on voit encore, à côté des armes de cette famille, l'inscription I. de Saint-George.

XII. — François de Saint-George, chevalier, Sgr de Fraisse, Mérignac, Corrigé, Périssé, Vauzelle, fils aîné de Jacques de Saint-George et de Marthe de Roffignac, épousa, le 18 mai 1657, Diane Papon du Breuil, fille de Pierre, écuyer, Sgr de La Grange, Corrigé et de Mas-de-Vaury, et de Guillonne de Boslinard. Papon porte : *d'or à une croix d'azur, au chef endanché de gueules.* Leurs enfants furent : 1° François de Saint-George, qui suit; 2° Jacques de Saint-George, cadet : il a fait la branche de Régnier près Montmorillon, rapportée ci-après. Il a eu le fief de Périssé en partage; 3° peut-être Marthe de Saint-George, qui épousa François de Brettes, écuyer, sieur des Forest, dont Élisabeth, baptisée à Chamboret le 9 novembre 1698.

XIII. — François de Saint-George, chevalier, Sgr de Fraisse, Corrigé, Vauzelle, fils aîné de François de Saint-George et de Diane Papon du Breuil, épousa, en 1690, Léonarde Bouchard. Bouchard porte : *au 1er et 4e, de gueules à trois léopards d'or armés et lampassés d'argent*, qui est de Bouchard; *au 2e et 3e, losangé d'or et d'azur au chef de gueules*. De ce mariage sortirent : 1° Antoine de Saint-George, qui suit; 2° François de Saint-George, qui fut capitaine au régiment de Condé, et mourut en 1724 : il eut les biens de Vauzelle en partage ; 3° Françoise de Saint-George, mariée à Jacques Ducloux, écuyer, sieur de La Grangeneuve, de Nantiat; il fut garde-du-corps du roi, lieutenant des Invalides. Il laissa à la maison de Saint-George le bien de La Croix-Martin; ils n'eurent pas de postérité. Elle testa le 24 avril, étant veuve, et mourut le 20 juin 1767, et fut enterrée le lendemain dans l'église paroissiale de Saint-Vincent de Nantiat ; 4° Catherine de Saint-George épousa M. du Faure de Beslisle, Sgr de La Gabit; 5° Marie de Saint-George, religieuse au Dorat, où elle fut supérieure, et mourut en 1762.

XIV. — Antoine de Saint-George, chevalier, Sgr de Fraisse et de Cieux, fils de François de Saint-George et de Léonarde Bouchard, mourut en 1774. Il avait épousé, le 14 août 1721, Marie-Berthe de Douay (ou Douhet) de Richebourg, fille de feu Martial, Sgr de Richebourg, et de Madeleine de Verdillac, qui a porté le fief de Richebourg de Cieux. Douay de Richebourg porte : *d'azur à une licorne d'argent; écartelé de gueules à une tour d'argent*. Leurs enfants furent : 1° François de Saint-George fils aîné, qui suit; 2° Marie de Saint-George, qui épousa, en 1741, messire Joseph Massier, écuyer; 3° Madeleine de Saint-George, religieuse à l'abbaye des Allois, à Limoges, en 1756; 4° Françoise de Saint-George, qui épousa, le 8 août 1762, Silvain de Louche de Pemoret de Montchevrier, en Berry, fils de feu Charles de Louche, sieur de Pemoret et de Suzanne Beaudet ; 5° Catherine de Saint-George, qui, à l'âge de vingt et un ans, épousa : 1° messire Charles (*alias* Jacques-Henri) Martin de Nantiat, Sgr de L'Age et de Fredaigue, âgé de trente-trois ans le 18 octobre 1756, fils de Jean-François Martin et de Charlotte Chauvet : elle était veuve en 1763 ; 2° Antoine de La Saigne de Saint-George de Montluçon, écuyer, chevalier de l'ordre royal et militaire de Saint-Louis, ancien capitaine de cavalerie, sous-brigadier des gardes-du-corps, compagnie de Luxembourg, âgé de cinquante et un an, fils de feu Jean de La Saigne de Saint-George, écuyer, et de feue Marie-Marguerite de Bardoulat, natif de Tarnac en Limousin, et demeurant à Aixe. Le mariage eut lieu à Nantiat le 5 janvier 1773. Catherine de Saint-George était alors âgée de quarante ans, et habitait le bourg de Nantiat. 6° François-Gédéon de Saint-George, né le 27 février 1738, chevalier, entré lieutenant au régiment de Normandie en 1760, et retiré chef de bataillon au régiment de Neustrie en 1786; il s'est marié à Limoges, en 1791, avec demoiselle Marguerite des Maisons-Bonnefou, fille de feu Jean des Maisons et de Madeleine Texandier de L'Aumônerie, dont il n'eut pas d'enfants ; était à l'assemblée générale de la noblesse du Poitou en 1789.

XV. — François de Saint-George, chevalier, seigneur, baron de Fraisse et du fief de Richebourg, paroisse de Cieux; il a servi comme lieutenant au régiment de Laval en 1747, s'est retiré capitaine en 1758. Il était fils d'Antoine de Saint-George et de Marie de Douay de Richebourg; il mourut le 3 juillet 1782. Il avait épousé, par contrat du 13 février 1759, Anne de Louche de Pemoret de Montchevrier, fille de Charles de Louche de Pémorez et de Susanne Beaudet. Le 14 mai 1760, ils vendirent, avec l'autorisation d'Antoine de Saint-George et de Marie-Berthe de Douhet de Richbourg, le Temple et le fief de Richebourg, paroisse de Cieux, à Joseph-Martial de Brette, seigneur, marquis des Cros, comte de Cieux, baron de Montrocher, Sgr de La Villatte, La Chapelle et autres lieux, tant pour lui que pour Pierre, son fils. Leurs enfants furent : 1° Silvain-Charles de Saint-George, qui suit ; 2° François-Gédéon de Saint-George, nommé chevalier de l'ordre royal et militaire de Saint-Louis le 8 octobre 1782, page du prince de Condé en 1774, était né au château de Fraisse le 4 avril 1761, entra sous-lieutenant dans le régiment de Bourbon-dragon ; 3° Silvain-Olivier de Saint-George, né au château de Fraisse le 31 juillet 1762, était chevalier de l'ordre du Croissant et de Saint-Louis, entra sous-lieutenant au régiment de Forest-infanterie en 1784.

Voici le certificat relatant l'état de ses services :

« Nous, Louis-Joseph de Bourbon, prince de Condé, etc., certifions que M. Silvain-Olivier de Saint-George, gentilhomme français de la province de Poitou, sous-lieutenant en France au régiment de Forest, chef de section dans la compagnie n° 10 du régiment noble à pied, émigré le 17 août 1791, a fait la campagne de 1792 dans la compagnie composée des officiers de son régiment, et nous a joint le 7 août 1793 ; que, depuis ce temps jusqu'à ce jour, il a servi sans interruption sous nos ordres dans l'infanterie noble ; qu'il s'est trouvé à toutes les affaires qui ont eu lieu pendant qu'il a été à l'armée, et a été blessé à celle de Kamlach du 13 août 1798 ; qu'en considération de ses services et de sa blessure, le roi lui a accordé deux années d'exemption de temps pour la croix de Saint-Louis, et des lettres de lieutenant pour prendre rang à la suite de l'infanterie, le 30 juin 1792, et qu'il s'est conduit avec honneur, se distinguant par son zèle, son courage et sa bonne volonté. En foi de quoi nous lui avons fait expédier le présent certificat, signé de notre main, contresigné par le secrétaire de nos commandements, et auquel nous avons fait apposer le sceau de nos armes.

» Fait à notre quartier général de Feistritz, le 8 mars 1801.

» Signé : Louis-Joseph DE BOURBON.

» Par S. A. S. Monseigneur : signé, DROUEN. »

En 1814, il fut décoré d'un brassard blanc au bras gauche portant cette inscription : « *Bordeaux, le 12 mars 1814* ».

Retiré du service en 1816, colonel d'infanterie, avec pension, mort à Limoges le 21 novembre 1835. Ses trois fils émigrèrent en Allemagne pendant la révolution française : de là Silvain-Olivier passa en Angleterre ; mais il rentrèrent en France dès que les circonstances le permirent ; 4° Marie-Élisabeth de Saint-George, née au château de Fraisse, le 8 août 1763 ; mariée en 1794 à M. Léonard Chatenet Constancin, elle eut Lacoux-Martin, *alias* La Croix-Martin (paroisse de Nantiat) ; 5° Marie-Charlotte-Joséphine-Sabine de Saint-George, née au château de Fraisse le 13 février 1768, entra élève à Saint-Cyr le 13 février 1778, fit son testament le 14 août, en faveur de son neveu François-Olivier, et mourut à Limoges le 22 août 1827.

XVI. — **Charles-Silvain**, vicomte de Saint-George, chevalier, Sgr de Fraisse, page de la chambre du roi en 1774, premier page en 1779, capitaine au régiment Royal-Cravate cavalerie, né au château de Fraisse le 23 décembre 1759, fils de François de Saint-George et de Anne de Louche de Pemoret, émigra en 1791, fit la campagne de 1792 dans la deuxième compagnie noble d'ordonnance, armée des princes ; il joignit le corps de M. le prince de Condé en octobre 1795, où il a servi sans aucune interruption dans le 1ᵉʳ régiment de cavalerie-noble, où il a fait les campagnes de 1795, 1796, 1797, et a passé avec le corps en Prusse ; à son retour, a fait avec ledit corps, devenu d'Angoulême, les campagnes de 1799, 1800, et servi dans l'escadron chef du régiment, en qualité de maréchal-des-logis, jusqu'au 1ᵉʳ mai 1801. Il déclara être entré sur le territoire français, en vertu de l'amnistie, le 25 floréal an X, par-devant le conseiller d'État du département du Rhône. se retira lieutenant-colonel, chevalier de l'ordre royal et militaire de Saint-Louis, pensionné du roi Louis XVIII en 1814. Il mourut au château de Fayolle au mois de février 1824. Il avait épousé, par contrat du 24 janvier 1786 (reçu par Négrier, notaire à Bellac), Jeanne-Flavie-Victoire de Couhé-Lusignan de Fayolle, commune d'Abzat-sur-Vienne près Confolens. C'est par ce mariage que la terre de Fayolle est entrée dans la maison de Saint-George. Le château de Fayolle en a été la résidence en 1804. Couhé-Lusignan porte : *d'or et d'azur à 4 merlettes de l'un dans l'autre.* Leurs enfants furent : 1° Claude-Gédéon de Saint-George, qui suit ; 2° François-Olivier de Saint-George, qui suit après son frère aîné.

XVII. — Claude-Gédéon de Saint-George, fils aîné de Charles-Silvain de Saint-George et de Flavie-Victoire de Lusignan, né au château de Fraisse le 24 juin 1787, a été élève de l'école militaire établie à Fontainebleau ; en 1807, entra sous-lieutenant au 7ᵉ régiment de ligne, mourut au château de Fayolle le 7 septembre 1822. Il avait épousé, par contrat du 11 septembre 1821, passé à Saint-Savin (département de la Vienne), Marie-Amarante Guillemot de Liniers de Régnier (commune de La Trémouille près Montmorillon, département de la Vienne), ce qui fait une double alliance de la branche des Saint-George de Régnier avec celle de Fraisse. Elle était fille de Martin-Maxime Guillemot de Liniers et de Madeleine-Justine de Laage. De ce mariage est issue une fille, Marie-Gédéonie-Euphémie de Saint-George, née au château de Régnier le 6 janvier 1823. Elle épousa M. Beynaud de Langlardi (canton de Bussière-Badil, Dordogne), dont il n'est pas venu d'enfants.

XVII bis. — François-Olivier de Saint-George, fils cadet de Charles-Silvain de Saint-George et de Jeanne-Flavie-Victoire de Couhé-Lusignan, né au château de Fraisse le 7 février 1790, entra dans les gardes d'honneur en 1812, mourut au château de Fraisse le 27 novembre 1864. Il avait épousé, le 25 novembre 1823, Catherine-Léonide de Villelume, fille de Louis, comte de Villelume, et de Catherine-Joséphine Texandier de Losmonerie. Villelume porte : *d'azur à 10 besans d'argent*, 4, 3, 2, 1. De ce mariage sont issus : 1° Louis-Silvain-Olivier, qui suit ; 2° Paul-Athanase-Gédéon de Saint-George, né à Magnac-Bourg le 19 janvier 1827, mort à Limoges sans postérité, en juillet 1859 ; 3° Mathilde-Catherine de Saint-George, née au château de Fraisse le 21 mai 1830, épousa, le 22 novembre 1852, Marie-Renée-Charles du Breuil-Hélion de La Guéronnière, fils d'Alfred du Breuil-Hélion, comte de La Guéronnière, et de Marie-Aimée-Silvie-Anne de Brettes ; 4° Charles-Marie-Emmanuel de Saint-George, né au château de Fraisse le 18 décembre 1841, mort au même château en 1843.

XVIII. — Silvain-Olivier-Louis de Saint-George, fils aîné de François-Olivier, vicomte de Saint-George, et de Léonide-Catherine de Villelume, né le 6 mai 1825, épousa, par contrat reçu par Juniat, à Marthon (Charente), du 27 novembre 1855,

Marie-Zéphirine-Félicie de Fornel de Limérac. Fornel de Limérac porte : *d'azur à la croix pommetée d'or, cantonnée de vingt billettes de même et surmontée de deux vols d'or; au chef cousu de gueules, chargé d'une aiglette d'or à dextre et d'une étoile de même à senestre.* De ce mariage sont issus : 1° Marguerite-Marie-Louise-Victoire de Saint-George, née au château de Fraisse le 17 juillet, baptisée le 26 août 1857, morte le 8 septembre 1865; 2° Catherine-Marie de Saint-George, née au château de Fraisse en novembre 1859; 3° Marthe-Marie de Saint-George, née au château de Fraisse en novembre 1869; 4° Madeleine-Marie-Thérèse, née au château de Fraisse le 16 décembre 1865, morte le 18 mai 1869.

Branche de Régnier près Montmorillon.

XIII bis. — Jacques de Saint-George, chevalier, Sgr de Régnier-Périssé, fils cadet de François de Saint-George et de Diane Papon du Breuil, épousa Helliette Charron. Charron porte *d'azur au chevron d'or, trois étoiles de même, deux en chef, une en pointe.* De ce mariage sont nés : 1° François de Saint-George, qui suit; 2° Suzanne; 3° Isabeau; 4° Catherine Helliette, *alias* Hemiette, testa le 28 juin 1694. A cette époque, la branche ci-dessus faisait sa résidence au château de Régnier près Montmorillon.

XIV. — François de Saint-George, chevalier, Sgr de Régnier et de Périssé, fils de Jacques de Saint-George et d'Helliette Charron, épousa : 1°, le 8 février 1695, Marguerite Brossard. Brossard porte : *d'azur à 3 fleurs de lys d'or, deux en chef et une en pointe, chargé d'un bâton de gueules de gauche à droite.* Leurs enfants furent : 1° Louis de Saint-George, qui suit; 2° Joseph de Saint-George, capitaine de dragons au régiment d'Apchon, mort à l'armée des suites de ses blessures; 3° Susanne de Saint-George; 4° Madeleine de Saint-George, religieuse à Fontevrault. Il épousa : 2° Élisabeth de Ravenel. Ravenel porte : *d'argent à 8 molettes en bordure de gueules épincés de sable, deux en chef, une en pointe.* De ce mariage est sorti Louis-Honoré de Saint-George, qui fut chanoine, comte de Brioude en 1742, mort à Paris, député de son chapitre.

XV. — Louis de Saint-George, chevalier, Sgr de Régnier, Périssé, La Jorbadière, fils de François de Saint-George et de Marguerite Brossard, épousa, en 1728, Elisabeth de Couhé de Lusignan. Couhé porte : *d'or et d'azur à 4 merlettes de l'un dans l'autre.* A cette époque, cette branche fixa sa résidence au lieu d'Abzat-sur-Vienne près Confolens. De ce mariage naquirent dix enfants, parmi lesquels : 1° Joseph de Saint-George, né le 12 janvier 1830, qui suit; 2° Jean-Michel de Saint-George, capitaine de dragons au régiment d'Apchon, né le 19 février 1739, a été écuyer de Madame Sophie de France, tante du roi. Il s'est retiré avec une pension; lieutenant-colonel de cavalerie en 1785, il est mort en 1800. Il avait épousé, en septembre 1781, dame Renée des Monstiers de Mérinville d'Auby, ci-devant chanoinesse de L'Argentière, morte sans postérité en 1801 : elle était fille de François des Monstiers, Sgr d'Auby (paroisse de Nouic) et de La Valette, cornette au régiment de Condé, et de Catherine-Charlotte Jousserand de Lairé. Par son testament du 2 août 1797, fait à Auby, il donne la jouissance de ses biens à ses deux sœurs, Françoise et Élisabeth, et, après leur mort, il les lègue à Gédéon de Saint-George, fils aîné de l'émigré de Fraisse, à condition qu'il paiera 800 francs de rente à son frère Hector-Olivier, prêtre déporté. En 1786, il assura encore au fière de Gédéon Charles-Silvain de Saint-George de Fraisse, par contrat de mariage, une somme de 10,000 francs. Il figure à l'assemblée générale de la noblesse du Poitou sous le nom de Jean-Baptiste-Michel de Saint-George, chevalier, S#r d'Aubis. — 3° Olivier-Hector de Saint-George, né le 18 avril 1741, filleul de M. de Vérac, entra au séminaire de Saint-Sulpice au mois de juin 1760, fut reçu comte de Lyon en 1780, et abbé de Souillac, fut déporté pendant la révolution, et quitta la France le 17 septembre 1792; en novembre de la même année fut déclaré émigré, et ce qu'il possédait fut vendu. A son retour, il fut de nouveau chanoine de Lyon. C'est pendant cette dernière période de sa vie qu'il assista, le 26 octobre 1804, à la translation des restes de son parent, Claude de Saint-George, archevêque de Lyon, dont il est parlé plus haut. Il fit son testament olographe le 5 septembre 1805, par lequel il fait son héritier Charles-Silvain de Saint-George de Fraisse, et mourut en 1823. 4° Marguerite-Françoise de Saint-George, née à La Trémouille le 7 mars 1735, religieuse à Virtsalem, abbesse de Cusset en Bourbonnais, morte en 1803; 5° Élisabeth de Saint-George, née le 9 octobre 1736, religieuse et grande-prieure à l'abbaye de Fontevrault.

XVI. — Joseph de Saint-George, chevalier, S#r de Régnier et Périssé, etc., demeurant au château de Régnier, paroisse de Saint-Pierre de La Trimouille, fils de Louis de Saint-George et d'Élisabeth de Couhé de Lusignan de Fayolle, épousa, en 1756, Anne Patris de Bois-Chapelle. Il mourut en 1782. Leurs enfants furent : 1° Marie de Saint-George, née en 1757, qui épousa, en 1776, René de Lage, chevalier, S#r de La Bertolière de Foussac près Saint-Savin en Poitou, capitaine dans le régiment de Vermandois. De ce mariage sont nées deux filles : A Madeleine-Justine de Lage, née en 1779, mariée à Maxime Guillemot de Liniers de Saint-Savin en Poitou, dont aa Marie-Amarante, née en 1802, mariée en 1821 à Gédéon de Saint-George de Fraisse; bb Paul-François de Linier, né en 1804; cc Silvine-Estelle de Liniers, née en 1805, religieuse; B. Adèle de Lage, morte sans postérité ; 2° Madeleine de Saint-George, née en 1758, morte en 1835.

GEOFFROY (p. 212) DE MONTREUIL.

Une famille de ce nom, venant du Bourbonnais, se fixa dans la Marche au commencement du XVII° siècle. Ses membres occupèrent des places honorables dans la perception des finances royales. N..... Geoffroy de Montreuil, né à Aubusson en 1798; fut curé de Sardent, puis, sous Charles X, aumônier d'un régiment en garnison à Reims; après 1830, il fut curé de Saint-Laurent près Guéret, et curé-doyen d'Auzance en 1838, où il est mort en..... 1869.

Il a laissé quelques ouvrages, entre autres : *Éloge funèbre de M. le comte de Loubens de Verdalle.*

GÉRALD ou GÉRAUD, 42° évêque de Limoges, neveu d'Hilduin, fils de Gui, vicomte de Limoges, et d'Emme, sa femme, reçut les ordres à Poitiers de la main de Gilbert 1er, évêque de Poitiers. Il succéda à son oncle dans l'évêché de Limoges, et fut sacré évêque, dans l'église de Saint-Hilaire de Poitiers, le 9 du mois de novembre (on croit que c'est en 1012, *Gall. christ. nov.*, T. II, col. 512 et 1162), par Siguin, archevêque de Bordeaux. Celui de Bourges ne put pas s'y rendre, parce qu'il n'était pas encore reçu, mais il envoya en son nom des moines de Saint-Benoît. A cette ordination assistèrent Gilbert, évêque de Poitiers; Islen, évêque de Chartres; Arnauld, évêque de Périgueux, et Grimoard, évêque d'Angoulême. Ces deux derniers, après cette cérémonie, qui fut faite le dimanche, accompagnèrent jusqu'à Limoges le nouveau prélat. Ils vinrent d'abord à Saint-Martial, et y furent reçus par les moines; ils conduisirent ceux-ci à l'église du Queyroix, *Cairohensem*, qui est apparemment celle de Saint-Pierre, en chantant des antiennes. De là, l'évêque de Limoges fut porté dans un siége sur les épaules du peuple. L'évêque d'Angoulême lui donna le livre des Évangiles : il le tenait d'une main pendant la marche, et le lisait; de l'autre, il donnait continuellement des bénédictions. Il fut conduit ainsi en pompe et assis jusqu'à la basilique de Saint-Étienne. L'évêque d'Angoulême lui *livra* ou lui fit toucher les portes de l'église, et celui de Périgueux lui mit en main les cordes des *signes*, c'est-à-dire des cloches, manière d'investiture. Tous les deux l'intronisèrent sur le siége de Saint-Martial. L'évêque de Périgueux entonna à haute voix le *Te Deum*; tous les assistants allèrent donner le baiser au nouvel évêque, qui était assis. Ensuite on chanta la messe de saint Théodore, martyr, dont on faisait l'office ce jour-là, c'est-à-dire le 9 novembre. Il parut pendant sept jours revêtu de l'étole sanctifiée et des ornements de son sacre, avec la chappe romaine, mais sans chasuble et sans *colobio*, tunique dont les manches ne passaient point le coude. Pendant ces sept jours il célébra la messe dans les stations de la ville.

Ce détail (*Gall. christ., ibid.*, col. 513.) nous apprend plusieurs anciens rites et le jour de la prise de possession de l'évêché par Gerald. Cependant l'année n'est pas facile à trouver. On la met en 1009, 1012 et 1016 (col. 799). Il est vraisemblable (*Gall. christ. nov.*, T. II, col. 513) que Gérald fut sacré évêque au mois de novembre 1009, et qu'il fut au mois d'octobre de l'année suivante à Saint-Jean-d'Angély pour cause de religion.

On voit qu'Alduin ou Hilduin, son prédécesseur, vivait en 1012, lorsqu'il mit Rammulphe pour abbé dans le monastère de Saint-Martin-lez-Limoges. Outre cela, dans le cartulaire du roi Robert, chap. II, art. 13, on lit que cet évêque se trouva à un synode tenu à Poitiers en 1011, aux mois de janvier, février et mars, ou l'an 1010, suivant le vieux style. Cette variété de chartes cause des difficultés qui nous rendent fort incertains sur le temps de l'épiscopat de Gérald. Il paraît plus probable, dit Nadaud, de le fixer à 1014, puisque, après huit ans de siége, il mourut en 1022 (d'autres disent 1020); il ne put donc se trouver à la fête de l'Invention du chef de saint Jean, à Angély, en Saintonge, en qualité d'évêque, l'an 1010. Mais comme Adémar dit expressément qu'il y amena ses diocésains, il faut reculer de quelques années cette cérémonie. « Je ne sais pas non plus, poursuit Nadaud, celle de son voyage à Rome ». Adémar (MABILL., *Annal.*, T. IV, p. 721), moine de Saint-Cibar, écrivant en 1028, dit que cet évêque en était de retour avant les derniers ans, c'est-à-dire en 1013.

Il fit le voyage de Rome avec le duc Guillaume, qui y allait tous les ans. Ce prélat assista aussi à la translation du corps de saint Vaulry. Il mit dans le tombeau le corps de saint Israël du Dorat.

De son temps s'élevèrent dans l'Aquitaine des manichéens, qui niaient le baptême, la vertu de la sainte Croix et toute la saine doctrine.

Gerald de Crozen donna à Saint-Martial la ville de La Souterraine, et mit la donation entre les mains de Gérald, évêque de Limoges, en présence du duc Guillaume, de Bernard, comte de la Marche, et d'Aimeric de Rancon. (BESLY, p. 281.)

Cet évêque tenta inutilement de s'emparer de l'abbaye de Saint-Martial, lorsque Jofredus, ou Geoffroi de Limoges, son oncle, fut mort. On élut Hugues pour abbé; l'évêque refusa d'abord de le tenir, ce qui causa pendant deux ans une grande sédition parmi les habitants; enfin il consentit à l'élection de cet abbé, qui siégea six ans.

Gérald, allant à Poitiers à la fête de tous les saints, parce qu'il était trésorier de Saint-Hilaire, et qu'il tenait à y faire les fonctions de sa charge, tomba malade à Charroux, où il mourut quinze jours après, le 11 novembre (*Necrolog. Solemniac.*), et y fut enseveli. On mit à la tête de son cercueil une lame de plomb, sur laquelle était cette inscription :

† *Hic requiescit corpus Giraldi Lemovice sedis episcopi, qui eidem sedi præfuit VIIIto annis. III idus novembris obiit.*

Il mourut donc le 11 novembre, suivant son épitaphe et le nécrologe de Saint-Junien, probablement de l'année 1022. Adémar l'appelle très-respectable.

Le tombeau de cet évêque a été découvert à Charroux, en 1850, sur l'emplacement de la magnifique église, ruinée au commencement de ce siècle. Près de la tête de ce prélat se trouvait une plaque de plomb, entaillée à la pointe sèche, portant l'inscription ci-dessus. Son anneau en or et sa crosse en ivoire non recourbée en volute, mais en forme de *tau*, étaient à côté de lui.

Pendant qu'il occupa le siège de Limoges, les changements et fondations qui suivent eurent lieu : 1011, Saint-Israël, prévôt de Saint-Junien; — Saint-Martin; — 1015, La Souterraine donnée à Saint-Martial; — 1018, Ostrofrancus donne la moitié de Nieul; — donation de Monteil-le-Vicomte; — Joffredus, abbé de Saint-Martial; — 1019, donation de Juillac; — 1020, l'abbé de Saint-Martin vend La Monedière; — la moitié de La Croisille donnée à Tulle.

Sources : Nadaud, *Chronologie des évêques de Limoges.* — Legros, *Manuscrits pour servir à l'histoire des évêques de Limoges.* — Texier, *Bullet. Soc. Arch.*, T. III, p. 95.

GÉRARD (p. 213).

N..... de Gérard de La Fute, Sgr de La Vallade, épousa N..... de Ferret. Il était mort en 1789, lorsque sa veuve fut convoquée à l'assemblée générale de l'Angoumois. (*Catalogue des gentilshommes de l'Angoumois.*)

GÉRARD ou GÉRALD, 50e évêque de Limoges, est surnommé Hector, l'an 1157, sous le règne de Louis, dans la charte de fondation de Bonnaigue. Le surnom de Cher lui est donné dans la chronique d'Uzerche. (*Gall. christ. nov.*, T. II, col. 522, dans la note *a*.)

Après qu'Eustorge, 49e évêque de Limoges, fut enterré (Gaufred., p. 305.), quelques-uns élurent pour son successeur Amblard, abbé de Saint-Martial, qui tout de suite monta sur le trône épiscopal, ce qui lui fit grand tort dans la suite. D'autres élurent Gérald, doyen de Saint-Yrieix, fils d'Étienne du Monteil (*Cartul. S. Steph. Lemovic.*) et neveu d'Eustorge. Il s'ensuivit un schisme. Pierre Laurez, qui, comme curé de Saint-Pierre-du-Queyroix, avait beaucoup d'amis, interdit à l'abbé, de la part du pape, le siège pontifical. Quelques désordres éclatèrent. Amblard partit pour Rome, et passa par Cluny pour demander de la protection; mais ses confrères ne lui en donnèrent pas la moindre, et il fut obligé de rétrograder. La demande de Gérald fut écoutée à Rome, où il était allé; mais, n'ayant pu réussir d'abord comme il le souhaitait, il s'en retourna à Limoges. Quelque temps après il repartit, voyant que son affaire traînait en longueur. Il jura avec sept autres, qui jurèrent pour lui, qu'il n'avait ni promis ni donné d'argent à personne pour avoir l'épiscopat. Le pape l'ordonna donc prêtre et évêque avant Pâques, et le renvoya en paix. Dès son jeune âge (BALUZE, *Hist. Tutel.*, col. 814.), Eustorge avait chargé Aldebert, abbé d'Uzerche, de l'éducation de son neveu Gérald-Hector du Cher, pour le faire instruire par les maîtres de cette ville, et afin que, étant élevé par des religieux, il apprît à vivre avec plus de précautions. Aussi d'abord après sa consécration il revint à Uzerche, où il tint son premier synode, et y prit conseil de l'abbé.

En 1143, l'évêque Gérald reçut une donation, faite au monastère de Tulle par Adémar, vicomte de Limoges, et Aimeric de Gourdon, tous deux beaux-frères de Boson II, vicomte de Turenne.

Vers 1144, saint Bernard écrivait à l'évêque de Limoges en ces termes (SAINT BERNARD, epist. 329.) : « Nous avons été consolé de savoir que le pape nous a remis l'examen de l'élection de l'évêque de Cahors, pour la terminer sans appel ».

En 1144, il termina un différend entre les moines de Vigeois et l'église de Saint-Sanctin, et transigea avec l'abbé de Mortemart.

Il aida Hélie de Horto, cinquième prieur de l'Artige, pour transférer son monastère dans le lieu qu'on appelle La Grande-Artige.

Il fut tuteur du jeune Adémar, vicomte de Limoges.

En 1162 ou 1163, il fut commis par le pape pour remédier à quelques désordres dont on accusait les ermites de La Malèze, sur la paroisse de Saint-Brice, dans le voisinage de l'abbaye de Bœul.

En 1158, il releva de terre le corps de saint Loup, évêque de Limoges, qui reposait près de la sacristie de l'église de Saint-Michel-des-Lions. Il mit ses reliques dans une châsse de bois doré.

Environ l'an 1161, on bâtit l'église de Sainte-Valérie, au lieu où elle fut décollée. Gérald la bénit, mais il ne put en faire la dédicace à cause de ses infirmités.

C'est aussi sous cet épiscopat que le chapitre de Saint-Junien fut sécularisé, et que furent fondées les abbayes de La Colombe, de Beaulieu et de Prébenoit.

Il tint un synode à Limoges.

Ce n'est pas sans raison que la chronique Vosienne l'appelle *cœcus*, car on dit qu'en 1160, ayant assisté à une procession solennelle, il partit aussitôt pour l'Angleterre, où il avait été mandé par Henri II, et qu'il en revint malade d'une fluxion sur les yeux. Il perdit d'abord un œil, et devint complètement aveugle trois ans après.

C'est lui qui fonda, en 1158, le prieuré et l'hôpital de Saint-Gérald à Limoges. Il mourut plein de jours et de mérites, à l'âge de quarante ans, le 7 ou le 8 octobre 1177, et fut enseveli à Saint-Augustin-lez-Limoges, auprès d'Eustorge, son oncle, le 9 du même mois.

Voici les fondations faites et les changements survenus pendant qu'il occupa le siège de Limoges : 1138, donation de l'église de Fongalond ; — 1140, fondation de Prébenoit ; — mort de saint Gaucher ; — Le Châtenet donné à Saint-Léonard ; — Saint-Victe donné à Uzerche ; — La Bretagne, Salon, Obazine unis à Cîteaux ; — 1141, changement fait à Beaulieu : le couvent et abbés intronisés ; — 1143, fondation de Coyroux ; — Forêt-de-la-Bretagne donnée à Saint-Junien ; — Amblard, abbé de Saint-Martial : élection de son successeur ; — 1143, Mortemart en commun à la cathédrale et au Dorat ; — fondation de La Cellette ; — Saint-Sanctin ; — 1145, Gondre, Étricor ; — 1146, fondation de La Colombe ; — 1148, Domerot donné à

Évaux ; — 1149, Javerdac, Monterollet, donnés à Saint-Junien ; — la moitié de l'église de Saint-Auvent ; — fondation d'Aubepterre ; — acquisition de Moulin-Ferrier, des chapelles d'Aixe, d'Uzurac ; — 1150, Saint-Cyr-sur-Gorre, Saint-Brice, en partie donnés à Saint-Junien ; — donation de Saint-Martin-Château, des chapelles d'Aixe, de Lastours, Moutier-Ferrier ; — 1154, hôpital à Saint-Gérald ; — bulle pour Les Salles ; — monachisme à Saint-Léonard ; — 1156, Saint-André cédé à Bénevent ; — Albert de Courcillas, abbé de Saint-Martial ; élection de son successeur ; — 1157, Celles fondées à Loubere, Bonneval, Serres, Étricor ; — Hugues de La Certa meurt à Plaigne ; — moines à Saint-Exupéry ; — fondation de Bonnaigue ; — 1160, prieur de Bénevent ; — Pierre de Pétiviers, abbé de Saint-Martial ; — recluses à Daignac ; — accord pour l'église d'Uzurac ; — église bâtie à sainte Valérie ; — prieuré de Laurière ; — 1161, Lentillac donné à Uzerche ; — Pierre Le Gros élu abbé de Saint-Martial ; — 1162, bulle pour Saint-Junien ; — moitié de Bonnac donné à Pierre del Barri, élu abbé de Saint-Martial ; — Chaillac donné à Saint-Junien ; — fondation du Palais ; — 1163, ermites chassés de La Malèze ; — cimetière à Saigne-Moussouse ; — Auzance donné à Évaux ; — 1164, don des églises de Gimel au vicomte de Turenne ; — Tudeil donné à Beaulieu ; — 1165, Combrossol donné à Bonnesaigne ; — fondation de L'Artige-Grande ; — 1169, Balledent donné à Aureil ; — 1170, Saint-Clément ; — 1172, fondation de Bronzeau ; — 1174, chapellenie du château du Dorat ; — Pierre del Barri, abbé de Saint-Martial ; élection de son successeur ; — 1175, Objat donné à la cathédrale ; — 1177, Saint-Priest-les-Olières donné à la cathédrale ; — donation de Bonnac ; — Chastaing donné à Évaux ; — La Geneytouse donnée à Aureil.

ARMES : *d'argent à une bande d'azur accompagnée de six roses de gueules, posées en orle.*

SOURCES : NADAUD, *Chronologie des évêques de Limoges.* — LEGROS, *Mém. ms. pour l'histoire des évêques de Limoges.*

GERGELASSE, dans la Marche, porte *d'azur à une écrevisse de gueules*, ou *à une écrevisse cuite.* (Ch. GRANDMAISON, *Dict. hérald.*)

GERLON ou GEILO, 36ᵉ évêque de Limoges.
Après la mort d'Aldon, 35ᵉ évêque de Limoges, arrivée le 6 octobre 866, le siège vaqua quelque temps, et l'année suivante, 867 (Nadaud dit 866), on lui donna Gerlon pour successeur. Bernard Guidonis, multipliant ce nom, en fait un second ecclésiastique du nom de Gerbosus. (*Apud* LABBE, T. II, p. 467.) Gerlon mourut le 12 juillet. (*Nécrol. Solemniac.*) Un catalogue manuscrit lui donne trois ans de siège, et le fait mourir en 869. (*Gall. christ. nov.*, T. II, col. 508.)

SOURCE : LEGROS, *Limousin ecclésiastique ms.*

GERMAIN DE LA POMMÉLIE (p. 214). — Voir T. I, p. 271 et et 343 ; T. II, p. 214, et l'article La POMMÉLIE.

SAINT-GERMAIN. — D'Hozier a donné à cette ville les armes suivantes : *d'argent à une bande d'azur.* (*Arm. génér.*)

SAINT-GERMAIN (le chapitre de) porte : *d'argent à une bande d'azur, accompagnée de six roses de gueules, trois en chef posées en orle, et trois en pointe posées en bande.* (d'Hozier.)

GERVAIN (p. 214) ou GERVAIS, d'après la *Maintenue* de d'Aguesseau, publiée à Niort en 1866, sieur du Maine-Caillau, paroisse de Paluau, élection d'Angoulême, porte *d'or à un lion rampant de sinople, armé et lampassé de gueules.*

I. — Guyon Gervain épousa, le 21 août 1540, Catherine Morin.

II. — Arnaud Gervain épousa Jacquette Bourgneuf. — Dénombrement rendu par Jacques de Bourgneuf et Jeanne Germain, sa femme, et par ledit Arnaud au seigneur de Saint-Seurin, par lequel il les quitte des arrérages de la rente reconnue depuis le partage fait par feu Guyon, leur père, le 15 mars 1564.

III. — François Gervain épousa, le 28 septembre 1617, Anne Mouchet.

IV. — Pierre-Gabriel Gervain épousa, le 22 janvier 1660, Berthe Frigaud. (Des Coutures, *Nobiliaire manuscrit.*)

DE GIAC, Sgrs de Giac, de Vigosche (Châteaugay), de Combraille, de Beaune, de Joserand, de Luçay, de Villeneuve, de Joy, de Bouchereuil, en Auvergne et en Bourbonnais. Cette famille, qui a pris son nom d'une seigneurie située vers les limites de la Marche, entre Herment et Felletin, était très-ancienne.

Un seigneur de Giac fit un legs à l'église de Saint-Amable de Riom en 1233.

Guillaume de Giac, son fils, suivit cet exemple en 1252.

Un autre Guillaume de Giac, frère-servant de l'ordre du Temple, subit un interrogatoire à Paris en 1307.

Jean de Giac fut contemporain de Guillaume de La Tour-d'Auvergne, chanoine de Clermont et de Reims, qui le nomme dans son testament du 2 avril 1315.

Autre Jean de Giac servit activement dans les guerres du xive siècle avec un de ses fils, qui y périt.

Mais celui qui surtout illustra son nom fut Pierre de Giac, fils puîné du précédent. On croit qu'il débuta par la charge de trésorier de Beraud II, comte de Clermont, dauphin d'Auvergne, de laquelle il passa bientôt à celle de chancelier des ducs de Berry et de Bourbon, qu'il paraît avoir exercée simultanément ou successivement, et il fut promu, le 19 juillet 1383, à la dignité de grand chancelier de France, dont il se démit en 1388, tout en conservant jusqu'à sa mort, arrivée en 1407, le titre et les fonctions de conseiller privé du roi Charles VI. Ce monarque, ainsi que les ducs de Berry et de Bourbon, qu'il avait si utilement servis, le comblèrent de biens et de faveurs. Ce fut lui qui changea le nom de Vigosche en celui de Châteaugay, et qui fit bâtir cette belle résidence en 1381. Il eut pour fils Louis, qui suit.

Louis de Giac, fils du précédent, fut grand échanson de France ; il servit avec distinction aux campagnes de Flandre et du pays de Juillers, où il fut fait prisonnier, et taxé à une forte rançon, que le roi et le duc de Bourgogne lui aidèrent à payer. Il épousa Jeanne du Peschin, dont Pierre, qui suit.

Pierre II, Sgr de Giac et de Châteaugay, conseiller et premier chambellan du roi Charles VII, qui le fit ministre d'État, et lui confia l'administration des finances en 1424. Il épousa : 1° Jeanne de Noillac de Châteaubrun, dont : 1° Louis, qui suit; 2° Louise de Giac, mariée à Jacques de La Queille, aux enfants duquel passèrent tous les biens de la maison de Giac. Pierre épousa : 2° Catherine de L'Isle-Bouchard. Deux puissants ennemis, George de La Trémouille et le connétable de Richemont, les mêmes qui avaient fait congédier le président Louvet, accusèrent Pierre de Giac de dilapidation, se saisirent de sa personne, lui appliquèrent la question, grâce à laquelle ils lui arrachèrent des aveux qui tinrent lieu de preuves, et ils le firent périr précipitamment à Châteaudun, le 3 janvier 1426. Le sire de La Trémouille épousa la veuve de Pierre de Giac, Catherine de L'Isle-Bouchard, riche héritière qu'il convoitait, le remplaça dans son double poste de premier ministre et de surintendant des finances, et après s'être servi du connétable de Richemont pour arriver à son but, il ne négligea rien pour le faire disgracier. (*Dict. encyclopédique de France*, par LE BAS, T. X, p. 90.)

Louis de Giac, deuxième du nom, fils du précédent, épousa Alix de La Roche-Tournoëlle. Il mourut vers 1480 sans laisser de postérité.

ARMES : *d'or, à la bande d'azur, accompagnée de six merlettes de sable en orle.*

SOURCES : *Nobiliaire d'Auvergne*, par J.-B. BOUILLET. — Le Père ANSELME, T. VI. — CHABROL, T. IV, p. 161. — *Condamnation des Templiers*, par DUPUY, édition de 1751, p. 15, 200. — *Noms féodaux*. — BALUZE, T. II, p. 538. — *Biographies*.

GIBOUST (p. 214). — N..... Giboust du Chastelus était à l'assemblée générale de la noblesse d'Angoumois en 1789. (*Catalog. des gentilshommes de l'Angoumois.*)

GILIBERT (p. 215)), sieur de Bourderic, paroisse et élection d'Angoulême, porte : *d'argent à 3 pyramides de gueules en fasce.* (*Maintenue* de d'Aguesseau.)

GIMBERT, sieur de Boussac, demeurant à Cognac, élection de Cognac, porte.....
Jean de Gimbert, sieur de Boussac, fut élu maire de Cognac pour l'année 1663. (DES COUTURES, *Nobiliaire manuscrit.*)

GIMEL (p. 215), barons de Gimel, de Sarrau, de Saint-Jal, de Paluel, Sgrs d'Ambur, de Chapdes, de La Rochebriant, de Montchauvel, d'Opme et autres lieux, en Limousin et en Auvergne. Maison de très-ancienne chevalerie de la province du Limousin. Elle tire son nom d'une terre située sur la rive droite de La Montane, à deux petites lieues de Tulle, et qui dans les temps anciens avait le titre de vicomté; dans la suite, elle n'eut plus que celui de baronnie. Cette terre était divisée en deux parties, qui avaient chacune un château féodal, désignés par les surnoms de Château-Haut et Château-Bas de Gimel. L'un d'eux appartenait à la maison de son nom, l'autre au seigneur de Maumont, sans doute par l'alliance de Marguerite, dite Peyronne de Gimel, avec Pierre de Maumont, vers 1290.

Abon, Ameil et Guillaume de Gimel, frères, souscrivirent une charte, en faveur de l'abbaye d'Uzerche, vers l'an 1080.

Hélie de Gimel fit un don à l'abbaye de Vigeois, par charte de 1111.

Ranulphe, vicomte de Gimel, fut présent, le 6 des calendes d'août 1126, à un accord conclu au château de Pompadour, entre Golfier de Lastour et l'évêque de Limoges. (*Nobiliaire de l'Auvergne.*)

Hugues de Gimel, septième prévôt de Saint-Junien, doyen de la cathédrale de

Limoges, obtint du pape Alexandre III une bulle dans laquelle le Saint-Père déclare qu'il prend sous sa protection l'église de Saint-Junien. Cette bulle fut donnée à Montpellier, le 3 des ides de juin (11 juin) de l'an 1162. (*Chronique de Maleu*, p. 151.)

Renaud, vicomte de Gimel, donna les château, terre et seigneurie de Gimel et ses dépendances à Raymond, deuxième du nom, vicomte de Turenne, fils de Boson II et d'Eustorgie d'Anduze, puis les reprit de lui en fief, et lui en fit hommage, par le même acte passé dans la salle de Turenne, le vendredi 26 janvier 1163 (ou mieux 1162), en présence d'Estienne d'Escoraille, Raymond de Cornil, Élie de Favars, Aimeric de Salaignac et Manould, son frère; Olivier de Curemonte et Gui, son frère; Ponce de Vairac, Corneille de Croisse et Gérald, son frère; Ugo d'Espinals, Ugo de Noaille, Gauzbert de Ventadour, Phaidit de Turenne et Pierre, son fils. (Nadaud, *Nobiliaire*, art. Turenne.)

En 1164, les églises de Gimel furent données au vicomte de Turenne. (Nadaud, *Chronologie des évêques de Limoges*.)

Pierre de Gimel, chevalier, était à la croisade en 1252; son écu figure aux galeries de Versailles.

Vers l'an 1217, sous le règne de Philippe-Auguste, les environs de Limoges étant infestés par des troupes de brigands qui ne respectaient ni le sacré ni le profane, Dieu inspira à Élie de Gimel, grand-chantre de la cathédrale de Limoges, homme d'une admirable sainteté, et ami très-particulier de Guillaume, archevêque de Bourges, le dessein de transporter à Limoges les reliques de saint Just, pour les soustraire aux ravages de ces impies. A la sollicitation de ce vertueux chanoine, il fut arrêté entre ses confrères et les principaux citoyens de la ville que l'on se transporterait à main armée au lieu de Saint-Just pour enlever les précieux restes du saint. Ce pieux complot fut exécuté avec tant d'adresse et de célérité que les reliques furent enlevées, transportées, et déposées en lieu sûr dans la cathédrale, avec l'allégresse générale et une pompe extraordinaire, avant que les brigands fussent seulement informés que l'on méditait cette sainte expédition. Pour conserver la mémoire de cette translation, il fut statué que tous les ans on en ferait la fête le 27 juillet, jour anniversaire de celui où elle avait eu lieu. (La Biche de Reignefort, *Six mois de la Vie des saints du Lim.*, T. III, p. 106.)

N..... de Gimel, chanoine de Brive, est témoin dans un acte de 1225.

Au xl° siècle, Gouffier de Lastours, avant de partir pour la croisade, avait épousé la fille de Ranulphe, vicomte d'Aubusson, qui lui apporta en dot la moitié du château de Gimel, qu'elle tenait de sa mère Blanche de Vallon. (Marvaud, *Hist. du Bas-Limousin*, T. I, p. 210.)

Guy de Gimel, chevalier, est rappelé comme défunt dans une transaction passée entre Hélis de Brezons, sa veuve, et Guillaume de Brezons, son frère, le 15 avril 1333, ainsi que dans un acte du 4 février 1345, par lequel Bertrand de Maumont, coseigneur de Gimel, accorde à la même Hélis de Brezons et à Guy de Gimel, son fils, l'autorisation d'établir une porte et un passage libre près du château dudit Marmont. (*Nobiliaire d'Auvergne.*)

Bernard de Gimel, époux de Guillemette de La Chapoulie, dame de Sarran près d'Égletons, transigea avec Géraud de Rochefort au sujet de la succession d'Étienne de La Chapoulie, son beau-père, en février 1358. Guy de Gimel et Guillemette de La Chapoulie, sa mère, tinrent leurs assises au château de Sarran en octobre 1365. Ce Guy épousa Jeanne de Maumont le 24 mars 1371. De ce mariage naquit, entre autres enfants, Louise, qui épousa, vers 1424, Hélie, Sgr de Cosnac. Il reçut l'hommage de Guillaume Botier, à cause du manoir de La Boteyrie, le 15 mai 1388, et celui d'Hélène de Pleaux, dame de Puy-Aubert, ou Puy-Jaubert, le 14 novembre 1393. (*Nobiliaire d'Auvergne.*)

Marie de Gimel avait épousé, avant 1398, Jean III de Rochefort.

Jean de Gimel épousa, le 13 juillet 1399, Jeanne de Murat-de-Cros (Jean, *alias* Guy de Gimel, aurait épousé Jeanne de Tauzelle : P. Anselme, p. 377.), fille d'Aymard de Murat et de Marie de Montclar, sœur de Jean et de Pierre de Cros, cardinaux. Jeanne de Murat paraît sous le nom de Cros dans l'hommage que lui rendit Bernard Fabry, de la paroisse de Sarran, le 1ᵉʳ mars 1426. De ce mariage vinrent : 1° Guillaume de Gimel, baron du lieu; 2° Louis de Gimel, Sgr de Saint-Jal, en 1443 ; 3° Jeanne de Gimel, qui épousa, le 4 septembre 1439, avec dispense du pape Eugène IV, la huitième année de son pontificat, Jean de Noailles, troisième du nom, baron de Montclar et de Chambres, fils de Jean II et de Gasparde, dame de Merle; 4° Marguerite, à laquelle son frère Guillaume, Sgr de Gimel, ne constitua en dot qu'une somme de 1,300 francs, à cause du grand nombre de filles qui étaient alors dans la maison de Gimel ; 5° Blanche, mariée en premières noces, par contrat passé à Gimel, le 8 juillet 1432, à Pierre de Beaufort, Sgr de Limeuil, Charlus, comte de Beaufort, d'Alest, vicomte de Turenne, qui mourut en 1444. Guillaume de Gimel, frère de Blanche, lui avait constitué une dot de 2,000 écus d'or. Elle épousa en seconde noces, en 1447, Amoury de Montal, baron de Roquebron. (*Idem.*)

François de Combarel, chevalier, Sgr de La Chieysa près Bellac, acheta en 1466 le château supérieur, châtellenie, seigneurie et terre de Gimel, de son beau-frère Giles de Maulmont, sieur de Saint-Victe, Gimel et Beauvais.

Gabriel de Gimel, baron du lieu, Sgr de Sarran, de Chapdes et autres lieux en 1486, rendit hommage au vicomte de Ventadour, pour la seigneurie de Sarran, le 26 avril 1490. Il avait épousé Marguerite de Lastic, fille de Pons, et sœur de Louis de Lastic, avec lequel elle transigea le 11 juillet 1501.

Aymar de Gimel renouvela l'hommage de Sarran à Gilbert de Lévis, comte de Ventadour, le 6 mai 1513, et il accorda lui-même une investiture à Guy Lascaze (ou La Case), le 28 mai 1530.

Claude de Gimel, François et Antoine de Gimel, furent successivement seigneurs de Chapdes, d'Opme, d'Ambur, des Girauds, de La Rochebriant et de Truffiac, pour lesquelles terres ils rendirent hommage en 1540, 1543, 1588, 1684.

Antoine de Gimel, chevalier, Sgr des Girauds, qui précède, épousa Marguerite de Villelume, dame de Truffy (ou Trufflac), fille de Jean Gaspard de Villelume, écuyer, Sgr de La Villedière et de Beaubière. (*Généal. de la maison de Villelume.*) Il fut maintenu dans sa noblesse en 1666.

En 1669, Philiberte de Gimel, femme de Charles d'Arton, écuyer, Sgr de Saint-Martial-le-Mont, autorisée par justice à cause de la maladie de son mari, avoue le fief et seigneurie d'Agen. (De Bett., *Noms féodaux.*)

Anne de Gimel épousa Jean-Antoine de Villelume, écuyer, Sgr de La Villedière-Truffiac, paroisse de Sauvagnat (Puy-de-Dôme), fils de Jean-Gaspard de Villelume (de 1670 à 1677). Elle mourut le 25 novembre 1681 (*Généal. de la maison de Villelume*); elle était dame en partie de la terre des Girauds en 1670. Ce fut cette année qu'elle fit pour son mari un aveu de la terre et seigneurie de La Villedière-Truffiat. (De Bett, *Noms féodaux.*)

La branche des barons de Gimel et de Sarran s'est éteinte vers l'an 1600 en la personne de Gasparde de Gimel, épouse d'Antoine de Lavour, dont la succession passa dans la maison de Lentilhac, par l'alliance de Matheline de Lavour avec François de Lentilhac, le 25 octobre 1625. Jean-Martin-Gabriel de La Selve acheta, au mois d'octobre 1766, à messire Jean-Louis de Lentilhac, marquis de Gimel, la terre de Sarran.

Il paraît que d'autres rameaux ont subsisté postérieurement, car on trouve Claude et Pierre de Gimel père et fils, seigneurs d'Albonne en Lyonnais, lesquels firent foi-hommage au roi, à cause de cette terre, en 1693, 1717, 1720 et 1734.

M. de Gimel de Lespinat fut convoqué à l'assemblée générale de la noblesse du Bas-Limousin en 1789.

Guy, comte de Gimel, colonel d'artillerie, chevalier de Saint-Louis, mourut pendant l'émigration; il avait épousé Marie-Anne Walsh le 9 novembre 1765, dont deux filles : 1° Anne de Gimel, mariée au comte de Montanet; 2° Laure de Gimel, chanoinesse-comtesse à Ratisbonne en Bavière.

On trouve aussi dans l'assemblée de la noblesse du Périgord, en 1789, N....., de Gimel, écuyer, chevalier, et N..... de Gimel, Sgr du lieu.

N..... Gimel, chef de bataillon (ou d'escadrons), fut nommé chevalier de l'ordre royal et militaire de Saint-Louis, à Gand, en 1815; il avait émigré. (*Hist. des chevaliers de Saint-Louis.*)

Outre les alliances déjà mentionnées, la maison de Gimel en a contracté d'autres avec celles de Gontaud, d'Abzac, d'Hérail, de Nozières, de Saint-Quentin-Beaufort, de Giou, etc., etc.

ARMES : *burelé d'argent et d'azur de six pièces, à la bande de gueules brochante.*

GIRARD, Sgr du Deffant. — Le Deffant, commune de Bussière-Poitevine, arrondissement de Bellac (Haute-Vienne).

N..... Girard se distingua à l'attaque de Crecelt, le 23 juin 1758; il fut nommé chevalier de l'ordre royal et militaire de Saint-Louis à la suite de cette journée, était officier dans le régiment de Rohan-Rochefort, infanterie.

N..... de Girard fut nommé chevalier de Saint-Louis en 1760; il était capitaine au régiment de Rouergue.

N..... Girard, capitaine d'artillerie, fut nommé chevalier de Saint-Louis en 1761. (*Hist. des cheval. de Saint-Louis*, par A. MAZAS, T. I, p. 468, 519, 538.)

Jean-Bonaventure Girard, chevalier, Sgr du Deffant, était à l'assemblée générale de la noblesse de la Basse-Marche, tenue au Dorat, capitale de cette province, le 16 mars 1789. Il était ancien capitaine d'infanterie, chevalier de Saint-Louis.

Girard, du Poitou, porte : *d'argent à trois chevrons de gueules.* Girard, du Berry, porte : *de gueules à deux paires de morailles d'or, pliées en chevron.*

GLANGES. — Pierre de Glanges fit une donation à l'abbaye de Vigeois vers l'an 1100. (LAINÉ, *Nobiliaire du Limousin.*)

Le sieur de Glanges, commune de Jaulde, canton de La Rochefoucaud, faisait partie du ban de l'Angoumois en 1635.

LA GORCE (p. 218). — La terre de La Gorce, possédée en 1740 par la famille Pouget de Nadaillac, Sgr de Saint-Pardoux, est probablement le village de ce nom situé près de Saint-Pardoux-Rancon, canton de Bessines, arrondissement de Bellac (Haute-Vienne).

GORET ou GORRET (p. 218), sieur de La Martinière, paroisse du Vieux-Ruffec, élection d'Angoulême, porte : *d'argent à une fasce de gueules accompagnée de trois hures de sanglier de même, 2 et 1. (Maintenue* de d'Aguesseau.)

René Regnaud, fils de Pierre, Sgr de Villognon, et de Françoise Mounier, dame de Puyperoux, épousa, en 1575, Philippe de Goret.

N..... Gorret des Fourniers, Sgr des Fourniers, et N..... de Gorret, Sgr de La Martinière, étaient à l'assemblée générale de la noblesse de l'Angoumois en 1789.

I. — Gabriel de Goret épousa Fleurence de Chaumont.
II. — Pierre de Goret épousa Marguerite Maigret, par contrat du 7 août 1541.
III. — François de Goret épousa Perrette Corgnol, par contrat du 5 février 1579.
IV. — Paul de Goret épousa Lia de Livenne, par contrat du 13 novembre 1614.
V. — Maximilien de Goret épousa Élisabeth Faure, par contrat du dernier décembre 1646. (Des Coutures, *Nobiliaire ms.*, p. 233.)

LA GORSE ou LA GORSSE, *alias* DE LIMOGES, Sgr de Beaufort, de La Borde et de Cumont. Cette famille descend de Geoffroi de Limoges, nommé chevalier de l'ordre du roi le 29 avril 1557. Elle porte : *écartelé au 1er et 4e d'or, au lion de gueules ; au 2e, de gueules à un roc d'échiquier d'argent ; au 3e, d'azur à une étoile d'or.*

Pierre de Limoges, bourgeois de Tulle, est mentionné dans des actes de 1279, 1301, 1307.

Géraud de Limoges, bourgeois de la même ville, vivait le 10 juin 1333.

Pierre de Limoges, bourgeois de Tulle en 1366 et 1370.

Noble Martin de Limoges, en 1420.

Jean de Limoges, écuyer, sieur de Limoges et de La Gorsse en 1520. (Lainé, *Nobiliaire du Limousin*.)

On trouve parmi les chevaliers de l'ordre royal et militaire de Saint-Louis :

Jean-Étienne de La Gorce, nommé en 1758. (*Hist. de l'ordre royal et militaire de Saint-Louis*, par A. Mazas, T. 1, p. 484.)

Antoine du Brachet de La Gorce, qui fut nommé en 1762, et reçu par M de La Gorce, ancien capitaine de cavalerie. (*Idem*, p. 548.)

Guy-André du Laurent de La Gorce, nommé en 1762. (*Idem*, p. 557.)

Jean-François Guy de Merle de La Gorce, volontaire en 1740, capitaine en 1747, nommé en 1763. Dans le registre du Régiment-Dauphin, est dit en 1763 excellent officier ; 1764, propre à tout ; 1766, propre à être un bon major ; en 1772, propre à la lieutenance-colonnelle d'un régiment provincial ; 1773, demande sa retraite ; 1774, pension de 400 livres. (*Idem*, p. 566.)

Joseph-Guy de Merle de La Gorce, capitaine de grenadiers du régiment Dauphin-infanterie en 1726, chevalier de Saint-Louis le 3 décembre 1738, retiré en 1747. Il combattit d'une manière brillante à Fontenoy, et le roi, en lui envoyant une gratification, lui fit écrire une lettre des plus flatteuses par le ministre de la guerre. (*Idem*, T. II, p. 17.) — A la page 36, il est dit simplement La Gorce, sous-lieutenant en 1709, lieutenant en 1712, etc.

De Gorce, capitaine en 1702, chevalier de Saint-Louis. (*Idem*, p. 98.)

Le comte de La Gorce (Louis-Scipion-Jean-Baptiste-Urbain de Merle), nommé chevalier de Saint-Louis en 1780, né en 1744, page du roi, petite écurie, en 1758, lieutenant réformé à la suite du régiment, commissaire général de la cavalerie en 1771, capitaine-commandant à la formation de 1776, rang de lieutenant-colonel en 1780, lieutenant-colonel du régiment Dauphin-cavalerie en 1782; en 1788, attaché au corps de l'état-major de l'armée comme colonel, en attendant un régiment provincial; en 1772, est dit dans le registre du régiment : très-bon capitaine, intelligent, zélé, de bonnes mœurs ; 10,000 livres sans brevet de retenue (c'était le prix de sa compagnie, et il devait le toucher intégralement en la cédant); en 1786, sa réforme de capitaine, remboursée par le comte du Tillet, sous-lieutenant au régiment, qui a déposé les 10,000 livres; en 1787, pension de 500 livres sur l'ordre; en 1788, augmentation de pension de 300 livres sur l'ordre.

On lit dans l'*État militaire* de 1793, liste des maréchaux de camp du 1ᵉʳ mars 1791 : Merle-Lagorce. (*Idem*, p. 292.)

Pierre Lagorce, nommé chevalier de Saint-Louis le 25 octobre 1797, lieutenant des invalides de France, chasseur noble, compagnie n° 13 à l'armée de Condé. (*Idem*, T. III, p. 47.)

Louis-Charles Merle de La Gorce, ancien officier, nommé chevalier de Saint-Louis en 1815. (*Idem*, p. 189.)

Pierre de La Gorce, capitaine en retraite, nommé chevalier de Saint-Louis en 1825 (*Idem*, p. 287.)

On trouve encore (T. III, p. 459) N... Lagorce, en Vivarais, sous-lieutenant en 1709, lieutenant en 1712, capitaine en 1716, retiré en 1747, qui doit être le même que Joseph Guy ci-dessus. Il faut remarquer que la famille La Gorce, en Vivarais, porte : *de gueules à trois rocs d'échiquier d'or* (*Dict. hérald.*, par C. GRANDMAISON.), et que ce sont les armes de la ville de Tulle (D'HOZIER, *Armorial général*), d'où elle semble tirer son origine.

GOUDIN (p. 220), Sgr de Paulhiac, de La Roussie, de Proissans, de La Pouyade, etc., porte : *de sinople à trois champignons d'argent, posés 2 et 1*. (*Armorial du Périgord.*) Cette famille avait été maintenue dans sa noblesse avant de figurer aux assemblées générales de 1789.

Martial Goudin, chevalier, Sgr de La Bouderie et du Genety, était à l'assemblée générale de la noblesse du Limousin en 1789.

A celle du Périgord, on trouve N..... de Goudin de La Roussie.

N..... de Goudin de La Roussie, Sgr de La Pouyade.

N..... de Goudin de Paulhac.

La dame N..... de Goudin avait épousé N... de Vins de Masnègre, dont le fils était à la même assemblée.

DE GOULARD (p. 220), maison noble et d'origine chevaleresque, que nous croyons originaire soit du Poitou (où elle a du moins longtemps possédé de nombreuses terres), soit de la Saintonge. Elle écrivait indistinctement son nom Goulard, Goullard ou Goulart. Si l'on en croyait la tradition, elle remonterait à Simon Goulard, barde, qui se trouva, dit-on, à la bataille de Tolbiac, qu'il célébra dans ses poésies, et qui se fit chrétien avec le roi Clovis. Nous n'avons pas l'ambition de remonter si haut. Les premiers degrés sont établis sur une note généalogique écrite au XVIIᵉ siècle, et sur des documents compulsés à Paris à la Bibliothèque impériale. (*Papiers* D'HOZIER.)

La Chesnaye des Bois a donné un travail succinct et rempli d'erreurs sur cette maison. Voici comment il le commence : « Les comtes de Beauvais, en Anjou; les barons de La Geffardière, en Poitou ; les seigneurs de Parsay (pour d'Arsay), en Bas-Poitou, et plusieurs autres branches de la même province; les marquis de Tarraube et les barons de Castelnaudary, en Agénois, et Jacques et Henri, Sgrs de Vervans et de La Ferté, sont de la même famille. »

Nous pensons que La Chesnaye a confondu la famille de Galard avec celle de Goulard ; cependant nous retrouvons à différentes époques divers personnages du nom de Goulard, habitant les provinces du Midi, et, de nos jours, M. le comte de Goulard, auprès duquel nos démarches pour obtenir quelques renseignements sur sa filiation sont restées inutiles, a siégé à la chambre des représentants pour le département des Hautes-Pyrénées.

La généalogie suivante est extraite : 1° d'un mémoire dressé par M. Théophile de Brémont d'Ars sur la note dont nous avons parlé plus haut, les titres et les papiers de la branche d'Arsay, et d'après les renseignements que ses recherches à la Bibliothèque impériale lui ont procurés ; et 2° de papiers et documents originaux dont nous avons dû communication à M. de Rousset de Senigon de Roumefort du Cluzeau, époux de la dernière représentante de la branche de La Ferté.

Notes isolées.

Hugues Goullard, valet, fait don de la terre de Laudrebrandières à l'abbaye de Bourgueil. Geoffroy de Chausseroy, Sgr d'Airvau, la racheta en 1279.

Jean Goullard, chevalier, était frère de N....., mariée vers 1320 à Hugues de Coué, Sgr de Boisrogues.

Constant Goullard, écuyer, épousa, vers 1350, Mabille de Montalembert, fille de de Guillaume et de Marguerite d'Appelvoisin.

Jean Goullard était châtelain et garde de la châtellenie de Mouchamps en 1357.

Anne Goullard épousa, vers 1360, Louis de Vasselot, chevalier, Sgr d'Annemarie, de Chasteigner, etc., qui était capitaine de cinquante hommes d'armes pour la garde du château de Ruffec en 1370.

Guyon Goullard, chevalier, épousa, vers 1360, Marguerite de Beaumont, fille de Guillaume, Sgr de Glenay, et de Marie de Montfaucon. L'existence de Marguerite de Beaumont nous était d'abord inconnue; cette alliance est prouvée par une sentence des commissaires chargés du règlement des tailles en faveur de la famille de Goullard.

N..... Goullard. Nous trouvons dans Belleforest (*Annales de France*, T. II, p. 901) que, « entre les articles du traité de Brétigny (8 mai 1360), il fut dit que l'un chacun de l'ung et l'autre party seroient remis en leurs biens, charges et dignités, sauf quelques seigneurs, tels que les seigneurs de Fronsac et des Goullards, qui furent exceptéz de cette paix, les biens desquelz demeurèrent en pareil estat qu'ils étoient avant l'accord. »

Pierre Goullard rendait à la seigneurie de La Rochefaton aveu d'une dîme sise au fief du Bouchet, en 1369.

Mabille Goullard, sœur d'Aymeri, qui suit, vivait vers 1370 avec Guillaume de La Flocellière, écuyer, son époux.

Jean Goulard, écuyer, fait un bail le dimanche avant la Chandeleur 1383.

Aymery Goullard recevait, le 10 février 1386, de René de Taleuzac, fondé de pouvoirs de René de Clisson, connétable de France, quittance d'une rente que feu Guillaume de La Flocellière, précité, avait vendue à feu Aymeri d'Argenton, chevalier.

Guillaume Goullard, clerc, rend aveu au château de Sivrai comme seigneur *du portail de la porte Niortaise, sis en cette ville*, comme héritier de feu Jean Nicolas Goullard, le 22 décembre 1398.

Jean Goullard rend aveu, le 13 avril 1404, au château de Fontenay, de la prairie du Martrois, à cause de demoiselle Jeanne Raoulelle (Raoul), son épouse.

Bertrand de Goullard. Parmi les titres concernant la famille de Goullard, qui nous ont été communiqués par M. de Roumefort, nous avons trouvé la pièce suivante. Ce document, bien qu'il soit malheureusement incomplet, nous a paru mériter d'être publié en son entier, comme pouvant jeter un certain jour sur cette époque (1420) de l'histoire générale de France.

« Instruccion (1) pour messire Bertran de Goulart, chevalier, et maistre Guillaume de Quesdelle (2), envoyez de par monsieur le régent Daulphin de vers le roy de Navarre (3) :

» Premièrement. — Après la présentacion de leurs lettres et les salvacions accoustumées, et l'estat de mondit S^r le Régent, remonstreront audit Roy de Navarre l'estat en quoy est à présent le Royaulme de France par les divisions qui y ont esté, et par leur..... de la dessante Dengleterre, ancien ennemy de la France, sans qu'il n'y ait rien de la coulpe de mondit S^r le Régent.

» Item, lui déclareront comme le duc de Bretagne (4) a envoyé son frère Richard (5), Monsieur, à laide et service de mondit S^r le Régent, acompagné de grant et notable compaignie de chevaliers et d'escuiers.

» Item, lui déclareront le retour dudit adversaire au païs de France, et qu'il n'a pas domagié mondit S^r le Régent comme il cuidoit, mais a perdu grant nombre de ses gens, tant par mortalité que de strousses faictes par les gens de mondit S^r sur les siens, et combien que ledict adversaire feist semblant de venir à Vendosme où estoient assemblés les gens de mondit S^r, et de fait en vint à six ou sept lieues prez, toutes fois n'est-il point venu jusque là, mais s'en est retourné vers le païs par luy occupé en France.

» Item, luy diront que pour ceste cause, lesdits gens de Monsieur, qui bonnement ne se povoient tenir ensemble pour de grans vivres et logiz quavoient mestier, se seroient mis en plusieurs parties, et les aucuns allez vers la Basse-Normandie, les autres vers Gien et selon la rivière de Lére (Loire?); les autres Angoumois, pour assiéger une place nommée Montberon.

Item, luy diront comme mondit S^r le Régent s'est toujours employé et emploiera par toutes voies à lui possible au reboutement dudit adversaire, et pour ce,

---

(1) Ces instructions émanent de Charles, fils de Charles VI et d'Isabeau de Bavière, proclamé roi de France à Espally, sous le nom de Charles VII (29 octobre 1422). Cette pièce fut écrite de 1421 à 1422, dans l'intervalle écoulé entre le traité de Sablé, conclu entre Jean V dit le Bon, duc de Bretagne, et le Dauphin, et l'entrevue que ce duc eut à Arras (8 avril 1422) avec les ducs de Bedfort et de Bourgogne, dans laquelle il ratifia le traité de Troyes. Ce document, qui mentionne les bonnes dispositions du duc de Bretagne envers le Dauphin, doit donc avoir été écrit à cette époque.

(2) Guillaume de Quesdeville fut du nombre des conseillers au Porlement de Paris qui abandonnèrent leur siège pour se rendre à l'appel du Dauphin, lorsqu'il transféra le Parlement à Poitiers.

(3) Charles III dit le Noble, fils de Charles le Mauvais et de Jeanne de France, monté sur le trône le 1er janvier 1387, mort le 8 septembre 1425. Il épousa Léonarde, fille de Henri II, roi de Castille, dont il eut plusieurs enfants. Nous aurons occasion de mentionner plus loin quelques-unes de ses filles.

(4) Jean V dit le Bon, duc de Bretagne, frère aîné du connétable Arthur, comte de Richemond.

(5) Richard, frère puîné du duc de Bretagne. Le Dauphin, par le traité de Sablé, lui avait fait don du comté d'Étampes et d'autres terres, et en retour, ce jeune prince conduisit à son service un corps de troupes assez considérable.

a requis et fera requerir tous ses parents, aliez, amis et bienveillans de la dicte couronne de France, entre lesquels il le répute le premier, plus prouchain et plus principal parent, et pour ce envoye devers luy.

» Item, et pour lui remonstrer la grande et singulière confiance qua et doit bien avoir mondit S⁏ le Régent en luy, tant pour la prochaineté de lignage (1) qui est entre eulx, que pour les plaisirs que le dit Roy et les siens ont euz en France.

» Item, lui diront de par mondit sieur que quelque trouble ou empeschement soit ou ait esté mis ès terres et seigneuries estant en France, appartenans audit Roy, ce n'est, ne na esté par mondit S⁏, mais est et seroyt le plaisir, voulonté et intencion de mondit S⁏, que ledit Roy de Navarre eust les terres et possessions estant en France à luy appartenans, et que plus est, s'il prenoit plaisir en aucunes autres terres ou seigneuries, mondit S⁏ luy en..... voulontiers tant qu'il en devroit estre content.

» Item, et pour les causes dessus dictes, et principalement pour aider à rebonter ledit adversaire, et pour le grand profiict que y pourroit faire ledit Roy *au reboutement dudit adversaire* (effacé dans l'original), pour son grant sens et vaillance, luy diront de par mondit S⁏ qu'il lui feroit bien grant plaisir qu'il venist en France devers luy avec aucune partie de gens d'armes et de traict de son royaume de Navarre, et de ce le requerront.

» Item, et se ainsi estoit que pour son grant âage, maladie ou autre cause, il ne peust pas passer en France, lui requerront que il veuille envoier aucune aide de son royaume à mondit S⁏ le Régent.

» Item, et se pour la complessence desdites requestes, et pour la reconoiscence de l'argent que ledit Roy despendra pour venir devers mondit S⁏ ou pour envoier gens d'armes et de traict, on leur demandoit obligacion, ilz la feront selon la teneur de leur pouvoir, telle que ledit Roy en soit content.

» Item, oultre ces choses pour ce que le duc de Bretagne, son nepveu (2); le comte Darmagnac, son fils (3), se sont emploiez et emploient de jour en jour à servir, aider et secourir mondit S⁏ contre ledit adversaire, luy prieront que pour les fermer plus et induire à persévérer et demeurer en leur bon oppinion, leur vueille escripre comme ces choses a scenes dont il leur scet très bon gré, et leur prye que de plus en plus semploient au reboutement dudit adversaire, et que se autrement le faisoient, ilz ne feroient pas leur devoir.

» Item, et pour ce que le comte de Foye (4) a eu son aliance par mariage et est son voisin, lui prieront que pareillement luy vueille escripre que par toutes voyes à lui possible, ils emploie à servir mondit S⁏ le Régent, comme bon parent et vassal doit faire par espécial au reboutement [dudit ancien et ennemy et adversaire de France, et se autrement le fesoit il ne feroit pas son devoir.

» Item, prieront audit Roy, de par mendit S⁏, qu'il lui plaise descripre à son filz Domp Jouan (5), infant Darragon, qu'il se vueille emploier vers son seigneur et cousin le Roy de Castille, a ce qu'il envoye aucune notable armée par terre, à l'aide

---

(1) Le roi de Navarre était oncle à la mode de Bretagne du Dauphin.

(2) Le duc de Bretagne était fils de Jeanne de Navarre, sœur du roi.

(3) Jean IV, comte d'Armagnac, qui avait épousé en 1418 Isabelle, fille du roi de Navarre.

(4) Jean de Grailly, comte de Foix, marié à Jeanne, fille aînée du roi de Navarre.

(5) Jean, second fils de Ferdinand, roi d'Aragon, et de Léonore d'Albuquerque, marié en 1419 à Blanche, fille du roi de Navarre, et veuve de Martin, roi de Sicile. Elle porta son mari sur le trône à la mort de son père. Le roi de Castille, son cousin, est Jean II, fils de Henri III, et de Catherine de Lancastre.

de mondit Sʳ le Régent, ainsi qu'accordé la à larchevesque de Reims et ledit Sʳ de Quiesdeville, et que de conduire icelle armée prenne la charge, et par sesdites lettres linduise ainsi que luy sembleroit estre à faire..... »

Joceline Goullard avait épousé Jean Foucaud, écuyer, Sgʳ de L'Age, vers 1420.

Jean Goullard était en 1426 époux de Marie Foucher, fille d'André, Sgʳ de l'Esmentruère, et de Marguerite de La Baroltière.

Jean Goullard, clerc, était porteur et garde du scel établi aux contrats, à Airvau, le 3 avril 1449.

Anne Goullard, *alias* Galard, épousa, vers 1450, Barthélemi de Montesquiou, chevalier, Sgʳ de Marsan. (LA CHESNAYE.)

Marguerite Goullard, dame de Toussenay, épousa, vers 1460, Pierre L'Hermite, Sgʳ de Moulins, Beauvais, etc.

Jean Goullard, qualifié *messire*, était homme d'armes du seigneur de L'Aigle au ban de 1467.

François Goullart des Alus, et François Goullart de Chantemerle, servaient au ban de 1467 comme hommes d'armes du seigneur de La Grève.

Maurice Goullart était brigadier du seigneur de Bressuire; peut-être le même que Maurice, qui assistait au même ban de 1467 avec son père.

François Goullard, qui avait épousé Louise du Chilleau, fille de Pierre, écuyer, seigneur dudit lieu, et de Jeanne Bellevier. Ils vivaient vers 1470.

Philippe Goullart, habitant la seigneurie de Parthenay, servait comme archer au ban de 1491, ainsi que les suivants.

Jean Goullart, de la seigneurie de Bressuire.

Arthus Goullart, de la seigneurie de Parthenay.

Jean Goullart, Sgʳ de La Rejasse, dans la châtellenie de Thouars.

Alexandre Goullard, habitant la terre de Prahec, tant pour lui que pour sa mère.

Jacques Goullard, de la seigneurie de Sainte-Hermine, se fait remplacer par Guillaume Brethineau, qui est refusé.

François Goullard, Sgʳ des Granges, habitant la seigneurie de Bois-Pouvreau, absent pour cause de maladie, se fait représenter par André Moguin.

Jean Goullard, chevalier, y est remplacé par Jean, son fils.

Louis Goullard, goutteux, y est remplacé par Gassien, Carme.

François Goullard faisait partie de la garnison du château de Lusignan en 1491 et 1492.

Mathurin Goullard devait en 1491 faire partie de la garnison de Commequiers, mais il fit défaut.

Colas Goullard, écuyer, rend aveu au seigneur de Belleville, le 10 décembre 1502.

Charles Goullard rend aveu au seigneur de Thouars, le 15 mars 1505.

Antoine Goullard vivait le 18 août 1508, ainsi qu'Arthur, Catherine-Denise et Mathurin.

François Goullard, écuyer, et Paulette de Puylouer, son épouse, vendent, le 18 février 1511, une rente noble à Jehan de Périsse, maire de Poitiers.

Gérard Goullard-Castelnau fut reçu en 1517 chevalier de Saint-Jean de Jérusalem de la langue de Provence.

Arthus Golard, chevalier de Saint-Jean de Jérusalem, fut présent avec le précité aux revues faites en 1522 des chevaliers réunis pour la défense de Rhodes sous Villiers de l'Ile-Adam.

Louis Goullard, écuyer, Sgʳ de La Bourbelière, et Jeanne de Melun, sa femme, donnaient quittance le 27 juillet 1524.

Pérette Goullard était, le 16 novembre 1529, épouse de Pierre de Pérefixe, écuyer, et sa veuve en 1538.

Louis Goullard, S^{gr} de Massigni, habitant la seigneurie de Mauléon, servit au ban de 1533 comme archer, et Jean Goullard, fils de Colas, sieur de Péré, de la châtellenie de Niort, y servait comme arbalétrier.

Jacques de Goullard était en 1538 chevalier de Saint-Jean de Jérusalem de la langue de Provence.

Marie Goullard assista comme parente à une transaction passée le 24 octobre 1538 entre divers membres de la famille Jourdain.

Lizonne de Goullard épousa Amanieu Sacriste, écuyer, et était sa veuve le 3 mars 1544.

Louise Goullard épousa vers 1545, Antoine Boislesve, chevalier, S^{gr} de Jardon.

Renée Goullard épousa, avant le 22 mai 1554, François de Vignerot, écuyer, S^{gr} de Pont-Courlay.

Gabriel Goullard, écuyer, S^{gr} de Saint-Martin, paroisse de Saint-Laurent-sur-Sèvre, servit au ban de 1577.

Denise Goullard était, le 26 avril 1559, épouse de Louis Jousseaume, écuyer, S^{gr} de Fontenailles.

Jean Goullard, écuyer, S^{gr} d'Hommeau ; Louis Goullard, protonotaire apostolique et prieur de Saint-Mégrin, et Jacques Goullard, écuyer, S^{gr} de La Chapelle, assistaient, le 6 avril 1560, au mariage de François Goullard, baron de Touverac, avec demoiselle Renée Goullard.

Anne de Goullard avait épousé, avant 1570, Jean de Durssit, chevalier, baron de Bajaumont.

Charlotte de Goullard-Castelnau épousa, en 1570, Philippe d'Esparbez, S^{gr} de Lussan, chevalier de l'ordre du roi, etc.

Judith de Goullard, fille de noble N....., S^{gr} de La Prade, épousa Robert de Lonjon, écuyer, S^{gr} de Ricaumont, capitaine dans une compagnie d'hommes d'armes, et elle était morte avant le 4 septembre 1574.

Pierre Goullard, prêtre, rend un aveu au château de Puyguyon, le 14 juin 1575.

Jeanne, *alias* Suzanne Goullard, épousa, vers 1580, Emeric Guinot, écuyer.

N..... Goullard, chanoine de Sainte-Radegonde de Poitiers, embrassa le parti de la Ligue, prêta le serment de l'union en 1589, et fut l'un des membres du conseil de la Ligue pour l'église de Poitiers.

Suzanne Goullard, fille de Lancelot, S^{gr} de Saint-Disant, et de Jacquette de Lisle, épousa, vers 1590, Joachim Poussart, chevalier, S^{gr} de Bas-Vandré.

Jean Goullard, écuyer, S^{gr} de Puybreneau, possédait en 1598 cette terre, située dans la seigneurie de l'Hébergement-Idreau.

Françoise Goullard fut marraine avec Claude de Chergé, écuyer, S^{gr} de La Brochetière, dans l'église de Courcoué, le 8 janvier 1599.

Aymé Goullard, chevalier, S^{gr} de Beauvais, Bois-Pouvreau, etc., gentilhomme ordinaire de la chambre du roi, fit donation, le 22 juin 1612, à l'église prétendue réformée de Sanzay, d'une pièce de terre pour y construire un temple.

Jacques Goullard-d'Invilliers, du diocèse d'Orléans, fut reçu chevalier de Malte le 8 octobre 1612. Il portait, d'après Vertot, *d'azur à une main dextre apaumée d'argent*, armoiries qui n'ont aucun rapport avec celles de Goullard du Poitou.

N..... Goullard, premier président au Parlement de Rouen, fut père d'Anne, mariée à Jean Bigot, S^{gr} de Sousmenil, doyen de la Cour des aides de Rouen vers 1620.

Aimée Goullard était, vers 1630, épouse de Louis d'Aitz de Mesmy.

Annet de Goullard, Sgr de l'Écussan, mousquetaire du roi, épousa, le 6 octobre 1641, Jeanne du Chic, fille de Sanson, Sgr d'Arcamont, etc., et de Jeanne de Rapin, son épouse, et veuve de Jean Béraud, Sgr de Couransan. Elle testa le 2 juin 1653, et mourut, laissant pour fils

François Goulard, marquis de l'Escussan, brigadier des armées du roi, gouverneur de Riblemont, ancien sous-lieutenant de la 2e compagnie des mousquetaires, mort à Paris le 31 janvier 1732, âgé de cent six ans. (*Gazette de France.*)

N..... Goullard, Sgr de La Geffardière, était, vers 1652, époux de N..... Maquin, fille de Nicolas et de Catherine Divé.

Auctor, peut-être pour Aictor (*Hector*) Goulard signe, le 30 août 1660, le contrat de mariage de Henri Goulard, chevalier, Sgr d'Arçay.

Charles Goulard, écuyer, rend aveu au château de Fontenay de sa terre de Puysec, le 8 juin 1664.

N..... Goulard était, vers 1667, épouse de Charles Gourjault, écuyer, Sgr de Venours.

Charles de Goulard, écuyer, Sgr de Villeray, était, le 29 août 1674, époux de Marguerite de Salusse.

Edmée Goulard des Landes, épouse de François de Guillon de La Chaux, écuyer, conseiller en la sénéchaussée et siége présidial de Lyon, fait inscrire ses armoiries sur l'armorial de la généralité de Lyon en 1696.

N..... Goulard des Landes, Élisabeth Duport, sa veuve, fait la même chose à la même époque.

Alberte-Thérèse de Goulard épousa, le 4 juillet 1702, Nicolas de Hennezel, écuyer, d'une famille originaire de Bohême, dont une branche, celle d'Ormay, habitait la Lorraine.

Marie Goulard épousa, le 3 novembre 1717, Calixte Foucher, Sgr du Brandeau; elle mourut en 1726.

Marie-Josèphe Goulard épousa, le 17 juin 1733, Louis de Hennezel, écuyer.

Jean Goulard, écuyer, Sgr de Montaillan, assista au contrat de mariage de Marie-Gabrielle Gourjault, sa belle-sœur, avec Jacques-Élie Manceau, chevalier, Sgr de Boisoudan, le 9 octobre 1732. Jean avait épousé Charlotte-Perside Gourjault, fille de Charles, chevalier, Sgr de Cerné, et de Gabrielle Suyrot.

Marie Goulard, veuve de Jacques Gentet, Sgr de La Chesnelière, était tutrice de leurs enfants mineurs le 19 août 1737.

André Goulard, Sgr de Verblanc, dans la seigneurie d'Aulnay, vivait en 1737.

Jean Goulard, Sgr de La Vergne, vivait le 24 juillet 1745.

FILIATION SUIVIE.

§ I. — *De Goullard, branche de La Geffardière.*

Les premiers degrés sont établis d'après d'Hozier et la note généalogique dont nous avons parlé. Ces documents nous ont été communiqués par M. T. de Crémond d'Ars.

I. — Jean Goulard, vivant vers 1190, qualifié *messire*, avait épousé Aénor, que quelques auteurs appellent Aéonor de Périgord, et fut père de : 1° Guillaume, qui suit, 2° Aymeri, et 3° Jean, dits *les puynez Goulard*. Jean qualifié *varlet* de Thouars, fait, le samedi avant *Oculi* 1278, donation à Pierre de Mirabeau de Thouars (*sic*), son neveu, par son mariage avec Aénor Goulard, et en présence de Guy, vicomte de Thouars, de tout ce qui lui appartenait à La Banquèze, La Chèvrerie et La Gorbillère. Le même jour, il donnait encore à son neveu Aymeri tout ce qui lui appartenait dans les terres des Cartiers(?) et de Joullart(?) sises paroisse de Claisse(?) Clessé(?) (*Bibl. imp.*).

II. — Guillaume Goulard, chevalier, Sgr de La Geffardière, qualifié *messire*, vivait en 1249. Il eut de Thyphaine, dite aussi Thyphaine d'Appelvoisin, et plus souvent de Bourdemont : 1° Aymeri, qui suit; 2° Bouchard, Sgr de La Martinière, terre sise au fief de Pouzanges, et des fiefs de Saint-Mesmin et de Saint-André. Il épousa Garvaise (Gervaise?). D'après quelques auteurs, il aurait épousé Jeanne du Plessis, et serait la tige des seigneurs du Péré; suivant d'autres, sa succession aurait été recueillie par son neveu Guillaume, fils de Hugues; 3° Hugues, marié à Ilalis de Rochefort, de laquelle il eut Guillaume, qui fut partagé par Aymeri, son oncle, et eut, d'après les généalogistes, la succession de Bouchard, précité. Il fit un échange en 1294 avec ses sœurs, qui lui donnèrent pour retour le fief de Chassays, et donna tous ses biens à Aymeri Goulard, son cousin, en 1308; 4° Ozanne; 5° Aénor, femme de Pierre de Mirabeau en 1278.

III. — Aymeri Goullard, chevalier, Sgr de La Geffardière, reçut, en 1278, une donation de Jean, son oncle, et y est qualifié de *clerc* de Thouars; il avait épousé Isabeau, *alias* Isabeau Aisse, et, le lendemain de saint Jean-Baptiste 1306, il fit une donation, du consentement de sa femme et de son fils aîné, à ses deux fils puînés, Guillaume et Hugues, en faveur de leurs mariages avec Pernelle et Eustachie Rolland. Il y est qualifié de chevalier. De ce mariage sont issus : 1° Aymeri, qui suit; 2° Guillaume, rapporté § IX; 3° Hugues, marié, en 1310, à Eustachie Rollande, fille de N..... et de Théophanie de Perregoy; 4° Pierre, chanoine d'Angles, reçut 100 sols sur Saint-Florent et 100 sols sur La Geffardière; 5° Henri, valet, marié, en 1315, à Marguerite Léonneaud ou Lenrmaud. Par lettres du lundi après l'Assomption 1314, il abandonna à Aymeri, son frère aîné, 100 livres qu'il lui avait données lors de son mariage : il n'eut pas d'enfants, et ses frères recueillirent ce qu'ils lui avaient donné en faveur de son mariage; 6° peut-être Isabeau.

IV. — Aymeri Goulard, chevalier, Sgr de La Geffardière, fut présent et ratifie le mariage de ses frères (1306), fit des échanges (1319, 1321), transige le vendredi avant la Purification de Notre-Dame 1323, et est qualifié dans plusieurs de ses actes de messire et de chevalier. Il épousa : 1° Laurance, dame de Poyrou; 2° le mercredi après la saint Pierre et la saint Paul 1318, Létice de Becclen (Beceleuf?), dame de Breuillac. Du premier lit sont issus : 1° Guillaume, qui suit; 2° Jean, rapporté § IV; 3° Mayence, religieuse?

V. — Guillaume Goullard, Sgr de La Geffardière. Nous trouvons dans les titres communiqués par M. de Roumefort, que, le *sabmedi après Cantate*, 15 mai 1349, il transigea et partagea avec Jean, son frère puîné, sur la demande de ce dernier, et lui donna, *partie par héritage et partie par bienfait*, les terres de La Mortimartin, Massigné, Saint-Pardoux, etc. D'après la note généalogique que nous suivons encore, il épousa Béatrix de Sainte-Maure. Quelques généalogistes établissent ainsi les noms de ses enfants : 1° Pierre, marié à Béatrix de Dercé, mort *sans hoirs de sa chayr*; 2° Aymeri; 3° Jean. Mais M. de Brémond, d'après les documents trouvés dans les cartons de d'Hozier, les indique ainsi : 1° Guyon, qui suit; 2° Pierre, qui épousa Marie Béchillonne (Péchillon). On lui donne une fille, Catherine, mariée, par contrat du 6 février 1373, à Jean de Liniers, écuyer, Sgr de Saint-Pompain, ce qui ne peut être, car Jean de Liniers ne vivait qu'au milieu du xve siècle. Il est à croire que l'époux de Marie Béchillonne n'est pas Pierre, fils de Guillaume, mais Pierre, fils de Guyon (*voir* au 7° degré); 3° Aymeri, partagé en 1363 des terres de La Martinière et de Saint-André, épousa Marguerite Ancelon, dame de La Mothe d'Hériçon; 4° Jean, rapporté § IV.

VI. — Guyon Goulard, Sgr de La Geffardière, rend hommage du fromentage de Massigné au vicomte de Thouars le 22 juin 1387. Il est dit fils de feu Guillaume dans son contrat de mariage du 2 juin 1385 avec Béatrix de Dercé, fille de Jean, Sgr de Saint-Loup, et de Marguerite Rollande. On le dit père de : 1° Pierre, qui suit; 2° Jean, dit positivement fils de Guyon, dans son contrat de mariage du 27 juin 1402 avec Mathurine Payen, fille de Jean, écuyer, Sgr de La Bouchatière, et de Marguerite Jousseaume.

VII. — Pierre Goulard, chevalier, Sgr de La Geffardière, Massigné, Saint-Pardoux, Foussé, etc, rendit hommage du fromentage de Massigné au vicomte de Thouars, le 4 novembre 1419. Il épousa, le 2 janvier 1421, Brunissande de La Court, dame de Fonteniou, fille de noble homme Guillaume, chevalier, Sgr de Fonteniou, et de Jeanne Ameline, dont : 1° François, qui suit; 2° Jean, écuyer, Sgr du Puy-de-Brassac et de Portal, époux de Jeanne de Charay; peut-être est-ce le même qui assista au ban de 1467; 3° Louis, Sgr de La Bourdelière, sans doute père ou aïeul d'un autre Louis, seigneur dudit lieu, qui donnait, le 27 juillet 1524, avec Jeanne de Melun, son épouse, une quittance à Jean de Rothays, écuyer, Sgr de La Durbellière, et à Jeanne Pounet, son épouse; 4° Françoise, mariée avant 1439 à Nicolas Bigot, chevalier, Sgr de La Gillardie, et morte avant le 28 septembre 1493; 5° Louise, mariée, le 9 février 1440, à Jean Roux, Sgr du Bois-Roux; 6° Jacques; 7° Jeanne; 8° Brunande (Brunissande?); 9° Jacquette, lesquels, avec Louis, précité, consentent, le 1er septembre 1486, à l'assignat de 50 sols de rente sur la seigneurie de Saint-Pardoux, fait par François, leur frère aîné, à autre Jeanne, leur sœur; 10° autre Jeanne, épouse de noble personne Eustache de Nozille, Sgr de La Garde.

VIII. — François Goulard, chevalier, Sgr de La Geffardière, Massigné, Saint-Pardoux, Foussés, Arsays, etc., rendit hommage de son hébergement de Massigné au seigneur d'Hérisson, le 27 décembre 1470. Il épousa Antoinette de Charay, fille de Hugues, Sgr d'Arçays, qui lui apporta partie de cette terre, comme il est prouvé par un aveu qu'il rend le 8 août 1478, au nom de son épouse au chapitre de Saint-Hilaire de Poitiers, et recevait le 8 juillet 1489, de Guyon Chasteigner, chevalier, Sgr de La Roche-Posay, un dénombrement du château de Pougnes. Jean, frère de François, prenait aussi, à cause de son épouse, le titre de coseigneur d'Arsays, et rendait hommage au seigneur de Surgères le 26 juin 1467. Le 1er juin 1463, François et Jean partagèrent la succession de Hugues de Charay, leur beau-père; de Jean, leur beau-frère, et celle de Pierre et de Brunissande de La Cour, leurs père et mère, le 20 novembre 1474.

François eut pour enfants : 1° François, écuyer, Sgr de Saint-Pardoux, qui reçoit en cette qualité un aveu d'André Bery, écuyer, le 11 décembre 1484. Nous ignorons le nom de sa femme; mais ses enfants furent : Charles, qui paraît, ainsi que ses sœurs Marie et Jeanne, dans un acte du 4 juin 1524, et se qualifiait, le 25 juillet 1542, d'écuyer, seigneur de l'hôtel de Massigné, seigneurie d'Hérisson en Thouarçais; 2° Louis, qui suit; 3° Jacques, prêtre, curé de Saint-Pierre en Gâtine, fit hommage, le 4 juillet 1509, au chapitre de Saint-Hilaire de Poitiers, de la terre d'Arsays, et fut curateur du fils aîné de son frère Louis.

IX. — Louis Goulard, chevalier de l'ordre du roi, Sgr de La Geffardière, Arsays, épousa, en 1502, Françoise Bodet, veuve de Jean Caillerot, écuyer, Sgr des Houillères, fille de Jacques, écuyer, Sgr de La Fenestre, et de Marguerite Jau; le 19 octobre 1503, il transigeait avec Maurice Bodet, son oncle, et était mort avant le 4 juin 1524, époque à laquelle sa veuve était tutrice de leurs enfants mineurs, et Jacques, prêtre, précité, était curateur de : 1º Jean, leur fils aîné; 2º Claude, écuyer, Sgr de La Roche d'Appelvoisin; sa succession fut partagée en 1601 par ses petits-neveux; 3º autre Jean, reçu chevalier de Saint-Jean-de-Jérusalem.

X. — Jean Goulard, écuyer, Sgr de La Geffardière, Arsays, Puissec, rendit hommage de la terre d'Arsays au chapitre de Saint-Hilaire-le-Grand de Poitiers, le 22 mai 1532 et en 1534. Les 20 mai 1529 et 22 février 1530, il recevait l'hommage de la terre de Pougnes de René Chasteigner, abbé-commendataire de La Merci-Dieu. De son mariage avec Claude Boucher, fille de Jacques, Sgr de Puissec et de La Roche-d'Appelvoisin, et de Jeanne Maquaire, qu'il avait épousée le 17 août 1517, sont issus : 1º Tristan, qui suit; 2º Toussaint, *alias* Mathurin, rapporté § III; 3º Gabriel, du diocèse de Maillezais, reçu chevalier de Malte en 1555; 4º Jacquette; 5º Léonne; 6º autre Jacquette; 7º Françoise, qui tous partagèrent, le 22 juillet 1562, avec Tristan, leur frère aîné, la succession de leurs père et mère.

XI. — Tristan Goulard, écuyer, Sgr de La Geffardière, Arsays, Puissec, La Renaudière, etc. Il rendit aveu au roi à cause de son château de Niort, de sa seigneurie d'Arsays, le 18 mai 1556 et le 6 juin 1576, au vicomte de Thouars, de la terre de La Geffardière; le 20 mai 1572, il avait reçu de Catherine de La Rochefoucauld aveu de la terre de Porteau, et, le 7 novembre 1578, celui de l'hôtel de Pougnes de Jean Chasteigner, chevalier de l'ordre du roi, etc., Sgr de Saint-Georges et autres lieux. Il assistait le 6 août 1560 au mariage de François Goullard, baron de Touverac, avec Renée Goullard.

Tristan avait obtenu de François, duc d'Alençon, une sauvegarde dont nous donnons la teneur :

« Depar monseigneur, fils et frère du roy : A tous gouverneurs de provinces, cappitaines de villes, chefs et conducteurs de gens de guerre, tant de cheval que de pied de l'armée par nous mise sus, pour l'utilité publicq, repos et tranquillité de ce royaulme, et tous aultres qu'il appartiendra, salut. Sçavoir faisons que, désirons bien et favorablement traiter le Sr de la Géfardière, nous voulons et vous mandons que, en toutes et chacunes ses terres, seigneuries, maisons et métairies, appartenances, deppendances, vous nayez à loger, ne souffrir loger aulcuns desd. gens de guerre, ni en icellés prandre, ne emporter aulcune chose sans le gré, vouloir et consentement dudit Sr de La Gefardière, ses gens, serviteurs ou fermiers, lesquels nous avons tous prins et mis, prenons et mettons en la protection et sauvegarde du Roy Nre très honoré seigneur et frère et de nous. Et ou aulcuns seroyent si téméraires que denffraindre Nre Ple sauvegarde, nous voulons telle et si rigoureuse punition en estre faicte, quelle soit exemplaire à tous. Car tel est Nre plaisir. Donné au camp de Châtellerault le vingtiesme jour de novembre, l'an mil cinq cent soixante et quinze. » Signé : « FRANÇOYS. » Et plus bas : « CHAUVELIN ». Au dos est écrit : « Le Sr de LA GEFFARDIÈRE. »

De son mariage avec Marguerite de Parthenay-Genouillé, qui lui apporta la terre de La Renaudière, il eut : 1º Louis, qui suit; 2º René, rapporté § II; 3º Jean, écuyer, Sgr de Puissec, partagea, le 7 juillet 1601, avec Louis et René, les successions de leurs frères décédés, et était en 1625 curateur des enfants mineurs de Louis, son frère; le 21 juin 1610, il avait épousé Jeanne de Liniers, fille de François, écuyer, Sgr de Saint-Pompain, et de Jacquette Réorteau. Il n'eut, croyons-nous, qu'un fils, François, Sgr de Puissec et de La Place, dont nous ignorons la postérité; 3° Jacques, mort avant le 20 août 1596, date du partage de sa succession; 5° Georges, Sgr de La Renaudière, reçu chevalier de Malte en 1589; 6° Claude, mort avant le 30 juin 1601, date du partage de sa succession; 7° autre René, reçu chevalier de Malte en 1589; 8° Marguerite, dame de La Grange, épousa, le 25 février 1612, Gabriel Chabotte (*sic*), écuyer, Sgr de La Maynardière; 9° Diane, peut-être celle dont nous avons parlé aux noms isolés, et qui épousa Amat de Puy-Brémond, écuyer, Sgr de Pommiers en 1591.

XII. — Louis Goulard, chevalier, Sgr de La Geffardière, La Bruslerie, Puissec, Arsays, etc., partagea, le 21 mars 1596, avec Georges, René, Marguerite et Diane, ses frères et sœurs, la succession de leurs père et mère. Louis avait assisté en 1597 au siège d'Amiens, dirigé par le maréchal de Biron, sous les ordres de Henri IV; ce prince, voulant reconnaître les services qu'il avait rendus, lui accorda une exemption, en vertu de laquelle Louis fit lever, le 19 décembre 1598, la saisie de ses biens qu'avait fait faire Louis de Sainte-Marthe, lieutenant général à Poitiers, pour n'avoir pas servi au ban convoqué précédemment. Le 11 juillet 1602, il reçut de François Belluteau l'aveu de certains domaines relevant de La Geffardière. Louis épousa: 1° Anne David, fille de Léon, Sgr de La Gruellière, et de Claire de Merlan, veuve de Charles de Marconnay; 2° Anne Pot, fille de Guy, Sgr de Rhodes, et d'Isabeau de Saffré (ou, d'après d'autres auteurs, de Françoise d'Hangest). Du second mariage sont issus: 1° Henri, qui suit; 2° Charles, Sgr de La Bruslerie, assista à la réunion de la noblesse convoquée à Poitiers pour nommer des députés aux États de Tours, en 1651; marié à Marie Gourjault, fille de N..., Sgr de Mauprié, et de Jeanne de Gourjault de La Millière, qui était sa veuve en 1661, il en eut: Marguerite, qui épousa, le 17 août 1668, Charles de Brémond, chevalier, Sgr de Vaudoré, et René, Sgr de La Bruslerie, qui faisait partie du 2e escadron au ban de 1693.

XIII. — Henri Goulard, Sgr de La Geffardière, Puissec, Luzay, La Boullerie, baron de Seignelay, obtint, le 14 mai 1639, une exemption de service au ban et arrière-ban du bailliage de Sens; le 10 janvier 1661, il était tuteur des enfants mineurs de Charles, son frère, et rendit hommage au roi de sa terre de Puissec, le 9 décembre 1678. Il avait épousé, avant le 14 décembre 1639, Marie de Boucher de Flogny, fille de Pierre-François, chevalier, Sgr de Flogny, baron de La Chapelle-Vieille-Forest, etc., et de Georgette de Malain.

§ II. — *Branche d'Arsay.*

La généalogie de cette branche a été dressée sur titres authentiques par M. Théophile de Brémond d'Ars, qui nous a communiqué le résultat de ses recherches.

XII. — René Goullard, fils puîné de Tristan et de Marguerite de Parthenay, rapportés au XIe degré du § Ier, écuyer, Sgr de La Roche-d'Arsay, en avait d'abord été coseigneur avec Georges et Jean, ses frères, par le partage de 1596, en fit un nouveau avec Jean le 26 mai 1616, et eut le *chastel et maison noble d'Arsay* et ses appartenances, etc. Il fut curateur des enfants mineurs de Louis Goulard et d'Anne Pot. Le 30 décembre 1602, il épousa demoiselle Renée de Liniers, fille de François, Sgr de Saint-Pompain, et de Jacquette Réorteau, dont il eut: 1° Georges, qui suit ; 2° Jean, né en 1608, et fut mis le 19 septembre 1626 sous la tutelle de Charles de Liniers, son oncle maternel. Il était mort sans postérité le 20 juin 1633, date du partage de sa succession ; 3° Françoise, mariée : 1°, le 15 avril 1620, à Jean de Châteauneuf, écuyer, Sgr de Lombarde ; et 2°, à Claude Sirot, chevalier, Sgr de La Croix-des-Champs.

XIII. — Georges Goullard, écuyer, Sgr d'Arsay, né en 1606, épousa, le 25 février 1629, Philippe Landerneau, fille de feu Antoine, écuyer, Sgr de La Ricottière, et de Renée de Cosves. Georges partagea leur succession le 9 décembre 1632, et obtint, le 23 juin 1634, une ordonnance de l'élection de Niort, portant exemption de la taille, et René-Louis Chasteigner lui rendit, le 3 septembre 1653, le dénombrement de son hôtel de Pougnes. Leurs enfants furent : 1° Henri, qui suit ; 2° Charles, Sgr de Frezé, qui transige avec son frère et ses sœurs le 29 décembre 1665 au sujet de la succession de leur père, à l'hérédité duquel les puînés avaient renoncé en faveur d'Henri, leur frère aîné : il servit dans le 1er escadron au ban de 1695 ; 3° Marie, femme de René Giboreau, écuyer, Sgr de La Rousselière ; 4° Françoise, née le 28 octobre 1638, assista en 1660 au mariage de Henri, son frère.

XIV. — Henri Goullard, chevalier, Sgr d'Arsay, fut maintenu dans sa noblesse par Colbert le 7 mars 1665, et par M. de Barentin le 12 août 1667 ; reçut le dénombrement de l'hôtel de Pougnes, le 5 septembre 1673, de René-Louis Chasteigner, et obtint défaut contre lui, le 9 août 1674, pour vice de dénombrement, et ne vivait plus en 1687. Henri avait épousé : 1°, le 30 août 1660, Élisabeth Métayer, fille de noble homme Joseph, sieur des Marets, et d'Élisabeth du Tendre ; 2°, le 5 octobre 1684, Marie de Lezay, veuve de Michel de Tusseau, Sgr de La Vergne, dont il n'eut pas d'enfants. Du premier lit sont issus : 1° Henri-Louis, Sgr d'Arsay, marié, le 22 septembre 1687, à Philotée Regner, fille d'Antoine, écuyer, Sgr de Champeaux, et de Marie Aymer du Corniou. Ils n'existaient plus le 16 février 1722, et laissaient Anne-Marie, baptisée le 1er mars 1689, puis mariée, le 16 février 1722, à Jacques de Barazan, chevalier, Sgr de La Salmondière, et Charlotte-Aimée, baptisée le 31 décembre 1696, porta la terre d'Arsay à François de Briant, Sgr de Thélouze, son époux, qui était veuf et donataire de sa femme en 1753 ; 2° Pierre, qui suit ; 3° Charles-Aymé, chevalier, Sgr de Saint-Cyr-d'Arsay, donnait, le 6 mars 1711, procuration pour consentir au mariage de Pierre, son frère, fut maintenu dans sa noblesse par M. de Richebourg le 12 février 1715, et épousa Catherine de Tusseau, dont il eut Louis, chevalier, Sgr de Verrines et de La Bourrie, qui partageait en 1756, avec Pierre-Charles, son neveu, la succession de Charlotte-Aymée, sa cousine germaine. Nous pensons que c'est lui qui épousa Louise d'Aitz de Mesmy, fille de Jean-Charles, chevalier, Sgr de Villedieu, et de Henriette-Marie-Anne Gillier. De ce mariage sont issus : Anne-Marie, femme d'Étienne de Lezay, Sgr de Grand-Champs ; Marie-Louise-Aimée, femme de François de La Faye-Champlorier, et Marie-Susanne, épouse de Pierre de Brémond, écuyer, Sgr de La Clavière : elle mourut en 1811 ; 4° Madeleine, qui épousa Antoine Desprez, chevalier, Sgr de La Villedieu ; 5° Françoise, maintenue dans sa noblesse avec ses nièces Anne-Marie et Charlotte-Aimée, le 17 août 1715, par M. de Richebourg.

XV. — Pierre Goullard, chevalier de Saint-Louis, Sgr d'Arsay, fut capitaine au régiment de Gondin, commanda un bataillon au régiment de La Gavarsay (depuis Montboissier), et fut maintenu noble par M. de Richebourg le 27 août 1715. Il épousa, le 4 mars 1711, Marie de Cabaret de Gionge, fille de Joseph, major du château de Sédan, et d'Anne Genty, veuve de Jacques de Chabin, capitaine au régiment de Santerre. Leurs enfants furent : 1° Pierre-Charles, qui suit; 2° Anne-Marie, née en 1712, fut reçue à Saint-Cyr en 1724, sur preuves faites devant M. d'Hozier, juge d'armes de France, et était morte en 1753; 3° Madeleine-Claude partagea, en 1756, conjointement avec ses frères et ses cousins, et elle fut gratifiée, en 1758, d'une pension de 177 livres sur le fonds de la guerre, en considération des services de feu son père, ci-devant commandant au bataillon de Gavarsay.

XIV. — Pierre-Charles Goullard, chevalier de Saint-Louis, S^{gr} d'Arsay, fut successivement capitaine dans le régiment de Montboissier et Joyeuse-infanterie, et d'une compagnie de grenadiers au régiment de Vaubecourt, et devint seigneur d'Arsay par la mort sans enfants de Charlotte-Aimée, épouse de Françoise de Briant. Il commanda en second l'escadron de Boisragon au ban de 1758. Pierre-Charles épousa : 1° Marie-Françoise Audigé, et 2°, le 28 décembre 1748, Henriette-Catherine de Blair, fille de Jean-Baptiste-Aaron, chevalier, S^{gr} de La Mothe-du-Bois, de Fayolle, et de Jeanne de La Rochebriand de Pronzac; elle testa le 8 février 1755. Du second lit sont issus : 1° Louis-Jean, qui suit ; 2° Pierre-Henri-Étienne, dit le chevalier d'Arsay, était lieutenant au régiment de Forest en 1779.

XVII — Louis-Jean Goullard, chevalier, S^{gr} d'Arsay, La Mothe-du-Bois, ancien lieutenant au régiment de Bourbonnais-infanterie, assista, en 1789, à l'assemblée de la noblesse du Poitou, réunie pour nommer les députés aux États généraux. Le 26 mai 1783, il avait épousé Marie-Louise-Élisabeth Jourdain, fille de Léon, chevalier, S^{gr} de Villiers, et de Marie-Gabrielle-Radégonde Brochard de La Rochebrochard, dont :

XVIII. — Antoine-Gabriel Goulard d'Arsay, né le 16 février 1788, épousa, le 6 juin 1809, Renée-Eulalie Solange Brochard de La Rochebrochard, fille de Benjamin Louis-Charles et de Louise-Eulalie de Brach ; il en eut : 1° Louis, qui suit; 2° Charles, marié, en mai 1845, à Caroline de Savignac des Roches, fille de Frédéric et de dame N..... Rougé; 3° Clémentin, tué par accident à la chasse en 1844 ; 4° Eulalie, mariée, le 25 mars 1844, à Emmanuel de Grimouard, lieutenant d'un régiment de chasseurs à cheval ; 5° Louise.

XIX. — Louis Goullard d'Arsay était lieutenant au 14° léger, lorsqu'il épousa, le 27 mai 1845, Marie-Isaure de Brémond d'Ars, fille de Jules-Alexis, vicomte de Brémond d'Ars, et de Marie-Eutrope-Mélanie de Sartre.

§ III. — *Deuxième branche de La Boulidière.*

XI. — Toussaint, *alias* Mathurin Goulard, fils puîné de Jean, écuyer, S^{gr} de La Geffardière, et de Claude Boucher, rapportés au X° degré du § I, servit comme homme d'armes de M. de La Chasteigneraye, et épousa, le 10 avril 1571, Marie Goullard, dame de La Boulidière, fille de Guy, S^{gr} de La Boulidière, et de Julienne d'Ingrande. Mathurin avait partagé avec ses frères le 23 janvier 1572, et eut 1,000 écus pour son lot. Il fit ses preuves de noblesse le 12 mars 1599 par-devant Jean Philippier et André Relhon, commissaires du roi De son mariage sont issus : 1° Guy, S^{gr} de La Forest, marié, le 21 juin 1609, à Gabrielle Giraud, qui était veuve en 1634, et dont il avait eu trois filles, dont les noms nous sont inconnus ; 2° René, qui suit.

XII. — René Goulard, écuyer, S^{gr} de La Boulidière, exempt des gardes-du-corps de la reine-mère, gentilhomme servant le duc d'Orléans, écuyer de la grande-écurie, donnait, le 20 mai 1636, une reconnaissance à Esmond de Cuigy, Sgr d'Orgeval (sans doute son beau-frère), d'une somme de 20,000 livres. Il avait épousé, le 9 juin 1616, Catherine de Cuigy, fille de Mathurin, sieur de Mandefou, et de Marie Anthier, dont : 1° René, aumônier de la reine; 2° Charles, qui suit; 3° Henriette, femme de Jean de Féron; 4° Louise, femme de Louis de La Forest, écuyer, Sgr de Sargeville.

XIII. — Charles Goulard, Sgr de La Boulidière cornette de la compagnie de chevau-légers du comte de Saint-Paul-Chably, épousa, le 30 janvier 1664, Marthe de Cisthernay.

§ IV. — *Branche de Péré.*

Les premiers degrés de cette branche sont établis d'après la note généalogique dont nous avons déjà parlé; mais, à partir du IX°, ils sont extraits des preuves faites en 1701, pour faire entrer Jean Goulard page dans la grande-écurie.

VI. — Jean Goullard, fils puîné de Guillaume et de Béatrix de Sainte-Maure, rapportés au V° degré du § I, vivait en 1363. Il eut en partage la terre de La Martinière, et laissa de Jeanne Mauclerc, dame de La Broussardière (La Brossardière?), son épouse : 1° Jean, qui suit; 2° Jacques, rapporté § V.

VII. — Jean Goulard, chevalier, Sgr de La Martinière, épousa Jeanne Brunette (Brunet), dame de La Passière et de La Place (quelques auteurs l'appellent Bonnet). De leur mariage sont issus : 1° Alexandre, écuyer, Sgr de La Pommeraye, donne à ferme certain héritage, le 18 août 1508, et testait, le 12 juin 1516, en faveur de Marie de Parthenay, son épouse, fille de Jean, écuyer, Sgr de La Foix. Il était décédé sans hoirs avant le 31 mai 1519, date du partage de sa succession entre ses neveux; 2° Antoine, que des notes disent seulement neveu d'Alexandre, précité, reçut de lui, par son testament, la prévôté du Péré, dont la jouissance fut délaissée à la veuve du testateur. Il eut un fils, Jean, dont la succession fut aussi partagée le 31 mai 1519; 3° Florimond, qui suit.

VIII. — Florimond Goulard, Sgr de Péré, La Salle, Saint-Jean-de-Marigné, Le Pontault, etc., était mort dès le 18 août 1508, époque à laquelle Françoise de Parthenay se qualifiait sa veuve. Le 31 mars 1519, agissant au nom de Louis, l'un de ses fils, et de Joachim Goulard, dont nous ne connaissons pas le degré de parenté avec le précité, mais qui pourrait être son frère; il transigea au sujet des successions de feu Alexandre et Jean Goulard, fils d'Antoine, oncle et cousin dudit Louis. Outre le précédent, ils avaient eu Alexandre, qui suit.

IX. — Alexandre Goulard, écuyer, Sgr de Saint-Péré. Sa mère lui donna, le 22 mai 1530, la moitié de tous ses biens, meubles, immeubles et acquêts, pour les bons et agréables services qu'il lui avait rendus, et pour parvenir à son mariage avec Jacquette Durcot, fille de Guillaume, écuyer, Sgr de Lestang, et de demoiselle Jeanne Dorin, qu'il épousa par acte du 2 avril 1531. Alexandre transigea avec sa mère le 5 décembre 1541. Ses enfants furent : 1° Jean, qui suit; 2° Jeanne, mariée, le 22 décembre 1566, à César de La Fontenelle, Sgr de La Violière.

X. — Jean Goulard, écuyer, Sgr de Péré, épousa, le 25 décembre 1573, Renée Boutou, fille de François, écuyer, et de Jeanne de Montalembert. De ce mariage est issu :

XI. — Pierre Goulard, chevalier, Sgr de Granzay et de Vieillechèze, épousa, le 15 août 1611, Louise de La Béraudière, fille de Joseph, Sgr de Vieillechèze, et de dame-Marie Percheron. Devenue veuve, elle testa le 12 novembre 1630, et nomma tutrice de François, son fils mineur, Marguerite de La Béraudière, sa sœur, épouse du sieur de Brie. Leurs enfants furent : 1° Pierre, écuyer, Sgr de Vieillechèze; 2° Jacques, écuyer, Sgr de Granzay, assista en 1651 à l'assemblée des gentilshommes réunis à Poitiers pour nommer les députés aux États-généraux; 3° François, écuyer, Sgr du Péré-sur-Vendée, mestre de camp d'un régiment de cavalerie, mort sans alliance, à Laon, le 17 novembre 1654.

§ V. — *Branche de Touverac.*

VII. — Jacques Goullard, fils puîné de Jean et de Jeanne Mauclerc, rapportés au vi° degré du § IV, épousa Béatrix Bonnette (Bonnet), dame des Alleux et de Barges, partagea en 1437, et devint, par la mort de son père, seigneur de la Martinière. De son mariage sont issus : 1° François, qui suit ; 2° Loys, à qui quelques-uns donnent pour épouse Marguerite Jau; 3° Pierre, rapporté au § VI ; 4° Imbert; 5° Phélipot, peut-être le même qu'un Philippe que nous trouvons servir comme archer au ban de 1491; il habitait la seigneurie de Parthenay : ces quatre derniers moururent, d'après la note, *sans hoyrs de leur chayr;* 6° Brunissande; 7° Hélyette; et 8° Guiberte, d'après un tableau généalogique.

VIII. — François Goullard, Sgr de Barges, des Alleux, etc., servit en homme d'armes sous le seigneur de La Grève au ban de 1467. Il avait épousé Jeanne Rousse (Roux), fille de Jean, Sgr du Bois-Roux et de Louise Goullard. De ce mariage est issu :

IX. — Arthus Goullard, écuyer, seigneur, baron de Barges et Touverac, obtint, avec Cuyon Aisse, son beau-frère, des lettres du Parlement de Paris, en date du 9 décembre 1507, pour faire assigner Pierre du Pont, écuyer, et Catherine de Sainte-Maure. Il est à croire que le procès ne s'en tint pas là, car nous trouvons une nouvelle commission du Parlement, qu'il obtint, le 14 avril 1524, pour informer contre des excès commis par voie de fait par ordre de Léon de Sainte-Maure, écuyer, Sgr de Montauzier, *au grand mespris des arrêts de la cour du Parlement et de l'exécution d'iceux.*

Il avait épousé, avant le 9 décembre 1507, Claire Aisse, qui est dite fille de Prégent, Sgr de Touverac, et de Catherine de Sainte-Maure, dans une offre de retrait lignager fait, à sa demande, par Jean, leur fils aîné, le 6 février 1540. Elle lui porta la baronnie de Touverac. Leurs enfants furent : 1° Jean, qui suit ; 2° Jeanne, qui est nommée avec son père dans une sentence rendue à leur profit par la sénéchaussée d'Angoulême, le 12 février 1545, dans un procès qu'ils avaient repris au lieu de leur mère et de Jean Aisse, Bertrand et Prégnant Aisse, écuyers, Sgrs de Touverac, leurs auteurs maternels; 3° autre Jean, *alias* Janot, chevalier, Sgr de Puyrigaud et de Brie, fut fondé de pouvoirs par Louise de Montbrun, sa belle-sœur, pour assister au mariage de son neveu, le 6 août 1560, et de Jacques, son petit-neveu, du 21 janvier 1584.

X. — Jean Goullard, écuyer, Sgr de Barges, baron de Touverac, etc., nommé dans l'arrêt de la sénéchaussée d'Angoumois du 12 février 1545, avait donné procuration le 9 mars 1544, et servit comme homme d'armes au ban du Poitou de 1533. Il épousa Louise de Montbrun, qui consent au mariage de François, leur fils aîné, outre lequel ils eurent encore : 2° Antoine, écuyer, Sgr de Fontchauvet, assiste au mariage de François, son frère, et fait un transport en sa faveur, ainsi que :

3° Anne, épouse d'Antoine de La Touche, écuyer, Sgr de Montfort en 1560; 4° Hélène, mariée, le 17 juin 1563, à François Jourdain, écuyer, Sgr des Forges, qui était morte avant le 25 mars 1598; et 5°, suivant quelques auteurs, N....., femme de Jean Goulard, écuyer, Sgr de Puyrigaud en 1560.

XI. — François Goullard, baron de Touverac, Sgr de Rignac, Barges, Billé, Chambrettes, Lossé, La Chapelle-Magenaud, etc., chevalier de l'ordre du roi et gentilhomme ordinaire de sa chambre, fut nommé gentilhomme ordinaire de la chambre du duc d'Anjou, le 8 octobre 1567, en considération des services qu'il avait faits aux feux rois, prédécesseurs de Sa Majesté, et à elle-même depuis son avènement à la couronne, puis reçut le brevet d'une pension de 666 écus, deux tiers le 30 mai 1578, en considération des recommandables services qu'il a rendus aux prédécesseurs de Sa Majesté et à elle-même depuis dix-huit ans et plus, fait des guerres, et pour lui donner moyen de se réparer de partie des grandes pertes qu'il avait faites dans ses biens situés en Saintonge et en Angoumois, la jouissance desquels lui avait été empêchée par ceux de la religion prétendue réformée, durant les troubles passés; joint que, depuis six ou sept ans, il n'avait pas été payé des gages de son état de gentilhomme de la chambre. Le 6 août 1560, il épousa Renée Goullard, fille et unique héritière de René, écuyer, Sgr de Billé, Chambrettes, etc., et de Françoise du Coudray, dont il eut : 1° Jacques, qui suit; 2° Odette, femme de François de Tournemine, chevalier, Sgr de Couzillon; 3° Jeanne, épouse de René du Rivau, chevalier, Sgr du Villiers-Boiviu.

XII. — Jacques Goullard, seigneur, baron de Touverac et La Faye, épousa, le 21 janvier 1584, Françoise de La Tousche, fille de Gaston, baron du Bois-Tirant, etc., chevalier de l'ordre du roi, et de Catherine d'Ages, son épouse, dont il eut : 1° Gaston, qui suit; 2° Marguerite, qui épousa, le 16 mai 1623, Claude du Breuil, chevalier, seigneur, baron de Théon et de Châteaubardon. Elle renonçait, le 22 février 1632, en vertu des lettres royaux qu'elle avait obtenues, à la succession de son père, nonobstant le partage qu'elle en avait fait avec son frère le 12 octobre 1625, et est reçu à venir à un nouveau partage avec lui pour la succession de leur mère; 3° Renée, mariée, le 27 juin 1597, à Philippe de Lageard, chevalier, Sgr de Cherval, sénéchal d'Augoumois, etc.; 4° N....., mariée dans la maison de La Faye; 5° Anne, qui épousa Josias Bouchard-d'Aubeterre.

XIII. — Gaston Goullard, baron de La Faye et de Touverac, Sgr de Chabreville, épousa, le 22 octobre 1624, Jeanne de Pontbriand, dame de Montréal, fille d'Hector, Sgr de Montréat, chevalier de l'ordre, et conseiller du roi en ses conseils d'État et privé, et de dame Catherine de Montardit, son épouse, dont il eut : 1° Jacques, qui suit; 2° Jean, Sgr de Rignac; 3° Françoise, femme de Pierre des Essarts, Sgr de Morzac; 4° N....., religieuse; 5° N.....

XIV. — Jacques Goullard, chevalier, seigneur, baron de La Faye, Rignac, Polignac, etc., fut maintenu dans sa noblesse par jugement de M. d'Aguesseau, intendant de Limoges, le 17 mars 1668. Il avait épousé, le 16 août 1654, Françoise Raymond, fille de Pierre, chevalier, Sgr d'Aulaigne, et de Françoise de Lageard, dont il eut : 1° François-Gaston, qui suit; 2° Adrien, Sgr de Polignac, capitaine au régiment de la Reine, épousa, le 4 mars 1699, Marie Regnault, veuve de Pierre de Rochechouart, comte de Saint-Auvent, fille de Pierre, chevalier, Sgr de Lâge, et de Louise de Barbezières, morte sans enfants en 1703; 3° Jacques, prieur d'Anjou, 1701; 4° Marie, célibataire, 1701; 5° Louise, morte religieuse ursuline, à Lavalette, avant 1701; 6° Françoise, célibataire, 1701.

XV. — François-Gaston Goullard, chevalier, baron de La Faye, etc., épousa, le

7 septembre 1680; Marguerite Giraud, fille de Christophe, chevalier, Sgr de Bois-Charente et de Louise de Livenne, et testa le 30 mai 1698. Il dit dans cette pièce qu'il a trois enfants, nommés tous les trois Jean, l'un desquels, né le 15 et baptisé le 20 mai 1686, fit en 1701 les preuves nécessaires pour être reçu page du roi dans sa grande écurie.

§ VI. — *Première branche de La Boulidière.*

VIII. — Pierrre Goulard, fils puîné de Jacques et de Béatrix Bonnet, rapportés au VIIe degré du § V, Sgr de Barges, des Alleux et de La Boulidière, épousa Jeanne Chesnel, fille de Louis, Sgr de Meux, et de Blanche de Laigne, dont il eut : 1° Antoine, qui suit ; 2° Guy, écuyer, Sgr du Brandart, etc., a laissé postérité. De lui sans doute descendait Verdung, qualifié Sgr du Brandart, qui assistait en 1546 au mariage de Guy, son cousin.

IX. — Antoine Goulard, écuyer, Sgr de La Boulidière, épousa, le 6 mars 1504, Marie d'Authon, fille de René et de Souveraine de Brûzac ; Pierre et son épouse lui assignèrent son douaire le 6 avril 1605. Leurs enfants furent : 1° Guy, qui suivra ; 2° Étienne, Sgr de Perberneuil, nommé par son frère son exécuteur testamentaire le 17 octobre 1570.

X. — Guy Goulard, écuyer, Sgr de La Boulidière, gentilhomme ordinaire de la chambre du roi, épousa, le 14 juin 1546, Julienne d'Ingrande, fille de Philippe, Sgr du Breuil-d'Ingrande, etc., et de Marguerite de Goué (ou Coué). Guy testa le 17 octobre 1570, et désigna pour ses exécuteurs testamentaires, outre Étienne, son frère, Jean Goulard, écuyer, Sgr de Puyrigaud, son cousin ; laissa tous ses biens à Marie, sa fille aînée, et donna 3,000 livres à Madeleine, épouse de N..... Fayet. Marie épousa, le 30 avril 1571, Mathurin Goulard, écuyer, et lui porta la terre de La Boulidière.

§ VII. — *Branche de Billé, Chambrettes.*

Les titres et documents qui nous ont servi pour établir la filiation de cette branche nous ont été communiqués par M. de Roumefort du Cluseau.

V. — Jean Goulard, fils puîné d'Aymeri et de Laurance, dame du Poyron, rapportés au IVe degré du § I, écuyer, Sgr de La Mortmartin et de Saint-Fleurant en Talmondais, dont il fut partagé en 1349, par son frère Guillaume, le *salmedy après Cantate* (15 mai 1349). Il épousa Jeanne de Tézé, fille d'André, chevalier, et de Perrette de Billé. Le 20 août 1404, ils faisaient donation à Jean, leur fils aîné, de tous et chacuns leurs biens, meubles et immeubles, même de ceux à eux échus par le décès de Perrette de Billé, mère de ladite de Tézé, en se réservant toutefois l'usufruit desdites choses leur vie durant ; 2° Louis ; 3° Fleurie, qui aurait épousé messire Jean Clérembault, chevalier, Sgr de Maurepart.

VI. — Jean Goulard, écuyer, Sgr de Billé, La Vernière, terre qu'il eut en partage comme époux de Jeanne Bonnet, fille de Maurice, écuyer, et de Jeanne Bourelle (Bourreau?), et qui lui fut allouée par un acte de partage du 6 janvier 1414. Il avait encore passé divers actes, transactions ou partages, les 5 mai 1408 et 20 février 1418. Leurs enfants furent : 1° Thibault, tué à la bataille de Verneuil, en 1424, sans laisser de postérité, de Marie Eschallard, fille de Jean, chevalier, Sgr de La Boullaye, et d'Héliette Chabot, qu'il avait épousée le 28 avril 1422 ; 3° Jean, qui suit ; 4° Marie, qui, le 9 mars 1433, partagea avec Jean, son frère, les successions de leurs père et mère, et celle de Thibault, leur frère aîné. Elle était alors veuve de Jean de Terves, écuyer.

VII. — **Jean Goulard**, écuyer, Sgr du Billé, La Vernière, etc., épousa Marie de Montboucher, fille, dit la note généalogique, de Robert, écuyer, et de Roberte de La Faucille. Gilles, sire de Retz et de Pouzanges, et Catherine de Thouars, son épouse, firent, le 6 novembre 1428, à ladite Montboucher, une donation en faveur de son mariage. Jean est rappelé dans les aveux rendus, les 4 mars 1440 et 4 septembre 1454, aux ducs d'Anjou, par le baron de Maulevrier, dont relevait sa terre de La Vernière, comme « homme de foy simple, à cause et pour raison des Averuières, appartenances et dépendances, et les dixmes qu'il lève en la paroisse de Chaubraigne (Les Échaubroignes ?) ». La *Chronique d'Anjou* signale Jean Goulard sous le titre de seigneur de Billé, comme s'étant fait remarquer au combat dans lequel les Anglais furent défaits près Beaumont-le-Vicomte-au-Maine. Leurs enfants furent : 1° René, qui suit ; 2° Jean, rapporté au § VIII ; 3° Charles, écuyer, Sgr de Lavau ; 4° Guillaume. Le 27 janvier 1457, ces trois derniers recevaient de leurs père et mère donation de leurs acquêts, et de la terre et seigneurie de La Vernière, pour en jouir par eux en propriété, par considération de ce que, étant puînés, ils n'eussent été partagés par leur frère aîné que *par bienfait et leur vie durant seulement ;* ils avaient été sous la curatelle de Guillaume de Grandpré, écuyer, qui leur rendit ses comptes le 25 août 1459, en présence de leur frère aîné.

VIII. — **René Goulard**, écuyer, Sgr de Billé, Chambrettes, assista à la reddition des comptes de tutelle de ses frères le 25 août 1459. N'ayant trouvé aucun acte précis qui établisse sa filiation d'une manière positive, nous ne pouvons affirmer qu'il soit le même que René, qualifié messire, chevalier, Sgr de Billé et de Chambrettes, qui rendait, le 25 avril 1453, un premier aveu au vicomte de Thouars, à cause de Louise d'Appelvoisin, son épouse, et un second, le 7 décembre 1476, comme loyal administrateur de son fils Richard. D'après un acte de 1486, René se serait marié trois fois : 1° à Perrette Bernard (ou Bertrand), fille de N..., chevalier, Sgr d'Estiau ; 2° à Louise d'Appelvoisin, précitée ; 3° à Renée de Sorelle, fille de Marc, Sgr dudit lieu. Du premier lit sont issus : 1° René, qui suit ; 2° Catherine, épouse de Jean Aménard, Sgr de Montbernaut ; 3° Anne, à laquelle les uns donnent pour mari Hélie Bernard, Sgr de Thion, et à laquelle les autres attribuent pour époux : 1° Bonaventure Hervé, chevalier, Sgr de La Pillotière, 2° N..... de Dreuil, chevalier, Sgr de La Barbée, et 3° François de Belleville, chevalier, Sgr de Languiller ; — 4° Louise, mariée, le 23 juillet 1514, à Guy d'Aubigné, chevalier, Sgr de Boismosé ; 5° Jacquette, qui aurait épousé N..... de Mélay, écuyer, Sgr de La Fleuranciére ; 6° et 7° N..... et N..... On ignore si ces trois derniers sont du premier lit ; 8° Richard, chevalier, Sgr de Billé, Chambrettes, fils du troisième lit, rendit, le 26 juin 1494, un aveu au vicomte de Thouars ; il aurait épousé Catherine de Fiefbois.

IX. — **René Goulard**, écuyer, Sgr de Billé, Chambrettes, Le Breuil-Rasteau, et baron de Fossé, faisait le 10 novembre 1552, à René, son fils aîné, transport d'une somme de 900 livres, que lui devait Nicolas Goulard, écuyer, Sgr de La Vernière, provenant d'une vente d'héritage appartenant à Perrette Bernard, son épouse, dont il eut : 1° outre René, précité, 2° Catherine, mariée à Jean Aménard, écuyer, Sgr de Montbenault, qui transigea le 25 janvier 1563 avec François Goullard, chevalier, Sgr de Touverac, et son épouse, Renée Goullard, nièce de ladite Catherine, lesquels sieur et dame de Touverac donnent à Catherine et à son époux les terres du Breuil-Rasteau et du Coudray ; 3° Anne, mariée à Bonaventure Hervé, écuyer, Sgr de La Pillotière, qui assistait, le 6 août 1560, au mariage de Renée, sa nièce, sans doute les mêmes que celles rapportées au vIII° degré de ce §, mais nous n'avons trouvé rien d'assez positif pour les classer plutôt comme filles ou petites-filles de René (VIII° degré); et 4° Perrette, mariée vers 1550 à N..... Cailleteau, écuyer, Sgr du Breuil-Cathus, et qui est dite fille de René Goulard, Sgr de Chambrettes.

X. — René Goulard, chevalier, Sgr de Billé, etc., laissa de Françoise du Coudray, son épouse, une fille unique, Renée, qui épousa, le 6 août 1560, François de Goullard, chevalier, Sgr de Touverac.

§ VIII. — *Branche de La Vernière.*

Les principaux documents concernant cette branche nous ont été communiqués par M. de Roumefort du Cluseau.

VIII. — Jean Goulard, fils puîné de Jean et de Marie de Montboucher, rapportés au vII° degré du § VII, est sans doute le même qu'un Jean, qui assista en archer au ban de 1491. Il avait partagé avec son frère, Guillaume, et aussi, à ce qu'il paraît, avec son aîné, en 1457. Il épousa Jeanne de Mélay, fille de François, écuyer, Sgr de La Fleurancière, et de Catherine de Bricqueville, et eut plusieurs enfants, dont fut tuteur Guillaume Goulard, leur oncle, qui rendit en cette qualité un acte de foi et hommage le 27 mai 1497, et payait un rachat. Nous ne connaissons que : 1° Christophe, qui suit ; 2° François.

IX. — Christophe Goulard, écuyer, Sgr de La Vernière, qui rendait aveu de cette terre à la baronnie de Maulevrier, les 26 août 1504 et 10 décembre 1520. Le 30 juin 1511, il faisait un acte d'opposition aux criées qui se faisaient de la terre de La Fleurancière, que Jeanne de Mélay, sa mère, avait eue en dot, rendit hommage des Grands et Petits-Averniers et leur dépendances à dame Hélène de Hangest, baronne de Maulevrier. Il transigea le 18 mars 1515 avec René Goulard, écuyer, Sgr de Billé et Chambrettes, son cousin, au sujet de la succession de ses père et mère. Il épousa : 1°, le 4 mai 1508, Marie de Crouillon, fille de René, écuyer, Sgr de La Mothe-Crouillon, des Touches, et d'Anne de Macon ; 2°, en 1523, Marie Guineuf, fille de Jacques, chevalier, et de Catherine de Chaisnel (Chesnel ?), sieur et dame de La Brouillère, dont il n'eut pas d'enfants. Il eut du premier lit Nicolas, qui suit. La Chesnaye lui donne pour frère Jacques, Sgr du Breuil, tige de la branche de l'Aléar. Jacques avait bien un frère du nom de Colas (abréviation de Nicolas), mais des documents authentiques donnent en 1445 pour femme à Colas Mabille de Montalembert, tandis que Nicolas, qui continue la branche de La Vernière, se maria positivement dans les maisons de La Béraudière et de La Garensière, et puis l'un (Colas) vivait en 1445, et l'autre (Nicolas) en 1580, à un siècle de distance. L'opinion de La Chesnaye est donc inadmissible.

X. — Nicolas Goulard, Sgr des Avernières, *alias* La Vernière, rendit au roi, le 9 mars 1539, une déclaration des héritages qu'il avait en Anjou, et rendit, le 15 mai 1544, aveu de sa seigneurie de La Vernière au comte de Maulevrier. Marié, le 3 janvier 1531, à Susanne de La Béraudière, fille d'Étienne, Sgr de La Bussonnière, et de Madeleine Duchesne, il en eut : 1° Pierre, qui suit ; 2° Jean, écuyer, Sgr de La Petite-Vernière, fut curateur de Jean, fils de Pierre, son frère aîné, le 11 août 1582, et rendit hommage en cette qualité à la duchesse de Roannais, baronne de Maulevrier, des Grandes et Petites-Vernières, le 15 mai

1583; servit dans l'armée du roi, comme il appert d'un certificat du 25 avril 1588, signé Henri, et, en raison de ses services, le roi l'exempte de la contribution et service personnel qu'il devait au ban et arrière-ban ; 3° Charlotte, épouse de N..... Gaschet ; 4° Gabrielle ; 5° Antoinette, qui partagent, le 7 février 1576, avec leur frère aîné, les successions de leurs père et mère.

XI. — Pierre Goulard, écuyer, Sgr de Villeneufve, La Vernière, etc., partagea, le 7 février 1576, les successions de ses père et mère, avec ses puînés et Perrine Gaschet, fille de feu Charlotte Goulard ; il épousa, le 10 octobre 1570, Mathurine de Becdelièvre, fille de Pierre, Sgr de Boisbasset, lieutenant général des eaux et forets de Bretagne, et de Jacqueline ou Jeanne du Masle. Il eut pour fils :

XII. — Jean Goulard, Sgr de La Vernière, La Boulaye, La Grange, servait comme homme d'armes dans la compagnie du sieur de Damville (certificat du 15 avril 1588), rendit aveu de La Vernière, au seigneur de Maulevrier, le 26 mars 1604, fut nommé gentilhomme ordinaire de la chambre du roi le 3 mai 1618, et avait déjà servi en cette qualité, comme on le voit par un certificat du 28 décembre 1615, fut reçu par le sieur du Bellay, chevalier de l'ordre de Saint-Michel le 2 avril 1623 (ses lettres sont du 27 mars). Le 18 août 1635, il fut maintenu dans sa noblesse avec Christophe, son fils, par sentence donnée contradictoirement à Angers par Jean d'Estampes de Valençay, conseiller d'État, intendant de la Touraine, etc., et Hiérosme de Bragelonne, conseiller du roi en la cour des aides, commissaires généraux pour le règlement des tailles. Jean épousa : 1° Marie de Chasteautre (on trouve aussi de Chateaufié), fille de Louis, chevalier, Sgr du Chesne, et de N..... de Theillac, dont 1° Gilles, écuyer, Sgr de La Boullaye, épousa, en 1614, N..... de Messac, fille unique de feu Michel, écuyer, et d'Anne de Messac. Il mourut sans enfants en 1616 ; 2° René, religieux capucin, dit frère Jean-Baptiste de La Vernière. Il épousa : 2°, le 7 mars 1602, Anne de Messac, veuve de Michel de Messac, écuyer, Sgr de La Rochepaillère, et fille de René, chevalier, Sgr de La Grange-Messac et de Charlotte Guyot ; il en eut : 3° Christophe, qui suit ; 4° Marie, morte jeune. Il épousa : 3°, en 1628, Catherine de Boisy, fille de Claude, chevalier, et de Renée Daillon, seigneur et dame de La Chartre-Bouchère, etc., et veuve de Jean de Montaigu, écuyer, Sgr de Bailly. Elle mourut sans hoirs le 6 novembre 1632. Il épousa : 4° Anne de Raye ou de Rays, dame de La Coste, veuve de Christophe de La Coste, écuyer, seigneur dudit lieu. Il l'avait épousée par acte du 11 octobre 1634, et elle fondait en 1643 une maison de charité.

XIII. — Christophe Goulard, écuyer, Sgr de La Vernière, La Grange, Montfermier, La Chapelle-Gaudin, La Boulaye, etc., reçut commission de capitaine d'une compagnie de gens de pied au régiment de Brézé le 18 septembre 1627, fut maintenu noble avec son père le 18 avril 1635, fut nommé chevalier de l'ordre de Saint-Michel le 6 octobre 1641, et reçu par le duc de Brissac le 3 mars 1641 ; et, lors de la réformation et réduction de cet ordre à cent chevaliers, le 12 janvier 1665, il fut un de ceux qui furent conservés. Le 9 juin 1651, il avait rendu au seigneur de Maulevrier aveu de ses terres de la Grande et Petite-Vernière, et fut maintenu dans sa noblesse le 21 mars 1665 par M. Colbert. Le 12 juin 1629, il épousa Hélène d'Escoublant, fille de N....., chevalier, Sgr de de Saint-Simon, La Touche-d'Escoublant, et de Renée de Brie. Il en eut : 1° André, qui suit ; 2° Anne, mariée en 1659 à Gabriel de La Haye-Montbault, Sgr de Dubrie ; 3° Louise, mariée le 31 juillet 1662 à Charles de Granges, écuyer, Sgr de La Gord.

XIV. — André Goulard, chevalier, Sgr de La Vernière, Montfermier, La Boulaye, assistait, ainsi que ses deux sœurs précitées, au mariage de Pierre Cuissard, écuyer, et de Gilberte de Bussy, le 7 juillet 1655. C'est peut-être le même qu'André Christophe, capitaine de cavalerie, marié à Susanne de Gennes, fils de Charles, Sgr du Courtiou, et de Jeanne-Cécile Texier. Nous les trouvons vivants encore en 1710 et 1730. Nous ne croyons pas qu'ils aient eu de prospérité.

§ IX. — *Branche du Bois-Bellefemme.*

Nous devons communication de la plus grande partie des documents concernant cette branche à M. H. de Grimouard, de Saint-Laurent; les autres proviennent des notes de M. Théoph. de Crémond.

IV. — Guillaume Goulard, fils puîné d'Aymeri et d'Isabeau, rapportés au III° degré du § I°', vivait vers 1310, et épousa Pernelle Rollande (Rolland), qui était sœur d'Eustache, mariée à Huguet, son frère, avec lequel il eut pour partage *le Ruyau de Reyné* et ses appartenances et les biens depuis Bersuire (Bressuire) jusqu'à Thouars. Ils se donnèrent la part *du premier mourant sans hoirs accroissants*, à l'autre ou à ses hoirs. Il eut pour descendant :

Jean Goulard, chevalier, Sgr du Bois-Bellefemme, qui était vers 1430 époux de Françoise du Puy-de-Fou, fille d'Hugues, Sgr de Saint-Georges. Il eut entre autres enfants :

Innocent Goulard, chevalier, Sgr du Bois-Bellefemme, habitait la seigneurie de Fontenay, et remplaça son père en qualité d'homme d'armes aux bans de 1491 et 1492. Il épousa, en 1476, Marie de L'Hébergement, fille de Jean, bâtard de La Trémouille, Sgr de L'Hébergement, de Thomine Jousseaume. Il eut de ce mariage :

Baptiste Goulard, chevalier, Sgr du Bois-Bellefemme, Saint-Denys-de-Florigny, épousa, comme on le voit par son testament, en date de 1555 : 1° Jacquette Bodet, dont il eut : 1° Denis, qui suit ; il épousa : 2° Jacquette de Bersay. Ses autres enfants (nous ne savons de quel lit ils sont issus) furent : 2° Jean, écuyer, Sgr de Rosnay; 3° Marguerite, femme de Jean Huislard; 4° Marie, épouse de Nicolas Paon.

Denis Goulard, Sgr du Bois-Bellefemme, épousa, en 1564, Françoise de La Haye-Montbault, fille d'Aimond, chevalier, Sgr du Chastelier-Montbault et de Renée de La Boucherie. Il mourut vers 1570 sans postérité.

Nous trouvons encore :

Jean Goulard, écuyer, Sgr du Bois-Bellefemme, achetant l'héritage des Nouhes de Christophe de Saligné le 25 mai 1506 (d'Hozier).

§ X. — *Branche de la Ferté* (1), *Laléar, etc.*

Nous sommes arrêtés ici par des difficultés que le défaut de titres suffisants ne nous permet pas de surmonter. Nous ne pouvons rattacher cette branche aux divers rameaux précédents, car La Chesnaye-des-Bois, le seul auteur qui (à notre connaissance du moins) en ait donné la filiation, a commis dans son travail autant d'erreurs, pour ainsi dire, qu'il a écrit de lignes.

La branche de Laléar descend de la branche de Billé, Chambrettes, etc., rapportée au paragraphe précédent, et la simple comparaison de la filiation, que nous avons dressée sur documents authentiques, avec la généalogie donnée par La Chesnaye, prouvera dans quelles erreurs s'est égaré cet écrivain.

---

(1) La Ferté, commune de Villefagnan, arrondissement de Ruffec (Charente).

« Jean Goullard, fils d'Émery Goullard, baron de Touverac, et de Marie de Sainte-Maure, épousa Jeanne de Brizay; leur contrat de mariage est de 1229. »

Jean était fils d'Aimery et de Laurence, dame du Poisron. Son père ne pouvait pas être baron de Touverac, terre qui n'est entrée dans la maison de Goullard qu'en 1507, et il ne pouvait se marier en 1229, lorsqu'il partageait les biens de son père en 1340.

« Jean Goullard, deuxième du nom, fils des précédents, épousa en 1299 Jeanne Bonnet. »

Jean vivait en 1408, 1414, 1418, et ne pouvait pas se marier en 1299.

« Jean Goulard, troisième du nom, marié en 1330 à Marie de Montbourcher. »

Il venait de se marier, lorsque Gilles de Retz et Catherine, son épouse, lui font une donation le 6 novembre 1428.

« Jean Goullard, quatrième du nom, qui épousa en 1366 Jeanne de Mélay. » Jean était fils de Jean et de Marie de Montboucher, qui se mariaient en 1428. Il ne pouvait épouser Jeanne de Mélay en 1366.

« Christophe Goullard, leur fils, s'allia, en 1399, avec Marie de Coursillon. »

Christophe vivait un siècle plus tard, et rendait aveu de la baronnie de Maulevrier en 1504.

D'après un travail de d'Hozier et une confirmation de noblesse de M. Barentin, relatifs à la branche de Beauvais, sortie de celle de Laléar, il faudrait lire Colas Goulard, au lieu de Jacques, et Mabille de Montalembert, au lieu de Jeanne. La généalogie de cette dernière maison fait en effet connaître que Colas et Jacques Goulard frères épousèrent Mabille et Jeanne Montalembert, filles de Méry, écuyer, Sgr de Granzay, et de Fortunée du Puy du Fou.

Mais pour ce passage, comme pour les précédents, nous nous trouvons encore en opposition formelle avec La Chesnaye, car Jacques et Colas vivaient et se mariaient en 1445, et leurs père et mère prétendus, Christophe de Goullard et Marie de Cronillon (appelée à tort Coursillon par La Chesnaye), ne vivaient qu'au commencement du XVIe siècle. (*Voir* précédemment IXe degré du § V.)

Les documents communiqués par M. de Roumefort ne commençant qu'à Colas et Jacques, son frère, nous ne pouvons donc, faute de titres suffisants, trancher cette difficulté, et trouver le point de jonction de cette branche avec les autres. En présence de tels faits, l'on doit comprendre notre conduite. Nous allons donc continuer notre travail sans indiquer pour cette branche et celles qui en sont issues les degrés de filiation, puisque nous n'avons pu la rattacher aux précédentes.

Les documents et titres originaux concernant cette branche nous ont été communiqués par M. de Roumefort du Cluseau.

Jacques Goulard, écuyer, Sgr de La Ferté, Payzay-Naudouin, Le Breuil-Milon, était frère de Colas, écuyer, Sgr de Massogny en Angoumois. Ils épousèrent, avant 1445, Colas, Mabille et Jacques, Jeanne de Montalembert, dame de La Ferté et du Breuil-Milon, filles de Méry, Sgr de Granzay, et de Fortunée du Puy de Fou, et transigeaient, le 29 décembre 1449, avec Gilles de Montalembert, leur beau-frère. Il comparut comme brigandinier au ban de 1467, sous les ordres du sieur de La Rochefoucault. Jeanne de Montalembert était veuve le 24 décembre 1469. Leurs enfants furent : 1° Antoine, *alias* Jean, qui suit; 2° Jacques, rapporté au § XI; 3° Marquise, mariée : 1°, le 27 juin 1479, à Jean de Châteaupers, écuyer, Sgr de Massigné, et, le 24 avril 1474, elle transigeait, étant alors veuve et tutrice de ses enfants mineurs, avec son frère et les héritiers de son époux au sujet de son douaire; et 2°, Pierre de l'Hermite, écuyer, Sgr de Beauvais, avant le 12 mars

1481, époque où elle transigeait avec Jacques, son frère, au sujet des successions de leurs parents; 4° Jeanne, mariée à Mathurin de Granges, Sgr de Granges et de Puychenin.

Antoine, *alias* Jean Goullard, Sgr du Breuil, La Ferté, de La Mothe d'Anville, était mort le 9 décembre 1509; épousa Philiberte de Beauvilliers, fille de Jean, Sgr de Ravardin, etc., et d'Isabeau Poussard, qui testait au mois de juillet 1522. Leurs enfants furent : 1° François, qui suit; 2° Jean, écuyer, Sgr de Balamon, marié, le 19 avril 1529, à Guyonne Brun, fille de Pierre Yves, écuyer, Sgr du Magnou, La Leigne, etc., et de Marie Gascueil; 4° Marguerite, qui épousa, le 20 novembre 1520, Jacques Aubanneau, écuyer, Sgr de Vérue; 5° Hélène, mariée, le 9 août 1533, à Étienne Caïn, écuyer, Sgr de Gouppillon.

François Goullard, écuyer, Sgr du Breuil-Milon, La Ferté, La Mothe-d'Anville, épousa, sous l'autorité de sa mère, le 9 février 1530, Valière Brun, fille de Pierre-Yves, Sgr du Magnou, et de Marie Gascueil. De ce mariage est issu :

René Goullard, écuyer, Sgr du Breuil-Milon, La Ferté, La Mothe-d'Anville, gentilhomme ordinaire de la chambre du roi, épousa, le 21 mars 1570, Marguerite Poussard, fille de Charles, chevalier, Sgr de Fors, et de Marguerite Girard, et fut père de : 1° Gabriel, qui suit; 2° Elisabeth, qui se maria, le 9 avril 1598, à Abel Pastoureau, écuyer, Sgr d'Ordières et de Launay, lequel donnait le 6 juillet suivant quittance de la dot de sa femme (7,000 livres); 3° Marguerite, femme de Jean-Pierre du Faure de Cormont.

Gabriel Goullard, chevalier des ordres du roi, et gentilhomme ordinaire de sa chambre, Sgr du Breuil-Milon, La Mothe-d'Anville, La Ferté, etc., épousa, le 14 octobre 1609, Jeanne Boiceau, fille de Jean, écuyer, Sgr du Pousou, Saint-Martin, de Cerzay, et de Catherine Moreau. Il eut pour enfants : 1° Jacques, qui suit; 2° Frédéric, chevalier, Sgr de Saint-Hilaire, épousa, le 2 janvier 1662, Françoise Hérouard, fille de Jean, écuyer, Sgr de Renzay, et de Françoise Cocq. Nous pensons qu'il en eut plusieurs fils : Auguste, qualifié Goullard de Laléard, et qui comparait comme cousin-germain, en 1681, au mariage de Jacques-Martel, ci-dessous. Frédéric émigra en Angleterre pour cause de religion, et ses biens furent donnés par le roi à ses neveux, Jacques-Alphée et Henri; 3° Alphée, chevalier, Sgr de La Ferté, La Mothe-d'Anville, marié, le 12 décembre 1657, à Marie Docoy, fille de feu messire Jean-Casimir, chevalier, Sgr de Courcelles, et de Jeanne de La Rochefoucault. Le 11 septembre 1651, Catherine Moreau, leur aïeule, testa en sa faveur et en faveur de Frédéric, son frère, qu'il avait suivi en Angleterre. Louis XIV donna tous ces biens confisqués à Jacques-Alphée et Henri, ses neveux, le 19 novembre 1688; mais il revint en France, car nous trouvons de lui un testament en faveur de Jacques-Alphée, son petit-neveu, le 6 mars 1698, et il fut confirmé dans sa noblesse par Michel Begon, intendant de La Rochelle, le 1er juillet 1699; 4° Nérée, son frère, qui assista au mariage de Jacques, son frère, en 1650.

Jacques Goullard, chevalier, Sgr du Breuil-Goullard, autrefois Le Breuil-Milon, épousa, le 28 janvier 1650, Angélique Martel, fille de Samuel, chevalier, baron de Saint-Jur et de Vandré, et d'Elisabeth Poussard. Il en eut :

Jacques-Martel Goullard, marquis de Vervans, émigra pour cause de religion en Angleterre, y mourut le 14 février 1700, et fut inhumé dans l'église de Soutksou-cham, comté de Southampton. Le 15 février 1681, il avait épousé Marthe-Fabrice de Gressenich, fille d'Otto Fabrice, chevalier, Sgr de Fontaine-le-Comte, Sacy-le-Grand, et de Marthe de Menours. Le 17 août 1688, le roi donna à son épouse, qui avait été renfermée à Port-Royal et s'était convertie à la religion catholique, la confiscation des biens de son époux. Elle avait alors près d'elle : 1° Jacques-Alphée, qui suit ; 2° Henri, âgé de quatre ans (1688), chevalier, Sgr de La Ferté, La Mothe-d'Anville, capitaine au régiment Royal-Roussillon, cavalerie, épousa, le 14 octobre 1714, Susanne Broussard, fille de Bertrand, écuyer, Sgr de Fontmarais, etc., gentilhomme de la grande vénerie de France, et d'Élisabeth Janssen. Elle transigeait, le 15 février 1766, avec Antoine et Jacques Goulard, ses neveux, héritiers de son époux, décédé à cette époque.

Jacques-Alphée Goulard, chevalier, Sgr de Saint-Hilaire, Villefranche, La Brousse-Roulet, La Hoguette, Chamouillac, baron de Rochereau, marquis de Vervans, naquit le 20 octobre 1681, achetait, le 6 décembre 1727, de Mgr Louis de Lorraine, prince de Pons, et d'Élisabeth de Roquelaure, son épouse, la baronnie de Courpignac. Il avait épousé, étant lieutenant au régiment du roi, le 3 juillet 1700, Marie-Rose Boisson, veuve de Jean de Lambertics, chevalier, Sgr de La Chapelle-Narval, etc., fille d'Antoine, écuyer, Sgr de Bussac, Claix, Roullet, Rochereau, etc., et de Marie de La Rochefoucault, et mourut le 1er février 1760, laissant : 1° Jacques-Charles, qui suit ; 2° Antoine, chevalier, Sgr de Villefranche, Laléard, La Hoguette, Chamouillac, etc., fut émancipé le 9 février 1737, et mourut le 22 décembre 1784, laissant de Marie Sablon, son épouse, Jacques-Antoine-Charles, maréchal-des-logis des mousquetaires, chevalier de Saint-Louis, mort mestre-de-camp de cavalerie le 19 février 1785, âgé de soixante-six ans ; Marie-Anne-Frédéricque, morte le 17 novembre 1784, âgée de soixante-trois ans ; Jacques-Antoine, capitaine au régiment de Montboissier-infanterie, mourut le 27 juin 1752. Il avait épousé, le 27 janvier 1749, Marie de Beauchamps, fille de Henri-Charles, chevalier, Sgr de Grand-Fief, Cherbonnière, etc., et de Dorothée de Lescours. Il n'eut point d'enfants.

Jacques-Charles, marquis de Goullard, Sgr de Roullet, Rocheraud, La Ferté, etc., chevalier de Saint-Louis et mestre-de-camp de cavalerie. Il était né le 26 février 1704, et commanda la noblesse de Saintonge à la dernière convocation. Le 23 décembre 1766, il avait épousé Louise-Françoise-Élisabeth Avril, fille de François, écuyer, Sgr du Breuil-Auvigier, Masquinant, etc., et d'Élisabeth Dexmier, et mourut au mois d'août 1778, laissant : 1° Louis-Antoine, qui suit ; 2° Marie-Anne-Louise-Frédéricque, née le 11 mars 1771, et morte le 16 octobre 1779.

Louis-Antoine, marquis de Goullard, chevalier, baron de Rocheraut, Sgr de La Ferté, Roullet, La Mothe-d'Anville, Laléard, qui lui échut par le décès de Jacques-Antoine, son cousin, précité, etc., naquit le 31 juillet 1769. Il épousa : 1°, le 16 juin 1788, Aimée-Agathe-Aimable, comtesse de Nossay, chanoinesse du chapitre noble de l'Argentière, fille de Jacques-Antoine, comte de Nossay, chevalier, Sgr de Teillou, La Forge, Beaulieu, et de Louise-Madeleine Petit du Petit-Val. Elle mourut le 15 juin 1791, et il se remaria, le 20 thermidor an VIII (8 août 1800), à Marie-Anne-Françoise de Bourdeilles, fille de Jean-Jacques, ancien mestre-de camp de cavalerie, et de Marie de Roussel. De cette alliance est issue Marie-Antoinette-Delphine, mariée, le 27 septembre 1819, à Jean-Gustave-François de Sénigon de Rousset de Roumefort du Cluseau, ancien garde-du-corps du roi, issu d'une ancienne famille du Périgord, recommandable par ses services militaires et ses alliances. Leurs enfants sont les seuls représentants de cette branche.

§ XI. — *Branche de Beauvais et du Retail.*

La filiation de cette branche est donnée d'après d'Hozier et Barentin.

Jacques Goullard, fils puîné de Jacques et de Jeanne de Montalembert, rapportés au § X, écuyer, Sgr de Marsay, transigea, les 24 avril 1474 et 12 mars 1481, avec sa sœur Marquise, pour le douaire de cette dernière, et le partage des biens de leurs père et mère. Il épousa Marguerite Rousseau (quelques documents, entre autres une confirmation de noblesse de Barentin, la nomment Marguerite Puiselle, version fautive, sans doute pour Rousselle, que l'on aura mal lu). Ils se faisaient, le 3 juin 1477, une donation mutuelle, et eurent pour enfants : 1° Jean, qui suit ; 2° Marie, qui, d'après d'Hozier, épousa, le 11 septembre 1513, Jean Vidault, écuyer, Sgr de Romefort, et, d'après Barentin, Jean de Bellemain, écuyer, Sgr de La Mothe-Therson ; son frère, d'après ce dernier, lui accordait, en 1514, 1,000 livres de dot.

Jean Goullard, Sgr de Beauvais, Marsay, baron de Sainte-Rame. Le 20 février 1513, il épousa Hélène L'Hermite, fille de Pierre, chevalier, Sgr de Beauvais et de Mondion, et de Jeannette du Fau. De ce mariage sont issus : 1° Aimond, Sgr de Sainte-Rame, capitaine (gouverneur) de Niort, recevait de ses père et mère donation de quelques meubles, le 19 octobre 1551. Il épousa, le 7 juin 1549, Guyonne du Puy, fille de René, écuyer, Sgr de Bacher, et de Bertrande Jau, dont il n'eut qu'une fille, Hélène, qui était, le 4 août 1561, sous la tutelle de son aïeule maternelle, et épousa, le 9 novembre 1565, François de La Rochefoucault, baron de Montendre ; 2° Jean, prêtre, chanoine, et *mestre école* de Bordeaux, prévôt de Parthenay, chanoine de Luçon, prieur de La Faye Montjau, comparut en cette dernière qualité à la réformation de la coutume du Poitou en 1559, testa le 9 avril 1547, instituant ses exécuteurs testamentaires Aimond et Jean, ses frère et neveu, est-il dit (nous ne savons quel est ce Jean, que nous ne retrouvons point dans la suite de la filiation), et Louis, son autre frère, Sgr de Marsays, pour son principal héritier. Il vivait encore, et transigeait, le 17 juillet 1563, au sujet d'Hélène, sa nièce ; 3° Louis, qui suit ; 4° Anne, qui, le 21 février 1513, transigeait avec ses frères, précités, au sujet de la succession de leurs père et mère. Elle épousa N..... de Cardun, chevalier, Sgr de Challières ; 5° N...., abbesse du Pré, au Mans ; 6° N....., religieuse à Fontevrault.

Louis Goullard, écuyer, Sgr de Beaumont (pour Beauvais), Marsays, Les Clousures, fut gouverneur du prince de Navarre, depuis Henri IV. Ce prince n'avait que neuf ans lorsque Louis Goullard fut placé près de lui, et nous aimons à croire que ce prince, qui fut de ses sujets *le vainqueur et le père*, dut à son gouverneur quelques-unes des qualités qui le recommandaient à l'amour des Français. Louis Goullard, qui avait suivi son élève à la cour pour assister aux fêtes de son mariage, fut une des victimes de la Saint-Barthélemy, et Henri IV le cite nommément dans sa déposition avec une expression de regrets qui fait honneur à l'élève et au précepteur. Il avait épousé Marguerite de Talleran de Grignols, fille de Louis, chevalier, prince de Chalais, qui, le 25 juin 1577, était tutrice de leurs enfants, qui furent : 1° Anne, qui suit ; 2° Claude, mariée à Jean de Fournier (nous trouvons ailleurs de Fourny), Sgr du Jon, écuyer de la grande écurie, et gentilhomme de la chambre du roi, capitaine (gouverneur) du château du Plessis-lès-Tours, transigeait avec son frère aîné le 8 juin 1594, et vivait encore en 1606 ; 3° Alain, mort jeune, et dont la succession se partageait le 8 juin 1594.

Anne Goullard, chevalier, Sgr de Beauvais, Boispouvreau, Senzay, Les Basses-Vergnes, La Clozure, gentilhomme ordinaire de la chambre du roi par brevet du 20 février 1580, rendit à François d'Aux, écuyer, Sgr de Bournay, hommage de son fief des Grandes-Loges, et partagea, le 8 juin 1594, les successions de ses père et mère, et celle d'Hélène, sa tante, et d'Alain, son frère, avec Jean de Fourny, son beau-frère. Anne épousa : 1°, le 9 octobre 1592, Marie Jourdain, fille de François, écuyer, et d'Hélène de Goullard, dont il eut : 1° René, qui suit; 2° Henri, rapporté § XII; 3° Marie; 4° Françoise, sans alliances connues. Il épousa, 2°, Jeanne Levesque de Marconnay, dont il eut : 5° autre Henri, Sgr de Senzay, Beauvais, La Brunetière, épousa, le 16 novembre 1613, Madeleine de Montauzier, fille de Timoléon, chevalier, Sgr de Charouillère, et de Marie Masson : il en eut Anne, chevalier, Sgr de La Brunetière, qui transigea, le 14 février 1663, avec Marie et Henriette, ses sœurs, au sujet de la succession de leurs père et mère, et fut maintenu noble par Barentin, le 26 septembre 1667. Il avait épousé, le 31 juillet 1649, Louise de Sainte-Marthe, fille de Georges, chevalier, Sgr de Charenton, et d'Élisabeth Rousseau : nous ignorons s'ils eurent postérité; Marie et Henriette, précitées ; 6° Louise, mariée : 1°, le 24 janvier 1607, à René Legier, écuyer, Sgr de La Sauvagère, La Barre-Pouvreau, mort avant le 8 juillet 1613; 2°, vers cette époque, à Antoine Poitevin, écuyer, Sgr du Plessis-Landry. Le 8 juillet 1613, elle rendait aveu de la seigneurie de La Bourelière à l'abbaye de Sainte-Croix de Poitiers. Anne épousa : 3°, le 16 novembre 1613, Marie Masson, veuve de Timoléon de Montauzier, chevalier, Sgr de La Charouillère (elle était belle-mère d'Henri, précité). Nous ignorons s'il en eut des enfants.

René Goullard, chevalier, Sgr de La Voulte, Beauvais, lieutenant-colonel au régiment de La Meilleraye, gouverneur de l'île et château d'Indret en Bretagne, fut maintenu noble, le 26 septembre 1667, par M. Barentin. Il épousa : 1°, le 27 juin 1621, Jeanne de Tusseau, veuve de Charles Le Mastin, baron de Nuaillé, et fille de Louis, chevalier, Sgr de Maisontiers, et de Madeleine Claveurier. Il en eut : 1° Barbe, mariée à Roland Bayé, chevalier, Sgr de Saint-Jean d'Aubance. René épousa ; 2°, le 8 mai 1646, Marie de Saint-Hilaire, fille d'Hélie, chevalier, Sgr du Retail, et de Susanne du Retail. Il en eut : 2° Charles-Marie, qui suit.

Charles-Marie Goulard, chevalier, Sgr de La Voulte, Beauvais, du Retail, épousa, le 20 mai 1676, Anne Roy de La Presle, fille de Jean, écuyer, Sgr de La Presle, et d'Anne Stample. Nous leur connaissons un fils.

Gabriel-Louis Goullard, écuyer, Sgr de La Voulte, du Retail, etc., naquit le 21 octobre 1682, et épousa, le 27 juillet 1710, Marie-Henriette de Lescorce, fille de Marc-Antoine, chevalier, Sgr de L'Escorce, et de Marie Mareschal. Il était mort avant le 3 février 1735, et laissait :

Louis-Charles-César Goulard, écuyer, Sgr du Retail, Les Forges, La Tour-Massé, etc., fut gratifié en 1766 d'une pension de 108 livres, sur les fonds de la guerre, comme ancien capitaine au régiment Royal-Pologne – cavalerie. Marié, le 15 décembre 1738, à Anne de Gassion, fille de Charles, chevalier, Sgr du Loing, et d'Anne Flossure (sic), il fut père de : 1° Louis-Augustin, qui suit; 2° Charles-René, chevalier, Sgr de La Tour-Massé, baptisé le 18 août 1744, ancien enseigne de vaisseau, émigra, et servit avec son frère dans les compagnies de la marine à l'armée des Princes. Il épousa, le 19 avril 1785, Charlotte-Aimée-Léonore de Citoys ; 3° Marie-Gabrielle, mariée, le 18 août 1783, à Charles de Suyrot, chevalier, Sgr du Mazeau.

Louis-Augustin Goulard, chevalier, Sgr du Retail, Les Forges, Saint-Étienne-de-Courcoué, etc., baptisé le 2 juin 1741, ancien page de Madame la Dauphine, servit ensuite dans les carabiniers et dans le régiment Commissaire-général-cavalerie, émigré; il servit dans une des compagnies formées des officiers du corps de la marine, à l'armée des Princes. Le 17 septembre 1770, il avait épousé demoiselle

Aimée-Émilie Audayé, dont entre autres enfants il eut Charlotte-Aimée-Marie, qui épousa, le 1er juin 1808, Charles-Lubin Baudry d'Asson.

§ XII. — *Branche de La Vergne.*

Henri Goulard, fils puîné d'Anne et de Marie Jourdain, sa première femme, rapportés au § XI, écuyer, Sgr de La Vergne, transigea, le 10 février 1620, avec René, écuyer, Sgr de La Vouste, son frère aîné, et ses autres frères et sœurs. Le 28 janvier 1623, il épousa Charlotte de Messac, dame de La Boullaye, veuve de Gilles Goullard, écuyer, Sgr de La Boullaye, dont il eut : 1° Jean, écuyer, Sgr de La Rochepaillère, partagea, le 6 octobre 1654, avec son frère et sa sœur, la succession de leur père. Il épousa Élisabeth Mothais, dame de La Chenevillière, le 17 novembre 1642, dont il eut : A. Calixte, Sgr de La Vergne, La Chenevillière, Chaudron, La Poussardière et La Boullaye; B. René, écuyer, Sgr de La Vergne; C. Henriette; D. Hélène; E. Marie; 2° Henri, qui suit; 3° Anne, nommée dans le partage du 6 octobre 1654, précité.

Henri Goullard, écuyer, Sgr de Beauvais et du Theil-Goulard, passa la plus grande partie de sa vie au service du roi, obtint, le 18 octobre 1650, une commission pour lever une compagnie de chevau-légers, et fut nommé, le 21 juin 1660, gouverneur de Guérande et du Croisic, en récompense des services qu'il avait rendus en différentes campagnes. Le 6 septembre 1663, il épousa Julienne Merlet, fille de Julien, sieur de La Raffinière, et de Julienne Nepvoux. Il était mort avant le 30 avril 1668, jour où son épouse fut nommée tutrice de : 1° Christophe-André, qui suit; 2° Catherine, leurs enfants mineurs.

Christophe-André Goulard, écuyer, Sgr du Theil-Goulard, fut déclaré noble d'ancienne extraction, et employé au rôle de la sénéchaussée de Nantes, par arrêt de la chambre de réformation de Bretagne, du 12 juin 1669, au rapport de M. Denyau.

§ XIII. — *Branche d'Invilliers.*

Nous n'avons pu relier aux branches précédentes ce rameau établi en Champagne, et c'est de l'*Armorial* de cette province que nous avons extrait sa généalogie, qui ne concerne que la descendance directe. Bien que rien ne nous donne à supposer par quelle branche il se rattache à la filiation suivie, nous pensons, contrairement à l'opinion de La Chesnaye des Bois (qui s'est déjà si souvent trompé à propos de cette famille), qu'elle doit son origine à Henri, sieur de La Geffardière, époux de Marie Boucher de Flogny.

Jean Goulard, écuyer, Sgr d'Invilliers, paroisse de Givrain en Gâtinais, épousa Marguerite Jamart, dont il eut : 1° Étienne, écuyer, Sgr d'Invilliers, épousa, le 1er mars 1518, demoiselle Catherine Pellé, dont nous croyons qu'il n'eut point d'enfants; 2° Charles, qui suit.

Charles Goulart faisait, au nom de Marie de Marcelle, son épouse, une vente, le 13 mai 1540, de plusieurs héritages mentionnés au contrat. Marié trois fois, il avait épousé : 1° Marie de Marcelle, dont il n'eut point d'enfants; 2° Guillemette de Boileau, dont : 1° Charles, écuyer, marié, le 26 mai 1572, à Jeanne d'Estivière; nous ignorons s'il eut postérité; 3° Antoinette de Lenfernatz, dont : 2° César, écuyer, Sgr d'Invilliers, marié, le 4 mai 1579, avec demoiselle Jeanne d'Auneux ; 3° Claude, qui suit.

Claude de Goulart, écuyer, Sgr d'Invilliers et du Pressoir, était mineur sous l'autorité de Pierre Deschamps, écuyer, Sgr de Marigny, son curateur, le 2 janvier 1584. Marié, le 4 septembre 1588, à Esther de Lalande, il en eut au moins : 1° Charles, qui suit ; 2° Marguerite, mise sous la tutelle de Charles, son frère, le 2 décembre 1623.

Charles de Goulart, écuyer, Sgr de Villeret, Le Plessoir, Tourailles, etc., produisit devant M. Dorieux, intendant de la généralité de Soissons, ses titres de noblesse depuis 1518 jusqu'en 1668, et fut confirmé dans sa noblesse. Marié, le 2 mai 1627, à Anne de Postel, fille de Charles, écuyer, Sgr d'Ailly, il en eut : 1° Charles, écuyer, Sgr de Villeret, baptisé le 2 juillet 1630; 2° Jean, qui suit.

Jean de Goulart, écuyer, Sgr de Tourailles, baptisé le 5 mars 1634, épousa Jeanne de Cambray, fit ses preuves de noblesse en octobre 1697, par-devant Mgr Larcher, intendant de Champagne. Nous le trouvons, dans l'*Armorial de Champagne*, mentionné en la généralité de Châlons, sous le nom de Jean de Goulart, écuyer, Sgr de Tourailles, faisant inscrire ses armoiries le 2 novembre 1697.

ARMES : *d'azur, au lion couronné d'or* (Nobiliaire de France), *d'azur, au lion rampant d'or, armé et lampassé de gueules.* (Réformation de Bretagne.) La Barentine ajoute : *couronné de gueules.* La branche de Tourailles portait, d'après l'*Armorial de Champagne* : *de sable, au lion rampant d'argent, armé, lampassé, couronné d'or, accompagné de cinq fleurs de lys de même, posées 2, 2, 1.*

(*Dictionnaire des familles de l'ancien Poitou.*)

GOURDIN (p. 221). — D'après la *Maintenue* de d'Aguesseau, la branche de Puygibaud portait dans ses armes le *croissant en chef*, et la branche de La Faye le mettait *en pointe*.

GOURDON, *Voyez* GENOUILLAC.

GOURGAUD, GOURJAUD ou GOURJAULT (p. 222). — « La noblesse de cette famille est ancienne et pure : elle a des services militaires et de bonnes alliances », dit Chérin, généalogiste des ordres du roi, cité par M. Lainé, dans la généalogie de cette famille, qu'il a donnée dans les *Archives généalogiques et historiques de la noblesse de France.* Nous avons pu, grâce aux documents que nous possédons dans notre cabinet, compléter le travail de notre prédécesseur.

Notes isolées.

Hugues Gourjault est témoin d'une transaction intervenue, dans le XIIIe siècle, entre le chapitre de l'église de Poitiers et Hugues de Vivône, au sujet de la terre de Chambrichon.

Hugues Gourjault, varlet, fit partie de la première croisade de Saint-Louis, comme il appert de la charte suivante, d'après laquelle la famille de Gourjault a vu ses armoiries et son nom placés au musée de Versailles :

« Memoriale sit quod ego, Odino Pentia nomine, societatis meæ de mutuo tradidi et complevi domino Hugoni Gourjault, valeto, quantitatem vigenti quinque librorum Turonensium. Pro quibus dictus dominus garantisator est in quibusdam litteris garandiæ pro quadraginta duabus mititibus et valetis, per illustrem dominum Alfonsum, comitem Pictaviensem, communiter datis. De quibus vigenti quinque libris Turonensibus præfætus Hugo contentus est, et pro sua parte me quittat. In cujus rei testimonium signo suo res suscripsit. Actum apud Damyetam, anno Domini mi lesimo ducentesimo quadragesimo nono, mense novembris, in presentia dominorum Petri de Agia, Theobaldi de Lentigne, valetorum, Lazari Agollæ, Raphaele Decema. »

Hugues Gourjault, varlet, fait un accord le mercredi après la fête de saint Barnabé, apôtre, le 14 juin 1290, avec Pierre de Noaillé et Hugues, son fils, clerc, par acte passé à Saint-Maixent sous le scel de la sénéchaussée de Poitiers. Il est encore rappelé dans un accord du 2 juin 1229 entre ses héritiers.

Jean Gourjault, varlet, est nommé, le 7 octobre 1312, dans un accord d'héritages situés à Sauxay.

Hugues Gourgult servait en 1337 comme écuyer dans la compagnie de Jean l'Archevêque, sire de Parthenay.

Simon Gourjault, écuyer, Sgr de Mauprié, fit un aveu, le 13 octobre 1363, au prince de Galles, de biens situés dans le fief de Miorray.

Jean Gourjault, écuyer, servait dans la compagnie du sire de Thors, d'après une revue du 1er juillet 1364.

Tiphaine Gourgeaude était religieuse au monastère de Sainte-Croix le 25 juillet 1394.

Guyon Gourjault, écuyer, Sgr de Mauprié et de La Gonterie, fit aveu au duc de Berri, comte de Poitou, le 25 août 1379, de ses fiefs de Mauprié et de La Gonterie, mouvants de Lusignan. Dans un acte du 22 avril 1401, ce prince déclare que la famille de Gourjault jouissait et usait paisiblement de la terre de Mauprie, *par tel et si longtemps, qu'il n'était mémoire du contraire.*

Jean Gourjault, varlet, est mentionné dans un hommage-lige du 9 février 1409. Il se qualifie seigneur de La Mothe-de-Fayolle, dans un aveu qu'il rendit pour ce lieu à Marie d'Argenton, le 2 juin 1432.

Alix Goujault, épouse d'Aimeri Aimar, Sgr de La Roche, vivait le 28 octobre 1422.

Catherine Gourjault fondait une chapelle, paroisse de Pranzay, en 1468.

Gelais Gourjault servait comme archer au ban de 1491. Il lui fut enjoint d'avoir une hallebarde et des gantelets. Il habitait la seigneurie de Saint-Maixent.

Gaillard Gourjault servait comme archer dans la garnison de Lusignan en 1491.

Marie Gourjault était, le 10 janvier 1661, veuve de feu Charles Goullard, écuyer, Sgr de La Brusleric

Le baron N..... Gourgaud fut nommé chevalier de l'ordre royal et militaire de Saint-Louis en 1814. (*Hist. de l'Ordre de Saint-Louis*, par A. Mazas, T. III, p. 109.

FILIATION SUIVIE.

§ I. — *Branche de La Millière et Mauprié.*

1. — Jean Gourjault, écuyer, Sgr de La Berlière, La Gonterie, Miorray et

Mauprié, comparut aux montres et revues des mois de juin 1385, 6 avril 1386, 1er avril 1387, servant dans la compagnie de Renaud de Vivône, Sgr de Thors, et, le 22 juillet 1405, en la compagnie de Jean de Torsay, chevalier, suivant une montre faite devant Châlus. Le 15 janvier 1406 (vieux style), il épousa Jeanne de Feydeau, fille de messire Louis, chevalier, Sgr de La Millière, et de dame Marie d'Archiac, à cause de laquelle il reçut plusieurs aveux pour la terre de La Berlière, qu'elle lui avait apportée en dot en 1407, 1409 et 1411. En secondes noces il épousa Jeanne de Saint-Gelais, et fit son testament le 6 octobre 1442. Dans cette pièce, il se qualifie de Jean Gourjault l'aîné, écuyer, Sgr de Maulpérier, La Gonterie et Méonrray, et désigne pour ses héritiers Jean, François et Léonnet, ses enfants. Il élit sa sépulture dans la chapelle de ses prédécesseurs, joignant et contiguë de l'église paroissiale de Saint-Pierre et de Saint-Paul de Pranzay, près Lusignan. Il nomme Jeanne de Saint-Gelays, sa femme, sa légataire universelle, et lègue à Catherine, sa fille naturelle, femme de Jean Fauveau, demeurant en la vallée de Lusignan, six prévendiers de *seylle*, mesure de Lusignan, une fois payés, sur ses moulins de Choezeau, assis sous le chastel de Lusignan : il partagea ses biens entre ses enfants, « *absents de moy et de ma présence* (dit-il) : 1° à Jean, l'aîné, l'hostel de Maulpérier ; 2° à François, le puîné, l'hostel de La Gonterie, et à Léonnet, le dernier, l'hostel de Méonrray. » Et enfin il veut que si ses enfants ne remplissent pas entièrement ses dernières volontés, ils soient passibles de 300 livres d'amendes, dont moitié pour le roi et moitié pour révérend père en Dieu Mgr l'évêque de Poitiers. Ses enfants furent donc, du premier lit : 1° Jean, qui suit ; et du second lit : 2° François, écuyer, Sgr de La Gonterie, qui, « sain en corps, pancée et mémoire, par la grâce de Dieu, voulant aller présentement en l'armée du roy nostre sire, en la compagnie de monseigneur le Daulphin, envers le pays de Vaux-de-Mer en Lorrène », fit son testament le 1er juin 1444, et mourut au service du roy, en Allemagne, avant le 1er juin 1448 ; 3° Léonnet, écuyer, Sgr de Miorray, homme d'armes des ordonnances du roi, suivant des lettres de sauvegarde qui lui furent accordées le 2 mars 1464.

II. — **Jean Gourjault**, écuyer, Sgr de La Millière, La Berlière, La Gonterie et Mauprié, partagea, le 4 juin 1429, les successions de ses aïeux maternels. Le 20 juin 1430, il épousa demoiselle Jeanne de Nuchèze, fille de feu messire Guillaume, chevalier, Sgr de Nuchèze, et de dame Marthe Chasteigner, et transigea, le 1er juin 1448, avec Jeanne de Saint-Gelays et Léonnet Gourjault, son frère, au sujet de la succession de François Gourjault, son oncle. Son fils Jean lui succéda.

III. — **Jean Gourjault**, écuyer, Sgr de Mauprié, La Millière, La Berlière, etc., rendit trois hommages au roi le 19 janvier 1461, 14 novembre 1483, pour la terre de Mauprié, et, le 22 février 1486, pour sa terre de La Berlière. Il laissa de demoiselle Jeanne Parthenay, fille de Jean, écuyer, Sgr d'Availles : 1° Jean, écuyer, Sgr de La Millière, La Berlière, Mauprié, faisant partie de la garnison de Lusignan en 1491, testa le 17 octobre 1517 en faveur de ses neveux, et mourut sans enfants ; 2° Philippe, qui suit ; 3° Guyon, dont la postérité sera rapportée § VI ; 4° Pierre, chevalier de Saint-Jean-de-Jérusalem, commandeur des Epaulx.

IV. — **Philippe Gourjault**, écuyer, Sgr de La Berlière, faisait partie en 1491 de la garnison du château de Lusignan. Il épousa, le 30 mai 1502, demoiselle Catherine Reigner, fille de feu Pierre, écuyer, Sgr de Bourgneuf en Gastine, et de dame Catherine de Montalembert, dont il eut : 1° Jean, qui suit ; 2° Antoinette, femme de Pierre Foucault, écuyer, Sgr de La Sable ; 3° Perrete, mariée vers 1530 à François de Vivône, Sgr de Bongouin et de La Jarraye.

V. — Jean Gourjault, écuyer, Sgr de La Millière, Mauprié, La Berlière, La Couarde, etc., fut exempté de se trouver au ban de 1553, comme servant en Piémont sous le maréchal de Bussac. Le 12 janvier 1538 il avait épousé demoiselle Françoise Taveau, fille de feu René, écuyer, baron de Mortemer, etc., et de Marguerite de Beauvilliers. De ce mariage est issu Pierre, qui suit.

VI. — Pierre Gourjault, Sgr de Passac, La Millière, Pannieuvre, La Groye-Parthenay, La Mothe-Fayole, etc., gentilhomme ordinaire de la chambre du roi, épousa, le 3 septembre 1571, demoiselle Marie Geoffroy, fille de Charles, écuyer, Sgr de Dompierre en Aunis, et de Damienne de Parthenay. Ses enfants furent : 1° Jean, qui suivra; 2° Charles, écuyer, Sgr de Pannieuvre, dont il sera parlé au § III; 3° Claude, dont la postérité sera rapportée § IV; 4° Jean, dont la postérité sera rapportée § V; 5° Paul, écuyer, mort sans postérité avant le 25 avril 1606; 6° Marie, qui épousa, le 31 août 1600, Bertrand de Pons, chevalier, seigneur châtelain de Saint-Maurice. Elle testa en 1645.

VII. — Jean Gourjault, chevalier, Sgr de La Millière, Cujallais, Mauprié, Passac, La Groye-Parthenay, etc., partagea avec ses frères au mois d'avril 1606, et ne vivait plus en 1640. Le 28 janvier 1604, il avait épousé demoiselle Anne de Saint-George, fille de Joachim, baron de Couhé-Vérac, et de dame Louise du Fou. Sont issus de ce mariage : 1° Olivier, qui suit; 2° Gabriel, écuyer, Sgr de Mauprié ; 3° Marie, qui épousa, le 10 mai 1621, Louis de Marconnay, chevalier, seigneur dudit lieu et de Villiers; 4° Louise, mariée, le 17 octobre 1628, avec Philippe de Saint-George, Sgr de Ceaux ; 5° Madeleine, mariée à N.... Mauclerc, écuyer, Sgr de Marconnay.

VIII. — Olivier Gourjault, chevalier, Sgr de La Millière, Cujallais, Mauprié, Passac, épousa, le 20 avril 1633, demoiselle Élisabeth Gillier, fille de Claude, baron de Mauzé, et de Marie de Vivône. En 1651, Olivier assista à la réunion de la noblesse du Poitou, convoquée à Poitiers pour nommer des députés aux États de Tours. Il eut pour enfants : 1° Claude, qui suit ; 2° Louis, écuyer, Sgr de Passac, maintenu noble en 1667. Il avait épousé demoiselle Marie du Fay, dont il eut : A. Anne, dame de Passac, mariée avec Thomas de Treuille, Sgr du Breuil; B. Marguerite-Olive, qui fit enregistrer ses armoiries à l'Armorial général en 1698; C. et Philippe, dont la fille, Louise-Élisabeth, demoiselle de Passac, mourut en février 1779, âgée de quatre-vingt-treize ans; 3° Olivier, dont la postérité sera rapportée § II ; 4° Pierre, chevalier, Sgr de Cujallais, vivant en 1658; 5° Anne, femme de Charles du Vergier, Sgr de Miorray; 6° Marie, qui épousa, le 16 mars 1658, Philippe de Saint-George, Sgr de Ceaux.

IX. — Claude Gourjault, écuyer, Sgr de La Millière et de Mauprié, épousa, le 23 septembre 1651, demoiselle Gabrielle Le Geay, fille d'André, écuyer, Sgr de La Raslière, et de Gabrielle Mauclerc, dont il eut : 1° Adrien, qui suit; 2° Jacques, écuyer, Sgr de La Raslière, qui assista au mariage de son frère Adrien; 3° Olivier; 4° Marie-Élisabeth, mariée, le 8 février 1679, à Louis de Marconnay, chevalier, seigneur dudit lieu, et de la religion prétendue réformée, avec lequel elle passa à l'étranger lors de la révocation de l'édit de Nantes.

X. — Adrien Gourjault, écuyer, Sgr de La Millière, épousa, le 1er mai 1675, demoiselle Anne d'Auray, fille de François, Sgr de Courzelles, et de dame Anne Gombaut, dont il n'eut point postérité.

§ II. *Branche de Mauprié.*

IX. — Olivier Gourjault, fils d'Olivier et d'Élisabeth Gillier, rapportés au

VIIIe degré du § I, chevalier, Sgr de La Millière, Bois-de-Vert, etc., fut maintenu noble, le 10 décembre 1667, par M. Barentin. Le 2 octobre 1668, il épousa Hélène Green-de-Saint-Marsault, fille d'Osée, chevalier, Sgr de Châtellaillon, et de Madeleine de Polignac d'Escoyeux. Ils eurent, entre autres enfants : 1° François-Olive, qui sortit de France lors de la révocation de l'édit de Nantes ; 2° Olivier, qui suit ; 3° N....., mariée à N..... Geoffroy, Sgr de Dompierre.

X. — Olivier Gourjault, écuyer, Sgr de Mauprié, Bois-de-Vert, fut nommé, le 24 décembre 1718, garde des écoles de théologie de l'université de Poitiers. Le 21 juin 1710, il avait épousé demoiselle Élisabeth-Esther Lauvergnat, fille de Louis, écuyer, et de demoiselle Françoise Guérin. De ce mariage sont issus : 1° Olivier-Hubert-Angélique, Sgr de Mauprié ; il rendit aveu de cette terre au château de Lusignan, le 19 janvier 1740, et mourut célibataire en 1752 ; 2° Henriette-Madeleine-Élisabeth, dame de Mauprié, épousa en premières noces, le 17 avril 1739, Olivier de La Barre, chevalier, Sgr de La Guessonnière, et, en secondes noces, N... de Moysen, écuyer ; 3° Françoise-Hélène-Élisabeth, mariée, le 15 avril 1753, à Jean-François Chevalier, écuyer, Sgr d'Availles ; 4° Olive-Élisabeth, mariée à Jean-Alexandre Gourjault, écuyer, Sgr d'Angles.

§ III. — *Branche de La Bessière.*

VII. — Charles Gourjault, fils puîné de Pierre et de Marie Geoffroy, rapportés au VIe degré du § I, écuyer, Sgr de Pannieuvre. Perside Reigner, son épouse, et lui se firent une donation mutuelle le 31 décembre 1621, et ils vivaient encore, près de Melle, en 1646. Leurs enfants furent : 1° Claude, qui suit ; 2° Charles, écuyer, Sgr de Bessé, qui assistait, en 1651, à l'assemblée de la noblesse du Poitou, réunie à Poitiers pour nommer des députés aux États de Tours, et il fut maintenu noble en 1667 par ordonnance de M. Barentin. Charles avait épousé, le 4 mars 1650, demoiselle Élisabeth Regnault, fille de Pierre, écuyer, Sgr de Torsay et de La Fayolle, et de Marie Pastoureau, son épouse. Il en eut pour enfants : A. Claude-Perside, mariée, le 12 août 1683, à Charles Gourjault, chevalier, Sgr de La Berlière, etc.; elle testa le 19 mai 1720, et mourut le 20 mai 1733 ; B. Jean-Charles ; 3° Élisabeth, mariée à Charles Dargence, écuyer, Sgr de La Jarrye, qui, le 9 octobre 1662, donna quittance à sa belle-mère d'une somme de 3,000 livres pour le reste de la dot de sa femme ; 4° Marie, qui, le 22 mai 1669, testa en faveur de Perside, sa sœur, de Jean-Charles et de Claude Perside, ses neveux, enfants de Charles, son frère. Le 6 décembre 1676 elle fit un nouveau testament en faveur de Claude-Perside seulement ; 5° Perside, et 6° Madeleine, mortes sans alliance.

VIII. — Claude Gourjault, écuyer, Sgr de La Bessière, de Châteauneuf et de La Touche-de-Bessé, en 1646 professait la religion prétendue réformée. Il quitta la France à la révocation de l'édit de Nantes, et fut poursuivi comme fugitif. En premières noces il épousa demoiselle Françoise Rolland, et en secondes, demoiselle Jeanne Doyneau, par acte du 7 janvier 1672. Du premier lit est issu :

IX. — Claude Gourjault, écuyer, Sgr de La Bessière, qui fit hommage au roi de sa terre de Châteauneuf, le 21 avril 1677, et mourut sans postérité.

§ IV. — *Branche du Mey.*

VII. — Claude Gourjault, fils puîné de Pierre et de Marie Geoffroy, rapportés au vi° degré du § I, écuyer, Sgr de La Fayolle et de Venours, vivait en 1624. Il eut de demoiselle Jeanne Gourjault, son épouse : 1° Charles, qui suit; 2° Pierre, dont il sera parlé après la postérité de son frère aîné; 3° Élisabeth, mariée, le 14 mai 1647, à Pierre de Castello, chevalier, Sgr de Tisson; 4° Jeanne; 5° Claude, vivant en 1658; 6° Louise; 7° Marie, qui était en 1647 épouse de Pierre Garnier, écuyer, Sgr de Butré.

VIII. — Charles Gourjault, écuyer, Sgr de Venours, fut confirmé dans sa noblesse en 1667, et eut de demoiselle N..... Goullard, son épouse, un fils, Alphée, Sgr de Venours, qui fit enregistrer ses armoiries à l'Armorial général en 1698.

VIII bis. — Pierre Gourjault, écuyer, Sgr du Mey, frère puîné du précédent, fut maintenu dans sa noblesse le 10 décembre 1667. Il laissa de demoiselle Anne Gorron, son épouse : 1° Pierre-Honoré, qui suit; 2° Louis-Charles, chevalier, Sgr de La Grangerie, marié à Susanne de Moulins, le 26 février 1680, dont il eut trois filles, Susanne, Françoise et Marguerite, qui, en 1699 (7 avril), étaient sous la tutelle de leur oncle.

IX. — Pierre-Honoré Gourjault, écuyer, Sgr du Mey, assista aux bans de 1691, 1692, 1695, et fut maintenu dans sa noblesse, ainsi que les filles de son frère, par sentence de M. de Maupeou, du 7 avril 1699. En premières noces il avait épousé, le 22 août 1685, demoiselle Anne de Mallemouche, et, en secondes noces, Charlotte Gourjault, fille de Charles, chevalier, Sgr de La Berlière, et de demoiselle Charlotte Hélies. Il en eut pour enfants : 1° Charles-Claude-Honoré, qui suit; 2° Perside, mariée à Paul de Lauzon, écuyer, Sgr du Coteau, qui, le 15 mai 1727, partagea avec son frère la succession de Marie-Angélique de Gourjault, leur parente, morte sans hoirs.

X. — Charles-Claude-Honoré Gourjault, écuyer, Sgr de La Frémaudière-Robert, laissa de N..... Nivault, son épouse : 1° Charles-François, qui suit; 2° N.., qui habitait et mourut à Parthenay.

XI. — Charles-François Gourjault, écuyer, Sgr du Mey et de La Frémaudière-Robert, naquit, paroisse d'Aslonne, le 2 janvier 1737, fut capitaine au régiment de Custines, émigra, et devint chef de section dans une des compagnie à cheval du Poitou. Le 23 août 1778, il avait épousé demoiselle Perrine-Françoise-Marie-Thérèse-Eulalie Pioger de Pentigné, dont il n'eut que deux filles : 1° Anne-Élisabeth-Joséphine, mariée, le 5 février 1805, à Léon-François-Marie Bellin de La Liborlière, vivant en 1848; 2° N ...., religieuse à Baugé.

§ V. — *Branche de La Berlière.*

VII. — Jean (dit le jeune) Gourjault, fils puîné de Pierre et de Marie Geoffroy, rapportés au vi° degré du § I, chevalier, Sgr de La Berlière, Villefay, Maynard, etc., épousa, le 18 octobre 1618, demoiselle Catherine de Vivonne, fille de Jean, chevalier, Sgr de Bourgoing et de Melleran, et de dame Louise de La Chambre. Jean mourut avant le 21 mars 1639, laissant : 1° Charles, qui suit; 2° Marie, femme de Jacques de Ravenel, Sgr du Riz-Chazerat; 3° Élisabeth, qui épousa, le 15 décembre 1639, Louis de Ravenel, écuyer Sgr de La Bertellière.

VIII. — Charles Gourjault, chevalier, Sgr de La Berlière, Villefay, Maynard, Conzay, etc., partagea la succession paternelle le 9 décembre 1644. Il épousa, le 6 août 1646, demoiselle Catherine de La Barre, fille de feu Pierre, écuyer, seigneur dudit lieu, et de Judith de Pellard. Le 10 décembre 1667 il fut maintenu noble par M. Barentin, et ne vivait plus en 1673, laissant :

IX. — **Charles Gourjault**, chevalier, Sgr de La Berlière, Conzay, La Couarde, Villefay, Maupertuis, Crouzon, Maynard, etc., né le 28 juin 1647 ; il fut nommé lieutenant de chevau-légers le 1er avril 1668. Le 23 octobre 1673, il épousa demoiselle Charlotte Hélies, fille de Henri, chevalier, Sgr de Boisroux, et de dame Marie Salbert, dont il eut : 1° Charles, qui suit ; 2° Marie-Angélique ; 3° Charlotte, femme de Pierre-Honoré Gourjault, écuyer, Sgr du Mey. En secondes noces Charles épousa, le 12 août 1683, demoiselle Claude-Perside Gourjault, fille de Charles, Sgr de Bessé, et de demoiselle Esther Regnault. De ce mariage sont issus : 4° Claude-Charles, écuyer, Sgr de La Fayolle, capitaine de cavalerie au régiment de Forsat, épousa, le 18 décembre 1736, demoiselle Susanne Laurent, fille d'André, écuyer, Sgr de Mallubert, et de demoiselle Jeanne Sudre : il mourut sans postérité, le 26 mars 1752 ; 5° Jean-Alexandre, écuyer, marié, le 21 février 1719, à demoiselle Marie de Montfrebœuf, veuve de Daniel de Jourdain, écuyer, Sgr de Villeneuve, et fille de François, écuyer, Sgr de Beauregard, et de Jeanne de Saint-Garreau. Il en eut un fils, Jean-Alexandre, écuyer, Sgr de La Fayolle, né le 21 novembre 1721, qui mourut le 13 mai 1803, n'ayant point eu d'enfants de dame Susanne Laurent, veuve de Claude-Charles de Gourjault, écuyer, Sgr de La Fayolle, qu'il avait épousée le 3 août 1755 ; 6° Pierre-Philippe, écuyer, Sgr de Maupertuis, décédé sans alliance, au Bois, paroisse du Vieux-Ruffec, vers 1763 ; 7° Angélique-Éléonore, mariée, le 12 février 1720, à Charles-Hercule Reynaud, écuyer, Sgr de La Courrière, était morte avant le 15 mai 1737.

X. — **Charles Gourjault**, chevalier, Sgr de Cerné, La Berlière, Villefay, Conzay, La Couarde, etc., naquit le 24 mai 1668, épousa, le 7 décembre 1705, Gabrielle Suyrot, fille de Pierre, chevalier, Sgr d'Angle, et de feue Gabrielle Louveau. Il était mort en 1742, laissant pour enfants : 1° Pierre-Charles, qui suit ; 2° Gabriel-Joseph, chevalier, Sgr d'Aubanie, épousa, le 28 novembre 1745, Marie-Louise-Victoire de Malleray, fille de Benjamin, chevalier, Sgr d'Aubanie et de Mersignac, et de Marie-Françoise Testu de Balincourt, dont il n'eut qu'une fille, Marie-Louise, mariée, le 30 octobre 1778, avec Marc-Joseph Jarno, chevalier, Sgr du Pont-Les-Groseilliers, et qui mourut le 4 septembre 1779 ; 3° Alexandre, chevalier, Sgr d'Angle, assista au ban de 1758, rendit, le 18 août 1785, hommage au château de Melle, de la seigneurie de l'Isle, paroisse de Marigny. Il eut de son mariage avec demoiselle Olive-Élisabeth Gourjault, fille d'Olivier, écuyer, Sgr de Mauprié, et de demoiselle Élisabeth-Esther de Lauvergnat : A. Charles-Hubert, marié avec demoiselle N..... de Lauvergnat, fille de Pierre-Philippe-Louis, Sgr de La Lande, et de dame Marie-Louise de Brouilhac ; et B. Françoise-Gabrielle, qui épousa en premières noces N..... de Boynet, chevalier, Sgr de Bernay, et en secondes noces, Philippe-Charles Janvre, chevalier, Sgr de L'Estortière, etc. ; 4° Marie-Gabrielle, mariée, le 9 octobre 1732, avec Jacques-Élie Mansault, chevalier, Sgr de Boissoudan ; 5° Marie-Gabrielle Perside ; 6° Charlotte Perside, mariée en premières noces à Jean Goullard, écuyer, Sgr de Montaillan, et en secondes, à Charles d'Auzy, chevalier, Sgr de La Voûte ; 7° Jeanne, qui épousa, le 29 octobre 1744, Gabriel de Mallevault, chevalier, Sgr de La Varenne ; 8° Charlotte, morte sans alliance.

XI. — **Pierre-Charles Gourjault**, chevalier, Sgr de La Berlière, Conzay, Maynard, Villefay, Tauché, Maupertuis, etc., né le 20 septembre 1713, épousa, le 15 juillet 1742, Marie-Élisabeth d'Auzy, fille de Louis-Gédéon, Sgr de La Voûte, etc., et de dame Marie-Élisabeth David. Il fut au ban de 1758 brigadier de la troisième brigade de l'escadron de Villedon. Il eut pour fils :

XII. — **Louis-Charles Gourjault**, titré marquis de Gourjault pour les honneurs de la cour, chevalier, Sgr de La Berlière, Maupertuis, Villefay, de Conzay, Tauché, etc., né à Thorigné, le 7 avril 1743, entra le 21 décembre 1756 aux mousquetaires (2e compagnie), fut nommé, le 1er mars 1763, capitaine au régiment de Choiseul-dragons, fit les campagnes de 1761 et 1762 en Allemagne, et passa ensuite au régiment de Custines-dragons. Il épousa, le 9 septembre 1765, demoiselle Henriette-Charlotte de Ramsay, fille de Henri, chevalier, Sgr de Clavault, Saint-Valérin, etc., et de Susanne-Esther d'Auzy. Le 2 janvier 1785, il fut créé chevalier de Saint-Louis. Il eut pour fils :

XIII. — Charles-Henri-Marie Gourjault, titré comte de Gourjault pour les honneurs de la cour, Sgr de Clavault, Saint-Valérin, Saint-Paul-en-Pareds, La Bouvelière, Bois-Rousseau, Sémagne, etc., baptisé le 28 juin 1780, passa successivement sous-lieutenant surnuméraire dans le régiment du Roi-infanterie, le 4 mai 1783, et capitaine au régiment de Laval-Montmorency-dragons. Il monta, ainsi que son père, dans les carrosses du roi, le 25 février 1788. Le 26 février 1786, il épousa demoiselle Angélique-Emmanuel Le Chevalier, fille de Charles, marquis de La Coindardière, et de Marie-Susanne-Joseph de Brilhac, et mourut le 13 avril 1840, ayant eu de son mariage : 1° Charles-Louis-Ernest, qui suit; 2° Charles-Anastase-Gabriel, dont il sera parlé après la postérité de son frère aîné; 3° Marie-Augustine-Clémentine, née à Munster le 25 août 1793, mariée, le 23 novembre 1713, à Charles-Xavier Brochard de La Rochebrochard; 4° Anne-Marie-Alexandrine, née à Libeck, épousa, le 1er juin 1819, Charles-René-Robert-Hilaire-Marie-Barbe-Radegonde, comte de Moussy-La-Contour, et mourut le 1er juin 1830; 5° Angélique-Emmanuelle, morte célibataire le 14 novembre 1818.

XIV. — Charles-Louis-Ernest, marquis de Gourjault naquit le 10 novembre 1800 à Altona, en Danemark, fut nommé auditeur au conseil d'État en 1825, et donna sa démission en 1830. Il épousa, par contrat du 19 mai 1829, honoré de la signature du roi et des princes, demoiselle Anne-Rose-Charlotte Butel de Sainte-Ville, fille de feu Charles-Joachim-Mathurin et d'Anne-Perrine Budan. De ce mariage sont issus : 1° Raoul-Charles-Henri, né le 5 septembre 1830; 2° Louise-Marie-Alix, née le 17 avril 1832; 3° Albert-Charles-Henri, né le 27 septembre 1834, mort jeune.

XIV bis —Charles-Anastase-Gabriel, comte de Gourjault, né à Poitiers le 24 février 1803, entra à l'École militaire de Saint-Cyr en 1819, fut sous-lieutenant aux 8e et 12e régiments de chasseurs, et quitta le service en 1833, après avoir fait la campagne d'Espagne de 1823, 1824. Le 4 octobre 1832, il épousa Louise-Henriette-Mathilde Bodson de Noirefontaine, fille de Camille-Louis-Gabriel, officier général du génie, et de Charlotte-Joseph de Vitalis. De ce mariage sont issus : 1° Henri-Charles, né le 4 août 1833, mort enfant; 2° Ernest-Olivier, né le 29 avril 1836; 3° Marie-Henri, né le 8 mars 1844; 4° Camille-Hugues, né le 24 mars 1845.

§ VI. — *Branche de La Groye.*

IV. — Guyon Gourjault, fils puîné de Jean et de Jeanne Parthenay, rapportés au IIIe degré du § I, écuyer, coseigneur de Mauprié, épousa demoiselle Marie Luzarches, fille de Jean, Sgr de Fraignac, dont, entre autres enfants : 1° Mery, qui suit ; 2° Jean, qui fit ses preuves pour l'ordre de Saint-Jean-de-Jérusalem le 18 mai 1522.

V. — Mery Gourjault, Sgr de Mauprié, habitant la seigneurie de Poitiers, servit comme homme d'armes au ban de 1533. Il épousa en premières noces Renée Parthenay, et en secondes noces, vers 1570, Catherine Chabot, fille d'Arthus, Sgr de

Passy. De ces mariages sont issus : 1° Isaac, qui suit; 2° Madeleine; 3° Jeanne, mariée, le 27 janvier 1548, à René de Volvire.

VI. — Isaac Gourjault, écuyer, Sgr de Mauprié, assista en 1618 au contrat de mariage de Jean Gourjault, Sgr de La Berlière, son cousin. Il épousa demoiselle Louise Boynet, dont il eut :

VII. — Charles Gourjault, écuyer, Sgr de La Groye, de Parthenay, épousa, le 14 août 1650, Susanne Adam, fille d'Hercule, chevalier, Sgr de Puyravault, et d'Élisabeth de Tinguy. Il fut maintenu dans sa noblesse le 10 décembre 1667. Il eut pour enfants : 1° Jacques, qui suit; 2° Charles, coseigneur de La Groye, de Parthenay, fit enregistrer ses armoiries à l'Armorial général de France.

VIII. — Jacques Gourjault, écuyer, Sgr de La Groye, de Parthenay, avait épousé demoiselle Marguerite Bérenger; ils vivaient l'un et l'autre en 1691. Nous ignorons leur postérité.

Armes : *de gueules au croissant d'argent.*

(*Dictionnaire des familles de l'ancien Poitou*, par H. Fillau.)

GOUZON (p. 222).

La baronnie de Gouzon, autrefois Gozon, située en Bourbonnais, formait une petite enclave sur les confins de la Marche et du pays de Combraille. Elle a donné son nom à une famille considérable, connue depuis.

I. — Alard de Goson, qui, à la fin de sa vie, donna aux religieux de Bonlieu l'usage de son bois de La Lande en 1187. Il laissa six enfants : 1° Guillaume, qui suit; 2° Guy; 3° Foulque; 4° Geoffroy; 5° Archambaud; 6° Hugues, tous connus par leurs libéralités envers le même monastère.

II. — Guillaume, sire de Gouzon, rendit hommage pour sa terre à Guy, sire de Bourbon, et s'engagea à le défendre, envers et contre tous, en 1203. Il avait lui-même plusieurs vassaux. Il fit de nombreuses largesses aux religieux de Bonlieu, et n'existait plus en 1229, ayant eu de son mariage avec Agnès, parente de Henry, Sgr de Sully, Guillaume II, qui suit.

III. — Guillaume II, sire de Gouzon, qui rendit hommage pour ladite terre à Archambaud, sire de Bourbon, en 1242. Nous croyons qu'il fut père de Gui, qui suit.

IV. — Gui, sire de Gouzon, devenu par sa femme, dont le nom est ignoré, possesseur d'un des quatre châteaux qui s'élevaient dans l'enceinte de la ville de Chauvigny, en Poitou. Ce château reçut d'eux le nom de Gouzon, qui le distingua de ceux de Montléon et de Harcourt, situés également à Chauvigny, et désignés comme lui par les noms de leurs seigneurs. Guy de Gozon, chevalier, n'existait plus en 1295. Guy de Montléon, Sgr de Montléon, à Chauvigny, tenait de sa veuve, dame du château de Gouzon, à Chauvigny, un bois en parage.

V. — Pierre de Gouzon, valet (qualification usitée pour les jeunes gentilshommes), rendit aveu pour le château de Chauvigny à l'évêque de Poitiers, baron de Chauvigny, en 1317. Il fit un partage avec André de Chauvigny et Pierre d'Allemagne, Sgr des Mouriers, et fut vraisemblablement père de : 1° Gui, qui suit; 2° noble homme monseigneur Jean de Gozon, chevalier, qui était marié en 1357 avec noble dame Contour de Malevau (de Maleval en Marche), dame de Genillé en Touraine.

VI. — Noble homme messire Guy, deuxième du nom, sire de Gouzon, chevalier, fournit le dénombrement de ladite seigneurie de Gouzon et de celle de La Cépeuze, au duc de Bourbon, en 1354. Il servait avec deux écuyers dans les guerres de Poitou et de Saintonge ; fut payé de ses appointement en la bastide de Saint-Gilles, devant Surgères, le 8 octobre 1353, et en donna quittance sous le scel de messire Guichard d'Angles, sénéchal de Saintonge, en l'absence du sien. Monsieur Guy de Gozon et son frère-germain, Jean de Gozon, lequel était homme-lige de l'évêque de Poitiers, à cause du château de Dissay, relevant de Chauvigny, vendirent à Mgr Fors d'Aulx, évêque de Poitiers, dix livres de rente en 1335. Guy de Gozon vendit au même prélat sa portion de la forêt de Chauvigny l'année suivante. Nous croyons qu'il fut père de :

VII. — Jeanne de Gouzon, qui était mariée, en 1384, à monseigneur Guillaume Brandon, chevalier, lequel se qualifiait seigneur de Gouzon en 1399. Leur postérité a possédé la baronnie de Gouzon jusqu'au milieu du xve siècle.

On trouve encore le nom de plusieurs individus isolés ayant appartenu à la famille de Gouzon, en Marche, qui vivaient aux xiiie et xive siècles.

Les armes de la maison de Gouzon nous sont inconnues.

Cette maison doit être distinguée de celle de Gozon ou Gouzon, en Quercy et en Rouergue, qui avait emprunté son nom à une seigneurie située près de Saint-Affrique. Le célèbre Dieudonné de Gozon, grand-maître de Rhodes au xive siècle, et héros d'une légende si connue, était issu de cette seconde maison, encore existante à la fin du xviiie siècle, et qui portait : *de gueules à la bande d'argent chargée d'une cotice d'azur, à la bordure crénelée ou componée d'argent.* (Vte F. DE MAUSSABRÉ.)

On trouve encore que Guillaume de Gouzon (ci-dessus) rendit hommage de sa terre à Gui, puis à Archambaud, sires de Bourbon, en 1203 et 1242, et que Guillaume et Pierre Brandon, Jean de La Garde, Guillaume de Malleret, chevaliers; Jean Boschaud, damoiseau, relevaient de lui. (DE BETT.)

Blanche de Beaumont, tutrice de ses enfants Jean et Pierre, tint du comte de Clermont, sire de Bourbon, les fiefs de Gouzon en Bourbonnais et de Cuzy en Nivernais, 1300. (*Ibidem.*)

Jean Lambert de Gozon était mari d'Alise Brandon en 1404. (*Ibidem.*)

Jeanne de Gouzon, dame de Lussac (1) et de La Chaume, était mariée à Guillaume Brandon, chevalier en 1398. (NADAUD, T. I, p. 25.)

Louis Brandon, S^{gr} de Lussac et de Gouzon, 1398. (DE BETT, *Noms féodaux.*)

Fleur de Malleret, fille de Philibert de Malleret et de Jeanne Brandon, s'était portée héritière en partie des terres de Lussac, Gouzon et Flayac; il s'en suivit un grand procès entre Jacques de La Roche-Aymon, mari de Fleur, et Godiffer de Malleret, son frère. (*Généalogie de La Roche-Aymon.*)

Haut et puissant seigneur Pierre de Salvert était baron de Gouzon les 15 novembre et 17 décembre 1589.

François de Durat l'était le 10 janvier 1615.

En même temps que la famille de Durat, on trouve qualifiées de baron de Gouzon les familles de Cluys, de Fricon, de La Fin. (D'HOZIER, *Armorial général de France, registre 2e; Généalogie de la famille de Fenis de La Prade.*)

La famille d'Oiron a possédé de 1654 à 1789 la plus grande partie de la baronnie de Gouzon. L'autre partie était à cette dernière époque entre les mains des Ligondès, S^{grs} de Périgord, près Gouzon. (P. DE CESSAC.)

---

(1) Lussac-les-Nones, paroisse du canton de Chambon-Sainte-Valérie (Creuse).

GOYET (Jean), licencié en droit, vicaire général de l'évêché de Limoges, vivant en 1405, portait *trois fermaux*. (Lainé, *Nobiliaire du Limousin*, p. 25.)

GRAIN ou GREEN DE SAINT-MARSAULT (p. 222). — La généalogie de cette famille est insérée dans le tome II des *Archives de la noblesse*, par Lainé.

A l'assemblée générale de la noblesse du Limousin, en 1789, on trouve :

Claude Green de Saint-Marsault, chevalier, vicomte du Verdier, lieutenant des gardes-du-corps du roi, chevalier de Saint-Louis, mestre-de-camp de cavalerie.

François-Germain Green de Saint-Marsault, chevalier, marquis du Verdier, chevalier de Saint-Louis, lieutenant des maréchaux de France.

A celle de l'Aunis : Louis-Henri-François Green de Saint-Marsault, chevalier, S#r du Treuil-Charay et autres lieux, capitaine des vaisseaux du roi au département de Rochefort, chevalier de Saint-Louis, étant mort, était représenté par sa femme, dame Charlotte-Victoire de Lestang du Ry, dame du fief de Limandière. De cette union étaient nées trois filles : 1° Suzanne-Victoire ; 2° Charlotte-Julie ; 3° Henriette-Catherine.

Henri-Charles-Benjamin Green de Saint-Marsault, chevalier, seigneur, comte, baron de Châtel-Aillon, ancien capitaine d'infanterie, chevalier de Saint-Louis, conseiller du roi et son grand-sénéchal de la sénéchaussée, ville et gouvernement de La Rochelle. Il figure encore à l'assemblée de l'Angoumois.

C'est à la même branche que ce dernier que se rapporte Osée Green de Saint-Marsault, chevalier, S#r de Châtellaillon, qui épousa Madeleine de Polignac d'Escoyeux, dont la fille Hélène épousa, le 2 octobre 1668, Olivier Gourjault, S#r de La Millière, etc., fils d'autre Olivier.

GRAND (p. 225) porte : *d'azur au sautoir d'or cantonné de 4 étoiles d'argent.* — Saintonge et Aunis. (Ch. Grandmaison, *Dict. hérald.*)

N..... Grand de Luxolière était à l'assemblée générale de la noblesse, tenue à Angoulême en 1789. (*Catalogue des gentilshommes de l'Angoumois.*)

GRANDMONT. — La célèbre abbaye de ce nom, dont saint Étienne de Muret (Estienne, comte de Thiers) est le fondateur (1076), est située paroisse de Saint-Sylvestre (Haute-Vienne). D'Hozier, dans son *Armorial général*, lui a donné pour armes : *d'argent au chef de gueules*. Cet ordre illustre de Grandmont a été détruit depuis la fin du siècle dernier, grâce aux soins de ses prétendus réformateurs.

GRAMMONT. — Voir Delmas de Grammont, p. 12. Delmas de Grammont est une famille originaire du Limousin, qui porte : *d'argent à la croix ancrée de gueules*, l'écu sommé d'une *couronne murale;* supports : *deux lions de gueules*. (*Arm. de la Touraine*, p. 1063.)

En 1490, Isabelle de Grammont donna cinq livres à la chapelle de Notre-Dame-du-Pont à Saint-Junien. (*Sem. relig. de Limoges*, T. VI, p. 112.)

On trouve une famille Bonnin de Grammont, à Rancon, canton de Châteauponsac (Haute-Vienne) ; en voici quelques degrés, extraits en grande partie des registres de cette paroisse :

Jean Bonnin ou Bounin de Grandmont était consul de Limoges en 1724 ; c'est probablement le même que le suivant.

Jean-Baptiste-Valérie Bonnin de Grandmont, écuyer, secrétaire du roi et son procureur en la maîtrise des eaux et forêts de la Basse-Marche, Sgr de Puy-Martin, épousa Catherine Genty ; elle mourut veuve le 4 novembre 1776, âgée d'environ soixante-cinq ans, et fut enterrée le lendemain dans l'ancienne sacristie de l'église de Rancon. Il testa le 28 avril 1773, fit héritiers ses enfants, ainsi que les enfants de feu Catherine, sa fille. De ce mariage vinrent : 1° Charles, qui suit ; 2° Charlotte ou Marie-Charlotte, née le 5 avril 1739, mariée, le 7 janvier 1760, à Louis Coustin, écuyer, Sgr de La Bussière-Étalle, Roche, Les Coines et autres lieux, chevalier de l'Ordre royal et militaire de Saint-Louis, capitaine d'infanterie, fils de Jean Coustin, de Puy-Martin (fief de la paroisse de Blanzac) et d'Anne Lescours ; elle mourut le 14 juin 1779 ; 3° Jean-Baptiste, *alias* Léonard-Jean-Baptiste, né le 10, baptisé le 12 août 1731, ayant pour parrain Léonard Bonnin, sieur de Nouit, et pour marraine Charlotte Sornin, femme de messire Charles Genty, qui, en 1790, signe prêtre et écuyer, et qui, après avoir été Jésuite, mourut en réclusion à Tulle en novembre 1793 (LEGROS, *Nécrolog.*) ; 4° Catherine, qui était morte en 1773, et qui avait épousé Jacques Robineau, à l'âge de dix-huit ans, le 8 février 1751 ; il habitait la paroisse de Gajoubert, et était âgé de trente et un ans à l'époque de son mariage ; 5° probablement Marie-Catherine, qui épousa François Mallebay La Thibauderie, sergent royal, par contrat du 16 octobre 1785, dont Marie, baptisée à Rancon le 5 février 1790.

Charles Bonnin, écuyer, sieur de Grandmont, baron de Chabannes, né et baptisé à Rancon, le 30 mai 1730, ayant pour parrain messire Antoine-Charles Genty, avocat au Parlement, grand-père maternel, et pour marraine Anne Bastide, veuve de messire Jean Bonnin, Sgr de Nouit, avocat au Parlement, grand'mère paternelle. Il était mort en 1776. Il épousa Marie-Anne (*alias* Catherine) de La Valette des Houmeaux, qui mourut, âgée d'environ trente-sept ans, et fut enterrée dans l'ancienne sacristie de l'église de Rancon, le 30 janvier 1772. De ce mariage naquirent : 1° Catherine, baptisée à Rancon le 2 octobre 1758, ayant pour parrain Jean de La Valette, de Châteauponsac, et pour marraine Catherine Genty ; 2° Marie-Anne, née le 26 septembre 1759, morte à Rancon, à l'âge de trois ans, et enterrée le 10 octobre 1762 dans l'ancienne sacristie de l'église de Rancon ; 3° Catherine-Rose, née et baptisée à Rancon le 1er novembre 1760, épousa, le 22 novembre 1787, Pierre Buisson, qui fut capitaine au 2e bataillon de la Haute-Vienne, et habitait à Bellac, étant veuf le 5 vendémiaire an VI ; 4° Marie-Charlotte, née et baptisée à Rancon, le 2 novembre 1761, qui épousa, le 25 mai 1789, Pierre Barbier, écuyer, sieur de Landrevie, garde-du-corps du roi, compagnie écossaise, âgé de trente et un ans, fils de François et d'Élisabeth Dubois, par contrat du 24 mai 1789, le sieur Bonnin Grandmont, son oncle, lui fit donation de 5,000 livres ; 5° Jean-Baptiste-Charles, né et baptisé à Rancon le 3 mars 1763, mort le 7 juin 1777 ; 6° Louis-Alexis, qui suit ; 7° Catherine-Marguerite, née le 18 décembre 1767, épousa, le 12 janvier 1790, Jean-Baptiste du Fénieu, Sgr de Saint-Priest-le-Betoux, veuf de dame Marie-Anne Dumareil de La Valette, du lieu noble du Pin-Bernard, âgé d'environ trente-neuf ans ; il émigra pendant la révolution ; elle était morte en 1836 (*Nobiliaire*, T. II, p. 171.) ; 8° Jean-Baptiste-Marie, né et baptisé le 25 décembre 1768 ; 9° Léonard-Jean-Baptiste, enterré dans l'ancienne sacristie de l'église de Rancon le 28 mai 1763.

Jean-Louis-Alexis Bonnin de Grandmont, né le 17 juillet 1764, était à l'assemblée de la noblesse de la Basse-Marche le 16 mars 1789, au Dorat, capitale de la province; il est dit écuyer, S^{gr} de Puy-Martin, des Mons, de Biaussac et de Chabannes-Guerchi, émigra pendant la révolution, est nommé chevalier de Saint-Louis, en 1814, sous le nom de Jean-Louis-Alexis Bonnin de Grandmont. En 1789 il est dit, à l'assemblée de la noblesse du Poitou, S^{gr} de Saint-Maurice. Il habitait Poitiers en 1790.

On trouve encore Jean-Joseph Bonnin de Grandmont, nommé archiprêtre de Rancon en 1765, qui refusa le serment schismatique, et mourut en Espagne en 1795.

Branche de Nouit.

Pierre Bonnin épousa N....., dont Jean, qui, le 10 novembre 1665, fut parrain d'autre Jean Bonnin, fils de François Bonnin, maître serrurier de Rancon, et de Catherine Voyon (?).

Jean Bonnin, avocat, sieur de Nouit (paroisse de Balledent), épousa : 1° Françoise Fauconnier, dont Mathurine, née le 26 septembre 1693 ; 2°, le 24 janvier 1696, Anne Bastide, fille de feu Jean Bastide, sieur de Bagros, paroisse de Rancon, et de Jeanne Pénigot ; elle était veuve en 1717. De ce second mariage vinrent : 1° Joseph Bonnin, prêtre, qui vivait en 1727, mourut à Rancon le 11 janvier 1757, fut enterré le 12 dans l'ancienne sacristie de l'église de Rancon, en présence de N..... Bonnin de Grandmont ; il avait été ordonné sous-diacre par Mgr de Limoges en 1724 ; c'est lui qui est dit sieur du Cluseau ; 2° Jean-Baptiste-Valerie Bonnin, qui fait la branche de Grammont, ci-dessus ; 3° apparemment Léonard, qui suit.

Léonard Bonnin de Nouit, conseiller du roi, juge et châtelain royal de Rancon, S^{gr} de Nouit et de Bois-de-Lavaud, vivait en 1723 ; il fut enterré le 16 octobre 1745 dans l'ancienne sacristie de l'église de Rancon, était âgé de quarante-huit ans. Il avait épousé Barbe-Anne Dubrac, qui mourut à l'âge de soixante-dix-huit ans, le 21 septembre 1778, dont : 1° Vincent, né le 19 novembre 1730, baptisé le 20, ayant pour parrain Vincent Dubrac, sieur de Villaudran, et pour marraine demoiselle Catherine Bastide; 2° Jean-Claude, qui suit ; 3° Catherine, baptisée le 14 avril 1729 ; 4° Marie-Joséphine, née le 6 avril 1737 ; 5° Marie Bonnin de Nouit, qui, le 1er février 1758, épousa Martial-François de Roffignac, écuyer, S^{gr} de Grimodie et autres lieux, âgé de vingt et un ans, fils de feu Claude de Roffignac et de Marie Coustin, et fut mère de Vincent de Roffignac, né le 1er septembre 1760, et mort martyr de la foi pendant la révolution française ; 6° Vincent Bonnin de Lavaubois (aujourd'hui Bois-de-Lavau, paroisse de Balledent), qui était vicaire de Rancon en 1757, prieur curé de La Celle-Dunoise (Creuse), et S^{gr} de La Bastide (paroisse de Rancon) ; il était à l'assemblée générale de la noblesse de la Basse-Marche, tenue au Dorat le 16 mars 1789.

« Jean-Claude Bonnin de Nouit, S^{gr} de Rancon, par engagement de Sa Majesté, son conseiller et châtelain, a présenté : 1° un arrêt du conseil d'État, tenu à Compiègne le 29 juillet 1767, par lequel le roi ordonne qu'il soit passé au profit dudit seigneur contrat de vente du domaine de la châtellenie de Rancon, avec justice haute, moyenne et basse, rentes en nature et argent, etc... ; 2° le contrat passé le 5 septembre 1767 en vertu de l'arrêt précédent ; 3° le papier terrier en original de ladite châtellenie de Rancon, fait en vertu de lettres-patentes du 11 juin 1532. Dans ce papier terrier se trouvent deux reconnaissances (des 19 mars 1532 et 5 octobre

1535) de rentes dues au roi par la châtellenie de Rancon, par Jacques et Jean Bourgeois, habitants de Roussac, sur le village de La Vergne, et par M. Louis Duquéroix, prieur de Bersac, en vertu de la procuration de vénérable Jean Barthon, prévôt de la prévôté de Roussac sur le prieuré du même nom.

» Le sieur Bonnin de Nouit a exposé qu'en vertu de ces divers titres il devait jouir de rentes dues sur le village de La Vergne et sur la prévôté de Roussac, comme dépendant de la châtellenie de Rancon; mais que les chanoines du chapitre de Saint-Martial de Limoges percevaient lesdites rentes; qu'il les avait requis de produire les titres qui les leur attribuaient, qu'ils n'avaient pas répondu.....

» Le sieur Bonnin a requis de le mettre en possession des rentes dues sur La Vergne et la prévôté de Roussac, etc.

» De quoi il a été donné acte.

» Le notaire et les témoins se sont ensuite portés à trente pas de distance de la halle, sur les vestiges de l'ancien monastère de la prévôté principale et manoir d'icelle, et le notaire a donné lecture des titres ci-dessus, etc..., en présence des témoins et des habitants, tenanciers de ladite prévôté, et mis le sieur Bonnin en possession. » (*Procès-verbal du 29 août 1768, extrait des Archives de M. Dunoyer, notaire à Bellac.*)

Ledit Jean-Claude Bonnin, écuyer, Sgr de Nouit et autres lieux, était né et avait été baptisé à Rancon le 6 avril 1734; il mourut le 27 décembre 1789. Il avait épousé Luce-Marguerite Maupetit, dont : 1° Anne-Barbe-Joseph-Léonarde, qui, à l'âge de dix-huit ans, épousa, le 10 mai 1785, Léonard Barbou, sieur des Courrières et de Thias, fils de feu Martial Barbou, conseiller du roi, greffier en chef en l'élection de Limoges, et de Marguerite Bourdeau, de la paroisse de Saint-Pierre-du-Queyroix de Limoges, âgé de trente ans (Nadaud, T. I, p. 137, la nomme Constance Bonnin); 2° Anne Constance, qui, le 11 janvier 1774, était marraine de sa nièce, fille de Martial-François de Grimodie; 3° Vincent-Frédéric-Ferdinand Bonnin de Nuit.

Notes isolées.

Jean Bonnin, sieur de La Guerenne, épousa Jeanne de Razés, qui fut enterrée, le 24 novembre 1694, dans la chapelle de Saint-Sébastien, à Rancon, en présence de Gabriel de Razés, Sgr du Pin-Bernard.

Gabriel Bonin épousa Anne Rivaille, dont Pierre, baptisé à Rancon le 3 février 1698.

Marie Bonin épousa Pierre Dubois, sieur de Villechèse; elle était veuve en 1739.

Charlotte Bonin épousa Pierre Vincendon, du village de Villechèse; elle fut enterrée le 20 mai 1739, dans le cimetière de Rancon, étant âgée d'environ soixante-quatre ans.

On trouve des Bonin parmi les consuls de Limoges au xviie siècle.

Maître Jehan Bonin est élu consul de Limoges en 1543. (*Registres consulaires*, T. I, p. 368.)

Jean Bonyn, procureur du roi au siège présidial, consul en 1602.

Martial Bonin, procureur au siège de Limoges, consul en 1609.

Bonin, procureur du roi, consul en 1616.

René Bonnin, né vers 1708, épousa Anne Gros, mourut à l'âge de vingt-sept ans, et fut enterré à Rancon le 27 mai 1735.

Alexandre-Louis Bonnin de Grandmont vivait en 1777.

Pierre Bonin, né à Limoges le 9 novembre 1739, fut vicaire d'Isle, puis de Saint-Pierre-du-Queyroix de Limoges, et ensuite curé de La Crossille, se cacha et émigra pendant la révolution ; il est mort à Limoges en janvier 1816. (LEGROS, *Catalogue des prêtres*.)

François Bonin, prêtre, mort le 13 février 1807. (*Idem*.)

Anne Bonin, épouse en secondes noces de Jacques de Lachâtre, Sgr de Leyraud, paroisse de Roussac, dont Gédéon, né le 10 juillet 1741.

Bonnin de Freisseix (*Catalogus des gentilshommes du Limousin*, 1789.) fut nommé conseiller à Limoges en 1758, et en était le doyen en 1790.

Parmi les enfants de Jean du Breuil, 2e du nom, on trouve Marguerite et Marie-Gabrielle. La première épousa, vers 1640, Jacques Bonnin, écuyer, Sgr de Mignançay, et la seconde, Michel Bonnin, écuyer, Sgr de Layzaud. Leurs armes sont : *d'azur à trois trèfles d'or*.

Bonnin, en Poitou, qui est probablement la même famille que celle de Rancon, porte : *de sable à la croix ancrée d'argent*. Bonnin, en Bretagne, porte : *de sable à la croix dentelée d'argent*. (GRANDMAISON, *Dict. hérald*.)

GRANDSAIGNE et GRANDSAGNE (p. 226). — Voir l'article AJASSON, T. I, p. 33.

Louis Ajasson épousa vers 1315 Marguerite Le Groing, fille de Pierre Ier du nom, et de Agnès de La Roche-Guillebaud.

Françoise Ajasson épousa en seconde noces, après 1620, George de Bertrand, écuyer, Sgr de Beaumont. (A. TARDIEU, *Généal. Bosredon*.)

A l'assemblée générale de la noblesse de la Haute-Marche, en 1789, figuraient : Henri Ajasson, comte de Grandsagne, et son frère-germain, François Ajasson, comte de Grandsagne.

A celle de la Basse-Marche était le chevalier Pierre de Grandsagne.

La branche des Goberties était représentée à l'assemblée de la noblesse du Limousin par Jean de Grandsaigne, écuyer, Sgr de Goberties ; Jean de Grandsaigne, son fils, lieutenant au régiment d'Artois-infanterie. (*Catalogue des gentilshommes de la Marche et du Limousin*.)

LA GRANDE-HYE. — Terre seigneuriale située en Limousin, qui appartenait en 1500 à un gentilhomme du nom de du Châtenet. (*Dict. des fiefs*.)

LA GRANGE (p. 227), sieur des Fontaines, paroisse d'Asnière, élection de Saint-Jean-d'Angély, porte : *d'azur à un lion rampant d'or, lampassé de gueules, portant une colonne d'argent*.

I. — Pierre de La Grange épousa (le 20 janvier 1559?) Philippe Poignant.

II. — Pierre de La Grange épousa, le 20 janvier 1559, Anne Le Moyne.

III. — Isaac de La Grange épousa, le 28 janvier 1580, Élisabeth Cicouteau.

IV. — Pierre de La Grange épousa, le 8 octobre 1623, Louise Saulnier.

V. — Isaac Saulnier de La Grange épousa, le 10 juillet 1661, Madeleine Chitou. (DES COUTURES, *Nobiliaire manuscrit*.)

François de La Grange, écuyer, Sgr de La Pardonie, Faux et Vieux-Tison, était aux États-généraux de 1789, Basse-Marche. (LA ROQUE et BARTH., p. 8.)

DE LA GRANGE. — Ce nom est commun à plusieurs familles du Limousin, du Berry et du Bourbonnais. Géraud de La Grange, inscrit à l'*Armorial* de 1450, portait : *d'argent, au chef émanché de gueules, de quatre pointes*.

Jean de La Grange, S^{gr} de Brousse, fut convoqué au ban de 1543. (D. Coll., *Noms féodaux*, p. 486, 487.)

Gaspard de La Grange, S^{gr} du Montel, conseiller du roi, élu à l'élection de Riom, est compris dans l'*Armorial général de France*, T. II, cote A, p. 222. Ses armes sont : *de sinople à la grange d'or*. (*Armorial d'Auvergne*.)

GRANGES. — Terre considérable près de Tauves (arrondissement d'Issoire, Puy-de-Dôme) ; elle a successivement appartenu aux maisons d'Auvergne, de Beaufort-Turenne, de Ventadour, de Lévis-Chalus et de La Croix-de-Castries. (*Idem*.)

GRATIN (p. 228). — Léonard de Gratin, 1560.

Fiacre de Gratin, écuyer, S^{gr} de Beauvais, Antonie de Fricon, sa femme, Gabriel et Claude de Gratin, ses frères, cèdent à Jean de Saint-Yrieix, écuyer, S^{gr} de La Prugne, les villages de Fraix, des Genets et de Tenèse, paroisse de Villard, 1574. (*Arch. de la Creuse*.)

GREEN, *voyez* GRAIN.

DE GREFFUELHE, GRIFFUELH, et à présent GRAFFEUIL (p. 230). — On dit cette famille originaire du Limousin, c'est une erreur : elle doit son nom à un ancien fief situé dans la commune de Roanne en Carladez, et qu'elle possédait dès le commencement du xive siècle.

Hélise de Greffuelhe, veuve de Rigaud de Maurisières, rendit hommage au vicomte de Carlat en 1329, à cause de divers droits seigneuriaux dont elle jouissait du chef de son mari, dans les paroisses de Peyrat et de Sinhalac, près de Mur-de-Barrés, et au château de Montmurat.

Bernard de Griffeuilhe avait vendu à Étienne Dayssac, bourgeois d'Aurillac, avant 1303, des rentes assises sur les paroisses de Brousse et de Vic. Les fils de l'acquéreur en rendirent hommage en 1325. (*Noms féodaux*, p. 354.)

Marguerite de Greffuelhe, fille de Pierre de Greffuelhe, damoiseau, et veuve de Pierre de Passerieu, avait des droits dans la mouvance du château de Vic, suivant un hommage par elle rendu au même vicomte de Carlat en 1355.

Jean de Griffuelhe, seigneur du lieu, près de Conros, fut inscrit à l'*Armorial* de 1450, et Bernard de Griffuelhe, seigneur du même fief, était au nombre des nobles de la vicomté de Carladez, qui prêtèrent serment de fidélité au roi Louis XI en 1470.

Cette famille, d'abord passée en Limousin, et ensuite en Champagne, où elle est connue sous le nom de Graffeuil, vicomtes de Grand-Champ et de Mont-Saint-Martin, a été maintenue dans sa noblesse par l'intendant de cette dernière province en 1667 ; et nonobstant ses transmigrations, elle a conservé intactes ses armoiries primitives.

ARMES : *d'argent à une houx de sinople, accosté en chef de deux étoiles d'azur.*

D'autres membres de cette famille portaient : *écartelé, au 1er d'azur, à 3 étoiles d'or ; au 2e, de gueules à 3 épis d'argent ; au 3e, de sable à 2 vierges d'argent, tenant une fleur de lis d'or ; au 4e, d'azur à 3 fasces d'argent.*

Sources : *Noms féodaux*, p. 490, 727. — D. Doll. — *Dict. de la noblesse*, par M. de Courcelles, T. I, p. 303. — *Archives de la noblesse*, par Lainé, T. VI. — *Nobiliaire d'Auvergne*, par J.-B. Bouillet.

Nous sommes persuadé que les noms de Greffuelhe, Griffuelh, Graffeuil, dont il est parlé ici, comme Griffoules, Griffoulet, ci-devant page 230, sont les mêmes que Agrifolius, Aigrifolius, Aigrefeuille, Arfeuille, cités au tome I, pages 50 et 120 : aussi nous n'hésitons pas à placer sous ce nom des détails intéressants pour le nobiliaire, qui sont en grande partie extraits de Nadaud.

Guillaume d'Arfeuille, appelé par quelques-uns d'Aigrefeuille, et surnommé l'Ancien, pour le distinguer de son neveu Guillaume d'Arfeuille, qui fut comme lui cardinal, naquit à Lafont, près Saint-Exupéry, au diocèse de Limoges (aujourd'hui diocèse de Tulle, canton d'Ussel). Il fut élevé au monastère de Beaulieu en Limousin, où il se fit religieux bénédictin. Puis, s'étant attaché à Pierre Roger, son parent, alors archevêque de Rouen, et depuis pape sous le nom de Clément VI, il obtint plusieurs bénéfices, et fut élevé aux dignités ecclésiastiques. Il était prieur conventuel de Saint-Pierre d'Abbeville, au diocèse d'Amiens, quand le pape Clément VI le fit protonotaire du Saint-Siège, et le promut à l'archevêché de Saragosse (1343). Il ne fut cependant pas sacré pour cette église, et ne reçut pas même l'ordination épiscopale quand le pape Clément VI le fit cardinal-prêtre du titre de Sainte-Marie, au delà du Tibre, le 18 décembre 1350, à Avignon. Le pape Urbain V, à l'exaltation duquel Guillaume d'Arfeuille avait beaucoup contribué, le fit cardinal-évêque de Sainte-Sabine en 1368, et lui donna alors la consécration épiscopale. Il eut l'honneur de célébrer la messe sur l'autel principal de Saint-Pierre à Rome, ce qui n'était permis qu'aux papes, et ils n'y avaient pas célébré depuis Boniface VIII, à cause de leur absence. Son principal mérite était la science des affaires et la négociation. Les papes Clément VI et Urbain V l'employèrent souvent dans les cours étrangères. Louis, roi de Sicile, étant mort sans enfants, le cardinal de Saragosse (c'est ainsi qu'on appelait d'Arfeuille) fut envoyé dans son royaume, par le pape Innocent VI, en qualité de régent. Il suivit le pape Urbain V en Italie, et mourut de la peste, le 3 octobre 1369, à Viterbe, où résidait alors la cour romaine. Son corps fut transporté à Limoges et inhumé dans l'église de Saint-Martial, où il avait choisi sa sépulture. Avant que le vandalisme eût abattu cette antique église, on y voyait son tombeau, sur lequel on lisait l'épitaphe suivante, que Nadaud a copiée :

« Hic jacet, bonæ memoriæ, reverendissimus in Christo pater et dominus Guillelmus de Agrifolio, senior, oriundus de loco de Fonte, diæcesis Lemovicensis : qui, in suæ primævo juventutis flore, in monasterio Belliloci, ejusdem diæcesis, fecit ordinem monacalem. Aliis honoribus beneficiatus, vocatusque, primo ad servitium domini Clementis papæ sexti, tunc romanæ curiæ præsidentis ; per eum primo factus extitit Sedis Apostolicæ proto-notarius ; et demum ipsum in sanctæ romanæ ecclesiæ presbyterum-cardinalem ordinavit. Tandem vero, per Urbanum papam quintum promotus fuit, et consecratus in episcopum Sabinensem in urbe romana Vitam, quam postremo prout Domino placuit, finivit in civitate Viterbiensi, ubi, tunc tempore dicti domini Urbani, romana curia residebat. De qua tandem corpus suum translatum extitit ad monasterium istud, in quo, motus devotione singulari, quam habebat ad beatum Martialem apostolum, patronum ipsius, plenus sanitate et vita fungens, suam perpetuam elegerat sepulturam. Obiit autem anno

Domini M. CCC. L. XIX, die tertia mensis octobris. Orate Deum pro anima ipsius, huc convenientes, suum tumulum inspecturi. »

En voici la traduction littérale : « Ici gît le très-révérend père en Jésus-Christ, le seigneur Guillaume d'Arfeuille l'Ancien, de bonne mémoire, né au lieu de Lafont, diocèse de Limoges, lequel, dans la première fleur de sa jeunesse, fit profession religieuse dans le monastère de Beaulieu, dans ce même diocèse. Honoré par d'autres dignités et d'abord appelé au service du pape Clément VI, alors président de la cour romaine, il fut fait par lui protonotaire du Saint-Siége, puis promu à l'église de Saragosse, et plus tard ordonné cardinal-prêtre de la sainte église romaine. Enfin le pape Urbain V le nomma et le consacra évêque de Sabine, en la ville de Rome. Il termina ses jours, selon la volonté de Dieu, dans la ville de Viterbe, où résidait alors la cour romaine dudit pape Urbain. De cette ville son corps fut transporté à ce monastère, dans lequel (mû par une dévotion particulière qu'il avait pour son patron, le bienheureux apôtre Martial) il avait, étant plein de santé et de vie, choisi sa sépulture. Il mourut l'an du Seigneur 1369, le troisième jour du mois d'octobre. Priez Dieu pour son âme, vous tous qui venez ici pour voir son tombeau. »

Guillaume d'Arfeuille a laissé des sermons à la louange de la bienheureuse vierge et sur d'autres sujets (*Biographie du Limousin*, T. I, p. 16.). D'autres auteurs les attribuent à Guillaume d'Arfeuille, son neveu, qui suit.

Guillaume d'Arfeuille, neveu du précédent, docteur en droit canon, fut nommé cardinal-prêtre du titre de Saint-Étienne, au mont Cœlius, le 12 mai 1367, par le pape Urbain V, dont il était parent, et qui était alors à Marseille. Comme il n'avait que vingt-huit ans et n'était que notaire du Saint-Siége, comme d'ailleurs le pape le choisit seul en cette promotion, on attribua cette faveur singulière et inattendue à l'amitié qu'Urbain V avait pour son oncle. Du reste, c'était un homme d'un grand mérite, d'une vertu peu commune, et d'une haute capacité. Son nom se trouve mêlé aux grandes affaires de cette époque. En 1379 il se rendit à la cour de France, et, le 7 mai de cette année, il se trouva avec le roi Charles V et trois autres cardinaux au grand conseil tenu à Vincennes, où l'on décida qu'il fallait suivre l'obédience du pape Clément VII (Robert de Genève). Quelque temps après, ce pape l'ayant nommé son légat dans l'Empire, il gagna à son parti le duc d'Autriche et quelques villes d'Allemagne. Dans la suite, il fut fait évêque de Sabine par l'anti-pape Pierre de Lune, ou Benoît XIII, auquel il adhéra. Il mourut le 13 janvier 1401, et fut enseveli au collége de Saint-Martial d'Avignon, dans la chapelle de Saint-Étienne, qu'il avait fondée et dotée. Il légua à ce collége deux mille livres. Sur sa tombe de marbre noir on lisait cette inscription :

« Hic jacet reverendissimus in Christo pater dominus Guillelmus de Agrifolio, decretorum doctor, tit. Sti Stephani in Cœlio monte S. R. E. presbyter-cardinalis, qui obiit die XIII mensis januarii anno a nativitate Domini M. CCCC. I; anima ejus in pace quiescat! Amen. »

« Ici gît le révérendissime père en Dieu, le seigneur Guillaume d'Arfeuille, docteur en droit canon, prêtre-cardinal de la sainte église romaine, du titre de Saint-Étienne, au mont Cœlius, qui décéda le 13 janvier de l'an 1401. Que son âme repose en paix. Amen. »

Il nous reste de lui un ouvrage sur le schisme d'Occident, cité par du Cange, dans son Glossaire latin. Un autre auteur (*Vitæ et gesta pontificum romanorum ab Augusto Oldoini*, T. II, p. 565) nous dit : *Scripsit sermones in laudem B. Mariæ Virginis et alia ex nomenclatore cardinalium.* Ce même auteur lui donne pour armes : *coupé au 1er de..... à 3 besans ou tourteaux de.....; au 2e, de..... à 3 étoiles de....* D'après *Gallia christ. vetus*, elles seraient : *d'azur à 3 étoiles d'or, et une fleur de lys de même en cœur.* Selon Pierre Frizon elles étaient : *à 3 lunes et à 3 étoiles*, et seraient alors les mêmes que les premières.

Faydit d'Arfeuille, proche parent des deux cardinaux précédents, fut promu au cardinalat, le 23 décembre 1383, par le pape Clément VII. Il avait été doyen de l'église de Bourges; évêque de Rodez en 1364, puis archevêque d'Avignon. Son titre de cardinal fut Saint-Sylvestre et Saint-Martin-aux-Monts. Il mourut à Avignon le second jour d'octobre 1391, et fut inhumé dans la cathédrale.

On voit que cette famille d'Arfeuille est illustre dans les dignités de l'église. On cite encore :

1° Raymond d'Arfeuille, d'abord moine à Saint-Martial de Limoges, puis abbé de Saint-Jean-d'Angély, enfin évêque de Rodez, mort en 1364, et qui eut pour successeur Faydit d'Arfeuille, dont nous venons de parler;

2° Pierre d'Arfeuille, frère du précédent, qui fut, selon Savaron, évêque de Clermont, depuis 1348 jusqu'en 1357, et qui avait été auparavant évêque de Vabres, d'Uzès et de Mende;

3° Florentie d'Arfeuille, que Frizon met au nombre des évêques de Viviers. (*Biographie du Lim.*, p. 17.)

Claude d'Arfeuille, écuyer, fils d'Annet, écuyer, Sgr d'Arfeuille, et de dame Anne de La Bussière, épousa, en 1615, Jacqueline de Plantadis, fille de Laurent, Sgr du Bost et de Banèvre, licencié en lois, châtelain de la ville de Felletin, et d'Anne de Blanchefort. (A. Tardieu : *Généal. Bosredon*, p. 344.)

Haut et puissant seigneur messire François d'Arfeuille, chevalier, seigneur dudit lieu, Le Chaslard et autres places, épousa haute et puissante dame Louise du Pouget de Nadaillac, dont Marguerite d'Arfeuille, qui épousa, par contrat du 22 février, et le 4 mars 1680, Antoine de Montgrut, écuyer, Sgr de Chassaingt, des Vergnes, de Secondat, etc., fils de François et de Françoise d'Allemaigne. (*Généalogie de Montgrut.*)

Clarisse d'Arfeuille épousa Gustave-Auguste d'Ussel, né vers 1791, fils de Léonard, marquis d'Ussel, et de Louise-Françoise de Rochechouart. (*Idem*, p. 389.)

Pierre-Marie-Maurin d'Arfeuille, prêtre, chanoine de la cathédrale de Reims, né à Felletin, ne fit aucun des serments commandés en 1791 et 1792. Pour se mettre à l'abri de la persécution qu'il voyait fondre sur lui dans sa province, il alla se réfugier en Franche-Comté. Les administrateurs du département du Doubs le découvrirent et l'arrêtèrent. Il fut conduit à Rochefort pour être déporté au delà des mers. Embarqué sur le navire les *Deux-Associés*, il succomba sous les maux de cette espèce de prison, et mourut à l'âge de quarante-quatre ans, le 9 août 1794. On l'enterra dans l'île d'Aix. Tous ceux qui l'ont connu en parlent comme d'un ecclésiastique de mérite. (*Les Martyrs de la foi*, par Guillon, T. II, p. 90.)

Victorin, comte d'Arfeuille, chevalier de Saint-Louis, épousa Marie-Marguerite-Henriette de Durat, fille de Jean-François, et de Constance de Durat. Jean-François, comte de Durat, est mort au château de Vauchaussade le 30 janvier 1830.) (A. Tardieu, *Généal. Bosredon*, p. 281.)

GRÉGOIRE XI. — *Voyez* Roger de Beaufort.

GRELLET.

Jean Grellet, bourgeois et marchand de Limoges, épousa Péronne des Flottes. Elle testa le 4 août 1702. De ce mariage naquirent : 1° Martial; 2° Marie; 3° Mathieu; 4° Narde; 5° autre Marie; 6° Madeleine; 7° Jean-Baptiste; 8° Marianne; 9° Joseph; 10° Marguerite (testament olographe).

N... Grellet de Beauregard, avocat du roi au présidial de Guéret, fut député du Tiers-État en 1789.

Gabriel-Joseph Grellet-Desprades, écuyer, S^{gr} de Pierrefiche et de l'Étang, était à l'assemblée de la noblesse du Limousin en 1789. (*Catalogue des gentilshommes.*)

Antoine Grellet, écuyer, S^{gr} de Marbillier, était à la même assemblée. (*Ibidem.*)

Gabriel Grellet de Fleurelle, né le 25 janvier 1755.

Joseph-Gabriel-Armand Grellet de Fleurelle, né à Limoges le 2 décembre 1804, a épousé, le 14 décembre 1829, Marie-Angélique-Joséphine des Flottes, fille de Geoffroy et de Marie-Élisabeth Dupeyrat. (*Généalogie des Flottes.*)

DE LA GRELIÈRE (p. 228). — Rapporter les notes isolées à la famille Esmoin, *supra* p. 101.

GRENIER (p. 229), coseigneurs de la ville de Pleaux, seigneurs de Regheaud et autres lieux, paroisses d'Arnac, Tourniac et Saint-Cernin en Auvergne; seigneurs de La Borie, de Gagnac, de Cosniac et de Vayrac en Quercy et en Limousin. — Famille d'ancienne chevalerie de la province du Quercy, dont la filiation est à peu près suivie depuis 1252. François de Grenier, fils d'Amoury, S^{gr} de La Borie, et d'Anne du Chaylar, descendant au huitième degré de Guillem de Grenier, chevalier, vivant en 1280, épousa, par contrat du 13 décembre 1571, Marguerite de Pleaux, fille unique et héritière de Pierre de Pleaux, coseigneur de ladite ville, et de dame Françoise de Vayrac. Ces époux laissèrent :

Henri de Grenier, coseigneur de Pleaux et autres lieux, qui épousa, le 20 juillet 1595, Françoise Ébrard ou Hébrard de Saint-Sulpice. Le roi Louis XIII le fit gentilhomme de sa chambre, en récompense de ses services, le 13 janvier 1636.

Henri II, fils du précédent, s'allia, le 16 juillet 1626, avec Catherine de Corn, d'une ancienne maison du Limousin. Il servit en Catalogne, suivant certificat de 1635, et fut maintenu dans sa noblesse en Quercy, avec ses deux fils, en 1666. Ses enfants furent : 1° Christophe de Grenier, S^{gr} de Cosniac, marié à Marguerite de Courson, de laquelle naquit une fille, qui épousa Jean-Jacques de Pouzols, chevalier, baron de La Garrigue; 2° Henri, qui suit.

Henri de Grenier, troisième du nom, coseigneur de Pleaux, qui avait servi en Lorraine, suivant certificat de 1651. Il rendit hommage au roi en 1669, à cause de la moitié de la terre de Pleaux et autres, situées dans les paroisses de Pleaux, Arnac, Tourniac et Saint-Cernin. De son mariage avec Marie de Lescure, fille de François, baron de Lescure en Languedoc, et d'Anne de Tubière de Caylus, naquit un fils, qui suit.

Louis-Christophe de Grenier, chevalier, marquis de Pleaux, lequel résidait au château de Regheaud, paroisse de Saint-Cernin, lorsque, le 29 mai 1711, il épousa Marie-Françoise de Montclar-Montbrun. Il rendit hommage au roi en 1722, à cause des seigneuries de Pleaux, Anglars et Longeverque. Celui-ci ne paraît pas avoir laissé de postérité, puisque sa veuve, Marie-Françoise de Montclar, fit donation de tous ses biens à Jean-Dominique de Montclar, son parent, Sgr de Fournols et de La Trémolière, lorsqu'il épousa Marie-Claire du Fayet de La Tour-Lavoissière, le 2 novembre 1756.

Suivant l'observation faite par M. de Fortia, en tête de l'article relatif à cette famille, les armoiries qu'elle produisit en 1666 n'étant pas émaillées, et les pièces étant mal crayonnées, ne purent être blasonnées. D'autres, surmontant ces difficultés, les ont décrites mi-parti : au 1er, *de gueules au chef d'or*; au 2e, *de gueules avec lévrier rampant d'argent colleté d'azur, et accompagné de six billettes d'argent mises en orle.*

En examinant ces armoiries, il est facile de reconnaître qu'elles renferment à la fois et les armes de la famille de Grenier et celles de la maison de Pleaux. En effet, la première partie représente évidemment les armes de Grenier, à cette seule différence qu'on y voit un *chef d'or*, tandis que, dans les preuves faites au prieuré de Toulouse, pour une admission dans l'ordre de Malte en 1552, preuves qui existent à la Bibliothèque nationale, c'est une *fasce d'or*. Il y a donc lieu de conclure que le changement que l'on remarque dans le croquis de 1666, c'est-à-dire le *chef d'or* au lieu d'une *fasce d'or*, est le résultat d'une erreur, et que les véritables armoiries de la famille de Grenier sont bien : *de gueules à la fasce d'or*.

La seconde partie du croquis de 1666 représente aussi sûrement les armes de la maison de Pleaux, fondue dans celle de Grenier en 1575, et que celle-ci avait jointes aux siennes, ainsi que cela avait été ordonné par le testament de Pierre de Pleaux, du 18 mars 1554.

ARMES : *de gueules à la fasce d'or*.

SOURCE : *Nobiliaire d'Auvergne*, par M. J.-B. BOUILLET.

GRESIGNAC, terre seigneuriale située en Limousin, qui, en 1746, appartenait à la famille du Garreau. (*Dict. des fiefs*.)

GRIFFOLET ou GRIFFOULES (p. 230). — N.... du Griffolet de Lentilhac était à l'assemblée générale du Bas-Limousin le 17 mars 1789.

LA GRILLIÈRE, terre seigneuriale de l'Angoumois unie à celle de Montbron, érigée en comté en 1624. (*Dict. des fiefs*.)

GRIMOUARD ou GRIMOARD, sieur de Beaulieu, paroisse de Bessac (mieux de Pressac), élection d'Angoulême, porte : *d'azur à une face de gueules (sic), accompagné de deux aigles éployés d'or en chef, et d'un lion passant de même en pointe.*

Grimouard, sieur de Beaulieu et de Saint-Germain, paroisse de Polignac, élection de Saintes et de Bessac, élection d'Angoulême.

I. — Guinot Grimouard fit son testament, par lequel il institua Jean, son fils, le 2 avril 1523.

II. — Jean Grimouard épousa Louise de La Péronne. Testament dudit Jean, par lequel il lègue l'usufruit et la moitié de son bien à ladite de La Péronne, sa femme, et institue Jean, son fils, le 26 août 1567.

III. — Jean Grimouard épousa Françoise de Sainte-Aulaire. Testament dudit Jean, par lequel il lègue l'usufruit et la moitié de son bien à ladite de Saint-Aulaire, sa femme, institue François, et fait légat à François, Gabriel, Bernard et Charles, ses enfants, du 10 janvier 1600.

IV. — Bernard Grimouard épousa, le 4 février 1624, Jeanne Jousset. Partage fait par ladite Jousset, veuve de Bernard, entre Jean et François, ses enfants, 14 mai 1653.

V. — Jean Grimouard, sieur de Beaulieu, épousa, le 15 novembre 1658, Marie de La Touche.

V bis. — François Grimouard, sieur de Saint-Germain. (DES COUTURES, *Nobiliaire manuscrit*.)

Geoffroi de Grimoard signa une charte le 2 des calendes de janvier, par laquelle Guillaume, évêque de Périgueux, confirme l'acte de soumission de l'abbaye de Saint-Cyprien à l'église de Saint-Sernin de Toulouse en 1076.

Hélie de Grimoard, damoiseau, épousa, le 8 juillet 1432, Marie de La Chapoulie, dame de Frâteaux, qui lui porta le fief de Frâteaux; elle était fille de Léonard de La Chapoulie, habitant de la ville de Tulle, et de Huguette de Barrière, dame de Frâteaux. (LAINÉ, *Nobiliaire du Limousin*.)

De Grimoard, de Mauriac, etc., porte : *de gueules à deux poissons adossés, accostés chacun d'une fleur de lis*. (*Armorial du Périgord*.)

Guillaume de Grimoard, qui fut pape sous le nom d'Urbain V, était fils du baron du Roupe et d'Emphelise de Sabran; sœur de Montferrant de Saint-Elzéar. Quelques historiens le font naître à Grisac, diocèse de Mende, et d'autres en différents endroits; mais Étienne Baluze le dit né à Limoges, et cite, comme preuve, le témoignage de cinquante-sept auteurs, et une antique inscription qu'on lisait dans le cloître des Pères Augustins de Toulouse. Aussi les critiques modernes (ARTAUD DE MONTOR, *Histoire des Souverains-Pontifes*.) assurent que ce pontife est originaire de Limoges. Et en cela ils sont d'accord avec tous les auteurs qu'il nous a été donné de consulter dans les bibliothèques de Rome, et en particulier avec le savant ouvrage qui a pour titre : *Vitæ et res gestæ pontificum romanorum, ab Augusto Oldoini, societatis Jesu*, T. II, p. 534, qui résume ainsi tout ce qui a été dit sur ce sujet.

« *Nos illum Lemovicensem cum probatissimis historiarum scriptoribus dicimus, atque ex veteri inscriptione quæ Tolosæ legitur in claustro cœnobii sancti Augustini iisdem verbis et ordine concepta :*

VRBANVS PAPA QVINTVS
LEMOVICENSIS
SANCTÆ MEMORIÆ. »

De très-bonne heure il entra dans un couvent de bénédictins du prieuré de Clairac, et devint professeur très-renommé à Montpellier, à Toulouse, à Paris et à Avignon, puis vicaire général auprès des évêques de Clermont et d'Uzès. On le nomma ensuite abbé de Saint-Germain d'Auxerre; de là il fut envoyé à l'abbaye de Saint-Victor de Marseille.

Innocent VI l'appela à Avignon, et l'accrédita à Naples auprès de la reine Jeanne, pour l'assister dans le gouvernement de ses États après la mort de son second mari, Louis de Tarente, arrivée le 26 mai 1362; enfin il alla remplir les fonctions de nonce auprès de Visconti de Milan. Le 22 septembre, après la mort d'Innocent, vingt cardinaux entrèrent au conclave. Les cardinaux gascons, sujets du roi d'Angleterre, duc d'Aquitaine, se séparèrent des cardinaux français, et le conclave fut divisé en deux partis.

Cependant, le 28 septembre, ils s'étaient entendus pour élire Hugues Roger, moine bénédictin, et frère de Clément VI; mais celui-ci, avec un courage rare, et une modestie dont on n'a que peu d'exemples, refusa le pontificat et ne se laissa pas vaincre. Ensuite, quoiqu'il fut dans une nonciature à Naples, et qu'il n'eut pas encore le chapeau, Guillaume Grimoard, sur les recommandations vives et instantes du cardinal d'Aigrefeuille, fut élu pontife le 28 octobre 1362. L'auteur de la *Vie des papes d'Avignon* le dit élu le 27.

Les électeurs sacrés expédièrent au nonce un décret d'élection; il le reçut secrètement, les uns disent à Florence, les autres à Marseille, au moment de son retour de Naples, d'où on l'avait appelé sous prétexte de le consulter sur les différends qui partageaient les esprits. Les partisans de Grimoard tenaient l'élection secrète, de peur que les Italiens, informés de ces évènements, ne missent des obstacles à l'arrivée du nouveau pape, ou que lui aussi ne voulut refuser le trirègne. L'élection ne fut donc publiée que lorsque Grimoard entra dans Avignon, le 31 octobre.

Ce jour-là il fut intronisé, consacré le 6, et couronné par le cardinal Aldouin Aubert, évêque d'Ostie. Tout était préparé pour la cérémonie de la cavalcade, mais le pape refusa de se montrer ainsi en public pour deux raisons : il avait horreur du faste, et puis, dans un sentiment de noble modestie pontificale, il regardait cette dignité comme exilée, tant qu'elle résidait à Avignon.

En 1362 et en 1363, Urbain condamna Barnabo Visconti, usurpateur de beaucoup de terres de l'Église, comme infidèle, hérétique, athée, impie, et il intima la guerre contre lui. Si, en 1364, Barnabo parut se repentir, il ne tarda pas à se livrer aux fureurs qui le rendirent un des princes les plus abominables de son temps.

Voici maintenant les principaux travaux d'Urbain V : Il organisa une croisade contre les Sarrasins : elle devait avoir pour chef Jean II, roi de France. Le cardinal Talleyrand, alors évêque d'Albano, était nommé légat du pape pour cette expédition. Les soins du pontife et sa surveillance chrétienne empêchèrent la guerre d'éclater entre les Génois et les Vénitiens. Une prudence habile éteignit la discorde qui allait s'allumer entre l'archevêque de Salzbourg et Rodolphe, duc de Bavière. Tous les princes de Germanie y avaient pris part, chacun dans son intérêt. Des représentations faites à propos firent ajourner les hostilités qui se préparaient entre Charles V, roi de France, et le roi de Navarre, au sujet du duché de Bourgogne que Jean avait donné à Philippe, tandis que le roi de Navarre s'en prétendait héritier.

Cependant le roi d'Aragon, ingrat envers le Saint-Siége, s'appropriait les rentes, que recueillaient les exacteurs romains; il usurpait aussi celles des cardinaux, des bénéficiers qui résidaient hors de leur église, même avec la permission du pape. Urbain ne permettant pas que la liberté ecclésiastique fut opprimée, exhorta le roi, par des lettres paternelles, à rendre ce qu'il avait pris de force. Il le conjurait aussi de révoquer un édit, par lequel on enjoignait d'affermer les biens du clergé dont les titulaires étaient absents. Le roi répondit qu'il n'avait agi que par le conseils d'hommes sages. Alors le pape cita le roi pour qu'il se présentât devant le Saint-Siége. Urbain réclamait aussi le tribut convenu qui n'était pas payé depuis dix ans.

A l'exemple des rois de France, de Danemark et de Chypre, en 1365, l'empereur Charles IV alla faire une visite à Urbain. Le pape célébra la messe solennelle le jour de la Pentecôte. L'empereur y assista avec la maison impériale, la couronne en tête et le sceptre à la main.

Charles, dans une assemblée nombreuse de têtes couronnées, délibéra avec le roi de Chypre, Pierre de Lusignan, sur les moyens de rétablir en Asie la foi catholique, et d'extirper de la France et de l'Italie certaines compagnies d'aventuriers et d'assassins qui menaçaient de s'approcher d'Avignon. La cour fut plongée à ce sujet dans une telle consternation, que le pape se vit obligé de racheter sa liberté par une grande somme d'argent. Le chef de ces assassins, appelé Arnaud de Servole, et vulgairement l'Archiprêtre, fut invité à entrer dans Avignon; il y fut reçu avec de grands honneurs, comme s'il eut été un fils du roi de France. Il eut l'honneur de s'asseoir à la table du pape et à celles des cardinaux, et, après avoir donné des preuves de respect, il partit avec l'absolution qu'il demandait et qu'il méritait, puisqu'il avait promis de ne pas tourmenter davantage la cour du pape à Avignon, et de renoncer à ses déprédations, qui, d'ailleurs, auraient attiré sur lui la colère du roi de France.

C'est alors que le fameux Pétrarque engagea fortement le pape à abandonner la France, et à rendre aux habitants de Rome le siége pontifical. Il est certain qu'avant cet événement, fait pour jeter la terreur dans Avignon, le pape avait l'intention au moins de visiter les saints lieux de Rome. Le cardinal Albornoz avait fait réparer les chemins et rétablir l'autorité pontificale, ou au moins son influence, partout où le pape devait s'arrêter.

En 1366, Urbain créa deux cardinaux : le premier fut Gilles de Grimoard, son frère, chanoine régulier de Saint-Augustin, dont il sera parlé après son frère ; le second fut Guillaume Sudre, noble français, né dans le diocèse de Tulle, célèbre religieux de l'ordre des Dominicains, puis évêque de Marseille et ensuite d'Ostie.

Le pape ne pouvait oublier la grande affaire de la réunion des églises latine et grecque. Il expédia des légats à Michel Paléologue pour hâter le succès de cette immense entreprise.

En même temps Urbain publia le désir qu'il avait de retourner à Rome.

Il partit accompagné de cinq galères vénitiennes, de trois galères pisannes, et de beaucoup d'autres de la marine de Gênes, le 20 mai 1367, malgré les représentations de divers souverains, de quelques cardinaux, de presque tous les courtisans.

Urbain V était le sixième pontife parmi ceux qui avaient siégé à Avignon. Clément V avait le premier transporté le Saint-Siége en France en 1305. Après lui Jean XXII, Benoît XII, Clément VI et Innocent VI, avaient continué à s'imposer cet exil volontaire, loin de leur capitale et de leur troupeau. Du reste ces pasteurs s'étaient établis à Avignon comme s'ils n'eussent pas dû en sortir. Ils en avaient acheté la souveraineté de la reine Jeanne de Naples, comtesse de Provence; ils y bâtissaient des palais ; ils témoignaient de l'affection pour ce séjour, au milieu d'un peuple sans turbulence et d'une noblesse sans ambition. Cependant était-il prudent d'abandonner ainsi Rome, même pour des craintes réelles de persécution? L'asservissement dans lequel la France et l'Angleterre cherchaient quelquefois à retenir les pontifes excitaient les plaintes de la chrétienté. Urbain V le comprit, et nous le voyons partir pour Rome.

A Gênes, le doge et la noblesse le reçoivent dans un palais splendide.

Le 4 juin, Sa Sainteté arrive à Corneto, où le cardinal Albornoz vient au-devant d'Elle avec une grande quantité de prélats et de nobles romains.

De Viterbe, le pape partit pour Rome, où il entra soixante-trois ans après la mort de Benoît XI. On le reçut avec les honneurs dus au souverain et au chef de l'Église : il fut visité par l'empereur Charles IV ; Pierre, roi de Chypre, et la reine Jeanne de Naples.

L'empereur avait été au-devant du pape jusqu'à Viterbe. Lorsque Urbain fit son entrée à cheval, l'empereur et le comte de Savoie marchaient à pied, et tenaient la bride chacun de son côté. L'impératrice s'y rendit quelques jours après, et le pape la couronna le jour de la Toussaint, à la messe. L'empereur y remplissait, dit-on, les fonctions de diacre (*Biogr. univer.*, XLVII, 195); mais il ne lut point l'évangile, ce qu'il ne pouvait faire que le jour de Noël.

Voulant éviter les chaleurs de Rome, le pape en partit le 11 mars 1367, et prit le chemin de Viterbe, où il décida, en faveur des dominicains, le procès qu'ils soutenaient contre les Cisterciens, relativement au corps de saint Thomas, que ces derniers possédaient à Fossa-Nuova, d'où les dépouilles sacrées furent transférées à l'église des dominicains à Toulouse, ainsi que l'ont dit les Bollandistes, T. I de mars, p. 725.

L'ordre de Jésuates avait été fondé en 1360 par le bienheureux Jean Colombini, noble Siennois, auparavant revêtu de la charge de gonfalonier (première dignité de sa république), après qu'il se fut séparé de sa femme avec son consentement. Le fondateur de cet ordre, à la tête de soixante de ses compagnons, couronnés de feuilles d'olivier, alla au-devant de ce pontife, qui approuva l'ordre, en le plaçant sous la règle de Saint-Augustin. Le pieux fondateur mourut le 31 juillet 1367, le même jour où mourut depuis saint Ignace de Loyola, fondateur des Jésuites. L'ordre des Jésuates fut éteint par Clément IX, le 6 décembre 1668. Colombani fut placé par Grégoire XIII dans le martyrologe romain.

Le 15 avril 1369, Urbain canonisa saint Elzéar, comte de Sabran, puis il alla à Viterbe pour éviter les chaleurs. Là, les Pérugins, qui voulaient se soustraire au pouvoir du Saint-Siège, lui déclarèrent la guerre. Ils firent des courses jusqu'aux portes de Viterbe, mettant à feu et à sang tous les lieux par lesquels ils passaient. Le Saint-Père, qui voyait combien ses attaques fortifiaient le parti de ceux qui voulaient retourner à Avignon, publia une croisade contre les Pérugins, et parvint à les réduire.

Cette année, Paléologue, persuadé des intentions bienveillantes du Saint-Père, se rendit à Rome. Il se prosterna aux pieds du pontife universel, qui le reçut à peu près avec les mêmes honneurs qui sont rendus à l'empereur d'Allemagne. Là, Paléologue, dans l'église du Saint-Esprit, abjura le schisme ; il jura que l'Esprit-Saint procédait du père et du fils, que l'eucharistie peut être célébrée avec le pain azyme, comme avec le pain fermenté, et que le pontife romain avait la primauté sur toutes les églises du monde. On dressa un acte de ce serment en grec et en latin. L'empereur le scella de son sceau d'or, et le remit au pape, pour qu'il le conservât dans les archives de l'Église.

Le 21 octobre l'empereur alla à Saint-Pierre. Le pape, revêtu des habits pontificaux, le reçut au haut de l'escalier : l'empereur se mit à genoux, baisa les pieds du pontife, puis se releva, lui baisa la main. Ils entrèrent ensemble à l'église, où Urbain entonna le *Te Deum* et célébra la messe, puis lui donna un repas magnifique.

En 1370, Urbain eut la satisfaction d'apprendre que les Grecs commençaient à reconnaître de bonne foi la suprématie de l'Église romaine. La princesse Claire, veuve du prince Alexandre, chef des Valaques, avait embrassé la foi catholique. Une des filles du prince de Bulgarie suivait cet exemple. On voyait revenir à l'église à la fois les Moldaves, les Albanais, les Russes et les Géorgiens.

La guerre entre le roi d'Aragon et de Navarre, entre les Français et les Anglais, peut-être aussi la révolte des Pérugins, vue de si près par le pape lui-même, engagèrent quelques cardinaux, qui aimaient la paix dont on jouissait dans la Provence, au milieu de ces peuples amis des arts, à représenter au pape qu'il devait retourner à Avignon. Urbain céda, et il sentit l'étendue de la faute commise en nommant tant de cardinaux français ou de la province d'Aquitaine.

Les larmes des Romains, qui certainement n'avaient donné au Saint-Père aucun sujet de plaintes, ne purent rien obtenir. Le pape se contenta de déclarer que lui et sa cour étaient sensibles aux marques de respect qu'ils avaient reçus, et que le pontife n'avait d'autres motifs pour se séparer d'eux que les besoins nouveaux de l'Église, et l'état d'hostilités continuel où vivait une partie de l'Europe.

Pierre, prince royal d'Aragon, et religieux de l'ordre des mineurs, l'un des amis qui avait le plus pressé Urbain de retourner de Rome, supplia vivement le pape de ne pas reprendre le chemin d'Avignon; il lui déclara qu'il pourrait naître un schisme, dans lequel périraient une foule de chrétiens innocents. Enfin sainte Brigitte dit au pape qu'elle avait eu une révélation de la sainte Vierge, et que, s'il partait, il mourrait à peine arrivé en Provence, ce qui se vérifia.

Rien ne pouvait néanmoins retenir Urbain; il persista dans sa dangereuse détermination. Il avait habité l'État ecclésiastique trois ans et neuf mois. Le 26 août il partit de Montefiascone, s'embarqua près de Corneto le 5 septembre 1370, monté sur un beau bâtiment, escorté par beaucoup de vaisseaux de diverses nations. Il entra à Marseille le 16 septembre, et revit le palais d'Avignon le 24 du même mois.

Urbain avait commencé à écrire des lettres touchantes pour recommander la paix, lorsqu'il fut assailli par une fièvre continue, pendant laquelle il ne voulut pas quitter ses habits religieux.

La maladie empirait toujours : alors il se fit transporter du palais apostolique au palais du cardinal Albano, son frère, où il mourut le 19 décembre, âgé de soixante et un ans.

Urbain avait gouverné l'Église huit ans, un mois et vingt-trois jours.

On le déposa d'abord, revêtu des habits de sa religion, dans la chapelle de Jean XXII, faisant partie de l'église de Sainte-Marie in dompnis. Le dernier jour du mois de mars 1371 on le transporta à Marseille, où il fut enterré dans l'église de Saint-Victor, dont il avait été abbé. Grégoire XI, son successeur, envoya dix cardinaux accompagner son corps pour honorer cette pompe funèbre que lui-même avait ordonnée.

On grava sur son tombeau l'épitaphe suivant :

> Hic requiescit Urbanus pontifex in ordine quintus,
> Summus divinitus Romanorum præsul electus :
> Auctor bonorum, lux, censor, normaque morum,
> Speculum cunctorum, dogma, dux monachorum,
> Bonorum ductor, malorum quoque corrector,
> Justitiæ tutor, studiorumque reparator,
> Nullius acceptor direxit justitiæ libram,
> Virtutibus fulgens cunctis, vera reddidit idem
> Atque simoniam sui splendore fugavit.
> Ecclesias nimpe reparavit, Romæ divinitus
> Apostolorumque capita tunc recondidit,
> Pauperes alendo Christi mandata complevit,

Hicque bonus pastor ad fidem Christi reduxit
Græcorum Cæsarem errorem caligine tectum.
Post labores tandem multos, desuperque vocatus,
Inter fratrum manus illa facta membra resolvens,
Christi Vicarius transivit ad astra beatus.
Quem Deus multum ex alto per signa monstravit,
Qualis enim fuerit signa tanta clare demonstrant,
Ad tumulum hujus languentium membra sanantur !
In multis aliis provinciisque clare constat,
Nec non Italia ab ipso multum amata
Miraculis late hoc in Hispania patet.
Ac in Boëmia nobilique Francia tota.
Gaudet provincia Arelatensis fine vocata
Per tanta signa meritis Urbani ornata.
Ergo mente pura te Urbano beato
Pontifici summo, lector devote, commenda.
Anno milleno trecenteno quoque septuageno
Currente Domini, mensisque decima nona
Decembris erat dies, cum beatus iste
Urbanus ad Christum transitu felice migravit.

Au commencement de décembre (1868), à la suite de fouilles intelligentes faites par M. l'abbé Pinatel, curé de Saint-Victor, on a découvert le tombeau de ce pape. Son corps, en effet, avait été placé dans un magnifique mausolée que Grégoire XI lui avait aussi fait élever dans le sanctuaire de l'église de l'abbaye, du côté de l'évangile. En novembre 1869, Son Éminence Monseigneur Patrizzi, cardinal-vicaire, a autorisé l'ouverture du procès canonique pour l'approbation du culte liturgique rendu de temps immémorial à la mémoire d'Urbain V.

Urbain était orné des plus belles vertus et de toutes celles qui convenaient à sa dignité suprême.

Waldemor, roi de Danemark, attendu les miracles que ce pape avait faits après sa mort, pria pendant cinq ans Grégoire XI de le canoniser.

Urbain méprisait les grandes magnificences ; il protégeait les lettres. Il institua l'Académie de Cracovie en Pologne, et augmenta les priviléges de celle de Bologne. Il fonda un collége à Montpellier, et entretenait à ses frais d'autres élèves dans beaucoup d'universités. Il était très-libéral envers les pauvres, inimitable dans les œuvres de piété. C'est lui qui fit enchâsser si somptueusement les chefs de saint Pierre et de saint Paul pour l'église de Saint-Jean-de-Latran.

Urbain se montra modéré dans les faveurs qu'il accorda à ses parents. Il n'en éleva aucun qu'il n'eût pour excuse un grand mérite personnel, et les bienfaits d'argent qu'il croyait ne pas devoir leur refuser, étaient de peu de valeur. Il n'enrichit aucun de ses parents laïques. Il ordonna à son père de renoncer à une pension de six cents livres, que lui avait assigné le roi de France, par égard pour la dignité pontificale. Il n'avait qu'un neveu, et il le maria à la fille d'un marchand de Montpellier, que ce neveu n'aurait peut-être pas recherché si son oncle eût été moins modeste.

Nous avons d'Urbain V : 1° *Orationem de expeditione Terræ Sanctæ ad Joannem regem habitam;*

2° *De Oratione commentaria egregia.*

Le Saint-Siége fut vacant dix jours, jusqu'à l'élection de Grégoire XI (Pierre Roger de Beaufort), du diocèse de Limoges.

Gilles de Grimoard (frater Angelicus, seu Angelicus Grimaldis, seu Grimoaldi de Grisato, seu de Grisaco), non le fils du frère, mais le frère d'Urbain V, comme le prouvent la chronique de l'année 1366, et les lettres des cardinaux de cette même époque, dont on conserve encore le texte, fut chanoine régulier de Saint-Augustin. Il fut créé cardinal le 18 septembre 1366. A la mort d'Urbain V, les cardinaux lui écrivent d'Avignon le 19 décembre 1370, avec ce titre : *Venerabili fratri Angelico episcopo Albanensi*. Il mourut lui-même en 1388, d'autres auteurs disent le 8 avril 1387.

Armes : *de gueules au chef émanché d'or, de trois pièces.*

Sources : Artaud de Montor : *Hist. des Souverains-Pontifes*. — *Armorial des Papes*. — *Vitæ et res gestæ pontificum Romanorum, ab Augusto Oldoini.*

GRIVEL.

Guillaume Grivel, d'Uzerche (Corrèze), publia en 1789 plusieurs ouvrages sur la politique, les finances et l'agriculture. Il est mort en 1810.

Le baron J. Grivel, de Brive, vice-amiral et sénateur, était un des derniers survivants de cette vaillante légion de marins de la garde, qui a versé son sang sur presque tous les champs de bataille de l'empire. Il était tout à la fois un guerrier intrépide, un administrateur et un écrivain distingué. De 1796 à 1815, sa vie n'est qu'une suite non interrompue de luttes, de faits de guerre, d'actions d'éclat, par lesquels il conquiert ses grades dans la marine impériale et dans l'Ordre de la Légion-d'Honneur. Il commence ces vingt ans de combats et de périls sur un bâtiment de l'expédition d'Égypte, il les achève en prenant part aux victoires de Lutzen et de Bautzen, et à la bataille de Leipsick, en défendant avec les marins de la garde le pont d'Arcis-sur-Aube, pour protéger notre cavalerie contre les masses d'escadrons alliés qui la poursuivaient. Sa bravoure est récompensée par sa nomination au grade de capitaine de vaisseau. Au mois de juin 1807, il assiste à l'entrevue des empereurs de France et de Russie sur le Niemen. Plus tard il est fait prisonnier de guerre sur un champ de bataille tristement célèbre. Après vingt-deux mois de captivité dans le port de Cadix, il recouvre la liberté par un acte d'audacieuse témérité. En plein jour, à la tête de trente-cinq de ses compatriotes, il s'empare d'une embarcation, en précipite l'équipage à la mer, hisse la voile, et s'élance à travers les bâtiments ennemis. Les boulets et la mitraille couvrent la frêle nacelle, qui surnage cependant, vogue pendant trois quarts d'heure, et vient échouer au milieu de l'armée française, qui borde la baie de Cadix, et accueille avec enthousiasme ses courageux enfants. Il servit encore à la mer de 1817 à 1831, et promena notre pavillon sur les mers les plus lointaines. Il était au Brésil lors de l'abdication de l'empereur Don Pedro, et, de concert avec l'amiral anglais, il préserva Rio-Janeiro des horreurs d'une révolte servile. Il a ensuite exercé pendant quatorze ans les fonctions de préfet maritime, étant à la tête du grand arsenal de Brest. Cette longue expérience des choses de la mer avait donné à son esprit observateur et réfléchi une haute expérience ; il en a consigné les enseignements dans des écrits remarquables, dont l'un fut publié en 1832. Ses œuvres et un discours prononcé en 1846 à la chambre des Pairs, dont il était membre, contiennent l'exposé de ses doctrines sur les principes constitutifs de notre puissance marine. Son opinion fait autorité parmi ses compagnons d'armes; son nom est cher et respecté parmi eux. Il est mort à Brest le 11 septembre 1869. (*Journal officiel*, 13 septembre et 5 décembre 1869.) Il était aussi chevalier de l'Ordre royal et militaire de Saint-Louis, et membre du conseil de l'Ordre impérial de la Légion-d'Honneur.

Les documents nous manquent pour réunir ce qui précède aux notes suivantes.

Guillaume de Villelume, écuyer, S^{gr} de La Roche-Othon, épousa : 1°, le 9 avril 1492, Isabeau de Montmorin; 2° Jeanne de Grivel-Grossauve. (A. Tardieu : *Hist. généal. de la maison de Bosredon*.)

Louis de Saint-Palle, S^{gr} de Villefranche, fils d'Eustache, baron de Cudot, et de Marthe de Blondeau, épousa, vers 1587, Françoise de Grivel de Grossove.

Haute et puissante dame Éléonore de Grivel de Grossove épousa haut et puissant seigneur Claude de Saint-Palle, baron de Cudot, et seigneur de Saint-Martin-d'Ordon, dont une fille, née en 1621.

Jacqueline de Grivel épousa Jean de Murat, écuyer, S^{gr} de Pouzy, d'Ygrande, dont la fille, Marguerite, épousa, le 16 juin 1609, Antoine de Châteaubodeau.

Charles de Grivel, habitant le château de Bègue (Allier), épousa Amélie du Peyroux, fille de François, comte du Peyroux, et de Marie-Jeanne-Philippe Budant de Boislaurent; elle était née vers 1820. (*Idem*.)

LES GROGES, terre seigneuriale de l'Angoumois, qui, en 1780, appartenait à un de Gratereau. (*Dict. des fiefs*.)

LA GROLIÈRE (p. 231). — Il y a une seigneurie de ce nom, située près de Rochedagoux, arrondissement de Riom (Puy-de-Dôme), laquelle a appartenu à la maison de Saint-Nectaire de 1472 à 1657. Elle passa ensuite à M. Goistard, conseiller au Parlement, et plus tard à la famille Chardon-des-Roys, qui la possédait en 1787. (*Nobiliaire d'Auvergne*, T. III, p. 270.)

GUÉRET (primitivement *Waractum*, puis *Garactum*), ancienne capitale de la Haute Marche, aujourd'hui chef-lieu du département de la Creuse, ville bâtie autour du monastère fondé par saint Pardoux. Ses armes sont : *d'azur à un cerf d'or sur trois arbres de même*, d'après un brevet délivré en 1701 par Charles d'Hozier. — *L'Armorial général* de d'Hozier donne la variante : *d'azur à trois chênes d'or rangés en pointe, surmontés d'un cerf, passant du même en chef*. Le sceau dont on se servait à l'hôtel de ville, en 1789, les donne *d'azur à trois peupliers de sinople sur une terrasse de même, mouvante de la pointe de l'écu, au cerf passant d'or sur le tout*. M. Girault de Saint-Fargeau donne une autre variante qui doit être inexacte : *de gueules au cerf passant d'or, armé de huit rames du même, au chef d'azur semé de fleurs de lys d'or*.

GUÉRIN (p. 232). — N..... Guérin, chevalier de l'ordre de Saint-Jean-de-Jérusalem, ou de Malte, était originaire du Limousin. Il fut fait conseiller d'État en 1190, et garde des sceaux vers 1203. Il fut évêque de Senlis vers 1213, et l'un des principaux ministres du roi Philippe-Auguste, qui l'honora d'une bienveillance particulière. A l'avènement de la couronne de Louis VIII, il fut chevalier en titre. C'est lui qui a relevé l'éclat de cette charge, en faisant ordonner que le chancelier aurait séance parmi les pairs de France, avec les officiers de la couronne, et le roi le fit nommer le premier de tous. Il remit sa charge entre les mains de saint Louis et de la reine Blanche, se retira à l'abbaye de Chaalis, où il prit l'habit de religieux vers l'an 1228, et mourut le 19 avril 1230, âgé d'environ soixante-dix ans. Il est enterré au côté gauche du grand autel de ce monastère, où se voit sa sépulture. Rigord parle de lui fort avantageusement sous l'année 1213, et loue hautement sa vertu. M. du Tillet assure que ce fut lui qui fit mettre les chartes et titres du roi en un dépôt fixe et certain pour les mieux conserver, la coutume étant de les porter à la suite du roi.

N... Guérin, qui fut grand-maître de l'ordre de Malte depuis 1231 jusqu'en 1236, tenait de très-près au chancelier. Ce fut ce grand-maître à qui le pape Grégoire IX recommanda les intérêts de l'empereur Frédéric II, avec lequel il s'était réconcilié. Guérin prit en main ceux de Conrad, fils de ce monarque, et d'Yolande de Brienne, contre Alix, veuve de Hugues, roi de Chypre, laquelle, en qualité de fille d'Isabelle, reine de Jérusalem, prétendait régner sur la terre sainte. (DUXOUX : *Essai sur la sénatorerie de Limoges*, p. 159.)

Guérin (Jean), écuyer, sieur de Puydeneville, Plessac et Rochebertier, épousa Louise Leriget. Par leur testament mutuel, reçu par Gibau, notaire royal, le 21 septembre 1631, ils lèguent la somme de 8,000 livres, pour bâtir un hôpital dans Angoulême, sous le nom de Notre-Dame-des-Anges, 2,000 livres pour le meubler, et 200 livres de rentes pour y nourrir douze pauvres. Jean Guérin était receveur des décimes d'Angoulême. Il fut quatre fois maire de cette ville, en 1617, 1618, 1619, 1631, et échevin jusqu'en 1631. Il était en cette charge lorsque Marie de Médicis, mère de Louis XIII, se sauva de Blois et vint à Angoulême sous la protection du duc d'Épernon. Ses armes sont sculptées dans l'hospice qu'il a fondé; elles sont : *écartelé aux 1ᵉʳ et 4ᵉ de ...., à 3 canettes de....., posées 2 et 1, surmontées d'une étoile de.....; aux 3ᵉ et 4ᵉ, de ...., au rocher ardu de.....* (*Bull. Soc. arch. de la Charente*, T. V, p. 135.)

LA GUÉRONNIÈRE (Du Breuil Hélion de). — Maison noble et ancienne du Poitou, établie dans la Basse-Marche et le Limousin.

Jean du Breuil-Hélion fut fait prisonnier à la bataille de Poitiers en 1356, et conduit prisonnier en Angleterre.

I. — Jean du Breuil-Hélion, écuyer, était seigneur de Combes; sa femme, Marie de Parthenay, lui avait apporté la moitié de cette terre, située paroisse de Saint-Martin-Lars, canton d'Availles-Limousines (Vienne). Il l'avait épousée, le 30 janvier 1413. Sa descendance a formé plusieurs branches, dont une alla se fixer en Languedoc, au Pont-Saint-Esprit, où elle s'allia aux familles de Caseneuve, d'Anthomarre, de Fabre, d'Isnard, de Pescaire, de Piolenc, etc., et où elle s'éteignit après avoir été maintenue dans sa noblesse, par jugement de l'intendant Lamoignon de Basville, vers le 22 juillet 1700.

L'autre branche, restée en Poitou, a contracté des alliances avec les familles de Basoges, de Beaussé, de Bernon, de Brée, de Martel, de Tessière de Boisbertrand, de Robert de Villemartin, de Chamborand, etc. Elle a produit plusieurs officiers de mérite, chevaliers de Saint-Louis, entre autres René-Pierre du Breuil-Hélion de La Guéronnière, capitaine au régiment de Champagne, lequel avait été mousquetaire dans la 2ᵉ compagnie, volontaire au régiment de Poitou en 1741, lieutenant en 1742, capitaine en 1747; il se retira en 1760, et fut nommé chevalier de l'Ordre royal et militaire de Saint-Louis en 1758. Il fut reçu par M. de Bonneval lieutenant-colonel de son régiment. (*Hist. de l'Ordre de Saint-Louis*, par A. MAZAS, T. I, p. 482.)

. . . .

XI. — Antoine-Amable du Breuil-Hélion, chevalier, Sgr de La Guéronnière, Combes, Villègue, Lusigny et autres places, ancien capitaine au régiment de Picardie, était mort en 1789, lorsque sa veuve fut convoquée à l'assemblée générale de la noblesse de la Basse-Marche. Il avait épousé, le 16 janvier 1780, Marie-Sylvine de Robert de Villémartin, dame de Villémartin (1), fille de Pierre-Robert, Sgr de Villémartin, Boisseuil, Fontbuffault, Murat, etc., conseiller du roi, président de l'élection de Limoges, et de Marie de Joyet.

XII. — François-Emmanuel-Bertrand du Breuil-Hélion, chevalier, Sgr de La Guéronnière, etc., ancien mousquetaire, émigra pendant la révolution, fut brigadier de l'armée des Princes, mourut à Coblentz en 1702, habitait la paroisse d'Usson en 1789, lorsqu'il fut convoqué à l'assemblée de la noblesse. Il avait épousé, par contrat du 5 mai 1784, Julie-Élisabeth Irland, fille cadette de messire François-Hubert Irland de Bazoges, Sgr de Preuilly et autres lieux, conseiller, lieutenant général criminel de la sénéchaussée de Poitiers, et de Louise-Élisabeth-Constant de La Foujassière. Elle mourut en 1803. Irland porte : *d'argent à deux fasces de gueules, surmontées de trois étoiles d'azur*. De ce mariage naquirent : 1° Alexandre-Hubert, qui suit ; 2° Charles-Antoine, qui suit après son frère aîné et sa postérité ; 3° Lusigny du Breuil-Hélion de La Guéronnière, ancien aide-de-camp du général La Rochejaquelein en Vendée, puis garde d'honneur de l'empereur Napoléon. Au commencement de la Restauration fut lieutenant de cavalerie. Il se voua ensuite aux études scientifiques et politiques. Aujourd'hui il habite le château de Fief-Cléret, près Poitiers, terre venant de la famille Irland. Il n'est pas marié.

XIII. — Alexandre-Hubert du Breuil-Hélion de La Guéronnière, né le 10 décembre 1781, marié, le 17 novembre 1800, à Marie-Aimée-Félicie de Bernon, sa cousine-germaine, fille unique de Jean de Bernon et de Louise du Breuil-Hélion, dont : 1° Louis-Alexandre-Céleste-Toussaint, qui suit ; 2° Ludovic du Breuil-Hélion de La Guéronnière, né . . . . le . . . . , a épousé, le 11 janvier 1860, sa cousine Marie-Sarah, fille de Pierre-Marie-Alfred, comte de La Guéronnière, et de Marie-Aimée de Brettes. Il est mort, âgé de quarante-huit ans, à Loudun, conservateur des hypothèques, le 14 mars 1868. Il laisse : A. . . . . , né le . . . . 186. ; B. . . . . né le . . . . 1867 ; 3° Fortuné du Breuil-Hélion de La Guéronnière, ancien inspecteur retraité des contributions directes à Tours, qui épousa N..... des Courtils, fille de N..... des Courtils et de N..... d'Espagnac.

XIV. — Louis-Alexandre-Céleste-Toussaint du Breuil-Hélion de La Guéronnière, né le 2 octobre 1802, marié, en 1837, à Clémence Perry de Saint-Auvent, fille du comte N.... Perry de Saint-Auvent et de la comtesse née Roquart. De ce mariage : 1° Marie-Alexandrine-Valentine du Breuil-Hélion de La Guéronnière ; 2° N....., mort en bas âge.

XIII *bis*. — Charles-Antoine du Breuil-Hélion, dit le chevalier de La Guéronnière, né le . . . . 1783, marié le . . . . 1809, à Marguerite-Hélène de Tessière de Boisbertrand. Tessière de Boisbertrand porte : *losangé d'argent et de*

(1) Commune de Dinsac, canton du Dorat (Haute-Vienne).

gueules. Elle était fille du comte Tessière de Boisbertrand, ancien colonel de cavalerie, et de Geneviève de Coussaud-Chassin. De ce mariage sont nés : 1° Pierre-Marie-Alfred, qui suit ; 2° Louis-Étienne-Arthur, qui suit après son frère et sa postérité ; 3° Charles-Antoine du Breuil-Hélion, baron de La Guéronnière, né au Dorat en 1827, préfet du département des Vosges, mort préfet de Toulouse en 1867. Il avait épousé en 1851 Yseult de Carion-Nisas, dont : A. Marie ; B. Marguerite, née à Paris ; 4° Marie-Sylvie-Herminie, née en 1821, mariée en 1842 au baron François Raphelis de Broves ; plusieurs autres enfants morts jeunes.

XIV. — Pierre-Marie-Alfred du Breuil-Hélion, comte de La Guéronnière, né au Dorat le 10 octobre 1811, marié, le 11 juin 1833, à Marie-Aimée-Sylvianne de Brettes, fille de François-Théodore, comte de Brettes, et de Marie-Louise-Reine Laguiocherie. De Brettes porte : *d'argent à trois vaches bretonnes, de gueules l'une sur l'autre*. De ce mariage sont nés : 1° Charles-Pierre-René, qui suit ; 2° Marie-Joséphine-Hélène-Silvianne, née à Limoges le 15 juillet 1835, ondoyée à Saint-Étienne le 16, reçut les cérémonies du baptême, à Thouron, le 29 septembre, morte jeune ; 3° Pierre-Gédéon, qui suit après son frère aîné ; 4° Marie-Sara, née en 1837, mariée, le 11 janvier 1859, à son cousin le baron Ludovic du Breuil-Hélion de La Guéronnière, morte le 14 mars 1868, laissant deux enfants : A. Léonor, né à Châteaubriand (Bretagne), en juin 1864 ; B. Raymond, né à Loudun, en octobre 1867 ; 5° Marguerite-Hélène, née le 23 mai 1840, mariée, le 19 mars 1860, à son cousin le comte Henri-Séverin de Brettes, fils du comte Jean-Baptiste-Joseph de Brettes, chevalier de Malte, et de Pauline-Henriette Bruneau d'Ornac de Verfeuil, habitant le château de Puy-d'Azat, diocèse de Périgueux ; 6° Marie-Élisabeth-Angèle, née à Thouron et baptisée le 23 octobre 1843, mariée civilement à Paris le 17 juillet 1861, et religieusement en Allemagne le 26, à Georges Alexeieff, curateur des gymnases impériaux du gouvernement d'Ékaterinoslaw, gentilhomme de l'empereur de Russie, décoré de plusieurs ordres, etc. ; 7° Marie-Louise-Sévère-Marthe, née le 9 juin, et baptisée le 17 à Thouron, mariée, le 7 décembre 1865, à Pierre-Henri-Victor Rogues de Fursac, juge au tribunal civil de Tulle, fils de Rogues de Fursac, conseiller à la Cour de Limoges, et de Agathe-Élisabeth Pradeaux.

XV. — Charles-Pierre-René du Breuil-Hélion de La Guéronnière, né à Limoges le 29 avril 1834, marié, le . . . octobre 185., à Théophile-Catherine-Mathilde de Saint-George, fille de Saint-George, porte : *d'argent à la croix de gueules*. De ce mariage sont nés : 1° Silvianne ; 2° Pierre-Marie-Israël, baptisé à Thouron le 4 septembre 1856 ; 3° Marie-Charlotte-Susanne, née à Limoges, enterrée à Thouron le 5 octobre 1861 ; 4° François-Charles-Marie, né au château de Fresse, paroisse de Berneuil, baptisé à Nantiat le 13 mai 1862 ; 5° Alexandre, né à Limoges le 24 mars 1866 ; 6° Isabelle, née à Lavergne, paroisse d'Abzac (Charente), en avril 1868 ; 7° Roger-Marie-Joseph, né le 21 février 1870.

XV bis. — Laurent-Marie-Joseph Gédéon du Breuil-Hélion de La Guéronnière, né à Thouron le 24 avril 1841, marié à Paris, le 10 juin 1862, à la mairie, et le 11 à l'église, à Ida Mummy, fille de Jules Mummy, armateur de Brême, ancien consul de cette ville à la Nouvelle-Orléans, et de Félicie de Buirs. De ce mariage sont nés : 1° Hélène ; 2° Alfred ; 3° Gaston ; 4° Maurice.

XIV bis. — Louis-Étienne-Arthur du Breuil Hélion, vicomte de La Guéronnière, né au Dorat le 6 avril 1816, sénateur, ambassadeur plénipotentiaire en Belgique, marié, en juillet 1835, à Marie-Eulalie-Charlotte David des Étangs (*voyez* ci-devant, page 42), fille de Michel-Étienne de David des Étangs et d'Élisabeth-Lucie-Amélie d'Abzac. David des Étangs porte : *d'or à trois coquilles de saint Jacques*, de sinople. De ce mariage naquirent : 1° Charles-Étienne-Marc, qui suit ; 2° Prosper-Georges, né .... le 1837, enseigne de vaisseau, a fait la campagne de Crimée et le voyage de Cochinchine, chevalier de Légion-d'Honneur et de plusieurs Ordres étrangers, lieutenant de vaisseau, a quitté la marine, est actuellement receveur des finances à Mortagne. Il a épousé N..... Colmet de Laage.

XV bis. — Charles-Étienne-Marc du Breuil-Hélion de La Guéronnière, né au Courroix, près Les Billanges, le .. septembre 1836, ancien sous-préfet, membre du Conseil général de la Haute-Vienne, habite Le Queyroix, paroisse de Peyrilhac, marié, le 8 avril 1861, à Joséphine-Marie-Désirée-Marthe d'Hilaire de Toulon de Saint-Jaille de Jovyac, fille du marquis de Jovyac et de N..... de Verdonnet.

ARMES : *d'argent au lion de sable, armé, lampassé et couronné de gueules.*

SOURCES : BOREL D'HAUTERIVE : *Annuaire de la noblesse*, 1862. — J. DEY : *Notice sur le baron Ludovic du Breuil-Hélion.* — *Catalogue des gentilshommes de la Basse-Marche.* — Registres de Thouron. — Renseignements particuliers.

GUERSAT, seigneurie située en Limousin, qui, en 1441, appartenait à la famille de Maulmont. (*Dict. des fiefs.*)

GUEZ (p. 232).

I. — Guillaume Guez, premier du nom, Sgr de Balzac et de Roussines, venu de Languedoc en Angoumois à la suite du duc d'Épernon, auquel il rendit d'importants services, il devint trésorier de l'extraordinaire des guerres, maire de la ville d'Angoulême en 1612, conseiller de la commune de 1614 à 1622, et échevin de 1622 à 1630. On lui donnait d'abord le titre de *noble homme*, mais il ne prit celui d'écuyer qu'après avoir été maire. Il mourut le 20 septembre 1650, âgé de quatre-vingt-dix-sept ans ; et non de cent ans, comme on l'a souvent imprimé. Guillaume Guez possédait deux belles maisons, l'une appelée le château de Balzac, placée au milieu de la terre de ce nom ; l'autre, située dans l'enceinte de la ville d'Angoulême, sur la paroisse de Saint-Paul. Cette dernière servit tour à tour d'habitation à deux reines de France : d'abord à Marie de Médicis, veuve d'Henri IV et mère de Louis XIII, qui, sous la conduite du duc d'Épernon, se réfugia à Angoulême du 1er mars 1619 jusqu'au 27 août ; et ensuite à Anne d'Autriche, veuve de Louis XIII, et mère de Louis XIV. Guillaume Guez épousa, vers 1585, Marie Nesmond, qui doit être fille de François Nesmond, échevin de 1570 à 1603 ; elle avait apporté en dot la terre de Balzac. Elle mourut en avril 1653. De ce mariage naquirent : 1° Jean-Louis, qui suit ; 2° François, qui suit après son frère ; 3° Anne de Guez, dite Madame de Compnignolles, qui fit le 6 mars 1654 une transaction avec François, pour régler la succession de Jean-Louis Guez de Balzac, leur père. Elle vivait le 7 janvier 1675. Elle avait épousé messire François Patras de Campaignolles, capitaine au régiment des gardes, qui mourut au siége de Montauban.

II. — Jean-Louis de Guez de Balzac naquit à Angoulême sur la fin de mai 1597, fut baptisé le 1er juin dans l'église de Saint-Paul, ayant pour parrain le duc d'Épernon, et pour marraine la mère de ce dernier. Il ne prenait que le titre de *conseiller du roi en ses conseils*, quoiqu'il eût reçu les brevets de *conseiller d'État* et d'*historiographe de France*, qu'il appelait de *magnifiques bagatelles*. Après avoir fait un voyage en Hollande, vers 1617, Balzac suivit à Rome le cardinal de La Valette, troisième fils du duc d'Épernon, et y demeura depuis le commencement de 1621 jusqu'au mois d'août 1622. A partir de cette époque, il habita moins souvent l'Augoumois que la capitale, qu'il paraît néanmoins avoir abandonnée définitivement en 1636, pour se fixer dans son pays natal. Il fit alors sa principale résidence au château de Balzac jusqu'en 1648, année où il se fit construire deux chambres au couvent des capucins pour y composer son *Socrate chrestien*. Après la mort de son père (20 septembre 1650) il se retira chez Mme de Forgues, sa nièce, au château de Neuillac. Enfin, dans les premiers jours de janvier 1654, il revint à Angoulême chez Mme de Campaignolles, sa sœur, où il mourut le 8 février de la même année. Selon le désir que Balzac avait manifesté d'être enterré à l'hôpital avec les pauvres, il fut inhumé dans l'hôpital de Notre-Dame-des-Anges. Balzac avait légué 22,000 livres pour des œuvres de piété, de charité, ou d'utilité publique. Il laissa aussi 2,000 livres, dont le revenu fut destiné par lui à former tous les deux ans un prix de la valeur de 200 livres, qui serait accordé par l'Académie française à l'auteur du meilleur discours sur certaines matières pieuses qu'il avait indiquées. Ce prix d'éloquence a été élevé à la somme de 300 livres par l'Académie française, dont Balzac était un des fondateurs.

Jean-Louis Balzac ne portait pas les armes de sa famille, on trouve qu'il portait en 1642 : *écartelé aux 1er et 4e de......, à l'oranger de.....; et aux 2e et 3e de....., au cor de chasse de....., lié de.....* (probablement en souvenir de Marie Nesmond, sa mère, qui portait : *d'or à trois cors de chasse de sable, liés de gueules*). En 1846, la Société archéologique de la Charente a fait poser, au-dessus de la porte de la maison où est né Balzac, l'inscription suivante :

Ici naquit, en 1597,
Jean-Louis Guez de Balzac,
Dit le restaurateur de la langue française.

II bis. — François Guez, premier du nom, d'abord seigneur de Roussines, puis seigneur de Balzac et de Puy-de-Neuville, naquit à Angoulême, et fut baptisé dans l'église de Saint-Paul le 14 septembre 1598. Il prit, après la mort de Guillaume, son père, le titre de seigneur de Balzac, en vertu de la cession que Jean-Louis Guez de Balzac, son frère aîné, lui avait fait de ses droits d'aînesse et de légitime, moyennant la somme de 60,000 livres. François Guez vivait le 11 avril 1655, mais on ignore la date de sa mort. Il avait épousé Anne Prévéraud par contrat du 25 mai 1634. De ce mariage vinrent : 1° Guillaume, deuxième du nom, qui suit; 2° André, qui suit après son frère; 3° Claude, qui suit après ses deux frères, et qui a continué la postérité; 4° François de Guez, deuxième du nom, baptisé le 22 mars 1642, qui mourut célibataire avant le 11 juin 1692, laissant une fille naturelle, à laquelle André, gouverneur de Dunkerque, donna 1,000 livres par son testament dudit jour. François Guez, premier du nom, avait aussi légué à cette fille 1,500 livres; 5° Marie, baptisée le 12 septembre 1638, dont Balzac fut parrain; 6° Anne, baptisée le 25 août 1639; 7° Bernard, baptisé le 22 octobre 1643, mort jeune; 8° Madeleine, baptisée le 27 août 1645; 9° Louise, baptisée le 10 février 1647, 10° Louise-Henriette, baptisée le 22 janvier 1651.

III. — Guillaume Guez, deuxième du nom, S^{gr} de Balzac, fut baptisé le 1er juin 1636, et mourut célibataire avant le 11 mai 1685, laissant un fils naturel nommé Jean Guez, dit *Enclos*, auquel André, gouverneur de Dunkerque, légua 2,000 livres par son testament du 11 juin 1692, s'il se trouvait que ledit Jean ne fût pas mort.

III *bis*. — André Guez, premier du nom, Sgr de Balzac, commandeur de Saint-Lazare et gouverneur de la citadelle de Dunkerque. Il fut baptisé le 28 octobre 1637. Par transaction du 11 mai 1685, il céda à son frère Claude la terre de Balzac, dont il était devenu seigneur par la mort de Guillaume, son frère aîné. Il mourut à Dunkerque en 1692, après avoir fait son testament olographe, le 11 juin de la même année, par lequel il fait plusieurs dons de charité, et lègue sa maison paternelle aux religieuses carmélites d'Angoulême. Il avait épousé Marie-Thomas, qui vivait encore dix-sept ans après lui, et dont il n'eut point d'enfants. Elle était fille de Paul-Thomas de Girac, conseiller au présidial d'Angoulême.

III *ter*. — Claude Guez, d'abord seigneur de Puy-de-Neuville, puis seigneur de Balzac, fut baptisé le 11 février 1641. Il prit le titre de seigneur de Balzac après la mort de son père André, dont il fut l'héritier sous bénéfice d'inventaire, et qui, par transaction du 11 mars 1685, lui avait cédé, sous certaines réserves, la propriété de la terre de Balzac. On ignore le nom de sa femme. Ses enfants furent : 1° André, qui suit ; 2° Marie Guez, qui épousa François de....., comte de Sansac ; 3° Henriette Guez, dame de Puy-de-Neuville.

IV. — André Guez, deuxième du nom, Sgr de Balzac, capitaine aux gardes et chevalier de Saint-Louis, se retira à Paris après avoir vendu sa terre de Balzac à Robert Bourée, secrétaire du roi, et ancien receveur de tailles de l'élection d'Angoulême. La veuve de ce dernier et son fils, également receveur des tailles, la vendirent, le 2 février 1741, à Élie Pasquet de Saint-Mémy, écuyer, gentilhomme Limousin, qui avait fait une grande fortune en Amérique. Le nom de Guez de Balzac est probablement éteint dans la personne d'André, deuxième du nom.

Armes de la famille Guez de Balzac : *de gueules à deux fasces d'or.* (*Armorial général mssc.*)

Source : (*Bull. de la Soc. arch. de la Charente*, année 1846.)

François de Guez était au ban de l'Angoumois en 1635. Est-ce François de Guez, Sgr de Roussines, de Balzac et de Puy-de-Neuville, fils de Guillaume de Guez et de Marie de Nesmond ? On serait tout naturellement porté à l'admettre, sans la note marginale du rôle qui indique que François Guez fut remplacé à ce ban en 1635 par son fils. Or François ne se serait marié avec Anne Préveraud qu'en l'année 1634 ; son fils aîné, Guillaume Guez, né en 1636, ne pouvait donc pas comparaître au ban de 1635. Voilà qui dérange singulièrement la filiation de cette famille, fournie d'abord par Vigier de La Pile, et ensuite, d'après cet auteur, par M. Castaigne, dans sa Notice insérée dans le *Bulletin de la Société archéologique de l'Angoumois*, année 1846. Peut-être le père de François s'appelait-il François (et non pas Guillaume), ou peut-être s'appelait-il François-Guillaume, quoique à cette époque l'usage de deux prénoms ne fut pas très-étendu. — Balzac, commune du canton d'Angoulême. (*Ban et arrière-ban de l'Angoumois*, par B. A.)

GUI (page 242) ou GUY.

Géraud Guy fut témoin de la donation faite, vers l'an 1115, à Renaud, abbé du Vigeois, du lieu de Brunz, par Pierre Rainaud, Guillaume et Raimond, ses frères, et Aldéarde, leur sœur. (Lainé, *Nobiliaire du Limousin*.)

V. — Salomon Guy, écuyer, sieur de Ferrière et du Pontlevin, était au ban de l'Angoumois en 1635, avec ses frères Bertrand Guy et Joseph Guy. Il épousa Jeanne Martin.

IV *bis*. — Bertrand Guy, sieur de Ferrières, épousa Marguerite de Poermont. — Pontlevin, commune de Champmillon, canton d'Hiersac. — Ferrières, commune de Mainzac, canton de Montbron. (*Ban de l'Angoumois*, 1635.)

Jeanne Guy de Ferrière épousa Salomon de La Broue, écuyer, Sgr de Pouyaud, de Rochereau, et du Roulet. (*Ibidem*.)

Les Guy de Ferrières sont encore représentés en Périgord.

GUI, 4ᵉ évêque de Tulle, qui succéda à Hugues Roger. Il eut vraisemblablement pour compétiteur un nommé Jean, dont on trouve le nom dans un acte de prestation d'hommage daté du 14 avril 1343. (*Chronologie des évêques de Tulle*.)

Armes : *d'or à une branche d'olivier de sinople, feuillée et chargée de fruits.*

GUIDONIS ou GUYONNIE (pages 233 et 243).

Bernard Guidonis ou de La Guyonnie naquit, en 1260, au château de Juvé, paroisse de Royère (actuellement paroisse de La Roche-l'Abeille, canton de Nexon, Haute-Vienne), et non pas à Castres, comme l'a dit Léandre Albert. Il fut doué d'un esprit ouvert et docile, également propre aux sciences et à la vertu, ce qui fit qu'il devint dans la suite l'oracle des savants de son temps, et un modèle achevé de toutes les vertus chrétiennes, monastiques et pastorales. Il reçut la confirmation et la tonsure des mains du vénérable Pierre de Saint-Astier, évêque de Périgueux, prit l'habit de Saint-Dominique au couvent de Limoges, le 16 septembre 1279, à l'âge de dix-neuf ans, et fit profession le 28 septembre de l'année suivante. Cette communauté était encore dans la première ferveur de son établissement, et remplie de personnages éminents en doctrine et en piété. Le jeune religieux, fidèle à la grâce de sa vocation, sut si bien profiter de ces avantages, que dans peu de temps il ne parut point inférieur à ces vertueux et savants hommes. Il conserva toute sa vie cet air de modestie, cet esprit de religion, de pénitence, de recueillement et d'humilité qu'on avait d'abord admiré en lui, et en fit comme le fondement de la perfection à laquelle il aspirait. Mais peu content de travailler à sa propre sanctification, il cultiva avec beaucoup de soin les talents qu'il avait reçus de la nature, pour pouvoir contribuer un jour au salut du prochain.

Parmi les grands exemples qui pouvaient exciter ou entretenir en lui cette noble émulation, il nous apprend lui-même qu'il était particulièrement touché de la haute piété de ce même Pierre de Saint-Astier, qui, depuis qu'il l'avait connu lorsqu'il occupait le siège de Périgueux, était devenu dans le couvent des Frères-Prêcheurs de Limoges un humble disciple de Saint-Dominique. La candeur et la simplicité chrétiennes de ce respectable vieillard, qui avait blanchi dans les travaux de l'épiscopat, et de qui l'admirable ferveur semblait se renouveler chaque jour, à mesure qu'il approchait du terme de sa carrière, était sans doute pour tous ses frères une leçon bien efficace, pour les animer à remplir saintement tous les devoirs de leur profession ; mais nul n'en profita davantage que le jeune Guidonis. Il eut le bon esprit de rechercher avec empressement la conversation du religieux prélat.

Les premiers emplois qu'il eut dans son ordre furent ceux de professeur et de prieur. Il enseignait la théologie dans le couvent d'Alby, l'an 1293, lorsque le pieux évêque de cette ville, Bernard de Castanet, bénit avec beaucoup de solennité, chez les Frères-Prêcheurs, la première pierre de leur église. Guidonis assista ce prélat dans cette cérémonie en qualité de diacre. Peu de temps après, sa prudence, sa douceur et ses autres vertus ayant engagé cette même communauté à l'élire pour prieur, il remplit cette charge depuis 1294 jusqu'en 1297, sans interrompre pour cela ses leçons théologiques, ni se dispenser d'aucun des exercices du jour et de la nuit.

Appelé ensuite à Carcassonne pour y exercer ces deux mêmes emplois, il eut l'honneur d'y recevoir, à la tête de sa communauté, l'illustre Nicolas Bocasini, neuvième général de son ordre, presque dans le temps où l'on apportait à ce célèbre général le bref de Boniface VIII qui lui annonçait sa promotion au cardinalat. Il l'accompagna peu de jours après à Narbonne, et quand cette éminence (qui monta depuis sur la chaire de Saint-Pierre sous le nom de Benoît XI) se mit en route pour l'Italie, Guidonis retourna dans sa communauté de Carcassonne, et y écrivit l'histoire de la fondation de ce couvent et celle de l'invention des reliques de saint Vincent, martyr. Élu en 1301 prieur de Castres, il présida au monastère des Dominicains de cette ville jusqu'en 1305, qu'il fut nommé au même emploi à Limoges. L'année suivante, le 23 avril, le pape Clément V étant venu à Limoges accompagné de huit cardinaux, alla, sans se détourner tant soit peu, loger au couvent des Dominicains. Guidonis, en qualité de prieur de cette maison, reçut et complimenta Sa Sainteté, qui lui accorda volontiers, ainsi qu'à ses religieux, toutes les indulgences qu'ils eurent la dévotion de lui demander. Le lendemain, le Souverain-Pontife ayant visité le corps de saint Martial et donné la bénédiction au peuple assemblé sur la place Saint-Gérald, alla au monastère de Solignac, pour se rendre de là à Bordeaux.

Bientôt après, le même pape chargea Guidonis de veiller à la conservation de la foi contre les restes des Albigeois qui dogmatisaient encore. Ce zélé et infatigable religieux se rendit donc à Toulouse vers le commencement de 1307, et, pendant environ dix ans, il exerça son pénible emploi dans tout ce vaste diocèse, joignant toujours à sa vigilance sur les démarches des sectaires des prières ferventes pour leur conversion, et ne combattant pas moins par ses écrits que par ses prédications les erreurs qu'ils s'efforçaient obstinément d'accréditer. On assure qu'il eut le bonheur de ramener plusieurs apostats dans le sein de l'Église, et de plus il fournit à ceux qui devaient travailler après lui à la même œuvre de puissantes armes pour combattre les dogmes des hérétiques. Les traités volumineux sur ce sujet qu'il laissa manuscrits dans la bibliothèque des Dominicains de Toulouse, et que le Père Labbe a publiés depuis, montrent assez l'érudition, l'exactitude de Guidonis, et son assiduité au travail. Il paraît que ce fut dans cette même ville qu'il composa la plus grande partie de ses ouvrages. Ce qu'il y a de certain, c'est qu'il commença vers ce temps son grand Recueil, intitulé : *Sanctoral ou Miroir des Saints*, qui fut reçu dès lors de la manière la plus favorable, et qui a toujours obtenu depuis l'estime des plus sévères critiques. Voici ce que dit Baillet de cet ouvrage et de son auteur : « Cet écrivain, né pour l'avancement de l'histoire de l'Église, composa, outre un assez grand nombre de Vies particulières de saints, un grand Recueil des Vies des saints en général... Il avait plus d'érudition et de jugement que le commun des savants de son temps, et l'on prétend qu'il s'est montré plus exact et plus sévère sur les fables et les faits incertains que ceux qui l'avaient devancé. Il s'est attaché principalement à recueillir les actes anciens. Mais, au lieu de les donner en entier, il semble avoir voulu abréger ceux qui étaient longs, et retrancher ce qui lui paraissait suspect et superflu. On dit que personne n'a plus profité des travaux de Guidonis que Benoît Gonon, qui, en 1526, publia à Lyon un Recueil des Vies des saints Pères de l'Occident ». Ajoutons que Gonon n'est pas le seul historien qui se soit fait honneur devant le public de ce qu'il avait puisé dans les écrits de Guidonis.

Il y avait environ dix ans que Guidonis travaillait dans le Languedoc à la défense de la foi et à la conversion des hérétiques, lorsqu'il fut élu procureur général de son ordre à la cour de Rome, l'an 1317. Quelques précautions que prit sa modestie pour éviter l'éclat, cette nouvelle charge mit dans un nouveau jour ses vertus et ses talents, surtout sa rare prudence et son habileté dans le maniement des affaires les plus difficiles. Le pape Jean XXII, juste appréciateur du mérite, connut bientôt celui de ce rare sujet, et, résolu de l'employer pour l'utilité de l'Église, il le chargea successivement de deux importantes négociations, pour le succès desquelles il lui donna, la première fois, l'autorité et tous les pouvoirs que le Saint-Siége a coutume de confier à ses légats ou à ses nonces apostoliques. A la seconde fois, outre ces mêmes pouvoirs, il lui donna le titre exprès et la qualité de légat apostolique. On possède encore les lettres pontificales, en date du 1er mars 1317, et la bulle de commission, du 19 septembre 1318, par lesquelles Sa Sainteté le chargeait de ces deux missions. Cinq années entières furent employées à ces négociations, qui obligèrent Guidonis à de fréquents et de pénibles voyages, et firent connaître de plus en plus quels étaient sa sagesse, sa patience, son désintéressement et son amour constant pour l'étude, puisque des occupations si capables de distraire et de lasser son esprit ne purent l'empêcher de travailler à composer ou à retoucher ses ouvrages. En effet, l'un deux (la *Petite chronique des Souverains–Pontifes, des Empereurs et des Rois de France*) fut composé entre les années 1318 et 1322, temps auquel il voyageait en France et dans les Pays-Bas, pour assurer le succès de sa seconde légation.

Le pape Jean XXII, qui avait été satisfait des services de Guidonis, et avait profité plus d'une fois de ses sages conseils pour le bien de l'Église, le nomma, en 1323, à l'évêché de Thuy, dans la Galice (1). En 1324, il fut transféré au siége de Lodève, dans le Bas-Languedoc. Il prit possession de ce nouveau diocèse le 21 mars 1325, et aussitôt on le vit appliqué à toutes les fonctions d'un vigilant et zélé pasteur. Après avoir fait la visite de son diocèse, il assembla son synode, dans lequel il publia de sages statuts.

Ce grand homme avait passé quarante-quatre ans dans les exercices du cloître et huit dans les sollicitudes de l'épiscopat, lorsque, étant allé, l'an 1331, passer une partie de l'arrière-saison dans son château épiscopal de Lauroy, il y tomba dangereusement malade, et y mourut le 30 décembre. On porta d'abord son corps à Lodève, où il fut enterré solennellement, et, peu de jours après, on le transporta au couvent des Dominicains de Limoges, ainsi qu'il l'avait demandé. Les religieux firent ses obsèques avec la magnificence requise, le dimanche dans l'Octave de l'Épiphanie, et l'inhumèrent dans le sanctuaire, du côté gauche. On mit sur son tombeau une grande lame de cuivre jaune, qui fut enlevée longtemps après dans quelqu'un des divers désastres qu'éprouva ce monastère. Sur cette plaque était gravée l'épitaphe suivant, plus conforme à la modestie de Guidonis qu'à son rare mérite :

---

(1) Thuy ou Tuy, dans la Galice, et non Tulle en Limousin; *Tudensis* et non *Tutelensis*.

« *Sub hoc humili loco jacet Frater Bernardus Guidonis, ordinis Fratrum-Prædicatorum, post nonnullas per Italiam, Galliam et Flandriam legationes apostolicas, primum Tudensis in Gallæcia, deinde Lodovensis episcopus in Gallia Narbonnensi : qui animam cœlo redidit anno salutis M. CCC. XXXI, die XXX decembris. Requiescat in pace. Amen.* »

La Biche de Reignefort (*Six mois de la vie des saints du Limousin*, T. III, p. 403.) rapporte plusieurs miracles obtenus par son intercession.

Les Dominicains de Toulouse avaient de lui neuf volumes manuscrits in-folio, où l'on trouve d'abord : 1° *Catalogus seu Chronicon summorum Pontificum a Jesu Christo, Domino nostro, ad Joannem XXII, annum tertium completum*, scilicet 1319, ouvrage qu'il continua cependant jusqu'au IX des calendes de juin 1331, année de sa mort; — 2° *Catalogus alius brevior, seu Chronica manualis Pontificum Romanorum, ac Imperatorum et Regum Francorum*. Dans un exemplaire, l'auteur s'occupe de nos rois jusqu'à l'année 1331; dans la plupart des autres, il s'arrête à Louis X; — 3° *Genealogia regum Franciæ, et de ejusdem regni origine*, jusqu'à l'année 1316; — 4° *Libellus brevis et utilis de articulis fidei et sacramentis Ecclesiæ et præceptis Decalogi, cum quibusdam anexis aliis in fine, nempe de operibus misericordiæ corporalibus et spiritualibus*, etc.; — 5° *Sermones de tempore et de sanctis*; ces sermons remplissent le troisième des neuf volumes; 6° *Dicta sanctorum atque doctorum Ecclesiæ loquentium de peccato originali*; — 7° *Tractatus de Dominicis, feriis et festis de tempore*; — 8° *Tractatus de festis sanctorum*; 9° *Tractatus brevis de tempore celebrationis generalium et particularium conciliorum*. On voit, par ces divers titres, que Guidonis avait traité beaucoup de questions; il serait trop long de continuer, avec Echard, l'énumération de ses divers opuscules, nous nous bornerons à ajouter le nom de ceux qui ont trait au Limousin : *Nomina episcoporum Lemovicensium;* — *Nomina sanctorum quorum corpora in Lemovicensi diœcesi venerantur;* — *Tractatus de fundatione ordinis Grandimontensis in diœcesi Lemovicensi, et nomina priorum Grandimontensis;* — *Fundatio ordinis Artigiæ in diœcesi Lemovicensi, et nomina quorumdam priorum;* — *Fundatio et progressus monasterii Sancti Augustini Lemovicensis;* — *Tractatus de sanctis quorum corpora Lemovicensem diœcesim ornant;* — *De sanctis Lemovicensibus extra diœcesim sepultis;* — *De Stephano, Obasinæ fundatore, Gofrido Rogerio et Auberto tractatus;* — *Passio sancti Juliani, martyris Brivatensis in Arvernia;* — *Vita sancti Sacerdotis, episcopi Lemovicensis;* — enfin *Libellus, seu tractatus magistrorum ordinis prædicatorum, necnon et priorum provincialium provinciæ Provinciæ seu Tolosanæ*, et aussi *Historia fundationum conventuum ordinis prædicatorum Tolosanæ et Provinciæ provinciarum*. Ces deux derniers ouvrages sont imprimés par Martève, d'après deux manuscrits de la Bibliothèque impériale qui venaient de Baluze ; ils contiennent de nombreux renseignements sur les Dominicains de Limoges.

Pierre Guidonis, neveu de Bernard, qui précède, prit l'habit, comme son oncle, au couvent des Dominicains de Limoges. Il fut prieur de cette maison en 1327. Comme il était habile théologien et zélé prédicateur, à peine eut-il fait une année de priorat, qu'on le tira de cet emploi pour le faire professeur de théologie, non de ses confrères, mais des chanoines de l'église cathédrale de Limoges. Quelques années plus tard, le chapitre de Saint-Étienne de Toulouse le demanda pour expliquer aux chanoines les divines Écritures. Il devint ensuite prieur des Dominicains de Carcassonne, et il occupait cette place lorsque Philippe de Valois, roi de France, passant en 1333 par cette dernière ville, Sa Majesté lui accorda le privilége de faire moudre gratuitement et à perpétuité, à son moulin royal qui était proche de la ville, sur la rivière d'Aude, tout le grain qui serait nécessaire pour l'entretien de sa communauté, privilége dont elle donna des lettres-patentes.

Guidonis eut soin de faire écrire en deux volumes très-propres les Vies des saints que son oncle avait composées, et, pour l'imiter lui-même en quelque sorte dans ce travail, il entreprit de composer un Recueil des Vies des religieux de son ordre illustres en vertu et en sainteté. Il fut ensuite nommé provincial, et, au chapitre qu'il tint à Castres en 1339, il intima des lettres du Père général qui annulaient toutes les exemptions que les religieux avaient pu obtenir pour se dispenser de ce qu'il y avait de plus pénible dans la vie commune. Pour augmenter l'assiduité à l'étude, il fit, au chapitre de Condon, en 1304, une ordonnance par laquelle il commandait sévèrement à tous les religieux de la province, sans exception, d'assister régulièrement aux classes et aux leçons qui étaient faites pour eux.

Pierre Guidonis gouverna six ans sa province, et, ayant été fait inquisiteur de Toulouse, il arriva que, se trouvant on ne sait par quelle occasion au couvent de Saint-Girons au pied des Pyrénées, il tomba malade et y mourut. On ne marque pas l'année précise de sa mort, mais il paraît qu'elle arriva l'an 1347. Comme le mérite de ce grand religieux avait été extraordinaire, ceux de son couvent de Limoges voulurent avoir son corps, ce qui leur fut accordé.

On a de lui : 1° *Vitæ illustrium ordinis virorum ad suam usque ætatem*; — 2° *Acta Visitationis monasterii sororum nostrarum de Pruliano ab eo tanquam priore provinciali Tolosanæ XXV octobris XCCCXL institutæ*. On croit que c'est lui qui est l'auteur d'une Vie abrégée de Bernard Guidonis, placée à la tête du grand ouvrage de ce dernier, intitulé : *Speculum sanctorum*.

Arnauld Guidonis, de la même famille, fut aussi religieux dominicain au couvent de Limoges. Son décès est marqué dans un ancien calendrier de ce monastère, au 27 mai, en ces termes : « Venerandus Pater frater Arnaldus Guidonis, magister in theologia et pœnitentiarius. D. D. Papæ. » (Ce pape était Innocent III.)

Sources : *Bull. Soc. Archéol. du Limousin*, T. X, p. 43. — Moréri, édition de 1725. — *Six mois de la Vie des saints du Limousin*, par La Biche de Ruignefort.

GUIGNARD ou GUINIARD, Sgrs de Bezaudun, en Auvergne; d'Albignac et d'Estabels, en Limousin et Quercy, famille ancienne, qui a prouvé sa filiation depuis Amalric de Guignard, écuyer, vivant en 1487. Jean de Guignard, qui rendit hommage de sa terre d'Albignac (1) au vicomte de Turenne en 1530, était gentilhomme ordinaire de la reine, en même temps qu'Antoine de Guignard était maître des requêtes de l'hôtel de la reine de Navarre en 1559 et 1560. Antoine fut père de Blaise de Guignard, premier du nom, fait écuyer ordinaire de Marguerite de Valois, reine de Navarre, en 1588, et qui, deux ans auparavant, s'était distingué en jetant un secours de 200 hommes dans Florence. Antoine de Guignard, deuxième du nom, prit part aux guerres du règne de Louis XIII de 1626 à 1642. Blaise de

(1) Albignac, arrondissement de Brive (Corrèze).

Guignard, deuxième du nom, devenu seigneur de Bezaudun par son mariage avec Marguerite de Tournemire, en date du 7 mai 1630; servit au ban d'Auvergne, sous M. de Polignac, en 1635, et fut maintenu dans sa noblesse en 1666. Jean de Guignard, son fils, né le 13 octobre 1632, fit foi-hommage au roi en 1669 et 1684, à cause des seigneuries de Bezaudun et de La Peyre, en Jordanne, paroisse de Tournemire, près Aurillac. Cette famille, qu'il ne faut pas confondre avec celles de Guignard Saint-Priest et de Guignart en Bretagne, portait pour armoiries : *d'azur à trois étoiles d'or, surmontées d'un soleil de même.* (*Nobiliaire d'Auvergne*, T. III, p. 245.)

GUILHOUMAUD (p. 233), sieur de Ruelles, demeurant à Angoulême, porte : *d'or à un chêne tigé et feuillé de sinople, accosté de deux étoiles de gueules.*

I. — David Guillommaud fut reçu conseiller, le 16 août 1626, au décès de François des Combes; et le 15 janvier 1642, Jean Boisson est reçu à la mort dudit David Guillommaud. Il épousa Marie Giraud.

II. — Joachim Guilhommaud épousa, le 20 janvier 1618, Anne Duport.

III. — Marc Guillommaud épousa, le 14 juin 1647, Marie de Pontignac.

(DES COUTURES. — *Nobiliaire mss.*)

DE GUILHAUME (p. 233). — Sur le plan de Limoges, dédié en 1597 aux trésoriers, etc., on trouve au nom J. Guillaume les armes suivantes : *d'azur à un chevron d'or, accompagné de deux roses d'argent en chef et d'un croissant de même en pointe.* N..... de Guilhaume et N....., dit le chevalier de Guilhaume, étaient à l'assemblée de la noblesse du Bas-Limousin en 1789.

GUILLAUD DE LA VERGNÉE, en Limousin, porte : *d'azur au cep de vigne d'or.* (Ch. GRANDMAISON : *Dict. hérald.*)

GUILLET. — On trouve à l'assemblée générale de la noblesse de l'Angoumois, en 1789, N..... Guillet du Plessis, de Cognac.

Philippe Guillet, conseiller du roi, son avocat honoraire en la sénéchaussée de Cognac, Sgr de Saint-Martin.

N. ... Guillet de Fontenelle, Sgr de Fontenelle.

GUILLON (p. 238). — Noble homme Pierre Guillon, Sgr de La Valazelle, premier conseiller du roi au siège présidial et sénéchaussée de la Marche, premier châtelain civil et criminel en la ville et chastellenie de Guéret, était marié à damoiselle Anne Mirebeau en 1656. (*Arch. de la Creuse.*)

Ils eurent pour fils Annet Guillon, Sgr de La Valazelle, en 1669.

Monsieur Maître Gervais Guillon, Sgr de La Villatebillon, conseiller du roi, lieutenant général criminel de la sénéchaussée et siège présidial de la Marche, 7 juillet 1776. (*Arch. de la Creuse.*)

Léonard Guillon, lieutenant criminel au présidial de Guéret, Sgr de La Villatebillon, paroisse de Saint-Victor, près Guéret. (DE BETTE : *Noms féodaux.*)

Pierre Guillon, prévôt-châtelain de Guéret, sieur du Breuil, paroisse de Sainte-Feyre, 1669. (*Ibid.*)

Jean Guillon, sieur du Breuil, conseiller au présidial de Guéret. Le 8 mai 1719,

Marc-Antoine de La Loue, chevalier, Sgr du Masgelier, fait une constitution de rente de 150 livres à demoiselle Anne Chorllon, veuve de Jean Guillon, sieur du Breuil. (*Arch. de la Creuse.*)

P. DE CESSAC.

GUINGNAND (p. 241).

Morille de Guingnand ou Guingand, comte de Saint-Mathieu, Sgr de Chamboraud, La Borie, La Salamoine, du Serteau et autres lieux, capitaine au régiment du Roi-infanterie, puis major en émigration dans l'armée des princes, épousa, en 1775, Marie-Antoinette-Louise de Wallers du Serteau, de Valenciennes (Flandre), laquelle mourut en 1844. De ce mariage sont issus : 1° Morille (Maurice), né le 30 septembre 1777, fut d'abord officier dans la maison du roi, puis capitaine en émigration dans le régiment royal-hussard, mort à dix-neuf ans premier aide-de-camp de lord Katcar, général en chef de l'armée anglaise ; 2° Joseph-Pierre-Albert, qui suit.

Joseph-Pierre-Albert de Guingand, comte de Saint-Mathieu, né le 10 juin 1785, au château de Saint-Mathieu, ancien capitaine de cavalerie, démissionnaire en 1830, actuellement propriétaire à Tharaud, commune de Sércilhac (Haute-Vienne), a épousé, le 7 janvier 1817, Marie-Anne-Eugénie Durand de Lassaigne du Boucheron. De ce mariage sont nés : 1° Maurice, qui suit ; 2° Marie-Anne-Augustine-Delphine, née le 12 novembre 1819, mariée, le 30 janvier 1855, au vicomte Jules-Gustave-Ernest de Villelume, fils de Gui-André, comte de Villelume de Losmonerie, et de Charlotte-Rose de Balathier-Lantage, dont trois enfants ; 3° Hubert-Maurice, né le 11 mars 1839, engagé volontaire au bataillon des zouaves pontificaux en 1868.

Maurice, né en 1822, épousa, le 4 février 1853, Marie-Louise d'Aubonne, du château d'Aubonne, en Franche-Comté, fille de N..... d'Aubonne et de Louise de Thury ; elle est morte en avril 1866 sans laisser de postérité.

Notes isolées.

Charles Guingand, sieur de Gensignac, conseiller du roi, était consul de Limoges en 1692.

Françoise Guingand épousa Louis de Beaupoil de Sainte-Aulaire, fils de Gabriel de Sainte-Aulaire, chevalier, Sgr de Gorre, et de Marie-Denise du Rousseau de Ferrières. Elle devint veuve en avril 1762, et son mari fut enterré à Gorre. Elle était marraine de Françoise de Marsanges (sa petite-fille?), à Vaulry, le 4 août 1746 (*Nobiliaire*, T. I, p. 190.)

A l'assemblée de la noblesse du Limousin, le 16 mars 1789, on trouve Pierre Guinguand, chevalier, Sgr de Saint-Mathieu, La Renaudie, La Bouchée.

Martial Guinguand, chevalier, Sgr de Gensignac, du Vignaud, ancien capitaine d'infanterie, frère du précédent.

Henri Guinguand, prêtre, docteur en théologie, curé de Mozon, 1746. (*Registres paroissiaux de Vaulry.*)

Joseph Guinguand de Saint-Mathieu, né le 14 avril 1734, curé de Sainte-Félicité de Limoges, puis nommé en 1780 curé de Saint-Pierre-du-Queyroix de la même ville, fut conseiller de la chambre ecclésiastique du diocèse, et fut choisi avec Msgr d'Argentré, évêque de Limoges, pour représenter le clergé de ce diocèse aux

États-généraux. Forcé ensuite d'émigrer en Allemagne, il s'empressa de revenir au milieu de ses paroissiens dès que la tourmente révolutionnaire eut cessé; il ne voulut plus les quitter, et refusa même les évêchés auxquels son rare mérite l'avait fait appeler. Il mourut en 1820.

Armes : *d'azur au lion d'or, au chef d'argent chargé de trois hermines.*

Sources : Documents originaux. — Renseignements particuliers. — *Pouillé* de Mgr d'Argentré. — *Hist. de Saint-Pierre-du-Queyroix*, par M. Maurice Ardant. — *Catalogue des gentilshommes de la Marche et du Limousin.*

GUINOT (p. 241). — On trouve (*Nobiliaire*, T. I, p. 452) noble homme Guinot de Coulx, écuyer, Sgr du Repaire-du-Chastenet, paroisse de Lubersac, diocèse de Limoges.

Le *Dictionnaire héraldique*, par Charles de Grandmaison, donne pour armes aux Guinot, de Saintonge et d'Aunis : *d'azur à trois pals d'argent, au chef d'azur, soutenu d'argent et chargé de trois étoiles d'or.*

DE GUISCARD (p. 242) porte : *écartelé, au 1er et 4e, de gueules au lévrier passant de.....; au 2e et 3e, d'or au cor (huchet) de....., lié de.....*

GUITTON. — On trouve dans les *Registres paroissiaux* de Linards (Haute-Vienne) : Anne Guitton, dame de Châteauneuf, le 1er septembre 1734; et Guitton, de Châteauneuf, le 2 avril 1737.

GUYMARD (p. 243), sieur du Bouchet, demeurant à Angoulême, élection d'Angoulême, porte : *parti au 1er, d'argent à une tige de laurier, de sinople; au 2e, d'azur à un lion rampant d'or, lampassé et couronné de même.*

Jean Guymard, sieur du Bouchet, doyen des conseillers du présidial d'Angoulême, est élu maire le 3 avril 1650, puis reçu échevin au décès de Guillaume Guetz, sieur de Balzac, le 23 septembre audit an. Il fit la déclaration de vouloir vivre noblement le 27 septembre audit an. (Des Coutures, *Nobiliaire manuscrit.*)

GUYOT (p. 246).

III. — Noble Martial Guyot eut pour fils : 1o Gaspard ; 2o Mathieu, qui suit.

IV bis (et non pas VI). — Mathieu Guyot, écuyer, sieur de La Lande, doit probablement avoir pour fils Arnaud Guyot, qui était au ban de l'Angoumois en 1635, au lieu et place de Martial Guyot, sieur de La Vergne, son père. — La Vergne est commune d'Alloue, canton de Champagne-Mouton.

A l'assemblée de la noblesse de l'Angoumois, tenue aussi le 16 mars 1789, étaient convoqués :

La dame Marie-Guyot, veuve de Pierre, marquis de Montalembert, enseigne des vaisseaux du roi, Sgr de Saint-Amand de Bonnieure.

Arnaud Guyot, Sgr de Magnou, et ses deux fils, Charles Guyot d'Evraud, garde-du-corps, et Jacques Guyot, officier au régiment provincial de Saintonge, Sgr des Giraudelles.

N..... Guyot de Montorsis, Sgr du Longet.

Mme Marie-Rose Barbarin, veuve de M. Guyot, Sgr du Pontcil.

Le baron Guyot, du Repaire, capitaine d'infanterie, aide-de-camp de M. le comte de Jarnac.

Le baron Guyot de La Lande de Massignac.

A l'assemblée générale de la noblesse de la Basse-Marche, qui eut lieu dans la capitale de cette province, le 16 mars 1789, on remarque Mathieu-Alexandre Guyot du Dognon, chevalier, Sgr de Saint-Quentin et de La Motbe du Dognon, ancien chevau-léger de la garde ordinaire du roi, et capitaine de cavalerie.

François Guyot du Dognon, chevalier, ancien capitaine d'infanterie, chevalier de Saint-Louis. — Un Guyot du Dognon, le 10 frimaire an II, jour de la fête de la Raison, déposa sur le bureau de la Société populaire de Bellac des brevets militaires qu'il tenait du roi, ce qui ne l'empêcha pas d'être chassé comme noble.

N..... Guyot de Montgrand était receveur général des finances dans la généralité de Limoges en 1783.

André Guyot, chevalier, Sgr d'Asnières, du Cluzeau, Laforest, Villedon, Lesignac, etc., etc.

Ce dernier, qualifié haut et puissant seigneur, et chevalier, avait épousé Catherine de Pierre-Bufflère, dont la fille, Marie-Agnès Guyot d'Asnières, épousa, le 2 novembre 1780, Gédéon-Joseph, marquis de Roffignac, chevalier, Sgr de Sannat, etc., fils de François et de Marthe de La Garde. (*Généal. de Roffignac.*)

GUITARD (p. 247).

I. — Mathieu de Guitard épousa Guillemine de La Mothe, dont Pierre, qui suit. Mathieu reçut, par le testament de Hirvois, chevalier, Sgr de Ruffec, oncle de ladite Guillemine, l'hébergement d'Empuré et ses dépendances. Ce testament est daté du mardi après la saint Martin d'hiver, 1290.

II. — Pierre de Guitard testa le lundi après le dimanche *Oculi mei* 1335; il est qualifié écuyer, Sgr d'Empuré. Il épousa Agnès de Villognon, dont Hugues, qui suit.

III. — Hugues de Guitard, écuyer, Sgr d'Empuré, épousa, par contrat du mardi des Octaves 1381, demoiselle Charlotte Vigier, dont Jean, qui suit.

IV. — Jean Ier de Guitard épousa, en 1430, par contrat daté du jeudi des Octaves, demoiselle Marie Prévost, dont : 1° Jean, qui suit ; 2° Pierre, conseiller du roi au Parlement de Bordeaux, chantre d'Angoulême, chanoine de Bordeaux et de Périgueux, curé de Nivel et de Bardenac; 3° autre Pierre, bachelier en droit; 4° Jean, chanoine de Saint-Yrieix.

V. — Jean II de Guitard épousa, par contrat du mardi d'après la fête de saint Barnabé, Anthonye de Lilian. C'est probablement lui qui est témoin dans un acte passé à Lubersac le 3 mai 1486, où il est dit bachelier en l'un et l'autre droit, et juge. (*Nobiliaire*, T. I, p 452.) Ses enfants furent : 1° Jean, qui suit ; 2° Hélie, chanoine, chantre de Saint-Yrieix, conseiller du roi au Parlement de Bordeaux, curé de Faye et de Corgnac, et prieur de Corgnac et de Fleix en Périgord ; 3° Girault, licencié en droit, chanoine de Saint-Yrieix, et curé de Beyssac.

VI (1). — Jean III de Guitard, écuyer, Sgr du Chambon, épousa : 1° Louise Faure de Saint-Paul, dont une fille, mariée à Rochechouart dans la maison des Maumilhon; 2° Catherine de Latour. De ce second mariage vinrent : 1° François, qui suit; 2° Jean ; 3° Andrée; 4° Anne; 5° Marie, qui fut religieuse au monastère de Notre-Dame de La Règle, à Limoges; 6° Anthonie; 7° Jeanne. Il ordonna à Jean, son second fils, ainsi qu'aux enfants mâles dont sa femme pourrait se trouver enceinte, de se faire gens d'église. Ce testament fut reçu à Lubersac par Léonard Mazalle, notaire, en présence de M. Legier Noualhier de Beysac, prêtre.

VII (II). — François Ier de Guitard, écuyer, S^{gr} du Chambon, fit son testament, le 6 août 1563. Il épousa demoiselle Françoise de Coulx, dont : 1° François, qui suit; 2° Pierre, qui a fait une branche; 3° François; 4° Antoinette; 5° Marguerite; 6° Jeanne.

VIII (III). — François II de Guitard, écuyer, S^{gr} du Chambon et de Lortelays, paroisse de Montgibaud, canton de Lubersac, arrondissement de Brive (Corrèze), épousa, le 2 juillet 1599, Adrienne de Royère de Lon, dont : 1° François; 2° Françoise, mariée, en octobre 1606, à noble André de Gerondie; 3° Marie, mariée par contrat, reçu par Lobeychat, le 28 avril 1607, à Étienne de Gerondie, fils de feu Étienne, juge de Vignols, et de Marguerite Gaultier; elle porta 2,000 livres ; 4° Louis.

IX (IV). — François III de Guitard épousa Catherine Landré.

X (V). — Louis de Guitard épousa Marie Auconsul, dont vinrent deux filles : 1° probablement Marie, qui épousa noble Gaston Amelin (*Nobiliaire*, T. I, p. 42.); 2° N.... Marie Auconsul, demoiselle du Chambon, mourut en 1702 à l'âge de quatre-vingt-trois ans, le 29 septembre, et fut enterrée à Lubersac.

Branche de Montjoffre.

VIII bis (III bis). — Pierre de Guitard épousa Marguerite de Montfreboeuf, fille de feu Antoine et de Françoise du Muraud, qui figure au contrat, assistée de son beau-frère, Guillaume de Montfreboeuf, écuyer, S^{gr} de Montjoffre, coseigneur de Razat et de La Chabrouthe, dont : 1° Antoine, qui a continué la descendance ; 2° François, qui a fait la branche de La Borie.

Branche de La Borie et de Riberolles.

IX. — François, écuyer, S^{gr} de La Borie, Villejoubert, major et premier capitaine des compagnies entretenues pour le service du roi en la ville d'Angoulême. Il épousa : 1° N...., fille de Françoise de Raymond, écuyer, S^{gr} de Riberolles, paroisse de Rivières, élection d'Angoulême, qui vendit à son gendre, le 11 février 1633, le fief de Riberolles. Il habitait le logis noble de Riberolles, quand il épousa : 2° demoiselle Marie de Volvire, fille de feu messire Charles de Volvire, S^{gr} d'Aulnac, et de dame Jeanne Bouchaud d'Aubeterre, dont : 1° Jean, qui suit; 2° un autre fils, qui a fait la branche des Guitard de Saint-Constant, éteinte.

X. — Jean de Guitard, chevalier, S^{gr} de Riberolles, fils de François et de Marie de Volvyre, fut baptisé le 24 août 1643; épousa Susanne de Dexmier, fille de haut et puissant seigneur Alexandre Dexmier, chevalier, S^{gr} de Saint-Simon, et de dame Marie d'Archiac; elle fut inhumée à La Rivière le 17 novembre 1738. Jean de Guitard mourut subitement à l'âge de soixante-sept ans, et fut inhumé le 21 novembre 1714. De ce mariage naquirent : 1°, en 1684, Jean, qui suit; 2° autre Jean, qui a fait la branche des Guitard de Saintonge; 3°, 4° et 5° trois filles, dont une mariée et sans enfants, qui sont mortes à La Rochefoucault.

XI. — François, fils de Jean et de Susanne Dexmier, épousa, par contrat du 9 mars

1716, Charlotte de Guilhem, fille de Jean-Louis, sieur de Pithon, écuyer, et de demoiselle Marguerite de Lestang, née le 28 décembre 1685; elle fut inhumée le 3 novembre 1763. Leurs enfants furent : 1° François-Louis, qui suit; 2° Marie, qui épousa François de Crozant; 3° et 4° deux autres fils, qui moururent au service du roi dans la marine.

XII. — François-Louis de Guitard, chevalier, Sgr de Ribérolles, épousa, par contrat du 11 mai 1743, Marie-Anne Pasquet, fille de François Pasquet, écuyer, sieur de Lartige, conseiller au Parlement d'Angoumois, assesseur de la maréchaussée générale du Limousin, et de dame Anne d'Aimard, dont : 1° Jean-François, qui suit; 2° Louis, dit le chevalier de Ribérolles, ancien capitaine de cavalerie, qui était à l'assemblée de la noblesse de l'Angoumois en 1789, émigra, fut décoré de l'ordre royal et militaire de Saint-Louis, mourut à Ribérolles, chez son neveu, en 1826; 3° Jeanne, qui épousa Gaucher du Hautier, dont les biens furent confisqués pour cause d'émigration; 4° N...., qui épousa N..... de Champagnac.

XIII. — Jean-François de Guitard, né en décembre 1746, qualifié dans son contrat de mariage haut et puissant seigneur, chevalier, seigneur, baron de Ribérolles, Le Treuil (il tenait ce fief de Pasquet), Sainte-Colombe et autres lieux, ancien mousquetaire en la première compagnie, était à l'assemblée de la noblesse de l'Angoumois en 1789. Il épousa, par contrat du 23 janvier 1781, Louise Dormilliers, baptisée à Soissons le 10 mars 1761, fille d'Anselme-François, écuyer, ancien receveur général des fermes en la généralité de Soissons, et de dame Louise-Charlotte de Plancy. De ce mariage sont nés : 1° un fils, mort le 16 février 1787; 2° un autre fils, mort en 1790; 3° Armand, qui suit; 4° un fils, mort en 1796 ou 1797; 5° Louis-Armand, dit M. de Saint-Claud, mort en 1803; 6° Joseph-Amédée, dit M. de Ribérolles, du Nivernais, qui suit après son frère et sa postérité.

XIV. — Armand de Guitard épousa, en 1812, demoiselle Marie-Pauline Tandeau de Marsac, troisième fille de Henri-Louis-Armand Tandeau de Marsac, Sgr de La Chabanne, et de Marie-Françoise de Nesmond, dont : 1° Grégoire, mort enfant au château de Brignac, paroisse de Royère; 2° Fanny, décédée à La Rochefoucault; 3° Louis, qui suit.

XV. — Louis de Guitard.

XIV bis. — Louis-Amédée de Guitard, fils de Jean-François et de Louise Dormilliers, épousa N. ... Nicard, dont Léon, qui suit.

XV bis. — Léon de Guitard épousa N..... Dureau de La Malle.

Notes isolées.

Étienne Guitard figure parmi les témoins d'une donation faite à l'abbaye du Vigeois, sous l'abbé Pierre (de 1102 à 1110).

Jacques de Guitard donne sa démission d'échevin de Saint-Jean d'Angély le 24 novembre 1586. (*Nobiliaire*, T. I, p. 42.)

En 1743, Antoinette de Guitard de Villejoubert était supérieure des filles de Notre-Dame de Saint-Léonard.

Mme de Guitard était convoquée à l'assemblée de la noblesse de la Haute-Marche en 1789. — N..... Guitard de Beaumont, Sgr de La Groue, assistait à cette assemblée.

Sources : Papiers domestiques de M. Tandeau de Marsac. — Lainé : *Nobiliaire du Limousin*.

H.

DU HAMEL, sieur des Rouleaux, paroisse de Cormeroyal (1), élection de Saintes, porte : *d'azur ondé, d'argent en pointe et une grange au-dessus, maçonnée de sable, chargée de 3 girouettes d'or.*

I. — Nicolas du Hamel obtint, le 21 juillet 1638, la provision de l'office de conseiller, notaire, secrétaire et audiencier à la chancellerie de Bordeaux; ledit office fut vendu par sa femme, alors veuve, le 6 avril 1648. Les deux époux avaient le même jour, 6 avril 1648 (sic) fait un testament, dans lequel leurs enfants sont nommés. Il avait épousé Jeanne Rousseau, dont : 1° Charles, conseiller au Parlement de Bordeaux ; 2° Pierre, qui suit ; 3° Mathurin, prieur du Boys.

II. — Pierre du Hamel épousa Marguerite de Grigoneraud.

LE HARDY, sieur de La Roche, paroisse de Pons (2), élection de Saintes, porte *de gueules à un chevron d'or, accompagné de deux lions rampants d'argent, lampassés de sable, affrontés en chef, et deux autres de même en pointe.*

I. — Pierre Le Hardy fit trois contrats de vente ou échange, les 26 août 1525, 1537, et 6 février 1553.

II. — Nicolas Le Hardy, qui fit avec son père une vente le 30 mars 1555, épousa Marguerite de Raffin.

III. — André Le Hardy épousa, le 19 février 1613, Marie de Livray.

IV. — Charles Le Hardy épousa, le 27 août 1645, Marie Laurens.

HASTELET (de Jomelières) porte : *de gueules à 3 tourteaux d'or, 2 et 1.* [Cette généalogie a été dressée par Nadaud, sur les papiers de la famille des Hastelet, le 9 août 1760. — Voyez NADAUD, *Mém. mss. Lim.*, T. III, p. 235 et suivantes.]

I. — Noble Collin Hastelet, maître de La Forge de Jomelières, paroisse de Javerlhac (3), par son testament, reçu par Martin du 9 août 1505, veut être enterré dans l'église dudit Javerlhac, devant l'autel de Notre-Dame de Pitié. Il avait épousé Marguerite Masculard, dont : 1° Pierre, qui suit ; 2° Dauphin ; 3° Jehanne.

II. — Noble Pierre de Hastelet, écuyer, sieur de Jomelières et de Puy-Martin, même paroisse de Javerlhac, par son testament, reçu Desmoulin, du 19 avril 1535, veut être enterré dans l'église de Javerlhac, dans les tombeaux de ses prédécesseurs, et où ceux de sa maison ont accoutumé d'être ensevelis, épousa Paulhe de Chevreuse (demoiselle), dont vinrent : 1° Marie, mariée à Pierre Morithon ; 2° Philippette ; 3° Bibie ou Sybille ; 4° Antoinette ; 5° autre Marie ; 6° Vincent, qui continue la descendance ; 7° Pierre Hastelet, écuyer, sieur en partie de La Forge de Jomelières, qui épousa Lucie de Sescaut, fille de Thomas, écuyer, sieur de Puyrigault, du lieu d'Esdon, châtellenie de La Rochebeaucourt en Angoumois, par

---

(1) Corne-Royal, canton de Saujon, arrondissement de Saintes (Charente-Inférieure).
(2) Pons, chef-lieu de canton de l'arrondissement de Saintes (Charente-Inférieure).
(3) Javerlhac, canton et arrondissement de Nontron (Dordogne).

contrat, reçu Grobeau, du 14 janvier [ou février] 1556; 8° Estienne Hastelet, écuyer, sieur en partie de Jomelières, épousa Marie Ceseaud, fille de Pierre, écuyer, sieur de Puyrigault, et de Madeleine de Thury, du bourg de Charas en Angoumois, par contrat, reçu par Baruthcau, du 9 janvier 1546, dont : A. Jean, écuyer, sieur de Jomelières, marié à Marie de Lesmerye [ou Lesmarye] fille de feu Jacques, écuyer, [sieur du Breuil-aux-Vignes, receveur des aides, des tailles en Angoumois, et de Anne Pastoureau] par contrat du 8 juillet 1568, dont autre Jean, écuyer, sieur de Jomelières, 1602; B. Madeleine, demoiselle de La Forêt; C. Antoinette, mariée à Léonard Oubrun, fils de feu Pierre Oubrun, marchand, et de Catherine de Vars, du village de Chantregreu, susdite paroisse de Javerlhac, le 11 juillet 1599; elle fit son testament, signé : de Coscier, le 16 avril 1609.

III. — Vincent Hastelet, écuyer, sieur de Jomelières, fils aîné de Pierre et de Paulhe de Chevreuse, fit son testament, reçu Foreau [ou Forcau], le 17 août 1566, épousa : 1° Marguerite Baudoin, dont : 1° Estienne Hastelet, écuyer sieur de Jomelières et de La Montecaille, qui épousa Renée d'Anjac, fille de François [écuyer], et de feue Isabeau des Alles [du diocèse de Saintes], par contrat du 16 juin 1567, dont : A. Marguerite, mariée à François Guillot [par contrat du 11 décembre 1594, signé Jenvier, notaire royal]; B. Catherine, mariée à Manye de Boisse, écuyer, sieur de La Boissière, du lieu de La Motte-Caille, paroisse d'Eycuras (1), en Angoumois; C. Françoise; 2° Marie; 3° Paulhete, mariée, par contrat, reçu par de Jalanhac, notaire royal, du 26 novembre 1599, à Jean du Faux [4° Antoinette].

Vincent Hastelet épousa : 2° Jeanne de Rez, dont : 5° Charles, mort sans hoirs; 6° Étienne, mort aussi sans hoirs; 7° François, qui fait et continue la généalogie; 8° Jean, écuyer, sieur de Ramefort, paroisse de Valleuil (2), en Périgord, épousa Madeleine de Lestang, qui était veuve en 1609, dont : A. Judith, baptisée le 9 mai 1610 (registres de Javerlhac); B. Marguerite, baptisée les mêmes jour et an; 9° Catherine, mariée à Paul du Tillet, fils de feu Pierre, sieur de La Mouline, et de Guillemette Maugrenon, du village de la Normandie, paroisse de Villars (3), châtellenie de Villebois, en Angoumois, par contrat, signé de Jalanhac, du 10 janvier 1583.

Vincent Hastelet épousa : 3° Jeanne Reynaud, dont ne vinrent point d'enfants.

IV. — François Hastelet, écuyer, sieur de Jomelières et de Puymartin, fils de Vincent et de Jeanne de Rez, fit son testament, signé Bernard, notaire royal, le 30 avril 1617, par lequel il veut être enterré dans l'église de Javerlhac, épousa Jeanne Sescaud, par contrat, reçu par Martin, passé au château de La Rochebeaucourt, le 16 mars 1579; elle fit son testament, signé de Jalenhac, le 12 juillet 1613, par lequel elle veut être enterrée dans l'église de Javerlhac et dans les tombeaux de ses prédécesseurs, ce qui arriva le 19 suivant; elle était morte dès le 16. Ils laissèrent : 1° François, sieur de Puymartin, qui suit; 2° Pierre; 3° Marie, mariée à Jean de La Croix, écuyer, sieur de Ramefort, fils d'autre Jean, écuyer, sieur de Douzac, et de Marguerite du Sault, par contrat, signé de Sa, du 9 janvier 1623, dont ne vinrent pas d'enfants. Par son testament, signé Bardy, du 23 novembre 1648, elle fait ses neveux héritiers, et veut être enterrée dans l'église de Saint-Laurent-de-Mareuil, en Périgord; 4° Diane, morte sans alliance.

V. — François Hastelet, écuyer, sieur de Puymartin, fils d'autre François et de

---

(1) Écuras, canton de Montbron, arrondissement d'Angoulême (Charente).
(2) Valeuil, canton de Brantôme, arrondissement de Périgueux (Dordogne).
(3) Villars, canton de La Valette, arrondissement d'Angoulême (Charente).

Jeanne de Séscaud, obtint un arrêt du Parlement de Bordeaux, du 31 janvier 1631, qui le déclara noble et de noble extraction, et ordonna contre les cotisateurs des tailles de Javerlhac, qu'il serait rayé du rôle; servait en 1634; en Allemagne en 1640; mourut en décembre 1642. Il avait épousé Jeanne de Maraval, fille d'Andrieu, écuyer, et de Jeanne du Villars, du château de La Rousselhère, paroisse de Boussac, en Périgord, par contrat du 2 février 1612, reçu par des Vars; elle mourut à soixante-quatre ans, le 11 janvier 1651, et eut de son mariage : 1° Gui, baptisé le 26 février 1617; 2° Jean-Baptiste, baptisé le 14 janvier 1620; 3° Aimeric, qui a fait la descendance; 4° Jeanne, baptisée le 7 mai 1627; 5° Judith, demoiselle de Puygombert, par contrat, signé de Jalanhac, du 31 octobre 1651; 6° François, sieur de Puygombert (registres de Javerlhac), assassiné à Paris le 7 avril 1650; 7° Maurice, sieur de Sauvagnac, tué au siège d'Aire, 1641.

VI. — Aymeric Hastelet, baptisé le 2 décembre 1621, écuyer, sieur de Puygombert, Villedebost, paroisse de Javerlhac et des Guerennes, servit en Flandre, et mourut le 12 octobre 1705, fut enterré dans l'église de Javerlhac, épousa par contrat, reçu Boutet, du 27 avril 1653, Anne du Boschaud (T. I, p 244), dont : 1° Hélie, baptisé le 17 mai 1654 (registres de Javerlhac); 2° François, né le 30 décembre 1655, sieur du Repaire, qui, en 1678, servait dans le régiment de la Reine, infanterie; 3° Armand, qui suit; 4° autre Hélie, né le 11 juin 1659, sieur des Thermes et des Guerennes; 5° Antoine, né le 18 mars 1663, sieur de Brissac, garde-du-corps du roi; 6° Jean, né le 16 septembre 1664, sieur des Roches, qui servit dans le régiment du Dauphin, infanterie; 7° Anne, née le 24 mars 1666, mariée à Antoine Mousnier, sieur de La Verdelhie, par contrat, signé Forestier, passé à Champnier, le 31 octobre 1686; 8° Raymond, né le 10 juin 1668.

VII. — Armand Hastelet, né le 53 janvier 1657, écuyer, sieur de Puygombert, Villedebost, Jomelières et Les Jarrousses, mourut le 15 avril 1714. Il avait épousé Marguerite Gautier de Puymoger, par contrat, signé Jenvier, du 3 mars 1683, et mariage contracté dans l'église de Javerlhac, le 26 avril suivant, fit un testament, signé de Jalanhac, le 7 décembre suivant, mourut à cinquante ans, le 9 avril 1714. Ils eurent de leur mariage : 1° Aymeric, qui suit; 2° Thibaud, qui a fait une branche; 3° Renée, née le 16 octobre 1687, mariée, en 1706, à Aimeric Guillemin; 4° Anne, née le 24 mai 1691, mariée à Jean de Couhé, écuyer, sieur de Savignac; Louis, Jean, Hélie, autre Anne, demoiselle de Puymoger, Nicolas, Marie, Renée, autre Anne, demoiselle de Puygombert, Jeanne, autre Aimeric, sieur des Termes; autre Renée, autre Marie, morts en bas-âge, ou sans alliance.

VIII. — Aimeric Hastelet, né le 23 janvier 1686, écuyer, sieur de Puygombert, Villedebost, Jomelières, Clair, Beaulieu, Lombardières, paroisse de Javerlhac, mourut le 26 juillet 1760. Il épousa : 1° Marguerite de Borie, fille de Louis, écuyer, sieur du Repaire, conseiller du roi et son lieutenant en la sénéchaussée, et de feue Hippolyte Gaston, par contrat, signé Joillit, du 25 janvier 1707; elle mourut à trente ans, le 8 novembre 1714, dont : 1° Marie-Anne, née le 24 septembre 1713, mariée : 1°, le 21 février 1732, à Pierre Chapiteau; 2°, le 20 mai 1763, à Charles de Formel, écuyer, sieur de Minzac; 2° Anne, née le 28 octobre 1714, mariée, le 12 octobre 1733, à Paul de Gallard de Béar, chevalier, sieur d'Argentine et de Bellevue, paroisse de Boussac, en Périgord, fils de feu François et de feue..... de Gallard de Béar. Dans le *Moréri* de 1759, au mot Galard, on dit Anne, fille d'Émeri de Beaulieu de Puygombert, sous le nom d'Hastelet, qui était le véritable de sa famille; 3° et 4° Marguerite et Marie, mortes en bas-âge.

Aimeric de Hastelet épousa : 2° Charlotte Chapiteau (registres de Javerlhac); elle mourut à quarante-trois ans, le 17 avril 1738, également regrettée, non-seulement dans sa famille, dans la paroisse, mais même dans tout le voisinage, où ses vertus la rendirent respectable, sa charité et ses aumônes allaient au delà de ce qu'on en pouvait croire, dont : 1° Salomon, né le 26 janvier 1721, sieur de Claix, qui, après avoir servi, s'est fait ecclésiastique, ordonné prêtre, à Tours, en 1765; 2° Nicolas, né le 22 janvier 1722, jésuite, prêtre; 3° Aymeric, qui a continué la descendance [4° Guy-Charles, né le 18 août 1729, mort jeune]; 5° Thibaut, né le 28 août 1730, mort de la blessure qu'il reçut au choc, avant l'affaire de Plaisance, vers 1747; 6° Charlotte, née le 16 mars 1733, mariée, en 1758, à Joseph-Marie de Trion [écuyer, fils de feu Jean, chevalier, sieur de Sales, paroisse de Chassenon (1), et de Radegonde de La Ramière]; Guy, autre Thibaud, Jean, Charles-Michel, Pierre, Gui-Charles, et une fille [née le 30 mars 1734], morts en bas-âge.

IX. — Aimeric Hastelet, né le 24 mars 1723, écuyer, sieur de Jomelières, avait épousé Louise-Anne-Ursule de Bouët.

Branche de Bondazeau.

VIII bis. — Thibaud Hastelet, né le 12 mai 1669, écuyer, fils d'Armand et de Marie Gaulier, demeurant à Bondazeau, paroisse de Nontronneau. Il épousa (registres de Nontronneau), par contrat du 3 février 1725, signé Reulhie, et dans l'église dudit Nontronneau, le 5 février 1725, Louise Arbonneau, de la ville de Nontron (2), fille de feu Gui, avocat, juge de Javerlhac, sieur de Puyvigier, et de feue Catherine Arbonneau. Elle était veuve de Jean du Noble, sieur des Isles; elle mourut le octobre 1766, dont : 1° Nicolas, qui suit; 2° Gui, dit le chevalier; 3° Anne; 4° Marguerite, née à Nontron le 5 mars 1735; 5° Pierre, né le 26 janvier 1737; 6° Marie; 7° Anne, baptisée le 17 juin 1738.

IX. — Nicolas Hastelet, écuyer, sieur de Puygombert, épousa Marie-Madeleine de Maillard.

Branche de Planche-Mesnier, paroisse de Sers [ou Cers] (3), en Angoumois.

I. — Vincent Hastelet, écuyer, sieur de Planche-Mesnier et de Limeyrac [ou Linerac] (4), est dit Cousin d'autre Vincent [en 1567]. Il épousa Jeanne Corridin, dont : 1° François [qui suit]; 2° Marguerite; 3° Catherine; 4° Paulhe, mariée à Guy de Villars [ou Villards], fils de Pierre, écuyer, et de Marquise de Larbezières, de l'hôtel noble de Minzac, châtellenie de Marthon, en Angoumois, par contrat, reçu de Lage, du 11 mars 1545.

II. — François Hastelet, écuyer, sieur de Limeyrac, maître de La Forge de Planche-Mesnier, 1567, épousa Marguerite de La Faye [au château de Belleville, paroisse de Feuillade, diocèse d'Angoulême].

III. — Guy Hastelet, écuyer, sieur de Planche-Mesnier, y mourut à soixante-neuf ans, le 21 avril 1632. (Registres de Sers).

Demoiselle Marie Hastelet, paroisse de Sers, y épousa, le 5 novembre 1654,

---

(1) Chassenon, canton de Chabanais, arrondissement de Confolens (Charente).
(2) Nontron, chef-lieu d'arrondissement (Dordogne).
(3) Sers, canton de La Valette, arrondissement d'Angoulême (Charente).
(4) Limeyrat, canton de Thenon, arrondissement de Périgueux (Dordogne).

François de Saint-Laurent, écuyer, sieur du Cluzeau, paroisse de Grasset (1). Elle mourut le 2° mars 1674, fut inhumée audit Sers.) (Registres de Sers.)

IV. — Jean Hastelet, écuyer, sieur de Planche-Mesnier, mourut à quarante-quatre ans, le 23 octobre 1658.

Notes isolées.

Par contrat, signé de Jalanhiac, du 9 septembre 1708, Renée Hastelet, de Villedebost, épousa Emeric Guillemin, écuyer, sieur de Piégut; elle porta 2,000 livres, et mourut à l'âge de quarante-cinq ans, le 9 juillet 1733.

Judith Hastellet, épousa, en 1651, Léonard Deschamps, écuyer, sieur de La Tranchardie, agent du Chevroux, paroisse de Lageyrac, par contrat sans filiation dudit Léonard.

HAULTIER. — *Voyez* Autier, T. I, p. 108.

[HAUTECLAIRE. — Les pages 945 et 951 indiquées pour cette maison ont été déchirées; à l'article du Mas nous trouvons la note suivante: A. D.

Gabrielle de Hauteclaire, fille de François de Hauteclaire, écuyer, sieur de Mainegaignard (Fissac (2), en Angoumois, gentilhomme ordinaire de la chambre du roi, et de Suzanne de Saint-Gelais, épousa, par contrat, reçu par Fauveau, du 27 février 1689, Perrot du Mas, écuyer, sieur du Mas, de Lades et de La Roche.

[HAUTEFAYE, fief considérable, mouvant de la vicomté de Turenne, sénéchaussée de Tulle.

HAUTEFAYE. — Châtellenie mouvante de la baronnie de Nontron au diocèse de Limoges.]

HAUTEFORT DE SAINT-CHAMANS. — *Voyez* Autefort, T. I, p. 105.

HAUTEFORT DE LESTRANGES. — *Voyez* Lestranges.

HAUTIER. — *Voyez* Autier, T. I, p. 108.

HAUTMONT. — La page 906, où étaient des notes sur cette maison, ne se retrouve plus dans le manuscrit de Nadaud.   A. L.

[HAUVRAY ou AUVRAY] de Saint-Rémi.

Jean-Baptiste Auvray de La Boquonière, écuyer, sieur de Saint-Rémi, ancien garde de la manche du roi, épousa Léonarde Tronchant, de la ville d'Aixe (3), dont : 1° Estienne, tonsuré en 1769; 2° Jacques, ecclésiastique.

---

(1) Grasset, canton de Montbron, arrondissement d'Angoulême (Charente).
(2) Mainegaignard et Fissac sont paroisse de Roullet, canton et arrondissement d'Angoulême (Charente).
(3) Aixe-sur-Vienne, arrondissement de Limoges (Haute-Vienne).

Cette famille porte : *d'argent à une fasce de gueules, chargée de deux têtes de bélier.*

HÉBRARD, le même que ÉBRARDI.

HÉLIE. — Bernard Hélie, sieur du Repaire, près la ville de Saint-Léonard (1), damoiseau, fit son testament, signé Bordas, le 7 septembre 1372; n'avait point d'enfants de Payne, sa femme.

[On trouve Coulfier Hélie dans les registres de Borsandi, notaire à Limoges, p. 60, n° 90, et dans ceux de Roherii, aussi notaire à Limoges, p. 46, n° 66.

Guillaume Hélie est encore signalé dans ceux de Roherii, p. 13, apud D. Col., ainsi que Pierre Hélie dans ceux de Borsandi, p. 46, n° 227. (*Ibidem.*)] — Les seigneurs de Pompadour, de Sainte-Sévère en Berri, de Colonges, portaient le nom d'Hélie.

HÉLIE DE POMPADOUR porte : *d'azur à 3 tours d'argent, 2 et 1, maçonnées de sable.* (LABBE : *Blason royal*, p. 110.)

Maison noble et l'une des plus anciennes de la province du Limousin (MORÉRI, 1759; THOU, livre 43), alliée aux plus nobles familles de France (THOU et COSM., T. II, fol. 528), qui portait au commencement le nom d'Hélie. (SIMPLIC., T. VIII, p. 242.)

I. — Geofroi Hélie, Sgr de Ségur (2), vivait en 1179. On le dit chevalier romain (NAXCHE : *Oraison funèbre de Philippe de Pompadour*), issu des comtes des Hélie. On ajoute que sa bravoure et ses services dans la Terre-Sainte lui méritèrent que le roi Louis VII le menât en France à son retour, et lui fît épouser l'héritière de la maison de Pompadour. D'autres font sortir cette maison des anciens vicomtes de Limoges. Il fut père de : 1° Bernard, 2° Gui, qui sont mentionnés dans un titre de 1195 de l'abbaye de Dalon (3), où ils firent quelques donations ; 3° Geofroi, qui suit.

Bonafos de Pompedors eut pour fils Pierre de Ribiera, 1185. (*Gall. christ. nov.*, T. II, col. 1536.)

II. — Geofroi Hélie, deuxième du nom, Sgr de Pompadour (4), vivait en 1210. Il épousa Sybille, qu'on dit être de la maison de Rochechouart. Il eut pour enfants : 1° Seguin Hélie, Sgr de Pompadour, qui testa le 30 juin 1262, mourut sans enfants de son mariage avec Madeleine de Confolens ; 2° Golfier Hélie, mort sans hoirs, en 1272, institué héritier par son frère ; 3° Geofroi III, qui suit ; 4° Ranulfe Hélie, mort jeune, et enterré dans les tombeaux de Pompadour en 1238 ; 5° une fille, nommée *la Contors*, vivante en 1272.

Geofroi de Pompadour, nommé conseiller-clerc pour tenir le Parlement de Toulouse à la fin de décembre 1303 ; en 1304, fut nommé inspecteur sur les vivres. (VAISSETTE : *Hist. Langued.*, T. IV, preuves, col. 11 et 15.)

III. — Geofroi, ou Golpharin, Hélie, troisième du nom, Sgr de Pompadour,

---

(1) Saint-Léonard, arrondissement de Limoges (Haute-Vienne).

(2) Ségur, canton de Lubersac, arrondissement de Brive (Corrèze).

(3) Dalon, abbaye de l'ancienne paroisse de Saint-Trié, ou Trojan, diocèse de Limoges, aujourd'hui dans le canton d'Excideuil, arrondissement de Périgueux (Dordogne).

(4) Pompadour, commune d'Arnac-Pompadour, canton de Lubusac, arrondissement de Brive (Corrèze).

succéda à Seguin, son frère, en 1272, et vivait encore en 1267, qu'il transigea conjointement avec Ranulfe, son frère, et Jourdain Perusse, Sgr de Ségur, sur une rente léguée au père de sa femme : était mort en 1305. Il eut pour fils ou successeur : 1° Ranulphe Hélie, qui suit; peut-être, 2°, Pierre Hélie de Pompadour, abbé de Solignac en 1334.

IV. — Ranulphe Hélie, Sgr de Pompadour, mort avant l'an 1316, fit échange, en 1305, de quelques héritages assis à Pompadour, et en acquit d'autres, en 1311, de Jean de Bretagne, vicomte de Limoges, qui lui accorda droit de chasse et de garenne dans ses bois. Guy de Bretagne, vicomte de Limoges, lui donna aussi une rente le samedi avant la Saint-André 1316, en considération des bons services qu'il avait rendus à Isabelle de Valois, duchesse de Bretagne. Il épousa Souberane, ou Suburane, ou Souveraine de Comborn, fille, dit-on, d'Archambauld, septième du nom, vicomte de Comborn, et de Marguerite du Pont, sa seconde femme; mais, dans le testament de Marguerite du Pont, où sont mentionnées toutes les filles, elle ne nomme aucun Suberane. Ainsi, ce sera plutôt Superane de Mulceone, *Monceaux*, dite dame de Pompadour, et morte le 9 septembre, suivant le nécrologe des Frères-Prêcheurs de Limoges. Quoi qu'il en soit, Ranulphe laissa : 1° Geofroi IV, qui suit; 2° Raaulphe ou Renoult, chanoine de Limoges, et prévôt d'Eymoutiers, testa le 26 juin 1362; 3° Seguin, chanoine de Limoges, 1362, et abbé de Saint-Cyprien, mais qu'on ne trouve pas dans le catalogue; 4° Souveraine ou Suberane, femme d'Aimeric, Sgr de Loberston ou Le Berton, chevalier, 1331, peut-être celle qui mourut le 29 juillet (*Nécrol. des Frères-Prêcheurs de Limoges*); 5° La Contors, mariée à Armand Pantène, damoiseau, en 1331 ; 6° Nathée ou Marthe; 7° La Fine : ces deux dernières furent religieuses à la Règle de Limoges : Geoffroi, leur frère, leur donna en 1316 dix livres de rente durant leur vie.

V. — Geofroi Hélie, quatrième du nom, Sgr de Pompadour, était mort en 1331, fut installé conseiller au Parlement de Toulouse, lors de sa création, le 10 janvier 1304, vieux style (Moréri, 1759, Toulouse). On lui donne pour femme Philippe, fille de Jean de La Garde, Sgr de Grammont, dont il eut : 1° Ranulphe II, qui suit; 2° Jean Hélie, 1362, chanoine de l'église de Paris, et curé en 1404 de Saint-Germain-l'Auxerrois, abbé de Grandselve en 1382, chanoine de Limoges dès 1357, fit son testament le 24 novembre 1400 ; 3° Souveraine Hélie, mariée à Jordain de Montcocul, avec lequel Ranulphe et Seguin, ses oncles, transigèrent pour sa dot en 1353.

On trouve Guillaume Hélie, fils naturel de Geoffroy Hélie de Pompadour, écuyer, et de Jeanne La Jugesse, légitimé au mois de décembre 1384. (Simplic., T. VIII, p. 243.)

VI. — Ramnulphus Hélie, deuxième du nom, chevalier, Sgr de Pompadour, 1366, Arnac, Cromières (1), Saint-Cyr-la-Roche (2). Il rendit, le 27 février 1351, à Audoin Aubert, évêque de Maguelonne, et à Arnoul, son frère, l'hommage que leurs neveux lui devaient des héritages qu'ils avaient à Pompadour, et servit la même année et la suivante avec trois écuyers, sous le maréchal d'Audenehan, dans les guerres de Gascogne. Il donna quittance à Limoges, le 16 octobre 1353, à Jean Chauvel, trésorier des guerres, de 58 livres, 11 sols, 7 deniers, sur les gages de lui, chevalier, et ceux de ses gendarmes, sous le gouvernement du maréchal

---

(1) Cromières, château dans la commune de Cussac, canton d'Oradour-sur-Vayres, arrondissement de Rochechouart (Haute-Vienne).

(2) Saint-Cyr-la-Roche, canton de Juillac, arrondissement de Brive (Corrèze).

d'Audenehan. Le sceau, en cire rouge, représente *trois tours crénelées, ouvertes, et un lambel*. Jeanne de Bretagne, vicomtesse de Limoges, le nomme son *cousin* dans la concession qu'elle lui fait, le 5 avril 1367, en considération de ses services, de la haute, moyenne et basse justice en ses terres d'Arnac et de Saint-Cyr-la-Roche. Il transigea avec Jean de La Marche, son beau-frère, sur la succession des père et mère de sa seconde femme, et nommèrent pour arbitres, le samedi 24 janvier 1382, les cardinaux de Bretagne et de Mende, qui étaient près du pape en Avignon. Il en obtint la terre de Château-Bouchet et autres, et vivait encore en 1399. Il fut pris à la bataille de Poitiers, le 19 septembre 1356. Froissart, T. I, chap. 162, dit que le seigneur de Pompadour y fut tué, et ailleurs, chap. 164, il ajoute que le sire de Pompadour y fut pris. Serait-ce le père et le fils, ou le frère ?

Un écrivain bien plus récent (Guyon, *Miroir de beauté*, T. I.) dit que Pompadour défendit le personne du roi Jean et son fils, Philippe, depuis duc de Bourgogne, surnommé le Hardi, qu'il reçut sept grandes plaies, avec si grande effusion de sang, qu'on le tenait pour mort; mais quand on le fit prisonnier, il fut reconnu par sa grande valeur et fidélité, il fut secouru de l'ennemi lui-même, et alla tenir compagnie au roi, prisonnier en Angleterre.

A son retour, il fit le voyage d'outre-mer contre les Sarrasins, chez lesquels il demeura cinq ans. En s'en revenant, il emmena un médecin arabe, nommé Zacharie, que Mausor, roi d'Afrique, mahométan et usurpateur des Espagnes, faisait venir près de lui à Cordoue. L'ayant trouvé sur mer, il le *rafla* et emmena à Pompadour, où il demeura près d'un an, y fit de belles cures et composa quelques livres. Mansor, pour avoir son médecin, envoya de grands présents au roi et au comte de Pompadour, qui le mit en liberté. Le médecin, de son côté, lui fit présent de quelques livres de médecine écrits en langue arabe. Mais comme personne n'y entendait goutte, on les serra dans une armoire, à la seconde chambre de la tour carrée, qui est encore en son entier. Huit vingts ans après, ils furent trouvés par l'évêque du Puy, de la maison de Pompadour, qui les envoya à Avignon à un juif, grand médecin, aussi arabe, pour les traduire en latin; celui-ci en donna la promesse par écrit, mais on ne sait s'il l'effectua. — Guyon, qui nous apprend ces particularités, était médecin.

Ramnulphus rendit en 1355 hommage au vicomte de Rochechouart, pour le château de Montbrun (1), dont il était seigneur en partie, et pour Cromières, paroisse de Cussac. Les vicomtes de Limoges, Gui et Jean, estimèrent Ranulphe de Pompadour pour sa belle prestance et sa valeur, l'appelèrent leur cousin et fidèle chevalier. (Nanche, *ibid.*)

Il épousa : 1°, en 1355, le 27 juillet, Galiène de Chenac; elle mourut (*Nécrolog. des Frères-Prêcheurs de Limoges*.) le 3 juin 1361, après avoir fait son testament.

Il épousa : 2°, en 1364, Constance, fille de Guillaume de La Marche, et de Jeanne de La Motte; elle vivait encore en 1399. Les enfants du premier lit sont : 1° Jean, qui suit ; 2° Souveraine Hélie de Pompadour, mariée, le 8 juillet 1379, à Gui Brun; sa mère, par son testament, lui fit quelques legs. Ceux du second lit furent : 3° Ranulphe Hélie de Pompadour, de qui sont descendus les seigneurs de Château-bouchet; 4° Geoffroi, évêque de Carcassonne, mort en 1446; 5° Souveraine de

---

(1) Montbrun, château situé dans la commune de Dournazac, canton de Saint-Mathieu, arrondissement de Rochechouart (Haute-Vienne).

Pompadour, mariée à Ranulphe de Pérusse, à laquelle sa mère donna la terre de Fellets.

VII. — Jean, premier du nom, Sgr de Pompadour, Cromières, Saint-Cyr-la-Roche, Arnac, en faveur duquel Jeanne, vicomtesse de Limoges, pour récompenser sa fidélité et ses services, érigea Pompadour en vicomté, l'an 1396. (NANCHE, *ibid.*); il était mort en 1424. Il avait épousé : 1°, en 1374, Madeleine de Ventadour, dont : 1° Golfier, qui suit; 2° Hélie, évêque de Viviers, mort en 1477; 3° Personne, mariée à noble Jean de La Vaure, chevalier, Sgr de Grandlieu, avec lequel elle vivait en 1441. Il épousa : 2°, en 1394, Alix de Cosnac, dont : 4° Édouard, qui fit la branche de Villesèque en Languedoc.

VIII. — Golfier ou Golferin, Sgr de Pompadour, Cromières, Chanac (1), Seilhac (2), Le Saillant, Arnac et Saint-Cyr-la-Roche. Jean et Antoine d'Hautefort, ses oncles (SIMPLIC., T. VII, p. 328.), lui firent donation, en 1428, des villages de Semits, Saint-Hilaire, Chastras et Montel, situés dans les châtellenies et juridictions de Treignac et de Chamberet (3). Jeanne, vicomtesse de Limoges (NANCHE, *ibid.*), pour reconnaître ses services et sa fidélité, lui donna la justice haute, moyenne et basse, de Ségur, Saint-Cyr-la-Roche, Ayen (4), mais non pas apparemment de Saint-Yrieix-la-Perche (5). L'évêque de Carcassonne, son oncle, lui donna tout ce qui lui appartenait de la succession de son père. Il se trouva à un acte passé à Paris, le 14 janvier 1406. (*Libert. Églis. gall.*, chap. XX, n° 12.) Il mourut en 1441; est le premier qui ait quitté le nom d'Hélie, et il n'a gardé que celui de Pompadour. (*Dict. généal.*, 1757.) Il avait épousé, le 26 janvier 1426, Isabelle de Comborn, dont : 1° Jean, qui a fait la descendance; 2° Geoffroi, évêque d'Angoulême, mort évêque du Puy en 1514; 3° Antoine, évêque de Condom, mort en 1496; 4° Robert, abbé d'Aubeterre et de Terrasson, prieur de Saint-Florent-de-la-Rochefoucaud en 1469, doyen d'Angoulême, 1480, était mort en 1502; 5° Souveraine, mariée à Jean de Razés, chevalier. Son mariage fut ratifié, par sa mère et ses frères, le 20 janvier 1447; elle était veuve en 1493, et est nommée au testament de l'évêque du Puy, son frère; 6° Catherine de Pompadour, alliée à Alain de Royère, était morte en 1493.

IX. — Jean, deuxième du nom, chevalier, Sgr de Pompadour (Laurière (6) et Le Ris (7), par sa femme), L'Age-Ponnet, paroisse de Bersac (8), Bré, Cromières, Saint-Cyr-la-Roche, Sailbac, Chanac, coseigneur de la ville d'Allassac (9), capitaine de Capdenac (10), chevalier de l'ordre de Saint-Michel, conseiller au Parlement de Paris en 1442, fut élevé en sa jeunesse auprès des évêques de Carcassonne et de Viviers, ses oncles. Jean d'Hautefort le nomma un de ses exécuteurs testamentaires le 10 juin 1454. (SIMPLIC., T. VII, p. 328.) Il assista, étant chevalier, au contrat de mariage d'Isabeau de La Tour-d'Auvergne avec Arnaud Aménion de Lebret, à Ségur, le 25 novembre 1456. (BALUZE : *Mais. d'Auverg.*, T. II, p. 638.) Il fit une

---

(1) Chanac, canton et arrondissement de Tulle (Corrèze).
(2) Seilhac, canton et arrondissement de Tulle (Corrèze).
(3) Chamberet, canton de Treignac, arrondissement de Tulle (Corrèze).
(4) Ayen, arrondissement de Brive (Corrèze).
(5) Saint-Yrieix-la-Perche, chef-lieu d'arrondissement (Haute-Vienne).
(6) Laurière, arrondissement de Limoges (Haute-Vienne).
(7) Le Ris, paroisse d'Azat-le-Ris, canton du Dorat, arrondissement de Bellac (Haute-Vienne).
(8) Bersac, canton de Laurière, arrondissement de Limoges (Haute-Vienne).
(9) Allassac, canton de Donzenac, arrondissement de Brive (Corrèze).
(10) Capdenac, canton et arrondissement de Figeac (Lot).

fondation à la chapelle de Notre-Dame-du-Pont, à Saint-Junien, l'an 1460, fut fait chambellan du roi Louis XI par brevet du 12 et 18 décembre 1464; maître-d'hôtel en 1494, fit assembler le ban et l'arrière-ban du Limousin, avec lequel il chassa les Anglais. (NANCHE, *ibid.*) En 1485, le roi Charles VII le fit capitaine de Capdenac, l'employa en diverses commissions dans sa province pendant son voyage de Naples, ainsi que le roi Louis XII. L'évêque de Viviers, son oncle, l'avait institué héritier par son testament en 1477. Il fut appelé pour témoin du couronnement de Jean d'Albret, roi de Navarre, et de Catherine de Navarre, sa femme, fait le 10 janvier 1494 dans la cathédrale de Pampelune. (OIHAGER : *Hist. de Foix*, p. 450.) Il fut nommé avec son frère, Geoffroi, évêque du Puy, par le roi, pour l'exécution des articles du mariage entre Gaston de France, fils du vicomte de Narbonne, et Anne de Navarre, dressés au château de Pau, le 24 avril 1499. (VAISSETTE : *Hist. Langued.*, preuves, T. V, p. 73.) Il fit son testament le 16 janvier 1502, institua usufruitier son frère, l'évêque du Puy, et mourut le 11 janvier de la même année, fut enterré à Arnac suivant sa volonté.

Jean de Pompadour avait épousé, le 13 juin 1453, Marguerite Chauveron, qui lui porta les terres du Ris et de Laurière : elle testa le 4 janvier 1487. Elle est enterrée à la porte de l'église des chartreux de Glandiers, en Limousin, avec ce reste d'inscription :

« *Ici repose la noble Margarite Chauverone, Dame de Pompadour, qui ala a di.............. LVI.* »

Leur nécrologe dit au 6 juin qu'elle demeurait à Ségur, donna annuellement 500 livres, et fut grande bienfaitrice de cette maison.

Entre autres enfants il eut : 1° Antoine, qui suit.

X. — Antoine, petit-fils d'Isabelle de Comborn, sœur de Jean Ier de Comborn (Voyez aussi Chabannes-Curton, T. I, p. 405), Sgr de Pompadour (*Tabl. hist.*, IIe part., p. 283.), Laurière, Le Ris, Chanac, Seilhac, Cromières en 1513, Saint-Cyr-la-Roche, Beaumont (1), Fromental, Bré, coseigneur de la ville d'Allassac, conseiller d'État, établi maître extraordinaire en la chambre des comptes par le roi Charles VIII, l'an 1483 (LOBINEAU : *Hist. ville de Paris*, T. III, p. 311.); maître-d'hôtel du roi Charles VIII (NAUCHE, *ibid.*), qui, à cause de sa loyauté et prudhommie, l'employa en diverses et importantes affaires, le commit en 1494 pour empêcher aux gendarmes de commettre aucunes pilleries en Guyenne. Louis XII le fit, par brevet du 4 août 1498, son conseiller et chambellan, et il lui fit hommage, le 17 mars 1514, de la baronnie de Treignac (2) et des terres de Laurière, de Bré, de Beaumont et de Fromental, l'envoya en 1503 à Rome pour traiter avec le pape. (VAISSETTE, *Hist. de Louis XII.*) En 1513 il alla secourir Jean, roi de Navarre, dont le royaume avait été usurpé par l'Espagnol : il est dit *vaillant capitaine*. (*Vie des Bourbons*, p. 303], et OLHAGER, p. 461.) Symphorien Champier, médecin de Lyon, composa, à la requête et commandement de ce seigneur, les *Proverbes des princes*, imprimés à Lyon en 1502. (GOUJET : *Bibl. franç.*, T. X, p. 219.) François de La Tour, vicomte de Turenne, le fit un des exécuteurs de son testament le 24 mars 1527, vieux style. (BALUZE, *Mais. d'Auverg.*, T. II, p. 755.) Il fit son

---

(1) Beaumont, canton de Seilhac, arrondissement de Tulle (Corrèze).
(2) Treignac, de l'arrondissement de Tulle (Corrèz) .

testament le 10 avril 1524, dans lequel il prend la qualité de vicomte de Comborn, baron de Laurière, de Bré, de Fromental, de Chenac, de Saint-Cyr-La-Roche, et coseigneur d'Allassac.

Il épousa, le 9 juillet 1489, Catherine de La Tour, fille d'Agne ou Annet. Parmi les parents et amis des parties qui assistèrent au contrat de mariage, sont nommés l'évêque du Puy, grand-oncle d'Antoine de Pompadour; Amanieu, vicomte de Comborn (BALUZE: *Mais. d'Auverg.*, T. I, p. 407.); Jean de Taleyran, Sgr de Grignaux et prince de Chalais, mari de Marguerite de La Tour; Louis, Sgr de Gimel; Jean de Pompadour, Sgr de Châteaubouchet; Antoine, Sgr de Salanhac, etc.

De ce mariage vinrent : 1° François, qui suit; 2° Marguerite, mariée en 1511 à Guillaume Armand, vicomte de Polignac, née le 19 juin 1491; 3° Marguerite, dite Isabeau, née le 8 août 1494, alliée : 1° à Bertrand de Lustrac, baron de Gevaudan; 2° à François Bouchard, vicomte d'Aubeterre en Périgord : elle donna ses biens au maréchal de Saint-André; 4° Françoise, mariée : 1°, en 1511, à Galiot de Las Tours, née le 10 septembre ; 2° à Antoine, Sgr de Lustrac et de Terrasson (SIMPLIC., T. VII, p. 203.); 5° Louise, seconde femme de Joachim de Chabannes, née le 6 octobre; son père lui laissa 9,000 livres par son testament.

XI. — Noble messire François de Pompadour, né le 29 avril 1490, vicomte de Comborn, baron de Bré, Treignac et Laurière, Sgr de Saint-Cyr-La-Roche, Beaumont, Chanac, Noailles (1), et coseigneur d'Allassac, gentilhomme de la chambre du roi, chevalier de ses ordres (*Tabl. hist.*, etc., II° partie, p. 283.), chambellan de François Ier, eut commission, le 20 janvier 1529, d'assembler la noblesse du Limousin pour faire une levée de deniers pour la délivrance des enfants de France, qui étaient en otage en Espagne. (NANCHE, *ibid*.) Dans une enquête faite en 1532, il se disait âgé de quarante-deux ans, s'était trouvé à la bataille des Vénitiens en 1509; au voyage de Picardie en 1511; à l'entrée du roi à Paris; à la bataille des Suisses en 1515. (BOUCHET, preuves, *Mais. Coligny*, p. 1459 et 1160.) Il mourut le 29 septembre 1534, ayant fait son testament dès le 5 août 1523. Il avait épousé : 1°, le 10 novembre 1510, Anne de La Rochefoucauld, fille de François, seigneur dudit lieu, et de Louise de Crussol : elle était morte en 1524 ; 2°, le 3 novembre 1528, Isabeau Le Picard-Radeval, fille de Louis, Sgr d'Estelan, etc., et de Charlotte Tuillier, en présence de Louise de Savoie, mère du roi : elle porta à son mari les terres de Bosc-Achard et de Quillebœuf. (SIMPLIC., T. VIII, p. 161.) Les enfants de ce premier lit sont : 1° Geofroi, qui suit; 2° François, abbé d'Uzerche, né le 20 mars 1515; 3° Jean, abbé de Peirouse en 1555, né le 7 avril 1520; 4° Marguerite, religieuse. Ceux du second lit sont : 5° Louise, née le 31 juillet 1524, mariée avec Jacques Durfort, baron de Boissières, dont elle fut séparée, sous prétexte de parenté, par bulle du pape Paul III, du 4 des calendes de janvier 1539 (SIMPLIC., T. V, p. 749.); 6° Hubert, abbé de Saint-Maurin; 7° François, Sgr de Laurière, mort sans alliance; 8° Madeleine, mariée à Rouen, le 3 janvier 1550, à Tannegui Le Veneur, comte de Tillières, etc., mort en 1592, fils de Jean et de Gilène de Montejan (LABOUR, T. I, p. 51.); 9° Françoise, mariée, le 5 janvier 1551, à C aude, comte de Maure en Bretagne.

XII. — Geofroi, cinquième du nom, né le 4 juin 1513, Sgr de Pompadour, baron de Laurière, vicomte de Comborn, Sgr de Chanac, Bré, Treignac, Fromental, Saint-Salvadour (2), Saint-Cyr-la-Roche, Chamboulive (3), Beaumont, Seilhac, et

---

(1) Noailles, canton et arrondissement de Brive (Corrèze).

(2) Saint-Salvadour, canton de Seilhac, arrondissement de Tulle (Corrèze).

(3) Chamboulive, canton de Seilhac, arrondissement de Tulle (Corrèze).

coseigneur d'Allassac (*Table. hist.*, II° partie, p. 283.), rendit des services considérables aux rois Henri II, François II et Charles IX, était conseiller au Parlement de Bordeaux en 1541. Dans sa jeunesse, il alla en Piedmont, sous M. de Brissac (Guyon, *ibid.*), qui lui donna deux régiments, l'un de Français et l'autre de lansquenets, avec deux compagnies de cavalerie légère. Pompadour chargea si souvent et si vigoureusement les impériaux qui se promenaient à l'aise dans le Piedmont, qu'il les fit contenir dans leurs forts, et les empêcha de molester les Français. M. de Brissac, sans avoir égard à sa jeunesse, lui donna la lieutenance de Turin et quatre autres compagnies, pour aller s'opposer à l'armée que le duc d'Albe envoyait contre le fort de Saint-Jac, que les Français avaient fait bâtir pour empêcher les courses des Verceillois. Pompadour ayant rencontré l'ennemi à trois milles du fort, le chargea, lui défit six cents hommes, fit prisonnier Octavi Milanès, chef de cette armée, cinquante des plus apparents et trois pièces de batterie. Cette perte des ennemis fit rendre Crésence, Ulpian, Verceil et plusieurs autres bonnes villes.

Le cœur lui croissant de cette victoire, il fut incité par un capitaine français, nommé Salvoison, qui tramait de grandes intelligences dans le Milanez, d'entreprendre sur Casal. Le commandant de cette place, pourvue d'une bonne garnison, ne croyait pas qu'il y eut en campagne d'armée assez forte pour l'attaquer; mais Pompadour la surprit le jour de Toussaint, de nuit, par escalade, et, sur la première furie, tailla en pièces tout ce qu'il y trouva. Sur la pointe du jour, avant que le soldat se fut jeté sur le pillage, il fut averti que trois cents vaillants lansquenets s'étaient retirés dans une forte tour; il la prit de force, et tous furent tués, ne s'étant pas voulu rendre. Puis il assiégea le château, qu'il battit de l'artillerie de la ville, et, malgré la résistance, il le prit à discrétion, et donna la vie à quatre cents soldats, sous promesse qu'ils ne serviraient de sept mois. Néanmoins, en reconnaissant la place, il reçut un coup d'arquebuse, et porta, jusqu'à la mort, la balle qui s'arrêta à son poumon, et on la lui trouva vingt-cinq ans après.

A la bataille de Dreux, le 19 décembre 1562, François de Lorraine, duc de Guise, s'accompagna de Pompadour et de plusieurs autres : ils combattirent si vaillamment et si sagement, que la victoire fut du côté du roi, et le champ de bataille lui demeura. Le duc de Guise protesta souvent que le gain de cette bataille venait de l'avis et de l'exécution que Pompadour donna, et fit sur les Allemands protestants, qui s'adonnaient au pillage, lesquels défaits en grand nombre, le reste de leur armée fut mis en déroute.

Le 15 novembre 1567, Charles IX le fit gouverneur du Haut et Bas-Limousin, qu'il maintint en l'obéissance du roi. Il fut aussi chevalier de l'ordre du roi, gentilhomme ordinaire de sa chambre. On dit qu'il y eut contre lui un arrêt en 1556, parce qu'il faisait trop payer pour le droit du gué. (Guybert : *Cout. msc. de Limoges*). Il fit son testament en 1569, le 3 janvier, au château de Pompadour.

Il avait épousé, le 1er mars 1536 [ou seulement en 1550], Susanne de Cars [fille de François des Cars, Ser de Lavauguyon, et d'Isabeau de Bourbon, princesse du sang]; elle testa le 5 août 1580. Leurs enfants sont : 1° Jean, de qui je vais parler, mort sans alliance, institué héritier de tous les biens de sa maison par le testament de son père; 2° Louis, qui a fait la descendance; 3° Françoise, mariée, en 1561, à Foucaud d'Aubusson; 4° Isabeau, alliée, en 1572, à Gaspard Foucaud; 5° Marguerite, religieuse.

XIII. — Jean, vicomte de Pompadour, (Guyon *ibid.*), lieutenant de l'armée navale que dressa Gaspard de Coligny, amiral de France, pour aller venger le tort fait par les Portugais à cinq navires marchands français sur la mer Méditerranée, était fort jeune, mais de grande espérance. Dès que son frère Louis, qui étudiait au collége de Chanac à Paris, eut appris ce voyage, il quitta les lettres, et, sans dire adieu à ses précepteurs, il vint trouver le vicomte au port de Brouage, et l'accompagna, malgré ce que pût faire son frère pour l'en détourner.

Mézeray (*Abrégé hist. de Fr.*, 1568.) dit qu'un cadet de la maison de Pompadour accompagnait Pierre Bertrand, fils de Blaise de Montluc, dans l'établissement qu'il voulait faire dans les royaumes de Manicongo et de Mozambique; la tempête les jeta sur les côtes de Madère, et l'entreprise échoua.

Guyon raconte la chose différemment. Selon lui, l'armée alla assiéger Madère, île placée entre le détroit de Gibraltar et les Canaries : on fit le siége de la capitale du même nom; mais Montluc, chef de l'armée, y fut tué. Le vicomte de Pompadour ayant vu la brèche réparée, changea de batterie, mais il tomba soudain malade par l'inclémence de l'air, et fut obligé de se retirer dans sa tente. Il chargea son frère Louis, qu'on appelait alors le baron de Laurière, de continuer le siège, et l'instruisit de la façon qu'il devait se comporter.

Celui-ci, désireux d'acquérir de l'honneur, s'en va à la brèche, suivi de brave et jeune noblesse, accompagné de plusieurs capitaines et vieux soldats, donne l'assaut, passe sur le ventre de deux cents, qui se présentèrent à la ville, et entre dedans. Il avait juré avant l'assaut qu'il vengerait la mort du seigneur de Montluc et des Français, et qu'il ne laisserait pas un chien vivant dans la ville, ce qui réjouissait extrêmement les soldats dans l'espérance du pillage.

Il trouva 1,500 hommes, lestement armés, dans la grande place du marché de la ville, lesquels voyant la fureur et valeur des soldats français, se rendirent à discrétion. Il les désarme, et permet qu'ils se retirent dans leurs maisons. Il fit mettre des gardes aux églises et aux monastères de peur qu'ils ne fussent pillés, et défendit le sac de la ville. Les soldats, qui s'en virent frustrés, lui remontrèrent le serment qu'il avait fait de ne laisser pas un seul chien en vie : « Je l'ai juré, leur répondit-il, et je n'empêche pas, si bon vous semble, que vous ne tuiez tous les chiens; toutefois, je désire que vos hôtes vous fassent d'honnêtes présents, sans y être contraints plus qu'ils n'auraient de moyens en argent, joyaux et meubles, autrement, s'il y a de la violence, et que j'en sois averti, sans acception de personnes je les ferai passer par les armes. »

Il ne rapporta de cette prise que quelques belles tapisseries, quelque vaisselle d'or et d'argent, et deux riches salières d'un beau cristal, dont les insulaires lui firent présents, ce qui ne valait pas en tout 6,000 écus. La clémence était son caractère, surtout envers ses plus grands ennemis vaincus.

Pompadour l'aîné tua Chamberet (François de Pierrebuffière) à Bordeaux, assez mal, ce disait-on; de quoi la reine-mère, Catherine de Médicis, fut en telle colère, que si elle l'eut tenu elle lui eût fait trancher la tête, et nul ne lui osa parler de sa grâce. M. Strozzi engagea sa sœur, comtesse de Tende, d'en prier Élisabeth de France, reine d'Espagne (et fille de la reine-mère), que cette princesse aimait depuis son jeune âge. La reine d'Espagne lui répondit qu'elle ferait pour elle tout ce qu'elle voudrait, mais non point cela, car elle craignait de fâcher et importuner la reine, sa mère, et de lui déplaire, ou qu'elle se courrouçât contre elle. Mais par importunité de la comtesse, ayant su par une tierce personne interposée, qui avait sondé le gué sous main, et dit à la reine-mère que la reine, sa fille, lui voulait tant requérir cette grâce pour gratifier ladite comtesse, mais qu'elle n'osait, craignant de lui déplaire; mais la reine-mère fit réponse que la chose serait bien impossible si elle l'en refusait, ce que sachant, la reine d'Espagne fit la petite requête, avec crainte pourtant. Soudain elle lui accorda. (BRANTOME, T. I, p. 205, 206.)

Quand l'armée dont il est parlé ci-dessus revint en France, la guerre était disposée entre le roi et les protestants. Brissac, qui fut fait colonel de l'infanterie, eut pour adjoint le vicomte de Pompadour. On donna au baron de Laurière une cornette de chevau-légers et un régiment de dix enseignes de fantassins; on le fit mettre à l'avant-garde, parce qu'il était violent, diligent, remuant, et toujours prêt à donner sur l'ennemi. Leurs exploits les distinguèrent. Laurière fut envoyé par le comte du Lude devant Mirabeau, pour commencer le siége de cette ville : il la prit d'assaut; mais, voyant le château imprenable, il s'avisa de se saisir de la maison et famille du sieur de Chouppes, qui était assez près de là et qui commandait dans les deux endroits, et par ce moyen on lui rendit le château, ce qui lui acquit beaucoup de gloire. Le pays lui fit présent de 4,000 écus, qu'il distribua à ses soldats. Ce fut peut-être à cause des contributions qu'il exigeait (MAIMB. : *Hist. du calvinis*, l. V) que les Huguenots l'apppelaient l'*épée dorée de la cour*.

Peu de temps après, il mit en fuite le comte de Montgommeri, l'un des meilleurs capitaines protestants, qui, par ses escarmouches, fatiguait fort l'armée royale. Quoique supérieur en troupes à Laurière, celui-ci lui tua dans un combat cent hommes d'armes, fit prisonnier l'abbé de Cormeri, son frère, et vingt cinq braves gentilshommes, et prit cinquante chevaux de service. Il tira des prisonniers une grosse rançon, qu'il distribua à ses soldats.

L'année suivante, le 3 mars 1569, se donna la bataille de Jarnac : Pompadour, assistant avec d'autres seigneurs le vicomte de Martigues, attaquèrent l'escarmouche des Huguenots, taillèrent en pièces quelques-uns, et mirent les autres en grand désordre. (CASTELN., T. VII, chap. IV.) Laurière reçut beaucoup d'éloges à cette bataille. (GUYON, *ibid.*)

Peu de temps après, il eut ordre d'aller assiéger le château d'Aubeterre, qui incommodait fort l'Angoumois, le Poitou et la Saintonge : il réduisit les assiégés à une telle extrémité, qu'ils se rendirent à discrétion. Il les traita humainement, contre la coutume d'alors. Il envoya à Pompadour le seigneur, sa femme et ses enfants, les fit traiter honorablement, et les renvoya quelque temps après, sous le serment qu'ils lui firent d'être dorénavant bons serviteurs du roi.

François, comte des Cars, lieutenant du roi en Guyenne, ayant assiégé la ville et le château de Mucidan en Périgord, et ne pouvant les forcer avec les troupes du pays, fut assisté du colonel de Brissac et du vicomte de Pompadour. Celui-ci (LE FRÈRE : *Hist. des troubl.*, l. X.), couché du ventre sur les tranchées qu'on avait dressées pour couvrir et loger l'artillerie, n'eut pas sitôt tourné la face pour regarder vers le château, qu'une arquebusade, lui perçant la tête à côté de l'oreille, le tua. Ainsi périt à la fleur de son âge (âgé à peine de vingt-six ans) le vicomte de Pompadour, le.. mai 1569. Fils d'un illustre père, il avait, selon M. de Thou, l. 43, été pourvu de plusieurs offices, et acquis de grands honneurs. Ce fut un soldat périgourdin (BRANTOME, T. III, p. 242.), nommé Charlonière, un des meilleurs et des plus justes arquebusiers qu'on eut pu voir, qui tira le coup. Pompadour avait commandé ce soldat, l'aimait, et l'avait mené à Madère; mais ce vaillant gentilhomme fut tué par un traître, qui fut pendu.

Sa mort soudaine et celle de Timoléon de Cossé, comte de Brissac, jeunes seigneurs, amis et compagnons en toutes choses, fut si fâcheuse à supporter à toute l'armée catholique, spécialement aux bandes de ces deux tant braves colonels, qu'ils taillèrent en pièces tous les assiégés à la sortie du château. (LE FRÈRE, *ibid.*)

XIII. — Louis [fils puîné de Geofroi V (*Tabl. hist.*, II⁰ part., p. 283.)], vicomte de Pompadour, baron de Bré, Treignac et Laurière, Sgr de Saint-Cyr-La-Roche, Beaumont et Chamboulive, ne porta du vivant de son père que le nom de baron de Laurière.

Ayant appris la mort de son fils aîné (Guyon, *ibid.*), il prit congé du duc d'Anjou, et emmena de nouvelles forces au siége de Mucidan. Les ennemis, pressés par divers assauts, capitulèrent de sortir de la ville et château, vies et bagues sauves. Plusieurs voulaient les massacrer tous à la sortie, mais le baron de Laurière s'y opposa fortement, parce qu'ils s'étaient rendus sur sa foi, et qu'il avait le bruit de tenir ce qu'il promettait entre tous ceux de ce temps qui suivaient les guerres. Aussi avait-il souvent en bouche ce quatrain :

> Songe longtemps avant de promettre :
> Mais si tu as quelque chose promis,
> Quoi que ce soit, et fût-ce aux ennemis,
> De l'accomplir en devoir te faut mettre.

Au mois d'octobre 1569, il gardait les passages de la Dordogne contre les protestants. (Le Faère, l. XVII.)

Par la mort du vicomte de Pompadour, le baron de Laurière devint seigneur et comte de Pompadour, et accrut de beaucoup sa maison de biens et d'honneur. Il se démit d'abord des charges qu'il avait à l'armée, et vint donner ordre à la défense de sa maison de Pompadour et de ses autres places, car les protestants, avec 14,000 Allemands et 400 Français, vinrent en Limousin, et y firent mille maux. Ils y brûlèrent vingt-cinq belles maisons et châteaux, cinquante bourgs et 200 villages, et massacrèrent beaucoup de paysans. Ce qu'on aurait de la peine à croire, c'est que Laurière, avec soixante chevaux et les communes, tailla en pièces ou mit en déroute douze cornettes de reistres et deux ou trois de françaises, trois mois avant la bataille de Montcontour : par ce moyen, les ennemis cessèrent de brûler et de ravager le Limousin.

Le comte de Pompadour fut capitaine de cinquante hommes d'armes, chevalier de l'ordre du roi.

Il servit le roi Henri III dans les guerres contre ceux de la religion prétendue réformée en 1570 et aussi dans la province. (Thou, l. cii et xlv.) Après l'assassinat de ce prince, en 1589, il fut installé lieutenant du roi au Haut et Bas-Limousin; il gouverna quelques années fort sagement, au grand contentement et soulagement du peuple. (Guyon, *ibid.*) Il fut appelé par le gouverneur de Quercy pour l'assister dans la guerre qu'il faisait à des tumultueux.

En 1591, il défit dans le Limousin le comte de La Rochefoucaud avec grand carnage. (Daniel, *Hist. de France*.). Ce comte, Châteauneuf, La Coste-Mésières et plusieurs autres gentilshommes et soldats, furent tués sur place. Pompadour était partisan déclaré de la ligue, ce qui l'avait rendu ennemi déclaré de Henri IV.

Il avait fait son testament, signé Combret, le 16 septembre 1587, par lequel il lègue à ses filles, Susanne et Jeanne, à chacune dix mille écus, et fait mention que sa femme était enceinte. Il fut saisi d'une fièvre pestilentieuse, et mourut, au grand regret du pays, à l'hôpital de Saint-Jean en Quercy, le 25 novembre 1591, à la fleur de son âge. (Guyon, *ibid.*)

Il avait épousé, le 1ᵉʳ juillet 1570, Peyronne de La Guiche, fille de Gabriel de

La Guiche, Sgr de Chaumont, et chevalier de l'ordre du roi, bailli de Mâcon, et d'Anne de Soneau ou Sorcau, dame de Saint-Géron (SIMPLIC., T. VII, p. 445. — DUCHESNE : *Hist. mais. Chasteign.*, p. 223); elle se remaria. (NANCHE.)

Leur maison était très-bien policée : on n'y parlait que de vertu et de faire actes nobles. C'était une cour composée de demoiselles de maisons illustres, de gentilshommes, de savants, de médecins, chirurgiens, apothicaires, pour secourir les malades de leurs terres, auxquels ils faisaient distribuer des remèdes rares et spécifiques, faisant de grandes aumônes, surtout dans les années de stérilité. Louis de Pompadour, quand il n'était pas à la guerre, s'occupait à lire l'histoire des guerres, les livres de chirurgie, et surtout ceux qui traitaient des blessures, pour bien faire panser ceux qui étaient dans le cas, et il avait à ses gages un très-expert chirurgien espagnol. (GUYON.)

De son mariage vinrent : 1° Léonard-Philibert, qui suit; 2° Jean, qui fit la branche de Laurière; 3° Susanne, mariée, en 1590, à Jean-Charles de Carbonnières; 4° Jeanne, alliée, en 1593, à Jean de Souillac, Sgr de Montmège et de La Barde; 5° Louise, qui épousa, en 1605, René de Courail.

XIV. — Léonard-Philibert Hélie de Pompadour, comte de Pompadour, baron de Bré, paroisse de Lubersac, Treignac, Saint-Cyr-la-Roche, vicomte de Comborn, conseiller du roi en ses conseils d'État et privé, capitaine de cent hommes d'armes de ses ordonnances, maréchal de ses camps et armées, le 1er octobre 1622, fut fait chevalier des ordres du roi le 14 mai 1633. (SIMPLIC., T. IX, p. 164. — *Tabl. hist.*, IIe partie, p. 283.) Il fut fait lieutenant général du roi pour le Haut et le Bas-Limousin le 19 mai, et fit enregistrer ses lettres, au siège présidial, le 25 juin 1621; tous les corps d'église y assistèrent.

Dans sa jeunesse, il se battit en duel, l'an 1593, contre l'un des plus roides et vaillants chevaliers de Guyenne : leurs amis les séparèrent, et admirèrent la hardiesse et la générosité du jeune Pompadour. Il était de la plus belle taille de personnage de son temps qu'on put voir. (GUYON, *ibid.* — BETHUNE, *Mémoires*, T. II, ch. LXXI.)

Il mourut à Pompadour, à l'âge de cinquante et un ans, le 26 octobre 1634, et fut enterré le 30 dans l'église d'Arnac. (Registres de Lubersac.) Le P. Hilaire Nauche, recollet, y prononça son oraison funèbre en présence de Monseigneur l'évêque de Limoges, qui faisait l'office. Elle fut imprimée à Tulle, par Antoine Sol, en 1635; on y trouve les particularités suivantes :

Pompadour n'avait que six ans lorsque son père mourut. Après avoir étudié quelque temps à Poitiers, il alla à la cour; bien loin d'y contracter un air contagieux, il donna des exemples de piété et de prudence. Dès sa jeunesse, il alla servir pour la conquête du marquisat de Salusses, où il remporta un avantage très-considérable à Davignac. Il fit des actions de bravoure à Royan, en Saintonge, au siège de Montauban (*Merc. franç.*, T. VII, p. 824.), à la tête de son régiment, en 1621. Une maladie dangereuse le fit retirer. Toujours fidèle à son prince, attentif aux besoins de la province, réglé dans ses mœurs, religieux, dévot, charitable, il fit bâtir l'église des Feuillants de Tulle. Il mourut très-chrétiennement. Le roi, en ayant appris la nouvelle, dit : « J'ai perdu le meilleur gentilhomme de mon royaume ».

Il épousa : 1°, par contrat du 7 juillet 1609, Marguerite de Montgommeri, fille et héritière de feu Jacques, comte dudit lieu, seigneur, châtelain de Lorge et de Rochetrachelin, et de Aldone de Berni, dame de Carmaing, marquise de Seissac, du diocèse de Carcassonne, qui lui porta 420,000 livres. C'était une dame fort accomplie : elle mourut de couches en 1611.

Il épousa : 2°, le 16 septembre 1612, Marguerite de Rohan, très-belle femme, veuve de Charles, marquis d'Espinai et comte de Durtal, fille de Louis de Rohan, prince de Guéménée, comte de Montbason, sénéchal d'Anjou et de La Flèche, et de Éléonore de Rohan, dame du Verger. (Simplic., T. IV, p. 62, et T. VIII, p. 216.) Loys Guyon de La Nauche, médecin, leur dédia le *Miroir de la beauté et santé corporelle*, imprimé en 1615. Elle mourut sans enfants. Par son testament fait à Paris, sur la paroisse de Saint-Germain-l'Auxerrois, le 7 novembre 1613, elle fonda un service chez les chartreux de Glandiers.

Il épousa : 3°, le 1ᵉʳ avril 1618, Marie, fille aînée de Jean Fabri-Portanier en Provence, trésorier de l'extraordinaire des guerres, et de Françoise Boatier.

En 1635, les consuls de Treignac, nommés Chadourne, Dounac, Chaverevière et de Chault, lui dédièrent l'oraison funèbre de son mari, avec lequel ils disent qu'elle avait passé trois lustres et demi, qui sont dix-sept ans et seize mois. Le même P. Nauche lui dédia, en 1641, les *Excellences de l'Eucharistie*, où il loue sa piété, son esprit prompt, judicieux, subtil, éclairé, une âme noble, généreuse, diserte, bienfaisante, douce, sa fréquentation des sacrements et son assiduité au service divin. Elle mourut à Bonne, en Saintonge, le 4 septembre 1662 (Registres de Saint-Martin-Sept-Pers et d'Arnac-Pompadour); fut inhumée chez les bernardines de Tulle. Fabri-Portanier porte : *de gueule à une tête de bœuf d'or*.

Il eut de sa première femme : 1° Charles, mort quatre jours après sa naissance. De la troisième il eut : 2° Jean, qui suit; 3° Pierre, abbé de Vigeois, mort en 1710; 4° François, chevalier de Malte, mort en 1710; 5° autre François, vicomte de Pompadour, mort à douze ans et huit mois, le 5 mars 1647 (Registres d'Arnac), inhumé à la chartreuse de Glandiers; 6° Charlotte, baptisée le 27 mars 1621, mariée, avec la bénédiction de Monseigneur l'évêque de Limoges, le 22 février 1637, à Charles de Talleran; 7° Marie-Esther de Pompadour, qui fit son noviciat chez les Ursulines, où d'abord, après sa profession, elle fut maîtresse des novices, puis supérieure pendant six ans. Elle fut nommée prieure ou abbesse de Saint-Bernard de Tulle (Baluze : *Hist. Tutel.*, p. 273.), où, par ses soins et sa vigilance, elle rétablit le monastère, fit bâtir l'église et le dortoir, y fit unir le prieuré de Dersse, sur le diocèse de Limoges, en 1673. Le P. Jean Dubois, jésuite, fit imprimer son oraison funèbre, prononcée à Tulle, le 15 juillet 1705; 8° Marie, demoiselle de Treignac (Simplic., T. VII, p. 458.), mariée, le 15 février 1649, à François Bouchard d'Esparbez de Lussan, marquis d'Aubeterre, conseiller du roi en ses conseils d'État, gouverneur du pays d'Agenois, fils de François, maréchal de France, et d'Hippolyte Bouchard; 9° Marguerite, baptisée, le 15 mai 1633 (Registres d'Arnac), mariée, le 7 novembre 1650, à René, baron de Presteval, marquis de Clerc et de Paulhouse; 10° Jeanne, mariée à Henri de Saint-Martial de Puydeval, baron de Conras; elle mourut chez les sœurs de La Rivière, à Limoges, le 22 septembre 1684.

Susanne de Lépine, de la paroisse de Montprevoir, en Poitou, qui demeurait avec la marquise de Pompadour, épousa, le .. juillet 1645, Jean Simon, écuyer, sieur de La Fleur, paroisse de Saint-Sulpice de Charroux, aussi en Poitou. (Registres d'Arnac.)

XV. — Jean, troisième du nom (*Tabl. hist.*, IIᵉ part., p. 283.), tonsuré le 9 juin 1630 (*Archives de l'évêché de Lim.*), depuis chevalier, conseiller du roi en ses conseils d'État et privés, marquis de Pompadour, baron de Treignac et de Bret, Sgr de Saint-Cyr-la-Roche, Laurière et Fressinet, eut dès son enfance, le 20 janvier 1649, commission de mestre de camp d'un régiment de cavalerie, avait une compagnie dans le régiment des gardes-françaises en 1635 (NAUCHE); autre commission de chevau-légers de nouvelle levée, le 9 novembre 1651. Étant maréchal de camp, il emporta, le 13 février, la victoire contre Marsin : il y eut de tués ou de prisonniers 737 hommes; peu de temps après, il mit en déroute le reste de ses troupes ; le lieu de Saint-Robert fut repris et remis en la puissance du roi. Il fut lieutenant des armées du roi, des provinces du Haut et du Bas-Limousin, fut fait chevalier des ordres du roi le 31 décembre 1661. (SIMPLIC, T. IX, p. 202). Le 1er janvier 1674. il asssista à l'arrière-ban de la noblesse, convoqué à Limoges. Au mois d'août 1683, il fit faire un service pour la reine dans la chartreuse de Glandiers. (*Gazette.*) Il mourut le 21 juin 1684, après avoir fait son testament le 18 précédent; il était le dernier mâle de sa branche.

Il avait épousé, le 3 octobre 1640, Marie, vicomtesse de Rochechouart. Les conventions avaient été faites dans la salle abbatiale de Solignac, le 31 mai précédent, en présence de M. Seguier, chancelier de France; J., archevêque d'Arles; F. Jean Reynaud, prieur des chartreux de Glandiers; F. Hugon, P. provincial des Frères-Mineurs d'Aquitaine ; Marie Seguier, Maximilien-François de Béthune, Charlotte Seguier ; elles furent rédigées par Mallet, notaire, le 20 octobre suivant, au château de Rochechouart, et furent mariés le lendemain à l'église.

Cette dame, très-zélée catholique et très-vertueuse, empêcha tant qu'elle put les Huguenots de faire leurs exercices à Rochechouart, les chassa du temple en 1654. Elle testa le 22 juin 1665. Elle mourut à quarante-sept ans, à Pompadour (Registres de Lubersac, Arnac, Saint-Martin-Sept-Pers.), après une maladie de deux mois, fort regrettée de toute la province, pour sa piété et ses grandes charités envers les pauvres. Elle était de petite taille. (*Gazette.*) Elle fut enterrée le 15 juillet à Arnac. A sa quarantaine, le 11 ou 12 août, assistèrent les évêques de Limoges et de Tulle, six vingts ecclésiastiques séculiers ou réguliers, savoir : les Frères-Prêcheurs de Brive ; les Feuillants de Tulle ; cordeliers, récollets, jésuites, Pères de l'oratoire, doctrinaires ; la musique de Saint-Yrieix ; les enfants de chœur de la cathédrale ; les moines de Vigeois ; la noblesse du Haut et Bas-Limousin ; les consuls de la province. Le P. Texier, recteur des jésuites de Limoges, fit l'oraison funèbre avec applaudissements. On donna 250 setiers de blé aux pauvres. M. Nauche prononça aussi son oraison funèbre à Rochechouart, où il était curé. (*Gazette.*) Les consuls de Limoges, pour honorer sa mémoire, firent célébrer un service solennel dans l'église de Saint-Pierre, où l'évêque officia. L'oraison funèbre fut prononcée par le P. Vidaud, provincial des Carmes-des-Chaussées, avec grande satisfaction de la compagnie.

De ce mariage vinrent : 1° Jean-François de Pompadour, né au château de Rochechouart, le 12 juillet 1650, comte de Rochechouart (1), baron de Saint-Germain-sur-Vienne (2), qui prit possession de la charge de guidon des gendarmes de Sa Majesté, en la cour du palais des Tuileries, avec les cérémonies ordinaires, le 25 mars 1671 (*Gazette*), charge qui coûtait 190,000 livres. Il mourut avant son père, le 14 mars 1684, sans hoirs, après avoir dissipé beaucoup de biens et contracté des dettes immenses. Une dame de Monteclair prétendit inutilement l'avoir épousé; 2° François, baron de Treignac, mort sans alliance; 3° Marie, baptisée à Arnac le 7 février 1647, appelée demoiselle de Saint-Cyr (Registres d'Arnac, — *Tabl. hist.*, II° part., p. 283.), morte le 26 avril 1665, enterrée à Arnac; 4° Marie, demoiselle de Pompadour [vicomtesse de Pompadour et de Rochechouart], née à Rochechouart, le

---

(1) Rochechouart, chef-lieu d'arrondissement (Haute-Vienne).

(2) Saint-Germain-sur-Vienne, canton et arrondissement de Chinon (Indre-et-Loire).

26 janvier 1652, mariée, le 15 août 1673, ou le 8 janvier 1674 (Simplic., T. VII, p. 476.), à François d'Espinai, marquis de Saint-Luc, mort en 1694, fils d'autre François d'Espinai, marquis de Saint-Luc, chevalier des ordres du roi, etc., et de Anne de Buade. Marie de Pompadour, à qui la terre de Rochechouart fut adjugée en 1714, en payant 3,240,000 livres de créances, mourut le 9 décembre [en octobre] 1723, à quatre-vingts ans, laissant pour fille unique Marie-Anne-Henriette, mariée à François de Rochechouart; 5° Marie, morte d'abord après son baptême, le 15 janvier 1649, enterrée au Châtenet, près de Rochechouart; 6° Marie-Anne, baptisée à Arnac le 24 avril 1655; 7° Marie-Françoise (Registres d'Aixmoutier, Arnac), que M. de La Fayette porta sur les fonts de baptême, à Pompadour, le 9 mai 1655, fut héritière de son père et dame de Pompadour. Elle épousa, en 1687, François-Isaac, marquis d'Hautefort, baron de Juliac, Ségur, lieutenant général des armées du roi, etc., ci-devant colonel du régiment d'Anjou. Par son contrat de mariage elle se constitua tous ses biens, entre autres les terres de Pompadour et de Bret, celles de Treignac, Saint-Cyr, Frassinet, Saint-Germain-sur-Vienne, La Rivière, paroisse de Baissac (1). A l'occasion de ce mariage, le P. Michel Audrand Chaverry, prêtre de la doctrine chrétienne, et premier régent du collège de Treignac, fit représenter par ses écoliers, dans la salle du château, en 1688, l'alliance de ces deux illustres et puissantes maisons, sous l'allégorie du mariage de l'incomparable David, tribun dans les armes de Judée, et la princesse Michal, fille puînée du roi Saül. L'ouvrage est dédié à M. le comte d'Autefort, marquis de Pompadour. L'allégorie est prise de ce que M. d'Autefort avait droit de succéder à la charge de premier écuyer de la plus grande reine du monde, etc., de ce que M⁽ˡˡᵉ⁾ de Pompadour avait été recherchée par les plus grands seigneurs du royaume, et demandée même par des princes. M. d'Autefort mourut à Paris le 8 juillet 1727 (Simplic., T. VII, p. 237, et T. IX, p. 273.), à soixante-treize ans, et M⁽ᵐᵉ⁾ de Pompadour le 16 septembre 1726, à soixante-dix huit ans, ne laissant pas d'enfants. M. d'Autefort avait été fait chevalier de l'ordre du Saint-Esprit le 3 juin 1724.

N......, marquis de Pompadour, officier chez Monseigneur le Dauphin, ce qui lui valait 6,000 livres, mourut en 1711. (*État de la France.*)

Seigneurs de Pompadour et de Treignac.

Marie-Françoise de Pompadour, marquise d'Hautefort, par son testament du 25 décembre 1725, fit sa légataire universelle la dame dont je vais parler, en lui substituant, en cas qu'elle vînt à mourir sans enfants, savoir : pour la terre de Pompadour, M. le prince de Conti, et pour la terre de Treignac, son cousin-germain, Pierre Bouchard d'Esparbez de Lussan, chevalier, comte d'Aubeterre, etc. (Cochin, *Plaid.*, T. II, p. 210.)

Augustine-Françoise, demoiselle de Saint-Cyr, porta d'abord le nom de cette terre, nom que le marquis d'Hautefort lui avait donné. Depuis, par arrêt du Parlement de Paris, du 18 juillet 1726, elle fut déclarée fille légitime et unique héritière de César-Auguste de Choiseul, duc et pair de France, et de Louise-Gabrielle de La Baume Le Blanc de La Valière, née de leur mariage, le 8 octobre 1697. Elle mourut *ab intestat* en 1728, fut inhumée à Saint-Sulpice de Paris. (*Causes célèbres*, T. VI, p 408, et seq., p. 570.)

---

(1) Beyssac, canton de Lubersac, arrondissement de Brive (Corrèze).

Maximilien-Henri de La Baume Le Blanc, marquis de La Valière, succéda à Augustine-Françoise.

Jeanne-Antoinette Poisson, dame du palais de la reine, épouse séparée de Guillaume Le Normant, chevalier, secrétaire du roi, acquit les terres de Pompadour, de Bret, Saint-Cyr-la-Roche, La Rivière, etc. Elle assembla les armes pleines et le titre de marquise de Pompadour.

A l'occasion de la naissance de Mgr le duc de Bourgogne, en 1751, elle gratifia 275 filles de la terre, chacune de 66 livres, un anneau, une médaille d'argent, sur laquelle étaient gravés d'un côté le portrait du roi, et de l'autre la naissance de Mgr le duc de Bourgogne. Ces filles furent mariées au château de Pompadour, où l'on chanta une messe solennel, le *Te Deum* et l'*Exaudiat*, dans la chapelle du château, au son des instruments, avec un nombreux clergé. La cérémonie fut annoncée la veille et le lendemain matin par le bruit du canon du château; elle fut suivie d'un repas aux nouveaux mariés, où se trouva en particulier grand nombre de personnes de distinction, ecclésiastiques et gentilshommes, au nombre de huit à neuf cents personnes. Ces mariages ne furent qu'au nombre de cinquante, et ils furent administrés les 25 novembre, 2 et 6 décembre, avec la dispense du temps prohibé. (Registres de Lubersac et d'Arnac.)

Elle vendit ces terres, le 24 mai 1760, au suivant, et mourut le 15 avril 1764.

Jean-Joseph de La Borde, secrétaire du roi, vendit ces terres, le 26 janvier 1761, au suivant.

Étienne-François de Choiseul, ministre et secrétaire d'État des affaires étrangères et de la guerre, changea ces terres avec le roi pour la baronnie d'Amboise.

Branche de Pompadour, seigneurs de Laurière et du Bourgdeix.

[Robert de Laurière, écuyer, vivait en 1237; il paraît avoir été père de Robert de Brugas, écuyer ou chevalier, Sgr de Laurière, qui vivait en 1243. Il avait épousé Susanne. (*Voyez mes Mém. msc., Abb. du Lim.*, p. 503, 513.)]

XIV. — Jean Hélie de Pompadour, second fils de Louis et de Peyronne de La Guiche, chevalier, conseiller du roi en son conseil d'État et privé, capitaine d'une compagnie de chevau-légers, baron de Laurière et du Ris, lieutenant du roi en Limousin. Vaissette rapporte (*Hist. du Langued.*, T. V, p. 589,) que ce capitaine de chevau-légers s'avança à la bataille de Castelnaudari pour arrêter le duc de Montmorency, le 31 août 1632; mais le duc le renversa, et déchargea un si furieux coup d'épée sur la tête de Bourdet (mieux Bourgdeix), fils du baron, qu'il le fit chanceler; mais presque aussitôt le cheval du duc, qui avait reçu plusieurs blessures, bronche, se relève, tombe enfin roide mort, à trente pas de là, aux pieds du baron de Laurière et de son fils, et l'entraîne avec lui. Il était marié en 1629 à Charlotte de Funel, fille de François et de Jeanne de Caumont; elle pouvait être née au château de Taradel, paroisse de Verteuil en Agenais, et était veuve de Charles Hélie de Colonges, et héritière de la maison de Bourgdeix (1), près la ville de Nontron. Le P. Gabriel du Saint-Esprit, carme, lui dédia en 1650 : *Exercices spirituels*, etc., où il loue ses éminentes vertus, un bel esprit, une admirable conduite en toutes ses actions, une ferme constance et adversités, une rare modestie parmi les prospérités, un ardant zèle pour la gloire de Dieu, une grande charité

(1) Bourdeix, canton et arrondissement de Nontron (Dordogne).

envers les pauvres, une extraordinaire douceur et bénignité envers ses vassaux. Elle mourut au Bourgdeix, le 27 décembre 1660, âgée de quatre vingts ans. (Registres de Bourgdeix.)

De leur mariage vinrent : 1° N....., baron de Bourgdeix (Gabriel du Saint-Esprit, *Exercices spirituels*), qui, après avoir signalé son courage en diverses batailles, fut tué au siège de Thionville en 1639 : son cœur repose chez les Carmes de Limoges; 2° Philibert, prieur de Nontron, qui quitta la cléricature et continua la descendance ; 3° Gabriel, clerc tonsuré, prieur-curé de Saint-Barthélemy, au diocèse de Limoges, en 1637, prieur de Nontron, par résignation, signée Allafort, de Philibert, son frère, du 28 novembre 1636 ; 4° Charles, né au Bourgdeix, le 31 mars 1646, baptisé le 20 octobre 1648, Sgr de Nontron, mort sans alliance; 5° Charlotte, dont on dit des prodiges. (Gabriel du Saint-Esprit, *ibid.*) A l'âge de cinq ans elle donna des marques de son bel esprit et de sa grande vertu, si savante dans les mystères de notre foi qu'elle en discourait aussi pertinemment que les plus doctes théologiens, et si vertueuse qu'on la jugea digne de faire la sainte communion à cet âge. Ces merveilles cessent dès qu'il est constaté que la mère impérieuse n'avait qu'à commander aux curés de la terre du Bourgdeix. Charlotte de Pompadour épousa : 1° François Bruneau, marquis de La Rabatelière (Simplic., T. VIII, p. 707); 2° Gabriel de Châteaubriant, comte des Roches-Baritant, ci-devant abbé de Lesay, dont il se démit pour se marier ; il était fils d'autre Gabriel, lieutenant du roi du Bas-Poitou, et de Charlotte de Sallo. Charlotte de Pompadour mourut le 15 avril 1657.

XV. — Philibert Hélie de Pompadour, tonsuré en 1623, fut nommé par le roi, le 19 avril 1631, à l'abbaye de Grandmont, puis prieur-curé de Saint-Barthélemi en 1637, résigna à Gabriel, son frère, le prieuré de Nontron. Par la mort de son aîné, il devint marquis de Laurière et du Ris, Sgr du Bourgdeix, baron de Nontron, Piégut, paroisse de Pluviers (1), Auginhac (2), Saint-Estienne-le-Droux, *alias* Saint-Estèphe (3), Teyjac (4), Sommensac, Puymiclan, Noailles. Il fut conseiller d'État, maréchal des camps et armées du roi. Il fut pourvu de la charge de sénéchal de Périgord le 26 mai 1672, et toute la province en témoigna beaucoup de satisfaction. (*Gazette.*) Il mourut âgé de soixante-dix ans, le 26 juin 1683, au château de Nontron. La bourgeoisie de cette ville porta le lendemain enterrer son corps au Bourgdeix.

Il avait épousé, en 1645 (Simplic. : *Hist. grands offic.*, T. II, p. 63, et T. V, p. 19.), Catherine de Sainte-Maure, veuve d'Antoine de Lenoncourt, marquis de Blainville, fille de Léon de Sainte-Maure, baron de Montauzier, et de Marguerite de Châteaubriant, dont : 1° Léonard, qui suit ; 2° Jean-Sulpice, né au château de Laurière, tonsuré en 1660; 3° et 4° Gui et Jean-Hector, baptisés dans l'église de Nontron, le 23 septembre 1649; 5° Julie, née en 1651, baptisée au Bourgdeix le 23 octobre 1656, appelée mademoiselle de Laurière, mariée, en 1676, à Jean Talleran. Le marquis de Laurière fut blessé en passant le Weser, près de Minden, et noyé en 1676. (*Mém. historiq. de M. D....*)

XVI. — Léonard Hélie de Pompadour, chevalier, tonsuré en 1670, fut depuis marquis du Bourgdeix et de Laurière, baron de Nontron, Semensac, comte de

---

(1) Pluviers, ou Piégut-Pluviers, canton de Bussière-Badil, arrondissement de Nontron (Dordogne).

(2) Auginiac, canton et arrondissement de Nontron (Dordogne).

(3) Saint-Estèphe, canton et arrondissement de Nontron (Dordogne).

(4) Teyjac, canton et arrondissement de Nontron (Dordogne).

Puymiclan, Sgr de Piégut, fut colonel d'un régiment de Beausse, infanterie, qui lui fut donné en septembre 1684, gouverneur et grand-sénéchal du Périgord. [Il possédait en 1698, et vendit en 1720, la terre de Laurière aux Blondeau, de Limoges.] Un Helvétien lui adressa une lettre touchant l'usage de la racine de *pararera brava*. (*Mém. Trép.*, 1704, p. 1425.) Il mourut vers 1732.

Il avait épousé Gabrielle de Montant de Benac, fille de Philippe, duc de Navailles [peut-être de Noailles], pair, maréchal de France, chevalier des ordres du roi, et de Susanne de Braudau-Parabère, fille, puis dame d'honneur de la reine-mère Anne d'Autriche. Elle porta les duchés-pairies de La Valette, en Périgord, et de Châteauneuf, en Angoumois, les terres de Vibrac et Angeac. Elle mourut d'un abcès au foie, le 15 juin 1727, âgée de soixante-quatre ans (*Journ. de Verdun.* — Simplic., T. VII, p. 608.), dont une fille unique, Françoise, qui suit.

XVII. — Françoise de Pompadour, dame du duché de La Valette, Châteauneuf et Vibrac, marquisat du Bourgdeix et de la baronnie de Nontron. Ses terres du Bourgdeix et de Nontron furent décrétées aux requêtes du palais, le 20 août 1744. Elle avait épousé, le 17 juin 1708 (Simplic., T. IX, p. 229.), Philippe Égon de Dangeau, chevalier, marquis de Courcillon, brigadier des armées du roi, gouverneur de la province de Touraine, fils de Philippe de Courcillon, né le 19 juin 1687, chevalier, marquis de Dangeau, et de Marie-Sophie de Bavière de La Westein Morin. Il mourut le 20 septembre 1719, ne laissant qu'une fille unique, Marie-Sophie de Courcillon, née le 6 août 1713, mariée : 1°, le 20 ..... 1723, à Charles-François d'Albert d'Ailly, duc de Pecquigny, colonel d'un régiment d'infanterie, etc. Il mourut à Paris, le 14 juin 1731, laissant une fille unique (Simplic., T. IX, p. 431.), mariée : 2°, le 2 septembre 1732, à Hercule-Mériadec de Rohan, duc de Rohan-Rohan, veuf de Anne-Geneviève de Levis. (Simplic., T. IX, p 428.)

Branche de Villesèque, diocèse de Narbonne.

VIII. — Édouard de Pompadour, fils de Jean, premier du nom, et de Alix de Cosnac (Msc au château de Rochechouart, et le P. Simplic., T. VIII, p. 248.), fut appelé en Languedoc par Geofroi de Pompadour, son oncle, évêque de Carcassonne ; il fut fait viguier de cette ville. Dans des lettres de rémission, l'an 1455, au *Trésor des chartres*, p. 182, ch. 95, on lit : « A cause d'aucunes parolles qui furent rapportées à Olivier de Gleon, escuyer, que Odorat de Pompadour, seigneur en partie de Villesecque, avoit dites et proférées contre l'onneur dudit Olivier, icelui Olivier requist ledit de Pompadour de combattre par devant nous (le roi). A quoi le dit de Pompadour respondi qu'il estoit content de combattre, pourveu qu'il eust sur ce congé de nous, etc. » Ce qui prouve que le duel était encore en usage. (Carpentier : *Gloss. duellum.*) Édouard de Pompadour était mort en 1452.

Il avait épousé, en 1431, Raymonde d'Auriac, fille et héritière de noble Pierre d'Auriac, Sgr de Villesèque, Montpezac, Mandorelle, Fraisse, La Palme, Courtovie, Betfort et Pezels, dont Geofroi, qui suit.

IX. — Geofroi de Pompadour, Sgr de Villesèque, Fraisse, donna quittance de la dot de sa femme, le 27 janvier 1483. Il épousa, en 1483, Catherine de Montesquieu, fille d'Antoine, baron de Coustansa, Sgr de Soulatge, Saint-Just, Bugrach, dont François, qui suit.

X. — François de Pompadour, Sgr de Villesèque, Montpezat, épousa, le 5 avril 1511, Jeanne de Vivier, fille de Gabriel, seigneur dudit lieu, Ausignan, etc. Le contrat fut reçu par Viestan, notaire de Candiez.

XI. — Jean, deuxième du nom, de Pompadour, Sgr de Villesèque, Fraisse, épousa, par contrat reçu par Amarel, notaire de Narbonne, du 14 avril 1543, Marguerite de Mont-Redon, fille de Gabriel, seigneur dudit lieu, Treilhes, etc.

XII. — Jean, troisième du nom, de Pompadour, Sgr de Villesèque, Fraisse, épousa, par contrat reçu le 6 mai 1582, par Fabre, notaire de Carcassonne, Geroude de Courcelles, fille de Gabriel, Sgr de Fonties et de La Cadière, etc., et de Marie de Mage.

XIII. — Pierre, premier du nom, de Pompadour, chevalier, Sgr de Villesèque, Montpezat, Fraisse, Mandorelle, fit son testament, reçu par Armentier, notaire de Portel, le 6 août 1666. Il épousa : 1°, en 1607, Gabrielle de Montredon, fille de Jean, baron du Lac, Sgr de Mates, Roquefort, etc, et de Marguerite de Hautpoil, dont Balthazar, qui suit. Il épousa : 2° Marie de Bousquet, dont : 1° Bernard, Sgr de Fontainilles; 2° Pierre, sieur de Laval-Montpezat et de Manderolle, fut institué héritier par le testament de son père, et tuteur de Jacques de Pompadour, son neveu; 3° Anne, mariée, le 30 juin 1663, à Louis de Saint-Jean, seigneur et baron de Boisse, et de Montjoye, morte l'an 1677.

XIV. — Balthazar de Pompadour, Sgr de Montpezat, Villesèque, épousa, par contrat, reçu par Baccon, notaire de Quilhen, du 6 juin 1636, Claude de Monstron de Santon, fille de Louis-Alexandre, chevalier, baron de Couloubres, et de Françoise de Montfaucon.

XV. — Pierre II de Pompadour, chevalier, Sgr de Villesèque, épousa, par contrat du 9 mars 1688, reçu par La Roze, notaire de Carcassonne, Gabrielle de Roux, fille de Christophe, Sgr d'Alzonne, et de Catherine-Françoise de Ferrals.

XVI — Jacques Balthazar de Pompadour, Sgr de Villesèque, né le 17 juillet 1690, le dernier de sa branche, mourut en 1722. (*Dictionnaire généalogique* de 1757.)

François d'Hélie, Sgr de Villarzel et de Montgranier (*Mém. Acad. Inscrip.*, T. XVI, p. 321.), épousa, en 1677,............, fille unique de .... de Montfaucon, sieur de Lapejan, gouverneur des deux premiers princes de Conti; elle lui porta en dot presque tous les biens de la maison de Montfaucon, diocèse d'Aleth.

Branche de Château-Bouchet.

Maison noble du Limousin qui est sur la frontière du Périgord, où l'on voit dans une galerie les vieux portraits des cinq enfants de Geofroi de Pompadour, dont le troisième fut évêque de Périgueux. (Dupuy : *État du Périgord*, p. 178.)

VII. — Ranulfe Hélie de Pompadour, fils d'autre Ranulphe et de Constance de La Marche. Sa mère lui fit don, le 6 juin 1399, de la châtellenie de Château-Bouchet, avec les terres de Lascous et de Janailhac, de la terre de Pelhac en Bretagne, et d'une autre qu'elle avait en Poitou. De lui sont descendus les seigneurs de Château-Bouchet.

François de Pompadour, Sgr de Château-Bouchet et de Peiraux en partie, frère de Geofroi, mort évêque de Périgueux en 1552. Il épousa Anne de Montbrun, veuve en 1545, vivante en 1557. Leurs enfants furent : 1° Françoise de Pompadour, mariée, en 1545, à Pierre de Salagnac; 2° Françoise de Pompadour, dame de Château-Bouchet, de Peiraux en partie, de Sarrazac et de Combas, épousa, par contrat passé au château de Combas, le 25 janvier 1552, Antoine, Sgr de La Vergne et de La Valade, valet de chambre ordinaire du roi, gentilhomme de sa vénerie, capitaine d'Aubusson. Elle fut présente au mariage de sa sœur, en 1557, en qualité de sœur aînée, à laquelle elle constitua en dot 4,000 livres, y compris le legs de

3,000 livres à elle fait par feu Geoffroy de Pompadour, évêque de Périgueux, son oncle; 3° Marguerite de Pompadour, mariée, par contrat passé au château de Vic, diocèse de Limoges, le 3 août 1557, à Léonet Froment, écuyer, Sgr du Saillant, frère d'Antoinette Froment, femme de Louis de La Soumagne, Sgr de Fourcy, de La Roche et de La Vergne, maître des eaux et forêts de la Haute et Basse-Marche.

Geofroi de Pompadour, Sgr de Château-Bouchet, de Conts et de Janailhac, épousa Marguerite de Lasterie (SIMPLIC., T. VII, p. 329.), dont : 1° Jean, qui suit; 2° Godefroi de Pompadour, des seigneurs de Château-Bouchet, mort évêque de Périgueux en 1552, lequel avait transigé, le 6 juin 1545, avec Pierre de Salagnac, écuyer, Sgr de Vic, de Combas et de Jumilhac en partie, touchant le refus qu'il faisait de payer à Marguerite de Pompadour, sa belle-sœur, accordée avec Annet de La Bastide, 3,000 livres pour sa dot, ainsi qu'il s'était obligé par son contrat de mariage à toutes les sœurs de Françoise de Pompadour, sa femme (SIMPLIC., T. VIII, p. 243); 3° François; 4° Jacques, prêtre, curé de Sainte-Eulalie, près Uzerche, 1498, protonotaire du Saint-Siége, bachelier en décrets; 5° et 6° Catherine et Souveraine, religieuses.

Jean de Pompadour, Sgr de Château-Bouchet, capitaine pour le roi du château royal du Ha de la cité de Bordeaux, épousa Philippe de Hautefort, fille d'Antoine et de Raimonde d'Abzac. Elle ne vivait plus le 6 mars 1506, dont : Pierre, écuyer, Sgr de Peyraud, panetier ordinaire de la reine en 1506.

Gelibert de Pompadour, écuyer, sieur de Château-Bouchet, et père de l'abbé de Saint-Maurin, épousa Jeanne de Pons, dame des Champs de Sarazac, par contrat passé à Bordeaux le 22 avril 1563. Elle révoqua en 1575 la donation qu'elle avait faite à son mari.

Jean de Pompadour, Sgr de Château-Bouchet, Lascoux, Janailhac, 1489, damoiseau, capitaine et gardien du château du Ha, à Bordeaux, 1507, épousa Louise de Comborn.

Jacques de Pompadour, Sgr de Château-Bouchet, Lascoux et Janailhac en Limousin, abbé de Saint-Maurin, 1590, est enterré dans le chœur des Recollets de Bordeaux avec cette épitaphe :

> Messre Jacques,
> fils de Messre Jan
> de Pompadour et de
> Dame Loyse de Com-
> bort, abbé Commen^{re},
> Seigr de St-Morin, grand
> archicre et chane de la ca-
> thédrale de Périgeuz,
> Seigr de Chasteaubouchet
> Lascoulx et Availlac,
> Cons^{er} et aulmonsnier
> ord^{re} des 4 deniers roys,
> deffuncta à age en-
> viron de 76 ans, deceda
>
> a Bourdeu le mercredi
> 28 novbre, fut cy enter-
> ré le Salmedi
> Suivant
> 1590.

Loys Guyon, médecin d'Uzerche, liv. I de ses diverses leçons, ch. xx, dit : « Un abbé de Guyenne et archidiacre en certain évêché fut cité par l'évêque et le chapitre à comparoir dans l'assemblée qui se faisoit pour cottiser chaque bénéficier du diocèse, selon ses facultés, pour subvenir aux pauvres des paroisses, dont ils tiroient les dixmes et les rentes. L'abbé s'excusa sur une pleurésie qu'il avoit, ce qui étoit faux. Mais, peu de jours après, il fut saisi d'une si grande douleur de côté, qu'il en garda le lit un an, et il fallut lui cautériser le côté en deux endroits, et, tant qu'il vécut, il ne fut jamais sain. » Guyon, fort attaché à la maison de Pompadour, n'aura pas voulu nommer cet abbé par respect. Goulart rapporte ce trait : *Hist. admir.*, p. 817.

Branche de Villac et de Puyseguin.

Noble et puissant Goulfier Hélie, Sgr de Villac et de Puyseguin (*Msc. de 1724, Bibl. Saint-Germain-des-Prés*), épousa Jeanne de Roffignac, veuve en 1436, dont : 1° Marguerite, mariée à Guillaume d'Aubusson, Sgr de Villac; 2° Ausanne: 3° Helys; 4° Galienne, mariée, en 1443, à Julien de Beaupoil : 5° Louise ou Antoinette, mariée à Guiot d'Aubusson, frère de Guillaume, Sgr de La Feuillade.

Notes isolées.

François de Pompadour, protonotaire, prieur par résignation de Notre-Dame de La Faye de Laguilhac (1), diocèse de Périgueux, en 1561.

Sebeyrane de Pompadour, prieure de Saint-Pardoux-la-Rivière, morte le 14 août 1473. (*Msc. de Saint-Pardoux.*)

Catherine de Pompadour, professe de la Règle, prieure de Chier, fonda son anniversaire dans le monastère de Saint-Pardoux-la-Rivière, mourut en 1513. (*Msc. de Saint-Pardoux.*)

Isabelle de Pompadour épousa, le 11 septembre 1465, Estienne de La Marthonie, conseiller au parlement de Bordeaux, dont Jean, évêque d'Acq.....? mort en 1519. Elle était fille d'Élie, Sgr de Pompadour. (*Gall. chr. nov.*, T. I, col. 1056. — Hozier, *Arm. gén.*, Ire part., p. 371.)

Marie de Pompadour, veuve de Jean de Barreau, sieur de Beduer, fit, le 15 mars 1593, une donation, reçue par Lavialle, à Charles, fils de Henri de Noailles, chevalier de l'ordre du roi.

Françoise de Pompadour, dame de Portais, fit, le 12 avril 1593, une donation, reçue par Chaignon, à dame Françoise de La Bastide.

Marie de Pompadour, veuve en 1597 de Punce Blanque, sieur du Buys.

Marguerite de Pompadour épousa, par contrat, reçu par Regnaut et Plumet, du 22 juin 1598, noble Léonard de Bonnelle, premier secrétaire ordinaire de la chambre du roi, demeurant et commandant en l'abbaye de Bénévent en Limousin (2).

HÉLIE DU DOMPNHON. — Gérald Hélie du Dompnhon, chevalier, paroisse du Chatenet (3), épousa N....., dont : Marie, mariée à Guillaume du Puy, chevalier, de

---

(1) Probablement La Faye de Jumilhac, prieuré dépendant de Grandmont, arrondissement de Nontron (Dordogne).

(2) Bénévent, arrondissement de Bourganeuf (Creuse).

(3) Chatenet-en-Dognon, canton de Saint-Léonard, arrondissement de Limoges (Haute-Vienne).

Saint-Martin-terre-sue (1) ; elle était son épouse en 1276. Elle donna en 1293 aux Frères-Prêcheurs de Limoges une rente sur la paroisse de Saint-Just, pour faire brûler une lampe dans leur église ; elle mourut le 17 février. (*Archives des Frères-Prêcheurs de Limoges.*)

Noble Derellus de Dompnhon, *alias* de Masgiral, Sgr de Chargnac, assessa son fief du Bourg, paroisse de Saint Denis-des-Murs (2), en 1416.

HÉLIE DE CHABRIGNAC. — Hélie (*Archives des Frères-Prêcheurs de Limoges*) épousa N....., dont : 1° Golferius, qui suit ; 2° Pierre Hélie, prévôt de Saint-Ibard en 1371.

Noble Golférius Hélie de Chabrignac (3), chevalier, fit son testament le 5 février 1571, épousa Ysabelle de La Porte.

Héliot Hélie (Pompadour), Sgr de La Motte de Tortal, Chabrignac, Ségur et Martillac, frère de l'abbé de Dalon, était mort en 1477. Il avait épousé, par contrat du 2 novembre 1455, Jeanne de Hautefort, fille d'Antoine et de Raimonde d'Abzac. (SIMPLIC., T. VII, p. 329.)

HÉLIE DE COLONGES. — Mêmes armes que Pompadour.
Nadaud renvoie à la page 696, qui est déchirée.
Lamorab de Colonges, écuyer, 1393. (BALUZE, *Mais. d'Auv.*, T. II, p. 220.)
Antoine Hélie de Collonges, chevalier, Sgr de Chabriniac [ou Eschabrinhac], Piégut, paroisse de Pluviers (4), de Colonges (5), le bourg de Hu, *alias* le Bourgdeix (6), Chabanais (7) et Saint-Yrieix de Favas, 1454, épousa, avant 1454, Ysabelle de La Goublaye, dame du Bourgdeix. Elle fit son testament le 4 novembre 1530, fut enterrée à Pluviers, diocèse de Limoges. Ils eurent de leur mariage : 1° Pierre, qui suit, Sgr de Puyagut, *alias* Piégut ; 2° Gouffier ; 3° Gui, Sgr d'Estouars, qui se maria ; 4° noble Antoine, Sgr de Chabrignac, dit de Collonges, sieur de La Motte et de Fossemaigne, de la paroisse d'Abjac (8), 1510 ; 5° Jean, abbé de Dalon ; 6° Andrée ; 7° Jeanne, mariée, par contrat du 10 février 1496, reçu par Puyzillon, à Hébrouard de Campniac, écuyer, Sgr de Saint-Marsat, Lansac, La Serre ; 8° autre Jeanne, mariée à N..... de Saint-Gelais, chevalier.

Louis Hélie de Colonges, prieur-curé de Grenor, 1565, résigna.

Pierre Hélie de Colonges, chevalier, Sgr de Pyagut, 1534, 1537, épousa Loïse de Tustal, dont : 1° Jean, qui se maria ; 2° Martial, protonotaire du Saint-Siége et prieur de Bussière-Badil, 1575 ; de Nancler en Angoumois, 1545 ; de Lègue-les-Bois en Poitou, 1574 ; des Sales de La Vauguyon, 1554, résigna la cure de Teyjac en 1556, prévôt de Feix, paroisse de Saint-Jean-Ligoure, 1572 ; 3° Marguerite, mariée, en 1519, à Pierre du Mas.

Poncet Hélie de Colonges, Sgr de Piégut et du Bourgdeix, Estouars, Teyjac, 1562, 1559, épousa Philippe de Pellegrué, dame de Semensac, en Agenois. Étant veuve,

---

(1) Saint-Martin-Terressus, canton de Saint-Léonard, arrondissement de Limoges (Haute-Vienne).
(2) Saint-Denis-des-Murs, canton de Saint-Léonard, arrondissement de Limoges (Haute-Vienne).
(3) Chabrignac, canton de Juillac, arrondissement de Brive (Corrèze).
(4) Pluviers, canton de Bussière-Badil, arrondissement de Nontron (Dordogne).
(5) Collonges, canton de Meyssac, arrondissement de Brive (Corrèze).
(6) Bourdeix, canton et arrondissement de Nontron (Dordogne).
(7) Chabanais, chef-lieu de canton et arrondissement de Confolens (Charente).
(8) Abjat, canton et arrondissement de Nontron (Dordogne).

elle fit son testament, reçu par Cothereau et Germain, à Paris, le dimanche 5 février 1570. Si elle meurt dans cette ville, veut être enterrée dans l'église de Saint-Savarin. Leurs enfants furent : 1° Charles, qui suit ; 2° Germain ; 3° Gabrielle, mariée à Gui de Lubersac ; 4° Charlotte ; 5° Jeanne ; 6° Anne ; 7° Marguerite.

Charles Hélie de Collonges de Pellegruë, né en 1556, chevalier de l'ordre du roi, Sgr du Bourgdeix, Teyjac, Piégut, Pluviers, acheta du roi Henri IV, en 1600, la châtellenie et terre de Nontron. Par arrêt du conseil de 1614, l'évêque d'Angoulême en fut reconnu seigneur-suzerain. Fils de Charlotte de Funel (Simplic., T. IV, p. 480.), il épousa Henrie de Nompart de Caumont de Lauzun, fille de Gabriel, chevalier des deux ordres du roi, et de Charlotte d'Estissac ; elle était veuve en 1622, dont : Charles, qui suit. Brantôme (T. XIII, p. 130.) dit qu'il ne vint point d'enfants de Henrie de Lauzun.

Charles Hélie de Colonges, chevalier, Sgr de Bourgdeix, était mort en 1619. Il avait acquis la baronnie de Nontron en 1600. Il avait épousé Charlotte de Funel, qui se remaria avec Jean Hélie de Pompadour, dont : Charles.

Gui Hélie de Colonges, Sgr d'Estoüars (fils d'Antoine), du Bourgdeix, Teyjac, Romain, Saint-Laurent, en 1520, écuyer. Par arrêt du grand conseil, du 20 janvier 1542, Hélie de Colonges, sieur de Saint-Laurent, fut condamné à être mis en quatre quartiers, à 4,000 livres envers Louise Tustal, et ses biens confisqués. Il épousa Jeanne Flamenche, dame du bourg de Piégut, près Pluviers, 1543.

Jeanne de Colonges, demoiselle, épousa : 1° Henri-Marie de La Voux, du village de La Grande-Forêt, paroisse de Souffrignac (1), diocèse d'Angoulême ; 2° par contrat, signé Bounithon, du 25 novembre 1653, Pierre du Casse, marchand et garde des forêts du comte de Bressac, du lieu de Layre de la forêt de La Motte, paroisse de Coubier.

La suite est déchirée avec les pages 2241 et 2242.   A. L.

HERARD, sieur de Bramefan, paroisse de Paisainoudoin (2), élection d'Angoulême, porte : *fascé d'argent et de gueules à 9 pilles, à un lion rampant d'argent, lampassé de gueules, bronchant sur le tout.*

I. — Jean Herard du Châtaigner passa un bail à ferme comme ayant la tutelle de Louis, son fils, et de feue Jeanne Brun, le 6 mars 1440. Il avait épousé, le 3 février 1437, Jeanne Brun, dont : Louis, qui suit.

II. — Louis Herard rendit hommage à cause de sa femme le 16 juin 1492. Il avait épousé Françoise Charrette.

III. — Nicolas Herard épousa, le 8 novembre 1509, Jaquette Dalons.

IV. — Louis Herard est dit fils de Nicolas dans un inventaire de production du 23 janvier 1551. Il épousa, par contrat sans filiation, du 10 février 1559, Jeanne de Parthenay. Étant veuve, elle fit faire un inventaire le 26 mars 1587. De ce mariage vinrent : 1° Abraham, qui suit ; 2° Isaac.

V. — Abraham Herard épousa Jeanne-Renée de Jousseran.

VI. — Pierre Herard épousa, le 4 février 1627, Catherine Turpin. Étant veuve, elle fit trois actes, comme tutrice de son fils, le 16 février 1645, le 28 avril 1663, le 12 mai 1665. Ils eurent pour fils : Charles.

HERAUD. — François Heraud, écuyer, garde-du-corps du roi, paroisse d'Asnières,

---

(1) Souffrignac, canton de Montbron, arrondissement d'Angoulême (Charente).

(2) Paizay-Naudouin, canton de Villefagnan, arrondissement de Montmorillon (Charente).

fils de feu François, sieur de Girac, de la maison du corps de ville, et de Marie Eboulet, épousa à Saint-Martial d'Angoulême, le 23 janvier 1759, Anne Limosin d'Auteville, fille de Noël, conseiller au présidial d'Angoumois, et de Françoise-Silvie Préveraud de Mailloux, dont : Marie-Catherine, née le 23 février 1759.

SAINTE-HERMINE, sieur dudit lieu, de Chenon (1), La Finelière, paroisse de Cireuil (2), Merignat (3), Cognac, élection d'Angoulême [généralité de Limoges], porte : *d'argent semé de mouchetures d'hermines*. (D'Hozier, *Arm. gén.*, registre I, p. 492.)

I. — Jean de Sainte-Hermine, premier du nom, écuyer, épousa Marguerite de La Duch, qualifiée de noble, dame du Fa, veuve en 1435, dont : Jean, qui suit.

II. — Jean de Sainte-Hermine, deuxième du nom, écuyer, sieur du Fa, épousa, le 23 octobre 1435, Marguerite Goumard, dont Hélie, qui suit.

III. — Hélie de Sainte-Hermine, chevalier, Sgr du Fa, dont il donna son dénombrement à l'évêque d'Angoulême, le 28 juillet 1509, reçut un hommage; fit hommage au comte d'Angoulême, en 1476, à cause de son fief de Marsac.

IV. — Claude de Sainte-Hermine, écuyer, sieur du Fa, fit avec Hélie, son père, des inféodations à divers particuliers, le 20 septembre 1500, épousa Cécile Joubert : elle était remariée, en 1527, avec Estienne Foreau, écuyer, sieur de Tesson.

V. — Joachim de Sainte-Hermine, premier du nom, chevalier, sieur du Fa, épousa, le 27 janvier 1527, Anne Guibert [ou Guybert], fille de noble Jean, maire de la ville de La Rochelle, et de Jacquette Foreau, dame de La Laigne, dont elle fit hommage à l'évêque Maillezais, le 12 mars 1546.

VI. — Jean de Sainte-Hermine, troisième du nom, écuyer, sieur du Fa et de La Laigne, gouverneur de La Rochelle, passa avec son père, de lui autorisé, un contrat en 1557; épousa, le 16 [ou le 24] mars 1560, Lucrèce de Lusignan, alors veuve de Jean de Lomagne, sieur de Montagu, fille de Jean, écuyer, sieur de Lusignan. Étant veuve, son procureur rendit pour elle, comme tutrice de ses enfants, un hommage, le 26 octobre 1570.

VII. — Joachim de Sainte-Hermine, deuxième du nom, chevalier, sieur du Fa, Sainte-Hermine et La Laigne, gentilhomme ordinaire de la chambre du roi, épousa Barbe Goumard [ou Gomard], dame de Fuvellien et du Chay, le 10 juin 1581, fille de Charles Goumard, écuyer, sieur d'Ardillières, et de Hardouine Barbeclères. Étant veuve et faisant pour ses enfants, il y eut arrêt du Parlement de Paris avec ladite de Lusignan, mère de Joachim, le 11 juillet 1606. De ce mariage vinrent : 1° Hélie, qui suit; 2° Joachim, qui se maria en 1624; 3° Hardouine, mariée, en 1611, à Isaac de Royère.

VIII. — Hélie de Sainte-Hermine, deuxième du nom, écuyer, sieur du Fa et de La Laigne, épousa, le 9 octobre 1607, Isabeau [ou Isabelle] de Polignac, dont : 1° Joachim, qui suit; 2° Élie, troisième du nom, sieur de La Laigne, lequel de son mariage avec Madeleine de Valois de Vilette eut, entre autres enfants : Henri-Louis de Sainte-Hermine, sieur de La Laigne, capitaine de vaisseaux du roi, et Anne-Marie-Françoise, femme de Louise de Mailli, sieur de Rubempré, et dame d'atour de la reine.

---

(1) Chenon, canton de Mansle, arrondissement de Ruffec (Charente).
(2) Sireuil, canton d'Hiersac, arrondissement d'Angoulême (Charente).
(3) Merignac, canton de Jarnac, arrondissement de Cognac (Charente).

[Joachim de Sainte-Hermine sieur de La Filenière, épousa, le 2 février 1624, Susanne Dabillon.]

IX. — Joachim de Sainte-Hermine, troisième du nom, sieur du Fa, fut tué au siége du château Trompette, à Bordeaux, en 1649. Il avait épousé, le 17 juin 1635, Anne de Polignac, fille de haut et puissant Louis, seigneur et baron d'Argence, et de Susanne Geoffroi, dont : 1° Hélie, qui suit ; 2° Léonor, mort capitaine dans le régiment de la reine : 3° Louis, qui se maria en 1661 (*infra*) ; 4° autre Léonor, mort capitaine dans le régiment de la couronne ; 5° Léon, capitaine dans le même régiment de la reine ; 6° Isaac, capitaine dans le régiment de Navarre.

X. — Hélie de Sainte-Hermine, troisième du nom, sieur du Fa en Angoumois, épousa : 1°, le 6 août 1663, Susanne Guybert [ou Guibert], fille de Henri, sieur des Landes, et de Diane de Polignac, dont : 1° Hélie, quatrième du nom, lieutenant de vaisseau en 1691 ; 2° Susanne, femme de Pierre Briand, sieur de Boisse en Angoumois, gouverneur de la citadelle de Strasbourg en 1687, et brigadier des armées du roi ; 3° Marie, reçue à Saint-Cyr le 12 mai 1691.

X *bis*. — Louis de Sainte-Hermine, écuyer, sieur de Chenon et de Foucherolle, fut maintenu dans sa noblesse, depuis l'an 1497, par M. l'intendant de Limoges, le 21 janvier 1667. Il épousa, le 15 août 1661, Marie Livenne, fille de Isaac, écuyer, sieur des Brosses, de Mérignac, et de Françoise de Sainte-Hermine, dont : 1° Louis, qui suit ; 2° Alexandre, mort capitaine de vaisseau l'an 1705 ; 3° René, successivement prieur de Sainte-Catherine, de Mérignac en Angoumois, abbé de Notre-Dame de Gondon, diocèse d'Agen, grand-chantre de l'église de Reims, puis grand-vicaire de Noyon, et ensuite aumônier de la reine ; 4° Marie ; 5° Marie-Anne ; 6° Françoise-Marie, reçue à Saint-Cyr le 15 juin 1686 ; 7° Marie-Madeleine, reçue à Saint-Cyr le 29 mars 1690 ; 8° Marie, reçue à Saint-Cyr le 5 novembre 1694.

XI. — Louis de Sainte-Hermine, sieur de Mérignac en Angoumois, colonel d'infanterie dans le régiment des Vaisseaux, chevalier de Saint-Louis, épousa, le 22 octobre 1708, Blanche-Fleur-Geneviève Guibert, fille de Louis, écuyer, sieur des Landes et de Coulonges, diocèse de Saintes, gouverneur de Saint-Jean-d'Angély, et subdélégué des maréchaux de France dans la même ville, dont : Louis, né audit Coulonges, le 26 août 1710, reçu page de la reine le 14 août 1725.

VIII *bis*. — Joachim de Sainte-Hermine, sieur de Finelière, épousa, le 2 février 1624, Susanne d'Abilcon.

Hélie-François de Sainte-Hermine, chevalier, Sgr de Cireuil, chef d'escadre, épousa, à Grassat, le 11 mai 1709, Marie-Julie de Vassongne (ou de Vassoigne) ; elle mourut veuve et sans enfants, à Angoulême, en 1765.

Susanne de Sainte-Hermine épousa, le 24 juin 1656, Henry Guyton de Maulevrier.

L'HERMITE, sieur de La Rivière et de Fleix, paroisse d'Augne (1), porte : *d'argent à 3 chevrons de gueules, à la bordure danchée d'azur, deux lions pour supports.*

Les armes de Tristan L'Hermite, chambellan du roi et prévôt des maréchaux de France, sont : *écartelé, au 1er et 4e d'azur, à 3 gerbes d'or liées de gueules ; au 2e et au 3e, d'argent à une tête ou massacre de cerf de sable* (Dictionnaire généalogique de 1757.

Hermite d'Yeville porte : *tiercé, au chef d'argent au lambel renversé d'azur ;*

---

(1) Augne, canton d'Eymoutiers, arrondissement de Limoges (Haute-Vienne).

en fasce, de gueules, chargé de 3 croix alaisées d'argent; en pointe, d'argent avec des mouchetures d'hermines. (*Dictionnaire généalogique de* 1757.)

La famille de Tristan L'Hermite, chambellan du roi, etc., en 1475, est éteinte; portait : *écartelé; au 1er et au 4e d'azur, à 3 gerbes d'or, etc.*. (*Dictionnaire généalogique de* 1757.) [Nous savons, dit de Combles, que plusieurs écrivains ont annoncé cette maison comme éteinte, entre autres le P. Anselme, dans son *Histoire des grands officiers de la couronne*, T. VIII, p. 132. Ce qui fait que nous osons promettre au public de prouver le contraire dans la suite de nos ouvrages. (Voyez mes *Mél. msc.*, T. I, p. 97.)

Tristan de L'Hermite, chambellan du roi, chevalier de l'Étoile, grand-prévôt de France, portait : *d'argent à 3 chevrons de gueules;* devise : *Prier vaut à L'Hermite.* (DE COMBLES, *Traité des devises héraldiques*, 1784, p. 154.)]

L'Hermite d'Hyeville porte : *tiercé au chef d'argent, etc.*

Noble Golferius Lermite, Sgr de Soliers (1), 1457. (Voyez mes *Mémoires*, T. I, p. 91.)

Traité des dernières croisades pour le recouvrement de la Terre-Sainte (joint à) la *Vie de Pierre L'Hermite*, chef et conducteur des premiers chrétiens dans les croisades, par Pierre D'OULTREMAN, jésuite, auquel est ajoutée une suite généalogique de L'Hermite, Sgr de Souliers : Paris, 1645, in-12. (FONTELLE, *Bibl. hist. fr.*, n° 16941.) Cette suite est aussi fausse que le commencement, que cet auteur avait donné à cette généalogie.

I. — François L'Hermite donna quittance de partie de la dot de Antoinette Bony, sa belle-fille, le 26 juillet 1520.

II. — Noble Blaise L'Hermite de La Ribière, paroisse d'Augne, donna avec son père quittance de la dot de ladite Bony, fit une vente en 1553. Il épousa Antoinette de Bony de La Vergne, dont : 1° Charles, qui suit; 2° Gabriel, qui a fait la branche de Fleix; ces deux enfants firent le partage des biens de Blaise, leur père, le 17 juillet 1578; 3° François, tonsuré en 1546, chanoine régulier à Saint-Léonard, curé d'Eybouleuf en 1555; 4° Jean L'Hermite, *alias* de La Rivière, tonsuré en 1560, fit profession la même année à L'Artige.

III. — Charles L'Hermite fit une vente avec son père en 1553, fit son testament le 4 décembre 1589. Il épousa, par contrat du 13 mai 1571, ratifié par ladite Bony, sa mère, le 5 juin, Catherine de La Guionie, dont : François, qui suit.

IV. — François L'Hermite épousa, par contrat du 31 janvier 1597, Anne du Garreau, dont : Léon, qui suit.

V. — Noble Léon de L'Hermite, sieur de La Rivière, mourut à La Rivière, âgé de cinquante-cinq ans, le 6 décembre 1654, et fut inhumé dans l'église d'Augne. Le P. François de Négrignac, cordelier, prêchant l'Avent à Aimoutier, prononça son oraison funèbre le jour de Notre-Dame, après avoir prêché à l'ordinaire le matin. (Registres d'Aimoutiers.) Il épousa, par contrat sans filiation, du 4 décembre 1648, Marguerite du Bois, dont Gabriel, qui suit.

VI. — Gabriel L'Hermite, sieur de La Rivière, à qui on donna un tuteur le 15 janvier 1655.

Notes isolées.

[Charles de L'Hermite, écuyer, est nommé dans un contrat du 18 décembre 1673,

---

(1) Le Souliers, commune de Janaillat, canton de Pontarion, arrondissement de Bourganeuf (Creuse).

reçu par Sudre, notaire; et dans un autre de la veille, reçu par le même notaire, il est dit seigneur du Dognon et du Soulier, demeurant au Dognon, paroisse de Jamaillac, dans un autre du 30 janvier 1674, aussi reçu par Sudre, notaire. (*Inv. tit. eccles. des Torn.*, p. 582, *au secret. de l'évêché de Limoges.*)]

Jean de L'Ermite, écuyer, paroisse de Saint-Julien-le-Petit (1), près Aumoutiers, épousa Élisabeth Esmoing, dont : Jeanne, mariée à Saint-Maurice de Limoges, le 12 août 1735, avec Gabriel Tramonteil, fils de feu autre Gabriel et de feue Marguerite La Borne, de la ville de Peyrat.

[N..... de L'Hermite, religieuse à la Règle, à Limoges, vivait en février 1784.
N..... de L'Hermite, morte après 1784.]

Branche de Fleix.

III bis. — Gabriel L'Hermite épousa, par contrat sans filiation du 10 février 1592, Françoise du Garreau, dont François, qui suit.

IV. — François L'Hermite, écuyer, sieur du Fleix, fit son testament le 27 mai 1645, épousa, par contrat du 17 février 1645, Luce du Verdier, dont : 1° Pierre, qui suit; 2° autre Pierre, prévôt de Saint-Vaulri en 1653.

V. — Pierre L'Hermite, écuyer, sieur de Fleix.

Notes isolées.

Louis de Lermite, écuyer, sieur de Lenty, paroisse de Sarlande (2), en Périgord, épousa, dans l'église du Chalard, le 26 janvier 1717, Aubine Jarric du Claud, fille d'Aunet et d'Aubine Mannet.

Claude de Lermite, dit Soulier, commandeur du Mas-Dieu en 1584.

Nicole de L'Hermite de Soliers épousa Claude de Bussy, Sgr de Gournay, vers 1609. (Simplic., T. IV, p. 413.)

Hector L'Hermite, Sgr de La Faye, épousa, le 14 mai 1525, Anne d'Albon, fille de Guillaume, Sgr de Saint-Forgeux, et de Gabrielle de Saint-Priest : elle se remaria, en 1530, avec Jean Maréchal, et, en 1538, avec Jean Marconnay. (Simplic., T. VII, p. 197.)

Philippe L'Hermite, sieur d'Hieville en Normandie, près Saint-Pierre-sur-Dive, et de Sainte-Barbe en Auge, généralité de Caen, épousa Marguerite d'Augenne de La Loupe, dont : Élisabeth, fille unique, mariée, en 1700, avec Henri de Montesquiou, sieur de Tarasteis, près Tarbes.

Catherine de L'Hermite, veuve en 1491, avait épousé Jean de Saint-Yrieix.

La suite de ces notes manque dans le manuscrit de Nadaud, avec les pages 189, 190, 191, 192, qui ont été déchirées.   A. L.

HÉRISSON, sieur du Vigneux, paroisse de Saint-Luzan, élection de Saint-Jean-d'Angély, de La Foret, paroisse de Saint-Constant, même élection, porte : *d'azur à 3 roses d'argent, deux hérissons pour supports.*

---

(1) Saint-Julien-le-Petit, canton d'Eymoutiers, arrondissement de Limoges (Haute-Vienne).
(2) Sarlande, canton de Lanouaille, arrondissement de Nontron (Dordogne).

I. — Nicolas Hérisson, auquel Marguerite de Méry, sa belle-mère, fit donation le 18 mai 1482 et le 21 mars 1483, épousa Marguerite de Courtemont.

II. — Louis de Hérisson épousa Marie Bertrand, dont : 1° Claude, qui suit ; 2° Charlotte. Jean Bachelier, leur tuteur, comparut pour eux devant le juge de Château-Thierry, le 12 mars 1538.

III. — Claude de Hérisson épousa, par contrat sans filiation du 21 novembre 1546, Françoise de Ravensy.

IV. — Jacques de Hérisson épousa, le 28 mai 1572, Charlotte Graffin.

V. — Robert de Hérisson épousa, le 27 juillet 1598, Louise d'Averton, dont : 1° Pierre, qui suit ; 2° Robert, qui se maria.

VI. — Pierre de Hérisson, sieur du Vigneux, épousa, par contrat sans filiation du 9 octobre 1631, Jeanne Sauvage.

VI bis. — Robert de Hérisson, sieur de La Forest, épousa, en présence d'autre Robert, son père, et de Pierre, son frère aîné, le 10 juin 1639, Françoise Thibaud.

SAINT-HILAIRE. — Clément de Saint-Hilaire, élu évêque de Limoges en 1272. [Dans les registres de Borsandi, notaire à Limoges, on trouve Pierre de Saint-Hilaire à la page 139, n° 216, et à la page 146, n° 227, apud D. Col.

Audoin de Saint-Hilaire est encore signalé dans les mêmes registres, p. 27, n° 42 ; p. 73, n° 119 ; p. 88, n° 142 ; p. 98, n° 157, et p. 105, n° 165, apud D. Col.]

HILLARET, sieur de Cailleau, paroisse de Monlieu (1), élection de Saintes, porte : *d'or à un léopard de sable, au chef de même, chargé d'un gantelet d'argent.*

I. — Jacques Hillaret reçut des lettres d'anoblissement en février 1664, dûment vérifiées, dans lesquelles Bernard, son fils, est compris. L'arrêt obtenu au conseil par ledit Hillaret, le 15 mai 1667, sert de brevet de confirmation.

II. — Bernard Hillaret.

HORRIC. — La page 875 où Nadaud indique cette famille est déchirée.   A. L.

HORS. — *Voyez* GUILLAUME, sieur des Hors.

HORSON ou ORSON. — André Orson, écuyer, sieur de Moulède, épousa Catherine Lurat ; elle mourut le 14 juillet 1660, et fut enterrée à Saint-Martial d'Angoulême.

Antoine Racaud, maire d'Angoulême, est reçu échevin par le décès d'Arnaud Horson, sieur de La Lunesse.

Marguerite Horson épousa, le 17 juin 1635, Louis Guyot.

HOUDIER. — Cette famille est indiquée aux pages 834 et 837, qui sont déchirées.   A. L.

HOULLIER. — Cette famille était à la page 834, qui est déchirée.

---

(1) Monlieu, chef-lieu de canton, arrondissement de Jonzac (Charente).

HUGON, sieur du Prat de Masgontière [ou Masgoutières], paroisse de Soudène (1), élection de Tulle, porte : *d'azur à 2 lions d'or, posés en pied, les langues et les griffes de gueules.*

Sur le *recto* du second feuillet du contrat de mariage de Pierre Hugon, du 1*er* mai 1507, sont peints anciennement deux écussons, l'un : *d'azur à deux lions d'or, posés en pied, les langues et les griffes de gueules*, qui est de Hugon ; et l'autre : *de gueules à un chevron d'or, accompagné en chef de deux étoiles de même, coupé d'azur, à une tour d'argent*, qui est de La Porte.

[Les armes de cette maison étaient : *d'azur à 2 lions rampants d'or, armés et lampassés de gueules. (Mém. msc.,* apud me.)

Masgontières est une terre dans la sénéchaussée d'Uzerche et l'élection de Tulle, dont le seigneur, qui en porte le nom, est d'une ancienne famille. Sur la fin du dernier siècle, elle appartenait à un seigneur du nom d'Hugon, qualifié seigneur du Prat et de Masgontières. Elle est située sur la paroisse de Soudène. (*Mém. msc.* apud me.)]

I. — Pierre Hugon, sieur du Prat, institué dans son contrat de mariage par Aubert Hugon et noble Antoine (*sic*) de Saint-Clar, ses père et mère (Hozier, *Arm. gén.*, 1*re* part., p. 298), épousa, le 1*er* mai 1507, Jeanne de La Porte, du consentement de noble Raimond de La Porte, son frère, écuyer, sieur de La Porte, dont : 1° Nicolas, qui suit ; 2° Isabeau ou Isabelle, mariée à Jean Baillot [ou Baillet], lequel donna quittance, le 20 mai 1556, de la dot de sa femme, à Nicolas, fils de Pierre ; 3° François, prieur de Magontière, qu'il résigna à son neveu.

II. — Nicolas Hugon fit différentes acquisitions le 6 février 1550, le 28 décembre 1552, le 18 avril 1554, le 21 mars 1555, le 18 septembre 1556, le 5 avril 1558, où il est dit écuyer ; il fit son testament le 11 juillet 1559. Ce Nicolas Hugon, sieur du Prat, de la ville de Pierrebuffière, épousa Jeanne Betoulat le 31 janvier 1541, fille de Guillaume de Betoulat, écuyer, sieur d'Arche. Étant veuve, elle fit une donation à François, son fils, le 15 mai 1574. De leur mariage vinrent : 1° François, qui suit ; [2° Thomas, en faveur duquel le père testa le 11 juillet 1559 (*Mém. msc.*, apud me)] ; 3° François, tonsuré en 1560, prieur de Masgontière en 1564, peut-être le même, qui suit ; 4° Jacques, tonsuré en 1560, prieur de Lascoux, par résignation de son oncle François, en 1564.

III. — François Hugon, premier du nom, écuyer, sieur du Prat et de La Triquerie, homme d'armes de la compagnie du seigneur de Chazeron, en 1598, fit son testament, reçu par La Treilhe, à Magontière, le 2 avril 1603, mourut la même année. [Son testament était en faveur d'Annet, son fils.] Il fut reconnu d'extraction noble, depuis l'an 1456, par une ordonnance des commissaires députés par le roi, pour le règlement des tailles dans la généralité de Limoges, du 22 avril 1599. Il avait épousé, par contrat sans filiation du 23 mai 1581, Anne de Montagnac, fille de noble Gaspard, écuyer, sieur de Las Feuillère, en Haute-Marche, et d'Hélène Grain de Saint-Marsaut. Leurs enfants furent : 1° Jeanne, mariée à Gabriel de Bonneval, écuyer, sieur de Lort ; 2° Renée, religieuse à Blessac ; 3° Jeanne, que son père veut être religieuse à la Règle, à Limoges ; 4° Françoise ; 5° Peyronne ; 6° Claude ; 7° Susanne ; 8° Annet, qui suit.

IV. — Annet Hugon, écuyer, sieur du Prat, paroisse de Soudène et de Masgontière, fut tonsuré en 1604, fit son testament le 2 février 1638, capitaine des gens de

---

(1) Soudaine-la-Vinadière ; canton de Treignac, arrondissement de Tulle (Corrèze).

pied dans le régiment de Millars. Il épousa, par contrat du 5 octobre 1614, Perronelle [Peyronne] de Villelume, fille de puissant seigneur Jacques, chevalier, sieur de Barmontés, et de Madeleine de Vassal. [Le testament d'Annet, du 2 février 1638, est en faveur de sa femme ; il renferme aussi des legs pour ses deux fils aînés (*Msc.* apud me.)] Perronnelle de Villelume fit son testament le 17 mai 1648 [en faveur de leurs enfants communs. (*Mém. msc.*, apud me.)] De ce mariage vinrent : 1° Antoine, qui suit, tonsuré en 1628 ; 2° Léonard, qui fit une branche ; 3° Jacques, tonsuré en 1622 ; 4° autre Antoine, tonsuré en 1637 ; 5° François, tonsuré en 1639, chevalier de Malte ; 6° Claude, tonsuré en 1639, aussi chevalier de Malte, dont les preuves furent admises au grand-prieuré d'Auvergne, et châtelain de la châtellenie de Malte le 11 décembre 1677.

V. — Léonard Hugon, tonsuré en 1629, épousa, par contrat du 12 septembre 1645, Anne du Teil.

V *bis*. — Antoine Hugon, fils de Annet, écuyer, sieur du Prat, du Pommeau et de Mazières. épousa, le 17 février 1647, Claudie Forest, fille de noble Pierre, juge-sénéchal de Bourganeuf, et de Françoise de Villemonteix, dont François, qui suit.

VI. — François Hugon du Prat, deuxième du nom, écuyer, sieur de Masgontière, du Pommeau, de Mézières, épousa, le 30 novembre 1677, Louise Geoffre, dont : 1° Claude, qui suit ; 2° Anne, mariée, le 28 janvier 1701, avec Jean-Jacques Grain de Saint-Marsaut, écuyer, sieur du Verdier et de Vernejoux.

François Hugon du Prat, écuyer, sieur de Ceaux, paroisse de Chamberet (1), épousa Françoise de Farges, dont Antoine, tonsuré en 1712.

VII. — Claude Hugon du Prat, écuyer, sieur de Magontière, paroisse de Soudène, fils de François, deuxième du nom, et de Louise Geoffre, épousa Marie de Boisse, par accords passés le 3 février 1701, dont : 1° Françoise, née le 15 avril 1714, reçue à Saint-Cyr le 2 septembre 1722 ; 2° Michel-Louis, tonsuré en 1731 ; 3° Charlotte, mariée à Vigeois, le 19 juillet 1745, à Paul de La Personne, sieur du Temple, paroisse de Perpezac-le-Blanc.

Pierre Hugon du Prat, paroisse de Lussac, épousa, en 1773, Marie-Anne Hugon du Prat, paroisse de Soudaine.

Jeanne Hugon épousa Jacques Roux de Luçon, écuyer, sieur de La Besse ; elle mourut veuve à soixante ans, le 26 décembre 1715, et fut enterrée à Saint-Maurice de Limoges.

HUGON DES FARGES, paroisse de Saint-Jean-Ligoure (2), mêmes armes que Hugon du Prat.

I. — Jean Hugon, écuyer, sieur des Farges, donna quittance avec son fils, le 20 juin 1566, de la dot de Marie de Beaune.

II. — Jean Hugon, lieutenant-criminel à Limoges, sieur des Farges, fit son testament le 20 septembre 1572, épousa : 1°, par contrat du 23 juin 1555, Marie de Beaune, 2° Marie de Chauveron. Du second lit vinrent : 1° Philippe, qui suit ; 2° . . . .

III. — Philippe Hugon épousa, par contrat sans filiation du 19 décembre 1604, Jeanne de Bosviger, dont : Jacques, qui suit.

IV. — Jacques Hugon, écuyer, sieur des Farges, paroisse de Saint-Jean-

---

(1) Chamberet, canton de Treignac, arrondissement de Tulle (Corrèze).
(2) Saint-Jean-Ligoure, canton de Pierrebuffière, arrondissement de Limoges (Haute-Vienne).

Ligoure, épousa, par contrat du 25 janvier 1640, Françoise Chapelon. Étant veuve, elle fut taxée, le 1er septembre 1674, à 30 livres, pour la convocation du ban et arrière-ban; elle se remaria avec Jacques Roux, écuyer, sieur de La Besse, demeurant à Farges, paroisse de Saint-Jean-Ligoure, 1688.

Notes isolées.

Hugues Hugon, écuyer, sieur de Leygonie, épousa ...., dont : une fille unique, Jeanne, mariée, en 1586, à Gabriel de La Breuille, écuyer, sieur de Saint-Maurice.

Noble Jean Hugon, écuyer, sieur de La Gardelle, mourut sans alliance, au château de l'Age-Rideau (1), le 6 juin 1597. (Voyez mes *Mémoires*, T. IV, p. 128.)

Noble Hugon, sieur de La Gardelle, épousa, par contrat du 29 décembre 1597, reçu par des Aguliers, Moureilhe de La Pommelhe, fille de feu noble Jean, dont peut-être : 1° Philippe, écuyer, sieur de La Gardelle; 2° Susanne, demoiselle du Couder, mariée, en 1623, à noble Jean de Maumont.

Jean Hugon, cordelier, procureur au concile de Trente de l'évêque de Treguier en 1562. (*Hist. du Conc. de Trente de Fra Paolo*, par AMELOT DE LA HOUSSAYE, livre VII et VIII.) Frère Jacques Hugon, docteur en théologie, très-célèbre prédicateur du roi, véritablement pieux et orthodoxe, franciscain, d'une ancienne noblesse, prêcha avec beaucoup de réputation à la cour et à Paris. Il protégeait grandement les savants qu'il recommandait aux princes. On admira son éloquence; il pratiquait ce qu'il enseignait. Dorat, dans la traduction française, l'appelle Hugues et non pas Hugon, peut-être à cause de la rime. (DORAT, *Poemata*, p. 134, 135 et 137.) Estienne Thévenet, dans ses poésies imprimées en 1574, en adresse une à M. Hugonis, docteur en théologie, confesseur du roi. (GOUJET, *Bibl. franç.*, T. XII, p. 111.)

N..... Hugon épousa Catherine Desprez, dont : 1° Pierre, damoiseau; 2° Jean, abbé de Saint-Augustin-lez-Limoges; 3° Catherine, femme en 1440 de Pierre de Magnac, damoiseau.

Aimeric Hugonis, évêque de Lodève en 1361, voyez T. IV, de mes *Mémoires*, p. 136.

HUGONNEAU. — François Hugonneau du Châtenet, écuyer, sieur des Peyrus, paroisse de Brigueil, épousa : 1°, en 1766, Elisabeth de Thianges, paroisse de Saint-Georges, diocèse de Bourges; 2°, en 1769, Radegonde-Elisabeth de Clabas de La Pommeroux, paroisse d'Oradour (2).

Hélie Hugonneau épousa Anne de Lassa, dont Marguerite, mariée dans l'église de Lesterp, le 13 février 1640 (ou 1639), à Jacques Dupin, écuyer, sieur de Jonche-rolles.

---

(1) Age-Rideau, château complètement ruiné, commune de Razès, canton de Bessines, arrondissement de Bellac (Haute-Vienne).

(2) Oradour-sur-Vayres, arrondissement de Rochechouart (Haute-Vienne).

I.

IGONIN [ou IGENIN]. — Jean Igonin, écuyer, sieur de Monthourand, paroisse de Thouron(1), en 1643, épousa Marguerite Mazeau.

[Jean ou François Igenin ou Igonin, noble, Sgr de Ribagnac (2), vivait en 1702, avait épousé Marie Dupeyrat de Limoges. (Papiers domestiques de M. l'abbé Dupeyrat de Beaupré.)]

Jacques Igonin du Clos de Monthourand, fut enterré à Ambazac, à quarante-six ans, le 17 juillet 1727.

Philippe Igonin, sieur de Ribaignac, paroisse de Saint-Martin-terre-sue, et d'Anriac, paroisse d'Ambazac (3), fut tué près de chez lui d'un coup de fusil le 6 avril 1665. Jean Igonin, sieur de Ribaignac, en poursuivit la vengeance.

Jean Igonin, écuyer, sieur de Ribaignac, maison qu'il fit bâtir en 1656, mourut le 13 juin 1674, fut inhumé dans l'église d'Ambazac, où sont les tombeaux de sa famille. Il avait épousé Anne Mazeau, fille de Martial, juge de Montcocu, Razès, Bessine et Compreignac. Elle mourut le 24 mai 1652, à Limoges, où elle était allée gagner le jubilé universel, avec la procession de la paroisse d'Ambazac, qui était au nombre de plus de 1,200 personnes. De leur mariage vinrent : 1° François, qui suit, un autre François ; 2° Anne, baptisée à Ambazac le 3 février 1640.

François Igonin, baptisé le 2 juillet 1650, sieur d'Anriac et de Ribaignac, mourut à soixante-huit ans, le 26 décembre 1721, fut enterré à Ambazac. Il avait épousé : 1° Anne Vonreys, de Limoges, dont : Balthazar, qui suit. Il épousa : 2° Marie du Peyrat, sœur du théologal de Saint-Martial de Limoges ; elle mourut à cinquante ans, le 4 octobre 1701.

Balthazar Igonin, sieur d'Anriac et de Ribaignac, mourut le 16 décembre 1741, âgé de soixante-deux ans ; il avait épousé Marie-Henriette Le Breton, qui mourut à Saint-Christophe de Limoges, le.......... 1724, dont : 1° François, qui suit ; 2° Henri ; 3° N......, carmélite à Paris.

François Igonin, écuyer, sieur de Ribaignac, épousa : 1° Marie-Anne Ferret, fille de Jacques, écuyer, sieur des Peruges, paroisse de Mouter (4), près d'Availles, diocèse de Poitiers, et de Marie-Anne Masvalier : elle mourut à trente-sept ans, le 17 décembre 1744, dont Balthazar, ecclésiastique. Il épousa : 2° Anne Phelip, fille de Charles Phelip de Saint-Viance, écuyer, sieur de Sazeirat, paroisse d'Arènes (5), et de Marie-Anne de Bridier.

François Igonin, paroisse de Saint-Martin-Terre-Sue, épousa, en 1769, Sabienne de Mosnier, paroisse de Séreilhac (6).

Henri Igonin, écuyer, sieur de Ribanhac, épousa, en 1770, Élisabeth de Mosnier du Moulin-Basti, paroisse de Bussière-Galant (7).

---

(1) Monthourand est un village de la commune de Nantiat, près de Thouron, arrondissement de Bellac (Haute-Vienne).

(2) Ribagnac, manoir réparé de nos jours, commune de Saint-Martin-Terressus, canton de Saint-Léonard, arrondissement de Limoges (Haute-Vienne).

(3) Ambazac, arrondissement de Limoges (Haute-Vienne).

(4) Mouterre, canton de l'Isle-Jourdain, arrondissement de Montmorillon (Vienne).

(5) Arrènes, canton de Bénévent, arrondissement de Bourganeuf (Creuse).

(6) Séreilhac, canton d'Aixe-sur-Vienne, arrondissement de Limoges (Haute-Vienne).

(7) Bussière-Galant, canton de Châlus, arrondissement de Saint-Yrieix (Haute-Vienne).

Autres Igonin, sieurs de Romaneix, qui quelquefois se sont dits écuyer : un mourut à vingt-cinq ans, le 25 février 1712, fut inhumé à Saint-Jauvent (1).

SAINT-IRIER. — *V.* YRIEIX.

ISLE, sieur de Loyre, des Grois, Quincé, Beauchesne, La Matalière, paroisse de Saint-Savinien-du-Port (2), élection de Saint-Jean-d'Angély, porte : *d'argent à 3 roses de gueules, feuillées et boutonnées de sinople, et posées 2 et 1 ; deux sauvages pour supports ; une tête de lévrier pour cimier.*

I. — Hugues Isle.

II. — Jean Isle, fils de Hugues, rendit des hommages le 16 décembre 1396, le 16 février 1413, et le 16 septembre 1435. Il eut pour fils : 1° Antoine, qui suit ; 2° Guillaume, qui partagèrent la succession de leur père le 12 novembre 1451.

III. — Antoine Isle.

IV. — Jean Isle, auquel on accorda le droit de sépulture en considération de ce que ses père, aïeul et bisaïeul avaient été enterrés au même lieu le 4 février 1498.

V. — Yvert Isle épousa Catherine Destuer ; étant veuve, elle fit son testament en faveur de Jean, son fils, le 16 octobre 1519.

VI. — Jean Isle, premier du nom, sieur de La Matassière, veuf l'an 1557, avait épousé Bonaventure de Mortagne (HOZIER, *Arm. gén.*, Ire part., p. 313), dont : François, qui suit.

VII. — François Isle, écuyer, sieur de La Matassière et de Lilleau, testa le 29 septembre 1567, épousa, le 2 janvier 1556, Marguerite du Chesne, fille de Louis, écuyer, sieur des Forges, du Cluzeau, et de Jeanne Germain, dont : 1° Jean, qui suit ; 2° Pierre, qui se maria ; 3° Daniel et d'autres enfants ; ils partagèrent les successions de leurs père et mère le 2 mars 1590.

VIII. — Jean Isle, deuxième du nom, fit un testament avec sa femme le 24 juillet 1630, il était écuyer, sieur de La Matassière ; il avait épousé, le 16 mars 1591, Marguerite Guichard, fille de Jean, écuyer, sieur du Breuil en Vilars, commandait dans la ville de Pons, et de Marguerite Mortagne, dont : 1° Daniel, qui suit ; 2° Jean, sieur de Beauchesne.

IX. — Daniel Isle, écuyer, sieur de La Cave, épousa, le 4 janvier 1634, Madeleine Ésuard, dont : 1° Claude, qui suit ; 2° Paul, sieur de Quincé, et d'autres enfants, qui partagèrent les successions de leur père et mère le 19 janvier 1662.

X. — Claude Isle, sieur des Grois, épousa, le 9 août 1556, Jacquette de Marbœuf.

VIII *bis*. — Pierre Isle épousa Noémi Comte.

IX *bis*. — Isaac Isle fit son testament le 13 janvier 1657 ; il épousa, le 3 octobre 1619, Lidye Pallet, dont : 1° Isaac, marquis de Loyre ; 2° Jacques, sieur de La Matalière.

Notes isolées.

Marie Isle se maria, le 6 avril 1634, avec René de Gommier, sieur de La Gachetière.

---

(1) Saint-Jouvent, canton de Nieul, arrondissement de Limoges (Haute-Vienne).
(2) Saint-Savinien, arrondissement de Saint-Jean-d'Angély (Charente-Inférieure).

Jacquette de l'Isle, qui obtint un arrêt comme mère de ses enfants, le 23 août 1610, avait épousé Lancelot Gaillard.

[ISLE, près Limoges. — Terre et château appartenant à l'évêché de Limoges, qui sont le chef-lieu d'une châtellenie de laquelle relèvent cent quatorze terres titrées. On dit que cette châtellenie est la plus belle mouvance qu'il y ait dans le royaume. Il paraît qu'elle est de l'ancien domaine de cet évêché. Son nom latin est de *Insula*.]

DES ISLES. — *Voyez* GADOUIN.

J.

JABOUIN. — Jean Jabouin, écuyer, sieur de Las Rochas, du lieu noble de Soumaigne, paroisse de Gorre (1), épousa Jacquette de Saint-Laurent, fille de Étienne, écuyer, sieur de La Côte, paroisse de Saint-Laurent-sur-Gorre; elle était veuve de Léonard Frugier, marchand, paroisse de Flavignac : elle fit son testament, signé Rousselle, en mars 1629, et n'avait point d'enfants.

JACMETON. — On ne trouve plus dans le manuscrit de Nadaud la page 2477, où était cette famille.   A. L.

JACQUES. — N..... Jacques épousa....., dont : 1° Charles, qui suit; 2° Laurent. Charles Jacques, écuyer, né en 1555, était seigneur du Fermiger, paroisse de Pansols (2); il vivait en 1612, âgé de cinquante-sept ans, ne savait pas écrire. Il épousa Jeanne de La Grelière, veuve de Benoît Sonnier, dont : 1° Léonard, écuyer, sieur du Fermiger, qui testa le 4 mai 1621, et mourut sans hoirs : il avait épousé Isabeau de Mascureau; 2° Étienne, écuyer, sieur de La Lègue, qui fit son testament, signé Pendarien, à Villemur, diocèse de Montauban, le 25 mars 1622, et institua héritier son frère utérin, Laurent Sonnier; 3° Thonie ou Antoinette; 4° Paule; 5° Jeanne, mariée à Estienne Jordain, du village de Peyrazeau, paroisse de Pluviers (3) : il mourut le 11 janvier 1636; 6° Louise, mariée, par contrat du 37 mars 1624, à Jacques Brenne; 7° Laurence.

JACQUES, sieur de La Chassaigne, paroisse de Bujat (4), élection de Tulle, porte : *d'azur à 2 étoiles d'or en chef, et un croissant d'argent en pointe.*

I. — Aymar Jacques fit son testament le 4 avril 1523. Il épousa, le 15 novembre 1497, Catherine Perrette, dont : Jean, qui suit.

II. — Jean Jacques rendit hommage le 5 juillet 1539, fit son testament le 23 septembre 1553; il épousa Claude de La Roche, dont : Jacques, qui suit.

(1) Gorre, canton de Saint-Laurent-sur-Gorre, arrondissement de Rochechouart (Haute-Vienne).
(2) Pensol, canton de Saint-Mathieu, arrondissement de Rochechouart (Haute-Vienne).
(3) Pluviers, canton de Bussière-Badil, arrondissement de Nontron (Dordogne).
(4) Bugeat, arrondissement d'Ussel (Corrèze).

III. — Jacques Jacques épousa, par contrat du 19 avril 1563, ratifié par ladite de La Roche, sa mère, le 8 juin suivant, Françoise d'Apchier; étant veuve, elle accorda quittance à Jacques, son fils, le 12 juin 1604, dont : Jacques, qui suit.

IV. — Jacques de Jacques épousa, par contrat sans filiation du 4 janvier 1605, Catherine Bouchet.

V. — Jacques de Jacques épousa, le 20 février 1650, Lienne Baudoux.

JACQUINOT. — Jean Jacquinot, écuyer, de la paroisse de Magnac-Ville, en 1531, épousa Françoise de Guappias, sœur de Marguerite, femme d'Antoine Lalier, et de Jeanne, femme de Pierre Chizaud.

JAGOUNAS. — René et Étienne de Jagounas, sieurs de Tain, paroisse dudit lieu, élection de Saintes, furent trouvés gentilshommes en 1598.

Voyez Mathieu de Jagonnas.

SAINT-JAL. — *Voyez* La Queille et Robert de Saint-Jal.

JAMBES. — Nadaud indique cette famille aux pages 765 et 766, qui sont déchirées dans son manuscrit. Les notes suivantes se trouvent dans d'autres articles.   A. L.

Catherine de Jambes épousa Bernon Geoffroy, sieur des Bouchaux, paroisse de Saint-Cibardeau (1). Ces deux époux firent une transaction le 12 février 1476.

Laurent de Lageard épousa Louise de Jambes, le 19 septembre 1600.

JAMES. — *Voyez* Frenaudies, p. 158.

JAMEUX, sieur de......, demeurant à Angoulême.

I. — Noble Abraham Jameux est reçu pair sur la résignation de François Nadaud, le 14 janvier 1611; étant marié, est reçu échevin par la mort de Jean Guérin, sieur de La Rochebertier, le 11 octobre 1631. Hélie Levesquot, sieur de La Monnerie, est reçu, par la mort dudit Jameux, le 20 novembre 1638. Il mourut le 18 novembre 1638, étant écuyer, receveur des aides et tailles. (Registres de Saint-Martial d'Angoulême) Il avait épousé Anne Martineau, dont : 1° Léonarde, baptisée le 2 avril 1607; 2° Marguerite, baptisée le 27 mai 1609; 3° Julienne, baptisée le 20 décembre 1610; 4° Pierre, baptisé le 29 octobre 1612; 5° Anne, baptisée le 29 octobre 1613.

II. — Jean Jameux épousa, le 8 août 1641, Françoise Martin.

Louis Jameux, écuyer, contrôleur, second président à l'élection d'Angoulême, mourut le 18 mai 1648. Il avait épousé Marie du Souchet, dont : 1° Jeanne, baptisée le 15 mai 1642; 2° Marie, baptisée le 7 février 1644; 3° Jacques, baptisé le 10 novembre 1645; 4° Pierre-François, baptisé le 6 avril 1647.

[JANAILLAC].

(1) Saint-Cybardeaux, canton de Rouillac, arrondissement d'Angoulême (Charente).

LA JANTE. — *Voyez* Germain, p. 213.

JAOU. — Gérald de La Jaou, damoiseau, fit hommage, en 1365, à Louis, vicomte de Rochechouart.

[JARNAGE (1), ville et châtellenie de la Haute-Marche, qui a eu autrefois des seigneurs particuliers, et qui appartient maintenant au monastère de Chambon-Sainte-Valérie.]

JARRIE. — François de Jarrie, écuyer, Sgr de Claravaux (2), Saint-Avit, etc., épousa, par contrat du 14 décembre 1581, Jeanne de Pierrebuffière, fille de feu François, chevalier, vicomte de Comborn. Elle était veuve en 1591.

JARRIGE, sieur de La Morelie, vigier de Saint-Irier (3), porte : *d'azur à un chevron d'or, surmonté d'une croix de même, accosté de deux palmes d'argent et une tour de même en pointe, maçonnée de sable; deux satyres pour supports.*
I. — Pierre Jarrige, trésorier à Limoges, eut des lettres d'anoblissement en janvier 1613, duement vérifiées. Le chapitre de Saint-Irier le nomma juge-vigier le 27 novembre 1691. Il épousa....., dont : 1° Jean, qui suit.
Hélie de Jarrige, sieur de La Maurelie, trésorier de France en la généralité de Limoges, épousa Madeleine Aymeric du Chastaing.
II. — Jean de Jarrige eut, sur la démission de son père, des provisions de l'office de vigier, à Saint-Irier, le 26 mars 1615. Il épousa, par contrat sans filiation, le 16 novembre 1625, Galienne des Reynes, dont : 1° Marc, qui suit ; 2° Louis, qui a fait une branche; 3° Hélie, tonsuré le 24 mai 1641 ; 4° Paul, tonsuré le 20 mai 1644.
III. — Marc de Jarrige, nommé juge-vigier de Saint-Irier par le chapitre, le 19 avril 1652, épousa, par contrat du 27 avril 1654, Nicole de Joussineau.
Paul de Jarrige, chevalier, sieur de La Moralie, épousa Françoise Eymeric des Blancs, dont : Françoise, baptisée à Peyzac (4) le 18 juillet 1669.
III *bis.* — Louis de Jarrige épousa, par contrat du 28 janvier 1665, Jeanne Gondinet.

Notes isolées.

Hélie de Jarrige, écuyer, sieur de La Geneste et de La Guionnie, avocat au Parlement de Guienne.
Marc de Jarrige, écuyer, sieur de La Guyonnie de Puyredon, nommé juge-vigier par le chapitre de Saint-Irier, le 19 août 1652, mourut le 15 décembre 1680. Il épousa Catherine de Gondinet : elle testa le 17 février 1681.
Hélie Jarrige, sieur de Puyredon, paroisse de Saint-Pierre, de la ville de Saint-Irier, épousa, le .. août 1681, Jeanne Joubert de Nantiac, du village de Juvenie, paroisse de Peyzac.

---

(1) Jarnage, arrondissement de Boussac (Creuse).
(2) Claravaux, ou Clairavaux, canton de La Courtine, arrondissement d'Aubusson (Creuse).
(3) Saint-Irier, ou Yrieix, chef-lieu d'arrondissement de la Haute-Vienne.
(4) Peyzac, canton de Montignac, arrondissement de Sarlat (Dordogne).

Noble Isaac de La Morelie, paroisse du Temple–d'Ayen, épousa Antoinette de Royère, dont : Charles, tonsuré en 1629, prieur de Saint–Laurent.

Hélie de Jarrige, écuyer, sieur de La Morelie, trésorier de France en la généralité de Limoges, épousa, le.. juin 1646, Marguerite Chantois de Laumonerie, paroisse d'Aixe (registres d'Aixe) (1).

Pardoux de La Morelie, écuyer, sieur de Biars, paroisse de Glandon (2), épousa Catherine de Vilautreix, dont : Marc, qui suit.

Marc de La Morelie, sieur de Salaniac, paroisse de Glandon, écuyer, sieur des Biars (3), épousa : 1° Jeanne de Brachet, dame de Biars, demoiselle de Roffignac, dans l'église d'Uzerche, le 29 janvier 1732 ; 2°, dans l'église de Saint-Ibard, le 4 juin 1740, Gilon Pradel de La Maze, fille de Charles, écuyer, lieutenant général de la sénéchaussée d'Uzerche, et de feue Susanne de Maumont, paroisse de Notre-Dame, de la ville d'Uzerche, dont : Henri, tonsuré en 1761, chanoine de Limoges, et prieur de Champagnac, diocèse de Pourges.

Charles-Joseph de La Morelie, paroisse du Moutier, de la ville de Saint–Irier, écuyer, sieur de Puyredon, épousa dans la chapelle du Châtenet, paroisse de Lubersac (4), le 7 juillet 1732, Luce de Coux, dont : Pierre, né le 19 avril 1737, chanoine de la cathédrale, docteur en théologie de la faculté d'Angers, premier professeur de théologie au collège de Limoges, élu doyen du chapitre de Saint-Irier, le 19 janvier 1767.

Jean Jarrige de La Morelie, de la ville de Saint-Irier, épousa N....., dont : Marie, mariée : 1° à Jean Teyssier des Farges ; 2° à Uzerche, le 22 janvier 1749, à Pierre Pontier, avocat et juge de la ville, fils de Jeanne Maret.

Henri de Le Morelie, écuyer, sieur du Breuil, de la ville de Saint-Irier, épousa Élisabeth d'Abzac, dont : Estienne, tonsuré en 1766.

JARROSSE. — Ithier de Jarrosse, d'une maison de condition du Limousin, mort évêque d'Auxerre en 1359.

[Aimeric La Jarrosse se trouve dans les registres de Roberii, notaire à Limoges, p. 18, n° 18 ; p. 23, n° 23, apud D. Col., et aussi dans ceux de Borsandi, notaire, ibid., p. 142, n° 220 ; p. 162, n° 253, apud D. Col.]

JARROUSSEAU, sieur de Luchat et de La Groïe, paroisse de Chassors (5), élection de Coignac, porte : *d'argent à un lion ailé et dragonné de gueules, lampassé de même, tenant à la patte droite un guidon d'azur ; deux lions pour supports, un pour cimier.*

I. — Guillaume Jarrousseau épousa Anne Phelippier.

II. — Guy Jarrousseau épousa, le 4 décembre 1545, Susanne de Saint-Mesmin.

III. — Pierre Jarrousseau épousa, le 6 juillet 1578, Marie Bardin.

IV. — Pierre Jarrousseau épousa, le 24 novembre 1623, Anne Audoin, dont : 1° Gabriel, qui suit ; 2° Pierre, qui se maria.

V — Gabriel Jarrousseau, sieur de Luchat, épousa, le 27 septembre 1655, Catherine de Lestang.

---

(1) Aixe-sur-Vienne, arrondissement de Limoges (Haute-Vienne).
(2) Glandon, ancienne paroisse, jointe à Saint-Yrieix (Haute-Vienne).
(3) Biars, château situé dans la paroisse de Glandon.
(4) Lubersac, arrondissement de Brive (Corrèze).
(5) Chassors, canton de Jarnac, arrondissement de Cognac (Charente).

V *bis*. — Pierra Jarrousseau, sieur de La Groie, épousa, le 5 mars 1666, Mathurine Durand.

JAU, sieur de Chantigné, paroisse de Saint-Symphorien, élection de Saint-Jean-d'Angély, porte : *d'azur à un coq d'or, becqué, cresté et gorgetté de gueules.*

I. — André Jau, échevin de Niort, fit une donation à ses enfants le 16 décembre 1521. Il épousa N....., dont : 1° Jean ; 2° Jacques, qui suit ; 3° Philippe.

II. — Jacques Jau est élu maire de Niort, le 3 juin 1537 ; est conseiller à la maison de ville de Saint-Jean-d'Angély, par le décès d'Olivier Roy, le 26 avril 1538. Jacques-Laurent est pourvu, par le décès dudit Jau, le 16 juillet 1596, rendit hommage pour ses enfants le 21 février 1557. Il épousa Jeanne Bourgeois, dont : 1° Bertrand, qui suit ; 2° Jacques.

III. — Bertrand Jau épousa, le 5 décembre 1561, Marie de Villiers.

IV. — Jacques Jau épousa, le 12 juillet 1588, Esther Gauthier.

V. — Jacques Jau épousa, le 10 février 1633, Catherine Berlan.

VI. — Samuel Jau épousa, le 15 avril 1664, Marguerite Balhinquan.

JAUBERT. — Jean Jaubert, chevalier, de la ville de Saint-Léonard (1) [se trouve dans les registres de Roherii et de Borsandi, notaires à Limoges]. Il épousa N....., dont : 1° Droyn ou Droynus Jaubert, damoiseau, de la ville de Noblac ou Saint-Léonard, mort sans hoirs. Il avait épousé, en 1380, Marguerite Daniel, fille de Guillaume, chevalier ; 2° Philippe, mariée, en 1630, à Bernard de Monceau, damoiseau.

[Pierre de Jaubert, *alias* de Ripario, se trouve dans les registres de Roherii, notaire à Limoges, p. 18, n° 19, apud D. Col., et encore aux pages 57 et 60.]

Noble Jean Jaubert, Sgr d'Arfeuilhe, paroisse de Champnétery (2), épousa N....., dont : Bernard, qui suit.

Bernard Jaubert, damoiseau, épousa Clive Manserii.

[Gérald Jauberti, *alias* du Repeyre, se trouve dans les registres de Roherii, p. 21, n° 21, et p. 22, n° 22, apud D. Col.

Guillaume Jauberti se trouve aussi dans les registres de Roherii, notaire à Limoges, p. 48, n° 44, apud D. Col.]

Noble Guillaume de Montleux fut héritier de noble Denis Jaubert, damoiseau, de la ville de Saint-Léonard de Noblac.

Jacquette Jaubert épousa François Gaubert, écuyer, sieur du Poirier et de Verneuil, qui mourut à quarante ans, le 7 août 1685.

JAUBERT, sieur des Vallons, paroisse de Fouquebrune (3), élection d'Angoulême, porte : *d'azur fascé de gueules à 6 fleurs de lys d'or, trois en chef et trois en pointe.* [Les Vallons, fief de l'Angoumois, dans la paroisse de Fouquebrune, élection d'Angoulême, généralité de Limoges, qui appartenait vers la fin du dernier siècle à un seigneur du nom de Jaubert.]

I. — Louis Jaubert fit donation, avec sa femme, à Jean, leur fils, le 8 ou 9 novembre 1549, épousa Isabeau du Bois, dont : Jean, qui suit.

---

(1) Saint-Léonard, arrondissement de Limoges (Haute-Vienne).
(2) Champnétery, canton de Saint-Léonard, arrondissement de Limoges (Haute-Vienne).
(3) Fouquebrune, canton de La Valette, arrondissement d'Angoulême (Charente).

II. — Jean Jaubert épousa, le 27 septembre 1547, Jacqueline Le Roy.
III. — François Jaubert épousa, le 1ᵉʳ ou 30 novembre 1576, Isabeau Guichard.
IV. — François Jaubert épousa, le 28 mai 1630, Esther Barbot.
V. — Pierre Jaubert épousa, le 27 février 1659, Louise Angebaud.

JAUBERT de Saint-Séverin (1). — Pierre Jaubert, chevalier, Sgr de Nantiat (2), figure dans un acte de 1371 aux archives des Frères-Prêcheurs de Limoges.

I. — Noble Bernard Jaubert, damoiseau, fils de feu Audoin Jaubert, chevalier, sieur de La Roche-Jaubert, juridiction d'Excideuil en Périgord, coseigneur de Montagrier (3), Montardit, La Gilbertie, du bourg d'Alemans (4), et de Faydit, du bourg de Saint-Séverin, de Panacelles, diocèse de Périgueux, et de La Tour de Nantiat; vigier de Blanzac, diocèse de Saintes, veut être inhumé dans l'église d'Allemans, par son testament, reçu par Botini, du 16 mars 1463. Il laissa : 1° Agnès, mariée à noble Audoin Joumard, sieur de Susserte; 2° Hélie; 3° Roger, qui suit; 4° Audoin, sieur de Nantiat.

II. — Noble Roger Jaubert, damoiseau, sieur de La Gilbertie, du lieu d'Alamans, en Périgord, fils de Bernard, qui fit son testament, signé Plantinelli, le 15 décembre 1478, substitue à ses enfants Audoin, son frère, sieur de Nantiat, laissa : 1° Pierre, qui suit; 2° Audoin; 3° Jean; 4° Marguerite; 5° Brune; 6° Isabelle, mariée à noble Pierre-Étienne, dit de Bordeaux, sieur de Lavopu.

III. — Noble Pierre Jaubert, écuyer, sieur de La Gilbertie, d'Alemans et de Montagrier en partie, épousa Françoise de Lur, dont : Bernard, qui suit.

IV. — Bernard Jaubert, sieur de La Gilbertie, d'Allemans, et en partie de Montagrier, épousa Hélide Ays, fille de noble Raymond Ays, sieur de Meny, et de Jeanne de La Douze, par contrat du 30 avril 1510, signé Reynelli, passé à Saint-Martial-de-Dronne, en Périgord, dont : 1° Bertrand, qui suit; 2° Jean, écuyer, sieur d'Alamans, qui fit son testament, signé Lenards, à Périgueux, où il nomme feu son père et sa mère, le 8 décembre 1538, institue héritier Bertrand, son frère-germain, écuyer, lègue son autre frère; 3° Jacques, chanoine de Saintes.

Voyez JOUBERT.

[JAUCELLINI. — On trouve dans les registres de Borsandi, notaire à Limoges, page 74, n° 114, apud D. Col., Bernard Jaucellini.]

JAUNHAC. — *Voyez* JOUNHAC.

JAURE. — La table de Nadaud indique cette famille à la page 2448, qui est déchirée.
A. L.

[JAVEAUX. — Abbo Javeaux, écuyer, et dame Déa, sa femme, vivaient en 1224. (*Voyez mes Mém. msc., Abbay. du Lim.*, p. 499.)]

---

(1) Saint-Séverin, canton d'Aubeterre, arrondissement de Barbezieux (Charente).
(2) Nantiac, canton de Lanouaille, arrondissement de Nontron (Dordogne).
(3) Montagrier, arrondissement de Ribérac (Dordogne).
(4) Allemans, canton et arrondissement de Ribérac (Dordogne).

JAVERLHAC. — Nadaud indique encore cette famille aux pages 2374, 2375, qui ont été déchirées. Aux pages 399 et 2319, nous trouvons les notes suivantes. — A. L.

François de Saint-Laurent, Sgr de Feuillade, du château de La Motte, épousa dans l'église de Javerlhac (1), le 22 février 1694, Marie-Henriette de Javerlhac.

Marie de Javerlhac, dame dudit lieu et de Haute-Corne, près Mareuil, en Périgord, épousa, en 1355, noble et puissant Louis de Rochechouart.

JAY, sieur de Montonneau, paroisse de Montonneau, élection d'Angoulême, de Chatellard, paroisse de Saint-Front, même élection, porte : *fascé d'argent et de gueules en ondes à 7 piles.*

I. — Ithier Jay, varlet, rendit un dénombrement au seigneur de Verteuil en 1315, fit avec sa femme un testament en 1321. Il avait épousé Jeanne Meschin, dont : Jourdain.

II. — Jourdain Jay rendit hommage au seigneur de Vertheil en 1345.

III. — Ithier Jay, fils de Jordain, rendit le dénombrement de la terre de Montonneau, 1360. Il épousa Marguerite de Verteuil.

IV. — Ithier Jay rendit un dénombrement comme les précédents en 1433. Il avait épousé, le 20 juillet 1395, Marguerite Vigier, dont : 1° Aymard ; 2° Jean, qui suit, qui partagèrent les successions de leurs père et mère, le 12 février 1438.

V. — Jean Jay épousa : 1°, le 28 mai 1428, Marie Dizé, dont : 1° Antoine, qui suit ; 2° Jean, qui a fait la branche de Chastellard. Il épousa : 2° Jacquette de Joussineau, dont : 3° Guyot, qui partagea avec Antoine et Jean, ses frères du premier lit, le 20 février 1483.

VI. — Antoine Jay épousa, le 17 septembre 1459, Marie de Saint-Aubin, dont : 1° Julien, qui suit ; 2° Catherine. Ils partagèrent les successions de leurs père et mère le 9 novembre 1512.

VII. — Julien Jay épousa, par contrat sans filiation du 6 septembre 1509, Marguerite Vignaud.

VIII. — François Jay épousa, le 2 novembre 1524, ou le 20 novembre 1528, Marie de Barbezières.

IX. — Louis Jay épousa, le 17 février 1575, Marguerite Boutout.

X. — Louis Jay épousa, le 2 novembre 1604, Marie Volière.

XI. — René Jay épousa : 1°, le 8 août 1630, Luce de Fourques, dont : Jean, qui suit, épousa : 2°, le 31 juillet 1656, N....., dont : Henri, qui se maria.

XII. — Jean Jay épousa, le 31 juillet 1656, Marie Prévereaud.

XII *bis.* — Henri Jay épousa Germaine ou Geneviève Prévereaud.

Branche de Chatellard.

VI *bis.* — Jean Jay épousa, le 12 novembre 1479, Égyptienne d'Alloué.

VII. — Jean Jay épousa Jeanne Gourbilière, dont : 1° Philippe ; 2° Jean, qui suit ; 3° Louise ; 4° Françoise. Ils partagèrent tous quatre, avec ladite d'Alloué, leur aïeule, le 16 juillet 1537.

VIII. — Jean Jay épousa Jacquette Prévost.

---

(1) Javerlhac, canton et arrondissement de Nontron (Dordogne).

IX. — François Jay épousa, le 25 août 1564, Jeanne de Saint-Amand.

X. — Pierre Jay épousa, le 1ᵉʳ ou le 31 janvier 1605, Florence Mallevaud.

XI. — Guillaume Jay épousa : 1°, le 16 juillet 1629, Madeleine Pascaud, dont : Pierre, qui suit ; 2°, le 14 novembre 1663, Jeanne Mercier.

XII. — Pierre Jay épousa, le 31 janvier 1662, Marie Prévost.

Notes isolées.

Alain Dexmier, écuyer, sieur de Chenon, épousa Anne de Jay le 21 février 1546, fille de noble et puissant Philippe Jay, écuyer, sieur de Boisseguin, et de Charlotte Bontois.

Jean Sonnier, chevalier, sieur de Saint-Camprosi, habitant au château de Laborrie-Sonnier, épousa à Puyrazeau, paroisse de Sonnier, le 7 mai 1670, Blaise Jay, veuve de François de Chabans de Richemont, paroisse de Saint-Crespin (1).

Angélique Jay épousa, le 11 janvier 1598, Louis de Marcossaines, fils de Germain, sieur de Puyromain, paroisse de Saint-Cibardeau (2), élection de Cognac, et de Marie de Milly.

JAYAC. — La table du manuscrit de Nadaud indique cette famille à la page 2268, qui a été déchirée.
A. L.

SAINT-JEAN. — [Jean de Saint-Jean, *alias* de La Brossa, se trouve dans les registres de Borsandi, notaire à Limoges, p. 40, n° 38.]

Aymeric de Saint-Jean, damoiseau, 1402 [est dit Aymeric de Sancto Johanne dans les registres de Borsandi, page 140, n° 217]. Il épousa N....., dont : Hélie, prieur de Saint-Hilaire-Bonneval.

Claude de Saint-Jean épousa, vers 1571, Françoise de Pierrebuffière, fille de François, chevalier, seigneur, marquis de Chamberet, etc., et de Jeanne de Pierrebuffière.

LA JEARD, sieur de La Grange, paroisse de Gurat (3), élection d'Angoulême, porte : *d'azur à un lion rampant et contourné d'argent, armé et lampassé de gueules, surmonté d'un croissant de même en chef.*

[La Grange, fief de l'Angoumois, paroisse de Gurat, élection d'Angoulême, généralité de Limoges, qui appartenait vers la fin du xviiᵉ siècle à un seigneur du nom de Lajeard ou Layard.

Laurent de Layeard, conseiller au parlement de Bordeaux, et sénéchal d'Angoumois en 1554, avait épousé, en 1544, Gabrielle de Salignat.

Laurent de Layeard épousa Louise de Jambes, le 19 septembre 1600.

Hélies de Layeard, marié avec Marguerite de Coignac, le 9 septembre 1630.

Pierre de Layeard, allié avec Charlotte-Bonne du Reclus, le 12 janvier 1666.]

I. — Jean de La Jeard, conseiller au Parlement de Bordeaux, fut pourvu de la charge de sénéchal d'Angoumois le 27 juin 1554. Il épousa, le 6 mai 1554, Gabrielle de Salignac.

---

(1) Saint-Crespin, canton de Mareuil, arrondissement de Nontron (Dordogne).

(2) Saint-Cibardeaux, canton de Rouillac, arrondissement d'Angoulême (Charente).

(3) Gurat, canton de La Valette, arrondissement d'Angoulême (Charente).

II. — Laurent de La Jeard épousa, le 19 septembre 1600, Louise de Jambes.
III. — Hélie de La Jeard épousa, le 9 septembre 1630, Marthe de Coignac.
IV. — Pierre de La Jeard épousa, le 12 janvier 1666, Charlotte-Bonne du Reclus.

JEHAN. — Charlotte Jehan, dame du Bois de Teillet, épousa, par contrat, signé Décubes, du 1ᵉʳ avril 1592, Jean de Pellican, écuyer.

JEOFFRE. — *Voyez* Jouffre de Chabrignac.

JO. — *Voyez* Jout.

JOANAT. — Noble Bernard Joanat, sieur de La Ruë, demeurant au château de Vic (1), près Pierrebuffière, épousa Jeanne de Maleret, dont : Léonard, baptisé à Vic, le 11 décembre 1628.

JOANNET. — Philippe de Joannet, écuyer, sieur de La Reu, de la ville de Boussac, épousa Gilberte de Bize, dont : Gilberte, baptisée le 4 avril 1667.

[JOCAMAR. — On trouve dans les registres de Borsandi, notaire à Limoges, p. 160, n° 249, apud D. Col., Étienne Jocamar.]

JOLIVET. — Estienne Jolivet, damoiseau, capitaine de Grandmont, épousa N....., dont : Marie, mariée : 1° à Guillaume Blancho ; 2° à Estienne du Puy de Bau, fils de Perrotin, de la ville de Saint-Junien (2), par contrat du 2 juillet 1427, signé Marchant.

JOMELIÈRES. — *Voyez* Hastelet, sieur de Jomelières, p. 404.

JON. — Nadaud avait des notes sur cette famille à la page 952, qui est déchirée. A. L.

[LA JONCHÈRE] (3).

[JORDA. — Guillaume de Jorda se trouve dans les registres de Borsandi, notaire à Limoges, p. 143, n° 223, apud D. Col.
Claire de Jorda est dans les registres de Botinelli, notaire à Limoges, p. 1, n° 1.]
Imbergia Sulpitia était veuve de Jean Jorda, damoiseau, *alias* du Garreau, fils de Guillaume Jorda, damoiseau, 1344.

JORDAIN. — Gaufridus Jordani, chevalier, épousa Luce des Monts, dame

---

(1) Vicq, canton de Saint-Germain-les-Belles, arrondissement de Saint-Yrieix (Haute-Vienne).
(2) Saint-Junien, arrondissement de Rochechouart (Haute-Vienne).
(3) La Jonchère, canton de Laurière, arrondissement de Limoges (Haute-Vienne).

du Châtenet, près Le Vigen, et de Solignac (1). Étant veuve, elle testa en 1279, veut être enterrée, chez les Frères-Mineurs de Limoges, dans le tombeau de Gui, son fils. Elle laissa : 1° Pierre; 2° Gaufridus; 3° Hilaire; 4° Marie.

N..... Jordani épousa N....., fille de Guillaume Lanelli, chevalier, dont : Robert Jordani (1308).

[On trouve Guillaume Jordano dans les registres de Borsaudi; p. 138, n° 214, et de Roherii, p. 2, n° 2, notaires à Limoges, apud D. Col.

On trouve encore Olivier de Jordano dans les registres de Roherii, notaire à Limoges, page 68, n° 58, apud D. Col.]

Guillaume Jordain, chevalier du diocèse de Limoges. (*Voyez* BALUZE, T. IV, *Miscel.*, p. 298.)

Jacques Jordain, écuyer, sieur de La Pruze, paroisse de Rouzède (2), épousa, par contrat (signé de Chevreuse) du 21 mai 1574, Gabrielle de Feydis, fille de N....., sieur de La Tour et de Narde de Masfranc; elle était veuve en 1677.

François Jourdain, écuyer, sieur du Roulle, demeurant à La Pruze, épousa Catherine Blanchard, dont Marguerite, mariée, par contrat (signé de Chevreuse) du 14 février 1675, à Estienne Chalard, sieur de La Fariou et de Tous-Vents, paroisse de Pluviers (3) et de Narde Bounithon.

Estienne Jordain, du village de Peyrazeau, paroisse de Pluviers, épousa Jeanne Jacques, fille de Charles Jacques, S^gr^ du Fermiger, paroisse de Pansol (4). Il mourut le 11 janvier 1636.

JORNET ou JOURNET. — Pierre Jornet, chevalier, de la ville de Noblac (5), épousa Dauphine, dont : 1° Ramnulphe, qui suit; 2° Germaine, mariée, par contrat (signé Bordas) du 8 mai 1374, à Pierre de Noblac, damoiseau.

Noble Rampnulphe Jorneti, damoiseau, de la ville de Saint-Léonard, 1374, épousa N....., dont : Pierre, qui suit.

Pierre Jorneti épousa (par contrat, signé Bordas), le 11 février 1390, vieux style, Catherine, fille de noble et puissant Louis de Saint-Quentin, chevalier, seigneur dudit lieu, et de Marguerite, dame de Salvanhac, diocèse de Clermont, où le contrat fut passé. Elle porta la terre de Charnhac, juridiction du Domphon.

[On trouve dans les registres de Roherii, notaire à Limoges, Guillaume Jorneti, p. 40, n° 36, apud D. Col.]

Golphier Journet, écuyer, sieur de Brutine, paroisse du Châtenet (6), épousa Gabrielle de Vars, dite de Saint-Jean, dont : 1° Pierre, qui suit; 2° Isabeau, mariée, par contrat (signé Chrogut) du 3 septembre 1600, à François de Jumilhac, elle porta 6,000 livres; 3° Jean, qui était mort en 1606.

Pierre Journet, écuyer, sieur de La Valade et de Rouziers, épousa, en 1606, Marguerite de Jumilhac.

---

(1) Solignac et Le Vigen, deux paroisses formant la commune de Solignac, canton et arrondissement de Limoges (Haute-Vienne).

(2) Rouzède, canton de Montbron, arrondissement d'Angoulême (Charente).

(3) Pluviers, canton de Bussière-Badil, arrondissement de Nontron (Dordogne).

(4) Pensol, canton de Saint-Mathieu, arrondissement de Rochechouart (Haute-Vienne).

(5) Noblac, ou Saint-Léonard de Noblac, arrondissement de Limoges (Haute-Vienne).

(6) Châtenet, ou Châtenet-en-Dognon, canton de Saint-Léonard, arrondissement de Limoges (Haute-Vienne).

JOUBERT, sieur de La Bastide (1).

[On trouve Jean Joubert dans les registres de Borsandi, notaire à Limoges, p. 91, n° 147, apud D. Col.]

N. ... Joubert épousa N....., dont : 1° noble Pierre Joubert, dit de La Bastide, damoiseau, sieur dudit lieu de La Bastide, diocèse de Périgueux, qui demeurait à L'Age, paroisse de Saint-Auvent (2), en 1467 ; 2° autre Pierre Joubert, bachelier ès-lois ; 3° Jean Joubert, clerc.

Pierre Joubert, écuyer, sieur de Cognac et de La Bastide, neveu et héritier de Mathurin de Cognac, épousa N....., dont : Annet Joubert de La Bastide, en 1506.

Annet Joubert de La Bastide, écuyer, paroisse de Cognac.

Charles Joubert de La Bastide, chevalier, Sgr de Châteaumorand, Fressinet, Coignac, épousa Jeanne de Lambertie, dont : Françoise, qui se fit religieuse à Boubon, en 1655.

François-Alexis Joubert de La Bastide de Châteaumorand, abbé de Corneville.

Michel Joubert de Marsay, 1710.

JOUBERT, sieur de Boisvert, paroisse des Essards (3), élection d'Angoulême, portait : *d'azur tranglé d'or à 6 fleurs de lys de même, 3, 2, en chef, et 1 en pointe.*

I. — Jean Joubert.

II. — Gaulfier Joubert épousa, le 12 février 1496, Philippe du Puy.

III. — Robert Joubert épousa, le 3 novembre 1529, Marguerite de Chaumont.

IV. — René Joubert épousa, le 8 novembre 1559, Benigne Portaine.

V. — Robert Joubert épousa : 1° Jeanne Bally, dont : François, qui transigea avec la Courandin, sa marâtre, alors veuve, le 6 septembre 1621. Il épousa : 2° Jeanne Courandin, dont : Pierre-André, qui suit.

VI. — Pierre-André Joubert épousa, le 24 février 1645, Marie Restier.

JOUBERT, sieur de Saint-Christophe, paroisse de Resteau (4), élection de Saintes, portait : *d'azur à deux fers de pique d'argent, mis en barre, au franc quartier de gueules à une aigle éployée d'or.*

I. — François Joubert épousa Jeanne Vigier. Ces deux époux passèrent trois contrats, les 16 octobre 1532, 7 février 1535, et le 6 mai 1539.

II. — Méry Joubert épousa, le 27 janvier, Madeleine de Rahaines.

III. — François Joubert, le 19 février 1593, partagea les successions de ses père et mère avec Jean, François et Françoise, ses frères et sœur. Il épousa, le 16 avril 1595, Marguerite de Conis.

IV. — François Joubert épousa, le 26 avril 1632, Jeanne de La Chambre.

V. — François-Alexandre Joubert épousa, le 20 octobre 1664, Jeanne Frasneau.

---

(1) Les pages 324 et 325, où était la généalogie de cette famille, ont été déchirées ; nous ne retrouvons plus que quelques notes à la page 2066.

(2) Saint-Auvent, canton de Saint-Laurent-sur-Gorre, arrondissement de Rochechouart (Haute-Vienne).

(3) Essards, canton d'Aubeterre, arrondissement de Barbezieux (Charente).

(4) Rétaux, canton de Gémozac, arrondissement de Saintes (Charente-Inférieure).

JOUBERT, sieur de Saint-Séverin (1), paroisse de Lageyrac (2), portait : *d'azur, fascé d'or à 3 fleurs de lys de même, 2 en chef et 1 en pointe*. Le *Dictionnaire généalogique* de 1757 dit : *d'azur à la fasce d'or, accompagnée de 6 fleurs de lys d'or, 3 au-dessus et 3 au-dessous, rangées en face*.

I. — Bertrand Joubert, écuyer, sieur d'Allemans (3), épousa, par contrat du 22 juillet 1540, Julienne de Brie, fille de feu Jean de Brie, écuyer, sieur dudit lieu, et de Gabrielle de Las Tours, par contrat, passé au château d'Antonne, en Périgord (4).

II. — Gabriel Joubert, écuyer, coseigneur d'Allemans, chevalier de l'ordre du roi, fils dudit feu Bertrand et de ladite feue Julienne, épousa, par contrat du 23 janvier 1584, Gabrielle de Saint-Gelais, fille de feu François de Saint-Gelais, chevalier, et de Charlotte de Champaigne seigneur, et dame de Saint-Séverin de Panancelles (5), contrat passé audit château.

III. — François Joubert, sieur de Saint-Gelais, Sgr de Saint-Séverin et d'Allemans, fils dudit Gabriel et de ladite Gabrielle, écuyer, épousa, par contrat du 30 juillet 1613, Susanne Raymond, fille de Jean Raymond, Sgr de Bourzac, et de Anne Guibours, contrat passé à Vendove, châtellenie de Bourzac, en Périgord, dont : 1° Henri, qui suit; 2° Gabriel, conseiller au Parlement de Bordeaux; 3° Isabeau (Hozier, *Arm. génér.*, Ire part., p. 166.), mariée, le 14 mai 1629, avec Jean-Pierre de La Cropte, écuyer, sieur du Mas de Montet, fils de René et de Charlotte de La Place; 4° Sibelle, mariée, en 1655, à Armand du Lau.

IV. — Henri Joubert de Saint-Gelais, chevalier, sieur de Saint-Séverin, en Angoumois, transigea avec sa mère pour la succession de François, son père, le 3 juin 1663, testa le 24 septembre 1692, mourut en 1693. Il avait épousé Marie de Brie, demoiselle de Balanges, fille de François, sieur du Bosfran, et de Marie de Lambertie, par contrat du 6 novembre 1664, et, le 9, dans l'église de Lageyrac. Elle mourut le 7 octobre 1681. De ce mariage vinrent : 1° François, qui suit; 2° Jean-Pierre, né le .. avril 1668, mort le 25 décembre 1700; 3° Jean-Gabriel, qui testa le 1er mai 1700; 4° Armand, qui a fait une branche; 5° Sibille-Marie, demoiselle du Bosfran, mariée, le 4 novembre 1694, dans l'église de Lageyrac, à Henri ou Jérôme Marelle, sieur de Roufiniac, du village de La Vau, paroisse de Troche (6), dit gratuitement *noble*; 6° Marie, demoiselle de Bosfran, mariée dans ladite église, le 30 janvier 1702, à Jean Banisson, sieur de Montignac, paroisse de Bourdeille (7), en Périgord; 7° autre Marie, Marguerite, Marie, autre Marguerite, mortes en bas-âge.

V. — François Joubert de Saint-Gelais, chevalier, sieur du Bosfran, du château de Gourenchias, paroisse de Lageyrac, mourut le 14 janvier 1704. Il avait épousé Françoise d'Amelin, dame de La Crouzille, fille de feu François Sicaire d'Amelin, chevalier, sieur d'Estourneau, paroisse de Bourdeille, en Périgord, et de Marie-Sibille du Lau, par contrat (reçu par Chabrier) du 14 mai 1695. Elle mourut

---

(1) Voyez Jaubert de Saint-Séverin.
(2) Lageyrat, paroisse réunie à celle de Châlus, arrondissement de Saint-Yrieix (Haute-Vienne).
(3) Allemans, canton et arrondissement de Ribérac (Dordogne).
(4) Antonne, canton de Savignac, arrondissement de Périgueux (Dordogne).
(5) Saint-Séverin, canton d'Aubeterre, arrondissement de Barbezieux (Charente).
(6) Troche, canton de Vigeois, arrondissement de Brive (Corrèze).
(7) Bourdeille, canton de Brantôme, arrondissement de Périgueux (Dordogne).

le 5 février 1730, à cinquante-cinq ans. Ils eurent pour enfants : 1° Jean-Louis, qui suit ; 2° Benoît, né le 20 octobre 1704 ; 3° Anne, née le 25 septembre 1709, mariée dans l'église de Nontron, le 18 octobre 1735, à Léonard Martin, sieur de La Grange.

VI. — Jean-Louis de Saint-Gelais, écuyer, sieur de Joubert, du lieu de Gouranchias, né le 11 avril 1696, mourut le 10 janvier 1763. Il avait épousé à Saint-Michel-de-Pistorie (1), le 30 mai 1718, Françoise de Puiffe, fille de feu François-Jacques, l'un des 200 chevau-légers de la garde du roi, et de Françoise de Robert, par contrat (signé de La Pousge) du 24 mai 1718, et le 28 dans l'église de Pensols (2), dont : 1° Benoît, qui suit ; 2° Anne, demoiselle de Saint-Séverin (Registre de Lageyrac), née le 10 mars 1722, mariée, le 3 février 1739, à Simon Maurin, fils de Jacques, bourgeois, et de feue Léonarde Sadry, du bourg de Vayres (3) ; elle mourut le 9 novembre 1747 ; 4° Françoise, née le 21 septembre 1726 ; 4° Susanne ; 5° Catherine, mariée à Lageyrac, le 6 mars 1764, à Jean Chambon, du village de Naillac, paroisse de Champsac (4) ; Charles-François, Armand, Anne, autre Anne, François, morts en bas-âge.

VII. — Benoît de Joubert, écuyer, sieur de Saint-Séverin, né le 8 avril 1731 épousa (par contrat, signé Grandcoing, du 5 août 1753) avec dispense, dans l'église de Pensols, le 1er février 1751, Marie de Puiffe, sa parente au second degré de consanguinité, fille naturelle de feu François de Puiffe, écuyer, maréchal-des-logis des chevau-légers de la garde, breveté de mestre-de-camp, chevalier de Saint-Louis, et de Jeanne Reine, du lieu de Fermiger, dont : 1° Susanne ; 2° Jean ; 3° Denis ; 4° autre Jean ; 5° autre Susanne.

VI bis. — Benoît de Joubert du Bosfran, frère de Jean-Louis, né le 20 octobre 1704, épousa Marie Bourgeois ; elle se remaria, le 26 novembre 1737, à François de Leron, sieur des Ribières, fils de Jean-Louis, sieur de Beaubourg, maître de poste de Châlus, et de Léonarde Sègue, dont un fils unique, mort sans alliance au service du roi.

V bis. — Noble Armand de Joubert, sieur du Bosfran, paroisse de Lageyrac, du lieu de La Vergne, paroisse de Dournazac (5), où il mourut à quatre-vingt-cinq ans, le 27 janvier 1758, inhumé à Lageyrac. Il avait épousé, dans l'église de Dournazac, le 19 juillet 1703, Marie ou Marguerite du Rousseau ; elle mourut âgée de soixante-quinze ans, le 24 mai 1757, dont : 1° Irier, qui suit ; 2° Anne, mariée à Léonard Moulin, sieur de La Grange, notaire royal, postulant en la juridiction de Châlus ; elle mourut à vingt-six ans, le 9 septembre 1736 ; 3° Jean, né le 13 avril 1705 ; 4° Françoise, baptisée le 19 février 1708, mariée, le 31 janvier 1759, à Pierre Garreau, fils de Jean, sénéchal de la comté des Cars, et de feue Marguerite Doudot ; 5° Denis, qui suit ; 6° François, né le 20 juin 1715 ; 7° Jean-Louis, baptisé le 20 août 1721 ; 8° Marie, née le 9 avril 1724 ; 9° Françoise, née le 2 février 1727, mariée, le 20 février 1753, à Pierre Rolla, sieur de Chaumeix, veuf de N..... Garreau.

VI. — Irier de Jaubert, ou Joubert, écuyer, du village du Roulle, né le 4 novembre 1746, épousa, dans l'église de Dournazac, le 6 septembre 1730, Anne de Laumonerie, fille de Léonard et de Marguerite Marthonaud, dont : 1° Marguerite, née le 15 novembre 1733 ; 2° Marie, baptisée le 13 avril 1740 ; 3° Denis, né le

(1) Saint-Michel-de-Pistorie, paroisse qui n'existe plus dans la cité de Limoges.
(2) Pensol, canton de Saint-Mathieu, arrondissement de Rochechouart (Haute-Vienne).
(3) Vayres, canton et arrondissement de Rochechouart (Haute-Vienne).
(4) Champsac, canton d'Oradour-sur-Vayres, arrondissement de Rochechouart (Haute-Vienne).
(5) Dournazac, canton de Saint-Mathieu, arrondissement de Rochechouart (Haute-Vienne).

29 janvier 1742; 4° Françoise, baptisée le 17 octobre 1745; 5° Itier, baptisé le 10 décembre 1750; autre Marguerite, Jean et Françoise, morts en bas-âge.

Jean de Joubert, du village de Fargeas, paroisse de Dournazac, écuyer, sieur de Puyrichert, du village du Roulle, épousa Marie de Douhet, dont : Armand, mort à l'âge de vingt mois, le 30 mai 1754.

VI bis. — Denis de Joubert, écuyer, sieur de La Feuillade, paroisse de Lageyrac, né le 29 décembre 1718, épousa Marie de Puiffe; dont : 1° Marie, née à Gouranchais, le 13 janvier 1758; 2° Françoise, née le 1ᵉʳ janvier 1759; 3° Susanne, née le 9 mars 1760; 4° Susanne, morte au village de Goüaud, paroisse de Dournazac, à l'âge de huit mois, le 17 décembre 1761; 5° Benoît, né le 13 août 1762.

N..... Joubert épousa Henrie Foucaud, dont : Pierre-Jean, qui suit.

Pierre-Jean de Joubert (Registres de La Roche-l'Abeille), de Juvet (1), baron de Nantiat, épousa Jeanne d'Asnières de Maisonneix; elle mourut à quatre-vingt-huit ans, le 16 novembre 1697, dont : 1° Henrie, née le 16 août 1642, baptisée à Saint-André-de-Niort, nommée à Royère, près La Roche-l'Abeille (2), le 29 août 1649; 2° Antoine-Charles, baptisé à Royère, à l'âge de trois ans, le 2 mars 1649; 3° Paule, née le 7 juin 1649, baptisée à Royère le 29 août, mariée à Jean Chastaignac, le 19 août 1697 (T. I, p. 438.); 4° Jean-Henri, baptisé le 23 février 1657.

JOUDRINAUD. — *Voyez* Du VIGNAUD.

JOUFFRE de Chabrignac, sieur de Traversat, Tubefon, Brignac (3), Chabrignac (4), paroisse de Fontmartin et de Saint-Salvadour (5), élection de Brive, porte : *paillé d'argent et de gueules à six pilles, au chef fascé d'azur et d'or aussi à six pilles, et deux sauvages pour supports.*

[Chabrignac, terre dans la sénéchaussée d'Uzerche, dont le seigneur, qui en porte le nom, est d'une ancienne famille.]

Pierre Gaufridi, chevalier, épousa N....., dont : 1° Gui Gaufridi, damoiseau, 1351; 2° Guillaume, prévôt de Couzeix, près Limoges.

I. — Pierre Jouffre, sieur de Chabrignac, passa avec Hélie, son fils, un bail à rente, le 17 mai 1467.

II. — Hélie Jouffre.

III. — Guillaume Jouffre, fils d'Hélie, fit une acquisition en 1499, épousa N....., dont : 1° Jean, qui suit; 2° Pierre; 3° Marguerite, qui donna quittance de sa dot à Jean, son frère, le 3 décembre 1552.

IV. — Jean Jouffre fit son testament en faveur de Jean, son fils, le 17 février 1545.

V. — François Jouffre fit son testament en faveur de Brandelis, son fils, le 9 mai 1578. Il épousa, le 20 (ou le 2) décembre 1566, Michelle de Saint-Marsaud du Verdier.

---

(1) Juvet, paroisse de La Roche-L'Abeille, canton de Nexon, arrondissement de Saint-Yrieix (Haute-Vienne).

(2) Royère, ancienne paroisse, jointe à celle de La Roche-L'Abeille, canton de Nexon, arrondissement de Saint-Yrieix (Haute-Vienne).

(3) Brignac, canton d'Ayen, arrondissement de Brive (Corrèze).

(4) Chabrignac, canton de Juillac, arrondissement de Brive (Corrèze).

(5) Saint-Salvadour, canton de Seilhac, arrondissement de Tulle (Corrèze).

VI. — Brandelis de Chabrignac fit son testament le 10 octobre 1636, épousa, le 5 décembre 1593, Jeanne du Coru de Quayssac, dont : 1° François, qui suit; 2° Charles, marié en 1626; 3° Gabriel, marié le 6 janvier 1633; 4° Mercure, marié le 21 août 1653.

VII. — Noble François de Chabrignac, ou Chabriniac, Sgr de Beynac (1), épousa, le 23 février 1632, Gabrielle de Calvimont, fille de noble Jean de Calvimont, baron de Saint-Martial, paroisse de Cublac (2). Elle mourut le 11 octobre 1669, dont : Marc-Antoine, qui suit.

VIII. — Marc-Antoine de Chabriniac, baron de Beynac et Saban, sieur de Brignac, épousa, le 27 novembre 1663, Catherine Maldent de La Cabane, fille de Jean de Maldent, président à l'élection de Brive, receveur général et ancien des décimes du diocèse de Limoges, et de Louise Dalmaïs, de la paroisse de Saint-Michel-des-Lions de Limoges, dont Mathieu, qui suit.

IX. — Mathieu de Geouffre de Chabrignac, chevalier, sieur de Baynat-Barest, épousa, en 1718, Marie-Anne de Cosnac.

VII bis. — Noble Charles de Chabrignac, paroisse de Noailhac (3), épousa, le 9 mai 1626, Jeanne de Lezay, dont : 1° Gabriel, qui suit; 2° Louis, tonsuré en 1640; 3° Gabriel, tonsuré en 1640.

VIII bis. — Gabriel, sieur de Chabrignac, épousa, le 18 février 1653, Judith du Puy.

VII ter. — Gabriel Geofre de Chabrignac de Tiebefon, paroisse de Beynac, épousa, le 6 janvier 1633, Marie de Rivet, dont : 1° Jérôme, qui suit; 2° Jeanne, inhumée le 8 octobre 1646.

VIII ter. — Hiérosme de Chabrignac, sieur de Tufebon, épousa, le 14 juin 1666, Charlotte de Ferrières, fille de Annet de Ferrières de Sauvebeuf.

VII quater. — Mercure Geoffre de Chabrignac, écuyer, sieur de Traversac et de Fontmartin, coseigneur de Sevillac, épousa, le 24 août 1653, Anne de Jugeals, dont : Louise, mariée, en 1677, avec François Hugon du Prat.

Notes isolées.

Charles Jouffre de Chabrignac, écuyer, sieur de La Jante, épousa Antoinette de Comte, dont : 1° Charles, dit le chevalier de La Jante, lieutenant au régiment d'Auvergne; 2° Marie-Angélique, mariée à Joseph-François Meynard de Chabannes, lieutenant-criminel et sénéchal d'Uzerche.

Antoine de Chabrignac de Saint-Bonnet, curé de Beynac, coseigneur et prieur de Séreilhac, fut inhumé à Beynac le 13 juillet 1658.

Jouffre Nicolas de Chabrignac (Moréri, 1759, art. Garges.), sieur de Condé, capitaine dans Royal-Allemand, puis dans les carabiniers, épousa Marie-Antoinette de Garges, fille de Henri, Sgr de Villers-Saint-Genez, et de Adrienne de Hermant, dont quatre enfants, qui sont les héritiers des Garges, de la branche de Villers-Saint-Genez. Marie-Antoinette de Garges se remaria à Ferdinand des Androuins.

---

(1) Beynat, canton de l'arrondissement de Brive (Corrèze), ou peut-être Beynac, canton de l'arrondissement de Sarlat (Dordogne).

(2) Cublac, canton de Larche, arrondissement de Brive (Corrèze).

(3) Noailhac, canton de Meyssac, arrondissement de Brive (Corrèze).

François-Marie de Geoufre, écuyer, sieur de Sourias, de la ville de Brive, épousa, en 1768, Jeanne Rome, de la ville de Sarlat.

[N....., marquis de Geoffre-Chabrignac, était, en 1779, colonel en second au régiment d'infanterie de Barrois, et chevalier de Saint-Louis. (*Fastes militaires*, T. II, p. 37.)]

JOUHANNI. — Léonard Jouhanny, écuyer, sieur de Lavau, paroisse de Saint-Priest, 1648, épousa Renée de Montostre du Couret.

JOUHAUD. — Pierre Jouhaud, écuyer, sieur de La Bachelerie, paroisse de Saint-Germain-de-Masseré (1), épousa, en 1759, Marie-Louise Descordes, paroisse de Saint-Michel-des-Lions, à Limoges.

Catherine de Jouhat, demoiselle de Saint-Ibar, Saint-Bonnet (2), mourut le 27 juin 1610, fut enterrée à Saint-Bonnet.

Claude-Joseph Jouhaud de La Bachelerie, paroissse de Saint-Germain-de-Masseré, épousa, en 1766, Marie-Thérèse Juge, de la ville de Limoges.

JOUHET. — Mathurin de Jouhet, écuyer, sieur de Livergnac, paroisse du bourg de Salanhac, lieutenant en la maréchaussée du Limousin, épousa Anne Roger, dont : 1° Catherine, née le 25 juin 1658 ; 2° Jacques, baptisé le 27 mars 1661.

JOUMARD, sieur de La Brangelie.

Nicolas Joumard, sieur de La Brangelie, fut maintenu par M. Pellot, intendant, 1663.

Annet Joumard Tison d'Argence, ancien curé d'Eycuras, mourut le 29 octobre 1736, fut inhumé dans le cimetière de Saint-Martial d'Angoulême, ainsi qu'il l'avait demandé par humilité.

François Joumar Tison d'Argence mourut à cinquante-neuf ans, le 2 mars 1769, fut enterré chez les Carmes de La Rochefoucaud.

JOUMELIÈRE. — *Voyez* HASTELET DE JOUMELIÈRE, p. 404.

LA JOUMOND [ou Lage au mont, ou Age du mont, ou *Agia monte*], sieur de Combret, paroisse de Saint-Denis-des-Murs (3), porte : *d'azur à la bande d'or, accompagnée de 3 étoiles, de même en chef, et 3 en pointe mises en bande.*

Gaucelin de Agia Monte, damoiseau, testa le jeudi après l'Exaltation de la Sainte-Croix en 1348. (*Arch. des Frères-Prêcheurs de Limoges.*) Il épousa Marguerite de La Roche, dont : 1° Pierre, qui suit ; 2° Gaucelin ; 3° Marguerite, mariée : 1° à Guy de Chatelus ; 2° à noble Raymond de Sedieyra.

Noble Pierre de Agia Monte, sieur de Betgonha, paroisse de Rosiers (4), épousa N....., dont : Jean de La Jomont, damoiseau, 1410.

(1) Saint-Germain, chef-lieu de canton de l'arrondissement de Saint-Yrieix (Haute-Vienne).
(2) Saint-Bonnet-la-Rivière, canton de Pierrebuffière, arrondissement de Limoges (Haute-Vienne).
(3) Saint-Denis-des-Murs, canton de Saint-Léonard, arrondissement de Limoges (Haute-Vienne).
(4) Rosiers-Saint-Georges, canton de Châteauneuf-la-Forêt, arrondissement de Limoges (Haute-Vienne).

Jacques de Agia Monte, chevalier, seigneur en partie dudit lieu, paroisse de Linars (1), frère de Pierre, revenu depuis peu de l'armée, veut être enterré à Linars, où il fonde une vicairie, par son testament du 9 novembre 1465, signé Tornelli. Il avait épousé Galharde de La Chassagne, dont : 1° Foucaud; 2° Marthe, que son père veut être religieuse à Villevaleix; 3° Hélide; 4° Souveraine; 5° Marguerite; 6° Léonard.

Pierre de Agiamonte, damoiseau, paroisse de Linars, frère de Jacques, son aîné, épousa, en 1450, Marguerite de Ganh.

I. — Jean de La Joumond (2) épousa, par contrat du 12 février 1529, Marguerite de Pierrebuffière, dont : 1° François, qui suit; 2° Jeanne, qui donna quittance à son frère le 29 janvier 1563.

II. — François de La Joumond fit son testament le 9 septembre 1583, écuyer, sieur dudit lieu, de Soumaignac et de Bigonnie, épousa Anne de Meillards, dont : 1° Gui, qui suit; 2° Claude; 3° François, sieur de Bonnefont; 4° Jean, sieur de Montvieux, né en 1576; 5° Marguerite, mariée, en 1574, à Jean de Bermondet, écuyer, S^{gr} de Saint-Laurent-sur-Gorre (3); 6° Isabeau.

III. — Noble Gui de La Joumond, sieur de Combret, fit son testament le 15 mars 1618. Il épousa, par contrat du 28 février 1590 (reçu par Beley), insinué à Limoges, Jeanne de La Saigne, dont : 1° Jean, qui suit.

IV. — Jean de La Joumont épousa Louise Romanet, dont : François, qui suit.

V. — François de La Joumont épousa, par contrat du 11 juillet 1655, Anne Chenaud.

JOUNHAC ou JAUNHAC. — Gérald de Jaunac (*Nécrolog. Solemniac.*) épousa Utilis. Étant veuve, elle donna un mas à Robert, abbé de Solignac, vers 1090, dont ; 1° Bernard; 2° Pierre; 3° Aldegarius, qui, dans sa dernière maladie, se fit moine, et donna une terre au même abbé. On doit recevoir pour son anniversaire trois prêtres au réfectoire ou ailleurs, où il plaira à l'abbé; le cellerier leur donnera pain et vin; le prévôt, un *général* et la pitance; 4° Aymeric, qui fit un don à cet abbé.

Pierre de Jaunhac, chevalier, épousa, avant 1247, Valérie, sœur de P..... Aymeric, bourgeois de Limoges, dont : Guy, damoiseau, 1239. [Pierre de Jaunhac, écuyer, et Guy, damoiseau, son fils, vivaient en 1230. (*Voyez* mes *Mém. msc.*, *Abb. Lim.*, p. 502.)]

Aymeric de Jounhac, chevalier (dont le nom est défiguré chez Baluze, Miscell., T. IV, p. 299) vers 1070, bienfaiteur de Solignac, épousa Almodis, dont : 1° Pierre; 2° Étienne; 3° Bernard; 4° Gui.

Hugues de Jounhac, écuyer, épousa Almodie, veuve en 1290, dont : 1° Pierre-Bernard de La Porcherie (4), seigneur en partie dudit lieu ; 2° Almodie, qui se fit religieuse aux Allois en 1290.

Noble Aymeric de Jaunhac, chevalier, testa le 26 novembre 1338. (*Archiv. des Frères-Prêcheurs de Limoges.*)

Hugues de Jounhac [ou Jaunhac], damoiseau, S^{gr} d'Eyjeaux (5), 1394 [est nommé

(1) Linards, canton de Châteauneuf-la-Forêt, arrondissement de Limoges (Haute-Vienne).
(2) Voir l'article Bocsquet, T. I, p. 338.
(3) Saint-Laurent-sur-Gorre, chef-lieu de canton de l'arrondissement de Rochechouart (Haute-Vienne).
(4) La Porcherie, canton de Saint-Germain, arrondissement de Saint-Yrieix (Haute-Vienne).
(5) Eyjeaux, canton de Pierrebuffière, arrondissement de Limoges (Haute-Vienne).

dans les registres de Borsandi, p. 62, n° 95; de Roherii, p. 15, n° 15; p. 19, n° 11, tous deux notaires à Limoges, apud D. Col.

Émillius de Jaunhaco est nommé dans le même registre de Borsandi, p. 94, n° 151.]

Gui de Jaunbac, damoiseau, mourut au mois d'avril, à Salon. Il avait épousé Agnette de Leron; elle était veuve en 1438. D'eux naquirent : 1° Catherine; 2° Sebille; 3° Jean, 4° Jacques; 5° Galieane; 6° Antonia; 7° Françoise; 8° Pierre.

Noble Fulco de Jounhac, damoiseau, Sgr d'Eyjeaux (1), épousa N....., dont : Marguerite, mariée à noble Étienne David de Solignac (2), sieur de....., paroisse de Saint-Paul (3).

Noble Pierre de Jounhac, Sgr de Forssac, 1508, paroisse de Benayes.

Jean de Jounhac, écuyer, sieur de Foursac, épousa Isabeau Courte; elle mourut à Salon en décembre 1480.

Jean de Jounhac, écuyer, seigneur en partie de Foursac, épousa N....., dont : Marguerite, abbesse des Allois, 1556.

Léonard de Jounhac ou Jougniat, écuyer, Sgr de Foursac, Montvialle et Puyfauchier, épousa N....., dont : 1° Isabeau, née en 1544, professe des Allois en 1556, abbesse en 1595; 2° Jeanne, professe des Allois, 1556.

Hugues de Jaunhac, chevalier, Sgr de Chalusset (4), enterré à Solignac, neveu de P..... Bernard.

Alaïde de Jaunhac, sœur d'Aymeric Trenchelion, chevalier. (*Nécrolog. Solemniac.*)

Bernard de Jaunhac, chevalier, Sgr de Chalusset, enterré à Solignac.

P..... Bernard de Jaunhac, chevalier, Sgr de Chalusset-Haut.

Bernard de Jaunhac, damoiseau, frère dudit Pierre-Bernard, fut enterré à Solignac.

Guillaume de Jaunhac, damoiseau, frère dudit P..... Bernard, fut aussi enterré Solignac.

Gui de Jaunbac, chevalier, épousa Marie N....., qui était veuve en 1239, dont : P..... de Jaunhac Laflamas et G..... de Jaunhac, chevaliers, vivant en 1239.

JOURDAIN. — *Voyez* JORDAIN.

JOURNET. — *Voyez* JORNET.

[JOURNIAC (5), fief situé à trois petites lieues de Limoges, dans le bourg et paroisse de ce nom. Il a appartenu à MM. de Chauveron, qui l'ont vendu de nos jours (en 1775) à M. Joseph Petiniaud, secrétaire du roi à Limoges. — *Voyez* Chauveron et Petiniaud.

Noble Jehanne de Farges, ou de Fargues, dame de Jurnhac et du Garreau, femme de noble Jacques de Chausse-Courte, chevalier, seigneur desdits Jurnhac et

---

(1) Eyjeaux, canton de Pierrebuffière, arrondissement de Limoges (Haute-Vienne).
(2) Solignac, canton et arrondissement de Limoges (Haute-Vienne).
(3) Saint-Paul-d'Eyjeaux, canton de Pierrebuffière, arrondissement de Limoges (Haute-Vienne).
(4) Chalusset, château en ruine, au confluent de la Ligoure et de la Briance, commune de Saint-Jean-Ligoure, canton de Pierrebuffière, arrondissement de Limoges (Haute-Vienne).
(5) Jourgnac, canton d'Aixe-sur-Vienne, arrondissement de Limoges (Haute-Vienne).

Garreau (1), transigea, pour une rente sur Vialle-Folle, avec les seigneurs des Pousses (2), le 30 avril 1517, par contrat, reçu Baret et de Massaloux, notaires. Ils vivaient encore en 1520. (*Papiers domestiques de M. de Beaupré.*)

JOUSSAUD, fief de l'Angoumois, généralité de Limoges, dans la mouvance du duché de La Rochefoucaud.]

JOUSSE. — Guy de La Jousse, sieur de Chillac (3), paroisse dudit lieu, élection de Saintes, fut trouvé gentilhomme en 1598.

JOUSSEAUME, sieur de Miran, paroisse dudit lieu, élection d'Angoulême, porte : *parti au 1er d'azur à un pigeon de sable, soutenant une étoile d'or en chef; au 2e, fascé d'or et d'azur à 6 piles.*

I. — Samuel de Jousseaume est au rang des chevaliers d'Angoulême dans un acte de 1615..... Mousnier, sous-maire, est reçu par la mort dudit Jousseaume, le 19 décembre 1618. Il épousa Marguerite Martin.

II. — Toussaint Jousseaume épousa, le 28 septembre 1626, Charlotte Préverand.

III. — Pierre Jousseaume fait déclaration devant le juge d'Aubeterre qu'il accepte sous bénéfice d'inventaire la succession de son père, le 24 septembre 1658.

Note isolée.

N..... Jousseaume, écuyer, sieur de Rignac et de Rochequentin, épousa Catherine Poirier, dont : Jean, baptisé à Saint-Martial d'Angoulême, le 21 avril 1635.

JOUSSELIN, sieur de L'Hort, Sauvagnac, Besselas, Choulet, paroisse de Glanges (4), Saint-Germain, Libersac (5), porte : *d'azur à trois fusées d'or.*

Gui Jaucelini, damoiseau, et Almodia, sa femme, avaient vendu en 1291 quelques rentes à l'abbesse des Allois.

Jousselin, Sgr de Marigny.

P..... Jaucelin, autrement P..... Corda, dans le *Nécrologe de Solignac.*

Guillaume Josselini, noble et savant cordelier (6).

Josselin mourut au siége de Saint-Denis en 1435. (MONSTRELET.)

I. — Louis Jousselin, ou Jaucellini, damoiseau, 1440, passa un bail à rente le 1er mai 1462, frère de Phelippe, dont il est parlé page 1096, épousa Jeanne de Passis, par contrat, signé Tornelli, à Vicq (7), fille de Pierre Passis, dit Pierrinet, et de noble Marie Audieyre, dont : Étienne, qui suit.

Jean Jousselin, ou Joussen, était mort en 1457, avait épousé Béatrix du Plessis de La Chaise, veuve sans enfants de Jean de Gastevin, Sgr de Salle. (SIMPLIC, T. IV, p. 745.)

---

(1) Le Garreau, commune de Jourgniac.
(2) Les Pousses, commune de Nexon, arrondissement de Saint-Yrieix (Haute-Vienne).
(3) Chillac, canton de Brossac, arrondissement de Barbezieux (Charente).
(4) Glanges, canton de Saint-Germain, arrondissement de Saint-Yrieix (Haute-Vienne).
(5) Libersac, ou Lubersac, chef-lieu de canton de l'arrondissement de Brive (Corrèze).
(6) Nadaud envoie à la page 1420, qui est déchirée.
(7) Vicq, canton de Saint-Germain, arrondissement de Saint-Yrieix (Haute-Vienne).

II. — Étienne Jousselin épousa, par contrat du 14 avril 1459, Antoinette de Bertin, dont : 1° Jean, qui suit ; 2° Pierre ; 3° autre Jean.

III. — Jean Jousselin épousa, par contrat du 20 janvier 1509, Catherine de Vars, dont : 1° Pierre, qui suit ; 2° Étienne, qui a fait la branche de Sauvagnat.

IV. — Pierre Jousseline, écuyer, acquit le lieu de L'Hort le 5 avril 1535, paroisse de Glanges, épousa Anne Lambert, dont : 1° Jean, qui suit ; 2° Antoine, qui accorda à son frère une quittance du légat de 400 livres à lui fait par leur père le 12 août 1573, avait été tonsuré en 1560 ; 3° Jean, tonsuré en 1560.

V. — Jean Jousselin épousa Marguerite de Chizadour, dont : Gabriel, qui suit.

VI. — Gabriel Jousselin transigea avec Jean, son père, et Susanne de Maumont, femme dudit Gabriel, le 2 mai 1613, épousa : 1° Susanne de Maumont ; 2°, par contrat sans filiation, du 10 avril 1630, Anne de Maumont. Du second lit vinrent : 1° Antoine, qui suit ; 2° N.....

VII. — Antoine Jousselin épousa, par contrat du 3 février 1656, Hélène Constant.

Louis de Jousselin, écuyer, sieur de Lort, fit son testament, signé Breuil, le 12 juin 1717, épousa, dans l'église de Cieux (1), le 4 février 1710, Marie de Jousselin (du village de Fromental), de Sauvagnac, dont : 1° Jean-Nicolas ; 2° Martial ; 3° Anne.

Charles-Joseph de Josselin, écuyer, sieur de Lort, paroisse de Glanges, épousa, le 10 août 1721, Marie de Corail, veuve de noble Martial de Saint-Fief, paroisse de Janailhac (2).

Pierre de Josselin de Lort, écuyer, épousa Marie de Josselin ; elle mourut à soixante-quinze ans, le 3 octobre 1752, à Limoges. (Registres de Saint-Michel de Pistorie.)

Branche de Sauvagnat (3).

IV bis. — Étienne Jousselin, par un partage entre Pierre et Jean Jousselin, ils font mention d'Étienne, leur neveu, fils de Jean, leur frère aîné, le 7 avril 1532 ; fit son testament le 18 novembre 1565, épousa, par contrat sans filiation du 13 janvier 1537, Marguerite de La Romagère, dont : Antoine, qui suit.

V. — Noble Antoine Jousselin, sieur de Sauvagnac, paroisse de Saint-Germain de Masseré, de Lort et de Meyras, fit son testament le 28 avril 1580, épousa, par contrat sans filiation, le 19 août 1566, Jeanne de Bonneval, dont : 1° Foucaud, qui suit ; 2° Hugues, qui était mort en 1604 ; 3° Gaston, tonsuré en 1588 ; 4° Marie, mariée, le 1ᵉʳ décembre 1614, à Germain Vaillant, écuyer, sieur de La Rivière.

VI. — Noble Foucaud Jousselin, sieur de Sauvagnac, fit son testament le 28 mai 1606, épousa, par contrat (reçu par Goureau et Galloneau) du 19 janvier et 7 août 1597, Hélène de Jussac, fille de Raymond de Jussac, écuyer, et de Madeleine Jourdain, dont : Henri, qui suit.

VII. — Henri Jousselin, écuyer, sieur de Sauvagnac, paroisse de Saint-Germain-de-Masseré, épousa, par contrat sans filiation du 6 février 1622, Susanne de La Pomelie, dont : 1° Pierre, qui suit, sieur de Sauvagnac ; 2° Antoine,

---

(1) Cieux, canton de Nantiat, arrondissement de Bellac (Haute-Vienne).

(2) Janailhac, canton de Nexon, arrondissement de Saint-Yrieix (Haute-Vienne).

(3) Sauvagnat, commune de Saint-Germain-les-Belles, arrondissement de Saint-Yrieix (Haute-Vienne).

baptisé à l'âge de sept mois, le 6 décembre 1634; 3° autre Pierre, sieur de Basselat, qui suit; 4° Antoine-Charles, sieur du Choulet; 5° Judith, baptisée le 3 décembre 1640 après la mort de son père, inhumée le 12 mars 1658.

VIII. — Pierre Joussein de Sauvagnac, écuyer, épousa, par contrat du 26 avril 1645, Madeleine de Sainte-Marie, fille de François, écuyer, sieur du Bosregard, et, le 7 mai, dans l'église de Saint-Germain-de-Masseré, dont : 1° un garçon, mort à l'âge de dix-huit mois, le 19 février 1658; 2° Madeleine, morte à l'âge de neuf mois, le 20 juin 1676 ; 3° Pierre, qui suit.

IX. — François (sic) Josselin, écuyer, sieur de Sauvagnat et de Meyras, chevalier, épousa Françoise de Brettes, l'an 1672, dont : Pierre, mort à l'âge de six mois, le 31 mai 1675.

François de Josselin, écuyer, sieur de Sauvagnac, épousa à Montgibaud, le 28 novembre 1702, Marie Mounier de Viellecour.

Antoine de Jousselin de La Saigne, paroisse de Nantiat, épousa, en 1771, Thérèse de Magodoux (1).

Branche de Besselat.

VIII *bis*. — Pierre de Jousselin, sieur de Besselat, baptisé le 2 janvier 1636, à Saint-Germain-de-Masseré, épousa, par contrat du 3 février 1653, Marie Térière.

Étienne de Josselin, sieur de La Gorsse, épousa à Arnac-Pompadour (2), le 17 janvier 1712, Jeanne Bordas, veuve de Henri du Teillet, sieur du Bordias.

Branche de Chaulet.

VIII *ter*. — Noble Antoine-Charles Jousselin, sieur de Chaulet, paroisse de Lubersac, épousa, par contrat du 27 février 1650, Antoinette-Marie Gyrandie de La Foucaudie, dont : 1° François, né le 26 juillet 1651 ; 2° Antoinette, baptisée le 8 mai 1654; 3° Guillaume, baptisé le 17 janvier 1656; 4° Marie, baptisée le 17 novembre 1658.

Notes isolées.

Guillaume Jousselin, sieur de Peyrat, paroisse de Lubersac, écuyer, mourut à quarante-six ans, le 11 février 1704. Il épousa : 1°, dans l'église de Saint-Pardoux-l'Enfantier (3), le 19 juin 1676, Catherine de Corbier: elle mourut à quarante-cinq ans, le 1er novembre 1698; elle fit son testament (signé du Bets) le 12 décembre 1676, dont : 1° Antoinette, né le 30 avril 1677; 2° Jacquette, née le 1er janvier 1680, mariée à Joseph Labesse, du bourg de Lubersac; 3° Raymond, né le 22 avril 1681; 4° François, né le 20 octobre 1682, sieur de Landrerie, mort le 20 septembre 1731, enterré à Lubersac; 5° J..... Jaucelin, mort à cinquante ans, à Saint-Pardoux-l'Enfantier, le 8 mai 1734, enterré à Lubersac; 6° Marie, née le 24 novembre 1685; 7° autre Antoinette, née le 6 septembre 1690; 8° Raymond,

---

(1) Masgaudou est le nom d'un village sur la limite de la commune de Berneuil, près Nantiat, arrondissement de Bellac (Haute-Vienne).

(2) Arnac-Pompadour, canton de Lubersac, arrondissement de Brive (Corrèze).

(3) Saint-Pardoux-l'Enfantier, *alias* Saint-Pardoux-Corbier, canton de Lubersac, arrondissement de Brive (Corrèze).

baptisé le 6 juin 1695; 9° Marie, née le 3 décembre 1697. Il épousa : 2°, le 1er octobre 1699, avec dispense du quatrième degré d'affinité, Jeanne Bigourie ou Bigorie, dont : 10° Raymond, baptisé le 12 avril 1700; 11° François, baptisé le 29 septembre 1701; 12° Jean, baptisé le 5 novembre 1702, tonsuré en 1725.

René de Jousselin, écuyer, sieur de La Gorse, paroisse de Lubersac, mourut à soixante-quinze ans, fut inhumé au cimetière de Saint-Pardoux-l'Enfantier, avait épousé Anne-Marie Bigorrie, dont : 1° Pierre, mort à six ans, le 18 février 1742, inhumé à Lubersac; 2° Jacquette, née le 30 juin 1717; 3° Léonarde, née le 20 octobre 1718; 4° François, né le 11 avril 1720; 5° Françoise, née le 29 septembre 1722, demoiselle de La Gorce, mariée : 1° à Jean Fillolet, du village de La Grande-Renaudie, paroisse de Lubersac; 2°, le 7 février 1752, à Denis Chauffaille, Taillandier, du village de Pierre-Fiche, paroisse de Coussac (1), fils de Pierre; 6° autre Françoise, née le 16 avril 1725; 7° Marie, née le 10 avril 1728; 8° Jacques, né le 4 mai 1729; 9° François, né le 30 septembre 1730; 10° Raymond, né le 26 juin 1732; 11° Claude, né à Corbier, le 4 septembre 1736.

Jacques de Jousselin, écuyer, sieur de Lavau-Bousquet, paroisse de Château-hors-Chervix (2) épousa, en 1769, Marguerite Haultier, paroisse de Bussière-Galant (3).

Noble François Jousseli, du lieu de Leymonlie, ou Leymarie, paroisse de Coussac, épousa Catherine Paignon, dont : 1° Roland, écuyer, sieur de La Grelière, paroisse de Veyrières (4), en Angoumois, à qui ses père et mère firent une donation (reçue par Guilhoumaud) de tous leurs biens, le 2 mai 1610, et ne donnèrent que 300 livres à chacun de leurs autres enfants; 2° Pierre; 3° Gabriel; 4° Jean, fait sous-diacre en 1610; 5° Léonarde, mariée à messire Jean Barlam; 6° Bonne, mariée, en 1620, avec Jacques Garreau.

Noble Pierre Jousselin, sieur de La Bouleyssie, du bourg de Meulzac (5), épousa Judith de Saint-Fief, dont : 1° Isabeau, mariée, par contrat du 23 octobre 1611, à François de Lubersac, fils d'autre François, écuyer, sieur de La Chabroulhe, et de feue Jeanne de Colonges; 2° Marie; 3° Susanne.

Honorable Pierre Jousselin, frère de François, paroisse de Troche (6), épousa Jeanne Plumbin, dont : François, baptisé le 6 février 1611.

Marguerite Joucelin, femme en 1616 de Pierre Bourdeau, du bourg de Troche.

Jean Jousselin (Simplic., T. VI, p. 470.) épousa Philippe Buignet, dont : Étienne, Sgr de La Boflardière, marié, le 16 août 1627, avec Marguerite Bouvery, dame de Jupilles.

JOUSSET (7).

[JOUSSEYS. — On trouve dans les registres de Borsandi, notaire à Limoges, Jean de Jousseys (p. 154, n° 240, apud D. Col.)].

(1) Coussac-Bonneval, arrondissement de Saint-Yrieix (Haute-Vienne).
(2) Château-hors-Chervix : ces deux paroisses ont été réunies, et forment actuellement la commune de Château-Chervix, canton de Saint Germain, arrondissement de Saint-Yrieix (Haute-Vienne).
(3) Bussière-Galant, canton de Châlus, arrondissement de Saint-Yrieix (Haute-Vienne).
(4) Verrières, canton de Ségonzac, arrondissement de Cognac (Charente).
(5) Meuzac, canton de Saint-Germain-les-Belles, arrondissement de Saint-Yrieix (Haute-Vienne).
(6) Troche, canton de Vigeois, arrondissement de Brive (Corrèze).
(7) Cette famille avait sa généalogie à la page 906 du manuscrit de Nadaud ; cette page est déchirée.

JOUSSINEAU, sieur de Fayac, paroisse de Château-Chervix (1), porte : *de gueules à un chef d'or.* (D'Hozier, *Arm. gén.*, 1re part., p. 311.)

Bozon ou Booz, abbé de Solignac, mort en 1503. (*Gall. christ. nov.*, T. II, col. 573.)

Me Jean Joussinelli, licencié ès-lois, curé de Journhac, 1481.

Noble Bozon Joucinelli de Freyssinet (2), damoiseau, et noble Isabelle de Meyzonesssas, sa femme, vendirent en 1384, à l'abbé de Saint-Martial, une terre sur le chesnin de Limoges à Panazol.

[Pierre Jaucinelli se trouve dans les registres de Roherii, notaire à Limoges (p. 7, n° 8, apud D. Col.)].

I. — Noble Guinot Joussineau épousa N......, dont : 1° Hugues, qui suit; 2° Élise, mariée à noble seigneur Géraud de Périssac, chevalier, S^{gr} de Périssac (3).

II. — Hugues Joussineau, chevalier, 1480, S^{gr} de Fressinet, auquel noble Élise, sa sœur, veuve de noble seigneur Géraud de Périssac, chevalier, S^{gr} de Périssac, donna une quittance le 2 septembre 1494, de la dot qui lui avait été promise en faveur de son mariage, par noble Guinot Joussineau, leur père commun. Il épousa N......, dont : 1° Pierre, qui suit; 2° Marie, mariée, par contrat du 14 juin 1495, en présence dudit Pierre, avec noble homme Blaise de Mesclaiot, S^{gr} d'Eschizadour.

III. — Pierre Joussineau, écuyer, S^{gr} de Fressinet [en partie, et] de Tourdonnet (4), fit des acquisitions avec sa femme en 1542, 1544, 1545; testa le 24 août 1540; veut être enterré dans l'église de Fressinet, dans la chapelle où était la sépulture de ses prédécesseurs, et ordonna que ses funérailles fussent faites *bien et honorablement selon son état et celui de sa maison.* Il épousa, par contrat du 17 mars 1539, Hélène de Badefol, fille de Gautier de Badefol, chevalier, S^{gr} de Badefol et de Saint-Rabier en Périgord, et de Françoise Flamenche. [C'est probablement lui qui, n'ayant pas moyen de payer en argent monnayé la somme de 22 livres tournois qu'il devait pour achat d'un cheval (Regist. de Malavergne, not., fol. 33, verso, et 34, recto, chez M. Sanson de Royère.), céda une rente foncière assez considérable à un particulier du bourg de Freyssinet, par contrat du 11 mai 1531, reçu par Jean de Malevergne, notaire de La Roche-L'Abeille. Il racheta pourtant une autre rente sur Fressinet le 12 mai 1535. Le 31 janvier 1530 (Regist. de Jean de Malavergne, not., fol. 3, 6, 57, 70, chez M. Sanson de Royère.) il avait cédé plusieurs rentes à Pierre Romanet, marchand de Limoges, sur Fressinet. Il en avait aussi vendu d'autres à un prêtre de la paroisse de Saint-Priest-Ligoure, par contrat du 21 janvier 1524, et, par autre du 1er mai 1542, il obtint la faculté de pouvoir les racheter. Dans ce dernier, il est qualifié écuyer, seigneur en partie de Freyssinet, et seigneur de Tourdonnet. Il vivait encore le 12 janvier 1547, ainsi qu'Hélène de Badefou, sa femme. Il vendit alors une petite maison et un jardin situé au bourg de Freyssinet, à un particulier, mais il s'en réserva la rente, par contrat, reçu par Jean de Malavergne, notaire.] De ce mariage naquirent : 1° Pierre, seigneur en partie de Freyssinet, qui partagea avec son frère les successions de leurs père et mère, le 1er septembre 1577; 2° Roland, sieur

---

(1) Châteaux-Chervix, canton de Saint-Germain, arrondissement de Saint-Yrieix (Haute-Vienne).

(2) Fressinet, paroisse réunie à celle de Saint-Priest-Ligoure, canton de Nexon, arrondissement de Saint-Yrieix (Haute-Vienne).

(3) Périssac, canton de Fronsac, arrondissement de Libourne (Gironde).

(4) Château situé dans la paroisse de Saint-Priest-Ligoure, canton de Nexon, arrondissement de Saint-Yrieix (Haute-Vienne).

de Fayac; 3° Françoise, demoiselle de Landrerie, qui mourut à Lubersac, à l'âge de quatre-vingts ans, le 8 juillet 1634.

IV. — Noble Pierre Joussineau, écuyer, Sgr de Freysssinet, héritier de ses père et mère en 1572, ne savait pas signer; Roland, son frère, lui fit une donation (reçue par Beynelle) le 1er janvier 1582, épousa N....., dont : Hélène, mariée, par contrat du 12 avril 1592 (reçu par Bessoulle), à Annet de La Bastide, écuyer, sieur de Cougniac.

IV bis. — Roland de Joussineau, sieur de Fayac, fit son testament le 16 avril 1617, mourut le 5 novembre, fut enterré dans la chapelle de Fayac, épousa : 1° Gasparde de La Vergne, dont : 1° Jean-Roland; 2°, par contrat sans filiation (reçu par Joussanet) du 14 juin 1587, Isabeau de La Foucaudie, fille de Jacques de La Foucaudie, écuyer, sieur dudit lieu et de Marcounhac, et de Marguerite de Ranconnet. Elle fit une donation le 16 février 1629, à Jacques, son fils aîné, à la charge de payer à Guillaume, son autre fils, 2,000 livres. Elle fut enterrée dans la chapelle de Fayac. De ce mariage naquirent : 1° Jacques, qui suit; 2° Pierre, chevalier de Malte, l'an 1617; 3° Guillaume, sieur de Maudeix, qui a fait une branche.

V. — Jacques Joussineau, écuyer, sieur de Fayac et de La Vergne, fit son testament olographe le 15 août 1640, par lequel il veut être enterré dans la chapelle de Fayac, où reposent ses père et mère. (Il avait fait construire une chapelle à Fayac, voyez le *Pouillé*, p. 216.) Il épousa, par contrat du 29 novembre 1618, Marguerite Chantois de L'Aumonerie (elle se remaria avec le sieur de La Maureilhe), fille de Jean Chantois, écuyer, sieur de L'Aumonerie, dont : 1° Jean, qui suit; 2° Hélie; 3° Philibert, qui a fait la descendance; 4° autre Jean, curé de Meulzac, théologal de Saint-Irier; 5° Isabeau, religieuse aux Allois; 6° Marguerite; 7° Jeanne; 8° Catherine, qui se fit religieuse à Sainte-Claire de Limoges, sous le nom de sœur de Saint-Antoine, en 1643; 9° Nicole; 10° Marie.

VI. — Jean Joussineau, écuyer, sieur de Fayac, mourut subitement à La Maureille, près la ville de Saint-Irier, le .. 1648. Il avait épousé Charlotte d'Abzac, fille de Charles, marquis de La Douze, dont ....

VI bis. — Philibert de Joussineau, chevalier, Sgr de Fayac, paroisse de Château-Chervix, fut maintenu dans sa noblesse par ordre de M. d'Aguesseau, intendant de Limoges, le 11 juin 1667, épousa : 1°, par contrat, signé Duart et Gabillon, passé à Paris le 25 mai 1660, Claude de Gain de Linards (1), fille de feu Jean-François de Gain, chevalier, marquis de Linards, et de Jeanne de La Vergne, dame de Tourdonnet et Château-Chervix, qui donna ces terres à sa dite fille, dont : 1° Charles, qui a fait une branche; 2° François-Aimé Joussineau de Fayat, sieur de Besson, qui suit. Il épousa : 2° Anne de Bonneval, le 2 septembre 1672, dont : 1° François-Aimé Joussineau, sieur de Fayat, reçu page du roi dans sa petite écurie le 6 septembre 1693; 2° Jeanne, mariée à Philibert d'Ussel, baron de Châteauvert.

VII. — Charles de Joussineau, chevalier, marquis de Tourdonnet, paroisse de Château-Chervix, mourut le 12 avril 1702, et fut inhumé dans l'église de Neuvic, près Châteauneuf. Il épousa dans ladite église, le 19 mars 1694, Louise-Thérèse Chastaignac, fille de Charles-Joseph, baron de Neuvic (2), etc., et de Anne Lespicier, dont : 1° Isabelle, née le 22 novembre 1695; 2° François, né le 13 novembre 1697, qui suit; 3° Thérèse, née le 28 juin 1699; 4° Anne, mariée en 1719, à François de Sarrasin.

---

(1) Linards, canton du Châteauneuf-la-Forest, arrondissement de Limoges (Haute-Vienne).

(2) Neuvic, *alias* Neuvic-Entier, canton de Châteauneuf-la-Forest, arrondissement de Limoges (Haute-Vienne).

VIII. — François Annet ou Aimé [ou Amé] de Joussineau, chevalier [comte], sieur de Tourdonnet [terre située sur la paroisse de Château-Chervix, en Limousin], et de Chervix, Saint-Victe (1), Fraissinet, Beauvais [mort à Tourdonnet, le 1ᵉʳ octobre 1776, âgé de soixante-dix-neuf ans], épousa, le 15 février 1749, Marie-Anne de Maumont, dont : 1° Anne, morte à vingt-six ans, le 23 février 1760 (Registres de Saint-Maurice de Limoges); 2° Léonarde, morte à vingt-deux ans, le 10 septembre 1747, pensionnaire à la Règle de Limoges ; 3° Joseph, marquis de Tourdonnet, écuyer ordinaire du roi [maître de la garde-robe de Mgr le comte d'Artois, frère du roi ; 4° N....., dit M. de Saint-Vicq, officier au service du roi]; 5° Jean, ecclésiastique [dit l'abbé de Tourdonnet, vicaire général de Meaux, abbé d'Uzerche en 1769, vivait en 1786.

Demoiselle Paule de Joussineau, demoiselle de Tourdonnet, vivait le 10 juin 1756; Anne de Joussineau, épouse de messire N..... de La Grange de Reignac, laquelle vivait le 10 juin 1756. (Registres de Saint-Jean en Saint-Étienne.)]

Notes isolées.

Jean Joussineau de Tourdonnet épousa : 1° N.....; 2°, en 1772, avec dispense de parenté, Catherine-Claire de Salvert de Montrognon, veuve, de la ville d'Ussel.

N..... Joussineau de La Vergne, Sgr d'Estivaux, mourut le 12 novembre 1594. (Registres de Pierrebuffière.) Il avait épousé N.....; elle mourut les mêmes jour et an que son mari, dont : 1° Roland, qui suit ; 2° N....., mariée à N..... de La Valade, lequel, après la mort de Roland Joussineau, son beau-frère, s'empara de tous les biens.

Roland Joussineau, sieur d'Estivaux et coseigneur de La Vergne, mourut le 8 février 1596, au château de Lambertie, chez son beau-père, et fut inhumé le 11 dans l'église de Vic (2). Il avait épousé Catherine de Lambertie. (Registres de Pierrebuffière.)

Branche de Maudeix.

V bis. — Noble Guillaume Joussineau, écuyer, sieur de Maudeix, paroisse de Saint-Martin-Sept-Pers (3), épousa, dans l'église de Lubersac, le 18 février 1629, Catherine de Beaune de Roufiniac de La Faucherie, dont : 1° Jacques, qui suit; 2° Paul, qui donna à son frère quittance du légat de son père le 5 mai 1664.

VI. — Jacques Joussineau, sieur de La Mischinie, épousa, par contrat du 24 novembre 1654, Isabeau du Fonds (mieux Anne de La Fon, de la ville de Saint-Irier.)

Noble Jean de Joussineau, sieur de Riliac, fut inhumé dans l'église de Saint-Martin-Sept-Pers, le 28 novembre 1629.

Noble Rolland de Joussineau, sieur de Saint-Martin-Sept-Pers et de Relhac, acheta, en 1628, la seigneurie de Saint-Martin-Sept-Pers, mourut à Vigeois (4), le 23 ou le 25 novembre 1629, fut inhumé dans l'église de Saint-Martin-Sept-Pers. Il

---

(1) Saint-Victe, canton de Saint-Germain-les-Belles, arrondissement de Saint-Yrieix (Haute-Vienne).
(2) Vicq, canton de Saint-Germain-les-Belles, arrondissement de Saint-Yrieix (Haute-Vienne).
(3) Saint-Martin-Sept-Pers, canton de Lubersac, arrondissement de Brive (Corrèze).
(4) Vigeois, chef-lieu de canton de l'arrondissement de Brive (Corrèze).

avait épousé Susanne de Lubersac du Verdier; elle mourut le 6 avril 1652, à Tulle, où elle fut inhumée chez les religieuses de Sainte-Claire, dont : Marie, demoiselle de Fayat, mariée à Charles de Saint-Marsal, marquis de Copros, baron d'Auxillac; mourut veuve le .. janvier 1698.

VII bis. — François-Aimé Joussineau, écuyer, sieur de Fayat et de Saint-Martin-Sept-Pers, sieur du Busson et de La Valade, fils de Philibert et de Claude de Gain, mourut âgé de cinquante ans, le 20 mai 1723, inhumé audit Saint-Martin, avait épousé Catherine de Veny le 8 mai 1702, fille de François de Veini, écuyer, sieur de Marsillac, et de Marie-Henriette de Saint-Martial de Copras; elle mourut âgée de soixante-quinze ans, le 18 avril 1755, inhumée audit Saint-Martin, dont : 1° Michel, sieur de La Valade, mort à l'âge de vingt-deux ans, le 29 mai 1723; 2° Marie, née le 16 avril 1707, qui ne reçut les cérémonies du baptême que le 20 avril 1713, mariée à N..., de La Grélière; 3° Louise, née le 31 août 1708, religieuse à Saint-Genez en Auvergne; 4° Thérèse, née le 5 janvier 1710, religieuse au Châtepet (1), près Limoges; 5° Gilbert Marin, qui suit; 6° Michel, baptisé le 19 novembre 1776, appelé le chevalier de Fayac, puis le vicomte de Joussineau, marié avec N....; 7° Jeanne, née le 2 mars 1720, mariée à N..... La Grange, sieur de Reignac; 8° Léonarde, née le 15 avril 1722, morte à Saint-Cyr, y vivait le 16 novembre 1733; 9° N......, religieuse aux Allois.

VIII. — Gilbert Marin [ou Essarin (nom barbare)] de Joussineau, né le 28 mai 1713, chevalier [comte de Fayac, baron de Peyrelevade (registres de Saint-Jean en Saint-Étienne)], ancien capitaine d'infanterie, chevalier de Saint-Louis, sieur de Saint-Martin-Sept-Pers [Laboissière, Lavalade, Les Oussines (2) et autres lieux], mourut à Limoges le .. avril 1768, enterré à Saint-Pierre-du-Queyroix, avait épousé, par contrat du......... Marie-Anne Garat, fille de Jacques, écuyer, et de Catherine Colomb, paroisse de Saint-Pierre-du-Queyroix de Limoges, dont : 1° Michel-Pierre, mort à l'âge de quinze mois, le 25 août 1751, inhumé à Saint-Martin-Sept-Pers; 2° Anne, née le 8, baptisée le 10 juin 1756 [fit profession aux carmélites de Limoges le 24 octobre 1779 (Registres de Saint-Jean en Saint-Étienne.), nommée sœur Anne-Augustine du Saint-Esprit, était supérieure en 1790; 3° Pierre Roland, né le 30, baptisé le 31 mai 1762 [dit le vicomte de Tourdonnet, marié avec N......; 4° N......, dite mademoiselle de Joussineau; quelques autres filles, en tout dix enfants au moins.]

JOUT. — Pierre de Jo, damoiseau de Raymond, vicomte de Turenne, qu'il voulut être fait chevalier l'an 1245 (Justel).

Gérald de La Jaou, damoiseau, fit hommage en 1365, à Louis, vicomte de Rochechouart.

Noble Jean de La Jout, damoiseau, sieur de Marassi, paroisse de Saint-Victurnien (3), rendit, en 1459, hommage à Foucaud, vicomte de Rochechouart.

JOVIOND, sieur de Drouilles, paroisse de Blond (4), porte : *d'azur à 3 coqs d'argent, peités, becqués, et crestés d'or, 2 et 1.*

(1) Monastère de religieuses Grandmontaines, commune de Feytiat, canton et arrondissement de Limoges (Haute-Vienne).
(2) Les Oussines, ou Saint-Priest-les-Oussines, qui est aujourd'hui Saint-Priest-Taurion, canton d'Ambazac, arrondissement de Limoges (Haute-Vienne).
(3) Saint-Victurnien, canton de Saint-Junien, arrondissement de Rochechouart (Haute-Vienne).
(4) Blond, canton et arrondissement de Bellac (Haute-Vienne).

I. — Noble Jean Jovion, sieur de Vieulx, consentit un bail à rente fait par son fils, Mathieu, le 8 décembre 1480; ledit Jean fit une vente le 3 mai 1502; il était receveur du roi dans le Haut-Limousin, frère de Guillaume, protonotaire, chanoine de Limoges, doyen de Rieupeyroux, diocèse de Rodez, 1460. Il épousa N....., dont : 1° Mathieu, qui suit [2° Michel de Jouvion, licencié en décrets, doyen de Rieupeyroux, curé de Saint-Pierre-du-Queyroix et chanoine de Limoges; 3° Jacques de Jouvion, curé de Saint-Michel-des-Lions, et chanoine de l'église de Limoges.

II. — Noble homme Mathieu de Joviond, sieur de Leychoisier (1), damoiseau, receveur du roi dans la sénéchaussée du Limousin, 1488, pour lequel Michel et Jacques, ses frères, firent, le 12 avril 1499, vente d'une rente aux prêtres de Saint-Pierre-du-Queyroix de Limoges (Terrier de Parrotis, aux archives des prêtres de Saint-Pierre-du-Queyroix, fol. 186, verso), dont : 1° Jean, qui suit; 2° Albert, abbé de Saint-Martial de Limoges; 3° N....., abbé de Saint-Martin, dans la même ville, où est la maison du Breuil, aujourd'hui l'Intendance, dont il était seigneur; 4° Jacques, chanoine de la cathédrale de Limoges et curé de Saint-Pierre-du-Queyroix, reçu chantre de la cathédrale en 1529 ; 5° Guillaume, élu chanoine de la cathédrale le 9 août 1502, fait chantre de la même église en 1530.

III. — Jean Jovion épousa, par contrat sans filiation du 4 août 1508, mais dans lequel on délaisse à Jean les héritages y énoncés en la même manière que Jean, son aïeul, les possédait, Florence Faulcon, fille d'Albert Faulcon, écuyer, Sgr de Thouron (2), dont : 1° Albert, qui suit ; 2° Mathurin, prévôt de Bilhac en 1569; 3° Jacques, chanoine de la cathédrale, abbé commandataire de Saint-Martin, 1599.

IV. — Albert Jovion, Sgr de Leychoisier, écuyer, fit son testament le 20 avril 1581, épousa, par contrat du 22 janvier 1554, Jeanneton Mansier, dont : 1° Jean, qui suit ; 2° Jean, tonsuré en 1567, chantre du chapitre de Saint-Martial de Limoges, 1568.

V. — Noble Jean Jovion ou Jouvion, Sgr de Leychoisier, paroisse de Bonnat et du Pin, archer en la compagnie de 30 lances du duc de Mortemar, dans le camp devant Lusignan, le 19 octobre 1579, épousa, par contrat sans filiation (reçu par Masalard) du 22 novembre 1591, Madeleine de Lavaud, demoiselle de Droulhes, dont : 1° Jean, qui suit ; 2° Jacquette, mariée à noble Pierre de Corbier.

VI. — Jean Jovion, épousa, par contrat du 13 septembre 1622, Marguerite d'Asnières.

JOYET. — Noble Pierre de Joyet, paroisse de Seilhac (3), épousa N....., dont : Charles : tonsuré en 1617.

Jacques de Joyet, écuyer, sieur de Beauvais, lieutenant en la maréchaussée de Limoges, épousa Jeanne Tourniol, dont : Gabriel, qui suit.

Gabriel de Goyet, marié à Saint-Michel-de-Pistorie, le 26 août 1725, avec Charlotte Peyroli, fille de feu Pierre et de Catherine Frexinous.

[JUDIE (LA), paroisse de Saint-Martin-le-Vieux] (4).

---

(1) Leychoisier, château situé paroisse de Bonnat, canton d'Ambazac, arrondissement de Limoges (Haute-Vienne).
(2) Thouron, canton de Nantiat, arrondissement de Bellac (Haute-Vienne).
(3) Seilhac, canton et arrondissement de Tulle (Corrèze).
(4) Saint-Martin-le-Vieux, canton d'Aixe-sur-Vienne, arrondissement de Limoges (Haute-Vienne).

JUGE, JUGIE, JUTGIE, paroisse d'Eyren (1), où l'on voit encore une tour qu'on croit avoir été bâtie par les cardinaux de cette maison.

I. — Jacques La Jugie fut ennobli par le roi Philippe de Valois en 1338. (Voyez le T. I de mes *Mémoires*, p. 21.) (SIMPLIC, T. VI, p. 315.) Il épousa N..... Roger, sœur du pape Clément VI, le lundi après la fête de sainte Madeleine, en 1313, dont : 1° Nicolas, qui suit ; 2° Pierre Le Juge, ou de La Jugie, noble Limousin, cardinal, mort en 1376 ; 3° Guillaume Le Juge, ou de La Jugie, cardinal, mort en 1379 ; 4° Hugues, évêque de Béziers, mort en 1371 ; 5° N....., mariée à Gui de Puideval. (*Gall. christ.*, T. VI, col. 91.)

II. — Nicolas de La Jugie (BALUZE ; *Mais. d'Auverg.*, T. I, p. 306.) épousa : 1° Aliénor de Levis (BALUZE, *ibid.*, p. 309.) ; 2° Dauphine de Castelneau, en Gévaudan, fille de Dauphine d'Aurillac.

Noble et scientifique maître Jean Juge, licencié ès-lois, sieur de La Carrelière, et veuf de Marie Chaillac, fit, le 17 novembre 1486, un partage (signé MAISONDIEU, à Saint-Julien) avec son frère, Jean Juge, marchand.

Noble Jean de La Jutgie, sieur dudit lieu et Del Pezarès, paroisse de Davignac (2), épousa Marie Vincenda ; elle était veuve en 1449, dont : 1° Jean ; 2° Galienne, mariée, par contrat du 10 juin 1449 (signé Alpays), à noble Gui de La Roche, sieur dudit lieu, paroisse de Lupiac, diocèse de Clermont : elle porta 260 écus d'or et des biens-fonds.

[Noble Catherine de La Jugie épousa Jean-Julien Le Vieux ; elle vivait le 6 mai 1668. (Registre de Durandi, chez Poulard, not., à Limoges.)]

JUGEALS. — N..... de Jugeals, (GUYON, *Miroir de beauté*, T. II, p. 334.), gentilhomme Limousin, vaillant et lettré, l'un des plus beaux de cette province, avait la plus belle voix en son parler qu'aucun de son temps ; il reçut au siège de Miremont, en Auvergne, une arquebusade, dont il perdit sa belle voix.

Jean de Jugeals, écuyer, sieur dudit lieu (3), gentilhomme ordinaire de la chambre du roi, épousa Louise de Beaupoil de Sainte-Aulaire, dont : 1° N........... ; 2° Germain, tonsuré en 1602, curé de Lignerac (4) en 1606 : l'évêque lui permit de faire sa théologie pendant deux ans sans résider dans sa cure ; 3° Marie, qui fit profession le 8 décembre 1602, à Ligueil, en Périgord, prieure de Seilhac, en Limousin, en 1604.

Henri de Jugeals, paroisse dudit lieu, épousa Louise de Pratlat ; étant veuve, elle fut maintenue par M. de Fortis, intendant.

Catherine de Peyrac de Jugeals (SIMPLIC., T. VIII, p. 595.) épousa, le 25 mars 1688, Emmanuel-Joseph de Gironde, marquis de Montclera, fils de François, gentilhomme de la chambre du roi, etc., et de Blanche de Lespez.

JUGLARD (5).

---

(1) Eyrein, canton de Corrèze, arrondissement de Tulle (Corrèze).
(2) Davignac, canton de Meymac, arrondissement d'Ussel (Corrèze).
(3) Jugeal, canton et arrondissement de Brive (Corrèze).
(4) Lignerac, canton de Meyssac, arrondissement de Brive (Corrèze).
(5) La page 947, où Nadaud indique ce nom, est déchirée.

DES JUIFS, sieur de La Fontaine, paroisse des Landes (1), élection de Saint-Jean-d'Angély, porte : *de pourpre à 3 fusées d'argent, couchées en fasce, rangées en pal.*

I. — Jean-Baptiste Juif. Guillaume Vincent est reçu conseiller à la maison de ville de Saint-Jean-d'Angély, par la mort dudit Juif, le 6 mars 1598. Il épousa Anne Voulet.

II. — Josué des Juifs épousa : 1° Susanne Cholet ; une transaction du 31 mars 1635 justifie ce premier mariage. Il épousa : 2°, le 5 décembre 1606, Jeanne Marcheix, dont : Jean-Baptiste, qui suit.

III. — Jean-Baptiste des Juifs épousa, le 11 janvier 1639, Marie Maingaud.

JUILLAC. — *Voyez* LA VERGNE.

JUILLARD. — Charles Juillard, sieur de L'Age, paroisse de....., élection de Saintes, fut trouvé gentilhomme en 1598 (2).

DE JULIEN, sieur de La Guignardière, paroisse de Mansle (3), élection de Coignac, porte : *de gueules, parti par une flèche d'argent ; à droite, 3 boucles de même, et à senestre, un lion rampant d'or, lampassé de même, armé de sable.*

I. — Ithier de Julien épousa Antoinette du La Vigerie.

II. — Ithier de Julien, échevin à Angoulême, office dont Guillaume Roffier fut pourvu par sa mort, le 27 novembre 1546, épousa, par contrat du 4 mars 1513, Isabeau de Bombart. (Des Coutures dit Bompart.)

III. — Joachim de Julien partagea avec son frère Antoine les successions de leurs père et mère le 22 novembre 1573, épousa Marie de Saint-Laurent.

IV. — François de Julien partagea avec Hélie et Jeanne, ses frère et sœur, les successions de leur père et mère, le 5 juillet 1627. Il épousa, par contrat sans filiation du 9 septembre 1631, Aymerie Rréveraud, dont : Gabriel, qui rendit un hommage le 19 octobre 1658.

Hélie Julien, écuyer, sieur de La Réserve, du village du Maine du Bosc, paroisse d'Yurac, en Angoumois, 1649.

DE JULIEN, sieur du Genesti.

Jean de Julien, sieur du Genesti et du Breuil, où est à présent la maison de l'intendance de Limoges (4), trésorier de France en la généralité de cette ville, 1587, épousa Catherine Daignot, dont Léonarde, homicidée avant le mois de septembre 1588.

Martial de Julien, sieur du Breuil et du Genesti, trésorier de France à Limoges, épousa, par contrat du 25 mars 1599 (reçu par Codet), Marguerite Montjon, fille de Jean, marchand de la ville de Saint-Junien (5), et de Josèphe Rabette. Martial donna à sa femme 2,000 écus ; il était mort en 1609, et laissait des enfants.

---

(1) Landes, canton et arrondissement de Saint-Jean-d'Angély (Charente).
(2) Nadaud avait des notes sur cette famille à la page 833, qui a été déchirée.
(3) Mansle, chef-lieu de canton, arrondissement de Ruffec (Charente).
(4) Actuellement l'hôtel de la préfecture.
(5) Saint-Junien, chef-lieu de canton de l'arrondissement de Rochechouart (Haute-Vienne).

Noble Charles Benjamin de Julien, du Meynien, paroisse de Saint-Eytour, ou Adjutori (1), diocèse d'Angoulême, mourut le 2 juillet 1682 (Registres de Saint-Martin-de-Jussac.), épousa à Saint-Martin-de-Jussac (2), le 29 janvier 1649, Françoise de Leyrisse, de la Côte-aux-Oziers, paroisse dudit Saint-Martin, dont : 1° François, né le 16 août 1651 ; 2° autre François, baptisé le 5 décembre 1653 ; 3° Jacques, qui suit ; 4° Susanne, baptisée le 21 janvier 1656 ; 5° Marie, morte en bas-âge.

Jacques de Julien, baptisé le 8 août 1656, trente mois après sa naissance, sieur de La Côte, paroisse de Saint-Martin-de-Jussac et du Meynien, mourut sans hoirs le 2 décembre 1714 ; il avait épousé en 1715 Anne-Marie des Monstier, d'Auby. (3).

Demoiselle Madeleine de Julien, du village du Petit-Vilhotte, paroisse de Busserolles (4), y mourut le 19 septembre 1669.

SAINT-JULIEN, sieur de La Geneste, paroisse de Saint-Hilaire-Château (5) [élection de Bourganeuf], porte : *de sable semé de billettes d'or à un lion rampant sur le tout de même, armé et lampassé de gueules, bronchant sur le tout.* (*Dict. généal.*, 1757.)

I. — Dordet de Saint-Julien fit son testament le 7 janvier 1551 [en faveur de ses enfants], épousa Marguerite d'Aubusson, dont : 1° Jean [peut-être celui qui est dit écuyer (Justel, *Hist. de la maison d'Auvergne*, preuves, p. 328.), Sr de Flayat (6), et qui épousa demoiselle Louise de Lestrange, dont : René de Saint-Julien, écuyer, sieur de Fournoux, qui épousa, le 5 mars 1639, Marie de La Tour, fille de Martin de La Tour, Sr de Murat, et de demoiselle Marguerite de Lignerac] ; 2° Mathurin, qui suit ; 3° Pierre.

II. — Mathurin de Saint-Julien [sieur de Saint-Julien] épousa, le 20 février 1563, Gabrielle de La Chassagne. Étant veuve, elle se remaria avec Antoine de Saint-Julien, par le contrat du 8 novembre 1571 ; elle promet de faire épouser à Michel, son fils, et dudit Mathurin, Marie, fille dudit Antoine. [On ne dit pas si le mariage eut lieu.]

III. — Michel de Saint-Julien fit faire un inventaire pour la conservation des biens de Gilbert et de Gabrielle ses enfants, le 5 février 1608 [sans doute après la mort de sa mère]. Il épousa N......, dont : 1° Gilbert, qui suit ; 2° Gabrielle.

IV. — Gilbert de Saint-Julien fit faire un inventaire après le décès de Michel, son père, du 28 décembre 1628, épousa, par contrat sans filiation du 29 décembre 1628, Susanne Farget [ou Forget], dont : 1° Gilbert, qui suit ; 2° Léonarde [ou Léonard], qui transigea avec Gilbert, son frère, sur la succession de leurs père et mère, le 6 juillet 1659.

V. — [Gilbert de Saint-Julien épousa N......

N...... de Saint-Julien, chevalier de Malte, commandeur de Blaudaix depuis 1766, vivait en 1778 ; était-il de cette famille ? (*Fastes militaires*, T. II, p. 617.)]

SAINT-JULIEN. — [Fief de la mouvance de la vicomté de Turenne.]

(1) Saint-Adjutori, canton de Montembœuf, arrondissement de Confolens (Charente).
(2) Saint-Martin-de-Jussac, canton de Saint-Junien, arrondissement de Rochechouart (Haute-Vienne).
(3) Auby, paroisse de Nouic, canton de Mézières, arrondissement de Bellac (Haute-Vienne). — Ce texte contient une erreur de date.
(4) Busserolles, canton de Bussière-Badil, arrondissement de Nontron (Dordogne).
(5) Saint-Hilaire-le-Château, canton de Pontarion, arrondissement de Bourganeuf (Creuse).
(6) Flayat, canton de Crocq, arrondissement d'Aubusson (Creuse).

Pierre de Saint-Julien, abbé de Bonlieu, 1121.

Guillaume de Saint-Julien fut un des treize gentilshommes qui embrassèrent l'ordre de la chevalerie de Notre-Dame-de-Miséricorde ou de la Merci, avec saint Pierre Nolasque, le 10 août 1192, dans la cathédrale de Barcelonne. (HERMANT, *Hist. des ordres de cheval.*, T. II, p. 54.)

Guillaume de Saint-Julien, chevalier, reçut avec Gui, sire de La Trémoille, de la main du trésorier du roi, la somme de 400 livres tournois, pour cause de la guerre, et en donna quittance à Pons, en Saintonge, en 1330.

Louis de Saint-Julien (BOUCHET, *Annal. d'Aquit.*, IV° partie, chap. VI.) combattait contre les Anglais pour le roi de France dans l'Anjou, le Maine, la Touraine, en 1368; il se tenait à La Rocheposay, en Poitou, en 1369 : la même année il prit d'emblée sur les Anglais la ville et abbaye de Saint-Savin (1) en Poitou; de là il fut vers Lussac, où il faisait une guerre vigoureuse aux Anglais.

N....., de Saint-Julien épousa Jacquette de Saint-Marc, dame de La Rochette, elle se remaria à Gautier Peyruce, chevalier, Sgr des Cars, dont : René, Sgr de Saint-Julien, 1455.

Pierre de Saint-Julien (MOREN, 1759.) Sgr de Lassere, épousa, en 1460, Jeanne Chabot, fille de Renaud, Sgr de Jarnac, et d'Isabeau de Rochechouart.

Louis de Saint-Julien était un des cinq hommes d'armes déjà chevaliers sous la charge de Poton de Saintrailles, maréchal de France, 1461 (LABOUREUR, *Addit. à Castel.*, T. III, p. 91.), est le même Louis qui servit en 1485 sous Pierre, comte de Clermont, Sgr de Beaujeu (?) (*Ibid.*)

Jacques de Saint-Julien servait sous Pierre, comte de Clermont, Sgr de Beaujeu, 1485. (*Ibid.*)

Léonard de Saint-Julien, baron dudit lieu et de La Rochette, comparut le 27 avril 1521, à Guéret, à la réformation de la coutume de la Marche.

François de Saint-Julien, Sgr de Saint-Marc, comparut le 27 avril 1521, à Guéret, à la réformation de la coutume de la Marche.

Noble Léonard de Saint-Julien épousa N....., dont : 1° Pierre ; 2° autre Pierre, tonsuré en 1523, curé de Beaumont, près Peyrat, 1557.

Noble Louis de Saint-Julien, sieur de Peyroudet, paroisse de Champagnac (2), en Marche, épousa N....., dont : François, tonsuré en 1548, prieur de Saint-Julien-d'Arnet, et curé de Saint-Pardoux-le-Pauvre, 1563.

Antoine de Saint-Julien, sieur du Vismère et de Placi-Olivet, comparut le 27 avril 1521, à Guéret, à la réformation de la coutume de la Marche.

Antoine de Saint-Julien, sieur de Peyrodète, paroisse de Champagnac, épousa N....., dont : René ou Arnaud, tonsuré en 1572, prieur de Sainte-Catherine-d'Arnet en 1573.

Périchon de Saint-Julien, noble, sieur de Lezuret, diocèse de Bourges, était mort en 1455; il avait épousé Jeanne de Pierrebuffière, dont plusieurs enfants.

Jean de Saint-Julien, écuyer, sieur de Forges, paroisse de Champagnac, épousa N....., dont : 1° François, tonsuré, et prieur de Sainte-Catherine-d'Arnet, 1618 ; 2° Pierre, tonsuré en 1622, prieur de Sainte-Catherine-d'Arnet, 1623.

Jean, dit Romuald, de Saint-Julien, de Saint-Hilaire, dans la Marche, fit profession, dans la congrégation de Saint-Maur, à Toulouse, à l'âge de vingt-cinq

---

(1) Saint-Savin, chef-lieu de canton, arrondissement de Montmorillon (Vienne).
(2) Champagnac, canton de Bellegarde, arrondissement d'Aubusson (Creuse).

ans, le 12 février 1632, mourut prêtre au monastère de La Grasse, le 3 septembre 1686.

Michel de Saint-Julien, écuyer, paroisse de Flayac (1), épousa Blaise-Christine de Blanzac, dont : Alexandre, tonsuré en 1707.

Jean de Saint-Julien, écuyer, Sgr de Flayac et du Mont, épousa Louise de Lostange, dont : René, qui suit.

René de Saint-Julien, écuyer, sieur de Fourneux, épousa (JUSTEL, *Hist. de la maison d'Auvergne.* — MORÉRI, 1759), le 5 mars 1639, Marie de La Tour, fille de Martin, baron de Murat, et de Marguerite Robert de Lignerac.

Annet-Marie de Saint-Julien, écuyer, sieur de Saint-Antoine, paroisse de Saint-Frigeon, épousa Antoinette Bost, dont : 1° Léon-Marie, tonsuré en 1725; 2° Yve, tonsuré en 1726.

Louise de Saint-Julien, du village des Combes, paroisse de Fresselines (2), femme de François Guilleret, mourut âgée de plus de quatre-vingts ans, le 3 février 1677.

Jean de Saint-Julien, ..., paroisse de Fresselines, épousa Silvine Fermée, dont : Louise, baptisée le 1er juillet 1635.

Joseph de Saint-Julien, écuyer, sieur des Combes, paroisse de Fresselines, épousa, le 4 mars 1669, Marie Le Groin, fille de Gabriel, écuyer, sieur Désoulat et du Plais-Jolyette, et de feue Susanne Dassy, paroisse de Lournoue .... (3); elle mourut le 11 avril 1681, dont : 1° Pierre, né le 21 décembre 1671; 2° Anne, née le 9 novembre 1678; 3° autre Anne, née le 11 mars 1680; Marguerite, Françoise et Claudine, mortes en bas-âge.

Jean de Saint-Julien, écuyer, sieur de Tarde, paroisse de Lupersac (4), épousa, avec dispense, dans l'église de Saint-Vaulry (5), le 8 mai 1685, Jeanne Bertrand, sa parente, dont : 1° Valéric, né le 23 janvier 1686.

Joseph de Saint-Julien, Sgr de Saint-Marc (6), des Escurètes, baron de La Borne (7), épousa (MORÉRI, 1759.), le 11 décembre 1584, Anne de Rochefort, fille de Pierre, Sgr d'Ally, l'un des cent gentilshommes de la maison du roi, et de Gilberte de La Queille; elle se remaria en 1593 avec Jacques de Ligonde.

N..... de Saint-Julien, baron dudit lieu, en la Marche, épousa Jeanne de Pierrebuffière de Chambéret, dont : 1° Antoine; 2° François. Ces deux frères se noyèrent le 5 avril 1592, au gué de Romegoux, en allant voir en litière M. de Saint-Mexant au château de Vic (8), près Pierrebuffière, et furent inhumés dans cette ville : leur mère ne se sauva qu'avec grand peine; 3° N....., né au château d'Aigueperse, près Saint-Paul (9), le . . mars 1592.

Alexandre de Saint-Julien, Sgr de Saint-Marc, en la Marche (SIMPLIC., *Hist. des grands offic.*, T. II , p. 432.), épousa Gabrielle Thomassin, dont : Isabeau, mariée, en 1641, avec Gabriel d'Augennes : elle mourut le 1er août 1676.

Anne de Saint-Julien (Registre de Vic), marquise de Saint-Mexant et dame de Vic, fut étranglée dans son lit, à Saint-Mexant, le 1er mai 1641.

---

(1) Flayat, canton de Crocq, arrondissement d'Aubusson (Creuse).
(2) Fresselines, canton de Dun-le-Palleteau, arrondissement de Guéret (Creuse).
(3) Lourdoueix-Saint-Pierre, canton de Bonnat, arrondissement de Guéret (Creuse).
(4) Lupersac, canton de Bellegarde, arrondissement d'Aubusson (Creuse).
(5) Saint-Vaulry, chef-lieu de canton, arrondissement de Guéret (Creuse).
(6) Saint-Marc, canton et arrondissement d'Aubusson (Creuse).
(7) La Borne, canton et arrondissement d'Aubusson (Creuse).
(8) Vic, canton de Saint-Germain-les-Belles, arrondissement de Saint-Yrieix (Haute-Vienne).
(9) Saint-Paul, canton de Pierrebuffière, arrondissement de Limoges (Haute-Vienne).

Jean de Saint-Julien, Sgr de Soulignac (Simplic., T. VII, p. 700.), épousa N....., dont : François de Saint-Julien, Sgr de Farges et de Champagnac, tué en 1645 à la bataille de Nortlingue, étant colonel d'un régiment d'infanterie. Il avait épousé, par contrat du 10 août 1641, Gabrielle du Maine, fille d'Antoine du Maine, connu sous le nom de du Bourg-Lespinasse, gentilhomme ordinaire de la chambre du roi, et de Marie Boyer.

Georges de Saint-Julien, écuyer, Sgr de Saint-Vaulry.

Françoise de Saint-Julien fit une donation (reçue par Reynaud) le 15 décembre 1591.

Antoine de Saint-Julien (Simplic., T. VIII, p. 142.), Sgr de Luzeret, épousa N..... Le Groing, fille de Guérin, chevalier, mort en 1491, et d'Isabeau Taveau de Mortemer.

Charles de Saint-Julien épousa Charlotte de Barbançois. Étant veuve, elle fit son testament (reçu par Mosnier) le 23 novembre 1590, dont : Guillaume de Saint-Julien, écuyer, Sgr de Saint-Vaulry, paroisse dudit lieu, qui fut trouvé gentilhomme en 1598 ; il épousa, en 1558, Agnès Foucaut.

Joseph de Saint-Julien, Sgr de Saint-Marc (Simplic., T. VIII, p. 493), épousa, le 1er avril 1660, Henriette de Bigny, fille de Philibert, baron de Boueix, et de Louise de Brenne.

Regnerius de Saint-Julien, damoiseau, seigneur dudit lieu, de Saint-Marc, La Rochette, Beauregard, Vallière (1), Châtelus-Mallevaleix (2), du Mont, du Monteil, épousa Dauphine de Peyrusse, dont : 1° Louis, qui suit ; 2° Isabeau, mariée, en 1445, à Mathurin Barthon.

Louis de Saint-Julien épousa, en 1460, Marguerite de Pierrebuffière.

Anne de Saint-Julien (Simplic., T. VIII, p. 150) épousa Gaspard Le Groing, Sgr de Saint-Sornin, en 1667.

Annet de Saint-Julien, écuyer, sieur de Saint-Antoine, paroisse de Champagnac, en Combraille, épousa, en 1761, Marie-Louise Dassis.

Anne-Marie de Saint-Julien, dame de Champagnac, épousa, en 1769, Charles Malvin, marquis de Montazet, paroisse de Saint-Victor, à Paris.

[JUMILHAC-SAINT-JEAN ou Saint-Jean-Ligoure (3). Cette maison est une branche de celle de Jumilhac (4), en Périgord, dont la terre, qui est considérable, fut érigée en marquisat (Tabl. hist., Ve partie, p. 39.), le 28 mai 1657, en faveur du seigneur dudit lieu, comme il est dit ailleurs. Il était aussi seigneur de Saint-Jean-Ligoure, en Limousin, et cette seigneurie est encore dans sa famille, dont le nom propre est Chapelle.

On trouve dans les registres de Rohérii, notaire à Limoges, p. 41, n° 39, et p. 49, n° 44, apud D. Col., un Aymeric de Saint-Jean-Ligoure.

Noble François de Coignac était seigneur de Saint-Jean-Ligoure le 12 décembre 1554. (Registre du Présidial de Limoges, signé de Vouveys, commis du greff.)]

Pierre-Benoît Chapelle de Jumilhac, écrivain bénédictin, mort en 1682, âgé de soixante et onze ans.

---

(1) Vallière, canton de Felletin, arrondissement d'Aubusson (Creuse).
(2) Chatelus-Malvaleix, chef-lieu de canton, arrondissement de Boussac (Creuse).
(3) Saint-Jean-Ligoure, canton de Pierrebuffière, arrondissement de Limoges (Haute-Vienne).
(4) Jumilhac-le-Grand, chef-lieu de canton, arrondissement de Nontron (Dordogne).

[Jacques Chapelle, Sgr de Jumilhac, (*Tabl. hist.*, ubi supra, et IV° partie, p. 187, 458), qualifié écuyer (voyez T. I, p. 429, III *bis*), épousa Madeleine de Douhet, dont : François, qui suit.

François de Jumilhac, seigneur dudit lieu et de Saint-Jean-Ligoure, en Limousin, baron d'Arfeuille, en faveur duquel la terre de Jumilhac fut érigée en marquisat, comme il a été dit ci-dessus. Il décéda le 3 avril 1675. Il avait épousé, le 12 septembre 1644, Marie d'Afis, dont : Jean, qui suit.

Jean, marquis de Jumilhac, lieutenant du roi en Guienne, au département de Sarlat, épousa Marie d'Esparbez de Lussan-Aubeterre, dont : 1° Pierre-Joseph, qui suit; 2° Julie, religieuse carmélite à Limoges, sous le nom de Marie-Julie de Sainte-Thérèse, morte le 27 avril 1723, âgée de trente-sept ans; 3° Madeleine, carmélite à Limoges, où elle fut plusieurs fois prieure, sous le nom de Marie-Madeleine du Saint-Esprit, morte le 16 novembre 1740, âgée de quarante-sept ans; 4° peut-être N....., qui paraît avoir été sœur des deux carmélites, dite mademoiselle de Jumilhac, morte à Limoges, fort âgée, en 1763. (J'ai assisté à son enterrement.) Elle fut inhumée dans l'église des Carmélites de cette ville, au bas des marches du sanctuaire. (Registres des professions religieuses des Carmélites de Limoges.)

Pierre-Joseph de Chapelle, marquis de Jumilhac (*Fast. milit.*, 1779, T. II, p. 84, 639, 663, et *Tabl. hist.*, IV° part., p. 187.), né le 6 mars 1692, fut reçu mousquetaire en 1713, et 2° cornette de la 1re compagnie de ce corps, avec rang de mestre-de-camp de cavalerie, par brevet et commission du 28 avril 1719, devint 1er cornette de sa compagnie le 19 décembre de la même année; 2° enseigne le 25 septembre 1722; 1er enseigne le 25 janvier 1726; 2° sous-lieutenant le 20 novembre 1727; 1er lieutenant le 4 janvier 1729; brigadier, par brevet du 1er août 1734; capitaine-lieutenant de la 1re compagnie des mousquetaires le 21 mai 1738, et maréchal de camp, par brevet du 1er janvier 1740. Il fut créé lieutenant général des armées du roi, par pouvoir du 1er mai 1745, et ne fut déclaré qu'au mois d'octobre. On lui donna le gouvernement de Philippeville, par provision du 29 juin 1759; il résidait en 1778 à Paris, rue Saint-Maur; il était aussi lieutenant du roi au gouvernement général de la Guienne. Il avait épousé, le 21 mai 1731, Françoise-Armande de Menou de Charnizai, née le 6 décembre 1708, dont :

Pierre-Marie de Jumilhac, né le 1er janvier 1735, colonel dans les grenadiers de France.]

N..... de Saint-Jean de Jumilhac, lieutenant des maréchaux de France en 1703.

Noble Jean-Baptiste Chapelle de Saint-Jean de Jumilhac épousa Guillemette de Bachelerie de Neuffvillars, de la ville de Brive, dont : 1° N....., qui suit; 2° Jean-Joseph, né à Brive en 1706, tonsuré en 1721, vicaire général de Chartres (*Gall. christ.*, T. VIII, col. 1245), fut nommé en décembre 1733 à l'abbaye [de Saint-Florentin] de Bonneval, ordre de Saint-Benoît, même diocèse (TAILLAND., *Hist de Bretag.*, T. II, p. 38); à l'évêché de Vannes, le 2 avril 1742, sacré le 12 août 1742, transféré à Arles le 17 avril 1746. Étant archevêque d'Arles, il fit faire la visite du corps du bienheureux Louis Alamand, cardinal, son prédécesseur, mort l'an 1452, et faire des recherches pour les actes de sa vie. (*Acta Sanctorum*, T. V, septembre, p. 437 et 457.) [Il fut créé chevalier-commandeur de l'ordre du Saint-Esprit, le 1er janvier 1771, mourut en février 1775; son neveu fut son héritier.]

N..... Chapelle de Jumilhac, Sgr de Saint-Jean-Ligoure, mourut en 1753.

Louis-Jean-Baptiste Chapelle de Jumilhac, comte [ou seigneur] de Saint-Priest-

Ligoure (1) [vivait en 1777]. Il épousa, en 1770, Marie-Cécile Rouillé, paroisse de Saint-Eustache, à Paris.

DE JUSSAC.

N..... de Jussac épousa Hélide Prévôt, de Bianac, dont : 1° Hélie de Jussac, damoiseau ; 2° N....., épouse de Pierre de Rosier, 1262; 3° N....., épouse de Jean Ricard.

N..... de Jussac épousa Almodis, dont : Pierre de Jussac, damoiseau, qui dépensa 40 livres pour frais funéraires de sa mère, peu avant 1348.

Raymond de Jussac, écuyer, épousa Madeleine Jourdain, dont : 1° Marie, mariée, par contrat du 15 octobre 1590 (reçu par Le Poulard), à François de Chastaing, écuyer, sieur de La Revière, fils aîné de Jean; 2° Hélène de Jussac, mariée, par contrat du 19 janvier et 7 août 1597 (reçu par Goureau et Galloneau), à noble Foucaud Jousselin, sieur de Sauvagnac.

JUYE. — *Voir* La Forestie de Juyé, p. 136.

SUPPLÉMENT A LA LETTRE H.

HAUBECH. — Jean-Marie-Xavier d'Haubech, né à Tulle le 1ᵉʳ février 1765, était chanoine de Tulle au moment de la révolution, refusa le serment schismatique, et fut déporté à l'étranger. Il fut principal du collége de Tulle et chanoine honoraire de Limoges, puis professeur d'Écriture sainte, etc., à la Faculté de Toulouse. (Legros, *msc. du grand-séminaire.*)

HAUTE-CLAIRE (p. 408), sieur de Fissac et de Mainegaignard, paroisse de Rouillé (2), et de......, élection d'Angoulême, porte : *d'azur à une tour d'argent, maçonnée et fenêtrée de sable.*

I. — Cibard Couillaud, nommé conseiller au parlement de Bordeaux, le 7 novembre 1531, et maître des requêtes de l'hôtel du roi, le 27 septembre 1503, était lieutenant général au siège d'Angoulême, épousa Jeanne Girard.

II. — Geoffroy Couillaud, dit Hauteclaire, fut promu conseiller au parlement de Bordeaux, sur la résignation de son père, le 22 avril 1532. Il épousa Françoise de Ferrières. Dans une requête au roi, il expose que, craignant que son nom de Couillaud ne fût pas agréable à Sa Majesté et aux gens de son conseil, il la suppliait de changer ce nom en celui de Hauteclaire, qui était une terre du patrimoine de sa famille, ce qui lui fut accordé par lettres-patentes du mois de juin 1544.

III. — François de Hauteclaire épousa, le 18 mai 1588, Susanne de Saint-Gelays, dont : 1° René, qui suit; 2° Louis d'Hauteclaire, sieur de Mainegaignard, qui épousa, le 4 juin 1645, Renée de Lesmerie ; 3° Gabrielle, page 408.

IV. — René d'Hauteclaire épousa, le 16 juin 1633, Anne de Lescours.

V. — François d'Hauteclaire, sieur de Fissac, épousa, le 28 mai 1656, Marie Pastoureau.

(1) Saint-Priest-Ligoure, canton de Nexon, arrondissement de Saint-Yrieix (Haute-Vienne).
(2) Roullet, canton et arrondissement d'Angoulême (Charente).

Sources : Des Coutures, *Nobil. msc.* — *Biblioth. de l'Arsenal.* — *Nobiliaire msc. du Limousin.* — Lainé, *Nobiliaire du Limousin.*

HAUTEFAYE (p. 408). — Léonard-Marie Foucaud d'Hautefaye, né à Bourganeuf, département de la Creuse, était chanoine et archiprêtre de la cathédrale de Limoges au moment de la révolution. Il ne prêta point le serment de la constitution civile du clergé, et repoussa le schisme qu'elle introduisait en France. Après la suppression de son chapitre, il se retira dans son pays natal, qui était alors enclavé dans le département de la Creuse. Les exemples de piété qu'il y donnait importunèrent les impies de ce département. Il fut emprisonné à Guéret en 1793, et, vers le commencement de 1794, conduit à Rochefort pour y être sacrifié dans la déportation maritime qui allait s'y effectuer. On l'embarqua sur le *Washington*, et les maux qu'il éprouva, comme tous ses confrères déportés, mirent le comble à la persécution qu'il supportait depuis deux années. Il y mourut à l'âge de cinquante-quatre ans, au mois de septembre 1794. Il fut enseveli sur la côte.

Sources : Legros, *Nécrologe.* — Guillon, *Martyrs de la foi.*

HAUTEFORT (p. 408). — La seigneurie de Hautefort, en Limousin, était possédée par la maison de Lastours de Laron; — de Born, 1212; — de Faye de Thénon, 1254; — de Gontaut-Badefol, 1400.

Lors des guerres exterminatrices entre la France et l'Angleterre, aux XIVe et XVe siècles, la maison de Gontaut, divisée d'intérêts et d'affections, fournit aux deux partis de vaillants capitaines; plusieurs servirent la France avec une grande distinction, d'autres suivirent le drapeau d'Angleterre, et parmi les derniers se trouvaient les Gontaut, S^{grs} de Badefol, près Sarlat, dont l'Auvergne eut à souffrir de nombreuses déprédations.

Mandonnet de Badefol se saisit deux fois du château de Miramont, près de Mauriac, en 1357 et 1374, et cette dernière fois n'en sortit que moyennant composition.

Après le combat de Brignais, près Lyon, perdu par Jacques de Bourbon, comte de la Marche, contre les grandes compagnies, le 2 avril 1362, Seguin de Badefol, commandant un corps de 3,000 hommes, se porta sur le Forez et l'Auvergne, enleva Brioude par escalade, s'y fortifia, et s'y maintint plus d'un an, faisant des courses jusqu'au Puy, à Issoire, à Clermont et à Riom, et lorsqu'il eut ruiné le pays, il en partit en vertu d'un traité conclu avec le duc de Berry et les États d'Auvergne, emmenant en Gascogne tout ce qu'il avait pris, ainsi que de riches trésors.

Hélie de Gontaut-Badefol, fils du précédent, traita de la reddition de Turlande, près Pierrefort, et de plusieurs autres places en Auvergne et en Rouergue, le 1er mai 1388, et jura que, pendant un an, il ne serait fait aucun tort aux habitants de l'Auvergne, du Rouergue, de Toulouse, de Carcassonne et de Beaucaire. Il épousa, au mois d'octobre 1388, Marthe de La Faye, dite de Born, dame de Hautefort et de Thénon, fut substitué aux noms et armes de Hautefort, sous lequel sa postérité s'est rendue célèbre. Gontaud portait : *écartelé d'or et de gueules*.

Edme de Hautefort, S^{gr} de Thenon, fut capitaine de cinquante hommes d'armes, lieutenant général au gouvernement d'Auvergne, puis à celui de Champagne et de Brie. Par suite de son attachement à la maison de Guise, il devint un des chefs de la ligue, s'acquit dans les guerres d'alors une grande réputation de valeur, et fut tué, en défendant Pontoise, par le duc de Mayenne, en juillet 1589.

Gilbert de Hautefort, frère du précédent, soutint le siège de Chartres contre les Huguenots, et eut entre autres enfants : 1° N.....; 2° René, qui suit.

René de Hautefort est celui qui devint vicomte de Lestrange et de Cheylane, par suite de son mariage avec Marie de Lestrange en 1579. Sa postérité masculine a subsisté en Vivarais jusqu'au milieu du dernier siècle qu'elle s'est éteinte; mais ses propriétés d'Auvergne restèrent à Marie de Hautefort, petite-fille, qui les porta d'abord dans la maison de Saint-Nectaire, en 1639, et dans celle de Meaupou, en 1669.

Branche des seigneurs de Vendre.

I. — Guy de Laron de Lastours, troisième fils de Golfier, dit le Grand, S^{gr} de Hautefort, et d'Agnès d'Aubusson, fut la tige des seigneurs d'Hautefort de Vendre. Il est probable qu'il fut le premier de sa race qui prit le nom d'Hautefort, qu'il transmit à sa postérité. Il se croisa avec le roi Louis le Jeune, et mourut à Jérusalem.

XV. — Entre lui et Antoine d'Hautefort, S^{gr} de Vendre, etc., on compte quatorze degrés en ligne directe. Il épousa, en 1693, Jeanne Hautefort de Brujac, fille de Charles d'Hautefort-Gontrant, S^{gr} de Marquessac. Il en eut :

1° Jean-Louis d'Hautefort, qui suit;

2° Jeanne-Marie d'Hautefort, mariée, en 1724, à Pierre, marquis de Lubersac, S^{gr} de Savignac;

3° Marie-Anne d'Hautefort, mariée à Louis, comte de La Roque et de Mons.

XVI. — Jean-Louis d'Hautefort épousa, en 1733, Marie-Anne de Baume de Forsac, dont il eut :

1° Jean-Louis, qui suit;

2° Marie, qui épousa le vicomte d'Aubusson de La Feuillade;

3° Bertrande, mariée au comte de Rastignac;

4° Jeanne, mariée au comte d'Hautefort, son cousin.

XVII. — Jean-Louis eut pour fils le comte Gustave d'Hautefort, qui suit.

XVIII. — Gustave d'Hautefort, qui épousa Adélaïde de Maillé. (Voyez SAINT-ALLAIS, *Grands officiers de la couronne*, T. XIV, p. 160, *Généal. Lubersac*.)

Les autres branches de la maison de Hautefort, d'où sont sortis plusieurs généraux, se sont successivement éteintes en 1720, 1736, 1748 et 1809, suivant l'*Histoire héraldique des Pairs*, par M. DE COURCELLES, T. II, cité par M. BOUILLET dans son *Nobiliaire d'Auvergne*. D'après M. Lainé, dans son *Nobiliaire du Limousin*, de ses nombreuses branches, celle du marquis de Surville, comtes de Montignac, se serait continué jusqu'à nos jours.

HAUVRAY ou AUVRAY (page 409), porte : *de gueules à la fasce d'argent, accompagnée en chef de deux roses de même, et, en pointe, de deux lions léopardés et affrontés* (papiers de la famille). — Le *Dictionnaire héraldique de la noblesse*, par Ch. GRANDMAISON, donne ces armes de la manière suivante : *de* gueules à la fasce d'or, accompagnée en chef de deux étoiles d'argent, et, en pointe, de deux lions léopardés et affrontés du second émail.

Le même auteur nous donne encore les armes de différentes branches de cette famille, ou de plusieurs familles du même nom, qu'il place toutes, ainsi que la précédente, en Normandie :

1° De gueules au chevron d'or, accompagné de trois croisettes de même;

2° D'argent au chevron d'azur, chargé de trois fleurs de lis d'or, et accompagné de trois pommes de pin, de sinople;

3° D'azur à trois coquilles d'argent;

4° Losangé d'or et d'azur;

5° Palé d'or et d'azur, au chef de gueules, chargé d'un léopard du second émail.

Voici, d'après la tradition de cette maison, quelle serait son origine :

En 969, Harald, roi de Danemark, et parent de Richard Ier, dit sans peur, troisième duc de Normandie, envoya au secours de ce dernier quarante vaisseaux chargés de troupes et de munitions.

Cette expédition aborda aux Vis-Saint-Clément, près d'Issigny.

Les Danois, réunis aux Normands, entrèrent dans le pays chartrain, et ravagèrent la Beauce et l'Isle de France.

Enfin Richard, malgré les Danois, accorda la paix au roi Lothaire.

Une partie de ces mêmes Danois fit voile pour l'Espagne, où elle s'établit.

Les autres, réunis à Geffosse, embrassèrent le christianisme, et demandèrent à Richard de rester sous ses lois.

Il leur distribua des terres.

Il donna celles de La Forêt à un soldat nommé Auvray, qui bâtit un château sur les bords de l'Orne, près d'un bourg, qui depuis prit le nom de Forêt-Auvray.

Les descendants de ce premier Auvray possédèrent cette seigneurie pendant plus de cent vingt ans; mais l'un d'eux la vendit, vers l'an 1095, pour aller à la première croisade, et il ne resta plus à cette famille que les terres d'Eschallon, de La Vallée et de Saint-André-de-Messey, situées dans les environs.

Mais ce n'est qu'en 1470 qu'on commence à trouver des titres authentiques certains sur cette maison.

On voit d'abord qu'en ladite année 1470, Jean Auvray étant déjà vieux et débile, ses deux fils comparurent pour lui en la montre de Moustier-Villiers, ordonnée par le roi Louis XI. (Lettre de M. J.-P. Auvray de Coursannes, en août 1836.)

Puis l'on voit les descendants de ce même Jean Auvray habiter pendant deux siècles les pays où leur auteur s'était établi, et qui est situé entre Domfront, Condé, Falaise et Argentan, sous les surnoms de sieurs de La Vallée, d'Échallon, du Val, de La Gondonnière, de Saint-Remy et d'Attilly.

Cette famille se partagea ensuite en trois branches, dont la première, connue sous le nom de Saint-Rémy, alla s'établir au château du Colombier, à Aixe, près de Limoges.

Les Auvray de la deuxième branche portèrent successivement les noms de Saint-André, de Mainteville, de Vaux, de La Roche, du Val et de Milleroy.

Ceux de la troisième branche se distinguèrent par les surnoms de sieurs du Heaunis, du Fusu, de La Battaille, de May et de Coursannes.

La première branche s'allia aux familles Tranchant de Puychâtain et de Naujat, Chantois, de Chalier, Bouchaud, du Chalard et Giquet de Pressac, et perdit de vue la troisième branche, qui en fit autant à son égard.

La troisième branche s'allia aux maisons de Cauvigny, d'Ermenonville, de Colmesnil, de Turgot, de Baillehache, de Nesle, de Pisy, de Lilloy, de Tesson, de Surienne, de Vuvesque, de Dreux (du sang royal par Robert Ier), de Tournèbre, d'Argouge, d'Orglandes, de Ferrières, de Mouchy, de Laval, de Montmorency, de La Guiche, de Saint-Géran, de Gigaud, de Bellefond, de Dufay, d'Aumont, etc.

Ces alliances lui procurèrent de riches héritages.

Elle a été très-nombreuse, et s'est éteinte vers 1836, ou un peu plus tard.

Filiation suivie. — § I.

I. — Jean Auvrai, en 1470, avait deux fils : 1° Louis, qui suit; 2° N.....

II. — Louis Auvray, écuyer, sieur de La Vallée, qui fit à son fils Christophe, suivant acte notarié, reçu en la vicomté d'Argentan, par Jean Mallet et Fayette, tabellions, le 30 juin 1483, donation de 10 écus sols de rente.

Le peu d'intervalle qui existe entre 1470 et 1483 nous fait penser que Louis était fils de Jean.

On dit, il est vrai, que Jean avait deux fils; mais nous ne trouvons aucun titre où il soit question d'un frère de Louis.

Il pouvait être décédé alors, ou il est décédé postérieurement, sans enfants, ou, s'il a laissé des enfants, il pourrait se faire que ce fussent ceux dont les Auvray répudiaient la parenté, ou qu'ils fussent la tige d'une autre branche.

Louis Auvray n'eut qu'un fils, qui fut :

III. — Christophe Auvray, sieur d'Eschallon. Il épousa Marie Duchemin, et de ce mariage naquit un fils, Gaspard Auvray, écuyer, sieur d'Eschallon, qui suit, et peut-être Mathurin, mort sans enfants en 1602.

On voit Christophe Auvray figurer dans divers actes notariés, reçus par les notaires de la vicomté de Carneille ou de celle d'Argentan, en date des 6 avril 1493, 7 septembre 1503, et 10 avril 1520.

Par acte, reçu Delaunay et Binet, tabellions en la vicomté de Carneille, Christophe procéda avec Marie Duchemin, épouse de Raoul Duval, écuyer, ses beau-frère et belle-sœur, au partage de la succession de Guillaume Duchemin, son beau-père.

IV. — Gaspard Auvray épousa demoiselle Louise Bellangeon, fille d'honorable homme Guillaume Bellangeon. Leur contrat de mariage fut passé devant Delaunay et Leluz, tabellions à Argentan, à la date du 11 février 1538.

On le voit figurer dans divers actes notariés, de 1540 à 1556. Il habitait la paroisse de Saint-André-de-Messey, et augmenta son patrimoine en acquérant divers héritages de ses voisins.

On ne peut rapporter sur sa vie aucune particularité remarquable; les titres de famille sont muets sur sa vie et les fonctions qu'il exerça.

Tout ce qu'on sait, c'est qu'il mourut à Saint-André-de-Messey, où il fut inhumé le 27 septembre 1556, ainsi qu'il résulte d'un certificat, délivré le même jour par Dannin-Collin, prêtre, vicaire de cette paroisse.

De son mariage avec Louise Bellangeon était né un fils unique, Guillaume, qui suit. On lui donne encore pour fils David et Nicolas, sieur des Monts, receveur-contrôleur à Saint-André, qui épousa Claire Bonnon le 2 juillet 1571. C'est ce dernier qui obtint des lettres d'anoblissement, entérinées par arrêt de la Cour des aides du 27 février 1599; mais les Auvray soutiennent qu'il n'est pas de leur famille, car il y avait plusieurs familles du même nom en Normandie, ce que confirment les nombreuses armoiries rapportées ci-dessus.

V. — Guillaume Auvray, sieur d'Eschallon, épousa Marguerite Guillermin, fille de Jean Guillermin, sieur Dufay, en la vicomté de Falaize, ce qui est établi par une sentence rendue en cette vicomté, le 23 juin 1568, portant reconnaissance du traité de mariage fait entre eux.

Il acquit, le 1ᵉʳ mars 1577, la charge de receveur des tailles et aides d'Argentan du sieur Landon Biard, qui résigna ledit office en sa faveur, entre les mains du duc d'Anjou et d'Alançon, frère du roi, à Blois.

Le duc présenta Guillaume Auvray à l'agrément de Sa Majesté, qui le mit et l'institua en ladite charge, le 1ᵉʳ mai 1577, après information faite sur sa conduite, bonne vie et mœurs, et religion catholique, apostolique et romaine, et après avoir prêté le serment accoutumé, avec tous honneurs, prérogatives, franchises et libertés, droits, gages, taxations, frais et profits accoutumés, avec permission de se payer de ses droits, gages et taxations, par ses mains, sur les recettes par lui faites, suivant la manière accoutumée.

Ce fut contre lui que s'ouvrit la série des longs procès qu'a eu à soutenir la famille Auvray, pour conserver ou recouvrer la qualité de noble et d'écuyer qui lui appartenait, et lui assurait les franchises de la noblesse, ainsi qu'il résulte d'un acte de défense produit par lui, à la date du 23 octobre 1582, contre le procureur des seigneuries de Messey et de Saint-André, qui avait élevé la prétention de le soumettre à la taxe, et de lui infliger l'amende encourue par ceux qui ne payaient pas l'impôt.

Guillaume fit valoir les privilèges et franchises qu'assurait alors la qualité de noble; il produisit les pièces justificatives, et, après cinq ans de procès et de lenteurs, il obtint, en la baronnie de Messey, une sentence du 7 novembre 1587, par laquelle il fut maintenu en ses droits de franchises, suivant la teneur de ses titres, à l'encontre des prétentions de Thomas Clopin, Michel Bertrand et Jean Binet, fermiers de la paisson des bois de ladite baronnie.

Il exerça pendant longues années les modestes fonctions de receveur des tailles, et ses services en cette partie furent si bien appréciés, qu'il en reçut bientôt la récompense.

Il y avait en effet, dans la même élection, un autre receveur des tailles; mais, ce dernier ayant fait acte de rébellion envers le roi, sa charge fut acquise à Sa Majesté, qui, par brevet, en date du 20 octobre 1589, en fit don à Guillaume Auvray, en considération de ses services.

On le voit encore receveur des tailles en 1595; mais il n'amassa point de fortune, quoique on le voie faire avec ses voisins divers contrats d'échange, de bail et d'acquisition peu importants, notamment en 1591 et 1594; on le voit ensuite contracter des dettes; on le voit poursuivi, en 1593, par un sieur Lemarchand, pour une somme de 540 écus; contracter une obligation de 40 écus, le 8 mai 1595, pour achat d'un cheval; on le verra plus tard saisi dans tous ses biens, et enfin il meurt pauvre vers 1598, à tel point que ses enfants sont obligés de répudier sa succession.

On voit en effet que, poursuivis comme héritiers de leur père, par un sieur Pierre Denis, sieur de La Roque, ils obtiennent du parlement de Rouen, à la date du 10 juillet 1598, un arrêt qui leur donne acte de leur renonciation à la succession paternelle.

On sait combien les procès étaient alors dispendieux, même lorsqu'ils aboutissaient à un succès complet. Or Guillaume Auvray avait plaidé pendant plus de cinq ans pour faire reconnaître sa qualité de noble; il avait ainsi dissipé son patrimoine, et les produits de sa charge avaient suffi à peine à l'entretien de sa maison.

Une saisie réelle (ou décret) avait été poursuivie contre lui et contre son fils André, ce qui explique pourquoi ses enfants répudièrent sa succession, et pourquoi son fils André contracta mariage sous le régime de la séparation de biens.

De son mariage avec Marguerite Guillermin naquirent trois enfants : 1° Isaac Auvray, sieur du Val, qui suit; 2° Salomon Auvray, sieur de La Goudonnière, avait choisi la carrière des armes ; il était homme d'armes dans la compagnie du sieur de Beuvron, et, soit pour une action d'éclat, soit pour toute autre cause, le roi lui fit don de 500 écus sols, à la date du 31 décembre 1589, qui lui furent payés par le receveur général des finances à Rouen.

Il exerça ensuite les fonctions de receveur des tailles à Argentan, et mourut vers l'an 1607, laissant pour héritiers ses deux frères Isaac et André.

Il ne s'était pas marié, ou n'avait pas eu d'enfants de son mariage.

Il avait fait un legs au profit des enfants mineurs d'Isaac, son frère; en effet, on voit que, le 10 juillet 1607, la dame Marguerite Tiremois, épouse séparée de biens d'Isaac Auvray, fut, par acte passé en la vicomté d'Argentan, élue tutrice de ses enfants pour raison de la succession de Salomon Auvray.

Le partage de cette succession fut opéré entre les frères Isaac et André et la dame Marguerite Tiremois, comme tutrice de ses enfants mineurs, suivant sentence rendue en la vicomté d'Argentan, en date du 6 août 1607.

3° André, sieur de Saint-André, rapporté au § II.

VI. — Isaac Auvray, sieur du Val, d'abord lieutenant, puis en 1607 président en l'élection d'Argentan.

Le roi Henri IV, en considération de ses services, lui octroya, par brevet du 11 février 1600, le droit de faire tirer de l'arquebuse, par l'un de ses gens, en toute l'étendue de ses terres, aux loups, aux renards et autres animaux.

Sa qualité de noble fut reconnue, comme l'avait été celle de Guillaume, son père; en effet, il résulte d'une ordonnance du 9 mars 1641, du sieur de Blanchemin, trésorier de France à Alençon, commissaire député par Sa Majesté en ladite généralité, pour l'exécution de son édit de novembre 1640, sur la révocation des priviléges et exemptions des tailles, qu'après comparution devant lui d'Isaac Auvray, sieur du Val, président à Argentan, et de ses frères, et, qu'après avoir pris communication de leurs titres de noblesse, ledit sieur de Blanchemin ordonna que lesdits Auvray demeureraient compris et employés au chapitre des nobles.

Il contracta mariage, sous le régime de séparation de biens, avec Marguerite Tiremois, et de ce mariage naquirent deux enfants : 1° Charles, qui suit; 2° Anne Auvray, qui épousa René Davesgo, écuyer, sieur de Saint-Jacques et du Val-Heureux. Son contrat de mariage fut reçu, le 22 mai 1625, par Marin Le Charpentier et Gilles Philippe, tabellions, à Argentan, en présence de Charles Auvray, écuyer, sieur de Bernay. Les bans de ce mariage furent publiés à la paroisse de Saint-Germain-d'Argentan, suivant certificat du vicaire de cette paroisse du 25 février 1626.

VII. — Charles Auvray, sieur de La Goudonnière, fut investi des modestes fonctions qu'avait exercées son aïeul Guillaume; il fut nommé receveur des aides et tailles en l'élection d'Argentan. Du reste, il ne conserva pas longtemps ce paisible emploi. Il vendit son office, par acte reçu par les tabellions royaux d'Argentan, le 3 août 1627, au sieur Jean Mahot, sieur du Colombier, demeurant à Argentan, moyennant 42,000 livres, dont 2,000 livres quittancées au contrat, et le surplus payable 11,000 livres les premiers jours de janvier. Par acte du 7 mai 1635, au greffe du bailliage d'Argentan, il déclare être prêt à servir le roi au premier commandement qui lui en sera fait. En effet, il prit bientôt les armes, et se distingua par sa bravoure et les services qu'il rendit. Aussi, par un certificat du 10 octobre 1635, Henri d'Orléans, duc de Longueville, gouverneur et lieutenant général pour le roi en la province de Normandie, déclare que Charles Auvray, sieur de La Goudontière, est auprès de lui avec armes et chevaux, et y sert le roi comme les autres gentilshommes de son gouvernement. Il obtint pareil certificat du même, le 20 octobre de l'année suivante. En 1634, il eut à soutenir un procès relatif à l'impôt, et lutta pendant cinq ans pour obtenir justice. Plus tard, un arrêt du conseil d'État, en date du 14 décembre 1640, le déchargea de la taxe faite sur lui pour les aydes, attendu les services qu'il avait rendus dans l'armée du roi. Enfin Louis de Bourbon, duc d'Enghien, lieutenant général des armées du roi en Flandre et Luxembourg, lui délivra, le 24 août 1643, un certificat portant qu'il avait bien et fidèlement servi Sa Majesté pendant cette campagne, en qualité d'homme d'armes de la compagnie du maréchal de La Meilleraie. Il devint propriétaire plus tard, nous ne savons comment, des fiefs de Bernay-sur-Orne et de Batilly, dont il ajouta les noms à ceux qu'il avait déjà ; et fut obligé, comme son aïeul Guillaume, de se pourvoir contre une taxe qui lui avait été imposée à cause de ces deux fiefs ; mais, par arrêt, en date du 1er février 1656, rendu par la chambre souveraine établie pour la recherche des droits de francs-fiefs, nouveaux acquêts et amortissement, il fut déchargé de ladite taxe, comme issu de noble race, et main-levée fut ordonnée des saisies faites au sujet de ladite taxe. Il fut, comme son père Isaac, président en l'élection d'Argentan, et résidait tantôt à Argentan, tantôt à sa terre de Bernay. Ce fait est constaté par un certificat des officiers de l'élection d'Argentan, du 10 septembre 1658, lorsqu'il était président en ladite élection. Le 17 novembre 1658, il justifia des titres de sa noblesse au sieur d'Albret, maréchal de France, suivant certificat de ce dernier. En 1666, il fut maintenu par le conseil d'État dans ses droits de noblesse avec Louis. (Voir § III.) Il s'unit en mariage à demoiselle Anne de Montchesne, fils de Hiérôme de Montchesne, écuyer, sieur de Fontenay, et de demoiselle Anne Gomont ; leur contrat de mariage est du 28 juin 1626, reçu par Guillaume Leporcher et André Goetier, tabellions à Caumont. De ce mariage vint : Isaac, qui suit.

VIII. — Isaac Auvray, écuyer, sieur de Bernay, était sous les armes comme volontaire en 1666, assista à la prise de la ville d'Angers et du château de Pont-Bessay, vivait en 1667.

§ II.

VI bis. — André Auvray, sieur de Saint-André, fils de Guillaume et de Marguerite Guillermin, rapportés au Ve degré du § I, épousa demoiselle Marthe de Cordouan, fille de feu Roland de Cordouan, écuyer, sieur de Meière, et de demoiselle Marguerite Desselen ; leur contrat de mariage est daté du 1er octobre 1607, reçu par Marin et Lemollinet, notaires royaux en la vicomté d'Argentan. Aux termes de ce contrat de mariage, la séparation des biens fut stipulée et accordée, et il fut décidé « que la demoiselle de Cordouan demeurait libre en l'administration de ses biens, tant meubles qu'immeubles présents et à venir, pour vivre ensemble comme gens séparés, sans avoir rien de commun, et permis à ladite Cordouan d'obtenir des lettres de séparation ». Conformément à ce contrat, ladite Cordouan obtint en effet, le 27 octobre 1607, des lettres de séparation, qui furent entérinées par sentence du lieutenant du bailli d'Alençon en la vicomté d'Argentan, en date du 8 mars 1608. Le 25 avril 1609, au nom d'André son fils, âgé de quelques mois seulement, elle fit diverses acquisitions. André Auvray reçut, le 20 décembre 1618, une commission à lui décernée par les fermiers des greniers à sel des généralités d'Orléans, Tours, Bourges, Moulins et Caen, pour commander toutes les brigades d'archers établis ès-provinces d'Anjou, le Maine et Basse-Normandie. Marthe de Courdouan décéda en 1622, et André Auvray fut nommé tuteur des enfants issus de leur mariage, par sentence rendue en la vicomté d'Argentan le 25 avril de la même année. Il fit faire, le 29 août suivant, un inventaire des meubles dépendants de la succession. Le sieur Mathurin de Mésange, écuyer, sieur du Sillet (ou Scillet), créancier d'André Auvray, fit saisir les bœufs trouvés dans le domicile dudit seigneur, lequel fit opposition, comme appartenant à ses enfants mineurs et étant dans l'inventaire. On prouva cependant que ce n'était pas ceux qui étaient dans l'inventaire, et André Auvray fut condamné aux dépens. Il ne paraît pas avoir suivi la carrière des armes; il en laissa la gloire à ses quatre fils. Cependant il résulte d'un certificat du sieur de La Traquetière, commissaire ordinaire des guerres, du 24 septembre 1620, qu'il fut trouvé en bon et suffisant équipage, et comme tel fut passé à la montre.

De ce mariage naquirent : 1° André, qui suit; 2° Gabriel, sieur du Breuil, chevau-léger dans la compagnie du marquis de Saint-Mégrin, y servit en qualité de volontaire, en 1640, ainsi qu'il résulte d'un certificat des maréchaux de Chaulne et de Chastillon, du 16 août 1640. Son frère André était alors lieutenant. En 1644, Gabriel était capitaine d'une compagnie d'infanterie au régiment du maréchal de La Tour, ainsi qu'il résulte de lettres de surséance à lui octroyées par le roi en 1644. Il plaida contre Louis, son frère, au bailliage de Condé-sur-Moireau, et une sentence fut rendue au profit de Louis, nous ne savons pas sur quelle matière, le 17 novembre 1650; 3° Benjamin, sieur d'Eschallou, était enseigne au régiment de Turenne en 1640. Il reçut, le 20 septembre de cette année, deux certificats de ses bons et loyaux services, l'un du marquis de Coislin, général des Suisses, et l'autre du sieur Gassion, maréchal des armées du roi. Il servit dans le même grade, en Roussillon, dans l'armée de M. de La Meilleraie, suivant un certificat de M. de Turenne, du 16 septembre 1642. Il servit également dans le même grade, en 1643, dans le château de Tortonne, durant le siége et pendant toute la campagne, suivant un certificat du sieur de Florianville, maréchal de camp, du 6 novembre 1643. Il était capitaine au régiment de Turenne en 1651, et un certificat de ses bons services lui fut délivré le 3 septembre 1651, par le marquis de La Ferté Santerre, maréchal de France, lieutenant général pour Sa Majesté en ses armées et province de Lorraine. Il servit encore en 1657, et fit toute la campagne dans l'armée que commandait Turenne en Flandres, et fut blessé au siége de Saint-Venant, suivant un certificat de Turenne du 14 octobre 1657. Il mourut des suites de sa blessure dans les premiers jours de l'année suivante, ainsi que le constate un certificat du maréchal de Turenne, du 23 janvier 1658. Il ne laissa point d'enfants, ne paraît pas avoir été marié. Sa succession, bien modeste, puisqu'elle consistait en une rente de 1,000 livres, fut dévolue à ses frères; 4° Louis, rapporté au § III.

VII. — André Auvray, sieur du Val. C'est lui qui, le premier, paraît avoir le mieux justifié et le plus dignement porté la devise de la famille : *Semper armatus in hostem*. Il est probable même que c'est à lui qu'il fut donné de la porter, car on ne peut croire qu'elle ait été prise par ses ancêtres, qui n'avaient rempli que des fonctions les plus pacifiques. Il paraît que c'est lui qui, le 4 ou le 14 mars 1630, aurait été condamné à mort par le parlement de Rouen, pour raison de l'assassinat commis en la personne des nommés de Corde, de Verchamps, par le sieur du Comte de Flais, en la compagnie duquel André Auvray s'était rencontré ; mais, en octobre 1651, par lettres patentes, le roi lui accorda pardon, grâce et rémission.

Ses longs états de services, qui ont été conservés, justifient la supposition émise ci-dessus. Entré au service du roi en 1620, il fut nommé enseigne d'une compagnie d'infanterie au régiment du colonel Trouillet, entretenu pour le service de Messieurs les États des Provinces unies, servit au siége de Maestricht en 1633, et reçut son premier congé, le 7 janvier 1634, pour s'en aller en France, ainsi qu'il résulte d'un certificat à lui délivré ledit jour par le duc de Bouillon Frédéric-Maurice de La Tour-d'Auvergne. Il revint bientôt sous les drapeaux, servit dans le régiment de Turenne, y fut nommé lieutenant, et prit part à la campagne de 1637 en cette qualité, ainsi que le constate un certificat qui lui fut délivré, le 10 septembre 1637, par le comte de Coligny, Sgr de Chastillon. Il servit en la même qualité l'année suivante, et reçut du même un certificat, le 12 juillet 1638. L'année suivante il se distingua au siége d'Hesdin ; et, après les fatigues de ce siége, il obtint un congé pour faire un voyage en Normandie, le 20 décembre 1639. Mais le vaillant soldat n'était pas fait pour rester oisif dans ses foyers : une autre campagne s'ouvre en 1640, André Auvray accourt sous son drapeau, et, le 18 août 1640, le sieur de La Meilleraie, grand-maréchal de l'artillerie, général des armées du roi, certifie que ce lieutenant a loyalement fait son devoir pendant cette campagne. Le prix de sa valeur fut le grade de capitaine d'une compagnie d'infanterie ; mais il éprouvait le besoin de repos après plus de vingt ans de service. Aussi, le 11 août 1641, le duc de Bouillon, prince de Sédan, lui signait son congé pour se retirer où bon lui semblerait, déclarant que le brave capitaine s'était acquitté de son devoir en homme d'honneur. Ce congé ne fut pas de longue durée, et nous le retrouvons encore à l'armée de Turenne, en Italie, pendant les campagnes de 1641, 1642, 1643, servant bien et fidèlement sous le maréchal de Turenne, et sous Henri d'Orléans, duc de Longueville. Sa bravoure semble s'accroître avec le nombre des années, et il fait encore, sous le vicomte de Turenne, lieutenant général pour le roi en Allemagne, les campagnes de 1644 au siége de Philisbourg, et de 1645 et 1646 aux camps devant Heilbrun et Augsbourg. Ses services dans ces trois campagnes furent si éclatants, qu'il fut investi du commandement général de la place d'Heilbrun, par brevet du maréchal de Turenne, du 20 avril 1647. Dans ce brevet et autres pièces, il est appelé sieur de La Roche. C'est à lui, en qualité de commandant à Heilbrun, que fut donné par Turenne, le 1er mars 1649, l'ordre de rendre au duc de Wurtemberg cinq pièces de canon qu'on avait promis de rendre, et que fut donné par le même, le 3 mars 1649, ordre de ne recevoir pour l'évacuation de la place, suivant les traités de paix, autre ordre que celui de M. de Schunlberg. C'est vers cette même époque que mourut son père : il ne pouvait quitter son commandement pour aller recueillir sa part du modeste héritage, il était retenu dans son gouvernement d'Heilbrun ; il donna alors procuration à son frère, Benjamin Auvray, aussi capitaine au régiment de Turenne, sieur d'Eschallon, le 29 décembre 1649, pour faire le partage des biens à eux échus par le décès de leur père commun. Le 11 juillet 1651, le maréchal de Turenne lui signa son congé pour aller vaquer à ses affaires. Il se rendit alors dans son pays, et, le 12 septembre 1651, il procéda avec ses frères au partage de la succession paternelle, par acte sous seing privé, passé entre lui et ses frères Benjamin, Gabriel et Louis. Le même jour, 12 septembre 1651, ils rendirent entre eux un compte devant Nicolas Bellangeon et Aliz Clapier, tabellions de la vicomté d'Argentan. Le 9 décembre 1654, il fut nommé par le roi Louis XIV sergent-major en la place du Quesnoy, et, le 22 avril 1655, il fut nommé par le roi lieutenant-gouverneur de ladite place, où ses services furent proclamés et déclarés nécessaires par un certificat du gouverneur, le sieur de Beauveau, en date du 28 septembre 1657. Il reçut du maréchal de Turenne, le 14 octobre 1657, un passeport pour se rendre à Paris, avec un certificat constatant ses bons services. Arrivé à Paris, il fut présenté au roi, qui le complimenta sur sa belle conduite, et ne l'oublia pas, comme nous verrons dans la suite. C'est là qu'il apprit que Benjamin, son frère, avait succombé à la blessure qu'il avait reçue sous les murs de Saint-Venant, et, comme Benjamin ne laissait pas d'enfants, sa succession se trouvait dévolue à ses frères, et alors André, ne pouvant quitter Paris, donna, le 9 avril 1658, devant Groyer et Corneille, notaires au châtelet de Paris, procuration à Louis, son frère, de céder et transporter la somme de 1,000 livres de rente pour ce qu'il pouvait lui en appartenir dans la succession de Benjamin, son frère. André rejoignit bientôt son drapeau, fit une nouvelle campagne, où il fut fait prisonnier, fut racheté. Le 3 août 1658, dom Fernando de Solés et Vargu, mestre-de-camp général, chevalier de Saint-Jacques, gouverneur-châtelain de Cambray, et capitaine général du pays de Cambray, lui permit d'aller, escorté de dix soldats, à cheval ou autrement, avec armes et bagages, par la frontière de France, pour se rendre à Paris. Le lendemain, 4 août 1658, le sieur Talon, conseiller du roi en son conseil d'État, intendant de finances au Quesnoy, et le capitaine Dufou, lieutenant du roi au gouvernement du Quesnoy, lui signèrent son congé pour s'en aller en France et même à Paris pour se faire traiter de son indisposition. Le grand roi lui-même, par une lettre signée de sa main, et contre-signée par Letellier, en date du 17 septembre 1658, lui permit de venir se faire traiter à Paris. Mais le vieux soldat approchait du terme de sa carrière : il ne put que se rendre à Laon, où il mourut le 15 octobre, et y fut enterré. Il ne paraît pas qu'il ait laissé d'enfants.

§ III.

VII *bis*. — Louis Auvray, sieur de Mainteville, fils d'André et de Marthe de Cordouan, rapporté au vi^e degré du § II, épousa, le 7 août 1642, au lieu de Condé-sur-Moreau, demoiselle Isabeau de La Fosse, fille de Charles de La Fosse, écuyer, sieur de Saint-Martin, et de Louise Boislève. A peine était-il marié que le roi ordonna une levée du ban et de l'arrière-ban. Louis se présenta, et servit comme ses frères dans les armées du roi, ainsi qu'en fait mention une déclaration faite par Gabriel, son frère, au greffe du bailliage d'Alençon, le 18 août 1642. Il servit également en 1644, en qualité de volontaire, pendant toute la campagne, et notamment au siége de Gravelines, suivant un certificat de Gaston, fils de France, lieutenant général de Sa Majesté du 11 août 1644. Il fut fait prisonnier par les armées de l'empereur d'Allemagne, et, le 30 septembre 1645, Guillaume, baron de Lambey, général de l'artillerie pour Sa Majesté impériale, lui octroya un passeport pour aller en France solliciter sa rançon. Il paya sa rançon, et revint sous les drapeaux en qualité de volontaire, puis se retira avec deux certificats : le premier, du 23 août 1646, de Gaston d'Orléans, constatant que, pendant la dernière campagne, il avait, dans les occasions qui s'étaient présentées, donné des preuves de son courage et de sa bonne conduite, et le deuxième, du comte de Moret, capitaine d'une compagnie de chevau-légers, portant que Louis avait très-généreusement servi dans sa compagnie pendant toute la campagne. Le 12 septembre 1651, il procéda avec André et ses autres frères au partage de la succession d'André, leur père.

En 1666, Charles Auvray, sieur de La Goudonnière, demeurant en la paroisse de Bernay-sur-Orne, élection de Falaise (vii° degré du § I), et Louis Auvray, sieur de Mainteville, demeurant en la paroisse de Serres, élection d'Argentan, le tout généralité d'Alençon, furent assignés à la requête du sieur Nicolas de Lierval, préposé par Sa Majesté pour la recherche des usurpations de titres de noblesse, en la généralité d'Alençon, et, après une longue information, après une longue production de pièces, titres et documents justificatifs, tant de la part du demandeur que des défendeurs, l'affaire fut portée au conseil d'État du roi, qui rendit, le 31 mars 1667, au vu desdites pièces, l'arrêt que nous rapportons ci-après.

Dans cette affaire, le sieur de Marle, commis, par arrêt du 22 mars 1666, pour dresser procès-verbal des comparutions, dires et réquisitions des parties, avait renvoyé ces dernières au conseil d'État du roi, devant les commissaires généraux dudit conseil, députés par Sa Majesté pour la recherche des usurpateurs du titre de noblesse et de la qualité d'écuyer, et le sieur Foucaut, procureur général de ladite commission, et avait donné son avis, par lequel il estimait que, Charles et Louis Auvray produisaient les titres justifiant leur généalogie, constatant que depuis cinq générations ils étaient en possession de la qualité d'écuyer; ils produisaient leur blason.

Le demandeur soutenait qu'il avait usurpé la qualité d'écuyer, que tous leurs ancêtres avaient été imposés à la taille, que le premier qui avait pris la qualité d'écuyer était Guillaume Auvray, receveur des tailles, que Nicolas Auvray, fils de Gaspard et frère de Guillaume, avait obtenu des lettres d'anoblissement, d'où la conséquence que les autres n'avaient pas cette qualité; enfin que Salomon, Isaac et André n'avaient pris que quelquefois la qualité d'écuyer, d'où suit qu'ils n'étaient pas en possession de ce titre, et produisaient divers titres à l'appui.

Les défendeurs répliquaient qu'ils étaient en possession de leur titre, qu'ils avaient toujours vécu noblement, et que leur droit était établi par de nombreux arrêts, tant du conseil privé du roi que de la Cour des aides; qu'ils avaient établi leurs cinq degrés; que l'omission, faite par erreur et ignorance d'un notaire, ne peut faire supposer une renonciation à leur qualité; que Nicolas Auvray n'était point de leur famille, que, de même, il y avait eu dans le pays plusieurs Auvray du nom de Guillaume, de Noël et de Gaspard, qui n'étaient point de leur famille, et produisaient diverses pièces à l'appui.

Le sieur Louis Gouyer (*alias* Gohier), écuyer, sieur de Bezion, intervient dans le débat, et, à cet effet, présente requête auxdits sieurs commissaires, le 2 septembre 1666, pour demander que les défendeurs soient déboutés de leur qualité d'écuyer, conformément à l'avis du sieur de Marle.

Le sieur Gouyer avait déjà contesté la qualité des Auvray; mais il avait été débouté de sa demande, par arrêt de la Cour des aides, du 8 août 1662, et condamné aux dépens. Il intervenait pour faire rapporter cet arrêt.

Ce 8 novembre 1666, Isaac Auvray, sieur de Bernay, fils de Charles, et Jacques Auvray, sieur de Mailleroy, fils de Louis, présentent requête aux commissaires, demandant à être reçus parties intervenantes dans l'instance, et se joindre à leurs pères, pour être maintenus en leur ancienne noblesse.

Ils ajoutent aux pièces produites par leurs pères les certificats des généraux sous lesquels ils ont servi.

Enfin, arrêt rendu au rapport du sieur Barillon Damoncourt, commissaire, et sur les conclusions conformes du procureur général, ainsi conçu : « Le roi en son conseil, faisant droit sur l'instance, sans avoir égard à l'intervention dudit Louis Gohier de Bezion, et à la requête par lui baillée en conséquence, le 2 septembre 1666, a maintenu et gardé, maintient et garde lesdits Charles Auvray, sieur de Goudonnière; Louis Auvray, sieur de Mainteville, son cousin; Isaac Auvray, fils dudit Charles, et Jacques Auvray, fils dudit Louis, leurs enfants, successeurs et postérité, né et à naître en légitime mariage, en la qualité de noble et d'écuyer. A ordonné et ordonne qu'ils jouiront des privilèges, honneurs et exemptions dont jouissent les gentilshommes de ce royaume; faisant Sa Majesté défense à toutes personnes de les y troubler, tant et si longuement qu'ils vivront noblement et ne ne feront acte de dérogeance, et que, pour cet effet, lesdits Charles, Louis, Isaac et Jacques Auvray seront inscrits dans le Catalogue des gentilshommes, qui sera arrêté au conseil, et envoyé dans les bailliages et élections dudit royaume, en conséquence de l'arrêt du conseil du 22 mars 1666, sans dépens. Fait en conseil d'État du roi, tenu à Paris, le 31 mars 1667. »

Louis Auvray épousa N....., dont : Jacques, qui suit.

VIII. — Jacques Auvray, écuyer, sieur de Milleroy, servit le roi en qualité de lieutenant, pendant deux ans, d'après un certificat du marquis de Charrault, capitaine des gardes-du-corps de Sa Majesté, et gouverneur de Calais.

C'est probablement lui qui est la tige de la branche de Boquonière et Saint-Remy, qui fait l'objet du paragraphe suivant.

§ IV. — *Branche de La Boquonnière et de Saint-Remy.*

Un catalogue généalogique des titres de la famille Auvray de Saint-Remy donne pour armes à cette branche : *d'argent à la fasce de gueules, chargée de deux têtes de bélier d'argent.*

Un cachet, reproduit sur toutes les pièces qui ont appartenues à cette famille, les donne ainsi : *écartelé, au 1er et au 4e de gueules, à la fasce d'argent, accompagnée en chef de deux roses ou quintefeuilles, et, en pointe, de deux lions léopardés et affrontés de même; au 2e, d'argent à la fasce de gueules, chargée de deux têtes de bélier d'argent; au 3e, de sable à la barre d'argent.* Couronne de marquis, surmontée d'un hercule. Supports : *deux hercules.* Devise : *Semper armatus in hostem.*

Cette branche écrit presque toujours son nom Hauvray.

VIII. — Jacques Auvray (peut-être fils de Louis Auvray, ci-dessus), sieur de La Bocquonière (1), né en Basse-Normandie, dans la paroisse de Rouseville, s'engagea comme volontaire dans les troupes de Monseigneur le Prince. Il épousa au bourg de Rocroy, le 16 septembre 1657, Nicole Capitaine. De ce mariage naquit : Charles, qui suit.

IX. — Charles Auvray, écuyer, sieur de Saint-Remy, naquit à Rocroy, diocèse de Reims, le 13 février 1661. Il devint capitaine au régiment de Bourbon. Il mourut à Saint-Léonard (Haute-Vienne), et fut enterré dans l'église, le 29 juin 1701. Il avait épousé Théodore-Geneviève Vandellains, ou Vandelle. Elle épousa en secondes noces, à Valenciennes, dans l'église de Saint-Gery, le 7 janvier 1711, Jean-

---

(1) Ce nom varie sur les titres que nous avons entre mains ; on trouve tantôt Bocquonière, tantôt Baquonière.

Baptiste de Creuzenet, écuyer, commandant le second bataillon d'infanterie dans le régiment de Bourbon, chevalier de l'ordre militaire de Saint-Louis, etc. Pendant qu'ils étaient à Valenciennes, Charles Auvray devint père de : Jean-Baptiste, qui suit.

X. — Jean-Baptiste Auvray, écuyer, Sgr de Saint-Remy et de La Goudonnière, naquit à Valenciennes le 13 décembre 1699; il eut pour parrain Jean-Baptiste Crésonnet, écuyer, capitaine au régiment de Bourbon. Son oncle, François Fermont, l'institua son héritier par son testament du 23 décembre 1704. Il eut un brevet de sous-lieutenant, dans le régiment de Bourbon-infanterie, le 16 septembre 1710, et y servit jusqu'en 1716. Le 20 juillet 1733, il reçut un brevet de lieutenant de milice dans le bataillon de Limoges, où il fut nommé aide-major le 1er octobre, puis capitaine le 19 janvier 1736. Le 18 mars 1743, en partant pour aller faire campagne, il testa en présence de Cheyrou, notaire royal. Il fut nommé chevalier de l'ordre royal et militaire de Saint-Louis le 19 avril 1757; puis, le 17 mars 1758, garde-du-corps dans la compagnie de Noaille, pour tenir rang de capitaine de cavalerie; fut nommé, le 30 mars 1766, un des vingt-cinq gentilshommes de la garde écossaise du roi. Enfin, l'année suivante, son âge avancé ne lui permettant plus de servir, il demanda sa retraite, qui fut de 700 livres tournois, dont 600 prises sur le trésor royal, et 100 sur la cassette du roi. Il avait acheté, le 3 juin 1740, pour la somme de 2,000 livres, à Jean-Baptiste Bony, chevalier, seigneur, comte de La Vergne, Les Égaux et autres places, le lieu du Colombier, paroisse de Tarn, près la ville d'Aixe (Haute-Vienne). Il avait déjà fait d'autres acquisitions; le 20 juillet 1739, le sieur Bouchaud du Mazaubrun, sieur du Chalard, bourgeois résidant en la ville du Bas-Châlus, lui vendit le domaine du Puygerboin, paroisse de Cognac, près Aixe. Il mourut en 1776, et fut inhumé le 26 janvier dans la paroisse de Sainte-Croix de la ville d'Aixe. C'est à ce moment que la famille s'aperçut que le sieur Brousse, curé d'Aixe, avait omis dans les actes la qualification d'écuyer. Aussi le fit-elle assigner, le 20 février 1776, devant le lieutenant général de Limoges, pour se faire restituer cette qualité. Une sentence du 19 juin 1776, du sénéchal de Limoges, ordonna en effet la restitution sur les registres du titre d'écuyer. Jean-Baptiste Auvray avait épousé, le 29 octobre 1732, dans l'église de Cognac (Haute-Vienne), dame Léonarde Tranchant de Puychatain, fille de feu Jacques Tranchant, sieur de Puychatain, l'un des 200 chevau-légers de la garde du roi, et de feue demoiselle Françoise Chantois du Chalier; et de ce mariage naquirent neuf enfants : 1° François, né à Aixe, le 6 août 1733; il eut pour parrain François Trenchant, sieur de Naujac, qui fut gendarme de la maison du roi, et resta au Colombier; 2° Jacques, né le 11 janvier 1737, et baptisé le 12, était sur le point d'être ordonné sous-diacre le 1er février 1760, lorsque son père lui constitua son titre clérical; 3° Étienne, né le 29 août 1739, baptisé à Aixe le 30, ayant pour parrain Étienne Trenchand de La Courrière, bourgeois. Son père lui constitua son titre clérical le 21 janvier 1769; une lettre qu'il écrivit lui-même à son père, le 4 juillet 1774, raconte sa prise de possession de la cure d'Abzac, en Périgord, jadis diocèse de Limoges : il fut nommé curé de Maraval en 1803; 4° Marie, née au Colombier, le 23 janvier 1743, et baptisée à Aixe, ayant pour parrain Louis Trenchant, sieur de Puychatain. Elle épousa, dans l'église de Sainte-Croix d'Aixe, le 24 novembre 1774, Louis Rouilhac, greffier de cette juridiction, fils de feu François Rouilhac et de demoiselle Valérie Chatenet; 5° François, né au Colombier, baptisé à Aixe le 25 septembre 1749, était sur le point d'être ordonné sous-diacre, et résidait au séminaire diocésain, le 6 novembre 1773, lorsque son père lui constitua son titre clérical. Il était vicaire d'Abzac, en 1776, lorsque son frère en était curé; pendant la tourmente révolutionnaire il se retira en Espagne, où il est mort au mois d'octobre 1796; 6° Marie, née le 6 et baptisée le 7 octobre 1750, qui resta au Colombier; 7° Étienne, qui suit; 8" et 9° un autre fils et une fille décédés en bas-âge.

XI. — Étienne ou Charles-Étienne Auvray, écuyer, sieur de La Goudonnière et de Saint-Remy, né au Colombier le 16 juin 1753, et baptisé le lendemain dans l'église paroissiale de Sainte-Croix d'Aixe, fut sous-lieutenant au régiment provincial de Limoges. Il assista à l'assemblée de la noblesse du Limousin en 1789. Avant 1796, il avait fait l'acquisition de quelques propriétés, situées dans la paroisse de Maraval, ayant appartenu à M. Lambertie-Châteauneuf. C'est lui qui fut administrateur au district de Limoges. Il fit différentes acquisitions en 1780, 1782 et 1783.

Il épousa, le 19 ou le 20 février 1776, demoiselle Marie Giquet de Pressac, fille de feu Alexis Giquet de Pressac, Sgr de Chez-Roger, garde du roi en la grande prévôté de France, dont François, qui suit.

XII. — François Auvray, sieur de La Roquonière, né au Colombier, et baptisé dans l'église d'Aixe le 18 mai 1776, décédé en bas-âge, et une fille, Marie, qui épousa le comte Joseph de David de Lastours.

Sources : Titres originaux. — Mémoires conservés dans la famille, etc.

On trouve au cabinet du Saint-Esprit : Auvray, portant *d'azur à trois coquilles d'argent, bordées de sable.*

I. — Main Auvray, anobli en 1543.
II. — Mathurin, père de : 1° Pierre ; 2° Olivier.
III. — Pierre.
IV. — Jacques.
V. — François.
III bis. — Olivier, père de : 1° Olivier; 2° Pierre.
IV. — Olivier.
V. — Jacques.
IV bis. — Pierre.
V. — Jacques.

HÉBRARD (p. 409).

Antoine Hébrard vivait en 1569. C'est chez lui, à Nexon, que mourut, au mois de juin de cette année, Wolfrang, duc des Deux-Ponts.

Jean Hébrard de Veyrinas, chevalier de Saint-Louis, né le 9 octobre 1767, habitait Panazol en 1830, et avait d'autres propriétés à Nexon, Saint-Mathieu et Jourgnac. (*Liste du Jury.*)

J..... Hébrard de Veyrinas, chef d'escadrons, fut nommé chevalier de la Légion-d'Honneur le 1er juillet 1814.

D..... Hébrard de Veyrinas fut aussi nommé chevalier de la Légion-d'Honneur, étant chef d'escadrons, le 29 juillet 1814.

Ébrard, en Quercy, porte : *d'argent au lion de sable, bronchant sur un semé de croisettes de même.*

Hébrard, en Languedoc, porte : *de gueules au lion d'or, armé de sable, chargé de trois étoiles d'or.*

Hébrard, de Saint-Sulpice, de Milhac, en Périgord, porte : *coupé d'argent et de gueules.* On trouve aussi : *partie d'argent et de gueules.* (*Arm. du Périgord.*)

HÉLIE DE POMPADOUR (p. 409).

La terre de Pompadour, située entre la Haute et la Basse-Vezère, à deux lieues des confins du Périgord, et à deux lieues est-sud-est de Ségur, était, au x° siècle, l'une des possessions de la puissante maison de Lastours. Ce fut Gui de Lastours, surnommé le Noir, qui, selon Geoffroi du Vigeois, fit bâtir, vers l'an 1000, le château de Pompadour pour résister au vicomte de Ségur. Aolaarz, fille unique de Gui de Lastours, épousa Aimar Comtor de Laron, vivant en 1028, et auquel elle porta tous les biens de son père, et entre autres la terre de Pompadour. Cette terre était possédée à la fin du xii° siècle par Geoffroi Hélie, qualifié seigneur de Ségur dans une charte de l'abbaye de Dalon de l'année 1179. Ce seigneur fut la souche de l'illustre maison de Pompadour, laquelle conserva jusqu'en 1400 son nom primitif d'Hélie, et ne prit exclusivement celui de Pompadour que depuis cette époque. Elle s'est alliée aux premières familles du royaume, et a donné plusieurs personnages marquants dans l'ordre ecclésiastique, entre autres Geoffroi de Pompadour, évêque de Saint-Pons-de-Thomières en 1415, puis de Carcassonne ; Hélie de Pompadour, évêque d'Aleth en 1448, puis de Viviers en 1454 ; Geoffroi de Pompadour (neveu du précédent), évêque d'Angoulême en 1465, de Périgueux en 1472, du Puy en 1486, et grand-aumônier de France ; Antoine de Pompadour, son frère, évêque de Condom en 1486, et Geoffroi de Pompadour de Châteaubouchet, évêque de Périgueux en 1551. (Lainé, *Nobiliaire du Limousin.*)

IV (p. 410). — Ranulphe Hélie eut pour second fils Ranulphe ou Ramnoux, qui fut chanoine et chantre de Limoges, et sacriste de Narbonne en 1361. Il contribua par ses largesses à la construction de la cathédrale, et acquit par là le droit d'y être inhumé. Son tombeau fut placé dans la troisième chapelle absidale, au nord, dédiée autrefois à l'apôtre saint Pierre. On y remarque une dalle tumulaire en pierre calcaire très-fine, sur laquelle est gravée, dans un encadrement que surmonte un arc ogival, la figure d'un chanoine tenant les mains jointes sur la poitrine, et vêtu de la chasuble élégante et souple du moyen âge. Autour de cette pierre tombale on voit cette épitaphe, usée en partie par le pas des fidèles :

Hic jacet bonæ memoriæ dominus Rampnulphus de Pompadour, prepositus secularis ecclesiæ Ahentensis monasterii, et canonicus Pamiensis et Lemovicensis, qui obiit decima die mensis julii, anno Domini M. CCC. sexagesimo secundo. Anima ejus requiescat in pace. Amen.

On trouve dans les vitraux de cette chapelle deux écussons représentant les armes de son père et de sa mère : il faut remarquer que celles de Souveraine de Comborn sont ici *de gueules à deux lions passants d'argent, l'un sur l'autre.*

VIII (p. 412). — Golfier ou Golferin eut pour second fils Geoffroi, qui est indifféremment appelé, dans les titres du xv° et du xvi° siècle, Joffre, Godoffre, Godefroid, Geoffroi et Golfer. Son troisième fils fut Antoine, évêque de Condom, qui mourut en 1496. Des lettres de Charles VIII, datées du châtel de Blois le 24 octobre 1483, l'avaient nommé maître extraordinaire de la chambre des comptes. En 1473, il était protonotaire du Saint-Siége, et plaidait avec F. Jean de Vernoglio pour le prieuré d'Aureil.

Geoffroi fut destiné dès l'enfance à l'état ecclésiastique (1). Il fit sous d'excellents maîtres de rapides progrès, et se distingua par ses lumières et sa doctrine (2). Il fut d'abord l'un des trois grands-vicaires de l'évêque d'Évreux et grand-chantre de la même église, et pourvu de l'archidiaconé de Viviers, pour lequel il plaidait en 1463. Le 21 octobre 1452, l'archidiacre de l'église de Lyon renonça, au nom de Jean de Montmartin, dont il avait pouvoir, au canonicat qu'il avait dans le chapitre de Saint-Étienne, en faveur de Geoffroy de Pompadour, « clerc de Limoges ». Le chapitre reçut cette résignation, et mit le procureur de Geoffroy de Pompadour en possession du canonicat. Peu de jours après, Geoffroy de Pompadour parut en personne : le chapitre lui donna l'habit de l'église, et le reçut chanoine en la forme usitée (3).

Le 21 juillet 1460, le chapitre de Lyon lui conféra la dignité de prévôt, c'est-à-dire la prévôté de Fourvières, et, le 27 août suivant, confirma ce titre contre les prétentions d'Humbert de Grolée, qui avait été pourvu par l'archevêque Charles de Bourbon, au mépris des droits et immunités du chapitre (4).

Il était pourvu des prieurés de Saint-Cyprien au diocèse de Sarlat et d'Arnac en Limousin lorsqu'il fut élu, le 24 juillet 1465, évêque d'Angoulême par les suffrages du chapitre et avec l'applaudissement universel de tous les habitants. Il succédait à Robert de Montberon. Son épiscopat n'a pas laissé de traces bien sensibles à Angoulême. Le *Gallia christiana* (5) se contente de dire qu'il conquit les sympathies générales par la douceur de ses mœurs et la politesse de son langage, et qu'il s'attira l'amitié de Jean, comte d'Angoulême, et du seigneur de La Rochefoucault.

Le 5 septembre 1466, Geoffroy de Pompadour exposa au chapitre de Lyon que sa prévôté et son canonicat, qui avaient vaqué par sa promotion au siège d'Angoulême, avaient été réservés et confiés par le pape à Antoine de Pompadour, son frère ; que, ce dernier ayant résigné les mêmes dignités entre les mains de Sa Sainteté, elles avaient été de nouveau conservées audit Geoffroy de Pompadour. En conséquence, l'évêque d'Angoulême suppliait le chapitre de se conformer à la bulle du pape, et de le recevoir de nouveau comme prévôt et comme chanoine, ce qui fut accordé par le chapitre.

Le *Gallia christiana* (*Eccl. Petrocoriensis*, T. II, p. 1482) dit que l'année 1480 est habituellement regardée comme la première de son épiscopat à Périgueux. Le Père Dupuy, dans l'*État de l'Église du Périgord*, T. II, p. 158 et suivantes, ne remonte qu'à l'année 1481. C'est ce que dit également un manuscrit, sans nom d'auteur ni date, relié en parchemin, de la bibliothèque de la ville de Périgueux, intitulé : *Histoire des Évêques du Périgord*. Mais il est certain que Geoffroy de Pompadour fut transféré au siège de Périgueux en 1470, et M. l'abbé Audierne (6),

---

(1) Nous devons ces recherches sur Geoffroy de Pompadour à M. Ch. Rocher, qui publie en ce moment, dans les « Tablettes historiques de la Haute-Loire », un savant travail sur cet évêque du Puy.

(2) Gallia christiana : Eccl. Engolismensis, T. II, p. 1017. — Père Dupuy : « État de l'Église du Périgord », réimpression, par M. l'abbé Audierne.

(3) « Inventaire des Actes capitulaires de l'église de Lyon », vol. 19, fol. 123, 124, 132 et 133.

(4) Inventaire, loco citato, vol. 21, fol. 50. — Cet inventaire est aux archives départementales, communales et hospitalières de Lyon. Il a été communiqué à M. Rocher par l'excellent M. Gauthier, archiviste.

(5) « Ecclesia Engolismensis », T. II, p. 1018. « Morum vero lenitate et sermonis urbanitate ad se omnium animos convertit. »

(6) M. l'abbé Audierne, inspecteur des manuscrits historiques, à Paris.

dans sa réimpression du Père Dupuy, fixe la date de cette translation au 6 juillet 1470.

L'indication de M. l'abbé Audierne est confirmée par les titres de l'époque. Geoffroy de Pompadour en effet était évêque de Périgueux lorsque, par brevet du dernier mai 1472, Louis XI le retint membre de son grand-conseil. Il portait également ce titre lorsqu'il confirma, le 18 juillet 1473, le droit de patronage de l'abbaye de La Seaune-Majeure sur les églises de Saint-Martin de Pison et de Sainte-Marie de Beaupuy (1). Enfin il est nommé évêque de Périgueux au testament de l'évêque de Viviers, son oncle (1477), qui l'institua son exécuteur testamentaire, en le priant d'avoir soin de ses funérailles et de ses legs (2).

On commença sous son épiscopat l'établissement du couvent des Pères Augustins hors la ville, du consentement de la communauté de Périgueux, et sur la promotion des FF. Jean et Prongentius de Villezais, religieux de cet ordre. Jean Dupuy, sieur de Trigonnan, donna le fonds où l'église fut bâtie, et cette église fut bénite par l'évêque, assisté de Pierre d'Abzac, de la maison de Ladouze, religieux de Saint-Augustin, évêque de Rieux, et depuis de Lectoure, et qui demeura prieur jusqu'en l'an 1494, auquel il fut fait archevêque de Narbonne (3).

Dès 1480 Geoffroy de Pompadour était pourvu de l'abbaye de Saint-Amand-de-Cole au diocèse de Sarlat (4), et, en 1482, il était abbé de Notre-Dame de Chancelade en Périgord (5).

Le sire de Beaujeu, ne pouvant vaquer lui-même à l'exécution testamentaire de la reine Charlotte, substitua à sa place Geoffroy de Pompadour le 2 novembre 1483, et, le 15 décembre suivant, étant à Amboise, reconnut avoir reçu de l'évêque tous les biens meubles de cette princesse (6).

Lorsque le conseil du roi Charles VIII fut constitué en 1483, l'évêque de Périgueux devint l'un de ses principaux membres.

Le registre des séances de ce conseil (7) nous le montre figurant constamment le 5 ou le 6ᵉ sur la liste des membres présents. Il fit partie des commissions les plus importantes, fut souvent délégué pour des affaires délicates, et vaqua spécialement aux négociations relatives au cardinal La Balue, revenu en France sous le nouveau régime avec le titre de légat *a latere*. Il paraît s'être créé surtout, au sein du conseil, une grande spécialité dans les questions de monnaies et de finances. Aussi fut-il nommé, dans la séance du conseil tenu à Montargis le 23 octobre 1484,

---

(1) « Gall. christ. », T. II, p. 1482, loco citato.

(2) Père Anselme, loco citato.

(3) Père Dupuy, loco citato. — Ce prélat avait d'abord été moine et chambrier de l'église de Saint-Jean-d'Angély, puis abbé de La Grasse au diocèse de Carcassonne, et ensuite abbé des Allens au diocèse de Poitiers. Il avait conservé la première de ces deux abbayes avec les évêchés de Rieux et de Lectoure. Il fit son entrée solennelle à Narbonne le 10 janvier 1495, accompagné des évêques d'Alet et de Vabres, et des abbés de Moissac et d'Aniane. (« Histoire du Languedoc », par Dom Vaissette, édition Dumège, T. VIII, p. 202.

(4) D'après le Père Anselme, loco citato, et d'après l'inventaire manuscrit des titres de la maison de Pompadour, dressé en 1765-1770 par le sieur Bonotte, déchiffreur; mais Geoffroy de Pompadour ne figure pas dans la liste des abbés donnée par le Gallia christiana, T. II, p. 1537 : Eccl. Sarlatensis.

(5) Ecclesia Petrocoriensis, Gall. christ., T. II, p. 1503. — Père Anselme, loco citato.

(6) Père Anselme, loco citato.

(7) Manuscrit de la Bibliothèque impériale, anciens fonds, coté 9824, publié à Paris, en 1836, dans la collection des documents inédits sur l'histoire de France. Ce registre ne contient que les séances de l'année 1484.

président de la Cour des aides (1). Il assista aux états-généraux tenus à Tours en 1484 comme député de la sénéchaussée du Périgord (2). Pierre Doriolle, premier-président de la Cour des comptes, étant décédé le 14 septembre 1485, l'évêque de Périgueux lui succéda dans cette charge le 13 décembre de la même année (3). Pendant son épiscopat à Périgueux, il portait le surnom de Château-Bonchet, qui lui venait d'une terre entrée dans la famille de Pompadour par le mariage de Ranulfe Hélie II de Pompadour avec Constance, fille de Guillaume de La Marche et de Jeanne de La Mothe, en 1364 (4).

Jean de Bourbon, abbé de Cluny et évêque du Puy, étant mort à Saint-Rambert le 2 décembre 1485, les chanoines de l'église cathédrale du Puy élurent à l'unanimité, le 7 décembre suivant, Pierre de Chalencon, grand-archidiacre de Rodez, prévôt de l'église du Puy, et deuxième fils de Louis-Armand, vicomte de Polignac, et d'Isabeau de La Tour, de la maison d'Auvergne et de Boulogne. Charles VIII, de son côté, nomma au siège du Puy l'évêque de Périgueux, qui était non-seulement son conseiller, mais encore son aumônier. Un conflit s'éleva entre le roi, qui rappelait les prérogatives de la couronne dans les élections des évêques Aniciens (5), et le chapitre, qui revendiquait son droit séculaire de libre suffrage. Le roi avait écrit au chapitre aussitôt après la mort de Jean de Bourbon pour lui défendre de procéder à l'élection sans son consentement et hors sa participation; mais, lorsque la lettre royale arriva au Puy, Pierre de Chalencon était déjà élu (6). Le chapitre répondit à la Noël suivante par une lettre qui annonçait l'élection de Pierre de Chalencon, et rendait un éclatant hommage aux qualités et aux vertus de ce prélat (7). Le roi fit saisir le temporel de l'évêché du Puy, et déféra la cause au pape Innocent VIII. Par deux bulles des ides de mars 1486, le pape cassa l'élection de Pierre de Chalencon comme faite « minus recte et contra canonicas sanctiones », et transféra au siège du Puy l'évêque de Périgueux (8). Malgré cette décision pontificale, Pierre de Chalencon continua de jouir des revenus de l'évêché du Puy. Par lettres données au bois de Vincennes le 14 avril 1486, le roi ordonna au parlement de Toulouse de faire cesser cet état de choses (9). Par d'autres lettres royales datées de Troyes l'avant-dernier mai 1486, Casse d'Albias, conseiller au parlement de Paris, et commis au Puy pour le régime de l'évêché, reçut ordre de casser les officiers nommés par le protonotaire de Solignac, et de lui faire rendre compte des revenus perçus (10). Les ordres du roi n'ayant pas été exécutés, le différend entre Geoffroy de Pompadour et Pierre de Chalencon fut déféré à M° Béranger Le Blanc, juge des premières appellations du Gévaudan, commis à cet effet, et terminé par

(1) Registre du Conseil de régence, déjà cité.

(2) Gall. christ., Eccl. Engolis., loco citato. — Journal de Masselin, publié dans la collection des documents inédits sur l'histoire de France : Paris, 1835.

(3) Père Anselme, loco citato, et « Histoire des chanceliers de France », article Doriolle.

(4) Père Anselme, article de Geoffroy de Pompadour, loco citato, et Père Dupuy, déjà cité.

(5) Le Puy s'appelle en latin Anicium, Aniciensis civitas; l'église, ecclesia Aniciensis.

(6) Notes sur Chalmelis. — Voir sur Chalmelis le premier numéro des Tablettes historiques de la Haute-Loire.

(7) La lettre est donnée tout au long dans l'Histoire manuscrite de Chabron. — Sur Chabron, voir les Tablettes.

(8) Notes de Chalmelis.

(9) Notes de Chalmelis.

(10) Notes de Chalmelis.

un arrêt du parlement de Toulouse du samedi 26 janvier 1487, qui maintint définitivement Geoffroy de Pompadour en possession de l'évêché du Puy (1).

Geoffroy de Pompadour avait reçu, dès le mois de mai 1486, la bulle de sa translation au Puy (2). Il prêta serment de fidélité au roi dans la ville de Senlis le 22 juillet de cette année, et fit son entrée solennelle dans sa nouvelle ville épiscopale le 28 septembre suivant (3).

Au dire de Chabron (4), que son adoration de la maison de Polignac rend toujours un peu suspect, Geoffroy ne voulut point se dessaisir de son évêché de Périgueux en faveur de Gabriel du Mas, évêque de Mirepoix, et transféré à Périgueux dès le 15 juin 1486 (5). Chabron assure que le roi enjoignit à Geoffroy de renoncer à son dernier évêché, et fit même saisir le temporel de Périgueux. Cette version de l'historien de la maison de Polignac est en désaccord avec l'assertion du judicieux et exact dom Vaissette, qui assure que Charles VIII donna à Geoffroy de Pompadour, ainsi qu'à Gabriel du Mas, évêque de Mirepoix, et Jean d'Épinay, abbé d'Aigues-Vives, à cause de leurs services, les émoluments des légats du Puy pendant la vacance (6). Toutefois la version de Chabron contient quelque vérité, puisque nous voyons plus tard l'évêque du Puy se ressaisir de l'évêché de Périgueux.

C'est vers l'année 1486 que Geoffroy fut qualifié le premier de grand-aumônier du roi. L'époque précise où il obtint ce titre n'est pas connue; mais elle ne peut pas remonter au delà de 1485. En effet, dans le registre des séances du conseil de régence, en 1484 (7), Geoffroy de Pompadour n'est qualifié que du titre d'aumônier du roi.

Peu de temps après son entrée au Puy, Geoffroy de Pompadour eut à subir de nombreuses aventures, dues à son rôle politique et à ses liaisons intimes avec le duc d'Orléans, qui débuta par être un factieux, et finit par être l'excellent monarque que l'on sait. Louis d'Orléans avait dressé avec François II, duc de Bretagne, et plusieurs gentilshommes, parmi lesquels se trouvaient le comte de Dunois et l'historien Comines, une conjuration redoutable, dont le but paraît avoir été de secouer le joug de « Madame la Grande ». La dame de Beaujeu alla droit aux conjurés avec sa décision ordinaire. Le duc d'Orléans ayant été forcé de se réfugier auprès du duc François (janvier 1487), Louis d'Amboise, évêque de Montauban, et Geoffroy de Pompadour correspondirent avec lui par dépêches chiffrées. Un de leurs cousins, que Jaligny (8) soupçonne de trahison, fut arrêté porteur de papiers compromettants. L'évêque de Montauban, averti à temps, put se réfugier à Avignon, près du légat du pape; mais il paraît qu'il fut pris ou se constitua prisonnier, car on le voit figurer dans les procédures qui furent faites, et réclamer contre les rigueurs de sa détention. Arrêté à Amboise, le grand-aumônier fut conduit à Tours, de là en divers endroits, et finalement à Mehun-sur-Loire.

(1) Registre septième des arrêts du parlement de Toulouse, fol. 307.
(2) Notes de Chalmelis.
(3) Dom Vaissette, édition Dumége, T. VIII, p. 185, et registre non numéroté de la sénéchaussée de Nîmes. — « Discours historique de la très-ancienne dévotion à Notre-Dame du Puy », par le P. Oddo de Gissen, jésuite : Lyon, 1630, p. 590. — « Histoire de l'église angélique de Notre-Dame du Puy », par le P. Théodore : Lyon, 1693, p. 373.
(4) Loco citato.
(5) Gall. christ : « Eccl. Petrocoriensis », T. II, p. 1482.
(6) Dom Vaissette, édition Dumége, T. VIII, p. 185.
(7) Déjà cité.
(8) « Histoire de Charles VIII » : Paris, 1617, p. 23, 120, 121.

Les deux évêques furent interrogés d'abord par les officiaux de l'archevêque de Tours, et livrés ensuite au parlement de Paris. Le premier président La Vacquerie, et, après lui, deux conseillers, Martin de Bellefaye et Jean Le Veste, furent chargés de l'instruction du procès (1). Par arrêt du parlement du 8 mars 1487, Jean de Pompadour, chevalier et frère du grand-aumônier, fut autorisé à recevoir sur tout le temporel de son frère, qui avait été saisi, la somme de deux mille livres parisis par mois pour subvenir aux nécessités du prisonnier.

Le pape Innocent VIII intervint dans cette affaire. Il ordonna à ses deux nonces en France, que les manuscrits de la Bibliothèque impériale appellent « de Tréguier et Antonio Flores », de s'entremettre auprès du roi, et de lui demander de donner main-levée de la saisie du temporel des deux évêques de Montauban et du Puy, de remettre le jugement de leurs procès à la Cour romaine, et, s'il ne se pouvait, d'obtenir au moins que les deux prélats fussent transférés à Avignon ou dans toute autre ville, au choix des nonces (2). La dame de Beaujeu resta longtemps inflexible devant les prières comme devant les injonctions de la Cour pontificale. Pendant sa détention à Mehun-sur-Loire, Geoffroy de Pompadour s'opposa, le 3 novembre 1487, à ce que Jean de Laurière, chevalier, eût sa charge de premier-président des Comptes, et il prenait alors la qualité d'évêque du Puy, d'administrateur du diocèse de Périgueux et d'aumônier du roi (3). Il resta en prison à Mehun-sur-Loire, non point jusqu'en 1488, comme l'écrit par erreur le Père Anselme (4), mais jusqu'à la fin de l'année 1489. Nous avons en effet à cet égard un document précis : c'est une lettre adressée aux ambassadeurs du pape par Michel de Chastenet, dit du Feuillet, maître-d'hôtel du roi, et commis à la garde des évêques du Puy et de Montauban. Dans cette lettre, datée de Mehun-sur-Loire le dernier septembre 1489 (5), Michel de Chastenet mande aux ambassadeurs qu'il a surpris des lettres écrites clandestinement par l'évêque du Puy en latin, qu'il n'entend pas, et il envoie ces lettres aux ambassadeurs, en suppliant le roi de lui permettre de sortir de Mehun-sur-Loire et d'aller vaquer à ses affaires. Les deux prélats furent enfin délivrés sur les derniers jours de l'année 1489; mais ils furent confinés dans « les limites de leurs diocèses (6) ». Il paraît même que Geoffroy de Pompadour perdit à cette aventure sa charge de premier président à la Cour des Comptes. Nous voyons en effet qu'Étienne de Verc ou de Vers, d'abord valet de chambre de Charles VIII, puis devenu successivement chambellan du roi, bailli de Meaux et sénéchal de Beaucaire, était en 1489 premier-président de la Cour des Comptes (7).

Geoffroy de Pompadour rendit une ordonnance, datée de Paris le 14 juin 1493, comme grand-aumônier, évêque du Puy et comte de Vélay; il règlemente les revenus et les quêtes, ainsi que l'administration intérieure de l'hospice des Quinze-Vingts. Ce règlement fut homologué, sauf quelques modifications, par le parlement de Paris, le 6 septembre 1522.

---

(1) Bibliothèque impériale, V. Colbert 177, fol. 35.
(2) Instruction du pape Innocent VIII à ses nonces. — Bibl. imp., loco citato.
(3) P. Anselme, article Geoffroy de Pompadour, loco citato.
(4) Loco citato.
(5) Bibliothèque impériale, fonds français 15541, fol. 99. — Harlay, 511.
(6) Jaligny, loco citato.
(7) « Histoire de Charles VIII », par M. de Cherrier, membre de l'Institut : Didier, Paris, 1868, T. I, p. 225 et 226.
(8) Dom Vaissette, édition Dumège, T. VIII, p. 199 et 200. — Arnaud, « Histoire du Vélay », T. I, p. 275.

Le duc d'Orléans étant rentré en faveur auprès de Charles VIII, et ayant signé un acte solennel de réconciliation avec la dame de Beaujeu, le 4 septembre 1491, ses amis revinrent aussi dans les bonnes grâces du roi. — Geoffroy de Pompadour assista comme commissaire du roi aux États du Languedoc, qui s'ouvrirent au Puy le 10 mai 1494 (1). Les autres commissaires du roi étaient le vicomte de Polignac; le sire de La Voute; Pierre Briçonet, général des finances; Antoine Bayard; Guillaume de La Croix; Étienne Petit et Louis d'Amboise, frères de l'évêque de Montauban.

En cette année, dit Médicis (2), « commença-t-on de faire crier tous les lundis
» le point du jour par ung homme qui est commigs a ce faire, qu'on appelle
» le huche des âmes du purgatoire, qui porte sur son bras dextre, en brodure, les
» âmes du purgatoire en feu..... C'est un huche tire parmi la ville, les lundys comme
» est dit, devant jour, atout une petite clochete tousjours sonnant 2, s'arreste en
» chacun carrefour de ladite ville, ou au moins aux principaulx lieux, et crie ainsi,
» disant :

« Bonnes gens, dormy avez assez! Veuillez vostre cueur donner à prier pour les
» bons trespassés, que Dieu veuille pardonner ».

Sous l'épiscopat de Geoffroy de Pompadour s'accrut également la dévotion du Saint-Chapelet. Dès 1492, cette pieuse pratique fut prêchée au Puy par un dominicain prémontré, nommé Père Geoffroy Quentin, qui « nous donna de moult belles doctrines, et bailloit à qui en vouloit la bulle dudit chappellet pour six deniers tornoys piece (3). »

A son retour de Naples (1495), Charles VIII reçut une lettre de la ville du Puy, qui l'invitait à venir « en pèlerinage au glorieux ymage de Notre-Dame, auquel le
» feu roi Loys, votre pere, que Dieu absolve, avoit à vostre intention singuliere
» devotion (4) ». Le roi vint en effet au Puy vers la fin d'octobre 1495. Il fut traité, dit le Père Théodore (3), par le grand-aumônier, à Espailly (5), et, comme il voulut monter une après-dînée sur le rocher d'Aiguilhe (6), il y trouva une très-belle collation préparée par les soins du chapitre. Le roi était de retour à Lyon le 7 novembre suivant (7). Geoffroy de Pompadour, avant l'expédition de Naples, avait été commis par Charles VIII pour faire quelques aliénations du domaine royal en Languedoc, afin de subvenir aux frais de la guerre. Le 21 juillet 1495, il reçut du duc de Bourbon, lieutenant-général du roi en Languedoc, un mandement de 4,100 livres pour être remboursé de ses mises et avances (8).

En 1496, Geoffroy, paisible possesseur de l'évêché du Puy, fut nommé par Charles VIII administrateur de l'Hôtel-Dieu d'Amboise (9). En 1498, son neveu, Geoffroy de Pompadour, protonotaire apostolique, obtint la cure de Saint-Didier-

---

(1) Chroniques d'Estienne de Médicis, bourgeois du Puy, publiées par M. Chassaing, juge au Puy : Le Puy, 1869, T. I, p. 265.

(2) Médicis, T. I, p. 264.

(3) Bibl. imp., fonds français 15544, fol. 207. — Harlay, 511.

(4) Page 374.

(5) Espailly, résidence épiscopale, sur un rocher, à un kilomètre du Puy. Charles VII y vint souvent. La tradition locale est qu'il y fut proclamé roi.

(6) Aiguilhe, bourg près le Puy, sur une roche basaltique qui affecte la forme d'un cône, où s'élève la belle église de Saint-Michel, fondée en 962 par Ernanus, doyen de l'église du Puy.

(7) Arnaud, loco citato, T. I, p. 275.

(8) Père Anselme, article Geoffroy de Pompadour, loco citato.

(9) Inventaire des titres de la maison de Pompadour, loco citato.

la-Seaune en Vélay contre Pierre Romex, ou Bomex, chanoine et for-doyen moindre de l'église cathédrale du Puy (1).

Le 20 décembre de la même année, un fondé de procuration de l'évêque du Puy permuta la dignité de prévôt de Fourvières avec Geoffroy de Pompadour, protonotaire du Saint-Siége, contre une chapelle fondée sous le vocable des Onze-mille-Vierges, en l'église paroissiale de Séjalon au diocèse du Puy. Le chapitre accueillit la résignation faite en vue de la permutation, et conféra la dignité de prévôt au curé-recteur de Saint-Didier (2). La même année encore, Geoffroy de Pompadour eut un procès avec les habitants de la rue des Tables, au Puy, au sujet du droit de chape, que depuis longues années les évêques du Puy avaient coutume de percevoir (3).

Geoffroy de Pompadour, comme presque tous les évêques de cette époque, pratiquait peu la résidence, et accomplissait rarement les fonctions pastorales dans son diocèse. Le 4 mars 1500, étant en son château épiscopal de Monistrol-sur-Loire (4), et en présence de Jean Luquet (Luquete), chanoine du Puy, et de Charles-Armand, *alias* de Lafaye, clerc du diocèse de Périgueux, il nomma, pour le remplacer dans toutes les fonctions épiscopales, Jean de Beulenc (Johannes de Beulenco), dit de Pressuris, cordelier, chanoine du Puy, évêque *in partibus* de Troie, et l'un de ceux qui avaient élu, le 7 décembre 1485, Pierre de Chalençon. Il paraît du reste que l'acte de nomination du 14 mars 1500 ne fut que la consécration d'une situation déjà acquise. Nous voyons en effet, dans le récit que fait Médicis (5) des obsèques qui furent célébrées au Puy pour le roi Charles VIII le jeudi 10 mai 1498, Jean de Beulenc célébrer la messe solennelle comme « suffragant de Monseigneur l'évesque » du Puy, messire Geoffroy de Pompadour ». D'après le frère Théodore (6), Jean de Beulenc « survécut si peu celui qu'il assistoit de ses soins qu'il sembla l'avoir » voulu seconder encore en quittant la vie (7) ». Le neveu de Jean de Beulenc, Étienne de Pressuris, cordelier, et évêque *in partibus* de Troie comme son oncle, fut suffragant, c'est-à-dire coadjuteur d'Antoine de Chabanes, successeur de Geoffroy de Pompadour (1514-1532).

Les États de la province de Languedoc s'ouvrirent au Puy, le 14 septembre 1501, sous la présidence de Pierre Loys, évêque de Rieux, qui eut deux cents livres sur les épices pour son assistance et sa présidence. Geoffroy de Pompadour n'assista point à cette assemblée, qui se tint dans la grand'salle du chapitre : il s'y fit représenter par un grand-vicaire, que le procès-verbal ne nomme pas, mais qui était probablement Geoffroy de Tours, doyen (8) ».

L'année 1502 est restée célèbre dans l'épiscopat de Geoffroy de Pompadour.

---

(1) Registre onzième des arrêts du parlement de Toulouse, fol. 130. — Arrêt du samedi 16 novembre 1699.

(2) Inventaire déjà cité des Actes capitulaires de l'église de Lyon, vol. 30, fol. 369 v°, 370.

(3) Archives départementales de la Haute-Loire : Registre des hommages de l'évêché du Puy, en manuscrit

(4) Chef-lieu de canton, arrondissement d'Yssenjeaux (Haute-Loire).

(5) T. I, p. 267.

(6) Loco citato, p. 380.

(7) « Or nostre Godefroid de Pompadour avoit un suffragant nommé Jean, évesque de Troye-la-Grande, personnage singulièrement affectionné aux ordres religieux. » Oddo de Gissey, loc. cit., p. 591.

(8) Dom Vaissette, édit. Dumége, T. VIII, p. 213. — Arnaud, loc. cit., T. I, p. 277. L'excellente Histoire de M. Arnaud a été imprimée au Puy, en 2 volumes, chez Lacombe, 1816.

Le grand jubilé du Puy, qui était célèbre dans la chrétienté, et attirait depuis longtemps au sanctuaire de la vierge d'Anis les pèlerins de toutes les nations, fut célébré, suivant la tradition, par suite de la coïncidence de la fête de l'Annonciation avec le Jeudi-Saint. Un immense concours de fidèles afflua dans les rues du Puy. « Il s'y assembla tant de monde, dit Médicis (1), de tant de quartiers que les » chemins ne suffisoient à passer, ains estoient en plusieurs parts contraincts passer » par champs, vignes, prés, jardins, qu'estoit cas estrange. »

Près de la porte de Vienne, « une muraille cheust du jardin de François Gimbert, » orfevre-argentier, qui causa la mort de dix-neuf personnes, qui fust grand » dommage : Dieu en pardoint. Amen (2) ».

Près de la porte de Saint-Robert, les pèlerins s'entassèrent si follement que « y » rendirent leurs âmes à Dieu plus de cent personnes. Dieu les absoueille, et veuille » restaurer et consoler leurs parens et amys (3) ». Geoffroy de Pompadour, qui était arrivé au Puy à l'entrée du carême présider l'assemblée de consuls et de chanoines, prit toutes les mesures que nécessitait l'affluence des pèlerins. Il s'assura de trois mille confesseurs, et fut aidé dans toutes les mesures de police et de dévotion par la noblesse du pays. Le pain fut près de manquer, et les blés et les vignobles furent gâtés au long du chemin de 4 à 5 toises de long (4) par suite de l'entassement des pèlerins. « On auroit dit que l'Italie, l'Espagne et l'Angleterre » s'étoient épuisées d'habitans, et il s'y trouva même une quantité de familles » grecques (5) ».

Les États du Languedoc s'assemblèrent au Puy le 21 octobre 1502. Le sire de La Roche-Aymon et Geoffroy de Pompadour furent les principaux commissaires du roi. Le seigneur de La Voute fit la harangue au nom des États, et l'évêque du Puy lui répondit. Tous les autres évêques de la province étant absents, et s'étant fait représenter par leurs grands-vicaires, les États prièrent Geoffroy de Pompadour de prendre la présidence, quoique commissaire du roi, ce qu'il accepta du consentement des autres commissaires ses collègues.

Le 11 janvier 1502, Jean de Pompadour institua son frère, l'évêque du Puy, pour son héritier usufructuaire et pour son exécuteur testamentaire (6).

Une contestation s'éleva en 1503 entre messire Geoffroy de Tours et les représentants de feu messire Hector de Bourbon, archevêque de Narbonne, à raison du doyenné de l'église cathédrale du Puy. Par arrêt du parlement de Toulouse, prononcé le 6 décembre 1503, le doyenné fut accordé à Geoffroy de Tours. Cette même année, Geoffroy de Pompadour fit une fondation dans l'église de Lyon pour être distribuée aux chanoines. Le Père Anselme (7), en relatant cette fondation, dit à tort que Geoffroy de Pompadour était alors prévôt de Lyon. Depuis 1499, il avait cédé cette dignité à son neveu du même nom que lui (8). La même année (1503), il fonda une

(1) Loco cit., p. 152 et suivantes.
(2) Médicis, loco citato, p. 153.
(3) Médicis, p. 153.
(4) Frère Théodore, pages 375 et suivantes.
(5) Théodore, p. 376.
(6) Père Anselme, art. Geoffroy de Pompadour, déjà plusieurs fois cité.
(7) Article Geoffroy de Pompadour, loco citato. — Inventaire des titres de la maison de Pompadour, déjà cité.
(8) Geoffroy de Pompadour fut principal commissaire du roi aux États de Languedoc, qui se tinrent dans le réfectoire des Carmes de Tournon en Vivarais (aujourd'hui Ardèche) le 13 novembre 1503. — Dom Vaissette, édit. Dumége, T. VIII, p. 217.

église à Pompadour, qu'il fit ériger en collégiale pour huit chanoines et deux clercs par le cardinal d'Amboise, son ami, légat en France (1).

Un différend s'étant élevé entre l'évêque du Puy et François d'Estaing, conseiller du roi en son grand-conseil et abbé de Saint-Chaffre-le-Monastier (2), au sujet de la collation des bénéfices dépendants au diocèse du Puy de cette puissante abbaye, à son audience du 27 décembre 1505, le parlement de Toulouse maintint le droit de collation de l'évêque sur la présentation de l'abbé et du sacristain de Saint-Chaffre (3).

Le 12 décembre 1505, Geoffroy de Tours, doyen du chapitre, présida au nom de l'évêque du Puy les États du Languedoc qui s'ouvrirent à Nîmes. En 1507, Geoffroy de Pompadour fut pourvu par le cardinal d'Amboise, légat *a latere*, de la cure de Cornac (4). Au mois d'août de la même année, il obtint aussi du cardinal d'Amboise l'amortissement des biens qu'il donna à l'église d'Arnac. (P. Anselme.) Par arrêt du 7 septembre 1507, le parlement de Toulouse accorda à frère Théobald Girard, religieux de Saint-Benoît et prieur de Saint-Martin-de-Nonoglet, le droit de prendre les oblations faites à la chapelle de Notre-Dame-de-Freynac aux fêtes de Noël, de la Purification, de Pâques, du Jeudi-Saint, Pentecôte et Toussaint, et accorda à l'évêque du Puy la faculté de prendre les mêmes oblations aux autres fêtes de l'année (5).

Il paraît que, malgré l'arrêt définitif du parlement de Toulouse du 26 janvier 1487, qui avait débouté Pierre de Chalencon de tous droits sur l'évêché du Puy, ce dernier ne s'était pas tenu en repos. La prévôté de l'église du Puy, pour laquelle il plaidait dès 1460 jusqu'en 1479 (6) contre Pierre des Ages (Petrus de Aagis), avait été définitivement accordée, par arrêt du parlement de Toulouse du 14 décembre 1492 (7), à maître Benoît Adam, docteur en droit, protonotaire et auditeur du Sacré-Palais, chanoine de Clermont en Auvergne, conseiller aux parlements de Paris et de Bordeaux (8). Il est à croire que, malgré toutes ses mésaventures judiciaires, le protonotaire de Polignac continua à inquiéter l'évêque du Puy. En effet, le mercredi 3 janvier 1508, Geoffroy de Pompadour, évêque du Puy et comte de Vélay, obtint du parlement de Toulouse un arrêt qui donnait acte du décès de Pierre de Chalencon, et levait tout empêchement mis à la jouissance de Geoffroy de Pompadour (9). Cette même année, le pape accorda à l'évêque du Puy une pension de six cents livres sur le prieuré de Noblac (Saint-Léonard de Noblac, arrondissement de Limoges, (Haute-Vienne) (10).

Le 13 janvier 1509, Geoffroy de Tours présida, au nom du grand-aumônier, et en

---

(1) Dom Vaissette, T. VIII, p. 217.

(2) L'abbaye de Carmery fut fondée vers l'an 570, sous la règle de Saint-Benoît et l'invocation du prince des Apôtres, à quelques lieues du Puy en Vélay, sur la rivière de la Colanse, par Calmen, gouverneur ou duc d'Auvergne. Elle changea ensuite son nom pour prendre celui de Saint-Chaffre, son deuxième abbé, qui l'avait illustrée par ses vertus et son martyre (Saint-Chaffre ou Théofroi).

Cette abbaye a été détruite en 1793. Il reste encore quelques débris des clôtures et une belle église, qui forme la paroisse du chef-lieu du canton du Monastier.

(3) Registre 13e des arrêtés du parlement de Toulouse, fol. 8.

(4) Inventaire des titres de la maison de Pompadour, déjà cité. Il faut peut-être lire Arnac.

(5) Registre 13e des arrêtés du parlement de Toulouse, fol. 447.

(6) Gall. christ., T. II. — Eccl. Aniciensis, p. 750.

(7) Registre 9e des arrêtés du parlement de Toulouse, fol. 14.

(8) Gall. christ., T. II. — Eccl. Anic., p. 750.

(9) Registre 14e des arrêtés du parlement de Toulouse, fol. 43.

(10) Inventaire des titres de la maison de Pompadour, loco citato.

l'absence des évêques, les États du Languedoc ouverts au Puy. L'évêque de Montauban, commissaire du roi, contesta au représentant de l'évêque du Puy la présidence, qui lui fut maintenue par l'assemblée (1).

Le 8 décembre 1509, le chapitre noble de Saint-Jean (2) de Lyon procéda à l'élection d'un doyen à la place de messire Antoine de Feurs, décédé. Toutes les voix se réunirent en faveur de l'évêque du Puy (3).

L'an 1510, fut dressé sur la place du Martouret, au Puy, le pilori où l'on exécutait les malfaiteurs aux dépens du roi et de messire Geoffroy de Pompadour, évêque du Puy et comte du Vélay. Un gentilhomme du pays, nommé du Mas, voyant travailler les ouvriers, dit en se jouant : « Il sera heureux celui qui étrennera ce lieu ». Peu de temps après, il eut le premier la tête tranchée sur le pilori (4).

Les longues querelles de Geoffroy de Pompadour avec la vicomté de Polignac prirent fin en 1511. Il maria sa petite-nièce, Marguerite de Pompadour, fille d'Antoine de Pompadour et de Catherine de Latour, née le 19 juin 1491, à Guillaume Armand, vicomte de Polignac, duquel elle était veuve en 1524 (5).

Les États du Languedoc s'ouvrirent au Puy le 20 août 1512. Le vicomte de Polignac et le seigneur de La Vonte furent les principaux commissaires du roi. L'évêque du Puy et le chapitre reçurent ordre du roi, par un héraut, de dire tous les jours à la messe de midi, et au moment de l'élévation, pour obtenir la paix du royaume, les deux versets suivants :

> O salutaris Hostia,
> Quæ cœli pandis ostium !
> Bella premunt hostilia :
> Da robur, fer auxilium.
>
> Uni trinoque Domino
> Sit sempiterna gloria,
> Quæ vitam, sine termino,
> Nobis donet in patria.
> Amen (6).

« L'an M.'DXIII, le jour de l'Annunciation de Nostre-Dame, qu'est le XXV de
» mars, fut le tres-saint et renommé jubilé de Nostre-Dame-du-Puy, auquel vint
» et afflua grant et indicible nombre de peuple, ou pour la discrecion des incoles de
» la ville, moïennant la pourvoyance divine, il fut si astucieusement conduit et
» gouverné qu'il n'y eust creature qui y print nul inconvenient (7) ».

Il ne paraît point que Geoffroy de Pompadour ait pris part à cette grande fête, la fête par excellence du diocèse du Puy. Il n'assista pas non plus aux États de la province tenus au Puy, dans la salle du chapitre, le 9 mars 1513. Il était très-âgé, et une bulle du cardinal d'Amboise, légat *a latere*, lui permit cette année de

---

(1) Dom Vaissette, édit. Dumége, T. VIII, p. 224. — Arnaud, loco cit., T. I, p. 280.

(2) Le noble chapitre de Lyon, qui avait eu le titre de Saint-Étienne jusqu'à la fin du xve siècle, prit celui de Saint-Jean dès le commencement du xvie.

(3) Inventaire des Actes capitulaires de l'église de Lyon, vol. 32, fol. 263 à 281.

(4) Médicis, T. I, p. 279.

(5) Père Anselme, article Pompadour, loco cit. — « Histoire manuscrite de la maison de Polignac », par Chabron.

(6) Médicis, T. I, p. 284.

(7) Médicis, T. I, p. 184.

disposer comme il le jugerait à propos des fruits et revenus de ses bénéfices en faveur de ses parents ou autres, pourvu qu'il ne détériorât pas le fonds (1). Cette indication de l'inventaire de Pompadour s'accorde avec ce que dit le *Gallia christiana*. (*Eccl. Parisiensis : Histoire de la Grande Aumônerie.*) D'après de Sainte-Marthe, Geoffroy de Pompadour aurait volontairement (*lubens dimisit*) abandonné, vers les derniers temps de sa vie, toutes les charges et dignités, et spécialement la charge de grand-aumônier.

Il mourut le 8 mai 1514, les uns disent à Paris, les autres au château de Laurière en Limousin (2). Par son testament, qui date du 14 février 1493, il avait élu sa sépulture à Arnac, au tombeau de ses prédécesseurs. Il y fonda quatre chapitres, et fit beaucoup de bien à toutes les églises qu'il avait tenues (3).

Plusieurs historiens nous apprennent que Geoffroy de Pompadour, évêque du Puy, fit bâtir le château de Laurière sur la fin du xve siècle. Ce château, situé sur les confins de la Marche et du Limousin, avait, dit-on, été ruiné en 1270. La terre de Laurière était une des plus anciennes baronnies. Il ne reste aujourd'hui aucune trace de cette grande habitation.

On trouve à la Bibliothèque nationale, lat. 17028, GAIGNIÈRES, 143, fol. 27, les vers suivants sur Geoffroy de Pompadour :

In Geofridi Pompadorii, Petragoricensis pontificis, obitum.

Si fuit ante mihi de te unquam jure querendum,
    Hoc de te, merito tempore, parca, queror.
Parca, mihi veterem qui aufers crudelis amicum,
    In nos cujus amor notaque cara fides,
Vite animique fuit nobis conjunctio, rerumque
    Atque pari demum junctus honore gradus;
Nos fera disjungis, quin me mihi surripis ipsum.
    Pars melior nostri est rapta, relicta minor,
Impia prestiterat te spicula continuasse (*sic*),
    Una aut nos perdere falce duos (*sic*),
Jam natale solum, jam sordet fertilis ora.
    Tu nec ut ante mihi, magne (*sic*) Garumna, places :
Non vos Lemovices posthac invisere gratum est,
    Nec fletu immensos cernere Petrocoros.
Jam videor miseras hinc exaudire querelas,
    Oraque assiduo verbere pulsa sonant,
Cerno (4) manantes mœroris ab impete rivos,
    Quæque fluunt oculis flumina, non lacrymæ,
Atque de afflicto erumpunt suspiria corde,
    Ætneo qualis gurgite fumus abit.
Femina cuncta gemit, gemit omnis visque senexque,
    Natus vix pueris is quoque sensus adest.

---

(1) Inventaire des titres de la maison de Pompadour.
(2) Gall. christ. — Eccl. Aniciensis, T. II, p. 735.
(3) Gall. christ. — Eccl. Aniciensis, T. II, p. 735. — Père Anselme, article Geoffroy de Pompadour.
(4) Peut-être ceno ou quelque chose d'approchant.

Proh dolor! in vestro ausim vos spectare dolore,
　Pectora quin nostrum vix mea ferre queam :
Addita nascentem nequeat restringere flammam ;
　Flamma nec unda, undam comminuisse potest :
Solamen petimus, nobis dare nec licet ulli,
　Nec luctus spes est nos (1) retinere modum ;
Quin fugere æquum est nec finem quærere luctus,
　Nec cuiquam siccis convenit esse genis :
Splendor Aquitaniæ periit tutelaque gentis.
　Unus amor populi curaque nobilium,
Quam pius antistes hoc urbs pastore carens nunc,
　Pontifici posthac est habitura parem :
Cunctis prodesse hunc studium fuit innocuusque
　Virtutes coluit cum probitate decus,
Principis hic magni sibi conciliavit amorem,
　Hic potuit summis gratus adesse viris.
Burdigala hunc vidit celebri jura equa senatu
　Reddentem, quam vix prima inventa fuit
Judicis, atque diu præclare munere junctum.
　Excepit placido nobilis aula sinu,
Erectum ac tandem quo virtus alta poposcit;
　Non sinis, heu! digno, mors, residere loco ;
Eripis ante diem quum nondum infecerat illi,
　Auro fulgentes cana senecta comas;
Sic, Gaufride, jaces, sed nos mærere jacentes
　Linquis et alma velas lucidus astra super ;
Liquisse et mentes te nil jam penitet hisce
　In tenebris, lux te quando perennis habet.

Il est assez difficile d'admettre, malgré l'intitulé du titre, que ces distiques aient été composés en l'honneur de Geoffroy de Pompadour, grand-aumônier, évêque du Puy, très-âgé, et qui n'avait jamais été conseiller à Bordeaux.

IX (page 412). — Guillaume des Lèzes, prêtre, vendant en 1499 à Jean de Pompadour, S^{gr} de Laurière, la moitié du fief de L'Age Pounet, se réserva le droit de patronage. (*Pouillé de Nadaud*, article Bessac.)

XIV (page 419). — Léonard-Philibert Hélie de Pompadour était lieutenant du roi en Limousin. Il en reçut plusieurs lettres, en 1627 et 1628, demandant des ouvriers limousins pour construire la célèbre digue de La Rochelle. Cette correspondance a été publiée par M. Pierre Laforest dans son livre intitulé *Limoges au XVIIe siècle*. Le même auteur a aussi donné dans cet ouvrage la correspondance de ce même Léonard-Philibert avec Marie Fabri, sa troisième femme.

Le château et la terre de Pompadour furent achetés, en 1745, par Louis XV. Il en fit présent à la trop fameuse favorite Jeanne Poisson, femme du financier Le Normand d'Étioles. On sait qu'elle fit bâtir à grands frais un nouveau château, pour l'embellissement duquel tous les arts furent mis à contribution avec autant de magnificence que de goût ; on sait aussi que le marteau révolutionnaire s'acharna

(1) Peut-être « non ».

sur cet édifice, que le nom de la favorite semblait plus particulièrement désigner à ses fureurs.

En 1764, après la mort de cette nouvelle marquise de Pompadour, le château reçut une destination nouvelle : un haras y fut établi, et son premier directeur fut M. Joseph de Joussineau, marquis de Tourdonnet, écuyer ordinaire du roi, maître de la garde-robe du comte d'Artois. Il fut administré successivement par MM. de Cellot, de Boyssières, de Bonneval, de Fargues, de Sedaiges, etc. Il devint un moment un simple dépôt, mais il reprit bientôt le rang qu'il avait perdu. M. le comte Joseph de Bony l'administra pendant quelque temps, et, après lui, est venu M. A. de Lespinats, qui le dirigeait en 1834.

HÉLIE DE DOMPHON ET DE COLONGES (page 428).

La maison d'Hélie de Pompadour, Sgr de Colonges, descend de Gérald d'Hélie, Sgr de Domphon, paroisse de Chastenet, vivant en 1250, fils de Radulphe Hélie, Sgr de Pompadour, et de Marie d'Estaing. Héliot Hélie (Pompadour), Sgr de Chabrignac, de Colonges, de Ségur, de Marcillac, son arrière-petit-fils à la cinquième génération, mourut en 1477, ayant épousé Jeanne d'Hautefort, fille d'Antoine, Sgr dudit lieu. (COURCELLES : *Hautefort*, T. II, p. 87.) Il en eut Antoine-Hélie Pompadour, seigneur desdites terres. Il rendit hommage à Alain d'Albret, vicomte de Limoges en 1461, pour ses seigneuries de Colonges et de Chabrignac. (*Archives de Lubersac*, original en parchemin.) Ce dernier eut d'Élisabeth de La Gobelaye, dame du Bourdeix :

1° Guy Hélie, qui suit ;

2° Jean Hélie de Colonges, qui était licencié en droit, protonotaire du Saint-Siège, prieur de Bussière-Badil au diocèse de Limoges (aujourd'hui canton et arrondissement de Nontron, Dordogne), et de Montberon au diocèse d'Angoulême en 1481, chanoine de la cathédrale de Limoges et de celle d'Angoulême, fut nommé, en 1482, premier abbé commendataire de Dalon, où il fit faire un terrier. Le 25 septembre 1510, Jean, roi de Navarre, lui permit de faire bâtir une maison forte à Foilhade au diocèse d'Angoulême. Il acheta le fief de Belleville dans le même bourg en 1514, et celui de Maisonnais près le château de Lavauguyon. On le trouve abbé de Tourtoirac en Périgord en 1489, 1498 et 1530. Par acte du 4 septembre 1530, reçu La Jamme, il avait fondé quatre vicairies dans l'église de Bussière-Badil. Par son testament du 6 avril 1534, il demande à être enterré dans la chapelle de la Sainte-Vierge, qu'il a nouvellement fait bâtir dans l'église de Bussière-Badil. Jean Hélie de Colonges mourut en 1537 ; mais, dès 1533, il est dit ancien abbé de Dalon.

On trouve aussi noble Antoine de Colonges, prieur-commendataire d'Aureil, reçu chanoine et frère à la cathédrale de Limoges le 21 février 1534. En 1536, le prieuré était en ruines. Le 15 février 1538, il résigna à Geofroi Flameng de Brusac. (*Études sur les monastères du Limousin.*)

Guy Hélie, Sgr de Colonges, Puyagut, Teyjac, Estuard, Chabrignac, épousa Flamenc de Brujac, seule héritière d'Elzéar Flamenc, Sgr de Romain, dont Poncet Hélie, Sgr de Colonges, du Bourdeix, de Puyagut, Teyjac, Chabrignac, Sommersac, Estuard, etc., qui épousa Philippe de Pellegrue, dont il eut :

1° Charles Hélie, qui suit ;

2° Germain Hélie, mort jeune ;

3° Gabrielle Hélie, mariée, en 1564, à Guy de Lubersac, seigneur dudit lieu ;

4° Jeanne Hélie, mariée, en 1579, à François de Lubersac, Sgr de Chabrignac, et trois filles, mentionnées dans le testament de leur mère.

Charles Hélie, Sgr de Colognes et chevalier de l'ordre du roi, épousa Charlotte de Fumel, fille de François et de Jeanne de Caumont de La Force, dont il eut Charles Hélie, deuxième du nom, Sgr de Colognes, etc. Il acheta de Henri IV la seigneurie de Nontron. Il n'eut pas d'enfants de demoiselle Henri de Caumont de La Force (BRANTOME, T. XII, p. 130), et, sa mère ayant épousé Jean Hélie de Pompadour, Sgr de Laurière, il lui donna tous ses biens en 1610. (*Inventaire de Pompadour.*) Ainsi s'éteignit cette branche de la maison de Pompadour. (*Généal. Lubersac.*)

Hélias de Oratorio, domicellus, fait une fondation à l'abbaye de Bœuil, paroisse de Veyrac, en 1314 (1).

Hélias était prieur de Chamboret en 1230. C'est probablement lui qui, la même année, est dit prieur de Vieillefont, ordre de Citeaux. (*Archives de la Haute-Vienne.*)

HERARD (page 430), *alias* Hierard.

VI. — Pierre Herard, lieutenant-colonel au régiment de Rovigni, mort en Catalogne avant 1646, servait dans le ban et arrière-ban de l'Angoumois en 1635. Il avait épousé Catherine Turpin, fille de René Turpin, chevalier, Sgr de Jouhé, La Bataille et Ardilleux, et de Madeleine Turpin, dame de Puyferrier. De ce mariage vinrent : 1° Charles, qui suit ; 2° Marguerite Herard, mariée à N..... Brisonnet, dont un fils.

VII. — Charles Herard, écuyer, Sgr de Bramefon. (*Ban de l'Angoumois de 1635.*)

SAINTE-HERMINE (page 431). — Cette maison, d'ancienne chevalerie, illustre par ses alliances et ses services, est originaire de l'Aunis. Elle s'est ensuite fixée en Poitou. Le travail suivant est fait d'après un mémoire dressé vers 1779 par Cherin pour les honneurs de la cour sur les titres originaux qui lui avaient été communiqués par Jean, marquis de Sainte-Hermine, et d'après les documents conservés au cabinet de l'ordre du Saint-Esprit ; il est continué jusqu'à nos jours d'après les notes fournies par M. Jean Hélie de Sainte-Hermine, membre du Corps législatif. (*Dict. des familles du Poitou.*)

Notes isolées.

Gérard de Sainte-Hermine est l'un des seigneurs (*proceres*) nommés dans une charte de l'abbaye de Tonnay-Charente de l'an 1090.

N..... de Sainte-Hermine assistait, en 1117, à la dotation de l'abbaye de Trizay.

Eustache de Sainte-Hermine fit partie de la troisième croisade, comme il appert d'une charte donnée à Acre en 1191, indiquée dans l'ouvrage de M. Roger sur la noblesse de France aux croisades.

Hélie de Sainte-Hermine, chevalier, confirme, par une charte de l'an 1218, une donation de certains droits faite sur les églises du Fa et de Lireuil à l'abbaye de La Couronne par Hugues de Sainte-Hermine, son frère.

Aymeric de Sainte-Hermine assistait à la septième croisade, comme nous le voyons par une charte datée de Damiette du mois de novembre 1249, et qui constate qu'il a engagé ses biens présents et à venir à Alphonse, comte de Poitiers, en retour de la garantie que ce prince lui a accordée pour un emprunt fait à Anfreo

---

(1) Voir l'article Oradour.

Nicolaï pour subvenir aux dépenses de la croisade. En vertu de cet engagement, la maison de Sainte-Hermine a été admise au musée de Versailles, et son écusson placé dans la troisième salle carrée.

Mgr Guillaume de Sainte-Hermine est mentionné dans un acte de 1302 relatif à une vente de bois faite par Hugues de Pompeau, chevalier, à Raimond Aubert, clerc d'Angoulême.

Aymeric de Sainte-Hermine, chevalier, rendait, en 1342, un aveu des fiefs qu'il possédait dans les paroisses de Neusle, Hussau et Chadenac, à Aymard, Sgr d'Archiac.

Héliot de Sainte-Hermine, écuyer, servant, à la tête d'une compagnie de quatre écuyers, dans l'armée que le roi Jean avait en Angoumois, donnait, le 22 janvier 1356, une quittance scellée de son scel à Jean Chauvel, trésorier des guerres, de la somme de 45 francs 5 sols tournois pour ses gages militaires. Nous le retrouvons encore servant comme écuyer le 3 février 1358, et rendant un aveu à l'évêque d'Angoulême, en 1399, de sa terre des Gouffier-Malatrais, qu'il tenait du chef d'Isabelle de Dompt, sa femme, héritière de Pétronille de Gouffier.

Jean de Sainte-Hermine servait en Languedoc, en 1358, comme écuyer, dans la compagnie d'Aymeri, bâtard de La Rochefoucauld.

§ I. — *Branche du Fa.*

I. — Arnaud de Sainte-Hermine, écuyer, capitaine de Châteauneuf en Angoumois, avec une compagnie de quatre écuyers et d'un archer, donna, le 11 juillet 1354, à Barthélemy du Drac, trésorier des guerres, quittance de la somme de vingt-six livres huit sols tournois pour ses gages militaires, laquelle est scellée de son scel représentant *un semé d'hermine chargé de 6 merlettes, posées* 3, 2, 1. Arnaud épousa, vers 1335, Isabelle de Leutard, fille de Seguin, chevalier, dont il eut :

II. — Guillaume de Sainte-Hermine, valet, Sgr de Tourtron et de Pont-Breton, rendit hommage de sa terre de Tourtron à Louis, duc d'Orléans, comte d'Angoulême, en 1401, et, en 1411, à Jean, comte d'Angoulême; il en avait rendu, le 1er août 1401, à Aimard Odard, Sgr de Lignières, pour son fief de Bouteville, qu'il possédait du chef d'Isabelle Dussolier, son épouse, fille de Pierre et de Julienne Dumas, dont il eut : 1° Jean, qui suit; 2° Joïde, mariée à Graciot de La Pierre, écuyer, en 1383, et dans le contrat de mariage de laquelle il est expressément spécifié que, *secundum consuetudinem quœ est assueta inter nobiles*, le droit héritier mâle aura la principale demeure et la cinquième partie de tous les biens, et accorde à ladite Joïde la terre de La Freulière, 80 livres une fois payées et une rente de 20 livres.

III (I). — Jean de Sainte-Hermine, valet, rendit, en 1400, à Aymard d'Archiac, son aveu des terres que possédait, en 1342, paroisses de Neusle, Neuillac, etc., Aymeric de Sainte-Hermine, dont nous avons parlé aux noms isolés, et les lui vendit en 1329. Il servait, en 1418, dans la compagnie de Pierre Bouquet en qualité d'écuyer. Il mourut jeune, laissant de Marguerite de La Duch, son épouse :

IV (II). — Jean de Sainte-Hermine, écuyer, Sgr du Fa, Tourtron, Pont-Breton, Saint-Mêmes, Marsac, Usson, etc., rendit et reçut un grand nombre d'aveux, d'hommages et dénombrements pour ses différentes terres. Il épousa, le 25 octobre 1435, Marguerite Goumard, fille de Bertrand, écuyer, Sgr d'Échillais, et d'Anne Bonnelle, et fut père de : 1° Hélie, qui suit; 2° Hermine, mariée, en 1479, avec

Joachim Grant, écuyer; 3° Marthe, épouse de Jean de Ferrières, écuyer, Sgr de Sauvebœuf, qui fut dotée de la terre de Pont-Breton le 24 mars 1479 : elle testait avec son époux en 1503; 4° Françoise, mariée à Jean de Rabaines, écuyer; 5° Jeanne. Ces deux dernières sont mentionnées dans une transaction sur partage passé entre ledit de Rabaines et Hélie de Sainte-Hermine, par laquelle ce dernier alloue pour douaire la terre et seigneurie d'Usson, le fief d'Archiac, etc., le 7 novembre 1483.

V (III). — Hélie de Sainte-Hermine, chevalier, Sgr du Fa, Marsac, Tourtron, Pont-Breton, Saint-Même, etc., est qualifié de *nobilis et potens vir dominus* dans un aveu qu'il reçut, le 3 septembre 1483, de Gallant Driet, écuyer, Sgr de Saint-Simon, pour le fief d'Herbault, relevant de Marsac. Nous trouvons ce qui suit sur cet Hélie de Sainte-Hermine dans l'ouvrage intitulé : « *Les vie et mœurs de Jean, comte d'Angoulême, fils de Louis XII, roi de France, et de Valentine, duchesse d'Orléans, née à Orléans le 26 juin 1404.* »

« Mais afin, dit l'auteur, qu'on ne pense point que ce que j'ai récité ci-dessus de ces belles vies, mœurs et façons de vivre, soit chose supposée, il a été certifié par personnes dignes de foi, qui vivoient de son temps, tels que Guy de Mareil, Sgr de Villebois, appelé aujourd'hui La Valette, messire Hélie de Sainte-Hermine, premier du nom, Sgr du Fa, contemporain et familier de notre prince Jean, etc., etc., qui tous ont vu et fréquenté notre comte, et ont rapporté ce que dessus, lequel Jean, comte d'Angoulême, est mort en odeur de sainteté au château de la ville de Cognac le dernier avril 1471. »

Le nom de la femme d'Hélie ne nous est pas connu. Nous savons seulement qu'il eut pour enfants : 1° Claude, qui suit; 2° Claire, en faveur de l'âme duquel il fondait un obit aux religieux augustins de Saint-Savinien en Saintonge; 3° Hélie, mariée à Pierre Dehalles, écuyer, qui rendit aveu de la terre de Saint-Même, que sa femme avait eue en dot le 2 septembre 1497.

VI (IV). — Claude de Sainte-Hermine, écuyer, Sgr du Fa, Tourtron, Saint-Simeux, etc., acheta, en 1502, les deux cinquièmes du fief de Marsac de Jacques de Rabaines, Sgr d'Usson; il mourut avant 1508, laissant de Cécile Joubert, dame de La Vergne et Saint-Simeux, son épouse :

VII (V). — Joachim de Sainte-Hermine, chevalier, Sgr du Fa, l'un des cent gentilshommes de la maison de François Ier, épousa Anne Guibert, fille de Jean, juge des traites de Saintonge et de La Rochelle, dont :

VIII (VI). — Jean de Sainte-Hermine, chevalier, Sgr du Fa, La Laigne, etc. La reine de Navarre et les princes de Navarre et de Condé aliénèrent en sa faveur les terres et seigneuries d'Hiersac, Moulle et village de L'Habite, dépendant de l'abbaye de La Couronne et maison de la maîtrise d'Angoulême, en 1570. Jean fit ses premières armes dans la compagnie d'ordonnance sous les ordres de M. de Bury; il joua un grand rôle dans les guerres de Religion. Lorsque, à la fin de 1567, le prince de Condé recommença la guerre, il fut nommé par le prince gouverneur du Poitou, de l'Aunis et de la Saintonge, et se jeta dans La Rochelle, où il s'était ménagé des intelligences, chassa Chabot de Jarnac, qui y commandait pour le roi, s'empara de tous les postes de la ville, fit prêter serment de fidélité aux habitants, répara les fortifications, et forma des compagnies d'infanterie et de cavalerie. Les gentilshommes de la religion accoururent se joindre à lui. Se sentant plus fort, il fit sortir ses troupes, qui s'emparèrent de Luçon, Mallezais, Marans, l'île de Ré, etc.; mais la paix de Longjumeau (mars 1568) vint mettre un terme à ses succès, et, le 19 mai suivant, il remit à Chabot de Jarnac le gouvernement de La Rochelle.

Les chroniqueurs de cette époque nous ont conservé une pièce de vers, dans laquelle on lit :

> A lui (le prince de Condé) se sont rangés à l'envi tous les bons
> Qui ont par leurs vertus fait illustrer leurs noms,
> Entre lesquels on voit le sieur de Sainte-Hermine, etc.

De son mariage, contracté en 1560 avec Lucrèce de Lusignan, fille de Jean, Sgr de Lusignan en Agenois, est issu :

IX (VII). — Joachim de Sainte-Hermine, chevalier, Sgr du Fa, La Laigne, etc., suivit d'abord le parti des religionnaires, puis rentra dans le devoir; il était en 1596 gentilhomme ordinaire de la chambre d'Henri IV, et mourut avant le 9 septembre 1597, laissant de Barbe Goumard, fille de Charles, chevalier, Sgr d'Ardillère, et d'Hardouine de Barbezières : 1° Hélie, qui suit; 2° Pierre; 3° David, marié, en 1618, à Marie Rolland, dont quatre enfants, l'un desquels, Françoise, épousa, en 1645, Isaac de Livennes, chevalier, Sgr de Mérignac; 4° Léonard; 5° Hardouine, qui épousa, en 1615, Isaac de Royère, chevalier, seigneur dudit lieu.

X (VIII). — Hélie de Sainte-Hermine, chevalier, Sgr du Fa, La Laigne, marié, en 1607, à Isabeau de Polignac, fille de François, chevalier, Sgr de Fontaines, dont il eut : 1° Joachim, qui suit; 2° Hélie, rapporté § IV.

XI (IX). — Joachim de Sainte-Hermine, chevalier, Sgr du Fa, Saint-Laurent, colonel d'infanterie, épousa, en 1635, Anne de Polignac, fille de Louis, baron d'Argence, qui le rendit père de : 1° Hélie, qui suit; 2° Louis, rapporté § II; 3° César, dont nous parlerons § III; 4° Léon, mort capitaine au régiment de la Reine; 5° Isaac, mort capitaine au régiment de la Reine; 6° Alexandre, chevalier, Sgr de La Barrière; 7° Diane, mariée à François Limousin, chevalier, Sgr de La Michellière; 8° Marie, épouse de Michel Frettard, chevalier, Sgr de Massac; 9° Susanne, morte fille en 1720.

XII (X). — Hélie de Sainte-Hermine, chevalier, Sgr du Fa, fut maintenu dans sa noblesse par M. de Barentin le 1er septembre 1667; rentré dans le sein de l'Église catholique le 30 novembre 1668, il fit, le 16 janvier 1669, purifier et réconcilier l'église de son château du Fa, fondée et dotée d'un revenu considérable par ses ancêtres sous le nom de Sainte-Benigne, martyre, laquelle avait été profanée en plusieurs manières depuis que *Calvin en personne, par sa funeste induction,* avait fait tomber dans l'hérésie Jean de Sainte-Hermine, l'un des ancêtres dudit messire Hélie.

L'exemple d'Hélie ne fut suivi que plus tard par les autres membres de sa famille, et nous trouvons dans la correspondance de Mme de Maintenon un grand nombre de passages qui font allusion à l'ardent désir qu'elle avait de voir revenir à la religion catholique cette famille, qui lui était alliée. En effet, on lit dans la Vie de cette femme célèbre qu'elle instruisait elle-même les demoiselles de Sainte-Hermine, et que ce fut à ses leçons qu'elles durent leur retour à la vraie religion. L'illustre auteur de *Télémaque*, Fénelon, travailla aussi à la conversion de cette famille, qui enfin rentra tout entière dans le sein de l'Église.

Hélie de Sainte-Hermine épousa Susanne de Guibert, dont il eut : 1° Hélie-François, marquis de Sainte-Hermine, chef d'escadre des armées navales, se distingua dans le service. Au combat de la baie de Bantry (10 mai 1685), il commanda avec distinction un des navires envoyés en Irlande pour y opérer un débarquement en faveur de Jacques II. Il commandait l'*Intrépide* au combat de La Hogue, et fut grièvement blessé à celui de Malaga. Il était en 1737 commandant de la marine au département de Rochefort; 2° Alexis, mort enseigne de vaisseau en 1733; 3° François, mort capitaine de vaisseau en 1748; 4° Susanne, mariée : 1° à Pierre de Briand, brigadier des armées du roi; 2° à Philippe de Gallard de Béarn par contrat honoré de la signature du roi et de la famille royale.

§ II. — *Branche de Mérignac et de Coullonges.*

XII (X *bis*). — Louis de Sainte-Hermine, fils de Joachim et d'Anne de Polignac, rapportés au xi° degré du § I, chevalier, Sgr de Chenon, Mérignac, épousa, en 1661, Marie de Livenne, fille d'Isaac, chevalier, Sgr des Brosses, et de Françoise de Sainte-Hermine, et fut père de : 1° Louis, qui suit; 2° René, mort en 1764, aumônier de la reine; 3° Marie, reçue à Saint-Cyr en 1686.

XIII. — Louis de Sainte-Hermine, chevalier, Sgr de Mérignac, fut nommé colonel du régiment de Caylus-infanterie le 18 juin 1704, et, le 17 octobre suivant, du régiment Royal-vaisseaux-infanterie; il a assisté aux sièges de Mons, Namur, Verceil, au combat de Steinkerque, où il fut blessé d'un coup de baïonnette, à celui de Luzzara, etc.; fut nommé chevalier de Saint-Louis, le 1er janvier 1705, « pour avoir, dit le brevet, pendant de longues années, dans les divers emplois de guerre qui lui ont été confiés, et en toutes occasions qui se sont offertes, donné des preuves d'une valeur singulière aussi bien que de son expérience et capacité au fait de la guerre, activité, sage conduite, zèle et affection au service du roi, et avoir reçu plusieurs blessures, etc. » Il épousa Blanchefleur-Geneviève de Guibert, dont il eut :

XIV. — Louis-Clément de Sainte-Hermine, Sgr de Mérignac et de Coullonges, fut reçu, en 1725, page de la reine, puis fut capitaine au régiment de Vibray-dragons. Il a eu d'Élisabeth de Maulevrier, dame d'Agonnay : 1° René-Louis, dit le marquis de Sainte-Hermine, né le 15 octobre 1741, fut capitaine au régiment de Chartres-cavalerie, puis mestre de camp au régiment de Normandie-infanterie, gentilhomme d'honneur et premier écuyer en survivance du comte d'Artois, et colonel attaché au régiment d'Artois-dragons. Il est mort à Londres pendant l'émigration. Il épousa, le 23 mai 1775, Anne de Polignac, fille de N....., premier écuyer du comte d'Artois, et en eut deux filles, dont l'une a épousé : 1° N..... de Grailly, ancien officier aux gardes françaises, et 2° N....., comte de La Bourdonnaye-Blossac, fils de l'ancien intendant de Poitou, pair de France; et l'autre, N....., comte des Bardes; 2° autre René-Louis, dit le vicomte de Sainte-Hermine, gentilhomme d'honneur de monseigneur le prince de Condé, et colonel en second du régiment Bourbon-dragons, épousa N..... Crest de Vervant, et mourut en 1785, laissant deux filles, dont l'une s'est mariée à N... de Clock, ancien officier de cavalerie, et l'autre est célibataire; 3° Marie-Angélique, mariée à Édouard-Jean, marquis de Luker, chevalier de Saint-Louis, ancien colonel du régiment de Bourgogne-infanterie.

§ III. — *Branche de La Barrière.*

XII. — César de Sainte-Hermine, fils puîné de Joachim et d'Anne de Polignac, rapportés au xi° degré du § II, chevalier, Sgr de Saint-Laurent-la-Barrière, mort le 23 octobre 1719, épousa, en 1687, Marie Le Grand, fille de Louis, chevalier, Sgr des Gallois, qui le rendit père de : 1° Hélie, qui suit ; 2° Louis-César, mort lieutenant de vaisseau ; 3° Marie, femme de René Turpin de Crissé, chevalier, Sgr de Saint-Martin ; 4° Marie-Henriette, épouse de Clément de Marne, chevalier, Sgr du Gazon.

XIII. — Hélie de Sainte-Hermine, chevalier, Sgr de Saint-Laurent-la-Barrière, fut fait garde de la marine en 1705, et mourut en 1768. De son mariage avec Madeleine Fé, fille de Jean, écuyer, Sgr de Boisragon, sont issus : 1° René-Madeleine, chef de bataillon au régiment de Rouergue-infanterie, mort en 1777, a laissé de Claire-Jacquette de Culant d'Anqueville, son épouse, trois garçons morts célibataires, l'un officier de dragons, l'autre officier au régiment de Normandie-infanterie, et l'autre officier dans la marine royale ; 2° Pierre-Louis, conseiller du roi en ses conseils, abbé commendataire de Montbenoist, commandeur de l'ordre de Saint-Lazare et de Notre-Dame du Mont-Carmel, aumônier de la reine Marie-Antoinette ; 3° Jean, qui suit ; 4° Andrée-Françoise, abbesse de Menoux (était entrée à Saint-Cyr en 1741), morte à Moulins en 1797 ; 5° Louise-Madeleine, qui épousa : 1° Pierre-François de La Fitte, chevalier de Saint-Louis, capitaine de vaisseau, et, 2°, le 6 octobre 1776, Pierre-Louis Irland, chevalier de Saint-Louis, Sgr des Murs, chevau-léger de la garde du roi.

XIV. — Jean de Sainte-Hermine, dit le marquis de Sainte-Hermine, chevalier, Sgr de La Barrière, lieutenant du régiment de Beauvoisis (1747), fut reçu chevalier de Saint-Lazare en 1769, et nommé, en 1771, commandeur de Saint-Philippe. Il est mort le 5 octobre 1792. Marié, en 1755, à Louise-Angélique de Roullin, fille de Jean, chevalier, Sgr de la Templerie, il a eu pour enfants : 1° Pierre-Louis-Geneviève, né le 5 décembre 1764, reçu (26 novembre 1779) chanoine comte de Brioude, fut nommé plus tard chanoine, comte de Lyon : il était sur le point d'être reçu chevalier de Malte à l'époque de la révolution ; 2° Emmanuel-Armand-Jean-Bénédicte, qui suit.

XV. — Emmanuel-Armand-Jean-Bénédicte de Sainte-Hermine, né le 19 décembre 1770, fut reçu à l'âge de deux ans chevalier de minorité dans l'ordre de Malte, le 30 mars 1772, entra aux pages du roi Louis XVI en 1781, et en sortit le 1er mars 1789, après avoir été deux ans premier page. La même année, il monta dans les carrosses du roi, et fut nommé, à l'âge de 18 ans, capitaine au régiment de Picardie-cavalerie, puis, en 1791, lieutenant dans la garde constitutionnelle de Louis XVI. Forcé de se cacher après la funeste journée du 10 août, il réussit à s'échapper de Paris ; mais, arrêté à Morlaix au moment où il allait passer en Angleterre, il fut détenu pendant plusieurs mois au château de Taureau, et enfin mis en liberté par le tribunal révolutionnaire en considération de sa grande jeunesse. Revenu dans sa famille, il lui fallut partir pour être incorporé dans les bataillons mobiles ; mais, sur la demande du colonel de la gendarmerie des Deux-Sèvres, qui avait été sous-gouverneur des pages de Louis XVI, il fut attaché à la gendarmerie de Niort comme volontaire. Envoyé dans la Vendée avec ce corps, il fut fait prisonnier à Fontenay, lors de la prise de cette ville par les Vendéens, et, reconnu par Henri de La Rochejaquelin, qui avait été son sous-lieutenant dans la garde constitutionnelle, il partagea et sa chambre et son lit. Lors de la visite des départements de l'ouest par Napoléon (1808), il fut désigné pour commander la garde d'honneur à cheval destinée à recevoir l'Empereur, qui le gratifia d'une boîte d'or à son chiffre ; fut appelé, en 1817, à la présidence d'une des sections électorales du département des Deux-Sèvres, présida le collège électoral de ce département en 1820 et en 1830. Nommé, en 1818 (25 février), maire de la ville de Niort, il réalisa le projet, formé depuis plus de trois siècles, d'amener au sein de cette ville les eaux de la fontaine du Vivier, ce dont le Conseil municipal lui témoigna hautement sa reconnaissance le 18 juillet 1821. Il avait été nommé, en 1820, chevalier de la Légion-d'Honneur, puis, en 1827, membre de la chambre des députés par les Deux-Sèvres, et membre du conseil général de ce département par ordonnance royale du 29 août 1827; il fut nommé, en 1830, à la préfecture de la Vendée, puis, en octobre 1832, à la préfecture de l'Allier, qu'il a quittée en 1834. Il a été nommé, en 1838, officier de la Légion-d'Honneur, et pair de France le 7 novembre 1839. Rentré dans la vie privée après la révolution de février 1848, il est mort à Niort le 18 mars 1850.

M. de Sainte-Hermine avait épousé, en octobre 1795, Marie-Agathe Berthelin de Montbrun, fille de Jean-Gabriel-Simon, Sgr d'Aiffres, et de Marie-Henriette Brochard de La Rochebrochard, dont il a eu : 1° Zoé-Angélique, mariée à Pierre-Constant-Léonor Bodet de La Fenestre, ancien officier d'état-major, etc.; 2° Herminie, mariée : 1° à Charles-Henri-Edouard, comte de Mannoury, chef d'escadrons au 2e carabiniers, et 2° à Émile d'Estremeau, ancien officier d'état-major, chevalier de la Légion-d'Honneur; 3° Marie-Anne, femme de Sylvain Petiet, ancien chef d'escadrons, officier de la Légion-d'Honneur, chevalier de Saint-Louis; 4° Pierre-Hélie-Madeleine, qui suit.

XVI. — Pierre-Hélie-Madeleine de Sainte-Hermine, comte, puis marquis de Sainte-Hermine par la mort de ses frères aînés, naquit le 10 décembre 1774. Il était, à l'âge de douze ans, chanoine, comte de Brioude (sans être dans les ordres bien entendu). A la révolution, il rentra dans sa famille, et fut, pendant plus de vingt ans, maire de la commune de Saint-Liguaire près Niort. Il a épousé, le 17 février 1808, Catherine-Émilie Huguéteau, fille de Jean-Étienne-Alexandre, ancien procureur du roi au siège royal de Niort, et de Marguerite-Henriette Charrier de La Marcadière, dont il eut : 1° Jean-Hélie-Émile, qui suit; 2° Emmanuel-Armand-Victor, né en 1811, mort le 26 mars 1848.

XVII. — Jean-Hélie-Émile, comte de Sainte-Hermine, naquit le 22 janvier 1809, faisait son droit à Poitiers (1829), lorsqu'il adressa à l'Académie royale de Bordeaux un mémoire sur l'*Influence du divorce de Charles VII sur les destinées de la France*, question que cette Société avait mise au concours depuis plusieurs années, et obtint, le 22 juillet 1830, une couronne et une médaille d'or.

Entré, en 1830, dans la carrière administrative, il fut d'abord secrétaire particulier du comte de Sainte-Hermine, préfet de la Vendée, et le suivit à Moulins. Il fut nommé, en mars 1835, membre du conseil de préfecture, et secrétaire général du département de la Vendée; fut désigné, en 1840, par le conseil d'arrondissement de Bourbon-Vendée pour être membre du comité supérieur d'instruction primaire et membre du jury d'examen des aspirants aux fonctions d'instituteurs des deux sexes. L'Association agricole des départements de la Charente, Charente-Inférieure, Deux-Sèvres, Vienne et Vendée, le choisit pour son président, et il dirigea en cette qualité les travaux des congrès d'Angoulême (1847), Bourbon-Vendée (1848), Niort (1849), La Rochelle (1850) et Angoulême (1851). Nommé, en 1850, membre du Conseil général d'agriculture, du commerce et des manufactures, il fit partie des commissions chargées d'examiner les réformes proposées par le gouvernement à la législation sur les marais salants, à l'importation des bestiaux étrangers, et aux engrais fabriqués. Il fut nommé rapporteur par ces commissions.

M. de Sainte-Hermine fut désigné par plusieurs comités électoraux, en 1849, comme candidat à l'Assemblée nationale, et obtint une honorable minorité. Enfin, aux élections du Corps législatif (mars 1852), il a été présenté par le gouvernement comme candidat pour le département de la Vendée, et il a été élu. Il est auteur, outre le mémoire couronné par l'Académie de Bordeaux dont nous avons parlé plus haut, et dont la première partie a paru en 1835 : 1° d'un *Traité de l'organisation et des élections municipales* : le plus bel éloge que l'on puisse faire de cet ouvrage est de rappeler l'accueil flatteur que lui fit M. de Cormenin; — 2° *Respect au tombeau de nos pères!* — 3° *De quelques questions d'économie agricole intéressant les départements de l'ouest*; — 4° *De l'organisation des conseils de préfecture et des améliorations qui pourraient être apportées dans la magistrature civile* (extrait de la Revue de législation et de jurisprudence); — 5° *Des biens communaux*; — 6° *Du libre-échange et des effets qu'il produirait dans notre pays*; — 7° *Historique de l'administration départementale*; — 8° *Notice historique sur l'isle Dieu* (extrait des Annales de la Société royale académique de Nantes); — 9° *Notice sur la ville des Sables-d'Olonne*.

Outre ces divers ouvrages, l'on doit à M. de Sainte-Hermine l'introduction et un grand nombre de notes de la réimpression de l'*Abrégé de l'histoire du Poitou* de Thibaudeau, dont M. de Lastic, dans sa continuation à Dreux du Radier, fait un éloge mérité. Il a publié plusieurs autres brochures historiques et littéraires, et l'on trouve des mémoires et articles de lui dans *le Moniteur*, *le Cabinet de lecture*, la *Revue anglo-française*, la *Revue de législation et de jurisprudence*, la *France administrative*, les Mémoires de plusieurs sociétés savantes, etc. Fondateur de *la Revue de l'ouest*, il en a été le rédacteur en chef pendant plusieurs années : comme administrateur, le *Recueil des actes administratifs* et les rapports des préfets de la Vendée constatent qu'il a rempli chaque année et exercé longtemps ses fonctions avec habileté et distinction. En récompense de ses services, M. de Sainte-Hermine a été fait chevalier de la Légion-d'Honneur.

Il a épousé, le 17 juillet 1839, Marie-Aglaé Le Gagneux, fille de François, ancien magistrat au cap Français (Saint-Domingue), dont il a eu : Hélie-Raoul-Émile-Armand, né le 25 mai 1840.

§ IV. — *Branche de La Laïgne.*

XI (page 431, *in fine*). — Hélie de Sainte-Hermine, fils puîné d'Hélie et d'Isabelle de Polignac, rapportés au X° degré du § I, mourut après 1677. Il avait épousé Madeleine Le Vallois de Villette, fille de Benjamin, Sgr de Villette, et de Louise d'Aubigné, tante de madame de Maintenon. Madame de Sainte-Hermine eut la même nourrice, et fut élevée à Mursay avec celle qui devint presque reine de France..... Leurs enfants furent : 1° Henri-Louis, qui suit; 2° Hélie, lieutenant général des armées du roi, inspecteur de la cavalerie de l'armée d'Allemagne, mourut en 1704 : Saint-Simon nous fait connaître les regrets qu'excita sa perte; 3° Philippe, lieutenant de vaisseau en 1686; 4° Jean-Pharamond, enseigne de vaisseau, puis abbé de Notre-Dame-d'Angles (diocèse de Luçon); 5° Madeleine-Sylvie, mariée à Alexandre Dexmier d'Olbreuse, père de la célèbre duchesse de Brunswick-Zell; 6° Anne-Marie-Françoise, dame d'atour de la duchesse de Bourgogne, puis de la reine; elle épousa, en 1687, Louis, comte de Maillé, Sgr de Rubempré, etc., mestre de camp général des dragons de France.

XII. — Henri-Louis de Sainte-Hermine, chevalier, Sgr de La Laigne, dit le marquis de Sainte-Hermine, capitaine de vaisseau, mourut en 1715, laissant de Marie-Marguerite-Geneviève de Morel, fille d'Achille, marquis de Retanges : 1° Françoise-Adélaïde, mariée, en 1715, à Aymard-Louis, marquis de Saillé, lieutenant général des armées du roi, commandeur de Saint-Louis, 2° Madeleine-Sylvie, femme de milord André Drummond, comte de Melfort, maréchal de camp ; 3° Marguerite-Émilie, mariée à Jacques Pannier, Sgr d'Orgeville, maître des requêtes, morte le 3 mai 1773 ; 4° Madeleine-Geneviève, épouse de Joseph, marquis d'Alègre, mestre de camp de cavalerie, morte le 17 février 1775 ; 5° Anne, abbesse de Poissy ; 6° N......, morte fille.

Armes : *d'Hermine.*

DE L'HERMITE de La Rivière, dans le Limousin et la Marche (p. 432) ; comtes de L'Hermite ; seigneurs du Souliers, de Herrimont, Baraumont, de Haab et de Casambule, en Palestine ; de L'Hermitage, en Auvergne ; de Tralagne, Maumisson, Chassat, La Chault, du Dongnon, de Beauvais, du Bouchet, de La Rougerie, en Vendemois ; de La Fage, Bétissart et de La Catoire, au Mesnil.

Armes : *Porte : au 1er de sinople ; au patenôtre d'or, enfilé et houpé du même, mis en chevron, accompagné de trois quintefeuilles d'argent, 2 en chef et 1 en pointe ; et au 2e d'argent à trois chevrons de gueules ; au chef de Jérusalem bouchant sur le tout, qui est d'argent patée d'or, cantonnée de quatre croisettes du même.*

Supports : *deux lions.*
Couronne : *de comte.*
Cimier : *une colombe.*
Devise : *Prier vault à l'Hermite.*

Par l'antiquité de son origine, par les alliances qu'elle a contractées durant une longue suite d'années, par les éminents services qu'elle a rendus dans les différentes carrières que ses membres ont embrassées, la maison de L'Hermite tient un rang des plus honorables dans la noblesse de France. Le fait seul de compter parmi ses membres l'homme qui, sans crédit, sans influence autre que celle de sa parole et l'autorité d'une foi ardente, ébranla l'occident et marcha à sa tête à la conquête de la Terre-Sainte, ce fait seul justifierait l'illustration de la famille dont nous allons donner l'historique.

Les nombreux auteurs qui ont écrit sur cette matière s'accordent tous à reconnaître les L'Hermite comme issus de la célèbre maison des comtes de Clermont d'Auvergne ; mais ce n'est qu'à partir de Renaud de Lhermite, qui vivait vers l'an 1020 environ, que leur filiation s'établit d'une manière non interrompue jusqu'à nos jours. Cette famille nombreuse a donné naissance à plusieurs branches qui, pour se distinguer les unes des autres, adjoignaient au nom de L'Hermite le nom des seigneuries leur appartenant, et quelquefois même modifiaient en partie le blason commun à la famille. Telles sont les branches dites du Souliers, de La Rivière, du Dougnon, de La Fage, du Bouchet et de La Rougerie, de Moulins-sur-Charente et de Mondion. Toutes ces branches sont aujourd'hui éteintes, à l'exception d'une seule, celle des La Rivière, représentée actuellement par M. Ferdinand de L'Hermite de La Rivière, propriétaire du château de la Rivière-aux-Seigneurs, près Eymoutiers (Haute-Vienne). Le rameau de La Rivière est issu lui-même, en 1448, de la branche du Souliers, qui étaient les aînés de la maison de L'Hermite, et descendaient en ligne directe de Pierre L'Hermite. Ce dernier point a été parfois contesté par quelques généalogistes, qui ont nié que l'illustre prédicateur de croisades se fût jamais marié. Mais les travaux des savants Michaud, d'Oultreman, Boisseau et Jault ont établi, par des preuves *irréfragables*, que, avant de se vouer à l'état ecclésiastique, Pierre avait épousé Béatrix de Roucy, et en avait eu une fille et un fils, nommé Pierre II, qui fut la souche de la famille.

Le Père d'Oultreman est un des historiens les plus estimés de son temps, et la généalogie de Pierre L'Hermite, qu'il donne à la suite de la vie de son héros (Paris 1645), mérite d'autant plus notre confiance qu'il ne la donne qu'en s'appuyant sur des documents sérieux et précis. D'Oultreman est, avant tout, ami de la vérité. Il cite une grande quantité d'auteurs, Paul Émile, Lament de Liége, du Haillan, Mariana Blondus, Barland, Molanus, Polydore Virgile, Platina, Bergomas, Guillaume Aubert, saint Antonin; mais il n'admet leur autorité que *lorsqu'elle lui paraît de bon aloi*, « car les fausses perruques et le fard, dit-il dans sa » préface, ne se trouvent point parmi les meubles d'une véritable beauté ».

Au reste, des recherches récentes ont été faites sur Pierre Lhermite. Nous citerons entre autres M. Hardoin, président de la Société des Antiquaires de Picardie (Amiens, 1854); Léon Paulet, « Recherches sur Pierre L'Hermite » (Jules Renouard, 1856). Ces savants sont d'accord pour rendre hommage au talent et à la bonne foi du Père d'Oultreman.

Voici du reste comment il a pu donner, et donner d'une manière certaine, la généalogie des descendants de Pierre Lhermite.

Il a trouvé dans les archives de Martin Lhermite, Sgr de Bétissart, qui vivait de son temps, une vie manuscrite de Pierre Lhermite et de ses enfants. « Ce » manuscrit, dit-il, est écrit de différentes mains, et semble avoir été composé d'âge » en âge à mesure que quelqu'un de cette famille venait à mourir. »

N'est-ce pas là prendre la vérité dans sa source la plus pure?

Ce manuscrit semble avoir été un véritable registre de l'état civil de cette maison, et, ce qui corrobore son autorité, c'est qu'il est conforme à un autre manuscrit de Nicolas de Campis, hérault d'armes du roi catholique (le d'Hozier de son temps), qui a curieusement ramassé tout ce qu'il avait trouvé lui-même dans ses mémoires des anciens héraults, conforme encore à un ouvrage héraldique, célèbre au moyen âge, intitulé : « Fecos Heroïcos de la cavaleria europena en la conquiesta de Hierusalem, » par don Alonzo Gomez de Minchaca, lequel vivait en l'an 1315. Son livre se trouve à la bibliothèque de l'Escurial.

D'Oultreman n'avançait donc rien à la légère : la suite généalogique de Pierre Lhermite n'est en définitive que la reproduction de documents d'une très-grande notoriété.

Ce n'est pas tout : cette noble origine remontant à Pierre Lhermite, et par lui aux comtes de Clermont d'abord, à une série de croisés ensuite, a été confirmée par de nombreuses lettres-patentes émanées de plusieurs rois.

Tous ces documents se trouvent dans les archives de M. le comte Ferdinand de Lhermite, à La Rivière.

Voici l'analyse succincte de quelques-uns d'entre eux.

1601. Lettres patentes accordées par Philippe, roi d'Espagne, à Jean de Lhermite, Sgr de La Fage, par lesquelles il est reconnu comme ayant produit des *titres et documents authentiques* desquels il résulte qu'il descend, du côté paternel, des seigneurs de la terre, château et bois de L'Hermitage, qui est la seigneurie de Souliers, et, de plus longue date, *d'un certain Pierre Lhermite*, qui fut le premier conducteur des croisés, etc., etc. « Signé Philippe. Par ordonnance du roi notre sire, Jaques Maldonat. »

Comme nous établirons plus tard que les Lhermite de La Fage, les L'Hermite de Souliers et ceux de La Rivière sont des rameaux divers d'une même souche, ces derniers peuvent invoquer les faits généalogiques reconnus dans ces lettres-patentes.

1602. Lettres-patentes de Philippe, roi d'Espagne, confirmatives d'ancienne noblesse, accordées à Jean de Lhermite et à Martin de Lhermite, son cousin germain ; ils sont reconnus comme étant d'ancienne chevalerie, *issus de Pierre Lhermite*, et postérieurement de Tristan Lhermite, Sgr de Lhermitage, qui est une dépendance de l'ancienne seigneurie de Souliers, entre Bourganeuf et Guéret.

1632. Arrêt rendu à Lille par les président et gens des comptes du roi, ayant pour but d'enregistrer des lettres du roi d'Espagne, lesquelles sont rendues en faveur de Jaques et d'Antoine Lhermite. Ce sont des lettres de maintenue de noblesse. Il y est dit, entre autres choses, *qu'ils ont produit des titres et papiers authentiques* desquels il résulte qu'ils *remontent de père en fils jusqu'à Pierre Lhermite, prédicateur de la croisade*, en passant par Simon de Lhermite, Sgr de la terre et bois de Lhermitage. Ce précieux document reproduit la même généalogie que le Père d'Oultreman, depuis Simon jusqu'à Pierre Lhermite. C'est une charte sur parchemin, d'une conservation parfaite, avec écusson de la famille de Lhermite.

Vers la fin du dernier siècle, un savant, nommé Jault, généalogiste du roi, a coordonné tous les documents relatifs à la famille de Lhermite, et il établit deux choses : d'abord que les Lhermite de Souliers remontent jusqu'à Pierre Lhermite; secondement il trace une généalogie parfaitement régulière, basée sur des contrats, de laquelle il résulte que les Lhermite de La Rivière sont une branche cadette des Lhermite de Souliers. Il existe encore à la Rivière le testament authentique de Jean de Lhermite, *Sgr de Souliers et de La Rivière* (Dominus de Solerio et de Riparia), par lequel il donne à son fils aîné, nommé Gautier, le lieu de Souliers, et à son fils cadet, nommé Jacques, le lieu de La Rivière. Ce testament est du 16 octobre 1448, passé devant Étienne Borie, clerc et notaire juré de la bailie de Limoges. Depuis Jacques jusqu'à nos jours, la filiation de MM. Lhermite de La Rivière s'établit très-régulièrement par des contrats de mariage qui seront relatés plus bas, contrats conformes aux anciens registres curiaux des naissances, mariages, obituaires de la paroisse d'Augne, lesquels se sont conservés depuis le XVIe siècle.

La généalogie de Jault a été revue et approuvée par Chérin, qui était juge d'armes de son temps, et se continue jusqu'à nos jours par les registres de l'état civil des quatre générations qui se sont produites depuis.

Le savant Michaud, dans son Histoire des croisades, dit ceci : « Plusieurs » familles ont prétendu remonter jusqu'à Pierre Lhermite; la seule dont les » prétentions m'aient paru fondées est celle de MM. de Lhermite du Limousin ».

Le Dictionnaire historique des gens de lettres (T. VI, p. 594) dit, en parlant de Tristan Lhermite de Souliers, poëte distingué du XVIIe siècle, membre de l'Académie française, gentilhomme de Gaston d'Orléans, frère du roi, *qu'il comptait parmi ses aïeux* le fameux Pierre Lhermite, auteur de la première croisade.

Il existe, à la Bibliothèque impériale, au cabinet des titres, une généalogie très-complète de la branche des Lhermite de La Rivière, qui est conforme à celle de Jault, et qui fait également remonter la branche jusqu'à Jean de Lhermite (1400), *Sgr de Souliers et de La Rivière*.

Dans un autre dossier, il y a la généalogie descendante de Pierre Lhermite, telle que nous allons la reproduire. Arrivé à Simon, fils d'Eustache II, il est dit ceci :

Il fut envoyé jeune au service, fut page de Philippe-Auguste; il fit si bien la guerre contre Guy, comte d'Auvergne, qu'on lui donna, pour sa récompense, la seigneurie de Lhermitage, qui a été depuis le manoir de la branche des Lhermite-Souliers, dont descendent, par Jaques de Lhermite, ceux de La Rivière. »

Encore une autorité. Dans son Promptuaire armorial général, Jean Boisseau, enlumineur du roi (M DC LIX), dit entre autres choses au sujet de Pierre Lhermite : « Il servit si utilement la chrétienté qu'il mérita d'être fait premier viceroy de » Jérusalem. De lui et de Béatrix de Roussy sont issus les seigneurs de Lhermite-» Souliers en France et les comtes de Siarco en Espagne; les Lhermite des Pays-Bas, » sont pareillement issus de cette illustre souche. »

Ce sont les trois branches principales de cette famille.

Citons en terminant un passage important de l'auteur espagnol dont nous venons de parler, don Alonzo Gomés de Minchaca : « Pierre Lhermite se maria avec » Béatrix de Roussy, d'une grande et noble maison de Normandie; il en eut une » fille et un fils, nommé Pierre, qui se distingua en Terre-Sainte, Sgr de Haab en » Palestine (1). De lui naquit Eustache, qui fut père d'autre Eustache Lhermite, » comte de Torone, et d'Albert Lhermite, patriarche de Jérusalem. Sa postérité, » dans la suite des temps, se répandit dans plusieurs pays, et produisit de bons » chevaliers dans la terre d'Auvergne, de Limoges et autres parties (*en terra* » *d'Albernia, de Limoxes y en otras partes*). »

Lorque, en 1852, la Société des Antiquaires de Picardie fit élever la statue de Pierre Lhermite, elle fit inviter MM. de Lhermite à assister à l'inauguration de ce monument en qualité de descendants de l'illustre prédicateur des croisades.

Tout se réunit donc pour établir ce fait important : le sang de Pierre L'Hermite n'a pas dégénéré dans les veines de ses successeurs. Plusieurs de ses descendants l'ont, comme lui, versé en Palestine pour la défense de la foi; et, dans des temps moins reculés, leur nom se retrouve avec honneur dans les fastes de l'armée. Albert L'Hermite, évêque de Bethléem, puis patriarche de Jérusalem, fut l'un des électeurs qui élevèrent Baudouin à l'empire de Constantinople. Il donna la règle aux religieux du Mont-Carmel. Ses armoiries étaient gravées sur une médaille que l'on donnait aux pèlerins qui visitaient la Palestine. Le revers présentait une église à deux tourelles avec ces mots : *Nummus peregrinorum* (2). Les annales des croisades relatent la mort de Guyon de L'Hermite, massacré avec sa mère et son frère à Jaffa en 1199; celle de Philippe L'Hermite; celle de Baudouin, tué à Nicopolis en 1397. Tristan L'Hermite fut chevalier de l'ordre de l'Étoile et grand-prévôt de l'hôtel sous Charles V. Tristan de L'Hermite, IIIᵉ du nom, éleva au plus haut point la fortune de sa maison par les dignités dont le combla le roi Louis XI. Jean de L'hermite, baron de Chaumont, défendit, avec les sires de Craon et de Boucicault, la place de Romorantin contre toutes les forces du prince de Galles, et ne se rendit qu'à une ennemie jusqu'alors inconnue, l'artillerie. Il fut pris, en 1356, par les Anglais, peu de jours avant la funeste journée où le roi Jean fut lui-même fait prisonnier. Un de ses ancêtres, Tristan, fut l'un des cinq chevaliers qui, à la bataille de Bouvines, firent de leur corps un rempart à Philippe-Auguste au moment où ce prince, désarçonné, était pressé par les ennemis.

(1) On sait que, après la conquête de la Terre-Sainte, les chefs des croisés fondèrent des fiefs dont ils prirent le nom.

(2) Le disain et les quintefeuilles des armoiries gravées sur cette médaille ont été retrouvés, en 1856, sur une pierre granitique servant de clef de voûte à un vieux portail du château de La Rivière enfoui sous une épaisse couche de lierre depuis plusieurs siècles.

En 1390, un L'Hermite de La Fage eut l'insigne honneur d'être choisi comme arbitre dans le différend entre Clément VII et Raymond de Turenne.

Sous Louis XIII, on retrouve un François de L'Hermite du Souliers, gentilhomme ordinaire de Gaston, frère du roi, qui fut un littérateur distingué, et qui devint membre de l'Académie française. Il est l'auteur de la tragédie de *Marianne* et du *Page disgracié*.

Son frère, Jean-Baptiste de L'Hermite, gentilhomme de la chambre du roi, fit preuve de seize quartiers de noblesse, obtint du roi d'Espagne, à la date de 1612, des lettres-patentes par lesquelles il est reconnu comme issu des comtes de Clermont et de Pierre L'Hermite, et publia plusieurs ouvrages héraldiques.

Enfin l'histoire de Vendée fait mention d'un comte Tristan de L'Hermite, dernier représentant de la branche du Bouchet, assassiné en 1795, près de Laval, au mépris de la trève jurée à La Malilais entre les républicains et les royalistes.

Nombreuses sont les alliances contractées par la maison dont nous faisons l'historique. Nous citerons les plus importantes, et, comme telles, nous mentionnerons celles conclues avec les maisons : de Montagu, de Roucy, de Torone, de Boussac, Barton de Montbas, de Valles, Esmoin de Valblanc, de Bony, de La Guyonie, du Garraud, de Pontjarnot, de Brugière, du Guesclin, de Tonneville, de La Roche-Aimon, de Maugiron, d'Erian, du Bourg, de Vignolles, dont était le brave La Hire, Miron, Pompadour, de Saint-Priest, Château-Chalon, de Cressy, de Laurieu, de Romanet, de Bengy et de Malet.

Il est à remarquer qu'une branche de la famille de L'Hermite s'est fixée en Espagne, où elle a contracté alliance avec les familles les plus illustres, telles que celles de Cardone, d'Aragon, de Bénévent, de Mendore, de Gusman, et où elle a obtenu des charges considérables, entre autres celle de connétable de Castille.

La filiation authentique et non interrompue de la famille de L'Hermite de La Rivière s'établit ainsi qu'il suit :

I. — Renauld L'Hermite, Sgr de Herrimont (1), Baraumont, etc., vivait vers l'an 1020. Plusieurs auteurs le désignent comme puîné de la maison des comtes de Clermont d'Auvergne. A la suite d'un combat singulier, dont l'issue fut malheureuse, il se réfugia auprès de Guillaume de Normandie, qu'il accompagna dans sa conquête de l'Angleterre. Marié à Alix ou Adélaïde de Montagut, Renauld en eut un fils, qui suit.

---

(1) Herrimont, appelé plus tard Herment, est une localité de l'Auvergne située sur les frontières de la Marche, dit l'auteur du « Nobiliaire universel », T. VI, p. 116. — Cette assertion est dénuée de fondement. Le premier seigneur d'Erment, indiqué par Augier, « Histoire de la maison d'Auvergne », est Guillaume IV, comte d'Auvergne, dont voici les ancêtres :

I. — Guy I, comte d'Auvergne (979-989), qui épousa Aussendre, dont :

II. — Guillaume IV, comte d'Auvergne (989-1016), marié à Hamberge. De cette union :

III. — Robert I, comte d'Auvergne (1016-1032), époux d'Ermengarde. De cette alliance :

IV. — Guillaume V, comte d'Auvergne (1032-1060), marié à Philippie de Gevaudan, dont :

V. — Robert II, comte d'Auvergne (1060-1095), marié : 1° à Berthe de Rodez; 2° à Judith Melgueil. Du second lit est venu :

VI. — Guillaume VI, comte d'Auvergne, seigneur d'Herment (1095-1136), qui succéda à son père Robert II. Il fit partie, en 1102, de la première croisade, prêchée et résolue à Clermont en 1096, et conduisit en Terre-Sainte presque toute la noblesse d'Auvergne. Il en revint en 1121, et mourut vers 1136. Il avait épousé Anne de Sicile, fille de Roger, comte de Sicile. De cette union, vint :

VII. — Robert III, comte d'Auvergne, seigneur d'Herment (1136-1145), etc. (Histoire d'Herment, par M. A. Tardieu, p. 31).

On sait, d'autre part, comme le prouvent des documents contemporains, qu'au XIIe siècle cette ville était appelée « Hermencus » et quelquefois « Ermenc », mais jamais Herrimont.

II. — Pierre L'Hermite reçut le jour à Amiens, en l'an 1053, sous le règne de Henri Ier de France. Les nombreux historiens qui ont fait l'étude de sa vie le dépeignent comme s'étant, dès ses plus jeunes années, livré avec ardeur à l'étude des belles-lettres. Il trouva dans Geoffroy, évêque de Paris, un protecteur zélé, qui le recommanda à son frère Eustache, comte de Boulogne. Celui-ci lui confia l'éducation de ses enfants (1); mais Pierre abandonna bientôt cette position tranquille pour se lancer dans la carrière aventureuse des armes. Fait prisonnier à la suite d'une bataille livrée par Philippe 1er de France à Robert le Frison, il ne tarda pas à être relâché, et retourna dans ses foyers, où il épousa Béatrix de Roucy, d'une illustre maison de Normandie. Après trois ans de mariage, cette jeune femme mourut, et Pierre, consterné de cet évènement, se jeta dans les bras de la religion en lui demandant des consolations à sa douleur. Il reçut les ordres sacrés, et se retira dans la province de Liége pour y vivre en solitaire. Ce fut là qu'il conçut la pensée de faire un pélerinage en Palestine, qu'il exécuta presque aussitôt. Arrivé à Jérusalem, il fut témoin des traitements barbares infligés par les Sarrasins aux pèlerins chrétiens, et ce spectacle lui suggéra l'idée d'une croisade. Après en avoir conféré avec le patriarche de Jérusalem, et s'être muni des instructions et des dépêches de ce haut dignitaire pour divers monarques de l'Occident, il repartit pour l'Italie, et alla trouver le Pape Urbain, qui accueillit ses ouvertures, lui permit de prêcher la croisade, et s'engagea lui-même à aller en France pour exciter, par sa présence et ses exhortations, l'enthousiasme religieux. En effet, pendant que Pierre L'Hermite parcourait à pied tous les royaumes chrétiens, semant dans les villes, bourgs et villages ses prédications chaleureuses, le Souverain-Pontife, accouru en France, ouvrait en personne le fameux concile de Clermont en Auvergne. Pierre y prêcha dans plusieurs séances, et chaque fois l'assemblée, galvanisée par sa parole ardente, accueillit ses discours par ces mots devenus historiques : *Dieu le veut ! Dieu le veut !* La réunion d'une armée de 600,000 hommes, qui s'achemina sur Constantinople par la Hongrie, les siéges de Nicée et d'Antioche, et enfin, après plusieurs batailles victorieusement livrées, le siège et la prise de Jérusalem (15 juillet 1099), tels furent les résultats de la grande entreprise à laquelle le nom de Pierre L'Hermite restera indissolublement attaché. On sait que Godefroy de Bouillon et Baudouin de Boulogne furent successivement élus rois de Jérusalem. Pierre L'Hermite exerça sous eux les fonctions de vice-roi, et les croisés durent en partie à ses sages conseils le succès des siéges d'Acre, de Tripoli et de Barat. En 1111, sa tâche se trouvant accomplie, Pierre repartit pour l'Europe : il fonda, à cette époque, l'église de Neymoutiers, près la ville de Huy; il y établit un monastère habité par des chanoines réguliers, sous l'ordre de Saint-Augustin. Il en fut le premier prieur; mais il ne jouit pas longtemps de sa nouvelle dignité, car il mourut le 11 juillet 1115, et fut enterré dans les caveaux de l'église qu'il avait édifiée (2). De son mariage avec Béatrix de Roucy Pierre eut deux enfants :

1° Pierre, qui continua la postérité;

2° Alix L'Hermite, qui épousa Geoffroy de Lastours, chevalier limousin, S^{gr} de Casard, et qui en eut un fils : Aimeric, plus tard patriarche d'Antioche.

---

(1) De cette manière, Pierre L'Hermite a le double honneur d'avoir conçu l'idée gigantesque des croisades, et d'avoir fait l'éducation du prince illustre qui en a été le plus grand capitaine.

(2) Polydore Virgile affirme que c'est à Pierre L'Hermite que les chrétiens d'Occident doivent l'introduction chez eux de l'usage qui consiste à compter ses prières sur des grains réunis en chapelet. C'est en souvenir de ce fait, et par autorisation des rois de Jérusalem, que les descendants de Pierre ont placé dans leurs armoiries le dizain d'or ou patenôtre qu'on y remarque.

III. — Pierre L'Hermite, II° du nom, Sgr de Haab et de Caserabiale, en Palestine, capitaine et châtelain d'Antioche, s'unit en mariage à Louise de Riscaux, et en eut trois enfants :

1° Baudoin L'Hermite, mort sans descendance ;
2° Eustache, qui suit ;
3° Tancrède L'Hermite, templier, mort à Acre en 1191.

IV. — Eustache L'Hermite épousa Agnès du Puy, qui le rendit père de quatre enfants :

1° Pierre L'Hermite, tué dans une émeute à Constantinople, l'an 1175 ;
2° Eustache, qui continue la descendance ;
3° Guy L'Hermite, chevalier de Saint-Jean-de-Jérusalem, qui suivit à Chypre le roi Guy de Lusignan ;
4° Albert L'Hermite, qui fut sacré évêque de Bethléem, et fut promu ensuite à la dignité de patriarche de Jérusalem.

V. — Eustache L'Hermite, II° du nom, qui épousa dame de Sarone, fille de Homfroy, comte de Torone. Elle fut massacrée par les Turcs à Jaffalem en 1199. Elle avait eu trois enfants :

1° Étienne L'Hermite ;
2° Guy L'Hermite, qui fut tué avec sa mère et son frère sus-nommé ;
3° Simon, qui a continué la lignée.

VI. — Simon L'Hermite, Sgr de Haab, épousa Agnès de La Rivière, fille du seigneur de Beauval, et laisse quatre enfants :

1° Simon, qui continue la descendance ;
2° Marie L'Hermite, religieuse ;
3° Isabeau L'Hermite, femme de Louis, baron de La Rivière ;
4° Louis L'Hermite, Sgr de Rogermont ; qui, de son mariage avec Catherine de Montrevery, eut deux fils :

A. Hugues L'Hermite, Sgr de Rogermont, allié à Marie de Saint-Aubin ;
B. Claude L'Hermite, allié à Claire de La Masière.

Voici la variante que nous trouvons dans un tableau généalogique de cette famille :

4° Louis de L'Hermite, sieur de Rogermont, épousa Anne, fille de Henri de Landen, dont :

A. Hugues de L'Hermite, Sgr de Rogermont, qui épousa Catherine Montrevery, dont :

aa. Hugues de L'Hermite, sieur de Rogermont, qui épousa Marie de Saint-Aubin ;
bb. Claude de L'Hermite, qui épouse Claire de La Masière-Chouzin.

B. Roger de L'Hermite épousa Jeanne de Ceresies, dont :

aa. Peronne de L'Hermite, femme d'Étienne, Sgr de L'Isle.

VII. — Simon L'Hermite, II° du nom, Sgr de L'Hermitage en Auvergne, épousa Marie de Boussac, qui le rendit père de deux enfants :

1° Robert L'Hermite, tué à la bataille de Bénévent, laissant Catherine du Bourg, sa femme, veuve sans enfants ;
2° Philippe, qui suit.

VIII. — Philippe L'Hermite, Sgr de L'Hermitage, mourut en Terre-Sainte, à la suite d'un pèlerinage qu'il y avait fait. Sa veuve, Marguerite Morlet, lui avait donné deux enfants :

1° Tristan, qui suit ;
2° Étienne L'Hermite, Sgr de L'Hermitage, qui fut tué devant Gironde, quelque temps après son mariage avec Jeanne Boilève, fille du prévôt de Paris Étienne Boilève. Il eut pour fils Jean de L'Hermite, mort jeune.

IX. — Tristan L'Hermite, chevalier, Sgr de L'Hermitage, mourut à Mons en Hainaut, laissant six enfants de son mariage avec une femme dont le nom ne nous est pas parvenu (1) :

1° Antoine, qui continue la descendance;

2° Jean L'Hermite, mort jeune;

3° Philippotte L'Hermite, qui épousa le connétable Bertrand Du Guesclin;

4° Mahaut L'Hermite, religieuse;

5° Jacques L'Hermite, baron de Chaumont du chef de sa femme dont on ignore le nom, et qui en eut pour fils :

A. Jean de L'Hermite, baron de Chaumont.

6° Renaud L'Hermite, Sgr du Souliers, servit sous son beau-frère le connétable Du Guesclin pendant la guerre de Castille, et reçut en récompense du roi Henri le titre de maréchal de ses royaumes. Renaud se maria deux fois : la première, à Marie-Melandeta de Valdes, qui lui laissa deux filles :

A. Agnès, devenue femme de dom Fernand-Ruy de Torrès, Sgr de Pardo;

B. Béatrix, qui épousa Martin-Fernandès de Cordova, alcade de los Danzelles.

Il s'allia, en secondes noces, à Marie Tisson, de l'illustre maison d'Aragon; il en eut :

C. Marie L'Hermite, devenue femme de Jean de Velasquez.

Renaud, avant ces deux mariages, avait eu un fils naturel : Henri-le-Limousin, qui fit souche dans les Pays-Bas.

X. — Antoine L'Hermite, Sgr de L'Hermitage, épousa, en premières noces, Anne Boule, dont il eut :

1° Tristan, qui suit.

Il épousa, en secondes noces, Marie Menuot, dont :

2° Robert L'Hermite, dit Menuot, écuyer, capitaine des gendarmes en 1324.

XI. — Tristan L'Hermite, Sgr de L'Hermitage, chevalier de l'ordre de l'Étoile et grand-prévôt de l'hôtel sous Charles V, s'allia à demoiselle Catherine de Valles, qui lui donna quatre enfants :

1° Guillaume L'Hermite, Sgr de L'Hermitage, qui a continué la descendance;

2° Beaudouin L'Hermite, tué, en 1397, à la bataille de Nicopolis;

3° Antoine L'Hermite, Sgr de La Fage, dont est issue la branche dite de La Fage. Elle compte quatre degrés en ligne directe, depuis Antoine jusqu'à Martin, mort sans postérité. Elle s'honore des alliances qu'elle a contractées avec les maisons de Cressy, de La Croix, de Laurieu et de Beauvais. Antoine épousa Anne, fille de Jean de Cressy, dont :

A. Beaudouin de L'Hermite, mort sans enfants;

B. Étienne de L'Hermite, sieur de La Fage, qui suivit le parti de Bourgogne, et mourut l'an 1441. Il avait épousé Catherine de La Croix, dont :

aa. Simon de Lhermite, Sgr de La Fage, époux d'Hélène de Laurieu dite de Wanhipont. Il vivait en 1462;

bb. Jean de L'Hermite;

4° Jean de L'Hermite, Sgr de Moulins-sur-Charente, auteur de la branche des L'Hermite Sgrs de Moulins-sur-Charente, qui compte quatre degrés en ligne directe, depuis Jean, susnommé, jusqu'à Louis, qui mourut sans descendance. C'est à ce rameau qu'appartient Tristan L'Hermite, IIIe du nom, Sgr du Bouchet, conseiller

(1) Le tableau que nous avons déjà cité dit que Tristan de L'Hermite mourut à Mons-en-Puelle, et qu'il avait épousé Marie du Culmin.

et chambellan du roi, prévôt des maréchaux de France, grand-maître de l'artillerie, capitaine des places de Nogent, Conflans et Geneste, prince de Mortaing en Gascogne (P. Anselme); et Pierre L'Hermite, III° du nom, Sgr de Mondion, Moulins et Beauvais, panetier du roi Louis XI, et l'un des cent gentilshommes de sa maison.

La branche des seigneurs du Bouchet et de La Rougerie est issue du rameau des seigneurs du Moulin par Jean L'Hermite, II° du nom, second fils de Tristan L'Hermite, III° du nom. Elle est alliée aux de Villiers, d'Erian, du Bourg, de Mondoubleau.

XII. — Guillaume L'Hermite, chevalier, Sgr de L'Hermitage, dit le Bois de L'Hermite-lès-Souliers, eut trois enfants de son mariage avec une femme dont le nom ne nous est pas parvenu :

1° Jean, qui suit;
2° Baudoin L'Hermite, mort sans postérité;
3° Eustache L'Hermite, tué à la bataille de Crevant.

XIII. — Jean L'Hermite, chevalier, Sgr du Souliers, de La Rivière et de Tréjage, panetier du roi Charles VII, est né en 1378. Il se signala dans la carrière des armes, et principalement au siége de Compiègne, en 1414. Il assista aux Etats du Limousin, où son expérience et ses talents distingués lui assignèrent une place respectable. Après avoir augmenté sa fortune par diverses importantes acquisitions, il épousa demoiselle Berthe Bordet. Son testament, qui existe encore entre les mains des représentants actuels de la famille L'Hermite, contient diverses donations religieuses qui attestent sa piété.

Il eut, par lettre du comte de la Marche en date du 20 mars 1424, permission de bâtir le château de Souliers en forme de forteresse, avec tourelles, chafaux et fossés. Ce château, situé commune de Janailhac, est complètement détruit depuis le commencement de ce siècle. Dans la forêt de vieux hêtres qui l'avoisine, on montre un amas de décombres parsemés de tuiles à rebords, que les gens du pays appellent le château de L'Hermite.

Il laissa quatre enfants :

1° Gautier ou Geoffroy L'Hermite, chevalier, Sgr du Souliers et du bois de L'Hermite, qui a formé la branche du Souliers ;

2° Jacques L'Hermite, qui est l'auteur de la branche des L'Hermite, Sgrs de La Rivière. Par le testament dont nous avons parlé ci-dessus, Jean L'Hermite avait partagé ses biens entre ses fils Gautier et Jacques. Au premier, il assigna le domaine du Souliers; au second, la terre de La Rivière.

C'est donc à la mort de Jean que s'est consommée la séparation des diverses branches de la maison de L'Hermite, représentée aujourd'hui uniquement par les L'Hermite de La Rivière, descendants de Jacques, qui suit;

3° Dauphine L'Hermite, qui épousa Jean de Bachaud, Sgr de Brie ;

4° N..... L'Hermite, désignée dans le testament de son père sous le nom de dame de La Vougade.

Branche du Souliers.

XIV. — Gautier ou Geoffroy de L'Hermite, fils de Jean et de Berthe Bordet, chevalier, Sgr du Souliers et du Bois de L'Hermite, gouverneur de Courbeffy et capitaine de Chalucet, épousa demoiselle Philippe de Vignolles.

C'est le chef de la branche du Souliers, qui se compose de six degrés en ligne directe, depuis Gautier ou Geoffroy jusqu'à Jean-Baptiste L'Hermite du Souliers.

Cette branche, éteinte depuis longtemps, a fourni des personnages importants; tels sont : Martial L'Hermite, grand écuyer du comte de la Marche, conseiller du roi, chevalier de ses ordres et commandant pour le roi le pays bordelais; Jean L'Hermite, auteur d'un livre connu sous le titre de *La Toscane française*. La branche Souliers a contracté des alliances qu'on ne saurait omettre, entre autres celles d'Esmoin, de Tonneville, de Texières, de Châteauneuf, de La Roche-Aimon et de Cramailles.

Geoffroy L'Hermite testa en 1473, et, dans ce testament, il nomme sa femme Philippe de Vignolles et ses enfants. Ce sont :

1° Jacques, qui suit;

2° Martial L'Hermite, surnommé Milort;

3° Jean de L'Hermite, ecclésiastique;

4° Catherine de L'Hermite, femme de Jean de Saint-Yrié.

5° Isabelle de L'Hermite.

XV. — Jacques de L'Hermite, écuyer, Sgr du Souliers, épousa N..... Aimoin, dont :

1° Jacques, qui suit :

2° Madeleine de L'Hermite, femme de Geoffroy de Teneville, écuyer, sieur de Chantemilan;

3° Renée de L'Hermite;

4° Gabrielle de L'Hermite;

5° Claude de L'Hermite;

6° Peronnelle de L'Hermite.

XVI. — Jacques de L'Hermite, écuyer, sieur du Souliers, épousa Jeanne de Texières, dont :

1° Jean, qui suit;

2° Claude de L'Hermite, chevalier de Saint-Jean-de-Jérusalem, commandeur de Maisonnille et lieutenant du roi en la province de la Marche;

3° Louis, qui a formé la branche du Dognon.

XVII. — Jean de L'Hermite, écuyer, sieur du Souliers, lieutenant général de l'armée du vicomte de Turenne. Il épousa Jeanne de La Roche-Aymon, et eut pour fils Pierre, qui suit.

XVIII. — Pierre de L'Hermite, écuyer, sieur du Souliers, gentilhomme-servant du roi, épousa demoiselle Élisabeth Myron, fille de Pierre Myron, chevalier, baron de Cramaille, gouverneur et bailly de Chartres. Il eut, entre autres enfants :

1° François de L'Hermite du Souliers, dit Tristan, gentilhomme de la suite de Monseigneur le duc d'Orléans, né en 1601 au château du Souliers, commune de Janailhac, arrondissement de Bourganeuf (Creuse). Il fut obligé de s'expatrier pour avoir tué en duel, dans sa jeunesse, un garde du corps. Il passa en Angleterre, et, lorsqu'il en revint, il se cacha en Poitou, chez Scévole de Saint-Marthe, qui lui donna asile et lui inspira le goût des lettres. Ayant obtenu sa grâce du roi Louis XIII, à qui il fut présenté par le maréchal d'Humières, il devint alors un des gentilshommes ordinaires de Gaston d'Orléans. Il fut reçu à l'Académie française, à la place de M. Colomby, en 1649, et mourut le 7 septembre 1655. Il a fait connaître, dans un roman intitulé le *Page disgrâcié*, les divers évènements dont sa vie fut agitée. Il s'est surtout distingué par ses pièces dramatiques, qui toutes, de son temps, eurent beaucoup de succès. Le fameux *Mondor* perdit la vie par les efforts qu'il fit en jouant le rôle d'Hérode dans la tragédie de *Mariamne*. Cette tragédie est la seule aujourd'hui qui soutienne la réputation de son auteur.

2° Severin de L'Hermite, tué au siège de Royan;

3° Jean-Baptiste de L'Hermite du Souliers, chevalier, gentilhomme-servant du roi, dit le chevalier de L'Hermite. Il est auteur d'un ouvrage très-recherché, qui a pour titre : *Les éloges de tous les premiers-présidents du Parlement de Paris, depuis qu'il a été rendu sédentaire jusqu'à présent. Ensemble leurs généalogies, épitaphes, armes et blasons,* par Jean-Baptiste de L'Hermite-Souliers,....... et François Blanchard, écuyer, sieur de la Borde. Paris, 1645, in folio. Il publia en outre : 1° *Commentaires historiques,* 1635; 2° *Le cabinet du roi Louis XI,* 1661; 3° *La Toscane française,* 1661; 4° *Histoire généalogique de la noblesse de Tourraine,* 1651, etc. Il mourut en 1669.

Branche du Dognon.

XVII bis. — La branche des seigneurs du Souliers a donné naissance au rameau des seigneurs comtes du Dognon, en la personne de Louis de L'Hermite, cinquième enfant de Jacques de L'Hermite, II° du nom, Sgr du Souliers. Trois degrés en ligne directe constituent cette nouvelle branche.

Louis de L'Hermite, sieur du Dognon, épousa Catherine Aimoin, dont Louis, qui suit.

XVIII. — Louis de L'Hermite, sieur du Dognon, épousa N..... Francon, de laquelle il eut plusieurs enfants.

Branche de La Rivière.

XIV bis. — Jacques L'Hermite, Sgr de La Rivière, homme d'armes des ordonnances du roi, sous la charge du seigneur d'Orval, est cité comme l'un des guerriers les plus célèbres de son temps (1). Il avait épousé, par contrat de mariage du 21 septembre 1447, damoiselle Agnès Esmoin, fille d'Audoin Esmoin, Sgr de Valblanc, et de Dauphine Lupchat de Saint-Symphorien.

Sa vie fut continuellement troublée par des discussions d'intérêt survenues entre lui et son frère Gauthier, et dans lesquelles les torts paraissent avoir tous été du côté de ce dernier. Jacques eut également beaucoup à souffrir de la part de quelques seigneurs, ses voisins, qui, profitant des longues absences que le service militaire le forçait à faire, commettaient mille usurpations sur le domaine de La Rivière. De là plusieurs procès dont un alla même jusqu'au roi Charles VII.

Jacques eut sept enfants, qui sont :

1° François, qui continue la descendance;

2° Mathelin L'Hermite, institué, avec le précédent, héritier de son frère : sa postérité n'est pas connue;

3° Gilbert L'Hermite, voué, par le testament paternel, à l'état ecclésiastique;

4° Jean L'Hermite, chevalier de Saint-Jean-de-Jérusalem;

5° Jacques L'Hermite, religieux;

De son mariage est né le fils qui suit :

---

(1) Des titres nombreux qui existent encore dans les archives du château de La Rivière prouvent notamment qu'il prit une part active à toutes les expéditions qui aboutirent à l'expulsion des Anglais et au triomphe définitif des armées françaises.

XVI. — Blaise L'Hermite, écuyer, Sgr de La Rivière, Maumisson, etc., né en 1488, servit jusqu'à 60 ans au ban et à l'arrière-ban de la province de la Marche.

Il avait épousé, en 1520, Antoinette de Bony de La Vergne, et mourut en 1558, laissant quatre enfants (voir le texte de Nadaud à la page 433) :

1° Charles, qui continue la lignée;

2° Antoine L'Hermite, écuyer, gentilhomme de la vénerie du roi et capitaine des chasses de Sa Majesté, qui ne paraît pas avoir eu de postérité;

3° Grabriel L'Hermite, écuyer, Sgr de Fleys, s'allia à demoiselle Françoise du Garreau, qui le rendit père de :

6° Gabriel L'Hermite, religieux ;

7° Gabrielle L'Hermite, qui se maria, mais dont on ignore la descendance.

XV. — François L'Hermite, écuyer, Sgr de La Rivière, Maumisson, etc., épousa Marguerite de Lajaumont, fille de Jacques de Lajaumont et de Catherine de Mirabel, et mourut après avoir fait un testament (8 juin 1519), dans lequel il déclare avoir doté sa sœur Gabrielle, et par lequel il donne à sa femme l'usufruit de tous les biens qu'il lui laissera.

4. François L'Hermite, écuyer, Sgr du Fleys.

4ª Jeanne L'Hermite, devenue la femme de François de Lort.

XVII. — Charles L'Hermite, écuyer, Sgr de La Rivière, Maumisson, etc., se maria en premières noces (1551) à Catherine de La Guyonie, fille de Charles de La Guyonie et d'Hélène d'Aultefort. Il eut avec son frère Gabriel, au sujet de la propriété d'une partie du domaine de La Rivière, un procès qui se dénoua par une transaction, le 17 juillet 1578. Il perdit de bonne heure Catherine de La Guyonie, et se remaria plus tard (1583) avec demoiselle Fouchier, fille de Julien Fouchier, Sgr de Sainte-Fortunade. Il mourut laissant de son premier mariage six enfants, et un de son second :

1° François, qui continue la descendance ;

2° Lyon L'Hermite, écuyer, Sgr de Chault ;

3° Pierre L'Hermite, écuyer, se fit ecclésiastique, et devint chanoine de Saint-André de Bordeaux, et plus tard prieur de Gayac ;

4° Louis L'Hermite, écuyer, Sgr de Chassat, qui, par son testament du 28 mars 1619, institua son frère aîné François héritier universel de ses biens.

5° Françoise L'Hermite, dame de La Gorde, que ses frères Louis et Gabriel instituèrent leur légataire. Elle épousa Marc-Antoine de Bruhet, écuyer, sieur de La Garde. Il était mort le 9 janvier 1652, lorsque leur fille, Catherine de Bruhet, épousa Antoine de Malhac (*Nobil. mss.*, article Malhac).

6° Charlotte L'Hermite ;

7° Gabriel L'Hermite, qui, n'ayant pas eu d'enfants avec demoiselle N..... de Saint-Marsault, testa, le 23 novembre 1649, en faveur de François son frère aîné.

XVIII. — François L'Hermite, écuyer, Sgr de La Rivière, épousa, le 1er janvier 1597, Anne du Garreau, fille de Jean du Garreau, Sgr du Puy-de-Bette, et mourut en instituant héritier universel son fils Léon, et en léguant l'usufruit de ses biens à sa veuve.

Il laissa quatre enfants, qui sont :

1° Léon, qui a continué la descendance ;

2° Jacquette L'Hermite, qui s'allia, le 3 septembre 1646, à Gautier de La Saigue, écuyer, Sgr de Mazaul ;

3° François L'Hermite, écuyer, sieur de Chassat, lieutenant au régiment de Montmiége. Il fit la guerre de Champagne en cette qualité sous les ordres du maréchal de France comte de Châtillon. Il mourut sans enfants, instituant son frère Léon héritier universel de ses biens;

4° Gabriel L'Hermite, écuyer, Sgr de Chauvergnet, qui se maria, le 3 septembre 1646, avec demoiselle Luce de La Saigue, fille de Léonard de La Saigue et de Florence de Pontjarnot.

XIX. — Léon de L'Hermite, écuyer, Sgr de La Rivière, lieutenant au régiment de Montmiége, accompagna son frère François en Champagne. Revenu dans ses foyers, il épousa Florence de Pontjarnot, veuve de Léonard de La Saigue, Sgr d'Epied, qui mourut peu de temps après. Il se remaria, le 4 décembre 1648, à Marguerite Dubois, fille de Jean Dubois. Il figure au rôle de la noblesse de 1636 avec le titre de cornette.

De ce mariage sont nés deux enfants :

1° Gabriel, qui continue la descendance;

2° Anne L'Hermite, mariée, en 1681, à Jacques de La Planche.

XX. — Gabriel de L'Hermite, écuyer, Sgr de La Rivière, Chassat, La Chault, etc., né le 26 juillet 1655, servit dès sa jeunesse dans le ban et l'arrière-ban de la Haute-Marche, et fit les campagnes d'Allemagne sous le commandement du maréchal de Turenne.

Il épousa, le 28 février 1677, Marguerite du Garreau, fille de Gabriel du Garreau et de Marie d'Anglard.

De ce mariage sont issus :

1° Joseph, qui a continué la descendance;

2° Marguerite L'Hermite.

XXI. — Joseph de L'Hermite, chevalier, Sgr de La Rivière, épousa, le 30 juin 1725, demoiselle Gabrielle du Garreau, fille de Joseph du Garreau, Sgr de Saint-Sarnin et de Vergnias, et en eut un fils, qui suit.

XXII. — Joseph de L'Hermite, chevalier, Sgr de La Rivière, né le 23 mai 1736, se maria, en novembre 1753, à Catherine de Brugière de Farsat; il la perdit quelque temps après, et convola en secondes noces, le 21 novembre 1755, avec Marie de Pichard, veuve de Gabriel de Rieublanc.

Du premier mariage est issu :

1° Étienne-Tristan de L'Hermite, chevalier, capitaine d'infanterie lors de la première révolution. Il émigra en 1795, et alla prendre du service en Espagne. Il se retira en 1808, ne voulant pas porter les armes contre la France. A la restauration, Louis XVIII le nomma chevalier de Saint-Louis, et le fit admettre à la retraite sur le pied de lieutenant-colonel.

Du second mariage sont issus sept enfants, qui sont :

2° Jean-Joseph, qui continue la descendance;

3° Germain de L'Hermite, écuyer, né le 15 septembre 1758, et mort en bas âge;

4° Antoine de L'Hermite, chanoine d'Uzerche, né le 7 février 1760, mort curé d'Auriac et chanoine honoraire de Limoges, à l'âge de 66 ans, au mois de juin 1824;

5° Joseph de L'Hermite, écuyer, né le 21 août 1762, fut officier au régiment du maréchal de Turenne, et émigra en 1793;

6° François-Gaspard de L'Hermite, né le 29 mars 1764, mourut sans laisser postérité. Il avait servi, comme son frère précédent, dans le régiment du maréchal de Turenne, après avoir été page du duc de Penthièvre. C'est probablement lui qui, en 1789, assistait à l'Assemblée générale de la noblesse du Limousin, où il est désigné sous le nom de François de L'Hermite, chevalier, Sgr dudit lieu, La

Meynardie, Langlade et Puysillard, ancien capitaine commandant au régiment de La Fère-infanterie, chevalier de l'ordre royal et militaire de Saint-Louis.

7° Jean-Marie de L'Hermite, abbé de Vareilles, né le 5 octobre 1768, mort curé de Saint-Mareil, en février 1812;

8° Catherine de L'Hermite, née le 4 décembre 1769, qui épousa, en 1800, Joseph du Bois, Sgr de Mérignac.

XXIII. — Jean-Joseph, chevalier de L'Hermite, né en 1766, épousa, en 1787, Marie-Rose de La Pomélie. Il recueillit, en 1795, le titre de comte, par l'extinction de la branche aînée des L'Hermite du Bouchet. Il fut membre du conseil général de la Haute-Vienne sous la Restauration. C'est probablement lui qui, en 1789, assistait à l'Assemblée générale de la Haute-Marche, où il est désigné sous le nom de Jean-Baptiste-Joseph Creilan de L'Hermite, chevalier, Sgr de La Rivière. Il laissa sept enfants :

1° Jean-Marie-Cyprien, qui continue la lignée;

2° Prosper-Tristan de L'Hermite, tué à la bataille de Leipsick, en chargeant à la tête d'une compagnie dont il venait d'être fait capitaine, dix-huit mois après sa sortie de Saint-Cyr;

3° Jean-Germain-Félix-Tristan de L'Hermite, écuyer, né le 16 août 1790, qui épousa demoiselle Rose de Maleplane, dont il eut :

A. Louis de L'Hermite;

B. Marc de L'Hermite, religieux, provincial des Oblats de Marie à Tours, 1870;

C. Marie-Rose de l'Hermite, religieuse;

D. Henriette de L'Hermite, religieuse;

4° Isidore-Tristan de L'Hermite, mort sans postérité;

5° Jean-Marie-Melchior-Tristan de L'Hermite, écuyer, né le 11 mai 1802, élève de l'école Polytechnique, fut un mathématicien et un économiste distingué, et mourut sans postérité;

6° Nima de L'Hermite, morte jeune;

7° Jean-Népomucène-Octave-Tristan de L'Hermite, écuyer, né le 15 avril 1805, mourut en bas-âge.

XXIV. — Jean-Marie-Cyprien-Tristan, comte de L'Hermite, né en 1788, épousa Gabrielle-Geneviève-Marie-Anne-Pauline de Romanet de Beaune, fille du baron de Romanet de Beaune, chevalier, Sgr de Beaune, chevau-léger de la garde du roi, chevalier de Saint-Louis, et de Léonarde-Rosalie d'Ussel de Châteauvert. Elle le rendit père de sept enfants :

1° Laurent-Joseph-Ferdinand, qui suit;

2° Marie-Augustine de L'Hermite;

3° Marie-Rose-Félicie de L'Hermite, mariée, le 5 février 1838, à M. Alban, vicomte de Tournemine-Charlus, fils d'Étienne de Tourmine et Catherine de Charlus-la-Borde;

4° Louise de L'Hermite, mariée, le 9 juin 1845, à M. Michel du Tartre, capitaine de cavalerie, qui, en 1870, quoique âgé de 66 ans, a repris du service pour faire la campagne avec trois de ses enfants aussi volontaires : Anatole, sergent-major aux zouaves de Charette, Paul, lieutenant des mobiles de la Haute-Vienne, et Raymond, âgé de 17 ans, caporal avec son frère aîné;

5° Gaston, qui suit après son frère;

6° Marie-Clémentine de L'Hermite, religieuse aux Filles-de-Notre-Dame;

7° Sophie de L'Hermite, religieuse aux Filles-de-Notre-Dame.

XXV. — Laurent-Joseph-Ferdinand-Tristan, comte de L'Hermite de La Rivière, né le 17 janvier 1815, épousa, le 4 août 1841, Mademoiselle Marie-Joséphine-Françoise de Bengy, issue de la famille de ce nom qui a fourni entre autres illustrations un député de la noblesse du Berry aux États-généraux de 1789. De Bengy porte : *d'azur à trois étoiles d'argent;* devise : *Bien faire et laisser dire.* Elle était fille de Philippe-Jacques de Bengy et de dame Marie-Célestine de Champgrand, et sœur du R. P. de Bengy, jésuite, fusillé à la Roquette, en haine de la religion, le 26 mai 1871, par les insurgés qui ont brûlé Paris. De ce mariage sont issus :

1° Roger de L'Hermite, né le 15 novembre 1842, secrétaire général de préfecture du Tarn en 1870 ; engagé volontaire pour la campagne de 1870 ; intendant militaire à Limoges ; sous-préfet d'Autun en 1871.

2° Hubert de L'Hermite, né le 8 décembre 1844, a épousé, le 18 février 1870, Mademoiselle Jeanne de Nuchèze (1) ;

3° Valentine de L'Hermite, née le 7 septembre 1847 ;

4° Marie de L'Hermite, née le 9 septembre 1849 ;

5° Adrienne de L'Hermite, née le 22 juillet 1851 ;

6° Thérèse de L'Hermite, née le 28 mai 1754 ;

7° Joseph de L'Hermite, né le 21 août 1864.

XXV *bis.* — Gaston de L'Hermite, qui reçut du chef de sa mère la terre de Beaune, où il réside, commence une nouvelle branche.

Il a épousé, en avril 1849, Mademoiselle Laure de Malet, fille du comte de Malet-Lajorie (de Glane) et de dame du Buc de Ferray.

De ce mariage sont nés :

1° Pierre de L'Hermite, élève de Saint-Cyr en 1869, entré comme sous-lieutenant au 9° dragons, puis au 5° régiment de cavalerie mixte, fit la campagne de 1870 comme officier d'ordonnance du général de Sonis, commandant du 16° corps de l'armée de la Loire ; se trouva à côté de ce général dans la brillante charge de Patay, où l'état-major du général et les zouaves de Charette se couvrirent de gloire, eut son cheval tué sous lui, et fut proposé pour la décoration de la Légion-d'Honneur.

2° Marie de L'Hermite ;

3° Cyprien de L'Hermite, aspirant à l'école de marine, 1871 ;

4° Claire de L'Hermite ;

5° Jeanne de L'Hermite ;

6° Edwige de L'Hermite.

Notes isolées.

Guillaume de L'Hermite fut le 24° prévôt de Saint-Junien ; il devint abbé du Dorat. Le 14 mai 1437, il unit par composition les prieurés des Mesures et de Montégut-le-Noir au monastère de Ligueux, diocèse de Périgueux (LEGROS, *Abbés du Dorat*). En 1420, il avait fait réparer les murailles de la ville du Dorat, et fait

---

(1) Nuchèze, ancienne famille du Poitou, qui a fourni un évêque de Châlons sous Louis XIII, un amiral sous Louis XIV, alliée aux premières maisons de France et entre autres à la famille Frémiot, par le mariage de Jean-Jacques de Nuchèze avec Marguerite Frémiot, sœur de Jeanne-Françoise Frémiot, baronne de Chantal (sainte Jeanne de Chantal), fondatrice de la Visitation et aïeule de Marie de Rabutin, marquise de Sévigné. Nuchèze porte : « de gueules à neuf molettes d'éperon d'argent ».

créneler l'église. C'est à lui qu'on doit la tour qui surmonte la chapelle absidale. (*Gall. Christ.*, T. II, p. 251.)

François de L'Hermite, écuyer, sieur du Fleys, cornette, figure au rôle de la noblesse en 1636, où il est dit qu'il est aveugle. (*Bull. Soc. Arch.*, T. II, p. 164.)

Pierre L'Hermite, écuyer, Sgr de Beauvais, avait épousé, avant 1481, Marguerite, alias Marquise Goullard, fille de Jacques Goullard, écuyer, Sgr de La Ferté, Payzay-Naudoin, le Breuil-Milon, et de Jeanne de Montalembert. Elle était veuve de Jean de Châteaupers, écuyer, Sgr de Massigné. (*Dict. des familles du Poitou*, T. II, p. 848.)

Hélène de L'Hermite, fille de Pierre, chevalier, Sgr de Beauvais et Mondion, et de Jeannette du Fau, épousa, le 20 février 1513 Jean Goullard, Sgr de Beauvais, Marsay, baron de Sainte-Rame, fils de Jacques et de Marguerite Rousseau. (Généalogie Goullard).

Isabeau de L'Hermite de Lenty épousa, en 17..., François de Magonthier, Sgr de Laubanie, marquis d'Azerac.

HERMOGENIANUS, ou ERMOGENIANUS, 6e évêque de Limoges, dont les mémoires du pays parlent avec beaucoup d'éloges, disant que c'était un homme saint et savant, qui pouvait facilement résister aux méchants, confondre les hérétiques, faire tête aux idolâtres. C'est tout ce que l'on peut trouver de lui, outre son nom qui est dans tous les catalogues. La commune opinion est qu'il siégea 37 ans, et mourut en 247.

Hermogenianus a eu la qualité de métropolitain d'Aquitaine; on croit que ses prédécesseurs furent honorés de la même dignité : on la donna au siége de Bourges lorsque cette ville fut déclarée métropolitaine d'Aquitaine dans une nouvelle division des Gaules.

Tous s'accordent à mettre Hermogenianus au 6e rang parmi nos évêques; il n'y a que Jordain de Laron et le P. Denis de Sainte-Marthe, qui le mettent au 5e. Le P. Bonaventure le fait siéger de 211 à 247.

(LEGROS; *Limousin ecclésiastique. msc.*)

HILDEGARIUS, ou ALDEGARIUS, ou ELDEGARIUS (mal traduit en français par Oger), 40e évêque de Limoges, était fils de Gérald, vicomte de Limoges, et de sa femme Bathilde. Il eut pour frères : Hilduin, rapporté après lui; Gui, qui fut la souche de la race des vicomtes de Limoges, jusqu'à Marie, épouse d'Arthur II, duc de Bretagne; Aymeric de Rochechouart, appelé Ostofranc, d'où sont descendus les vicomtes de Rochechouart; et Geoffroi, abbé de Saint-Martial, avec Gérald d'Argenton. Cette généalogie est confirmée par les lettres mêmes d'Hildegaire, et par une charte databulaire d'Uzerche, où on lit : « Moi Gui, et ma femme Emme, fille d'Ademar, vicomte, du consentement de mon frère le seigneur Hildegaire, évêque, et pour le présent, du seigneur Hilduin, évêque, son frère, pour l'âme de mon prédécesseur Ademar, vicomte, etc. »

Dans une charte de la 5e année du règne de Lothaire, 958, Giraud et Rothilde, ses père et mère, vendent à Doctrius pour 149 livres de biens; et cette année, Hildegaire, leur fils, succéda en l'évêché de Limoges. Il était présent à une donation faite par sa mère au monastère d'Uzerche, en 987, la première du roi Hugues.

Les chartres qui le font évêque de Limoges en 963, et la 15e année du roi

Lothaire, c'est-à-dire en 969 ou 968, ne peuvent se concilier avec celle de Guillaume, duc et abbé de Saint-Hilaire, la 12ᵉ année du règne de ce prince, du temps d'Ebolus, évêque de Limoges, et trésorier de Saint-Hilaire.

Quoi qu'il en soit, Hildegarius passe pour fondateur des monastères d'Uzerche, l'an 964, et de Saint-Étienne d'Eymoutiers, à 8 lieues de Limoges. Il mit dans ce dernier une grande troupe de moines qui étaient fort commodément logés; mais son frère et successeur, Hilduin, les remplaça, suivant Ademar, par des chanoines.

Hildegaire assista au concile tenu dans le monastère de Charroux, en 988, 989; il avait souscrit à un acte de 987. Il mourut le 10 juin, suivant le nécrologe de Solignac, en revenant, dit-on, du concile de Reims, l'an 992. Il repose à Saint-Denis de France, où, pour sa sépulture, il donna plusieurs beaux ornements qu'il avait emportés du monastère de Saint-Martial.

Il eut pour chorévêque Gauzbert, moine, auteur de la Vie de saint Paul; Baluze le fait siéger, depuis environ l'an 980, jusqu'en 992.

Ce prélat portait sans doute les armes de sa maison, c'est-à-dire des vicomtes de Limoges, qui étaient *d'or à trois lions passants d'azur*.

Pendant qu'il occupait le siége de Limoges des chapelles furent construites au château d'Aixe. En 986, Arbert donna Saint-Salvadour à Uzerche; il y eut encore une donation de Dun. On cite comme évêque de Limoges, en 987, un Arvœus, qui n'est qu'un nom supposé; la même année le monachisme fut établi à Uzerche; Prétendue fondation du Dorat; — Privilége d'Hildegarius (BALUZE, *Hist. Tutel.*, col. 852); — 988, monachime à Eymoutiers; — 990, Saint-Gérald.

HILDUIN, frère d'Hildegarius, qui précède, 41ᵉ évêque de Limoges, siégeait en 994, lorsque le feu des Ardents ravagea le Limousin. Il fut, dit-on, d'abord abbé de Brantôme, où il souffrit plusieurs duretés de Gui, son frère, vicomte de Limoges, parce qu'il ne voulut pas lui laisser piller cette abbaye. On le fait abbé de Saint-Martial en 988, et on ajoute que Bathilde, veuve de Géraud, vicomte de Limoges, fit une donation au monastère d'Uzerche, en présence de ses enfants, Hilduin, abbé de Saint-Martial, et autres. Mais on ne le trouve dans aucun catalogue, ce qui rend de plus en plus suspect le cartulaire d'Uzerche. Ademar, moine de Saint-Cibar, voisin de ces temps là, n'aurait pas oublié cet abbé. Depuis, il fut élevé sur le siége de l'église de Limoges, par la faveur de Guillaume, duc d'Aquitaine : car, du temps du roi Hugues-Capet, le duc d'Aquitaine et les autres grands seigneurs du royaume commencèrent à exercer sur les évêques le pouvoir qu'avaient les rois.

Hilduin fut sacré à Angoulême par Gumbaud, archevêque de Bordeaux, et les évêques Fronterius, de Périgueux, Abon de Saintes et Ugue d'Angoulême. Ce dernier l'intronisa à Limoges, premièrement, dans une chaire portative, à l'église Saint-Gérald, puis sur le siége de Saint-Martial. On ne marque pas l'année de sa promotion, mais on le voit évêque dès la 4ᵉ année de Hugue, c'est-à-dire en 990, car il est nommé dans la charte de Gaufridus, qui donne, cette année, à l'église de Limoges le lieu de Plavia. Il est aussi appelé Audoin dans deux chartes de 992 et 993; cette dernière donnée à Poitiers au mois de décembre. On le trouve dans d'autres, de 997 à 1001. Selon Ademar, il fit le voyage de la Terre-Sainte avec le vicomte Gui.

Trois ans avant de mourir, c'est-à-dire en 1011, Hilduin ôta les moines de Saint-Étienne d'Eymoutiers, et y rétablit des chanoines. Il rassembla ces moines et les mit à Saint-Martin, où l'on observait ci-devant la règle de Saint-

Benoît. Il rétablit cet ancien monastère, mais non pas suivant son ancienne splendeur. On dit qu'il fit accorder à l'abbé, par le Pape Benoît VIII, le privilège de se servir de la crosse, de la mitre et des autres ornements pontificaux. Le premier abbé qu'il y mit fut, vers 1012, Radulphe, moine de Tulle, de la maison des chevaliers de Chantemiolle près d'Ahun. Ce prélat, qui mourut le 24 juin 1014, est inhumé à Saint-Martin, dans la chapelle de Saint-Eloi. La réparation de ce monastère, par l'évêque Hilduin, lia tellement d'affection ses successeurs que, durant longtemps, d'abord après leur élection, ils s'y rendirent huit jours pour vaquer à l'oraison et se préparer à la consécration solennelle.

Pendant qu'il occupait le siége de Limoges, on cite un Antoynus qui aurait été évêque de ce siége, mais ce n'est qu'un nom supposé.

En 990, Perpezac-le-Noir (?) est donné à Brantôme; — l'abbaye de Saint-Junien est dissipée; — Guigo abbé de Saint-Martial; — 992, Archambaud donne Notre-Dame-d'Uzerche à Uzerche; — 994, érection de Mont-Jauvi; — 995, siége de Bellac; — 996, Roger de Laron donne Saint-Priest-les-Vergnes à Uzerche; — 997, fondation du monastère d'Ahun; — 998, Joffredus abbé de Saint-Martial; — 999, Bernard donne Banise à Uzerche; — 1000, Renaud-d'Aubusson donne La Ribière à Tulle; — Arvœus donne Brigueil à Saint-Martin-les-Limoges; — La Nouaille; — 1001, Aureil; — 1003, Saint-Pardoux-l'Ortigier; — 1004, château de Bogi détruit; — 1007, Adalbardus abbé de Saint-Martial; — 1009, monachisme à Saint-Vaulry; — 1010, les moines d'Arnac cèdent Segonzac à Guy de Lastours; — Balezis donné à la Cathédrale; — conférence avec les juifs; — 1011, monachisme détruit à Eymoutiers; — 1013, l'évêque remet des moines à Saint-Martin; donation de Thouron.

Sources : Legros, *Msc. de la bibl. du grand-séminaire de Limoges;* — Nadaud, *Chronologie des évêques de Limoges.*

HOPITAL (René de l') épousa, le 23 novembre 1641, par contrat reçu par Duvergier et Guionnet, Hélène des Monstiers, fille du haut et puissant seigneur Jean des Monstiers, chevalier, vicomte de Mérinville, baron de Saint-Péré, Sgr de Rochelidoux et du Fraisse, gentilhomme ordinaire de la chambre du roi, et de Françoise Chataigner de La Rocheposay. Il était veuf, en premières noces, de Marie-Charlotte de La Marck, et, en secondes noces, d'Anne Gruget. Il était fils de feu Charles, chevalier des ordres du roi, conseiller en ses conseils d'Etat et privé, capitaine de 50 hommes d'armes de ses ordonnances. De ce mariage naquit : Françoise-Marguerite de L'Hopital, baptisée dans l'église de Saint-Brice près la ville de Saint-Junien en Limousin, le 3 mai 1649.

Sources : P. Anselme, *Histoire des grands offic.;* — *Registres paroissiaux de Saint-Brice.*

HORRIC (page 435), sieur de La Barre et de Dandonne, paroisse de Villejoubert (1), élection de Cognac, porte *d'azur à trois boucles d'or*, 2 et 1.

I. — Jean Horric épousa Jeanne de Barbezière, dont : 1º Jean (2), qui suit; 2º Philippe, qui a été la souche des sieurs de La Valade; 3º Regnaud

---

(1) Villejoubert, probablement canton de Saint-Amant-de-Boixe, arrondissement d'Angoulême (Charente).

(2) Il faut apparemment lire Antoine.

II. — Antoine Horric fit une transaction avec Regnaud Horric, son frère, sur la succession de leurs père et mère, le dernier janvier 1514. Il épousa Marthe Tricot.

III. — Jean Horric fit une transaction, le 24 juillet 1567, avec Léon, son frère, sur la succession de leurs père et mère.

IV. — Jean Horric épousa, le 22 août 1577, Anne de Mergy.

V. — Jean Horric épousa, le 8 janvier 1617, Louise Laurent.

VI. — Jean Horric épousa, le 8 août 1637, Louise Reorteau. (Des Coutures, *Nobiliaire manuscrit*.) Lui ou son père était convoqué au ban et à l'arrière-ban de l'Angoumois en 1635, où il fit défaut.

Branche de La Vallade.

Horric, sieur de La Valade et de La Courade (1), paroisse de Courpillat et de Mareuil, élection de Cognac, porte *d'azur à trois boucles d'or*, 2, 1.

I. — Philippe Horric fit un bail le 16 janvier 1526 ; il était frère d'Antoine, sieur de La Barre. Il épousa Jeanne Tricot, sœur de Marthe.

II. — Antoine Horric épousa, le 26 mars 1550, Mathurine Brun.

III. — Philippe Horric épousa, le 19 décembre, Renée de Pontas, dont : 1° Léonard, qui suit ; 2° Pierre Horric, qui épousa, le 14 juin 1629, Anne Méhée, veuve ; 3° Antoine Horric, sieur de La Vallade, épousa, le 27 août 1625, Marguerite de La Loubière.

IV. — Léonard Horric épousa, le 1er juillet 1626, Marthe Joly.

V. — Philippe Horric, sieur de La Courade, épousa, le 13 août 1657, Jeanne Vinot. (*Nobil. msc.* de Des Coutures.) Il était convoqué au ban et à l'arrière-ban de l'Angoumois en 1635, où un de ses enfants servit. Il paraît avoir eu pour fils, entre autres, Antoine, qui suit :

VI. — Antoine Horric, sieur de La Valade.

Notes isolées.

Louis Horricq, ou Orricq, sieur de La Baronnière, mêmes armes que dessus, était convoqué pour le ban et l'arrière-ban de l'Angoumois en 1635 ; il fit défaut. Cette famille est représentée en Saintonge par la branche de La Roche-Tollay.

Susanne Horricq épousa, en 1649, Élie Laîné, sieur de Francheville, fils de Pierre Laîné, sieur de La Barde, et d'Élisabeth Gabard.

Louis Horricq, écuyer, sieur de La Motte-Tubignon, servait au ban et à l'arrière-ban de l'Angoumois en 1635.

Jean Horricq et P. Dominique Horricq, nés à Saint-Genis, furent ordonnés prêtres à Angoulême en 1764.

HOULIER (page 435). Sieur de La Pouyade, lieutenant-général d'Angoulême, porte *écartelé : au 1er d'or à un chêne tigé et feuillé de sinople ; au 4e, d'azur, à un chevron d'or et trois poissons d'argent ; au 2e, d'azur, à trois étoiles d'or,*

---

(1) La Courade est commune de Mareuil, canton de Rouillac, arrondissement d'Angoulême (Charente).

2 et 1, et un croissant d'argent en pointe ; au 3°, fascé de sable à 3 molettes d'éperon du même. — Le dessin donne, au 2°, trois étoiles d'or en chef et un croissant d'argent en pointe ; au 3°, d'argent à 2 fasces de sables, accompagné de trois étoiles du même, 2 en chef, et 1 en pointe.

I. — Christophe Houlier, seigneur de La Pouyade, paroisse de Saint-Yrieix, canton et arrondissement d'Angoulême (Charente), eut pour fils Gabriel, qui suit :

II. — Gabriel Houlier fut reçu échevin de la ville d'Angoulême à la place vacante par le décès du sieur Christophe Houlier, son père, le 26 août 1605 ; il occupait encore cette place en 1630, et était mort le 4 avril 1631 lorsqu'il fut remplacé par Philippe Falignou. Il était lieutenant particulier et criminel de la sénéchaussée. Une partie de l'hôpital de Saint-Roch, à Angoulême, fut construite à ses frais. On y lit l'inscription suivante :

> Ceste premiere et 13 chambre a esté
> Faicte avx frais et diligence de Gabriel
> Hovlier escvyer sievr de Lapovyade et
> Rovfiat lievtenant criminel Dangovlm
> ois maistre des reqvestes ordinaire
> De la Royne mère du roy décembre
> 1629.

Il avait épousé, le 20 juin 1604, Charlotte Laîné. Ils firent un testament mutuel en faveur d'Hélie, leur fils. De ce mariage naquirent deux garçons : 1° Hélie, qui suit ; 2° Gabriel, qui suit après son frère.

III. — Hélie Houlier, seigneur de La Pouyade et de Rouffiac, lieutenant général, fut reçu échevin à la mort de Jean de Pareil le 3 septembre 1638 ; maire d'Angoulême, il épousa Catherine de Paris, dame du Cluseau, qui lui donna une fille unique, Marguerite Houlier, mariée à René Voyer de Paulmy, marquis d'Argenson, maître des requêtes et ambassadeur à Venise.

III bis. — Gabriel Houlier, seigneur de Beauchamp (probablement Beauchamp commune de Plassac-Rouffiac, canton de Blanzac, arrondissement d'Angoulême (Charente), qui n'eut qu'une fille mariée dans la maison de Vassoigne, à laquelle elle porta cette terre. Gabriel Houlier était convoqué pour le ban de 1635, où il fit défaut.

Cette famille est représentée au Poitou par M. Houlier de Villedieu, marié à Mlle Olympe de Liniers, du Plessis.

Sources : Des Coutures : *Nobiliaire msc.* — Ban et arrière-ban de l'Angoumois, 1635. — Bull. Soc. Arch. de la Charente. T. V., p. 115.

HOULLON. — Gabriel Houllon, S^r de La Gouge, fut convoqué pour le ban et l'arrière-ban de l'Angoumois en 1635. Il fit défaut. La Gouge est peut-être commune de Bernac, canton de Villefagnon, arrondissement de Ruffec (Charente). (Ban et arrière-ban de l'Angoumois 1635.)

HUGNON du Prat (page 436).

François Hugon du Prat, écuyer, archiprêtre de Saint-Sulpice-le-Guérétois, 18 mai 1656. — Il vivait encore en 1684.

Pierre Hugon du Prat, vicaire du précédent à Saint-Sulpice-le-Guérétois (registres paroissiaux de Saint-Sulpice-le-Guérétois).

M. Lainé, dans son *Nobiliaire du Limousin*, fait remarquer que cette famille vient de s'éteindre.

HUGONNEAU (page 438).

François Hugonneau, qui prit plus tard le titre d'écuyer et de seigneur des Brosses-d'Oradour, épousa, par contrat du 7 février 1574, signé Dupuy, notaire, Jeanne de Rousiers, fille de Gabriel, archer de la garde du roi sous François Ier, et de Françoise de Rousiers de Chéronnac. (Biog. de François de Rousier, par M. Arbellot).

Marie Hugonneau épousa François Pouthe, écuyer, paroisse de Lesignac-sur-Gorre, dont Jean-Michel, tonsuré en 1767. (*Nobiliaire*, art. Pouthe.)

N..... d'Hugonneau épousa Catherine de Verdillac, dont : 1° Ernest, qui épousa N..... Lamy; il est mort à Saint-Victurnien, canton de Saint-Junien, arrondissement de Rochechouart (Haute-Vienne), le 22 mars 1867, à l'âge de 62 ans. (*Sem. relig.* de Limoges, tome V, page 150). Ses enfants sont : A. Eugène ; B. Auguste, qui a épousé Mlle Marie de Veyrialle ; 2° Evariste, maire de Brigueil ; il épousa, en 1842, Marie-Charlotte-Octavie de Cosnac, née le 20 novembre 1821, fille de Gabriel-Noël-Auguste, et de Ernestine-Pauline-Sophie de Guillaumanches du Boscage. (*Nobiliaire*, t. Ier, p. 606); 3° Firmin, qui a épousé Mlle Evelina de Mascureau, fille de Martial et de Clotilde d'Insay ; leurs enfants sont : A. Catherine ; B. Martial ; 4° Edouard, marié à Mlle Marie-Aloysie Peltier de Montigny, dont : A. Jeanne-Marie ; B. François ; C. Geneviève ; D. Marie-Aloysie ; 5° Eudoxie, mariée à M. Léon Hugonneau de Boya, qui est rapporté ci-après ; 6° Clémentine.

M. Léon d'Hugonneau de Boya épousa Mlle Eudoxie d'Hugonneau, fille de N..... et de Catherine de Verdillac. Leurs enfants sont : 1° Paul, officier ; 2° Louis, mort à l'âge de 9 ans ; 3° Léontine ; 4° Armande, morte à l'âge de 11 ans ; 5° Herminie ; 6° Marie.

Jean Hugonneau de Sauvaud ou Sauvot, né le 19 août 1757, fut nommé membre du directoire de la Haute-Vienne en 1791. (Almanach de 1792. — Liste du jury de 1830.)

HUGUETEAU.

Cette famille est originaire de Saint-Jean-d'Angely ; c'est du moins ce que disent les mémoires qui nous ont été communiqués. Elle alla plus tard s'établir à Niort, où elle occupa les premières charges de la municipalité ou de la magistrature.

Notes isolées.

Jean Hugueteau, chapelain de la chapelle des Laydet, fut nommé à celle des Hyppeaux, paroisse de Notre-Dame-de-Niort, en février 1681 ; c'est probablement le même que Jean Hugueteau, qui était en 1686 prêtre et chantre de l'église de Saint-André-de-Niort.

Pierre Hugueteau, seigneur de la Martinière, était curé de Notre-Dame-de-Fontenay, vers 1725.

§ I. — *Première branche.*

I. — Jean Hugueteau, conseiller et échevin de la ville de Saint-Jean-d'Angély, eut pour fils, Jean qui suit :

II. — Jean Hugueteau, Sgr du Brizeau et de Maurepas, fut maire de la ville de Niort en 1558 ; était encore échevin le 26 mai 1581. Il laissa, de dame Marie Pigeon, qui était sa veuve en 1598, Jean, qui suit :

III. — Jean Hugueteau, Sgr de Berasse, échevin du corps de ville de Niort, épousa dame Marie d'Abillon, fille de François, Sgr de Pascouinay, maire de Niort en 1560, dont il eut :

IV. — François Hugueteau, Sgr de Brizeau, ent de Catherine Dupont, fille de François, avocat du roi à Fontenay, et de Françoise Brisson : 1° Jean, qui suit ; 2° Catherine, mariée à Pierre Comprie, pair et bourgeois de Niort.

V. — Jean Hugueteau, Sgr de Maurepas, La Repoussonnière et Le Brizeau, avocat au parlement, épousa Dlle Anne Arnauldet, fille de N....., écuyer, Sgr de La Blanchardière, dont : 1° Jean, mort sans postérité ; 2° Pierre, Sgr de La Pivardière, fut conseiller au siége royal de Niort. Il épousa Dlle Théodore Bonneau, fille de Pierre, Sgr de La Garrette, le 10 décembre 1659, et entre autres enfants, en eut Catherine, qui, le 19 février 1707, se maria à Jacques de Veillechèze, Sgr des Tiffornières, garde du corps du roi ; cette branche s'établit à Fontenay ; 3° Gabriel, qui suit :

VI. — Gabriel Hugueteau, Sgr de Maurepas et du Brizeau et Chaillé, avocat au parlement, fut procureur du roi à Niort. Il épousa Dlle Claude Renaud, fille de N....., écuyer, Sgr de Vinerville, brigadier des 100 chevau-légers de la garde du roi. Il eut de ce mariage : 1° N....., jésuite ; 2° Pierre, qui suit :

VII. — Pierre Hugueteau, Sgr de Maurepas, Brizeau et Challié, était, en 1674, procureur du roi au siége de Niort, pair et lieutenant au régiment de cette ville, puis fut reçu conseiller au même siège, le 22 décembre 1682, et était mort avant 1691. Il laissa de dame Renée Thibaut, son épouse, Jean, qui suit, et deux filles.

VIII. — Jean Hugueteau, Sgr de Challié et du Brizeau, avocat au parlement, eut, de dame Louise Garcin, Jean-Baptiste-Pierre, qui suit :

IX. — Jean-Baptiste-Pierre Hugueteau, Sgr de Challié, né le 25 mars 1715, conseiller et procureur du roi des eaux et forêts de la maîtrise de Niort, épousa, le 24 octobre 1740, Dlle Marie-Madeleine Potier de la Foucaudière, et mourut, le 18 octobre 1793, laissant : 1° Jean-Etienne-Alexandre, qui suit ; 2° Marguerite-Opportune, née à Niort, le 14 septembre 1741, mariée, le 16 janvier 1764, à Etienne-Thomas Chabot ; 3° François-Gabriel, dont la postérité sera rapportée au § II ; 4° Michel, né le 30 janvier 1749, fut prêtre et prieur de Saint-Remy de Cosnac, en Saintonge, et est mort à Ardin, le 6 septembre 1816 ; 5° Pierre, dont nous parlerons au § III ; 6° Madelcine-Françoise, née le 15 mars 1756, mariée à François Potier de la Vallée, son oncle breton, et plusieurs autres enfants morts en bas âge.

X. — Jean-Etienne-Alexandre Hugueteau, né le 17 novembre 1743, fut conseiller du roi et son procureur au siége royal de Niort. Il épousa, le 31 janvier 1796, Dlle Marguerite-Henriette Charrier de la Marcardière, et est décédé, le 22 mai 1814, ayant eu : 1° Marie-Henriette, née le 24 octobre 1769, femme de Jacques de la Perrière de Roiffé, chevalier de saint Louis; 2° Marie-Françoise, née le 19 septembre 1770, mariée à Charles Chevallereau de la Chauverie; 3° Catherine-Emilie, née le 21 mars 1772, mariée, le 17 février 1808, à Pierre-Hélie-Madeleine de Sainte-Hermine, comte, puis marquis de Sainte-Hermine, fils d'Emmanuel-Armand-Jean-Bénédicte et de Marie-Agathe Berthelin de Montbrun; 4° Marie-Anne-Victoire, née le 7 septembre 1774, qui épousa, en juin 1809, Philippe Duchesne de Saint-Léger, et mourut le 11 juin 1814.

§ II. — *Branche de Challié.*

X *bis*. — François-Gabriel Hugueteau de Challié, fils puîné de Jean-Baptiste-Pierre, et de Marie-Madeleine Potier de la Foucaudière, rapportés au IX° degré du § Ier, naquit le 27 mai 1745, succéda à son père dans la maîtrise des eaux et forêts de Niort, et mourut, le 20 avril 1825, laissant de N..... Pastureau de Maurepas : 1° Jean-François-Gabriel, qui suit; 2° Anne-Henriette-Joséphine, née le 31 août 1782, et mariée le 23 avril 1805, à Armand-Angélique de Beaucorps, chevalier de Saint-Louis.

XI. — Jean-François-Gabriel Hugueteau de Challié fut conservateur des forêts à Bourges. Il épousa, à Bar-sur-Aube, le 17 janvier 1811, Françoise-Sophie de Fresne, et mourut le 9 novembre 1840, laissant : 1° Jean-Gabriel-Edouard, qui suit; 2° Anne-Clémence, née le 15 juin 1813, mariée, en novembre 1839, à Alexis-Charles de Liniers; 3° Jules-François-Hyacinthe, né en novembre 1816; 4° Alexandrine, née en octobre 1818, mariée, le 26 avril 1842, à Léon Gilbert du Deffand, receveur des domaines.

XII. — Jean-Gabriel-Edouard Hugueteau de Challié, né le 16 mars 1812, officier de marine, marié, le 24 novembre 1843, à Lavac de Jussieu, fille de Laurent, ancien secrétaire général de la préfecture de la Seine, etc.

§ III. — *Branche de Gaultret.*

X. — Pierre Hugueteau de Gaultret, né le 17 octobre 1752, fils de Jean-Baptiste-Pierre et de Marie-Madeleine Potier, fut conseiller du roi au siège royal de Niort, et il est décédé juge suppléant au tribunal civil de cette ville, en juin 1811. Il avait épousé, le 20 février 1781, D^{lle} Louise-Ursule Busseau, fille de N....., capitaine des gardes-côtes d'Aunis, et de N..... Mathé, duquel mariage sont issus : 1° Pierre, né le 20 décembre 1781, marié, en février 1814, à D^{lle} Marie-Pauline Crosnier, dont Louise-Isaure, née le 16 février 1819, et mariée en 1848, à N..... du Authier de Lambertye, employé dans les contributions directes; 2° Jean-Pascal, qui suit.

XI. — Jean-Pascal Hugueteau, né le 7 avril 1787, fut procureur du roi à Rochefort, et puis conseiller à la cour royale de Poitiers. Il épousa D^{lle} Jeanne-Eulalie-Estelle Durant de la Pastellière, fille de Mathias et de Jeanne-Louise-Eulalie Aubineau d'Insay, duquel mariage sont issues : 1° Eulalie; 2° Marguerite.

Armes : *D'azur au chevron d'or accompagné de trois cigognes de même, ayant les vigilances d'or.*

Source : *Dict. des familles de l'ancien Poitou.*

HUMBAULD (Elie), de Sainte-Sevère, d'une famille noble du Berry, 46ᵉ évêque de Limoges, élu en 1086, succéda à Guy de Laron. Adémar, abbé de Saint-Martial, qui n'avait point été appelé à l'élection, et qui prétendait qu'on le faisait anciennement, s'opposa à cette nomination. Il eut dans son parti les abbés G. d'Uzerche; G. de Tulle; W. de Solignac; G. de Vigeois; et A., vicomte de Limoges. Ils se plaignaient à Richard, archevêque de Bourges, disant que cette élection avait été faite sans consulter les abbés de la province, sans le vœu du peuple, et sans l'agrément du vicomte, et en faveur d'un étranger auquel on reprochait plusieurs choses. Devant une semblable opposition, Humbauld fut obligé d'aller à Rome se justifier devant le pape Urbain II. Il y trouva l'abbé de Saint-Martial, qu'il avait laissé à Limoges à son départ, et, ne réussissant pas à justifier son élection, il partit pour la Palestine. Il revint plus tard à Rome, et se présenta enfin à Limoges avec des lettres apostoliques, lui rendant tous les pouvoirs de sa dignité. Ces lettres auraient été fabriquées par Mathieu Vitalis, orfèvre de Limoges, et Hélie de Gimel, archidiacre. Voici ces lettres :

Lettre du pape. 1086.

« Le pape Urbain, au clergé et au peuple du Limousin.

» Votre évêque étant venu devant nous l'année passée, accusé sur différents chefs, qui, suivant les canons, infirmaient son élection et sa consécration, en présence de l'archevêque de Bourges qui l'avait consacré, ne pouvant se justifier parce qu'il était venu sans défenseurs, il abdiqua son évêché, et, dans l'espérance d'obtenir miséricorde, il alla à Jérusalem. A son retour, il nous demanda grâce. Nous, ayant égard aux prières de plusieurs de nos enfants, permîmes à notre vénérable frère Hugue, archevêque de Lyon, d'informer dans la province, où les accusations sont connues, et où l'évêque ne pourrait pas se plaindre de l'absence des témoins. L'accusation étant discutée scrupuleusement, la simonie n'ayant pas été prouvée, ayant égard à la compassion et à la paix de l'Eglise, on lui permit de se purger avec des témoins idoines. Il jura qu'il n'avait donné, ni promis d'argent, ni fait donner par qui que ce fût pour obtenir l'évêché. Dans des temps si difficiles, on ne pourrait faire venir en votre présence les évêques comprovinciaux ; mais les abbés F. et J de Lésterp et de Fleury, hommes religieux et d'une réputation intacte, l'assurèrent aussi par leur serment, avec trois clercs de l'évêque. Nous vous le renvoyons donc avec ordre de lui obéir comme à votre propre pasteur. »

Autre lettre de 1094.

« Urbain, évêque, serviteur, etc., au clergé et au peuple du Limousin. Notre confrère Humbauld, évêque de votre ville, est venu se plaindre qu'on faisait plusieurs injustices à sa mère-église. Car quelques chevaliers s'emparent par violence de ses biens, ou exigent des droits, comme de leurs propres héritages, et font tous les chagrins qu'ils peuvent à l'évêque, comme à un ennemi, parce qu'il s'y oppose. C'est pourquoi nous vous exhortons, et vous ordonnons de vous abstenir de pareil attentat. Que si vous le méprisez, nous confirmons telle sentence canonique que l'évêque portera contre vous, etc. Donné à Pise, le 6 des ides d'octobre. »

Humbauld fut alors reconnu évêque de Limoges.

Mais Urbain II, étant arrivé à Limoges le 23 décembre 1095, reconnut que ces lettres étaient falsifiées, et il le déposa. Umbauld se retira alors à Sainte-Sevère, en Berri, où ses frères étaient seigneurs, et y vécut longtemps.

Pendant son épiscopat, on remarque, en 1086, la donation de la chapelle du château de Pierrebuffière, faite à Solignac, Ambazac et Chalus; — 1087, l'église de Saint-Gérald est détruite par le comte du Poitou; Razès donné à la cathédrale; — 1088, Saint-Etienne de Braguisa, donné à Tulle; Gaufridus, s'établit au Chalard le 6 janvier; — 1089, église de la Sainte-Vierge bâtie à la Péruse; — 1090, accord pour l'église de la Ville-Dieu; — 1091, Soursac, donné à Aureil; chapelle au château de Beauvais; Auriol donné à Tulle; Monceix et Chamberet; — 1093, Deveis; Monceix donné à Uzerche; — 1094, dédicace de l'église de Saint-Amand; donation de Claravaux, Cercenac, Château-Ribaires, Verun, Boucheresse; — 1095, cimetière bénit au Deveix; Boussac-le-Château, la Tour-Saint-Austrille, donnés au Bourg-Dieu; Saint-Silvain-de-Montégut, Saint-Martial-de-Perusse, Saint-Hilaire-la-Treille, Saint-Georges-de-Fontanet, donnés à Bénévent; Saint-Julien-le-Château donné à Aureil; cimetière bénit à Faux-la-Montagne; monastère de Bort adjugé à Cluny; Solignac donné à Uzerche, Vitrac, Ceyrac; Ambazac et Chalus acquis à Saint-Augustin; — 1096, Ussel permuté avec Abjac; Ange donné à l'évêque; Cercenac, Treignac donné à Uzerche; fief presbytéral de La Croix, à Saint-Martial; quatrième partie de Branceilles donnée à Tulle; La Croix.

SOURCES : Legros, *msc. de la biblioth. du grand-séminaire;* — Nadaud, *Chronologie des évêques de Limoges.*

HYGONNIN, voyez IGONIN.

SUPPLÉMENT A LA LETTRE I.

IGONIN (page 432), Seigneurs de Montaurand, de Ribagnac, du Mazet et de Boussuet. Cette famille s'est divisée en quatre branches, prenant chacune le nom d'une de ces seigneuries.

Branche de Montaurand.

Jean Igonin, s^r de Montaurand, épousa, en 1643, D^{lle} Marguerite Mazeau. Les registres de Nantiat le nomment Jean en 1649; mais, en 1654 et 1658, ils l'appellent François; Nadaud, à l'article Mazeau, l'appelle Jean. Leurs enfants furent : 1° Anne, baptisée à Nantiat le 26 novembre 1649, qui épousa François de la Couture-Renon; écuyer; 2° autre Anne, qui, âgée de 18 ans, épousa, dans l'église de Saint-Vincent de Nantiat, le 26 août 1675, Henri d'Assy, écuyer, s^r de Champroy, âgé de 26 ans, de la paroisse de Fresselines; 3° Gabriel, baptisé à Nantiat le 22 mars 1654, ayant pour parrain Gabriel de Razès, écuyer, s^r du Pin-Bernard, et pour marraine, dame Anne de Cougniac, dame des Lézes; 4° Charles, baptisé à Nantiat le 29 avril 1658, tenu sous les fonts baptismaux par Charles Faucon, écuyer, s^r de Boisse, en la paroisse de Saint-Jouvent, et par D^{lle} Marthe de Razès, D^{lle} de Biossac, paroisse de Châteauponsac, et probablement 5° François, qui est parrain le 5 janvier 1662, et qui est dit fils de François. Le 3 mai 1674, fut enterré dans l'église de Nantiat Messire François Igonin; ont signé comme témoins, Le Pin de Razès et Boisse.

François Igonin, écuyer, Sgr de la Gorse, de Montaurand, épousa D^{lle} Marie de Monbost ou Montbel; dont : 1° Jehan, baptisé à Nantiat le 22 juin 1663, ayant pour parrain Jehan de Monbel, écuyer, sieur de La Tache; 2° François, baptisé à Nantiat le 7 juillet 1664, ayant pour parrain François Igonin, sieur de Montaurand; 3° Jean-Baptiste-Charles, né à Montaurand le 20 octobre 1678, et baptisé à Nantiat le 5 novembre, ayant pour parrain Charles Igonin, sieur du Mazet, et pour marraine Delphine Igonin, sa sœur. Sur les registres de Thouron, on trouve, en 1663, D^{lle} Anne Igonin, fille de vénérable François Igonin, sieur de Montaurand, et de D^{lle} Marguerite Masdau (ou Masvau), demeurant au lieu noble de Montaurant, paroisse de Nantiat.

Jean Igonin, S^{gr} de Montaurand, épousa Françoise de Sarrazin, D^{lle} du Mazet. De ce mariage naquirent : 1° Jean-Charles, qui suit; 2° Pierre, né et baptisé le 15 octobre 1696. Il eut pour parrain Pierre Igonin, qui était à l'armée, et qui fut représenté par Jacques Igonin, et pour marraine, Marie Igonin, tous deux de Montaurand; 3° Anne, née à Montaurand le 24 avril 1698, baptisée le 10 mai, tenue sur les fonts baptismaux par messire Léonard Desvergne, écuyer, demeurant au village de Saint-Gery, sieur dudit lieu, et par Anne de Pétiot, demeurant au village de Taillac, paroisse de Chamboret; 4° Henri, né au lieu noble de Montaurand le 21 mai 1699, baptisé le 23. Son parrain est messire Henri de Jumilhac, écuyer, sieur du Buis, paroisse de La Roche-Canillac, et sa marraine, D^{lle} N..... Igonin. Il est probablement le père de Henri rapporté à la branche du Mazet; 5° Charles, né le 9 novembre 1700, et baptisé le même jour, ayant pour parrain Jean-Charles Igonin, son frère, et pour marraine Catherine Igonin, sa sœur; 6° Elisabeth, née le 25 novembre 1702, et baptisée le 26 : messire Jean Igonin, écuyer, sieur des Rieux, natif de Montaurand, est son parrain, et Elisabeth Igonin de Montaurand, sa marraine; 7° Anne, née à Montaurand le 29 novembre 1705, baptisée le 1er décembre, portée sur les fonts baptismaux par messire Balthazar Igonin, écuyer, S^{gr} de Ribagnac, et D^{lle} Anne de Marsange, demeurant à Saint-Géry, paroisse de Nantiat; 8° Catherine, qui fut marraine de son frère Charles le 9 novembre 1700.

Jean (ou Jean-Charles) Igonin, fils de Jean Igonin, S^{gr} de Montaurand et de Françoise Sarrazin, né à Montaurand le 10 octobre 1695, et baptisé le 12, ayant pour parrain Jean-Charles de La Brousse, docteur en théologie, curé de Thouron, et pour marraine D^{lle} Delphine Igonin de Montaurand. Il épousa, le 14 juin 1721 D^{lle} Marie Vérinaud, fille de messire Gaspard Vérinaud, écuyer, S^{gr} de la Bourgeoisse, et de dame Marguerite de La Couture-Renon, avec dispense du 3e degré de la parenté.

Jean Igonin (qui est peut-être le même que le précédent), Sr de Montaurand, épousa Anne Négrier de La Guyonnière (?). Il vivait en 1740. Ses enfants furent : 1° Anne, née le 13 septembre 1736, baptisée le 14. Son parrain fut messire François de Brutine, écuyer, son cousin, et sa marraine D^{lle} Anne Coustin; 2° autre Anne, née le 17 septembre 1737, baptisée le même jour, ayant pour parrain messire Henri Igonin, écuyer, Sr du Mazet, son grand-oncle, et pour marraine D^{lle} Anne Négrier, veuve de messire René Lézaud.

Branche de Ribagnac.

Le château de Ribagnac, bâti en 1656, est situé sur un coteau élevé, rive droite du Taurion, en face du bourg de Saint-Martin-Terressus. Il a été réparé de nos jours par M. Alluaud, qui l'habite actuellement.

Igonin de Ribagnac, porte : *d'azur à la montagne d'argent à deux lions affrontés rampant sur cette montagne, au chef d'argent chargé d'une croix ancrée de sable.*

Philippe Igonin, sieur de Ribagnac (page 439).

Jean Igonin, sieur de Ribagnac, époux d'Anne Mazeau, eut encore pour enfant Marthe, qui épousa, le 13 novembre 1673, Silvain du Breuil, fils de Sébastien et de Madeleine Lavaudier. Elle devint veuve le 14 mars 1683, et se remaria avec François-Jean-Baptiste Gentil, Sgr de Lavaud, gendarme du roi.

En 1674, le sieur de Ribagnac faisait partie du ban et de l'arrière-ban de la Marche.

François Igonin, chevalier, Sgr de Ribagnac et autres lieux, mourut au château de Ribagnac le 5 septembre 1781, âgé de 66 ans, et fut inhumé le lendemain à Saint-Martin-Terressus en présence de messire François-Annet de Coustin, comte d'Oradour, sous-lieutenant des gardes-du-corps de Monsieur, frère du roi, et son gentilhomme de la chambre, lieutenant-colonel de cavalerie, et messire Auguste-Louis du Vignaud, chevalier, Sgr de Villefort, garde du corps de Monsieur frère du roi, ses neveux. Il avait épousé : 1° Marie-Anne Ferret ; 2° Anne Phelip de Saint-Viance, fille de Charles Phelip de Saint-Viance, écuyer, sieur de Sazeirat, paroisse d'Aresne, et de Marie-Anne de Bridier; elle mourut au château de Ribagnac, et fut enterrée dans la chapelle du Rosaire de l'église de Saint-Martin-Terressus le 24 novembre 1766, à l'âge d'environ 52 ans, en présence de messire Claude-Phelip de Saint-Viance, son frère, de messire Henri Igonin et de messire Jean Gentil ; 3° Fabienne ou Sabienne Monier, qui resta veuve. Du second lit est née, le 7 mars 1749, Marthe Igonin, qui fut baptisée le 12 du même mois à Saint-Martin-Terressus, ayant pour parrain Claude-Hippolyte de Saint-Viance, et pour marraine Marthe Igonin de Ribagnac.

Le 15 janvier 1789, fut enterrée à Ambazac dame Elisabeth de Blois, décédée le 13, au château de Ribagnac, et transportée dans cette paroisse à cause du débordement de la rivière ; elle était âgée d'environ 72 ans, et était veuve de Louis Vildon, chevalier, Sgr d'Etruchat.

Guy-André de Vildon, chevalier, Sgr de Ribagnac, était convoqué à l'assemblée générale de la noblesse de la Basse-Marche tenue au Dorat, capitale de la province, le 16 mars 1789. Il avait épousé le 3 février 1772, Marthe-Anne Igonin de Ribagnac. Ils vivaient l'un et l'autre le 5 mai 1793.

Branche du Mazet.

Charles Igonin, sieur du Mazet, est parrain de Jean-Baptiste-Charles Igonin de Montaurand, baptisé à Nantiat le 5 novembre 1678.

D^{lle} Marie Igonin du Mazet, demeurant au lieu noble de Montaurand, eut pour fils Gabriel, qu'on dit avoir pour père François Foucaud-Faucon, écuyer, sieur de Boisse dans la paroisse de Saint-Jouvent, qui fut poursuivi en justice criminelle à Limoges. Il fut baptisé à Nantiat le 5 décembre 1679, étant né la veille ; il eut pour parrain Gabriel de Razès, écuyer, sieur du Pin-Bernard, paroisse de Saint-Priest-le-Betoux, et pour marraine D^{lle} Marguerite Mazeau, demeurant à La Maison-Rouge. (*Registre de Nantiat.*)

Henri Igonin, écuyer, sieur du Mazet, né en Limousin, habitait la paroisse de Saint-Barbant (canton de Mézières, arrondissement de Bellac, Haute-Vienne). Il fut parrain d'Anne Igonin de Montaurand, sa petite-nièce, baptisée à Nantiat le 17 septembre 1737. Il épousa : 1° Marie de Boislinard; 2° Marie de Masvallier en Poitou, et alla habiter cette province. Il eut pour fils : N....., qui suit.

N..... Igonin, sieur du Mazet, né au mois d'octobre 1748 dans la paroisse de Saint-Barbant, continua à habiter le Poitou, où son père s'était fixé. Il laissa N....., qui suit.

N..... Igonin du Mazet, mort à Poitiers en 1864, ne laissant pas d'héritiers de son nom.

Notes isolées.

Le 11 du mois de février 1697, fut fiancé par messire Jean-Charles de La Brousse, docteur en théologie, curé de Thouron, messire Jean de Lafont, sieur dudit lieu, veuf, demeurant au village du Puis, paroisse d'Ambazac, avec D^{lle} Marie Igonin, du lieu noble de Montaurand. Le mariage eut lieu le 12 février.

D^{lle} Delphine ou Dauphine Igonin fut marraine de Jean-Charles Igonin, S^{gr} de Montaurand, le 10 octobre 1695. Elle épousa, le 14 mars 1697, Jean Tandeau, du village de Lavaud, paroisse d'Ambazac.

Jean Igonin, écuyer, était au service du roi lorsqu'il fut parrain, le 8 janvier 1702, avec Silvie Igonin.

Le 21 octobre 1706, Jean-Jacques de Verdillac, veuf, demeurant à Montrol-Senard, épousa Sylvie Igonin, du village de Montaurand.

Marthe Igonin épousa Gabriel de Razés, écuyer, S^{gr} du Pin-Bernard, paroisse de Saint-Priest-le-Betoux, dont Anne, née à Montaurand le 24 juin 1664, et baptisée à Nantiat le 7 juillet.

Hélie Igonin épousa Anne de Lassa, dont Marguerite Igonin, qui s'allia par contrat du 22 mai 1640, et le 19 février précédent, dans l'église de Lesterps, à Jacques Dupin, écuyer, sieur de Joncherolles, fils de Gilbert et de Philippe Couvidat. (*Nobiliaire*, T. II, p. 421.)

Jeanne Igonin épousa Robert Dupin, fils de Jean, écuyer, sieur d'Envaux, du lieu du Châtenet, paroisse de Veyrac, qui mourut, âgé de 75 ans, le 26 septembre 1663. (*Ibid.*, p. 31).

Anne Igonin épousa, par contrat du 3 février 1635, Philippe de Père, écuyer, sieur du Liboureix, paroisse de Blanzac, fils d'Etienne et de Jacquette de Moulins. (*Ibid*, art. *Père*).

Marie Igonin épousa Joseph de Bersac, dont François né le 23 avril 1714. Ils habitaient Rancon. (Registres paroissiaux de Rancon.)

Sources : Registres paroissiaux de Nantiat, Thouron, Rancon, Ambazac, Saint-Martin-Terressus ; — Lettre de M. Igonin du Mazet.

DE L'ISLE, sieur de La Renaudière, paroisse de Chenat, élection de Saintes, porte : *de gueules à deux chevrons d'or accompagnés de trois croissants d'argent, 2 et 1, soutenus d'une croix ancrée d'or aussi en pointe.*

I. — Jean de Lisle épousa, le 7 janvier 1518, Claire de Villessoux.

II. — François de Lisle épousa, le 21 juin 1561, Louise de Saint-Martin. Ils firent un testament mutuel, le 1er juillet 1603, par lequel ils instituent Jean, leur fils aîné.

III. — Jean de Lisle épousa, le 1er novembre 1599, Marie Joly.

IV. — Ruben de Lisle épousa, le 11 juin 1631, Marie Maillard.
V. — Ruben de Lisle épousa, le 23 septembre 1662, Anne de Lage-Volude.

(Des Coutures, p. 537.)

DE L'ISLE DU GAST. — Voyez ci-devant, page 275.

DES ISLES. — Voyez Surraud des Isles.

ISLE (page 440). — Cette famille, d'origine noble et ancienne, habitait originairement la Saintonge.

Noms isolés.

Pierre Isle, valet, d'après un mandement en date du dimanche après la Saint-Nicolas d'hiver de l'an 1330. Nous voyons qu'il eut pour fils Simon et Pernelle.

Lambert Isle rendait en aveu, pour le fief de Ceyres, au Sgr de Tonnay-Boutonne le dimanche après Notre-Dame de septembre 1383.

Lambert Isle fait faire une enquête en 1424 sur sa famille, par laquelle il est dit fils de Philippon Isle, qui avait un frère du nom de Lambert (sans doute le précédent). On y lit aussi que lesdits Isles étaient *nobles gens*, extraits de noble lignée, et que leurs armes sont peintes en l'église de Nouliers, à l'autel de Saint-James, où est leur sépulture.

Lambert servit comme homme d'armes dans presque toutes les guerres qui eurent lieu de son temps. Il assista en cette qualité aux sièges de Limoges, Cognac, Parthenay, etc.

Filiation suivie.

§ 1 — Branche de Loire.

I. — Hugues Isle, Sgr de La Vialière, qu'il tenait par succession de Pierre, précité, eut deux enfants : 1° Jean, qui suit; 2° Pernelle, épouse de Guillaume Gommard.

II. — Jean Isle, Sgr de La Vialière. Par une enquête du 30 mai 1420, faite par Maynard Faure, bachelier ès-lois, sénéchal, et autres officiers de Taillebourg, il est prononcé que la terre de Vialière était passée de Pierre Isle à Hugues, précité, par succession, et que ledit Jean la possédait comme fils de Hugues. Le 24 février 1492, Jeanne Gommard, sa cousine, lui fit donation du fief de Ceyres. Jean eut deux enfants : 1° Antoine, qui suit; 2° Guillaume, mort sans alliance, servit au ban des nobles de Saintonge convoqué en 1467.

III. — Antoine Isle, Sgr de La Vialière, Ceyres et La Matassière, du chef de son épouse, rendit, le 27 février 1441, un aveu à messire N..... de Coëtivy, Sgr de Taillebourg, pour le fief de La Vialière, qu'il tenait de Jean, son père. Le 12 novembre 1451, il partagea avec Guillaume, son frère, les successions de leur père et celle de feu Guillaume Gommard et de Pernelle Isle, leur tante. Il eut deux enfants : 1° Jean, qui suit; 2° André, prêtre, curé de Nouliers.

IV. — Jean Isle, Sgr de La Vialière, Ceyres et La Matassière, rendit, le 17 mars 1465, hommage de son fief de La Vialière à Olivier de Coëtivy, Sgr de Taillebourg.

qui, le 15 décembre 1471, lui concédait un droit de sépulture dans l'église de Saint-Pierre-des-Noulliers, dans laquelle étaient *sépultures* ses devanciers; était à Saint-Savinien lieutenant d'Olivier de Coëtivy, et il lui fut délivré 100 livres pour faire réparer le château de Saint-Savinien, qui était menacé par les Anglais.

Jean épousa en premières noces Marguerite Moreau, dont : 1° Yves, qui suit; 2° Madeleine, épouse de Jean Thury; et 3° Marie, femme de Guillaume Vaslet, pair et bourgeois de La Rochelle. Il épousa en secondes noces Jeanne de Coucy, veuve de François de La Porte, dont il n'eut point d'enfants.

V. — Yves Isle, S^{gr} de La Vialière, La Matassière, etc., qui, le 6 février 1498, rendit aveu de son fief de La Vialière au S^{gr} de Taillebourg; il épousa D^{lle} Catherine d'Estuer, fille de noble homme Guy et de Catherine de Survy, dont : 1° Jean, qui suit; 2° Anne, mariée à François de Mortagne le 27 septembre 1520, le même jour que Jean son frère épousait sa sœur.

VI. — Jean Isle, S^{gr} de La Matassière, Boursefuillot, des Grois, La Cave et Lilleau était homme d'armes dans la compagnie de Mgr le prince de Condé en 1537; épousa, le 27 septembre 1520, D^{lle} Bonaventure de Mortagne, fille de Guillaume, écuyer, S^{gr} de Roussillon et de D^{lle} Louise de Blois, et ils testèrent ensemble le 8 juillet 1539. Ils eurent pour enfants : 1° François, qui suit; 2° Isabeau, femme de Jean de Montalembert, et 3° Marie, épouse de François de Lamberthon.

VII. — François Isle, S^{gr} de La Matassière et de Lilleau, mourut du vivant de son père; il avait épousé, le 2 janvier 1556, D^{lle} Marguerite Duchesne, fille de Louis, écuyer, S^{gr} du Cluseau, et de Jeanne Germain, et testa le 29 septembre 1567, par lequel testament il institua pour ses héritiers ses enfants, qui sont : 1° Pierre, qui suit; 2° Jean, tige de la branche des Grois rapportée § II; 3° Daniel, qui est peut-être le père d'une Léa Isle, mariée à René de Marbœuf; 4° Charlotte, mariée d'abord à Mery Ruffec, et ensuite à Jacques de Rieux; 5° Sara, sans doute morte jeune.

VIII. — Pierre Isle, écuyer, S^{gr} de La Matassière et des Forgettes, épousa, le 21 août 1594, D^{lle} Noëmy Comte, dame de Loire, veuve de Benjamin Gombaut, écuyer, S^{gr} de Romegou. Il eut pour enfants : 1° Isaac, qui suit; 2° Jacques, mort sans alliance; 3° Elisabeth; 4° Sara; 5° Marie, l'une desquelles épousa Jean de Puirigaux.

IX. — Isaac Isle, S^{gr} de Loire et La Matassière, épousa, le 8 octobre 1619, D^{lle} Lydie Palet, fille de feu Jean, écuyer, et de D^{lle} Jeanne Mathé, et, par son testament en date du 13 janvier 1657, il donna l'usufruit de tous ses biens à son épouse, le revenu de la terre de Loire à son fils aîné, qui était : 1° Isaac, qui suivra; et la somme de 1,500 livres à ses deux autres enfants, qui étaient : 2° Charles; 3° Elisabeth.

X. — Isaac Isle, marquis de Loire, S^{gr} de La Matassière, commandait un régiment de cavalerie, et était, en 1666, commissaire-député, avec M. Colbert du Terron, pour l'exécution de l'édit de Nantes en Aunis, Saintonge et les colonies; mais, à sa révocation, Isaac passa en Angleterre avec Charles, son frère, et y mourut sans postérité, après avoir eu de D^{lle} Céleste Faucher de Circé, fille de Jacques, marquis de Circé et d'Elisabeth de Bejarry, un fils qui mourut à l'âge de 15 mois. Ses biens furent vendus.

§ II. — *Branche des Grois.*

VIII (bis). — **Jean Isle**, Sr des Grois et de La Cave, fils de François et de Marguerite Duchesne, rapportés ci-dessus (VII° degré du § I), partagea avec ses frères et sœurs les successions de leurs père et mère, le 29 mars 1590, produisit, ainsi que son frère Daniel, les preuves, et furent confirmés dans leur noblesse par ordonnance de MM. Robert de Blois et Olivier Rasin, conseillers à Saint-Jean-d'Angely, députés pour le règlement des tailles le 26 février 1599. Le 16 mars 1595, il avait épousé Dlle Marie Guichard, fille de Jean, écuyer, Sr du Breuil en Villars, et commandant pour le roi en la ville de Poas, et de feue Marguerite de Mortagne. Il eut de ce mariage : 1° Daniel, qui suit ; 2° Jean, tige de la branche de Beauchêne, rapportée au § III ; 3° Marguerite, mariée d'abord à Paul Boisseau, et ensuite à Jacques de Beaumont ; 4° Madeleine, qui ne paraît pas avoir été mariée.

IX. — **Daniel Isle**, écuyer, Sr des Grois et de La Cave, épousa Dlle Madeleine Escaud, fille de Claude et de Dlle Madeleine Marchet, et testa le 5 janvier 1661. Ses enfants furent : 1° Claude, qui suit ; 2° Paul, Sr de Quincé. Son père, par son testament, lui avait donné son cheval et ses armes par préciput. Il mourut sans enfants de son alliance avec Hélène Manchin ; 3° Uranie, femme de Simon Bonniaut, Sr de Bondon ; 4° Esther ; 5° Madeleine, mortes sans alliance ; 6° Henriette.

X. — **Claude Isle**, écuyer, Sr des Grois et de La Cave, fut nommé curateur de ses frères et sœurs par le testament de son père. Il n'eut point d'enfants de son mariage avec Dlle Jacquette de Marbœuf, fille de René, écuyer, Sr de La Savinière et de Léa Isle, qu'il avait épousée le 9 août 1656. Ce fut sa sœur Henriette qui lui succéda.

§ III. — *Branche de Beauchêne.*

IX (bis). — **Jean Isle**, fils puîné de Jean et de Marie Guichard, rapportés au VIII° degré du § II, fut Sr du Breuil et de Beauchêne. Nous voyons par son contrat de mariage qu'il était, à cette époque, capitaine d'infanterie dans le régiment du duc de Candale. Le 11 janvier 1639, il épousa Dlle Léa de Bessay, veuve de Zacharie de Salbert, écuyer, Sr de Sontignonne, et, le 14 février suivant, ils se faisaient une donation mutuelle de tous leurs biens. Ses enfants furent : 1° Paul, qui suit ; 2° Louis ; 3° Jean, qui ne paraissaient pas s'être mariés ; 4° Isaac, qui fut nommé lieutenant de vaisseau le 8 février 1673, capitaine le 1er décembre 1689. Il fut, à l'époque de la révocation de l'édit de Nantes, chargé de croiser devant la rivière de Bordeaux pour s'opposer au départ des protestants, fut fait chevalier de Saint-Louis en 1693, et en reçut l'avis par la lettre suivante : « Monsieur, ayant informé le roi de vos services et des blessures considérables que vous avez reçues, S. M. a bien voulu faire attention à ce que je lui ai représenté en votre faveur, et vous donner des marques de sa satisfaction en vous faisant chevalier de son ordre de Saint-Louis avec 800 livres de pension. Je suis bien aise de vous annoncer la nouvelle de cette grâce distinguée, et de vous assurer que je ferai toujours valoir avec plaisir vos services auprès de S. M. — Versailles, 12 mai 1693. Signé Pontchartrain » ; 5° Henri, écuyer, Sr de La Touche, servit dans la marine, et fut lieutenant de vaisseau. Il fut fait prisonnier par les Algériens le 29 décembre 1685. Il épousa d'abord D*lle* Louise Boisseau, dont un garçon mort enfant ; et ensuite, le 26 mai 1705, D*lle* Hélène Bénigne de Beauchamps, dont : Jeanne, Bénigne, Marie-Hélène et Marie, qui vivait encore en 1786, âgée de 78 ans ; aucune d'elles ne s'est mariée ; 6° Jeanne, mariée à Henri Bureau, écuyer, S*gr* de Civrac ; 7° Angélique, célibataire.

X. — Paul Isle, écuyer, S*gr* du Breuil et de Beauchêne, épousa, le 24 novembre 1664, D*lle* Madeleine Esnau, fille de Guillaume, S*gr* de la Clisse, et de D*lle* Madeleine Chanloux, dont il eut sept enfants : 1° Henri, écuyer, S*gr* des Grois et du Breuil, fut brigadier des gardes de la marine à Rochefort, et était, en 1695, enseigne de vaisseau ; 2° Abraham, qui suit ; 3° Anne, mariée à Jean du Cros.

XI. — Abraham Isle, écuyer, S*gr* de Beauchêne et du Breuil en partie, épousa, le 7 décembre 1706, Marguerite de La Chapelle, fille de Jean et de Marguerite Musseau, dont il eut : 1° Henri, né le 8 mai 1708, mort enfant ; 2° Anne Madeleine, née le 1er juin 1707, fit ses preuves pour entrer à Saint-Cyr le 23 mars 1720, et fut admise dans cette maison. Elle mourut en 1779, célibataire ; 3° Henri-Antoine, qui suit ; 4° Henri-Abraham, né le 30 juillet 1712, mort enfant ; 5° Marie-Anne-Angélique, née le 17 août 1713, fut admise comme sa sœur à Saint-Cyr, sur preuves faites le 1er juillet 1724, morte fille en 1765 ; 6° Henri-Abraham, né le 22 juillet 1715, officier de la marine royale, mourut en Canada en 1732 ; 7° Pierre, né le 22 septembre 1716, mort enfant ; 8° Henri-Louis, né le 24 octobre 1717, prêtre, prieur de l'hôpital Vieil de Pons en Saintonge, et curé de Champagnolles, fut tuteur des enfants de Henri-Antoine, son frère, et, en 1786 était archiprêtre de Pons ; 9° Henri-Zacharie entra dans la marine en qualité de garde de la marine en 1734, fut successivement enseigne de vaisseau et chef de brigade des gardes de la marine en 1741, chevalier de saint Louis le 11 juillet 1750, et major de l'escadre commandée par M. de Macnemara, lieutenant des gardes de la marine en 1754, capitaine de vaisseau en 1757, commandant une compagnie des gardes de la marine en 1764, chef d'escadre des armées navales en 1776, et mourut le 24 décembre de la même année, après avoir servi activement pendant quarante-deux ans et fait dix-huit campagnes : la famille Isle conserve dans ses archives le récit de plusieurs actions qui ont fait le plus grand honneur à M. de Beauchêne ; 10° Marie-Henriette, née le 25 décembre 1719, morte enfant ; 11° Henri-Claude, né le 7 juin 1722, mort à 19 ans ; 12° Henri-François, né en octobre 1724, mourut en 1754, prêtre, chanoine de l'église de Saintes ; 13° Etienne Prosper, né le 23 janvier 1728, mort en bas-âge.

XII. — Henri-Antoine Isle, chevalier, S*gr* de Balade, Le Breuil, Beauchêne, naquit le 7 juillet 1711, servit 30 ans dans le régiment de Guienne-infanterie (ce régiment a longtemps porté le nom de ses colonels), et fut successivement lieutenant, aide-major et capitaine des grenadiers, fit les campagnes d'Allemagne, d'Italie et de Flandres, et reçut plusieurs blessures. Retiré du service chevalier de Saint-Louis, il fit partie du ban de la noblesse de la Saintonge convoqué en 1758, et mourut en 1760, âgé de 48 ans. Il laissait de D*lle* Jeanne Régnault, fille de Mathieu, lieutenant-colonel du régiment de Bourbonnais, et de feue Marie-Madeleine Babin, qu'il avait épousée le 24 décembre 1743 : 1° Henri-Mathieu, qui suit ; 2° Marie-Gabriel, garde-marine le 26 avril 1767, fut nommé enseigne de vaisseau le 1er octobre 1773, et périt à la mer, en janvier 1778, sur le vaisseau *le Fendant*, commandé par M. de Vaudreuil ; 3° Jean-Jacques, reçu à l'école militaire de Saint-Cyr en septembre 1756, après avoir fait ses preuves, servait dans la marine en 1786.

XIII. — Henri-Mathieu [...], chevalier, Sr de Ballade, Beauchêne, Marvilars, Théou, naquit le 19 octobre 1744. Nommé garde-marine le 19 avril 1757, il abandonna la marine et entra dans les dragons, fut reçu le 25 avril 1761 chevalier novice des ordres du Mont-Carmel et de Saint-Lazare. Le 25 février, il avait été nommé cornette au régiment Royal-dragons, aide-major le 6 juillet 1766, capitaine le 6 novembre 1771; passa au Colonel-général-dragons en qualité de major le 6 avril 1779, chevalier de Saint-Louis le 4 mai 1780. Il passa au régiment de Noailles-dragons le 19 avril 1784. Le 27 avril 1773, il épousa Madeleine-Thérèse du Breul de Théon, fille de Jean Sr de Châteaubardon, etc., et de haute et puissante dame Marie-Madeleine de Marçonnay. Il eut de ce mariage : 1° Louis-Henri, marié à Marie-Pauline Aubert de Boumois; 2° Louis François, époux de Stéphanie de Lage de Volude; 3° Anne-Marie-Gabrielle, femme de Jean-Antoine-Joseph Brossard de Faviers; 4° Louis-Casimir, marié à Pauline Froger de Léguille; 5° Victor, époux de Lucile de Rouvrai; 6° et 7° deux enfants morts en bas-âge. (*Dict. des familles anciennes du Poitou.*)

SUPPLÉMENT A LA LETTRE J.

JABIN. — Michel Jabin de Devaud, baron de Gouzon, à cause d'Isidore du Tillet, son épouse, fille et héritière de Charlotte de Fiu de Sellius en 1787. (De Bett.) Sr de Bellefaye, canton et arrondissement de Boussac (Creuse).

JABRILLAC. — Pardoux Jabrillac, garde des sceaux au siège présidial de la Marche établi à Guéret, Sr du Monteil d'Alion, paroisse de Saint-Sulpice-le-Guérétois.

François de Jabrillac fut aussi garde des sceaux au siège présidial de la Marche, établi à Guéret, de 1667 à 1724. (De Bett.)

Louis Jabrillac, greffier en la sénéchaussée de la Marche, 2 juin 1627. (Roy de Pierrefitte, *Abbaye de Prébenoit*, p. 18.)

Dlle Françoise Ceysson, épouse de noble Pardoux Jabrillac, sieur du Monteil, conseiller du roi, etc., était marraine le 14 août 1678. (*Registres paroissiaux de Saint-Sulpice-le-Guérétois.*)

Dame Isabeau Jabrillac, de la ville de Guéret, était marraine le 30 mai 1627. (*Registres paroissiaux de Saint-Sulpice-le-Guérétois.*)

Louis de Jabrillac, marié à N..... Couturier de Fournoue, fille de Gabriel, vers 1584. (État de la famille Couturier de Fournoue.)

Noble Pardoux, Sr du Monteil d'Alon, conseiller du roi, garde des sceaux en la sénéchaussée de la Marche, marié à N..... Ceysson, fille de noble François Ceysson, conseiller du roi en la sénéchaussée et siège présidial de la Marche, et de Marie Martin, vers 1674. (État de la famille Couturier du Fournoue.)

Louis Jabrillac, marié à Jacqueline Angot, dame de Vieilleville, faisant partie de la seigneurie de Chassignolle; elle était veuve vers 1669. (De Bett.)

Françoise Jabrillac, alias Chabrillac, mariée : 1° à Jean de Venassier, dont une fille mariée à Étienne Moneron, écuyer, sieur des Mazets; 2° à noble Jean Rebière, Sr de Nouvelour, Hurin, lieutenant au régiment de Ponthieu-infanterie.

Françoise Jabrillac, femme de Jean de Fressanges (alias Le Jeune de Fressanges), marraine de Françoise Rebière d'Hurin, 1741.

Catherine Jabrillac fonde une vicairie à Guéret le 11 mars 1647. (NADAUD, *Pouillé*.)

DE JACQUES (page 441). Sgrs d'Arnac, de Copiac, de Cornac, de Fontvergne, de La Bastide, de La Chassagne et de Roussille en Limousin et en Auvergne. Cette famille a des alliances distinguées et des services militaires honorables. Son premier auteur connu est Aymard de Jacques, écuyer, Sgr de Copiac, qui, en récompense des services rendus au roi Charles VII, obtint de ce prince, le 20 août 1453, exemption de toutes charges et contributions. Ses descendants au sixième degré furent maintenus dans leur noblesse en même temps en Auvergne et en Limousin, en 1666, sur preuves filiatives établies depuis ledit Aymard de Jacques, époux de Marguerite Parrete, en 1497. (*Nobiliaire d'Auvergne*.)

JACQUES, Sgr de La Chassaigne, 1497. (LAINÉ, *Nobil. du Limousin*.)
Jacques de Jacques, écuyer, sieur de La Chassagne, possédait le fief de Roussille, paroisse de Chavagnac, châtellenie de La Borne, dans la Marche, en 1669 et 1684, (De Bett.) aujourd'hui canton de Saint-Sulpice-les-Champs, arrondissement d'Aubusson (Creuse).

JAMBES (page 442), sieur de Fougères, paroisse de Fouquebrune, élection d'Angoulême, porte : *de sable à 8 fleurs de lis d'argent, 3, 2, 2 et 1, au lion d'or rampant en abime, lampassé de même*.

I. — Pierre de Jambes. — 3 janvier 1526. — Il épousa Jeanne de Renouard.

II. — François de Jambes partagea, le 11 février 1544, la succession de Pierre et Jeanne Renouard, ses père et mère, avec ses frères Jean et Charles.

III. — Arnaud de Jambes épousa Jeanne Raymond. Par un contrat du 4 mars 1550 entre François et Arnaud, père et fils, on fixa le dot de Jacquette de Jambes, leur fille et sœur.

IV. — Pierre de Jambes épousa, le dernier septembre 1592, Radigonde Audoin, dont : 1° Pierre, qui suit ; 2° autre Pierre, qui suit après son frère.

V. — Pierre de Jambes, sieur de Fougères, épousa, le 10 avril 1635, Marie de Refuge. Il fit un partage avec Jean, son frère, sur la succession de Pierre, leur père, le 11 juillet 1651.

V bis. — Jean de Jambes, fils de Pierre et de Radigonde Audoin, épousa Marguerite Maillas.

VI. — Jean de Jambes, sieur de La Motte, épousa, le 16 novembre 1659, Suzanne Thibaud. (DES COUTURES, p. 235.)

JAMBES, sieur de La Couronne, paroisse de Saint-Martin, élection d'Angoulême, porte : *d'azur, semé de fleurs de lis d'or, à un lion rampant de gueules, lampassé de même*.

I. — Jean de Jambes fit un bail, le 30 mai 1490.

II. — Antoine de Jambes fit des acquisitions, le dernier février 1616 (1), et, le dernier avril 1525, il épousa Bonnisand de Gain, dont : 1° Mathieu, qui suit ; 2° Jacques ; 3° Pierre. Ces deux derniers firent une transaction le 24 décembre 1574.

(1) Il faut probablement lire 1516.

III. — Mathieu de Jambes, qui était mort avant le 24 décembre 1574, avait épousé Louise Farinard.

IV. — Pierre de Jambes épousa, le 29 juin 1599, Françoise de Perry.

V. — François de Jambes épousa, le 7 août 649, Marguerite de La Badie.

VI. — Jacques de Jambes, baptisé le 29 décembre 1650. (Des Coutures, p. 261.)

JAMET. — Pierre Jamet, *alias* Jacmet, du Doyet, au diocèse de Bourges, épousa Ysabelle de Chaussauhole, au diocèse de Limoges, paroisse de Saint-Priest et du Tromps, Combrailles, 1398. (De Bett.)

JANAILLAC (page 442). — Il existe dans la Haute-Vienne une paroisse de ce nom, canton de Nexon, arrondissement de Saint-Yrieix, et une autre dans la Creuse, canton de Pontarion, arrondissement de Bourganeuf.

On trouve dans un livre de prières de la paroisse de Saint-Pierre-du-Queyroix, écrit en 1379 : « Pour les deux Janaillac qui donnèrent des reliques de saint Jean-Baptiste. » (*Saint Pierre-du-Queyroix*, par M. Maurice Ardant, page 45.)

Étienne de Janailhac vivait en 1492 (idem, page 42).

Eustache de Janailhac, bourgeois de Limoges, 1487. (*Registres consulaires*, T. I, p. 97.)

Jacques Janailhac est élu consul le 1er décembre 1508, 1513 et 1519 (idem.)

Galienne de Janailhac, en 1511, était épouse de Pierre Benoît (idem.)

Marguerite Dupeyrat, en 1601, était veuve de Jacques de Janailhac, et avait une fille, Léonarde Janailhac. (Terrier de la commanderie du Palais.)

JANET. — Léonat, *alias* Léonard Janet, laboureur, demeurant à Brionnet, paroisse de Guéret, fief relevant de la seigneurie de Brugnat, Marche, 1669. (De Bett.)

JANNOT. — Jean Jannot, pour Joseph Jannot son fils, fief de Saint-Sulpice, Marche, 1669. (De Bett.)

JANY. — Antoine Jany, marchand, possédant le fief de Montejas, paroisse de Goussougnat, près Chénerailles, 1726. (De Bett.)

DE JARRIE (page 443), Sgrs d'Aubière, de Clervaux, de Saint-Avit, de Cognat et de Laschenal. Cette famille était sans doute originaire du Bourbonnais, où des Sgrs du même nom possédaient des fiefs dès le commencement du XIVe siècle. Tels furent Hugues de Jarrie, chevalier, nommé dans un hommage d'Alise du Vernet, dame de Saint-Gerau-le-Puy, en 1300, et Guy de Jarrie, damoiseau, possessionné dans la mouvance de Billy, en 1322. (*Noms féodaux* [. 535, 987.)

Jean de Jarrie, Sgr de Clervaux, l'un des cent gentilshommes de la maison du roi, épousa, par contrat de 1542, Catherine de Montmorin, héritière d'Aubières, avec stipulation expresse que leurs enfants porteraient le nom et les armes d'Aubières, et l'on voit en effet que Claude, Gilbert et Jean d'Aubières de Jarrie, leurs petits-fils, furent admis dans l'ordre de Malte, aux mêmes conditions, en 1599. (Vertot, édition de 1753, T. VII, p. 124.)

Gilberte d'Aubières-Jarrie porta, vers 1600, les biens de cette maison dans celle de La Rochebriant, d'où ils passèrent à MM. de Montagnac et de Chabannes. (Chabrol, T. IV, p. 69, 170, 202.)

Armes : *D'or, à la fasce de sable.* On trouve dans le procès-verbal des titres produits devant M° de Fortie, en 1666 : *un écu d'or, à la fasce de sable, à la bordure denchée de gueules*. Ces mêmes armoiries, Louis d'Aubières les portait en 1550. (*Nobiliaire d'Auvergne*.)

Aubières est une ancienne seigneurie, située près de Clermont, successivement possédée par trois races différentes qui en ont adopté le nom et les armes. La plus anciennement connue était une branche de la maison d'Apchon, qui jouissait d'Aubières dès l'an 908. Cette première race, qui avait pour chef Ebles, comptour, Sgr d'Ussel et d'Aubières, en 1151, finit en la personne d'autre Ebles, mort vers l'an 1250, sans postérité masculine. Ses deux filles, Almodie et Marguerite d'Aubières, épousèrent deux frères de la maison de Damas, et les descendants d'Almodie relevèrent le nom et les armes d'Aubières jusqu'à l'extinction de ce rameau de Damas, fondu vers 1490 dans une branche de la maison de Montmorin-Nades. Claudine de Montmorin porta la terre d'Aubières à Gilbert de Jarrie de Clervaux, (plus haut il est appelé Jean). par contrat de 1542, toujours la clause expresse que les enfants provenant de cette union porteraient le nom et les armes d'Aubières. Claude d'Aubières fut reçu chevalier de Saint-Jean-de-Jérusalem le 21 juillet 1599.

Cette seigneurie passa plus tard, par alliance, à la famille de La Rochebriant, et ensuite à celle de Montagnac.

Gaspard de Montagnac, mort en 1693, en jouissait; elle fut délaissée, par une sentence arbitrale du 26 février 1693, à Gilbert de Mason, Sgr du Cheix, qui la vendit à M. André, conseiller en la cour des aides de Clermont. (*Idem*.)

DE JARRIGE DE LA MORELIE (page 443), seigneur dudit lieu, du Puyredon, des Biards, de Manieux, etc.

§ I.

I. — Pierre de Jarrige......: on ignore son alliance. Il habitait Saint-Yrieix. Il eut pour fils Antonie, qui suit :

II. — Antonie de Jarrige, né de 1450 à 1470. Il épousa, de 1495 à 1499, Marie Bardon, de Ségur, grand'tante ou cousine du célèbre bienheureux Bardon de Brun, fondateur des pénitents noirs à Limoges.

De ce mariage, trois enfants :

1° Jehan, tige des Sgrs du nom de Lamorelie, qui suit ;

2° Pierre, II° du nom, qui épousa, le 26 décembre 1558, Françoise du Breuilh. — Juge viguier de Saint-Yrieix, en janvier 1563, en remplacement de feu noble Paul Gentilz, escuyer, Sgr du Verdier. 2 mars même année, mis en possession royale du dict estat et office de viguier par M° Jehan Bonnet, lieutenant-général d'Uzerche. Il décéda dans cette charge le 25 mars 1574. Pierre de Jarrige a laissé sur les événements de son temps un journal fort curieux, continué par son fils Pardoux jusqu'en 1591. De son mariage avec Françoise du Breuilh il eut un grand nombre d'enfants, dont : Pardoux de Jarrige, Sgr de Monluc et de La Jobertie, né le 26 janvier 1561, marié le 6 mai 1582 à Françoise Garreau, fille de Jean Garreau, Sgr de La Bachellerie, et d'Anne de Sanzillon de La Fouaulie. Garreau : *d'azur au chevron d'or, sur une croix au pied fiché dans un cœur de même en pointe*; Sanzillon : *d'azur à trois pigeons d'argent*. Françoise Garreau décéda le 5 août 1636. De ce mariage, Antoine, doyen du chapitre de Saint-Yrieix, assista avec cette qualité au mariage de son cousin Jehan de Jarrige de

Lamorelie en 1618 ; il décéda le 21 novembre 1656. Il annota le journal tenu par son père et son aïeul.

3° Antoine, nommé chanoine au noble chapitre de Saint-Yrieix, le 2 mai 1562, en remplacement de M° Pierre de Salignac, décéda le 26 avril 1584, le plus ancien chanoine après le doyen. — Il est mentionné parmi les chanoines qui, en 1575, accusent La Tour du Plot devant J. Garreau, notaire.

III. — Jehan de Jarrige, 1er de nom, fils aîné d'Anthonie et de Marie Bardon, épousa Marie de Beaune. Un fils de ce mariage, Pierre, né le 10 décembre 1558, tenu sur les fonds baptismaux par son oncle Pierre de Jarrige, viguier de Saint-Yrieix.

IV. — Pierre de Jarrige, II° du nom, de La Morelie, escuyer, seigneur dudit lieu, La Guyonie, La Rochette, La Salerre, etc., etc., gouverneur de la ville de Saint-Yrieix, conseiller du roi et juge viguier de la cour royale du commun paréage de ladicte ville le 27 novembre 1601, président, trésorier général de France en la généralité de Limoges, etc, etc.

Pierre de Jarrige joua un rôle considérable dans les événements de son temps. Dévoué au roi Henri IV, il se saisit, le 9 mars 1589, « *avec force d'armes, de la ville de Saint-Yrieix, disant que ceux de la ligue s'en vouloient emparer* », ainsi que l'atteste Pardoux Roch, en son vivant greffier de la cour royale ; et lorsque plus tard, le 15 du même mois, par la trahison du chapitre et de MM. de Lafon, la ville fut mise aux mains des ligueurs commandés par le seigneur de Rastignac, les biens de M. de La Morelie furent pillés, et sa maison mise à sac, ainsi qu'il appert :

1° D'un certificat d'Anne de Levis, comte de La Voulte, lieutenant général du roi en Limousin, en date du 5 janvier 1590, concernant ses services et les pertes qu'il avait souffertes en ses biens par les rebelles ligueurs ;

2° Autre certificat du duc de Ventadour sur le même sujet du 26 octobre 1591 ;

3° Certificat donné par Abel, de Pierre-Buffière, baron de Chamberet, lieutenant général de Limousin du 1er juin 1594.

« *Le roi Henri IV lui donna un passeport daté de Blois le 12 juin 1599 pour* » *son retour en Limousin, pour les affaires et service de Sa Majesté.* »

Enfin il était pourvu au titre du gouvernement de la ville de Saint-Yrieix par commission et lettres du duc d'Epernon, gouverneur de la province de Gayenne, en date du 22 mars 1614 et 16 octobre 1615. — Elles sont ainsi conçues : « M. le duc d'Epernon commit le général Jarrige (*sic*) à la garde des clefs et direction de la ville de Saint-Yrieix ». Ce titre de général venait de l'abréviation de la qualité de trésorier général des finances.

En récompense de ses longs services au fait de la guerre en plusieurs occasions durant les troubles et pour la conservation de la ville de Limoges sous l'obéissance d'Henri IV, il reçut des lettres de noblesse pour lui et sa postérité avec permission de changer son surnom de Jarrige, et de porter, lui et ses descendants, celui de La Morelie par lettres du roi Louis XIII, signées Louis, registrées en la Chambre des Comptes, au vol. 25, fol. 369, au Parlement de Bordeaux, le 14 août 1614, à la Cour des aides de Clermont-Ferrant, le dernier août 1640.

Il avait épousé, le 29 septembre 1581, Catherine de Chouly de Permangle, fille d'Yrieix, conseiller du roi et son élu au haut pays de Limosin, et de Marguerite de Gimel Paluel. Chouly Permangle : *d'azur à une fasce d'argent, surmontée de trois tiges de fleurs de lys d'or, et une fleur de lys aussi d'or en pointe.* Gimel : *fascé d'argent et d'azur à la barre de gueules brochant sur le tout.*

Il testa le 18 mai 1624, instituant son heritier universel, en tous ses biens non donnés, son fils aîné, Hélie de Lamorelie, lui substituant Jean, son deuxième fils, au défaut de mâles; et, au défaut de mâles de Jean, ceux de Paul et ainsi de suite à l'infini, il déclare avoir eu de sa femme, sept enfants, tous vivants, savoir :

1° Hélie, qui a formé la branche proprement dite des Sgrs de Lamorelie.

2° Jean, qui a formé les branches des Sgrs de Puyredon et du Briards, qui viendront à leur rang.

3° Paul, légataire de son père de 3,000 livres et des rentes de la Rochette, chanoine du noble chapitre de Saint-Yrieix en 1623 et doyen (2e doyen de son nom) en 1654. Il fut parrain de la grosse cloche de Notre-Dame du Moustier, et son nom y figure avec celui de ses chanoines.

4° Louis, Sgr de Larivière et du Claud, dotée de 6,000 livres, épousa, par contrat du 4 mars 1631, Jeanne de Tessières, fille du Sgr de Chartreix. Tessières porte *losangé d'or et de gueules*. Il eut cinq enfants de ce mariage : *A* Pierre, Sgr du Plessis-Gobert en Picardie, lieutenant de la vénerie du roi, mort sans enfants. *B*. Paul, sieur de Bessenast, lieutenant au régiment de Brigny; il servit au siége de Tortone, et demeura quatre ans en Italie, mort sans enfants. *C*. Marguerite, mariée à M. de Fontrobert. *D*. Françoise, morte sans alliance. *E*. Catherine épousa Paul Pagnon de Laborie, Sgr dudit lieu Pagnon porte : *d'argent à un chevron de gueules, accompagné en chef de deux croisettes du même et en pointe d'un arbre de sinople.*

5° Pierre, troisième du nom, chevalier, Sgr de Bessenat, colonel de cavalerie au service de Savoie, maître d'hôtel et gentilhomme ordinaire de madame Royale, duchesse de Savoie, pensionné de 3,000 livres, par brevet du duc Emmanuel, en date à Turin du 6 septembre 1667 après 32 ans de services militaires, mort sans alliance. Doté de 6,000 livres dans le testament de son père.

6° Marguerite, mariée à Antoine de Tessières, Sgr de La Cour, fils du Sgr de Beaulieu. Son père dans son testament lui témoigne peu d'affection, et lui lègue, en sus de sa dot qui lui avait été donnée lors de son contrat, cinq sols une fois payés.

7° Françoise épousa Pierre Pagnon de Lascoulx, sieur dudit lieu, conseiller du roi et son élu au haut pays de Limosin. Son père la mentionne comme défunte en 1624, et légua à ses deux enfants, Pierre et autre Pierre, 1,500 livres.

Pierre de Lamorelie ne décéda que longtemps après ce testament, qui ne fut ouvert que le 26 mars 1658. Il dut décéder un peu avant cette époque. Il est mentionné comme témoin au contrat de mariage de son beau-frère Paul de Chouly de Permangle avec Françoise Gentilz de La Jonchapt.

§ II. — *Sgrs de Lamorelie, La Borie, Le Chastaing, etc.*

V. — Hélie de Jarrige de Lamorelie fut, en 1648, maire de la ville de Limoges; il était premier consul de ladite ville, trésorier général de France, grand-voyer de la généralité de Limoges. Son nom et ses armes se trouvent gravés sur un plan de la ville de Limoges dressé par Joussin de Rochefort et qui lui est dédié.

Il épousa : 1° le 6 novembre 1616, par contrat reçu Gratoulet et Valade, notaires du bourg de Ladignac, Madelaine Aymeric du Chastaing, fille de François, Sgr du Chastaing et des Blancs, viguier de Ladignac, et de Marie de Chauveron de Jourgnac. Chauveron, porte : *d'argent à 1 pal de sable, chargé de 3 bandes d'or.*

2° Marguerite Chantois de Lausmonerie, fille de noble Jean, chevalier, Sgr dudit lieu, de Cieux et de Reignefort, et de Marguerite Sanzillon de Lafoucaudie. Chantois, porte: *d'argent à 1 chevron de gueules accompagné de 3 tourteaux du même, 2 et 1*. Elle était veuve de feu Jacques de Joussineau, chevalier, Sgr de Fayat, et belle-sœur de Pierre de Lubersac, baron du Verdier, qui, le 25 juillet 1612, au lieu de Laumosnerie, paroisse d'Aixe, épousa Charlotte, sa sœur aînée.

De ce mariage : 1° Paul, qui suit; 2° Catherine, religieuse de Sainte-Claire à Saint-Yrieix. 3° Anne, aussi religieuse à Sainte-Claire.

Hélie de Lamorelie fut nommé, le 2 février 1636, exécuteur testamentaire de son oncle Paul de Chouly de Permangle, gouverneur pour le roi de Saint-Yrieix en 1594, gentilhomme ordinaire de la chambre, etc., etc. « Il prie à la fin son neveu de Lamourelhie de le faire exécuter. » (Arch. de M. le marquis de Permangle, à Paris.)

VI. — **Paul de Jarrige de Lamorelie**, Sgr dudit lieu, Le Chastaing et autres places, conseiller du roi, président, trésorier général de France, sur démission de son père (III° du nom.) Epouse Françoise Aymeric des Blancs, dont il n'eut que deux filles :

1° Marie-Marguerite, qui suit ;

2° Françoise, Dlle de Laborie, baptisée dans l'église de Paysac le 18 juillet 1669, qui épousa Pierre Julien du Mas, marquis de Paysac. De ce mariage il ne provint qu'une fille, Julie Charlotte de Paysac, mariée, le 14 septembre 1739, à Jean-Georges de Laroche-Aymon, Sgr de Premilhac en Périgord. Paysac : *de gueules coupé à 1 tour d'argent maçonnée de sable ; aux 2 croix d'argent cantonnées de 4 fleurs de lys du même*. Laroche-Aymon : *de sable semé de trèfles d'or, au lion de même armé et lampassé de gueules*.

VII. — **Marie-Marguerite de Lamorelie**, dame dudit lieu, instituée héritière universelle par son père, épousa en 1668, par contrat passé au château de Lamorelie, paroisse de Paysac, haut et puissant Sgr Antoine de Lasteyrie du Saillant, marquis du Saillant, vicomte de Comborn, baron de Vergy et d'Ussac, grand sénéchal du haut et bas Limousin. Il était fils de Raymond, vicomte de Comborn, baron du Saillant et d'Isabeau d'Escars. Du Saillant : *de sable à l'aigle éployé d'or, écartelé d'argent au lambel de 3 pendant de gueules*.

En Marguerite de Lamorelie s'éteignit la branche aînée de la maison. Elle porta ses grands biens à son mari, malgré la substitution formelle de son bisaïeul. Il y eut à cet égard un grand procès entre les maisons du Saillant et de Lamorelie, commencé le 26 mai 1693, par assignation donnée à la requête d'Hélie de Lamorelie, Sgr du Puyrecon, « au juge de la juridiction de Lamorelie, seigneurie de la dame du Saillant » et terminé par transaction passé au château de Lamorelie avant 1700 par madame du Saillant, de l'autorité de son mari. Elle fit hommage au roi, le 4 août 1700, de la terre de Lamorelie, biens nobles, rentes et dépendances.

Jeanne-Claude-Victoire du Saillant, sa petite fille, épousa, en 1762, Jean-Baptiste de Lestrade, Sgr de la Cousse en Périgord, et, par un traité en date de 1777, son père, le marquis du Saillant, lui céda la terre de Lamorelie. Elle en fit hommage au roi le 26 janvier 1780, et en fournit le dénombrement le 22 février suivant. Elle est encore actuellement possédée par M. de Lestrade de La Cousse, et comprend 15 ou 16 domaines ou fermes. (Elle en comprenait bien davantage autrefois.) Lestrade porte : *d'argent à 1 fasce d'azur chargée de 3 étoiles d'or, accompagnée de 3 hermines de sable, 2 en chef et 1 en pointe*.

§ III. — *Branche des Sgrs du Puyredon, La Guyonie, La Rochette, La Sulesse, etc.*

V. — Jehan de Jarrige de Lamorelie fut nommé Viguier de Saint-Yrieix sur démission de son père, le 26 mars 1615. Il épousa : 1°, le 16 juillet 1618, Louise Michel, fille de Thomas, avocat au parlement de Bordeaux, juge de Saint-Priest-Ligoure, en présence de Jacques du Chastang, d'Antoine de Jarrige, chanoine, de Paul le Chouly-ermangle. Michel porte : *d'or à une fasce d'azur, chargée de 3 besans d'argent, accompagnée de 3 merlettes de sable.*

2°, le 16 novembre 1625, à Saint-Germain, Galianne des Reynes, fille d'honorable maître Marc des Raynes, élu particulier dudit Saint-Germain et de feue Barbe d'Escars. D'Escars porte : *de gueules à 1 pal vairé.*

De ce mariage : 1° Marc, qui suit ; 2° Louis, qui a formé la branche des Sgrs du *Biards* ; 3° Hélie, tonsuré le 24 mai 1641, chanoine du noble chapitre de Saint-Yrieix, doyen dudit chapitre. (C'est le III° doyen du nom.) Son nom est inscrit parmi ceux des chanoines sur la grosse cloche du Moustier, fondue en 1656 ; 4° Paul, aussi tonsuré le 20 mai 1644, chanoine au même chapitre. (Son nom est également inscrit sur la cloche.)

VI. — Marc de Lamorelie, écuyer, Sgr du Puyredon, juge viguier de Saint-Yrieix, sur démission de son père le 19 avril 1652 (V° viguier de son nom), épousa, le 27 avril 1654, au château de Lamorelie,

1° Nicole de Joussineau de Fayat, fille de Jacques, chevalier, et de Marguerite Chanlois de Laumosnerie : cette dernière se remaria en secondes noces avec Hélie de Lamorelie mentionné plus haut. Elle reçut la somme énorme pour l'époque de 12 000 livres de dot. (Son contrat est aux Archives nationales.) Joussineau porte : *de gueules au chef d'or.* Il produisit en 1666, avec ses frères Louis, Hélie et Paul, un titre de noblesse devant M. d'Aguesseau, intendant du Limousin, et fut maintenu.

2° En secondes noces, le 18 mai 1664, Catherine Gondinet, dame de Puyredon. Il mourut le 15 décembre 1680. Catherine Gondinet testa le 17 avril 1681.

Du 1er lit : Hélie II° du nom, qui suit, et 3 filles mortes sans avoir été mariées. Du 2° lit : 1° Jean, tige de Lamorelie-Masvieux, 2° Pardoux, religieux de l'ordre de Saint-François, MORT DÉFINITEUR DE L'ORDRE, EN ODEUR DE SAINTETÉ ; 3° Pierre, sieur de La Reynie, chanoine de Saint-Yrieix.

VII. — Hélie de Lamorelie, II° du nom, viguier de Saint-Yrieix (VI° du même nom), lieutenant-général de police, maire perpétuel de ladite ville. Marié : 1° au château de Juvenie, en août 1681, avec Jeanne Jaubert de Nanthiat. Jaubert de Nanthiat, porte : *d'azur fascé d'or à 3 fleurs de lys de même, 2 en chef et 1 en pointe.*

2° le 12 novembre 1692 à Limoges, devant Villars, notaire, Pétronille Grégoire de Roulhac. Grégoire de Roulhac, porte : *d'azur à 1 fasce d'or, accompagnée en chef d'un croissant, et en pointe de 3 étoiles, 2 et 1.*

3° le 3 novembre 1714, devant Noël, notaire à Thiviers en Périgord, Louise de Lescours, dame du Limaignez.

Lescours porte : *d'azur à 5 cotices d'or.* — Devise : *Regi suo semper fidelis.*

Hélie eut procès avec sa cousine la marquise du Saillant pour la substitution ouverte à son profit en vertu du testament de son trisaïeul, procès terminé par transaction, comme nous l'avons dit plus haut Il passa une autre transaction, le 29 juillet 1704, comme fils unique et seul héritier de Nicole de Joussineau, sa mère, avec Élisabeth de Bonneval, marquise de Joussineau de Fayat, veuve de Philibert, marquis de Fayat Ses enfants furent :

1° Hélie, III° du nom, mousquetaire du roi, tué à la bataille de Ramillie en Flandre (1706); 2° Jean, qui suit; 3° Marie, qui épousa Philibert de Montet, S⁹ʳ de La Fayolle et Villebrange.

VIII. — Jean de Lamorelie, Sᵍʳ du Puyredon, épousa, par contrat reçu Chavepeyre, le 30 mai 1708 : Claude de Chastagnat, fille de Charles-Joseph, chevalier, Sᵍʳ de Masléon, Neuvic, grand-prévôt du Limousin et de Anne de Lericier de Villars. Chastagnat porte : *écartelé en sautoir d'or et d'azur, à une croix d'hermine portant sur le tout.*

De ce mariage naquirent :

1° Charles-Joseph, qui suit; 2° Jeanne, mariée à Jean du Montet de Cardaillac; 3° Marie, religieuse aux Allois; 4° Anne, idem.

IX. — Charles-Joseph de Lamorelie, chevalier, Sᵍʳ du Puyredon, épousa le 7 juillet 1732, dans la chapelle du château du Chastenet, paroisse de Lubersac, Luce de Coux, fille de Louis, chevalier, Sᵍʳ du Bouchet, du Chastenet et de Jeanne de Coux. De Coux porte : *d'argent à 3 fasces de sinople à 1 bande de gueules brochant sur le tout.*

De ce mariage sont nés : 1° Jean-Baptiste, qui suit; 2° Pierre de Lamorelie du Puyredon, né le 19 avril 1737, chanoine honoraire de la cathédrale de Limoges, docteur en théologie de la faculté d'Angers, premier professeur de théologie au collège de Limoges, élu, le 19 janvier 1767, doyen du chapitre de Saint-Yrieix, dernier doyen de cette célèbre abbaye. (IV° doyen ou abbé du même nom.) « Ce vénérable et digne prêtre, dit La Biche de Reignefort, était un homme aimable, d'une taille avantageuse et d'un port majestueux. Il était surtout homme à talent et à grand caractère. Après avoir paru avec éclat dans la célèbre université d'Angers, il professa la théologie avec un grand succès au collège de Limoges; il en fut ôté pour être placé à la tête du vénérable chapitre de Saint-Yrieix, qui, remarquable dans tous les temps par le mérite distingué de ses membres et par la dignité avec laquelle se célébrait l'office divin dans sa magnifique église, et surtout illustre dans la dernière persécution par l'union admirable des chanoines qui le composaient dans les mêmes principes et le même courage à défendre, aux dépens de leur vie, la foi de nos pères. L'abbé de Puyredon eût pu mieux que personne être associé au gouvernement d'un diocèse; mais, extrêmement modeste par caractère, il se borna à maintenir la ferveur et la régularité dans son chapitre, et à faire fleurir la religion dans la ville qui lui avait donné le jour, plus encore par la force de ses exemples que par l'ascendant que lui donnaient sa place et ses qualités personnelles. Il vécut trop peu connu, mais singulièrement aimé et respecté d'un petit nombre d'amis choisis et d'une nombreuse famille dont il faisait les délices, et qui se sont montrés dignes de l'apprécier par les larmes qu'ils lui ont données et les regrets amers que sa mort leur a laissés. Il avait donné un grand exemple en se laissant conduire en prison à Limoges, au milieu des huées et des imprécations d'un peuple égaré, à la tête de ses chanoines, que sa sainte intrépidité rendait invincibles. Son courage se maintint constamment à la même hauteur durant tout le temps de sa détention sur les vaisseaux, mais il parut prendre un nouveau degré d'énergie à ses derniers moments. Ce fut alors que, avec un accent et un ton de voix qui semblèrent avoir quelque chose de surnaturel dans un moribond, il fit à ses confrères, et au capitaine lui-même, que la curiosité avait attiré auprès de cet intrépide député, un discours plein de force et de magnanimité chrétienne, qui électrisa toutes les âmes, et que n'oublieront de longtemps ceux qui eurent le bonheur de l'entendre. Il mourut le jour même, ayant été tellement froissé dans le trajet du vaisseau à l'hôpital que les matelots ne daignèrent pas même le descendre dans cette fatale barque. Ils le laissèrent exposé sur le pont à toute l'ardeur du brûlant soleil du mois d'août jusqu'à ce qu'il eût rendu le dernier soupir. »

Il avait également joué un rôle considérable à l'assemblée provinciale du Limousin, et, en 1787, la noblesse et le clergé l'avaient nommé procureur-syndic de leurs deux ordres. Mort sur les pontons à Rochefort, le 10 août 1794, à 58 ans.

X. — Jean-Baptiste de Lamorelie, chevalier, Sgr du Puyredon, né le 8 octobre 1733, entré à l'âge de seize ans, en 1749, dans les chevau-légers de la garde ordinaire du roi, chevalier de Saint-Louis, en 1764, licencié le 1er octobre 1787. Emigra. On le voit assister comme témoin à l'acte civil du mariage de son cousin Jean-Louis de Jarrige de Lamorelie des Biards, célébré à Londres, le 29 juillet 1800, avec Marie-Joseph-Hélène-Simonne de Butron, fille du baron de La Torre.

§ IV. — *Branche des Sgrs des Biards.*

VI. — Louis de Lamorelie, second fils de Jean et de Galianne des Raynes, fut institué par sa mère son héritier universel, par testament en date du 1er mai 1661. Il fut témoin au mariage de son frère aîné avec Nicole de Joussineau. Il produisit, en 1666, ses titres de noblesse devant M. d'Aguesseau, et fut maintenu. Il est qualifié d'écuyer, Sgr du Breuil. Il épousa, le 28 janvier 1665, Suzanne Gondinet, fille de Pardoux, docteur en médecine, médecin ordinaire de la reine-mère (Anne d'Autriche), fort renommé en son temps, et de Paule-Pagnon de Lascoulx.

Il testa le 27 décembre 1679, déclarant avoir eu de son mariage :

1° Marc, appelé le Prieur de Lamorelie, à cause de son prieuré de Saint-Laurent, chanoine théologal de Saint-Yrieix, le 26 février 1707, chanoine en la cathédrale de Toul en Lorraine, suivant le brevet du roi du 5 avril 1709, et curé de Moulins en Bourbonnais. Il était en 1694 directeur du séminaire de Clermont; 2° Pardoux, qui suit; 3° Louis, lieutenant de cavalerie au régiment royal de Roussillon, chevalier de Saint-Louis : 4° Pardoux, lieutenant au régiment d'Anjou, tué à la bataille de Chiari, en 1701, à la veille d'être capitaine.

VII. — Pardoux de Lamorelie, chevalier, Sgr des Biards, du Breuil et autres places, né le 8 août 1667, servit le roi dix-huit ans, comme sous-lieutenant, lieutenant, puis capitaine en pied d'une compagnie dans le régiment de la Serre. Il avait assisté aux batailles de Stafarde, sous Catinat, en 1690; de Nerwinde, sous Luxembourg, en 1693, et aux sièges de Bonn, Hice, Carmagnolle, Coni, Namur et Charleroi.

Epousa le 21 février 1694, par contrat reçu de Thouron, notaire, Catherine de Villoutreix, fille de Jean, chevalier, Sgr de La Garde, conseiller du roi et son élu en l'élection de Limoges, et de Marie de Mousnier. Le contrat est signé : « Le prieur de Lamorelie; Lamorelie Puyredon, maire et viguier de Saint-Yrieix; Yrieix de Magonthier-Laubanie, lieutenant général des armées du roi, gouverneur de Landau, le chanoine de Lamorelie, etc., etc. » Villoutreix porte : *d'azur à 1 chevron d'or, accompagné en chef de 2 étoiles de même et en pointe d'un croissant sou-*

tenu d'une rose de même. Catherine de Villoutreix lui apportait en dot la somme de 11,000 livres, dont elle lui fit don par le même contrat.

Le chevalier de Lamorelie commandait en outre l'un des bataillons de milice de la généralité de Limoges, appelé de son nom le bataillon de Lamorelie, qui servit, en 1734, avec le bataillon de Paysac, commandé par le marquis de Paysac, son cousin, à former un régiment du nom de Paysac, jusqu'en 1736, que l'on a licencié les milices.

Il fut parrain, en 1712, avec Gabrielle de Lubersac de Chabrignac, de la seconde cloche de Notre-Dame du Moustier.

De son mariage avec Catherine de Villoutreix naquirent :

1° Marc, qui suit;

2° Louis, mousquetaire du roi;

3° Madeleine, qui épousa devant Thouron, notaire-royal, le 18 décembre 1723, Jean de Magnac de Neuville, écuyer, Sgr de Prémillac, La Brousse, Neuville, Higonie. De ce mariage : l'abbé de Magnac, prévôt de Cassel, de Flandre. Magnac-Neuville porte : *de gueules à 2 pals de vair, au chef d'or.*

VIII. — Marc de Lamorelie, chevalier, comte de Lamorelie, Sgr des Biards, servit le roi comme lieutenant au régiment Richelieu. Epousa : 1° le 28 janvier 1732 devant Thouron, notaire-royal, Jeanne de Brachet, fille d'Etienne, chevalier, Sgr de La Gorse et de La Bastide et de Louise Authier. Il n'eut qu'une fille, mariée à Charles Pasquet, Sgr de Savignac, Saint-Mesmin, etc. Brachet porte : *d'azur à 2 chiens braqués d'argent, passants l'un sur l'autre, écartelé d'azur à 1 lion d'or lampassé et armé de gueules.*

2° Le 18 mai 1740, à Uzerche, Gilette Marie de Pradel de La Maze, fille de Charles, chevalier, Sgr de La Maze, Roffignac, co-seigneur d'Alassac et de feue Suzanne de Maumont. Pradel de La Maze porte : *de sable à 3 barres ondées d'argent.* Maumont porte : *d'azur au sautoir d'or accompagné de 4 tours d'argent, maçonnées de sable.*

De ce mariage naquirent : 1° Charles-Pardoux, qui suit; 2° Yrieix, curé de Saint-Julien-le-Vendonneix avant la révolution, émigré en Espagne; mort curé de Saint-Yrieix, en instituant le marquis de Lamorelie, son neveu, son héritier universel; 3° Annet, garde-du-corps, 3e compagnie, chevalier de Saint-Louis; 4° Barthélemy, religieux de Cluny de l'ancienne observance, supprimée et sécularisée canoniquement, né au château des Biards le 19 mars 1753, eut pour parrain Barthélemy Pasquet de Salagnac, et pour marraine dame Philippe de Sanzillon de Laborie, décédé sur les pontons, comme prêtre non assermenté, le 13 juillet 1794, enterré à l'Ile d'Aix. « Sa charité l'engagea, dit La Biche de Reignefort, dès le commencement de nos maladies épidémiques, à servir les malades dans l'emploi d'infirmier, évidemment au-dessus de ses forces; car, quoique grand et bel homme, il était d'une très-faible complexion. Il ne tarda pas à être mis au rang de ceux à qui il venait de prodiguer ses soins. Là il languit longtemps, et supporta des maux extrêmes avec une patience et une résignation qui nous causaient à tous autant d'étonnement que d'édification. Il sembla que le Seigneur avait voulu le purifier entièrement avant de l'appeler à lui, car, quoiqu'il fût réduit à l'état d'un vrai squelette, son agonie fut aussi douloureuse que sa maladie avait été longue »; 5° et 6° Jean-Baptiste et autre Jean-Louis, frères jumeaux, l'un mort enseigne de vaisseau du roi; l'autre a formé la branche, fixée dans le nord, qui viendra après celle des Biards; 7° et 8° deux religieuses à Sainte-Claire; 9° Marie-Anne, qui épousa dans la chapelle du château des Biards, le 15 décembre 1772, Pierre de Bourdineau, écuyer, S^{gr} de Villecour, Lallée, Laboudelie, Magnac. Bourdineau porte : *d'azur à la fasce d'or, accompagnée de 3 losanges d'argent, 2 en chef et 1 en pointe.* De ce mariage est née : Marie-Anne de Bourdineau, mariée à Hélie Bonhomme de Montégut, juge d'instruction à Nontron (1814-1844), dont le fils aîné épousa Eugénie Charlotte de Lamorelie des Biards, sa cousine germaine ; 10° Henri, chanoine de la cathédrale de Limoges en 1777, prieur de la Champagne, diocèse de Bourges.

IX. — Charles Pardoux de Lamorelie des Biards, comte de Lamorelie, servit 20 ans dans la maison militaire du roi, marié le......... 1781 au château de Cumignat, paroisse de Javaugues, en Auvergne, à Marie-Louise-Joséphine du Crozet, fille de haut et puissant S^{gr} François, comte du Crozet, S^{gr} de Cumignat, Javaugues, Ercerolles, Durtal, et de Louise-Charlotte de Barentin de Montchal, cousine germaine de Mgr de Barentin, garde des sceaux, chancelier de France, qui présida à l'ouverture des Etats généraux de 1789. (La maison du Crozet a fourni plusieurs chanoines comtes de Brioude, dont Bertrand en 1491.) Du Crozet porte : *d'azur à la bande d'argent chargée de 3 roses de gueules.* Barentin-Montchal porte : *écartelé au 1 et 4 d'azur à 3 fasces, la 1re d'or et les 2 autres ondées d'argent, accompagnées en chef de 2 étoiles d'or (qui est de Barentin); au 2 et 3, de gueules au chef d'or, chargé de 3 molettes d'azur (qui est de Montchal.)*

M. de Lamorelie était en 1791 maire de la ville de Saint-Yrieix ; il émigra avec le conseil municipal tout entier et ses adjoints. Il n'a eu de son mariage que deux enfants : 1° Charles, qui suit, et 2° Marie-Madelaine-Louise, mariée à Riom à M. Poral de Saint-Vidal, conseiller à la cour de Riom. De ce mariage naquirent plusieurs enfants, parmi lesquels Séraphine de Saint-Vidal, supérieure des Dames-de-la-Miséricorde, à Vertaizon.

X. — Charles-Gilles-Noël-Nicolas, marquis de Lamorelie (ainsi titré au *Moniteur* et dans tous les actes de la vie officielle par les rois Louis XVIII, Charles X et Louis-Philippe), naquit au château des Biards le 25 décembre 1782. Il eut pour parrain haut et puissant S^{gr} Charles-Paul-Nicolas Barentin, vicomte de Montchal, lieutenant des gardes-du-corps, chevalier de Saint-Louis, et pour marraine Gilette-Marie de Pradel de La Maze, son aïeule paternelle.

Tour à tour auditeur au conseil d'Etat (1811), sous-préfet de Mortagne, de Rennes; préfet de Limoges, d'Alençon (1817) ; préfet de l'Allier (1823) ; conseiller de préfecture de la Seine et président dudit conseil pendant dix-huit ans, officier de la Légion-d'Honneur, chevalier de Saint-Louis, décédé à Paris le 30 juillet 1850.

Il avait épousé, étant préfet de l'Orne, au château de Meslay, près Thury-Harcourt (Calvados), en octobre 1819, Jeanne-Louise-Charlotte d'Arthenay, fille de Guillaume-Louis, baron d'Arthenay et de l'Empire, député du Calvados et vice-président du Corps législatif sous Napoléon Ier, et de Jeanne Denis Laudumiey. Arthenay porte : *écartelé au 1er et 4e d'or au dextrochère de sable mouvant du flanc senextre, tenant une flèche en bande de sable; au 2e de baron ; au 3e de gueules à la canette d'argent en abîme, fasce d'argent brochant sur les 4 quartiers.* (Armes de l'Empire.) Il n'a eu qu'une fille de ce mariage : Louise-Euphémie-Nathalie, veuve sans enfants de M. Woldemar Ternaux, qui avait été autorisé par ordonnance royale à ajouter à son nom le nom de sa femme.

§ V. — *Branche de Lamorelie fixée dans le département du Nord.*

IX. — Jean-Louis de Lamorelie des Biards entra en 1770, après avoir fait des preuves de noblesse devant d'Hozier, à l'école royale militaire (Cabinet des titres: Bibliothèque impériale, manuscrits), à l'âge de 8 ans. Il était né en 1762, et avait eu pour parrain son cousin, haut et puissant Sgr Jean-Baptiste de Lasteyrie du Saillant, vicomte de Comborn, et pour marraine, Anne-Marie de Villoutreix.

Il sortit un des premiers, et était garde de la marine le 1er juillet 1779, à 16 ans. Enseigne de vaisseau le 5 avril 1782, lieutenant de vaisseau de la 2e division de la neuvième escadre à Rochefort le 1er décembre 1788 à 25 ans. Il fut embarqué tour à tour sur l'*Hermione*, *la Lionne*, *la Favorite* et le vaisseau *l'Apollon*, du 1er janvier 1780 au.............. 1791 (1). Il émigra à cette époque, et fit partie, comme tout le corps royal de la marine, de la fatale expédition de Quiberon, comme lieutenant au régiment d'Hector. Blessé un des premiers, il fut porté à l'ambulance, et, grâce au dévouement d'un soldat républicain fait prisonnier par les royalistes, il put gagner sur un cheval à la nage la flotte anglaise. Visité par le comte d'Artois, il fut récompensé par un brevet de lieutenant-colonel d'infanterie, signé du prince, et plus tard, lors du retour des Bourbons, par la croix de Saint-Louis, le titre de capitaine de frégate, et une pension sur la cassette particulière du roi.

Marié à Londres pendant l'émigration, le 29 juillet 1800, avec Hélène-Simonne-Joséphine de Butron-Muxica, baronne de La Torre, dame en partie d'Obies en France et de Mont-sur-Marchienne aux Pays-Bas, fille de haut et puissant Sgr Maximilien-André-Joseph de Butron, baron de La Torre, et de Marie-Eugénie-Simone de Monaldy. Butron-Muxica La Torre porte: *écartelé au 1er de gueules à 1 croix d'argent, cantonnée de 4 buitronnes ou nasses d'or, regardant chaque angle, la dite croix chargée de 5 loups de sable passants; au 2e de gueules à la bande d'or, angoulée par 2 têtes de dragons de même, mordant chaque bout de ladite bande, accompagnée en chef et en pointe d'un petit écusson d'argent, le tout entouré d'orle en or; au 3e d'azur à 1 tour d'argent surmontée d'une autre tour, ladite tour accostée par 2 lions d'or.*

La maison de La Torre avait des biens mineurs en Hainaut, Artois, Picardie, Cambresis, province de Liège, et des rentes sur l'hôtel-de-ville de Paris. Mlle de La Torre était née à Cambray, au logis épiscopal de son grand'oncle, Mgr Simon-Albert d'Aigneville de Millancourt, évêque d'Amycles *in partibus*, suffragant de Cambray, qui la tint sur les fonts du baptême. Après avoir vu monter sur l'échafaud révolutionnaire, à Cambray, sa vénérable aïeule, Marie-Eugénie-Caroline d'Aigneville de Millancourt, marquise de Monaldy (voir dans le livre de l'abbé Thénard, *Histoire des prêtres du diocèse de Cambray*, la fin sublime de la vénérable octogénaire, dont le seul crime était une piété ardente et une immense fortune!) elle émigra à Londres avec sa mère, la baronne de La Torre, où elle se maria.

Deux enfants naquirent de ce mariage: 1° Eugénie-Charlotte de Jarrige de Lamorelie des Biards, née à Londres le 29 mai 1801, eut pour parrain Charles, comte de Lamorelie, son oncle, et pour marraine, la baronne de La Torre, sa grand'mère. Mariée suivant contrat passé au château de Preux (Nord), le 8 novembre 1826, à son cousin germain (après les dispenses de Rome) Auguste-Léonard Bonhomme de Montégut, fils de Hélie de Montégut, juge d'instruction à Nontron (1814-1844), et de Marie-Anne de Bourdineau, petit-fils de Pierre de Bourdineau et de Marie

---

(1) Etat de services de M. de Lamorelie des Biards, délivré par son Exc. le ministre de la marine.

de Jarrige de Lamorelie des Biards, sœur du père de la mariée. La famille de Montégut a eu ses biens confisqués pour cause d'émigration, ainsi qu'il appert du procès-verbal d'estimation des commissaires de la Convention, 4 mai 1794 (14 floréal an II), estimant à 88,000 livres les terres de Lavaux, Le Puy et Montégut. (Arch. de la Haute-Vienne, dossier des émigrés.) De ce mariage, 3 enfants : *A*. Charles, avocat à la cour de Paris. — *B*. André-Louis-Henri, né au château de Preux (Nord), le 26 décembre 1831, entré dans la magistrature en 1859, procureur impérial à La Réole (Gironde), puis intendant divisionnaire à Limoges en 1870. Marié, le 11 juillet 1867, à Larochefoucauld (Charente), à D^lle Anne-Clémence de Faure de Saint-Romain, fille de Jean-François, officier de l'ordre impérial de la Légion-d'Honneur, ancien membre du conseil général de la Charente, ancien officier de cavalerie; petite fille de Bertrand de Saint-Romain, membre de la noblesse des états d'Angoumois en 1789, émigré, pris les armes à la main dans la malheureuse expédition de Quiberon en 1794, et fusillé. Son nom est inscrit sur le monument des martyrs. (Voir son nom aux procès-verbaux publiés par M. Barthélemy, et son jugement aux archives départementales du Finistère.) — *C*. Hélène, tenue sur les fonts du baptême par sa grand'mère Hélène de La Torre. Résidence : château de Vaunac, en Périgord ; 2° Henriette, mariée, dans le Nord, à Ceran Pierart. Ils habitent le château d'Obies. C'est un oncle du célèbre Père Pierart, de la compagnie de Jésus, qui a dirigé les belles constructions du collège de Tivoli à Bordeaux, à Poitiers, etc., etc., actuellement à Nancy.

Armoiries : *d'azur au chevron d'or, sommé d'une croix de même, accompagné en pointe d'une tour maçonnée de sable et en tête de deux palmes d'argent.*

Devise : *Tota mea in fide virtus.*

L'on voit encore à Saint-Yrieix, hôtel de Lamorelie, pratiqué sous une niche qui servait autrefois à la statue de sainte Barbe, le blason de Lamorelie, ouvrage exquis de la renaissance. Au château de Puyredon, près Saint-Yrieix, sur la grande porte, le même blason, supports : 2 lions à face humaine. Au château des Biards, paroisse de Glandon, sur les anciennes écuries, le même écusson, moins les 2 palmes. Supports, deux anges. Enfin, au château de Lamorelie, paroisse de Paysac (Dordogne), dans la grande salle d'honneur, au-dessus d'une estrade, une peinture représentant le même écusson. Deux renommées encadrent ladite peinture, qui remonte au xvie siècle ou au commencement du xviie.

(Sources : journal de Pierre et Pardoux de Jarrige, viguier de Saint-Yrieix 1560-1590. — Généalogie manuscrite de la maison de Lamorelie, dressée par Chérin et d'Hozier, pour entrer dans la maison du roi, à Saint-Cyr, à l'école royale militaire. — Preuves faites par Mlle de Lamorelie Puyredon, pour être élevée dans la maison de Saint-Cyr. (Histoire de Saint-Cyr, par M Lavalée) — Preuves faites par Jean-Louis et Jean-Baptiste-Louis de Lamorelie des Biards, frères jumeaux, pour entrer à l'école royale militaire.— La Chesnaye des Bois, généalogies Butron-Muxica. — La Roche-Aymon. — Registres de l'état civil de Glandon, Saint-Yrieix, Preux, etc., etc. (Archives nationales. E. du Chaume. — Testament de Pierre de Jarrige de Lamorelie, etc., etc.)

JAU (page 445). — D'après le dictionnaire héraldique de M. Charles Grandmaison, cette famille, répandue en Poitou et en Saintonge, porterait : *fascé, ondé d'or et d'azur.*

JAURE (page 446). — Géraud Jaure, chevalier, et Pierre, son fils, vivaient en 1246.

Autre Pierre Jaure, damoiseau, vivait en 1302.

Armes : *Deux léopards contrepassants.*

(LAINÉ. — *Nobiliaire du Limousin.*)

JAUBERT ou JOUBERT de La Bastide, marquis de Château-Morand, (pages 445 et 451. — T. I, p. 302). Cette famille est originaire du Limousin, où son existence est constatée dès 1150. Elle a le titre de Châteaumorand depuis le xv° siècle, et celui de marquis, depuis le règne de Louis XIV. Sa filiation suivie commence par Gauthier Joubert, chevalier, qui figure avec Josselin de Nazères dans un acte de 1150.

La maison Joubert de La Bastide de Châteaumorand compte parmi ses illustrations un grand-maître de l'ordre de Saint-Jean de Jérusalem, N..... Joubert, mort en 1179 ; — un capitaine de vaisseau, chevalier de Saint-Louis, François-Annet Joubert de La Bastide, marquis de Châteaumorand, décédé en juillet 1699 ; — un lieutenant général des armées navales du roi, gouverneur général de Saint-Domingue, chevalier de Saint-Louis, de Notre-Dame-du-Mont-Carmel et de Saint-Lazare de Jérusalem, Joseph-Charles Joubert de La Bastide, marquis de Châteaumorand, mort le 3 juin 1722 ; — un lieutenant général des armées du roi, commandeur de Saint-Louis, Jean-François Joubert de La Bastide, marquis de Châteaumorand, mort en 1727.

Charlotte Joubert de La Bastide de Châteaumorand, nommée abbesse de Moncé, en Tourraine, le 15 août 1705, fut transférée à l'abbaye de Maubuisson au mois de juin suivant, et mourut le 13 mai 1710.

Le chef de la famille est aujourd'hui (1867) Charles-Marie Joubert de La Bastide, marquis de Châteaumorand, né le 18 juin 1384, marié, le 14 septembre 1859, à Valentine-Elisabeth de Toustain-Froctebesn, dont il a eu : 1° René-Charles-Marie, né le 5 septembre 1860 ; 2° Henri-Charles-François-Marie, né le 17 octobre 1862.

Armes : *d'or, à cinq fusées de gueules, accolées et rangées en fasce.*

Supports : *deux hercules armés d'une massue.*

Couronne : *de marquis.* (*Armorial de la Touraine.*)

Les documents nous font défaut pour compléter et relier ensemble les différentes branches de cette maison, originaire du Limousin, où elle s'est fort étendue. Nous nous contentons de placer ici les éléments de ce travail.

Jean de La Bastide, sieur de Montplaisir, 1648.

D"° Léonore de La Bastide était marraine à Vaulry, le 20 février 1647.

Jehan de La Bastide, chevalier, sieur du Croiset (paroisse de Vaulry), épousa D"° Catherine de Marsange ; elle mourut à l'âge de 48 ans, et fut enterrée le 20 mai 1689.

Dont : 1° Joachim, né le 26 janvier et baptisé le 1" février 1674, ayant pour parrain, Joachim de Marsange, Sgr de L'Egouterie, paroisse de Saint-Gery, et y demeurant, et pour marraine, Anne de Brettes, dame de Vaulry.

2° Jean, qui suit,

Jean Joubert de La Bastide, sieur du Croiset et du Repaire, paroisse de Vaulry, (canton de Nantial, Haute-Vienne), baptisé le 13 février 1677. Son parrain fut Jean de Marsanges, écuyer, capitaine dans le régiment de Champagne, et sa marraine, Marguerite de La Bastide, dame du Mas de Lesterp, paroisse de Cieux. Il mourut au village de Puy-Pichaud, paroisse de Nantiat, à l'âge de 38 ans, le 22 mars 1716.

Il avait épousé Marguerite Veyrinaud, qui vivait en 1735, et habitait le château du Croiset. Elle était morte en 1745.

Dont : 1° Pierre Silvain, né au Repaire, paroisse de Vaulry, le 1er juillet 1702, baptisé le 2. Est peut-être le même que Pierre, qui suit après Jacques-François, époux de Thérèse des Fougières.

2° François, né le 20 et baptisé le 23 décembre 1704, ayant pour parrain François de Saint-Georges, Sgr du Fraisse, et pour marraine, Isabelle Veyrinaud, épouse de M. Gilbert Dupin.

3° Mathieu ou Martial, né le 26 août, et baptisé le 6 septembre 1705;

4° Catherine, baptisée le 26 septembre 1706, tenue sous les fonts baptismaux par Jacques François de Brettes, fils de messire François de Brettes, Sgr des Forest (paroisse de Chamboret), et par Catherine Durieu, fille de messire Pierre-Silvain Durieu et de Marguerite de La Bastide;

5° Jacques-François, baptisé le 19 juin 1708, chevalier de Châteaumorand, Sgr du Croiset, lieutenant d'un régiment, décédé à l'âge de 60 ans, au château noble du Repaire, le 7 juin 1768, et enterré le lendemain dans l'église de Vaulry;

6° Thérèse, née le 8, baptisée le 9 mars 1709, dont le parrain fut Pierre de La Bastide, écuyer, et la marraine, Dlle Thérèse de Marsanges; elle vivait en 1725;

7° Marie-Anne, née et ondoyée au château du Repaire, le 11 janvier 1711, à qui on suppléa les cérémonies le 30 du même mois. Son parrain fut François de La Bastide, et sa marraine, Anne de La Bastide;

8° Louise Joubert de La Bastide, qui fut marraine d'une cloche de Vaulry, le 11 juillet 1745;

9° Jean, né au village de Repaire, baptisé le 13 mars 1713;

Jacques-François Joubert de La Bastide, chevalier, Sgr, comte de Châteaumorand, Sgr du Repaire, du Croiset, Vayrat et autre places, chevalier de l'ordre royal et militaire de Saint-Louis, fut capitaine au régiment du Colonel-général de cavalerie, et pensionné de Sa Majesté. Il mourut le 9 mars 1783, à l'âge de 68 ans, au château du Croiset, et fut enterré le lendemain à Vaulry.

Il avait épousé : 1° N.....

2° Thérèse des Fougières, comtesse de Châteaumorand, qui mourut au château du Repaire, le 17 février 1783, âgée d'environ 48 ans, et fut enterrée le lendemain à Vaulry.

Dont : 1° Marie-Anne, née le 17 septembre au lieu noble du Repaire, et baptisée à Vaulry, le 2 octobre 1775. Son parrain fut messire Charles Chauvet, Sgr de La Vilatte et Saint-Junien-les-Combes, et sa marraine, dame Marie-Louise des Fougières, veuve de messire René d'Arnac, Sgr de Poulinet et des Tessonnières, faisant pour Madame Marie-Anne Frottier sa mère;

2° Jean-Louis, né le 26 juin 1778 au château du Repaire, et baptisé le même jour. Il eut pour parrain Jean de Marsanges, chevalier, Sgr de Vaulry, Monsac (paroisse de Cieux), Breteix (paroisse de Chamboret) et autres lieux, son cousin, et pour marraine, Marie-Louise des Fougières, veuve d'Arnac, sa tante.

Pierre Joubert de La Bastide, marquis de Châteaumorand, épousa N....., dont Jean-Charles, qui suit.

Jean-Charles Joubert de La Bastide, écuyer, comte de Châteaumorand, fut parrain d'une cloche à Vaulry, le 11 juillet 1745.

Suzanne Joubert de La Bastide de Châteaumorand, du Repaire et du Croiset, 1770-1773.

On trouve encore dans la liste des souscriptions patriotiques de la paroisse de Vaulry vers 1771 : 1° Joubert de la Bastide de Châteaumorand ; 2° La Bastide de Châteaumorand, mineur. (*Registres paroissiaux de Vaulry.*)

Pierre Joubert du Repaire, noble et licencié en l'un et l'autre droit, fut le 29° abbé de Saint-Augustin de Limoges. Il succéda à Raymond de Veyrinis, ancien prévôt d'Ambazac. Il était abbé ou moine dès 1371, il vivait en 1399. Son successeur fut Pierre de Drouilles.

En 1371, il avait emprunté au roi de France, sur les biens du monastère, la somme de cinq cents livres, pour se racheter des Anglais, qui l'avaient fait prisonnier l'année précédente, en saccageant la cité (1). Il paya cette dette, et put même acheter deux moulins en 1384. En 1392, il achetait encore des dîmes sur la paroisse de Pageas. Enfin, en décembre 1395, son neveu Rainaud Jaubert, damoiseau, sieur du Repaire, de La Quintaine, retirait de chez un marchand nommé Moyse, en vertu de lettres scellées par lui, une petite arche ou cassette qui renfermait 38 livres 24 écus d'or, une pile de gobelets, 6 tasses d'argent et un *forcierio* rond (en italien, *forciere* signifie *bahut* ou *coffre*).

On avait fait promettre à l'abbé Joubert du Repaire de laisser dans le monastère sa crosse d'argent dorée par le haut, et il s'y engagea même avant sa mort, le 17 juillet 1388, par acte que reçurent P. Montanis et Fremerii, notaires à Limoges. Dès ce jour, il ne la retint qu'à titre de prêt ; la communauté s'engageait par reconnaissance à faire, à perpétuité, chaque jour, une commémoraison après les vêpres de la sainte Vierge, et de plus, à chanter un répons avec une absoute pour le repos de son âme et celles de sa famille. (Roy de Pierrefitte : *Abbaye de Saint-Augustin-les-Limoges*).

JOUBERT, chevalier, Sgr de Villeboureau et de Méré (XIII° siècle), du Puy de Marigny, de Marigny (XIV° siècle).

Cette famille s'est éteinte au commencement du XIX° siècle. Elle avait été maintenue dans sa noblesse, le 3 novembre 1584, le 29 janvier 1599, le 14 mai 1624 et le 21 septembre 1667.

Armes : *de gueules, à trois tours d'or, maçonnées de sable, 2 et 1*.

Anciennement les Joubert portaient : *d'or, à la croix de sable chargée de 5 coquilles d'argent*.

DE JAUBERT ou DE JOUBERT, de La Roche-Joubert, de Bernicot, de Nantiat, de Poly, de Montardit, d'Allemans, de Montagrier, de La Tou, etc. Portait : *d'azur, à la fasce d'or, accompagnée de six fleurs de lys du même, trois en chef et trois en pointe rangées*.

La branche de Nantiat portait : *une tour* au lieu *d'une fasce* et changeait les émaux. (*Armorial du Périgord.*)

Paule Joubert de Nantiat épousa, le 19 août 1687, dans l'église de Royère hors La Roche-L'Abeille, Jean de Chastaignac, écuyer, sieur du Mas-La-Roche, de la

---

(1) Les Anglais gardaient leurs prisonniers dans les trois forts suivants : la tour de Bar, paroisse de Saint-Martin-de-Jussac, Morterolles et le Palais près Limoges.

paroisse de Saint-Jean-Ligoure, et par sa femme de Juvé, paroisse de Royère, fils de Jean Grégoire, sieur de Narbonne. (*Nobil.*, T. I, p. 438.)

JOUBERT, Sgr de Boisvert, en Angoumois, 1497. — *D'azur à la fasce d'or, accompagnée de 6 fleurs de lis du même.* La branche des Sgrs de Vallons a produit depuis 1547, et celle des Sgrs de Saint-Sevrin depuis 1541. Elles portaient seulement *trois fleurs de lis* accompagnant la fasce.

(Lainé. — *Nobiliaire du Limousin*, p. 27.)

JOUBERT (page 451). — Une autre copie de la maintenue de la noblesse d'Angoumois, par d'Aguesseau, donne les variantes suivantes :

Joubert, sieur de Boisvert, paroisse des Essards, porte pour armes : *fascé d'azur et d'or de six pièces, l'azur chargé de 6 fleurs de lis d'or, trois en chef et trois en pointe.*

I. — Jean Joubert.

II. — Goulfier Joubert épousa, le 12 février 1497, Philippe du Puy.

III. — Robert Joubert épousa, le 3 novembre 1539, Marguerite Chaumont.

IV. — René Joubert épousa, le 9 novembre 1559, Monique Portaine.

V. — Robert Joubert épousa : 1°, le 8 juillet 1592, Jeanne Bally ; 2°, le 13 août 1609, Jeanne Couraudin. — Transaction entre François, fils de Robert du premier lit, et ladite Couraudin, veuve et tutrice dudit Pierre-André et autres ses frères, du 6 septembre 1621.

VI. — Pierre-André Joubert, du deuxième lit, épousa, le 24 février 1645, Marie Restier.

La maison Jaubert de Pompadour a été illustrée dans le xii° siècle par un grand-maître de l'ordre de Saint-Jean de Jérusalem, et ses premiers auteurs, seigneurs en partie de Pompadour, de Lastours, etc., paraissent avec distinction dans les chartes les plus anciennes du Limousin.

Gulphre de Lastours, Sgr dudit lieu, lègue par son testament de 1335 à Pierre de Jaubert, son petit-fils, sa terre de Saint-André et la dîme de Coussac, et, dans le cas où ses héritiers mourraient sans enfants, sa baronnie de Lastours (Gaignières, côté n° 668, p. 49). Cette maison fut en possession des comtés de Bourzac, d'Allemans, de la vicomté de Nantiat, etc. Elle s'allia aux d'Aubusson, Castelnau, Durfort, Lastours, Noailles, Pompadour, Talleyrand, etc.

Golfier de Jaubert, Sgr en partie de Pompadour, fit un accord en 1308 avec le prieur de la Chartreuse de Glandier. Il était fils d'Hélie de Jaubert, Sgr du château inférieur de Pompadour, et avait épousé Galienne, dont il eut entre autres enfants une fille nommée Comptor, mariée, en 1320, à Guillaume-Radulphe de Lubersac, II° du nom, fils d'autre Guillaume Radulphe. (Généalogie Joubert, T. XVII : de Saint-Allais.)

D'azur, à la fasce d'or, accompagnée de six fleurs de lis d'or, trois au-dessus et trois au-dessous, rangées en fasce.

(Généalogie Lubersac, p. 5, note.)

LA JAUCHAT (Aimeric Chati de), *voyez* T. I, p. 575. — Ses armes dont on ne connaît pas les émaux, portent deux léopards l'un sur l'autre.

JAY (page 447). — Dans le ban et l'arrière-ban de l'Angoumois en 1635, nous trouvons René Jay, écuyer, sieur de Puypatrop, qui se présente à la place de

Louis Jay, écuyer, sieur de Montonneau et de Bourdelage, son père. Louis Jay avait épousé en 1604 Marie de Volvire, fille de Louis, Sgr du Vivier et de Nicole Duza. Puypabot est commune de Ventouse, canton de Mansle; Bourdelais, commune de Saint-Front, même canton ; Montonneau, chef-lieu de commune, aussi du canton de Mansle (Charente).

Angélique Jay avait épousé Louis de Marcossaines. Leur fils Pierre faisait partie du ban et arrière-ban de l'Angoumois en 1635.

SAINT JEAN (page 448). — Une famille de ce nom habitait le Périgord. Elle avait les seigneuries de Saint-Laurent, de Mondezir, de La Martelle, etc. Ses armes sont : *d'azur, à la croix de gueules, contourné de quatre renards de sable.* (*Armorial du Périgord.*)

LA JEARD (page 448). — Nadaud donne ici deux versions de la même maintenue. La seconde nous semble la plus exacte, en conservant toutefois le nom de Laurent au Ier degré.

Lainé (*Nobiliaire du Limousin*) donne ainsi les armes de cette famille : *d'azur, au lion contourné d'argent, lampassé et armé de gueules, surmonté d'un croissant d'argent.*

Dom Victor Jeard, professeur chez les Chartreux et vicaire de Sainte-Croix, fut le 78e prieur de Glandier. Il fut institué par le chapitre général en 1752. Il fut ensuite prieur de Vauclaire, et mourut le 27 mai 1780.

De Lagéard, Sgr de Bourbet, de Cherval, de Saint-Martial-de-Grésignac, de La Chapelle, de Beauregard, etc., portent : *d'azur au lion d'argent, armé et lampassé de gueules, et un croissant d'argent au canton senestre du chef.* (*Armorial du Périgord.*)

JENOUILHAC. — *Voyez* Genouilhac, p. 290.

LE JEUNE. — Jean le Jeune, président en l'élection de Guéret, possédait le fief de Villedari et de la dîme inféodée de Claviers dans la Marche, 1669. (De Bett.)

Pierre le Jeune, prévôt, châtelain de Guéret, avait le fief et la seigneurie de La Brosse, paroisse de Gleni et de Saint-Sulpice-le Guérétois en 1724. (De Bett.)

Nicolas le Jeune, sieur de Fressanges, conseiller du roi, maire perpétuel et premier capitaine de la ville de Guéret, prévôt châtelain de ladite ville. (*Registre de l'hôtel de ville et Almanach hist. et pitt. de la Marche, année* 1853.)

Noble Pierre le Jeune, conseiller du roi, président-châtelain en l'élection de la Marche, marié à Anne Martin, fille d'Isaac Martin et de Catherine Ceysson, dont : 1° Antoine le Jeune, prêtre, prieur-curé de Saint-Léger et conseiller-clerc au siège présidial de cette province de La Marche, qui possède la charge de son père ; 2° Louis le Jeune, prieur de Gouzon; 3° Pierre le Jeune, prêtre, curé de Saint-Yrieix ; 4° Joseph le Jeune, qui a fait profession de médecine. (*Archive du château du Mouchetard.*)

JOHET ou JOUHET (page 456). — Pierre, Jean et Gabriel de Johet, fils de Léobon de Johet et de Françoise de La Barde du Masgelier, vendirent, le 12 mars 1531 (1532), la terre de Las Vars, près dudit lieu du Masgelier. (*Arch. de la Creuse : Fonds de La Loue.*)

Joseph de Johet épousa, par contrat du 4 février 1583 (1584), Louise Rollin, fille de Joachim Rollin et de Françoise Berteraud. (*Idem*.)

Noble Mathieu de Johet, sieur de Lyverniat, lieutenant en la vice-sénéchaussée du Limousin, épousa Anne Rougier, dont François, qui suit.

François de Johet (1) épousa, le 4 octobre 1669, noble Pierre Rochou, sieur de Mazeirat, fils de noble Léonard Rochou, sieur de Fournoux et de Claude Trompadour. (*Archives de Fournoux-Vidaillat*.)

Joseph de Johet, vivant, Sgr de Collonges le 24 novembre 1626, eut pour fils Jehan, qui suit.

Jehan de Jouhet, sieur de La Faye, fils et héritier en partie du précédent, demeurant à La Faye. (*Archives du Mouchetard*.)

Jehan de Johet, sieur de La Faye, lieutenant de la vice-sénéchaussée de Limoges, consent une obligation d'une somme de 1,700 livres, comme tuteur de Jehan Dagniot à Gédéon de Gaudon, sieur dudit lieu, pour faire cesser la saisie opérée par celui-ci des bestiaux de Jacques Sigaud, juge de Salaignac, qui avait garanti le paiement de cette somme. (*Archives de la Creuse, Fonds La Loue*.)

Anne de Jouhet, femme de Pierre Jupille, adresse au parlement une requête, le 11 juin 1676, sur ce que, après le meurtre commis sur son frère Jean Jouhet, lieutenant en la sénéchaussée de Limoges, et qui délaissa sept enfants, Mathurin Jouhet, sieur de Livergnat, frère dudit Jean, se serait fait pourvoir dudit office au détriment des mineurs, prétendant que ledit Jean n'en était que le dépositaire après la mort de Jacques Jouhet, leur père commun. (*Idem*.)

En 1697, il y eut désistement de François Coudert, Sgr de Varennes, conseiller du roi en la sénéchaussée de La Marche, en faveur de Jacques de Jouhet, écuyer, Sgr de Collonges et de Beauvais, lieutenant en la vice-sénéchaussée de Limoges, moyennant 1,300 livres de ses actions contre Philippe de La Loue, écuyer, Sgr de Masgelier et de Marie Roux, sa femme, par suite de créances que Marie Voisin, mère dudit Coudert, avait contre Daniel de La Loue, père de Philippe. (*Idem*.)

En 1638, il y eut appointement en parlement dans un procès entre Jehan Johet, sieur de La Faye, lieutenant en la vice-sénéchaussée de Limoges, et Jacques Sigaud, sénéchal de Salagnac. (*Idem*.)

Jacques de Johet, écuyer, Sgr de La Cour au xviiie siècle. (*Idem*.)

JOIMASSET ou JAMOISSET. — Fief du Mont, Haute-Marche 1669. (De Bett.)

LA JOMARD. — Antoine de La Jomard de Bélabre à cause de son fief de Bélabre, paroisse de Bujaleuf. (*Etats généraux de* 1789, *La Roque et Barth*., p. 14.) — *Voyez* Joumard.

JORDAIN DE LARON, *voyez* LARON.

JORNET ou JOURNET (page 450), écuyer, sieur des Rouzias, figurait à l'arrière-ban de La Marche, le 20 août 1636. (*Bull. Soc. arch. de la Creuse*. T. II, p. 165).

Guichard Jornet, 14e prieur d'Aureil, qualifié *vénérable et religieux*, voulant aller au concile de Basle, donna une procuration le 29 novembre 1433. Comme

---

(1) Il faut apparemment lire Françoise.

prieur d'Aureil, il avait été reçu chanoine à la cathédrale de Limoges. D'après le P. Bonaventure de Saint-Amable, il serait mort en 1457. D'autres mettent sa mort seulement en 1469, et dans ce dernier cas, il serait le même que le suivant.

Léonard Jornet, 15ᵉ prieur d'Aureil, mort en 1469 (Roy-de-Pierrefitte : *Prieuré d'Aureil*). En 1462, Léonard Jorné fit faire une information contre noble homme Foulquet de Jounhat, Sgr d'Eyjaux ; elle est reproduite dans le bulletin de la Société Archéologique du Limousin, T. II, p. 165.

JOUBERT (page 451). — Cette maison, d'origine chevaleresque, a donné, selon quelques auteurs, un grand-maître à l'ordre de Malte. Elle s'est éteinte, il y a peu d'années, dans la personne de N..... Joubert, comte de Cissé. La généalogie qui suit est en grande partie la reproduction de celle qui fut publiée, en 1782, par M. Allard de la Resnière, lequel, dans son introduction, affirme n'avoir travaillé que sur des titres originaux et authentiques. Nous lui laisserons donc la responsabilité des faits qui pourraient se trouver controuvés ou des erreurs par lui commises.

§ I. — *Première branche.*

Le premier degré de cette maison, laquelle remonte probablement au ixᵉ siècle, est, dit cet auteur :

I. — Gauterius Josberti, qui souscrivait, vers l'an 1150, ainsi que plusieurs autres seigneurs, une donation que Josselin de Nazère faisait aux chevaliers templiers avant de partir pour Jérusalem. On croit que ses enfants furent : 1° N....., chevalier de l'ordre de Saint-Jean de Jérusalem, favori de Foulques, roi de Jérusalem et comte d'Anjou. Il fut chargé par ce prince de négocier le mariage de Constance, comtesse d'Antioche, avec Raimond, frère de Guillaume, comte de Poitou et duc d'Aquitaine (qui était son parent, dit Vertot), et réussit dans cette ambassade. Élu en 1169 grand-maître de son ordre, il fut nommé à cette même époque régent du royaume de Jérusalem pendant le voyage qu'Amaulry, deuxième fils de Foulque d'Anjou, avait fait à Constantinople pour réclamer de Manuel des secours de troupes. Criblé de blessures à la bataille que gagna Salh-Heddin sur les chrétiens, près le Gué-de-Jacob, il trouva assez de forces pour traverser le Jourdain à la nage, et se réfugier dans le château de Beaufort (1175) ; mais bientôt, assiégé dans cette place, il s'y défendit jusqu'à la dernière extrémité, refusant toute capitulation. La place fut emportée de vive force, Joubert fut fait prisonnier. Quelques auteurs prétendent que, jeté dans un cachot, il y mourut de faim ; d'autres disent qu'il ne tomba point entre les mains des infidèles, mais que, voyant la décadence du royaume, il en mourut de chagrin. Sa perte fut immense, dit Vertot, car ce prince était aussi sage et aussi habile dans le gouvernement que grand capitaine ; 2° N....., qui suit.

II. — N..... Joubert. On ignore le nom de sa femme, mais on pense qu'il eut : 1° N....., qui en 1200 était chapelain de Saint-Rémi ; 2° N...., qui suit.

III. — N..... Joubert, chevalier, Sgr de Ville-Boreau, *villa Borelli*, qui en 1213 donna la métairie *de Alneto* aux hospitaliers de Loudun. On ignore le nom de sa femme, de laquelle on pense qu'il eut N....., qui suit.

IV. — N..... Joubert, chevalier, Sgr de Ville-Boreau, dont le nom de la femme est inconnu, et qu'on croit avoir eu pour enfants : 1° N..... de Méré, chevalier, templier, qui, en 1269, fit don à son ordre du moulin de Pontgirault; 2° Robert, qui suit.

V. — Robert Joubert, dont il est fait mention dans un dénombrement rendu en 1274 à la commanderie des Epaux, par Guillaume, vigier de Bersulan. Il eut pour enfants de N..... son épouse : 1° Pierre, qui suit ; 2° Ithier, qui en 1306 était prêtre de l'aumônerie de Cognac, *de elemosinariâ de Cogniaco*. C'est sans doute le même qu'un Ithier Joubert, clerc, que nous trouvons garde du scel de Louis, duc de Bourbon, comte de La Marche, etc., dans les châtellenies de Charroux, Calais, Saint-Germain et le Dorat, le 5 novembre 1336.

VI. — Pierre Joubert, varlet, est nommé dans un dénombrement rendu à Fort-d'Aux, évêque de Poitiers, par Guillaume Coynde, bourgeois de Poitiers, dont Pierre était vavasseur pour des domaines situés à La Roche-de-Marguet, au devoir de 20 sols. On lui donne pour fils :

VII. — Guillaume Joubert, chevalier, vivait au XIII° siècle, et habitait la paroisse de Saint-Jean de la Gruyère, au diocèse de Limoges. Il laissa de Marguerite de La Dixmerie : 1° N... .; 2° Geoffroy, qui suit; 3° N......, que nous croyons être le même qu'un Joubert qui fut tué à la bataille de Poitiers, et dont les armes étaient peintes dans l'église des Frères mineurs de Poitiers; 4° Pierre, qui fut abbé de l'abbaye de Saint-Augustin, au diocèse de Limoges en 1372 (1).

VIII. — Geoffroy Joubert, écuyer, Sgr de Saint-Etienne, de Marigny, paraît dans un contrat d'arrentement de 1372. Le 14 janvier 1380, il épousa Catherine Plaignart, fille de Jean et de Jeanne de Montfaulcon, dont : 1° Jean, qui suit ; 2° Gauvin, dont la postérité sera rapportée § II ; 3° Perrette, épouse de Jean Rivière, établie avec ses frères dans le contrat de partage de 1438.

IX. — Jean Joubert, écuyer, Sgr du Puy-Marigny, Montfaulcon, la Thourette, vendit, le 29 mars 1450, à Pierre Combarel, écuyer, Sgr de Rouhet, pour ses fiefs des Crochards, la dîme de la Ruette. Il eut pour fils, Pierre, qui servit au lieu et place de Jean, son père, en qualité de brigadier du Sgr de l'Isle, au ban de 1467.

§ II. — *Branche du Puy-de-Marigny.*

IX bis. — Gauvin Joubert, fils de Geoffroy et de Catherine Plaignart, rapportés au VIII° degré du § I, laissa de Dlle Catherine de La Chaussée, qui était sa veuve en 1475 : 1° Guillaume, ecclésiastique, rendait, le 2 mai 1499, un dénombrement du fief des Crochards, de la dîme de la Ruette, au Sgr de Rouhet ; 2° Jean, qui suit ; 3° Françoise ; 4° Guyonne, qui, vers 1490, épousa Guillaume Odart, écuyer, Sgr de La Fuye de Marigny, échanson du roi Charles VIII ; 5° Marguerite, épouse de Pierre Lignaud, écuyer, Sgr de Morinière.

X. — Jean Joubert, écuyer, Sgr du Puy-de-Marigny, Montfaulcon, etc., fonda, dans l'église de Saint-Etienne de Marigny, une chapelle, le 4 septembre 1537. Le

(1) Dans le catalogue des abbés de Saint-Augustin, on trouve en effet Pierre Jaubert du Repaire, noble et licencié en l'un et l'autre droit, qui était abbé ou moine dès 1371, et vivait en 1399. C'est peut-être le même que Pierre Jaubert *de Riparia*, cité par Legros, ci-devant, page 445. (Voir l'article Jaubert de La Bastide.)

27 avril 1516, il avait rendu le dénombrement de l'hôtel du Puy-de-Montfaulcon au Sgr de Rouhet, et avait épousé, le 1er décembre 1521, Jeanne de Villeneuve, dont il eut : 1° François, mort sans alliance; 2° Jean, qui suit; 3° Louise, religieuse à Sainte-Croix de Poitiers, morte dès 1548; 4° Antoinette, mariée à Pierre Girault, écuyer, Sgr de Dandésigny; 5° Anne Nicolle, épouse de Léon Lignaud, écuyer, Sgr de La Barre; 6° autre Antoinette, qui transigea le 12 septembre 1594 avec Antoinette Lucas, veuve de René Jaubert, écuyer, Sgr du Puy-de-Marigny; 7° Jeanne, et 8° Nicolle, lesquels sont tous nommés dans un contrat de partage, du 18 janvier 1548.

En secondes noces. Jean épousa Françoise de Cronail, fille de feu Aubert, écuyer, et d'Antoinette de La Tousche, dont : 9° Aubert, dont la postérité est ignorée; 10° Antoinette; 11° Annette.

XI. — Jean Joubert, Sgr du Puy-de-Marigny, fut, sous la curatelle de Jacques Audart, écuyer, Sgr de La Puye, qui, le 26 juillet et le 16 août 1539, rendait deux aveux, l'un au Sgr de La Tour de Beaumont, pour le fief de La Thourette, et l'autre pour le Puy-de-Marigny au sieur de Rouhet. Il épousa, le 23 mars 1545, Dlle Renée Chauvin, dame de La Chatellière, qui était veuve le 9 octobre 1558, rendant en cette qualité un dénombrement de la terre du Puy-de-Marigny. Leurs enfants furent : 1° René, qui suit; 2° Hippolyte, rapporté au § VI; 3° Louis; 4° Françoise, dénommés dans un contrat de partage du 15 janvier 1577, et un acte de vente du 22 février même année.

XII. — René Joubert, Sgr de Marigny, maintenu noble par sentence du 3 novembre 1584 de Claude Malon, commissaire déporté pour le régalement des tailles en Poitou. Il épousa, le 1er juin 1578, Antoinette Lucas, fille de Louis, écuyer, Sgr du Plessys-Beugnon, etc., qui était veuve en 1593, fut maintenue dans sa noblesse, le 29 janvier 1599, par MM. de Sainte-Marthe, de Herre et Vallée, avec ses enfants, qui étaient : 1° Charles, qui suit; 2° Marie, épouse de François Chioche, écuyer, Sgr du Pescher.

XIII. — Charles Joubert, écuyer, Sgr du Puy de Marigny, Montfaulcon, la Marrière, la Touche, la Mailletrie, la Thourette, assista au ban de 1635, et fut maintenu dans sa noblesse par sentence du 11 mai 1624, signé Amelot, Thoreau et Delaby, et par une sentence de l'élection de Châtellerault, en date du 26 mai 1634, signée Ragueneau. Il épousa : 1° le 24 janvier 1616, Madeleine Chessé, fille de Gaspard, conseiller au Parlement de Paris, Sgr d'Anzeiq, dont entre autres : 1° Louis, mort sans alliance; 2° Marie; 3° Françoise; 4° Louise, toutes les trois religieuses aux filles de Notre-Dame à Poitiers; 5° Charles, qui suit; 6° Jacques, Sgr de La Mailletrie, assista en 1651 à l'assemblée de la noblesse du Poitou, convoquée pour les états de Tours; 7° Jean, dont nous parlerons § III.

En secondes noces, Charles, qui était devenu veuf en 1639, épousa, en 1640, Anne du Bouchet, fille d'Antoine, écuyer, Sgr de Martigny et Cissé, et de Marguerite le Bascle. Il eut de ce mariage : 8° François, dont la postérité sera rapportée au § IV.

XIV. — Charles Joubert, Sgr de la Touche, la Mailletrie, fut maintenu noble par sentence du 21 septembre 1667, signée Barentin. Il avait épousé, le 5 avril 1650, Marguerite de l'Hommédé, fille de Guy, écuyer, Sgr des Granges, et de Jeanne de Foix.

Nous trouvons, le 26 juillet 1695, un Charles Joubert, Sgr de la Touche, la Mailletrie, chapelain de la chapelle de Saint-Jacques et Saint-Philippe, desservie en l'église de Saint-Cybard de Poitiers. Tout nous porte à croire que c'est le même que celui qui précède, lequel, étant devenu veuf, aurait embrassé l'état ecclésiastique.

§ III. — *Branche de Marsay.*

XIV *bis*. — Jean Joubert, écuyer, Sgr de Marsay, fils puîné de Charles et de Madeleine Chessé, sa première femme, rapportés au XIIIe degré du § II, fut capitaine de 100 hommes d'infanterie, et épousa, en 1659, Dlle Anne Pignou, dont : 1° Louis, qui suit; 2° François-Pierre, religieux augustin.

XV. — Louis Joubert, écuyer, Sgr de Marsay, Tricon, Larjesseau, etc., capitaine au régiment du Maine, fut tué au service. Il épousa, à l'âge de 18 ans, le 4 janvier 1696, Jeanne de Martel, fille de N..... et de N..... Simonnault, dont Michel, qui suit.

XVI. — Michel Joubert, écuyer, Sgr de Marsay, Tricon, les Petits-Peux-de-Liaigues, Saleine, etc., naquit le 4 octobre 1696, et épousa, en 1722, Anne Balinet de Puychevrier, dont 18 enfants, qui moururent presque tous en bas-âge, excepté : 1° Michel, qui suit; 2° Louis, dit le chevalier de Marsay, qui épousa, en mars 1759, Dlle Marie de Champigné, fille de N..... et de N..... le Blanc. Il assista, en 1789, à l'assemblée de la noblesse convoquée pour les états généraux, et mourut à Poitiers, le 5 octobre 1804, âgé de 80 ans ; 3° Anne, dite Dlle de Marsay; 4° N....., dite Dlle de Liaigues ; 5° N....., Sgr de La Gaminerie.

XVII. — Michel Joubert, Sgr de Marsay, épousa, en 1760, Dlle Marie Negrier, fille de N....., Sgr de Beauregard. Nous croyons qu'il mourut sans postérité.

§ IV. — *Branche de Cissé.*

XIV *ter*. — François Joubert, fils de Charles et d'Anne de Bouchet, sa deuxième femme, rapportés au XIIIe degré du § II, écuyer, Sgr du Puy-de-Marigny, du Peux, de Cissé, partie de la Fricaudière, la Thibaudière, la Giborlière, la Tartaille, etc., capitaine au régiment de Miromesnil-infanterie, chevalier de l'ordre du roi, fut maintenu dans sa noblesse, le 21 septembre 1667, par M. Barentin. Il épousa, le 16 janvier 1660, Françoise Jouslard, fille de Joseph, chevalier, Sgr d'Ayron, Yversay, etc., grand-maître des eaux et forêts en Poitou, et de Louise de Lauzon, dont : 1° Jean-Joseph, qui suit ; 2° François, dit le chevalier de Cissé, lieutenant des vaisseaux du roi au département de Toulon, épousa Anne de Cavalier. Passé en Chypre, il perdit de la peste sa femme et Jean, François, Marie, ses enfants. Revenu à Toulon, il y mourut le 10 juillet 1714; 3° René, dont nous parlerons § V ; 4° Marie, qui épousa, le 23 septembre 1687, Louis Rousseau, écuyer, Sgr de Louchard ; 5° Madeleine, née le 15 mars 1668, épousa, le 2 février 1701, Louis Caillet, écuyer, Sgr du Breuil-d'Ayssé, paroisse de Rom.

XV. — Jean-Joseph Joubert, Sgr de Cissé, La Thibaudière, etc, né en 1661, fut déclaré noble par arrêt de la cour des aides du 23 mai 1707. Le 26 novembre 1691, il avait épousé Marie-Louise-Aimé Roatin, fille de Joseph, chevalier, Sgr du Temple, de Boisnerbert, et de Suzanne-Marie de Roussé. Il mourut le 19 novembre 1709, laissant : 1° Joseph qui suit; 2° Jean-Baptiste-Joseph, dit le chevalier de Cissé, naquit le 25 juin 1699, fut garde du corps du roi, épousa Dlle Suzanne de Saint-Garreau, veuve de Joseph-Sylvain Savatte de Gennebrée. Il mourut sans enfants.

XVI. — Joseph Joubert, Sgr de Cissé, etc., né le 24 mars 1695, fut reçu garde-marine au département de Toulon, le 25 novembre 1714, puis devint brigadier d'une compagnie des gardes de la marine. Il épousa, le 17 juillet 1726, Marie-Madeleine Joubert, fille de René, Sgr de La Chaillerie, du Bastion-d'Ambrette, et de Marie-Anne de Laurière, et mourut, le 12 février 1776, ayant eu dix enfants dont subsistait seul François-Joseph, qui suit :

XVII. — François-Joseph Joubert, Sgr de Cissé, les Bourdinières, l'Ayraudière, la Borde-Bebinière, la Touche-Mollier, Yssé, etc., naquit le 10 septembre 1730, fut lieutenant au régiment de Limousin, servit dans l'escadron de Vassé, au ban de 1758, et épousa, le 7 février 1755, Dlle Marie-Radegonde Bergier-Duplessis, fille de Mathieu, Sgr de La Grand'Maison, et de Marie-Judith Caillet. Il mourut le 20 octobre 1782, ayant eu huit enfants, dont cinq moururent en bas âge. Les survivants furent : 1° Joseph, qui suit ; 2° Jacques-Félix dit le chevalier de Cissé naquit le 20 novembre 1764, émigra en 1791, servit comme volontaire dans la 4e compagnie du Poitou-infanterie, et était encore à Hambourg en 1819 ; 3° Marie-Modeste, née le 29 février 1768.

XVIII. — Joseph Joubert, Sgr du Plessis-Viette, Surgère, l'Ingremière, la Merlatière, etc., naquit le 29 novembre 1756, et épousa, le 2 juin 1778, Marie-Anne Radegonde de Savatte, fille de Pierre, chevalier, Sgr de La Ressonnière, et de Marie-Louise Le Texier, dont il n'eut qu'une fille, Marie-Louise-Henriette, née le 12 mars 1779, et morte peu de jours après. Etant devenu veuf, Joseph épousa ensuite, le 19 mai 1788, Dlle Jeanne-Louise du Vigier, fille de Jean-Marie, chevalier, Sgr de Mirabal, le Teinturier, les Fontenelles, et de dame Madeleine-Marguerite de Beaufort.

M. de Cissé n'eut point d'enfants de sa seconde femme. Doué d'une facilité rare pour cette versification terre à terre qu'on ne saurait décorer du beau nom de poésie, il a littéralement inondé la ville de Poitiers de ses productions rimées, dont quelques-unes sont même recherchées des amateurs, non pas à cause de leur mérite réel, mais en raison de leur excentricité. Le plus remarquable de ses ouvrages en ce genre est le poème qu'il publia sur l'inondation dont le faubourg de Montbernage fut victime.

§ V. — *Branche de La Chaillerie et de La Gourjoudière.*

XV bis. — René Joubert, fils puîné de François et de Françoise Jouslard, rapportés au XIVe degré du § IV, Sgr de La Chaillerie, le Bastion-d'Ambrette en Anjou, etc., naquit en 1670, fut officier au régiment de l'Isle-de-France, et épousa, le 19 avril 1694, Dlle Marie-Anne de Laurière, fille de René, écuyer, Sgr des Bourdinières, la Touche, etc., et de Marie de La Chaussée de Champ-Margou, dont : 1° François, qui suit ; 2° Marie-Madeleine, née le 8 octobre 1696, mariée le 17 juillet 1726 à Joseph Joubert, Sgr de Cissé, son cousin germain ; elle mourut au château de Cissé le 27 mai 1780 ; 3° Marie-Anne, dame d'Ambrette, née le 2 avril 1706, mariée, le 8 mars 1734, à Bonaventure Jouslard, Sgr de Pont.

XVI. — François Joubert, chevalier, Sgr de la Gourjaudière, des Bourdinières, la Touche-Mollier, la Borde-Brebinière, l'Ayraudière, la Borde, les Grands-Peux-de-Liaigues, etc., naquit le 10 mars 1702, servit au ban de 1758, escadron de Boisragon ; épousa, le 25 juin 1737, Dlle Marie le Bault, fille de Charles, écuyer,

Sgr de La Grange, la Chaussée, et de Marie Dellene, et mourut sans postérité le 1er octobre 1778, à l'âge de 77 ans.

§ VI. — *Branche de Bourneuil, Fongrive, Beauvais.*

XII *bis*. — Hippolyte Joubert, fils puîné de Jean et de Renée Chauvin de La Chutellière, rapportés au XIe degré, du § II, épousa en premières noces, le 30 juin 1578, Dlle Charlotte de Légeron, dont René, qui suit. En secondes noces, Hippolyte épousa Marie Bonnin, veuve de Maurice Mondot, dont il n'eut point d'enfants.

XIII. — René Joubert, Sgr de Bonneuil et de Fongrive, etc., épousa, le 12 juin 1600, Dlle Louise Mondot, fille de Maurice, écuyer, et de Marie Bonnin, dont Hippolyte, qui suit.

XIV. — Hippolyte Joubert, Sgr de Beauvais, assista en 1641 au mariage d'Antoine Desmier et de Jeanne Gaschet. Il fut maintenu dans sa noblesse, le 21 septembre 1667, par M. Barentier, et avait épousé, le 22 octobre 1643, Françoise Guyot, dont Hippolyte, qui suit.

XV. — Hippolyte Joubert, Sgr de Beauvais, qui eut de Jeanne Michau, son épouse, N..... qui, selon des traditions de famille, se fit jésuite.

Armes : Une tradition constante dans la famille Joubert établit qu'après avoir porté pour armes *d'or à la croix de sable chargée de cinq coquilles d'argent*, cette maison changea ses armoiries contre celles qu'elle portait en dernier lieu : *de gueules à trois tours d'or maçonnées de sable*. Ce changement d'armoiries aurait été motivé par le désir de perpétuer la mémoire du grand-maître de l'ordre de Saint-Jean-de-Jérusalem, qui mourut de faim dans le cachot d'une tour. (Dictionnaire des familles de l'ancien Poitou.)

Notes isolées.

Jean Joubert, fils de noble Emeric, sénéchal de Bazas et Sgr de Barraud, paroisse de Saint-Michel de Cursam, diocèse de Bordeaux, et de dame Guyon de La Mothe, tonsuré en 1591, licencié en droit canon en 1598, fut nommé abbé de Solignac, diocèse de Limoges, et obtint ses bulles le 16 janvier de cette dernière année, étant âgé de 18 ans. Il prit possession par procureur, le 2 mai 1601. Il étudiait à La Flèche en 1609, et fut fait évêque de Bazas en 1612. En 1626, il était aumônier ordinaire du roi. Il fut ensuite archevêque d'Arles, contribua à la reconstruction de la Chartreuse de Glandiers, et mourut à Paris le 30 juillet 1643. On l'enterra chez les Jésuites de Bordeaux. Delaunay dit que, tout jeune encore, il fut le « modèle de toute sorte d'honnêteté et de probité ». Il portait *d'or à la croix de sable, chargée de cinq coquilles d'argent*.

Ce fut ce Jean de Barraud, abbé commendataire de Solignac, qui y introduisit la réforme de la congrégation de Saint-Vanne et de Saint-Hidulphe de Verdun, réforme qui forma celle de Saint-Maur. (*Abbaye de Solignac*: Roy de Pierrefite.)

JAUFFRE de Chabrignac (page 454), Sgr de Chabrignac, de Trouveyat, etc.

Le nom de cette famille s'est écrit aussi Geoffre, Jauffre; dans les actes en latin, Gaufredi. Sa devise est : *J'offre tout à la patrie.* (*Légendaire de la noblesse de France.*)

Porte : *Coupé, au 1er, fascé d'azur et d'or; au 2e palé d'argent et d'azur.*

Une branche de cette ancienne famille a été substituée aux biens, nom et armes de celle de Machat.

Guillaume Jouffre, chevalier, vivait en 1250 ; sa sœur, Marguerite Jouffre, épousa Pierre, Sgr de Cosnac. (LAINÉ, *Nobiliaire du Limousin*.)

Joffredus ou Gaufridus, surnommé Beufcourt, ou de Ségur, frère d'Hilduin et de Guy, l'un évêque, l'autre vicomte de Limoges, fut le 11e abbé de Saint-Martial de Limoges. Il siégea de 992 à 998. (*Gall. christ. nova*, II, 557.) Geoffroy du Vigeois le croit fils de Gérald II, vicomte de Limoges. Il mourut le 11 octobre 998.

On le considère comme un artiste, puisqu'il fit deux croix d'or ornées de pierreries et la châsse précieuse dans laquelle il porta à Mont-Jauvy le corps de saint Martial pour obtenir que la peste cessât.

Ce fut en effet en 994 que l'Aquitaine subit cette peste épouvantable nommée *mal des ardents*, et dont tous nos chroniqueurs nous ont laissé un souvenir plein d'effroi. On sait que, semblable à un feu dévorant, ce mal desséchait le corps des malades et les faisait tomber en lambeaux. Ces douleurs atroces, jointes au préjugé généralement répandu que le monde allait finir, inspirèrent de salutaires résolutions. A l'occasion du *mal des ardents*, de nombreux seigneurs étaient accourus à Limoges de tous les points de l'Aquitaine pour fléchir Dieu par l'intercession puissante de saint Martial, dont on transporta triomphalement les reliques à Mont-Jauvy, dans la châsse d'or qu'on devait à l'abbé Joffredus. Les populations accourues de toutes parts avaient aussi transporté, pour cette prière solennelle, les reliques des saints que le Limousin a produits en grand nombre. Ces témoignages de foi sincère obtinrent la cessation du fléau, mais ce n'était pas assez : aussi les évêques du même duché, venus également en pèlerinage, songèrent à obtenir que tous ces guerriers, aujourd'hui tremblants sous la verge de Dieu, missent, pour quelque temps au moins, leur glaive dans le fourreau, et promissent de respecter les églises, de ne plus infester les routes, et de ne plus inquiéter les voyageurs, enfin de ne poursuivre aucun débiteur, et de n'attaquer personne depuis le mercredi soir jusqu'au lundi matin de chaque semaine. Cette *trève de Dieu* fut observée ensuite dans toute la France ; mais Limoges avait eu l'honneur de l'initiative.

Joffredus ou Jaufredus IIe du nom fut le 13e abbé de Saint-Martial. Il siégea de 1007 à 1019. Le *Gall. christ. nova* le dit élu seulement en 1008, et le fait mourir en 1018. Martène fixe sa mort à l'an 1019, et un manuscrit de la Bibliothèque royale en 1020 seulement. On le dit issu de la famille des vicomtes de Limoges. Le trait suivant le montre comme un homme énergique :

Vers l'an 1009, quelques seigneurs de la Marche s'étaient crus assez forts pour s'emparer impunément de l'église de Saint-Vaulry, qui dépendait du monastère de Saint-Martial. Pour les punir, l'abbé Geoffroy persuada à Boson II, comte de La Marche, de le suivre à la tête d'une troupe nombreuse de gens armés, et, s'en allant à travers les montagnes, ils se jetèrent, pendant la nuit, sur l'église de Saint-Vaulry, d'où ils enlevèrent les reliques du saint patron. Ces reliques furent conservées sous bonne garde à Mont-Jauvy pendant près de dix ans. Pour des hommes de foi, la perte de ces reliques était singulièrement regrettable. Aussi ce larcin produisit-il l'effet prévu par l'abbé de Saint-Martial. On lui donna satisfaction afin d'obtenir le précieux dépôt. Par suite de cet accord, on établit à Saint-Vaulry, en présence de Guillaume, duc d'Aquitaine, et de Gérald, évêque de

Limoges, une maison monacale qui a subsisté jusqu'en 1680, et dont l'office de sacristain subsistait encore au temps où Nadaud écrivait.

L'abbé Geoffroy, pour témoigner sa vénération à saint Martial, fit suspendre devant ses reliques une couronne d'or ornée de pierreries, et, en 1017, réparer l'église de l'abbaye.

Vers l'an 1010, les moines de Saint-Martial transportèrent, sur un brancard doré et orné de pierreries, les reliques de notre saint apôtre jusqu'à Saint-Jean-d'Angély, où étaient, disait-on, les reliques de saint Jean-Baptiste. L'abbé Geoffroy, l'évêque de Gérald, les chanoines de Saint-Etienne et une foule de seigneurs étaient de ce pèlerinage. Ils revinrent remplis de joie et heureux d'avoir vu plusieurs guérisons miraculeuses. (Roy de Pierrefite, *Abbaye de Saint-Martial.*)

JOUMARD (page 456).

Le procès-verbal de l'assemblée du ban et de l'arrière-ban de l'Angoumois, en 1635, nous indique le sieur d'Argence au lieu et place du sieur de Soufferte, son père, Sgr de Dirac. — Gaspard Joumard, chevalier, Sgr de Soufferte, et de La Borde, gentilhomme ordinaire de la Chambre du roi, marié, en 1608, à Gabrielle Tizon d'Argence, fille de François Tizon, chevalier, Sgr d'Argence, de Dirac, etc., gentilhomme ordinaire de la Chambre du roi, et de Françoise de La Rochebeaucourt, avec la condition que les enfants à naître de ce mariage ajouteraient à leur nom celui de Tizon d'Argence. Il en eut trois fils, qui portèrent chacun le prénom de François. Tout porte à croire qu'il s'agit ici du prénom de l'aîné, François Jaumard Tizon d'Argence, cheavlier, Sgr de Dirac, Soufferte, Montançais, etc., capitaine au régiment de la marine, destiné à être sous-précepteur de Mgr le Dauphin, d'après une lettre de M. de Montausier, son cousin, mais privé, par la mort, de cet honneur. Il s'est marié deux fois : 1° à Marie des Cars, fille de François, comte d'Escars, et de Françoise de Verrières ; 2° à Jeanne-Angélique de Lostanges de Saint-Alvère. — Achard Jaumard porte : *coupé au 1er, d'argent à 3 fasces de gueules surmontées de 3 doubles delta de sable, 2 et 1, entrelacés l'un dans l'autre,* qui est Achard ; *au 2° d'azur à 3 annelets (alias besans) d'or 2 et 1,* qui est Joumard. — Sufferte, en Périgord ; Dirac, commune du canton d'Angoulême. — Cette famille paraît encore représentée, à Paris, par madame Lejeune de La Mothe, née Tizon d'Argence. (Documents publiés par M. Th. de B. A.)

Voyez aussi Jomard.

JOUNHAT (page 457).

Foulquet de Jounhat, Sgr d'Eyjaux, avait pour enfants en 1461 : 1° Pierre de Jounhat, prieur de Montarlet; 2e Guichard de Jounhat, prieur de Montagut; 3° Liennet de Jounhat, sieur du Tarrailh et de Roziers.(*Bull. Soc. Arch. Lim.*, T. II, p. 165.)

LA JOUMONT (page 456).

1. — Gaucelin de Lajaumont, sieur de Combret, paroisse de Linars, de Betgonia et de Lajaumont, épousa Marguerite de La Roche, dont :

1° Pierre qui suit ;

2° Gaucelin, dont la fille Marguerite épouse Durand de Boisse, chevalier, le 30 septembre 1335. Au T. I, p. 220, elle est dite fille de Gauthier de La Jaumont, chevalier ; elle était morte avant le 9 janvier 1371, époque à laquelle Durand de Boisse testa en faveur de sa seconde femme, Marguerite d'Auriole.

3° Marguerite, mariée : 1° à Guy du Châtelet; 2° à Raymond de Seydières.

Gaucelin testa en 1343, le jeudi après l'exaltation de la Croix, en faveur des saints Pères de Limoges. (Deux titres de 1297.)

II. — Noble Pierre de Lajaumont, sieur de Betgonha, paroisse de Roziers, épousa N..... de Limoges, dont :

1° Jean, qui suit ;

2° Marguerite, mariée en 1344, à Guillaume du Breuil, damoiseau. (Hommages en 1340, 1344, 1347, 1363, 1377.)

III. — Jean de Lajaumont damoiseau (1410) épousa de N......, dont :

1° Jacques, qui suit ;

2° Pierre, qui épousa, en 1450, Marguerite de Gain de Montagnac, de la paroisse de Linars. (T. I, p. 199). (Lettres du roi 1408, titre de 1421, hommage 1424).

IV. — Jacques de Lajaumont, chevalier, sieur dudit lieu, épousa, le 9 mars 1465, Galharde de Lachassagne, dont :

1° Foucaud, qui suit ;

2° Marthe, que son père veut religieuse de Ville-Valeix ;

3° Hélide ;

4° Souveraine ;

5° Marguerite ;

6° Léonard.

Jacques de Lajaumont, dans son testament du 9 novembre 1465, signé par Tornelli, veut être enterré à Linars, sa paroisse, et fonde une vicairie (hommage en 1436). Les armes de cette famille se voient dans l'église de Linars, à la clef de voûte et sur la porte de la chapelle dite de l'Age-au-Mont.

V. — Foucaud de Lajaumont, sieur dudit lieu, épousa, en 1478, Isabelle de Lancomme, dont :

1° Jean, qui suit ;

2° Pierre, qui épousa, le 19 août 1520, Marguerite du Bousquet (Contrat reçu par Vincent, notaire à Donzenac), et s'engagea à prendre à l'avenir le nom de du Bousquet, tout en conservant les armes de Lajaumont, du consentement de Jean, son frère aîné présent. (*Voir article* DU BOUSQUET, T. I, p. 335). (Acte de partage en 1482.)

VI. — Noble Jean de Lajaumont, sieur dudit lieu et de Bégoyne, paroisse de Linars et de Roziers, épousa, le 12 février 1529, Marguerite de Pierrebuffière, dont :

1° François, qui suit ;

2° Jeanne, qui donna une quittance à son frère le 29 janvier 1563.

VII. — François de Lajaumont, écuyer, sieur dudit lieu, de Soumaignac et de Bégoyne, épousa Anne de Meillars, dont :

1° Gui, qui suit ;

2° Claude ;

3° François, sieur de Bonnefond ;

4° Jean, sieur de Montvieux, né en 1576 ;

5° Marguerite, mariée en 1574, à Jean de Bermondet, sieur de Saint-Laurent-sur-Gorre ;

6° Isabeau.

François de Lajaumont et Anne de Meillars ont testé ensemble le 9 septembre 1583.

VIII. — Noble Gui de Lajaumont, sieur de Combret, épousa, le 28 février 1590, Jeanne de La Saigne (contrat reçu par Béley, notaire à Limoges), insinué dans la même ville, dont : Jean, qui suit. (Testament du 15 mars 1618, de Gui, en faveur de son fils Jean).

IX. — Jean de Lajaumont épousa Louise Romanet, dont :

1° François, qui suit ;

2° Hélène, mariée le 16 avril 1625, à Charles de La Tour de Neuvillars, fils de Jean et de Suzanne de La Pomélie ; dont elle a eu Philippe, sieur de Neuvillars, qui a épousé, le 9 juin 1644, Françoise Belliat.

X. — François de Lajaumont, épousa, le 11 juillet 1655, Anne Chenaud.

Il fit ses preuves de noblesse à la réformation de 1668, et a eu une postérité inconnue, mais qui paraît s'être éteinte vers 1725.

JOURDAIN (page 458), famille noble et ancienne sortie des Jourdain, Sgrs d'Embleville, de la province de Saintonge. Une enquête ordonnée le 26 août 1562 par le lieutenant général de Poitou, à la requête de François Jourdain, écuyer, Sgr des Forges (rapportée par la Barentine et dans les preuves faites en 1771 par Jacques-Léon), prouve que tous les papiers de cette famille furent brûlés ou dispersés lors du pillage de la maison des Forges, qui eut lieu le 7 août 1562. « Ce malheur, commun avec beaucoup d'autres maisons du Poitou, disent les preuves précitées, empêche aujourd'hui celle de Jourdain de faire connaître son ancienneté. Cependant on la retrouve dans tous les bans et arrière-bans de la province du Poitou, notamment dans ceux des années 1533, 1491, et dans le ban de 1467 de la province de Saintonge d'où est originaire la famille de Jourdain ».

Les documents qui ont servi à établir la généalogie de cette maison sont, outre les premiers cités plus haut, un grand nombre d'actes divers qui nous ont été communiqués par la famille, et les notes que nous a fournies notre cabinet.

Noms isolés.

Guillaume Jordain ou Jourdain, écuyer, servait, en 1337, avec trois autres écuyers.

Jean Jourdain, écuyer, servait le 6 août 1353.

Bernard Jourdain, écuyer, servait le 1er septembre 1373.

Pierre Jourdain, écuyer, servait le 1er avril 1388.

Geoffroy Jourdain, chevalier, passait une revue à Niort en 1385. Il servait en qualité d'homme d'armes dans la compagnie de Regnault de Vivonne, Sgr de Thors ; on le retrouve encore en 1388 dans la même compagnie.

Aimeri Jourdain, varlet, vivait en 1387, et, par acte du 7 octobre 1393, Germond de Rouestays, écuyer, le nommait un de ses exécuteurs testamentaires avec Guillaume de Meulles, abbé de la Trinité de Mauléon, et Guillaume de Rouestays.

Jean Jourdain, révérend Père en Dieu à présent, *et de nouvel*, abbé de l'abbaye de Saint-Hilaire-de-La-Celle, est cité dans un titre du 2 juillet 1408.

Jacques Jourdain, écuyer, fut témoin, le 20 novembre 1433, du testament de Jeanne de Beaumont, femme de Gilles le Mastin, écuyer.

Jacques Jourdain, écuyer, Sgr de Puyaublais, accepte, le 9 octobre 1443, un assensement à lui fait par Jeanne Guillemette, veuve de Guillaume Naulet.

François Jourdain, de la branche de Puy-Jourdain, sorti également des Jourdain de Saintonge, eut d'Andrée de Levis, Françoise, mariée, en 1444, à François de Bessay, écuyer, Sgr dudit lieu.

Pierre Jourdain, écuyer, épousa Jacquette de Gasconnas, fille de N....., écuyer, et de Marquise d'Archiac. Le 1er juillet 1447, il partagea avec ses beaux-frères et belles-sœurs la succession de ladite d'Archiac, et eut pour sa part la terre d'Embleville. Nous croyons qu'il eut pour fils Pierre, qui suit :

Pierre Jourdain, écuyer, Sgr d'Embleville, était fils du précédent ; autrement il n'aurait pas hérité de la terre d'Embleville, qui alors serait retournée aux représentants des Gasconnas ou des d'Archiac. Le 22 février 1451, Emeri, prêtre, lui donna le Château-Neuf-sur-Charente. Il reçut, le 19 août 1458, un dénombrement de Jean l'Hosme, écuyer, servit au ban de Saintonge de 1467, comme Sgr d'Embleville, et, sous-prieur de l'abbaye de la Celle de Poitiers, lui rendit un aveu le 4 août 1480. Il eut de D^{lle} Jacquette Jagonneau, alias de la Faire, cinq enfants, qui, le 27 avril 1492, partageaient la succession de leurs père et mère : 1° Verdun, écuyer, Sgr d'Embleville, épousa Rose de Lezay, comme il est prouvé par le partage ci-dessus. Il eut deux enfants : François et Foucault, comme il est prouvé par lettres-patentes du 6 décembre 1510 ; 2° Foucault, écuyer, Sgr de Virzay, vend cette terre à François de Volvire, écuyer, Sgr d'Aunac, comme il est prouvé par le retrait qu'en opéra François, son frère ; 3° François était, d'après un certificat du 25 juin 1544, enseigne de la compagnie de 50 lances commandée par M. de Jarnac, et, le 3 novembre 1547, il opérait sur François de Volvire, le retrait lignager de la terre de Virzay ; 4° Nodoré, connu seulement par le partage de 1492 ; 5° Catherine, femme d'Elie de Montagne ; 6° Agnès, épouse de Jacques de Pressac, écuyer.

Jacques Jourdain, écuyer, Sgr des Touches, recevait, le 21 janvier 1456, une quittance de Jean du Trénear, écuyer, Sgr dudit lieu.

Jean Jourdain comparaît pour lui et pour son père, homme d'armes du Sgr de Rochechouart, au ban de 1467.

Sauvage Jourdain, brigandinier du Sgr de l'Aigle, assista à la réunion de ce même ban.

François Jourdain, écuyer, Sgr de Puyaublais, vivait en 1469, comme le prouvent diverses pièces émanant du trésor de Cherveux.

Sauvage Jourdain, écuyer, Sgr de Puyaublais, assista au ban de 1471, et, le 28 mars de la même année, il amortit une rente au profit de Nicolas Pelletier.

Robert Jourdain servait comme archer le 17 avril 1471.

Jean Jourdain fut maire de Niort en 1475. Dans la liste des maires de cette ville, donnée dans le journal de le Riche, nous trouvons : « 1478, Jehan Jourdain, aumônier de l'aumônerie de Saint-Jacques ». Nous ignorons s'il est de la même famille.

Sauvage Jourdain, écuyer, fut chargé de procuration pour rendre aveu au vicomte de Thouars de l'hôtel de la Flocellière, sis au bourg de Sainte-Verge, le 14 novembre 1476.

Guillaume Jourdain, sieur de Mouliers, archer, et deux avec lui pour cette fois seulement, comparaissent au ban de 1491. Il lui fut enjoint de s'équiper en homme d'armes au premier voyage, et, pour aide, on lui donna Pierre Jourdain, Sgr de Chigontie, son oncle. A celui de 1492, il comparut comme homme d'armes.

Guillaume Jourdain, écuyer, rend aveu de la moitié de son hôtel de la Flocellière au Sgr de Chavagnes, le 23 mai 1498. C'est peut-être le même qui, le 24 mai 1499, se qualifie écuyer, Sgr de Puy-Jourdain et des Vargrolières, et faisait une vente, le 26 septembre 1487, à Guion Gri, Sgr de la Guérinière.

Marguerite Jourdain était, le 12 juillet 1500, femme de Gilles Marchand, écuyer, Sgr de la Gorronière.

erre Jourdain, écuyer, Sgr de Fraigneau, eut pour fils :

Antoine Jourdain, écuyer, Sgr de Fareau ou Lavaud, qui, le 24 août 1524, épousait D"e Marguerite de Montalembert, dont il eut : 1° Philippe, qui suit; 2° Renée, mariée avec Jean de Barbezière, écuyer, Sgr d'Estrades.

Philippe Jourdain, écuyer, Sgr de Laveau, transigeait le 4 octobre 1538 avec sa sœur et Jeanne Jourdain, tante de son père. Il eut de Cécile d'Auché, son épouse : 1° Charles; 2° François, nommés l'un et l'autre dans le contrat de mariage de leur sœur le 9 août 1567; 3° Gabrielle ou Marguerite, qui épousa, le 9 août 1567, Jean Calays, écuyer, Sgr de Neuville.

Jean Jourdain, écuyer, servait comme archer dans la compagnie de M. de la Trimouille, les 16 décembre 1492, 4 mars 1517 et 8 août 1519.

Gabriel Jourdain, écuyer, Sgr du Mas-de-Bort, faisait partie des nobles convoqués au Dorat pour le 29 juillet 1577.

Gabriel Jourdain, écuyer, Sgr de Foubrettes, et Louis Jourdain, écuyer, Sgr de Talbon (sans doute Taslebost), sont l'un et l'autre chargés de procuration, le 16 décembre 1609, par Anne Goulard, écuyer, époux de Marie Jourdain de Villiers, ainsi que Philippe Jourdain, prieur de Saint-Claude, et religieux profès de l'abbaye de Charroux.

René Jourdain, Sgr de Passy, La Roche, etc., était, vers 1630, époux d'Antoinette Durcot.

Sauvage Jourdain, écuyer, Sgr des Touches, paroisse de Chavaigne-en-Pareds, vivait le 21 avril 1633.

Louis Jourdain, écuyer, Sgr de Trallebault, assista, le 9 juillet 1635, au mariage de Jean de Monfrebœuf, écuyer, Sgr de La Nadalye, avec Marie Pastoureau.

René Jourdain, écuyer, Sgr de Trallebault, Muret, Fontaine, etc., fit partie du ban des nobles de la basse Marche en 1635.

Marie Jourdain épousa, le 1er octobre 1673, Jean Guillotin, écuyer, Sgr de Bouchet.

N..... Jourdain était, le 27 novembre 1674, femme de Raimond de Saint-Garreau, écuyer, Sgr de Trallebault. Elle est dite fille de Louis Jourdain, Sgr de Trallebault, et porta cette terre dans la maison de son époux.

Philippe Jourdain, chevalier, Sgr de La Paune, demeurait au château dudit lieu, paroisse d'Anvers-le-Hamon-au-Maine (branche sortie des Sgrs de Boistillé), reçoit, le 28 juin 1751, une constitution de rente faite à son profit par Charles Audebert, écuyer, Sgr de l'Age, et de Jeanne-Sylvie-Antoinette Jourdain, son épouse.

François-Joseph Jourdain de La Roche de Cissé servait dans la 4e brigade de l'escadron de Vassé, au ban convoqué à Saint-Jean-d'Angely, le 15 juin 1758, ainsi que Pierre Jourdain, écuyer, Sgr de Boistillé.

N..... Jourdain, époux de Marie de Montfrebœuf, eut pour fille Jeanne-Sylvie-Antoinette, mariée en premières noces à Charles Audebert, écuyer, Sgr de l'Age, ancien garde du corps du roi, et ensuite à Jean Le Maréchal, dont elle était veuve en 1789, à l'époque de la réunion de la noblesse à Poitiers pour les Etats généraux.

François Charles Jourdain, écuyer (de la branche de Cissé), prêtre habitué à la paroisse de Notre-Dame de Niort, mourut en cette ville, le 8 décembre 1779, âgé de 45 ans.

Guillaume Jourdain, Sgr de Puy-Jourdain, épousa Agnès de Magné (sans date).

Filiation suivie.

§ I. — *Branche des Forges.*

I. — Jean Jourdain, sorti cadet des S^{grs} d'Embleville en Saintonge, vint s'établir près de Loche en Touraine, vers 1460 ou 1470. Il épousa D^{lle} Antoinette Boucard, comme il est prouvé par le testament de Jean Boucard, trésorier de Ménigoutte, probablement son beau-frère. Il eut pour fils :

II. — François Jourdain, écuyer, servit au ban de 1553. Il était marié en 1502, comme le prouve le testament de Jean Boucard, avec D^{lle} Catherine de Lauzon (ainsi nommée dans les preuves faites par l'ordre de Malte) ou d'Auzon. Ce même testament prouve qu'il est fils de Jean précité ; et, comme dans cette pièce le testateur appelle François son neveu, il indique par là qu'Antoinette Boucard, femme de Jean, était bien sa sœur. François laissa : 1° Louis, qui suit ; 2° Mathurine, et 3° Jeanne, mortes filles.

III. — Louis Jourdain, écuyer, S^{gr} des Forges et de La Boujattière, contribua en argent au ban de 1552, 1554, 1557 et 1562. Il avait épousé, le 8 janvier 1527, D^{lle} Jeanne de Bonnai, fille de Jean, écuyer, S^{gr} des Fiefs et échevin de Poitiers, et de Jacquette Germain, et en faveur de ce mariage, Jean Boucard, son grand'oncle, lui donna la terre des Forges. Il le nomma aussi son exécuteur testamentaire, et étendait ses comptes en cette qualité, le 10 mars 1539. Ses enfants furent : 1° Jean, qui partagea, tant en son nom qu'en celui de son père et de son frère, le 10 avril 1567, avec Joachim de la Croix, écuyer, S^{gr} de La Bertinière, époux de D^{lle} Marie Germain : il mourut sans alliance ; 2° François, qui suit.

IV. — François Jourdain, écuyer, S^{gr} des Forges, La Boujottière, obtint une ordonnance du lieutenant général du Poitou pour dresser procès-verbal du pillage qui avait été fait dans sa maison des Forges par une troupe d'hommes armés, le 7 août 1562. Le 22 décembre 1566, il échangea avec dame Renée de Rohan, épouse de Jean de Laval, seigneur, baron de Bressuire, La Mothe-Saint-Héraye, etc., la sixième partie par indevis de cette dernière seigneurie, qu'il possédait du chef de son père, qui l'avait acquise de feu Gilles de Laval, père de Jean de Laval, précité, pour la châtellenie, terre et seigneurie de Villiers-en-Plaine. Il comparut par procureur, et contribua en argent à la réunion du ban convoqué en 1568. Il servit *en bon et suffisant équipage* dans l'armée commandée par le duc d'Anjou, selon un certificat daté du camp de Poitiers, le 23 novembre 1568, signé Henri, et contre signé Sarrest, et était aussi en 1574 dans l'armée commandée par le duc de Montpensier. Le 17 juin 1563, il avait épousé D^{lle} Hélène Goullard, fille de Jean, S^{gr} de Touverac et de Barges, et de Louise de Montbrun, dont il eut : 1° Louis, qui suit, 2° René, écuyer, S^{gr} des Forges et de La Boujattière, partagea avec ses frère et sœur les successions de leurs auteurs le 25 mars 1598, et laissa de D^{lle} Jacquette de la Béraudière, avec laquelle il était marié dès le mois de décembre 1592, René, qui, en décembre 1647, était époux de D^{lle} Hilaire Augron, et Barbe, mariée d'abord, le 9 janvier 1609, à Jean de Moussy, écuyer, S^{gr} de Montagne en Valois, et ensuite, le 14 mai 1633, à René Bonnin, chevalier, S^{gr} de Messignat ; 3° Marie, femme d'Anne Goullard, chevalier, S^{gr} de Beauvais, Bois-Pouvreau, etc. Elle prit part au partage de 1598, et était morte avant le 27 août 1610.

V. — Louis Jourdain, chevalier, Sgr du Villiers, coopéra au partage de 1578 précité, et rendit le 13 juin 1609 un aveu à l'abbaye de Saint-Maixent, de la seigneurie de Saint-Maixent, sise dans sa terre de Villiers-en-Plaine. Il obtint du duc de La Rochefoucaud, pair de France, gouverneur du Poitou, un certificat attestant qu'il a toujours porté les armes pour le service de Sa Majesté, et s'est trouvé avec ses amis dans toutes les occasions qui se sont présentées depuis les troubles de l'an 1615 jusqu'au 15 mai 1627, date du certificat. Le 10 mai 1609, lui et Jeanne Barlot, son épouse, fille d'Antoine, chevalier, Sgr du Chastelier-Barlot, et de Renée de La Vergne, qu'il avait épousée le 27 mai 1607, se firent une donation mutuelle. Leurs enfants, qui sont tous nommés dans l'acte du 14 mai 1633, par lequel leur mère fut nommée tutrice, étaient : 1° Bertrand, qui suit ; 2° Léon, écuyer, Sgr des Moulains, qui avait épousé Catherine du Boullay, dont il eut : *A*. Léon, mort sans alliance connue, à Fontaine, élection de Fontenay, et qui fut inhumé, le 14 mars 1658, devant le grand-autel ; *B*. Catherine, épouse de N..... Chapelle, Sgr de Fontaine du chef de sa femme : nous retrouvons Léon, lors du partage des biens de ses père et mère avec ses co-héritiers, le 1er février 1646, comme prieur de Villiers et de Saint-Remy-en-Plaine ; 3° Jean-Baptiste, tige de la branche des Ermitans, rapportée au § II ; 4° Michel, officier dans le régiment de Poitou, tué au siège du Cateau à l'âge de 21 ans ; 5° Louis, lieutenant au régiment de La Meilleraye, tué au siège de La Mothe en Lorraine ; 6° Alexandre, écuyer, Sgr des Deffands, marié, le 25 mars 1654, avec Dlle Jeanne Audouin, fut capitaine au régiment de La Meilleraye, et tué au siège de Valenciennes le 16 juillet 1656, laissant une fille, Jeanne, morte à Fontenay dans un âge très-avancé, en 1751 ou 1752 ; 7° Renée, mariée : 1° le 14 juillet 1666, à Antoine Cailleau, écuyer, Sgr de Beaulieu ; et 2°, à Jacques Cantineau, chevalier, Sgr de Saint-Michel, le 24 mai 1673.

VI. — Bertrand Jourdain, chevalier, Sgr de Villiers, servit au ban de 1635, reçut, le 16 novembre de cette même année, une commission de Louis XIII pour lever une compagnie de 100 hommes de pied dans le régiment de Poitou, et servit bien et fidèlement le roi pendant la campagne, tant en l'armée de Guyenne qu'en celle de Languedoc, que commandait Henri de Bourbon, prince de Condé, comme il appert d'un certificat de ce prince donné à Narbonne le 28 octobre 1639. Il fut ensuite nommé lieutenant-colonel du régiment de Poitou par brevet du 16 décembre 1653. Bertrand fut maintenu dans sa noblesse par ordonnance de M. Barentin du 1er septembre 1667. Il avait épousé, le 9 janvier 1641, Catherine Berton, fille de Jean, écuyer de Logery, etc., et de Marie Pottier. Il eut de ce mariage : 1° Léon, qui suit ; 2° René, chanoine de l'église de Poitiers, fondé de pouvoirs de Léon, son frère, chevalier, Sgr de Villiers-en-Plaine, rendit un aveu de cette terre au roi, à cause de sa baronnie de Parthenay, le 27 août 1699 ; 3° Claude, mariée à Christophe-François, comte de Romecourt ; 4° Jeanne-Henriette, mariée, le 19 juin 1681, à Charles de Barazan, chevalier, Sgr de La Salmondière ; 5° Catherine, morte fille ; 6° Louise.

VII. — Léon Jourdain, chevalier, Sgr de Villiers, Marsilly, obtint, le 20 août 1688, une commission de capitaine d'une compagnie de nouvelle levée dans le régiment Royal-infanterie, fit partie de 195 gentilshommes du Poitou convoqués au ban de 1689, et assista également à ceux de 1690, 1693 et 1703. Il épousa d'abord, le 20 février 1667, Dlle Catherine Berland, fille de Jean, écuyer, Sgr d'Oriou et de La Cour-d'Augé, et de Barbe Picot, dont il eut : 1° Jean, mort âgé de 8 ans ; 2° Gabriel, qui suit ; 3° Madeleine, morte fille à l'âge de 22 ans, le

22 janvier 1693; en secondes noces, Léon épousa, le 16 décembre 1698, D^{lle} Catherine Gouin, fille de Gabriel, sieur du Bourg, et de Catherine Borteau, dont : 4° Claude, religieux de l'ancienne observance de Saint-Benoit, sous-prieur d'Absie, prieur de Saint-Louis de Sauzé et de Notre-Dame de Beaumont, mort en 1767; 5° Catherine-Jeanne-Henriette, mariée, le 25 février 1737, à René-Paul de La Porte de Vezins, écuyer, S^{gr} de La Bonnière, qui testa en faveur de son mari le 1er avril 1740, et mourut le 16 août 1775.

VIII. — Gabriel Jourdain, chevalier, S^{gr} de Villiers, Oriou, etc., naquit le 1er avril 1681, assista au ban de 1706, et fut maintenu noble, le 29 mars 1715, par ordonnance de M. de Richebourg. Il avait épousé, le 25 mai 1707, Jeanne-Marie Thébault, fille de Louis, chevalier, S^{gr} de La Tour, de La Plesse, et de Jeanne France, dont il eut : 1° Léon, qui suit; 2° Louis-Gabriel, chevalier, S^{gr} de Marmaigné, etc., baptisé le 11 avril 1711, partagea, le 5 mars 1746, avec ses cohéritiers, les successions de ses père et mère; fut capitaine au régiment d'Artois-infanterie, chevalier de Saint-Louis; assista au ban de 1758, et fut major du corps de la noblesse en 1759. Il avait épousé, le 1er décembre 1756, D^{lle} Marthe-Marie-Henriette Herbert, veuve de Charles-Gilles Goguet, chevalier de La Brosse-Guilbaud, et fille de Jacques, chevalier, S^{gr} de La Garenne et de Marthe Mignan; 3° Jean-Baptiste, écuyer, S^{gr} de Chamberland, chevalier de Saint-Louis, capitaine au régiment d'Artois-infanterie, fut baptisé le 31 mai 1717, et épousa à Paris, le 9 juillet 1761, Marie-Louise Bonnier de Villeneuve, dont : Marie-Joseph-Michel, né le 14 mai 1762, mort à l'école militaire le 9 décembre 1771, et Marie-Louise, née le 28 juillet 1764, et reçue, le 11 avril 1765, à la maison royale de l'Enfant-Jésus; 4° Marie-Françoise-Geneviève, et 5° Marie-Monique-Emilie Emérentianne, nées l'une et l'autre le 28 janvier 1720, firent, le 12 janvier 1745, les vœux au couvent des Ursulines de Niort; 6° Marie-Jeanne-Thérèse-Scholastique, qui assista, le 12 février 1741, au mariage de Léon, son frère.

IX. — Léon Jourdain, écuyer, S^{gr} de Villiers, baptisé le 3 août 1708, partagea avec ses frères et sœurs les successions de ses père et mère; rendit aveu de sa seigneurie de Villiers à l'abbaye de Saint-Maixent le 21 mars 1750; assista au ban de 1758, et mourut le 3 juillet 1773. Il avait épousé, le 12 février 1741, D^{lle} Gabrielle-Marie-Radegonde Brochard, fille de Charles-Jacques, chevalier, S^{gr} de La Rochebrochard, et de Marie-Thérèse de Gennes, dont : 1° Charles, qui suit; 2° Marie-Charlotte-Radegonde-Amable, née le 23 février 1741; assista au mariage de Marie-Gabrielle-Aimée, sa sœur, le 7 novembre 1766; 3° Marie-Françoise-Geneviève partagea avec ses frères et sœurs la succession de leur père, le 22 avril 1755, et assista au mariage de Charles, son neveu, le 2 mai 1780; prit part au partage de 1766, et, le 7 novembre de cette même année, épousa Claude-Bernard-Guillaume d'Egremont, écuyer, S^{gr} du Petit-Failly; 4° Marie-Louise-Elisabeth, partagea en 1766, et épousa, le 26 mai 1783, Louis-Jean Goullard, chevalier, S^{gr} d'Arsay; 5° Marie-Gabrielle, qui prit part au partage de 1766; 6° Jacques-Léon, né le 5 décembre 1751, paya, le 4 novembre 1771, la somme de 2,325 livres pour son droit de passage pour être admis dans l'ordre de Malte, et fut reçu, le 13 août 1773, chevalier profès; 7° Philippe Daniel, naquit le 6 juin 1754, fut reçu chevalier de Malte le 25 juillet 1774, et était officier au régiment de la Reine-infanterie en 1780.

X. — Charles Jourdain, chevalier, S^{gr} de Villiers, naquit le 15 février 1747; fut capitaine au régiment Royal-vaisseau-infanterie. Emigré, il servit comme chef de section dans une compagnie à cheval du Poitou. Le 2 mai 1780, il avait

épousé Dlle Charlotte de Conty, fille de Louis-François, chevalier, Sgr de La Pilla-
trie, et de Marie-Anne Rochier, dont il eut : 1° Louis-Gabriel, né le 26 octobre
1782; 2° Catherine-Victoire, baptisée le 13 août 1784; 3° Charles-Philippe, qui
suit.

XI. — Charles-Philippe Jourdain, né le 20 juillet 1786, lieutenant de cavalerie,
épousa, le 7 décembre 1813, Julie-Éléonore Dubois de Saint-Mandé, fille de
Jacques-Alexandre et de Marie-Maurice Charrier. Il eut pour enfants : 1° Marie-
Clémentine, qui, née le 9 décembre 1814, épousa, le 8 décembre 1835, Marie-
Gustave de Brach; 2° Louis-Charles, né le 20 janvier 1817.

§ II. — *Branche des Herbiers et des Ermitans.*

VI. — Jean-Baptiste Jourdain, fils puîné de Louis et de Jeanne Barlot, rapportés
au V° degré du § Ier, écuyer, Sgr de Chantecourt, prit part au partage du
1er février 1646. Il fut maintenu noble par sentence du 1er septembre 1667, signée
Barentin. Il servit longtemps dans le régiment de la Meilleraye, et parvint au
grade de lieutenant-colonel. Le 2 avril 1644, il épousa Marie Mestivier, fille de
noble homme Jean et de dame Marie Teillé, dont il eut : 1° Léon, qui suit;
2° Marie, mariée, le 9 février 1692, à François France, écuyer, Sgr de La Voûte.

VII. — Léon Jourdain, écuyer, Sgr de Chantecourt et des Ermitans, baptisé le
6 septembre 1632, fut nommé en 1680 capitaine au régiment royal La Marine-
infanterie. Le 17 avril 1697, il épousa Catherine de La Laurencie, fille de Henri,
écuyer, et de Renée de Castelnau, dont il eut : 1° Jean-Baptiste, qui suit;
2° Louise, baptisée aux Herbiers le 13 novembre 1733, morte fille en 1761.

VIII. — Jean-Baptiste Jourdain, écuyer, Sgr des Herbiers et des Ermitans,
épousa, le 20 septembre 1725, Jeanne-Hélène Boxon, fille de Claude, écuyer, et
de Marie-Anne de Gastinaire, dont il eut : 1° Léon, qui suit; 2° Jean-Baptiste,
né le 24 mars 1698, et mort à Niort en 1744; 3° Jeanne, femme de N..... de
Lastre, chevalier, Sgr de Boisrousseau, morte en juillet 1764; 4° Louise.

IX. — Léon Jourdain, chevalier, Sgr des Herbiers et des Ermitans, lieutenant
des vaisseaux du roi, et chevalier de Saint-Louis, fit partie du ban de 1758. Il
épousa, le 26 février 1770, Jeanne-Victoire Le Bœuf, fille de Pierre-Antoine-
Maurice, Sgr de Mocquart, et de Jeanne Renaud, dont il eut : 1° Jeanne-Victoire,
baptisée aux Herbiers le 26 février 1772; 2° Louise-Félicité, baptisée aux Herbiers le 3 août 1773; 3° Louise-Olive, née en juillet 1776, périt avec sa mère et
ses sœurs dans les affreuses noyades de Nantes, et leur père, qui avait émigré,
étant rentré en France sous le régime de la Terreur, fut pris et fusillé.

§ III. — *Branche de Boistillé et de Trallebault.*

Cette branche, que nous n'avons pu rattacher à la famille précédente, descend
évidemment elle aussi des Jourdain de Saintonge. Nous donnons ici la généalogie
que nous avons trouvée dans les papiers de la famille Jourdain de Villiers, qui la
reconnaissait comme parente; nous avons pu compléter leurs travaux au moyen
des notes de notre cabinet et d'un travail de d'Hozier. Mais, ignorant à quel point
précis de la filiation remonte le premier membre de cette branche, nous n'indi-
quons pas les degrés de la filiation.

Pierre Jourdain, Sgr d'Embleville, eut pour fils :

Jean Jourdain, écuyer, Sgr de Trallebault, épousa, en 1430, Dlle Denise Bonnin, de la branche de Massignat : d'Hozier dit que la filiation ne s'établit d'une manière positive qu'à Pierre, que les mémoires domestiques disent être son fils.

Pierre Jourdain, Sgr de Trallebault, était sous la sauvegarde du roi suivant une sentence rendue le 10 septembre 1481 par Philippe de Cominues, sénéchal du Poitou. D'Hozier ne donne pas le nom de sa femme, que des mémoires précités disent être une Dlle N..... de Morel, qu'il aurait épousée le 17 août 1492. Leur fils fut :

Jean Jourdain, écuyer, Sgr de Trallebault, qui épousa, le 14 juin 1517, Jeanne de Montfriant, fille de Simon, écuyer, Sgr du Treuil, et de Catherine de Montfriant, dont :

Gabriel Jourdain, écuyer, Sgr de Trallebault, fut exempté de se trouver au ban de la Haute et Basse-Marche, convoqué pour le 29 juin 1577. Le 14 février 1552, il épousa Dlle Jeanne Guyot-d'Asnières, fille de Clément et de Jeanne Vasselot. Son fils fut :

Jean Jourdain, écuyer, Sgr de Trallebault, page du roi, épousa, le 27 mars 1576, Marguerite de la Rochefoucault, fille de François, Sgr de Bayers, et d'Isabelle de Lanes de La Rochechalais. Il eut pour fils :

Gabriel Jourdain, écuyer, Sgr de Trallebault, page du roi, épousa, le 17 février 1608, d'après d'Hozier, (et le 11 juillet 1618, d'après les mémoires domestiques), Dlle Florence de Brilhac, fille de Jean, Sgr de Boistillé, et de Renée de Parthenay. Il eut : 1° Pierre, qui suit ; 2° René, écuyer, Sgr des Villenaires, Les Aubuges, l'abbaye de Saint-Macon, etc., fut maintenu dans sa noblesse par barentine du 7 septembre 1667. Il eut de Marie des Roches-Saint-Pic Louis-Daniel, écuyer, Sgr de Villenaires, qui assista au ban de 1690, et était, comme cousin, présent au mariage de Raymond de Montfrebœuf avec Marie-Anne, Bodet le 12 février 1697. Lui-même avait épousé, en 1680, Elisabeth de La Touche-Limouzinière, et ils étaient morts l'un et l'autre en 1708, laissant Daniel, écuyer, Sgr des Villenaires, marié à Jeanne de Saint-Garreau. Un Louis Jourdain, écuyer, Sgr de Trallebault, peut-être frère du précédent, rendit, par acte du 19 juin, ratifié le 2 août 1636, par Marie de Brilhac, son épouse, la seigneurie de Fontaine, paroisse de Montalembert, à Jacques de Chaleroux, sieur de La Gayerie. De ce mariage naquit Marie, épouse de Raymond de Saint-Garreau, écuyer, Sgr du Treuil, auquel elle porta la terre de Trallebault. La branche aînée de Saint-Garreau en a toujours porté le nom depuis lors.

Pierre Jourdain, écuyer, Sgr de Boistillé du chef de sa mère, et de Maisonnais, fut maintenu dans sa noblesse le 7 septembre 1667. Il épousa, le 13 juillet 1644, Françoise Rousseau de Ponthieux, fille de Pierre, écuyer, et d'Eléonore de Beaumont, dont il eut : 1° Achille, qui suit ; 2° Hélie, écuyer, Sgr de Maisonnais, qui assista au mariage d'Achille, son frère, le 26 décembre 1671 ; 3° Angélique, qui, le 27 juin 1684, partagea avec ses frères la succession de leur père ; 4° Emmanuel, chef de la branche de Crissé, § IV.

Achille Jourdain, écuyer, Sgr de Boistillé, la Cour-des-Adjots, Maisonnais, la Cour-des-Fontaines, fut maintenu noble le 18 mars 1699. Le 26 décembre 1671, il épousa Marie Foucault, fille de Raymond, écuyer, Sgr de Montbazon, et de Françoise Angevin ; puis, le 8 octobre 1680, Anne de Rechignevoisin, fille de Gabriel, écuyer, Sgr de Gurat, et de Catherine Dupin. Sont issus de ce mariage : 1° Achille, qui suit ; 2° René, chevalier, Sgr de Maisonnais, assista au mariage de sa sœur le 5 mai 1711, et lui-même, le 9 janvier 1709, avait épousé Marie-

Bricault de Verneuil, dont il eut : Charles-Louis, marié, le 20 décembre 1765, à N..... des Ruaux de Rouffiac; 3° Marguerite-Catherine, mariée, le 5 mai 1711, à Pierre-François d'Orfeuille, écuyer, Sgr de Foucault.

Achille Jourdain, chevalier, Sgr de Boistillé, capitaine au régiment de Nettancourt, épousa, le 4 février 1700, Marie Aubineau, fille de Nicolas, écuyer, Sgr de Rigné-Montbrun, et de Marie-Pineau de Viennay, dont : 1° Achille-Nicolas; 2° Madeleine, qui épousa Louise de Fleury, chevalier, Sgr de La Raffinière, décédée le 27 août 1777 ; 3° Pierre, écuyer, qui, le 29 juillet 1757, assista au mariage de Louise de Fleury, avec Charles-César Dexmier ; 4° Charlotte-Suzanne, mariée en 1719 à Léopold-Stanislas Frottier, écuyer, Sgr de L'Escorcière, mourut à Poitiers le 27 janvier 1777.

Achille-Nicolas Jourdain, né le 4 mars 1703, fut reçu page de la grande-écurie, le 18 juin 1718, après avoir fait ses preuves de noblesse devant M. des Gallois de la Tour le 13 octobre 1717.

§ IV. — *Branche de Crissé.*

Emmanuel Jourdain, écuyer, Sgr de Crissé, fils puîné de Pierre et de Françoise Rousseau, rapportés ci-dessus § III, assista aux bans de 1689, 1693 et 1703. Le 27 juin 1684, il partageait avec ses frères et sœurs la succession de leurs père et mère. Il épousa d'abord Thérèse de Villiers, fille d'Antoine, écuyer, Sgr de Chantemerle, dont il eut : 1° Louis, qui suit ; il épousa en secondes noces Marie-Jacques, qui lui donna : 2° Marie-Françoise, laquelle faisait, le 25 novembre 1729, une cession à Elisabeth Thibault, veuve de Jean-Jacques, écuyer, Sgr de Chivé, son oncle. Emmanuel avait été maintenu noble par M. de Maupeou le 18 mars 1699, et était mort avant le 25 novembre 1724.

Louis Jourdain, écuyer, Sgr de Crissé, épousa Dlle Marie-Thérèse Desprez, et l'un et l'autre étaient décédés avant 1775, laissant : 1° Emmanuel, qui comparut à l'assemblée de la noblesse poitevine réunie à Poitiers en 1789; 2° Augustin servit au ban de la noblesse convoqué le 15 juin 1758, et mourut à Niort le 8 avril 1776, âgé de 40 ans; 3° Angélique, morte le 5 octobre 1775; 4° Marie-Thérèse ; 5° Marie-Anne-Louise.

§ V. — *Branche de L'Houmède.*

Nous n'avons pu rattacher cette branche aux précédentes, quoiqu'il soit bien positif qu'elle est de la même famille.

Pierre Jourdain, écuyer, Sgr de L'Houmède, servait en 1571 dans la compagnie de Louis Prévost de Sansac, capitaine d'une compagnie de 60 lances fournies des ordonnances du roi, comme il appert de la revue de cette compagnie passée, le 25 août 1571, à Charroux ; faisait partie des nobles convoqués au Dorat le 29 juillet 1577, et fut taxé en 1620 pour payer les frais faits par les députés envoyés aux états généraux de 1614 et de 1615 par la noblesse de la Basse-Marche.

Jean Jourdain, écuyer, Sgr de L'Houmède, épousa Dlle Marguerite Bardonnin, dont il eut : 1° Louis, qui suit; 2° Marguerite, qui partagea avec son père et son frère la succession de Marguerite Hastellet et de Jean Jourdain, ses belle-sœur et neveu.

Louis Jourdain, écuyer, Sgr de Beaumont, L'Houmède, Marbœuf, assista au ban de la Basse-Marche convoqué en 1635. Le 3 décembre 1671, il partageait avec Marguerite, sa sœur. Marie, Jeanne et Louis, ses enfants, les successions de Marguerite Hautellet et de Jean, leurs fils et frère, et il était mort avant le 1er juillet 1682, car, à cette époque, Jean de Chergé était tuteur de ceux de ses enfants encore mineurs. Marié deux fois, il avait d'abord épousé, le 4 janvier 1653, Marguerite Hautellet, fille de Jean, Sgr de La Pallu, et de Madeleine Lestang, dont il eut : 1° Louis, qui suit ; 2° Jean, écuyer, Sgr de Goursay, dont la succession est partagée en 1671 ; 3° Marie, nommée dans le partage de 1671 précité ; 4° Jeanne, qui épousa, le 7 août 1674, Jacques de Chergé, auquel elle porta la terre de Marbœuf. Elle mourut le 16 février 1716. En secondes noces, Louis épousa Catherine Bechemilh, qui avantagea Louis, fils du premier lit, lors de son mariage.

Louis Jourdain, Sgr de L'Houmède, épousa, le 15 avril 1660, Françoise Taveau, et nous croyons que c'est aussi lui qui épousa Dlle Marie Barbier, et qui figure avec elle dans un acte du 3 mai 1698 par lequel ils reconnaissent devoir une somme d'argent à Jeanne Jourdain, épouse de Jacques de Chergé. Un Louis Jourdain, Sgr de L'Houmède, que nous croyons le même que le précédent, fut convoqué au ban de 1703. Il eut une fille du second lit, Marguerite, qui épousa Pierre de Fleury, Sgr des Fontenelles, auquel elle porta la terre de L'Houmède. Ils figurent dans un acte d'assignation donné le 7 août 1722 à la requête de Jeanne de Jourdain, leur tante.

§ VI. — Branche du Phargey.

Cette branche des comtes de Grammont, Sgrs du Phargey, que MM. de Saint-Allais et de Courcelles disent être originaire du Poitou, habitait Saint-Jean-le-Vieux, département de l'Ain, et doit, selon nous, avoir la même origine que les précédents ; elle a fait ses preuves pour le service militaire par devant Cherin en 1773. Nous ne connaissons que :

Antoine-Balthazar Jourdain, prêtre, etc.

Jean-Marie Jourdain, comte de Grammont, ancien chevau-léger de la garde du roi, fit la campagne de 1792 à l'armée des princes dans les compagnies rouges, puis passa dans la cavalerie noble à l'armée de Condé, et fut nommé chevalier de Saint-Louis en 1796 et commandeur de l'ordre du Phénix par le prince de Hohenlohe-Barsteinstein.

Louis Jourdain, officier au régiment de la Guadeloupe, quitta son régiment en 1794 ; mais, étant retourné dans cette île quelque temps après, il y périt lors de la prise du fort de La Pointe-à-Pitre par les troupes républicaines :

Armes : La famille de Jourdain porte : *d'argent au tau de gueules* ; et la famille Jourdain du Phargey porte : *écartelé aux 1er et 4e d'azur au tau d'argent, au chef cousu de gueules chargé de trois besans d'or ; au 2e et 3e d'argent à deux fasces ondées d'azur.*

(Dict. des anciennes familles du Poitou.)

Antoine Jourdain ou Jordain possédait le fief de Sous-le-Magne dans la Marche en 1669. (De Bell.)

JOURDAN.

I. — N..... Jourdan habitait Mérargues en Provence. Ses enfants sont : 1° Roch, qui suit ; 2° Joseph Jourdan, qui épousa Hélène Bournevier ou Bounarier, et eut pour fils Lazare-Joseph-Henri. Ce dernier, né à Marseille le 22 mars 1779, fut instruit par son oncle dans l'établissement de Beau-Recueil, près Aix. Il devint aide-de-camp du maréchal, son oncle, ainsi que du maréchal Masséna. En 1825, colonel du 12° chasseurs. Il a commandé la garde nationale de Limoges en 1847, s'est retiré à Leyraud, paroisse de Roussac ; commandeur de la Légion d'honneur le 30 août 1809, chevalier de Saint-Louis et de Saint-Ferdinand d'Espagne. Il est mort célibataire, à Rancon, le 15 décembre 1861. 3° N..... Jourdan, habitant la ville de Lyon ; 4° N..... Jourdan, curé de la paroisse de Beau-Recueil près Aix ; y tenait un pensionnat fort en renom, où le maréchal et le colonel, ses neveux, firent leurs études.

II. — Roch Jourdan, maître chirurgien juré, vint s'établir à Limoges. Il était mort avant 1778. Il avait épousé Jeanne Foréan (*alias* Foréau) Franciquet, dont Jean-Baptiste, qui suit :

III. Jean-Baptiste Jourdan, créé comte en 1814, chevalier de la Légion-d'Honneur le 2 octobre 1803, grand-officier et chef de la 16° cohorte le 14 juin 1804, grand-aigle le 2 février 1805, chevalier de l'ordre de Saint-Louis le 2 juin 1814, chevalier de l'ordre du Saint-Esprit le 29 mai 1825, grand'croix de Saint-Hubert de Bavière le 27 février 1806, grand-dignitaire de l'ordre des Deux-Siciles en 1809, naquit à Limoges le 29 avril 1762, et fut baptisé à Saint-Domnolet, ayant pour parrain messire Jean-Baptiste Dorat, écuyer, secrétaire du roi, premier-président de la cour présidiale, et pour marraine Marie-Françoise-Catherine Chamblard, veuve de messire Foréan Franciquet, maître chirurgien. Il fit ses études dans le pensionnat de Beau-Recueil près Aix, tenu par son oncle, curé de cette paroisse. A la mort de son père, il fut placé à Lyon chez son oncle ; mais, en 1778, il s'engagea malgré lui, et rejoignit à l'île de Ré la brigade d'Auxerrois. Il fit trois campagnes en Amérique dans l'armée expéditionnaire du comte d'Estaing, rentra en France pour cause de maladie, et fut réformé le 26 juin 1784.

A Limoges, grâce aux démarches des docteurs Périgord et Laboulinière, Jourdan fut placé dans la maison de commerce de M. Aventurier, dont il épousa la belle-sœur le 22 janvier 1788. Cette union, contractée au sein même de la famille qui l'avait accueilli, lui procura les moyens d'ouvrir un magasin de mercerie : il s'établit à l'entrée de la rue des Taules, dans les dépendances de l'abbaye de Saint-Martial.

Nommé, en 1790, lieutenant des chasseurs de la garde nationale de Limoges, et, l'année d'après, commandant du 2° bataillon des volontaires de la Haute-Vienne, Jourdan partit pour l'armée du Nord au mois de septembre 1792. Dès son début à Jemmapes, à Nerwinden, à Famars, au Camp-de-César, il se fit remarquer comme chef de corps par sa fermeté dans le service et son amour de la discipline.

Général de division au mois de juillet 1793, Jourdan commandait sous Lille un corps d'observation de huit mille hommes, chargé de surveiller l'armée anglo-hanovrienne du duc d'York. A la bataille d'Hondschoote, le 8 septembre 1793, il menait les deux divisions du centre, et tomba grièvement blessé d'un boulet de canon au moment où, maître des bois qui couvraient la position des Anglais, il débouchait sur leur principale batterie, et donnait à nos troupes l'élan de la victoire. A peine rétabli de sa blessure, il remplaça Houchard, le 22 septembre, dans le commandement des armées du Nord et des Ardennes. Pendant cette campagne, Carnot, contrariant l'opinion de Jourdan, fut cause des premiers insuccès ; mais il eut ensuite la grandeur d'âme de reconnaître sa faute, et laissa notre général libre d'agir comme il l'entendrait. C'est alors qu'il remporta ses premières victoires de Watignies et de Dourlens.

Le comité de Salut-Public avait mandé Jourdan à Paris afin d'étudier et de concerter ensemble le plan des opérations militaires en Belgique. Là il fit adopter ses idées ; mais le comité, les jugeant entachées d'incivisme, prononça la destitution et même l'arrestation de Jourdan. Plus heureux que ses prédécesseurs Custine et Houchard, il échappa à ce mortel arrêt, et, sur la proposition de Barrère, fut mis à la réforme. Il revint à Limoges, et reprit son modeste commerce. Il attacha, fort en évidence, dit-on, au fond de son magasin, son uniforme de général en chef, et la glorieuse épée qui venait de vaincre le duc d'York, le prince de Cobourg et le feld-maréchal de Clerfayt. Cette spirituelle épigramme en action fut sa seule manière de protester contre l'injuste mesure qui menaçait de briser sa carrière.

On sentit promptement le besoin de ses services, et, le 15 avril 1794, il commandait l'armée de la Moselle, et battait le corps autrichien du général Beaulieu en avant d'Arlon. L'armée de Sambre-et-Meuse fut formée après quelques revers de l'armée du Nord, et Jourdan fut mis à sa tête. Alors il chassa les Autrichiens de tous les postes qu'ils occupaient, fit le siége de Charleroi, qui capitula le 25 juin, et, le 26, livra la mémorable bataille de Fleurus, qui obligea l'ennemi à évacuer notre territoire. Le 16 juillet, il battait les Autrichiens sur la position de la Montagne-de-Fer, et, le même jour, sa droite s'emparait de la ville et citadelle de Namur ; le 27, elle occupait Tongres et Liége. Le 2 octobre, l'armée de Sambre-et-Meuse, réunie pour la première fois au nombre de cent mille combattants, remporte la victoire d'Aldenhoven, le plus beau fleuron de la couronne militaire de Jourdan. Le lendemain, Juliers se rend à discrétion ; le 6, l'armée entre à Cologne ; le 10, à Bonn ; le 23, la droite de l'armée occupe Coblentz ; enfin, le 4 novembre, après treize jours seulement de tranchée ouverte, Maëstricht ouvre ses portes. Il ne resta aux coalisés, sur la rive gauche du Rhin, que Mayence et Luxembourg. En 1795 et 1796, il conduisit son armée à plusieurs victoires, mais il fut aussi obligé plusieurs fois de se retirer devant le nombre. Il fut remplacé par Beurnonville.

Nommé, au mois de mars 1797, membre du conseil de Cinq-Cents pour le département de la Haute-Vienne, Jourdan fut élu deux fois président de ce conseil, et une fois secrétaire. Le traité de Campo-Formio n'avait imposé qu'une trêve aux nations de l'Europe. Le Directoire sentait le besoin de pourvoir au recrutement de l'armée par une mesure permanente : Jourdan proposa la conscription militaire. Il fut rapporteur de cette loi, qui fut adoptée le 5 septembre 1798, et qui a nationalisé parmi nous le service légal de la patrie.

Le 14 octobre, il quitta la présidence des Cinq-Cents, et alla prendre le commandement de l'armée du Danube. Il remit ce commandement à Masséna l'année suivante, et fut élu de nouveau membre du conseil des Cinq-Cents. Le 19 brumaire, un décret des consuls excluait Jourdan de ce conseil, et le condamnait à la déportation dans le département de la Charente-Inférieure. Cette proscription ne dura pas longtemps : le 21 janvier 1800, il était nommé inspecteur général d'infanterie et de cavalerie, et, le 24 juillet, ambassadeur auprès de la république Cisalpine, puis administrateur général du Piémont. Il remplit cette difficile mission pendant deux ans. Conseiller d'État, en 1802, lorsque le Piémont fit partie du territoire français, général en chef de l'armée d'Italie le 25 janvier 1804, maréchal d'empire, grand-aigle et chef de la 16e cohorte de la Légion-d'Honneur, Jourdan, qui commandait en Lombardie à l'époque où Napoléon vint y prendre la couronne de Fer, dut croire que certaines préventions étaient à jamais éteintes dans l'esprit du nouveau monarque. Un brusque rappel, disons les choses par leur nom, un commencement de disgrâce, lui ferma tout à coup le trésor de faveurs impériales. Le 30 août, le maréchal se vit enlever son commandement, qui fut donné à Masséna. Il se plaignit amèrement, et l'empereur lui répondit : « Mon cousin, je reçois votre lettre du 3 vendémiaire (25 septembre 1805) : elle me fait une véritable peine, et je partage toute celle que vous ressentez. Il est impossible d'avoir été plus satisfait que je ne l'ai été de votre conduite, et d'avoir meilleure opinion que je ne l'ai de vos talents. Si j'ai envoyé Masséna en Italie, c'est en cédant à ma conviction intérieure que, dans une guerre qui présente tant de chances, et dont le théâtre est éloigné du secours du gouvernement, il fallait un homme d'une santé plus robuste que la vôtre, et qui connût parfaitement les localités. Les événements se pressent autour de nous avec une telle rapidité qu'il a fallu de telles circonstances pour faire taire toute considération particulière. J'ai dû envoyer en Italie l'homme qui connaît le mieux l'Italie. Depuis les positions de la rivière de Gênes jusqu'à l'Adige, il n'est aucune position que Masséna ne connaisse. S'il faut aller en avant, il y a encore un avantage : ces contrées agrestes, dont il n'existe pas de cartes, même à Vienne, lui sont également familières. Mon cher maréchal, je conçois que vous devez avoir de la peine, je sais que je vous fais un tort réel ; mais restez persuadé que c'est malgré moi. Si les circonstances eussent été moins urgentes, comme je m'en flattais, vous eussiez achevé cet hiver de bien connaître les localités, et ma confiance dans vos talents et dans votre vieille expérience de la guerre m'eût rassuré. Mais vous connaissez le Rhin, vous y avez eu des succès. La campagne est engagée aujourd'hui ; mais dans quinze ou vingt jours les événements nécessiteront de nouvelles formations, et je pourrai vous placer sur ce théâtre que vous connaissez mieux, et où vous pourrez déployer toute votre bonne volonté. Je désire apprendre par votre réponse que vous êtes satisfait de cette explication, et que surtout vous ne doutez pas des sentiments que je vous porte. » Les plus fermes souverains ne font pas toujours ce qu'ils veulent, et Jourdan resta sans emploi pendant cette campagne, qui se termina par la victoire d'Austerlitz.

Le 17 mars 1806, il fut nommé gouverneur de Naples : à partir de ce moment, il devint le conseil du roi Joseph-Napoléon. Il le suivit lorsqu'il monta sur le trône d'Espagne, et reçut le titre de major général des armées de Sa Majesté Catholique. Ce titre pompeux ne lui conféra qu'une autorité faible, souvent impuissante pour le bien, et toujours contestée. C'est la partie malheureuse de sa carrière. Jourdan ne peut pas être responsable des fautes militaires commises par Joseph, ni des revers auxquels il a eu le malheur d'assister. Aussi, dégoûté d'un simulacre de commandement, il sollicita la permission de rentrer en France : il l'obtint, et se retira dans sa terre du Coudray.

En 1811, Napoléon, pensant que la présence de Jourdan serait nécessaire en Espagne, le nomma gouverneur de Madrid, le 11 juillet. Mais, ne pouvant agir que d'après les ordres du roi Joseph, il n'eut que des revers inévitables avec le rôle fort secondaire qu'on lui faisait jouer.

Il était revêtu du commandement supérieur de la 15e division militaire depuis le 30 janvier 1814, lorsque le sénat prononça la déchéance de l'empereur. Le 8 avril, il envoya son adhésion aux actes du gouvernement provisoire. Nous la consignons ici, parce qu'elle forme un singulier et honorable contraste avec d'autres adhésions brûlantes de dévoûment envoyées, le même jour, par des dignitaires de l'empire qui devaient tout, grandeur, réputation fortune, au monarque déchu : « A S. A. le prince de Bénévent : Monseigneur, nous venons d'être instruit officiellement des grands événements qui se sont passés depuis plusieurs jours, et nous nous empressons de donner notre adhésion à tous les actes du Gouvernement provisoire. »

Louis XVIII accueillit le maréchal avec une distiction marquée, et, sous la Restauration, il a reçu des titres honorifiques et des dignités qui n'en étaient plus pour lui, accoutumé à n'estimer que ce qu'on pouvait mettre utilement au service du pays. Pendant les Cent-Jours, le gouvernement de Besançon et le commandement supérieur de la 6ᵉ division militaire lui furent confiés. Après le désastre de Waterloo, on le nomma général en chef de l'armée du Rhin : cette armée n'existait que de nom, et le maréchal assista plutôt qu'il ne prit part, au dénoûment de cette lutte fatale, où nos trois cent mille soldats succombaient héroïquement sous le fer et le feu d'un million d'ennemis.

Au mois de novembre 1815, il présida le conseil de guerre qui se déclara incompétent pour juger le maréchal Ney. Il rentra à la chambre des pairs en 1819. En 1830, il fut ministre des affaires étrangères ; mais, les premières démarches diplomatiques terminées, il résigna ses fonctions. Le 11 août de la même année, il fut nommé gouveneur de l'hôtel des Invalides. Il mourut le 23 novembre 1833, à l'âge de 71 ans.

Napoléon, prisonnier à Sainte-Hélène, a écrit de lui : « Assurément j'ai fort maltraité le maréchal Jourdan. Rien de plus naturel sans doute que de penser qu'il eût dû m'en vouloir beaucoup. Eh bien ! j'ai appris avec un vrai plaisir que, après ma chute, il est demeuré constamment très-bien pour moi. Il a montré cette élévation d'âme qui honore et classe les hommes. Du reste c'est un vrai patriote : c'est une réponse à bien des choses. » (*Mémorial de Sainte-Hélène*, 25 octobre 1816.)

Voici l'état des services du maréchal comte Jourdan, extrait des archives du ministére de la guerre :

Soldat au dépôt de l'île de Ré le 2 avril 1778; incorporé dans le régiment d'Auxerrois-infanterie le 10 décembre 1778; a servi en Amérique; rentré en France pour cause de maladie le 1ᵉʳ juillet 1782; rentré au régiment d'Auxerrois le 12 novembre 1783; réformé le 26 juin 1784; chef de bataillon du 2ᵉ des volontaires de la Haut-Vienne le 9 octobre 1791; général de brigade le 27 mai 1793; général de division le 30 juillet 1793; général en chef de l'armée des Ardennes le 11 septembre 1793, de celle du Nord le 22 septembre 1793, de celle de la Moselle le 10 mars 1794, de celle de Sambre-et-Meuse le 13 juin 1795, de celle du Danube le 14 octobre 1798; inspecteur général d'infanterie le 21 janvier 1800; général en chef de l'armée d'Italie le 25 janvier 1804; maréchal de l'empire le 19 mai 1804; gouverneur de Naples le 17 mars 1806; major général du roi d'Espagne; gouverneur de Madrid le 8 juillet 1811; admis à la retraite le 7 août 1813; admis à conserver la moitié de son traitement depuis le jour de la cessation de son service le 17 septembre 1813; commandant supérieur de la 15ᵉ division militaire le 30 janvier 1814; commandant de la 15ᵉ division militaire le 21 juin 1814; gouverneur de Besançon et commandant supérieur de la 6ᵉ division militaire le 3 mai 1815; général en chef de l'armée du Rhin le 26 juin 1815; gouverneur de la 7ᵉ division militaire le 10 janvier 1816; gouverneur de l'hôtel des Invalides le 11 août 1830; mort à Paris le 23 novembre 1833.

Il fit la campagne d'Amérique en 1778, 1779, 1780, 1781, 1782; celles du Nord, de la Moselle, de la Sambre-et-Meuse et du Danube en 1792, 1793, ans II, III, iv, vii, viii ; celle de Naples en 1806, 1807, 1808; celle d'Espagne en 1809, 1811, 1812, 1813; celle du Rhin en 1815.

Il fut élu député au conseil des Cinq-Cents par le département de la Haute-Vienne en mars 1797, et réélu en mai 1799; ministre extraordinaire et administrateur général du Piémont le 24 juillet 1800; conseiller d'Etat le 1er décembre 1802; pair de France en juin 1815, 5 mars 1819; commissaire provisoire au département des affaires étrangères le 3 août 1830.

En 1860, la ville de Limoges lui a dressé une statue au milieu de la place Tourny.

Le maréchal Jourdan a publié des mémoires sur ses campagnes de 1796 et 1799, et de curieuses observations sur celle de 1795.

Il n'a pas voulu que le nom qu'il a illustré s'éteignît avec lui : par son testament il le lègue, avec son titre de comte, au fils aîné de Madame Ferry-Pisani, sa fille.

De son mariage avec Jeanne Nicolas (22 janvier 1788) fille de Jean Nicolas et de Léonarde-Françoise Moulinier, sont issus :

1° Angélique Jourdan, mariée, le 8 mai 1808, au prince de Luperano, dont postérité ;

2° Camille Jourdan, épouse du comte Ferry-Pisani, qui suit ;

3° Jeanne-Madeleine-Delphine Jourdan, qui épousa le baron Joseph Poujard-Dulimbert, fils de François Poujard-Dulimbert, ancien député à la Constituante, membre du Tribunat, préfet de la Haute-Vienne le 18 mars 1800, puis de l'Allier, député de Confolens, chevalier de la Légion-d'Honneur, et d'Anne Goullemaud.

Il fut général de brigade, préfet du département du Gard en 1860.

4° Sophie Jourdan, qui épousa, vers 1818, le baron Jean-Baptiste Lemercier, ancien officier supérieur, député au Corps législatif en 1860 pour le département des Deux-Charentes. Lemercier porte : *de gueules à la croix ancrée d'argent, accompagnée en chef, à senestre, d'une épée posée en pal, la pointe en haut, et en pointe d'une ancre posée aussi en pal; au canton dextre d'azur, chargé d'un* .... Devise : *Suaviter in modo, fortiter in re.*

5° Nina Jourdan, mariée, vers 1824, à M. le marquis de Soporiti, de Milan, qui n'a pas laissé de postérité.

IV. — Camille Jourdan épousa, le 8 mai 1808, M. Ferry-Pisani, comte de Saint-Anastase, dont les armes sont : *d'azur à une belette tenant une branche de rhue, au chef de gueules chargé de cinq fers de lance.* Leurs enfants sont :

1° Jean-Baptiste-Félix, qui suit ;

2° Jean-Baptiste-Camille-Marcel, général de brigade en 1870 ;

3° Une fille.

V. — Jean-Baptiste-Félix (*alias* Auguste) Ferry-Pisani-Jourdan, comte de Saint-Anastase, qui, conformément au désir de son grand-père, a pris le titre de comte et le nom de Jourdan, a été chef d'escadrons au 8e régiment d'artillerie, puis au régiment d'artillerie à pied de la garde impériale; était colonel d'artillerie en 1860, général de brigade en 1869. Il est grand'officier de la Légion d'Honneur, chevalier du Saint-Esprit et de Saint-Louis, grand'croix de Saint-Hubert de Bavière et grand-dignitaire de l'ordre des Deux-Siciles.

Il a épousé Mademoiselle Marie de La Coste, fille du général de La Coste, dont :

1° Maurice Pisani-Jourdan, officier d'infanterie;
2° Marguerite;
3° Mathilde.

Sources : *Bull. Soc. Arc. Lim.*, T. IV, p. 146. — *Haute-Vienne militaire.* — Renseignements particuliers.

JOSSE (page 459). — Noble Jacques Josse, sieur de La Pommerée, 5 avril 1678. (Archives du Mouchetard.)

Marie Paillon, veuve de noble Jacques Josse, sieur de La Pommeraye, 3 septembre 1690. (Archives de la Creuse, fond Bois-ferru.)

André Josse, lieutenant criminel en l'élection de la Marche, avait le fief et la seigneurie de Luçay et de La Pommeraye (*alias* Pommerée), paroisse d'Agouge en Bourbonnais, 1702. Il signait de La Pommeray. (De Bett.)

Jacques Josse, Sgr de Janaillat, lieutenant de maire de la ville de Guéret, tuteur des enfants d'André ci-dessus, 1713. (*Idem*.)

Léonard de La Celle, écuyer, époux de Marie-Anne Josse, était tuteur d'Etienne Josse, enfant d'André Josse, frère de sa femme; il possédait le fief et la seigneurie de La Pommerée, 1717. (De Bett.)

Pierre Josset, de la Société de Jésus, professeur de rhétorique au collége de Limoges, publia :

1° *Franciados, seu annalium Francicorum.* Rupellæ, 1639, in-folio.

2° Une rhétorique en vers latins. — Limoges, Barbou 1650. (Catalogue de la bibliothèque de Limoges.)

JOSSELIN ou JOUSSELIN (page 459). — François Josselin, écuyer, possédait les fiefs de Hautefaye et de Villeloube dans la Marche en 1669. (De Bett.)

Antoine Jousselin, chevalier, Sgr de Sauvaignac. (Etats générauxde 1789 : Laroy et Barth., Limousin, p. 18.)

Marguerite du Hautier, épouse et curatrice de Joseph de Jousselin, chevalier, Sgr de Lavaud-Bosquet, Lord et Mimolle. (*Idem*, p. 21.)

N..... Josselin, sieur de La Seigne, épousa Dlle Léonarde Sénemaud, dont Anne, née à Roussac (canton de Nantiat — Haute-Vienne), le 30 janvier 1763. (Registres paroissiaux de Roussac.)

JOSSEN ou JOUSSEN, ou JAUSSEN.

Héliot Joussen, 1489, fut élu consul de Limoges en 1506.

Aymery Joussen fut élu consul de Limoges en 1517 et en 1523.

Mérigot Joussen fut élu consul de Limoges en 1514, 1529 et 1535. (Registres consulaires de Limoges.)

Mathieu Joussen, marchand à Limoges (1592-1620), épousa Catherine Midi, dont une fille, qui se maria à Léonard Cibot.

Paulie Joussen acquit une terre de Jourde Barret, vigneron, avant 1628. (Inventaire des titres de la vicairie de Gauthier.)

Antoine Joussen, sieur de Condadille, 1677. (Généalogie Noailhé.)

JOUSSEAULME (page 459).

Toussaint Joussaulme, écuyer, sieur de.. ...... et de Cerpoulier, était convoqué pour le ban et l'arrière-ban de l'Angoumois en 1635. Il était fils de Samuel Jousseaulme, sieur de Mirau, échevin du corps de ville d'Angoulême en 1614. — Cerpoulier serait peut-être pour Serpouillère, commune de Beaulieu, canton de Saint-Cloud (Charente).

JOUSSERAND. — René Jousserand, écuyer, sieur de Londigny, était convoqué pour le ban et l'arrière-ban de l'Angoumois en 1635. — Londigny est un chef-lieu de commune du canton de Villefagnon (Charente).

Catherine de Jousserand avait épousé Joseph Lesmerye, sieur de La Grave, le Breuil-au-Vigier, dont Philippe, qui faisait partie du ban et de l'arrière-ban de l'Angoumois en 1635.

Jousserand porte : *d'azur au chevron d'or, accompagné en chef de deux roses tigées et feuillées de même, et en pointe d'une main fermée soutenant un fanon aussi d'or.* (Documents publiés par M. TH. de B.-A.)

JOUSSET (page 462), sieur de Maisonneuve, paroisse de Villards, élection d'Angoulême, porte : *d'azur à une croix d'or cantonnée de quatre coquilles de même.*

I. — Joachim Jousset, à qui Marguerite de La Tour fit une donation le 20 avril 1521, épousa Isabeau de Turenne, dont : 1° Arthemy; 2° Clinet, qui suit; 3° Guy; 4° Archambau; 5° Françoise.

II. — Clinet Jousset épousa, le 15 novembre ....., Jeanne de La Chambre; il fit un partage avec ses frères et sœurs de la succession de leurs père et mère le 23 mars 1548.

III. — Gaston Jousset épousa, le 3 novembre ....., Marie Vigier.

IV. — Pierre Jousset donna quittance à Daniel, son frère, du légat qui lui avait été fait par Gaston, leur père, du ..... 1606.

V. — Jean Jousset épousa, le 1ᵉʳ juillet 1643, Marie Couraud.

(DESCOUTURES, p. 247.)

JOUSSINEAU (p. 463), marquis et comte de Tourdonnet (1), marquis et comte de Fayat, baron de Peyrelevade, seigneur de Fressinet, de Fayat, de Mandeys, de Besson, de Lavalade, de Lavergne, de Rillac, etc., etc. Maison d'ancienne chevalerie, originaire du Limousin, où elle florissait dès le xiᵉ siècle, et qui portait primitivement le nom de Fressinet, nom d'une terre qu'elle possédait encore à la fin du xviᵉ siècle. Plusieurs de ses membres ayant porté le prénom de Joussineau (*Jossinellus*), ce dernier finit par prévaloir comme nom patronymique.

Géraud de Fressinet fut témoin d'une donation faite à l'abbaye de Vigeois par Etienne de Castres, vers 1104.

Agnard I de Fressinet, chevalier, est nommé dans des actes passés à la même abbaye, en 1124, 1130, 1143.

---

(1) Périssac, cité page 463, est plutôt une petite localité située dans la partie montagneuse du Bas-Limousin.

Les Oussines (que nous avons confondu avec Les Oulières, page 466), terre et château considérables, à deux lieues de Meymac, arrondissement d'Ussel (Corrèze). La Vienne et la Vezère y prennent leur source; le plateau de Millevaches en fait partie. Cette terre fut vendue nationalement pendant la révolution.

Agard II de Fressinet, son frère *Jossinellus*, fils du précédent furent témoins d'une donation faite à la même abbaye en 1153.

Agnard, qualifié chevalier, est également nommé comme témoin dans un autre acte de 1164.

Agnard de Fressinet III° du nom, chevalier, figure dans une charte de donation de l'an 1230.

Jossinellus (Joussineau) de Fressinet et son frère Boson de Fressinet passèrent, en 1265, une transaction au sujet des biens qu'ils possédaient dans la paroisse de Royère. Ils avaient pour frère Pierre, avec lequel commence la filiation suivie.

I. — Pierre de Joussineau de Fressinet, mort en 1301, avait épousé en premières noces Jeanne de Nantiat, et en secondes Dulcie du Château. Du premier lit vint : 1° Pierre, qui suit; du second lit : 2° Jourdaine de Joussineau, mariée à Boson de Lur, lequel, par ce mariage, devint co-seigneur de Fressinet.

II. — Pierre de Joussineau II° du nom, co-seigneur de Fressinet, Sgr de Tourdonnet, mort vers 1340, laissa pour fils : 1° Boson, qui suit; 2° Agnès de Joussineau.

III. — Boson de Joussineau, damoiseau, co-seigneur de Fressinet, nommé avec de Lur dans un acte de l'an 1380. Il était mort en 1383, et a laissé : 1° Guy, qui suit; 2° Jean Joussineau, député, en 1437, par la noblesse du Limousin, vers Jean de Bretagne, vicomte de Limoges.

IV. — (I de Nadaud.) — Guy ou Guinot de Joussineau, damoiseau, fit, en 1404, une acquisition de Jean de Lur. Il est qualifié, dans une reconnaissance de 1427, ancien Sgr de la forteresse de Fressinet, qu'il tenait de ses ancêtres. Il eut entre autres enfants : 1° Hugues, qui suit; 2° Boson de Joussineau, qui fut pourvu de l'abbaye de Solignac le 30 décembre 1493. D'après un acte de J. Malavernhia, le 1er août 1498, il avait pour vicaire général, *in spiritualibus et temporalibus*, Jean Joussinelli, licencié ès-lois, curé de Jourgnac. Il mourut, le 17 septembre 1503, à Saint-Martin-des-Champs, à Paris, où il était prieur; 3° Alix de Joussineau, mariée à Géraud de Peyrissac, chevalier.

V. — (II.) — Hugues de Joussineau, chevalier, Sgr de Fressinet.

VI. — (III.) — Pierre de Joussineau III° du nom, damoiseau, Sgr de Fressinet et de Tourdonnet, marié, le 17 mars 1539, à Hélène de Badefol, dont sont issus : 1° Pierre de Joussineau, chevalier, Sgr de Fressinet, etc., commandant sous le roi Henri III, reçut du roi Henri IV des lettres où ce prince l'engageait à lui continuer ses services. Il avait défendu, sous Henri III, la ville de Saint-Yrieix, en 1575, et fit hommage, en 1583, au roi Henri IV, alors roi de Navarre, de sa forteresse de Fressinet, qu'il mit en état de défense pour le parti de ce prince. Il le servit avec le même zèle depuis son avénement au trône, et en reçut les témoignages les plus honorables. Il mourut en 1611, laissant une fille unique de son mariage avec Isabeau de Lavergne, Hélène de Joussineau, mariée à Jacques de Pompadour, chevalier, Sgr de Blanchefort, etc.; 2° Roland, qui suit; 3° Jean, qualifié chevalier de Joussineau.

VII. — (IV.) — Roland de Joussineau, chevalier, seigneur de Fayat et de Rillac, se distingua au siége de Gimel, en 1593.

VIII. — (V.) — Jacques de Joussineau, sieur de Fayac, expose que, étant éloigné d'une lieue de l'église paroissiale, et incommodé, tant lui que tous ceux de sa maison et famille, qui tous faisaient profession de la religion catholique, apostolique et romaine, eu égard à la distance des lieux et autres obstacles, avaient été privés, une infinité de fois, d'ouïr la sainte messe, ce qui lui faisait beaucoup de peine, pour obvier à ces inconvénients, il fait bâtir en lieu honorable, et plus proche de sa maison, une chapelle, où il peut entendre la messe et autres offices divins en temps dû et opportun, y dresser ses tombeaux pour sa sépulture et des siens, y faire des baptêmes et célébrer mariage pour ceux de sa maison seulement. Afin que le tout fût permanent, il souhaitait ériger cette chapelle en titre de vicairie ou de chapellenie, où il ferait célébrer avec diacre et sous-diacre, par le curé de Château-Chervix, appelés avec lui cinq prêtres de la paroisse, tels qu'il plaira audit curé, ou autres à leur défaut, et ce le 5e de novembre de chaque année, jour du décès de Roland de Joussineau, père de l'exposant, etc., se réservant et à ses descendants seigneurs de Fayac le patronage de la vicairie.

Par décret du 3 décembre 1626, l'évêque accepte la fondation de la chapelle du château de Fayac, et l'érige en titre de vicairie, dont le patronage appartiendra perpétuellement au fondateur et à ses successeurs et héritiers, la collation aux évêques; permis d'y enterrer ceux qui décèderont dans le château, mais non d'y faire de baptêmes, y solemniser de mariages, quoique ce curé y consentît: étant chose prohibée par les saints canons; le tout sans préjudice du droit qu'a le fondateur, ses héritiers et successeurs, dans ses anciens tombeaux de l'église paroissiale. (NADAUD, *Pouillé*, page 216.) 9° Nicole, qui épousa, le 27 avril 1654, au château de La Morelie, Marc de Jarrige de La Morelie, écuyer, seigneur de Puyredon, juge vigier de Saint-Yrieix, fils de Jehan.

IX. — (VI.) — Philibert de Joussineau fut maintenu dans sa noblesse, le 11 juin 1667, par M. d'Aguesseau. Il eut de Françoise de Gain, sa première épouse: 1° Charles, qui suit; 2° François-Aimé, qui a fait une branche rapportée ci-après. Il épousa en secondes noces Anne de Bonneval, sœur du comte Claude-Alexandre de Bonneval, pacha de Turquie, et fille de Jean-François, marquis de Bonneval, et de Claude de Monceau. Jeanne, sa fille, épousa, le 5 septembre 1706, Philibert d'Ussel, chevalier, marquis d'Ussel, baron de Châteauvert, Sgr de Bech, de Saint-Martial-le-Vieux, etc., fils de Guy Ier et de Marguerite Barthon de Montbas.

X. — (VII.) — Charles de Joussineau, épousa Louise-Thérèse Chastaignac.

XI. — (VIII.) — François-Aimé de Joussineau, marquis de Tourdonnet, Sgr de Fressinet, directeur des haras de Pompadour, marié, en 1719, à Marie-Anne de Maulmont de Saint-Vicq, dont entre autres enfants:

XII. — Jean-Joseph de Joussineau, marquis de Tourdonnet, Sgr de Fressinet, mestre-de-camp de cavalerie, chevalier de Saint-Louis, qui fit ses preuves devant Chérin, en 1771, pour monter dans les carrosses du roi. Il faisait partie de la maison du roi, lorsque, à la bataille de Fontenoy, elle enfonça la colonne anglaise. Il eut dans cette affaire mémorable deux chevaux tués sous lui, et fut décoré de la croix de Saint-Louis, sur le champ de bataille, des mains mêmes du maréchal de Saxe, commandant en chef de l'armée française. Il avait épousé en premières noces N... de Sarrazin de Croiziat, et en secondes noces, Claire-Catherine de Salvert de Montrognon. Du 1er lit est issu: 1° Jacques-Auguste de Joussineau, comte de Tourdonnet, chevalier de Malte, mort en émigration; du 2e lit: 2° Jean-Baptiste, qui suit; 3° N....., qui a épousé le comte d'Anterroche, longtemps conseiller de préfecture à Aurillac, puis sous-préfet à Murat (Cantal); 4° et 5° deux autres filles.

XIII. — Jean-Baptiste de Joussineau, marquis de Tourdonnet, page de Penthièvre, au moment de la Révolution, sauva la cassette de la malheureuse princesse de Lamballe. Il épousa, en 1800, Marie-Antoinette de Douhet de Marlat, fille de Charles-François, comte de Douhet de Marlat, chevalier de Saint-Louis, capitaine dans Bourbon-cavalerie, qui fit les campagnes de Condé, en qualité de chef-d'escadron dans la légion de Mirabeau, et mourut des suites de ses blessures à Brünn, en Moravie, ayant toujours refusé de profiter de l'amnistie.

XIV. — Charles-Amable-Eugène de Joussineau, marquis de Tourdonnet, a épousé mademoiselle N..... Rivière, dont : 1° Charles-Louis de Joussineau, comte de Tourdonnet; 2° Rosalie; 3° Jean-Baptiste.

Branche de Mandeys (page 465).

VIII. — (V de Nadaud.) — Guillaume de Joussineau, S^{gr} de Mandeys, épousa en secondes noces, le 3 décembre 1617, Suzanne de Lubersac, fille de Guy, S^{gr} de Lubersac, du Verdier, de la Reynie, du Leyris, ami d'Henri IV, et de Gabrielle-Hélie de Pompadour.

Autre branche (page 466).

X. — (VII de Nadaud.) — François-Aimé de Joussineau, comte de Fayat, S^{gr} de Besson et de Lavalade, épousa, le 9 mai 1702, Catherine de Veyny, dont il eut : 1° Gilbert-Marin, qui suit; 2° Michel, vicomte de Joussineau, chevalier.

XI. — (VIII.) — Gilbert-Marin de Joussineau, comte de Fayat, baron de Peyrelevade, né en 1703 : il était mort le 16 mars 1786, lorsque sa veuve fut convoquée pour l'Assemblée générale de la noblesse; elle s'y fit représenter par le vicomte Michel-Joseph Joussineau, lieutenant de cavalerie. Dans le procès-verbal de cette assemblée, Gilbert-Marin est dit comte de Fayat, baron de Peyrelevade, S^{gr} de Saint-Martin-Sepers, les Oussines, la Vallade, Lombert, Laboissière; épousa, en 1748, Marie-Anne Garat, dont il eut trois fils et huit filles : 1° Jacques-Georges, qui suit; 2° Jean-Baptiste, baron de Tourdonnet, lieutenant des gardes-du-corps, mort sans alliance, vers 1844, au château de Puy-Malié, à l'âge de 89 ans. Il avait été page dans les dernières années de Louis XV, et le fut aussi sous Louis XVI. Il fut capitaine dans l'armée de Condé, et s'était retiré avec le grade de lieutenant-général et grand'croix de Saint-Louis; 3° Jacques-Xavier de Joussineau, comte de Tourdonnet, habitait le château de Saint-Martin-Sepers. Il est mort à Brive, à l'âge de 69 ans. Il avait épousé mademoiselle Marie de Beton, et a laissé un fils et quatre filles : A. Denys-Alphonse, comte de Tourdonnet, marié en premières noces avec mademoiselle N... Leroy de Bussières, dont il a eu une fille, madame la comtesse de Suleau, et en secondes noces, avec mademoiselle Nathalie Martinoff, dont il a eu un fils, Alphonse; B. Julie-Justine-Thérésa, mariée à M. Edouard Pradel de La Mare; C. Rosalie, mariée à M. N... Richard de La Tour; D. et E. Anaïs et Humbéline, qui ont épousé successivement leur cousin Jacques-Louis-Georges, comme il est dit ci-après; 4° N..., mariée à M. N... Goudal; les autres ont été religieuses ou chanoinesses.

XII. — Jacques-Georges de Joussineau, comte de Tourdonnet, officier au régiment des gardes-françaises, mort maréchal de camp à l'âge de 80 ans. Il eut de sa femme, Marie-Charlotte de Brétigniers : 1° Jacques-Louis-Georges, qui suit; 2° Charlotte-Eléonore de Joussineau, mariée en premières noces au comte Atale de Montagu, et en secondes au marquis de Lasalle.

XIII. — Jacques-Louis-Georges de Joussineau, comte de Tourdonnet, qui habite Bordeaux, a été capitaine dans la garde royale; il a épousé, en premières noces, M"° Rosalie de Courtebourne de Nedonchel, dont il a eu deux fils et deux filles : 1° Léon, comte de Tourdonnet, mort en 1869, avait épousé D"° Tatiane d'Obreskoff, et a laissé deux fils jumeaux : *A.* Henri : *B.* Dmitri ; 2° Georges, comte de Tourdonnet, habite le château de Puy-Malie ; il a épousé M"° Caroline Le Gay, dont il n'a pas d'enfant ; 3° et 4° les deux filles ont épousé successivement le marquis de Seilhac. Jacques-Louis-Georges épousa, en secondes noces, sa cousine Humbeline de Tourdonnet, fille de Jacques-Xavier, dont il a eu : 5° Boson ; 6° Albéric, lieutenant au 24ᵉ d'infanterie de ligne. Jacques-Louis-Georges a épousé, en troisièmes noces, Anaïs de Tourdonnet, sœur de sa seconde femme.

JOUVIN.

A. Jouvin de Rochefort était trésorier de France à Limoges en 1597. Ses armes sont : *d'azur, au chevron de gueules, accompagné en chef de deux tours crénelées d'argent, et en pointe d'un monticule de même.* (Plan de la ville de Limoges, dédié à MM. les trésoriers, 1497.)

JOVIOND où JOUVIOND (page 466).

Les détails qui suivent serviront à compléter l'article de Nadaud.

Guillaume de Jouviond I, chanoine de Saint-Etienne, doyen de Rieupeyroux, diocèse de Rodez, était curé de Saint-Michel-des-Lions vers 1458, et vivait encore le 20 avril 1475.

Michel de Jouviond II, chanoine de Saint-Etienne, curé de Saint-Michel-des-Lions et de Saint-Pierre-du-Queyroix en 1494.

Jacques de Jouviond III, bachelier en droit, chanoine de Saint-Etienne, etc., était curé de Saint-Michel-des-Lions en 1497 et 1499.

Guillaume de Jouviond IV, bachelier en droit, abbé commendataire de Saint-Martin-lez-Limoges, était curé de Saint-Michel le 5 janvier 1509, mourut en 1544.

Noble messire Marin de Jouviond V était curé de Saint-Michel-des-Lions, et avait un vicaire général, le 12 juin 1550, (LECROS. *Recherches historiques sur la paroisse de Saint-Michel-des-Lions.*)

Dans un livre de prières de la paroisse de Saint-Pierre-du-Queyroix écrit en patois limousin l'an 1379, on trouve :

1° Jehan Jouvyond ;

2° Jacques Jouvyond ;

3° Penot Vigier et son épouse Valerie Jouvyond.

Michel de Jouviond, chanoine de la cathédrale, curé de Saint-Pierre-du-Queyroix, premier abbé commendataire de Saint-Martin-des-Feuillants en 1500.

Jacques de Jouviond de Leychoisier, bachelier ès-décrets, abbé de Saint-Martin-lez-Limoges (Feuillants), chanoine de la cathédrale, chantre de Saint-Martial, prévôt de Saint-Vaulry, curé d'Afficux et de Saint-Pierre en 1550, se démit de cette dernière cure en 1568.

Un titre de 1594 (LECROS, ci-dessus, dit mieux 1494) fait mention de Michel de Jouvyond, licencié en droit, chanoine de Saint-Etienne, doyen du Rieu-Peyroux, curé de Saint-Michel-des-Lions et de Saint-Pierre-du-Queyroix. (M. ARDANT, *Notice historique sur Saint-Pierre-du-Queyroix.*)

Gérald Jouviond (1384-1392), né à Joviundas près Treignac (Corrèze), frère d'André de Chanac, autrement dit Ayrauld, abbé de la Chaise-Dieu, neveu de

Foulques, évêque d'Orléans, et du cardinal Guillaume de Chanac, qui l'établit, en 1384, son exécuteur testamentaire, avait été lui-même abbé de Saint-Martin-lez-Limoges, puis de Charroux en Poitou, lorsqu'il fut élu abbé de Saint-Martial de Limoges. Il paraît qu'il eut un riche patrimoine, car il prêta, dès la première année de son administration, 300 livres d'or, en 1385, 500 et même 750 deniers d'or aux consuls de Limoges, qui le remboursèrent en 1388.

Pendant que Gérald Jouviond était abbé de Saint-Martial, on inhuma dans cette abbaye le cardinal de Mende (1384). En 1390, il eut l'honneur de présider, à la cathédrale, aux funérailles d'Aimeric Chatti de l'Age-au-Chapt, et celui de recevoir à sa table (15 octobre 1391) le nouvel évêque Bernard de Bonneval avec tous les bénéficiers de la cathédrale. En 1385, noble Hugues de Chaten, damoiseau, lui fit hommage pour la maison du Breuil, qui sert aujourd'hui de préfecture. Ce fut l'abbé Jouviond qui recouvra la coupe d'or dont Grégoire XI avait fait présent, et qui renfermait encore au siècle dernier le chef de saint Martial. Il ne mourut qu'en 1393, car le 6 juin de l'année précédente il était présent au synode diocésain.

Pierre de Droulles (de Droulhiis, de Drulbis), qu'on nomme aussi de Joviond, est à tort appelé Joumart (*Gallia christiana vetus*), et faussement qualifié abbé de Saint-Martin-lez-Limoges. Il était licencié en décrets et abbé de Saint-Augustin-lez-Limoges, lorsqu'il fut transféré à Saint-Martial par le pape Alexandre V, en consistoire, pendant le concile de Pise. Il ne prit possession que le jeudi après l'Epiphanie, c'est-à-dire en 1410.

Le 17 octobre 1414, il avait réuni dans le réfectoire de son monastère l'abbé de Saint-Martin-lez-Limoges et le chapitre de la cathédrale, et tous ensemble, devant le procureur de Nicolas Veau, ils reconnurent celui-ci évêque de Limoges. C'est alors qu'il y eut un procès entre ce Nicolas et Ramnulphe de Pérusse des Cars, élu aussi par le chapitre de la cathédrale. L'abbé Pierre de Droulhes fut fait vicaire général de Nicolas Veau, en faveur duquel il fit encore vainement appel en 1417 contre Ramnulphe des Cars.

Pierre de Droulhes, reçut par procureur, en 1414, l'hommage du duc de Bretagne, vicomte de Limoges. La protestation de Charles V, en 1371, n'avait donc pas eu de bien sérieux résultats ; peut-être aussi n'avait-il pas accordé la compensation promise. En 1415, sur un privilége de Clément VII, un moine de Saint-Martial fut commis pour quêter en France, en Aquitaine, en Castille, en Léon, en Espagne, en Aragon, à Majorque, en Navarre, en Portugal, et partout ailleurs, pour réparer et soutenir le monastère et son hôpital. — La chasse où reposaient les reliques de Saint-Martial s'était brûlée en 1416 : Pierre de Droulhes la répara, et fit d'autres biens à son monastère. Il mourut en 1422, car un acte de 1421 le dit vivant à cette époque.

Jacques Jauviond (19 décembre 1433-1488), neveu de Pierre et de Gerald, dont nous avons parlé, ne fut point abbé de Charroux, quoi qu'en dise Bonaventure (page 705), mais simplement prévôt de Rilhac et de Saint-Augustin de Limoges, où vraisemblablement il s'était fait moine de fort bonne heure, puis encore de Saignac et de La Souterraine, et enfin abbé de Saint-Cyprien de Poitiers, avant de le devenir de Saint-Martial. Il fut aussi chapelain du pape.

Pendant son administration, Marie, reine de Navarre, vint vénérer le chef de Saint-Martial, le 29 mars 1435 : c'était une année d'ostension. En 1442, Charles VII y vint lui-même. Le 26 mars 1440, Pierre de Beaufort, comte de Turenne, fit hommage pour le château et le comté de Turenne, en embrassant l'abbé de Saint-Martial. Quand le roi acquit cette seigneurie, en 1739, on regardait cet hommage comme *simple hommage de dévotion*. Le même fit aussi hommage pour quelques dîmes de la prévôté de Roziers. Antoine de Boisse, damoiseau, de la paroisse de Chamberet, lui avait fait, en 1438, hommage-lige pour le quart des dîmes de cette paroisse, et Jean de Rouffignac, sieur de Rochamon, chevalier, l'avait fait aussi pour son repaire de La Motte, à Allassac. Le vicomte de Limoges, en 1442, et noble Mathurin Brachet, damoiseau, Sgr de Montaigut, pour la vicairie de Saint-Vaulry, en 1451, lui rendirent également hommage.

Jacques Jauviond fit rebâtir la maison abbatiale de Saint-Martial, la prévôté de Couzeix. Il construisit le château de Beauvais, dont il ne reste qu'une maison des dépendances, où l'on trouve, sur une cheminée, ses armes, *d'azur à trois coqs d'or, 2 et 1*. Un arrêt du parlement de Paris, en date du 13 mai 1441, dut fortement humilier Jacques Jauviond, car cet arrêt autorise l'évêque de Limoges à visiter une fois l'an l'église de Saint-Martial. Il était qualifié archevêque de Césarée en 1488, l'année même où, d'après un manuscrit, il se dit encore abbé de Saint-Martial. Il échangea son abbaye avec son neveu Albert, qui suit, contre le doyenné de Rieupeyroux, et devint ensuite doyen d'Andros (*Andrensis*). Le 8 septembre 1494, il avait résigné tous ses bénéfices, et vivait encore en 1495.

Albert Jouviond (1488-1523), bachelier en décrets, doyen de Rieupeyroux, obtint ses bulles pour l'abbaye de Saint-Martial, le 5 mars 1488, et fut béni par l'évêque d'Angoulême, le 27 mai suivant, dans l'église des Frères-Prêcheurs de cette ville, devant Aimeric Textoris, abbé de Nanteuil, et Seguin Giraudi, abbé de Bassac. Il prit possession le 31 mai, et prêta serment de fidélité à l'évêque de Limoges. Cet abbé avait encouru les censures de cet évêque pour avoir officié comme abbé avant sa prestation de serment. L'évêque leva les censures le 28 octobre. Bientôt Albert Jauviond put oublier cette humiliation, en prenant la part principale dans un acte qui fut enregistré, avec le style pompeux qu'on va lire, dans le terrier de l'abbaye appelé le *Livre jaune* : « Sachent tous, présents et advenir, que, le vii° jour du mois de may, l'an 1494, arriva en cette ville et château de Limoges, tres-haute et excellente princesse madame Jeanne, fille et sœur des roys de France, duchesse d'Orléans, de Milan et de Valloys, comtesse de Blois, de Pavia et de Beaumont, dame d'Ast et de Coussi ; et lui allâmes au-devant jusques à la porte Manynye. Et là fust reçue par R. P. en Dieu Mr Albert Jauviond, notre père abbé, revestu en son pontifical, et nous, son couvent en aulbes. Et de là la menasmes à grand procession jusques ceans (dans le monastère), en chantant le repons des litanies; et fismes sonner les deux grosses cloches, etoyt vespres ceans. Et emprès s'en alla à son logis, qui estoit à la maison nommee le bastiment de Jullien. Et le lendemain, viii° du dit mois, qu'estoit l'Ascension Notre-Seigneur, par le privilége des enfants des roys de France, elle fit délivrer tous les prisonniers estans en prisons, tant du roy que de ladite ville. Et, le soir, à l'heure de dix heures et demie, accompagnée de ses gens et demoiselles, il li fust monstré le précieux chef de M. saint Martial, notre patron, secrètement, pour cause du bruit et grand tumulte du peuple ; car elle le demanda, et y estoit venue en pèlerinage par la grande dévotion qu'elle y avoit. Et notez que nul n'y fut convoqué, ne consuls, ne autres gens de ladite ville. Et le lendemain ix° dudit mois, à l'heure de douze heures, elle partit avec sesdites gens et grand nombre de noblesse, bien contente de nous, et nous donna plusieurs beaux dons, et prist son chemin pour aller à Cadouin, à Saint-Sicaire de Brantôme, et de là à Notre-Dame d'Autefaye. » Le 23 juillet 1512, le duc de Bourbon et son frère, qui passaient à Limoges, demandèrent à vénérer deux jours de suite le chef de saint Martial. En 1499, Albert Jauviond avait obtenu une bulle pour obliger tous les abbés, prévôts, prieurs et autres qui dépendaient de son monastère, de venir, chaque année, le 16 juin, au chapitre général, et de lui payer ce qu'ils devaient. Une autre bulle unit la grande sacristie à la mense monacale. En 1507, l'abbé et les moines plaidaient contre les consuls de Limoges pour l'eau des fontaines. En 1520, ils firent imprimer leur bréviaire. Enfin Albert Jauviond mourut le 28 mai 1523.

Mathieu Jauviond (1523-1542), ancien prévôt de Feix, était prieur de Moulton lorsqu'il fut élu abbé de Saint-Martial. Avant la mort de son oncle, le baron de Las Tours avait obtenu un brevet pour cette abbaye en faveur d'un de ses frères, de la part du roi, qui défendait aux couvents d'élire sans son autorisation; d'autre part, le 16 août 1523, les voix s'étaient partagées entre Léon David, moine de Solignac, et Mathieu Jauviond. Celui-ci fit un accommodement avec ses deux compétiteurs : il donna les fruits de plusieurs bénéfices au Sgr de Las Tours, et à David, le prieuré de Moulton. Après cela, il fut confirmé par le vicaire général de l'évêque, et prit possession le 10 octobre de la même année. Il fit son entrée solennelle le 11. Les consuls de Limoges allèrent le recevoir devant la maison des Carmes, et, après la messe, il reçut à dîner les consuls et les principaux habitants en très-grand nombre. Marin de Montchenu, gouverneur et sénéchal du Limousin, lui donna une marque d'affection en logeant dans sa maison lors de son entrée à Limoges, le 24 septembre 1532. Mathieu Jauviond fit vénérer le chef de Saint-Martial à la reine de Navarre, lors de son entrée à Limoges, le 28 décembre 1537. Il fit une ostension du chef de ce saint depuis le mardi de Pâques, 3 avril 1526, jusqu'à la fête de la Trinité; une autre, depuis le mardi de Pâques, 15 avril 1533; et c'est dès lors que les ostensions ne se firent plus que tous les sept ans. C'était, du reste, la période fixée par le concile d'Aix-la-Chapelle, dès 1440, pour montrer les reliques. C'est lui qui obtint du pape Paul III la bulle de sécularisation de l'abbaye de Saint-Martial : elle est datée du 1er décembre 1535. L'official de l'évêque de Limoges la fulmina le 14 octobre 1537. Il mourut le 5 mai 1542, chez son frère Guillaume Jauviond, abbé de Saint-Martin-lez-Limoges.

(Roy de Pierrefitte, *Saint-Martial de Limoges*).

En 1520, Jeanne de Jauviond était épouse de Guillaume de Lavaud, Sgr de Drouilhes, paroisse de Blond, conseiller au parlement de Bordeaux, dont la fille Marie de Lavaud épousa, le 10 mai 1534, Pierre des Monstiers, écuyer, Sgr de Fraisse, frère de l'évêque de Bayonne. (Généalogie Des Moustiers.)

Michel Jauviond, chanoine et chantre de l'église de Limoges, et prévôt des Seschières, est chargé de la direction des écoles de Limoges en 1525. En 1531, c'est Guillaume Jauviond, abbé de l'abbaye de Saint-Martin-lez-Limoges, et chantre de l'église cathédrale. (*Registres consulaires*, T. I.)

Sur les vitraux de Saint-Pierre-du-Queyroix, on trouvait, au siècle dernier, un écusson portant *d'azur à 3 coqs d'argent*. (Bibliothèque nationale, *Msc.* S. F. 5024.)

JUGE (page 468).

Cette famille a fourni deux cardinaux : Guillaume Juge et Pierre Juge, dit M. Alluaud dans son éloge de Joseph-Jacques Juge-Saint-Martin, lu à la Société d'Agriculture de Limoges en 1825. — Voir l'article La Jugie, ci-après.

Le premier volume des *Registres consulaires* nous montre une famille de ce nom à Limoges.

Pierre Juge est élu consul en 1509, 1521, 1527, et conseiller en 1512.
Guillaume Juge est élu conseiller en 1512;
Marc Juge, en 1513 et 1519;
François Juge, en 1511 et 1518;
Eymard Juge, en 1522;
Thoumieu Juge, en 1521 et 1535;
Jehan Juge de la Croix-Blanche est élu conseiller en 1534, 1540, 1546;
Jehan Juge, qui épousa N...., Mercier, en 1513, 1518.
Jehan Juge l'aîné est élu conseiller en 1522, et consul en 1524.
Barthélemy Juge est élu conseiller en 1528 et 1542;
Jacques Juge, en 1557.
Marie-Thérèse Juge, de la ville de Limoges, épousa, en 1766, Claude-Joseph Jouhaud de La Bachellerie, paroisse de Saint-Germain-de-Masseré. (*Nobiliaire*, T. II, p. 456.)
Barthélemy Juge, garde de la Monnaie en 1565.
Martial Juge en 1564, mort avant 1572.
Laurent Juge était tuteur des enfants de Martial Juge en 1628.
Martial Juge, en 1578. (Inventaire des titres de la vicairie des Gauthiers.)
N..... Juge Saint-Martin, curé de Saint-Julien-le-Petit, mourut à l'âge de 72 ans, en juillet 1822. (Nécrologie de l'Ordo diocésain.)
I. — N..... Juge de Saint-Martin (peut-être Pierre-Nicolas, qui était fabricien de l'église de Saint-Pierre-du-Queyroix de Limoges en 1767, maire de Limoges en 1756), eut pour fils :

1° Jean-Joseph, prêtre, qui fit partie de la compagnie de Saint-Sulpice, fut nommé chanoine de la cathédrale de Limoges en 1789, était en outre prieur de Miallet, dans le même diocèse. Refusa le serment de la constitution civile du clergé. Il fut arrêté comme suspect, conduit à Rochefort, où on l'embarqua sur le vaisseau les *Deux-Associés*. Il tomba dangereusement malade, et on le transporta dans la chaloupe qui servait d'hôpital, en juillet 1794. Il y mourut, à l'âge de 55 ans, et fut enterré dans l'île d'Aix. Sur son cachet nous avons trouvé pour armes : *d'azur à une main mouvant du flanc senestre, tenant une épée en pal qui supporte le fléau d'une balance à deux bassins probablement d'argent.*

2° Jacques-Joseph, qui suit.

II. — Jacques-Joseph Juge de Saint-Martin, né à Limoges le 16 septembre 1743, nommé conseiller au présidial de Limoges en 1774. Apprès la révolution, fut membre de la Société Linéenne et de la Société Royale et Centrale de la Haute-Vienne, et enfin président honoraire de la Société d'Agriculture de Limoges; mort le 29 janvier 1824. Il a contribué puissamment au développement et au progrès de l'agriculture en Limousin. Il a publié :

1° *Changements survenus dans les mœurs des habitants de Limoges.* — Limoges, Barbou, in 8°, 1817;

2° *Observations météorologiques faites pendant l'hiver de 1789*, etc. — Limoges, Farne, 1790;

3° *Traité de la culture du chêne.* 1 vol., in 8°, 1827;

4° *Notice sur les arbres et arbustes qui croissent naturellement ou qui peuvent être élevés en pleine terre en Limousin*, etc. in 8°. — Limoges, Farne, 1790;

5° *La vie champêtre en vers libres et simples comme elle.* Limoges, in 4°;

6° *Théorie de la pensée.*

M. Alluaud fit son éloge à la Société d'Agriculture le 4 novembre 1825. Il a été imprimé in 8°. — Limoges, Chapoulaud, 1827.

Il eut pour fils : 1° Jean-Aimé, qui suit; 2° Rosine, qui a épousé M. N... Bardy, notaire royal à Limoges.

III. — **Jean-Aimé Juge de Saint-Martin**, né à Limoges le 12 septembre 1791, nommé chevalier de la Légion-d'Honneur le 11 juillet 1837, fut élu maire de Limoges le 21 août 1835. Il a publié :

1° *Discours*;

2° *Rapports à la Société d'Agriculture*;

3° *Lettre aux artilleurs de la garde nationale de Limoges*, 1841.

Il a épousé Mlle Laure Poujard Dulimbert, fille du baron François Dulimbert et d'Anne Goullemaud, dont : 1° Estelle, qui a épousé M. Jules Lacroix, fils de Barthélemy Lacroix, négociant, et de N..... Bardinet; 2° Eugène, qui suit; 2° Lucille, qui a épousé Léopold Duras, fils de N.... Duras et de Lucille Poujard Dulimbert; 3° Léopoldine, qui a épousé M. Alphonse Mallevergne de Lafaye, fils d'Isaac Mallevergede Lafaye, notaire.

IV. — **Eugène Juge Saint-Martin**, qui a épousé Mme Amélie Pétiniaud-Dubost, fille de M. Pétiniaud-Dubost et de Ernestine Laporte, dont : 1° Paul ; 2° Suzanne ; 3° Louise ; 4° Lucille ; 5° Sophie ; 6° Marie, morte au berceau.

JUGEALS (page 468).

De Peyrat de Jugeals, S^{grs} de Jugeals, en Bas-Limousin, de la Bountat, de Veilhan et de Bassignac (Saint-Illide et Saint-Cernin), en Haute-Auvergne. — Famille originaire de la vicomté de Turenne, où l'on découvre les traces de son existence dès l'an 1180. Elle a prouvé sa filiation devant M. de Fortia, intendant d'Auvergne, depuis Pierre de Peyrac, *alias* Payrat, vivant en 1367, et s'est alliée aux maisons de Comborn, de Cellérier, de Pleaux, de la Gorce, de Clermont-Toucheboeuf, de Faucher-Sainte-Fortunade, de Rillac, de Saint-Aulaire, de Prélat, de Saillans, du Bois, de Gironde-Montcléra, de Corn, etc., etc.

Mercure de Peyrat de Jugeals, fils de Jean de Peyrat, l'un des cent gentilshommes de la maison du roi, et de Louise de Saint-Aulaire, devint S^{gr} de la Bountat, de Veilhan, de Bassignac, et en partie de Saint-Christophe, par suite du mariage qu'il contracta, le 18 septembre 1602, avec Louise de Prélat, fille du S^{gr} de la Bountat. De cette union naquirent, entre autres enfants, deux fils, qui formèrent branche :

1° Henri de Peyrat de Jugeals, allié, le 12 juillet 1657, avec Jeanne de Saillans, qui le rendit père de Raymond de Peyrat de Jugeals, maintenu dans sa noblesse en 1666, et qui était marié à Madeleine du Bois, lorsqu'il fit foi-hommage au roi, à cause des terres de la Bountat et de Veilhan, en 1669 et 1699. De ceux-ci naquit Joseph de Peyrat de Jugeals, de Veilhan, dont la postérité n'est plus représentée aujourd'hui que par une fille; Mme Augustine de Peyrat de Veilhan, épouse du général Higonet d'Aurillac. Une sœur de cette dernière avait épousé le marquis de Léotoing d'Anjony;

2° Guy de Peyrat de Jugeals, S^{gr} de Bassignac, résidait à Salers, lorsqu'il fut maintenu noble en 1666, et il avait alors d'Antoinette de Chazettes, sa femme, un fils nommé Jacques. Ce Jacques de Peyrat de Jugeals, S^{gr} de Bassignac et de Faussanges, eut un fils appelé Guy, qui plaidait en 1719, 1735 et 1749, contre son cousin, le sieur de Jugeals de Vailhan, de la Bountat, sur la succession d'autre Guy de Peyrat de Jugeals, doyen des Arcques, leur grand-oncle, décédé en 1689;

3° Autre Guy de Peyrat de Jugeals, doyen des Arcques, décédé, comme nous l'avons dit, en 1689;

4° Louise de Peyrat de Jugeals, mariée, le 26 avril 1665, à M. de Vabres de Castelnau.

Un représentant de cette famille signa l'acte de coalition de la noblesse d'Auvergne en 1791, et trois autres, possessionnés dans le département de la Corrèze, furent portés sur la liste des émigrés en 1792. C'est sans doute un de ces derniers qui fut tué au combat d'Ober-Kamlach, le 13 août 1796.

Armes : *d'azur, à la fasce d'or, accompagnée de trois étoiles d'argent, deux en chef et une en pointe. (Nobiliaire d'Auvergne.)* — *L'Armorial du Périgord*, outre les armes précédentes, dit qu'on trouve quelquefois pour cette famille : *d'azur, au lion d'argent.*

DE LA JUGIE (page 468), porte *d'azur à la fasce d'or.* — Cette famille limousine est originaire du lieu de la Jugie, commune d'Eyren, près de Rozières, canton de Corrèze, arrondissement de Tulle. On remarque encore en ce lieu une vieille tour construite, dit-on, par les cardinaux de cette maison. Son premier auteur connu fut Géraud, dit Geraldon de la Jugie, dont le fils, Jacques de la Jugie, s'allia à Guillemette de Rogier (de Rosiers), et fut anobli, en 1338, par le roi Philippe de Valois, à la sollicitation de Pierre Rogier, son beau-frère, alors garde des sceaux de France, archevêque de Rouen et cardinal, et plus tard pape, sous le nom de Clément VI. Jacques de la Jugie et Guillemette Rogier laissèrent :

1° Guillaume de la Jugie, créé cardinal par son oncle, en 1343. Il accompagna les dépouilles mortelles de ce pape d'Avignon à la Chaise-Dieu, en 1353. Il mourut en 1379.

2° Pierre de la Jugie, successivement archevêque de Sarragosse, en Espagne, de Narbonne, de Rouen, créé cardinal par Grégoire XI, son cousin, en 1375; il mourut, à Pise, le 19 novembre 1376, et son corps fut transporté à Narbonne;

3° Alix de la Jugie, mariée à Astorg de Durfort, chevalier, Sgr de Durfort-Soursac, en Limousin, et de Chalvignac, en Auvergne. Ces époux ne paraissent pas avoir laissé d'enfant, et leur succession passa à la maison de Rogier-Beaufort, avant 1399;

4° Hélise de la Jugie, alliée, vers 1339, avec Guy de Puydeval, Sgr dudit lieu, en Limousin, et dont la descendance suivra;

5° Nicolas de la Jugie, Sgr de diverses terres dans le Midi, reçues en don ou acquises de ses deniers, lequel, se voyant sans postérité, substitua, par testament du 26 mars 1374, aux noms et armes de la Jugie, les enfants de la dame de Puydeval, sa sœur, qui suivront. (*Nobiliaire d'Auvergne.*)

6° Hugues que Nadaud place au quatrième rang, et dont il donne ainsi la biographie :

Hugue de la Jugie, natif du Limousin, fils de Jacques, que le roi Philippe VI anoblit, en 1338, et de Guillemette Roger, sœur du pape Clément VI, frère de Pierre, archevêque de Narbonne, puis cardinal ; était simple clerc et trésorier de l'église de Tours, lorsque Clément VI, son oncle, par bulle du 4 décembre 1349, le fit évêque de Bésiers, à la recommandation du cardinal de Beaufort, depuis pape sous le nom de Grégoire XI, qui devait être son cousin germain. Il demeura longtemps à se faire sacrer.

La première année de son épiscopat, les officiers du roi levèrent la saisie de son temporel, qu'ils avaient mise pendant la vacance, et reconnurent que la régale n'avait point lieu. La même année, il transigea avec les co-seigneurs du château d'Aspiran.

Le 28 septembre 1351, l'archevêque de Narbonne lui écrivit pour l'inviter au Concile qu'il devait tenir à Bésiers, le 7 novembre suivant. Il ne voulut pas se trouver à cette assemblée, parce qu'il prétendait y occuper la première place, et cela pour deux raisons : la première, c'est que l'ordre que les Romains avaient mis pour le rang des villes avait été gardé dans l'église : or la ville de Bésiers était la seconde colonie que ces peuples avaient établie dans la Seconde-Narbonnaise : l'évêque devait donc avoir le pas après cet archevêque. En second lieu, il alléguait l'antiquité de son église, qu'il faisait remonter aux premiers temps. (Mais nous croyons que ce fut plutôt parce qu'il n'était pas encore sacré et qu'il était absent, car il n'est pas certain qu'il fût alors dans cette ville, quoiqu'on ait avancé le contraire sur de prétendus mémoires de l'église de Bésiers, qu'on se contente de citer en général.) Mais, les autres suffragants ne voulant écouter aucune de ses raisons, notre prélat ne parut point dans le concile; il ne sortit pourtant pas de Bésiers, de peur que cela ne préjudiciât à ses droits. (Baluze, *Concil. Gall. Narbon.*, N° 94 et seq.)

Il fit une transaction avec ses chanoines pour les dîmes en 1352.

Il indiqua la visite dans l'abbaye de Sainte-Afrodise le 11 septembre 1352.

Il ne fit son entrée solennelle à Bésiers qu'en 1354 (ou 1356); son frère, l'archevêque de Narbonne, l'accompagnait avec pompe et appareil. Il entra par la porte du Pont, et promit par serment, aux consuls, de ne rien innover contre les priviléges de cette ville.

En 1357, il confirma, avec le sénéchal de Carcassonne, l'élection qu'avaient faite les habitants de Bésiers d'un commandant, si les Anglais venaient une seconde fois assiéger la ville.

Il donna, en 1358, 2,000 deniers d'or pour le rachat du roi Jean.

Il leva des troupes, en 1363, pour chasser quelques brigands d'un château dont ils s'étaient emparé; il en fournit d'autres, en 1365, à Louis, duc d'Anjou, pour le siége de Tarascon.

En 1367, il permit aux juifs de Bésiers d'avoir une école, une synagogue et un cimetière.

L'année suivante, il fut présent lorsqu'on apporta, d'Italie à Toulouse, le corps de saint Thomas d'Aquin, et qu'il fut mis dans la chapelle Del Ferretra, le 28 janvier 1368. Au mois d'avril, il fonda une vicairie dans sa cathédrale. Par les lettres de Pierre, archevêque et primat de Narbonne, datées du 28 du même mois, il est appelé le doyen des évêques de la province, et convoqué au concile qui devait être tenu à Lavour, le 27 mai 1368. Comme il était absent, son grand vicaire fit passer la lettre à tous les abbés du diocèse, le 9 mai; le prélat se trouva cependant au concile le jour marqué.

La même année, 31 juillet, il renouvela et confirma, dans le chapitre, les anciens statuts synodaux de ses prédécesseurs. Comme il était malade, il fut représenté par le grand-chantre de sa cathédrale.

Il tint son synode de Pâques le 17 avril 1369, et y fit plusieurs ordonnances pour le prochain synode de Saint-Luc, et statua plusieurs choses dans cette assemblée, tenue le 16 octobre, et dans celle qu'il tint l'année suivante.

Grégoire XI, pour le favoriser, unit à son siége une autre église. Ce pape, par bulle du 27 juin, la 1re année de son pontificat, c'est-à-dire en 1371, le transféra à l'évêché de Carcassonne. Notre prélat partit alors pour Avignon pour aller le remercier, et il mourut dans cette ville le 13 juillet suivant.

L'archevêque de Rouen, son frère, et son exécuteur testamentaire, fonda pour lui un *obit* général dans l'église de Béziers, l'an 1375, temps auquel son corps fut apporté à Béziers et inhumé dans la chapelle de Saint-Eloi, de l'église cathédrale.

Andoque et MM. de Sainte-Marthe le font trouver à un concile tenu à Béziers, en 1370, sous Gilles, archevêque de Narbonne ; mais ce prélat était mort depuis 52 ans, et l'on ne trouve aucune part de vestiges de cette assemblée. (NADAUD, Mél. msc. T. I, page 21.)

Guillaume de Puydeval, appelé à recueillir la substitution de Nicolas de la Jugie, testa le 9 janvier 1381, désigna son fils aîné, Jean, pour son héritier principal, à charge de porter le nom et les armes de la Jugie, et il donna à Aymar, son puîné, la seigneurie de Puydeval avec ses dépendances. Ces deux frères formèrent chacun une branche, et, parmi les descendants de Jean de la Jugie de Puydeval, on remarque François de la Jugie de Puydeval, comte de Rieux, en Languedoc, capitaine de cinquante hommes d'armes des ordonnances, gouverneur de Narbonne, conseiller d'Etat, fait chevalier de l'ordre du Saint-Esprit, le 31 décembre 1585. Quoique bon catholique, il épargna les protestants de Narbonne, combattit en qualité de maréchal de champ à la bataille d'Arques et à l'attaque des faubourgs de Paris, en 1589, et retourna ensuite en Languedoc, où il battit les ligueurs en différentes rencontres. Il eut un fils nommé François, qui fut conseiller du roi en ses conseils d'État et privé, baron de Féral et de la Livinière, lequel épousa Marguerite de Narbonne, de la maison de Fimarcon. De ce mariage vint une fille : Marguerite de la Jugie de Puydeval, héritière de sa maison, qui épousa, le 11 juin 1640, François des Monstiers, comte de Mérinville, reçu chevalier du Saint-Esprit en 1653.

La seconde branche, celle des seigneurs de Puydeval, comptait aussi de recommandables services. Denis de Puydeval, petit-fils d'Aymar, fut décoré de l'ordre de Saint-Michel, et il périt à la bataille de Pavie, avec son fils aîné, le 24 février 1525. Geraud de Puydeval, son fils puîné, lui succéda ; il épousa, le 2 mai 1531, Françoise de Noailles, qui le rendit père de plusieurs enfants mâles, morts sans postérité, et d'une fille nommée Françoise de Puydeval, alliée, le 18 juin 1559, avec Rigaud de Saint-Martial, baron de Conros et d'Aurillac, chevalier de l'ordre du roi, bailli royal des montagnes d'Auvergne, lequel testa le 10 et 11 juillet 1576. Sa veuve vivait encore en juin 1591. (*Nobiliaire d'Auvergne.*)

Note isolée.

Gabrielle de la Jugie épousa Raymond de Voisins, Sgr de Pézens et de Moussoulens, dont le fils, Bernard, épousa, le 28 juin 1492, Marguerite de Villespassans. (LAINÉ, Généal. Le Faure de Villespassans.)

JUGLARD (page 468). — Nous trouvons dans le procès-verbal de l'assemblée du ban et de l'arrière-ban de l'Angoumois, en 1635, François Jullard, écuyer, sieur de La Chaslerye. La Chalerie est commune de Saint-Cybard-le-Peyrat, canton de La Vallette (Charente). Mais il faut probablement lire Juglard, famille représentée en Angoumois, et qui porte : *d'argent, fascé de gueules, chargé d'une croix ancrée de sable et deux lions passants de gueules, un en chef, un en pointe.*

Juglard, sieur de la Salle, paroisse de Biossac, élection d'Angoulême, porte : *d'azur, fascé de gueules, chargée d'une croix ancrée de sable, et deux lions passants de gueules, un en chef, un en pointe.* (*Maintenue de la noblesse*, par d'Aguesseau.)

DE JUILLAC (page 469). — Joseph-Henri de Picquet de Vignolles, comte de Juillac, né au château de Puydeau, près Rochechouart, en 1801, colonel du 4ᵉ régiment de lanciers, en 1855, chevalier de la Légion-d'Honneur (*Haute-Vienne, militaire*), général en 1870.

Les documents nous manquent pour établir une généalogie.

La seigneurie de Juillac, située au bourg de Juillac (Corrèze), a eu de longue date un château, et a été longtemps la propriété de la famille de Beaufort de Turenne. Un cardinal de Beaufort, dont les armes existent encore sur des portes, a restauré ce château, qui, dans plusieurs actes, est désigné sous le nom de château de Beaufort. La terre de Juillac est ensuite passée dans la famille des Cars, qui possédait beaucoup de seigneuries en Bas-Limousin.

Juillac et Ségur furent achetés par des membres de cette famille au roi de Navarre, en 1582. Ces deux terres ont été acquises, le 14 août 1643, par M. le marquis d'Hautefort, et depuis vendues par un membre de sa famille.

Vignols, paroisse de Juillac, dépendait de l'évêché de Limoges.

Les Piquets, près Juillac, propriété actuelle de M. le vicomte de Saint-Pardoux, du chef de sa femme, a appartenu à la famille de Lacroix, alliée aux des Cars, aux Sahuguets, aux Montfreboeuf.

Il y a aussi dans la Corrèze une autre terre de Juillac, près de Beaulieu; elle est depuis très-longtemps la propriété de la famille de Lavergne.

DE SAINT-JULIEN (page 470), barons de Saint-Julien, seigneurs de Beauregard, de la Rochette, de Saint-Marc, de la Geneste, de la Chassaigne, de la Courtine, de Flayat, de Peyrudette, etc., en Limousin et dans la Marche. Cette maison, qui remonte à Amélius, fils puîné d'Amélius II, prince de Combrailles, vers 1066 (Amélius II descend lui-même des anciens sires de Bourbon), tire son nom de la baronnie de Saint-Julien, dans le comté de la Marche, où se trouvait l'abbaye de Bonlieu. Les Sgrs de Saint-Julien firent de grands biens à ce monastère, dans les XIIᵉ et XIIIᵉ siècles. Ils y avaient même leur sépulture. Bonlieu n'était en principe qu'un prieuré, érigé en abbaye. Pierre de Saint-Julien en fut le premier abbé vers 1121. Il vécut jusqu'en 1155 (*Gallia christiana*). Albert, baron de Saint-Julien, vivait en 1184 et 1203 avec Allard, Hélie et Jean, ses frères. Guillaume Iᵉʳ, baron de Saint-Julien, damoiseau, en 1250, avait pour grand-oncle Alard, dont nous venons de parler. Il donna, en 1250, quinze setiers de seigle de rente à l'abbaye de Bonlieu, pour le repos des ames de ses père et mère. Il laissa : 1º Guillaume II, chevalier, baron de Saint-Julien, qui servait dans les armées du roi Philippe-le-Bel, qui envahit la Flandre, en 1299. Le 18 janvier de cette année, il donna quittance de ses appointements militaires, à Bruges, et scella cet acte de son sceau, représentant *un écu semé de billettes avec un lion*, armes avec lesquelles ses descendants, établis dans la Marche, le Berri et le Poitou, ont été maintenus dans leur noblesse; 2º Pierre de Saint-Julien, qui transigea, en 1278, à Lubersac, avec les Chartreux de Glandiers, en présence d'Etienne de Lubersac, clerc de Guillaume II, fut père de : 1º Hélie ; 2º Gabriel *alias* Gautier, chevalier, mort en 1337; 3º Aymeric, Sgr de la châtellenie de Puy-Merle, dont la fille Galienne épousa, vers 1344, le chevalier Bernard de Lubersac. (*Généalo-*

gie de Gironde, tome X, de Courcelles.) On trouve dans dom Col. (*Biblioth. royale*, tome V, page 456) Raymard de Saint-Julien, *Dominus castri de Podio Merulo, parrochidæ de Belhaco;* puis Aimeric de Saint-Julien, qui vend plusieurs rentes à l'abbaye de Boulieu.

I. — Renier Ier de Saint-Julien, baron de Saint-Julien, en 1380, laissa : 1° Louis, qui suit; 2° Hélion, auteur d'une branche rapportée ci-après.

II. — Louis de Saint-Julien, baron de Saint-Julien, épousa Jacquette de Saint-Marc, dont :

III. — Renier II de Saint-Julien, baron de Saint-Julien, époux de Dauphine de Peyrusse, de laquelle il eut : 1° Louis, auteur d'une branche éteinte ; 2° Bertrand, qui suit.

IV. — Bertrand de Saint-Julien, baron de Saint-Julien, en 1460, épousa Gabrielle Coustave, fille de Robert, Sgr de Bienassis, près Clermont-Ferrand. De ce mariage : 1° Louis, Sgr d'Aulteyrat, des Escurettes, de la Chassaigne et de Saint-Marc, marié à Françoise de la Roche, veuve de Jean de Saint-Aignant, Sgr de Saint-Aignant et de la Gastine. Il eut quatre enfants, qui eurent pour tuteur Antoine de Bosredon, baron d'Herment. Louis de Saint-Julien se remaria, le 28 avril 1534, à Blanche de Chaslus-le-Boyer, veuve de Jean de Neuville, Sgr de la Rochette, dont : *A.* Jean, Sgr des Escurettes, homme d'armes, en 1570 ; *B.* Mathurin, chanoine du chapitre de N.-D. d'Herment, en 1556, prieur de Saint-Georges, puis chantre d'Herment, en 1580; il résigna son canonicat, en 1583; *C.* Aubert, reçu chevalier de Malte, en 1555; 2° François, qui suit.

V. — François Ier de Saint-Julien, vivant en 1513, épousa Marguerite de Bedus, qui le rendit père de :

VI. — Dordet de Saint-Julien, marié, le 9 avril 1522, à Marguerite d'Aubusson, fille de Jacques, baron de la Borne, dont : 1° Pierre, Sgr de la Chassaigne, marié à Louise de la Chassaigne. De ce mariage : *A.* Gaspard, époux de Françoise de Saint-Julien, dont : *a a*, Anne, mariée à Philibert de la Roche-Aymon de Saint-Maixent ; 2° Mathurin, qui suit ; 3° Jeanne, mariée, en 1547, à Jean de Besse de la Richardie.

VII. — Mathurin de Saint-Julien, Sgr de la Geneste, épousa, le 10 février 1563, Gabrielle de la Chassaigne, fille de Michel, Sgr de la Geneste, et de Marguerite de Jonat. Il fut tué à la bataille de Saint-Denis, proche le connétable de Montmorency, dont il était très-aimé. Il laissa : 1° Michel, Sgr de la Geneste, marié : 1° à N..... de Langeac, dame de la Courtine; 2° à Anne de Thélis. Du second lit : *A.* Gilbert, Sgr de la Geneste et de la Courtine ; *B.* Jean; *C.* François ; 2° Jean, qui suit.

VIII. — Jean de Saint-Julien, Sgr de Flayat, épousa, le 24 octobre 1590, Louise de Lestrange, fille de François, Sgr de Magnac, et veuve de Jean de Malleret, Sgr de Flayat, qui l'avait instituée son héritière. Il eut : 1° François, qui suit ; 2° Michel, reçu chevalier de Malte, le 18 décembre 1620; 3° René, Sgr de Fournoux, marié, le 5 mars 1639, à Marguerite de la Tour, dont la fille Antoinette épousa, le 8 novembre 1667, Jean-Marie-Pierre de Saint-Julien, Sgr de Peyrudette ; 4° Gabriel, qui laissa : *A.* Jacqueline, mariée, en 1646, à Charles Filias, Sgr de Chaludet; *B.* Jeanne, mariée, en 1646; à Louis Filias, co-seigneur de Chaludet.

IX. — François II de Saint-Julien, chevalier, Sgr de Flayat, épousa, le 13 août 1637, Catherine de la Borde, dont : 1° Michel, qui suit ; 2° François, greffier de Flayat, marié vers 1660, à Françoise de Landouze ; il mourut le 31 juillet 1701 ;

laissant : *A.* André, co-seigneur de Flayat, marié en 1717; *B.* Joseph, curé de Saint-Aignant, en 1740; *C.* Anne, mariée à Alexandre Lenoble, greffier de Flayat; 3° Antoinette, mariée, le 27 mai 1668, à Hubert de Bosredon, Sgr de Combrailles.

X. — Michel de Saint-Julien, baron de Flayat, Sgr de Soubrevèze, de Bagillex, de Villevergne, etc., marié, le 26 février 1669, à Blasie Chrestien, fille de Claude, chevalier, Sgr de Blauzac, gentilhomme ordinaire de la chambre de Monsieur, frère du roi, et de Marguerite Aleaume, dont : 1° Antoine, qui suit; 2° Marguerite, mariée à Joseph de la Tour-d'Auvergne, chevalier, Sgr d'Eysidiou, fils de Jean, chevalier, Sgr d'Eysidiou, et de Marie de la Rigandie.

XI. — Antoine de Saint-Julien, comte de Flayat, Sgr de la Rivière, épousa, le 27 décembre 1704, Marguerite Belin, fille de noble Jean, Sgr de la Villefranche, et de Marguerite des Filets, dont : 1° [N....., chevalier de Saint-Louis, en 1762; 2° Marguerite, dame de Flayat, mariée, le 20 février 1732, à Guy d'Ussel, baron de Châteauvert; 3° Anne, religieuse dans le monastère de Saint-Genès-les-Monges, en 1725 et 1770.

Seconde branche (éteinte).

II. — Hélion de Saint-Julien, second fils de Renier, vivait en 1412. Il laissa :

III. — Urbain de Saint-Julien, Sgr du Breuil, marié à Gabrielle Bellaty, dame de Chesole, dont :

IV. — Jean de Saint-Julien, marié, en 1480, à Marie de Saint-Avit, dont : 1° Jacques, Sgr de la Chesote, époux d'Anne de Soubmaigne, dont : *A.* Guillaume, marié à Suzanne de Serre. De ce mariage : *a, a,* François, Sgr de la Chesote, époux : 1° de Charlotte de Saint-Julien; 2° de Gabrielle du Prat. Ses enfants furent : Charles et Georges, Sgr de Puy-Ferat, époux de N..... de Châtillon. Ils vivaient en 1690 ; 2° Louis, qui suit.

V. — Louis de Saint-Julien, Sgr de Peyrudette, épousa, en 1498, Marguerite de la Roche-Aymon, fille de Louis. De ce mariage : 1° François, Sgr de Peyrudette, époux de Louise de la Palu, dont : *A.* Jean, Sgr de Peyrudette, marié à Jacquette de la Roche-Aymon. Son fils, François, Sgr de Farges, épousa Gabrielle du Maine. Ceux-ci laissèrent : Jean-Marie-Pierre, Sgr de Peyrudette, marié, en 1667, à Antoinette de Saint-Julien ; 2° Jean, reçu chevalier de Malte, le 20 juin 1572, commandeur de Bourges; 3° René ; 4° Louis, religieux ; 5° Antoine, écuyer, Sgr de Peyrudette, marié à Marguerite Brachet, fille du Sgr du Maslaurent, dans la Marche. De ce mariage : *A.* Jeanne, mariée, le 23 mai 1574, à François de Bosredon, écuyer, Sgr de la Breuille; *B.* Françoise, mariée, le 19 mars 1563, à François de Chaslus, écuyer, Sgr Vialleveloux; *C.* Jeanne, mariée, en 1583, à François de Neuville, écuyer, Sgr de l'Arboulerie; *D.* René, tonsuré en 1572, prieur de Darnet, en 1579; 6° Sébastien, reçu chevalier de Malte, le 28 août 1578; 7° Foucaud, tué au siége de Vic-le-Comte, en Auvergne, lors des guerres religieuses.

Armes : *de sable au lion grimpant d'or, lampassé, armé de gueules ; l'écu semé de billettes de même.*

Sources : La Thaumassière, *Hist. du Berry.* — Dom Col., *Noms féodaux.* — *Généalogie de la maison de Saint-Julien,* imprimée, en 1750 environ, dans un vol. in-4° oblong. — A. Tardieu, *Hist. généal. de la maison de Bosredon,* p. 368. — *Généalogie de Lubersac.*

JULLARD, voir JUGLARD, page 60.

JUMILHAC (La Chapelle de) (voir tome I*', pages 428 et 569, et tome II, page 473) Sgrs de Jumilhac, de Montagne, de Combarat, etc. Cette famille remonte à Antoine Chapelle, maître des forges, qui, ayant prêté au roi Henri IV une somme considérable pour l'aider à reconquérir sa couronne, fut plus tard anobli par ce prince, par lettres-patentes du mois de décembre 1597. *De sinople, à une chapelle d'or*. Les descendants d'Antoine Chapelle ont recueilli de nos jours, par substitution, les biens, noms, armes et dignités du dernier duc de Richelieu (Armand-Emmanuel-Sophie-Septimanie de Vignerot du Plessis), décédé le 18 mai 1822 (LAINÉ, *Nobiliaire du Limousin*, VIII).

Branche des seigneurs d'Arfeuilles.

La terre d'Arfeuilles ou Orfeuilles, paroisse de Champnétery (canton de Saint-Léonard, Haute-Vienne), passa de la maison du Verdier dans celle de Jumilhac en 1626. C'était une baronnie le 10 décembre 1549.

I. — Antoine de Jumilhac (tome I, page 428) épousa : 1° Catherine Baillot; 2° Marguerite de Vars, dont : 1° Jacques, qui suit; 2° Antoine, baron de Courbefy (1).

II. — Jacques de Jumilhac (tome I, page 429) épousa Madeleine de Douhet, dont : 1° François, qui suit; 2° Philippe, sieur de Montégu, qui donna 5,000 livres pour la fondation du Refuge à Limoges; 3° Marguerite, comtesse de Saint-Priest-Taurion, légua 6,000 livres pour la même fondation (P. LAFOREST, *Limoges au xviie siècle*, page 480); 4° N....., religieuse à Notre-Dame-de-la-Règle (BONAVENTURE. T. III, p. 865).

III. — François de Jumilhac (tome I, page 429, et tome II, page 474) eut pour enfants : 1° Jean, qui suit; 2° Marie; 3° Guillaume de Jumilhac, Sgr de la Coste, héritier de sa mère Marie d'Affis (Papiers de M. Masbaret); 4° Anne, dont voici la constitution dotale, lorsqu'elle entra à Notre-Dame-de-la-Règle : « François, marquis de Jumilhac, baron d'Arfeuille, Saint-Jean et autres places, et dame Marie d'Affix, son épouse, s'engagent à constituer, pour la dotation religieuse de leur fille Anne de Jumilhac, une somme de deux mille sept cents livres, avec les habits, ameublement de noviciat et de profession accoutumés, et la somme de cent livres pour la pension de l'an de noviciat. L'abbesse, Jeanne de Verthamond, accepte, etc. Témoin, maistre Chaptard, prêtre et aumônier. Le 22 avril 1663, Yrieix Teytut, advocat ».

IV. — Jean de Jumilhac. (Tome I, page 429, et tome II, page 474.)

V. — Pierre-Joseph de Jumilhac. (Tome I, page 430, et tome II, page 474.)

VI. — Pierre-Marie Chapelle (tome I, page 430, et tome II, page 474), comte de Jumilhac, lieutenant général des armées du roi, inspecteur général des troupes commandeur de l'ordre royal et militaire de Saint-Louis, baron de la baronnie d'Arfeuille, vota à l'Assemblée générale de la noblesse dans la sénéchaussée de Limoges en 1789.

___

(1) Courbefy, ancienne paroisse réunie à Saint-Nicolas, canton de Chalus, Haute-Vienne.

Notes isolées.

Henri de Jumilhac, écuyer, Sᵍʳ du Buis, paroisse de Saint-Symphorien (canton de Nantiat, Haute-Vienne), y épousa, le 6 mars 1690, Dˡˡᵉ Françoise d'Arfeuille, veuve de Guillaume de Roffignac, écuyer, sieur de Fursac. Elle mourut la même année, à l'âge de 40 ans, et fut enterrée le 29 septembre dans l'église de Saint-Symphorien. (Registres paroissiaux.) Henri vivait encore en 1699; il fut alors parrain, à Nantiat, de Henri Igonin; dans l'acte, il est dit sieur du Buis, paroisse de la Roche-Canillac. (Généal. Igonin.)

Louis-Jean-Baptiste-Chapelle de Jumilhac (tome I, page 431, et tome II, page 474), chevalier, Sᵍʳ de Saint-Jean-Ligoure, Courbefy et Pomaret, ancien capitaine de la gendarmerie de France, colonel de cavalerie, chevalier de l'ordre royal et militaire de Saint-Louis, faisait partie de l'Assemblée générale de la noblesse pour la sénéchaussée de Limoges en 1789.

SAINT-JUNIEN. — Chef-lieu de canton de l'arrondissement de Rochechouart (Haute-Vienne).

L'armorial général de d'Hozier donne ainsi les armes de cette ville : *D'azur, au lion d'or couronné et lampassé de gueules.*

La communauté des religieuses de Notre-Dame de Saint-Junien, d'après le même auteur, portait : *D'azur, aux lettres M. A. entrelacées d'or, surmontées d'une croisette et accompagnées en pointe d'un bouquet de trois fleurs de même.*

D'Hozier attribue aux deux corporations suivantes de la ville de Saint-Junien, les armes ci-après :

Communauté des médecins et apothicaires à Saint-Junien : *D'azur, à deux caducées d'argent, passés en sautoir, et un soleil d'or bronchant en cœur sur le tout.*

Communauté des gantiers à Saint-Junien : *D'azur, à un gant d'or en pal et renversé, soutenu d'une paire de ciseaux ouverts d'argent.*

DE JUSSAS ou DE JUSSAC (page 475).

Claude de Jussas, seigneur, baron d'Ambleville, était convoqué pour le ban et l'arrière-ban de l'Angoumois en 1635. Il était frère aîné de François de Jussac d'Ambleville, célèbre sous le nom de Saint-Preuil, qui fit prisonnier le duc de Montmorency, à Castelnaudary, et fut décapité à Amiens, en 1641, dans sa 40ᵉ année. Il était fils de François de Jussac, baron d'Ambleville, lieutenant général au gouvernement de Saintonge et d'Angoumois, gouverneur de Cognac, chevalier de l'ordre du roi, etc., et d'Isabelle de Bourdeille. Claude était, en 1655, gouverneur de la tour du Hâvre.

Ambleville est un chef-lieu de commune du canton de Segonzac (Charente).

Cette famille, qui est originaire du Berry, porte : *D'argent, à 4 fasces ondées de gueules, au lambel de même de cinq pendants.* (Documents publiés par M. Th. de M. A.)

DE JUYÉ (page 136, 475).

On a cependant un ancien cachet de Juyé où l'écu est : *De sable, à une montjoie d'or.* (Lainé, *Nobiliaire du Limousin.*)

LISTE

Des Gentilshommes de la généralité de Limoges qui ont fait preuve de noblesse en 1666.

(Les noms de ceux qui ont fait leurs preuves devant un autre intendant que d'Aguesseau sont suivis du nom de cet intendant (1).)

DABBADIE, sieur de Châteaurenaud, élection d'Angoulême.
DABZAT, sieur de Mayac et autres lieux, paroisses de Migré et Saint-Quentin, élections de Saint-Jean-d'Angély et d'Angoulême.
DAGES (Eléonor), sieur de....., paroisse de Tugéras, élection de Saintes, maintenu par M. Pellot.
DAITZ, sieur de Gautres, paroisse de Frontenay, élection de Saint-Jean-d'Angély.
DAIX DE MEMY (Jean), sieur de la Roche-Hélie, élection de Saint-Jean-d'Angély, maintenu par M. Barentin.
DAIX DE MEMY (Isaac), sieur de Langues, élection de Saint-Jean-d'Angély, maintenu par M. Barentin.
DAIX (Suzanne), veuve de Michel Daix de Memy, sieur de La Guillotière, élection de Saint-Jean-d'Angély, maintenu par M. Barentin.
DALMAIS, sieur des Farges, paroisse de Lognac, élection de Brive.
DANCHE, sieur de Besse, paroisse de Nanteuil, élection d'Angoulême.
DANGLARD, demeurant à Saint-Yrieix, élection de Limoges.
DANTHON, sieur du Bourg-Saint-Pierre, paroisse de Saint-Léger, élection d'Angoulême.
DARACQUI (Jacques), sieur de Senerolles, demeurant à Cornil, élection de Tulle, maintenu par M. Pellot.
DARGENCE, sieur des Ruisseaux, paroisse d'Adrier, élection de Limoges.
DASSIER, sieur des Brosses, paroisse de Saint-Maurice-des-Lions, élection d'Angoulême.
DAVID, sieur de Ventoux, paroisse de Rilhac-Lastours, élection de Limoges.
DAULVIX, sieur de la Bouroüille, paroisse de Saint-Palays, élection de Saintes.

---

(1) Dans son manuscrit, Nadaud ayant noté, d'après des Coutures, par deux signes dont celui-ci donne l'explication, les gentilshommes dont les preuves furent trouvées suffisantes ou non en 1598, dans ma copie j'ai traduit ces signes. Nadaud marque aussi très-exactement par l'emploi d'encre rouge ce qu'il a copié de des Coutures, et par conséquent il indique ainsi les familles qui ont fait preuve de noblesse en 1666. Il était important de distinguer aussi ces familles; *c'est même justice* pour celles d'entre elles dont il a été dit que, en 1598, leurs preuves n'avaient pas paru suffisantes. La présente liste réparera mon oubli, et donnera satisfaction aux justes susceptibilités qu'il aurait pu éveiller.

DAUPHIN, sieur de la Faurie, paroisse de Flavignac, élection d'Angoulême.

DAUPHIN, sieur de La Cadouë, paroisse de....., élection d'Angoulême.

DEAUX (Balthazar), sieur du Chambon, paroisse de Bersac, élection de Limoges.

DESCARS, sieur du Fialeys, paroisse de Saint-Ybard, élection de Limoges.

DESCHAMPS. — *Voyez* CHAMPS (DES).

DESCOUX, sieur du Chastenet, paroisse de Lubersac, élection de Limoges.

DESECHIZADOUR, sieur dudit lieu, paroisse de Saint-Méard, élection de Limoges.

DESECHIZADOUR, sieur de Bette, paroisse de Jussat, élection de Limoges.

DESCOURCILLES, sieur de la Salle et de la Dommetrie, paroisses de Donzenac et Saint-Robert, élection de Brive.

DESCURAS, sieur de Rabion, demeurant à Angoulême.

DESMIER, sieur d'Olbreuse, paroisse de Dusseau, élection de Saint-Jean-d'Angély.

DESMIER, sieur de La Vaure, paroisse de Chillac, élection de Saintes.

DESMIER (Nicolas), sieur de Beauregard, paroisse de Rostan, élection de Saintes.

DESPRES, sieur de Fredière, paroisse de Paisainondoiré, élection d'Angoulême.

DESTANG, sieur de Saint-Hipoly, paroisse de Saint-Hipoly, élection de Tulle.

DESTRESSES, sieur dudit lieu, paroisse d'Astillac, élection de Brive.

DESVAL (Jean), sieur du Breuil, paroisse de Saint-Julien, élection de Tulle, maintenu par M. de Fortin.

DEVEZEAU, sieur de Chasseneuil, paroisse de Chasseneuil, élection d'Angoulême.

DEXMIER, sieur de Doumezat, paroisse de Saint-Gourson, élection d'Angoulême.

DISAN (Jacques), sieur du Pin, élection de Saintes.

DOIGT (Jean DE), sieur Destrems, paroisse de Saint-Julien, élection de Tulle, maintenu par M. Fortin.

DONNET, sieur de Lambertie, paroisse d'Arnac, élection de Brive.

DREUILLE, sieur de Puicheny, paroisse de Saint-Romain, élection d'Angoulême.

DUBOIS, sieur dudit lieu, paroisse de Ladignac, élection de Limoges.

DUBOIS, sieur de Margeride, élection de Tulle.

DUBOIS, sieur de La Motte, paroisse de Geminaux, élection de Saintes.

DUCLOU. — *Voyez* CLOU (DU), tome I, page 631, où il faut lire sieur de Fianas, paroisse de Nantiat, habitait Rancon.

DUHAMEL. — *Voyez* HAMEL (DU).

DUJON, sieur du Souloir, paroisse de Saint-Just, élection de Saintes.

DUMONT, sieur de Lagerideau, paroisse de Razès, élection de Limoges.

DUPIN, sieur de Masjoubert, élection d'Angoulême.

DUPIN (Jean), sieur de Lascoux, paroisse de Nouic, élection de Limoges.

DURAND DE LAUDONNE (Jean), sieur de Cheraniac, paroisse de Conjours, élection de Brive, maintenu par M. Pellot.

DUJAULT, sieur de La Mirande, paroisse de Arthenac, élection de Saintes.
DUMAS, sieur de Neuville, élection de Brive.
DUPONT, sieur de La Garde, paroisse de Sévignat, élection de Saintes.
DURIEU, sieur de Foubuffeau, paroisse de Saint-Léger-Magnazeix, élection de Limoges.
ECHAVILLARD, sieur de Genouillé, paroisse de Saint-Martin, élection d'Angoulême.
ESCORAILLES, *alias* SCORAIL (Rigard DE), paroisse de Mazierre, élection de Tulle.
ESTÈVES, sieur de Langon, paroisse de Peyrissac, élection de Saintes.
ESTOURNEAU, sieur du Ris, paroisse de Oradour-Saint-Genest, élection de Limoges.
EYMERIC (François), sieur du Chastenet, paroisse de Ladignac, élection de Limoges.
FALIGON, sieur de Gaignière, paroisse de Saint-Simeux, élection d'Angoulême.
FAUBERT, sieur de Oyes, paroisse de Paisainoudoin, élection d'Angoulême.
FAUCHER (Aluin), sieur de Boisseguin, paroisse de Neuille, élection de Saintes.
FAUCON, sieur des Lezes, paroisse de Nantiat, élection de Limoges.
FAUCON, sieur de Courprerie, paroisse de Saint-Georges, élection de Saintes.
FAUCON, sieur de Mayac, paroisse de Perpezac-le-Blanc, élection de Brive.
FAULCON (François), sieur de Saint-Pardoux, paroisse de Saint-Pardoux-Rancon, élection de Limoges.
FAURE, sieur de Courjac, demeurant à Angoulême.
FAURIE (GUY DE LA), sieur de Chamboulive, paroisse de Chamboulive, élection de Tulle.
FAUVEAU, sieur de Saint-Sébastien, paroisse de Saint-Sulpice-Laurière, élection de Limoges.
FAUX (LA), sieur de Chabrignat, paroisse de Preignac, élection de Saint-Jean-d'Angély.
FAYE (LA), sieur d'Ambeyras, paroisse de Jussac, élection de Saintes.
FAYE (LA), sieur de Saint-Genis, paroisse de Saint-Genis, élection de Brive.
FAYOLLE (François), sieur de Bressac, paroisse de Sainte-Ferréole, élection de Brive, maintenu par M. Pellot.
FELINES, sieur de La Renaudie, paroisse de Ussac, élection de Brive.
FERRAND, sieur des Roches, demeurant à Angoulême.
FERRÉ, sieur de Peruge, paroisse du Menot, élection d'Angoulême.
FERRÉ, sieur de La Lande, paroisse de Leyter, élection de Limoges.
FERRET, sieur de Lafon, paroisse de Grassac, élection d'Angoulême.
FERRIÈRES, sieur de Sauvebœuf, paroisse de Saint-Paul, élection de Limoges.
FERRIÈRES, sieur de Fargues, paroisse de Saint-Martial, élection de Saintes.
FEUILLADE, sieur dudit lieu, paroisse de Perpezac, élection de Brive.

FEYDEAU, sieur de Romazière, paroisse de Romazière, élection d'Angoulême.
FEYRE (Alexandre), sieur de ...., élection de Saintes.
FIEF (SAINT-), sieur de Saint-Paul, paroisse de Janaillac, élection de Limoges.
FILLEUIL, sieur de La Mottemeursat, paroisse de Meursat, élection de Saintes.
FILLOLLIE (LA), sieur de La Raymondie, paroisse d'Azinierres, élection de Brive.
FLAMBARD, sieur de l'Isle-Marie, paroisse de Vibrac, élection de Saintes.
FLAURENT, sieur de Lugerac, paroisse de Montignac-Charente, élection de Cognac.
FONDANT, sieur de Forges, paroisse de Bersac, élection de Limoges.
FONTANGES, sieur de Chambon, paroisse de Neuvic, élection de Tulle.
FORESTIER (LE), sieur de Boudovaire, paroisse de Saint-Céré, élection de Saintes.
FORESTIE (LA), sieur dudit lieu, élection de Brive.
FORGES (DES), sieur du Chatelard demeurant à Angoulême.
FOUGUES, sieur de La Rocheandry, paroisse d'Asnières, élection d'Angoulême.
FORNEL, sieur de La Cour, paroisse de Minsat, élection d'Angoulême.
FOURNOUX, sieur de Guilloujard, paroisse de Guilloujard, élection d'Angoulême.
FRAISSEYX, sieur de La Blanchardie, paroisse de Vic, élection de Limoges.
FRAISSEYX, sieur de La Perrière, paroisse de La Porcherie, élection de Limoges.
FRANCFORT, sieur de La Vergne, paroisse de Solignones, élection de Saintes.
FRETARD, sieur de Gadeville, paroisse de Brie, élection d'Angoulême.
FROTTIER, sieur de Villars, paroisse de La Rochette, élection d'Angoulême.
FUMÉE, sieur de Villognon, paroisse de Villognon, élection d'Angoulême.
GADOUIN, sieur de Crateloup, paroisse de La Vergne, élection de Saint-Jean-d'Angély.
GAILLARD, sieur de Saint-Disant, élection de Saintes.
GAIN, sieur de Linards, paroisse de Linards, élection de Limoges.
GALLET, sieur de Tezac, paroisse de Tezac, élection de Saintes.
GALLIOT, sieur de Mayac, paroisse de Rignat, élection de Saintes.
GANDILLAUD, sieur de Saint-Aignan, demeurant à Angoulême.
GARDE (LA), sieur de Nanteuil, paroisse de Sers, élection d'Angoulême.
GARREAU (DU), sieur de Puydebette, paroisse de Saint-Yrieix, élection de Limoges.
GASQUET-PARAMELLE (Pierre), sieur de Brach, paroisse d'Autillac, élection de Tulle, maintenu par M. Pellot.
GASTINE (LA), sieur des Lizières, paroisse de Salaignat, élection de Limoges.
GAUBERT, sieur du Poirier, paroisse de Verteuil, élection d'Angoulême.
GAUDIN, sieur du Cluzeau, paroisse de l'Ains, élection de Saint-Jean-d'Angély.

Gautier, demeurant à Angoulême.
Gelays (St-), sieur de Montchaude, élection de Saintes.
Gelie (Léonard de la), sieur de la Grandmaison, paroisse de Darnat, élection de Limoges.
Gelinard, sieur de Malleville, élection de Saintes.
Genest (Jean et Georges du), sieurs du Masgélier et de Colonges, paroisse de Salaignac, élection de Limoges.
Geneste (Antoine), sieur d'Aigueperse, paroisse de Saint-Paul, élection de Limoges.
Gentil, sieur de Lajouchac, paroisse de La Nouaille-Saint-Yrieix, élection de Limoges.
Gentil, sieur de Langalerie, paroisse de Nersat, élection d'Angoulême.
Geoffroy, sieur de Bouchaux, paroisse de Cibardeau, élection de Saintes.
Géraud, sieur de La Valade, paroisse de Clérac, élection de Saintes.
Germain, sieur de La Jante, paroisse Saint-Salvadour, élection de Brive.
Germain (Pierre de), sieur de la Pomélie, paroisse de Saint-Paul, élection de Limoges.
Gervain, sieur du Maine-Caillau, paroisse de Palvau, élection d'Angoulême.
Gibanel, sieur de Saint-Germain, paroisse de Serrandon, élection de Tulle.
Giboust, sieur de Chastelus, élection d'Angoulême.
Gilbert, sieur de Bourderie, demeurant à Angoulême.
Gimbert, sieur de Boussac, demeurant à Cognac.
Giraud, sieur de La Grange, paroisse de Dolus-en-Oléron, élection de Saintes et la maison de ville de Niort.
Giraud, sieur du Bois-Charente, paroisse de Graves, élection de Saintes.
Glenest (du), sieur de Jars, paroisse de Saint-Laurent-du-Roc, élection de Saintes.
Gombaud, sieur du Couret, paroisse de Villars, élection de Saintes.
Gombaud, sieur du Fresne, paroisse de Gemme, élection de Saintes.
Gogain, sieur du Fresneau, paroisse de Bessines, élection de Saint-Jean-d'Angély.
Gommier, sieur de la Gachetière, paroisse de Cande, élection de Saint-Jean-d'Angély.
Goret, sieur de la Martinière, paroisse de Vieux-Ruffec, élection d'Angoulême.
Gorse (La), sieur de Beaufort, paroisse de Gumont, élection de Tulle.
Gorson (François), sieur de Beaulieu, paroisse de Corne-Royal, élection de Saintes.
Goulard, sieur du Breuil-Goulard, paroisse de Londiny, élection d'Angoulême.
Gourdin, sieur de Puygibaud, paroisse de Marton, élection d'Angoulême.
Gourdin, sieur de La Fuye, paroisse de Touriers, élection de Cognac.
Gourgaud, sieur de Bessé, paroisse de Nanteuil, élection d'Angoulême.
Gousse, sieur de Puibalou, élection de Saint-Jean-d'Angély.
Grain de Saint-Marsaud, sieur de La Feuilleterie, paroisse de Rieux-Martin, élection de Saintes.

GRAIN DE SAINT-MARSAUD, sieur de Stré, paroisse de Salignat, élection de Saintes.

GRAIN DE SAINT-MARSAUD, vicomte du Verdier, paroisse d'Eyburie, élection de Limoges.

GRAND (LE), sieur de Courpeteau, paroisse de Saint-Pierre-de-Juille, élection de Saint-Jean-d'Angély.

GRANGE (LA), sieur des Fontaines, paroisse d'Asnierres, élection de Saint-Jean-d'Angély.

GRAVIER (DU), sieur de la Barde, paroisse de Bois, élection de Saintes.

GRENIER, sieur de la Sausaye, paroisse de Chenat, élection de Saintes.

GRENIER (Henri DE), sieur de La Borie, élection de Tulle, maintenu par M. de Fortis.

GREZE (LA), sieur de Devezeau, paroisse de Saint-Angeau, élection d'Angoulême.

GRIFFON, sieur de La Richardière, demeurant à Saint-Jean-d'Angély.

GRIFFON, sieur de La Chaisnée, paroisse de Sainte-Mesme, élection de Saint-Jean-d'Angély.

GRIFFOULES, sieur dudit lieu, paroisse de Saint-Martin, élection de Brives.

GRIMOUARD, sieur de Beaulieu, paroisse de Bessat, élection d'Angoulême.

GUA, sieur de La Rochebreuillet, paroisse de Breuillet, élection de Saintes.

GUETZ, sieur de Balzac, demeurant à Angoulême.

GUI, sieur de Puyrobert, paroisse de Champniers, élection de Saintes.

GUICHARD (Pierre), sieur de Marie-Bon, paroisse de Corneroyal, élection de Saintes.

GUILLEMIN, sieur de Chaumont, paroisse de Coussat, élection de Limoges.

GUILLOUMAUD, sieur de Ruelles, demeurant à Angoulême.

GUIMEUSE (Raymond DE), sieur de la Madeleine, paroisse de Saint-Martin-d'Ary, élection de Saintes.

GUINADEAU (Charles DE), sieur de Migronnaud, paroisse de Chanier, élection de Saintes.

GUINANSON, sieur de Bois-Gaillard, paroisse d'Agudelle, élection de Saintes.

GUINOT, sieur de Tesson, paroisse de Tesson, élection de Saintes.

GUINOT, sieur de Rioux, paroisse de Rioux, élection de Saintes.

GUITON DE MAULEVRIER, sieur de La Pomade, paroisse de Darlant, élection de Saintes.

GUY, sieur de La Guinaillier, paroisse de Dolus, élection de Saintes.

GUY, sieur de Pontlevain, paroisse de Champmillon, élection de Cognac.

GUYMARD, sieur du Bouchet, demeurant à Angoulême.

LA GUYONNIE (Pierre DE), sieur de Juvet, paroisse de Royère, près La Roche-l'Abeille, élection de Limoges.

GUYOT, sieur de La Motte, paroisse de Villognon, élection de Cognac.

GUYOT, sieur de La Mirande, paroisse de Saint-Michel, élection d'Angoulême.

GUYTARD, sieur du Chambon, paroisse de Saint-Eloy, élection de Limoges.

HAMEL (DU), sieur des Rouleaux, paroisse de Corne-Royal, élection de Saintes.

LE HARDY, sieur de La Roche, demeurant à Pons, élection de Saintes.

HAUTECLAIRE, sieur de Fissat, paroisse de Rouillé, élection d'Angoulême.

HAUTEFORT (Anne DE), veuve de Jacques de Pestel, sieur de La Chapelle-aux-Plats, *alias* aux Brocs, paroisse dudit nom, élection de Brive, maintenue par M. dé Fortis.

HÉRARD, sieur de Bramefan, paroisse de La Paisainondoin, élection d'Angoulême.

HÉRISSON, sieur du Vignens, paroisse de Saint-Luzan, élection de Saint-Jean-d'Angély.

SAINTE-HERMINE, sieur de Chenon, paroisse de Cireuil, élection d'Angoulême.

L'HERMITE, sieur de Larivière, paroisse d'Augne, élection de Limoges.

HILLARET, sieur du Cailleau, paroisse de Monlieu, élection de Limoges.

HORRIC, sieur de La Barre-Daudonne, paroisse de Villejoubert, élection de Cognac.

HORRIC, sieur de La Valade, paroisse de Courpillat, élection de Cognac.

HOULIER, sieur de La Poujade, demeurant à Angoulême.

HUGON, sieur du Prat, paroisse de Soudène, élection de Tulle.

HUGON, sieur de Farges, paroisse de Saint-Jean-Ligoure, élection de Limoges.

ISLE, sieur de Loyre, paroisse de Saint-Savinien, élection de Saint-Jean-d'Angély.

JAGONNAS (René et Etienne DE), sieurs de Thaims, paroisse de Thaims, élection de Saintes.

JAMBE, sieur de La Couronne, paroisse de Saint-Martin, élection d'Angoulême.

JAMBE, sieur de Faugères, paroisse de Fouquebrune, élection d'Angoulême.

JAMENS, demeurant à Angoulême.

JACQUES, sieur de La Chassaigne, paroisse de Bujat, élection de Tulle.

JARRIGE, sieur de La Morelie, paroisse de Vigier de Saint-Yrieix, élection de Limoges.

JARROUSSEAU, sieur de Luchat, paroisse de Chassors, élection de Cognac.

JAU, sieur de Chantigné, paroisse de Saint-Symphorien, élection de Saint-Jean-d'Angély.

JAUBERT, sieur des Vallons, paroisse de Fouquebrune, élection d'Angoulême.

JAY, sieur du Chatelard, paroisse de Saint-Front, élection d'Angoulême.

JAY, sieur de Montonneau, paroisse de Montonneau, élection d'Angoulême.

JOUBERT, sieur de Boisvert, paroisse des Essarts, élection d'Angoulême.

JOUBERT, sieur de Saint-Séverin, paroisse de Lageyrat (Châlus), élection de Limoges.

JOUBERT, sieur de Saint-Christophe, paroisse de Resteau, élection de Saintes.

JOUFFRE DE CHABRIGNAC, sieur de Traversat, paroisse de Fonmartin, élection de Brive.

JOUMARD (Nicolas), sieur de La Brangelie, élection de Brive, maintenu par M. Pellot.
JOUSSE (Gui DE LA), sieur de Chillac, paroisse de Chillac, élection de Saintes.
JOUSSAUME, sieur de Miran, paroisse de Miran, élection d'Angoulême.
JOUSSELIN, sieur de Lhort, paroisse de Glanges, élection de Limoges.
JOUSSE, sieur de Maisonneuve, paroisse de Villars, élection d'Angoulême.
JOUSSINEAU, sieur de Fayat, paroisse de Château-Chervix, élection de Limoges.
JOVION, sieur de Drouille, paroisse de Blond, élection de Limoges.
JUGLARD, sieur de La Salle, paroisse de Biossac, élection d'Angoulême.
JUIFS (DES) sieur de La Fontaine, paroisse des Landes, élection de Saint-Jean-d'Angély.
JUILLARD (Charles DE), sieur de Lage, élection de Saintes.
SAINT-JULIEN, sieur de la Geneste, paroisse de Saint-Hilaire-Château, élection de Bourganeuf.
SAINT-JULIEN (Guillaume DE), sieur de Saint-Vaulry, paroisse de Saint-Vaulry, élection de Limoges.
JULIEN (DE) sieur de La Guignardière, paroisse de Mansle, élection de Cognac.
JUGE (DE), sieur de Seilhac, paroisse de Seilhac, élection de Tulle.

NOTA. — Voir, à la fin de l'ouvrage, la liste des gentilshommes qui ont voté aux états généraux de 1789.

ERRATA ET ADDITIONS.

Page 1. — DAFFIS. — Jean Daffis a été le premier des présidents de Toulouse (1565) qui a porté le titre de chevalier. (Honoré de Sainte-Marie. — *Histoire de la chevalerie*, p. 523).

Marie Daffis était mère de Messire Guillaume de Jumilhac ; elle était morte en 1677. (Papiers de l'abbé du Masbaret.)

Guillaume Daffis fut le neuvième sur la liste des premiers-présidents de la cour du parlement de Bordeaux. (G. de Lurbe. — *Chronique Bordelaise*, 1619, p. 45.)

D'AGUESSEAU. — I. — Antoine d'Aguesseau, qui descendait d'une ancienne famille de la Saintonge, fut premier gentilhomme du parlement de Bordeaux. Il épousa, en troisième noces, par contrat du 13 mai 1634, Anne de Gyves, fille de Nicolas de Gyves, Sgr de Pouilly, et d'Elisabeth Budé ; elle était veuve de François Du Faure de la Roderie. Leurs enfants furent : 1° Henri, qui suit ; 2° Catherine, mariée à François Texier de Javerlhac.

II. — (I.) — Henri d'Aguesseau eut pour fils : 1° Henri-François, qui suit ; 2° Antoine d'Aguesseau, qui épousa, en 1702, Louise Dubois-Baillet, fille de N....., et de Madeleine Dorat, de Limoges ; et trois filles : 3° N.....; 4° N.....; 5° Catherine-Françoise d'Aguesseau, née à Limoges, le 24 septembre 1667, baptisée le même jour à Saint-Pierre-du-Queyroix, ayant pour parrain Mgr François de La Fayette, évêque de Limoges, et pour marraine Catherine d'Aguesseau, épouse de Messire François, comte de Janailhac.

III. — (II.) — Henri-François d'Aguesseau. (Voir sa biographie : *Bul. Soc. Arch. du Lim.*, T. IV, p. 71. — *Biographie des hommes illustres du Limousin*, T. I, p. 4.) Il eut six enfants, entre autres : 1° Jean-Baptiste-Paulin, qui suit ; 2° Claire-Thérèse, qui épousa, le 16 février 1722, Guillaume-Antoine, comte de Chatelus (Voir *Vie de Madame la comtesse de Chatelus*, par sa petite-fille, la marquise de Tournelle, 1772).

IV. — Jean-Baptiste-Paulin d'Aguesseau, conseiller d'état, épousa Anne-Louise-Françoise Dupré, dont : 1° Henri-Gardin-Jean-Baptiste d'Aguesseau, qui fut député aux Etats-généraux de 1789, ministre plénipotentiaire de France auprès du gouvernement danois en 1800, sénateur en 1808, pair et chevalier du Saint-Esprit en 1814. Il obtint aussi une place à l'Académie française. Il est mort le 22 janvier 1826. En lui s'est éteinte la famille d'Aguesseau ; 2° Henriette-Anne-Louise, née le 4 février 1737. Elle fut dame de la principauté de Tingry en Bourbonnais et de la Grange-Bléneau en Brie ; elle épousa, le 5 février 1755, Jean-Paul-François de Noailles, comte d'Ayen, duc de Noailles, premier capitaine de la 1re compagnie des gardes du corps du roi, fils de Louis et de Catherine-Françoise-Charlotte de Cossé de Brissac. Il fut gouverneur de St-Germain-en-Laye, et brigadier des armées du roi, chevalier de la Toison-d'Or, membre de l'Académie des sciences. Au commencement de la révolution il émigra, revint un moment en France en 1793, puis alla en Suisse, où il vécut presque jusqu'à l'époque de sa mort. Il fut pair de France à la Restauration, et mourut en octobre 1824. Henriette-Anne-Louise fut mise en possession du tabouret chez la reine le 12 mars 1755. Elle périt sur l'échafaud en 1793. De ce mariage étaient nés : 1° Adrien-Paul-Louis, marquis de Noailles, mort jeune ; 2° Anne-Jeanne-Baptiste-Pauline-Adrienne-Louise-Catherine-Dominique, née en 1758, probablement la vicomtesse de Noailles ; 3° N....., mort peu de temps après sa naissance ; 4° Marie-Adrienne-Françoise, qui épousa, à l'âge de 16 ans, en 1775, Marie-Paul-Roch-Yves-Gabriel de Motier, marquis de La Fayette, célèbre surtout par la guerre d'Amérique. Elle mourut la nuit de Noël 1807 (Voir *Vie de Madame de La Fayette*, par Madame Lasteyrie, sa fille) ; 5° Madame de Montagu, qui émigra pendant la Révolution ; 6° Madame de Roure, plus tard Madame de Tesan, morte à la fleur de l'âge ; 7° Madame de Grandmont.

Page 7. — DAVID. — Amelius Davidus, armiger, présent au fort et à la garnison de La Rochelle. Il est cité dans des actes de 1304 à 1307 (*Bull. Soc. Arch. Lim.*, T. XIV, p. 55.)

Joseph David, conseiller du roi et son procureur en la grande-prévôté du Limousin, épousa, le 1er septembre 1694, en présence de François et de Léonard, ses frères, dame Louise de Luguet, veuve de Henri de la Rigoudie, écuyer, Sgr de Bujaleuf. Il habitait à Limoges, rue de l'Arbre-Peint, paroisse de Saint-Pierre-du-Queyroix. Dans un acte du 26 février 1697, Joseph David porte les qualités d'écuyer, Sgr de Bujaleuf. (Papiers de l'abbé du Masbaret.)

La devise de la maison de David de Lastour est : *Impatiens pugnæ* : Impatient de combattre.

Page 12. — Maurice Denisot, écuyer, sieur de Bretignolles, paroisse de Vaulry, épousa, par contrat du 9 juin 1583, signé Gravelat, notaire royal, Marguerite de Rousiers, fille de Gabriel de Rousiers, Sgr de Saint-Brice, et de Françoise de Rousiers de Chéronnac.

Même page. — Pierre Desbrandes, ci-devant commissaire aux saisies réelles, à présent conseiller du corps de la ville d'Angoulême, y demeurant.

Jean Desbrandes, sieur du Petit-Vouillac, fils dudit Pierre Desbrandes, demeurant à Angoulême. (Rôle de modération des taxes, 1669.)

N..... Desbrandes du Petit-Vouillac, écuyer, 1733.

Même page. — François Descombes, sieur de Maisne-Gaillardon, sénéchal d'Aubeterre, dépendant de l'élection d'Angoulême, descendu de feu François Descombes, qui fut échevin. (Rôle de la modération des taxes, 1669.)

Page 13. — DESCUBES. — En 1673, F. Descubes, Sgr du Puydeau et de Ferrand, était consul de Limoges.

Même page. — Pierre Desforges, sieur de Chastellard, avocat au présidial, à présent voyer du corps de ladite ville d'Angoulême, y demeurant, et N....., Desforges, son fils, conseiller au présidial. (Rôle de modération des taxes, 1669.)

Page 16. — Hélies Desruaux, sieur de Moussac, fils de feu François Desruaux, aussi sieur de Moussac, et petit-fils d'autre feu François Desruaux, qui fut échevin, demeurant à Angoulême. (Rôle de modération des taxes, 1669.)

Page 17. — DEVAL. — Famille très-ancienne dans la bourgeoisie d'Angoulême. Une branche établie à Aurillac, en Auvergne, a fourni l'illustre général Deval-Delzonce, le vainqueur de Calongha, près Moscou. On sait que, le soir de la bataille, l'empereur, lui serrant la main, lui dit : « Adieu, Monsieur le Maréchal ». Malheureusement le général succombait à ses blessures quelques heures après. Cette origine du général Delzonce a été donnée dans un écrit par M. Prosper Mathé-Dumaine, marié à N....., Duval. Je dois ajouter qu'aucune des biographies de ce général n'indique ni ce nom, ni cette origine. Une statue lui a été récemment élevée à Aurillac.

Guillaume Deval, président de l'élection d'Angoumois, acheta du roi, le 10 novembre 1703, moyennant 12,500 livres, le château et les terres de Touvre, près Angoulême, ainsi que la justice haute, moyenne et basse. A partir de ce moment cette famille prit le titre de seigneur de Touvre, qu'elle conservait encore à l'époque de la Révolution, et prit aussi un blason. Guillaume Deval épousa Marthe Barraud; elle était veuve en 1710. De ce mariage, Jean, qui suit.

Jean Deval, Sgr de Touvre, avocat en la cour de parlement de Paris, aliéna une partie des acquisitions de son père, le 26 avril 1738.

Armes : *d'azur, à trois poissons d'argent pamés en fasce, crestés et barbelés de sable, tournés à dextre sommés d'un croissant d'argent montant.*

Les Deval ne figurent pas sur la liste de la noblesse d'Angoumois pour les Etats-Généraux de 1789. Ils se trouvent, au contraire, comme délégués du Tiers-Etats pour la paroisse de Touvre, dont ils furent les premiers maires. (*Bull. Soc. Arch. Charente*, VI, 437, 477.)

Page 19. — Ythier Deychaud, damoiseau, sieur de La Peyrière, épousa Delphine de Villars, dont : 1° Jean Deychaud, damoiseau, sieur de La Peyrière, qui fonda, par acte du 24 novembre 1450, signé de Martialis, avec son frère, son père et sa mère, une vicairie à Oradour-Saint-Genest, sous le vocable de sainte Catherine et saint Martial. (Nadaud, *Pouillé.*)

Page 21. — Martial Dorat, conseiller au présidial de Limoges, épousa Marguerite

Moulinier; il mourut aux Monts, à l'âge de 55 ans, et fut enterré à Saint-Gence, le 4 juillet 1724, en présence d'Yrieix Dorat et d'Yrieix d'Alesme, trésorier de la généralité du Poitou. Il avait testé le 10 mars 1712, et laissait : 1° pour fils aîné et héritier Barthélemy Dorat; 2° Marie, qui épousa, par contrat du 12 janvier 1726, Jean-Jacques Martin, Sgr de Beaumaclin et de Bussiere-Galant, fils de François et de Marie Mayrange.

Messire Jean-Baptiste Dorat, écuyer, secrétaire du roi, premier-président de la cour présidiale de Limoges, était parrain de Jean-Baptiste Jourdan, à Saint-Domnolet de Limoges, le 29 avril 1762. (Registres paroissiaux de Saint-Domnolet.)

N..... Dorat épousa, avant 1796, N..... Romanet du Caillaud, secrétaire du roi.

Charles Disnematin-Dorat, chef de bataillon, aide-de-camp de M. le général de division Faron, est nommé officier de la Légion-d'Honneur pour services distingués, au mois de juin 1871.

Page 26. — DREUILLE. — Léon de Dreuille, chevalier de Saint-Jean-de-Jérusalem, plaidait contre Pierre de Pompadour, abbé de Vigeois, pour la commanderie de la Vinardière, après 1635.

Page 27. — Jean Dumoulin, sieur de Mérigot, ci-devant lieutenant criminel audit présidial d'Angoulême, y demeurant, de présent échevin, descendu de feu Nouel Dumoulin, sieur de la Trézorerie, qui fut aussi échevin. (Modération de taxes, 1669.)

Page 28, ligne 10ᵉ en commençant par le bas, *lisez* Bardoulat au lieu de Bourdoulat.

DUPEYRAT (pages 27, 63).

Branche de Thouron.

I. — N..... Dupeyrat, baron de Thouron, eut pour enfants : 1° N..... Dupeyrat, qui suit; 2° Pierre Dupeyrat, chanoine théologal de Saint-Martial, qui fut condamné par contumace, avec Joseph son neveu et Marie sa mère, le 19 juillet 1658. Il ne résigna pas son canonicat en faveur de François son neveu, mais déposa sa démission entre les mains de Mgr l'Évêque de Limoges. Il fit son testament le 12 février 1665, et mourut le 7 septembre 1676. 3° Quitterie Dupeyrat, qui habitait Limoges, et avait épousé N..... Constant : elle avait un fils nommé Martial Constant; il est dit sieur du Masdubost, huissier de la chambre de M. le duc d'Orléans, frère unique du roi; il était donataire entre vifs de dame Quitterie, sa mère; 4° Michel Dupeyrat, qui aurait cherché à intéresser son beau-frère, lieutenant-criminel, en faveur de Joseph et Marie, ses neveux.

II. — N..... Dupeyrat, baron de Thouron, eut pour enfants : 1° Joseph Dupeyrat, qui suit; 2° Marie Dupeyrat, complice de son frère Joseph dans l'enlèvement de Anne-Marie de Maldent. Elle mourut à l'âge de 50 ans, le 4 octobre 1701. Elle avait épousé François Igouin, sieur de Ribagnac, paroisses de Saint-Martin-Terressus et d'Auriac, veuf en premières noces d'Anne Voureys de Limoges. Il fut enterré à Ambazac, le 26 décembre 1721. 3° François Dupeyrat, qui était chanoine théologal de Saint-Martial.

III. — Joseph Dupeyrat, baron de Thouron, condamné par contumace, le 19 juillet 1658, pour l'enlèvement d'Anne-Marie de Maldent. C'est probablement lui qui mourut à l'âge de 94 ans, en 1702, et qui aurait épousé Françoise Vidaud du Dognon. Toutefois nous trouvons Jean-Joseph Dupeyrat, fils de Joseph et de Françoise Vidaud du Dognon, qui fut tonsuré en 1733; il était sous-diacre, le 2 juillet 1737, lorsqu'il fut nommé à l'abbaye du Palais, près Bourganeuf (Creuse). Il reçut ses bulles le 31 décembre suivant, et prit possession le 4 mars 1738. Il demeura quelque temps à la Trappe, et mourut en 1741 à Azat-le-Riz, canton du Dorat (Haute-Vienne). Joseph Dupeyrat et Françoise Vidaud eurent aussi probablement pour enfant Joseph, qui suit.

IV. — Joseph du Peyrat, Sgr de Thouron, doyen des trésoriers de France (p. 28) eut, entre autres enfants : 1° Louis, qui suit ; 2° Catherine, née le 15 avril 1667, baptisée à Thouron le 17, ayant pour parrain Pierre Dupeyrat, sieur de La Madeleine, paroisse de Thouron; elle épousa vers 1680 Jean de Pontcharraud, écuyer, Sgr du Fan, de la ville de Bellac, fils d'autre Jean et de Suzanne de Roffignac ; 3° Joseph, né et ondoyé à Limoges le 17 janvier, et baptisé à Thouron le 20 février 1684 ; 4° Léonard Dupeyrat, écuyer, qui épousa, le 29 janvier 1726, Diane-Marie de Pontcharraud, veuve de messire Gaspard de Chauvet, Sgr de Nantiat et de Fredaigne. Il était capitaine au régiment de la couronne, et habitait le village de l'Age, paroisse de Nantiat, en 1729 ; 5° Jacques, né le 12 juillet 1685, et tonsuré en 1705; 6° Thérèse, qui se fit religieuse de Sainte-Claire, à Limoges, en 1702.

Nous trouvons aussi, dans les notes de Legros, Jacques Dupeyrat, écuyer, sieur de Beaupré, et dans les registres paroissiaux de Thouron, Joseph Dupeyrat de Thouron, petit-fils de madame Vidaud de Thouron, qui, en 1756, paya dix livres pour une fondation faite par Jacques Dupeyrat.

V. — Louis Dupeyrat écuyer, Sgr et baron de Thouron, mourut à l'âge de 29 ans, le 23 janvier 1749, et fut enterré à Saint-Martial de Limoges. Le 5 novembre 1741, il épousa à Thouron, avec la bénédiction de l'abbé du Palais, Henriette-Françoise-Charlotte de La Saigne-Saint-Georges, fille de haut et puissant seigneur Léonard de La Saigne, chevalier, marquis de Saint-Georges, et de feu haute et puissante dame Marie-Anne de Bonneval. De ce mariage vinrent : 1° N..... demoiselle de Thouron, qui fut marraine le 2 septembre 1760; 2° Jean-Baptiste-François Dupeyrat de Thouron-du-Pont, écuyer, qui épousa Madeleine Salot, dont il eut Anne-Marie, mariée d'après les registres de l'église de Saint-Maurice, à Limoges, le 14 avril 1744, avec Jean-Baptiste Garat d'Aigueperse ; 3° Marie Dupeyrat de Thouron, qui épousa, en 1764, Jean-Charles Bardoulat de Puymège, écuyer, sieur de La Salvanie, de la ville de Tulle; 4° Françoise Dupeyrat de Thouron, qui épousa M. Grégoire de Roulhac, chevalier, procureur du roi aux finances. Le 4 septembre 1814, elle était marraine de sa petite nièce Françoise de Flottes.

VI. — Joseph Dupeyrat, chevalier, Sgr baron de Thouron, ancien officier de royal-dragons, était à l'assemblée générale de la noblesse de la Basse-Marche, tenue au Dorat, capitale de la province, le 16 mars 1789. Il épousa, le 10 mai 1768, Elisabeth de Couteillas de La Ribierre, paroisse de Compreignac, fille de feu François de Couteillas de La Ribierre, avocat au parlement de Paris, et de défunte Anne Devalier. De ce mariage sont issus : 1° Jean-Baptiste-François, né au château de Thouron, le 18 mai 1771 ; il eut pour parrain Jean-Baptiste de Couteillas de La Ribierre, et pour marraine Françoise Dupeyrat de Thouron, épouse de M. Grégoire de Roulhac, chevalier, procureur du roi au finances. C'est probablement lui qui a été enterré sous le nom de Jean, âgé d'environ deux ans, dans l'église de Thouron le 8 décembre 1772; 2° Grégoire, né et baptisé, le 30 août 1772, ayant pour parrain messire Grégoire de Roulhac du Cluseau, trésorier de France, son oncle, et pour marraine, D^lle Marie Couteillas de La Ribierre, sa tante. Le 4 septembre 1814, il était parrain de sa nièce Françoise des Flottes; 3° Marie, née et baptisée à Thouron, le 1er août 1775; 4° Françoise, née le 30 septembre 1776; 5° Anne-Françoise, née le 23 décembre 1777, ayant son frère Grégoire pour parrain; 6° Marie-Angélique, née le 1er juin 1779; 7° Marie-Élisabeth, née au château de Thouron le 30 juillet, et baptisée le 1er août 1780; elle épousa à Thouron, le 28 octobre 1806, messire Geoffroy des Flottes, écuyer, capitaine de cavalerie, âgé de 37 ans, fils de Jean-Baptiste des Flottes de Vaugunige, paroisse de Saint-Pardoux, et d'Angélique-Françoise Jarrit de Lille, veuf en premières noces d'Elisabeth-Jude de La Rivierre; 8° Marie-Grégoire, née et baptisée, le 11 juillet 1782; 9° Marie-Antoine-Grégoire, né et baptisé le 5 septembre 1783; 10° Gabrielle-Grégoire-Thérèse-Françoise, baptisée, le 25 février 1785; 11° Françoise, née au château de Thouron le 3, et baptisée le 4 mai 1786.

VII. — N..... Dupeyrat, baron de Thouron, se fixa à Moisannes, canton de Saint-Léonard (Haute-Vienne); il est mort en 1821. Avait épousé N....., vivante en 1871. Leurs enfants sont: 1° Charles Dupeyrat; 2° N..... Dupeyrat, dit le chevalier Dupeyrat, colonel en retraite, a repris du service pour la guerre de 1870, et est mort presque immédiatement après; 3° N..... D^lle Dupeyrat.

VIII. — N..... Dupeyrat, baron de Thouron, a épousé à Saint-Junien (Haute-Vienne), N..... Chabaudie-Dupeyrat, fille de N..... Chabaudie-Dupeyrat, avocat, ancien juge de paix, ancien maire de Saint-Junien, chevalier de la Légion-d'Honneur, et de N..... Chabaudie-Dupeyrat. Leurs enfants sont: 1° Amédée; 2° Marie; 3° Madeleine.

Branche des Mas.

I. — Pierre Dupeyrat, qui était mort en 1749, épousa Thérèse de Marsanges de Vaulry, dont: 1° Pierre Dupeyrat, écuyer, Sgr du Mas, qui épousa, par contrat du 2 juillet 1749, Marguerite Noualhier, fille d'Antoine Noualhier des Belles, et de Marguerite de Bigourie, elle était veuve en 1751, 2° et probablement N....., qui suit.

II. — N..... Dupeyrat eut entre autres enfants Jean-François, qui suit.

III. — Jean-François Dupeyrat, Sgr des Mas, chevalier, capitaine au régiment de Saint-Chamon, mourut le 8 septembre 1767, âgé d'environ 43 ans, et fut enterré dans l'église de Thouron. Il avait épousé Madeleine de Laurens d'Arfeuille, fille de N..... Laurens d'Arfeuille et de Madeleine .... De cette union naquirent: 1° François, né le 28 mai 1751, au village des Mas, baptisé à Thouron le 30, ayant pour parrain François Laurens d'Arfeuille, conseiller du roi et président de Bourganeuf, et pour marraine Marguerite Noualhier des Belles, fille d'Antoine et de Marguerite Bigourie, veuve de M. Pierre Dupeyrat, Sgr des Mas; 2° Joseph-François Dupeyrat, né aux Mas le 7, et baptisé le 8 décembre 1754, ayant pour parrain François-Joseph de La Cour, chanoine régulier, prieur-curé de Saint-Junien, représenté par M. Joseph Laurens d'Arfeuille, Sgr de Saint-Junien, licencié en droit, et pour marraine Henriette-Françoise-Charlotte de La Saigne-Saint-Georges, veuve de M. Dupeyrat, Sgr de Thouron; 3° Françoise-Madeleine, née le 21 juillet 1756, au village des Mas, et baptisée à Thouron le 23; 4° Joseph, baptisé le 27 octobre 1758; 5° Jean, baptisé le 2 septembre 1760, né la veille au village des Mas, ayant pour parrain messire Jean de Marsanges, écuyer, Sgr de Vaulry ; 6° Henriette-Marie, née aux Mas, baptisée à Thouron le 29 août 1761, morte le 19 février 1762 ; 7° Joseph, né le 14 et baptisé le 16 novembre 1762.

IV. — François-Joseph Dupeyrat, chevalier, Sgr des Mas, était à l'assemblée générale de la noblesse de la Basse-Marche, tenue au Dorat le 16 mars 1789 ; il épousa Léonarde-Marie Barny de Romanet. Leurs enfants furent : 1° Madeleine-Thérèse Dupeyrat, née aux Mas, et baptisée à Thouron le 6 août 1782 ; son parrain fut Pierre Barny, trésorier de France, Sgr de Romanet, les Moulines, Veyrinas et autres lieux, chevalier, conseiller du roi, président et trésorier de France au bureau des finances de la généralité de Limoges, et sa marraine Madeleine-Thérèse de Laurens, veuve de messire Joseph-François Dupeyrat ; 2° Marie-Madeleine-Constance-Léonarde Dupeyrat, née le 25 et baptisée le 27 novembre 1783 ; elle mourut à l'âge de 15 ans ; 3° François-Joseph-Helie-Mathieu Dupeyrat, baptisé le 21 décembre 1784 ; 4° François-Joseph-Léonard, qui suit ; 5° Pierre-Prosper, né le 31 octobre 1788, ayant pour parrain Pierre Favard, ancien curé de Manot, représenté par messire Joseph Dupeyrat, chevalier, oncle, et pour marraine Marie-Catherine N....., veuve de messire Dupeyrat, chevalier de l'ordre de Saint-Louis, ancien commandant en chef de l'Isle-Saint-Vincent, représentée par dame Madeleine Laurens, veuve de messire Jean-François Dupeyrat des Mas ; Pierre-Prosper mourut capitaine de génie au siège de Ratisbonne ; 6° Joseph-Magloire Dupeyrat, né le 8 et baptisé le 9 juillet 1790 ; son parrain fut Joseph Dupeyrat de la Royère, commandant de la milice nationale de cette paroisse, oncle paternel, et sa marraine Dlle Léonarde-Marie-Aimée de Faulte, sa cousine.

V. — François-Joseph-Léonard Dupeyrat, baptisé le 6 juillet 1786 ; son parrain fut Léonard Favard, prêtre, curé de Verdelle, représenté par Joseph Dupeyrat de La Royère, oncle paternel, et sa marraine, Madeleine Laurens d'Arfeuille, grand-mère paternelle ; il est mort au village des Mas, le 9 août 1865. Il épousa Marie-Joséphine Chaudeau de La Valette, fille de Georges Chaudeou (ou Choudeau) de La Valette, chevalier de Saint-Louis, et de N..... de Montmorin ; elle mourut à Limoges, et fut enterrée à Thouron le 5 octobre 1837. Leurs enfants furent : 1° Edmond-Raoul-Georges Dupeyrat, qui suit ; 2° Louis-Constantin Emeric ; 3° Marie-Thérèse-Georgine.

VI. — Edmond-Raoul-Georges Dupeyrat, qui mourut au village des Mas en 1869 ; il avait épousé Adélaïde Dupeyrat, sa cousine germaine, fille de Magloire Dupeyrat, dont : 1° Henriette, morte jeune au village des Mas, le 19, et enterrée à Thouron, le 20 janvier 1860 ; 2° Marthe-Joséphine Dupeyrat, née aux Mas le 13, et baptisée à Thouron le 15 juin 1864 ; 3° Louis-Emeric Dupeyrat, né aux Mas le 27, et baptisé à Thouron le 29 octobre 1866.

Notes isolées.

Brice Dupeyrat, dont l'histoire ne nous a presque transmis que le nom, était de la famille des Dupeyrat de Limoges. Il avait eu d'abord de l'inclination pour l'état ecclésiastique, il était même entré dans le clergé en qualité de simple clerc ; mais, ayant ouï parler de saint Dominique, dont la réputation se répandait avec rapidité dans toute la France, et ce saint fondateur étant venu dans le Limousin, ayant même, selon toutes les apparences, passé à Limoges en 1219 pour aller établir le grand couvent de son ordre dans la rue Saint-Jacques, à Paris, le jeune Dupeyrat se sentit puissamment attiré à embrasser ce nouvel institut. Il balançait encore, quand Pierre Cellani, tolousain, l'un des premiers compagnons du saint, vint de Paris, par son ordre, en 1220, pour fonder à Limoges. Pour lors Dupeyrat n'hésita plus : il courut s'offrir à lui pour être reçu en qualité de novice dans ce nouveau couvent. Cellani, croyant découvrir dans ce jeune homme toutes les dispositions nécessaires pour faire un excellent frère prêcheur, le reçut à bras ouverts, et le frère Dupeyrat fut le premier sujet de la maison que Cellani établissait à Limoges. Il entra donc, le 8 septembre 1221, avec un frère convers, aussi de Limoges, nommé Martin, dans le couvent que les Dominicains occupèrent d'abord au-delà de la Vienne, tout près du pont Saint-Martial, avant de s'établir où nous les avons vus depuis, sur la paroisse de Saint-Michel-de-Pistorie. Tel fut le berceau de cette communauté, qui devint dans la suite si nombreuse, si florissante, et qui fut une des plus célèbres de l'ordre de Saint-Dominique qu'il y ait eue en France.

Le P. Dupeyrat ne contribua pas peu par ses talents, sa ferveur, son zèle, sa régularité et toutes ses vertus chrétiennes et monastiques, soit à établir, soit à affermir cette maison dans cet état de prospérité spirituelle, ainsi qu'à y introduire le véritable esprit de saint Dominique. Il est vraisemblable qu'il eut le bonheur de voir et d'entendre ce saint patriarche; car Cellani, son prieur, le mena deux fois à Paris, dans l'espace de moins de trois ans, ce qui montre la grande confiance qu'il avait en lui; et même, dans le dernier de ces voyages, le P. Dupeyrat assista au chapitre général de l'ordre, tenu à Paris, en 122...., C'est à quoi se réduit tout ce que nous savons de ce digne enfant de saint Dominique. Il mourut, à ce qu'il paraît, un peu après le milieu du xiii° siècle, et, ce qu'il nous importe davantage de savoir, il mourut en odeur de sainteté (La Biche de Reignefort, *Six mois de de la vie des saints du Limousin*, T. III, p. 141.)

Jacquinotte Dupeyrat est citée dans un livre de prières de Saint-Pierre-du-Queyroix, écrit en 1379. (M. Ardant, *Notice sur Saint-Pierre-du-Queyroix*, p. 45.)

A Dupeyrat, fils de P. Dupeyrat du Temple, est mentionné dans un titre de la confrérie de Notre-Dame du Puy de Limoges, en 1254. (Allou, p. 368.)

Jeanne Dupeyrat, épouse de Pierre Veyrier, bourgeois et orfèvre du château de Limoges, était veuve, le 16 juin 1507, lorsqu'elle fit un acte concernant la vicairie des Veyriers, fondée depuis longtemps dans l'église de Saint-Pierre-du-Queyroix, de Limoges. (M. Ardant, *Notice sur Saint-Pierre-du-Queyroix*, p. 34.)

Marguerite Dupeyrat avait épousé Jacques Janailhac; elle était veuve en 1601. (Terrier de la commanderie du Palais.)

L'*Histoire du Limousin*, par M. Leymarie, et le premier volume des *Registres Consulaires de Limoges*, nous font connaître les noms suivants :

N..... Dupeyrat de la Clautre était consul de Limoges en 1260;

Mathieu Dupeyrat, en 1394;

Mathieu Dupeyrat, bourgeois et marchand de Limoges, vivait en 1499;

Héliot Dupeyrat, en 1426;

François Dupeyrat avait épousé N..., dont Martial Dupeyrat, élu consul le 8 décembre 1508, et de nouveau le 10 décembre 1513 : il est appelé Martial Dupeyrat de Limogenes, ou mieux de L'Imagine;

André Dupeyrat vivait en 1489; il était mort en 1511 : il avait pour fils Martial Dupeyrat, élu conseiller en 1514;

Balthazar Dupeyrat, bourgeois de Limoges, fut créé par les consuls de cette ville garde des portes Manigne et Boucherie, le 26 juillet 1508; il remplissait encore cette charge en 1523;

Pierre Dupeyrat était chantre de l'abbaye de Saint-Martial de Limoges, en 1508, et Jacques Dupeyrat, sous-pitencier;

Mathieu Dupeyrat était consul en 1500;

Jacques Dupeyrat est élu conseiller en décembre 1509 et 1515;

François Dupeyrat, consul en 1522;

Simon Dupeyrat, qui vivait en 1537, est élu conseiller en décembre 1546; c'est peut-être le même que Simon Dupeyrat qui est dit consul en 1528 et 1534;

Léonard Dupeyrat est élu consul le 8 décembre 1534;

Jehan, dit Jehanicon Dupeyrat, est nommé gardien des portes Montmailler et de l'Arène en 1550 : il mourut en 1551;

Jacques Dupeyrat, receveur général du talion, est consul en 1593, 1599 et 1600;

Jacques Dupeyrat est conseiller en 1613;

Léonard Dupeyrat, en 1614;

Jacques Dupeyrat, conseiller du roi et trésorier général des finances, en 1643.

Guillaume Dupeyrat vivait en 1645; il était originaire de Limoges; il a fait une histoire de la chapelle du roi, imprimée à Paris. (Legros, *Catalogue ecclésiastique*, msc., p. 117.)

Marie-Thérèse Dupeyrat avait épousé Alexis Gérald de Lafaye, dont autre Alexis Gérald, qui s'allia, le 2 mars 1778, à Marie-Charlotte Martin de Nantiat. (Registres paroissiaux de Nantiat.)

Jean-Pierre Grellet (*alias* Gabriel) du Peyrat, dit le chevalier du Peyrat, né à Limoges le 19 août 1765, émigré en 1791, inscrit dans la compagnie Duplessis de Grenedan; passé, en 1792, dans l'armée du duc de Bourbon, régiment de Bretagne-infanterie; passé en Angleterre; mis à la disposition du marquis de Puisaye; a fait, en 1795, les campagnes de Quiberon et de l'Ile-Dieu, comme capitaine, corps du général d'Oilliamson; envoyé en Normandie, en 1799, par le général Mallet, avec le grade de lieutenant-colonel et une mission secrète; puis à l'embouchure de la Seine, près le Hâvre; condamné à mort, conduit sur les glacis de la place pour y être fusillé, et sauvé presque miraculeusement; arrêté de nouveau en 1800; détenu au Temple pendant 28 mois, mis en surveillance pendant deux ans; a été fait chevalier de Saint-Louis en 1814; a accompagné les princes, en 1815, dans la compagnie de Noailles (gardes-du-corps); breveté colonel; nommé ingénieur en chef des ponts-et-chaussées en Corse et à Mézières, chevalier de la Légion-d'Honneur en 1822; décédé à La Rochelle, le 9 février 1848. (*Histoire de l'ordre royal et militaire de Saint-Louis.* — Alex. Mazas, T. III, p. 352.)

Armes : on trouve pour armes des Dupeyrat : *d'azur à la tour d'argent, maçonnée et épurée de sable.*

SOURCES : Registres paroissiaux de Thouron et autres. — *Nobiliaire.* — *Catalogue des gentilshommes de 1789.* — Renseignements particuliers.

Page 32. — DUPUY. — Suzanne du Puy épousa, le 3 août 1647, Christophe Barthoumé. (*Nobiliaire*, T. I, p. 141.)

Même page. — Joseph Durand du Boucheron était geffier en chef de la juridiction consulaire de Tulle, le 14 novembre 1740. (Archives de la Haute-Vienne, Série Q, liasse 242.)

N..... Durand de La Saigne du Boucheron fut nommé juge de paix du canton de Nieul au mois d'août 1869.

Albert-Marie Durand de La Saigne du Boucheron, engagé volontaire dès l'âge de 17 ans, dans le 3ᵉ lanciers, servit trois ans en Afrique, et rentra en France en 1870. Fut blessé le 31 août 1870 sur le champ de bataille de Noiseville, où il faisait les fonctions d'officier d'ordonnance du général commandant la division de cavalerie de l'armée du Rhin ; il fut décoré de la Légion-d'Honneur, fait prisonnier à Metz. Après quatre mois de captivité, il est mort à Nieul, en 1872, des suites de sa blessure.

N.... Durand du Montgendre, habitant Ronteix, paroisse de Jeoux (Creuse), avait épousé, avant 1551, Catherine de Ronteix.

Page 32. — DUQUESNAY (Monseigneur Alfred), 96ᵉ évêque de Limoges, est né à Rouen, en 1814, d'une honorable famille de Picardie, qui se trouvait alors dans cette ville. Il fit de brillantes études au collége de Saint-Acheul, à Amiens. Il entra ensuite au séminaire de Saint-Sulpice, à Paris, où il fit ses études théologiques avec Mgr Pie, évêque de Poitiers, et plusieurs prêtres remarquables, avec lesquels il s'occupa des catéchismes de Saint-Sulpice. Ordonné prêtre en 1839, son goût pour la prédication lui inspira la pensée d'entrer chez les Missionnaires de France, de M. de Rauzan (aujourd'hui les Pères de la Miséricorde); mais il y passa peu de temps, car bientôt il fut nommé aumônier du collége Henri IV; en 1846, Mgr Affre le nomma chanoine honoraire de Paris ; en 1852, nous le voyons aumônier de l'école Normale à Paris, et, en 1853, doyen de Sainte-Geneviève, puis professeur d'éloquence sacrée à la Sorbonne.

Quand la mort priva les fidèles de Saint-Laurent de leur pasteur, M. Salacroux, chanoine de Paris et de Montpellier, le 11 juin 1854, Mgr Sibour songea à leur donner pour successeur l'éloquent doyen de Sainte-Geneviève. Il a prêché beaucoup en France des retraites pastorales, des sermons de charité, et présidé divers pèlerinages. On lui doit la restauration de l'église de Saint-Laurent, un recueil d'instructions sur les œuvres paroissiales, etc. Il est encore chanoine honoraire d'Amiens et de Bordeaux, chevalier de la Légion-d'Honneur.

Monseigneur Duquesnay a été préconisé évêque de Limoges le 22 décembre 1871, a pris possession par procureur le 2 février 1872, a été sacré, à Paris, dans l'église Saint-Sulpice, le 10 février 1872, a fait son entrée solennelle à Limoges le 5 mars de la même année.

Armes : *de gueules, à un ange aux ailes élevées d'argent debout sur une terrasse de sinople, nimbé d'or, tenant de la dextre une épée élevée, et de la senestre un livre du même, ce dernier chargé des lettres A. Ω., surmonté d'une étoile rayonnante de six raies d'or.*

Devise : *Gladius Spiritus verbum Dei.*

Source : *Semaine religieuse* du diocèse de Limoges.

Page 36. — DANGLARD est le même que ANGLARD, tome I, page 44. Il faut y ajouter :

François d'Anglars de la Garde, chevalier, fils de Claude d'Anglars de la Garde et de Marguerite Bouchy, épousa, le 4 février 1783, Pierrette-Jeanne Valette de

Rochevert, fille de Jean-François-Pierre, chevalier, S^{gr} de Bosredon, etc. (A. Tardieu. — *Histoire généalogique de la maison de Bosredon*, p. 28.)

Jean d'Anglars, S^{gr} de Saint-Victour, possédait le fief de Soubrevèze (Cantal), en 1508. Sa fille fut mariée à Louis de La Volpilière, S^{gr} de la Batisse et de Chalusset. (*Idem*, p. 47.)

Charlotte d'Anglard, fille d'Antoine, écuyer, S^{gr} de Rochegude, et de Catherine de Champs, épousa, le 14 octobre 1675, Auselme de Boucherolle, écuyer, S^{gr} de Pogniat, fils de Pierre. (*Idem*, p. 237.)

Anne d'Anglards, fille d'Antoine, S^{gr} de Rochegude, et de Catherine de Champs, épousa, le 3 octobre 1676, Philibert de Lauzanne, vicomte de Vauroussel, veuf de Marguerite de Chalus de Prondines. (*Idem*, p. 304.)

La famille d'Anglars a contracté alliance avec la famille Montclar, S^{grs} de Montclar, d'Anglars, etc. La terre de Montclar est située commune d'Anglars (Cantal). (*Idem*, p. 354.)

Page 62. — DUMONT. — Marie Dumont, fille d'Annet, avait épousé François Mérigot le 3 février 1676.

Page 65, ligne 24. — Pierre Dupuytren, frère cadet du grand chirurgien, est mort à Paris, en octobre 1871 ; il était ancien pharmacien en chef des hôpitaux de Paris, et était âgé de 81 ans.

Page 80. — Notes indiquées au bas de la page :
XI. — Gabriel de Durat, dit l'aîné, chevalier, baron de La Cellette, S^{gr} des Portes, grand-bailli du pays de Combrailles, épousa, par contrat du 11 août 1633, Jeanne d'Artaud, fille de François d'Artaud, écuyer, S^{gr} de Fontezute et du Fayet, et de Gilberte de Villebœuf; elle était veuve de puissant S^{gr} messire Hugues de La Volpilière, baron de Feydit, S^{gr} de Mouzanges, d'Aubac et d'Aubagnette, dont elle avait deux enfants : 1° François de La Volpilière, baron de Feydit, S^{gr} de Mouzanges et de Saint-Myon, en Auvergne, mort sans postérité en 1701 ; 2° Marie de La Volpilière, qui épousa Gilbert-François de Lanoye, écuyer, S^{gr} dudit lieu ; puis, le 16 août 1645, Charles de Noblet de La Roche-Aymon, chevalier, S^{gr} de Tercillac, Saint-Paul et Malleville, dont postérité. Ce dernier contrat fut passé au château des Portes, par Mouzellon, notaire.

Du mariage de Gabriel de Durat et de Jeanne d'Artaud, sont issus :

1° Gilbert de Durat, 11e du nom, chevalier, S^{gr} des Portes, de La Cellette et de Saint-Myon, pourvu de la charge de grand bailli de Combrailles, en 1653, et maintenu dans sa noblesse avec Antoine et François de Durat, ses frères, par ordonnance de M. Tubeuf, intendant de la généralité de Moulins, le 21 janvier 1669 ; il était mort en 1672, sans alliance ;

2° Jean-Antoine, continua la postérité ;

3° François de Durat, qualifié, dans un acte de 1688, marquis des Portes, et, dans son second contrat de mariage, en 1704, marquis des Portes et grand-bailli du pays de Combrailles. Il avait succédé dans cette charge à Jean-Antoine, son frère. Il épousa : 1° Gabrielle-Léonarde de La Roche-Aymon, veuve de Gilbert-Louis Pannetier, S^{gr} de Neuville (qu'elle avait épousé, le 8 février 1654), et seconde fille de Philibert de La Roche-Aymon, marquis de Saint-Maixent, et d'Anne de Saint-Julien, sa première femme; 2° par contrat de Sainthorent, notaire, le

18 avril 1704, Henriette-Angélique de Rilhac de Boussac, fille de François de Rilhac, baron de Boussac, et de Marie-Armande de La Roche-Aymon ; 3° par contrat du 23 février 1711, Claude-Marguerite Goyon, fille de Claude Goyon, comte de Beaufort, en Bretagne, et d'Anne de Lespinay.

François de Durat eut de son premier mariage :

Anne-Marie-Louise de Durat, née en 1684, héritière des Portes, qui épousa Silvain de La Saigne, chevalier, S^{gr} de Saint-Georges, dont deux filles : *A.* Marie-Anne de La Saigne, mariée, par contrat passé à Auzances, le 26 mars 1733, à Pierre Le Borgne, écuyer, S^{gr} de Montchemin et du Pin, et : *B.* Catherine-Françoise de La Saigne (aînée), qui épousa, en 1724, Henri-Marien de Sarrazin, chevalier, S^{gr} de Laval, capitaine au régiment d'Orléans, et qualifié S^{gr} des Portes et grand-bailli de Combrailles, en 1750. De ce mariage sont nés : *a.* N..... de Sarrazin, comte de Laval, chevalier de Saint-Louis, qui a vendu les Portes; *b.* Gabrielle de Sarrazin, mariée, en 1750, à François du Peyroux, S^{gr} de Saint-Martial ; *c.* Marie-Anne de Sarrazin, mariée, en 1759, à Dominique de Rochefort, baron de Coulanges.

4° Marguerite de Durat, héritière de son père, en 1653.

XII. — Jean-Antoine de Durat, chevalier, baron de La Cellette, S^{gr} de Blavepeyre et bailli de Combrailles, après la mort de son frère aîné Gilbert, en 1672, servait en qualité d'enseigne dans le régiment d'Arbouville, lorsqu'il fut maintenu dans sa noblesse avec ses deux frères, le 21 janvier 1669. Il épousa, par contrat reçu Bajonnet, notaire, le 18 avril 1674, dans lequel il est qualifié bailli de Combrailles, Charlotte de Maussabré, fille de Louis, S^{gr} de Bordebure, des Bourdins et de Badecon, en Berry, et de Marie de Razès, dame de Gastesouris, de l'ancienne maison des seigneurs de Razès et de Monismes, en Limousin.

Antoine de Durat est encore qualifié bailli de Combrailles dans le contrat de mariage de Claude de Maussabré, son beau-frère, avec Gabrielle Mérigot de Sainte-Fère, auquel il assista le 20 août de la même année; il mourut le 7 juillet 1689, ainsi qu'il est prouvé par une sentence rendue, le 24 décembre 1691, en la justice de La Cellette (près Sainte-Sévère, en Berry), relative aux reprises et au douaire de Charlotte de Maussabré, sa veuve. Leurs enfants mineurs étaient alors sous la tutelle d'Antoine de Noblet, S^{gr} du Bazillon, leur cousin-germain (fils de Marie de La Volpilière).

C'est donc par erreur que d'Hozier prétend qu'Antoine de Durat fut tué en duel, au mois de novembre 1719; il aurait eu alors quatre-vingts ans environ. On l'aura confondu probablement avec un fils de son frère François. Du mariage de Jean Antoine de Durat, bailli de Combrailles, baron de La Cellette, avec Charlotte de Maussabré, sont issus, entre autres enfants :

1° Guy de Durat, né le 14, baptisé le 23 décembre 1677, à La Cellette, eut pour parrain messire Guy de La Volpilière, écuyer, S^{gr} d'Artault, et pour marraine, D^{me} Marguerite de Maussabré ; il mourut, le 16 octobre 1678, et fut inhumé, le lendemain, à La Cellette.

2° Silvain, qui suit ;

3° Charles, S^{gr} de Jalesche, vivant en 1711;

4° Marie, née le 26 août 1679, à La Cellette, baptisée le 29, eut pour parrain Claude de Maussabré, S^{gr} de Gastesouris, et pour marraine, Marie de La Volpilière, dame de Tercillac;

5° Gabrielle de Durat, héritière de la baronnie de La Cellette, épousa, par contrat du 1er octobre 1710, reçu par Estève, notaire, Charles de Noblet, S^{gr} de Saint-Paul, de Feydit et de Saint-Myon en partie, son cousin-germain, fils de

Charles de Noblet de La Roche-Aymon, S^{gr} de Tercillac, et de Marie de La Volpilière de Feydit ; de ce mariage sont nés cinq enfants, tous morts sans postérité. L'un d'eux, François de Noblet, chevalier, baron de La Cellette et de Feydit, mourut en 1768, laissant pour héritière, du côté maternel, Catherine-Françoise de La Saigne-Saint-Georges, dame des Portes, sa cousine issue de germain, et veuve de M. de Sarrazin de Laval. Elle vendit la baronnie de La Cellette à Claude Bertrand, chevalier, S^{gr} de Tercillac, et à Marie-Silvie de Noblet, son épouse, en 1774.

XIII. — Silvain de Durat, chevalier, baron de La Cellette, baptisé dans l'église paroissiale de La Cellette, le 14 novembre 1680, fut maintenu dans sa noblesse avec François de Durat, S^{gr} des Portes, son oncle, par M. Foullé de Martangis, commissaire départi en Berry, l'an 1715 ; il épousa Marie-Agnès de Noblet, sa nièce bretonne, fille de Gilbert de Noblet de La Roche-Aymon, chevalier, S^{gr} de Tercillac et du Puy, et de Louise de La Garde. Elle était veuve, sans enfants, en 1723. Françoise de Noblet, sa sœur, épousa, en secondes noces, Jean de La Chapelle, écuyer, S^{gr} de la Chabassière, qui rendit hommage, au nom des deux sœurs, pour la seigneurie de Saint-Myon, en Auvergne, en 1724.

Page 92, ligne 26. — Messire Antoine Esmoing, chevalier, S^{gr} de Beauregard, de Beauvais, La Forge et autres lieux, fils de Jean-Baptiste-Emmanuel, et de feue dame Marie de Châteauneuf, épousa, à Vaulry, le 17 juin 1777, D^{lle} Françoise de Marsange, fille de messire Jean de Marsange, chevalier, S^{gr} de Vaulry, Monsac, Breteix et autres lieux, et de dame Thérèse-Gabrielle de Beaupoil de Sainte-Aulaire, demeurant au château de Vaulry, en présence de François Esmoing de La Grillière, prieur de Jousselin, S^{gr} de La Grillère et de Saint-Pardoux, fondé de procuration de Jean-Baptiste-Emmanuel Esmoing de Lavaublanche, père de l'épouse ; de Guillaume Esmoing, chevalier, son père, etc. (Registres paroissiaux de Vaulry.)

ESTOURNEAU (pages 93 et 103), famille noble et ancienne, disent MM. Robert du Dorat, qui a possédé de belles terres et contracté de belles alliances. Les renseignements qui suivent sont extraits tant des manuscrits de MM. Robert du Dorat que des notes conservées dans notre cabinet et des papiers communiqués par cette famille, dont la branche poitevine est tombée en quenouille.

Notes isolées.

Louis Estourneau, écuyer, S^{gr} de Tersanne, fut témoin dans un acte du 13 septembre 1443.

Odet Estourneau, S^{gr} de La Mothe, capitaine de Château-Guillaume, vers 1488, fut remplacé au ban de 1491 par Jean de Bournizeau.

Antoine Estourneau, habitant le pays de Montmorillon, servait au ban de 1491.

Guyot Estourneau passa revue, le 10 décembre 1492, comme archer de la compagnie de M. de La Trémouille.

Louise Estourneau, en 1527, était épouse de Clément Guyot, sieur de La Mothe. (Voir page 246.)

Pierre Estourneau, écuyer, S^{gr} de Tersanne, fit un arrangement avec Gillette

Pauyot, veuve de Louis Estourneau, agissant comme tutrice de ses enfants et dudit feu, le 12 novembre 1533.

Françoise Estourneau était, le 1er février 1542, femme de François du Castenet, écuyer, Sgr du Vigean.

Françoise Estourneau fut religieuse dans l'ordre de Saint-Benoît, le 17 juin 1550.

Renée Estourneau épousa, le 14 février 1551, Pierre Paulte.

Louis Estourneau passa revue, le 8 août 1559, comme homme d'armes dans la compagnie de M. de La Trémouille.

Catherine Estourneau était, en 1563, veuve de Robert de Boussigny, écuyer, Sgr d'Ouzilly.

Jeanne Estourneau épousa, le 27 juillet 1572, Pierre Descollards des Hommes.

Jacques Estourneau, écuyer, Sgr de La Grange-Dompierre, fut exempté de service au ban de la noblesse de la Basse-Marche, en 1577, parce que son père habitait le lieu noble de La Mothe, paroisse de Tersanne, en Poitou, et que lui était homme d'armes de la compagnie du Sgr de Châteauroux.

François Estourneau épousa Esther Royol, vers 1595, veuve de Robert du Mosnard, et fille de Pierre Estourneau et de Marie Rougier.

François Estourneau, écuyer, Sgr du Cros, épousa, le 24 mai 1600, Dlle Jeanne Lignaud, fille d'Antoine, écuyer, Sgr du Riz-Chauveron, de Lussac-les-Eglises, etc. Il eut de ce mariage Marie-Anne, mariée, le 13 juillet 1629, à François de Chabuet, Sgr des Laurantières.

Anne-François Estourneau, écuyer, Sgr du Cros, de Tersanne, peut-être fils du précédent, était, vers 1600, marié à Marthe Chasteigner.

François Estourneau, écuyer, Sgr de La Locherie, paroisse d'Oradour, était abbé au Dorat vers 1600.

Marie Estourneau fut taxée, en 1618, pour contribuer à payer les députés de la Basse-Marche.

Françoise Estourneau était, vers 1620, femme de Guy de La Celle, écuyer.

Jacques Estourneau, écuyer, Sgr de La Locherie, fit partie du ban de 1635.

Madeleine de Saint-Junien, et son fils François Estourneau, vivaient en 1635.

François Estourneau, fils de N..... et de N..... de Saint-Savin, son épouse, baron du Riz, Sgr de La Mothe, de Tersanne, la Perrière, Cros, Locherie, etc., conseiller et chambellan de Monsieur, frère du roi, fit partie du ban de la Basse-Marche, réuni en 1635; épousa en premières noces, Esther Lignaud, dont il eut : 1° N....., mariée à François de Soudan, écuyer, Sgr de Forges; 2° Georges, qui transigea, le 12 janvier 1637, avec les Augustins de Montmorillon; 3° Madeleine, mariée, le 22 mai 1618, à Jacques d'Abzac de Mayac, premier chambellan de Gaston, duc d'Orléans; de son second mariage contracté avec Dlle Anne de Rabaine (ci-devant, page 103), il eut : 4° François, mort avant le 8 juin 1653; 5° Marie, qui, en premières noces, le 19 février 1651, épousa, à Lussac-les-Eglises, Léon des Rieux, écuyer, Sgr de Villepréau, fils de Jean, écuyer, Sgr de Villepréau, Fontbuffeau, Saint-Martin, Pichat, et de Louise Barbansois; et en secondes noces, Joseph de l'Aigle, écuyer, Sgr des Granges; 6° Jeanne, femme de Jacques de La Ramière, écuyer, Sgr de la Maison-Neuve; 7° Marie, épouse de Paul de Santerre, Sgr de Saint-Victor; 8° Radegonde.

N..... Estourneau, était sous-chantre de l'Eglise de Poitiers, en 1639.

François Estourneau, baron du Riz, de La Mothe, de Tersanne, la Périère, etc., épousa Dlle Jeanne Barthon de Montbas, dont il eut François, mort au château de La Périère, le 10 septembre 1649.

Jeanne Estourneau épousa, le 15 février 1651, Pierre de La Lande, tué en duel peu de temps après son mariage.

N..... Estourneau, écuyer, Sgr de La Locherie, et Elisabeth de Blom, son épouse, vivaient en 1660.

Jean Estourneau, fut commis le 28 novembre 1661, pour surveiller la rentrée des deniers du domaine du roi.

Jean Estourneau, écuyer, Sgr de La Combe, fut d'abord condamné comme usurpateur de titres de noblesse, le 15 novembre 1668 ; mais il fut maintenu noble peu de temps après sur le vue de ses titres.

François Estourneau, baron du Riz, avait épousé Marie-Elisabeth Landerneau, qui agissait comme sa veuve, le 6 septembre 1686, rendant en cette qualité un aveu à l'évêque de Luçon de sa terre de La Ricotière.

Jacques Estourneau, écuyer, Sgr de La Locherie, époux de Marie Gallard de Béarn, donna quittance à Jean Philippe de La Rivallière (il faut probablement lire de La Rivallerie, paroisse d'Oradour-Saint-Genest), le 5 novembre 1697.

Gabriel Estourneau, écuyer, Sgr de Lorme, avait épousé Dlle Anne Chauvet, qui était morte avant le 11 février 1701, époque de l'inventaire de sa succession.

Marie Estourneau épousa Claude de Marans du Chatain, écuyer, sieur de La Bastide, paroisse de Rancon, où ils habitaient en 1731 et 1758.

Marie-Angélique Estourneau, femme de Jean de Meschinet, Sgr de Bellevue, vivait vers 1740.

Marie-Marguerite Estourneau, fille de Silvain Estourneau, écuyer, et de dame Marguerite Durieu, vivait en 1730.

Etienne Estourneau, écuyer, Sgr de Tersanne, rendit hommage de ce fief au château de Montmorillon, le 23 août 1740.

Louise Estourneau était veuve, le 18 mai 1747, de feu Clément Guyot, chevalier.

Sylvain Estourneau, chevalier, Sgr de Tersanne, avait épousé Marie-Louise Trouillon ; elle était veuve en 1789 lorsqu'elle fut convoquée pour l'assemblée de la noblesse du Poitou.

Louis-Jacques Estourneau, Ssr de la Brunetterie, paroisse de la Bazeuge, et de Pinateau, paroisse de Tersanne, épousa, au Dorat, le 10 avril 1720, Marguerite de Mallevaud, fille de Vincent de Mallevaud et d'Anne Coussaud.

Louis-Jacques Estourneau épousa Marie-Anne de Mallevaud. Il fut témoin pour la vérification des reliques de saint Israël et de saint Théobald, faite au Dorat, le 5 octobre 1802. De son mariage sont nés : 1° Marie-Jeanne, baptisée au Dorat, le 13 janvier 1758, ayant pour parrain Messire Antoine de Mallevaud, Sgr de Marrigny, et, et pour marraine, Marie-Jeanne Estourneau de Marans; 2° Marie-Louise, baptisée au Dorat, le 4 juillet 1759; 3° François, né et baptisé au Dorat, le 17 juin 1760; 4° Marie, née le 9, et baptisée le 10 décembre 1761.

Filiation suivie.

I. — Géraud Estourneau, écuyer, avait épousé Dlle Marguerite de la Cour, et leurs biens furent partagés le 14 octobre 1460, entre leurs enfants : 1° Louis, qui suit ; 2° André.

II. — Louis Estourneau, écuyer, Sgr de Tersannes, rend aveu de cet hébergement au château de Montmorillon, les 28 mars et 2 mai 1462. Il laissa de Dlle Gillette Pauyot, son épouse :

III. — N..... Estourneau, qui eut pour fils :

IV. — Pierre Estourneau, écuyer, S^{gr} de Tersannes, marié, le 12 juillet 1545, à D^{lle} Anne d'Aubusson, fille de haut et puissant S^{gr} Jean, S^{gr} de La Fenillade, et de Jeanne de Vouhet, qui, le 9 mai 1546, fit une donation à son mari; étant veuve, elle rendit un aveu de son fief de Tersannes au château de Montmorillon, le 1er août 1556. Elle avait eu de son mariage : 1° René, qui suit; 2° Pierre, qui servit comme homme d'armes dans la compagnie de M. de La Trémouille, le 3 août 1559.

V. — René Estourneau, écuyer, S^{gr} de Tersannes et de Pinateau, épousa D^{lle} Françoise de Montrocher, fille de François, écuyer, S^{gr} dudit lieu, et échangea, le 22 septembre 1574, certains héritages provenant du chef de son épouse. Il eut pour fils :

VI. — François Estourneau, écuyer, S^{gr} de Tersannes, épousa, le 1er mars 1612, D^{lle} Marie Estourneau, qui, le 4 octobre 1637, ratifia le contrat de mariage de François, leur fils, qui suit. François avait été taxé en 1618, comme noble et habitant la Basse-Marche, pour payer les dépenses des députés aux Etats généraux.

VII. — François Estourneau, écuyer, S^{gr} de Tersannes, épousa D^{lle} Gillon de Salignac, et rendit, le 12 décembre 1667, un aveu au château de Montmorillon, au nom de Charles-Jacques, son fils. Leurs enfants furent : 1° Charles-Jacques, qui suit ; 2° Louis, écuyer, S^{gr} de Foussac, qui transigea, le 19 septembre 1691, avec Martine d'Appelvoisin, veuve de son frère, et Madeleine, sa sœur, au sujet de cette terre de Foussac; 3° Madeleine, précitée.

VIII. — Charles-Jacques Estourneau, écuyer, S^{gr} de Tersannes, partagea, le 25 avril 1645, avec sa mère, les biens de son père, épousa D^{lle} Martine d'Appelvoisin, qui était veuve le 19 septembre 1491, et transigea à cette époque, au sujet de la terre de Foussac, avec Louis et Madeleine, ses beaux-frères, et qui, le 12 juin 1698, rendit aveu au château de Montmorillon de la terre de Tersannes, au nom de Louis-Jacques, son fils aîné, âgé de 17 ans.

IX. — Louis-Jacques Estourneau, écuyer, S^{gr} de Pinateau, la Bruneterie, Ricoux, etc., paie, le 19 août 1720, une somme de 800 livres à certains particuliers; il épousa, en 1709, D^{lle} Marie-Geneviève de Clainvilliers, dont · 1° Etienne, qui suit; 2° René-Robert, S^{gr} de Pinateau, marié à Anne de Mallevault, et dont une fille qui épousa, le 16 juin 1783, Armand-Charles Prévost de Gagemont; 3° Jeanne, (qui est probablement celle qui mourut à l'hospice de Magnac-Laval, le 3 prairial an II; elle est dite âgée de 80 ans, ci-devant hospitalière, et fille de Jacques Estourneau et de Geneviève Moreau de Tersannes); 4° Marguerite-Madeleine-Sylvine.

X. — Etienne Estourneau, écuyer, S^{gr} de Tersannes, épousa : 1° Marie Estourneau des Salles, dont : 1° Sylvain, qui suit. En secondes noces, il épousa Julie Béliot, dont postérité qui continue en Bretagne la filiation de cette maison.

XI. — Sylvain Estourneau, écuyer, S^{gr} de Tersannes, épousa, en 1794, D^{lle} Caillaud de la Varrenne, dont : 1° Gabrielle-Louise-Clémentine, mariée à Nicolas-Joseph-Hippolyte-Etienne Montluc de La Rivière, mort en 1831; 2° Joséphine, mariée à Charles Legendre de Bois-Fontaine, mort en 1848; 3° Françoise-Florence, mariée, en 1826, à Charles-Constant Guyot d'Ervaud; 4° Flore-Hortense, mariée en 1824 à Joseph-Adrien Leulier du Ché.

Dans les papiers de famille, on voit qu'à dater de François Estourneau, chambellan de Monsieur, les aînés prenaient jusqu'à la révolution le titre de baron du Riz-Chauveron.

Armes : *d'or, à trois chevrons de sable accompagnés de trois étourneaux de même, deux en chef et un en pointe.* (Preuves de Marie Estourneau, admise à Saint-Cyr. — *Dict. des familles de l'ancien Poitou.* — Documents conservés dans notre cabinet.

Estourneau, sieur du Ris et de La Locherie, paroisse d'Oradour-Saint-Genest, porte : *d'argent, à trois chevrons de gueules surmontées de trois merlettes, de sable en chef.*

I. — Odet Estourneau. Huguette de Chazerat, 15 novembre 1479.

II. — Louis Estourneau. Gillette Pariot, 6 février 1521.

III. — Jacques Estourneau. Marie de Blond, 31 mars 1550. Il testa le 7 septembre 1588.

IV. — Jacques Estourneau. Madeleine de Saint-Savin, 26 octobre 1593.

V. — François Estourneau. Ester Rigaud, 11 juillet 1628.

VI. — François Estourneau. Françoise Barthon de Montbas, dernier octobre 1650.

IV bis. — François Estourneau. Jehane Ligau.

V bis. — Jacques Estourneau. Rénée de Coignac, 25 juin 1629. (Généalogie des gentilshommes du Limousin, des élections de Limoges, Brive, Tulle, Bourganeuf, Angoulême, qui ont passé devant M. d'Aguesseau, ès-années 1666, 1667, 1668, 1669. — Manuscrit à la Bibliothèque de l'Arsenal, à Paris, n° 749.)

La plupart des titres originaux de la maison d'Estourneau, à partir de Louis, vivant en 1420, sont conservés avec ceux de la maison de Lubersac, qui a hérité de la branche aînée.

I. — La baronnie du Ris-Chauveron et le marquisat de La Peyrière entrèrent dans la maison d'Estourneau par le mariage de Madeleine Saint-Savin, fille de haut et puissant seigneur Jacques de Saint-Savin, chevalier de l'ordre du roi, Sgr desdites terres, avec Jacques d'Estourneau, sieur de Tersanne, en 1593.

II. — François d'Estourneau, son fils, chevalier de l'ordre du roi, gentilhomme de sa chambre, premier chambellan de Monsieur, frère unique du roi, baron du Ris-Chauveron, marquis de La Peyrière, etc., épousa, en premières noces, D^{lle} Esther Lignaud, dont il eut :

1° François, deuxième du nom, qui suit ;

2° Madeleine, mariée, en 1648, à Jacques d'Abzac, Sgr de Mayac et de Villotranges ;

2° Marie, qui épousa Léon du Rieux, Sgr de Villepraud ;

4° Jeanne, mariée à Jacques de la Rousière, Sgr de Pencharnaud et de la Maison-Neuve ;

Il épousa, en secondes noces, le 11 février 1641, demoiselle Anne de Rabaines, fille de haut et puissant seigneur Paul de Rabaines, baron d'Usson, de Brignac, gentilhomme de la chambre du roi, et de dame Diane de Caussade, dont deux filles :

5° Marie, qui épousa Paul de Senneterre, comte de Saint-Victor.

6° Radegonde, demoiselle d'Usson.

Etant toutes les deux orphelines, Charles de Senneterre, leur cousin, s'empara de leur tutelle, et fit épouser Marie à Paul, son fils, et prendre le voile à Radegonde, la plus jeune. De là grands procès qui rendirent la maison de Senneterre créancière envers celle d'Estourneau de sommes considérables.

III. — François Estourneau, deuxième du nom, baron du Ris-Chauveron, marquis de la Peyrière, Sgr de la Motte-Tersanne, épousa Françoise Barthon de

Montbas, fille de Pierre, chevalier de l'ordre du roi, gentilhomme ordinaire de sa chambre, grand-maître des eaux et forêts de Normandie, Sgr de Corbeil-Cerf, Lormaison, et de Jacquette Bonnin, dont :

1° François, troisième du nom, qui suit ;

2° Antoine, mort sans postérité ;

3° Jeanne, mariée, le 26 septembre 1679, à Pierre de Lubersac, troisième du nom, Sgr dudit lieu, du Verdier, de La Monerie, titré marquis de Lubersac, capitaine d'une compagnie de carabiniers du roi, fils de feu Philibert, et de Luce de Réal ;

4° Denise, mariée, en 1694, à François de Lubersac, Sgr de Chabrignac ;

5° Louise, mariée à Charles de Feydeau.

IV. — François Estourneau, troisième du nom, mourut sans laisser de postérité. Ses trois sœurs héritèrent de lui. Pierre, marquis de Lubersac, eut les terres du Ris-Chauvron et de la Perrière. Il les vendit, en 1719, au comte de Dognon, chambellan du duc de Berry.

La généalogie de cette maison a été dressée par le P. René du Cher. Un extrait de celle faite en 1666, par-devant M. d'Aguesseau, est à la bibliothèque de l'Arsenal, à Paris.

Armes : *d'argent à trois chevrons de gueules, surmontés de trois merlettes de sable en chef.*

(Généal. Lubersac).

Page 100, ligne 10, séparer par une virgule le mot *seconde* du mot *branche* ; c'est essentiel pour le sens de la phrase.

Même page, ligne 17, au lieu de « une troisième branche », *lisez* : « une troisième famille ».

Page 101, Alliances de cette famille, supprimez la virgule entre le mot de « César » et celui de « Beausson ». Au lieu de « Puyvidaud et de Saint-Junien », *lisez* : « Puyvinaud et Saint-Julien ».

Pages 109 et 164. — FAUCON. — Noble Pierre Faulcon, archiprêtre de Nontron, curé et chapelain d'Oradour et de Vayres avec leurs annexes, en 1489. (*Sem. relig. Lim.*, T. VII, p. 517.)

Albert Faulcon, écuyer, Sgr de Thouron, épousa N....., dont Florence de Faulcon, qui épousa, le 4 août 1508, Jean Jauvion, fils de noble Mathieu de Joviond, Sgr de Leychoisier. (Généalogie Joviond et ci-devant, page 110.)

Page 110. — FAULTE. — 4° Marie-Anne Faulte, qui épousa Raymond Garat.

Psalmet Faulte de Venteaux, Limoges, 1776, ancien colonel de cavalerie.

Pierre-Ferdinand Faulte de Venteaux, fils du précédent, lieutenant-colonel du 2° hussard (1864), chevalier de la Légion-d'Honneur. (*La Haute-Vienne militaire*, par M. Gay de Vernon.)

N..... Faute de Puyparlier. (*Idem*, p. 350.)

Page 113, ligne 12°, au lieu de « Auguesseau », *lisez* : « d'Aguesseau ».

Page 114. — Guy de La Faurie est procureur du sieur des Cars, pour rendre hommage à la baronnie de Bré, en 1411. (Généalogie Lubersac.)

Anne de La Faurie épousa noble Joseph de La Porte, paroisse de Lissac, dont Jacques, tonsuré en 1608. (Nadaud, *Nobiliaire msc.*, art. Laporte.)

Page 120, ligne 12 de la fin, *lisez* : « Maussabré »,

Le 30 novembre 1683, Jean Mérigot, chevalier, S^{gr} de Chameyrat, était parrain de Jean, fils de François de Sauzet, écuyer, S^{gr} de La Chabanne, et de Sylvine de La Celle. (Archives de la commune de Marsac.)

Page 121, ligne 6e, ajoutez : leur fille Anne Mérigot, épousa, le 11 février 1716, Jean-Louis d'Estresses. (*Nobiliaire*, T. II, p. 57.)

Page 172. — Par ordonnance de l'évêque de Limoges, du 20 juillet 1750, signée G., évêque de Limoges, rendue sur enquête du 28 mars précédent, il est permis au sieur Martial du Fénieu, sieur du Mas La Valade, de la ville de Châteauponsac, de jouir du droit de chapelle et de tombeau dans l'église de Saint-Thyrse de Châteauponsac, et même du droit de bancs, aux conditions y énoncées. (Legros, *Pouillé du diocèse.*)

Page 183, ligne 19, ajoutez : « A pris part à l'héroïque défense de Belfort en 1870-1871, ainsi qu'à la prise de Paris sur les insurgés en 1871; capitaine-instructeur au 22e régiment d'artillerie ».

Page 192, ligne 20. — Diane-Marie de Pontcharraud se remaria, le 29 janvier 1726, à Léonard Dupeyrat, fils de Joseph et de Marguerite des Maisons.

Page 194. — Mgr Louis-Félix-Pierre Fruchaud fut vicaire général d'Angoulême sous Mgr Régnier et Mgr Cousseau. Il fut sacré à Angoulême par Mgr Régnier, archevêque de Cambrai, assisté de Mgr Cousseau, évêque d'Angoulême, et de Mgr Angebault, évêque d'Angers.

Il a été nommé chevalier de la Légion-d'Honneur le 19 août 1858, prélat de la maison du Pape, comte romain, assistant au trône pontifical le 1er juillet 1864. Il a assisté au Concile général du Vatican, 1870-1871. Il est chanoine d'honneur d'Angers, d'Angoulême et de Cambrai.

Voici la suite des établissements qui ont été fondés sous Mgr Fruchaud : les Frères des écoles chrétiennes, à La Souterraine, 1869; — les sœurs de la Croix, à Sauviat, 1869; — les sœurs du Sauveur, à Saint-Sébastien, 1867; à Peyrat-le-Château, 1869; — Les Petites-Sœurs du Sauveur pour les campagnes, à Morterolles, 1869; au Palais, 1869; — les religieuses de l'Institut de l'Enfant-Jésus, à Rilhac-Lastours, 1868; — les sœurs de la Providence de Saumur, à Saint-Priest-Taurion, 1869; — les sœurs de la Providence de Porcieux, à Faux-la-Montagne, 1867.

Les armes de Mgr Fruchaud sont : *D'argent à deux branches, l'une de chêne, l'autre de laurier de sinople posées en sautoir, cantonnées de quatre croisettes d'azur.* Devise : *Simpliciter et confidenter.*

Un décret du 30 septembre 1871 appelle Mgr Fruchaud à l'archevêché de Tours. Dans les armes de l'archevêque de Tours, la croix archiépiscopale a remplacé la crosse et la mitre, et les émaux sont ainsi changés : *D'or à deux branches, l'une de chêne, l'autre de laurier de sinople, posées en sautoir, cantonnées de quatre croisettes de gueules.*

Page 195, ligne 10, *lisez :* (page 161). — Cette famille a sa généalogie dans le *Dictionnaire des anciennes familles du Poitou*, T. II, p. 138.

Page 195. — FUMEL (pages 162 et 195). — Le lieu de Fumel, commune de Fontanges, a donné son nom à une famille à laquelle appartiennent Régaud, Antoine et Martin de Fumel, tous trois enfants de Jean de Fumel, lesquels rendirent hommage au duc d'Auvergne en 1502, à raison de leurs possessions féodales, sises dans ladite paroisse de Fontanges, prévôté de Mauriac (*Noms féodaux*, page 445). Ils pouvaient avoir pour aïeux Guillaume de Fumel, vivant en 1292, et Guyon de Fumel, S^{gr} de Combrailles, en 1477. (*Nobiliaire d'Auvergne.*)

Page 199, article Ganh, *lisez :* « mieux Gain », comme à la page 251.

Même page, acticle Garabeuf, *lisez* à la 4e ligne : « Jean de Puiffe ».

Page 229, article La Grèze, *lisez :* « *à 7 piles* ».

Page 245. — La famille Guiot ou Guyot avait différentes branches qui habitaient la Basse-Marche, l'Angoumois, le Poitou, le Berry. On trouve une généalogie dans le *Dict. des anciennes familles du Poitou*, T. II, p. 190.

Page 246, au dernier alinéa, *lisez :* « IV *bis* ».

Page 253, ligne 27, *lisez :* « Claude, dame de Tourdonnet, mariée, le 13 mai 1660, à Philibert Joussineau, chevalier, sieur de Fayat, page 464. »

Page 265, ligne 2. — Raymond de Garat fut parrain de la cloche de Nedde où on lit cette inscription : « M. Raymond Garat, chevalier, seigneur, marquis de Nedde, parrain. — Dame Jeanne-Martiale-Galliote de Turenne, marquise de la Villeneuve, marraine, 1766 ».

Page 280, ligne 19, *lisez :* « GAY (page 207.) — Martial Gay. »

Page 282, ligne 2, *lisez :* « DE GAY DE NEXON. — Pierre Gay. »

Page 305, ligne 24. — Gabriel de Saint-George était sénéchal en 1549 ; il mourut en 1572. Sa femme est appelée Marie par Jouillietton, T. II, p. 252.

Page 312, ligne 30. — Céline Coumigeon, ou, selon le *Dict. des anciennes familles du Poitou*, T. II, Sylvie de Rémigioux.

Page 319, ligne 35. — Né le 22 janvier 1730.

Page 369, ligne 7. — Catherine Genty, fille de Messire Antoine-Charles Genty, avocat au parlement.

Page 271, *notes isolées*. — N....., Bonin ou Bounin du Mauselet était héritier de la famille Saleys, en 1409. (*Hist. de Saint-Pierre-du-Queyroix*, p. 44.)
Etienne Bounin, 1599. (Texier, *Epigraphie*, p. 310.)

Page 379, ligne 22. — Fils du baron de Roure, et d'Emphelise de Sabran, sœur de Saint-Elzéar.

Page 384, ligne 19. — *Currente*.

Page 389, avant-dernière ligne, *lisez* : page 49, et ajoutez à cet article les notes suivantes :
Ythier du Breuil-Helion vivait le 30 janvier 1505. (*Dict. des anciennes familles du Poitou*, T. II, p. 89.)
Jacqueline du Breuil Hélion épousa, en 1544, Thomas Desmier, écuyer, Sgr du Monteil, fils de Jean, Sgr de Chillot (*idem*, p. 21.)
Marc-Antoine du Breuil-Hélion de la Guéronnièae, né en 1726, à Usson, en Poitou; cadet au régiment de Champagne en 1744, lieutenant en second, et lieutenant la même année ; capitaine en 1755, jusqu'en 1774; commission de colonel à la suite de l'infanterie avec 800 livres d'appointements; chevalier de Saint-Louis en 1763; est qualifié dans les registres du régiment de Champagne très-bon sujet ; — 1764, a des talents et de la volonté ; — 1765, très-intelligent, très-exact, propre à remplir un grade supérieur. (*Hist. des chevaliers de Saint-Louis.*)
Louis-Bernard du Breuil-Hélion, écuyer, Sgr de la Guéronnière, etc., épousa Dlle Madeleine Vidard de Saint-Clair, dont Catherine-Jeanne, qui épousa, vers 1740, Jean de Ferré, écuyer, Sgr de Saint-Romain, fils d'autre Jean, et de Catherine-Charlotte de Rortays. (*Dict. des anciennes familles du Poitou*, T. II, p. 21.)

Ligne 4 de la fin, ajoutez : Nommé ambassadeur de Turquie, le 12 juin 1870.

Ligne 18 de la fin : Charles-Pierre-René, marié, le 22 novembre 1852, à Théophile-Catherine-Mathilde de Saint-George, fille de François-Olivier et de Catherine-Léonide de Villelume.

Page 409, ligne 21, et page 412, ligne 16, *lisez* : « NAUCHE ».

Page 412, ligne 25. — Antoine, évêque de Condom. Des lettres de Charles VIII, datées du Chastel de Blois, le 24 octobre 1483, le nomment maître extraordinaire de la Chambre des comptes. En 1473, il était protonotaire du Saint-Siége, et plaidait avec F. Jean de Vernogolio pour le prieuré d'Aureil.

Page 417, ligne 8 de la fin, *lisez* : « Carbonière ».

Page 428. — HELIE DE DOMPNHON. — P. du Dompnhon, écuyer, était présent au fort et à la garnison de La Rochelle, en 1304 ou 1305. (*Bull. Soc. Arch. du Lim.*, T. XIV, p. 55.)

Page 466, note 2, *lisez* : Les Oussines, château ruiné situé dans la paroisse de Saint-Merd-les-Oussines, canton de Bugeat (Corrèze). Saint-Priest-Taurion portait autrefois le nom de Saint-Priest-les-Oulières.

Page 489. — HEBRARD, Sgr de Veyrinas, de Larticie, du Gravier, de Leycuras, de la Vigne, etc., paroisse de Nexon (Haute-Vienne). Différentes branches de cette famille se sont répandues dans le Languedoc, le Quercy, le Périgord et le Limousin. Voici ce qui regarde cette dernière :

Hélie Hébrard de Veyrinas faisait un accord avec les religieux de Solignac en 1425.

Jacques Hébrard de Veyrinas fait un acte avec N..... Gay, Sgr de Campagne, en 1435.

Antoine Hébrard (page 489).

I. — Pierre de Larticie fit son testament en 1631, dans lequel il institue pour héritiers ses fils Pierre et Jean, et demande à être enterré dans l'église de Nexon, dans le tombeau de ses ancêtres.

II. — Pierre fut juge de Nexon. Il épousa Françoise de la Breuilhe, dont il eut : 1° Jean, mousquetaire; 2° Françoise, qui fit profession chez les carmélites de Limoges, en 1668.

III. — Jean épousa : 1° Françoise de Douhet; 2° Charlotte de Prajeolet. De ces mariages naquirent : 1° Jacques, qui suit; 2° Pierre, qui, en 1689, était cornette dans les chevau-légers; 3° Joseph, qui était lieutenant dans le régiment de Coislin-cavalerie, en 1689; 4° François, Sgr de Leycuras, qui épousa Marguerite de Tranchant, dont il eut Marie Hébrard, qui épousa, par contrat du 31 janvier 1712, Charles de David des Etangs, chevalier, Sgr et baron des Etangs, Sgr de Vanteaux, Montbessier, Mas-de-Loup et autres places (*Nobiliaire*, T. II, p. 45); 5° Renée, qui épousa le seigneur de La Place.

IV. — Jacques Hébrard, conseiller du roi, contrôleur général des finances de la généralité de Limoges, épousa Catherine Origet, dont : 1° Luc, qui suit; 2° Marguerite, qui épousa le seigneur du Puijeotet; 3° Anne, qui épousa, en 1730, le seigneur du Repaire.

V. — Luc Hébrard, conseiller du roi, contrôleur général des finances de la généralité de Limoges, épousa : 1° Marie de Loménie, dont il eut : 1° Marie-Anne, qui épousa Jean-Baptiste-Ferréol de Gay de Nexon (*Nobiliaire*, T. II, p. 283). Il épousa : 2° N..... de Berny, dont : 2° André, qui suit; 3° André-Annet, qui épousa N..... de Royère, dont Claude. Ce dernier épousa N..... Donnet de la Vergne, dont : *A*. N....., mort en bas-âge; *B*. N....., morte en bas-âge; *C*. N....., épouse du vicomte de Luzy, qui vient de mourir sans enfants; 3° N....., mariée à N..... de Croisant; 4° N....., mariée à N..... de La Borie.

VI. — André Hébrard épousa N..... de Sanzillon des Barrières, dont il eut trois garçons et une fille : 1° Jean, qui suit; 2° N....., qui émigra avec son frère Jean, et fut fusillé à Lille, ayant été pris par les révolutionnaires; 3° Ferréol, qui mourut commissaire du roi à la Guadeloupe ; 4° Valérie.

VII. — Jean Hébrard de Veyrinas, servit dans les gardes-du-corps du roi, émigra pendant la révolution ; était sous-lieutenant en 1815, lorsqu'il fut décoré de l'ordre royal et militaire de Saint-Louis; il se retira du service avec la retraite de chef d'escadrons. C'est probablement lui qui, sous le nom de Jean-Baptiste-Ferréol, est témoin au mariage d'Antoine-Etienne de David, célébré à Londres, le 24 avril 1807 *Nobiliaire*, T. II, p. 49). Il avait épousé Cécile du Garreau de la Seinie, dont : 1° Féréol-Adolphe, qui suit; 2° Ernest, qui se maria, le même jour que son frère, à Mathilde de Vaucorbeil, dont deux filles : *A*. Léontine, mariée au vicomte de Francolini; *B*. Cécile, sœur de charité; 3° Claire, et 4° Louise, qui moururent sans alliance.

VIII. — Féréol-Adolphe Hébrard de Veyrinas entra à Saint-Cyr en octobre 1821, refusa le serment en 1830, et donna sa démission de lieutenant. Il épousa Marie-Stéphanie de Vaucorbeil, le même jour que son frère épousa Mathilde, sa sœur; elle est morte à l'âge de 58 ans, le 8 septembre 1874. De ce mariage naquirent : 1° Joseph, qui suit; 2° Marie: 3° Ernestine, mariée à N..... de Villiers; 4° Henri, garde général des eaux et forêts.

IX. — Joseph Hébrard de Veyrinas a fait la guerre d'Italie comme engagé volontaire; blessé à Solférino, a reçu la médaille militaire. Il a épousé Mademoiselle de la Celle, dont trois enfants : 1° Yvonne ; 2° André ; 3° Valentine.

Armes : *D'or au destrochère de gueules, armé d'une lance de même, accompagné de trois étoiles d'azur, 2 et 1.* On trouve ailleurs les *étoiles d'or* et le fond *d'azur*.

Page 538. — François Igonin, marquis de Mazet, vers 1800, avait pour épouse Marie-Louise-Henriette de Fleury, fille de Louis de Fleury, écuyer, Sgr de Blanzac, et de Marie de Montfrebœuf, dont postérité. (*Dict. des anciennes familles du Poitou*, T. II, p. 107.)

Page 605, première ligne, *lisez :* page 601, au lieu de 60.

TABLE.

D.

	Pages
Dabzac	34
Daffis	1 et 615
Dages	1 et 35
Daguesseau	1 et 615
Daigne	1
Daigneau	id.
Daira ou Daiza	id.
Daix	2 et 35
Dalmais	2
Damolis	id.
Danché	2 et 35
Danglard	36 et 624
Daniel du Mureau	2 et 36
Danthon	3 et 37
Daquin	4
Dargence	id.
Dassier	id.
Daudinot	5 et 37
Daulnix	5
Daumont	5 et 38
Dauphin	5
David	7, 38 et 616
Davineau	10
Dayts	id.
Deaulx	11 et 50
Decimaria	11
Deffens	id.
Dellut	12

TABLE. 639

	Pages
Delmas	12
Denisot	616
Depinu	12
Déols	id.
Desbordes	id.
Desbrandes	616
Descars	50
Deschamps	id.
Des Courcilles	12
Deschizadour	13
Descombes	617
Descubes	13, 50 et 617
Descuras	13
Deforges	13, 51 et 617
Desmier	13, 14 et 51
Desperuc	16
Desprez	16 et 54
Desruaux	617
Destang	16
Destresse	17 et 56
Desval	17 et 617
Devezeau	18
Devoyon	19
Dexmier	13, 14 et 51
Deychaud	617
Dignac	19
Disan	id.
Dode	id.
Doigt	20
Domphon	id.
Donnet	20 et 57
Donzenac	21 et 57
Dorat	21, 57 et 617
Dorigni	21
Doudinot ou Daudinot	5 et 37
Dougeac	21
Douhet	21 et 58
Dousset	24
Doyneis	25
Doyron	25 et 58
Dreuille	25, 59 et 618
Dreux	26
Drouille-Blanche	59
Dubois	26, 59 et 60
Duboucheron	27 et 60
Ducheyrou	27
Duclou	60
Dufort	id.

Duhamel	61
Dujon	id.
Dumas	27
Dumont	27, 62 et 625
Dumoulin	618
Dun-le-Palleteau	27 et 62
Dupeyrot	27, 63 et 618
Dupin	29 et 32
Dupit	32 et 63
Dupont	32
Dupuy	32, 63, 65 et 623
Dupuytren	65 et 625
Duquesnay	624
Durand	32, 68 et 624
Durat	33, 68 et 625
Durieux	34
Durfort	id.
Duron	id.
Dussault	id.
Dussieux	id.

E.

Eble	97
Ebrardi	89
Ebulus ou Eblon	99
Echaupre	89
Egletons	99
Eldegarius	527
Emerinus ou Emericus	99
Envac	89
Envaux	id.
Ermenarius ou Ermenon	99
Escabillon	89
Eschallard	id.
Eschelles	90 et 100
Eschizadour	id.
Escoubleu	92
Escourailles	id.
Escravayat	id.
Escurat	id.
Esmoingt	92, 101, 228 et 627
Espicier	93
Essards (les)	id.
Estangs (les)	93 et 103
Estanhieras	93

	Pages
Estat	id.
Estève	id.
Estienne	103
Estivanhas	93
Estourneau	93, 103 et 627
Estran	94
Estuer	94 et 103
Eumenus	93
Eustorge	104
Evaux	id.
Evolius	id.
Evrerard	95
Exochius ou Exotius	105
Extranei	94
Exupere	105
Exupery. — *V.* Saint-Exupery.	
Eymerie ou Aimeric	95
Eymoutiers	106

F.

Faber	106
Fabri	106 et 163
Fagerdie	107 et 163
Faidit	id.
Falignon	107
La Farge	108
Les Farges	108
Farginel	id.
Fargues	id.
Farsac. — *V.* Brugière de Farsac.	
Faubert	109
Faucher	109 et 163
Fauconnier	165
Faulcon ou Faucon	109, 164 et 632
Faulte	110, 165, 166 et 632
Faure	101, 111, 112, 114, 166 et 167
La Faurie	114 et 632
Fauveau	114 et 167
La Faux	115 et 167
Favars	id.
Fay	674
Fayac ou Fayat. — *V.* Joussineau.	
Faydit	164
La Faye	115, 116 et 168
La Fayette	168

Fayolle	117
Fé	117 et 169
Felets	169
Félines	117 et 169
Felletin	169
Du Fenieu	119, 170 et 633
Fénis	119 et 173
Ste-Fére	118 et 174
Ferragut	121
Ferraut	121 et 176
Ferré	121, 122 et 177
St-Ferréol	177
Ferret	122 et 177
Ferrières	123 et 167
Ferrières de Sailaignac	126
Ferrières de Fargues	id.
Festin	id.
Feuillade	id.
Fevre	id.
Feydeau	126 et 178
Feydis	126
Ste-Feyre (Merigot)	120, 175 et 176
Ste-Feyre. V. Ste-Fère.	
Feytiat	127 et 178
St-Fiel	id.
Fieux	129 et 179
La Fillolie	id.
Filip. — V. Phelip.	
Filleul	129
Fillioux	130
Fissac	id.
Flambard	id.
Flamench	130 et 179
Flament	131
Flaville	179
Flaumont ou Flomont	131
Floret	id.
Flottes	131 et 179
Floumont. — V. Flaumont.	
Flory	132
Focherius	id.
La Folha	id.
Fondant	132 et 181
Fondonnet	133 et 181
Fongatauda	133
Fonsec	181
Font	133
Fontanges	133 et 181

	Pages
Fontelio..	134
Fontenelle..	182
Fontenilles...	134
Fongrenon..	135
Fontevielles..	id.
Fontlebon...	id.
Fontmartin...	136
La Forestie..	id.
La Forestie de Juyé...	137
Le Forestier...	id.
Forestvieille...	id.
Forge ou Forges..	137 et 182
Forgemolle...	137
Forgues..	137 et 182
Fornel..	id.
Fornier...	142
Forsat..	184
Fort...	142 et 184
Fortia..	142
Forville...	184
Fosse...	143 et 184
Fossé...	id.
Foucaud...	143, 184 et 187
La Foucaudie..	152 et 188
Fouchier..	188
Fougeyrat..	156
Fouquebrune...	id.
Fouquet. — *V.* La Motte Fouquet.	
Fournoux...	188 et 189
Fournoux de Champagnac...................................	156
Fournoux de Guilloujard.....................................	id.
Foursac. — *V.* La Baume, sieur de Foursac	
Frachet..	157 et 189
Fraichenet...	157
Fraisse..	157 et 191
Fraisseix. — *V.* Fraysseix.	
Fraitet...	157
Fraysseix...	157 et 191
Fraysseix, sieur de La Périère.............................	157
Fraysseix, sieur de La Blanchardie.......................	158
Francé...	id.
Francfort...	158 et 191
Francour. — *V.* Audebert.	
Fredaigue..	158 et 191
Les Frenaudies..	158
Fressanges. — *V.* Léonard.	
Fressinet...	id.
Fretard...	159

	Pages.
Freysinges de St-Salvador	id.
Fricand	159
Fricon	160 et 192
Frideau	160
Froment	160 et 193
Fromental	160
Frottier	161 et 193
Froy	161
Fruchaud	194 et 633
Fruini	161
Fulcherius	id.
Fumée	id.
Fumel	162, 195 et 634

G.

Gadouin	195
Gaillard	196 et 251
Gain	id.
Galard	197 et 257
Galays	198 et 264
Galengau	198
Gallebram	264
Gallebrun	id.
La Gallemache	198
Gallet	198 et 199
Gallinard. — V. Gelinard.	
Gaillot	199
Gandilhaud	199 et 264
Gane	199
Ganh	id.
Gantier. — V. Gautier.	
Garabeuf	199 et 265
Garat	200, 264 et 634
La Garde	201, 265 et 266
La Garde-Guilloty	301 et 265
La Garde-Ferradure	265
La Garde de Mercœur	268
Gargilesse	id.
La Garigue	201 et 275
Garmaza	201
Garnier	201 et 268
Garon	201 et 269
Du Garreau	201, 269 et 274
St-Garreau	275
Gasquet	204 et 275

Pages
GAST (Benjamin de l'Isle DU).................................... 275
GASTINE.. 204 et 276
GATTAND.. 276
GAUBERT.. 205
GAUCOURT.. 206 et 276
GAUDIN... 206 et 277
GAUDON... 206
GAUFIER.. id.
GAUFRIDI... id.
GAULE.. 207
GAUNE.. id.
GAUTIER.. 207 et 277
GAUVIN... 277
GAY.. 207 et 280
GAY DE NEXON... 282
GAYE... 207 et 284
GAYOT.. id.
GEAUFFRE. — V. JOUFFRE.
GEILO·... 324
ST-GELAIS.. 207
LA GELHIE. V. GELIE.
GELIBERT... 208
LA GELIE... 208 et 285
GELINARD... 208
GENEBRIÉRE... 286
DU GENEST.. 209 et 286
GENEST... 209
GENETINES (CHARPIN DE)... 289
GENOUILLAC (GOURDON DE).. 290
GENTIL... 209 et 292
GEOFFROY... 212
SAINT-GEORGE... 212, 301 et 624
GEOFFROY DE MONTREUIL.. 320
GEOUFFRE. — V. JOUFFRE.
GÉRALD... 320 et 322
GÉRARD... 213 et 322
GÉRAUT... 213 et 320
GERGELASSE... 324
GERLON... id.
GERMAIN.. 213
GERMAIN DE LA POMMÉLIE... 214 et 324
ST-GERMAIN... 324 et 325
GERMON... 214
GERONDIE... id.
GERSON... id.
GERVAIN.. 214 et 325
GERVAIS.. 325
GIAC... id.

	Pages
Gibanel	214
Giboust	214 et 326
Gichard	214
Gicquet	215
Gieux	id.
Gilbert	id.
Gillibert	215 et 326
Gimbert	id.
Gimel	id.
Girard	329
Giraud	215
Givry	id.
Glanges	329
Du Glenest	216
Gobert. — V. Gaubert.	
Godefroy	216
Goerii	217
Gogain	id.
Gombaud	id.
Gommier	id.
Gondrin	218
Gontier	id.
Goret	218 et 330
Gorray	218
La Gorse	218, 329 et 330
Gorson	219
La Gorssa	219 et 330
Goubaud	219
Goublaye	220
Goudal ou Goudard	id.
Goudin	220 et 331
Goulard	id.
Gourdin	221 et 358
Gourdon. — V. Genouillac.	
Gouretie	222
Gourgaud ou Gourjault	222 et 358
Gourville	222
Gouson	222 et 366
Gousse	222
Govin ou Gauvaing	222 et 277
Graffard	222
Graffeuil	373
Grain de St-Marsaut	222, 224 et 368
Le Grand	225 et 368
Grandmont	368
Grammond (Bonnin de)	268 et 635
Grandsaigne	226 et 372
La Grande-Hye	372

Grane	226
La Grange	227 et 372
Granges	373
Grantughant	227
Grasseveaux	228
Gratejol	id.
Grateloup. *V.* Gadouin.	
Graten	228 373
Du Gravier	228
Green. — *V.* Grain.	
Greffeulhe	373
Grégoire XI. — *V.* Roger de Beaufort.	
De La Grelière	228 et 377
Grellet	377
Grenerie	229
Grenier	229 et 277
Gresignac	378
La Grèze	229
Griffon	230
Griffoules	230 373, 374 et 378
Grignols. — *V.* Talleran.	
La Grillère	378
Grimodie. — *V.* Roffignac de Grimodie.	
Grimouard	231 et 378
Gris	231
Grivel	385
Grolet	231
Les Groges	386
La Groslière	231 et 386
Grospuy	231
Gua	232
Guerche	id.
Guéret	386
Guérin	232 et 386
La Guéronnière (du Breuil Hélion de)	387 et 635
Guernier. — *V.* Grenier.	
Guernis	232
Guersat	390
Guespin	232
Guets ou Guez	232 et 390
De Gueux	232
Guez	390
Guchard	233
Gui. — *V.* Guy.	
Guidonis	233, 243 et 393
Guignard	397
Guigny	233
Guilhaguet........T.	id.

Guilhoumeau	233 et 398
Guillaud	398
Guillaume	233 et 398
Guillemin	233
Guillerme	237
Guillet	398
Guillon	238 et 398
Guillot	238
Guillot. — *V.* La Garde Guilloti.	
Guimeuse	240
Guinadeau. — *V*, Guynadeau.	
Guinandie	240
Guinanson	id.
Guingaud ou Guinguand	241 et 399
Guinoti	241, 400 et 634
Guiscard	400
Guischardi	242
Guitard. — *V.* Guytard.	
Guitton. *V.* Guyton.	
Gurat	242
Guy	242, 392 et 393
Guymard	243 et 400
Guynadeau	243
Guynot. — *V.* Guinot.	
La Guyonnie ou Guidonis	233, 243 et 393
Guyot	245 et 400
Guytard	247 et 401
Guyton	250 at 400
Guyvy	251

H.

Haubech	475
Hamel	404
Hardy	id.
Hastelet	id.
Haultier. — *V.* Autier.	
Hauteclaire	408 et 475
Hautefaye	408 et 476
Hautefort. — *V.* Autefort	id.
Hautefort de Lestranges. — *V.* Lestranges.	
Hautier. — *V.* Autier.	
Hautmont	408
Hauvray ou Auvray	408 et 177
Hébrard	409, 489 et 636
Hélie	409

	Pages
Hélie de Pompadour...	409, 490 et 635
Hélie de Dompnhon..	428 503 et 636
Hélie de Chabrignac...	429
Hélie de Colonges...	429 et 503
Hérard...	430
Ste-Hermine..	431 et 504
L'Hermite..	432 et 512
Hermogenianus...	527
Hérisson..	434
St-Hilaire...	435
Hildegarius...	527
Hilduin...	528
Hillaret...	435
Hopital..	529
Horric...	435 et 529
Hors. — V. Guillaume des Hors.	
Horson ou Orson...	435
Houdier...	id.
Houllier..	435 et 530
Houllon...	531
Hugon du Prat...	436 et 531
Hugon des Farges...	437
Hugonneau..	438 et 532
Hugueteau..	532
Humbauld...	535
Hygonnin..	536

I.

Igonin..	439, 536 et 637
St-Irier. — V. Yrieix.	
Ile...	440, 539 et 540
Isle..	441 et 540
L'Isle du Gast...	540
Des Iles..	441

J.

Jabin...	544
Jabouin...	441
Jabrillac...	544
Jacmeton..	441
Jacques...	441 et 545
Jacquinot..	442

	Pages
Jagounas	442
St-Jal	id.
Jambes	442 et 545
James	442
Jamet	546
Jameux	442
Jamoisset	563
Janaillac	442 et 546
Janet	546
Jannot	id.
Jany	id.
La Jante	443
Jaon	id.
Jarnage	id.
Jarric	443 et 546
Jarrige	443 et 547
Jarrosse	444
Jarrousseau	id.
Jau	445 et 557
Jaubert	445, 558, 560 et 564
Jaubert des Vallons	445
Jaubert de St-Séverin	446
Jauchat	561
Jaucellini	446
Jauffre ou Jouffre	454 et 569
Jaunhac	446 et 457
Jaure	446 et 558
Jaussen	588
Javeaux	446
Javerlhac	447
Jay	447 et 561
Jayac	448
St-Jean	448, 473 et 562
La Jeard	448 et 562
Jehan	449
Jenouilhac	562
Jeoffre	449
Le Jeune	562
Jo. — *V*. Jout.	
Joanat	449
Joannet	id.
Jocamar	id.
Johet	562
Joimasset	563
Jolivet	449
Jomelières. — *V*. Hastelet.	
La Jomard	563

TABLE.

	Pages
Jon	449
La Jonchère	id.
Jorda	id.
Jordain	449 es 563
Jornet ou Journet	450 et 563
Josse ou Jousse	459 et 588
Josselin ou Jousselin	459 et 588
Jossen ou Joussen	588
Joubert, sieur de La Bastide	451 et 558
Joubert	564
Joubert, sieur de Boisvert	451 et 561
Joubert, sieur de Saint-Christophe	451
Joubert, sieur de La Roche-Joubert	560
Joubert, sieur de Saint-Séverin	452
Joubert de Villeboureau	560
Joudrinaud	454
Jeouffre de Chabrignac	454 et 569
Jouhanni	456
Jouhaud	id.
Jouhet	456 et 562
Joumard	456 et 571
Joumelières	456
La Joumont ou L'Age au Mont	436 et 671
Jounhac ou Jaunhac	457 et 571
Jourdain	458 et 573
Jourdan	582
Journet	458 et 563
Journiac	458
Joussaud	459
Jousse ou Josse	id.
Joussaume	459 et 588
Jousselin ou Josselin	id.
Jousserand	589
Jousset	462 et 589
Jousseys	462
Joussineau	463, 589, 634 et 636
Jout	466
Jouvin	593
Joviond	466 et 593
Joyet	467
La Judie	id.
Juge, Jugie	468, 596 et 599
Jugeals	468 et 598
Juglard	468 et 601
Des Juifs	469
Juillac	469 et 602
Juillard	469 et 605

	Pages
DE JULIEN, sieur de La Guignardière............................	469
DE JULIEN, sieur du Genesti....................................	id.
ST-JULIEN...	470 et 602
JUMILHAC-ST-JEAN..	473 et 605
ST-JUNIEN...	606
DE JUSSAC...	475 et 606
JUYE..	id.

www.ingramcontent.com/pod-product-compliance
Lightning Source LLC
Chambersburg PA
CBHW050328240426
43673CB00042B/1568